Die Bonus-Seite

Ihr Vorteil als Käufer dieses Buches

Auf der Bonus-Webseite zu diesem Buch finden Sie zusätzliche Informationen und Services. Dazu gehört auch ein kostenloser **Testzugang** zur Online-Fassung Ihres Buches. Und der besondere Vorteil: Wenn Sie Ihr **Online-Buch** auch weiterhin nutzen wollen, erhalten Sie den vollen Zugang zum **Vorzugspreis**.

So nutzen Sie Ihren Vorteil

Halten Sie den unten abgedruckten Zugangscode bereit und gehen Sie auf www.galileodesign.de. Dort finden Sie den Kasten **Die Bonus-Seite für Buchkäufer**. Klicken Sie auf **Zur Bonus-Seite / Buch registrieren**, und geben Sie Ihren **Zugangscode** ein. Schon stehen Ihnen die Bonus-Angebote zur Verfügung.

Ihr persönlicher Zugangscode: `5mtg-js3z-2ne7-dqvp`

Philippe Fontaine

Adobe After Effects CS6
Das umfassende Handbuch

Galileo Press

Liebe Leserin, lieber Leser,

ob Sie nun eine einfache Trickfilmanimation gestalten wollen oder eine aufwendige Post Production à la Hollywood planen: Mit After Effects ist praktisch alles möglich. Mit dieser Vielseitigkeit geht jedoch auch eine enorme Komplexität einher – unzählige Funktionen und Werkzeuge wollen beherrscht werden.

Damit der kreative Einsatz der Software gelingt, muss also das nötige Fachwissen her. Daher freue ich mich ganz besonders, Ihnen die Neuauflage unseres bewährten Standardwerks zu After Effects präsentieren zu können. Dieses Buch zeigt Ihnen, wie aus Ihrer anfänglichen Projektidee durch die gezielte Arbeit mit Keyframes, den wirkungsvollen Einsatz von Effekten in Kinoqualität und ausgeklügelte Techniken wie Maskierung und Motion Tracking ein fulminanter Film entsteht. Dabei werden in diesem Buch nicht bloß lose Theorieblöcke aneinandergereiht: Philippe Fontaine erklärt Ihnen alle Funktionen im Zusammenhang, und in den zahlreichen Praxisworkshops findet das Gelernte direkt seine Anwendung. Das benötigte Beispielmaterial finden Sie natürlich auf der beiliegenden Buch-DVD. Als besonderes Extra haben wir Ihnen neun Video-Lektionen zusammengestellt. Schauen Sie dem Trainer über die Schulter und erleben Sie im bewegten Bild, wie spektakuläre Compositings entstehen.

Wenn Sie sich bereits mit After Effects auskennen, nutzen Sie das Buch am besten als Nachschlagewerk: Im Index finden Sie schnell die vielen Neuerungen von After Effects CS6, wie z. B. den Ray-traced 3D Renderer. Mit diesem Novum erschaffen Sie echte 3D-Elemente aus Text und Formen und gelangen durch Reflexionen, Umgebungskarten und andere Merkmale zu realistischen Ergebnissen.

Ich hoffe, Sie sind genauso begeistert von diesem Buch wie ich. Sollten Sie Hinweise, Anregungen, Kritik oder Lob an uns weitergeben wollen, so freuen wir uns über Ihre E-Mail.

Und nun viel Spaß und Erfolg bei der Arbeit mit After Effects CS6!

Ihre Katharina Geißler
Lektorat Galileo Design
katharina.geissler@galileo-press.de

www.galileodesign.de
Galileo Press • Rheinwerkallee 4 • 53227 Bonn

Auf einen Blick

Teil I	Grundlagen	31
Teil II	Konzeption und Import	97
Teil III	Vom Rohmaterial zur Ebene	149
Teil IV	Keyframes und Animation	249
Teil V	Raus zum Film	333
Teil VI	Titel und Texte	413
Teil VII	Masken, Effekte und Korrekturen	463
Teil VIII	Fortgeschrittene Funktionen	669
Teil IX	After Effects im Workflow	803

Impressum

Wir hoffen sehr, dass Ihnen dieses Buch gefallen hat. Bitte teilen Sie uns doch Ihre Meinung mit. Eine E-Mail mit Ihrem Lob oder Tadel senden Sie direkt an die Lektorin des Buches: *katharina.geissler@galileo-press.de*. Im Falle einer Reklamation steht Ihnen gerne unser Leserservice zur Verfügung: *service@galileo-press.de*. Informationen über Rezensions- und Schulungsexemplare erhalten sie von: *julia.mueller@galileo-press.de*.

Informationen zum Verlag und weitere Kontaktmöglichkeiten finden Sie auf unserer Verlagswebsite *www.galileo-press.de*. Dort können Sie sich auch umfassend und aus erster Hand über unser aktuelles Verlagsprogramm informieren und alle unsere Bücher versandkostenfrei bestellen.

An diesem Buch haben viele mitgewirkt, insbesondere:

Lektorat Katharina Geißler, Ariane Börder
Korrektorat Petra Biedermann, Reken
Herstellung Janina Brönner
Layout Vera Brauner
Einbandgestaltung Klasse 3b, Hamburg
Coverbild Fotolia: 32158411©agsandrew, 25414991©agsandrew, 24792295©Stephanie Swartz
Satz SatzPro, Krefeld
Druck Himmer AG, Augsburg

Dieses Buch wurde gesetzt aus der Linotype Syntax (9,25 pt/13 pt) in Adobe InDesign CS5.5. Gedruckt wurde es auf mattgestrichenem Bilderdruckpapier (115 g/m^2).

Der Name Galileo Press geht auf den italienischen Mathematiker und Philosophen Galileo Galilei (1564–1642) zurück. Er gilt als Gründungsfigur der neuzeitlichen Wissenschaft und wurde berühmt als Verfechter des modernen, heliozentrischen Weltbilds. Legendär ist sein Ausspruch *Eppur si muove* (Und sie bewegt sich doch). Das Emblem von Galileo Press ist der Jupiter, umkreist von den vier Galileischen Monden. Galilei entdeckte die nach ihm benannten Monde 1610.

Bibliografische Information der Deutschen Nationalbibliothek:
Die Deutsche Nationalbibliothek verzeichnet diese Publikation in der Deutschen Nationalbibliografie; detaillierte bibliografische Daten sind im Internet über *http://dnb.d-nb.de* abrufbar.

ISBN 978-3-8362-1892-4
1. Auflage 2013
© Galileo Press, Bonn, 2013

Das vorliegende Werk ist in all seinen Teilen urheberrechtlich geschützt. Alle Rechte vorbehalten, insbesondere das Recht der Übersetzung, des Vortrags, der Reproduktion, der Vervielfältigung auf fotomechanischem oder anderen Wegen und der Speicherung in elektronischen Medien.

Ungeachtet der Sorgfalt, die auf die Erstellung von Text, Abbildungen und Programmen verwendet wurde, können weder Verlag noch Autor, Herausgeber oder Übersetzer für mögliche Fehler und deren Folgen eine juristische Verantwortung oder irgendeine Haftung übernehmen.

Die in diesem Werk wiedergegebenen Gebrauchsnamen, Handelsnamen, Warenbezeichnungen usw. können auch ohne besondere Kennzeichnung Marken sein und als solche den gesetzlichen Bestimmungen unterliegen.

Inhalt

Vorwort 27
Dank 29

TEIL I Grundlagen

1 Einleitung

1.1	Ziel des Buches	33
	Einsteiger	34
	Fortgeschrittene	34
	Die DVD zum Buch	34
	Unterschiede unter Mac und Windows	35
1.2	Die früheren Versionen von After Effects	35
1.3	After Effects	46
	Ray-traced 3D Renderer	46
	Ebenen-Begrenzungsrahmen und Auswahlanzeiger	47
	Formen aus Vektorebenen erstellen	48
	Vorschauoption »Schneller Entwurf«	48
	Werkzeug »Weiche Maskenkante«	50
	3D-Kameratracker	50
	Rolling-Shutter-Reparatur	51
	Automatic Duck Pro Import AE	51
	ARRIRAW-Import	51
	Neue 32-Bit-Effekte	51
	Neue und aktualisierte Cycore-Effekte	51
	MXF OP1a-Videocodec-Unterstützung	52
1.4	Systemvoraussetzungen	52
	Minimalkonfiguration	52
	Empfohlene Systemkonfiguration	53

Inhalt

| | After Effects und der Prozessor | 57 |
| | 32-Bit- versus 64-Bit-Systeme | 59 |

2 Begriffe und Standards

2.1	Was ist Animation?	63
	Einzelbildanimation	63
	Keyframe-Animation	64
2.2	Auflösung	66
	Vollbild oder Halbbild	66
	Bildformat	68
	8 Bit, 16 Bit und 32 Bit	69
	Pixel-Seitenverhältnis	69
2.3	Fernsehnormen	70
	NTSC	71
	PAL	71
	SECAM	72
	Digitalfernsehen	72
2.4	HDTV	73
	4:3- und 16:9-Format	74
2.5	Ultra HDTV	75
2.6	Videonormen	75
	DV	75
	DVCAM und DVCPRO	76
	DVCPROHD	77
	HDV	77
	HDCAM und HDCAM SR	78
	XDCAM SD, XDCAM HD und XDCAM EX	78
	AVCHD	78
	Panasonic P2-Format	79
	DPX	79
	REDCODE	80

3 Tour durch das Programm

| 3.1 | Die Benutzeroberfläche im Überblick | 81 |
| 3.2 | Ein erstes Projekt | 85 |

Inhalt

TEIL II Konzeption und Import

4 Ein Filmprojekt vorbereiten

4.1	Projektplanung und -organisation	99
	Idee	99
	Storyboard	99
	Vorbereiten von Rohmaterial	100
	Ausgabemedium und Kompositionseinstellungen	103
4.2	Projekte anlegen, speichern und öffnen	104
	Projekt anlegen	104
	Projekte öffnen und schließen	105
	Projekte speichern	106
	Automatisierte Projektbearbeitung	106
4.3	Projekteinstellungen	108
	Projekt-Zeitanzeige festlegen	108
	Projektfarbtiefe wählen	109
	Arbeitsfarbraum wählen	110
4.4	Die Arbeitsoberfläche anpassen	110

5 Der Import

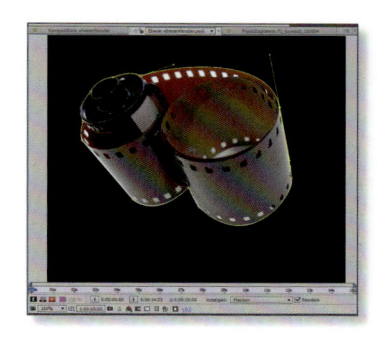

5.1	Der Importdialog	115
5.2	Import von Photoshop- und Illustrator-Dateien	116
	Pixel und Vektoren	116
	Ein komplettes Layout importieren	118
	Transparentes Material importieren	126
5.3	Import von After-Effects-Projekten	126
	Projekte einbetten	127
5.4	Import von Premiere-Pro-Projekten	127
5.5	Weitere Importmöglichkeiten	128
	Import von Bilddaten mit hohem dynamischem Bereich (HDR)	129
	Import von Camera-Raw-Dateien	130
	Import von XMP-Metadaten	131
	Import per Drag & Drop	131
	Importvoreinstellungen	132
5.6	Videodaten in After Effects	132
	Separate Halbbilder festlegen	133

Pixel Aspect Ratio (PAR) 134
HDV (1.440 × 1.080) und DVCPRO HD
am Computermonitor 135
Pixel-Seitenverhältnis interpretieren 136
HDV und DVCPRO HD oder D1/DV PAL,
D1/DV NTSC bearbeiten und ausgeben 137
Rohmaterial für DVCPRO HD,
HDV (1.440 × 1.080) und D1/DV vorbereiten
und ausgeben 138
Pixel-Seitenverhältnis-Interpretation
zurücksetzen 142

5.7 Importieren von Mediendaten bandloser
Formate 144
XDCAM- und AVCHD-Formate importieren 144
Panasonic P2-Formate importieren 145
Cineon und DPX 146
RED-Import 146
XDCAM-HD-Import 146
Unterstützte Importformate 146

TEIL III Vom Rohmaterial zur Ebene

6   Rohdaten verwalten

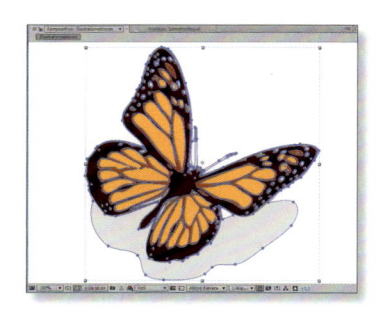

6.1 Das Projektfenster 151
6.2 Rohmaterial ersetzen 154
Footage ersetzen 156
Footage in der Originalanwendung bearbeiten 156
Platzhalter und Stellvertreter 156
6.3 Dateien sammeln und Dateien »zerstreuen« 159
Dateien entfernen 159
Dateien sammeln 159

7   Layout in After Effects: Kompositionen und Zeitleiste

7.1 Kompositionen: Layout in Raum und Zeit 161
Eine Komposition anlegen 162
Kompositionseinstellungen 162

	Kompositionsvorgaben	164
	Erweiterte Kompositionseinstellungen	164
7.2	**Footage einer Komposition hinzufügen**	167
7.3	**Das Kompositionsfenster**	168
	Positionierung von Ebenen	169
	Die Schaltflächen des Kompositionsfensters	171
7.4	**Verschachtelte Kompositionen (Nesting)**	176
	Vorteile von verschachtelten Kompositionen	183
	Anmerkungen zum Nesting	184
7.5	**Flussdiagramm**	185
7.6	**Die Zeitleiste**	187
	Zeitmarke	187
	Arbeitsbereich	188
	Zoomfunktion der Zeitleiste	189
	Anzeigeoptionen in der Zeitleiste	189
	Audio-/Video-Funktionen	190
	Etiketten	191
	Ebenennummerierung	191
	Ebenenname	191
	Ebenenschalter	192
	Schalter/Modi	196

8   Ebenen organisieren und bearbeiten

8.1	**Ebenen anordnen und ausrichten**	199
	Ebenen ausrichten und verteilen	206
8.2	**Ebenen bearbeiten**	207
	Das Ebenenfenster	207
8.3	**Trimmen von Ebenen**	208
	Trimmen im Ebenenfenster	209
	Trimmen in der Zeitleiste	210
	Trimmen im Footage-Fenster	210
	Trimmen per Tastatur	211
	Material aus Ebenen entfernen und Ebenen teilen	211
	Inhalt in einer Ebene verschieben	213
8.4	**Ebenen dehnen und stauchen**	213
	Schnelleres und verlangsamtes Abspielen	213

	Abspielrichtung umkehren 214
	Ebenen als Sequenz 215
8.5	Marken setzen 217
	Kompositionszeitmarken 217
	Ebenenmarken 218
	Der Dialog »Ebenenmarke« 219
8.6	XMP-Metadaten 221
	Statische und temporale Metadaten 221
	Identifikationsnummer 222
	XMP-Metadaten in After Effects 223
8.7	Bitte mischen: Füllmethoden 225
	Transparenzmodi 226
	Abdunkeln-Modi 226
	Aufhellen-Modi 227
	Kombinieren-Modi 228
	Differenz- und Ausschlussmodi 229
	Farbmodi 229

9   Vorschau

	Caching (globaler Performance Cache) 231
	Arbeitsbereich dauerhaft speichern 233
	Medien-Cache 234
9.1	Standard- und RAM-Vorschau 235
	Standardvorschau 235
	RAM-Vorschau über die Vorschau-Palette 235
9.2	Audiovorschau und Audio synchronisieren 237
	Synchronisation mit Sound 237
	Audiovoreinstellungen 239
9.3	Vorschau optimieren 240
	Arbeitsspeicher entlasten 240
	Optionen in der Zeitleiste 240
	Kompositionsvorschau optimieren 241
	Vorschauarten 242
	Vorschau-Voreinstellungen 243
	Grafikkarte und Vorschau 245
9.4	Brainstorming – Animationsvarianten 246

TEIL IV Keyframes und Animation

10 Keyframe-Grundlagen

10.1	Setzen von Keyframes	251
	Eigenschaften	252
	Auto-Keyframe-Schalter	259
	Separate Positions-Keyframes	259
10.2	Ankerpunkte definieren	261
10.3	Animationsvorgaben	266
	Eigene Animationsvorgaben erstellen	267
10.4	Der Diagrammeditor	269
	Funktion des Diagrammeditors	269
	Arbeit mit dem Diagrammeditor	270
	Keyframe-Bearbeitung im Diagrammeditor	272
	Transformationsfeld	273
	Ansicht im Diagrammeditor anpassen	275

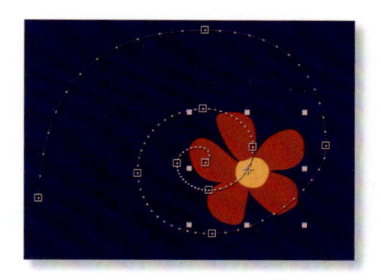

11 Keyframe-Interpolation

11.1	Zwei Arten der Interpolation	277
11.2	Die räumliche Interpolation und Bewegungspfade	278
	Was ist ein Bewegungspfad	278
	Methoden der räumlichen Interpolation	279
	Der Dialog »Keyframe-Interpolation«: Räumliche Interpolationsmethoden einstellen	285
	Bewegungspfad mit Pfad-Werkzeugen bearbeiten	286
	Voreinstellungen für Bewegungspfade	286
11.3	Zeitliche Interpolation und Geschwindigkeitskurven	287
	Geschwindigkeit ist Weg durch Zeit	287
	Die Geschwindigkeitskurve	289
	Geschwindigkeitskurven bearbeiten	290
	Per Transformationsfeld Geschwindigkeit erhöhen	299
	Assistenten für Keyframe-Geschwindigkeit	300
	Methoden der zeitlichen Interpolation	301

	Zeitliche Interpolationsmethoden einstellen	303
	Die Wertekurve	304
11.4	**Pfade als Key-Generator**	306
	Pfade aus Illustrator und Photoshop	306
	Roving Keyframes	308
11.5	**Keyframes für Schnelle**	312
	Bewegung skizzieren	312
	Glätten	313
	Verwackeln	314
11.6	**Zeitverzerrung**	315
	Zeitverzerrung im Diagrammeditor	316
	Zeitverzerrung im Ebenenfenster	319
11.7	**Parenting: Vererben von Eigenschaften**	320
11.8	**Animation mit den Puppenwerkzeugen**	323

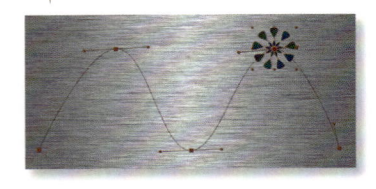

TEIL V Raus zum Film

12 Kompression und Kompressoren: die Grundlagen

12.1	**Kompression**	335
	Warum Kompression?	335
	Kompressionsarten	337
12.2	**Codecs und ihre Verwendung**	339
	Player, Encoder und Codecs	339
	Gängige Formate, Kompressoren und Medien	340
	Kompression in After Effects	341

13 Das Rendern

13.1	**Der Rendervorgang**	347
13.2	**Schnelle RAM-Vorschau und schnelles Rendern**	349
	Mehrprozessorverarbeitung in After Effects	349
	CPU- und Speicheraufteilung	350
	Einschränkungen	352

13.3 Rendern in der Praxis: QuickTime-Film ausgeben 353
Rendereinstellungen 354
Ausgabemodul 357
Rendern abschließen 360

13.4 Ausgabemöglichkeiten 360
Falsche Framegröße 360
Testrendern 361
Ausgabemöglichkeiten zur Weiterverarbeitung 361
Ausgabe eines einzelnen Frames 363
Ausgabe als Standbildsequenz 364
DV-Ausgabe 364
MP3-Ausgabe 364
MPEG-2-DVD-Ausgabe 365
MPEG-2 Blu-ray 367
H.264- und H.264-Blu-ray-Ausgabe 367
MPEG-4 Ausgabe 368
MXF OP1a 368
Unterstützte Ausgabeformate 368
Vorlagen für Rendereinstellungen und Ausgabemodule 370

13.5 Arbeiten mit der Renderliste 372
Mehrere Ausgabemodule verwenden 374
Vorgang nach dem Rendern 375
Ausgabeketten erstellen 377
Ausgabe-Voreinstellungen 378

13.6 Netzwerkrendern 379

13.7 Ausgabe mit dem Media Encoder 383

13.8 Exportieren: Was ist das? 385

14 Filme für das Kino

14.1 Eine Frage des Formats 387
Häufige Aufzeichnungsformate 388
Gängige Kinoformate 391
Aktions- und titelsichere Ränder 393

14.2 Formate in After Effects 393
Arbeit mit HD 1.920 × 1.080 in After Effects 393
Formatanpassung in After Effects 395

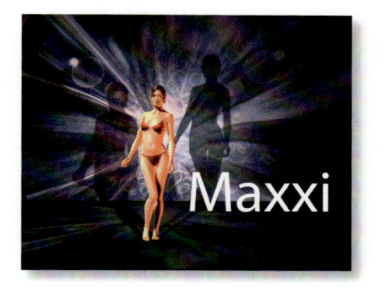

14.3	Arbeit mit synthetischem Bildmaterial	398
	Rendern ins Ausgabeformat	399

15 Ausgabe für das Web

15.1	Die passende Ausgabe	401
15.2	SWF-Dateien ausgeben	402
	Möglichkeiten und Unmöglichkeiten beim SWF-Export	402
	SWF-Exportoptionen	406
	Nach dem Export	408
	Import einer SWF-Datei in Flash	408
15.3	Ausgabe ins Flash-Video-Format (FLV + F4V)	409
	Einstellungen für F4V- und FLV-Ausgabe	409

TEIL VI Titel und Texte

16 Texte erstellen und bearbeiten

16.1	Texte: Was ist möglich?	415
16.2	Punkt- und Absatztext erstellen	416
	Punkttext erstellen	417
	Absatztext erzeugen	419
	Punkttext in Absatztext umwandeln und umgekehrt	420
	Horizontalen in vertikalen Text umwandeln und umgekehrt	421
	Ebeneneinstellungen ein- und ausblenden	422
	Text aus anderen Anwendungen einfügen	422
16.3	Textformatierung	423
	Die Zeichen-Palette	423
	Die Absatz-Palette	427

17 Text animieren

17.1	Welche Möglichkeiten der Textanimation gibt es?	431

17.2	Arbeiten mit Textanimator-Gruppen	432
	Der Animator, seine Eigenschaften und die Bereichsauswahl	432
	Mehr als ein Animator und eine Auswahl	436
	Erweiterte Optionen der Bereichsauswahl	441
	Zeichenbasierte 3D-Textanimation	443
	Zeichenausrichtung zur Kamera	446
17.3	Expression- und Verwackelnauswahl	446
	Expressionauswahl	446
	Verwackelnauswahl	447
17.4	Mehr Optionen	451
17.5	Quelltextanimation	453
17.6	Vorgegebene Textanimationen	454
	Vorgegebene Textanimation anwenden	455
17.7	Text und Masken	455
	Text am Maskenpfad animieren	455
	Weitere Pfadoptionen	460
	Formen und Masken aus Text erstellen	461

TEIL VII Masken, Effekte und Korrekturen

18 Masken, Matten und Alphakanäle

18.1	Begriffsdefinitionen	465
	Alphakanal	465
	Masken und Matten	470
18.2	Matten und ihre Verwendung	473
	Alpha-Matte erstellen	474
	Luminanz-Matte erstellen	476
	Matte animieren	476
	Transparenz erhalten	476
18.3	Masken: Schon wieder Pfade	477
	Masken erstellen	478
	Bearbeitung von Masken	481
	RotoBézier-Masken	489
	Öffnen und Schließen von Masken	492
	Maskenformen numerisch ändern	492
	Form einer Maske ersetzen	493

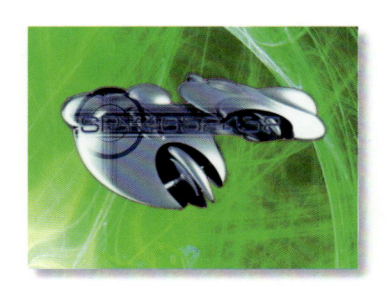

Ebene hinter einer Maske verschieben 493
Maskeneigenschaften animieren 494
Werkzeug »Weiche Maskenkante« 499
Bewegungsunschärfe für Masken 500
Die Option »Pausstift« 501

18.4 Masken-Interpolation 505
Der SmartMask-Assistent 506
Maskenpfad versus Bewegungspfad 510
Bewegungspfad versus Maskenpfad 513

18.5 Formebenen 513

18.6 Rotoskopieren mit dem Roto-Pinsel 521
Propagierung im Roto-Pinsel-Effekt 528
Der Effekt »Maske verbessern« 530

19 Erweiterte Bearbeitungsmöglichkeiten mit Effekten

19.1 Effekte in After Effects CS6 533

19.2 Effekt-Grundlagen 534

19.3 Effekte miteinander kombinieren 538
Rauch und Feuer 538
Nebel 543
Wasser 547

19.4 Arbeiten mit den Cycore Effects 552
Spielen mit Partikeln 553
Partikelexplosion 562
Effekte am Pfad 565
»Strich«, »Strahl«, »Blendenflecke«,
»Turbulentes Versetzen« und »Zertrümmern« 566
»Zeichentrick« 573
»Mosaik« 574
»Kameralinsen-Weichzeichner« 576
»Rolling-Shutter-Reparatur« 578
Effekt per Einstellungsebenen vererben 579

19.5 Keying-Effekte 581
Wozu dient das Keying? 581
»Color-Key« 581
»Linearer Color-Key« 585
»Matte vergrößern/verkleinern« 586
»Maske verbessern« 587

Matten per »Min-Max« bearbeiten 587
»Innerer/Äußerer Key« 587
»Differenz-Matte« 591
Hintergrundfarbe entfernen 593

20 Farbkorrektur

20.1	**Grundlagen der Farbenlehre**	595
	Die Grundfarben	595
	Additive Farbmischung	596
	Subtraktive Farbmischung	596
	Farbkreis	597
	Farbsampling	597
	RGB-Modell und After Effects	599
	Projektfarbtiefe	600
20.2	**Farbmanagement in After Effects**	602
	Wie funktioniert das Farbmanagement?	602
	Arbeitsfarbraum linearisieren	606
20.3	**Luminanzbasierte Farbkorrektur**	607
	Tonwertkorrektur	607
	Kurven	609
20.4	**Chrominanzbasierte Farbkorrektur**	610
	Farbton/Sättigung	610
	Farbbalance	612
20.5	**Color Finesse**	613
	Die Benutzeroberfläche von Color Finesse	614
	Waveformmonitor	616
	Farbkorrektur an verschiedenen Zeitpunkten	621
	Vectorscope	622
	Korrekturmöglichkeiten	622
	Primäre und sekundäre Farbkorrektur	625
	Referenzbild	629
	Farbinfofenster	629
	Automatische Farbkorrektur mit Match Color	630
	Farbkanalkorrektur (RGB, CMY, YCbCr)	631
	Curves	632
	Levels	634
	Luma Ranges	635
	Limitierung von Luma- und Chromawert	636

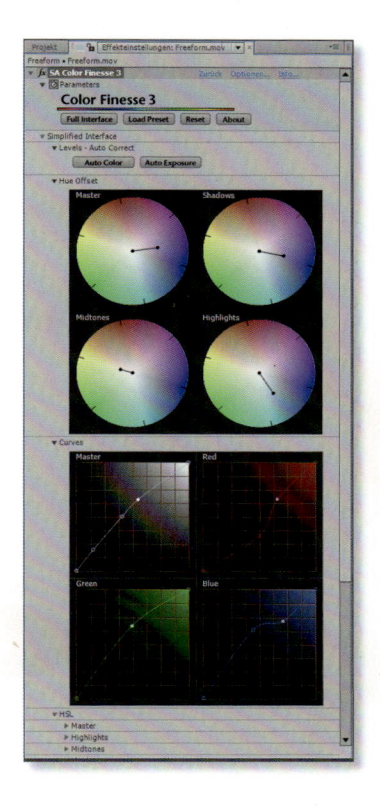

20.6	Lookup Tables (LUTs)	637
	Farbtabellen (LUTs) mit Color Finesse erstellen	638
	Farbtabellen (LUTs) in After Effects	639

21 Malen und Retuschieren

21.1	Pinsel und Pinselspitzen	641
	Malen-Optionen in der Zeitleiste	645
	Anzeigeoption im Ebenenfenster	646
	Malen auf Text	646
21.2	Malstriche bearbeiten	647
	Konturoptionen	647
	Strichpfad als Maskenpfad und umgekehrt	650
	Transformieren von Strichen	651
	Ein paar Helfer beim Malen	652
	Grafiktablett verwenden	653
	Malen auf Kanälen	654
	Blendmodi	655
	Dauer und Animation	655
21.3	Radiergummi	657
21.4	Der Kopierstempel	659
	Kopieroptionen in der Malen-Palette und in der Zeitleiste	663

TEIL VIII Fortgeschrittene Funktionen

22 Motion Tracking

22.1	Der Motion Tracker von After Effects	671
	Die Tracker-Palette	672
	Motion Tracking in der Praxis	672
	Das Tracking verbessern	679
	Tracking-Daten in der Zeitleiste	682
	Track-Arten	683
	Null-Objekte für Tracking nutzen	688
	3D-Kameratracker	689
	Verkrümmungsstabilisierung	696

| 22.2 | Mocha | 698 |

Mocha Shape Data ... 707

23 3D in After Effects

| 23.1 | 3D in einem 2D-Animationsprogramm? | 711 |

2D- und 3D-Ebenen und Koordinaten ... 711
2D-Ebenen in 3D-Ebenen umwandeln und animieren ... 713
3D-Ebenen im Kompositionsfenster ... 724

| 23.2 | Licht und Beleuchtung | 724 |

Lichtquellen ... 725
Materialoptionen: Die Schattenwelt ... 733
Lichtübertragung ... 735

| 23.3 | Die Kamera: Ein neuer Blickwinkel | 737 |

Arbeit mit Kameraebenen ... 737
Ein-Knoten- und Zwei-Knoten-Kameras ... 743
Ebene zur Kamera ausrichten ... 744
Null-Objekt für die Kamera nutzen ... 744
Die wichtigsten Kameraoptionen ... 745
Kamera-Werkzeuge ... 750

| 23.4 | Ray-traced-3D-Kompositionen | 751 |

Voraussetzungen und Arbeitshilfen für Ray-traced 3D ... 751
Materialoptionen in Ray-traced-3D-Kompositionen ... 761
Ebenen biegen und Umgebungsmaps ... 763
Illustrator-Pfade extrudieren ... 765

24 Expressions

| 24.1 | Was sind Expressions? | 767 |

Animationen übertragen ... 768

| 24.2 | Expressions in der Praxis | 769 |

Rote Eigenschaftswerte ... 771
Gummiband ... 772

| 24.3 | Die Sprache der Expressions | 772 |

Adressierung ... 773
Globale Objekte ... 774

	Attribute und Methoden	775
	Expression-Sprachmenü	775
24.4	**Einheiten und Dimensionen**	776
	Werteanpassung	776
	Dimensionen und Arrays	778
	Mehrdimensionale Eigenschaften auslesen	781
	Mathematische Operationen mit Arrays	783
24.5	**Expressions im Einsatz: Bewegung ohne Keyframes**	783
24.6	**Effekte und Expressions**	789
	Schieberegler für Expressions	792
24.7	**Expression-Editor**	799
24.8	**Audiospuren für Expressions nutzen**	800
24.9	**Expressions dauerhaft sichern**	801

TEIL IX After Effects im Workflow

25 Workflow mit Photoshop und Illustrator

25.1	**Zusammenarbeit mit Adobe Photoshop**	805
	Bilddaten in Photoshop vorbereiten	805
	Import und Animation einer Photoshop-Datei	807
	Datei extern bearbeiten	811
	Was wird aus Photoshop übernommen?	812
	Import von Photoshop-Dateien mit Animationen	819
	3D-Kompositionen aus Fluchtpunkt-Daten erzeugen	820
	Photoshop-Pfade in After Effects	825
	Photoshop-Dateien aus After Effects ausgeben und erzeugen	826
25.2	**Zusammenarbeit mit Adobe Illustrator**	827
	Bilddaten in Illustrator vorbereiten	827
	Import und Animation einer Illustrator-Datei	829
	Vektoren in Formen konvertieren	834

26 Video-Workflow mit After Effects CS6

26.1 Zusammenarbeit mit Adobe Premiere Pro CS6 837
Videodaten in Premiere Pro vorbereiten 838
Import einer Premiere-Pro-Datei 839
AAF-Dateien 842
After-Effects-Daten in Premiere Pro 842
Copy & Paste 845

26.2 Zusammenarbeit mit Adobe Flash Professional 845
XFL-Export aus After Effects 846
Einschränkungen beim XFL-Export 850

26.3 Zusammenarbeit mit Adobe Encore 852
Encore-Schaltflächen in After Effects animieren 852

26.4 Adobe Dynamic Link 854
After-Effects-Komposition verknüpfen 855
Premiere-Pro-Clip durch After-Effects-Komposition ersetzen 856
Neue After-Effects-Komposition 857
Premiere-Pro-Sequenzen verlinken 858
Offlinekompositionen 858

26.5 Automatic Duck für Apple Final Cut Pro, Apple Motion und Avid 859
Export und Import 859
Was wird unterstützt? 861

26.6 Zusammenarbeit mit Adobe Audition 862
Audio-Hardware Voreinstellung 864

27 Integration mit 3D-Applikationen

27.1 Warum externe 3D-Programme nutzen? 865
27.2 Datenübergabe an After Effects 866
Art der Datenübergabe 866
Wie kommt After Effects an die Daten heran? 868
Anpassungen und Vorbereitungen 868

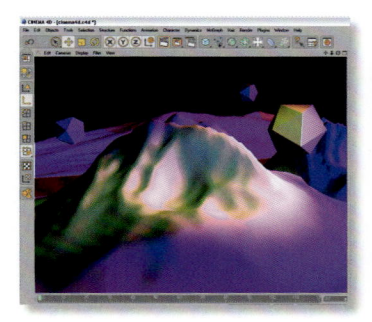

Inhalt

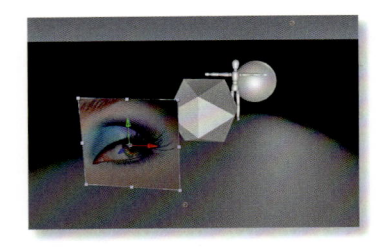

27.3 Umgang mit 3D-Daten in After Effects 869
RPF-Dateien in 3ds Max vorbereiten
und erstellen 870
RPF-/RLA-Sequenzen importieren 872
3D-Kanaleffekte 876
OpenEXR und ProEXR 883
Weitere Helfer bei der Datenübernahme 885

27.4 Maya-Dateien übernehmen 887
Vorbereitungen zur Kameradaten-
übernahme aus Maya 887
Maya-Daten importieren 888
Render Passes übertragen 890

27.5 Cinema 4D-Dateien übernehmen 892
Vorbereitungen in Cinema 4D 893
Cinema 4D-Daten importieren 897
After-Effects-Kompositionsdaten für
Cinema 4D exportieren 901
Abspann 903

Die DVD zum Buch 905
Index 907

Workshops

Tour durch das Programm
▶ Ihr erstes Projekt 86

Der Import
▶ Die Bilder lernen laufen – Trickfilm 120

Layout in After Effects: Kompositionen und Zeitleiste
▶ Verschachtelte Kompositionen 176

Ebenen organisieren und bearbeiten
▶ Ebenen anordnen – Geburtstag 199

Keyframe-Grundlagen
▶ Eigenschaften und Eigenschaftswerte 253
▶ Dreh- und Angelpunkt ist der Ankerpunkt 261

Keyframe-Interpolation
▶ Dax-Index – Bewegungspfad bearbeiten und räumliche Interpolationsmethoden ändern 281
▶ Mehr Dynamik – Geschwindigkeitskurven 293
▶ Pfade erstellen und einfügen 306
▶ Roving Keyframes – Geglättete Geschwindigkeit 309
▶ Papa Parenting und Frosch junior 320
▶ Die Puppenwerkzeuge 324

Das Rendern
▶ Einrichten eines Rendernetzwerks 380

Texte erstellen und bearbeiten
▶ Der Weg zum Punkttext 417

Text animieren
▶ Text animieren in der Praxis 432
▶ Animatoren und ausgewählte Bereiche 436
▶ Zeichenbasierte 3D-Textanimation 443
▶ Verwackelte Eigenschaften 447
▶ Einstellungen unter »Mehr Optionen« 451
▶ Auf unsichtbaren Pfaden – Wellenreiter 455

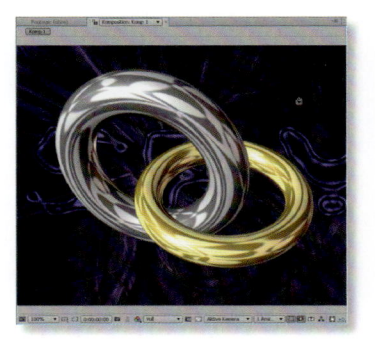

Workshops

Masken, Matten und Alphakanäle
- Das Bild im Text 474
- Einfache Maskenformen erstellen 478
- Scherenschnitt – Maskenpfade 481
- Samurai – RotoBézier-Maske erstellen 490
- Maskenball – Maskeneigenschaften 494
- Alphakanal abpausen 502
- Morphing – Maskenformen umwandeln 505
- Ariadne – Maskenpfad in Bewegungspfad einsetzen 511
- Formen animieren 513
- Roto-Pinsel und Maske verbessern 521

Erweiterte Bearbeitungsmöglichkeiten mit Effekten
- Bildanpassung mit Effekten 534
- Explosion erzeugen 538
- Simulation einer Wasseroberfläche 547
- »Particle World« anwenden 553
- Ufo-Angriff 566
- Ein neuer Hintergrund mit Color-Key 581
- Keying ohne Bluescreen 588

Farbkorrektur
- Ein flaues Bild mit Color Finesse korrigieren 618
- Farbstich entfernen mit Color Finesse 623
- Sekundäre Farbkorrektur mit Color Finesse 626

Malen und Retuschieren
- Ein Graffiti malen 642
- Der Anfang, das Ende und die Form des Pinsels 648
- Das doppelte Lottchen 659
- Bildteile entfernen 662

Motion Tracking
- Bewegung verfolgen 673
- Kamera tracken 689
- Eckpunkte verfolgen mit Mocha 698
- AE-Matte und AE-Masken erstellen mit Mocha 707

3D in After Effects
- Schaffe, schaffe, Häusle baue 713
- Lichtquellen anlegen und animieren 725
- Kamerafahrt und Kamerazoom 737

- ▶ Fokus, Pokus, Tiefenschärfe 745
- ▶ 3D-Balkengrafik 753

Expressions
- ▶ Eigenschaften verknüpfen 769
- ▶ Verschiedene Eigenschaften, verschiedene Einheiten 777
- ▶ Verschiedene Eigenschaften, verschiedene Dimensionen 779
- ▶ Den Wert der Eigenschaft eines Objekts auslesen 781
- ▶ Herr Kosinus lernt laufen 783
- ▶ Ebenenkoordinaten in Kompositionskoordinaten übersetzen 789
- ▶ Eine animierbare DNS 792

Workflow mit Photoshop und Illustrator
- ▶ Der Umgang mit Photoshop-Dateien 807
- ▶ 3D-Komposition aus Fluchtpunkt-Daten 820
- ▶ Der Umgang mit einer Illustrator-Datei 830

Video-Workflow mit After Effects CS6
- ▶ Der Umgang mit Premiere-Pro-Daten 839
- ▶ Von After Effects zu Flash 847

Integration mit 3D-Applikationen
- ▶ Umgang mit einer RPF-Sequenz 872
- ▶ 3D-Kanaleffekt »ID-Maske« 877
- ▶ Der Effekt »3D-Nebel« 879
- ▶ 3D-Kameratrackerdaten für Cinema 4D 901

Vorwort

Dieses Buch ist für all diejenigen geschrieben worden, die so viel wie möglich über After Effects und seine Möglichkeiten wissen wollen. Das Gewicht von vielen Seiten und langjähriger Erfahrung mit After Effects liegt nun in Ihren Händen. Sie müssen nur noch alles lesen, am besten von der ersten bis zur letzten Seite. Vielleicht mögen Sie es aber nicht, unendlich dicke Computerbücher jeden Abend mit ins Bett zu nehmen, um bei Ihrer ohnehin schon arg knappen Freizeit überhaupt durch den Schmöker zu kommen. In diesem Fall bietet es sich an, das Buch am Arbeitsplatz bereitzuhalten und die relevanten Teile passend zu Ihrem Arbeitskontext nachzuschlagen. Sie glauben es bei den vielen Seiten vielleicht nicht, aber ich habe versucht, mich kurz zu fassen.

Ich fühle mich auch ganz unschuldig, dass die Seitenzahl so angewachsen ist. Eigentlich ist das engagierte After-Effects-Team daran schuld. Die haben dem Programm nämlich in den vielen Jahren seiner Entwicklung ständig neue Funktionen hinzugefügt und es zu einer Art Werkzeug für alle Lebenslagen gemacht.

In den über 60 Workshops, die ich für Sie geschrieben habe, kommen Sie den unterschiedlichen Programmfunktionen Schritt für Schritt näher. Die übrigen Texte sind nicht dazu gedacht, Sie zu quälen, auch wenn sich hier und da dornige und sperrige Konzepte von After Effects in den Weg zum Verständnis stellen wollen. Diesen Weg durch die Widrigkeiten habe ich für Sie zu ebnen versucht, indem ich schwierige Begriffe und Hintergründe erläutert und mit Beispielen veranschaulicht habe, und zwar von den Grundlagen der Animation bis zu den fortgeschrittenen Themen wie Farbkorrektur, Motion Tracking, 3D und Expressions.

Das war manchmal wie im Märchen von Dornröschen, aber es hat nicht hundert Jahre gedauert. Im Märchen hat der Prinz es allein geschafft, durch die Dornen zu kommen; eigentlich auch nur, weil er zufällig nach hundert Jahren vorbeikam. Aber als

Vorwort

Leser wollen Sie sicher nicht solange warten, um an die für Sie wichtigen Informationen zu gelangen.

Als Gestalter sind Sie sicher mit viel Spaß, Enthusiasmus und einem guten Stück Idealismus am Werk, wenn Sie Ihr gesammeltes Wissen aus etlichen Programmen und Ihre gestalterische Intuition fokussieren und so ein völlig neues, originäres Produkt im Brennofen Ihrer Kreativität schaffen. Da Sie den Brennvorgang so sicher kaum reproduzieren können – deswegen sind Sie in der Kreativbranche und nicht Beamter –, beginnen Sie oft einen neuen Brennprozess für ein neues Produkt. Sie können diesen Vorgang also nicht so leicht, beliebig oft und überall reproduzieren wie die berühmte Cola-Sorte. Verlieren Sie daher nicht den Wert Ihrer kreativen Leistung aus den Augen, wenn Sie diese verkaufen. So helfen Sie damit sich und der gesamten Branche, denn Enthusiasmus und Idealismus sind allein genommen keine guten Ernährer. – Ich hoffe, dass dieses Buch ihrem kreativen Brennofen an vielen Stellen hilft, kontinuierlich am Laufen zu bleiben, Sie sich mit weniger Fehlermeldungen herumplagen und nicht wie der Prinz hundert Jahre warten müssen.

Abbildung 1 ▶
Meine Lieblingsfehlermeldung zum Warten auf den Computer. – Das hatte ich mir auch irgendwie gedacht.

In den vielen Monaten, die nötig sind, so einen Wälzer zu schreiben, kommt es vor, dass die Erfüllung mancher designästhetischer Ansprüche an das Beispielmaterial auf der Strecke bleibt. Dies wurmt den Autor ebenso, aber das Buch läge noch längst nicht in Ihren Händen, wäre überall der letzte Schliff getan. Daher bitte ich um Nachsicht, wo dies weniger gut gelang. – Es bleibt im Fluss.

Um dieses dicke Ding zu schreiben, waren das entspannende Lesen einiger Bücher (von Thomas Mann bis Jorge Volpi) wichtig, die Kochabende mit Thomas, Anke, Viktor, Katja, Jörg, Uta, Eileen und Katrin, die dafür gesorgt haben, den Schreiber bei Laune und Normalgewicht zu halten sowie die anregenden Gespräche mit Kerstin.

Sie sehen schon, ab hier wird das Vorwort zur Danksagung, denn in der Realität bin ich kein Prinz, das Programm ist keine Prinzessin und vollkommen allein habe ich den Berg an Arbeit auch nicht bewältigt.

Dank

Ganz konkret möchte ich mich an erster Stelle bei Ruth Lahres für die Anregung bedanken, dieses Buch zu schreiben. Außerdem für die Überstunden, die ihr durch meine viele Schreiberei entstanden sind und für die Freude, welche mir die Zusammenarbeit bereitet hat.

Außer Frau Lahres musste schon Robert Seidel (*www.2minds.de*) das ganze Buch durchlesen und hat mit vielen kompetenten Anregungen sehr freundlich geholfen. Danke Robert! Ab der zweiten Auflage musste auch noch Katharina Geißler nach Fehlern in den vielen Sätzen suchen. Und nun, mit der vorliegenden Version CS6, hat Ariane Börder das Fehlersieb zur Hand genommen. – Vielen Dank für die tolle Zusammenarbeit! Ralf Kaulisch vielen Dank für das engagierte Marketing! Dank auch an die Korrektorin Petra Biedermann.

I´m very grateful for the support of David Simons (DaveS – there is a 50% chance my name is Dave :-), Nina Ramos (thanks a lot for the picture) and Steve Kilisky. Creating After Effects was a great job!

Thanks a lot to Matt Hillman for many images which are printed in this book (*www.spymh.com*)!

David Pfluger hat einen großen Anteil daran, dass der Abschnitt »Filme für das Kino« so geworden ist, wie er ist und war dabei tatkräftig und sehr zuverlässig. Für viele Fragen hatte Michael Lehmann-Horn immer ein offenes Ohr. Vielen Dank an die magic multi media GmbH (*www.digitalschnitt.de*).

Zu neuen Videoformaten hat Claus Pfeifer von Sony Deutschland kompetenten Rat gegeben, für den ich sehr dankbar bin.

Zum Thema Prozessorarchitektur stand mir Thomas Kaminski von Intel mit viel Detailwissen sehr freundlich zur Seite.
Die Vorteile eines 64-Bit-Systems gegenüber einem 32-Bit-System für After Effects bzw. die gesamte Adobe Suite, lernen Sie durch die Zusammenarbeit mit Michael Mörtl von Adobe ganz genau kennen. Vielen Dank dafür!

Vor Robert hat Thomas Skornia das Buch schon neben seiner Arbeit gelesen und dafür gesorgt, dass die Korrekturarbeit erheblich vereinfacht wurde – eine hervorragende Freundschaftstat. Großen Dank, mein Freund! Großartig geholfen hat Heiko

Schlichting mit wertvollen Hinweisen und klasse Ergänzungen sozusagen als Programmierer-TÜV.

Bei PD Dr. Katrin Röder bedanke ich mich besonders und von Herzen für die unendliche, unermüdliche Unterstützung, Geduld und konkrete Hilfe, vielerlei Dornen in Blumen zu verwandeln!

An Prinzessin, Frosch und Kalif können Sie sich im Buch erfreuen, weil Anke Thomas (*www.anketho.de*) sie extra dafür geschaffen hat.

Weiterhin haben mich Maria Osende, Reno Sartorius, Jule Flierl, Lorella Borrelli und Anne Mate ;-) unterstützt. Michael Walz hat das freundlicherweise mit Sounds getan.

Außerdem haben mir Kerstin Gürke (*www.k---g.de*) und Constance Hybsier (eigentlich Constance H.-F. oder F.-H.?) frisch und freundlich immer Beistand geleistet. Bedanken möchte ich mich auch bei Martin Hertkorn vom Inqua-Institut (*www.inqua-institut.de*) und Andrea Lang.

Philippe Fontaine
In Liebe für meine Eltern Dirk und Griseldis,
für Katrin und meinen Sohn

TEIL I
Grundlagen

Kapitel 1
Einleitung

In diesem Kapitel erhalten Sie einen Überblick über After Effects und seine Geschichte, die Neuerungen in After Effects seit der Version 4 bis zur Version CS6 sowie Empfehlungen für die günstigste Systemkonfiguration. After Effects ist die richtige Wahl für jeden Anwender, der in den Bereich Bewegtbild vordringen will oder schon vorgedrungen ist. Eine optimale Voraussetzung für die Arbeit mit After Effects ist die Kenntnis von Grafik- und Bildbearbeitungsprogrammen.

Wer vom Schnitt kommt, wird in After Effects eine ideale Ergänzung seiner Werkzeuge finden. Effektbearbeitungen, Titelanimationen und Farbkorrektur finden in After Effects neben Video- und Audiobearbeitung bis hin zur 3D-Animation ihren Platz. Durch die weitreichende Funktionalität des Programms und die benutzerfreundliche Bedienung erreicht After Effects eine Zielgruppe, die vom Hobbyfilmer bis zum Profianwender reicht. Für Filmschaffende, Mediengestalter, On-Air- und Webdesigner ist es das Werkzeug der Wahl.

Wer mit den Programmen von Adobe vertraut ist, wird sich als Neuling in After Effects schnell orientieren können, da sich bis auf einige Werkzeuge die Benutzeroberflächen der Adobe-Software ähneln.

1.1 Ziel des Buches

Bevor Sie richtig in die Materie einsteigen, möchte ich Ihnen verraten, wie das vorliegende Buch aufgebaut ist. Dieses Buch richtet sich sowohl an den Einsteiger als auch an den Fortgeschrittenen.

> **Was kann After Effects?**
> After Effects bietet die Möglichkeit, Bild und Ton, Video, Typografie und 3D-Animation miteinander zu kombinieren und als Film in verschiedenste Präsentationsformate auszugeben. Die Ausgabe für Medien wie CD-ROM, DVD, HD-DVD, Blu-ray Disc, mobile Geräte, die Verteilung über das Web und die Ausgabe für Film und Fernsehen gehören zum Funktionsumfang des Programms.

QuickTime

Die auf der DVD mitgelieferten Filmdateien der fertigen Projekte schauen Sie sich am besten mit dem QuickTime Player an, bevor Sie das Projekt beginnen. Unter Windows ist der Player nicht vorinstalliert. Sie können den aktuellsten Player kostenlos von der Apple-Website herunterladen. Der Link ist: *www.apple.com/quicktime/download*.

Einsteiger

Für den Einsteiger ist es ratsam, aber nicht zwingend erforderlich, die Kapitel linear durchzuarbeiten. In späteren Kapiteln werden Grundfunktionen des Programms vorausgesetzt, auch wenn die Erläuterungen dazu so einfach und verständlich wie möglich gehalten wurden. Am Beginn eines Kapitels finden Sie immer eine kurze Einleitung, die Ihnen den Inhalt des Kapitels überschaubar beschreibt. Jedes Kapitel enthält meist ein oder mehrere Projekte, die Schritt für Schritt in Workshops erläutert werden. Hier erlernen Sie den Arbeitsablauf mit dem Programm am besten.

Themen, die nicht in den Workshops besprochen werden, lassen sich über zugehörige Screenshots und detaillierte Beschreibungen erschließen. Dazu finden Sie oft zusätzlich einige Projektdateien zur Vertiefung auf der DVD.

Fortgeschrittene

Für den Fortgeschrittenen habe ich versucht, das Buch so zu gestalten, dass es auch als Nachschlagewerk dienen kann. Sie können nervige Vorreden schnell überspringen, indem Sie das Gesuchte im Index nachschlagen. In den Workshops orientieren Sie sich an den Überschriften, so dass Sie schnell zum Punkt kommen. Zahlreiche Zwischenüberschriften helfen, sich schnell innerhalb eines Themas zurechtzufinden.

Die DVD zum Buch

In diesem Buch finden Sie zu den wichtigen Themen zahlreiche Workshops. Die Dateien, die Sie für Ihre Arbeit benötigen, liegen für Sie auf der dem Buch beigelegten DVD bereit. Dort sind die Projekte nach Kapitelnummern in Ordnern abgelegt.

Meistens enthält jeder Ordner einen fertigen Film des Projekts, die zum Nachbau nötigen einzelnen Dateien und eine Projektdatei (».aep«). Die Dateiendung ».aep« bezeichnet eine After-Effects-Projektdatei. Legen Sie die Projektdatei am besten gleich zu Beginn Ihrer Arbeit an, indem Sie das Projekt nach dem Start von After Effects unter einem aussagekräftigen Namen speichern. Löschen Sie diese Datei nie unbedacht! Sie enthält Ihre gesamte Arbeit und ist immer nötig, um später eventuell notwendige Veränderungen einzuarbeiten.

Zum Nachlesen
Mehr zum Inhalt der DVD finden Sie in Kapitel 28, »Die DVD zum Buch«.

Unterschiede unter Mac und Windows

After Effects ist sowohl für die Mac- als auch für die Windows-Plattform erhältlich. Das Programm läuft auf beiden Systemen, auch die Programmfenster sehen beinahe identisch aus. Daher habe ich im Buch auf die Abbildung der Mac-Programmoberfläche verzichtet.

Außer bei einigen Tastaturübersichten sind die Mac-Tastaturkürzel in diesem Buch unerwähnt geblieben, da ich davon ausgehe, dass eine Übertragung kein Problem darstellt, und ich die Beschreibung der Tastenkürzel nicht unnötig verkomplizieren möchte. Daher erläutere ich hier die Unterschiede zwischen den Tastaturbezeichnungen.

- **Wichtige Tasten**: Viele Funktionen werden unter Windows mit den Tasten [Strg], [Alt], [⇧] und der rechten Maustaste erschlossen.
- **Eingabetaste**: Oft wird die Eingabetaste [↵] verwendet, die auch als Taste »Enter« oder »Return« bekannt ist. Auf der Tastatur gibt es zwei dieser Eingabetasten, die mitunter Verschiedenes bewirken. Im Text ist daher zur Unterscheidung von der Taste »Eingabe« die Rede, wenn es sich um »Eingabetaste im Haupttastaturfeld« handelt (beim Mac Zeilenschalter), und im anderen Fall von der Taste »Eingabe im Ziffernblock«.
- **Datei oder Ablage**: Ein weiterer Unterschied besteht in der Menübezeichnung DATEI unter Windows, die dem Menüeintrag ABLAGE auf dem Mac entspricht. Wenn also von DATEI • IMPORTIEREN oder SPEICHERN UNTER die Rede ist, entspricht das beim Mac ABLAGE • IMPORTIEREN bzw. SPEICHERN UNTER.
- **Mac- und Windows-Voreinstellungen**: Die Voreinstellungen verbergen sich beim Mac und unter Windows an unterschiedlichen Orten. Unter Windows wählen Sie BEARBEITEN • VOREINSTELLUNGEN. Beim Mac ist es AFTER EFFECTS • EINSTELLUNGEN.

Bevor es richtig losgeht und Sie das Programm starten, schauen wir uns rund um das Programm etwas um.

1.2 Die früheren Versionen von After Effects

Wir beginnen mit einem kurzen Überblick über die interessantesten Funktionen, die ab der Version 4 neu hinzugekommen sind.

Version 4 | Die sicherlich auffälligste Änderung von der Version 3 zur Version 4 bestand im neuen Design der Benutzeroberfläche.

Windows	Mac
[Strg]	[⌘]
Kontextmenü: rechte Maustaste	Kontextmenü: [Ctrl] + Klick

▲ **Tabelle 1.1**
Entsprechungen der Tasten Windows – Mac

Kontextmenüs

Kontextmenüs, die sich unter Windows über die rechte Maustaste öffnen, werden auf dem Mac durch einen Klick auf das entsprechende Element bei gleichzeitigem Drücken der Taste [Strg] eingeblendet.

Tastaturtabellen

Falls Sie dennoch unsicher sind, welche Tastaturbefehle Sie verwenden können, gelangen Sie ganz einfach innerhalb von After Effects über HILFE • TASTATURBEFEHLE zu sämtlichen relevanten Tastaturkürzeln.

Hinzu kam die Möglichkeit, mehrere Masken auf einer Ebene anzulegen. Auch an der Integration der Adobe-Produktpalette wurde bereits gearbeitet. Premiere-Projekte und Photoshop-Dateien konnten als Kompositionen importiert werden. Neue Effekte wie Audio-Wellenform, Motion Tile usw. und neue Modi waren weitere Neuerungen.

Version 5 | Als gravierendste Änderung können zweifellos die Einführung der dritten Dimension in After Effects ab der Version 5 gelten, die gleich komplett mit animierbaren Kameras und Lichteinstellungen aufwartete, sowie die Möglichkeit, Animationen und Eigenschaftsabhängigkeiten durch **Expressions** zu definieren, eine auf JavaScript basierende Programmiersprache. Zusätzlich kam mit der Version 5.5 der **3D-Invigorator** als Plug-in der Firma Zaxwerks hinzu, der es erstmalig gestattete, echtes 3D in After Effects zu gestalten. Auch das ebenfalls mit der Version 5 eingeführte Parenting, das die Definition ebenenhierarchischer Abhängigkeiten ermöglicht, und der Motion Tracker, der das Verfolgen von sogenannten Track-Punkten in Videomaterial ermöglicht, gehörten zu den größeren Funktionserweiterungen.

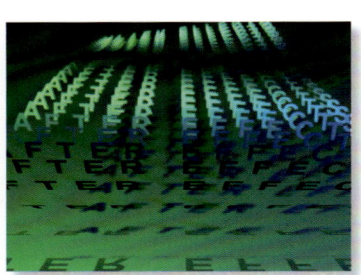

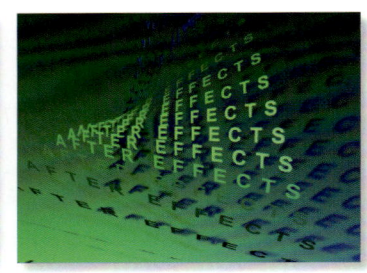

▲ **Abbildung 1.1**
Die dritte Dimension kam mit animierbaren Kameras und Lichtern bereits in der Version 5 von After Effects hinzu.

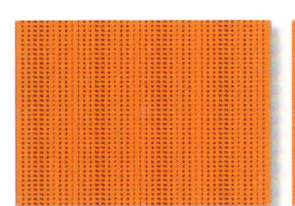

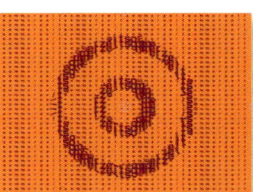

▲ **Abbildung 1.2**
Hier wurde der Effekt Partikelsimulation mit dem Effekt Radiowelle kombiniert und auf Texteigenschaften angewendet.

1.2 Die früheren Versionen von After Effects

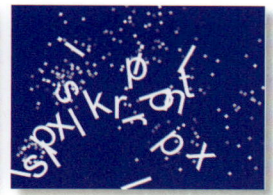

Version 6 | Mit der Version 6 gönnte das Team von Adobe After Effects dem Anwender ein vollkommen neues Text-Werkzeug, das eine sehr komfortable Erstellung, Bearbeitung und Animation von Text ermöglicht. Erweiterte Maskierungsfunktionen wie RotoBézier-Masken kamen ebenfalls hinzu. Rotoscoping-Arbeiten bzw. Retusche selbst in bewegtem Filmmaterial sind seit der Einführung der Mal-, Kopier- und Radier-Werkzeuge problemlos durchführbar und gehören zu den geschätzten Erweiterungen der Programmfunktionen.

▲ **Abbildung 1.3**
Der Effekt PARTIKELSIMULATION in Verbindung mit Text

▲ **Abbildung 1.4**
Mit der Tracker-Steuerungen-Palette lassen sich Punkte in bewegtem Material verfolgen und verwackelte Aufnahmen stabilisieren. Die vom Tracker ermittelten Bewegungsdaten können auf Effekte und Ebenen übertragen werden.

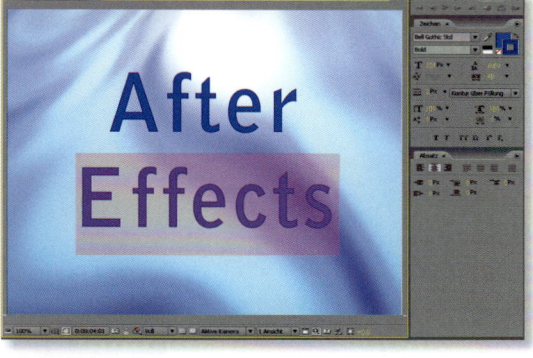

▲ **Abbildung 1.5**
Text können Sie seit der Version 6 direkt im Kompositionsfenster von After Effects eingeben. Die Zeichen-Palette ähnelt der in anderen Adobe-Anwendungen.

Version 6.5 | Seit der Version 6.5 wird Color Finesse der Firma Synthetic Aperture zur Farbkorrektur auf höchstem Niveau mitgeliefert. Dies ist ebenfalls eine der großartigen Neuerungen. Allerdings erfordert die Arbeit in der Color-Finesse-eigenen Benutzeroberfläche einen anderen Arbeitsstil.

Version 7 | Mit der Version 7 erschien After Effects in einem neuen, professionellen Gewand mit einer anpassbaren Bedienoberfläche. Fließend verschiebbare Fenster erleichtern seither das Arbeiten.

Wie bei jedem Update wurde an der Vorschauperformance gearbeitet und dem Programm eine verbesserte OpenGL-Unter-

Camera Raw
Hervorzuheben ist die Möglichkeit, Camera-Raw-Dateien in Adobe Bridge zu öffnen, zu importieren und zu bearbeiten. Die Camera-Raw-Dateien werden nach der Bearbeitung in einem mit Photoshop kompatiblen Format abgespeichert. Mehr zu Camera Raw finden Sie im Abschnitt »Import von Camera-Raw-Dateien« auf Seite 130.

Kapitel 1   Einleitung

> **HDR (High Dynamic Range)**
> HDR steht für Bilddaten, die mit einem Beleuchtungsumfang aufgezeichnet oder erzeugt wurden, der dem in der Natur vorkommenden annähernd entspricht. Nachvollziehbar ist das am Beispiel fotografischer Aufnahmen, bei denen mit verschiedenen Blendenwerten ein Teilbereich des natürlichen Beleuchtungsumfangs erfasst werden kann. Filmmaterial und Computermonitore können nur einen begrenzten Beleuchtungs- bzw. Dynamikumfang wiedergeben.

stützung gegönnt. Neuerungen wie Adobe Bridge und Dynamic Link ermöglichen einen besseren Workflow. Auch die verbesserte Integration mit Photoshop und Premiere (Export eines Premiere-Pro-Projekts aus After Effects) gehörte zu den erfreulichen Neuerungen.

Ebenfalls kam der Diagrammeditor hinzu, der die Bearbeitung von Zeitkurven bei Eigenschaftsveränderungen vereinfacht. Mit der Unterstützung von Bilddaten in 32-Bit-Qualität in Version 7 richtete sich Adobe bereits auf die zukünftige Entwicklung in der Bildbearbeitung ein.

Eine Erweiterung gab es bei den Animationsvorgaben für ein schnelleres Arbeiten.

Abbildung 1.6 ▶
Hier sehen Sie eine Animationsvorgabe für den Hintergrund, die mit einer Animationsvorgabe für den Text kombiniert wurde.

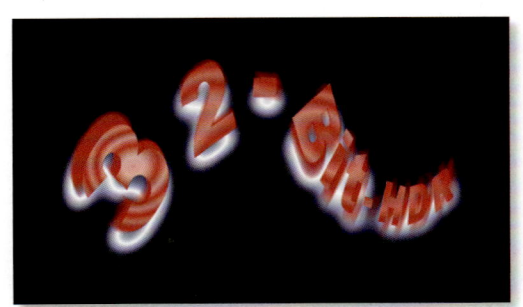

▲ **Abbildung 1.7**
In diesem Bild mit einer Farbtiefe von 8 Bit sind die Glanzlichter relativ schwach gezeichnet.

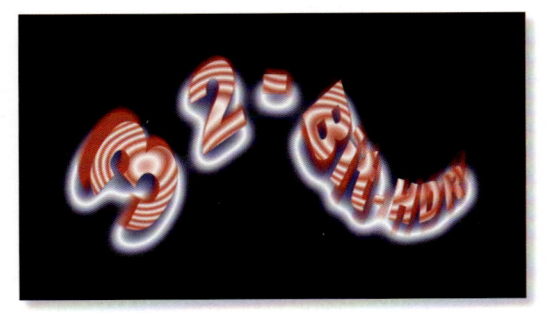

▲ **Abbildung 1.8**
Bei einer Farbtiefe von 32 Bit sind die Glanzlichter in bester Qualität dargestellt. Die Farben und Verläufe wirken brillanter.

Version CS3 | Mit der Version CS3 kamen die **Formebenen-Werkzeuge** in After Effects hinzu, mit denen Sie einfache vektorbasierte Grundformen erzeugen und mit Transformatoren komplex animieren können.

◀ **Abbildung 1.9**
Mit den Formebenen-Werkzeugen erzeugen und animieren Sie in After Effects schnell unterschiedlichste Vektorformen.

After Effects noch als Pro-Version?

After Effects wird seit der Version CS3 nicht mehr in zwei Versionen vertrieben. Sie können seitdem den vollen im Buch beschriebenen Funktionsumfang des Programms ausschöpfen, wenn Sie mit einer aktuellen After-Effects-Version arbeiten. Zu den Features, die früher nur dem Besitzer der Pro-Version von After Effects vorbehalten waren, gehörten unter anderem die größere Farbtiefe, bessere Keying-Effekte, Partikeleffekte und der Motion Tracker.

Ebenfalls neu war das **Puppen-Werkzeug**, mit dem Sie Grafiken, Text, Malstriche, Formebenen – schlicht jedes grafische Objekt – wie eine Marionette animieren, indem Sie Gelenkpunkte setzen, die Sie zur Deformation des Objekts nutzen.

◀ **Abbildung 1.10**
Mit dem Puppen-Werkzeug definieren Sie Gelenkpunkte und animieren diese.

Mit der zeichenbasierten **3D-Textanimation** sind einzelne Textzeichen seit der Version CS3 auch räumlich animierbar.

Auch an der **Integration** mit Photoshop und Flash wurde weiter gearbeitet. Photoshop CS3 Extended wurde um die Integration von Videoebenen in PSDs erweitert, die After Effects importieren und korrekt wiedergeben kann. Außerdem werden Photoshop-Ebenenstile in After Effects korrekt erkannt und sind animierbar. Fluchtpunktdaten aus Photoshop Extended können Sie seitdem

▲ **Abbildung 1.11**
Die zeichenbasierte 3D-Textanimation macht auch für Text die dritte Dimension verfügbar.

Kapitel 1 Einleitung

nutzen, um aus einem 2D-Bild ein 3D-Objekt zu generieren. Für Flash kamen die Ausgabe in FLV-Dateien mit Cue Points – also unsichtbaren Markern, die Sie in Flash direkt ansteuern können – sowie die korrekte Wiedergabe importierter SWFs hinzu.

Der Workflow wurde durch **Clip Notes** – Anmerkungen, die Sie in PDFs ausgeben – verbessert (seit CS5 nicht mehr verfügbar). Außerdem wurde die Arbeit mit Farbprofilen in After Effects eingeführt, um die Farbübereinstimmung von Rohmaterial, Projektfarben und der Darstellung im Zielmedium zu gewährleisten.

Zur Eroberung der Welt der mobilen Geräte erhielt CS3 in den Programmpaketen Production Premium und Master Collection das Programm **Adobe Device Central** mitgeliefert, um dort eigene Animationen auf simulierten Mobilgeräten der wichtigsten Hersteller zu testen.

▼ **Abbildung 1.12**
In Adobe Device Central konnten Sie bis zur Version CS5.5 Vorschauen auf verschiedenen mobilen Endgeräten simulieren.

Die **Performance** wurde durch die Unterstützung von Multiprozessor- und Multicore-Systemen erhöht, die ein gleichzeitiges Rendern mehrerer Frames ermöglichen. Mit der Funktion Brainstorming setzen seit CS3 von After Effects generierte Animationsvorschläge der Phantasielosigkeit ein Ende.

1.2 Die früheren Versionen von After Effects

▲ **Abbildung 1.13**
Im Dialog BRAINSTORMING erscheinen neun Varianten Ihrer Animationen.

Version CS4 | Seit der Version CS4 wird After Effects mit dem Programm **Mocha** ausgeliefert. Das Programm von Imagineer Systems verwenden Sie anstelle des in After Effects integrierten Motion Trackers, um Objekte in aufgenommenem Video- und Filmmaterial zu verfolgen. Mocha ermöglicht ein genaueres und schnelleres Tracking auch dann noch, wenn das Material Artefakte aufweist, Unschärfen enthält oder das Objekt sich zeitweise außerhalb des Bildes befindet.

Wie alle Programme der Creative Suite und einiger anderer Anbieter unterstützt After Effects seit der Version CS4 **XMP-Metadaten**, über die Sie einer Datei Informationen wie Datum, Copyright, Autor, Auflösung, Farbraum, Kameratyp etc. mitgeben, um damit den Workflow zu beschleunigen. After-Effects-Projekte können Sie seit CS4 als **XML-Projekte** speichern und somit automatisierte Änderungen an der After-Effects-Datei vornehmen, ohne das AEP-Projekt selbst öffnen zu müssen.

Kapitel 1 Einleitung

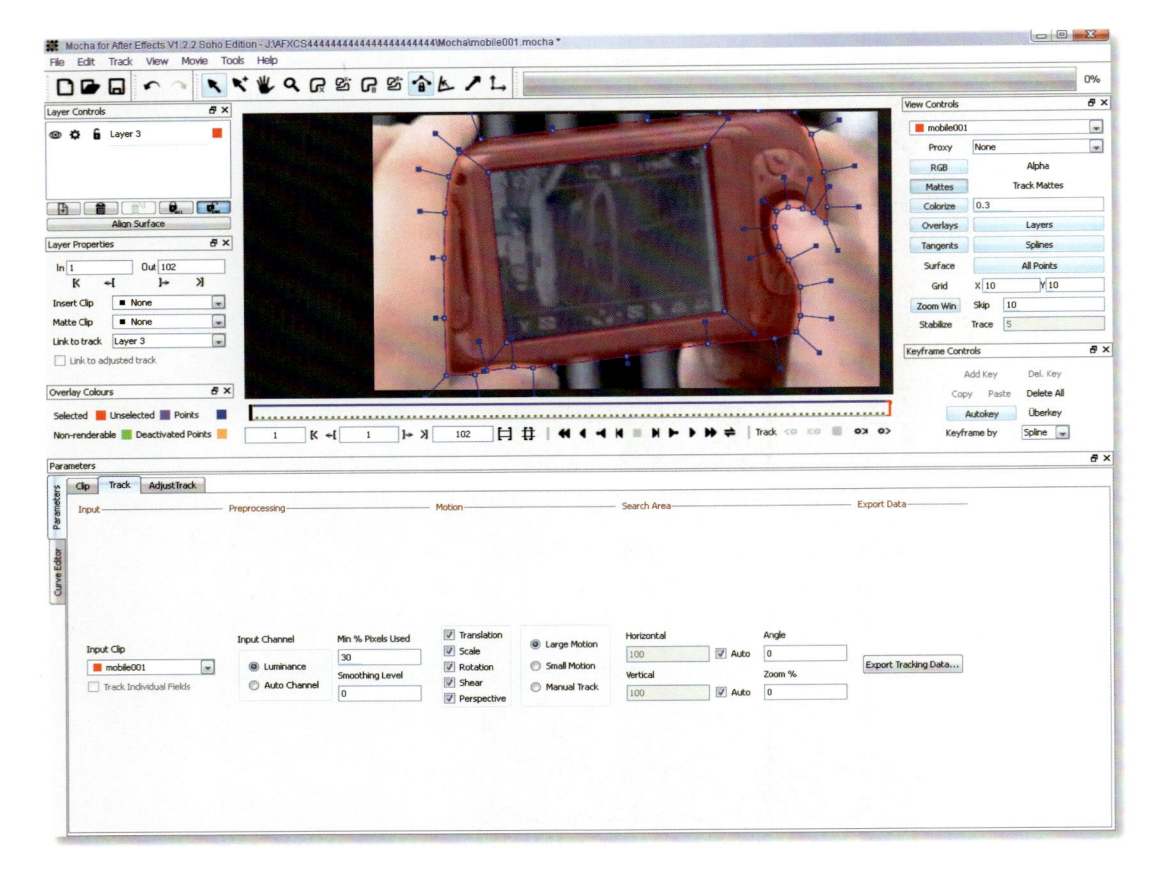

▲ Abbildung 1.14
Mit dem mitgelieferten Programm Mocha verfolgen Sie schnell und präzise Objekte in Video- und Filmaufnahmen.

After Effects und Flash, in das einige Funktionen von After Effects eingeflossen sind, wuchsen durch die Importmöglichkeit von **FLV-Dateien** in After Effects und die Ausgabemöglichkeit in **FLV- und F4V-Dateien** zusammen. Ganze Kompositionen mit ihrem Zeitleisteninhalt übernehmen Sie per **XFL-Export** nach Flash CS4 Professional und machen in After Effects importiertes Material in Flash verfügbar.

Mit der Photoshop Extended-CS4-Version konnten Sie die Dateitypen **.3ds** (3D Studio Max), **.u3D** (Universal 3D), **.obj**, **.kmz** (Google Earth) und **.dae** (Collada) in Photoshop importieren und weiterverarbeiten. Die dann gespeicherte PSD-Datei konnte After Effects importieren und somit die 3D-Daten verwenden und … animieren – eine kleine Revolution. Diese Unterstützung wurde in der Version CS6 wieder entfernt.

Seit CS4 verwendet Adobe eine **neue Pixel-Seitenverhältnis-Berechnung** für die Standardformate D1/DV PAL und D1/DV NTSC, die zwar genauer ist, beim Öffnen älterer After-Effects-Projekte jedoch importiertes Material verzerrt anzeigt.

1.2 Die früheren Versionen von After Effects

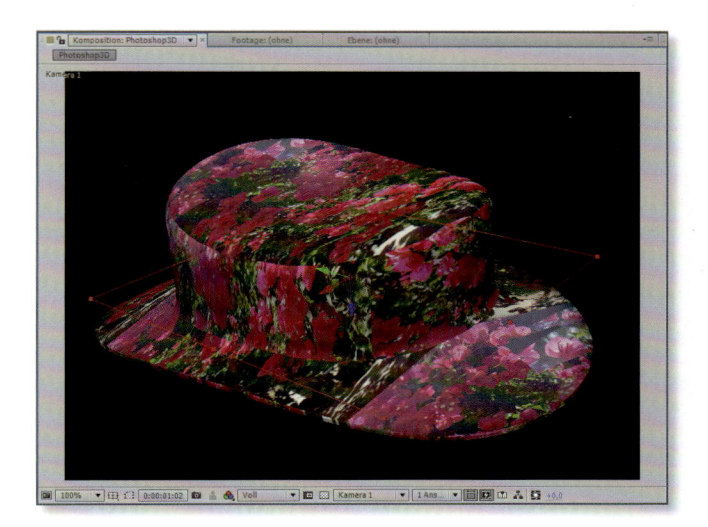

◄ **Abbildung 1.15**
3D-Daten ließen sich über Photoshop Extended in After Effects animieren.

Das **Pixel Bender Toolkit** erweitert die Möglichkeiten der Effektbearbeitung in ungekanntem Ausmaß. Allerdings sind dafür Programmierkenntnisse erforderlich.

▼ **Abbildung 1.16**
Mit dem Adobe Pixel Bender Toolkit kreieren Sie Ihre eigenen Effekte, Filter und Mischmodi.

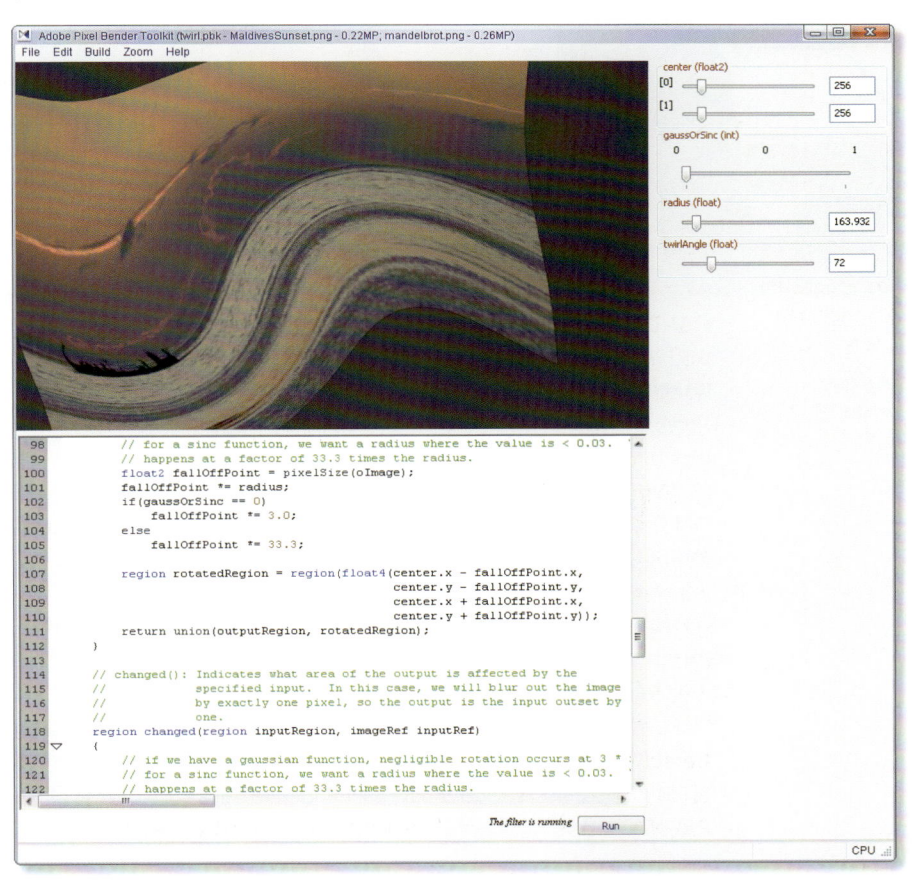

43

In der Version CS4 kamen die Effekte ZEICHENTRICK und TURBULENTE STÖRUNG hinzu.

▲ **Abbildung 1.17**
Mit dem neuen ZEICHENTRICK-Effekt lassen Sie Filmmaterial schnell wie einen Trickfilm wirken.

Für die Positionseigenschaften können Sie **Keyframes separat setzen**. Somit kann beispielsweise die x-Achse kontinuierlich animiert werden, während die y- oder z-Achse gleichzeitig zufällig generierte Keyframes enthält oder mit beschleunigter Bewegung animiert wurde. Seit CS4 können Sie zudem in After Effects endlich die von Ihnen installierte **Audio-Hardware auswählen** und konfigurieren.

Version CS5 | Die Version CS5 brachte die **native 64-Bit-Unterstützung** für After Effects mit. Da der gesamte verfügbare RAM-Speicher durch die 64-Bit-Unterstützung ausgenutzt werden kann, lassen sich HD-, 2K- und 4K-Projekte effizienter umsetzen. Mit dem in CS5 neu eingeführten ROTO-PINSEL-WERKZEUG können Sie, ähnlich wie mit dem Schnellauswahl-Werkzeug in Photoshop, bewegte Objekte automatisch von ihrem Hintergrund isolieren.

▲ **Abbildung 1.18**
Mit dem Roto-Pinsel separieren Sie mit unaufwendigen Schritten den Vordergrund vom Hintergrund.

▲ **Abbildung 1.19**
Ohne Blue- oder Greenscreen bauen Sie neue Hintergründe in Ihr Videomaterial.

Mit dem Effekt Maske verbessern, der sowohl innerhalb des durch das Roto-Pinsel-Werkzeug geschaffenen Effekts Roto-Pinsel als auch als separater Effekt enthalten ist, verbessern Sie die Qualität geschaffener Masken und Matten.

◄ **Abbildung 1.20**
Der Effekt Maske verbessern ist nicht nur für Masken, sondern auch für Matten geeignet.

Per **Auto-Keyframe-Modus** setzen Sie seit der Version CS5 in vielen Eigenschaften automatisch Anfangs-Keyframes und arbeiten so komfortabler. Das sonst kostenpflichtige Plug-in **FreeForm** von Digieffects wurde in After Effects CS5 integriert, ist seit CS6 aber nicht mehr enthalten. Mit seiner Hilfe verformten Sie Bilder und Videos in jeder erdenklichen Weise und schafften echte 3D-Objekte innerhalb von After Effects.

Das bereits in After Effects CS4 mitgelieferte **Mocha** wurde in der Version CS5 verbessert. Auf selbsterstellte Masken können Sie seitdem Funktionen zur Bewegungssteuerung anwenden und

Masken mit weichen Kanten und variabler Breite in After Effects importieren. Um Rotoscoping-Arbeiten zu erleichtern, erstellen Sie in Mocha Matten. Dazu wurde bereits in der Version CS5 das Plug-in **Mocha Shape** mitgeliefert. Hinzu kam eine breite **Unterstützung für bandlose Formate** gängiger Kameras wie AVC-Intra und RED zur nativen Bearbeitung in After Effects.

Für die bereits seit der Version 6.5 mitgelieferte Farbkorrektur-Umgebung **Color Finesse** kam in After Effects CS5 die Möglichkeit hinzu, direkt in der After-Effects-Oberfläche zu arbeiten sowie Einstellungen als Lookup-Tabellen zu exportieren.

Version CS5.5 | Seit der Version CS5.5 wird After Effects mit dem Effekt VERKRÜMMUNGSSTABILISIERUNG ausgeliefert. Mit diesem Effekt stabilisieren Sie verwackelte Kameraaufnahmen so, dass es aussieht, als wären sie mit einem Stativ aufgenommen worden. Mit dem neuen Effekt KAMERALINSEN-WEICHZEICHNER simulieren Sie in vorhandenem Videomaterial die Tiefenschärfe einer echten Kamera.

Stereoskopische Produktionen werden seit der Version CS5.5 mit dem Menübefehl STEREO-3D-STATIV ERSTELLEN unterstützt, wodurch alle relevanten Kompositionen und Effekte automatisch erstellt werden. Mit den drei neuen Optionen ABFALL, RADIUS und ABFALLDISTANZ regeln Sie seit der Version CS5.5, wie stark die Lichtintensität bei Lichtquellen mit der Entfernung abnimmt. Neu war auch die Unterstützung für das Format CinemaDNG, für RED-Rocket-Videokarten und RMD-Metadaten und die Ausgabe ins XDCAM-HD-Format innerhalb eines MXF-OP1a-Containers.

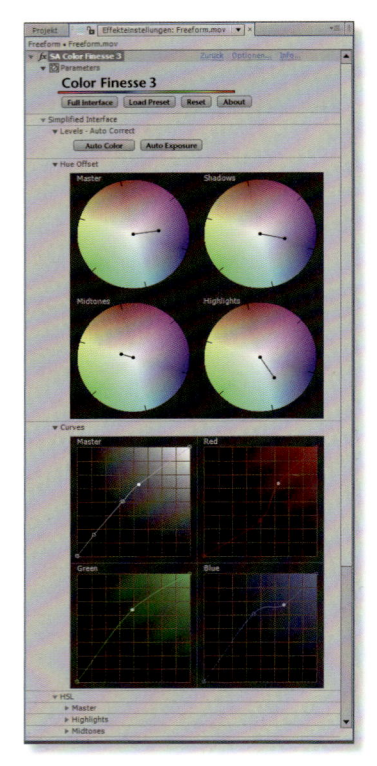

▲ **Abbildung 1.21**
Color Finesse wurde in After Effects CS5 verbessert.

1.3 After Effects

Auf den folgenden Seiten erhalten Sie einen Überblick über die wichtigsten Neuerungen der aktuellen After-Effects-Version CS6.

Ray-traced 3D Renderer

Eine der spannendsten Neuerungen in der Version CS6 ist wohl der Ray-traced 3D Renderer, da er es ermöglicht, echtes 3D-Material direkt in After Effects zu schaffen. In einer Ray-traced-3D-Komposition können Sie Text und Formebenen extrudieren und mit verschiedenen Kantenstilen versehen. Außerdem können Sie einige Ebenen und verschachtelte Kompositionsebenen biegen und Umgebungsmaps verwenden. Der Ray-traced 3D Renderer berechnet zusätzlich neue Materialeigenschaften für 3D-Ebenen wie Reflexionen und Brechungsindex. Dadurch profitieren Sie von zusätzlichen Interaktionen von 3D-Ebenen mit Lichtquellen.

◄ **Abbildung 1.22**
In After Effects CS6 erzeugen Sie extrudierte Objekte aus Text- und Formebenen.

Ebenen-Begrenzungsrahmen und Auswahlanzeiger

Um 3D-Ebenen besser zu visualisieren, werden diese mit einer Begrenzungs-Box umgeben. Außerdem wird die Richtung angezeigt, in der die jeweilige 3D-Ebene im Raum liegt. Für die neuen, extrudierbaren 3D-Ebenen ist diese neue Anzeige sehr vorteilhaft.

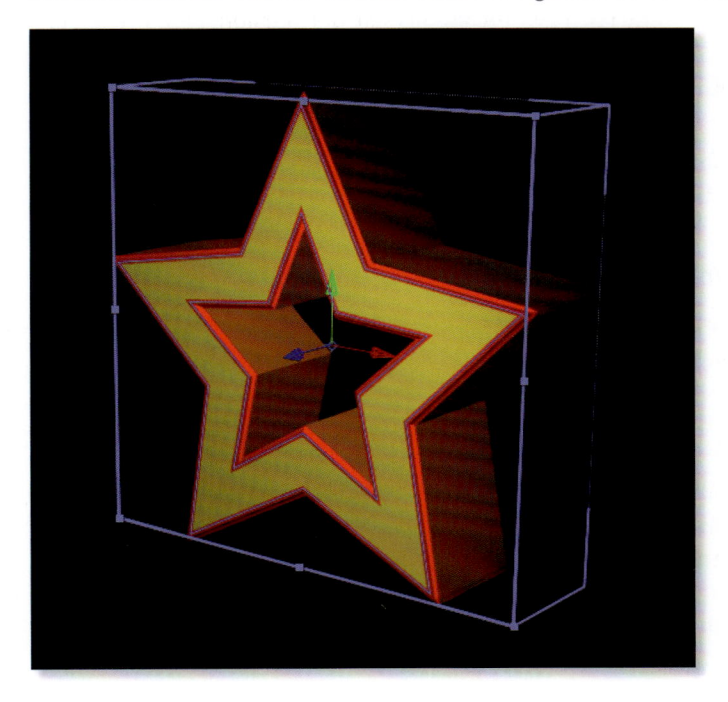

◄ **Abbildung 1.23**
Ausgewählte Ebenen erhalten eine Begrenzungsbox.

Master Collection

Neben dem Adobe-Production-Premium-Paket können Sie die **Master Collection** erwerben.

Diese enthält zusätzlich zu den Programmen des Pakets Adobe Production Premium noch InDesign CS6, Acrobat X Pro, Flash Builder 4,6 Premium Edition Fireworks CS6, Dreamweaver CS6.

Beide Suiten laufen auf Macintosh- und Windows-Systemen. Durch den gegenüber der Summe der Einzelprogramme günstigeren Preis der Gesamtpakete erhofft sich Adobe, seine Kunden an alle seine Werkzeuge zu binden.

Tatsächlich ist die sehr gute Integration der Adobe-Programme untereinander ein großer Vorteil gegenüber den Konkurrenzprodukten von After Effects.

Trotz der lobenswerten Integration der Programme und der aufgrund ähnlicher Benutzeroberflächen stark erleichterten Einarbeitung in verschiedene Adobe-Programme finden Sie für ähnliche Funktionen oft verschiedene Tastaturkürzel vor. Wollen Sie eine dadurch entstehende Verwirrung oder sonst einen Verbesserungsvorschlag einbringen, den Sie in der nächsten Programmversion gern verwirklicht sähen, schreiben Sie dem Team von Adobe After Effects unter *aftereffects@adobe.com*.

Formen aus Vektorebenen erstellen

Vektorbasierte Illustrator-, EPS- und PDF-Dateien ließen sich innerhalb von After Effects bisher nicht modifizieren. Mit der neuen Version ist dies möglich, indem Sie diese Ebenen in Formebenen umwandeln. Das Schöne daran ist, dass Sie danach auch die Möglichkeiten von Ray-traced-3D-Kompositionen für das importierte Material verwenden können, wie beispielsweise das Extrudieren.

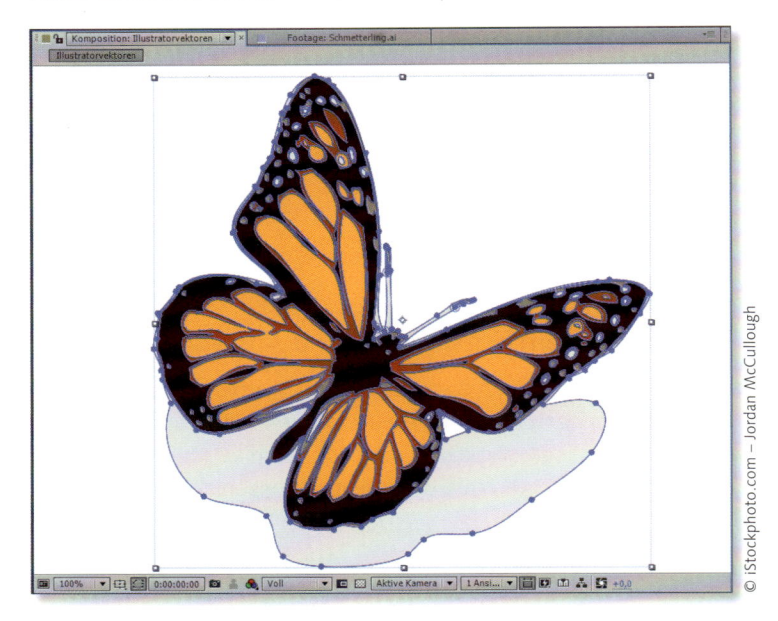

▲ **Abbildung 1.24**
Vektorbasierte Dateien modifizieren Sie nun auch innerhalb von After Effects.

Vorschauoption »Schneller Entwurf«

Passend zum Ray-traced 3D Renderer gibt es auch für die Vorschau einen neuen Renderer namens SCHNELLER ENTWURF, der extrudierte, abgeschrägte oder gebogene 3D-Ebenen unterstützt. Dieser Renderer ersetzt den vormaligen mit dem Namen OPENGL-IMMER EIN.

Die folgenden vier Funktionen werden als **globaler Leistungscache** (Global Perfomance Cache) bezeichnet und verbessern die Performance von After Effects CS6 deutlich:

Globaler RAM-Cache | Globaler RAM-Cache ist eine neue Art, bereits in den RAM gerenderte Frames innerhalb von After-Effects-Projekten zu verwalten.

Jeder Frame, der dieselbe Charakteristik wie ein zuvor schon gerenderter Frame aufweist, wird nicht mehr erneut gerendert! Dies gilt auch, wenn Sie beispielsweise Schritte rückgängig machen und wiederherstellen (etwa die Sichtbarkeit einer Ebene ein- und ausschalten) oder beim Kopieren und Einfügen von Keyframes oder ganzen Ebenen und Kompositionen.

Hier nähert sich Adobe tatsächlich einen Schritt der erträumten Echtzeitvorschau an!

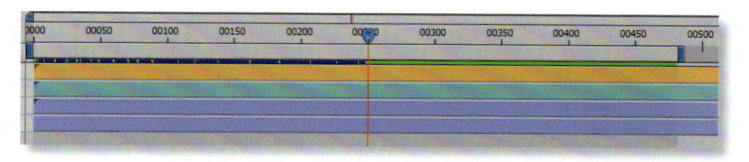

▲ **Abbildung 1.25**
Renderintensive Frames werden dauerhaft gespeichert und mit einer blauen Linie gekennzeichnet.

Dauerhafter Disk-Cache | Mit der dauerhaften Disk-Cache-Funktion erkennt After Effects renderintensive Frames automatisch und speichert sie daher auf der Festplatte. Im Gegensatz zu früheren Versionen, als der Festplattenspeicher am Ende einer Sitzung geleert wurde, werden diese Frames nun dauerhaft gesichert.

Beim Öffnen eines Projekts durchsucht After Effects die Festplatte nach solchen zum Projekt passenden Frames und kann diese anschließend schneller wiedergeben. So werden Renderzeiten beim Arbeiten an einem oder mehreren Projekten verringert.

Arbeitsbereiche zwischenspeichern | Eine neue Funktion in After Effets CS6 ist es, auch den Arbeitsbereich einer oder mehrerer Kompositionen auf der Festplatte zwischenzuspeichern. After Effects rendert die gewählten Arbeitsbereiche, während Sie weiterarbeiten, im Hintergrund. Anschließend werden diese Bereiche schneller angezeigt.

OpenGL-basierte Grafik-Pipeline | Zur Erhöhung der Anzeigeperformance werden viele Berechnungen in After Effects CS6 nun auf die Grafikkarte (GPU) verlagert. Dies beschleunigt – je nach installierter Grafikkarte – die Darstellung von Videoframes bzw. Pixeln auf dem Bildschirm per OpenGL Swap Buffer. Mit Hardware BlitPipe profitieren Kompositionen, Ebenen und Footage von der Hardwarebeschleunigung, indem Raster, Hilfslinien, Lineale und Begrenzungsrahmen unterstützt werden. Besonders

---

Adobe Production Premium

Adobe liefert beim Kauf der Adobe Creative Suite 6 Production Premium oder der Master Collection Programmpakete an, die laut Adobe den Anforderungen der Postproduktion in höchstem Umfang gerecht werden

Im Paket **Adobe Production Premium** sind die Programme Adobe After Effects CS6 mit Mocha, Adobe Premiere Pro CS6, Adobe Photoshop CS6 Extended, Adobe Illustrator CS6, Adobe Flash Professional CS6, Adobe Audition CS6, Adobe Encore CS6 und Adobe SpeedGrade CS6 enthalten. Hinzu kommen der Adobe Media Encoder CS6 zur Ausgabe in verschiedenste Medienformate, Prelude CS6 für Ingest und Logging dateibasierter Videodaten und Adobe Bridge CS6 für eine hocheffiziente Gestaltung des Workflows zwischen den einzelnen Applikationen und die Integration mit dem kostenpflichtigen Adobe-CS-Live-Online-Service-Adobe-Story.

bei komplexen Projekten und großer Ansicht von Kompositionen (z. B. auf einem 30-Zoll-Monitor) erhöht sich die Performance. Ebenen mit vielen Masken, Trackpunkten etc. werden ebenfalls schneller verarbeitet. Ray-traced-3D-Kompositionen werden schneller berechnet als allein auf der CPU.

Werkzeug »Weiche Maskenkante«

Mit dem neuen Werkzeug WEICHE MASKENKANTE definieren Sie entlang eines bestehenden Maskenpfads eine weiche Kante in unterschiedlicher Breite. Bisher konnten Sie nur weiche Kanten mit konstanter Breite erzeugen.

▲ **Abbildung 1.26**
In After Effects CS6 schaffen Sie weiche Maskenkanten mit variabler Breite.

3D-Kameratracker

Mit dem neuen Effekt 3D-KAMERATRACKER analysieren Sie importierte Videos, um Kamera-Bewegungsdaten und Daten von 3D-Szenen zu extrahieren. Der Effekt analysiert das Material in einem Hintergrundprozess und blendet Trackpunkte ein. Diese dienen dazu, Material wie Farbflächen, Text oder Null-Ebenen an diesen Punkten hinzuzufügen.

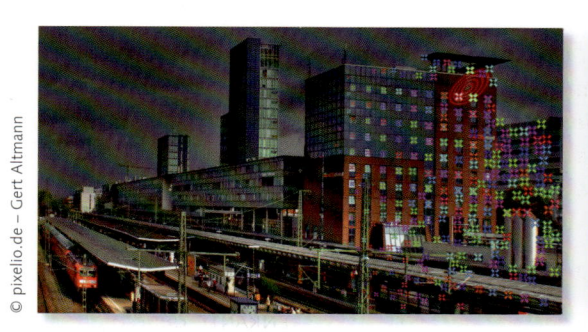

▲ **Abbildung 1.27**
Der 3D-Kameratracker analysiert Kamera-Bewegungsdaten.

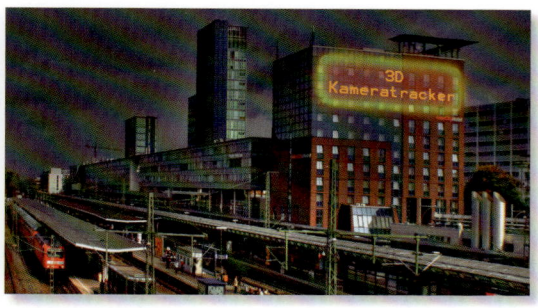

▲ **Abbildung 1.28**
Anschließend können Sie beispielsweise Textebenen perspektivisch richtig animiert in den Film einfügen.

Rolling-Shutter-Reparatur

Der neue Effekt ROLLING-SHUTTER-REPARATUR ermöglicht es, Verzerrungen in Videomaterial auszugleichen, wie sie bei Kameras, die CMOS-Sensoren verwenden, auftreten können.

Automatic Duck Pro Import AE

Bisher nicht in After Effects enthalten, ist es jetzt inklusive: das Plug-in Automatic Duck Pro Import AE. AAF- und OMF-Dateien von Avid, XML-Dateien von Final Cut Pro und Projekt-Dateien von Motion importieren Sie nun direkt in After Effects.

ARRIRAW-Import

After Effects CS6 unterstützt Rohmaterial von ARRIFLEX D-21- oder ARRI-ALEXA-Kameras (ARRIRAW-Dateien). Der Import ist derzeit noch eingeschränkt, soll aber später noch verbessert werden.

Neue 32-Bit-Effekte

Auch in dieser Version bringt Adobe Updates für ältere Effekte heraus, die nun mit 32 Bit arbeiten, wie SCHLAGSCHATTEN, RADIALES WISCHEN und FOTOFILTER.

Neue und aktualisierte Cycore-Effekte

After Effects enthält nun das komplette HD-Bundle der Cycore-Effekte. Insgesamt sind jetzt 73 Cycore-Effekte mit 16 bzw. 32 bpc und nativer 64-Bit-Unterstützung verfügbar.

MXF OP1a-Videocodec-Unterstützung

Mit After Effects CS6 werden nun bei der Ausgabe folgende weitere Videocodecs in einem MXF OP1a-Container unterstützt: AVC-Intra Class 50 720, AVC-Intra Class 50 1080, AVC-Intra Class 100 720, AVC-Intra Class 100 1080, XDCAM EX 35 NTSC 1080 (4:2:0), XDCAM EX 35 PAL 1080 (4:2:0)

1.4 Systemvoraussetzungen

After Effects lässt sich in einer Minimalkonfiguration verwenden, die für den Einstieg ausreicht. Um den Funktionsumfang des Programms aber so richtig schätzen zu lernen, ist mehr nötig.

Minimalkonfiguration

Damit After Effects CS6 einigermaßen läuft, ist folgende Minimalkonfiguration empfehlenswert:

Macintosh
- Intel Mehrkernprozessor mit 64-Bit-Unterstützung
- Mac OS X Version 10.6.8 oder 10.7
- 4 GB freier Festplattenspeicher; zusätzlicher Speicher während der Installation erforderlich
- keine Installation auf Dateisystemen, bei denen die Groß- und Kleinschreibung beachtet werden muss, oder auf portablen Flash-Speichermedien möglich

Windows
- Intel Core™ 2 Duo oder AMD Phenom II mit 64-Bit-Unterstützung
- Microsoft Windows 7 mit Service Pack 1 (64 Bit)
- 3 GB freier Festplattenspeicher; zusätzlicher Speicher während der Installation erforderlich

Alle Systeme
- 4 GB RAM (8 GB empfohlen)
- zusätzlicher freier Festplattenspeicher für Disk-Caching (10 GB empfohlen)
- 1.280 × 900 Punkt Monitorauflösung
- Unterstützung für OpenGL 2.0
- DVD-ROM-Laufwerk für die Installation per DVD
- QuickTime 7.6.6 erforderlich für QuickTime-Funktionen

QuickTime

Windows-Usern sei noch der QuickTime Player zur Wiedergabe von Medieninhalten empfohlen, der auf dem Mac bereits vorinstalliert ist. Auch der Kauf von QuickTime Pro lohnt sich, denn damit können Sie Videos in zusätzlichen Formaten ausgeben und komprimieren.

- optional: von Adobe zertifizierte Grafikkarte für GPU-beschleunigtes 3D-Raytracing
- Internet- oder Telefonanschluss für die Produktaktivierung
- Breitband-Internetverbindung für Onlinedienste wie Adobe Story und weitere Services erforderlich

Empfohlene Systemkonfiguration

Ich rate Ihnen, nicht mit der Minimalkonfiguration zu arbeiten, Sie werden sonst womöglich nicht die volle Freude an den After-Effects-Funktionen haben.

Die Arbeitsgeschwindigkeit Ihres Systems hängt stark von schnellen Prozessoren, von der Größe Ihres Arbeitsspeichers und von einer leistungsfähigen, kompatiblen Grafikkarte ab.

Prozessor | Sie können optimal mit After Effects arbeiten, wenn Sie sowohl bei Windows- als auch bei Mac-Systemen multiple Prozessoren und Kerne verwenden. After Effects kann dann bei entsprechenden Einstellungen im Programm mehrere Frames Ihrer Animation gleichzeitig berechnen. So profitieren Sie von einer schnelleren Vorschau und kürzeren Renderzeiten.

Die leistungsfähigsten derzeit verfügbaren Prozessoren sind Intel Core™ i7 und Intel Xeon™. Xeon-Prozessoren erlauben den Einsatz von zwei oder mehreren Prozessoren parallel und erhöhen so die Anzahl der zur Verfügung stehenden Kerne. Zudem bieten die dafür geeigneten Mainboards deutlich mehr Platz für Speichermodule und somit RAM. So lässt sich spürbar mehr Arbeitsspeicher verbauen, und Sie müssen nicht auf die teuersten Module mit höchster Kapazität zurückgreifen, sondern können auch kleinere Module nutzen.

Für mobile Arbeitsstationen sind Prozessoren des Typs Intel Core™ i7 verfügbar und für maximale Leistung empfehlenswert. Neben der Taktung sind die Anzahl der Kerne und der Arbeitsspeicher für die Leistung entscheidend.

Wie viel RAM für After Effects? | Ein weiteres Kriterium für ein stressminimiertes Arbeiten ist die Größe des Arbeitsspeichers. Wenn Sie in After Effects große Dateien verwenden oder aufwendige Effektberechnungen durchführen, kommen Sie immer wieder schnell an die Grenzen der in After Effects verwendeten Vorschau. Die Vorschau kann nur so viel von Ihrer Animation anzeigen, wie in den Arbeitsspeicher »passt«. Es gilt: Je mehr Arbeitsspeicher Sie haben, desto besser.

Ray-traced 3D-Kompositionen rendern

Beim Rendern von 3D-Bildern, die per Raytracing erstellt wurden, nutzt Adobe After Effects CS6 alle Prozessorkerne der CPU und gegebenenfalls die NVIDIA OptiX™-Engine (erfordert eine unterstützte NVIDIA-GPU und mindestens 512 MB Texturspeicher).

Unterstützte Grafikkarten

Eine aktuelle Liste der von After Effects unterstützten Grafikkarten finden Sie unter http://www.adobe.com/products/aftereffects/tech-specs.html.

DirectX

Ebenfalls unterstützend wirkt sich bei Windows-Usern die DirectX-Technologie zur besseren Wiedergabe von Audiodaten und von 2D-Inhalten aus.

Optimal ist die Verwendung von 2–4 GB installiertem RAM pro CPU (Prozessorkern). Bei einem inzwischen gängigen System mit vier oder sechs Prozessorkernen, die jeweils noch Hyperthreading unterstützen (also pro Kern noch einen weiteren, virtuellen Kern), sind es also bereits 8–12 Kerne zu je 2–4 GB, also 16–48 GB RAM, bei Dual-Xeon mit zwei Prozessoren mit je sechs Kernen und Hyperthreading sogar bis 96 GB RAM, die empfohlen werden.

Nicht zu vernachlässigen ist auch die Geschwindigkeit des Arbeitsspeichers. Auch hier gilt wieder: je schneller, desto besser. Jedoch treten bei extrem hohen Geschwindigkeiten gerne auch Speicherfehler auf, besonders wenn sehr viel Speicher verbaut ist. Hier gilt es, eine gute Balance zu finden. Für After Effects ist es besser, mehr Speicher zu haben, auch wenn dieser etwas langsamer ist, als weniger, aber dafür superschnellen Speicher.

Empfehlenswert für einen typischen i7-Prozessor mit 6 Kernen und Hyperthreading (= 12 virtuelle Kerne) sind Speichermodule mit 4 × 8 GB DDR3 1.600 MHz = 32 GB.

Durch die 64-Bit-Unterstützung von After Effects CS5, CS5.5 und CS6 kann reichlich Arbeitsspeicher verwendet werden. Während bei 32-Bit-Anwendungen (After Effects CS4 und älter) die Begrenzung bei 2 GB Arbeitsspeicher lag, hat sich diese nun erhöht: bei Windows 7 Home Premium 64 Bit auf 16 GB und bei Professional, Enterprise und Ultimate 64 Bit auf 192 GB. Auch Windows 8 64 Bit unterstützt 192 GB RAM. Die Begrenzung liegt im Moment eher bei den Mainboards, die im i7-Bereich momentan maximal 64 GB, im Dual-Xeon-Bereich 192 GB unterstützen.

Für Mac-User empfiehlt sich, um After Effects CS6 bzw. die gesamte Creative Suite optimal nutzen zu können, ein aktueller Mac mit dedizierter Grafikkarte (MacBook Pro, iMac, Mac Pro) und 4 GB RAM pro Prozessorkern.

Grafikkarte | Eine leistungsfähige Grafikkarte ist ein Muss in Ihrem System. Mit den seit After Effects CS6 verfügbaren Raytracing-Kompositionen sind die Anforderungen an die Grafikkarte gestiegen. Bei Raytracing-Kompositionen nutzt After Effects zum Rendern alle verfügbaren Prozessorkerne. Deutlich schneller geht es jedoch, wenn dieser Prozess auf eine leistungsfähige Grafikkarte verlagert wird.

Diesen Anforderungen begegnet NVIDIA mit seiner OptiX-Engine und seiner parallelen Berechnungsarchitektur CUDA. Für After Effects sind Grafikkarten mit Tesla- und Quadro-Prozessoren empfehlenswert, wie Quadro 4000 oder 5000, aber auch leistungsstarke Grafikkarten aus der an sich für Spiele entwickelten GeForce-GTX-Serie (GTX 580, GTX 680 usw.) bringen

OpenGL
Vorteilhaft für die Vorschaubeschleunigung ist besonders auch die von After Effects unterstützte OpenGL-Technologie. Wenn Sie eine Grafikkarte verwenden, die OpenGL unterstützt, gewinnen Sie bei der Darstellung Ihrer Animationen – eine leistungsfähige Grafikkarte, z. B. NVIDIA Quadro 5000, vorausgesetzt.

sehr gute Leistungen. Hier lohnt auch oft ein Leistungsvergleich einer aktuellen günstigen GeForce-Grafikkarte mit einer teuren Quadro-Grafikkarte, denn die Grafikkarten der Quadro-Serie, die für den professionellen Bereich entwickelt werden, werden nicht so häufig aktualisiert wie Grafikkarten der GeForce-Serie. So passiert es regelmäßig, dass eine Spielegrafikkarte eine bessere Renderleistung in After Effects oder Premiere Pro zeigt als eine teure Quadro-Profikarte. Der Hintergrund lässt sich oft an den technischen Daten ablesen: Während z. B. eine Quadro 5000 (ca. 2.000 €) mit 2,5 GB und 352 CUDA-Prozessoren aufwartet, bietet eine GTX 680 (ca. 600 €) 4 GB RAM und 1.536 CUDA-Prozessoren. Die Performance ist aber je nach Programm unterschiedlich. Eine GTX 680 ist in Adobe Premiere Pro CS6 und After Effects CS6 zwar deutlich schneller als eine Quadro 5000, diese ist jedoch der GTX 680 in Speedgrade CS6 und anderen Applikationen, die speziell angepasste Treiber mitliefern, überlegen.

Neuere Grafikkarten werden von Adobe nach und nach unterstützt. So ist für die GTX 680 ein Update auf die Version CS6.0.1 von After Effects notwendig. Vorher kann die GTX 680 überhaupt nicht zur Beschleunigung von After Effects genutzt werden, da der Raytrace-Renderer diese Grafikkarte nicht unterstützt.

Auch wenn es darum geht, die Leistung mehrerer Grafikkarten zu bündeln, müssen Sie Quadro-Grafikkarten zusammen mit den Tesla-Grafikkarten (das sind GPU-Renderboards ohne Displayanschluss) einsetzen. Verwenden Sie zwei GTX-Grafikkarten, lässt sich die Leistung in den Adobe-Programmen nicht erhöhen; das geht nur mit den Profikarten der Quadro- und Tesla-Serie.

Festplatte | Für Ihre Festplatte gilt wie für den Arbeitsspeicher: je mehr davon und je schneller, desto weiter, höher und besser.

Durch die neuen Festplatten-Caching-Funktionen kann After Effects bereits gerenderte Bereiche auf der Festplatte ablegen und muss nur den jeweiligen Layer neu berechnen, an dem Sie aktuell eine Veränderung vornehmen. Dazu müssen Sie in den Voreinstellungen unter MEDIEN- UND DISK-CACHE die Option DISK-CACHE AKTIVIEREN einschalten. Bereits schon einmal gerechnetes Material lädt After Effects dann einfach von der Festplatte nach. Hier ist eine schnelle Platte von Vorteil.

Aber auch für das Komprimieren von Daten mit einigen Codecs und bei der Arbeit mit gering komprimierten oder unkomprimiertem Videomaterial oder vielen Videolayern ist eine schnelle Festplattenlösung hilfreich. Zum Auslagern empfehlen wir den Einsatz einer SSD-Festplatte. Diese wird als Systemfestplatte für das Betriebssystem und für temporäre Dateien genutzt. Sie sollte

Stripe Set

Als Stripe Set bezeichnet man das parallele Ansteuern von 2 bis 32 gleich großen Festplatten oder Partitionen im Lese- und Schreibzugriff. Die Daten werden auf die vorhandenen Festplatten aufgeteilt und getrennt abgespeichert. Dies führt zwar zu einem Geschwindigkeitszuwachs, allerdings können bei typischen RAID-0-Stripe-Sets, die aus zwei bis vier Platten bestehen, sämtliche Daten der Laufwerke verlorengehen, wenn eine der Festplatten oder Partitionen ausfällt. Um dem entgegenzuwirken, sollten Sie redundante RAID-Systeme wie RAID 5, 6, 50 oder 60 einsetzen. Hier können ein oder zwei Festplatten ausfallen, ohne dass Schaden entsteht. Bei RAID-Level 5, 6, 50 oder 60 sollten Sie einen leistungsstarken PCIe-Hardware-RAID-Controller verwenden, da hier Berechnungen notwendig sind, die sonst die Systemleistung reduzieren.

mindestens 160 GB haben und sehr schnell (500 MB/s, S-ATA3) sein. Für unkomprimiertes Video empfehlen wir größere Datenträger.

Oft werden Sie Ihre Animationen mehrfach nur zur Kontrolle rendern. Sie benötigen also zusätzlich zu den Daten, die Sie ohnehin im Projekt verwenden und die nicht selten bereits sehr groß sind, viel weiteren Platz.

Häufig werden daher RAID-Systeme eingesetzt. RAID 0 (Stripe) ist die einfachste Lösung. Dabei werden zwei Festplatten zu einer verbunden, und somit steht die Kapazität beider Platten voll zur Verfügung, bei annähernd verdoppelter Geschwindigkeit. Auch Systeme ohne Hardware-RAID-Controller erlauben ein solches Stripe Set, z. B. durch die Datenträgerverwaltung von Windows 7 und Windows 8.

Zusätzlicher Monitor | Der solo existierende Computermonitor sollte noch einen Bruder erhalten, um die Arbeit mit den Fenstern und Paletten in After Effects bequemer zu gestalten. Und noch ein Monitor gehört ins Equipment – der Videokontrollmonitor, der für Video- und Fernsehprojekte als Kontrollbildschirm unerlässlich ist. Bei einem kleineren Budget kann auch ein alter Fernseher (kein TFT) gute Dienste leisten.

Vorschau, Schnittstellen und Karten | Wenn Sie nur mit DV- oder SD-Material arbeiten, genügt zur Ausgabe des DV-Signals eine FireWire-Schnittstelle, auch iLink oder IEEE 1394 genannt.

Sollte Ihr PC eine solche Schnittstelle nicht haben, lässt sich diese als PCI-/PCIe-Karte (oder für ein Notebook: PCMCIA- oder ExpressCard34-Karte) einfach nachrüsten (ca. 30 €).

Die Vorschau wird dann als DV-Datenstrom über diesen FireWire-Anschluss ausgegeben und automatisch von einem angeschlossenen DV-in-fähigen Gerät (etwa ein DV-Rekorder oder DV/D8-Camcorder) in analog gewandelt. Um die Vorschau auf einem Fernsehmonitor auszugeben, verbinden Sie den Camcorder mit dem Fernsehmonitor.

Steht kein DV-Gerät zur Verfügung, empfiehlt sich als A/D-Wandler der Grass Valley Canopus ADVC-110.

Sollten Ihnen ein DV-Gerät und der FireWire-Anschluss fehlen, können Sie auch eine kombinierte Karte wie den Grass Valley Canopus ACEDVio einsetzen, der neben FireWire auch gleich analoge Ein- und Ausgänge mitbringt (ca. 300 €).

HD- und SD-Editing | Für die Vorschau von HD-Material können Sie spezielle Schnittkarten wie Matrox MXO2, Blackmagic Design

---

DV-in freischalten
Verfügt Ihr DV-Camcorder nicht über DV-in, kann dies bei älteren Modellen im Nachhinein für einen geringen Aufpreis freigeschaltet werden. Eine aktuelle Liste aller Camcorder, bei denen DV-in freigeschaltet werden kann, finden Sie auf *www.dv-in.de*.

Intensity oder Decklink, AJA Kona und weitere einsetzen. Die Lösungen (PCIe-Schnittkarten oder externe per PCIe, Express-Card34 oder Thunderbolt angeschlossene Boxen) ermöglichen HD-Nachbearbeitung für Mac- und Windows-User. Alle Karten bieten auch die Aufnahme von Videosignalen (je nach Modell: F-BAS, S-Video, YUV, HDMI, SDI) und eine Echtzeitvorschau in Adobe Premiere Pro CS6.

Mit Adobe Premiere Pro CS6 wurde die Integration von Schnittkarten verschiedener Hersteller enorm verbessert, da hier neben der sogenannten Mercury Playback Engine für Echtzeitverarbeitung auch die Mercury-Transmit-Technologie für eine Ausgabe über eine zusätzliche Schnitthardware integriert wurde.

> **www.digitalschnitt.de**
> magic multi media ist einer von wenigen autorisierten Adobe-Video-Fachhändlern in Deutschland. Ihre Webseite *www.digitalschnitt.de* bietet zahlreiche Informationen über Erweiterungsmöglichkeiten zu den Adobe-Video-Programmen. Unter (0800) 3 88 43 36 erreichen Sie eine kostenlose Beratungs- und Support-Hotline.

After Effects und der Prozessor

Die Leistung von Compositing-Programmen wie After Effects hängt unter anderem stark vom Prozessor des verwendeten Systems ab. Für Bearbeitungen von HDTV-Formaten, die deutlich mehr von der Hardware fordern als die Standard-Formate, ist leistungsfähige Hardware eine wichtige Voraussetzung.

Dank der Forschung und Entwicklung von Firmen wie Intel werden die Prozessoren schon seit Jahrzehnten immer schneller und günstiger. Wie wird diese permanente Steigerung umgesetzt?

Seit Jahrzehnten geht es bei der Herstellung der Prozessoren darum, die Fertigungstechnologie zu verkleinern und immer kleinere Elemente auf der CPU unterzubringen. Ganz nach dem Moore'schen Gesetz verdoppelt sich dabei die Transistorendichte (Anzahl der Transistoren pro Fläche) auf einem Mikrochip etwa alle 24 Monate. So hat sich die Anzahl seit dem ersten Intel-Prozessor von 1971 (Mikroprozessor 4004) mit 2.300 Transistoren bis zur 45-nm-Variante des schon nicht mehr neuen Prozessors Quadcore Intel® Core i7 auf 731 Millionen erhöht. Ein Nanometer (nm) ist ein Milliardstel-Meter. Im Vergleich zu einem menschlichen Haar ist dies unvorstellbar klein, denn ein menschliches Haar ist etwa 90.000 nm dick.

Durch diese Miniaturisierung ist es möglich, immer mehr Schaltelemente, die Transistoren, auf einem Prozessor unterzubringen. Dies wirkt sich direkt auf die Leistungssteigerung, Energieeffizienz und den Preis aus. Kleinere Transistoren schalten schneller, benötigen eine geringere Versorgungsspannung, haben einen niedrigeren Stromverbrauch, erzeugen weniger Abwärme und sind günstiger in der Herstellung. Daneben wirken sich aber auch die Taktfrequenz, die Anzahl der Rechenkerne und die Architektur der CPU auf Leistung und den Energiebedarf aus.

> **Thread**
> Ein Thread ist vergleichbar mit einer Teilaufgabe in einer Aufgabenkette und kann als Teil des Betriebssystems (Kernel-Thread) oder als Teil einer Anwendung (User-Thread) ablaufen.

Kapitel 1 Einleitung

Jede neue Prozessorarchitektur wird seit der Einführung des »Tick-Tock«-Modells 2005 in einem Zyklus von zwei Jahren eingeführt. Nach diesem Modell führt Intel im Jahres-Rhythmus mit jedem »Tock« eine neue Mikroarchitektur und mit jedem »Tick« ganz im Sinne des Moore'schen Gesetzes einen neuen Fertigungsprozess ein.

Damit hält Intel das Moore'sche Gesetz ein, das Intel-Mitbegründer Gordon Moore bereits 1965 formulierte. Diese Regel gilt bist heute und ist eines der wichtigsten Leitprinzipien der IT-Industrie.

> **Intel Core i7**
> Weitere Informationen zum Prozessor Intel® Core™ i7 Extreme finden Sie unter:
> *http://www.intel.com/cd/ products/services/emea/deu/ processors/corei7/406040.htm.*

Die Zukunft des Wachstums | Ist eine immerwährende Steigerung möglich, oder ist irgendwann die Grenze des Wachstums erreicht?

Derzeit können die leitenden und die nichtleitenden Elemente auf einer CPU zwar noch gegeneinander abgegrenzt werden, so dass den nächsten Prozessorgenerationen mit Strukturen von zuerst 32 nm und später 22 nm nichts im Wege steht. Am Fernziel von 11 nm kleinen Strukturen – was nur noch einem Atom Abstand zwischen den leitenden und den nichtleitenden Elementen entspricht – wird in den Intel-Laboren ebenfalls bereits gearbeitet. So kommen in der Herstellung immer neue Materialien wie Hafnium hinzu, das die größte Veränderung in der Halbleiterindustrie in den letzten 40 Jahren darstellt. Und auch in Zukunft werden sicherlich weitere Elemente mit in den Transistor aufgenommen, um die Prozesse zu verfeinern.

> **Thread**
> Ein Thread ist vergleichbar mit einer Teilaufgabe in einer Aufgabenkette und kann als Teil des Betriebssystems (Kernelthread) oder als Teil einer Anwendung (User Thread) ablaufen.

Die Hyperthreading-Technik | Moderne Intel-Prozessoren können dank der Intel® Hyperthreading-Technik beispielsweise bei einem Prozessor mit vier Kernen bis zu acht Threads gleichzeitig bearbeiten. Das ist vergleichbar mit einer achtspurigen Autobahn, auf der die Fahrer keine Rücksicht auf langsamere Fahrzeuge auf den anderen Spuren nehmen müssen – alle acht kommen schneller ans Ziel. Immer mehr Anwendungen wie zum Beispiel Adobe After Effects nutzen vier oder mehr Threads und bearbeiten auf einem PC mit einem modernen Intel®-Prozessor Anfragen in nie gekannter Geschwindigkeit. Im Vergleich zu herkömmlichen Quadcore-Prozessoren bot schon der Intel® Core™ i7-Prozessor bis zu 40 % mehr Leistung. Auch beim Multitasking, der Nutzung mehrerer Programme gleichzeitig, wirkt sich dieser Effekt aus.

Die Turbo-Boost-Technik | Eine weitere Neuerung schon bei älteren Intel® Core™ i7-Prozessoren beschleunigt Anwendungen, egal ob diese für Mehrkern-Prozessoren optimiert sind.

Die Intel® Turbo-Boost-Technik stellt je nach individuellen Anforderungen immer das Optimum an Leistung zur Verfügung. Intel®-Prozessoren mit mehreren Kernen sind auf Anwendungen spezialisiert, die mehrere Threads parallel nutzen. Wird hingegen ein Programm verwendet, das z. B. nur zwei von vier Kernen benötigt, werden zwei Kerne abgeschaltet und die verbleibenden zwei aktiven Kerne automatisch hochgetaktet. Wird nur ein einziger Kern benötigt, wird dieser bis an ein vertretbares Limit übertaktet. Damit reagiert der Prozessor von allein auf aktuelle Anforderungen und stellt immer die maximale Performance zur Verfügung. Egal ob bei der Bildbearbeitung, beim Videoschnitt oder anderen rechenintensiven Programmen, Intel®-Prozessoren bearbeiten Anfragen im Handumdrehen und schaffen damit mehr Zeit für die wichtigen Dinge im Leben. Videobearbeitung mit After Effects zum Beispiel. Weitere Informationen finden Sie im Abschnitt »Mehrprozessorverarbeitung in After Effects« auf Seite 349.

> **Infos zu Turbo-Boost**
> Weitere Informationen zu Turbo-Boost finden Sie unter *http://www.intel.com/ technology/turboboost* (englisch).

Integrierte Arbeitsspeicherverwaltung | Bisher lief die Arbeitsspeicherverwaltung auf einem separaten Chip auf dem Mainboard. Bei den neuen Prozessoren wie dem Intel Core™ i7 Extreme ist die Arbeitsspeicherverwaltung in der CPU integriert. Dadurch verbessert sich die Anbindung des Speichers an den Prozessor und erhöht sich die Geschwindigkeit.

> **Infos über Intel**
> Weiterführende Informationen über Intel bieten *http://www.intel.de* und *http://blogs.intel.com*.

32-Bit- versus 64-Bit-Systeme

Der Unterschied zwischen 32-Bit- und 64-Bit-Systemen besteht darin, dass 64-Bit-Systeme Daten in längeren Einheiten bewegen können und im Grunde Zugriff auf unbegrenzten Speicherplatz haben, während 32-Bit-Systeme auf 4 GB begrenzt sind und davon in der Praxis sogar noch weniger nutzen können. Somit sind sie für heutige Anforderungen in der Videobearbeitung praktisch untauglich.

64-Bit-Systeme schneiden im Vergleich zu 32-Bit-Systemen in ihrer Performance deutlich besser ab. Das heißt, wenn Sie Ihr System mit ausreichend RAM ausrüsten, könnte dies neben der Grafikkarte das beste Investment zur Leistungssteigerung sein. After Effects wie Premiere Pro werden seit CS4 für 64-Bit-Systeme entwickelt und optimiert.

Bedeutung von 64-Bit-Systemen für die Videobearbeitung | Durch die stets steigende hohe Auflösung der Videoframes und

Höhere Bandbreite

Sobald sich die Farbtiefe-Anforderungen erhöhen, wächst die benötigte Datenrate dramatisch. Beispielsweise erfordert eine 4:4:4-Datei mit 12 Bit die dreifache Bandbreite einer 4:2:0-Datei mit 8 Bit in gleicher Auflösung.

Typischer Workflow

Als Beispiel könnten in einem typischen Workflow folgende Anwendungen parallel laufen: Compositing in After Effects, Bearbeitung von HD-Material in Adobe Premiere Pro, Verwendung von Kompositionen per Dynamic Link in After Effects und Premiere Pro, Rendern einer Komposition aus After Effects im Hintergrund mit dem Standalone Adobe Media Encoder, Brennen einer Blu-ray Disc in Encore unter Verwendung von via Dynamic Link importiertem Material.

Diese fünf konkurrierenden Aktivitäten initiieren etwa zehn Prozesse, wovon jeder bis zu 4 GB Speicher verschlingen kann. Dank der 64-Bit-Optimierung benötigt Production Premium CS6 sehr viel weniger Zeit beim Wechseln zwischen den Applikationen.

---

den Wunsch nach Echtzeitbearbeitung sind 64-Bit-Systeme eine der Kernkomponenten des modernen Workflows.

Zudem werden in der Videoproduktion meist mehrere Applikationen gleichzeitig benötigt, die parallel genutzt werden sollen. Dem trägt bereits die Entwicklung der Prozessoren Rechnung, indem die Anzahl der Prozessorkerne pro CPU kontinuierlich ansteigt, genauso wie auch die verwaltbare RAM-Menge pro Kern (auf bis zu 32 GB und sogar darüber hinaus).

64-Bit-Systeme ermöglichen es, die Prozessorleistung optimal auszunutzen und viele Applikationen simultan laufen zu lassen – meistenteils in Echtzeit. Außerdem sind 64-Bit-Systeme den sich fortwährend erhöhenden Kameraauflösungen und Farbtiefe-Anforderungen der zu verarbeitenden Dateien gewachsen.

So kann sich der Produktionsprozess beschleunigen, und das freut uns Softwarenutzer erheblich. Wenn sich Wartezeiten vor dem Rechner verkürzen, können Sie sich wieder auf die kreative Seite der Arbeit konzentrieren, es sei denn, Sie haben, während After Effects renderte, immer schon neue Projekte entworfen.

Vorteile von 64-Bit-Systemen | Die Performance gegenüber den alten 32-Bit-Systemen beträgt mit 64-Bit-Systemen etwa das Zehnfache, wenn mit besonders großen Dateien gearbeitet wird, da 64-Bit-Applikationen größere Mengen Speicher adressieren können. Dadurch wird das Auslagern von Dateien auf die Festplatte verringert – einer der größten Faktoren, die die Datenverarbeitungsgeschwindigkeit beeinflussen.

Für das Zwischenspeichern von Frames ist mehr Speicher verfügbar, wodurch bereits abgespieltes Material länger im Speicher gehalten wird und sich die Interaktivität bei der Bearbeitung erhöht.

Durch die Verwendung von 64-Bit-Systemen gibt es zusammengefasst folgende Vorteile:

- Da der Arbeitsspeicher den einzelnen Prozessorkernen zugewiesen werden kann, erreichen Sie eine bessere Mehrprozessorverarbeitung und längere RAM-Vorschau in After Effects.
- Höhere Farbbittiefen sind ohne Einschränkung verarbeitbar.
- Editing in Adobe Premiere Pro ist schneller, besonders bei Dateien mit hoher Auflösung.
- Mehrere Aufgaben können parallel abgearbeitet werden, und die Integration über Dynamic Link geht schneller.
- Besonders bei extrem großen PSD-Dateien geht die Arbeit mit Photoshop (bei Windows Vista, Windows 7 und Windows 8) schneller, da die Dateien schneller angezeigt werden

- Projekte mit hoher Auflösung und Komplexität profitieren vom zusätzlich verfügbaren Speicher.
- Hintergrundprozesse laufen effizienter.

Wenn Sie hoffen, 64-Bit-Systeme würden dazu führen, dass Sie, während After Effects rendert, gleichzeitig im Programm weiterarbeiten können, so muss ich Sie leider enttäuschen. Dies ist aber möglich, wenn Sie Ihre After-Effects-Kompositionen nicht direkt aus After Effects, sondern über den Standalone Media Encoder ausgeben. Dieser arbeitet bei einem Mehrprozessorsystem im Hintergrund alle zugewiesenen Renderaufgaben ab, während Sie die laufenden Applikationen weiter nutzen können.

Zukünftige Anforderungen | Adobe bezieht sich – wie Intel – zur Vorhersage zukünftiger Anforderungen auf das Moore'sche Gesetz, um die Entwicklung neuer Prozessorarchitekturen vorauszuplanen. So wird die Softwarearchitektur in einem ähnlichen Rhythmus angepasst und optimiert wie die Prozessorarchitektur. Laut Moore'schem Gesetz wird etwa alle zwei Jahre eine neue Prozessorarchitektur eingeführt. Dies spiegelt sich sehr in der Bildbearbeitung wider. So wurden 2004 für die Arbeit mit HD-Material in einem High-End-Workflow noch 6 GB RAM empfohlen, während heute die Arbeit mit HD-Material allgemeiner Standard ist und in einem High-End-Workflow Formate in 2K, 4K verwendet werden. Immer häufiger geht dies einher mit der Verwendung von Raw-Material, höheren Farbtiefen und stereoskopischem 3D. Die Speicherempfehlung hängt somit stark von den Projekten ab. Zukünftig sind noch größere Formate (8K und mehr) zu erwarten. Sie können also nichts falsch machen, wenn Sie an Ihrer Altersvorsorge sparen, um mit den zukünftigen Entwicklungen Schritt zu halten.

> **Upgrade auf 64 Bit für Mac**
> Apples Betriebssystem ist bereits seit Mac OS Leopard 64-bit-fähig und kann weiteren Arbeitsspeicher nutzen. Sie müssen also nur mehr Arbeitsspeicher installieren.

> **Upgrade auf 64 Bit für Windows**
> Wenn Sie 64-Bit-Vista oder 64-Bit-Windows 7 installieren, stellen Sie sicher, dass Ihre Hardwaretreiber für die jeweilige 64-Bit-Version von Windows verfügbar sind, da die regulären 32-Bit-Treiber dafür nicht geeignet sind. Außerdem müssen Sie für Vista das Service Pack 1 verwenden. Bei den Applikationen müssen Sie After Effects ab Version 9.0.1 einsetzen bzw. Premiere Pro ab Version 4.0.1.
>
> Sind alle passenden Treiber und After Effects ab CS4 installiert, gehen Sie in After Effects unter BEARBEITEN • VOREINSTELLUNGEN • SPEICHER & MEHRPROZESSORVERARBEITUNG und stellen dort den gewünschten RAM pro Prozessorkern ein. Jeder Kern kann bis zu 4 GB verwenden. Durch diese Aufteilung nutzt After Effects die Prozessorkerne optimal.

Kapitel 2
Begriffe und Standards

In diesem Kapitel erfahren Sie Grundlegendes zur Animation, zu Frames und Keyframes, zu Vollbild und Halbbild, zu Fernseh- und Videonormen und einigem mehr. Einige Begriffe und Standards, die im Folgenden beschrieben werden, begegnen Ihnen nicht nur in After Effects, sondern auch in anderen Applikationen zur Videobearbeitung. Es lohnt sich also, vor der eigentlichen Arbeit mit dem Programm ein paar Minuten auf die folgenden Themen zu verwenden.

2.1   Was ist Animation?

Hätten Sie diese Frage vor fünfundzwanzig Jahren gestellt, hätte die Antwort sicher immer gelautet: Animation hat etwas mit Trickfilm zu tun. Und falsch ist die Antwort ja auch heute noch nicht. Aus dem Fernsehen und Kino sind Animationen nicht mehr wegzudenken; mit der klassischen Trickfilmanimation haben sie aber meistens nicht viel zu tun, jedenfalls was den Arbeitsablauf betrifft. Man kann die Art der Animation in zwei Kategorien einteilen: die traditionelle Einzelbildanimation und die modernere Keyframe-Animation.

Einzelbildanimation

Zusammenfassend gesagt, setzt sich eine Animation aus schnell nacheinander gezeigten Einzelbildern zusammen, wobei jedes Bild eine leichte Veränderung gegenüber dem vorigen Bild enthält.

Es gibt verschiedene Möglichkeiten, wie die einzelnen Bilder erstellt werden. Für den Trickfilm wurde jeder Bewegungsschritt beispielsweise einzeln auf sogenannten **Cels** (Kurzname für Celluloid) gezeichnet. Es handelt sich dabei um transparente Folien, die es ermöglichen, einen unbewegten Hintergrund durch mehrere Folien mit unterschiedlichen Bewegungsschritten zu überlagern. Erst durch das schnelle Abspielen der einzelnen Bilder nacheinander entsteht der Eindruck einer Bewegung.

Einzelbildsequenzen kommen in After Effects häufig sowohl beim Import als auch beim Export zum Einsatz – sei es, um Animationen in höchster Qualität aus anderen Applikationen zur Weiterverarbeitung in After Effects zu übernehmen oder um Daten aus After Effects zur Weiterverwendung zu nutzen, beispielsweise für den Transfer auf Filmmaterial.

Zum Nachlesen
Animationen aus einzeln erstellten Bildern können Sie in After Effects leicht herstellen, was in Kapitel 5, »Der Import«, zur Sprache kommt.

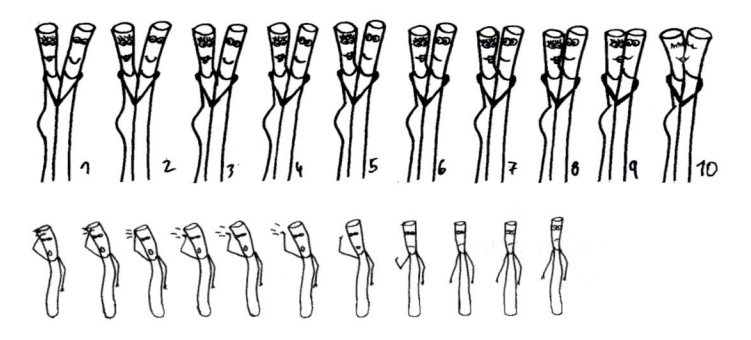

Abbildung 2.1 ▶
Die Bilder einer Einzelbildanimation erwecken den Eindruck einer Bewegung, wenn sie schnell nacheinander abgespielt werden.

Abbildung 2.2 ▶
Für einen Trickfilm wird jedes Bild einzeln gezeichnet.

Keyframe-Animation

Der große Vorteil der computergestützten Animation liegt in der Automatisierung vieler Animationsprozesse. Veränderungen einer Form in die andere, Positionsveränderungen, Drehungen und dergleichen werden automatisch berechnet. In After Effects können Sie beinahe jede Eigenschaft eines Bildes, Videos oder einer Tondatei über die Zeit verändern, also animieren. Was Sie dazu benötigen, sind die sogenannten Keyframes.

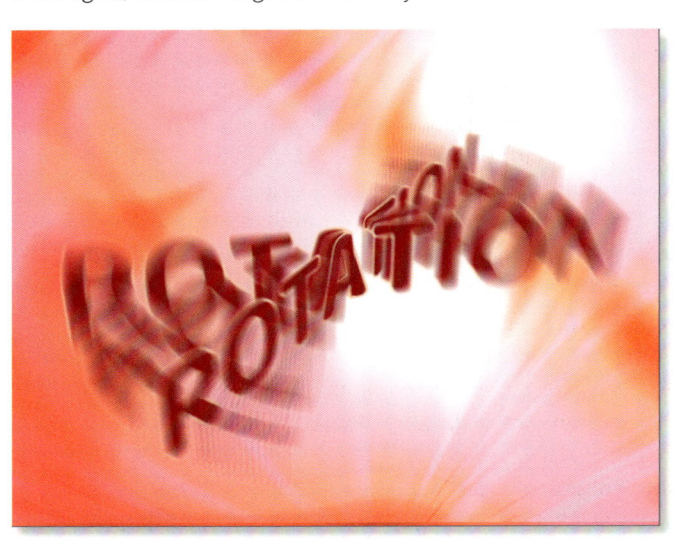

Abbildung 2.3 ▶
In After Effects können Sie beinahe jede Eigenschaft animieren.

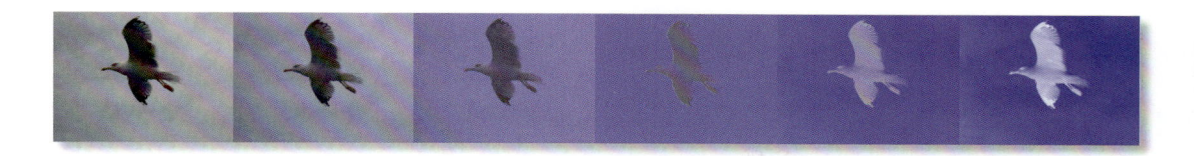

Frames und Keyframes | In After Effects setzen sich Animationen aus einzelnen Bildern zusammen: den Frames. Jeder Frame enthält dabei wieder eine kleine Veränderung gegenüber dem vorigen und dem nachfolgenden Bild. Alle Bilder zusammen abgespielt ergeben die Animation, die Bewegung.

Es ist aber nicht nötig, jedes einzelne Bild selbst zu »zeichnen«. Es werden nur ein Anfangs- und ein Endbild der Animation und die **Interpolationsart** für die fehlenden Zwischenbilder definiert. In mindestens zwei Schlüsselbildern, den Keyframes, werden die Ausgangssituation und die Veränderung »gespeichert«. Mehr ist für eine Animation grundsätzlich nicht nötig. Den Rest erledigt After Effects für Sie.

▲ **Abbildung 2.4**
Der animierte Effekt EINFÄRBEN

▼ **Abbildung 2.5**
Mindestens zwei Keyframes sind für eine Animation nötig. Das Berechnen der Zwischenwerte für die einzelnen veränderten Bilder nennt man Interpolation.

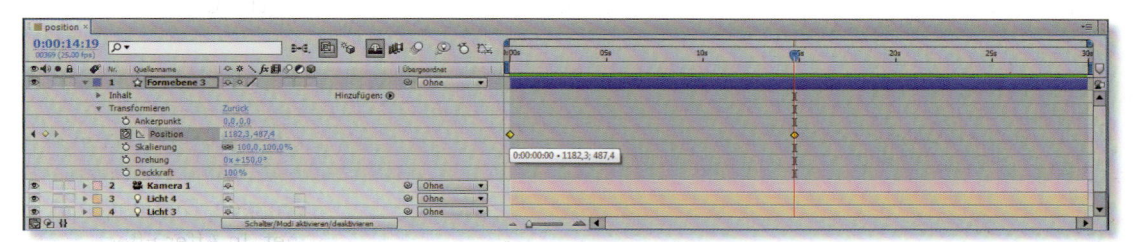

Framerate | Wie schon erwähnt wurde, entsteht der Eindruck von bewegten Bildern durch ein schnelles Abspielen der Bilder nacheinander. Bei einem Kinofilm sind dies immer volle Bilder. Damit unser Auge die einzelnen Bilder nicht mehr als solche erkennt, müssen sie in einer bestimmten Geschwindigkeit abgespielt werden. Diese Geschwindigkeit nennt man **Abspielgeschwindigkeit** oder auch Framerate. Die Maßeinheit für die Framerate ist fps (Frames per Second) oder bps (Bilder pro Sekunde).

Damit unser Auge die einzelnen Bilder als Bewegungsablauf und einigermaßen flüssig wahrnimmt, müssen mindestens 16 Bilder pro Sekunde angezeigt werden. Für einen Kinofilm werden 24 Bilder pro Sekunde projiziert, beim früheren Fernsehstandard PAL waren es 25 Halbbilder und bei NTSC 29,97. Seit April 2012 wird in Europa meist mit 50 Vollbildern pro Sekunde gesendet.

Wenn Sie After Effects verwenden, können Sie mit verschiedenen Frameraten innerhalb eines Projekts arbeiten, das heißt, Sie können Rohmaterial mit unterschiedlichen Frameraten importieren und Kompositionen mit verschiedenen Frameraten anlegen und ausgeben.

[Interpolation]
Interpolation ist das Berechnen von Zwischenwerten aus vorhandenen Werten. Dies können beispielsweise Farb- und andere Bildinformationen sein. Durch die Interpolation kann die fehlende (Bild-)Information errechnet werden. Dabei kann die Interpolationsart z. B. zwischen »Linear« und »Bézier« gewechselt werden, was jeweils eine andere Berechnung der Zwischenwerte zur Folge hat. Das Ergebnis ist in Werte- oder Geschwindigkeitskurven darstellbar.

2.2 Auflösung

Ein Bild wird in einzelne Punkte aufgelöst, um es zu drucken oder am Computer sichtbar zu machen. Die Qualität eines Bildes hängt von der Dichte der dargestellten Bildpunkte auf einer bestimmten Fläche ab. Je mehr Punkte pro Zoll vorhanden sind, desto feiner ist die Auflösung. Die Maßeinheit hierfür ist dpi (Dots per Inch).

In der analogen Fernseh- und Videotechnik wurde ein Bild nicht in Punkte zerlegt, sondern in Zeilen. Die Auflösung eines analogen Videobildes hing somit von der Anzahl der Zeilen ab, aus denen sich ein Video- oder Fernsehbild zusammensetzte. Für die Darstellung eines analogen Video- oder Fernsehbildes am Computermonitor muss die zeilenweise Auflösung in Pixel umgerechnet werden.

Für die Auflösung in der Video- und Fernsehtechnik haben sich einige Standards durchgesetzt, wie ich später noch eingehend zeigen werde.

Vollbild oder Halbbild

In der Videotechnik werden Ihnen immer wieder die Begriffe Vollbild und Halbbild begegnen. Professionelle Kameras ermöglichen die Aufzeichnung sowohl in Voll- als auch in Halbbildern.

Zeilensprungverfahren und Bildwechselfrequenz | Im analogen Fernseher wurden die empfangenen Bilder nicht etwa wie bei einem Diavortrag hintereinander auf den Bildschirm projiziert, sondern jedes Bild wurde im sogenannten **Zeilensprungverfahren** in zwei Halbbilder geteilt. Der Elektronenstrahl »zeichnete« dabei zuerst die Zeilen eines Halbbildes mit gerader Nummerierung auf den Bildschirm und anschließend die Zeilen eines Halbbildes mit ungerader Nummerierung. Dies geschah mit einer bestimmten Frequenz, der **Bildwechselfrequenz**, die dafür sorgte, dass der Wechsel der Bilder vom trägen menschlichen Auge nicht wahrgenommen wurde. So erschienen die beiden nacheinander gezeigten Halbbilder wie ein volles Bild. Außerdem leuchtete die Beschichtung auf dem Bildschirm noch eine Weile nach, nachdem der Elektronenstrahl sie dazu angeregt hatte.

Die Splittung der einzelnen Bilder sorgte wie die Bildwechselfrequenz für ein »flüssigeres« Sehen. Sollten pro Sekunde beispielsweise 25 volle Bilder dargestellt werden, entstanden durch das Splitting 50 halbe Bilder pro Sekunde.

Helligkeit der Benutzeroberfläche anpassen

In After Effects CS 6 ist es Ihnen möglich, die Helligkeit der Programmoberfläche ganz individuell Ihren Bedürfnissen anzupassen. Da die Abbildungen in diesem Buch deutlich besser mit einer hellen Arbeitsoberfläche zu erkennen sind, haben wir uns dazu entschieden, genau diese Möglichkeit zu nutzen. Wenn Sie auch an einem kleinen Farbwechsel Interesse haben, können Sie via Schieberegler unter BEARBEITEN • VOREINSTELLUNGEN • ERSCHEINUNGSBILD die Helligkeit der Benutzeroberfläche regulieren. Falls Sie zu einem späteren Zeitpunkt wieder zu der Original-Färbung zurückkehren wollen, ist dies mit einem einfachen Klick auf STANDARD zu bewerkstelligen.

2.2 Auflösung

▲ **Abbildung 2.6**
Beim Zeilensprungverfahren wird ein volles Bild in zwei Halbbilder geteilt, die auch oberes ...

▲ **Abbildung 2.7**
... und unteres Halbbild genannt werden.

Um dem besonders bei schnell bewegten Aufnahmen wie in Sportsendungen wahrnehmbaren Flimmern entgegenzuwirken, wurden und werden Geräte mit höheren Bildwechselfrequenzen entwickelt. Diese Geräte arbeiten mit 100 Hertz, 200 Hertz und mehr. Diese Frequenzen werden in den entsprechend ausgestatteten Geräten selbst erzeugt.

Das heißt, die Fernsehbilder kommen mit einer Sendefrequenz von 50 Hz im Fernsehgerät an, wo sie zwischengespeichert werden und ein Chip weitere Zwischenbilder berechnet, bis dann eine Wiedergabe auf dem Gerät mit einer Frequenz von 100 Hz bzw. 200 Hz und mehr erfolgt.

Interlaced | Bei der Beschäftigung mit Videodaten wird Ihnen der Begriff **interlaced** immer wieder begegnen. Er bezeichnet die Aufteilung eines Vollbildes in die beiden Halbbilder. Die Halbbilder werden **oberes Halbbild** (oder »Upper Field«, »Field 1« oder »Odd Field«) und **unteres Halbbild** (»Lower Field«, »Field 2« oder »Even Field«) genannt.

In After Effects können Sie verschiedene Videodateiformate verarbeiten und Ihre fertige Animation für die Ausgabe auf Video in Halbbildern ausgeben. Wenn Sie eine Animation für den Computer produzieren, müssen Sie sich bei der Ausgabe um die Halbbilder keine Gedanken machen und geben die Animation in vollen Bildern aus. Der Computermonitor, aber auch Plasmageräte und Beamer stellen jedes Bild zeilenweise von oben nach unten in einem einzigen Durchgang dar (**Progressive Scan**). Halbbilder sind in diesen Fällen unerwünscht, da sie Artefakte verursachen. Ebenso verhält es sich mit heutigen LCD-Fernsehern.

> **Hertz**
> Wie viele Bilder pro Sekunde auf einem Fernseher angezeigt werden, hängt von der Bildwiederholfrequenz ab. Die Einheit für die Frequenz ist Hertz (Hz).

▲ **Abbildung 2.8**
Zwei halbe, in Zeilen aufgelöste Bilder ergeben dieses Vollbild.

▲ **Abbildung 2.9**
Beim Progressive Scan wird das Bild in einem Durchgang zeilenweise aufgebaut. Halbbilder entstehen dabei nicht.

HDTV und Zeilensprungverfahren | Auch in Zeiten von HDTV wird das Zeilensprungverfahren noch angewendet. Dieses hatte einerseits damit zu tun, dass für ältere Empfangsgeräte eine Kompatibilität erreicht werden musste. Andererseits wird Videomaterial in Zeilen aufgezeichnet, um eine höhere Qualität der Bilddaten bei vertretbaren Datenmengen zu erreichen. Eine solche Aufzeichnung erfolgt in 1080i (das »i« steht für »interlaced«, also in Halbbildern).

Bildformat

Das noch heute sehr bekannte Bildformat mit einem Verhältnis von Breite zu Höhe von 4:3 fand schon zu Beginn der Filmgeschichte im Stummfilm Verwendung. Es wird auch als **Normalformat** oder als 1:1,33-Format bezeichnet. Zum Standard wurde das Format von der Academy of Motion Picture Arts and Sciences erklärt, weshalb es auch den Namen **Academy Ratio** trägt. Es entwickelte sich in den fünfziger Jahren zu einem weitverbreiteten Format, da auch das Fernsehbild nach diesem Standard definiert wurde.

Demgegenüber stehen Breitwandformate mit einem Verhältnis von Breite zu Höhe von 16:9. Das 16:9-Format heißt auch **Widescreen** und wird bei HDTV verwendet.

Das Frame- oder Bildseitenverhältnis steht für die Breite und Höhe des gesamten Bildes. Neben den Bildformaten bzw. Frameseitenverhältnissen spielt das Pixel-Seitenverhältnis eine wichtige Rolle. Dazu erfahren Sie mehr im Abschnitt »Pixel Aspect Ratio (PAR)« auf Seite 134.

◄ **Abbildung 2.10**
Das 16:9-Format (Widescreen) entspricht den menschlichen Sehgewohnheiten am besten.

8 Bit, 16 Bit und 32 Bit

In After Effects können Sie die **Projektfarbtiefe** mit 8, 16 oder 32 Bit wählen.

Wenn Sie mit einer höheren Farbtiefe als 8 Bit arbeiten, können mehr Farben pro Pixel dargestellt werden, wodurch die Bildqualität höher ist. Mit einer höheren Farbtiefe erreichen Sie feinere Details, Glanzlichter und Verläufe. Für Effektbearbeitungen, Farbkorrektur und das Keying ist eine höher gewählte Farbtiefe allemal ratsam.

Während eine Farbtiefe von 8 Bit allgemein noch recht verbreitet ist, ist eine höhere Farbtiefe im professionellen Bereich schon lange gang und gäbe. Die bereits in After Effects 7 hinzugekommene Unterstützung der 32-Bit-Farbtiefe ist für den allgemeinen Gebrauch noch Zukunftsmusik. Trotzdem können Sie Dateien in Photoshop und in 3D-Software in 32 Bit erstellen und in After Effects verwenden. Effekte wie Tonwertkorrektur, Leuchten, Richtungsunschärfe, Malen und sehr viele mehr sind bereits in der 32-Bit-Farbwelt einsetzbar. Sie erkennen das in der Palette EFFEKTE UND VORGABEN an einer kleinen »32« vor dem jeweiligen Effekt.

Sie bestimmen die Projektfarbtiefe über DATEI • PROJEKTEINSTELLUNGEN unter TIEFE.

Pixel-Seitenverhältnis

In der Videobearbeitung am Computer taucht häufig der Begriff **Pixel Aspect Ratio** (PAR) oder **Pixel-Seitenverhältnis** auf. Man unterscheidet quadratische Pixel mit einem gleichen Seitenverhältnis (1:1) und rechteckige Pixel mit einem unterschiedlichen Pixel-Seitenverhältnis (z. B. 1:1,09). Dieser Umstand führt oft zur

[Farbtiefe]
Die Farben eines Pixels werden in After Effects durch je einen Farbkanal für Rot, Blau und Grün dargestellt. Je höher der pro Kanal zur Verfügung stehende Bit-Wert ist, desto mehr Farbabstufungen sind pro Kanal darstellbar.

Die Farbtiefe bezeichnet also die Anzahl der Bits pro Kanal (bpc).

Eine Zeile mehr
In der analogen Fernsehtechnik wurden für die PAL-Fernsehnorm 575 Bildzeilen für das aus zwei Halbbildern bestehende Fernsehbild festgelegt. Für die digitale Welt wurden die 575 Zeilen jedoch in 576 Pixel für die Bildhöhe bei digitalem PAL übersetzt. Der Grund: die bessere Berechnung bei der Interpretation analoger Halbbilder, wenn sie in digitale Pixel übersetzt werden. Aus 575 Zeilen hätten sich 287,5 Pixel für ein Halbbild ergeben. Bei 576 Bildpunkten erhalten wir die gerade Zahl von 288 Pixeln.

Verwirrung. Er resultiert aus der Umwandlung von Videodaten von der analogen in die digitale Welt und umgekehrt. Der praktische Zweck ist aber auch, die Datenmenge von Videos zu verringern, indem weniger Pixel für die Darstellung der Bildbreite verwendet werden.

PAL digital | Der digitale PAL-Standard wurde vom CCIR (Comité Consultatif International des Radiocommunications, heute ITU) im Protokoll ITU-R BT.601 festgelegt. Das Bildseitenverhältnis wurde für digitales PAL mit 4:3 festgeschrieben. Bei 576 Pixeln Höhe ergibt sich also eine Breite von 768 Pixeln. Um eine Annäherung an den digitalen NTSC-Standard zu erreichen, der mit 640×480 quadratischen Pixeln festgelegt ist, wurde das PAL-Format auf eine Größe von 720×576 rechteckigen Pixeln geschrumpft. Und da haben wir das Problem.

Damit bei der früheren analogen Übertragung die PAL-Fernsehnorm mit einer Breite von 768 Pixeln auch mit den 720 Pixeln erreicht wurde, mussten die 720 Pixel etwas breiter sein. Die Pixel konnten nicht quadratisch, sondern mussten rechteckig sein. So beträgt das Seitenverhältnis bei PAL etwa 1:1,067. Daraus ergibt sich, dass ein altes DV-PAL-Video am Computermonitor schmaler aussieht als im Original, denn der Computermonitor stellt wiederum nur quadratische Pixel dar. Das gleiche Problem ergibt sich bei modernerem HDV-Material mit einem Pixel-Seitenverhältnis von 1,33. Andersherum können Grafiken, die im Computer erstellt wurden, im Fernseher breiter dargestellt werden, wenn die Grafik nicht entsprechend vorbereitet wurde.

Zum Nachlesen
Wenn Sie wissen wollen, wie Sie der Problematik Pixel-Seitenverhältnis in After Effects begegnen, lesen Sie weiter im Abschnitt »Pixel Aspect Ratio (PAR)« auf Seite 134.

2.3 Fernsehnormen

Zur Übertragung von Bild- und Tonsignalen vom Ausstrahlungsort zum Empfänger wurden verschiedene Standards entwickelt. Beim früheren Schwarzweißfernsehen wurden nur die Helligkeitswerte übertragen, erst später kamen die Farbinformationen hinzu. Die Normen unterscheiden sich unter anderem durch die unterschiedliche Anzahl der Zeilen und durch die verschiedene Bildwechselfrequenz. Für die Übertragung der Farbinformation setzten sich NTSC, PAL und SECAM als analoge Übertragungsstandards durch. In jüngerer Zeit wurde die analoge Übertragung durch digitale Systeme ersetzt. Als digitale Standards sind DVB/T, ATSC, ISDB-T und DTMB verbreitet.

NTSC

1940 wurde das National Televisions System Committee (NTSC) in den USA gegründet, um den über eine einheitliche Fernsehnorm entbrannten Konflikt einiger Firmen zu lösen. 1941 folgte die Einführung des NTSC-Systems in Schwarzweiß und 1953 in Farbe.

Bei der Einführung in Schwarzweiß wurde die Bildwechselfrequenz an das Wechselstromnetz der USA angepasst und lief mit 60 Hz. Es wurden 30 volle Bilder bzw. 60 Halbbilder pro Sekunde übertragen, was für eine flimmerfreie Darstellung der Bilder ausreichte. Die Auflösung wurde auf 525 Zeilen pro Bild festgelegt. Davon werden 480 Zeilen für die Bildinformation benutzt, der Rest für andere Informationen wie Untertitel.

Die Einführung des Farbfernsehens baute auf der Schwarzweißtechnologie auf. Die Bildwechselfrequenz wurde dabei auf 29,97 Vollbilder pro Sekunde festgelegt. Ein großer Nachteil des NTSC-Systems bestand in der Anfälligkeit des Bildsignals bei der Übertragung über Funk und Kabel, was zu erheblichen Farbtonveränderungen führen konnte.

Verwendung fand das NTSC-System in Nord-, Mittel- und Südamerika und in Ostasien.

PAL

Die PAL-Spezifikation (Phase Alternating Line) basiert auf der NTSC-Technologie und wurde von der Firma Telefunken in Deutschland entwickelt. Beim PAL-System traten die störenden Farbschwankungen des NTSC-Systems nicht mehr auf.

Der Standard, der das PAL- und das NTSC-System definiert, wurde 1998 von der ITU unter dem Titel ITU-R BT.470-6 publiziert. Die ITU geht auf den 1865 gegründeten Internationalen Telegraphenverein zurück und ist heute Teilorganisation der UNO.

Die Bildwechselfrequenz wurde bei PAL auf 50 Hz, passend zur europäischen Netzfrequenz, festgelegt. Es wurden 25 Vollbilder, also 50 Halbbilder pro Sekunde, übertragen. Allgemein nutzte das PAL-System ein Videoformat mit 625 Zeilen pro Bild. Davon wurden 575 Zeilen für die Bildinformation und die übrigen für andere Informationen wie Videotext benutzt.

Verbreitet war PAL in Deutschland und weiten Teilen Europas, in einigen afrikanischen und asiatischen Ländern und in Australien.

[Hertz]

Hertz (Hz) bezeichnet die physikalische Einheit für Schwingungen pro Sekunde (Frequenz). 1 Kilohertz (kHz) = 1.000 Hz.

CCIR

Das europäische Pendant zum NTSC (National Televisions System Committee) ist das CCIR (Comité Consultatif International des Radiocommunications). Inzwischen hat das CCIR den Namen gewechselt: Es heißt ITU-R (Radiocommunication Bureau) und ist Teilorganisation der ITU (International Telecommunications Union).

Das CCIR legte den Standard für ein Schwarzweißformat mit einer Auflösung von 625 Zeilen pro Bild und einer Bildwechselfrequenz von 25 Vollbildern bzw. 50 Halbbildern pro Sekunde fest.

PAL und SECAM basieren größtenteils auf diesem Standard und bilden eine Farbspezifikation.

[Farbsampling]

Durch das Farbsampling ist eine Verringerung der Datenmenge von analogen Videosignalen vor der Speicherung möglich. Weitere Informationen dazu erhalten Sie in Kapitel 20, »Farbkorrektur«.

SECAM

Das SECAM-System (Séquentiel Couleur avec Mémoire) wurde in Frankreich aus politischen Gründen entwickelt, um die einheimischen Gerätehersteller vor Importen ausländischer Geräte zu schützen. In Frankreich wurde die Anzahl der Zeilen pro Bild auf 819 erhöht. In den früheren Ostblockstaaten, in denen das SECAM-System ebenfalls aus politisch motivierten Gründen eingeführt wurde, hielt man sich an die Norm der CCIR mit 625 Zeilen pro Bild. Das SECAM-System arbeitet wie das PAL-System mit 50 Hz und überträgt 25 Vollbilder bzw. 50 Halbbilder. Nachteil des SECAM-Systems ist die Störanfälligkeit des Signals, die zu Farbrauschen führen kann.

SECAM wurde in vielen Ländern Osteuropas und in Frankreich verwendet.

Digitalfernsehen

Wie bei den analogen Fernsehnormen gibt es auch bei den digitalen Fernsehnormen keinen weltweit einheitlichen Standard. Die existierenden terrestrischen, also erdgebundenen Systeme sind DVB-T (vorwiegend in Europa, Afrika, Australien und Asien), ATSC (Nordamerika und Südkorea), ISDB-T (Japan) und DTMB (China).

DVB | DVB (Digital Video Broadcasting) ist ein von der Europäischen Rundfunkunion (EBU) realisierter Übertragungsstandard für digitale Bild- und Tondaten. Die standardisierten DVB-Formate sind in LDTV, SDTV und HDTV eingeteilt. Für die verschiedenen Übertragungswege existieren Unterarten wie DVB-T (Digital Video Broadcasting – Terrestrial), was für das erdgebundene digitale Antennenfernsehen steht. Die Satellitenübertragung erfolgt mit DVB-S, über Kabel mit DVB-C und für Mobilgeräte via DVB-H. Vor der Übertragung werden die Daten komprimiert (derzeit mit MPEG-2 und MPEG-4). Zum Empfang muss das Endgerät über einen Receiver verfügen, der die Daten vor der Wiedergabe dekodiert.

Die analoge Satellitenübertragung wurde im April 2012 europaweit abgeschaltet und durch DVB-Programme ersetzt. Die meisten Fernsehanstalten senden seitdem mit dem von der EBU empfohlenen Standard 720p/50. Dies entspricht einer Auflösung von 1.280 × 720 Bildpunkten, also dem Format 16:9, und einer Bildfrequenz von 50 Vollbildern pro Sekunde. Die Auflösung wird gegenüber dem PAL-Format zwar mehr als verdoppelt, die volle HD-Auflösung von 1.920 × 1.080 Pixeln bleibt jedoch noch

---

PAL, SECAM und NTSC digital

Die Standards PAL, SECAM und NTSC existieren nicht nur im analogen, sondern auch im digitalen Bereich. Allerdings gibt es dabei einige Unterschiede zu den analogen Normen. Die Bildauflösung wird zwar noch von der Auflösung in Zeilen hergeleitet, die Maßeinheit ist aber Pixel. So hat ein digitales PAL-Format eine Auflösung von 720 × 576 rechteckigen Pixeln. Ein digitales NTSC-Format hat eine Auflösung von 720 × 480 Pixeln.

Im Gegensatz zu den analogen Standards sind DVDs mit digitalem PAL und digitalem NTSC nicht mit verschiedenen Farbsystemen kodiert, sondern mit YUV 4:2:0, einer Kompressionsform beim Farbsampling.

Schwankende Bildqualität

Trotz des Vorteils der verlustfreien Übertragung von Bild und Ton in binärer Form sind Qualitätseinbußen durch die vor dem Senden stattfindende Kompression des Bildmaterials, abhängig vom Ausgangsmaterial, möglich. So wird bei Aufnahmen, die nicht in 720p oder 1080p vorliegen, sondern z. B. in 1080i, die Auflösung reduziert und möglicherweise mangelhaft in Vollbilder umgewandelt. Außerdem ist auch die digitale Übertragung nicht vor Signalstörungen gefeit: Das Bild kann einfrieren und Blockartefakte aufweisen oder ganz verschwinden.

Zukunftsmusik, bis die Kapazitäten der Sendeanstalten ausgebaut sind.

Da es kaum Bildschirme gibt, die mit 720p (1.280×720 Pixel) hergestellt werden, bläht das Fernsehgerät die ankommenden Bilder oft auf mehr als das Doppelte auf, denn meist werden Full-HD-LCD- und Plasmageräte mit 1080p-Darstellung, also 1.920×1.080 Pixeln, und HD-ready-Geräte mit zumeist 1.366×768 Pixeln verkauft.

ATSC | ATSC steht für das amerikanische Advanced Televisions Systems Committee, das wie die EBU Standards für digitales Fernsehen festlegt. Derzeit gibt es Standards für SDTV und HDTV. ATSC-Standards werden vor allem in Nordamerika für die digitale Fernsehübertragung verwendet. Wie bei DVB gibt es auch hier Unterarten für die verschiedenen Übertragungswege via Kabel, terrestrisch und für mobile Geräte.

ISDB | ISDB steht für Integrated Services Digital Broadcasting, also die Übertragung digitaler Bild- und Tondaten. Das System wurde für Japan von der ARIB (Association of Radio Industries and Businesses) standardisiert und umfasst SDTV und HDTV-Formate. Terrestrisch wird mit ISDB-T übertragen.

DTMB | DTMB steht für Digital Terrestrial Multimedia Broadcast und ist der TV-Standard für terrestrischen und mobilen Empfang in China.

2.4 HDTV

HDTV (High Definition Television), das hochauflösende Fernsehen, bildet eine dem digitalen Zeitalter gerechte Weiterentwicklung des Fernsehens. HDTV steht als Sammelbegriff für mehrere Fernsehformate und arbeitet gegenüber den SDTV-Formaten der alten analogen Fernsehnormen PAL, SECAM und NTSC mit einer weit höheren Bildauflösung.

Bei der progressiven Wiedergabe (nur Vollbilder) wird eine Bildauflösung von 1.280×720 Pixeln verwendet. Die Bezeichnung dafür lautet **720p**. Für die Interlaced-Wiedergabe (in Halbbildern) mit der Bezeichnung **1080i** wird eine Bildauflösung von 1.920×1.080 Pixeln verwendet.

Die Bildwechselfrequenz kann bei HDTV 25 oder 50 volle Bilder pro Sekunde bzw. 50 Halbbilder pro Sekunde (EBU-System)

LDTV, SDTV, HDTV

Fernsehformate werden in LDTV (Low Definition Television), SDTV (Standard Definition Television) und HDTV (High Definition Television) eingeteilt. Bis zu einer Zeilenzahl von 288 spricht man von LDTV, bis 576 Zeilen von SDTV und ab 720 Zeilen von HDTV.

HDTV-fähige Geräte

In Europa werden HDTV-fähige Geräte (also Monitore, Fernseher und Displays) mit dem Gütesiegel »HD ready« versehen.

▲ **Abbildung 2.11**
Geräte mit dem Gütesiegel »HD ready« sind HDTV-fähig.

Für die Vergabe des »HD ready«-Siegels müssen die Geräte eine minimale native Auflösung von 720 Bildschirmzeilen, das 16:9-Seitenverhältnis und die Formate 720p (1.280 × 720 bei 50/60 progressiv) und 1080i (1.920 × 1.080 bei 50/60 interlaced) unterstützen. Mit dem HDTV-Symbol werden HDTV-fähige Receiver und Empfangsgeräte gekennzeichnet.

▲ **Abbildung 2.12**
HDTV-fähige Receiver und Empfangsgeräte werden mit dem HDTV-Symbol gekennzeichnet. Wer keinen alten Computermonitor besitzt, kann sich freuen, bereits ein Wiedergabegerät für HDTV zu haben, da die neuen Monitore über eine entsprechende Auflösung verfügen.

Abbildung 2.13 ▶
After Effects bietet Einstellungen für die HDV- und HDTV-Produktion als voreingestellte Formate an.

und 24, 30 oder 60 volle Bilder pro Sekunde bzw. 60 Halbbilder pro Sekunde (FCC/ATSC-System) betragen.

Während in Europa die Einführung des HDTV so langsam in Gang gekommen ist, wird in den USA bereits seit der Jahrtausendwende in HDTV gesendet. In Japan wurden schon Mitte der neunziger Jahre Programme in HDTV übertragen.

After Effects ist schon seit Langem auf die HDTV-Auflösungen vorbereitet und bietet Einstellungen sowohl für 1.280 × 720 Pixel als auch für 1.920 × 1.080 Pixel.

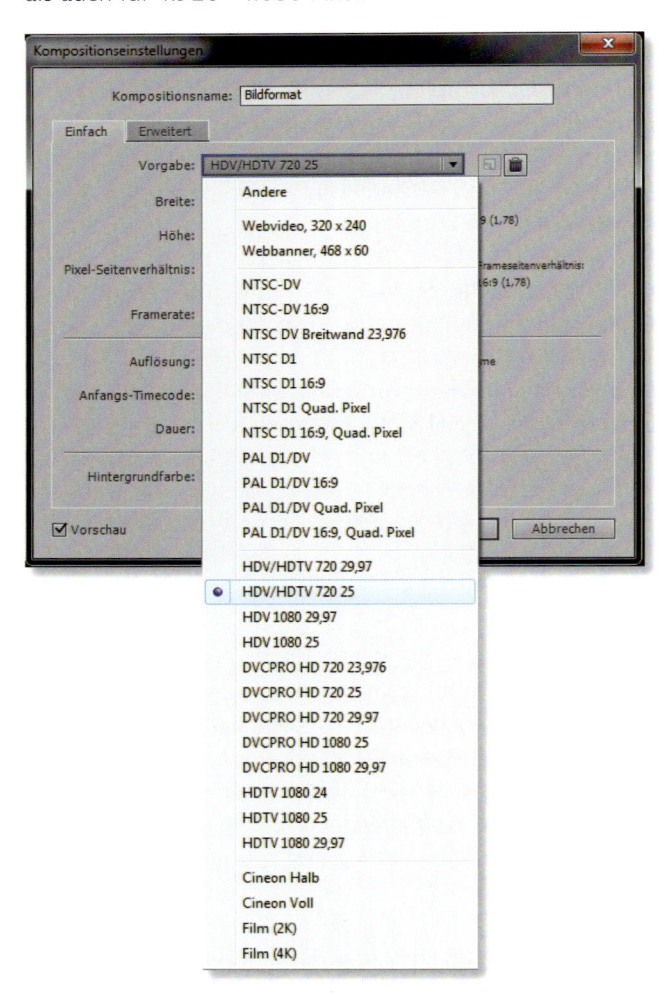

4:3- und 16:9-Format

Das allgemein gebräuchliche 4:3-Format mit einem Bildseitenverhältnis von 1,33:1 findet bei HDTV keine Anwendung mehr, obwohl es auf den Wiedergabegeräten ausgestrahlt werden kann.

Stattdessen arbeitet HDTV mit einem 16:9-Format mit einem Bildseitenverhältnis von 1,78:1 und quadratischen Pixeln. Das auch unter dem Namen Widescreen bekannte Format ergibt einen breitwandigen Kinoeindruck und entspricht den menschlichen Sehgewohnheiten besser als das 4:3-Format.

2.5 Ultra HDTV

Ultra HDTV (Ultra High Definition [UHD], Ultra High Definition Video [UHDV], Extreme Definition Video und 8K) ist derzeit noch ein experimentelles Fernsehformat des staatlichen japanischen Rundfunksenders NHK, in dem etwa 2025 regulär gesendet werden könnte. Getestet wurde es bereits 2003.

Im Vergleich zum HDTV-Standard ist das Format viermal so breit und hoch und weist somit eine Auflösung von 7.680 × 4.320 Pixeln auf. Dies ist die 16-fache Auflösung von HDTV. Die Bildwechselfrequenz liegt bei 60 Vollbildern pro Sekunde, die Farbtiefe pro Kanal bei 10 Bit.

Hinzu kommt eine deutlich höhere Soundqualität bei 24 Audiokanälen, die mit 24 Lautsprechern nutzbar sind.

Nicht zu verwechseln ist Ultra HDTV (UHDTV) mit Ultra Definition Television (UDTV), das nur ein Zwischenformat auf dem Weg zu Ultra HDTV darstellt.

2.6 Videonormen

Für die Aufzeichnung von Bilddaten ist in der Vergangenheit eine ganze Reihe an Aufzeichnungsverfahren entstanden. Ein einheitlicher Standard hat sich dabei leider nicht durchgesetzt. Ältere Aufzeichnungsverfahren waren beispielsweise VHS und S-VHS. Etwas neueren Datums ist die DV-Technologie, die sowohl im Consumer- als auch im Profibereich eingesetzt wird.

DV

DV ist ein Sammelbegriff, der sowohl für eine speziell bei dieser Aufzeichnung verwendete Komprimierung der Videodaten als auch für eine bestimmte Bandart zur Aufzeichnung der Videodaten in DV-Kameras verwendet wird.

Zunächst wurde das DV-Aufzeichnungsverfahren von Sony 1997 für den Consumerbereich eingeführt. Bald kamen DVCAM von Sony und DVCPRO von Panasonic als Weiterentwicklung für

---

VHS und S-VHS

VHS (Video Home System) wurde von der Firma JVC entwickelt und ist ein analoges Aufnahme- und Wiedergabesystem. Die Daten werden bei VHS auf einem Magnetband gespeichert.

S-VHS (Super Video Home System) ist eine Weiterentwicklung von VHS und damit abwärtskompatibel. S-VHS erlaubt die Aufzeichnung einer gegenüber VHS beinahe verdoppelten Auflösung. Die bessere Bildqualität gegenüber VHS resultiert außerdem aus der Trennung der Farb- und der Helligkeitsinformation bei der Aufzeichnung, einem schnelleren Bandtransport und einer höheren Bandqualität.

[Datenrate]
Die Datenrate bezeichnet die Menge der innerhalb einer bestimmten Zeit übertragenen Daten. Mit der Datenrate wird auch die Geschwindigkeit beschrieben, mit der Daten von Speichermedien gelesen werden.

den Profibereich hinzu. Das Revolutionäre an der Technologie von Sony ist, dass Bilddaten nicht analog, sondern digital aufgezeichnet werden. Das heißt, die in der Kamera ankommenden analogen Bildsignale werden vor der Speicherung in digitale Signale umgewandelt und erst dann auf ein Magnetband aufgezeichnet.

Während bei der analogen Aufzeichnungsvariante Bildverluste bei Bandfehlern nicht wiederherstellbar waren, können diese bei DV durch Korrekturmechanismen vermieden werden. Auch bei der Übertragung der Videodaten ergeben sich Vorteile durch die vorherige Digitalisierung, da keine sogenannten Generationenverluste mehr entstehen.

Die Qualität der DV-Aufnahmen im Consumerbereich wird durch mehrere Komprimierungsvorgänge der Bilddaten **vor** der Aufzeichnung geschmälert, obwohl immer noch eine sehr hohe Qualität erreicht wird. Vor der Speicherung durchlaufen die ankommenden Bilddaten eine kleine Fabrik, bei der sie mehrfach komprimiert werden, bis eine kontinuierliche Datenrate von 25 Mbit/s erreicht wird. Diese Komprimierung wird als **DV25** bezeichnet. Die CCD-Wandler der Kamera liefern dabei ein RGB-Signal. Die Abtastung des Signals erfolgt mit 4:2:0-Farbsampling, wobei die RGB-Daten in den YUV-Farbraum übertragen werden.

Die Daten können digital über die Firewire-Schnittstelle (auch als IEEE 1394 und i.LINK bekannt) übertragen und auf der Festplatte gespeichert werden. DV-Camcorder im Consumerbereich verwenden zur Speicherung auf Band MiniDV-Kassetten.

DVCAM und DVCPRO

DVCAM ist die professionelle Variante des DV-Formats und ist mit DV kompatibel. DVCAM-Geräte sind in der Lage, DV-Aufnahmen abzuspielen und umgekehrt. Die Bandgeschwindigkeit ist gegenüber DV erhöht, wodurch weniger Daten auf einem Band gespeichert werden und dieses dadurch weniger störanfällig wird. Ein weiterer Vorteil gegenüber DV besteht darin, dass Signale mit einer um die Hälfte verbreiterten Spur auf das Band geschrieben werden. Das Resultat ist eine bessere Resistenz gegen Störungen wie z. B. Staub, Spurabweichungen oder mechanische Einwirkungen wie Rütteln. Außerdem sind Audio und Video starr verkoppelt, was bei DV leider nicht der Fall ist. Zusätzlich ist eine Audioaufzeichnung mit vier Tonspuren möglich. Die Komprimierung erfolgt wie bei DV.

Das Format DVCPRO basiert ebenfalls auf dem DV-Format. Auch hier wurde die Bandgeschwindigkeit erhöht. Für PAL wird mit einer Komprimierung der Farbinformation von 4:1:1 gearbeitet. Das weiterentwickelte Format DVCPRO50 arbeitet mit einer höheren Datenrate von 50 Mbit/s und einem Farbsampling von 4:2:2.

DVCPROHD

Wie DVCAM und DVCPRO wurde auch DVCPROHD von Panasonic aus dem DV-Format entwickelt. DVCPROHD arbeitet mit 4:2:2-Farbsampling und einer Datenrate von 100 Mbps. Die Komprimierung der Bilddaten erfolgt Intra-Frame wie bei den anderen DV-Formaten. Die Bandgeschwindigkeit ist im Vergleich zu DVCPRO viermal so hoch, so dass sich somit die Laufzeit der Kassette verringert. Allerdings kann auch auf P2-Karten bandlos aufgezeichnet werden, und die Speicherkapazität dieser Karten nimmt weiterhin zu.

HDV

HDV (High Definition Video) wurde entwickelt, um hochauflösendes Video auf den im Consumerbereich eingesetzten MiniDV-Kassetten aufzuzeichnen. Dabei wird eine MPEG-2-Komprimierung verwendet. Bei dieser Kompression werden mehrere aufeinanderfolgende Bilder zu Bildblöcken (GOP- bzw. IBP-Struktur) zusammengefasst. Ein framegenauer Schnitt von solchem MPEG-2-Long-GOP-Material ist problemlos möglich, und das mit allen aktuellen Schnittsystemen.

Die Auflösung ist gegenüber HDTV geringer und beträgt 1.440 × 1.080 Pixel, wenn mit bester Qualität aufgezeichnet wird. Die Aufzeichnung ist in dieser Auflösung bei älteren HDV-Camcordern nur im Interlaced-Modus, also in Halbbildern, möglich. Mittlerweile bieten Sony und Canon HDV-Camcorder an, die auch im 1.080-Format eine progressive Aufzeichnung mit 24, 25 oder 30p erlauben.

Bei der Framerate kann zwischen 60 und 50 Halbbildern pro Sekunde gewählt werden. Bei der Aufzeichnung mit 1.280 × 720 Pixeln ist auch bei älteren Camcordern eine Aufzeichnung im Vollbildmodus möglich, also progressiv mit den Frameraten 60, 50, 30 und 25 pro Sekunde. After Effects ist bereits seit der Version 7 durch entsprechende Kompositionsvorgaben dafür gerüstet.

> **D1, D5**
>
> D1 ist ein Videokassetten- und Videorekorderformat, das die Videonorm CCIR-601 bzw. ITU-R 601 verwendet. Die Pixel sind in dieser Norm nicht rechteckig und werden bei der Darstellung auf dem Computermonitor leicht verzerrt. Bei D1 und dem neueren D5-Standard werden die Videodaten, der Videonorm entsprechend, mit einer Auflösung von 4:2:2 und unkomprimiert gespeichert. Aufgrund der hohen Qualität der nach dieser Norm gespeicherten Videodaten werden D1 und D5 zur Archivierung sowie als Mastertapes in der Musikindustrie und in der Werbung verwendet und eignen sich für hochwertige Postproduktion.
>
> Das D1-Format bildet die Basis für die digitalen Bandformate und die digitale Signalverarbeitung von Video-Informationen.

HDCAM und HDCAM SR

Das HDCAM-Format wird im Profibereich eingesetzt, vor allem in der HDTV-Produktion und für Kinofilme. HDCAM wurde 1997 von Sony entwickelt und 2003 durch HDCAM SR ergänzt.

HDCAM arbeitet mit einem digitalen Pre-Filter, weswegen aus den 1.920 × 1.080 (16:9-Bildformat) in 4:2:2 nur noch 1.440 × 1.080 in 3:1:1 aufgezeichnet werden. Eine hohe Detailtreue, ein hoher Kontrastumfang und eine hohe Schärfe sind hierbei gewährleistet. Nur HDCAM SR kann die volle HD-Auflösung (oder auch 1.280 × 720) in 10 Bit mit 4:2:2 bzw. 4:4:4 aufzeichnen, woraus eine Datenrate von 440 bzw. 880 Mbit/s entsteht.

Die Framerate von HDCAM-Camcordern kann zwischen 24 Frames und den für die Broadcast-Produktion üblichen Frameraten umgeschaltet werden.

XDCAM SD, XDCAM HD und XDCAM EX

XDCAM wurde 2003 von Sony eingeführt. Die Aufzeichnung erfolgt nicht mehr auf Band, sondern auf Professional Disc mit Speichergrößen von 23,3 und 50 GB. XDCAM (SD) arbeitet mit 8 Bit und einer Datenrate von 25 Megabit pro Sekunde. Es kann zwischen IMX-Codec (MPEG-2, 4:2:2, I-Frame only) und DV-Codec (DV, 4:2:0, egal ob PAL oder NTSC) umgeschaltet werden. Das aufgezeichnete Bildformat beträgt, wie für SD-Produktionen üblich, bei NTSC 720 × 480 Pixel und bei PAL 720 × 576 Pixel.

Auf XDCAM HD kann man HD (MPEG-2 Long GOP, 8 Bit, 4:2:0) oder DV (4:2:0) mit Datenraten von 18, 25 und 35 Megabit pro Sekunde aufzeichnen. Die Aufzeichnung erfolgt in dem für HD-Produktionen üblichen Bildformat von 1.440 × 1.080. Das Format XDCAM HD 422 (seit 2008) bietet die Aufzeichnung von voller HD-Auflösung mit 1.920 × 1.080 oder 1.280 × 720 in 4:2:2-Abtastung mit 50 Mbit/s (MPEG-2 Long GOP) und bis zu acht Audiospuren. Aber es kann auch in die Codecs von XDCAM HD und XDCAM (auch IMX und DV) umgeschaltet werden.

XDCAM EX zeichnet auf **SxS Pro Express Card**s auf. Die Aufzeichnung erfolgt mit 35 Mbit/s in 1.920 × 1.080 bzw. 1.280 × 720 oder mit 25 Mbit/s in 1.440 × 1.080. Das Farbsampling ist jeweils 4:2:0. Audiodaten werden unkomprimiert und in Stereo aufgezeichnet.

AVCHD

Das AVCHD-Format wurde im Mai 2006 gemeinsam von den beiden Entwicklerfirmen Panasonic und Sony als bandloses High-

---

SxS Pro Express Cards

SxS Pro Express Cards wurden speziell für den neuesten XDCAM EX-Camcorder entworfen. Diese kompakten Flash-Speicherkarten bieten nahezu unverzögerte Lese- und Schreibleistungen mit einer Übertragungsrate von bis zu 800 Mbit/s.

Sony Deutschland

Weitere Informationen zu allen Produkten finden Sie unter *www.sony.de*.

Definition-Aufnahmeformat vorgestellt. Die Aufzeichnung erfolgt je nach Camcorder auf Festplatten, DVDs, SD-Karten oder Memory-Sticks.

Seit 2008 ist die Aufzeichnung von 1080i, 1080p und 720p möglich (mit Panasonic AG-HMC150). Die Aufzeichnung erfolgt mit MPEG-4-AVC/H.264-Kompression für die Videodaten und mit Dolby AC-3 für die Audiodaten. Unkomprimierte Audiodaten in Form von Linear PCM Audio sind für den Consumerbereich nicht vorgesehen.

2009 brachte Panasonic AVCHD Lite auf den Markt. Geräte, die dieses Format verwenden, können maximal in 720p aufzeichnen. Die AVCHD-Aufnahmen werden direkt über USB oder über Kartenlesegeräte in den Computer eingespeist.

AVC-Intra

AVC-Intra (Advanced Video Codec – Intra Frame Only) ist ein HD-fähiger Intra-Frame-Videocodec, der von Panasonic entwickelt wurde. Intra-Frame-Kodierung wird im Gegensatz zur Inter-Frame-Kodierung unabhängig von den umgebenden Bildern durchgeführt. AVC-Intra ist kompatibel mit dem Standard MPEG-4/Part 10 (H.264/AVC). Aufzeichnungen sind mit einer Datenrate von 50 Mbit/s und 100 Mbit/s möglich. Im Vergleich zur Aufzeichnung mit DVCPROHD soll AVC-Intra bei halber Videodatenrate die gleiche Bildqualität erreichen. Als Aufzeichnungsmedium werden Panasonic P2-Speicherkarten verwendet.

Panasonic P2-Format

Das Panasonic P2-Format ist ein Speicherformat für digitales Video, das 2004 von Panasonic eingeführt wurde. Genau genommen ist die P2-Karte ein Festspeichermedium in den Abmessungen einer PCMCIA-Karte. Sie kann auch in einem PCMCIA-Slot eines PCs verwendet werden. Video- und Audiodaten werden bei einer P2-Speicherkarte auf Flash-Memory aufgezeichnet. Die digitalen Video- und Audiodaten der Kamera werden im codecunabhängigen Format MXF (**M**edia E**x**change **F**ormat) auf die P2-Karte aufgenommen. Vom P2-Format spricht man, wenn Bild und Ton eines Clips in Panasonic-Op-Atom-MXF-Dateien enthalten sind und sich in einer spezifischen Dateistruktur befinden. Die P2-Karte unterstützt bandlose Aufzeichnungsformate wie DVCPRO, DVCPRO 50, DVCPRO HD und AVC-Intra.

DPX

Das DPX-Dateiformat (Digital Picture Exchange) war ursprünglich vom Cineon-Format (».cin«) des Filmscanners Kodak Cineon »FIDO« abgeleitet. Verwendet wird es in einer digitalen Zwischenstufe (Digital Intermediate) der Postproduktion, bei der analoges Filmmaterial gescannt und digital umgewandelt wird, und zur Effektbearbeitung. Digitales Kameramaterial wird direkt genutzt. Das umgewandelte Material wird digital nachbearbeitet (Schnitt, Farbkorrektur etc.). Da das Format einen sehr großen Kontrastumfang pro Farbkanal unterstützt (10 Bit umkomprimiert), ist es das allgemein verbreitete gebräuchliche Dateiformat in der Spielfilmproduktion.

REDCODE

Das Raw-Format REDCODE wird in der RED One, einer digitalen 35-mm-Kinokamera, verwendet, die sich in der Filmindustrie zunehmender Beliebtheit erfreut.

Redcode Raw ist ein Codec, der es erlaubt, Raw-Daten des Kamerasensors mit Auflösungen bis zu 4.096×2.304 (4K) so zu komprimieren, dass diese Datenmengen fortlaufend gespeichert werden können. Von diesem Codec gibt es zwei Ausführungen, eine mit 224 Mbit und eine mit 288 Mbit. Der Codec ähnelt dem JPEG-2000-Codec. Die Farbtiefe beträgt 12 Bit.

Kapitel 3
Tour durch das Programm

In diesem Kapitel erhalten Sie einen Überblick über die Arbeitsoberfläche von After Effects. Ich erläutere die wichtigsten Fenster und Paletten von After Effects, und Sie führen Ihr erstes komplettes Projekt durch!

3.1 Die Benutzeroberfläche im Überblick

Die wichtigsten Fenster von After Effects sind das Projektfenster, das Kompositionsfenster und die Zeitleiste (siehe Abbildung 3.1). Daneben begegnen Ihnen das Effektfenster sowie das Footage-Fenster und das Ebenenfenster.

Projektfenster | Im Projektfenster ❷ verwalten Sie Ihre importierten Rohmaterialdateien, die **Footage** genannt werden. Sie finden neben jeder importierten Datei eine Reihe an Informationen, die Ihnen etwas über den Typ der Datei, ihre Dauer und ihren Pfad auf der Festplatte verraten. Außerdem können Sie Dateien in Ordnern ablegen und im Suchfeld nach Dateinamen suchen.

Kompositionsfenster | Das Kompositionsfenster ❺ legt die Ausgabegröße Ihres Films fest. Das Layout Ihrer Dateien gestalten Sie im Kompositionsfenster ähnlich wie in Grafikprogrammen. Bild- und Videodaten ordnen Sie darin räumlich an. Sie haben die Möglichkeit, mehrere Kompositionen mit unterschiedlichen Einstellungen anzulegen, und können diese ineinander verschachteln. Räumliche Eigenschaften wie Skalierung, Drehung oder Position Ihres Rohmaterials legen Sie in der Komposition fest. Bei größeren Projekten werden Sie sicher mit mehreren Kompositionen arbeiten. Diese ermöglichen Ihnen zum einen Übersichtlichkeit und zum anderen manche Effekte, die in einer einzigen Komposition nicht möglich sind.

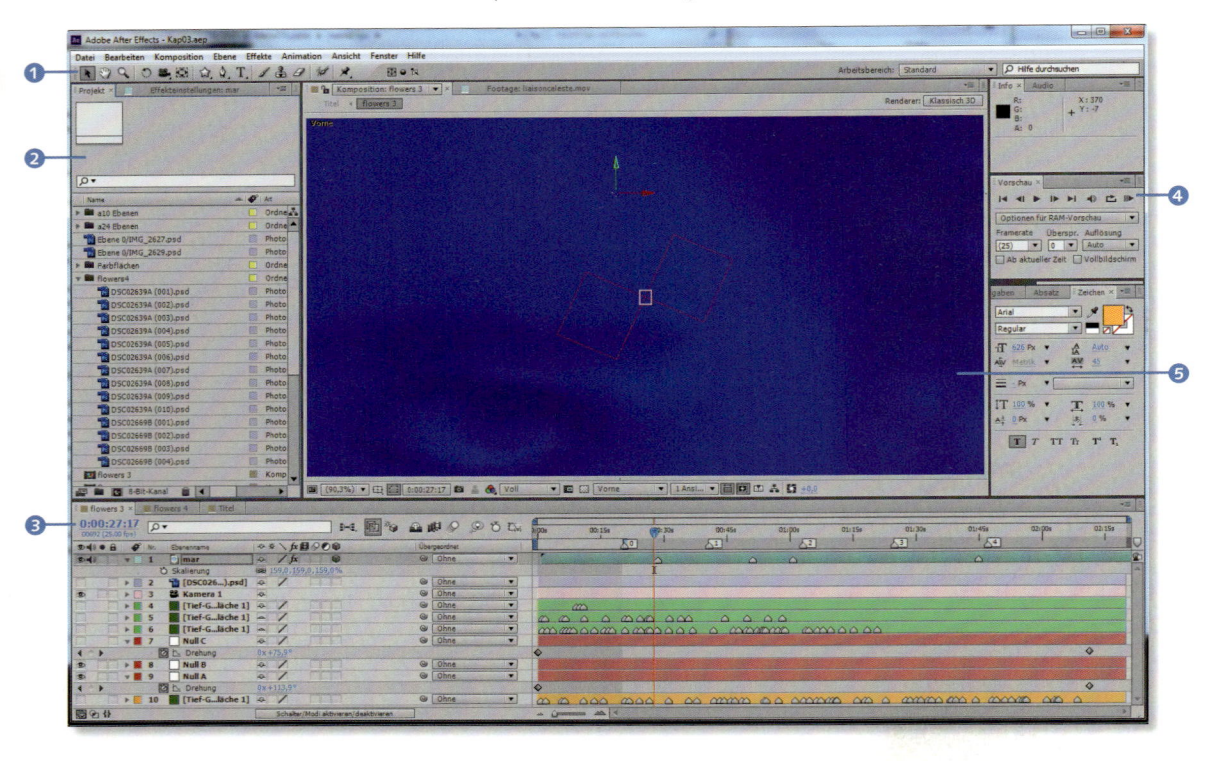

Abbildung 3.1
Die drei Hauptfenster von After Effects sind das Projektfenster, das Kompositionsfenster und die Zeitleiste. Die Abbildung zeigt eine für viele Arbeiten optimale Einrichtung der Bedienoberfläche.

Zeitleiste | In erster Linie dient die Zeitleiste ❸ dazu, festzulegen, zu welchem Zeitpunkt welches Material im Kompositionsfenster zu sehen ist. Auch den Beginn und das Ende der Animation einer Eigenschaft stellen Sie in der Zeitleiste ein. Mehrere Rohmaterialdateien werden in der Zeitleiste übereinander angeordnet, wobei die jeweils oberste die unteren verdeckt. So können mehrere zeitliche Veränderungen nebeneinander stattfinden. In der Zeitleiste wird jede Rohmaterialdatei **Ebene** genannt, egal um welchen Dateityp es sich dabei handelt. Jede Ebene besitzt mehrere animierbare Eigenschaften.

Footage-Fenster | Im Footage-Fenster begutachten Sie eine importierte Datei in ihrem Originalzustand. Audio- und Videodateien werden ebenfalls abgespielt. Sie zeigen das Footage-Fenster über einen Doppelklick auf die entsprechende importierte Datei im Projektfenster an. Daraufhin öffnet sich für Standbilder und für Video- und Audiodateien das Footage-Fenster, das wie eine Karteikarte neben dem Kompositionsfenster angeordnet wird. Sie können die Dateien abspielen, indem Sie die Taste [0] im Ziffernblock drücken.

Ebenenfenster | Das Ebenenfenster bietet die Möglichkeit, eine Ebene getrennt von anderen Ebenen der Komposition zu betrachten. Sie öffnen das Ebenenfenster über einen Doppelklick auf die markierte Ebene in der Zeitleiste oder über das Menü EBENE • EBENE ÖFFNEN. Auch das Ebenenfenster wird wie eine Karteikarte neben dem Kompositionsfenster eingeblendet.

Essentiell wird das Ebenenfenster bei Verwendung der Malwerkzeuge, die sich nicht im Kompositionsfenster anwenden lassen. Masken können schon seit Längerem auch im Kompositionsfenster erzeugt werden, aber auch dabei ist die Bearbeitung im Ebenenfenster manchmal einfacher.

▲ **Abbildung 3.2**
Im Footage-Fenster werden die unbearbeiteten Dateien angezeigt.

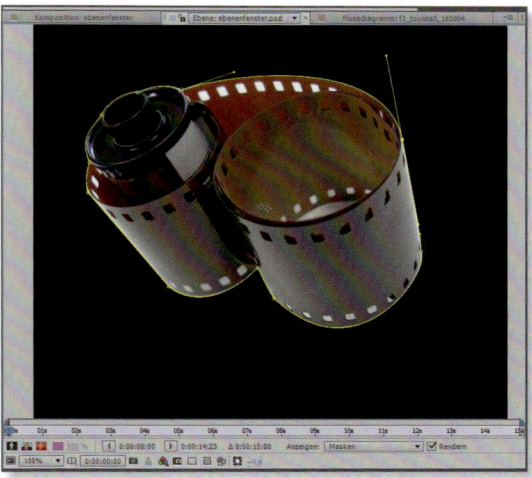

▲ **Abbildung 3.3**
Das Ebenenfenster unterscheidet sich kaum vom Kompositionsfenster. Manche Bearbeitungen sind im Ebenenfenster jedoch einfacher.

Effektfenster | Im Effektfenster verwalten Sie einen oder mehrere Effekte und können selbst vorgenommene Einstellungen als Vorlagen speichern. Der erfahrene Anwender kann Animationen von Effekteinstellungen oft schneller im Effektfenster als in der Zeitleiste vornehmen. Sie öffnen das Fenster, indem Sie die Ebene, die einen Effekt enthält, in der Zeitleiste markieren und dann EFFEKTE • EFFEKTEINSTELLUNGEN ÖFFNEN oder [F3] wählen, oder Sie klicken einfach auf den Namen des Effekts in der Zeitleiste.

Viewer | Zur besseren Übersicht Ihres Materials, der Kompositionen, Ebenen und Effekte werden in After Effects Elemente

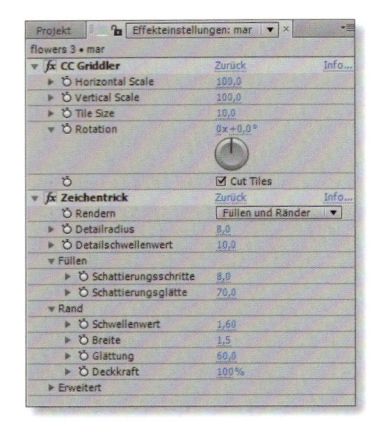

▲ **Abbildung 3.4**
Im Effektfenster werden ein oder mehrere Effekte verwaltet und eingestellt.

der gleichen Art, z. B. Footage (importiertes Material), nicht in etlichen neuen Registerkarten angezeigt, sondern innerhalb einer einzigen Registerkarte.

In der Praxis sieht das so aus: Sie doppelklicken nacheinander mehrere Footage-Elemente im Projektfenster an, um sie im Footage-Fenster zu öffnen. Wie in Abbildung 3.5 ersichtlich, wählen Sie die jeweiligen Elemente anschließend über das Popup-Menü aus. Oben links an der Registerkarte finden Sie ein kleines Schloss. Wenn Sie es anklicken, wird es geschlossen bzw. geöffnet. Ist es geschlossen und öffnen Sie ein weiteres Footage-Element, so wird dieses in einer neuen Registerkarte angezeigt. Ebenso verhält es sich bei Kompositionen, Ebenen und Effekten mit ihrem jeweiligen Fenster (Kompositions-, Ebenen-, Effektfenster), die Sie separat öffnen können.

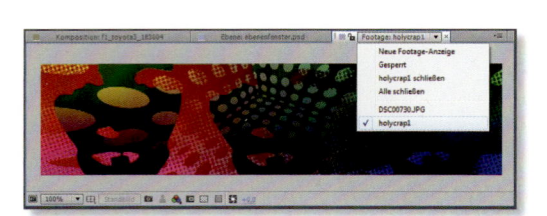

▲ **Abbildung 3.5**
Im Footage-Fenster werden nur die geöffneten Footage-Elemente im Popup-Menü angezeigt.

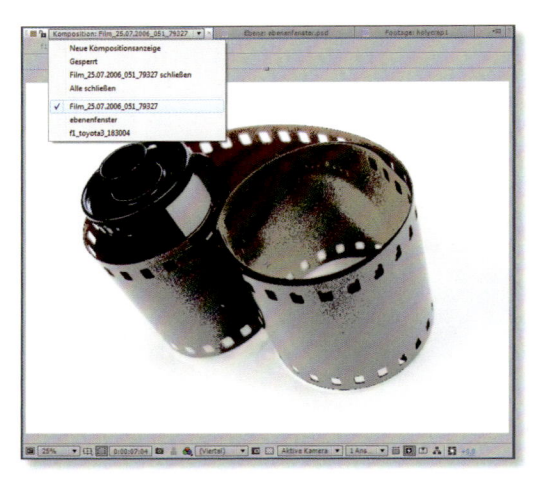

▲ **Abbildung 3.6**
Ebenso im Kompositionsfenster:
Nur Kompositionen werden angezeigt.

▲ **Abbildung 3.7**
Die Vorschau-Palette enthält die Abspielsteuerung für Kompositionen und Vorschauoptionen.

Vorschau und Werkzeugpalette | Neben den Fenstern haben Sie von Anfang an mit der Vorschau-Palette ❹ (siehe Abbildung 3.7) zu tun, die Sie über FENSTER • VORSCHAU öffnen. Auch die Werkzeugpalette ❶, die Sie gegebenenfalls über FENSTER • WERKZEUGE anzeigen, wird Sie nie verlassen.

▲ **Abbildung 3.8**
Die Werkzeugpalette hält unter anderem Werkzeuge zur Bearbeitung von Masken, Text und zum Malen in Ebenen bereit.

Ein paar weitere interessante Fenster, auf die ich später in diesem Buch noch intensiv eingehe, seien vorab kurz vorgestellt.

Tracker-Palette | Die Tracker-Palette, die Sie über FENSTER • TRACKER öffnen, ermöglicht es, ausgewählte Punkte in bewegtem Footage wie Video zu tracken bzw. zu verfolgen. Das Ergebnis lässt sich beispielsweise auf importiertes Material anwenden und macht es möglich, ein Objekt nachträglich in gefilmtes Material einzubauen. Andere Möglichkeiten bestehen darin, Effekte einzubauen oder verwackelte Kameraaufnahmen zu stabilisieren.

Zeichen-Palette | Die Zeichen-Palette, die Sie über FENSTER • ZEICHEN öffnen, enthält umfangreiche Editiermöglichkeiten für Text. Problemlos lassen sich Textgröße, Zeilen- oder Zeichenabstände, Textfarbe, die Kontur, die Schriftart und vieles mehr ändern.

Masken-Interpolation-Palette | Mit der Masken-Interpolation-Palette, die Sie über FENSTER • MASKEN-INTERPOLATION öffnen, stellen Sie bessere Übergänge zwischen Maskenformen her.

Im Laufe der Arbeit mit diesem Buch werden Sie noch einige weitere Fenster und Paletten von After Effects kennenlernen. Aber alles zu seiner Zeit.

▲ **Abbildung 3.9**
Mit der Tracker-Palette lassen sich Trackpunkte im Videomaterial verfolgen und verwackelte Kameraaufnahmen stabilisieren.

▲ **Abbildung 3.10**
Umfangreiche Editiermöglichkeiten für Text bietet die Zeichen-Palette.

▲ **Abbildung 3.11**
Für bessere Übergänge zwischen Maskenformen sorgt die Masken-Interpolation-Palette

3.2 Ein erstes Projekt

Schritt für Schritt werden Sie nun ein Projekt vom Import bis hin zur fertigen Ausgabe selbst gestalten und sich so einen schnellen Einblick in die Arbeitsweise mit After Effects verschaffen. Der Umgang mit den Grundfunktionen wird Ihnen schon bald leichtfallen.

Kapitel 3 Tour durch das Programm

Die benötigten Dateien für diesen Workshop finden Sie auf der DVD unter BEISPIELMATERIAL/03_TOUR.

Projektorganisation
Oft ist es günstig, die für die Projekte in den verschiedenen Workshops benötigten Dateien auf die Festplatte zu kopieren. Legen Sie sich dafür am besten bei der zukünftigen Arbeit für jeden Workshop jeweils entsprechende Ordner an.

Abbildung 3.12 ▶
Unser Projekt: ein Werbeclip

Abbildung 3.13 ▼
Nach dem Start von After Effects finden Sie zunächst ein leeres, unbenanntes Projekt vor.

Schritt für Schritt: Ihr erstes Projekt

Bevor Sie beginnen, schauen Sie sich erst einmal Ihr Ziel an: den fertigen Film »travel.mov«. Starten Sie dazu den QuickTime Player, und gehen Sie dann unter DATEI auf FILM ÖFFNEN. Der Film befindet sich wie die Projektdatei »travel.aep« im Ordner 03_TOUR auf der DVD zum Buch.

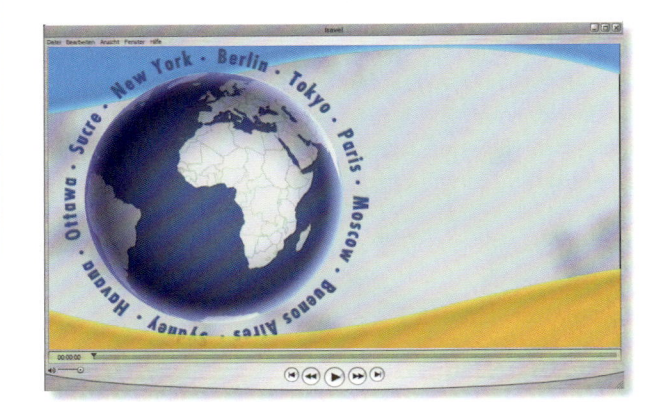

1 Projekt anlegen
Starten Sie After Effects per Doppelklick auf das After-Effects-Icon. Als Erstes erscheint das noch leere Projektfenster ❶.

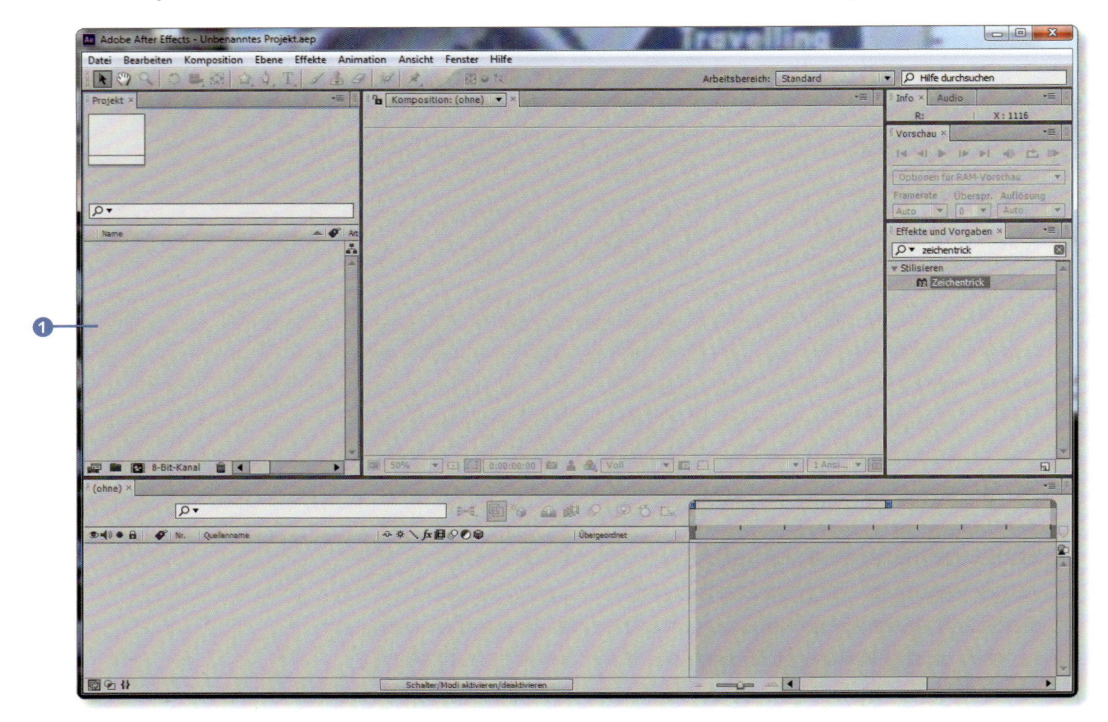

Geben Sie dem Projekt unter DATEI • SPEICHERN UNTER gleich einen Namen. Wählen Sie einen Verzeichnispfad, den Sie nachher leicht wiederfinden. Speichern Sie das Projekt günstigenfalls in dem Ordner, der auch die im Projekt verwendeten Dateien enthält.

2 Import der Rohmaterialien

Importieren Sie nun über DATEI • IMPORTIEREN • DATEI sämtliche Dateien aus dem Ordner 03_TOUR außer die Projektdatei »travel.aep« und das fertige Movie »travel.mov«. Sollte beim Import für die Datei »Welt.psd« ein Dialogfenster erscheinen, über das der in der Datei angelegte Alphakanal abgefragt wird, klicken Sie dort auf den Button ERMITTELN und dann auf OK. Die Dateien befinden sich nun im Projektfenster ❷, wo sie verwaltet werden (ordnen, löschen etc.).

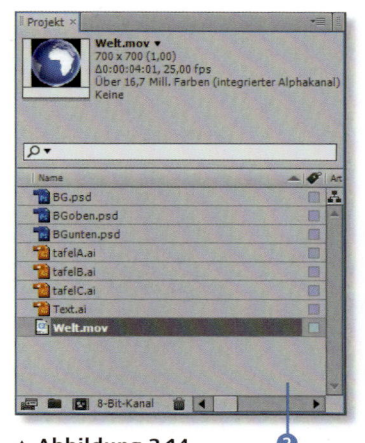

3 Komposition anlegen

Markieren Sie die Datei »BGoben.psd« ❸, und ziehen Sie sie auf das Symbol NEUE KOMPOSITION ❹ im Projektfenster.

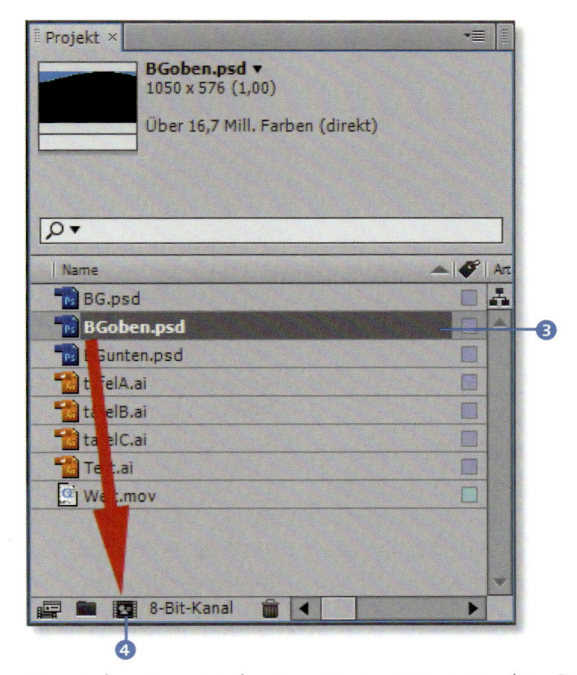

◤ **Abbildung 3.14**
Die Daten liegen nun im Projektfenster.

◀ **Abbildung 3.15**
Die Datei »BGoben.psd« ziehen Sie auf das Kompositionssymbol im Projektfenster.

Es wird automatisch eine Komposition in der Größe der Datei »BGoben.psd« angelegt. Außerdem wird die zur Komposition gehörende Zeitleiste ❼ angezeigt, die schon die Datei »BGoben.psd« ❽ enthält. Im Projektfenster ist ein Kompositionssymbol ❺ für die neu erstellte Komposition hinzugekommen.

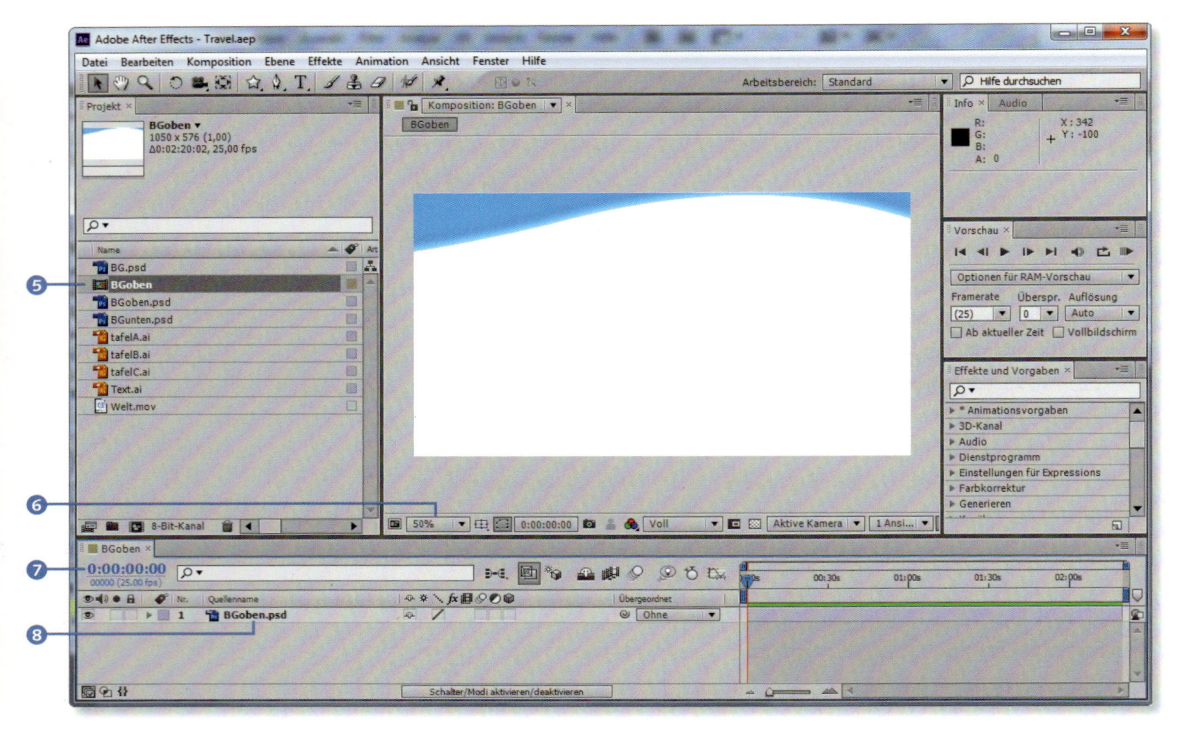

▲ Abbildung 3.16
So sieht Ihre Oberfläche jetzt aus.

Öffnen Sie über Komposition • Kompositionseinstellungen den Einstellungsdialog, und markieren Sie unter Dauer den eingetragenen Wert. Tragen Sie dort den Wert »400«, der für die gewünschte Dauer von 4:00 Sekunden steht, in das Feld ein, ändern Sie den Kompositionsnamen in »travel«, und bestätigen Sie dann mit OK.

Sie können die Ansichtsgröße der Komposition verändern. Wählen Sie dazu aus dem Popup-Menü ❻ des Kompositionsfensters einen neuen Prozentwert.

4   Weiteres Rohmaterial hinzufügen

Ziehen Sie alle anderen Dateien aus dem Projektfenster in den linken Bereich der Zeitleiste, und lassen Sie dort die Maustaste los. Das Kompositionssymbol darf dabei nicht ausgewählt werden. In der Zeitleiste schichten Sie die Dateien wie Papierbögen übereinander. Dazu klicken Sie jede einzelne Ebene im linken Bereich der Zeitleiste an und ziehen sie nach oben bzw. unten. Bei der Reihenfolge orientieren Sie sich am besten an Abbildung 3.18.

Wenn Sie eine Ebene in der Zeitleiste markieren, sehen Sie im Kompositionsfenster ein kleines Kreuz ❾.

3.2 Ein erstes Projekt

◄ **Abbildung 3.17**
Das kleine Kreuz, der Ankerpunkt, liegt standardmäßig immer in der Ebenenmitte.

▼ **Abbildung 3.18**
In der Zeitleiste werden die Rohmaterialdateien in Ebenen übereinandergeschichtet.

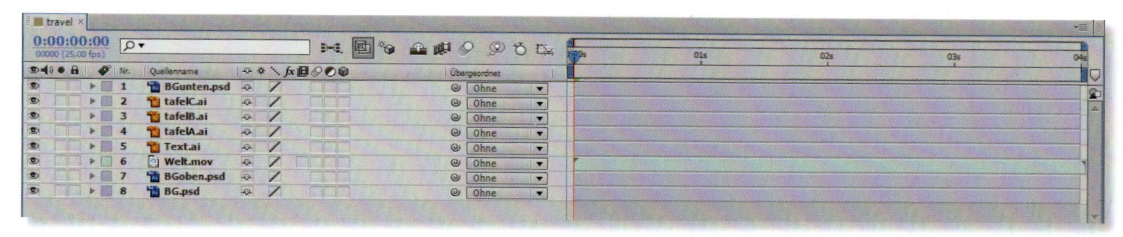

Das ist der Ankerpunkt. Der Ankerpunkt ist ein Bezugspunkt der Ebene, der standardmäßig immer in der Mitte der Ebene liegt. In Kapitel 10, »Keyframe-Grundlagen«, komme ich darauf noch näher zu sprechen.

5 Ebenen positionieren
Verkleinern Sie zuerst das Kompositionsfenster über das Popupmenü am unteren linken Rand auf 50 % ⓫. Die Ebene »BG.psd« ist größer als die Komposition und wird daher mit einem Rahmen ⓾ angezeigt. Sie können die Ebene direkt im Kompositionsfenster anklicken und darin verschieben. Ziehen Sie die Ebene wie in der Abbildung, bis der rechte Rand der Ebene mit der Komposition abschließt.

▼ **Abbildung 3.19**
Verkleinern Sie die Ansicht, werden die hier pink gefärbten Umrisse der Hintergrundebene (BG) sichtbar. Zur Animation definieren Sie zuerst die Ausgangsposition der Hintergrundebene.

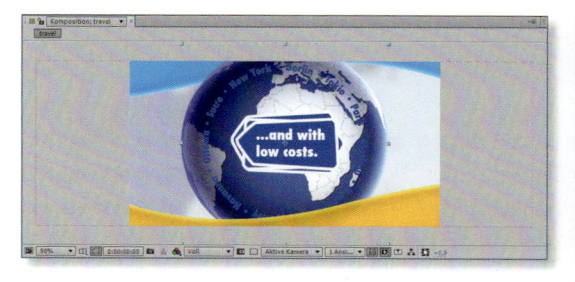

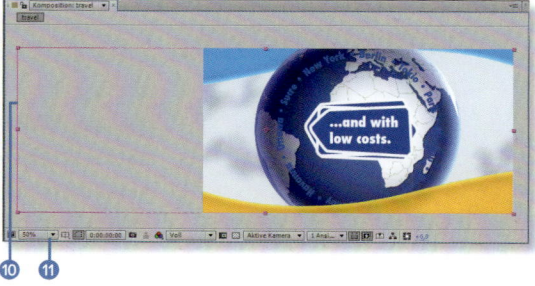

89

6 Animation des Hintergrunds

Für die Animation halten Sie die Ebenenposition in einem ersten Keyframe fest. Dazu öffnen Sie die Transformieren-Eigenschaften über das kleine Dreieck ❶ und auf das danach erscheinende Dreieck ❷. Setzen Sie einen ersten Keyframe bei der Eigenschaft Position, und klicken Sie dazu auf das Stoppuhr-Symbol ❸.

Vorsicht! Ein zweiter Klick auf die Stoppuhr löscht alle Ihre Keyframes, die Sie bei dieser Eigenschaft gesetzt haben! Im Moment ist das noch kein Problem für Sie – Sie haben ja erst einen Keyframe ❹. Um einen zweiten Keyframe zu setzen, den Sie mindestens noch benötigen, damit sich etwas bewegt, klicken Sie **nicht** auf die Stoppuhr!

Ziehen Sie stattdessen die Zeitmarke ❺ auf das Ende der Zeitleiste. Wenn Sie jetzt im Kompositionsfenster die Ebene »BG.psd« verschieben, wird automatisch ein zweiter Keyframe genau an der Position der Zeitmarke gesetzt. Richten Sie die Ebene »BG.psd« am linken Rand der Komposition aus (siehe Abbildung 3.20). Die Linie, die am Ankerpunkt ansetzt, wird **Bewegungspfad** genannt.

Abbildung 3.20 ▶
Anschließend definieren Sie die Endposition der Hintergrundebene.

▼ **Abbildung 3.21**
In der Zeitleiste sind für die zwei Hintergrundpositionen zwei Keyframes entstanden.

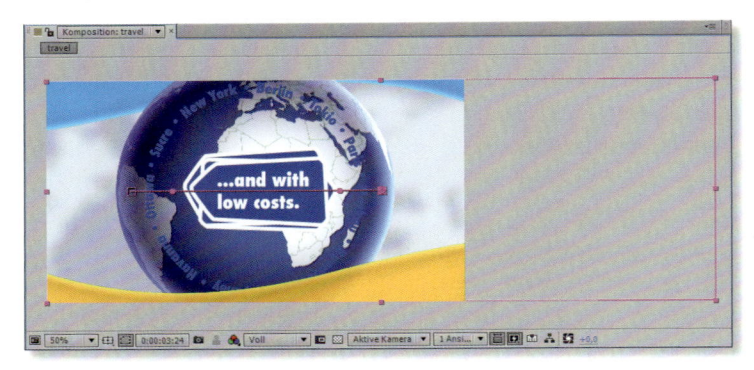

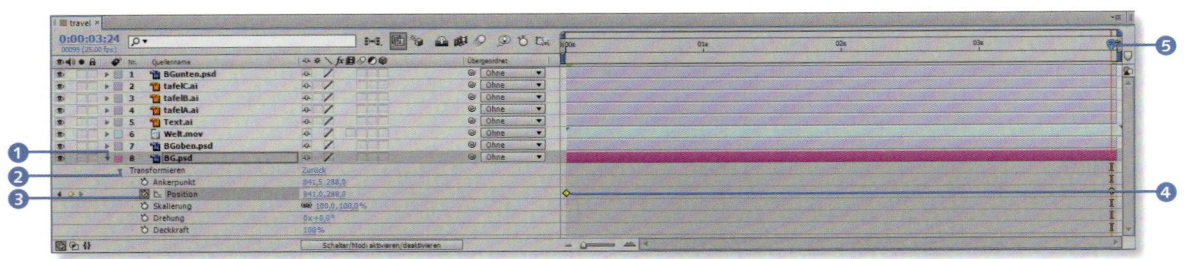

Nun ist Ihre erste Animation fertig. After Effects rechnet sämtliche Einzelbilder der Animation zwischen den beiden Keyframes aus. Sie haben lediglich das Anfangs- und das Endbild festgelegt.

7 Abspielen

Ihre Animationen können Sie als Vorschau anzeigen lassen und im Kompositionsfenster abspielen. Im Menü FENSTER • VORSCHAU finden Sie die Abspielsteuerung. Diese sollte allerdings bereits sichtbar sein. Betätigen Sie PLAY ⑥, um Ihre Animation ohne Sound abzuspielen. Starten Sie die RAM-VORSCHAU ⑦, um Ihre Animationen mit Sound und in Echtzeit abzuspielen.

After Effects errechnet zuerst die Animation und spielt sie danach ab. Die bereits berechneten Bilder werden in der Zeitleiste mit einer grünen Linie dargestellt.

8 Weltkugel animieren

Für die Ebene »Welt.mov« verändern Sie zunächst die Skalierungswerte. Klicken Sie auf die Zeitanzeige ⑧, und tippen Sie dann 110 in das Feld. Mit ⏎ springt die Zeitmarke nun auf den Zeitpunkt 01:10. Klicken Sie auf das Wertefeld der SKALIERUNG ⑩, und tippen Sie den Wert »68« ein. Vergessen Sie nicht, auf die Stoppuhr zu klicken! Tragen Sie auf gleiche Weise an folgenden Zeitpunkten folgende Werte ein: 01:13 = 100; 02:00 = 100; 02:02 = 68.

Jetzt bewegen wir die Welt noch von links nach rechts. Die Eigenschaft POSITION ⑨ besitzt zwei Wertefelder für die Achsen X und Y. Tragen Sie folgende Werte ein, indem Sie jeweils direkt auf den Wert klicken und mit ⏎ bestätigen: bei 01:13 = 304 und 289 (Klick auf Stoppuhr); bei 02:02 = 775 und 289.

▲ **Abbildung 3.22**
Die Palette VORSCHAU bietet verschiedene Abspieloptionen zur Vorschau der Animation.

▼ **Abbildung 3.23**
Die Weltkugel wird per Positions- und Skalierungs-Keyframes animiert.

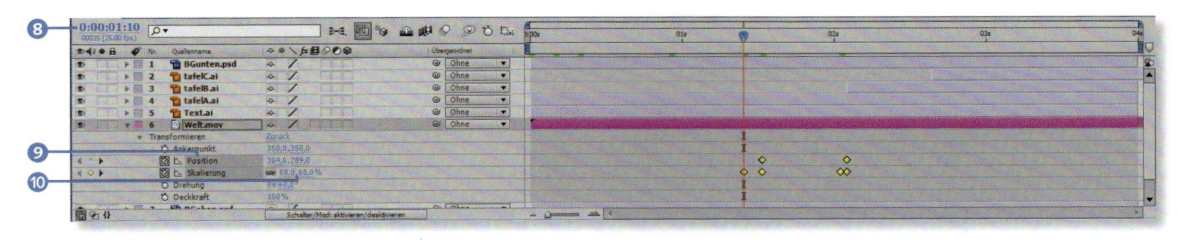

▲ **Abbildung 3.24**
Wir bewegen die Welt von links ...

▲ **Abbildung 3.25**
... nach rechts.

9 Text animieren

Der Text soll die Weltkugel wie einen Ring umgeben, dann mit der Welt mitskalieren und anschließend ausgeblendet werden. Tragen Sie dazu die folgenden Werte in die Eigenschaft der Ebene »Text.ai« bei POSITION ein: 304 und 289. Klicken Sie nicht auf die Stoppuhr, da wir hier keine Keys brauchen. Setzen Sie für folgende Eigenschaften die folgenden Keys:

- SKALIERUNG: bei 01:10 = 100 (Stoppuhr); bei 01:13 = 150
- DREHUNG: bei 00:00 = 0× +0,0 (Stoppuhr); bei 01:13 = 0× –110
- DECKKRAFT: bei 01:10 = 100 (Stoppuhr); bei 01:13 = 0

▼ Abbildung 3.26
Keyframes für den Textring

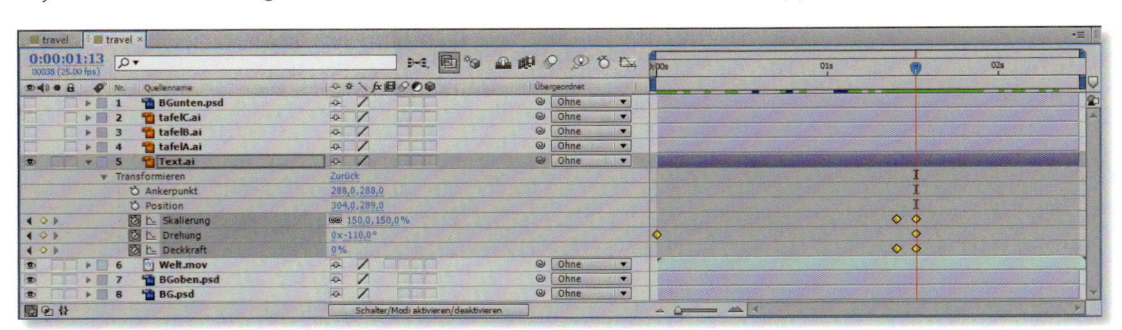

Abbildung 3.27 ▶
Die Städtenamen umgeben die Welt.

10 Tafeln animieren

Wenden wir uns nun den drei Texttafeln zu. Das Besondere daran ist, dass Sie zunächst den Ankerpunkt der jeweiligen Tafel selbst positionieren müssen. Blenden Sie zuerst die beiden Ebenen »tafelB.ai« und »tafelC.ai« aus, indem Sie auf das Augen-Symbol der jeweiligen Ebene klicken.

Positionieren Sie dann per Auswahl-Werkzeug ([V]) die Ebene »tafelA.ai« rechts im Bild wie in Abbildung 3.28. Nun zum Ankerpunkt der Ebene »tafelA.ai«: Wählen Sie das Ausschnitt- bzw. Ankerpunkt-Werkzeug ([Y]), klicken Sie damit den Ankerpunkt an, und ziehen Sie ihn in etwa auf Europa ❶. Alternativ tippen

Ankerpunkt

Ihre Animationen beziehen sich bei den Eigenschaften POSITION, SKALIERUNG und DREHUNG immer auf den Ankerpunkt. Ist der Ankerpunkt nicht mehr in der Ebenenmitte und animieren Sie die Drehung, bewegt sich die Ebene auf einer Kreisbahn.

Sie in der Zeitleiste in die Wertefelder bei ANKERPUNKT −205 und 88 ein.

Für die Animation setzen Sie in folgenden Eigenschaften folgende Keys:

- SKALIERUNG: bei 00:00 = 0 (Stoppuhr); bei 00:05 = 125; bei 00:06 = 100; bei 01:08 = 110; bei 01:10 = 100; bei 01:21 = 0
- POSITION: bei 00:06 = 345 und 102 (Stoppuhr); bei 01:08 = 260 und 102

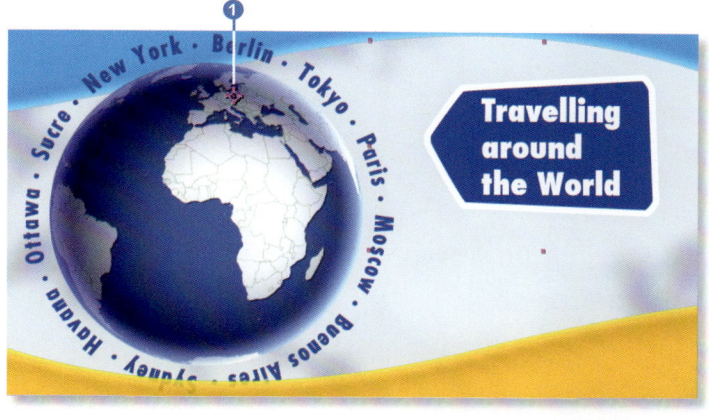

◀ **Abbildung 3.28**
Der Ankerpunkt der Ebene »tafelA.ai« liegt auf Europa.

▲ **Abbildung 3.29**
Die Keys für die Ebene »tafelA.ai«

Fast geschafft! Die zwei anderen Tafeln gestalten sich ähnlich. Blenden Sie die Ebene »tafelB.ai« wieder ein. Bewegen Sie die Zeitmarke auf 02:02, und lassen Sie die Ebene dort beginnen. Dazu klicken Sie die Ebene an und ziehen sie bei gedrückter ⇧-Taste zur Zeitmarke, wo sie magnetisch einrastet.

Positionieren Sie die Tafel im linken Teil des Bildes wie in Abbildung 3.30, und verschieben Sie den Ankerpunkt wieder auf die Weltkugel ❷. Für die Animation setzen Sie folgende Keys in der Eigenschaft SKALIERUNG: bei 02:02 = 0; bei 02:07 = 130; bei 02:08 = 100«. Jetzt zur letzten Tafel: Positionieren Sie die Ebene »tafelC.ai« im Kompositionsfenster unter der Tafel B, und lassen Sie die Ebene in der Zeitleiste bei 02:16 beginnen. Den Ankerpunkt verschieben Sie wie in Abbildung 3.30 ❷. Setzen Sie folgende Keys für die Skalierung: bei 02:16 = 0; bei 02:21 = 130; bei 02:22 = 100

Zu guter Letzt verändern Sie die DECKKRAFT für jede der Tafeln noch auf 85 %, ohne dafür einen Key zu setzen, also ohne die Stoppuhr zu betätigen. Um die bewegten Objekte dynamischer wirken zu lassen, aktivieren Sie noch für die Tafeln und den Textring die Bewegungsunschärfe per Klick auf die Schaltflächen ❸ und ❹. Schnell bewegte Ebenen werden dabei leicht verwischt dargestellt. Herzlichen Glückwunsch! Sie haben es geschafft! – Nun zum Epilog jeder Animation: der Ausgabe.

Abbildung 3.30 ▶
Die Position und Ankerpunkte der Tafeln B und C

▼ **Abbildung 3.31**
Die Keys für die Ebenen »tafelB.ai« und »tafelC.ai«

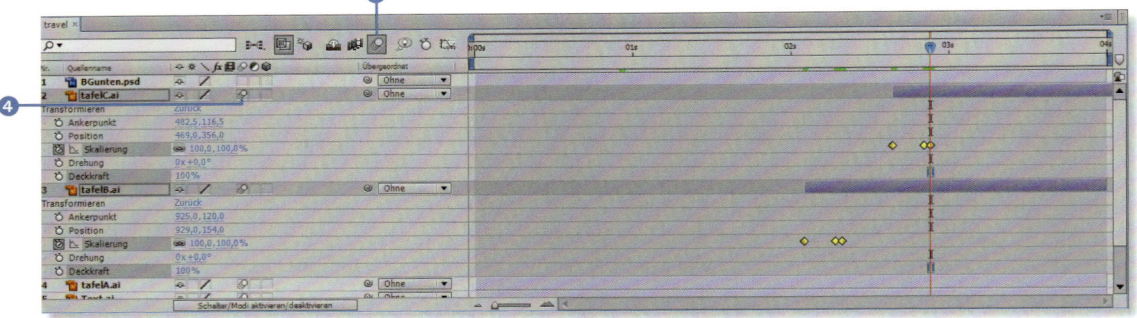

11 Ausgabe

Um Ihren eigenen Film jetzt in einem Player wie dem QuickTime Player anzeigen zu können, müssen Sie ihn noch rendern. Ihre Projektdatei bleibt dabei für spätere Änderungen erhalten. Der gerenderte Film ist eine Extradatei neben Ihren verwendeten Rohmaterialien. Zum Rendern einer Komposition markieren Sie sie im Projektfenster. Wählen Sie dann im Menü KOMPOSITION • AN DIE RENDERLISTE ANFÜGEN.

Anschließend öffnet sich die Renderliste. Dort ist der Name Ihrer Komposition zu sehen. Bei SPEICHERN UNTER ändern Sie gegebenenfalls den Speicherort der zu rendernden Datei. Neben dem Eintrag RENDEREINSTELLUNGEN klicken Sie auf OPTIMALE EINSTELLUNGEN ❺. Ändern Sie hier nichts. Neben dem Eintrag AUS-

3.2 Ein erstes Projekt

gabemodul klicken Sie auf das Wort Verlustfrei ❻. Es öffnet sich die Dialogbox Einstellungen für Ausgabemodule.

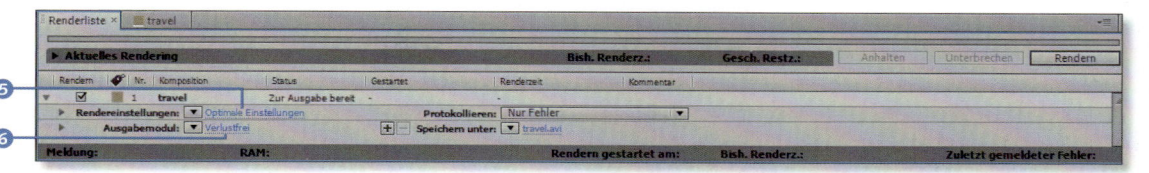

Unter dem Eintrag Format ❼ wählen Sie QuickTime-Film (Voraussetzung hierfür ist, dass Sie QuickTime auf Ihrem System installiert haben). Sie können Ihren Film natürlich auch in andere Formate ausgeben (z. B. AVI). Beim Rendern eines Films wird ein Codec verwendet. Dieser sorgt für eine bestimmte Kompression der Bilddaten. Klicken Sie auf Formatoptionen ❽, und wählen Sie im Dialog QuickTime-Optionen bei Video-Codec den Codec Animation. Setzen Sie unter Erweiterte Einstellungen ein Häkchen bei Keyframe alle, und tippen Sie den Wert »25« ein. Bestätigen Sie die Dialoge mit OK.

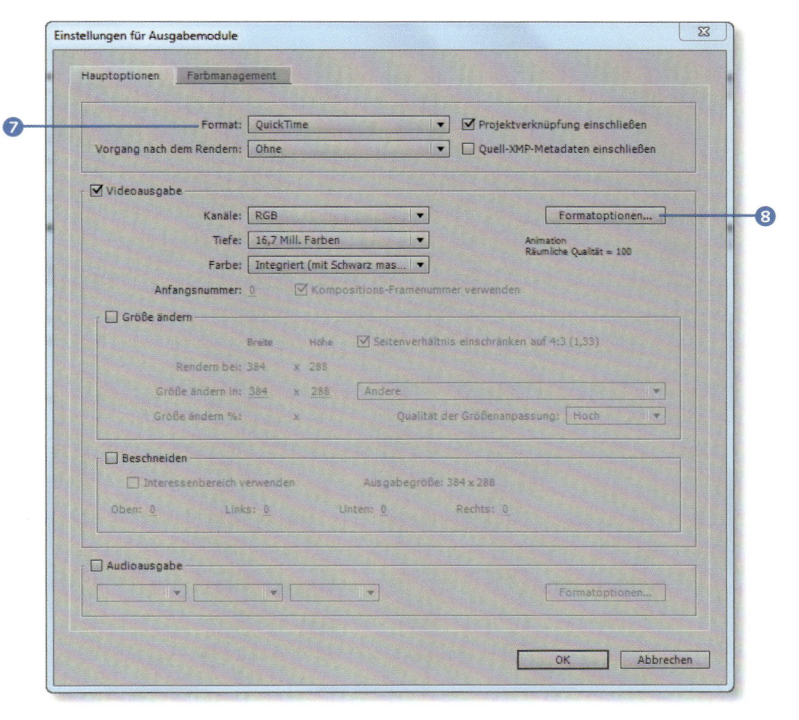

▲ **Abbildung 3.32**
Die fertige Komposition wird an die Renderliste angefügt, um anschließend ein eigenständiges Movie zu erhalten.

◀ **Abbildung 3.33**
Im Ausgabemodul legen Sie das Format des fertigen Films und einiges mehr fest.

Um den Rendervorgang zu starten, klicken Sie auf den Button Rendern in der Renderliste. Am Fortschrittsbalken erkennen Sie, wann in etwa der Film fertig gerendert ist. Nach dem Rendervorgang ertönt ein Signal, das bei langen Renderzeiten dazu dient,

Sie aus Ihrem Nickerchen zu wecken. Schließlich ist After Effects während des Renderns blockiert, es sei denn, Sie nutzen das Netzwerk-Rendering.

12 Das Ergebnis
Starten Sie den gerenderten Film im QuickTime Player. Wenn Sie Fehler bemerken oder nicht zufrieden sind, korrigieren Sie die Animation in Ihrer Projektdatei (».aep«) und rendern die Komposition anschließend noch einmal.

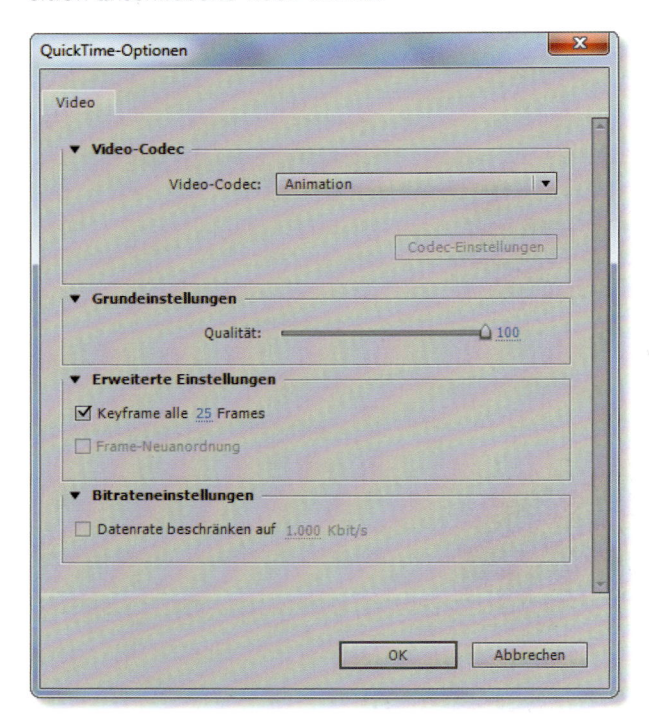

Abbildung 3.34 ▶
Im Fenster QUICKTIME-OPTIONEN wählen Sie den VIDEO-CODEC für den zu rendernden Film.

TEIL II
Konzeption und Import

Kapitel 4
Ein Filmprojekt vorbereiten

Vor dem Compositing in After Effects stehen die Konzeption des Films und die Erfassung und Bearbeitung unterschiedlicher Medienformate. Was Sie besser vor dem Import von Rohmaterial erledigen, lesen Sie in diesem Kapitel.

4.1 Projektplanung und -organisation

Die Planung eines Films, auch wenn er kurz ist, beginnt weit vor der Bearbeitung der Rohmaterialien und dem Import in After Effects.

Idee

Bevor Sie anfangen, Sounds und Videos aufzunehmen oder Grafiken zu zeichnen, sollte Ihnen klar sein, welche Idee Sie ausdrücken wollen und welche Aussage Ihr Film enthalten soll. Sie können später anhand Ihrer vorherigen Festlegungen testen, ob Ihre Aussage auch beim Publikum ankommt oder ob Sie andere Ausdrucksmittel benötigen.

Sie können sich mühen wie Sisyphos, ständig neues Material aufnehmen, bereits bearbeitetes Material verwerfen ... Bei guter Planung können Sie Ihre Nerven schonen, Zeit sparen und es vermeiden, im schlimmsten Fall den ganzen Film zu opfern.

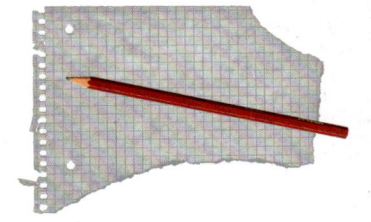

▲ **Abbildung 4.1**
Manchmal reicht schon ein kleiner Zettel für den Beginn.

Storyboard

Der beste Weg, Fehler und Lücken im Konzept zu entdecken oder einer »so« nicht gemeinten Aussage auf die Spur zu kommen, ist, die Idee und alle zugehörigen Gedanken zu fixieren. Formulieren

Sie Ihre Idee und die gewünschte Aussage. Legen Sie Mittel fest, wie die Aussage erreicht werden soll. Die von Ihnen verwendeten Mittel machen Ihre Kunst aus. Vielleicht arbeiten Sie nur mit gescannten Zeichnungen, vielleicht zeichnen Sie lieber vektororientiert in After Effects (ja, das geht!) oder einem Bildbearbeitungsprogramm. Vielleicht besteht Ihr Film aber auch ausschließlich aus Videomaterial, das Sie in After Effects verändern. In welche Farbigkeit oder Stimmung möchten Sie Ihren Film tauchen? Welche Effekte sollen verwendet werden, und was wollen Sie mit den Effekten erreichen? Welche Schriften sind passend? Und vergessen Sie auch den Sound nicht – die Stummfilmzeiten sind vorbei.

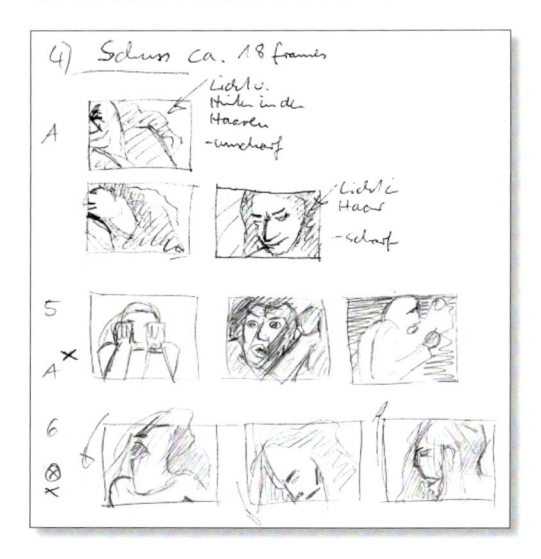

Abbildung 4.2 ▶
Skizzen oder ein Storyboard sind grundlegend für eine gute Planung wichtiger Schlüsselszenen oder von Animationen und Effekten.

Haben Sie ein entsprechendes Exposé für Ihren Film formuliert, folgen Überlegungen zum zeitlichen Ablauf Ihres Films. Und da Sie mit einem visuellen Medium arbeiten, ist es sehr vorteilhaft, die Schlüsselszenen Ihres Films im Zeitverlauf darzustellen. Die einzelnen Szenen mitsamt den geplanten Effekten zeichnen Sie dazu in einem Storyboard. Ein Storyboard kann sehr detailliert ausgeführt sein und ähnelt bisweilen einem Comic. Es genügt aber auch ein Scribble, eine kleine Freihandskizze. Sie müssen nicht zeichnen können wie Henri de Toulouse-Lautrec, um eine Idee zu Papier zu bringen.

Vorbereiten von Rohmaterial

Bevor Sie Rohmaterial (**Footage**) in After Effects importieren, ist es günstig, die Rohmaterialien weitgehend vorbereitet zu haben. Wichtig ist dabei, auf eine möglichst optimale Qualität Ihrer

Standbild-, 3D-, Video- und Audiodaten zu achten. Die Vorbereitung beginnt also bei der Aufnahme eines Fotos oder Videos bzw. bei der Audioaufnahme.

Standbilddateien | Fotos, 2D- und 3D-Grafiken werden nicht in After Effects vorbereitet. Das bedeutet für Sie, dass Sie zunächst einzelne Bilder in pixelorientierten Anwendungen wie Photoshop oder vektororientierten Programmen wie Illustrator bearbeiten müssen, da After Effects nicht den gleichen Umfang und Komfort für die Bildbearbeitung bietet.

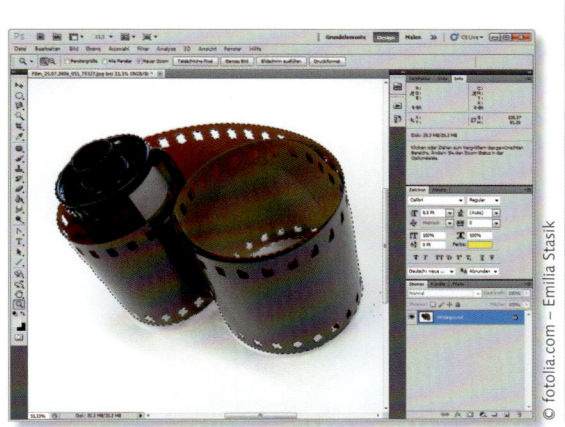

▲ **Abbildung 4.3**
Bildbearbeitungen wie diese Auswahl sollten Sie in entsprechenden Bildbearbeitungsprogrammen und nicht in After Effects durchführen.

▲ **Abbildung 4.4**
Zur Vorbereitung von Grafiken eignen sich Programme wie Adobe Illustrator.

Video- und Audiomaterial | Besonders für die Verwendung von Videomaterial ist vorausschauendes Denken vorteilhaft. Das fängt bereits bei der Aufnahme des Materials an. In jeder Minute Material steckt am Ende eine lange Nachbearbeitung – sowohl beim Schnitt als auch beim Compositing. Es geht dabei nicht darum, so wenig wie möglich aufzunehmen, sondern um eine gute Vorplanung. Nach der Aufnahme schneiden Sie Ihr Videomaterial in einem entsprechenden Programm wie **Premiere Pro**, danach erfolgt der Import in After Effects.

Ähnlich verhält es sich mit Audiomaterial. Auch hier gilt es, eine Aufnahme in möglichst hoher Qualität vorbereitet zu haben und sie in einem Soundprogramm wie **Adobe Audition** zu bearbeiten und zu schneiden, bevor Sie die Sounddatei in After Effects importieren. Dies gilt natürlich nicht für die komplette Nachvertonung eines Films. In diesem Fall würden Sie den fertigen Film

Kapitel 4   Ein Filmprojekt vorbereiten

oder einen Dummy davon zur Vertonung in ein Soundprogramm laden.

3D-Material | After Effects bietet viele Möglichkeiten zur Verarbeitung von 3D-Material und zum Erstellen einfacher 3D-Elemente. Ein wirkliches 3D mit aufwendigem Modelling ist jedoch nicht die Sache von After Effects. Sie sind auch hier auf andere Applikationen angewiesen. After Effects bietet dafür eine unterschiedlich gute Integration mit 3D-Programmen, die es ermöglicht, viele 3D-Daten in After Effects zu übernehmen.

Hervorzuheben ist dabei die Zusammenarbeit zwischen **Cinema 4D** und After Effects. In Kapitel 27, »Integration mit 3D-Applikationen«, zeige ich Möglichkeiten der Datenübernahme aus 3D-Applikationen auf. Außerdem können Sie viele Aufgaben über Plug-ins wie **3D-Flag** der Firma Zaxwerks erledigen, das »echtes« 3D in After Effects ermöglicht, sowie über PlaneSpace von Red Giant Software (früher **3D Assistants** von Digital Anarchy), mit dem Sie 3D-Ebenen zu Objekten wie Würfeln, Zylindern etc. formen.

▼ **Abbildung 4.5**
Filmmaterial schneiden Sie vor dem Import in After Effects in einem Editing-Programm wie Premiere Pro.

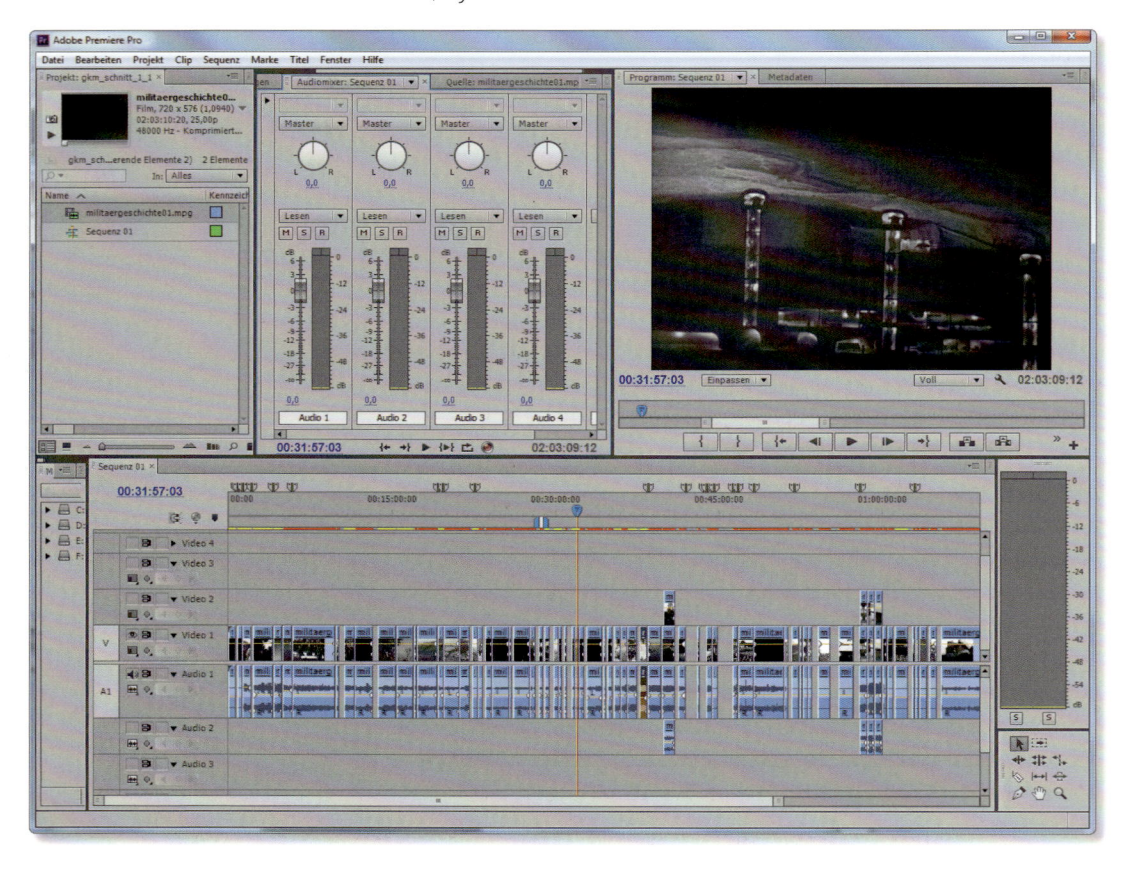

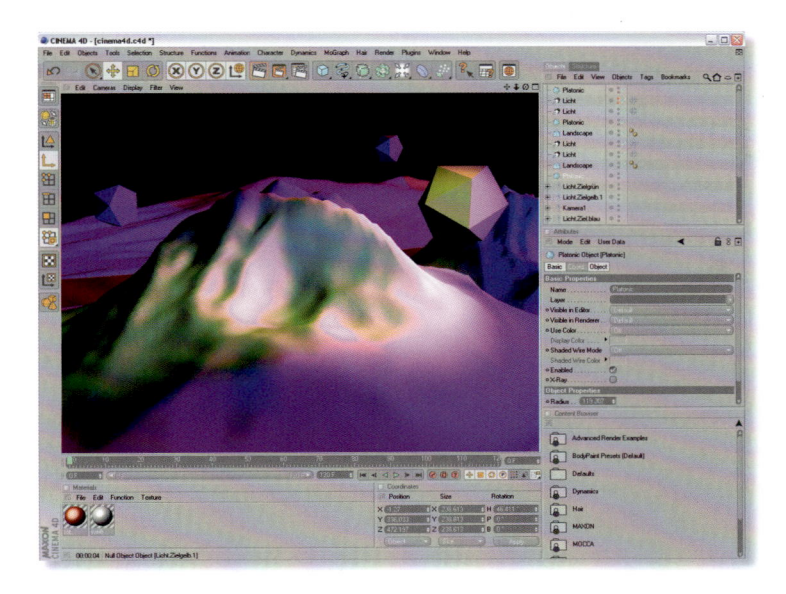

◄ **Abbildung 4.6**
After Effects bietet eine gute Integration mit 3D-Applikationen. Für das 3D-Modelling sollten Sie diese Applikationen, hier am Beispiel von Cinema 4D, einsetzen.

Bevor das Compositing beginnt, ist also eine Menge an vorbereitenden Schritten nötig. Allerdings können Sie natürlich auch während der Arbeit am Projekt neues Rohmaterial erstellen oder in der Originalanwendung korrigieren.

Sie sollten nun aber keine Angst haben, mit After Effects nichts anfangen zu können, weil Sie nicht die ganze Palette der Programme beherrschen. Es ist mit After Effects immer eine Menge möglich. Und für die Arbeit mit diesem Buch liegen alle in den Workshops verwendeten Rohmaterialien bereits auf der DVD für Sie bereit.

Ausgabemedium und Kompositionseinstellungen

Sobald das Storyboard konzipiert ist und bevor Sie ein Projekt in After Effects anlegen, sollten Sie das Verteilermedium klären, d. h. die Frage, für welches Medium produziert wird. Überlegen Sie also immer: Wie wird der Film am Ende ausgegeben? Für die Ausgabe eines Kinofilms sind z. B. andere Einstellungen nötig als für eine Ausgabe, die nur im Computer läuft.

Sie nehmen diese Einstellungen gleich am Anfang beim Anlegen einer Komposition vor.

Komposition anlegen | Wählen Sie KOMPOSITION • NEUE KOMPOSITION. Es öffnet sich das Fenster KOMPOSITIONSEINSTELLUNGEN. Dort wählen Sie unter VORGABE eines der gebräuchlichen Formate. Hier legen Sie z. B. auch die FRAMERATE und die Framegröße fest.

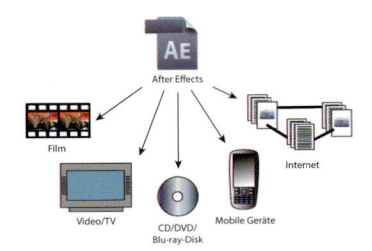

▲ **Abbildung 4.7**
Mit After Effects können Sie Filme für die verschiedensten Medien produzieren. Vor der Arbeit mit After Effects sollten Sie sich auf eines davon festlegen.

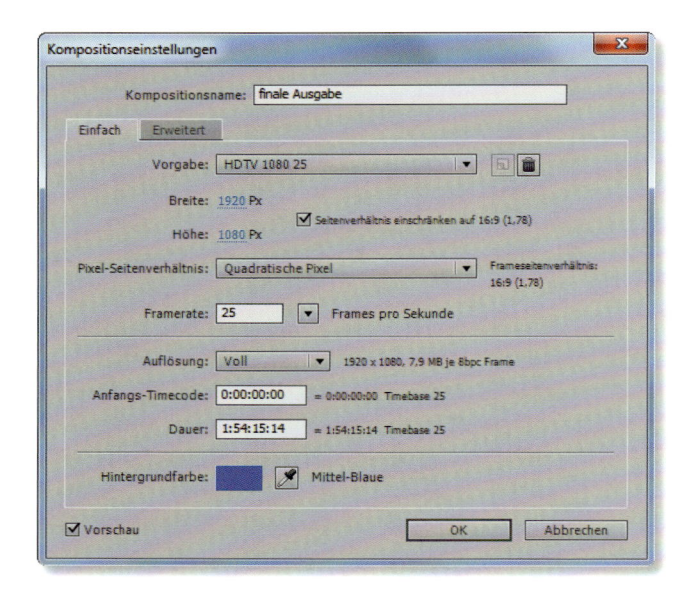

Abbildung 4.8 ▶
Bevor Sie mit der Animation beginnen, muss klar sein, mit welcher Kompositionsgröße und welcher Framerate Sie arbeiten. Das hängt vom Ausgabemedium ab.

Es ist günstig, das Format nicht zu wechseln. Wenn Sie das Ausgabeformat im Nachhinein vergrößern, müssen Sie mit Qualitätseinbußen rechnen. Eine Ausgabe in ein kleineres Format bereitet in dieser Hinsicht nicht so große Probleme. Das Verteilerformat ist auch für die Rohmaterialien entscheidend, die Sie im Projekt verwenden wollen. Eine Grafik für die Ausgabe auf Video muss beispielsweise anders erstellt werden als für die Ausgabe auf ein Filmformat. Sie sollten sich also auf jeden Fall mit den Spezifikationen Ihres Verteilermediums vertraut machen, bevor Sie mit der Arbeit beginnen.

4.2 Projekte anlegen, speichern und öffnen

Wie Sie in After Effects ein neues Projekt anlegen, speichern und öffnen können, erfahren Sie in dem folgenden Abschnitt.

Projekt anlegen

Ein neues Projekt legen Sie einfach über DATEI • NEU • NEUES PROJEKT oder [Strg]+[Alt]+[N] an. After Effects speichert in Ihrer **Projektdatei** mit der Dateiendung ».aep« die Verknüpfungen zu Rohmaterialdateien, Projekteinstellungen, Ihre Kompositionen, Animationen, Effekteinstellungen und den Inhalt der Renderliste. Die kleine Projektdatei enthält also alles, was Sie zur Weiterarbeit an laufenden Projekten benötigen.

4.2 Projekte anlegen, speichern und öffnen

Abbildung 4.9
In der Projektdatei (».aep«) werden Verknüpfungen zu den importierten Rohmaterialien, Ihre Kompositionen, Animationen etc. gespeichert.

Voreinstellungsdatei | Eine in den Anwendungsordnern von After Effects versteckte Datei regelt derweil die Erscheinung aller Ihrer Projekte auf dem Bildschirm: die Voreinstellungsdatei. After Effects startet mit Standardeinstellungen, die in dieser Voreinstellungsdatei gespeichert sind.

In dieser Voreinstellungsdatei werden Einstellungen gespeichert, die Sie während der Arbeit mit After Effects geändert haben. Dazu zählen z. B. Positionen von Fenstern und Paletten sowie Arbeitsbereiche, die Sie selbst definieren können. Wie das geht, lesen Sie im Abschnitt »Eigener Arbeitsbereich« auf Seite 111 nach.

Voreinstellungsdatei zurücksetzen | Manchmal ist es nötig, die Voreinstellungsdatei auf die Standardeinstellungen zurückzusetzen, zum Beispiel, wenn After Effects einmal gar nicht mehr »will«. Beenden Sie dazu After Effects, und halten Sie beim Neustart des Programms die Tasten [Alt]+[Strg]+[⇧] gedrückt, bis After Effects fragt, ob die Voreinstellungsdatei tatsächlich gelöscht werden soll. Bestätigen Sie mit OK. Danach hat After Effects alle veränderten Einstellungen vergessen, als wäre es gerade erst installiert worden.

Projekte öffnen und schließen

Bereits angelegte Projekte öffnen Sie über Datei • Projekt öffnen. Unter Datei • Letzte Projekte öffnen lassen Sie sich eine Auswahlliste zum schnellen Auffinden Ihrer früheren Projekte anzeigen. Haben Sie die Voreinstellungsdatei zuvor gelöscht, ist damit allerdings auch die Auswahlliste verschwunden. Natürlich wird sie aber neu angelegt.

Ältere Projekte in CS6
Projekte, die in Versionen älter als After Effects 6.5 erstellt wurden, können Sie in After Effects CS6 nicht öffnen.

Zum Schließen von Projekten wählen Sie natürlich Datei • Projekt schliessen.

Projekte speichern

Anhand des Willkommensdialogs entscheiden Sie nach dem Programmstart, ob Sie ein vorhandenes Projekt oder eine neue Komposition und damit ein Projekt ohne Titel öffnen. Günstig ist es, das Projekt gleich zu Beginn zu speichern und einen passenden Titel einzutragen. Wählen Sie dazu Datei • Speichern unter.

Unter Bearbeiten • Voreinstellungen • Auto-Speichern legen Sie das Speicherintervall fest, und unter Maximale Projektversionen bestimmen Sie, nach dem wievielten Speichervorgang die älteste Projektversion überschrieben wird.

Sie können Kopien Ihres Projekts komfortabel mit einer fortlaufenden Nummerierung speichern. Die entsprechende Option findet sich unter Datei • Inkrementieren und speichern. Dem Projektnamen wird bei jedem Aufrufen des Befehls eine neue Nummer hinzugefügt.

Sicher ist sicher
Obwohl After Effects wie bei anderen Programmen Ihr Projekt automatisch in bestimmten Zeitintervallen speichern kann, sollten Sie sich angewöhnen, nach wichtigen Schritten `Strg`+`S` zu betätigen. Änderungen in einem bereits angelegten Projekt werden dann unter gleichem Namen gesichert.

Automatisierte Projektbearbeitung

Arbeitsprozesse lassen sich vereinfachen, wenn Sie wiederkehrende Schritte automatisieren. Dazu bietet After Effects die Erstellung von Projektvorlagen und textbasierte XML-Projektdateien.

Eigene Vorlagenprojekte | Sie können jegliche Ihrer Projekte nutzen, um eigene Vorlagenprojekte zu schaffen. Der Vorteil daran ist, dass Vorlagenprojekte unbenannte neue Projekte generieren, die bereits alle importierten Materialien und die Animationen der Vorlage enthalten, während die Vorlagenprojekte unangetastet bleiben. Dies macht sich bei wiederholenden Arbeitsabläufen sehr bezahlt, in denen nur einige Inhalte ausgetauscht werden sollen, ohne dass die Animationen neu erstellt werden müssen.

Zur Umwandlung eines Projekts in eine Vorlage ändern Sie einfach die Dateiendung von ».aep« in ».aet«. Ebenso können Sie aus einem Projekt heraus eine Vorlage speichern. Wählen Sie dazu Datei • Speichern unter • Kopie speichern unter, und ändern Sie dann dort die Dateiendung in ».aet«. Die ».aet«-Datei öffnen Sie wie jedes andere Projekt auch.

Vorlagenprojekte herunterladen
Sie können die in früheren Versionen von After Effects mitgelieferten Vorlagenprojekte von der Adobe-Website herunterladen, wenn Sie sich zuvor mit Ihrer Adobe-ID anmelden. Hier der Downloadlink: *http://www.adobe.com/cfusion/exchange/index.cfm?event=extensionDetail&extid=3093022#*

Namen ändern
Damit in After Effects verwendete Materialien in der XML-Datei auffindbar sind, sollten Sie nicht die automatisch beim Import vergebenen Namen verwenden, sondern die Dateinamen und automatisch vergebene Ebenennamen ändern.

XML-Projekte | Mit XML-Projekten automatisieren Sie Änderungen in einer After-Effects-Datei, ohne dazu das After-Effects-Projekt öffnen zu müssen. XML-Projekte öffnen Sie dazu in einem

Texteditor und verändern dort die angezeigte Textinformation mit den Editor-Tools.

Ein After-Effects-Projekt speichern Sie als XML via Datei • Speichern unter • Kopie als XML speichern. Die entstehende Datei hat die Endung ».aepx«. Diese Datei öffnen Sie in einem Texteditor und tauschen dort beispielsweise mit der Funktion Suchen und Ersetzen Namen von Rohmaterialien aus. Wenn Sie danach die ».aepx«-Datei in After Effects öffnen, sind die entsprechenden Rohmaterialien durch neue Materialien ersetzt worden, wenn Sie diese im Quellordner auch unter dem neuen Namen angelegt haben.

Außer den Namen für Rohmaterialien, Kompositionen, Ebenen und Ordner können Sie im Texteditor Attribute von Marken wie Kommentare und Parameter von Kapitelpunkten und Cue Points ändern. Dateipfade von Rohmaterialien inklusive eventuell verwendeter Stellvertreter lassen sich ebenfalls ändern.

Primäres Dateiformat
Das primäre Dateiformat von After Effects ist ».aep«. Verwenden Sie dieses Format weiterhin als das Arbeitsformat und die XML-Datei nur für Kopien und automatisierte Bearbeitungen.

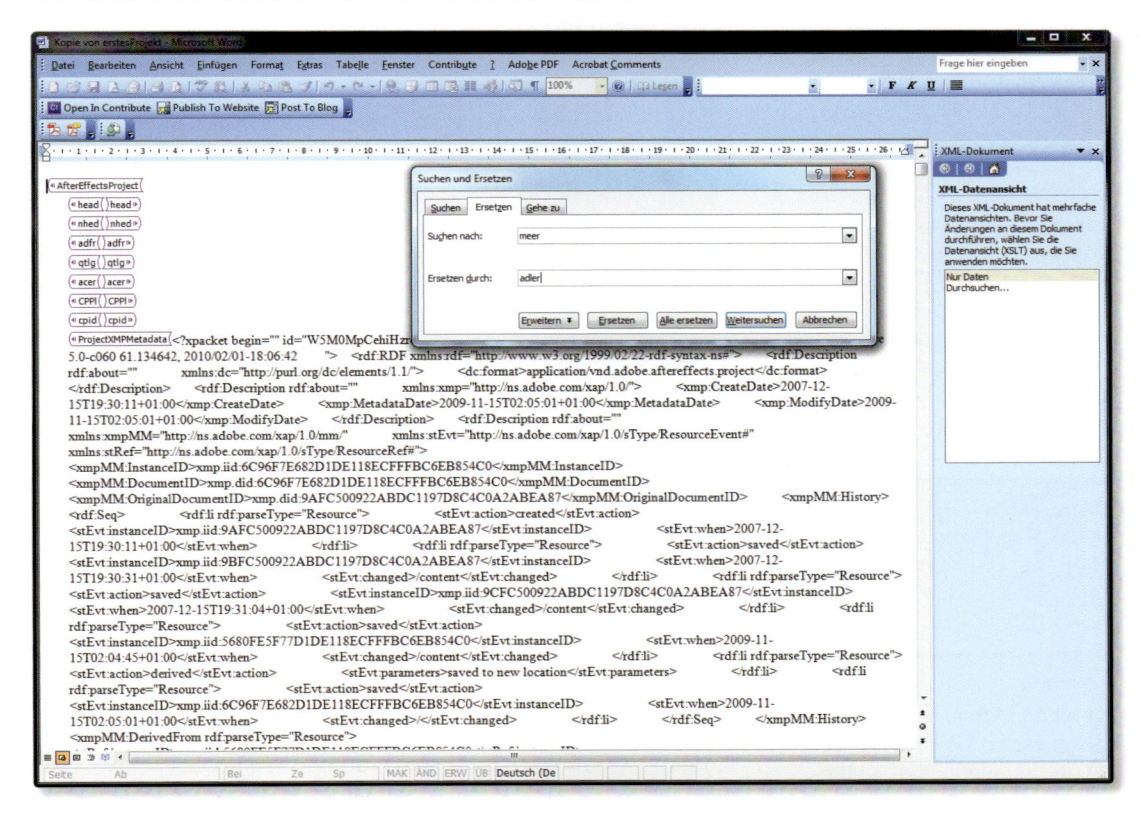

▲ **Abbildung 4.10**
Eine aus After Effects generierte XML-Datei können Sie wie hier in einem Texteditor öffnen und bearbeiten.

4.3 Projekteinstellungen

In After Effects können Sie in den Projekteinstellungen die Timecode-Anzeige und die Farbeinstellungen für Ihr Projekt ändern. Sie finden die Einstellungen unter Datei • Projekteinstellungen.

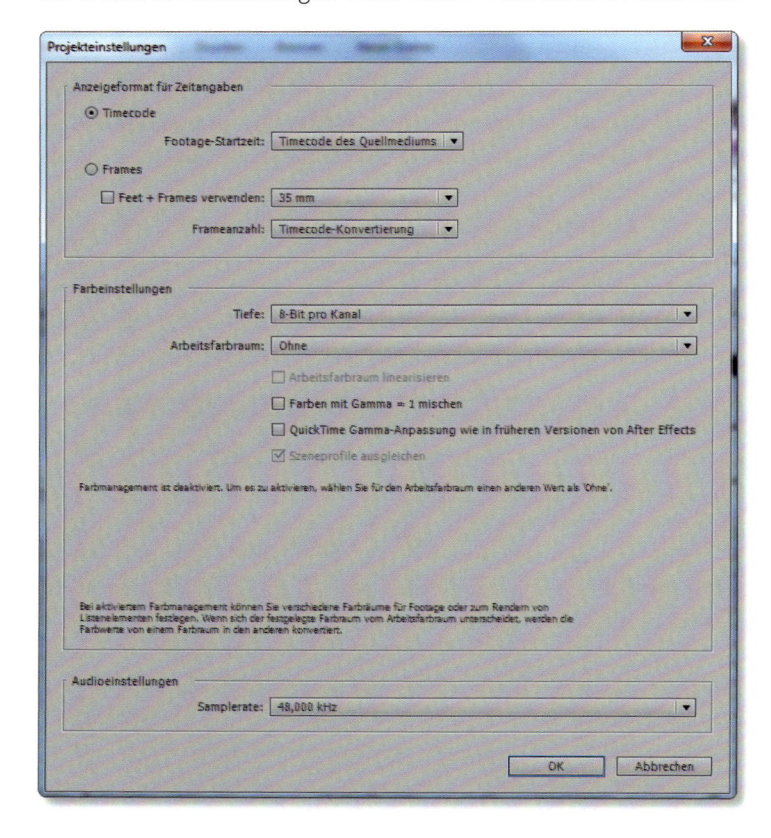

[Timecode]
Mit dem Timecode wird eine Einheit zur Zeitmessung angegeben. In Videobändern wird der Timecode mitgespeichert und dient so als Referenz für die spätere Schnittbearbeitung. Ein bild- bzw. framegenaues Schneiden ist somit möglich.

Abbildung 4.11 ▶
Der Dialog Projekteinstellungen

Drop-Frame- und Non-Drop-Frame-Timecode
Seit After Effects CS6 wird die Zeitanzeige für die Arbeit mit NTSC-Material nur noch für jede Komposition einzeln eingerichtet statt wie früher für das gesamte Projekt. Ob darin mit Drop-Frame- oder Non-Drop-Frame-Timecode gearbeitet wird, wählen Sie in den Kompositionseinstellungen. Mehr Informationen dazu finden Sie im Abschnitt »Kompositionseinstellungen« auf Seite 103.

Projekt-Zeitanzeige festlegen

In After Effects wird standardmäßig mit dem **SMPTE-Timecode** der Society of Motion Picture and Television Engineers gearbeitet. Der SMPTE-Timecode gibt die Zeit in Stunden, Minuten, Sekunden und Frames im Format 00:00:00:00 an. Dabei werden die einzelnen Zeiteinheiten durch einen Doppelpunkt voneinander getrennt. Bei einem PAL-Projekt ergeben 25 Frames eine Sekunde Animation, da der PAL-Standard mit 25 fps (Frames per Second) definiert ist.

Timecode | Unter Datei • Projekteinstellungen passen Sie die Zeitanzeige aller im Projekt enthaltenen Kompositionen global an Ihre Arbeitsaufgabe an.

Unter TIMECODE bei FOOTAGE-STARTZEIT wählen Sie den Eintrag TIMECODE DES QUELLMEDIUMS, um die Framerate des importierten Rohmaterials bzw. einer Komposition zu verwenden. Per 00:00:00:00 beginnt das Footage immer bei 0.

Frames | Aktivieren Sie den Eintrag FRAMES, um anstelle der abgelaufenen Zeit die aktuelle Framenummer anzuzeigen. Diese Anzeige verwenden Sie für framegenaues Arbeiten und die Weiterverarbeitung in framebasierten Programmen wie Flash. Deaktivieren Sie dafür FEET + FRAMES VERWENDEN.

Unter FRAMEANZAHL legen Sie die Anfangszahl bei dem Anzeigeformat FRAMES fest. Wählen Sie BEI 0 BEGINNEN, wird ab 0 gezählt, andernfalls ab 1. Mit TIMECODE-KONVERTIERUNG verwenden Sie den Timecode des importierten Materials als Anfangszahl, wenn es einen Timecode besitzt. Ansonsten zählt After Effects ab 0. FEET + FRAMES VERWENDEN wählen Sie, wenn Sie mit 16-mm- oder 35-mm-Filmmaterial arbeiten. Die Zeit wird dann als ganze Feet-Einheiten und Feet-Bruchteile werden als Frames dargestellt.

Feet-Einheit
Die Feet-Einheit bzw. der Filmfuß ist eine Maßeinheit zur Angabe der Länge von Rohfilmmaterial. Bei 16 mm-Film enthält ein Fuß 40 ganze Einzelbilder, bei 35 mm-Film sind es 16 Bilder. Daher ergeben sich glücklicherweise nur bei Filmmaterial »Fußbruchteile«, um Frames, die außerhalb der ganzzahligen Fußangabe liegen, zu kennzeichnen.

Timecode-Anzeige wechseln
Die Timecode-Anzeige wechseln Sie in der Zeitleiste und im Kompositionsfenster schnell zwischen Timecode-Anzeige und Frames, indem Sie bei gedrückter [Strg]-Taste auf die Zeitanzeige ❶ klicken.

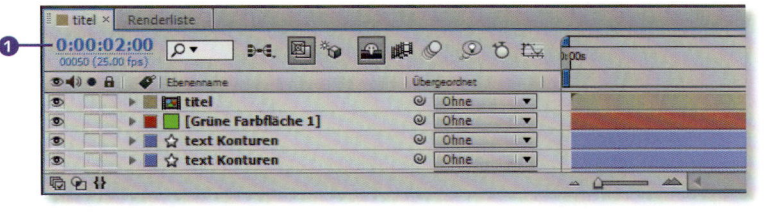

▲ **Abbildung 4.12**
Die Zeitanzeige können Sie zwischen dem SMPTE-Format, Frames oder Feet + Frames umschalten.

Voreinstellungen für die Arbeit mit dem Buch
Für die Projekte in diesem Buch verwenden Sie die Timecode-Anzeige mit der Footage-Startzeit 00:00:00:00.

Projektfarbtiefe wählen

In After Effects sind Projektfarbtiefen von 8, 16 und 32 Bit (Float) pro Kanal möglich, die Sie in den Projekteinstellungen wählen. Bei der Arbeit in einer höheren Farbtiefe erzielen Sie brillantere Ergebnisse vor allem bei der Bearbeitung von Effekten, beim Keying, beim Motion-Tracking, bei der Farbkorrektur und bei der Verwendung von HDR-Bildmaterial.

Bei gedrückter [Alt]-Taste wechseln Sie die Farbtiefe schnell, indem Sie auf die Anzeige der Farbtiefe im Projektfenster ❷ klicken (siehe Abbildung 4.3). Es ergibt keinen Sinn, grundsätzlich mit einer höheren Farbtiefe zu arbeiten, da mit steigender Genauigkeit auch die Rechenzeit und der Speicherbedarf steigen.

Zudem unterstützen nicht alle Plug-ins eine hohe Farbtiefe. Stellen Sie also nur die für Ihr Projekt nötige Farbtiefe ein.

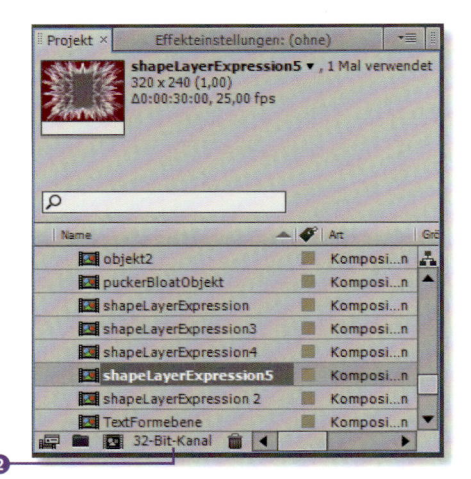

Abbildung 4.13 ▶
Die Projektfarbtiefe können Sie auch im Projektfenster direkt ändern.

Arbeitsfarbraum wählen

Um beste Ergebnisse bei der Farbübereinstimmung Ihrer Animationen am Monitor mit dem Ausgabemedium zu erzielen, ist es ratsam, einen zum Ausgabemedium passenden Arbeitsfarbraum zu wählen. Im Dialog Projekteinstellungen unter Arbeitsfarbraum haben Sie die Wahl zwischen verschiedenen Farbprofilen.

Bei der Einstellung Ohne verwendet After Effects den Farbraum des Monitors. Wenn Sie eine Ausgabe für **Standard Definition Television**, also für herkömmliche Fernsehübertragung, planen, wählen Sie SDTV PAL oder SDTV NTSC (Amerika), für eine Ausgabe für **High Definition Television** oder einen Kinofilm wählen Sie HDTV (Rec. 709) und bei einer Ausgabe im Web sRGB IEC61966-2.1. Voraussetzung ist ein kalibrierter Monitor, andernfalls wäre die Farbdarstellung durch diesen verfälscht! Beim Kauf eines LCD- oder Plasmageräts sollten Sie auf die Kalibrierbarkeit und die farbgenaue Darstellung des Monitors achten. Der Nachteil bei der Arbeit mit einem Arbeitsfarbraum ist, dass sich die Vorschau Ihrer Animationen möglicherweise verlangsamt.

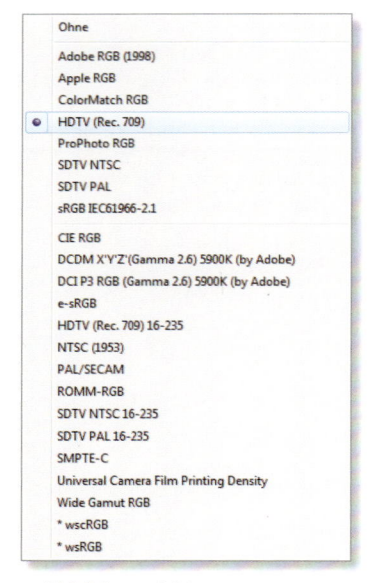

▲ **Abbildung 4.14**
In After Effects können Sie passend zum Ausgabemedium zwischen verschiedenen Arbeitsfarbräumen wählen.

4.4 Die Arbeitsoberfläche anpassen

Sie können alle Fenster und Paletten an einen anderen Ort verschieben und neu andocken und so an Ihre Arbeitsbedürfnisse anpassen. In der Voreinstellung existieren keine überlappenden Fenster – die Fenster und Paletten werden dynamisch an Veränderungen angepasst. Insbesondere bei der Arbeit mit mehreren Monitoren ist das Loslösen aus dem Fensterverbund hilfreich.

Fenster und Paletten verschieben und an- und abdocken | Um ein Fenster oder eine Palette an einen anderen Ort zu verschieben, klicken Sie auf den Reiter des entsprechenden Fensters und ziehen es auf die neue Position.

Jedes Fenster und jede Palette enthält ein kleines Menü für weitere Fensteroptionen, die selbsterklärend sind. Es verbirgt sich unter der kleinen Schaltfläche oben rechts in jedem Fenster. Wählen Sie beispielsweise den Eintrag FENSTER ABDOCKEN, um ein Fenster aus dem Gesamtverbund zu lösen (Abbildung 4.15). Solche abgedockten Fenster werden zuoberst dargestellt. Wollen Sie zu den Standardeinstellungen zurückkehren, wählen Sie FENSTER • ARBEITSBEREICH • «STANDARD« ZURÜCKSETZEN. Sie finden dort auch weitere vordefinierte Arbeitsbereiche für spezifische Arbeiten wie MALEN, EFFEKTE, ANIMATION oder MOTION-TRACKING.

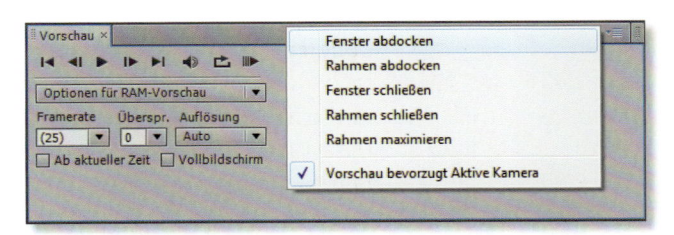

Adobe Bridge
Zum Organisieren Ihrer Dateien sollten Sie unbedingt mit Adobe Bridge arbeiten. Mehr dazu erfahren Sie in einem Zusatzkapitel auf der Bonus-Seite zum Buch unter *http://www.galileo-design.de/bonus-seite*.

◄ **Abbildung 4.15**
Jedes Fenster besitzt ein Einblendmenü mit weiteren Optionen, z. B. zum Abdocken des Fensters.

Eigener Arbeitsbereich | Wenn Sie sich für eine bestimmte Verteilung der Fenster entschieden haben, die nicht als Voreinstellung existiert, können Sie Ihren individuellen Arbeitsbereich über FENSTER • ARBEITSBEREICH • NEUER ARBEITSBEREICH abspeichern. Nachdem Sie einen Namen vergeben haben, können Sie diesen Arbeitsbereich in der Menüleiste ❸ (siehe Seite 112) abrufen oder über den Eintrag ARBEITSBEREICH LÖSCHEN entfernen.

Mehrere Kompositionsansichten | In After Effects haben Sie die Möglichkeit, mit mehr als einer Kompositionsansicht zu arbeiten. Im Kompositionsfenster wählen Sie im Einblendmenü ❹ (siehe Abbildung 4.17), ob eine, zwei oder vier Ansichten der Komposition angezeigt werden. Mehrere Ansichten sind besonders beim 3D-Compositing in After Effects hilfreich. Fürs Erste wird es Ihnen reichen, mit einer Kompositionsansicht zu arbeiten. Sie müssen also erst einmal nichts ändern.

Kapitel 4   Ein Filmprojekt vorbereiten

Abbildung 4.16 ▶
Jeder voreingestellte oder selbsterstellte Arbeitsbereich ist in der Menüleiste abrufbar.

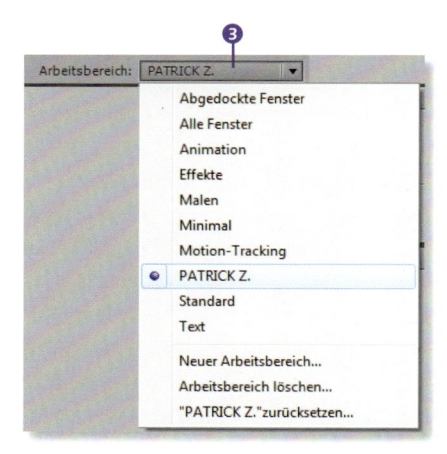

▲ **Abbildung 4.17**
Ein Arbeitsbereich mit vier Kompositionsansichten erleichtert die Arbeit beim 3D-Compositing in After Effects.

Erscheinungsbild | Erscheint Ihnen die Farbe der Benutzeroberfläche zu dunkel oder zu hell, können Sie die Farben aller Fenster, Paletten und Dialogfelder insgesamt abdunkeln bzw. aufhellen. Wählen Sie beim Mac AFTER EFFECTS • EINSTELLUNGEN • ERSCHEINUNGSBILD, unter Windows BEARBEITEN • VOREINSTELLUNGEN • ERSCHEINUNGSBILD. Per Klick auf die Schaltfläche STANDARD kehren Sie zum Ausgangszustand zurück.

4.4 Die Arbeitsoberfläche anpassen

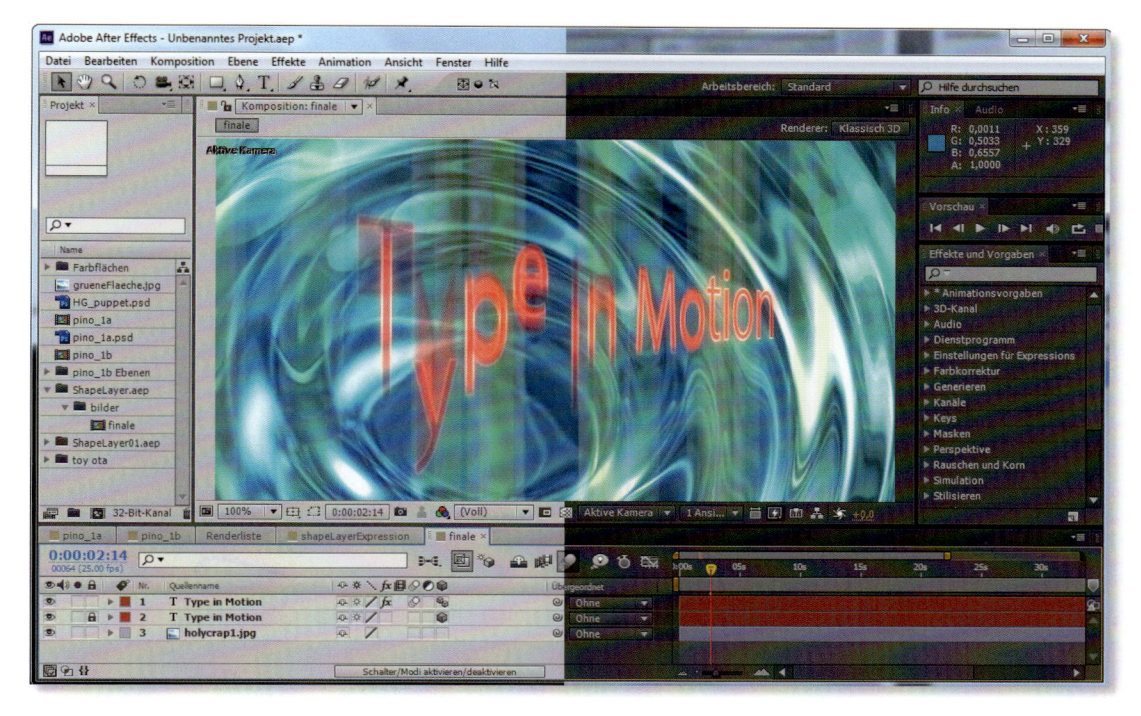

▲ **Abbildung 4.18**
In After Effects können Sie die Farbe der Benutzeroberfläche mit der Helligkeitseinstellung abdunkeln oder aufhellen.

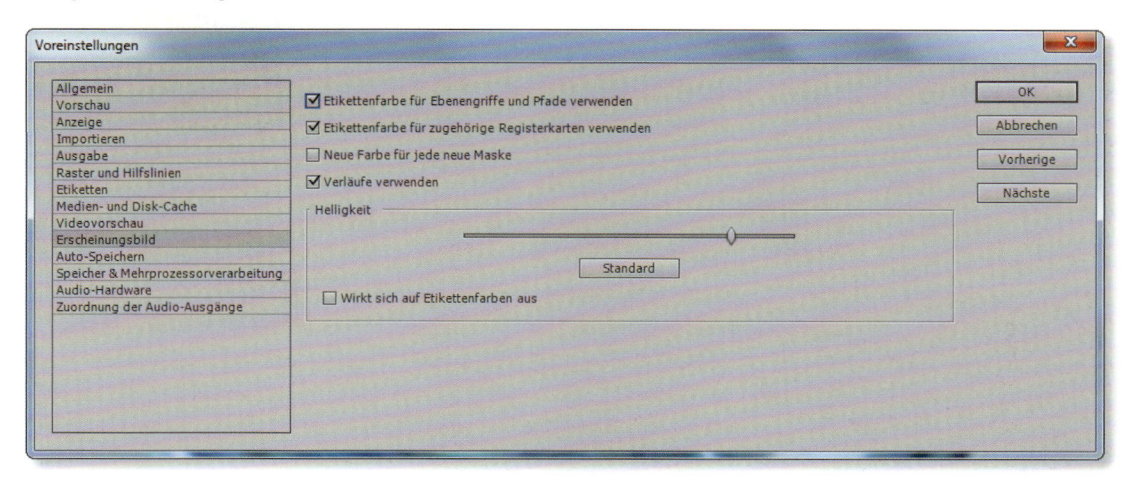

▲ **Abbildung 4.19**
Das Dialogfenster zur Einstellung der HELLIGKEIT.

Kapitel 5
Der Import

Wie Sie gesehen haben, kann After Effects mit einer ganzen Menge an Rohmaterialien (Footage) aus verschiedensten Anwendungen umgehen. Daher ist es auch manchmal nötig, beim Import Optionen für das jeweilige Rohmaterial festzulegen. So kann ein Standbild aus einer oder mehreren Ebenen bestehen, oder die Transparenzinformation des Materials ist unterschiedlich gespeichert. Bei Videomaterial, das aus Halbbildern besteht, muss nach dem Import bisweilen die Reihenfolge der Halbbilder interpretiert werden.

5.1 Der Importdialog

Über den Importdialog wählen Sie die Art des Imports und das entsprechende Material. After Effects bietet Ihnen verschiedene Möglichkeiten an, Dateien zu importieren:

- Wählen Sie im Menü DATEI/ABLAGE • IMPORTIEREN • DATEI… oder MEHRERE DATEIEN.
- Klicken Sie mit der rechten Maustaste bzw. `Ctrl`+Mausklick (Mac) ins Projektfenster.
- Drücken Sie das Tastaturkürzel `Strg`+`I`.
- Klicken Sie doppelt ins Projektfenster.
- Ziehen Sie die Dateien per Drag & Drop ins Projektfenster.

Für die folgenden Erläuterungen können Sie die Dateien im Ordner BEISPIELMATERIAL/05_IMPORT von der DVD verwenden

Unter DATEITYP ❶ (siehe Abbildung 5.1) bzw. ZEIGEN (Mac) grenzen Sie die für den Import anzuzeigenden Formate ein. Wählen Sie ALLE ZULÄSSIGEN FORMATE, um nur die von After Effects unterstützten Formate anzuzeigen. Der Auswahlpunkt ALLE FOOTAGEDATEIEN schließt Dateien wie After-Effects- oder Premiere-Pro-Projekte vom Import aus. Nicht unterstützte Formate blenden Sie über ALLE DATEIEN ein. Wenn Sie ein ganz bestimmtes Format auswählen, werden nur die Dateien dieses Formats angezeigt, andere Dateien werden ausgeblendet.

> **Mehrere Dateien importieren**
>
> Sie können im Importdialogfenster mehrere Dateien auswählen, indem Sie mit gedrückter Maustaste einen Rahmen über die zu importierenden Dateien ziehen oder diese per `Strg`-Taste einzeln auswählen.

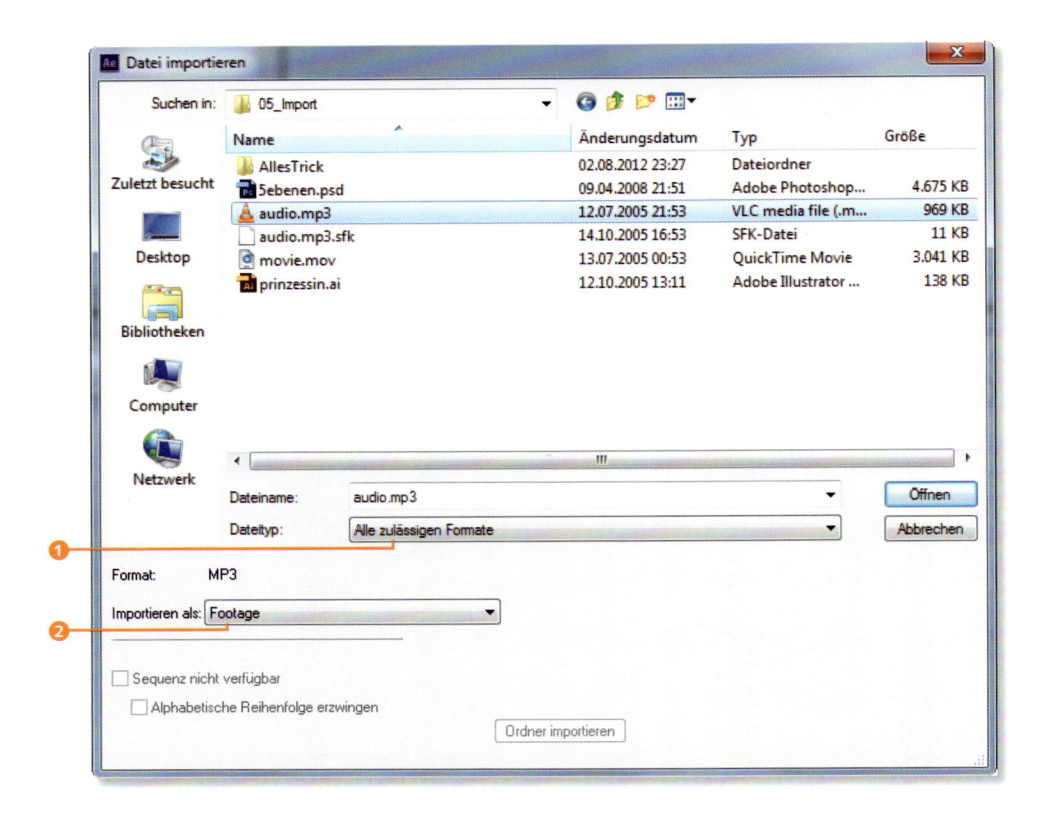

Kapitel 5   Der Import

Abbildung 5.1 ▲
Im Importdialogfenster können Sie zwischen verschiedenen Importmethoden wählen.

Auf die IMPORTIEREN ALS-Einstellungen ❷ komme ich auf den nächsten Seiten zu sprechen.

5.2   Import von Photoshop- und Illustrator-Dateien

Was wäre unsere heutige Medienwelt ohne Photoshop? Und natürlich können Sie in After Effects Photoshop-Dateien importieren. Ebenso komfortabel arbeiten Sie in After Effects mit Zeichnungen aus Illustrator. Damit sind wir bei den zwei verschiedenen Systemen der Bilddarstellung.

Pixel und Vektoren

Der Unterschied besteht vor allem in der Auflösung bei der Skalierung. Während eine pixelorientierte Datei bei einer Skalierung über ihre Originalabmessungen hinaus verschwommen wirkt, behält die Vektorgrafik ihre scharfen Kanten auch bei hohen Skalierungswerten bei.

5.2   Import von Photoshop- und Illustrator-Dateien

▲ **Abbildung 5.2**
Ein Vektorbild ohne Skalierung und …

▲ **Abbildung 5.3**
… das gleiche Bild skaliert. Die Konturen bleiben scharf.

▲ **Abbildung 5.4**
Eine pixelorientierte Datei ohne Vergrößerung …

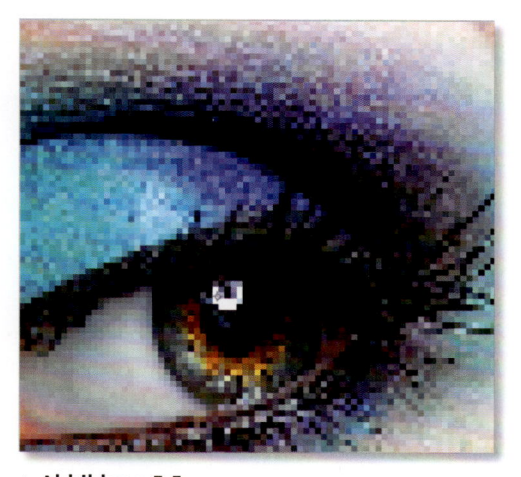

▲ **Abbildung 5.5**
… und ein skalierter Ausschnitt derselben Datei. Zur Verdeutlichung wurde hier der Qualitätsmodus ENTWURF eingestellt.

Bei der Dateigröße findet sich der nächste Unterschied: Vektorgrafiken sind recht klein, Pixelbilder größer. Die Vorteile bei der Skalierung büßt die Vektorgrafik bei der Farbvielfalt und der Darstellung von Texturen ein.

Die unterschiedliche Dateigröße von Vektorgrafiken und Pixelbildern erklärt sich aus der unterschiedlichen Berechnung der Bilddaten. Pixelbilder setzen sich aus einer genau definierten Anzahl einzelner Bildpunkte, den **Pixeln**, zusammen, die in einem Raster angeordnet werden. Jedes einzelne Pixel wird mit Farb- und Helligkeitsinformationen gespeichert. Bei einer größeren Bilddatei werden entsprechend mehr Pixel zur Darstellung benötigt, was den Speicherbedarf der Datei anwachsen lässt.

Beim Skalieren werden die Pixel proportional vergrößert. Die Struktur des Rasters, auf dem die Pixel angeordnet sind, wird dabei sichtbar.

Vektorgrafiken hingegen bestehen aus einfachen grafischen Elementen wie Linie, Kurve, Kreis und Rechteck, die mathematisch beschrieben werden können. So wird eine Linie durch ihren Anfangs- und Endpunkt definiert, ein Kreis durch Kreismittelpunkt und -durchmesser. Bei jeder Skalierung wird die Vektorgrafik neu berechnet, und es sind keine Pixelstrukturen erkennbar.

Ein komplettes Layout importieren

Bei der Vorbereitung Ihrer Bilddaten ist es häufig günstig, ein komplettes Layout in Photoshop oder in Illustrator anzulegen und After Effects »nur« noch zur Animation zu verwenden.

Mit After Effects können Sie Photoshop- und Illustrator-Dateien, die aus mehreren Ebenen bestehen, komplett als eine Komposition importieren. Dabei übernimmt After Effects die genaue Positionierung der einzelnen Ebenen. Auch Ebenennamen, Hilfslinien und Ebenenmasken werden übernommen, manches bleibt aber auch auf der Strecke. Vertiefende Informationen finden Sie in Teil IX, »After Effects im Workflow«. Aus einer Datei mit mehreren Ebenen können Sie einzelne Ebenen beim Import auswählen. Es ist daher sehr wichtig, die Ebenen in Photoshop oder Illustrator eindeutig zu benennen, sonst kommen Sie durcheinander.

Für die nächsten Erläuterungen können Sie die Datei »5ebenen.psd« und die Datei »prinzessin.ai« aus dem Ordner 05_IMPORT auf der DVD zum Ausprobieren verwenden.

▲ **Abbildung 5.6**
Einige Dateien, die aus mehreren Ebenen bestehen, können als Komposition importiert werden. Ein komplettes Layout lässt sich so übernehmen.

Import als Komposition | Für den Import als Komposition selektieren Sie die Datei, die mehrere Ebenen enthält, und wählen dann unter IMPORTIEREN ALS die Bezeichnung KOMPOSITION bzw. KOMPOSITION | EBENENGRÖSSEN BEIBEHALTEN. Wenn Sie KOMPOSITION wählen, werden Ihre Ebenen auf die Größe Ihres Layouts beschnitten, das heißt, überstehende Ebenen werden abgeschnitten. Bei der anderen Option, KOMPOSITION | EBENENGRÖSSEN BEIBEHALTEN, bleiben die Ebenen in ihrer Ursprungsgröße erhalten.

Zunächst erscheint bei Photoshop-Dateien ein weiterer Dialog. Unter EBENENOPTIONEN legen Sie dort bei Bedarf fest, wie in Photoshop hinzugefügte Ebenenstile in After Effects verwendet werden. Doch mehr dazu im Kapitel 25, »Workflow mit Photoshop und Illustrator«. Im Projektfenster von After Effects wird ohne Ihr Zutun eine Komposition angelegt. Die Framegröße der Komposition entspricht den Abmessungen der Datei in Photoshop bzw. Illustrator. Zusätzlich befindet sich über der Komposition ein Ordner, der sämtliche Ebenen der Datei im Einzelnen

5.2 Import von Photoshop- und Illustrator-Dateien

enthält. Doppelklicken Sie auf das Kompositionssymbol, um die Komposition und die dazugehörige Zeitleiste zu öffnen. Sie können nun sämtliche Ebenen einzeln animieren.

Photoshop-Ebenenstile
Photoshop-Ebenenstile werden absolut korrekt nach After Effects übernommen. Außerdem können Sie auch innerhalb von After Effects Ebenenstile festlegen und diese animieren. Wählen Sie dazu EBENE • EBENENSTILE. Weitere Informationen finden Sie in Kapitel 25, »Workflow mit Photoshop und Illustrator«.

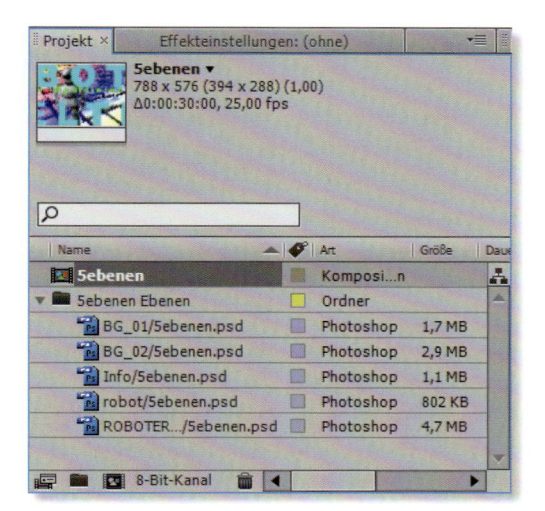

◀ **Abbildung 5.7**
Im Projektfenster werden automatisch eine Komposition und ein Ordner mit allen einzelnen Ebenen der importierten Datei angelegt.

Einzelne Ebenen importieren | Zum Import einzelner Ebenen wählen Sie unter IMPORTIEREN ALS die Bezeichnung FOOTAGE. Enthält die Datei mehrere Ebenen, bietet After Effects Ihnen daraufhin Ebenenoptionen an. Wählen Sie AUF EINE EBENE REDUZIERT, um alle Ebenen zusammenzurechnen. Markieren Sie EBENE AUSWÄHLEN, um eine bestimmte Ebene aus der Datei zu importieren. Unter FOOTAGE-MASSE wählen Sie DOKUMENTGRÖSSE, um die Ebene in der Größe des Photoshop-Dokuments zu importieren, und EBENENGRÖSSE, um die Ebene unbeschnitten zu importieren. Bei dieser Importvariante entsteht die Komposition nicht automatisch.

Import von Audiodaten
Audiodaten importieren Sie genauso in After-Effects-Projekte wie anderes Footage auch.

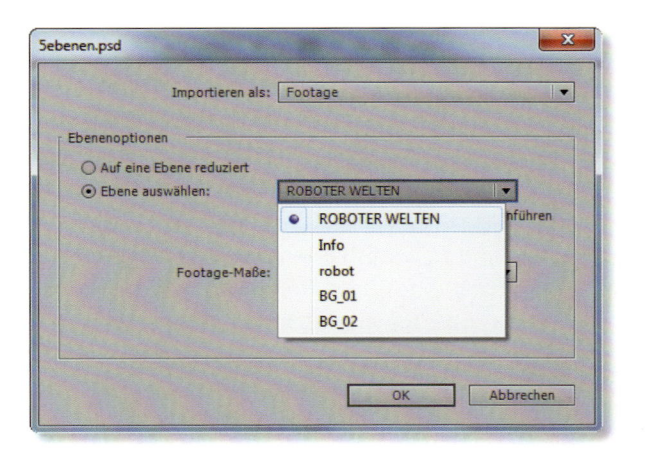

◀ **Abbildung 5.8**
Beim Footage-Import einer Datei, die mehrere Ebenen enthält, können Sie einzelne Ebenen aus dieser Datei importieren.

Kapitel 5   Der Import

Schritt für Schritt:
Die Bilder lernen laufen – Trickfilm

In dem folgenden kleinen Workshop lernen Sie, aus einer Reihe von einzelnen Bildern einen Film zu machen und den Umgang von After Effects mit Dateien nach dem Import neu zu definieren. Sie verwenden diese Technik, um selbstgezeichnete Einzelbilder zu animieren oder Sequenzen aus anderen Anwendungen in After Effects weiterzuverarbeiten.

1   Komposition anlegen

Schauen Sie sich zuerst das Movie »allesTrick.mov« aus dem Ordner 05_IMPORT/ALLESTRICK an. Starten Sie After Effects, und speichern Sie zuerst das noch leere Projekt über DATEI • SPEICHERN UNTER. Legen Sie eine Komposition über KOMPOSITION • NEUE KOMPOSITION oder [Strg]+[N] an.

Im Dialog KOMPOSITIONSEINSTELLUNGEN tragen Sie immer zuerst einen Namen für die Komposition ein, da es später sehr viele Kompositionen in einem Projekt geben kann. Geben Sie unter BREITE »640« ein und unter HÖHE »480« ❶. Als FRAMERATE wählen Sie 25 Bilder bzw. FRAMES PRO SEKUNDE ❷. Bei der DAUER soll der voreingestellte Wert auf 8 Sekunden geändert werden. Es genügt, wenn Sie dazu den voreingestellten Wert markieren und »800« ins Feld ❸ tippen. After Effects trägt selbstständig die Doppelpunkte nach (0:00:08:00) und erkennt, dass es sich um eine Dauer von 8 Sekunden handelt. Die anderen Einstellungen ignorieren Sie vorerst. Bestätigen Sie mit OK ❹.

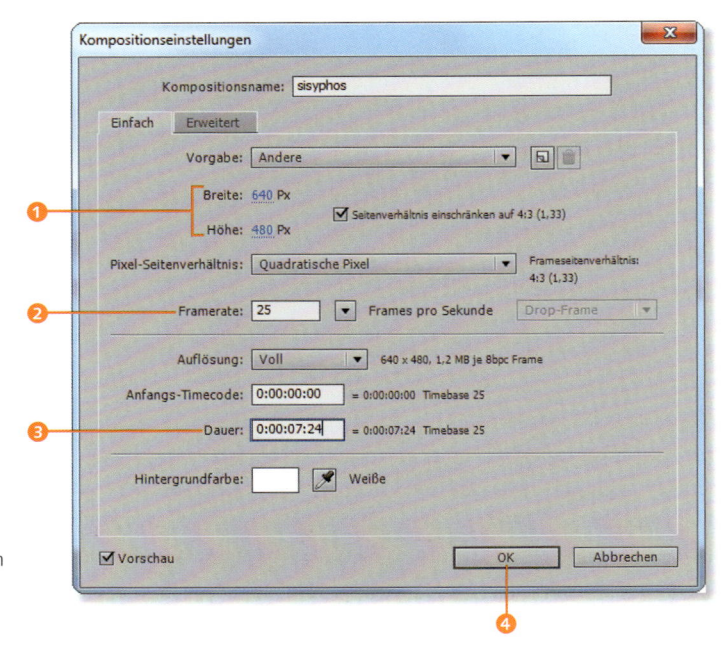

Die benötigten Dateien für diesen Workshop finden Sie auf der DVD unter BEISPIELMATERIAL/05_IMPORT/ALLESTRICK

Abbildung 5.9 ▶
Nehmen Sie diese Einstellungen vor.

2 Import einer Bildsequenz

Wählen Sie über KOMPOSITION • KOMPOSITIONSEINSTELLUNGEN die Farbe Weiß im Farbwähler bei dem Eintrag HINTERGRUNDFARBE aus. Für das Projekt habe ich einige Dateien vorbereitet, die als Trickfilm abgespielt werden sollen. Jede Datei enthält gegenüber der vorhergehenden einen kleinen Bewegungsschritt. Schnell nacheinander abgespielt, ergeben die Dateien einen kleinen Film. Wählen Sie im Importdialog den Ordner 05_IMPORT/ALLESTRICK/SEQUENZ1, und markieren Sie die erste Datei in der Liste ❺. Achten Sie darauf, dass ein Häkchen bei PHOTOSHOP-SEQUENZ ❼ gesetzt ist, und wählen Sie immer IMPORTIEREN ALS • FOOTAGE ❻. Klicken Sie dann auf ÖFFNEN bzw. IMPORTIEREN ❾. Der Eintrag ALPHABETISCHE REIHENFOLGE ERZWINGEN ❽ dient übrigens dazu, Dateien in alphabetischer Reihenfolge zu ordnen.

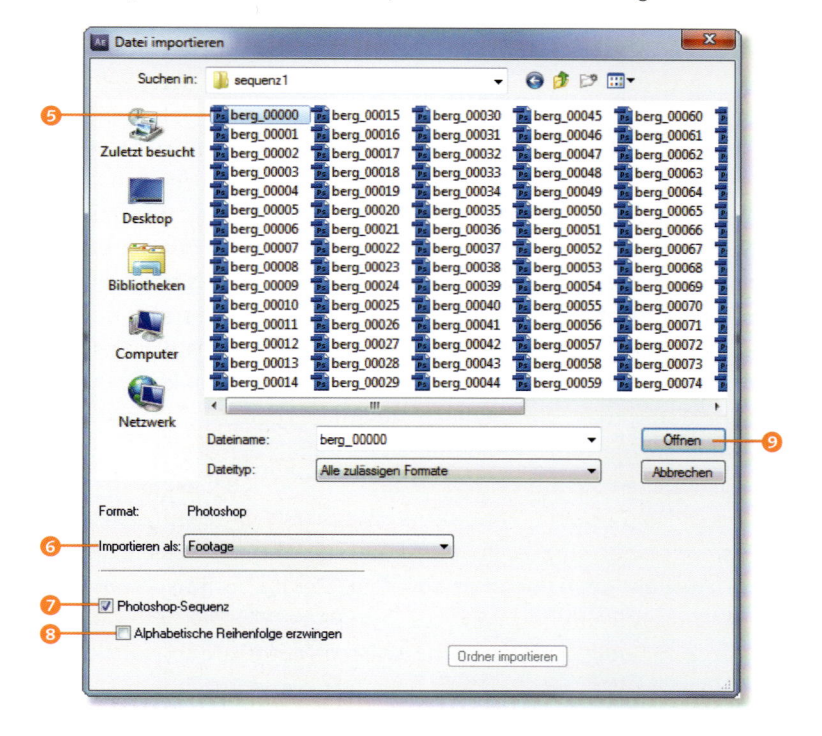

Kompositionseinstellungen überprüfen

Falls Sie die Einstellungen noch einmal ansehen oder verändern möchten, können Sie dies über KOMPOSITION • KOMPOSITIONSEINSTELLUNGEN oder ⌈Strg⌉+⌈K⌉ tun.

Eigene Sequenzen erstellen

Damit After Effects eine Bildsequenz als solche erkennen kann, ist eine fortlaufende Nummerierung der Einzelbilder erforderlich. Wichtig bei der Benennung der Dateien ist, jeder Bildnummer mehrere Nullen voranzustellen (z. B. »0001_Sequenz.tga«), sonst geht es schief. Außerdem müssen die Einzelbilder sämtlich die gleichen Bildabmessungen aufweisen, da sonst eventuell der Bildausschnitt falsch interpretiert wird. Ausschlaggebend für alle nachfolgenden Bilder ist das erste Bild der Sequenz. Wenn Sie diese Prämissen beachten, wird Ihnen das Erstellen kurzer Sequenzen bald Spaß machen. Noch etwas: 16 Bilder pro Sekunde benötigen Sie mindestens für einen einigermaßen flüssigen Bewegungsablauf.

◀ **Abbildung 5.10**
In After Effects lassen sich verschiedenste Dateiformate als Bildsequenzen importieren.

Die Einzelbilder werden nun im Projektfenster als eine einzige Datei, als Bildsequenz, angezeigt. Sie haben auch die Möglichkeit, Targa-, JPG-, TIFF-Sequenzen und viele mehr zu importieren. Importieren Sie nun noch die Bilder aus den Ordnern SEQUENZ2 und SEQUENZ3 in gleicher Weise und anschließend die Datei »sisyphos.ai«. Wählen Sie beim Import der Illustrator-Datei gegebenenfalls AUF EINE EBENE REDUZIERT ❶ (siehe Abbildung 5.11), um die Ebenen zusammenzufassen.

Kapitel 5 Der Import

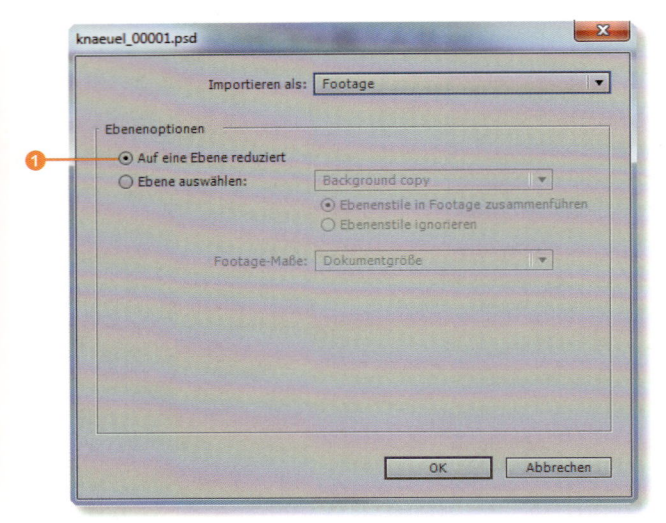

▲ **Abbildung 5.11**
Beim Import müssen Dateien oft auf eine Ebene reduziert werden.

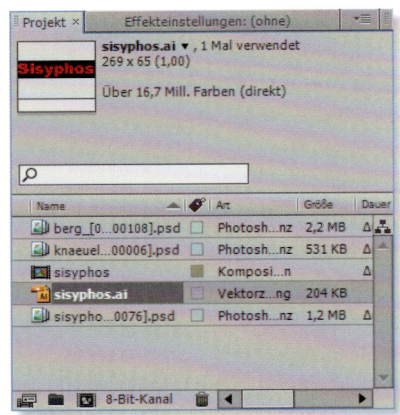

▲ **Abbildung 5.12**
Im Projektfenster wird jede Bildsequenz mit einem Symbol für eine Reihe von Bildern angezeigt.

3 Los geht's mit der Animation

Ziehen Sie zuerst Ihre Zeitmarke auf den Zeitpunkt 00:00. Sie können auch die Taste `Pos1` verwenden, um die Zeitmarke an den Anfang der Komposition springen zu lassen. Ziehen Sie die Datei »sisyphos.ai« in den linken, dunkelgrauen Bereich der Zeitleiste. Der In-Point der Ebene wird genau am Zeitpunkt 00:00 ausgerichtet, so dass die Ebene ab diesem Zeitpunkt sichtbar ist.

Öffnen Sie die Transformationseigenschaften der Ebene »sisyphos.ai«. Ziehen Sie die Zeitmarke auf 00:14, und setzen Sie per Klick auf das Stoppuhr-Symbol bei Deckkraft ❷ einen ersten Keyframe. Damit eine Animation zustande kommt, setzen Sie einen zweiten Keyframe. Positionieren Sie die Zeitmarke bei 02:00, klicken Sie in den Wert bei Deckkraft (100 %), und tragen Sie »0« ❸ ein. Der Keyframe entsteht automatisch, sobald Sie neben das Wertefeld klicken. Der Text blendet sich nun allmählich aus.

▼ **Abbildung 5.13**
Für das Ausblenden des Textes werden zwei Keyframes bei der Deckkraft gesetzt.

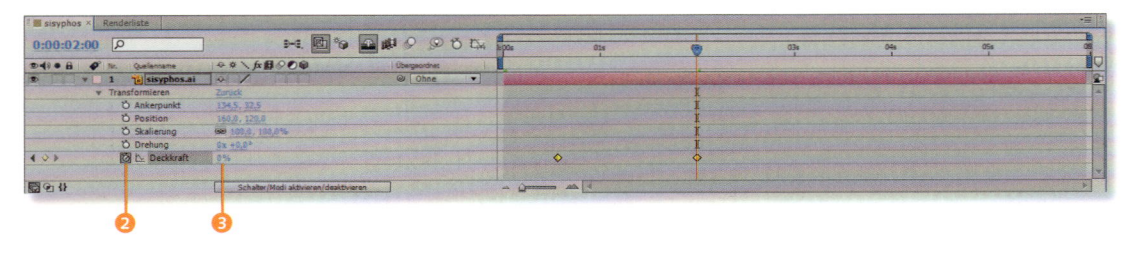

5.2 Import von Photoshop- und Illustrator-Dateien

Übrigens müssen Sie keine Fremdapplikationen zum Erstellen von Text verwenden. Wir machen das nur für den Import und weil Sie Teil VI, »Titel und Texte«, noch nicht kennen.

4 Ebenen positionieren

Ziehen Sie die Sequenz »sisyphos« unter den Text in die Zeitleiste. Klicken Sie die Ebene einmal in der Mitte an, und halten Sie, um sie zu verschieben, die Maustaste gedrückt. Wenn Sie nun noch die Taste ⇧ hinzunehmen, richtet sich der In-Point wie magnetisch an Keyframes oder der Zeitleiste aus.

▼ **Abbildung 5.14**
Mit der Taste ⇧ springen Ebenen, die Sie verschieben, automatisch auf In-Points, Keyframes oder die Zeitmarke.

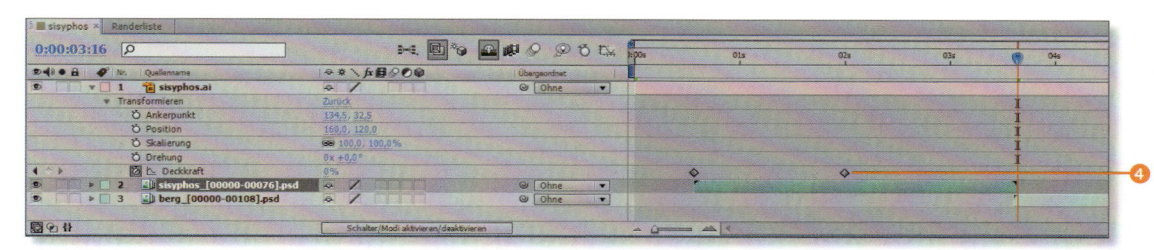

Beim Verschieben von Keyframes funktioniert das genauso. Lassen Sie auf diese Weise die Ebene dort beginnen, wo Sie den ersten Keyframe für den Text gesetzt haben. Ebenso richten Sie die Sequenz »berg« am Out-Point ❹, also dem Ende der Sequenz »sisyphos«, aus.

5 Footage interpretieren und loopen

Nach dem Import von Dateien ins Projektfenster ist es nicht selten nötig, den Umgang von After Effects mit diesen Dateien neu zu definieren. So lassen sich beispielsweise in einer Datei die Optionen für die Interpretation des Alphakanals im Nachhinein ändern. Auch die Framerate einer Datei, die Halbbildreihenfolge und das Pixel-Seitenverhältnis sind noch nach dem Import änderbar. Der Weg zur Dialogbox, um das Footage im Nachhinein zu interpretieren, ist bei allen Dateien der gleiche, die Optionen sind es nicht.

▲ **Abbildung 5.15**
Der Text wird über der Tricksequenz positioniert.

Um Footage zu interpretieren, markieren Sie in unserem Falle die Sequenz »knaeuel« im Projektfenster und klicken sie mit der rechten Maustaste an, oder gehen Sie über das Menü Datei • Footage interpretieren • Footage einstellen. In dem erscheinenden Dialogfeld finden Sie unter Andere Optionen den Eintrag Schleife ❺. Tragen Sie hier den Wert »10« ein. Die Bildsequenz wird nun beim Abspielen zehnmal wiederholt. Sie können auch Filme oder Sounddateien auf diese Weise loopen lassen.

Vorschauoption

Im Dialogfeld Footage interpretieren befindet sich eine Option Vorschau. Sie können durch Setzen oder Entfernen des Häkchens das Resultat Ihrer Änderungen ein- bzw. ausblenden.

Kapitel 5   Der Import

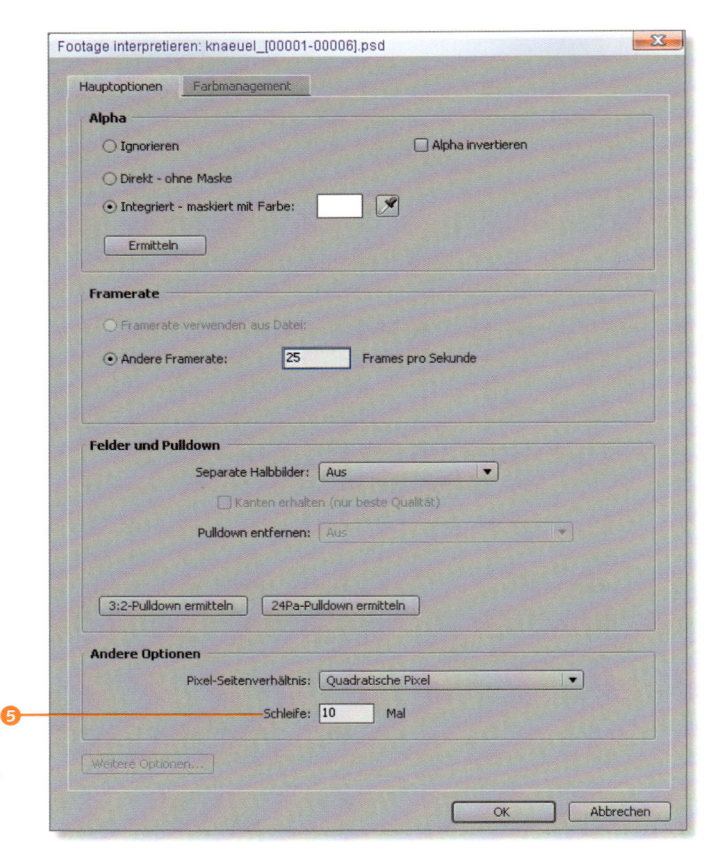

Abbildung 5.16 ▶
Im Dialog FOOTAGE INTERPRETIEREN wählen Sie unter SCHLEIFE ❺, wie oft das Material hintereinander abgespielt wird.

6   Abschluss der Animation
Ziehen Sie die loopende Sequenz »knaeuel« in die Zeitleiste über die Sequenz »sisyphos«, und richten Sie den In-Point der Knäuel-Sequenz am In-Point der Sequenz »sisyphos« aus. Positionieren Sie das Knäuel im Kompositionsfenster wie in Abbildung 5.17. Dazu müssen Sie nur auf das Knäuel klicken und es verschieben.

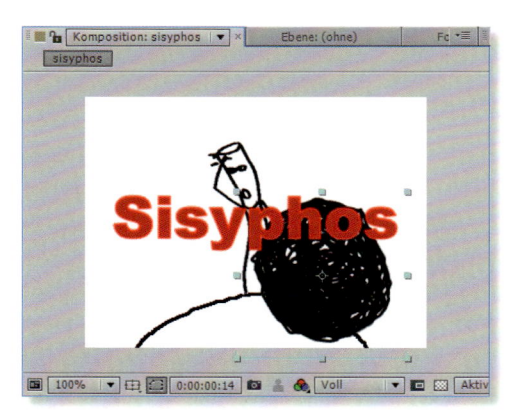

Abbildung 5.17 ▶
Sisyphos' Knäuel sollte etwa hier positioniert werden.

124

Öffnen Sie die Transformationseigenschaften der Sequenz »knaeuel«, und wählen Sie die Eigenschaft POSITION, oder markieren Sie die Ebene, und drücken Sie die Taste P. Setzen Sie einen ersten Keyframe für die Position bei 01:09. Erstellen Sie den zweiten Keyframe automatisch, indem Sie die Zeitmarke auf den Out-Point, also das Ende der Ebene »knaeuel«, ziehen und die Ebene wie in Abbildung 5.18 aus der Komposition herausziehen.

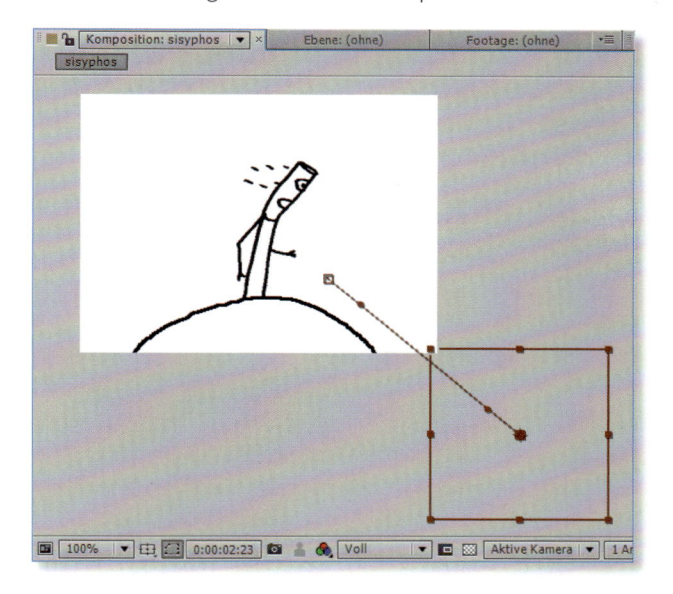

◄ **Abbildung 5.18**
Der zweite Positions-Keyframe entsteht automatisch, wenn Sie das Knäuel aus dem Bild ziehen.

Tja, das Knäuel ist nun den Berg hinabgerollt, und Sisyphos muss von vorn anfangen. Wenn Sie die Sequenz »berg« richtig angeordnet haben, tut er dies auch. Das fertige Projekt rendern Sie am besten noch auf dem gleichen Wege, wie ich es bereits in Abschnitt 3.2, »Ein erstes Projekt«, beschrieben habe.

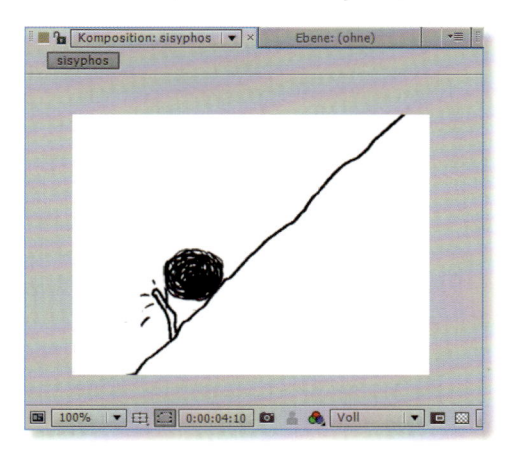

◄ **Abbildung 5.19**
Sisyphos muss sich hier mühen, das Knäuel erneut den Berg hinaufzurollen.

Transparentes Material importieren

Wie schon erwähnt wurde, sollte die Bildbearbeitung vor dem Import möglichst abgeschlossen sein. Dazu gehört auch das Festlegen transparenter Bildbereiche. Da Transparenzen in verschiedenen Programmen erstellt werden können, ist es nicht verwunderlich, dass verschiedene Möglichkeiten existieren, Transparenzen zu definieren.

Footage interpretieren | Beim Import von Dateien, die Transparenzen enthalten, erscheint der Dialog FOOTAGE INTERPRETIEREN. After Effects »fragt« Sie, wie es die Transparenzinformation in der Datei interpretieren soll.

Abbildung 5.20 ▶
Beim Import von Dateien, die Transparenzen enthalten, »fragt« After Effects, wie diese interpretiert werden sollen.

Wenn Sie sich unsicher sind, wählen Sie hier einfach ERMITTELN. After Effects findet dann selbst heraus, wie die Transparenzinformation in der Datei gespeichert wurde.

Weitere Informationen zu transparentem Bildmaterial erhalten Sie in Kapitel 18, »Masken, Matten und Alphakanäle«.

5.3 Import von After-Effects-Projekten

Sollten Sie an größeren Projekten arbeiten, ist es oft nötig, mit mehreren Projektdateien zu arbeiten. Möglicherweise arbeiten auch mehrere Personen an einem Projekt und speichern ihre Arbeit in verschiedene Projektdateien. Um diese am Ende wieder zusammenzubringen, ist es möglich, komplette After-Effects-Projekte in ein finales Projekt zu importieren. Der Import erfolgt dabei wie bei jedem anderen Rohmaterial. Das importierte Projekt erhält einen eigenen Ordner, der wiederum sämtliche Komposi-

---

Importvoreinstellung ändern

Sollte Sie das ständige Klicken auf die ERMITTELN-Schaltfläche nerven, wählen Sie unter BEARBEITEN • VOREINSTELLUNGEN • IMPORTIEREN bei UNBENANNTEN ALPHAKANAL INTERPRETIEREN ALS den Eintrag ERMITTELN. Schon geht es automatisch.

Import älterer Projekte

Beachten Sie, dass After Effects in der Version CS6 keine älteren Projekte als aus Version 6.5 importieren kann.

tionen und Verknüpfungen zu Rohmaterialdateien des Ursprungsprojekts enthält. Sämtliche im importierten Projekt vorhandenen Kompositionen, Animationen oder sonstigen Einstellungen bleiben hundertprozentig erhalten. Sie sollten aber nicht vergessen, die Rohmaterialdateien des importierten Projekts auch auf Ihrer Festplatte zur Verfügung zu stellen, ansonsten zeigt After Effects Ihnen nur Platzhalter an.

Projekte einbetten

Beim Rendern oder Exportieren von Containerformaten wie QuickTime-(MOV-), Video-für-Windows-(AVI-), FLV- oder F4V-Dateien können Sie auch eine Verknüpfung zum Projekt einbetten (die Option ist bei der Ausgabe standardmäßig aktiviert). Wollen Sie dieses Projekt wieder in After Effects importieren, so wählen Sie die gerenderte Datei aus und aktivieren beim Import unter IMPORTIEREN ALS die Option PROJEKT. Allerdings müssen Sie dabei darauf achten, dass Sie den exportierten Film nicht irgendwo auf der Festplatte oder auf einem anderen Speichermedium ablegen. Das eingebettete Projekt enthält nur Verknüpfungen zu den Rohmaterialdateien und kann daher nicht importiert werden, wenn der Film nicht zuvor in denselben Ordner wie die Rohmaterialien gerendert wurde.

> **RGB- und CMYK-Dateien**
>
> After Effects arbeitet im RGB-Farbraum. Das heißt, Dateien mit den Kanälen Rot, Grün, Blau und Alpha können importiert werden. CMYK-Dateien können ebenfalls importiert werden. CMYK-Dateien werden für eine Ausgabe auf Papier verwendet. Dabei steht CMYK für die Druckfarben Cyan, Magenta, Yellow und Key (Schwarz).

5.4 Import von Premiere-Pro-Projekten

Sehr komfortabel ist die Zusammenarbeit von After Effects mit dem Schnittprogramm Premiere Pro. Premiere-Pro-Projekte müssen nicht gerendert werden, um sie in After Effects weiterzubearbeiten. Sichern Sie einfach nur ganz normal die Projektdatei.

Um Premiere-Pro-Projekte zu importieren, wählen Sie DATEI • IMPORTIEREN • ADOBE PREMIERE PRO PROJEKT. Wählen Sie eine Premiere-Pro-Datei aus. Im Dialog PREMIERE PRO IMPORTER importieren Sie unter SEQUENZ AUSWÄHLEN einzelne Sequenzen des Projekts und deaktivieren bei Bedarf AUDIO IMPORTIEREN. Im Projektfenster erscheint nach dem Import ein Ordner, der sämtliche Clips aus dem Premiere-Pro-Projekt enthält. Sequenzen werden in dem Ordner als Kompositionen angelegt, verschachtelte Sequenzen werden zu verschachtelten Kompositionen.

Um sich eine in Premiere Pro geschnittene Sequenz in After Effects anzeigen zu lassen, klicken Sie die Sequenz, die in After Effects eine Komposition geworden ist, doppelt an. Daraufhin öffnen sich das Kompositionsfenster und die Zeitleiste.

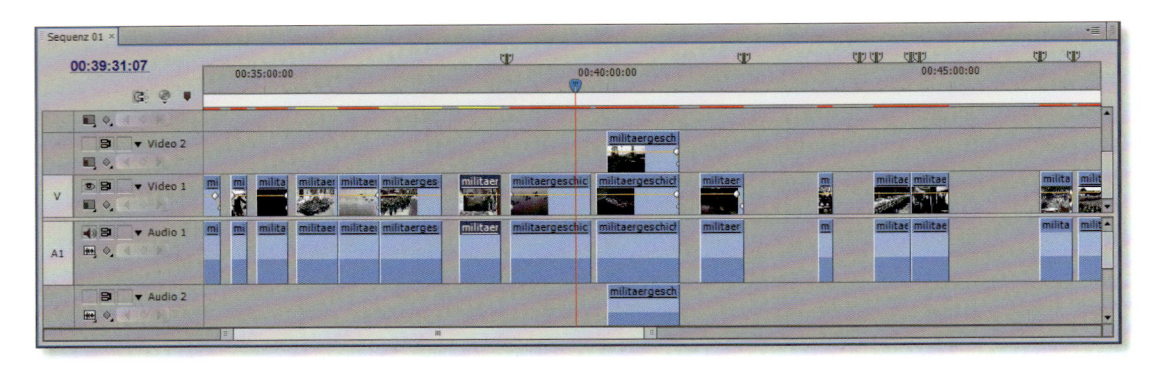

Abbildung 5.21
Die Zeitleiste eines Schnittprojekts in Premiere Pro ...

Unterstützte Premiere-Versionen

After Effects CS6 kann Premiere-Projekte der Versionen 1.0, 1.5, 2.0, CS3, CS4, CS5, CS6 (PRPROJ; 1.0, 1.5 und 2.0 nur Windows) importieren.

In der Zeitleiste von After Effects erscheinen in Premiere Pro gesetzte Marker als Kompositionsmarken. Die geschnittenen Clips behalten ihre In- und Out-Points bei. Allerdings sind sie nicht mehr in einer oder mehreren Spuren angeordnet, sondern, wie bei After Effects üblich, als Ebenen untereinander. Dabei werden die Reihenfolge der Clips und das ursprünglich vorhandene Material der Clips beibehalten. Außerdem werden einige Effekte und ihre Keyframes sowie Überblendungen übernommen.

Wollen Sie den Import der Premiere-Pro-Projektdatei sofort wieder rückgängig machen, hilft Ihnen ein einfaches [Strg]+[Z]. Mehr zum Thema erfahren Sie in Abschnitt 26.1, »Zusammenarbeit mit Adobe Premiere Pro CS6«.

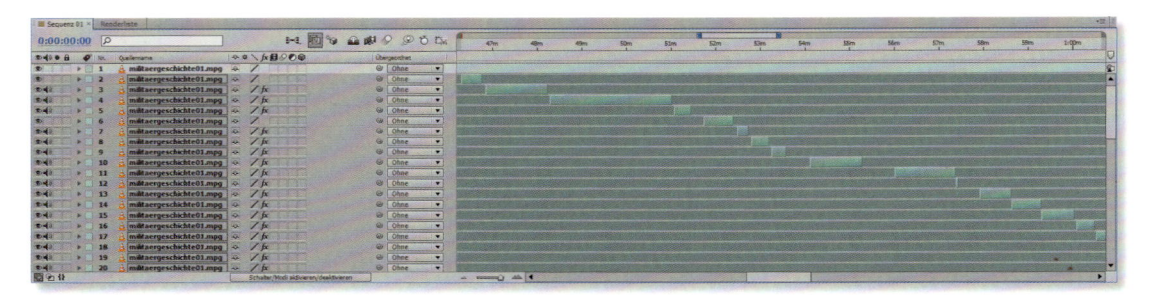

Abbildung 5.22
... und in After Effects. Übernommen werden die Reihenfolge der Clips, die Schnitteinstellungen, einige Effekte, Keyframes und mehr.

5.5 Weitere Importmöglichkeiten

After Effects CS6 bietet eine Reihe weiterer Importmöglichkeiten an, die in dem folgenden Abschnitt näher vorgestellt werden sollen.

Import von Bilddaten mit hohem dynamischem Bereich (HDR)

After Effects unterstützt Dateien und Projekte mit einem hohen dynamischen Bereich. Mit dem dynamischen Bereich ist der Helligkeitsumfang zwischen größtem und kleinstem Helligkeitswert eines digitalen Bildes gemeint. In der sichtbaren Welt existiert ein weit größerer Helligkeitsumfang als derjenige, der am Computermonitor, auf Filmmaterial oder auf Papier darstellbar ist. Es wird also immer nur in einem begrenzten Dynamikbereich gearbeitet.

- Als **Low Dynamic Range Image** bezeichnet man Dateien, die mit einer Farbtiefe von 8 Bit oder weniger erstellt wurden.
- Ein **Medium Dynamic Range Image** weist eine Farbtiefe von 16 Bit auf.
- Ein **High Dynamic Range Image** wurde mit einer Farbtiefe von 32 Bit erstellt.

Bei HDR-Bildern sind durch die Verwendung von Gleitkommazahlen weit mehr Werte beschreibbar als bei der Verwendung von Festkommazahlen. Bilder in dieser Farbtiefe können mehr Details in dunklen Bildbereichen und realistische Lichteffekte darstellen. Um die Projektfarbtiefe zu ändern, wählen Sie DATEI • PROJEKTEINSTELLUNGEN. Unter FARBEINSTELLUNGEN • TIEFE wählen Sie zwischen 8, 16 und 32 BIT PRO KANAL.

After Effects kann Dateiformate wie OpenEXR, TIFF, PSD und Radiance (HDR, RGBE, XYZE) mit einer Farbtiefe von 32 Bit als Standbilder oder Standbildsequenzen importieren. Auch Dateien mit den Endungen ».sxr« und ».mxr« werden seit der Version CS5 von After Effects unterstützt. Eine Ausgabe als OpenEXR-, TIFF-, PSD- oder Radiance-Sequenz ist ebenfalls möglich.

OpenEXR und ProEXR | Seit After Effects CS4 werden die von der Firma fnord herausgegebenen Plug-ins des Pakets ProEXR unterstützt. Diese ermöglichen den vollen Zugriff auf sämtliche Informationen, die in einer OpenEXR-Datei gespeichert werden können. Das erweitert die Arbeit mit 3D-Applikationen, für die das Format immer mehr zum Standard avanciert. Weitere Informationen dazu erhalten Sie in Abschnitt 27.3, »OpenEXR und ProEXR«.

AAF, OMF, FCP und Motion-Import mit Automatic Duck Pro Import AE | Das Plug-in Automatic Duck Pro Import AE musste bisher nachinstalliert werden. Seit CS6 ist es standardmäßig in After Effects integriert. Sie können damit AAF- und OMF-Dateien von Avid, XML-Dateien von Final Cut Pro und Projektdateien von

---

Kein AAF-Import in After Effects

Das Format AAF (Advanced Authoring Format) wird seit After Effects CS5 nicht mehr unterstützt. Es diente zum Austausch von Zeitleisten und Sequenzinformationen. Sie konnten beispielsweise AAF-Dateien aus Avid-Bearbeitungssystemen in After Effects verwenden.

Eine AAF-Datei erzeugen Sie aus Premiere Pro heraus über DATEI • EXPORTIEREN • AAF. Importiert wurde die AAF-Datei in älteren After-Effects-Versionen über ⌈Strg⌉+⌈I⌉.

Motion importieren. Wählen Sie Datei • Import • Pro Import After Effects. Mehr zum Thema erfahren Sie in Abschnitt 26.5, »Automatic Duck für Apple Final Cut Pro, Apple Motion und Avid«.

SWF-Import | After Effects bietet eine gute Integration mit Flash an. Sie können SWF-Dateien, egal ob sie in After Effects oder in Flash erstellt wurden, in After Effects importieren. Transparenzeinstellungen (der Alphakanal) in SWF-Dateien bleiben beim Import vollständig erhalten. Wie bei Illustrator-Grafiken können Sie die SWF-Dateien außerdem verlustfrei in jede Größe skalieren. Weitere Informationen dazu erhalten Sie in Abschnitt 26.2, »Zusammenarbeit mit Adobe Flash Professional«.

Import von Camera-Raw-Dateien

Camera-Raw-Dateien sind Bildsensor-Rohdaten einer Digitalkamera. Die Rohdaten liegen in einer Farbtiefe von 10, 12 oder 14 Bit pro Pixel und mehr vor. Dadurch kann bei der Arbeit mit Raw-Dateien auf weit mehr Bildinformationen zugegriffen werden als bei den normalerweise im JPEG-Format abgespeicherten Bilddaten. Dies resultiert in größerem Detailreichtum und mehr Farb- und Helligkeitsabstufungen. Camera-Raw-Dateien importieren Sie wie jede andere Datei in After Effects. Auch der Import ganzer Raw-Sequenzen ist möglich.

Abbildung 5.23 ▼
Beim Import einer Camera-Raw-Datei öffnet sich der Dialog Camera Raw. Hier können Sie verschiedenste Bildanpassungen vornehmen.

Beim Import werden die Camera-Raw-Dateien je nach der im Projekt gewählten Farbtiefe in 8 oder 16 Bit umgewandelt. Beim Import in After Effects lassen sich Weißbalance, Tonwertbereich, Kontrast, Farbsättigung und Scharfzeichnung etc. im Dialogfeld CAMERA RAW einstellen. Außerdem können Sie Störungen im Bildmaterial wie Helligkeits- und Farbrauschen und Farbränder an Konturen korrigieren.

Wenn Sie eine Camera-Raw-Bildsequenz laden, werden die Einstellungen, die Sie für das erste Bild der Sequenz verwendet haben, auf alle weiteren Bilder der Sequenz angewendet, wenn für diese keine eigenen Einstellungen definiert wurden.

Um Camera-Raw-Bilddaten nach dem Import anzupassen, wählen Sie die Raw-Datei im Projektfenster aus und rufen dann DATEI • FOOTAGE INTERPRETIEREN • FOOTAGE EINSTELLEN auf. Im sich öffnenden Dialogfeld FOOTAGE INTERPRETIEREN klicken Sie auf die Schaltfläche WEITERE OPTIONEN und ändern dann die Einstellungen wieder im Dialog CAMERA RAW.

Camera Raw
Raw-Dateien sind Bildsensor-Rohdaten. Normalerweise werden diese vor der Speicherung vom Bildprozessor einer Digitalkamera in ein JPEG-Format umgewandelt. Die Daten werden dabei recht klein gehalten, was auf Kosten der eigentlich von den CCD-Sensoren gelieferten Bildinformation geht. Camera-Raw-Dateien werden mit einer Farbtiefe von 10, 12 oder 14 Bit pro Pixel und mehr gegenüber 8 Bit bei der JPEG-Komprimierung gespeichert. In der Nachbearbeitung der Rohdatenbilder ergeben sich so ein größerer Spielraum bei Helligkeits- und Farbabstufungen und ein größerer Detailreichtum. Vor der Bearbeitung wirken die Raw-Dateien allerdings weniger brillant, da kein Bildprozessor zur Optimierung zwischengeschaltet wurde.

Import von XMP-Metadaten

XMP-Metadaten, also Informationen wie Datum, Autor, Kameratyp etc., können in verschiedenen Dateiformaten innerhalb einer Datei mitgespeichert werden. After Effects kann diese Daten in den meisten Formaten importieren und im Fenster METADATEN anzeigen. Weitere Informationen finden Sie in Abschnitt 8.6, »XMP-Metadaten«.

Import per Drag & Drop

Ergänzend zu den beschriebenen Importoptionen sei die Möglichkeit erwähnt, Dateien einfach vom Explorer bzw. vom Finder in das Projektfenster zu ziehen. Probieren Sie das ruhig einmal aus. Sie können sowohl einzelne Dateien als auch ganze Ordner ins Projektfenster ziehen.

Bei einzelnen Dateien erhalten Sie wie beim schon zuvor beschriebenen Import die Möglichkeit, die Datei als Komposition oder als Footage zu importieren. Bei Dateien mit mehreren Ebenen können Sie einzelne Ebenen der Datei auswählen oder sämtliche Ebenen auf eine Ebene reduzieren und zusammenrechnen.

Wenn Sie einen Ordner ins Projektfenster ziehen, der mehrere Bilder enthält, nimmt After Effects an, dass es sich um eine Sequenz handelt, und legt die Dateien als Bildsequenz im Projektfenster ab. Benötigen Sie unterschiedliche Dateien genau so, wie sie in einem Ordner angelegt sind, ziehen Sie den Ordner bei gedrückter ⌈Alt⌉-Taste ins Projektfenster. Es wird dann ein entsprechender Ordner im Projektfenster angelegt, der alle Dateien enthält.

Importvoreinstellungen

Unter BEARBEITEN • VOREINSTELLUNGEN • IMPORTIEREN legen Sie fest, wie After Effects beim Import mit Dateien verfahren soll.

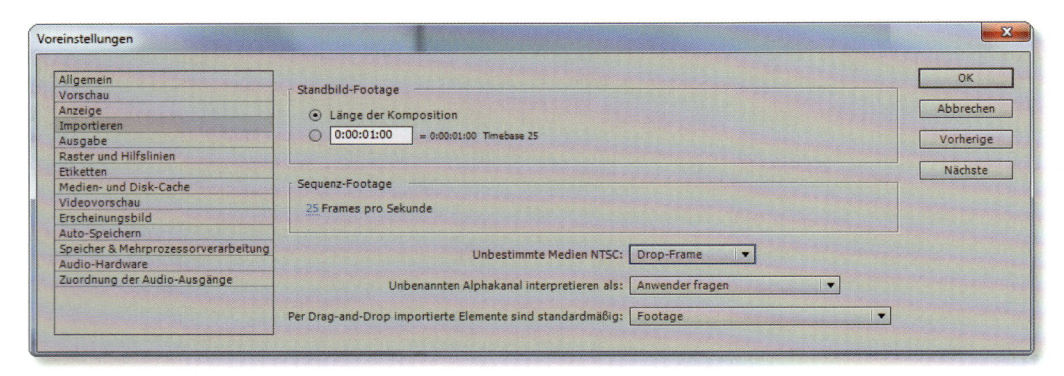

▲ **Abbildung 5.24**
VOREINSTELLUNGEN • IMPORTIEREN

Unter STANDBILD-FOOTAGE wählen Sie anstelle von LÄNGE DER KOMPOSITION einen eigenen Wert, z. B. 02:00. Ihr Footage wird dann immer in der Länge von 2 Sekunden in die Komposition eingesetzt. Unter SEQUENZ-FOOTAGE legen Sie die Framerate Ihrer importierten Sequenzen fest. Damit lassen sich Sequenzen an die Framerate Ihrer Komposition anpassen.

Wie die Alphainformation einer Datei beim Import behandelt wird, bestimmen Sie mit den Optionen bei UNBENANNTEN ALPHAKANAL INTERPRETIEREN ALS.

Ist ANWENDER FRAGEN gewählt (Standard), öffnet sich bei jeder Datei mit Alphainformationen ein Dialog. Wenn Sie hier ERMITTELN einstellen, interpretiert After Effects die Alphainformation automatisch. Legen Sie unter PER DRAG + DROP IMPORTIERTE ELEMENTE SIND STANDARDMÄSSIG fest, ob Sie Dateien beim Import per Drag & Drop als Bildsequenz FOOTAGE oder als Komposition (KOMPOSITION oder KOMPOSITION – EBENENGRÖSSEN BEIBEHALTEN) importieren wollen.

5.6 Videodaten in After Effects

Zum Nachlesen
Lesen Sie vertiefend auch den Abschnitt »Vollbild oder Halbbild« auf Seite 66.

Der Import und Umgang mit Videodaten in After Effects unterscheidet sich etwas von dem Umgang mit den Importformaten, die Sie bisher kennengelernt haben. Bei der Arbeit mit Videodateien begegnen Ihnen des Öfteren die Begriffe **Pixel-Seitenverhältnis** bzw. **Pixel Aspect Ratio** (PAR) und **Halbbildreihenfolge** bzw. **Interlaced-Footage**.

Jeder Frame eines Videos kann, wie Sie bereits wissen, aus zwei Halbbildern bestehen, die kurz nacheinander angezeigt werden. Solches Video-Footage wird daher auch als **Interlaced-Material** bezeichnet. After Effects muss die Halbbilder des Videos trennen und daraus Vollbilder erzeugen. Erst dann werden Effekte und Transformationen des Interlaced-Materials in hoher Qualität berechnet. Bei der Ausgabe des Films kann After Effects bei Bedarf die Vollbilder wieder in Halbbilder umrechnen.

Separate Halbbilder festlegen

Abhängig vom Aufnahmeverfahren kann Video-Footage in Vollbildern oder Halbbildern vorliegen, wobei je nach Material entweder das obere oder das untere Halbbild zuerst angezeigt wird.

Automatische Interpretation der Halbbildreihenfolge | Beim Import von Interlaced-Videomaterial erkennt After Effects in den meisten Fällen die Halbbildreihenfolge automatisch. Es entstehen keine Probleme. Dies ist z. B. bei D1-, DV- und HDV-Footage der Fall.

Manuelle Interpretation der Halbbildreihenfolge | Interpretiert After Effects die Halbbildreihenfolge beim Import nicht richtig, müssen Sie das Video-Footage manuell interpretieren.

Markieren Sie dazu die entsprechende Videodatei im Projektfenster. Wählen Sie Datei • Footage interpretieren • Footage einstellen. In dem Abschnitt Felder und Pulldown ❶ (siehe Abbildung 5.26) können Sie unter Separate Halbbilder ❷ wählen, wie in Halbbilder getrennt wird. Ausschlaggebend dafür, ob Sie Oberes oder Unteres Halbbild zuerst wählen, ist die Halbbildreihenfolge des Originals. Wählen Sie Aus ❸ für Video-Footage, das keine Halbbilder enthält.

Wenn Sie Video-Footage verwenden, das im DV-Format vorliegt, oder Video-Footage über eine Firewire-Schnittstelle (IEEE 1394 oder i.Link) aufgenommen haben, wählen Sie immer Unteres Halbbild zuerst. Grundsätzlich zeigen Standard-Definition- (SD-)Formate zumeist das untere Halbbild zuerst an, während High-Definition-(HD-)Formate (z. B. 1080i DVCPRO HD) meist das obere Halbbild zuerst anzeigen.

Analoge Videobearbeitung

Sollten Sie noch analoge Karten zum Aufnehmen von Video verwenden, ist eine manuelle Interpretation der Halbbildreihenfolge anzuraten.

Halbbildreihenfolge des Originals testen

Falls Sie unsicher sind, ob Sie die Halbbildreihenfolge Ihres importierten Videomaterials richtig interpretiert haben, machen Sie folgenden kleinen Test: Markieren Sie die Videodatei im Projektfenster. Im Dialog Footage interpretieren wählen Sie Oberes Halbbild zuerst. Bestätigen Sie mit OK. Halten Sie dann die Taste Alt gedrückt, und doppelklicken Sie auf Ihr Footage im Projektfenster. Es öffnet sich das Footage-Fenster. Wählen Sie einen Bereich im Video, der eine kontinuierliche Bewegung enthält. Sie kontrollieren, ob die Halbbildreihenfolge richtig interpretiert ist, indem Sie das Video frameweise abspielen. Dazu klicken Sie in der Palette Vorschau auf die Schaltfläche Nächster Frame ❹. Springt die Bewegung in jedem zweiten Frame zurück, müssen Sie die andere Option für die Halbbildtrennung wählen.

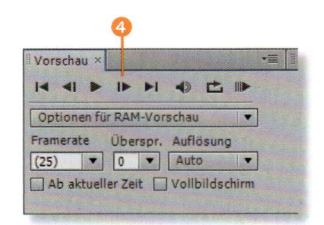

▲ **Abbildung 5.25**
Mit der Vorschau-Palette werden Animationen abgespielt.

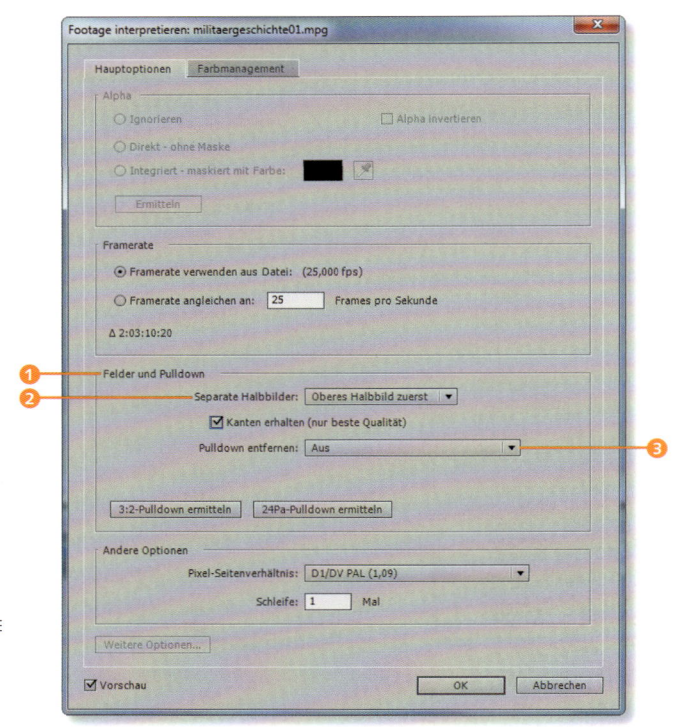

Abbildung 5.26 ▶
Noch einmal der Dialog FOOTAGE INTERPRETIEREN – hier zum Separieren der Halbbilder von importiertem Videomaterial

---

Exakte Berechnung

Seit der Version CS4 von After Effects arbeitet Adobe mit exakteren Berechnungen der rechteckigen Pixel-Seitenverhältnisse für alle Standard-Formate, also PAL und NTSC. Die Bildbreite wurde daher früher für PAL mit 768 anstelle der heute gültigen 788 Pixel berechnet und das Pixel-Seitenverhältnis mit dem inkorrekten Wert 1,0666. Im Falle von PAL ergab das ein leicht breiteres Bild bei der Endausgabe auf einem Monitor gegenüber der Darstellung in After Effects. Diese inkorrekte Berechnung stellte nur dann ein Problem dar, wenn Material definitiv unverzerrt ausgegeben werden musste, wie es beispielsweise bei einem Kreis der Fall wäre.

Die Option KANTEN ERHALTEN (NUR BESTE QUALITÄT) aktivieren Sie, um die Qualität in nicht bewegten Bereichen zu erhöhen.

Pixel Aspect Ratio (PAR)

Wenn Ihnen die Bezeichnung Pixel Aspect Ratio (PAR) begegnet, ist damit das Pixel-Seitenverhältnis gemeint. Das Pixel-Seitenverhältnis steht für die Breite und Höhe eines Pixels in einem Bild. Es gibt quadratische Pixel im Verhältnis 1:1 und rechteckige Pixel in verschiedenen Seitenverhältnissen, abhängig vom verwendeten Material.

Bilder im PAL-Format entsprechen einer Anzeige von 788×576 quadratischen Bildpunkten. Das entspricht in etwa einem Frameseitenverhältnis von 4:3.

Der alte Standard D1/DV PAL ist jedoch auf eine Auflösung von 720×576 Pixeln festgelegt. Um dennoch auf ein Maß von 788 Pixeln für die Breite und somit auf das für D1/DV PAL ebenfalls standardisierte 4:3-Format zu kommen, sind die D1/DV-PAL-Pixel nicht quadratisch (**square**), sondern rechteckig (**nonsquare**). Das Pixel-Seitenverhältnis beträgt 1,094. Jedes Pixel ist also etwas breiter als hoch. Rechnen wir 720×1,094, erhalten wir in etwa 788.

Obwohl einige Formate das gleiche Frame- bzw. Bildseitenverhältnis haben, unterscheidet sich ihr Pixel-Seitenverhältnis. So sind D1/DV-PAL-Pixel horizontal ausgerichtet und D1/DV-NTSC-Pixel vertikal.

Auch bei manchen HDV-Formaten liegen rechteckige Pixel vor. Das ist bei einer Aufzeichnung in der Größe 1.440 × 1.080 der Fall. Nach der Entzerrung auf das Bildseitenverhältnis 16:9 beträgt dann die Größe 1.920 × 1.080. Das Pixel-Seitenverhältnis entspricht bei diesen rechteckigen Pixeln 1,33. Rechteckige Pixel finden sich außerdem bei den DVCPRO-HD-Formaten.

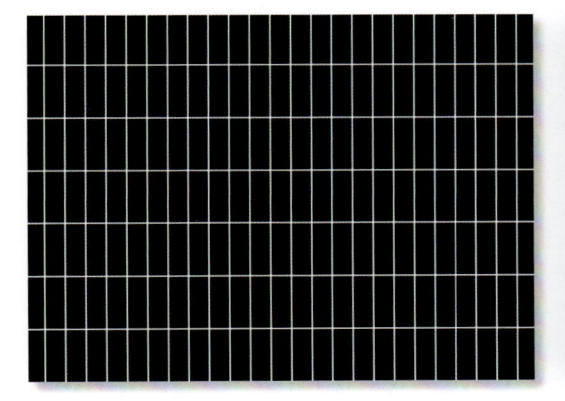

▲ **Abbildung 5.27**
Pixel in einem alten D1/DV-NTSC-Video werden vertikal ausgerichtet, um die Höhe zu kompensieren.

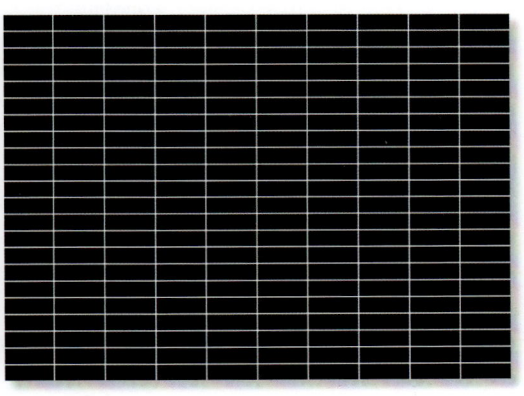

▲ **Abbildung 5.28**
In einem alten D1/DV-PAL-Video werden Pixel horizontal ausgerichtet, um die Breite zu kompensieren.

HDV (1.440 × 1.080) und DVCPRO HD am Computermonitor

Computermonitore arbeiten mit quadratischen Pixeln, nutzen also ein Pixel-Seitenverhältnis von 1:1, während Video oft mit unterschiedlichen Pixel-Seitenverhältnissen, also rechteckigen Pixeln, arbeitet. Wird nun ein Videobild mit rechteckigen Pixeln am Computermonitor dargestellt, erscheint es in der Breite gestaucht. Unverzerrt werden hingegen Dateien mit quadratischen Pixeln wiedergegeben.

Schmaler als das Original erscheinen die horizontal ausgerichteten Pixel von HDV- und DVCPRO-HD-Videos am Monitor, da sie an die Breite der quadratischen Monitorpixel angepasst werden. HDV- und DVCPRO-HD-Footage, das zum Beispiel mit einer Framegröße von 1.440 × 1.080 und rechteckigen Pixeln aufgezeichnet wurde, wirkt am Computermonitor deutlich schmaler.

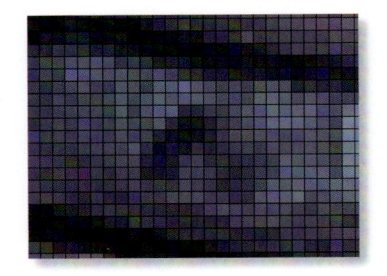

▲ **Abbildung 5.29**
Dateien mit quadratischen Pixeln, wie hier in der Vergrößerung zu sehen, werden am Computermonitor unverzerrt wiedergegeben.

Kapitel 5   Der Import

▲ **Abbildung 5.30**
DVCPRO-HD-Material wird am Computermonitor deutlich schmaler dargestellt.

© fotolia.com – Helmut Zweckerl

▲ **Abbildung 5.31**
Das gleiche DVCPRO-HD-Material unverzerrt

Pixel-Seitenverhältnis interpretieren

After Effects interpretiert HDV- und DVCPRO-HD-Footage oder D1/DV-NTSC- und D1/DV-PAL-Footage beim Import automatisch mit dem richtigen Pixel-Seitenverhältnis. Die in der gespeicherten Datei enthaltene Information erkennt After Effects beim Import, so dass es dabei immer die richtige Interpretation für das Pixel-Seitenverhältnis wählt.

Es schadet aber nicht, wenn Sie die Interpretation kontrollieren und wissen, wie Sie das Pixel-Seitenverhältnis für andere Standards einstellen.

Pixel-Seitenverhältnis selbst festlegen | Wenn Sie Material nach dem Import in After Effects selbst interpretieren wollen, wählen Sie DATEI • FOOTAGE INTERPRETIEREN • FOOTAGE EINSTELLEN. Unter ANDERE OPTIONEN stellen Sie das PIXEL-SEITENVERHÄLTNIS auf QUADRATISCHE PIXEL oder auf den Standard, der Ihrem importierten Material entspricht.

Die goldene Regel ist, importiertes Footage so zu interpretieren, wie es erstellt wurde, und **nicht** so, wie es ausgegeben werden soll. In Tabelle 5.1 finden Sie eine Übersicht über einige wichtige Formate und das dazugehörige Pixel-Seitenverhältnis.

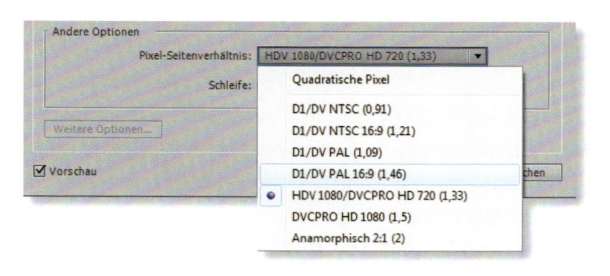

> **Unterstützung durch Photoshop**
>
> In Photoshop können Sie seit der Version CS das Pixel-Seitenverhältnis für Ihre Weiterverarbeitungszwecke selbst definieren. Sie wählen das passende Seitenverhältnis am besten gleich beim Erstellen einer neuen Datei unter PIXEL-SEITENVERHÄLTNIS.

Abbildung 5.32 ▶
Einmal mehr der Dialog FOOTAGE INTERPRETIEREN – hier zum Einstellen des Pixel-Seitenverhältnisses für importiertes Material

136

Format	Framegröße in Pixeln	PAR neu	PAR alt
quadratisch		1,0	1,0
D1/DV PAL	720 × 576	**1,094**	1,07
D1/DV PAL 16:9	720 × 576	**1,46**	1,42
D1 NTSC	720 × 480	**0,91**	0,9
D1 NTSC 16:9	720 × 486	**1,21**	1,2
DV NTSC	720 × 480	**0,91**	0,9
DV NTSC 16:9	720 × 480	**1,21**	1,2
HDV 720	1.280 × 720	1,0	1,0
HDV 1080	1.440 × 1.080	1,33	1,33
DVCPRO HD 720p	960 × 720	1,33	1,33
DVCPRO HD 1080p30	1.280 × 1.080	1,5	1,5
DVCPRO HD 1080p25	1.440 × 1.080	1,33	1,33
HDTV	1920 × 1080	1,0	1,0

▲ **Tabelle 5.1**
Framegröße und Pixel-Seitenverhältnis (PAR) gängiger Formate

HDV und DVCPRO HD oder D1/DV PAL, D1/DV NTSC bearbeiten und ausgeben

Was ergibt sich bei der Arbeit mit HDV und DVCPRO HD oder D1/DV PAL bzw. D1/DV NTSC in After Effects?

Quellmaterial gleich Ausgabe | Solange Sie in Ihrem Projekt beispielsweise nur HDV- (1.440 × 1.080) oder DVCPRO-HD-Video als Quellmaterial verwenden und dieses nach der Bearbeitung auch in das gleiche Format ausgeben, entstehen keine Probleme. Das Video wird am Monitor etwas schmaler dargestellt, falls die Pixel-Seitenverhältnis-Korrektur deaktiviert ist, nach der Ausgabe erscheint es aber unverzerrt auf dem TV.

Nehmen Sie also alle Bearbeitungsschritte in derjenigen Komposition vor, die Sie schließlich auch für die finale Ausgabe verwenden. Wählen Sie die Kompositionseinstellung passend zu Ihrem Quellmaterial bzw. zur Ausgabe.

Vorgaben für D1/DV, HDV, DVCPRO HD und HDTV | After Effects hält Vorgaben für alle wichtigen Spezifikationen wie D1/DV, HDV, DVCPRO HD und HDTV bereit. Wählen Sie dazu Komposition • Neue Komposition und dann im Fenster Kompositionseinstellungen unter Vorgabe einen passenden Eintrag. Achten Sie darauf, dass die Framerate Ihrer Ausgabekomposition der Framerate Ihres Ausgabeformats entspricht.

Ausgabe | Bei der Ausgabe ist es wichtig, dass Sie auch die Halbbildreihenfolge dem Ausgabeformat entsprechend einstellen. Bei der Ausgabe einer Komposition können Sie in den Rendereinstellungen unter HALBBILDER RENDERN zwischen AUS, OBERES oder UNTERES HALBBILD ZUERST wählen. Bei den meisten DV-Geräten wird die Einstellung UNTERES HALBBILD ZUERST verwendet.

Pixel-Seitenverhältnis-Korrektur-Button | Mit der Pixel-Seitenverhältnis-Korrektur im Kompositionsfenster ❶ lässt sich das Video mit rechteckigen Pixeln übrigens auch auf dem Computermonitor korrekt darstellen. Diese Korrektur hat allerdings keine Auswirkung auf die letztendliche Ausgabe und dient nur zur Vorschau! Außerdem geht die Korrektur etwas zu Ungunsten der Rechenleistung, die Platzierung von Ebenen kann unpräzise ausfallen, Effekte werden eventuell unpräzise berechnet, und das Bild wirkt pixelig.

Etwas mehr Vorbereitung ist bei Projekten nötig, in denen Sie Videomaterial mit rechteckigen Pixeln und Grafikmaterial mit quadratischen Pixeln mischen.

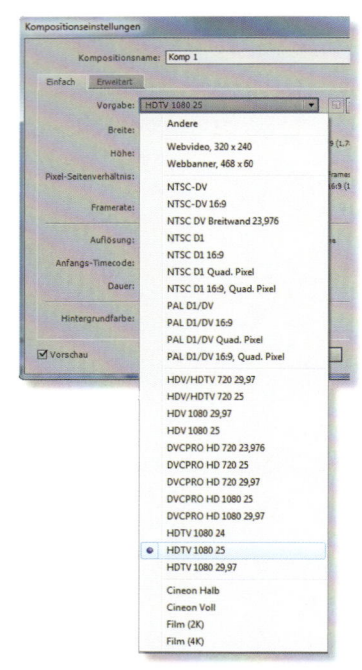

▲ **Abbildung 5.33**
Für die Arbeit mit HDV und DVCPRO-HD-Material etc. bietet After Effects eine Reihe an Kompositionsvorgaben.

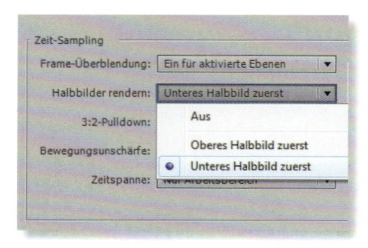

▲ **Abbildung 5.34**
Bei der Ausgabe einer Komposition können Sie unter HALBBILDER RENDERN zwischen AUS, OBERES oder UNTERES HALBBILD ZUERST wählen.

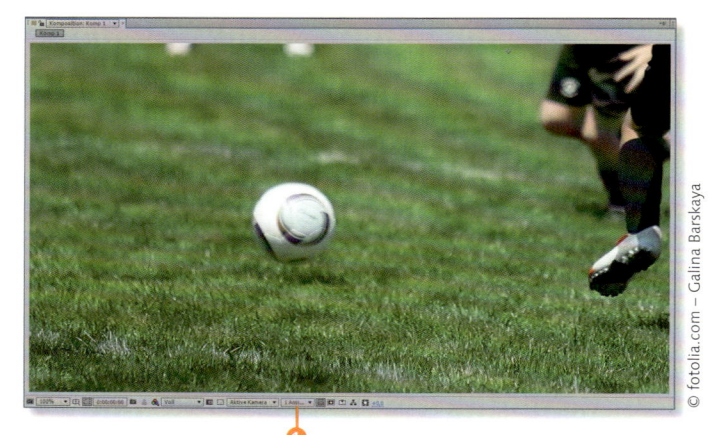

▲ **Abbildung 5.35**
Mit der Pixel-Seitenverhältnis-Korrektur lässt sich HD- und D1/DV-Video auch am Computermonitor unverzerrt darstellen.

Rohmaterial für DVCPRO HD, HDV (1.440 × 1.080) und D1/DV vorbereiten und ausgeben

Nicht alle Grafikapplikationen unterstützen so wie Photoshop ab der Version CS die Erstellung von Dateien mit rechteckigen Pixeln für die Ausgabe in DVCPRO HD, HDV oder D1/DV PAL bzw. NTSC.

5.6 Videodaten in After Effects

Vorbereitung | Falls Sie vorhaben, mit quadratischen Pixeln erstelltes Material in ein Format mit rechteckigen Pixeln auszugeben, wird das quadratische Material bei der Ausgabe verzerrt dargestellt. Damit Sie trotzdem Material mit quadratischen Pixeln unverzerrt in DVCPRO HD, HDV (1.440 × 1.080) oder D1/DV PAL bzw. NTSC ausgeben können, müssen Sie das Material entsprechend vorbereiten. Tabelle 5.2 gibt Ihnen hierzu einen Überblick.

▼ **Tabelle 5.2**
Im oberen Teil sehen Sie Footage- und Bearbeitungskompositionsgröße für D1/DV-, HDV-, DVCPRO-HD- und HDTV-Bearbeitung. Im unteren Teil Kompositionseinstellungen für D1/DV-, HDV- und HDTV-Ausgabe.

Ausgabe	Footage-Größe und Bearbeitungskomposition in quadratischen Pixeln (1,0) neu (seit CS4)	Footage-Größe und Bearbeitungskomposition in quadratischen Pixeln (1,0) alt (bis CS3)
D1/DV PAL	**788 × 576**	768 × 576
D1/DV PAL 16:9	**1.050 × 576**	1.024 × 576
D1 NTSC	**720 × 534**	720 × 540
D1 NTSC 16:9	**872 × 486**	864 × 486
DV NTSC	**720 × 528**	720 × 534
DV NTSC 16:9	**872 × 480**	864 × 480
HDV 720	1.280 × 720	1.280 × 720
HDV 1080	1.920 × 1.080	1.920 × 1.080
DVCPRO HD 720p	1.280 × 720	1.280 × 720
DVCPRO HD 1080p30	1.920 × 1.080	1.920 × 1.080
DVCPRO HD 1080p25	1.920 × 1.080	1.920 × 1.080
HDTV	1.920 × 1.080	1.920 × 1.080

Ausgabe	Ausgabekomposition	PAR neu (ab CS4)	PAR alt (bis CS3)
D1/DV PAL	PAL D1/DV, 720 × 576	**1,094**	1,07
D1 NTSC	NTSC D1, 720 × 486	**0,91**	0,9
DV NTSC	NTSC DV, 720 × 480	**0,91**	0,9
D1/DV PAL 16:9	PAL D1/DV 16:9, 720 × 576	**1,46**	1,42
D1/DV NTSC 16:9	NTSC D1 16:9 oder NTSC DV 16:9	**1,21**	1,2
HDV 720	HDV/HDTV 720 25, 1.280 × 720	1,0	1,0
HDV 1080	HDV 1080 25, 1.440 × 1.080	1,33	1,33
DVCPRO HD 720p	DVCPRO HD 720 25, 960 × 720	1,33	1,33
DVCPRO HD 1080p30	DVCPRO HD 720 29,97, 960 × 720	1,5	1,5
DVCPRO HD 1080p25	DVCPRO HD 1080 25, 1.440 × 1.080	1,33	1,33
HDTV	HDTV, 1.920 × 1.080	1,0	1,0

Kapitel 5   Der Import

Saubere Blende

Bis zur Version CS3 verwendete After Effects ungenaue Pixel-Seitenverhältnisse. SD-Videomaterial weist am Rande Artefakte und Verzerrungen auf, die mit der sogenannten **sauberen Blende** beschnitten werden. Das gesamte Bild wird als **Produktionsblende** bezeichnet. Seit der Version CS4 wird für die Interpretation des Pixel-Seitenverhältnisses in SD-Material die Produktionsblende zugrunde gelegt, was zu größeren Abmessungen in der Breite führt. Bei HD-Material treten am Rande keine Artefakte auf, daher gibt es da auch keine Veränderung. Wie schön!

Ihnen ist aufgefallen, dass beispielsweise das HDV-Format mit einer Framegröße von 1.440 × 1.080 Pixeln standardisiert ist? Und nun sollen Sie das Footage in einer Größe von 1.920 × 1.080 mit quadratischen Pixeln erstellen ... Da stimmt doch etwas nicht!

Doch. After Effects passt das quadratische Footage automatisch an die Kompositionsgröße an! Das funktioniert, wenn Sie für die Ausgabe eine Kompositionsgröße von 1.440 × 1.080 mit rechteckigen Pixeln gewählt haben, genauso, als hätten Sie eine Kompositionsgröße von 1.920 × 1.080 mit quadratischen Pixeln gewählt. Am besten, Sie probieren es anhand des folgenden Abschnitts selbst einmal.

Quadratpixel-Footage in Komposition mit rechteckigen Pixeln | Erstellen Sie eine Photoshop-Datei in der Größe 1.920 × 1.080 mit quadratischen Pixeln. Wählen Sie unter DATEI • NEU in Photoshop ab der Version CS bei PIXEL-SEITENVERHÄLTNIS den Eintrag QUADRATISCHE PIXEL. Legen Sie einen perfekten Kreis an, den Sie mit einer Farbe füllen, und importieren Sie die Datei nach dem Speichern in After Effects.

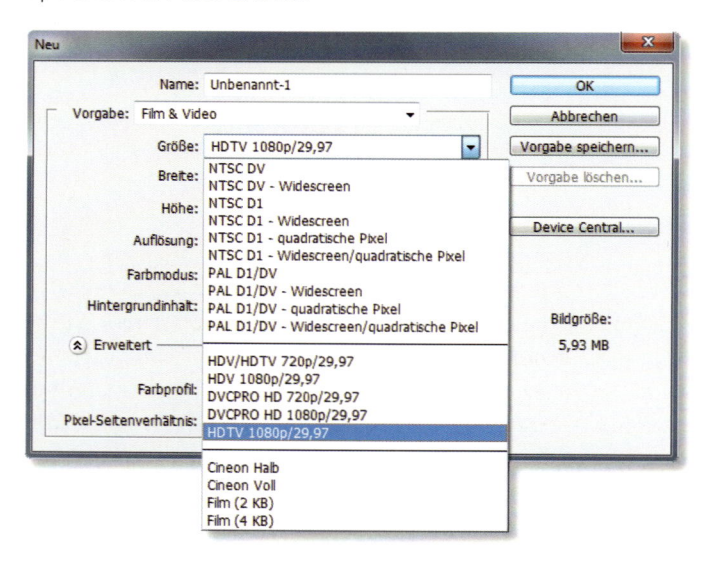

◂ **Abbildung 5.36**
Photoshop ab der Version CS hilft bei der Erstellung von Dateien für die Ausgabe in HDTV, DVCPRO HD, HDV und D1/DV PAL/NTSC.

Erstellen Sie eine Komposition über KOMPOSITION • NEUE KOMPOSITION oder [Strg]+[N]. Wählen Sie unter VORGABE: HDV 1080 25. Die Kompositionsgröße wird mit 1.440 × 1.080 angezeigt. Bestätigen Sie den Dialog mit OK. Ziehen Sie die Photoshop-Datei in die Zeitleiste. Siehe da – die Datei passt, obwohl ihre Framegröße 1.920 × 1.080 beträgt.

Nun rufen Sie unter KOMPOSITION • KOMPOSITIONSEINSTELLUNGEN das Fenster erneut auf und ändern die VORGABE auf HDTV

1080 24. Die Kompositionsgröße wird mit 1.920 × 1.080 angezeigt. Bestätigen Sie den Dialog mit OK. Die Photoshop-Datei passt immer noch genau ins Format. Oder?

So können Sie sicher sein, dass Sie sowohl bei einer HDV- als auch bei einer HDTV-Ausgabe mit Footage in der Größe 1.920 × 1.080 und quadratischen Pixeln immer auf der sicheren Seite sind.

Bearbeitung quadratisch, Ausgabe rechteckig | Nachdem Sie Ihre Grafiken mit quadratischen Pixeln wie im oberen Teil der Tabelle 5.2 unter »Footage-Größe« erstellt haben, legen Sie in After Effects eine Komposition mit quadratischen Pixeln an, wie es unter »Bearbeitungskomposition« aufgeführt ist.

Falls Sie hinsichtlich des Pixel-Seitenverhältnisses Ihrer Grafik unsicher sind, können Sie es in Photoshop ab der Version CS unter BILD • PIXEL-SEITENVERHÄLTNIS kontrollieren oder auch ändern. Wenn Sie die Kompositionseinstellungen für die Bearbeitung aus dem oberen Teil mit denen für die Ausgabe im unteren Teil der Tabelle 5.2 vergleichen, werden Sie bemängeln, dass die Framegrößen der Bearbeitungskompositionen nicht mit den Ausgabegrößen übereinstimmen. Dies hat aber im Falle der Bearbeitung für DVCPRO HD, HDV und D1/DV einige Vorteile.

After Effects passt automatisch die Framegröße von Videos mit **rechteckigen** Pixeln (z. B. 1.440 × 1.080, 960 × 720 oder 720 × 576) an Kompositionsgrößen (1.920 × 1.080, 1.280 × 720 oder 788 × 576) mit **quadratischen** Pixeln an.

Wenn Sie beispielsweise in einer HDTV-Komposition in der Größe 1.920 × 1.080 (bzw. 1.280 × 720) oder in einer D1/DV-PAL-Komposition in der Größe 788 × 576 mit **quadratischen** Pixeln arbeiten, werden nun Ihr verwendetes Videomaterial und Ihr Grafikmaterial so angezeigt wie bei der Endausgabe. Sie können Ihre quadratisch erstellten Grafiken präzise positionieren, und Effekte werden genau berechnet. Eine Pixel-Seitenkorrektur erübrigt sich (der kleine Button im Kompositionsfenster). Daher verringert sich bei dieser Methode die Rechenleistung nicht. Nach der Bearbeitung können Sie die Komposition in verschiedenste Ausgabeformate rendern.

Ausgabe | Für die Ausgabe in ein Format mit rechteckigen Pixeln gehen Sie wie folgt vor:
1. Legen Sie eine neue Ausgabekomposition in der Größe und mit dem Pixel-Seitenverhältnis an, das Ihrem Ausgabeformat aus dem unteren Teil der Tabelle 5.2 entspricht.

Photoshop hilft

Bei der Erstellung der für Film und Video relevanten Formate hilft Ihnen Photoshop ab Version CS. Dazu wählen Sie DATEI • NEU und im Dialogfeld unter VOREINSTELLUNG bzw. VORGABE den Eintrag FILM & VIDEO und dann unter GRÖSSE ein entsprechendes Format, zum Beispiel DVCPRO HD 1080P/29,97, um eine Datei mit den formatspezifischen rechteckigen Pixeln zu erhalten.

Manuelle Anpassung bei NTSC

Bei NTSC-Material muss die Anpassung manuell erfolgen. Hier müssen Sie quadratisches Material für D1/DV-Kompositionen auf 91 % herunterskalieren.

Weitere Informationen

Alles Wichtige rund um die Ausgabe finden Sie in Teil V, »Raus zum Film«. Zum Verschachteln von Kompositionen lesen Sie mehr in Abschnitt 7.4, »Verschachtelte Kompositionen (Nesting)«.

Kapitel 5   Der Import

▼ **Abbildung 5.37**
Die 1.920 × 1.080 quadratische Pixel große Komposition zur Bearbeitung wird in die Ausgabekomposition mit 1.440 × 1.080 rechteckigen Pixeln gezogen und dann gerendert.

2. Ziehen Sie anschließend die Bearbeitungskomposition (z. B. 1.920 × 1.080 quadratisch, 1.280 × 720 quadratisch oder 788 × 576 quadratisch), die Ihre Animationen enthält, in die Ausgabekomposition (z. B. 1.440 × 1.080 rechteckig, 960 × 720 rechteckig oder 720 × 576 rechteckig). Man nennt diesen Vorgang **Verschachteln von Kompositionen**.
3. Wählen Sie Transformationen falten ❶, um eine hohe Bildqualität zu gewährleisten.
4. Abschließend rendern Sie Ihre Ausgabekomposition.

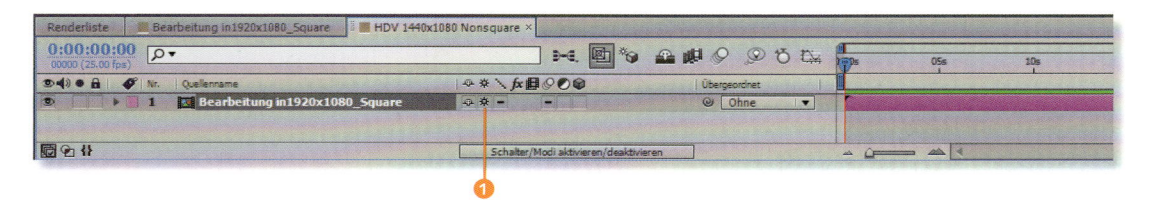

Pixel-Seitenverhältnis-Interpretation zurücksetzen

Wenn Sie in After Effects ab der Version CS4 Projekte der Vorgängerversionen öffnen, wird aufgrund der neuen Interpretation des Pixel-Seitenverhältnisses bei den alten Standardformaten D1/DV PAL bzw. NTSC Ihr Projekt nicht mehr so angezeigt, wie Sie es sich sicher wünschen. Im Gegenteil – Sie werden Ihren Monitor geschockt anstarren, Ihr Konjunkturpaket schnüren und dabei rückwärts durch die Ausgangstür treten, als hätten Sie eben Mephisto oder einen führenden Bankmanager mit einer Aussage zur aktuellen Finanzpolitik gesehen. Schließlich wurde auch in After Effects mit falsch aufgeblasenen Pixel-Interpretationen gehandelt. Hinter allem stecken aber nur Zahlenreihen aus Nullen und Einsen, die jederzeit geändert werden können. So auch in After Effects. Um Ihr Projekt wieder mit den faulen, alten Pixel-Seitenverhältnissen anzuzeigen, mussten Sie bis zur Version CS5 nur Folgendes tun:

1. Schließen Sie After Effects.
2. Nutzen Sie die Suchfunktion Ihres Betriebssystems und suchen Sie die Datei »Adobe After Effects 10.0 Einstellungen.txt«. Erstellen Sie eine Sicherungskopie der Datei.
3. Öffnen Sie die Textdatei, und suchen Sie darin nach `Disable Automatic Upgrade of PAR`. Tauschen Sie dann die `0` gegen eine `1`.
4. Starten Sie After Effects wieder, und öffnen Sie Ihr altes Projekt. Alle Kompositionen und importierten Footage-Elemente weisen nun wieder die alte Pixel-Seitenverhältnis-Interpreta-

tion von 1,07 bei PAL auf. Neue Kompositionen und neu importiertes Footage werden allerdings mit dem neuen Seitenverhältnis interpretiert.

Wenn Sie die Interpretation des Pixel-Seitenverhältnisses (PAR) bei älteren Projekten nicht zurücksetzen, wird Ihr gesamtes Projekt mit dem neuen Seitenverhältnis interpretiert, und dadurch werden alle Elemente etwas in die Breite verzerrt. Das macht sich vor allem bei einem perfekten Kreis bemerkbar, der dann zu einer Ellipse mutiert.

▼ **Abbildung 5.38**
Der Vergleich zeigt: Ein älteres Projekt mit einer Ratio (PAR) von 1,07 wird in After Effects ab CS4 in der Breite unproportional verzerrt.

Altes Projekt anpassen | Sie können nun noch im Nachhinein alle alten Kompositionen und Footage-Elemente mit der neuen Interpretationsregel anpassen lassen. Wählen Sie dazu DATEI • PIXEL-SEITENVERHÄLTNISSE AKTUALISIEREN. Und siehe da – so werden aus faulen Dateien die richtigen. Sie können die Aktion auch rückgängig machen.

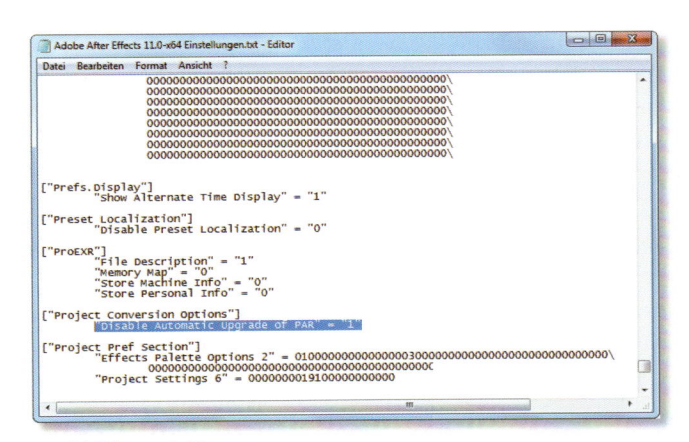

▲ **Abbildung 5.39**
In der Einstellungendatei ändern Sie einfach die 0 in eine 1.

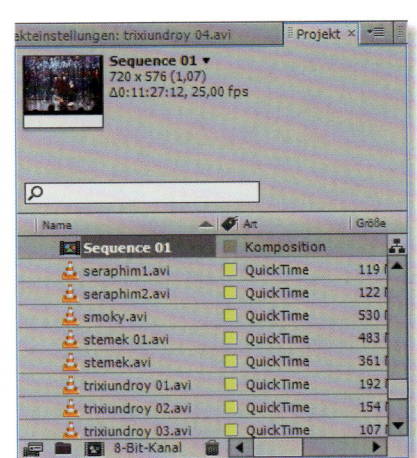

▲ **Abbildung 5.40**
Nach dem Ändern der Einstellungendatei verwendet After Effects die alten Pixel-Seitenverhältnisse.

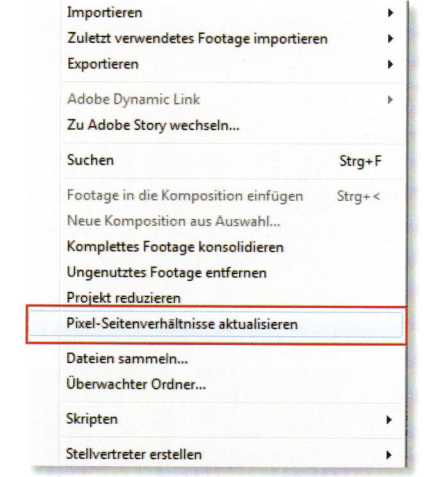

Kapitel 5   Der Import

Abbildung 5.41 ▶
Die Option PIXEL-SEITENVERHÄLT-NISSE AKTUALISIEREN erscheint nun in After Effects.

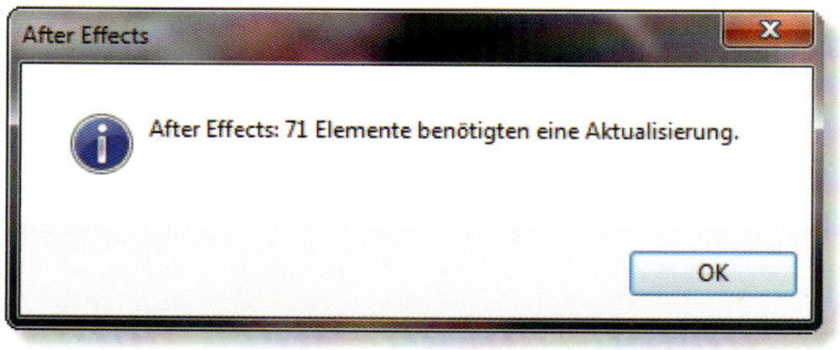

Abbildung 5.42 ▶
Bestätigen Sie mit OK, um die alten Pixel-Seitenverhältnisse in die neuen umzuwandeln.

Zum Nachlesen
Vertiefende Informationen zu bandlosen Formaten finden Sie auch in Abschnitt 2.6, »Videonormen«.

5.7   Importieren von Mediendaten bandloser Formate

Ähnlich wie Dateien auf jeder Computerfestplatte sind die Dateien auf bandlosen Camcordern verschiedener Hersteller organisiert. Audio- und Videodaten werden bei bandlosen Camcordern als digitale Daten in Verzeichnisbäumen auf dem Speichermedium (z. B. Festplatte, Flash-Speicher) des Camcorders abgespeichert. Der Vorteil der dateibasierten Camcorder liegt darin, dass die aufgenommenen Daten direkt in Programmen wie Adobe Premiere Pro und After Effects verwendet werden können. Eine Aufnahme oder Digitalisierung der Daten, die bei der Bandaufzeichnung nötig ist, entfällt. Zu den bandlos arbeitenden Camcordern zählen Panasonic P2, Sony XDCAM-HD und XDCAM-EX, CF-basierte Sony-HDV-Camcorder und AVCHD-Camcorder.

XDCAM- und AVCHD-Formate importieren

Um Dateien von Camcordern, die mit den XDCAM- und AVCHD-Formaten arbeiten, zu importieren, schließen Sie die Kamera bzw. die Medien an Ihren Rechner an und importieren das Material direkt oder kopieren das Material auf Ihre Festplatte. Von der Festplatte lesend, arbeitet Ihr System effizienter.

Bei XDCAM-HD- und XDCAM-EX-Camcordern finden Sie die Dateien im MXF-Format im Ordner CLIP. Bei diesen Camcordern werden MP4-Dateien in einem Ordner namens BPAV abgelegt, den Sie komplett auf Ihre Festplatte übertragen müssen. Allein die MP4-Dateien zu kopieren, reicht nicht aus. AVCHD-Videodateien kopieren Sie aus dem Ordner STREAM.

Panasonic P2-Formate importieren

Wie bei den anderen bandlosen Formaten liegen auch die Daten einer P2-Karte (Speichermedium des Camcorders) in digitaler Form vor. Verbinden Sie für den Import die Kamera mit Ihrem Computer, und importieren Sie dann die Daten direkt in After Effects (bzw. Premiere Pro), wie jedes andere Rohmaterial auch. Noch günstiger ist die vorherige Übertragung der Bild- und Tondaten auf Ihre Festplatte, um ein stabiles und schnelles Arbeiten zu gewährleisten.

Die Video- und Audiodaten liegen auf der Karte im MXF-Format (Media Exchange Format) vor. Das MXF-Format ist ein Containerformat, das heißt, es kann Audio- und Videodaten mit unterschiedlichen Codecs enthalten. Zum P2-Format werden die Daten schließlich, wenn Audio und Video in Panasonic Op-Atom-MXF-Dateien enthalten sind und sich außerdem in einer bestimmten Ordnerstruktur befinden. Videodaten aus solchen MXF-Dateien mit den Codecs AVC-Intra 50, AVC-Intra 100, DV, DVCPRO, DVCPRO 50 und DVCPRO HD werden von After Effects unterstützt. XD-CAM-HD-Dateien im MXF-Format lassen sich ebenfalls importieren.

Bei P2-Formaten finden Sie die Video- und Audiodateien im Ordner CONTENTS und dort jeweils in den Ordnern AUDIO und VIDEO. Im Unterordner CLIP liegen zugehörige XML-Dateien, die die Beziehung zwischen Metadaten und den Audio- und Videodaten beschreiben.

Da P2-Karten mit dem Dateisystem FAT32 arbeiten, sind die Dateigrößen auf 4 GB begrenzt. Sind die Clips größer, teilt der Camcorder sie in 4-GB-Stücke. After Effects kann solche Teilstücke beim Import nur dann zu einem Clip verbinden, wenn alle Teilstücke auf einer einzigen P2-Karte gespeichert sind. Außerdem darf kein Teilclip fehlen, und die zugehörigen XML-Metadaten müssen vorhanden sein. Beim Import solcher Teilclips müssen Sie lediglich einen der Clips auswählen. After Effects fügt die Teile dann wie von Geisterhand zu einem einzigen Clip zusammen.

Hinweis

After Effects kann Sony-XDCAM-HD-Objekte importieren, als wären diese in MXF-Dateien aufgenommen worden. After Effects kann keine XDCAM-HD-Objekte im IMX-Format importieren. After Effects kann Sony XDCAM-EX-Objekte importieren, die als Essenzdateien mit der Dateinamenerweiterung ».mp4« in einem BPAV gespeichert sind.

Operational Pattern

Das Kürzel »Op« steht für »Operational Pattern«, das einen Überblick über die Schnittliste (EDL) gibt. Im Falle von Op Atom enthalten die Operational Patterns auch die Art der Kompression und die Anzahl der Spuren.

Treiber installieren

Sie können nur dann von einer P2-Karte importieren, wenn die dazu passenden Treiber installiert wurden. Diese finden Sie auf der Panasonic-Website.

Cineon und DPX

Bei Kinoproduktionen wird Filmmaterial häufig gescannt und in Cineon- oder DPX-Dateien (Digital Picture Exchange) kodiert. Beide Formate ähneln einander sehr und können in After Effects als Standbildsequenz importiert werden. Die Ausgabe in die beiden Formate beherrscht After Effects ebenfalls. Da Cineon und DPX-Dateien mit einer logarithmischen Farbtiefe von 10 Bit gespeichert werden, sollten Sie in After Effects, um die Farbqualität zu erhalten, mit einer Projektfarbtiefe von 16 oder 32 Bit arbeiten.

RED-Import

RED One

Die RED One ist eine digitale 35-mm-Kinokamera, die eine hohe Akzeptanz in der Filmindustrie gefunden hat.
Die Kamera arbeitet mit einer Auflösung von 4K (max. 4.096×2.304 Pixel). Die Aufzeichnung erfolgt auf einer internen Festplatte oder auf Compact Flash. Das Aufzeichnungsformat ist das Raw-Format REDCODE, das dem Format JPEG 2000 ähnelt. Die Datenraten der RED liegen bei 288 Mbit und 224 Mbit/s, die Farbtiefe beträgt 12 Bit.

After Effects kann seit der Version CS4 ebenso wie Premiere Pro CS4 Daten im REDCODE-Format in voller Qualität verarbeiten. Für die Version CS4 und höher bietet die Firma Red Digital Cinema den Red Adobe CS4 Installer zum Download von der Firmen-Website an: *https://www.red.com/downloads*.

After Effects interpretiert R3D-Dateien als Dateien mit 32-Bit-Farben in einem nicht linearen HDTV-(Rec. 709-)Farbraum. Daher sollten Sie in einem After-Effects-Projekt mit 32-Bit-Farben arbeiten. Seit der Version CS5 enthält After Effects Werkzeuge und Einstellungen, um REDCODE-Dateien beim Import zu justieren (z. B. Histogramm und Kurven für Helligkeit und R, G, B), wenn Sie eine Red-Rocket-Karte verwenden. Außerdem werden RMD-Dateien unterstützt, um Einstellungen aus anderen Applikationen zu übernehmen.

XDCAM-HD-Import

After Effects kann XDCAM-HD-Dateien im MXF-Format importieren. Das MXF (Material eXchange Format) ist ein Containerformat und kann Bild, Ton und Daten (Metadaten) enthalten. Auch eine Ausgabe in das MXF-Format ist aus After Effects möglich.

Unterstützte Importformate

Die meisten gängigen Formate können Sie, wie Sie bereits erfahren haben, in After Effects importieren. Durch Plug-ins lassen sich die Möglichkeiten noch erweitern.

Audioformate | Unterstützt werden:
- ASND
- AAC, M4A
- AIF, AIFF

5.7 Importieren von Mediendaten bandloser Formate

- MP3 (MP3, MPEG, MPG, MPA, MPE)
- AVI (unter Mac OS QuickTime erforderlich)
- WAV

Standbildformate | Unterstützt werden:
- AI, AI4, AI5, EPS, PS (kontinuierlich gerastert)
- Adobe PDF (nur erste Seite; kontinuierlich gerastert)
- PSD
- BMP, RLE, DIB
- Camera Raw (TIF, CRW, NEF, RAF, ORF, MRW, DCR, MOS, RAW, PEF, SRF, DNG, X3F, CR2, ERF)
- Cineon/DPX (CIN, DPX; 10-Bit-Kanal)
- Discreet RLA/RPF (RLA, RPF; 16-Bit-Kanal)
- EPS
- GIF
- JPEG (JPG, JPE)
- Maya-Kameradaten (MA)
- Maya IFF (IFF, TDI; 16-Bit-Kanal)
- OpenEXR (EXR, SXR, MXR; 32-Bit-Kanal)
- PICT (PCT)
- PNG (16-Bit-Kanal)
- Radiance (HDR, RGBE, XYZE; 32-Bit-Kanal)
- SGI (SGI, BW, RGB; 16-Bit-Kanal)
- Softimage (PIC)
- Targa (TGA, VDA, ICB, VST)
- TIFF (TIF)

Video- und Animationsformate | Unterstützt werden:
- Animiertes GIF (GIF)
- ARRIRAW-Dateien von ARRI-ALEXA- oder ARRIFLEX D-21-Kameras (arbeiten Sie, damit ARRIRAW-Dateien importiert werden, in einem After Effects-Projekt mit 16-Bit bzw. 32-Bit)
- CinemaDNG
- DV (in MOV- oder AVI-Container oder als DV-Datenstrom ohne Container)
- Electric Image (IMG, EI)
- FLV, F4V (nur mit On2-VP6-Videocodec; der Sorenson-Spark-Codec wird nicht unterstützt)
- Op-Atom-Varianten von MXF-Dateien: Videos mit den Codecs AVC-Intra 50, AVC-Intra 100, DV, DVCPRO, DVCPRO50 und DVCPRO HD sowie XDCAM-HD-Dateien im MXF-Format
- MPEG-1-, MPEG-2- und MPEG-4-Formate: MPEG, MPE, MPG, M2V, MPA, MP2, M2A, MPV, M2P, M2T, M2TS (AV-CHD), AC3, MP4, M4V, M4A

- PSD-Datei mit Videoebene (QuickTime erforderlich)
- QuickTime (MOV, 16-Bit-Kanal, QuickTime erforderlich)
- RED (R3D)
- SWF (kontinuierlich gerastert)
- AVI (unter Mac OS QuickTime erforderlich)
- WMV, WMA, ASF (nur Windows)
- XDCAM HD und XDCAM EX

Projektformate | Unterstützt werden:
- Adobe Premiere Pro 1.0, 1.5, 2.0, CS3, CS4, CS5, CS6 (PRPROJ; 1.0, 1.5 und 2.0 nur Windows)
- After-Effects-Projekte (AEP, AET; ab Adobe After Effects 6.5)
- XML-Projekte (AEPX; aus Adobe After Effects CS4 und höher) via DATEI • IMPORTIEREN • PRO IMPORT AFTER EFFECTS: AAF- und OMF-Dateien (AVID System)
- XML-Dateien (Final Cut Pro 7 und früher), Projekte aus Apple Motion 4 und früher

TEIL III
Vom Rohmaterial zur Ebene

Kapitel 6
Rohdaten verwalten

Importiertes Rohmaterial im Projektfenster organisieren, fehlende Dateien ersetzen, trotz noch fehlender Dateien ein Projekt beginnen – das sind die Themen des folgenden Kapitels.

6.1 Das Projektfenster

Sie verwalten importiertes Rohmaterial und die von Ihnen angelegten Kompositionen im Projektfenster von After Effects. Dieses öffnet sich automatisch beim Start des Programms. Das Projektfenster enthält die Verknüpfungen zu Ihren Rohmaterialien auf der Festplatte. Außerdem bietet es Ihnen einige wichtige Funktionen und Informationen.

▼ **Abbildung 6.1**
Das Projektfenster enthält Informationen zu importierten Dateien und dient zur Verwaltung des Rohmaterials.

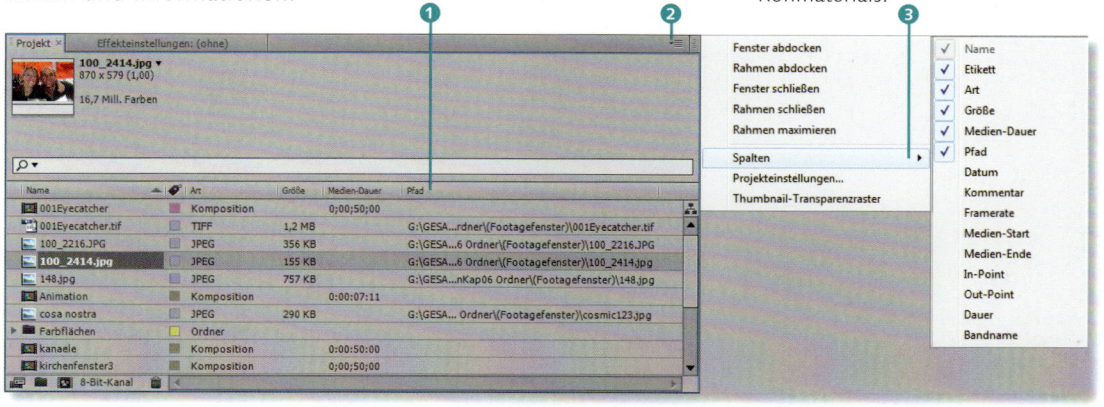

Spalten | In Abbildung 6.1 sehen Sie das Projektfenster, nachdem es erweitert wurde. Ziehen Sie dazu an der rechten Seite des Projektfensters. Neben den importierten Rohmaterialien erschei-

Kapitel 6   Rohdaten verwalten

nen zusätzliche Informationen zu der Datei unter Art, Grösse, Medien-Dauer und Pfad. Der Pfad ❶ bildet einen Verweis auf das Rohmaterial auf der Festplatte. Zum Sortieren Ihrer Dateien im Projektfenster klicken Sie auf einen Listeneintrag, beispielsweise auf den Eintrag Art. Ihre Dateien werden dann nach dem Erstellungstyp neu geordnet.

Durch einen Klick auf das Projektmenü ❷ und dann auf das kleine Dreieck ❸ (siehe Abbildung 6.1) lassen sich weitere Spalten wie Datum, Kommentar und Bandname und In-Point, Out-Point hinzufügen sowie ein- und ausblenden.

Das gleiche Popup finden Sie per Klick mit der rechten Maustaste auf einen Spaltennamen und dann unter Spalten. Um die Reihenfolge der Spalten neu zu ordnen, klicken Sie die Spalte an und ziehen sie an eine andere Stelle im Projektfenster.

In-Point und Out-Point
Der In-Point markiert den Beginn einer Ebene, also den Zeitpunkt, an dem das Material sichtbar wird. Der Out-Point markiert dementsprechend das Ende einer Ebene.

Dateiinformationen | Weitere Informationen zu den importierten Dateien werden angezeigt, sobald Sie eine der Dateien markieren. Im linken oberen Bereich des Projektfensters finden Sie neben einer Thumbnail-Darstellung des Rohmaterials Informationen zur Framegröße, zur Dauer des Materials, zur Framerate, zur Farbtiefe, zum Alphakanal und zum verwendeten Kompressor. Für jeden Dateityp erscheinen die Informationen, die ihm entsprechen. Daher unterscheiden sich die angezeigten Informationen voneinander.

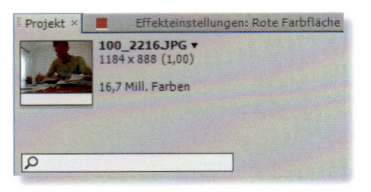

▲ **Abbildung 6.2**
Neben der Miniaturdarstellung der Komposition finden Sie weitere Informationen.

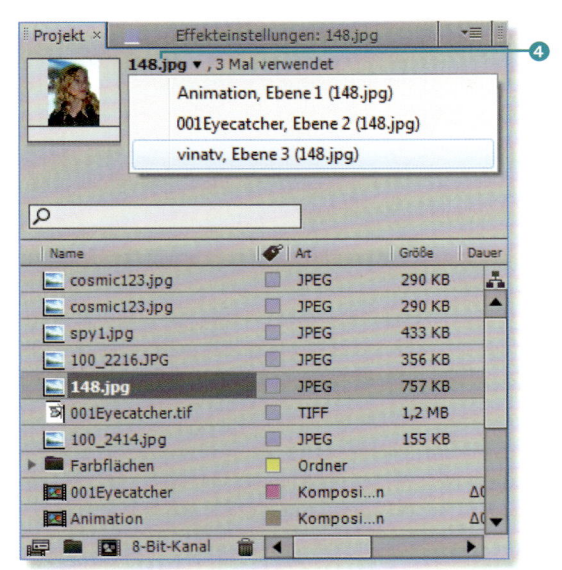

Abbildung 6.3 ▶
Im Popup unter dem Dateinamen befinden sich Informationen, wo die betreffende Datei verwendet wird.

Rechts neben der Thumbnail-Darstellung des Materials sehen Sie fett geschrieben den Dateinamen. Gleich dahinter steht eine An-

6.1 Das Projektfenster

gabe, wie oft die Datei im Projekt verwendet wurde. Bei einem Klick auf den Dateinamen ❹ öffnet sich ein kleines Popup. Hier finden Sie Informationen darüber, in welcher Komposition und welcher Ebene Ihr Material eingesetzt wurde. Darüber hinaus können Sie das Material in Ihren Kompositionen schnell auffinden, indem Sie auf einen Eintrag in der Liste klicken. Die entsprechende Komposition wird geöffnet und das Material markiert.

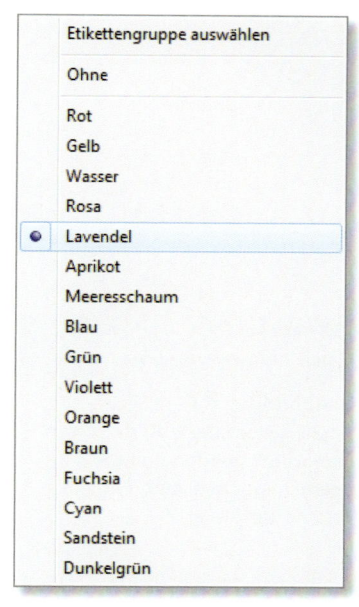

Etiketten | Zum Ordnen verschiedener Rohmaterialien können Sie die automatisch beim Import zugewiesene Etikettenfarbe ändern. Dazu klicken Sie einfach mit der rechten Maustaste auf ein Etikett ❽ und wählen aus dem Menü in Abbildung 6.4 eine neue Farbe.

Suchen im Projektfenster | In das Suchfeld des Projektfensters geben Sie einfach den Namen des gesuchten Elements ein. Schon bei den ersten Buchstaben blendet After Effects nur die passenden Elemente ein. Für umfangreiche Projekte mit vielen unterschiedlichen Elementen ist das sehr hilfreich.

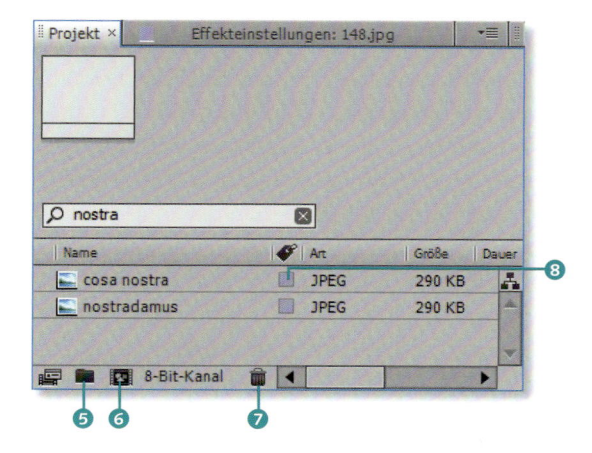

◀ **Abbildung 6.4**
Importiertes Rohmaterial lässt sich leicht über Etikettenfarben zuordnen. Das Rohmaterial können Sie nach Etikettengruppen auswählen.

◀ **Abbildung 6.5**
Projektelemente finden Sie leicht über die Suchfunktion im Projektfenster, wenn Sie Teile des Namens eingeben.

Ordner | Durch einen Klick auf das Ordner-Symbol ❺ erhalten Sie einen leeren, unbenannten Ordner, dem Sie gleich einen Namen geben sollten. Günstig ist es, für unterschiedliche Dateitypen oder thematisch verschiedenes Rohmaterial eigene Ordner einzurichten. Versehen Sie die Ordner beispielsweise mit sinnfälligen Namen wie »Sound«, »Bild«, »Video« oder »Titel«, »Logo«, »Abspann« oder mit dem Namen der entsprechenden Szene.

Dateien markieren Sie im Projektfenster entweder einzeln mit der [Strg]-Taste, oder Sie ziehen bei gedrückter Maustaste einen Rahmen über den Dateien auf. Anschließend ziehen Sie das markierte Rohmaterial auf den Ordner Ihrer Wahl. Zum Umbenennen markieren Sie den entsprechenden Ordner, drücken ⏎ im Haupttastaturfeld, geben einen neuen Namen ein und drücken erneut ⏎. Auch Kompositionen benennen Sie auf diese Weise leicht im Projektfenster um.

Neben dem Namen Ihres Projekts findet sich ab und an ein Sternchen. Es erscheint, sobald Sie nach dem Speichern eine Veränderung vornehmen, und zeigt, dass diese Veränderung noch nicht gespeichert wurde.

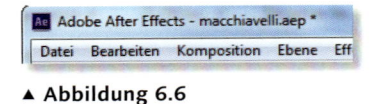

▲ **Abbildung 6.6**
Nicht gespeicherte Änderungen im Projekt werden durch ein Sternchen hinter dem Projektnamen signalisiert.

Weitere Funktionen | Über das Kompositionssymbol ❻ (siehe Abbildung 6.5) erstellen Sie eine neue Komposition. Zu den Kompositionseinstellungen komme ich später in diesem Kapitel. Um ein Element oder mehrere aus dem Projektfenster zu löschen, markieren Sie die gewünschten Objekte und klicken das Papierkorb-Symbol ❼ (siehe Abbildung 6.5) an oder ziehen die Dateien auf den Papierkorb. Sie können zum Löschen von Elementen auch die Entf -Taste betätigen.

6.2 Rohmaterial ersetzen

Wie schon erwähnt, ist das importierte Rohmaterial nur mit dem Material auf der Festplatte verknüpft. Angezeigt wird es im Projekt nur dann, wenn die Projektdatei das Footage unter dem gespeicherten Pfad findet.

Was tun Sie aber, wenn jemand die Rohmaterialien gestohlen, auf der Festplatte verschoben oder umbenannt hat? Bei Projekten, an denen mehrere Personen arbeiten, kommt das durchaus vor.

Nun denken Sie vielleicht, Ihr Projekt ist verloren. Ganz so schlimm ist es nicht. After Effects hilft Ihnen zwar nicht, das verlorene Material neu zu beschaffen, aber es zeigt an, wo das Material zuletzt gespeichert war und wie es hieß. Bereits beim Start Ihres Projekts meldet sich After Effects mit der Angabe, dass Dateien fehlen.

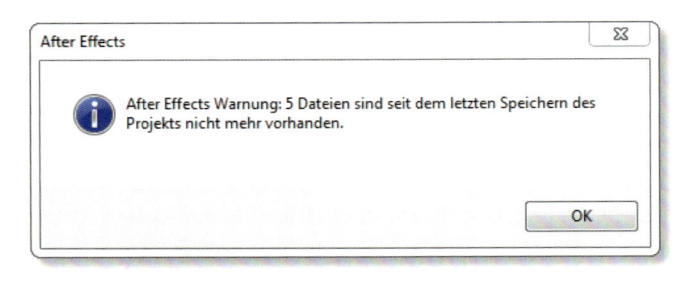

Abbildung 6.7 ▶
Auf fehlende Dateien im Projekt weist After Effects bereits beim Öffnen hin.

Im Projektfenster wird das fehlende Rohmaterial kursiv dargestellt und erhält ein anderes Dateisymbol – das eines Platzhalters ❶. Unter der Spalte PFAD ist angegeben, wo die Datei sich zuvor befand.

▼ **Abbildung 6.8**
Fehlende Dateien werden mit einem Platzhaltersymbol und in kursiver Schrift dargestellt.

Und Ihre Animationen? Keine Angst! Die sind alle noch erhalten, und zwar mitsamt den Keyframes und Effekten. In der Komposition werden die fehlenden Dateien als Testbild angezeigt.

◀ **Abbildung 6.9**
Im Kompositionsfenster erscheinen fehlende Dateien als Testbild. Bereits erstellte Animationen werden beibehalten.

Nun geht die Suche los: Ist die Datei vielleicht noch am Platz und hat nur einen neuen Namen erhalten, ist sie gelöscht und vielleicht noch wiederherstellbar, oder hat ein Kollege sie auf seinem USB-Stick am Schlüsselbund?

Wie auch immer – sollten Sie Ersatz für Ihre Dateien gefunden haben, müssen Sie sie nur unter dem gleichen Namen in dem Ordner abspeichern, in dem die fehlenden Dateien zuvor abgelegt waren. Beim Neustart des Projekts werden dann die neuen Dateien mit dem Projekt verknüpft.

Footage ersetzen

Eine weitere Möglichkeit bietet der Befehl FOOTAGE ERSETZEN. Markieren Sie das kursiv dargestellte fehlende Rohmaterial im Projektfenster, und wählen Sie DATEI • FOOTAGE ERSETZEN • DATEI, oder nutzen Sie das Kontextmenü. Mit [Strg]+[H] finden Sie das darauf folgende Dialogfenster noch schneller.

Sie können nun auch anders benanntes oder neues Footage aus einem neuen Ordner auswählen. Betätigen Sie den Button ÖFFNEN, um das Footage zu ersetzen. Anschließend wird das ersetzte Footage in allen Kompositionen, in denen das vormalige Footage verwendet wurde, wieder angezeigt. Sollten weitere Dateien fehlen, diese aber im zugewiesenen Verzeichnis zu finden sein, erkennt und ersetzt After Effects sie automatisch. Seien Sie vorsichtig mit Dateien, die nicht der Framegröße Ihrer vorher genutzten Dateien entsprechen oder die eine andere Zeitdauer und ähnliche Veränderungen aufweisen. Möglicherweise erhalten Sie dann unerwünschte Ergebnisse in Ihren Kompositionen.

Footage in der Originalanwendung bearbeiten

Nicht selten müssen Sie bereits importiertes Footage noch einmal verändern, auch wenn Sie schon Animationen damit erstellt haben. After Effects erleichtert Ihnen – wie die anderen Adobe-Applikationen auch – den Workflow mit anderen Programmen. Zur externen Bearbeitung wird das jeweilige Programm gestartet, wofür es auf Ihrem System installiert sein muss.

Um die Originalanwendung von After Effects aus zu starten, markieren Sie die entsprechende Datei im Projektfenster und wählen BEARBEITEN • DATEI EXTERN BEARBEITEN oder [Strg]+[E].

Nachdem Sie Ihre Änderungen vorgenommen und die Datei gespeichert haben, fahren Sie in After Effects einfach mit Ihrer Arbeit fort, denn dort sollten die Änderungen ohne weiteres übernommen worden sein. Schauen Sie in Ihre Kompositionen, und Sie sehen, dass auch dort die Änderungen wirksam geworden sind. Sollten sich doch einmal Probleme bei der Aktualisierung der Dateien ergeben, wählen Sie DATEI • FOOTAGE NEU LADEN.

Platzhalter und Stellvertreter

So mancher Projektteilnehmer musste wieder die Heimreise antreten, da er nur mit der wenige Kilobyte großen Projektdatei zur Arbeit anreiste. Anstelle der daheim lagernden, eigentlich mit dem Projekt verknüpften Videos und Bilder bewegten sich daher nur Platzhalter durchs Bild. Aber auch bei Auftragsarbeiten kommt es vor, dass Dateien, mit denen Sie arbeiten müssen, noch nicht geliefert wurden. Sie können trotzdem schon mit Ihrer Arbeit beginnen. After Effects bietet Ihnen dafür die Platzhalter als selbstgenerierte Dateien an.

Platzhalter | Einen Platzhalter erstellen Sie, indem Sie mit der rechten Maustaste in das Projektfenster klicken. Wählen Sie dann IMPORTIEREN • PLATZHALTER. In der Dialogbox legen Sie die Framegröße, die Framerate und die Zeitdauer fest, die das benötigte Footage aufweisen soll (Abbildung 6.10).

Der Platzhalter wird im Projektfenster und in den Kompositionen als wunderschönes Testbild angezeigt (Abbildung 6.11). Soll der Platzhalter nach Eintreffen des richtigen Materials ausgetauscht werden, klicken Sie ihn doppelt im Projektfenster an. Sie erhalten dann die Dialogbox FOOTAGE ERSETZEN. Wählen Sie die gewünschte Datei aus, und klicken Sie dann ÖFFNEN.

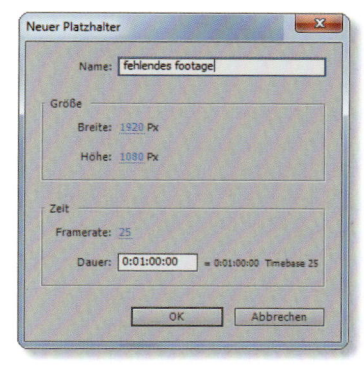

▲ **Abbildung 6.10**
Legen Sie für noch fehlendes Material einen Platzhalter an, und tauschen Sie ihn später gegen das gewünschte Material aus.

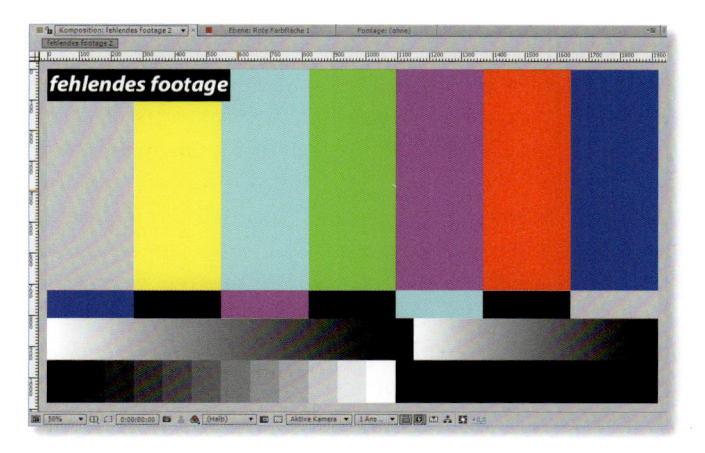

◄ **Abbildung 6.11**
Ein Platzhalter wird als Testbild angezeigt. Animationen und Effekte werden vor dem Eintreffen des gewünschten Materials auf den Platzhalter angewendet.

Stellvertreter | Stellvertreter erleichtern Ihnen Ihre Arbeit, da sie den Arbeitsprozess beschleunigen. Sie bestehen aus einer niedrig aufgelösten Version Ihres Footage und werden eingesetzt, um den Rechenaufwand während der Arbeit zu verringern. Die Geschwindigkeit Ihrer Vorschau wird damit erhöht. Wenn Ihre Animationen fertig sind, tauschen Sie den Stellvertreter gegen hoch aufgelöstes Material aus.

Einen Stellvertreter wählen Sie per Klick mit der rechten Maustaste auf eine die Performance bremsende Datei im Projektfenster. Rufen Sie STELLVERTRETER • DATEI auf. In der erscheinenden Dialogbox suchen Sie die Stellvertreterdatei aus und klicken dann auf ÖFFNEN.

Die Datei, der der Stellvertreter zugewiesen wurde, wird im Projektfenster mit einem Quadrat gekennzeichnet ❶ (Abbildung 6.12).

Kapitel 6   Rohdaten verwalten

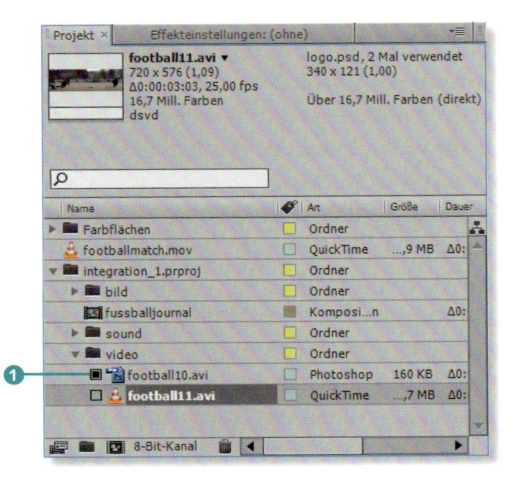

Abbildung 6.12 ▶
Stellvertreterdateien werden als niedrig aufgelöstes Material für den späteren Austausch mit hoch aufgelöstem Originalmaterial eingesetzt.

Klicken Sie im Wechsel auf das Quadrat: Es ist entweder ausgefüllt oder leer. Sie wechseln damit zwischen dem Original-Footage und dem Stellvertreter. In den Kompositionen, die den Stellvertreter enthalten, werden abwechselnd der Stellvertreter oder das Original-Footage angezeigt. Dadurch haben Sie im laufenden Projekt immer die Kontrolle, wie sich die am Stellvertreter vollzogenen Animationen und Veränderungen auf das Original-Footage auswirken.

Sie können Stellvertreter auch direkt aus dem Projekt heraus erstellen: Klicken Sie mit der rechten Maustaste auf eine Datei im Projektfenster, und wählen Sie STELLVERTRETER ERSTELLEN • STANDBILD oder FILM. Die Renderliste wird aktiviert und enthält die entsprechenden Einstellungen zur Erstellung eines Standbilds bzw. eines Films in Entwurfsgröße.

Als Vorgriff auf Kapitel 12, »Kompression und Ausgabe: Die Grundlagen«, lernen Sie hier schon einmal die Renderliste kennen. Verändern Sie in dem Dialogfenster an dieser Stelle noch gar nichts, und geben Sie nur bei SPEICHERN UNTER ❷ einen Pfad und einen Namen für den zu erstellenden Stellvertreter an. Klicken Sie anschließend auf den Button RENDERN ❸.

▼ **Abbildung 6.13**
Stellvertreter können Sie aus dem After-Effects-Projekt heraus erstellen.

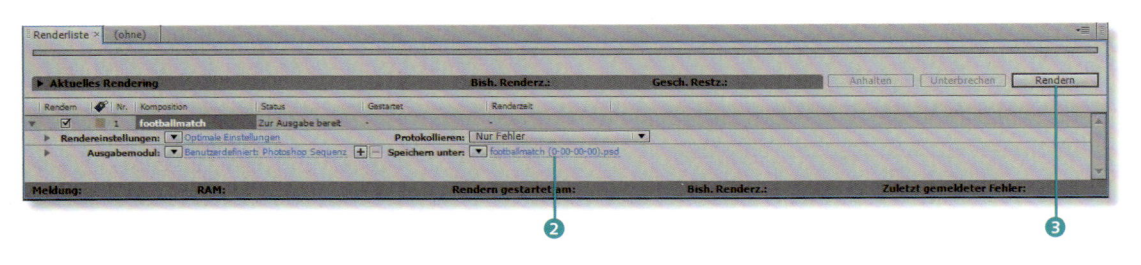

Haben Sie zuvor STANDBILD gewählt, erstellt Ihnen After Effects einen solchen Stellvertreter und verknüpft ihn mit der zuvor im

Projektfenster gewählten Datei. Für Kompositionen ist es sinnvoll, STELLVERTRETER ERSTELLEN • FILM zu wählen. Daraufhin erscheint wieder die Renderliste. Dort klicken Sie auf den Text bei SPEICHERN UNTER und geben einen Speicherort für den Stellvertreterfilm an. Danach starten Sie den Rendervorgang über die Schaltfläche RENDERN. Der entstandene und mit der Komposition verknüpfte Stellvertreterfilm enthält alle Animationen und Änderungen, die Sie zuvor in der Komposition vorgenommen haben, verbraucht aber je nach Auflösung weniger Rechenkapazität und spart Zeit. Aktuelle Änderungen am Original-Footage werden allerdings nicht in den Stellvertreter übernommen.

Sollten Sie Ihre Stellvertreter einmal satthaben, wählen Sie die Dateien im Projektfenster mit der rechten Maustaste aus und rufen dann STELLVERTRETER • OHNE auf.

6.3 Dateien sammeln und Dateien »zerstreuen«

Bei längerer Arbeit an einem Projekt fallen eine Menge Dateien an. Einige Dateien liegen zerstreut auf der Festplatte und sollen gesammelt werden, andere Dateien finden vielleicht gar keine Verwendung mehr und können entfernt werden.

Dateien entfernen

Wenn Sie eine Datei verdächtigen, überflüssig zu sein, müssen Sie nicht langwierig Ihre Ordner durchwühlen und prüfen, ob diese Datei in den Kompositionen noch verwendet wird oder nicht.

Sie haben drei Möglichkeiten:

▶ Entfernen Sie sämtliche Dateien, die in keiner Ihrer Kompositionen mehr auftauchen, mit DATEI • UNGENUTZTES FOOTAGE ENTFERNEN.

▶ Löschen Sie Dateien, die doppelt in Ihrem Projekt vorhanden sind, mit DATEI • KOMPLETTES FOOTAGE KONSOLIDIEREN.

▶ Entfernen Sie ungenutztes Footage aus ausgewählten Kompositionen, und löschen Sie Kompositionen, die Sie nicht zuvor im Projektfenster ausgewählt haben, mit DATEI • PROJEKT REDUZIEREN.

Dateien sammeln

Dateien, die zerstreut auf der Festplatte liegen und die Sie in Ihrem Projekt verwenden, können Sie an einem Ort sammeln.

After Effects legt Ihnen einen neuen Ordner an, in den beim Sammeln sämtliche im Projekt verwendeten Footage-Elemente und die Projektdatei selbst hineinkopiert werden. Zusätzlich wird ein Bericht generiert, der Angaben zu den verwendeten Effekten, Schriften, den Quelldateien und mehr enthält.

Es ist günstig, zunächst überflüssige Dateien wie oben erläutert zu entfernen, bevor Sie Dateien sammeln.

Über die Option DATEI • DATEIEN SAMMELN erreichen Sie eine Dialogbox.

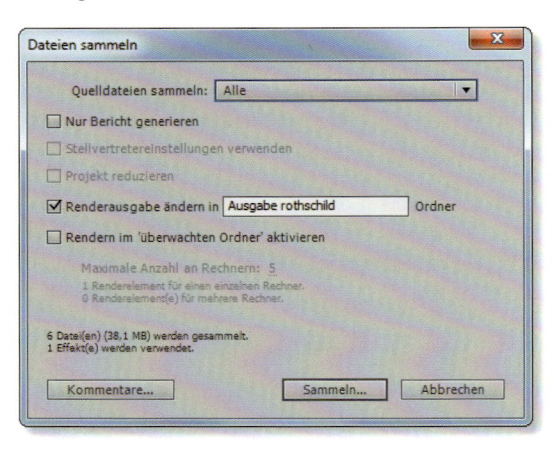

Abbildung 6.14 ▶
Der Dialog DATEIEN SAMMELN ermöglicht es, sämtliche im Projekt verwendeten Dateien, die Projektdatei und einen Bericht an einem Ort zu sammeln.

Wenn Sie in der Box nichts ändern, werden standardmäßig alle Dateien Ihres Projekts in einem Ordner gesammelt, der den Namen Ihres Projekts trägt. Betätigen Sie dafür den Button SAMMELN. Legen Sie anschließend einen Ort zum Speichern Ihrer Daten fest.

Da die Dateien bei diesem Vorgang kopiert und ein zweites Mal auf der Festplatte abgelegt werden, sollten Sie genügend Speicherplatz bereitstellen. Auch die Projektdatei existiert dann ein zweites Mal. Änderungen wirken sich also nur in der Projektdatei aus, in der sie vorgenommen werden. Sehr hilfreich ist die Option DATEIEN SAMMELN beim Austausch der Daten mit anderen Projektpartnern oder wenn Sie ein Backup der Daten machen wollen.

Die Dialogbox DATEIEN SAMMELN enthält weitere Optionen, die erst aktiviert sind, wenn Sie im Popup unter QUELLDATEIEN SAMMELN eine andere Option als ALLE gewählt haben. Sobald sich ein Element in der Renderliste befindet, sind Optionen verfügbar, die beim Netzwerkrendern eingesetzt werden. In diesem Falle wird eine Komposition mit mehreren über ein Netzwerk verbundenen Rechnern in Einzelbildsequenzen gerendert. Weitere Informationen hierzu finden Sie in Kapitel 12, »Kompression und Kompressoren: Die Grundlagen«.

Kapitel 7
Layout in After Effects: Kompositionen und Zeitleiste

»Es ist klar, dass jeder tatsächlich vorhandene Körper sich in vier Dimensionen ausdehnen muss: in Länge, Breite, Höhe – und in Dauer. (...) Der einzige Unterschied zwischen der Zeit und irgendeiner Dimension des Raumes besteht darin, dass unser Bewusstsein sich in ihr bewegt.« H. G. Wells – Die Zeitmaschine

Kompositionen sind essentiell für Ihre Arbeit mit After Effects, es geht Ihnen ja um mehr als um die reine Verwaltung der Rohmaterialien im Projektfenster. Apropos: Genau dort, im Projektfenster, finden Sie jede von Ihnen kreierte Komposition wieder. After Effects behandelt Ihre Kompositionen gewissermaßen auch als Rohmaterial.

Sie können einer Komposition Bilder, Sound oder Video hinzufügen und das Material anschließend räumlich (im Kompositionsfenster) und zeitlich (in der Zeitleiste) anordnen.

7.1 Kompositionen: Layout in Raum und Zeit

Importiertes Rohmaterial, das Sie in After Effects einer Komposition hinzufügen, wird **Ebene** genannt. Ein Layout in After Effects bedeutet nicht eine rein räumliche Anordnung von Grafiken und Video, es geht vielmehr um ein Layout in Raum und Zeit. Sie finden daher auch Kompositionen nie ohne eine dazugehörige Zeitleiste, die sich der zeitlichen Dimension Ihres Rohmaterials widmet.

Kompositionen sind essentiell für Ihre Arbeit mit After Effects; es geht Ihnen ja um mehr als um die reine Verwaltung der Rohmaterialien im Projektfenster. Apropos: Genau dort, im Projektfenster, finden Sie jede von Ihnen kreierte Komposition wieder. After Effects behandelt Ihre Kompositionen gewissermaßen auch als Rohmaterial.

Sie können einer Komposition Bilder, Sound oder Video hinzufügen und das Material anschließend räumlich (im Kompositionsfenster) und zeitlich (in der Zeitleiste) anordnen. In After Effects ist es zudem möglich mehrere Kompositionen anzulegen, um Projekte besser zu organisieren. Zu jeder Komposition gehört eine eigene, von den anderen Kompositionen unabhängige Zeitleiste. Nicht vergessen: Mit den Kompositionseinstellungen legen Sie zumeist bereits Ihr Ausgabeformat fest.

Eine Komposition anlegen

Ihnen stehen vier Wege offen, eine Komposition anzulegen. Wählen Sie im Projekt KOMPOSITION • NEUE KOMPOSITION, klicken Sie auf den Kompositionsbutton im Projektfenster , oder wählen Sie Strg+N. Eine weitere Möglichkeit besteht darin, importiertes Rohmaterial auf den Kompositionsbutton im Projektfenster zu ziehen. Die Komposition weist dann die gleichen Abmessungen und Eigenschaften (z. B. Dauer und Framerate) wie das Rohmaterial auf.

Haben Sie eine der oben beschriebenen Optionen gewählt, öffnet sich das Fenster KOMPOSITIONSEINSTELLUNGEN.

Kompositionseinstellungen

Im Fenster KOMPOSITIONSEINSTELLUNGEN treffen Sie Festlegungen für die spätere Ausgabe Ihres Films. Bevor Sie eine Komposition anlegen, sollten Sie also wissen, für welches Verteilermedium Sie produzieren. After Effects hält die wichtigsten Formate für Sie als Vorgaben bereit.

Natürlich können Sie auch frei wählbare Formate bearbeiten; eine spätere Umwandlung in ein anderes Format ist jedoch problematisch, wenn Sie in ein größeres Format ausgeben wollen, da Sie hier mit Qualitätseinbußen rechnen müssen. Außerdem ist auf das Bildseitenverhältnis zu achten.

Zunächst ist es jedoch wichtig, die jeweilige Komposition eindeutig zu benennen ❶, da in einem Projekt viele Kompositionen verwendet werden können.

Die Einstellungen für BREITE und HÖHE ❷ sowie für das PIXEL-SEITENVERHÄLTNIS ❸ wählen Sie immer in Bezug auf die Spezifikation Ihres Verteilermediums wie z. B. DVD, DV-Band, Web oder

7.1 Kompositionen: Layout in Raum und Zeit

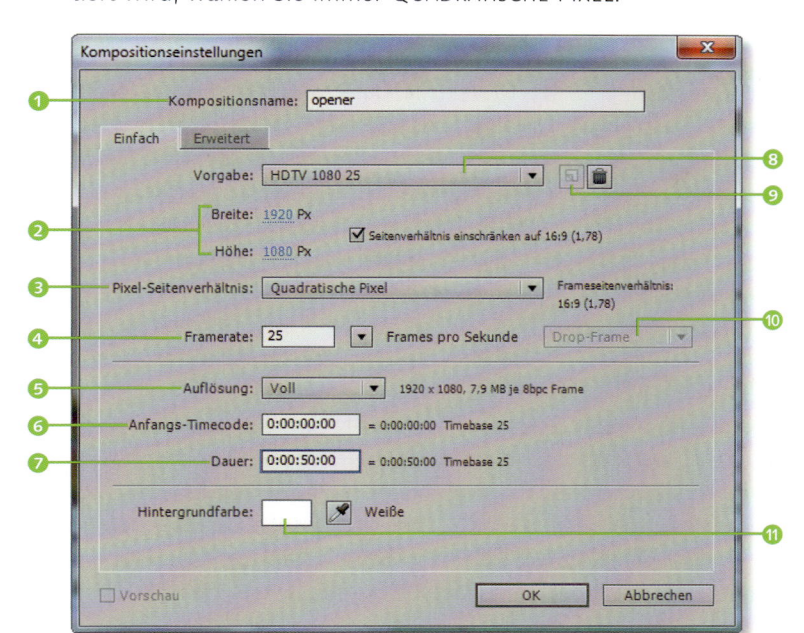

Film. Für eine Ausgabe, die nur auf Computermonitoren präsentiert wird, wählen Sie immer QUADRATISCHE PIXEL.

▲ **Abbildung 7.1**
Die KOMPOSITIONSEINSTELLUNGEN sollten Sie gewissenhaft festlegen, da sie entscheidend für die spätere Ausgabe des Films sind.

Die FRAMERATE ❹ richtet sich ebenfalls nach der Spezifikation Ihres Verteilermediums. Gängige Frameraten finden Sie im Menü neben dem Eintrag FRAMERATE. Nach der in Europa üblichen PAL-Spezifikation verwenden Sie immer 25 Frames pro Sekunde (fps). Bei einer Ausgabe in der NTSC-Spezifikation sind es 29,97 fps. Für eine Ausgabe im Filmformat geben Sie 24 fps an.

Den Button für DROP-FRAME ❿ benötigen Sie nur bei importiertem NTSC-Material, da es mit nicht-ganzzahligen Frameraten von 29,97 und 59,94 arbeitet. Ist eine andere Framerate gewählt, ist daher der Button inaktiv. Wählen Sie hier DROP-FRAME, werden für die korrekte Zeitanzeige pro Minute 2 Frames des Timecodes gedroppt, also ausgelassen, da die Zeitanzeige anstelle der 29,97 fps des Films nur ganze Zahlen mit 30 fps zugrunde legen kann. Die entfernten Timecode-Werte sind bei einer genauen Bearbeitung allerdings problematisch. Daher verwenden Sie in dem Fall besser NON-DROP-FRAME. Hier werden keine Frames aus der Zeitanzeige entfernt. Der Timecode erhöht sich fortlaufend um je einen Frame. Bei DROP-FRAME wird die Zeitanzeige

Zum Nachlesen
Vertiefende Informationen zum Pixel-Seitenverhältnis und zur Vorbereitung von Rohmaterial für die Ausgabe in DVCPRO HD, HDV oder D1/DV PAL bzw. NTSC erhalten Sie in Abschnitt 5.6, »Videodaten in After Effects«.

[Framerate]
Die Framerate gibt die Vollbilder an, die pro Sekunde angezeigt werden.

163

[Timecode]
Der Timecode stellt eine fortlaufende Nummerierung von Vollbildern dar, die meist im Format H:MM:SS:FF (Stunden, Minuten, Sekunden, Frames) angegeben wird.

Kompositionseinstellungen ändern
Die Einstellungen für Ihre Kompositionen können Sie jederzeit ändern. Wählen Sie dazu KOMPOSITION • KOMPOSITIONSEINSTELLUNGEN oder `Strg`+`K`.

mit Semikolon (0;00;00;00) statt in dem sonst üblichen Format (0:00:00:00) angezeigt.

Die AUFLÖSUNG ❺ und den ANFANGS-TIMECODE ❻ werden Sie meist nicht ändern, die DAUER ❼ allerdings häufiger. Sie können die Zahlen im Feld für DAUER markieren und beispielsweise für eine Dauer von 10 Sekunden »1000« in das Feld tippen. After Effects erkennt das Format automatisch richtig als 0:00:10:00. Die Angaben zwischen den Doppelpunkten stehen für Stunden, Minuten, Sekunden und Frames. Sie werden sich schnell daran gewöhnen, dass eine Sekunde nach PAL-Spezifikation aus 25 Frames besteht.

Kompositionsvorgaben

Sie müssen nicht alle Kompositionseinstellungen selbst eingeben. Unter dem Eintrag VORGABE ❽ finden Sie die gängigen Ausgabeformate. Sie können hier zwischen den PAL- und den NTSC-Spezifikationen wählen. Auch die Einstellungen für die Ausgabe in größere Formate wie für DVCPRO HD, HDV und HDTV oder Film sind bereits in die Vorgaben integriert.

Selbstdefinierte Formate und Einstellungen können Sie über das Blatt-Symbol ❾ mit eigenem Namen speichern. In der Vorgabenliste ist das selbstdefinierte Format dann jederzeit wählbar. Löschen können Sie Vorgaben per Klick auf das Papierkorb-Symbol. Umgekehrt stellen Sie verlorengegangene Vorgaben durch Drücken der `Alt`-Taste und Klick auf den Papierkorb wieder her.

Die Hintergrundfarbe Ihrer Komposition wählen Sie über das Farbfeld bei dem Eintrag HINTERGRUNDFARBE ⓫.

Erweiterte Kompositionseinstellungen

Fortgeschrittene Nutzer finden in der Karte ERWEITERT im Dialog KOMPOSITIONSEINSTELLUNGEN wichtige Optionen.

Zunächst auffällig ist die Option ANKER mit etlichen Pfeilen.

Anker | Nicht zu verwechseln ist diese Option mit dem Ankerpunkt von Ebenen. Sie nutzen die Option zur entsprechenden Positionierung Ihrer Animationen, wenn Sie die Kompositionsgröße nachträglich ändern. Legen Sie dazu in der Karte EINFACH eine neue Framegröße fest. Wechseln Sie dann auf ERWEITERT. Klicken Sie auf eine der neun Ankerpositionen. Verlassen Sie den Dialog mit OK.

7.1 Kompositionen: Layout in Raum und Zeit

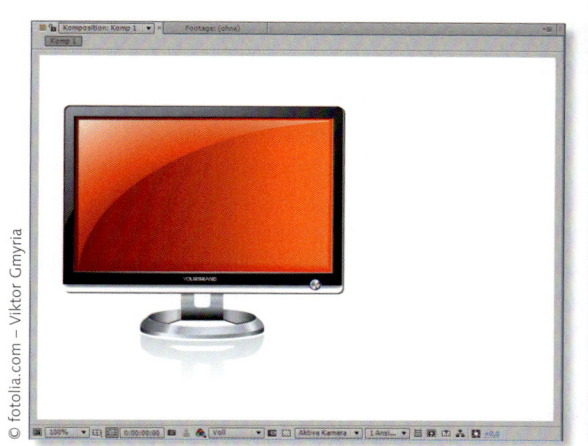

▲ **Abbildung 7.2**
Vor dem Ändern der Kompositionsgröße.

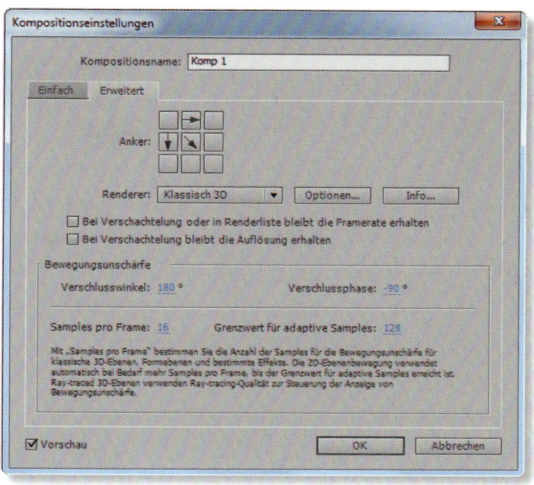

▲ **Abbildung 7.3**
Anklicken einer der neun Ankerpositionen

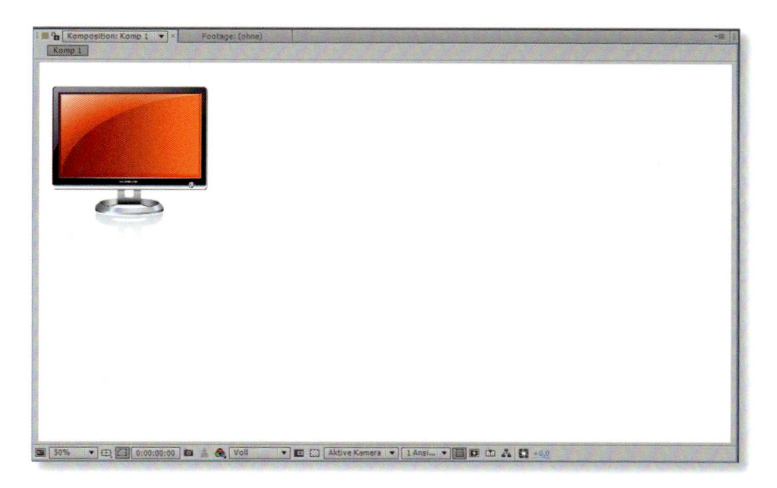

◀ **Abbildung 7.4**
Die Animationen befinden sich links oben wie durch die Ankeroption festgelegt.

Renderer | Über den RENDERER legen Sie die Art Ihrer jeweiligen Komposition für die jeweilige Aufgabe fest. Der Renderer KLASSISCH 3D eignet sich für die meisten Ihrer Kompositionen. Sie können überschneidende 3D-Ebenen erstellen, Lichter und Kameras definieren und diese interagieren lassen.

Haben Sie KLASSISCH 3D gewählt, stellen Sie unter OPTIONEN bei SCHATTENMATRIXAUFLÖSUNG die Qualität, mit der Schatten und Lichtprojektionen berechnet werden, ein. Dauert die Schattenberechnung zu lange, wählen Sie geringere Werte. Sind Schattenkanten zu unscharf oder Berechnungen ungenau, erhöhen Sie den Wert.

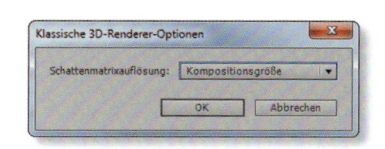

▲ **Abbildung 7.5**
Die Qualität von Schatten bzw. Lichtprojektionen stellen Sie in den Render-Optionen ein.

165

Renderer Ray-Traced | Den seit der Version CS6 verfügbaren Renderer RAY-TRACED 3D verwenden Sie, wenn Sie zusätzlich zu den Funktionen des Renderers KLASSISCH 3D Text- oder Formebenen extrudieren wollen oder Ebenen im 3D-Raum biegen. Mit RAY-TRACED 3D werden zudem weitere Materialeigenschaften verfügbar wie SPIEGELGLANZLICHT, REFLEXIONSINTENSITÄT, BRECHUNGSINDEX etc. Auch Interaktionen mit Umgebungsmaps werden möglich. Die Berechnung von Lichtern und Transparenzen ist genauer. Unter OPTIONEN stellen Sie die Raytracing-Qualität ein. Höhere Werte erhöhen die Rechenzeit stark. Bei einem Wert von 1 werden Reflexionen nicht weichgezeichnet, dafür geht die Berechnung schneller. Hier erhöhen Sie den Wert je nach Kompositionsinhalt bei 1 beginnend, bis Ihnen die Qualität passend erscheint. Haben Sie bei GLÄTTUNGSFILTER den Eintrag OHNE gewählt, erscheinen Reflexionen an den Kanten nicht weichgezeichnet, sondern leicht stufig. Wählen Sie KASTEN, ZELT oder KUBISCH, um eine in dieser Reihenfolge ansteigende Qualität zu erzielen.

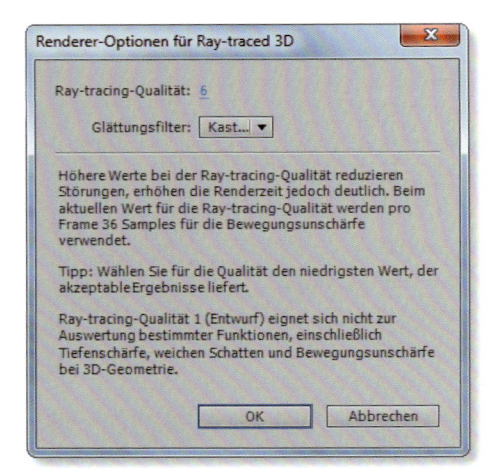

Abbildung 7.6 ▶
Die Werte bei RAY-TRACING-QUALITÄT sind wesentlich zur Berechnung von Lichtern, Schatten und Reflexionen.

Zum Nachlesen
Informationen zu Bewegungsunschärfe und Samples pro Frame finden Sie im Abschnitt »Ebenenschalter« auf Seite 192 und im Abschnitt »Bewegungsunschärfe« auf Seite 195.

Verschachtelungen | Wählen Sie die Option BEI VERSCHACHTELUNG ODER IN DER RENDERLISTE BLEIBT DIE FRAMERATE ERHALTEN, können Sie stroboskopartige Effekte wie beim Effekt ZEITLICH ABSTUFEN erzielen. Dazu verringern Sie die Framerate in einer Komposition mit Videomaterial z. B. auf 1 fps und aktivieren darin die genannte Option. Anschließend ziehen Sie diese Komposition in eine zweite mit 25 fps.

Aktivieren Sie BEI VERSCHACHTELUNGEN BLEIBT DIE AUFLÖSUNG ERHALTEN, wird die gewählte Auflösung der Quellkomposition (z. B. VIERTEL) beim Verschachteln in die Zielkomposition (AUFLÖSUNG VOLL) so beibehalten.

7.2 Footage einer Komposition hinzufügen

In den vorangegangenen Workshops haben Sie ja bereits verschiedentlich Rohmaterial einer Komposition hinzugefügt, nun folgt hier noch einmal eine systematische Darstellung. Ist Rohmaterial importiert und eine Komposition angelegt, bieten sich drei Möglichkeiten, der Komposition Footage (d. h. Rohmaterial) hinzuzufügen.

Markieren Sie zunächst ein oder mehrere Rohmaterialelemente im Projektfenster oder auch einen ganzen Ordner.

1. Ziehen Sie das Rohmaterial direkt in die Zeitleiste (das Rohmaterial wird im Kompositionsfenster zentriert).
2. Ziehen Sie das Rohmaterial auf das Icon Ihrer selbsterstellten Komposition im Projektfenster (das Rohmaterial wird im Kompositionsfenster zentriert).
3. Ziehen Sie das Rohmaterial direkt in das Kompositionsfenster (das Rohmaterial wird nicht zentriert, sondern an der Stelle abgelegt, an der Sie die Maustaste loslassen).

Ob das Rohmaterial an der Position der Zeitmarke oder am Beginn der Komposition eingefügt wird, entscheidet grundsätzlich eine After-Effects-Voreinstellung. Wählen Sie VOREINSTELLUNGEN • ALLGEMEIN, und entfernen Sie das Häkchen bei EBENEN ZU BEGINN DER KOMPOSITION ERSTELLEN, um Ebenen grundsätzlich an der Position der Zeitmarke einzusetzen.

Außerdem wird, wenn Sie das Material in den Bereich des Zeitlineals rechts in der Zeitleiste ziehen, temporär eine zweite Zeitmarke angezeigt. An der Stelle, an der sie sich befindet, wird Ihr Material eingefügt. Sie können das Material aber auch an der Position der (»Haupt-«)Zeitmarke im Zeitplan einsetzen, wenn Sie es direkt darauf ziehen. In diesem Falle wird der In-Point ❶ der Ebene genau an der Position der Zeitmarke ❷ ausgerichtet.

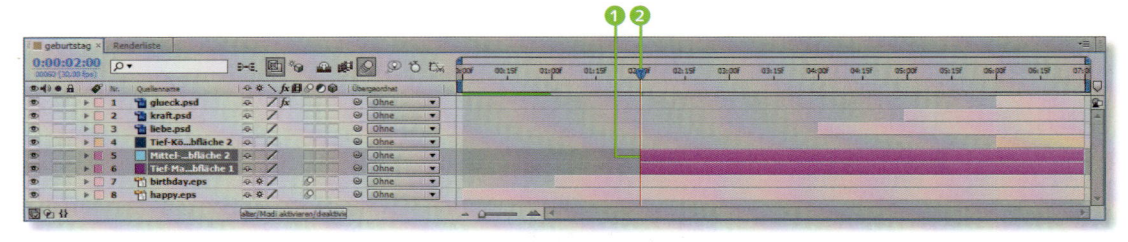

▲ **Abbildung 7.7**
Ebenen, die in die Zeitleiste gezogen werden, landen mit ihrem In-Point je nach Voreinstellung am Beginn der Komposition oder an der Position der Zeitmarke.

7.3 Das Kompositionsfenster

Das Kompositionsfenster dient der Vorschau Ihrer Animationen und zur räumlichen Anordnung von Ebenen. Sie können dabei Ebenen frei im Kompositionsfenster positionieren oder sie an einem Raster und an Hilfslinien ausrichten. Die graue Fläche, von der Ihre Komposition umgeben ist, ist der **Arbeitsbereich** und dient zur Positionierung von Ebenen, die von außen ins Bild kommen sollen.

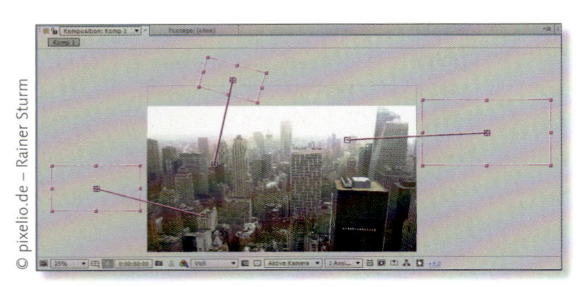

▲ **Abbildung 7.8**
Rings um den sichtbaren Bereich der Komposition können Sie Ebenen positionieren …

▲ **Abbildung 7.9**
… die von außen ins Bild kommen.

▲ **Abbildung 7.10**
Fertig!

Beispiel

Das kleine Projekt finden Sie auf der DVD unter Beispielmaterial/07_Ebenenlayout/Hubschrauber/Hubschrauber.aep.

In den Abbildungen 7.8 bis 7.10 sehen Sie eine Animation, in der Ebenen von außen in das Bild wandern. In Abbildung 7.8 sind die Ebenen nur als Umrisslinien erkennbar; ihr Inhalt wird erst sichtbar, wenn sie in den Vorschaubereich der Komposition gelangen.

7.3 Das Kompositionsfenster

Positionierung von Ebenen

Die aus vielen anderen Programmen bekannten Hilfsmittel zur Positionierung von Ebenen sind auch in After Effects verfügbar.

Lineale | Im Kompositionsfenster erhalten Sie Lineale über den Menüpunkt ANSICHT • LINEALE EINBLENDEN oder [Strg]+[R]. Schnellen Zugriff, auch auf Hilfslinien und Raster, erhalten Sie über eine kleine Schaltfläche am unteren Rand des Kompositionsfensters ❷.

Nullpunkt | Der Nullpunkt der Lineale liegt in der linken oberen Ecke der Komposition. Um ihn zu verschieben, klicken Sie in das kleine Kästchen links oben ❶ und ziehen ihn bei gedrückter Maustaste an eine neue Stelle. Per Doppelklick in das gleiche Kästchen setzen Sie den Nullpunkt wieder zurück.

▼ **Abbildung 7.11**
Lineale und Hilfslinien nutzen Sie zur genauen Positionierung von Ebenen im Kompositionsfenster. Sie können den Nullpunkt der Lineale verschieben.

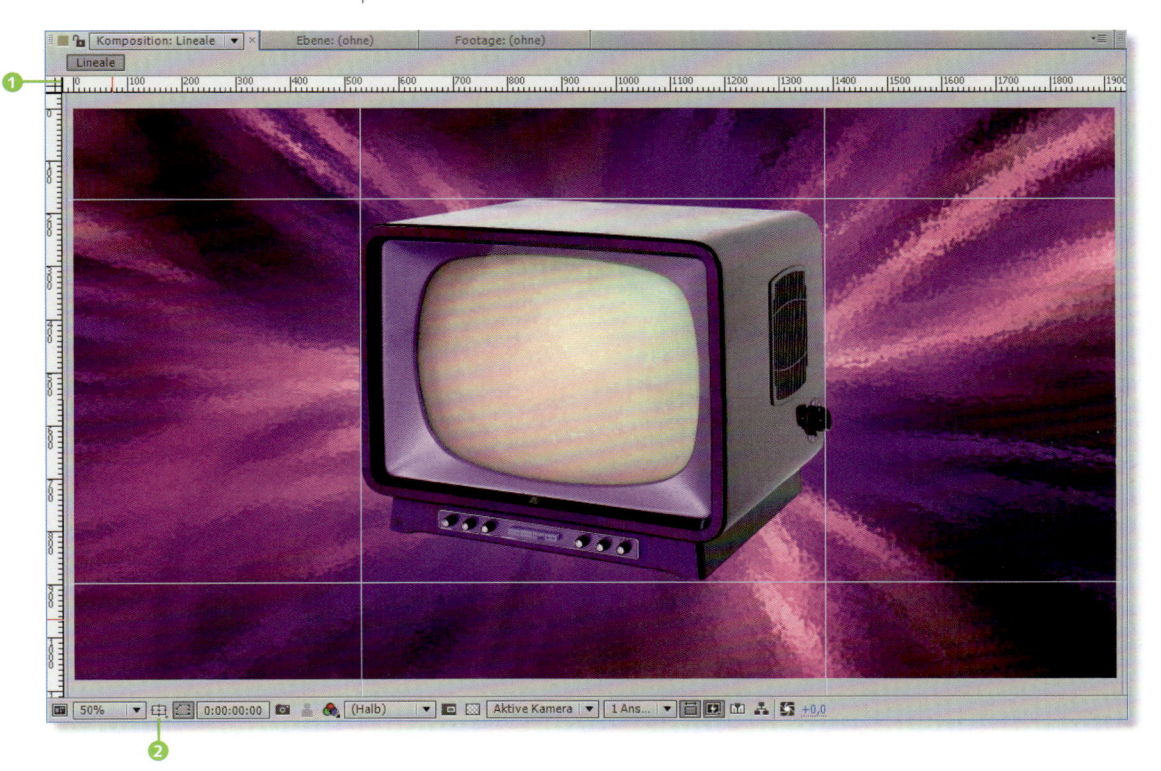

Hilfslinien | Hilfslinien ziehen Sie einfach aus den Linealen heraus. Während Sie an einer Hilfslinie ziehen, verrät Ihnen übrigens das Infofenster die Hilfslinienposition.

Unter ANSICHT finden Sie einige Optionen für Ihre Hilfslinien. Dort können Sie diese löschen, ausblenden oder schützen, wenn sie nicht mehr verändert werden sollen. Über die Option

Kapitel 7   Layout in After Effects: Kompositionen und Zeitleiste

An Hilfslinien ausrichten springen Ebenen magnetisch an die Hilfslinie heran, wenn sie in deren Nähe kommen.

Infofenster | Das Infofenster ist eine mächtige Informationszentrale, da sie kontextabhängige Informationen wie Farb-, Positions- oder Drehungswerte anzeigt. Sie sehen darin Werte für die X- und Y-Position des Mauszeigers oder von Ebenen, die Sie markieren oder verschieben. Falls die Palette gerade nicht offen ist, finden Sie sie über Fenster • Info oder [Strg]+[2]. Beobachten Sie das Fensterchen ruhig einmal, während Sie Änderungen vornehmen oder den Mauszeiger über das Kompositionsfenster gleiten lassen.

Die X-Koordinate stellt die horizontale Achse dar und die Y-Koordinate die vertikale Achse. Auch in der Zeitleiste finden Sie eine Entsprechung für die Positionskoordinaten. Die zwei Werte hinter der Positionseigenschaft stehen für die X-Koordinate ❸ und die Y-Koordinate ❹.

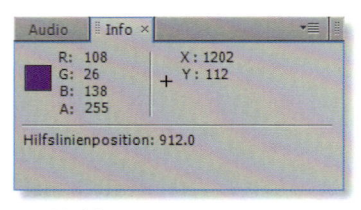

▲ **Abbildung 7.12**
Im Infofenster werden kontextabhängige Informationen wie z. B. zu Ebenen, Keyframes und zur Vorschauanzeige eingeblendet.

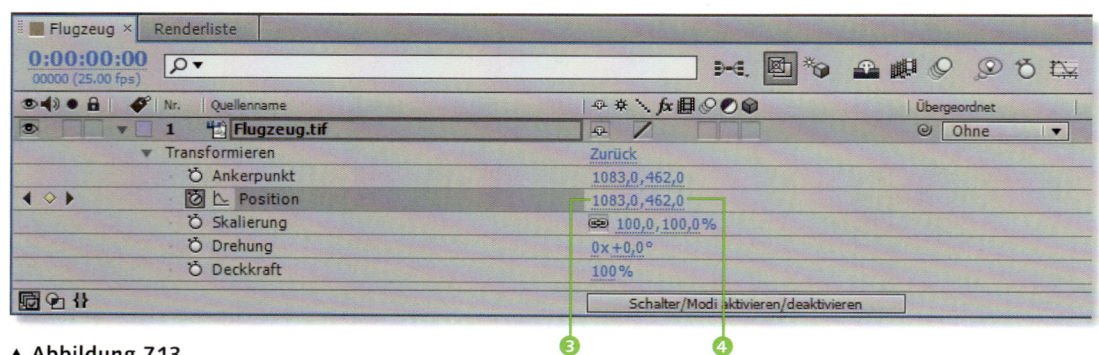

▲ **Abbildung 7.13**
Hinter jeder animierbaren Eigenschaft in der Zeitleiste stehen numerische Werte.

Hinter jeder animierbaren Eigenschaft finden Sie numerische Werte, mit denen Sie genaue Einstellungen für Ihre Animationen vornehmen können. Lassen Sie sich von den vielen Zahlen nicht abschrecken: Sehr oft kommen die Werte ganz automatisch bei Ihrer intuitiven Arbeit zustande.

Voreinstellungen

In dem Dialog Voreinstellungen können Sie für Raster und Hilfslinien eigene Festlegungen zur Darstellung des Rasters und der Hilfslinien treffen. Der Dialog befindet sich unter Voreinstellungen • Raster und Hilfslinien und ist selbsterklärend.

Raster | Zur Ausrichtung der Ebenen im Kompositionsfenster seien außerdem noch das Standardraster und das proportionale Raster erwähnt. Sie finden das Standardraster unter Ansicht • Raster einblenden. Mit Am Raster ausrichten wird es magnetisch und sehr anziehend für Ihre Ebenen. Die Optionen für Raster finden Sie zudem über die Schaltfläche ❷ im Kompositionsfenster, wo Sie zusätzlich die Option Proportionales Raster wählen können.

7.3 Das Kompositionsfenster

◄ **Abbildung 7.14**
Auch am magnetischen Raster können Sie Ebenen ausrichten.

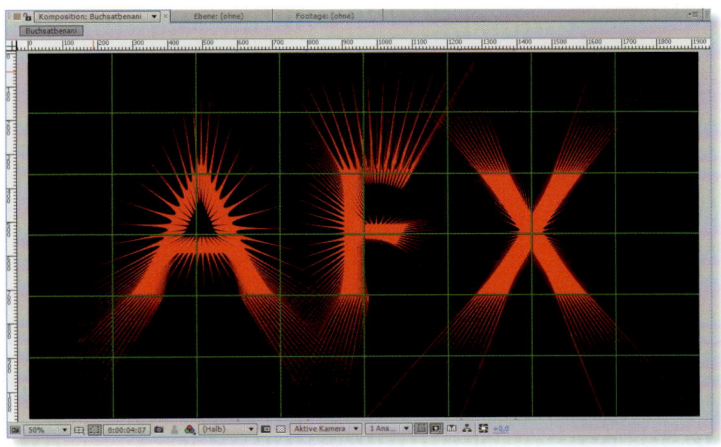

◄ **Abbildung 7.15**
Ein proportionales Raster hilft Ihnen bei der Positionierung von Ebenen.

Die Schaltflächen des Kompositionsfensters

Im Folgenden gehe ich die wichtigsten Schalter des Kompositionsfensters einmal durch. Einige Schaltflächen des Kompositionsfensters erläutere ich an dieser Stelle nicht. Dies werde ich aber an besser passender Stelle nachholen.

▲ **Abbildung 7.16**
Diese Optionen finden sich im Kompositionsfenster.

Zoomstufen anpassen | Um Bereiche außerhalb des Vorschaubereichs der Komposition anzuzeigen, verkleinern Sie die Kompositionsansicht. Klicken Sie dazu im Kompositionsfenster auf den Button ZOOMSTUFEN ❺, und wählen Sie eine festgelegte, prozentuale Darstellung. Oder Sie nehmen die Lupe aus der

171

Abbildung 7.17
In der Werkzeugleiste befindet sich die Lupe zum Ein- und Auszoomen von Kompositionen.

> **Zoomen mit Tastenkürzel**
> Noch schneller sind Sie, wenn Sie sich gleich die Tastenkürzel ⌐.¬ (Punkt) zum Vergrößern und ⌐,¬ (Komma) zum Verkleinern angewöhnen oder die Zoomstufen mit dem Scrollrad der Maus einstellen, während der Cursor über dem Bild verweilt.

Abbildung 7.18 ▶
Zoomen Sie die Ansicht der Komposition, um Details oder Bereiche außerhalb des Vorschaubereichs der Komposition zu bearbeiten.

Werkzeugleiste ❶ zum Ein- und Auszoomen in festen Stufen. Die Werkzeugleiste verbirgt sich hinter dem Tastenkürzel ⌐Strg¬+⌐1¬. Trägt die Lupe ein Pluszeichen in der Mitte, wird vergrößert. Zum Verkleinern drücken Sie ⌐Alt¬ und klicken gleichzeitig mit der Lupe.

Mit der Einstellung FENSTERGRÖSSE wird die Darstellung automatisch der jeweiligen Fenstergröße in freien Zoomstufen angepasst.

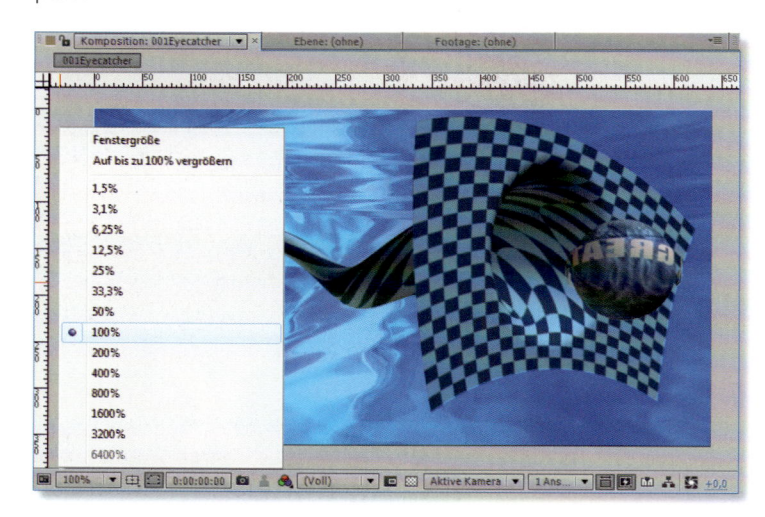

Sicherer Titelbereich | Sollten Sie planen, Ihre Animation einer Fernsehanstalt zur Ausstrahlung zu schicken oder den Film später über eine DVD auf einem Fernseher abzuspielen, könnten Sie eine böse Überraschung erleben. Titel sind möglicherweise zu nah am Rand platziert und werden schlimmstenfalls vom Senderlogo oder von einer Bauchbinde, in der Informationen eingeblendet werden, überdeckt. Bei älteren Fernsehgeräten wurden die Ränder sogar beschnitten. Man nennt dies **Overscan**. Der Button SICHERER TITELBEREICH ❷ blendet einen Rahmen ein, der bei der Ausgabe nicht mehr sichtbar ist. Außerhalb des sichtbaren Bereichs können sogar die Bildinhalte beschnitten sein.

Der Overscan ist nicht bei allen Fernsehern gleich. Sie sollten dennoch darauf achten, wichtige Grafikelemente innerhalb des sichtbaren Bereichs und Titel innerhalb des sicheren Titelbereichs zu positionieren. Sobald Sie ein 16:9-Kompositionsformat wählen, werden nicht nur die aktions- und titelsicheren Ränder eingeblendet, sondern auch ein sogenannter Mittelausschnitt. Dieser stellt einen 4:3-Bildausschnitt und dessen aktions- und titelsichere Ränder dar. Somit können Sie aus einem 16:9-Format heraus eine 4:3-Ausgabe ohne beschnittene Titel erzeugen.

7.3 Das Kompositionsfenster

Abbildung 7.19
Mit dem sicheren Titelbereich vermeiden Sie abgeschnittene Einblendungen.

In den Voreinstellungen lassen sich unter RASTER UND HILFSLINIEN andere prozentuale Werte für den sichtbaren Bereich und den sicheren Titelbereich (inklusive derjenigen für den Mittelausschnitt) einstellen. Auch für eine Ausgabe im Kinoformat ist diese Einstellung wichtig, da auch hier Bereiche am Rand durch das Abkaschen bei der Projektion wegfallen. Dies hat den Grund, dass bei der Projektion des Films im Kino ein Projektionscache eingelegt wird. Das Projektionscache ist im Prinzip eine Metallplatte mit einem Loch im Seitenverhältnis des zu projizierenden Films.

[Abkaschen]
Abkaschen = beschneiden

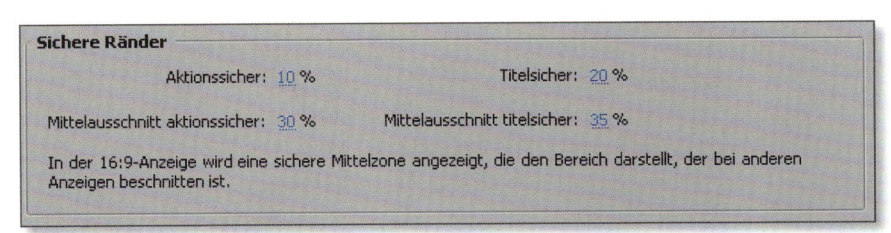

Zeitanzeige | In der Zeitleiste jeder Komposition finden Sie eine Zeitanzeige vor, an der Sie ablesen, an welchem Zeitpunkt sich Ihre Zeitmarke gerade befindet. Um den aktuellen Zeitpunkt zu ändern, klicken Sie direkt auf die Zeitanzeige, die dann editierbar wird. Tippen Sie beispielsweise »1000« in das Feld, um die Zeitmarke zur Sekunde 10 springen zu lassen. Das Timecode-Format 0:00:10:00 wird automatisch erkannt.

Abbildung 7.20
In den Voreinstellungen lassen sich prozentuale Werte für titelsichere und aktionssichere Bereiche festlegen.

▲ **Abbildung 7.22**
Über das Feld GEHE ZU ZEITPUNKT wird die Zeitmarke genau positioniert.

▲ **Abbildung 7.21**
Schaltflächen im Kompositionsfenster

Zusätzlich enthält das Kompositionsfenster eine Zeitanzeige, die auch als Schaltfläche fungiert ❶, Klicken Sie darauf, erscheint das Dialogfeld GEHE ZU ZEITPUNKT, wo Sie ebenfalls eine neue Zeit eingeben können, damit Ihre Zeitmarke dorthin springt.

Schnappschuss | Mit dem Button SCHNAPPSCHUSS ❷ fotografieren Sie das aktuell angezeigte Bild und blenden es mit dem Button SCHNAPPSCHUSS ANZEIGEN ❸ zu einem anderen Zeitpunkt wieder ein. Die Funktion dient dazu, zwei Bilder an verschiedenen Zeitpunkten zu vergleichen. Sie können so beispielsweise zwei Logos aneinander ausrichten, die an verschiedenen Zeitpunkten auftauchen, sich optisch aber an der gleichen Stelle befinden sollen. Fotografieren Sie dazu das erste Logo, und blenden Sie es dann zum Zeitpunkt des zweiten Logos ein.

Kanäle | Mit der Schaltfläche KANAL ANZEIGEN ❹ blenden Sie ein Menü ein, in dem Sie wählen, ob die RGB-Kanäle einer Komposition gemeinsam oder jeder Kanal einzeln angezeigt wird. Die Komposition erhält einen der Kanalfarbe entsprechenden Rahmen. Die Option EINFÄRBEN aus dem genannten Menü verwenden Sie, um Bildteile einzufärben, die der gewählten Kanalfarbe entsprechen.

Mit der Option ALPHA können Sie auch den Alphakanal separat anzeigen lassen, was bei der Arbeit mit transparentem Material vorteilhaft ist und auch beim Keying eingesetzt wird.

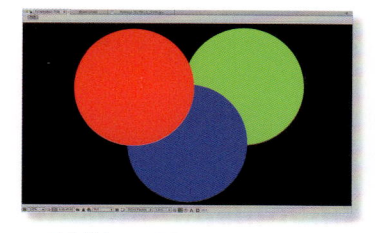

▲ **Abbildung 7.23**
Die Option RGB zeigt alle RGB-Anteile des Materials an.

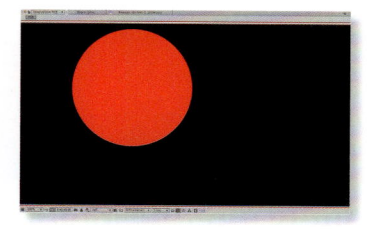

▲ **Abbildung 7.24**
Der rote Kanal zeigt einen roten Rahmen. Nur die Rotanteile des Materials sind sichtbar.

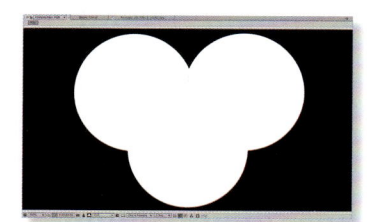

▲ **Abbildung 7.25**
Mit dem Button für den Alphakanal wird nur die Transparenzinformation angezeigt.

Pixel-Seitenverhältnis-Korrektur | »Der Kreis wirkt viel zu schmal!« Sie sehen das verflixte Problem bei der Arbeit mit Videomaterial, das Sie am Computer bearbeiten wollen – es ist alles nur eine Darstellungsfrage. Auf dem Computermonitor herrscht ein anderes Pixel-Seitenverhältnis (quadratisch) als beispielsweise auf einem DV-Band (rechteckig). Mit dem Korrekturschalter ❺ können Sie die Ansicht zur korrekten Darstellung von DVCPRO-HD-, HDV- oder D1/DV-Material am Computermonitor entzerren. Dies ist allerdings nicht sehr empfehlenswert, da die Vorschaugeschwindigkeit davon negativ beeinflusst wird und die Vorschau zudem pixelig wirkt. Eine Alternative dazu finden Sie in Abschnitt 5.6, »Videodaten in After Effects«.

Angenommen, Sie haben ein Osterei aufgezeichnet, dann kann Ihnen der Korrekturbutton nicht verraten, wie Ihr Material tatsächlich richtig aussieht. Denn im Gegensatz zum Kreis sehen Sie nicht, ob es sich um ein dickes oder ein schmales Ei handelt. In der Praxis hören Sie dann verzweifelte Rufe wie »Ist das Ei 4:3 oder 16:9?« oder »Muss es nun gestaucht oder gedehnt werden?«. In dem Fall sollten Sie herausfinden, wie das Material erstellt wurde, und es dann richtig interpretieren (siehe Abschnitt »Pixel Aspect Ratio (PAR)« auf Seite 134).

Ungewollt können Sie nicht nur zu Ostern ein Ei produzieren, wenn Sie falsch angelegte oder mit falschem Pixel-Seitenverhältnis interpretierte Grafiken verwenden. Der Korrekturbutton würde dann das Ei Ei sein lassen, obwohl es ein Kreis ist. Aber keine Sorge: Nach dem Ausspielen sieht der Kreis wieder kreisrund aus, wenn das Material entsprechend vorbereitet wurde. Wie das geht, erfahren Sie in Abschnitt 5.6, »Videodaten in After Effects«.

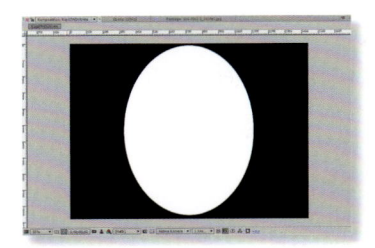

▲ **Abbildung 7.26**
Eine Grafik in einer DV- oder (wie hier) in einer HDV-Komposition kann horizontal verzerrt wirken. Nach dem Ausspielen ist der Kreis wieder rund.

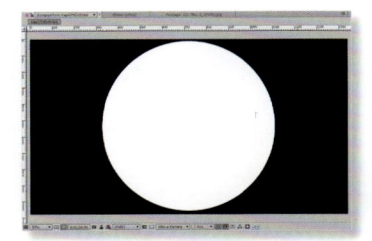

▲ **Abbildung 7.27**
Mit dem Korrekturbutton werden Grafiken und DV- bzw. HDV-Material am Monitor entzerrt dargestellt.

▲ **Abbildung 7.28**
Mit dem Regler BELICHTUNG ANPASSEN ❻ ändern Sie die Belichtung der Komposition für Vorschauzwecke.

Belichtung anpassen | Für Vorschauzwecke können Sie die Belichtung Ihrer Komposition für jede Ansicht extra anpassen. Sie finden den Schalter BELICHTUNG ANPASSEN rechts unten im Kompositionsfenster ❻. Ziehen Sie den dort angegebenen Wert nach links oder rechts, um die Belichtung zu verändern Mit dem BLENDEN-Button links daneben, der durch die Werteänderung gelb gefärbt wird, setzen Sie die Einstellung wieder zurück. Wenn Sie die Belichtung nicht nur für Vorschauzwecke ändern möchten, verwenden Sie den Effekt BELICHTUNG.

7.4 Verschachtelte Kompositionen (Nesting)

Innerhalb einer Komposition wird das jeweils hinzugefügte Rohmaterial zu einer Ebene. Das Gleiche gilt aber auch für eine Komposition, die einer anderen Komposition hinzugefügt wird. Man nennt diesen Vorgang **Verschachtelung** und spricht von **verschachtelten Kompositionen**. Der Sinn des Verschachtelns ist recht vielfältig: Zum einen lassen sich größere Projekte übersichtlicher gestalten, zum anderen sind verschachtelte Kompositionen manchmal nötig, um bestimmte Animationen oder Effekte zu bewerkstelligen.

In dem folgenden kleinen Workshop werden Sie erfahren, wie Sie zwei Kompositionen anlegen, die mindestens nötig sind, um eine verschachtelte Komposition einzurichten. Im Laufe des Buches werden Sie die sinnvolle oder notwendige Anwendung des Verschachtelns noch genauer kennenlernen.

Schritt für Schritt: Verschachtelte Kompositionen

In diesem Workshop geht es um die Handhabung von Ebenen im Kompositionsfenster und um das Prinzip der verschachtelten Kompositionen. Dazu werden Sie ein Auto animieren, das mitten in der Fahrt auseinanderbricht.

1 Import

Starten Sie After Effects, und speichern Sie zuerst über DATEI • SPEICHERN UNTER das noch leere Projekt unter dem Namen »verschachteln«. Importieren Sie über DATEI • IMPORTIEREN • DATEI oder [Strg]+[I] aus dem Ordner 07_EBENENLAYOUT/VERSCHACHTELUNG die Dateien »Hintergrund.psd«und »rauch.psd«. Bei letzterer Datei erscheint der Dialog FOOTAGE INTERPRETIEREN. Klicken Sie dort auf den Button ERMITTELN und OK.

Schwarz- und Weißwert bestimmen

Sie können mit BELICHTUNG ANPASSEN sowohl den Schwarz- als auch den Weißwert eines Bildes bestimmen. Dazu ziehen Sie bei gedrückter Maustaste auf dem Wert so lange nach rechts oder links, bis beinahe der gesamte Bildbereich weiß bzw. schwarz dargestellt wird. Bildteile, die bis zum Schluss sichtbar bleiben, sind am dunkelsten (Regler nach rechts) bzw. am hellsten (Regler nach links).

Die benötigten Dateien für diesen Workshop finden Sie auf der DVD unter BEISPIELMATERIAL/ 07_EBENENLAYOUT/VERSCHACHTELUNG

7.4 Verschachtelte Kompositionen (Nesting)

2 Erste Komposition anlegen

Legen Sie eine Komposition über KOMPOSITION • NEUE KOMPOSITION oder [Strg]+[N] an.

Tragen Sie in dem Dialogfenster KOMPOSITIONSEINSTELLUNGEN den Namen »final« ein ❶. Gerade wenn Sie mit verschachtelten Kompositionen arbeiten, ist die Benennung wichtig, damit kein Durcheinander entsteht. Wählen Sie unter VORGABE ❷ PAL D1/DV 16:9 QUAD. PIXEL. Markieren Sie den voreingestellten Wert bei DAUER ❸, und tippen Sie »600« in das Feld ein. After Effects übernimmt selbstständig die Umwandlung in das Timecode-Format (0:00:06:00). Bestätigen Sie mit OK ❹.

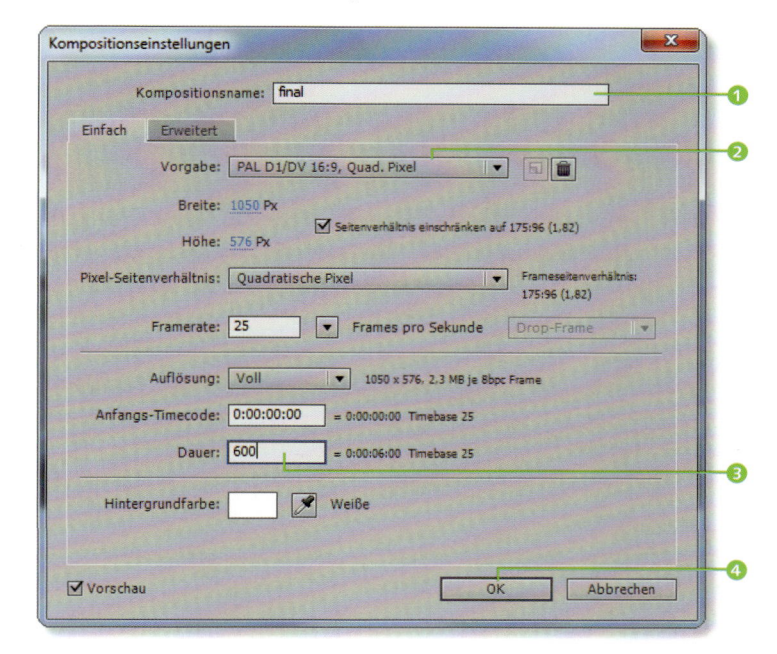

▲ **Abbildung 7.29**
Bei der Verwendung mehrerer Kompositionen ist die eindeutige Benennung wichtig.

3 Datei in die Zeitleiste ziehen

Ihre Komposition ist nun mit dem Namen »final« im Projektfenster zu sehen. Auch auf den Registerkarten des Kompositionsfensters und der zugehörigen Zeitleiste sehen Sie den Namen »final«.

Markieren Sie die Datei »Hintergrund.psd« im Projektfenster, und ziehen Sie sie in den linken Bereich der Zeitleiste. Der In-Point der Ebenen wird am Zeitpunkt 00:00 der Komposition positioniert, wenn Sie die Ebenen in den linken Bereich des Zeit-

---

Ebenen an der Zeitmarke einfügen

Ebenen, die Sie der Zeitleiste hinzufügen, werden grundsätzlich am Beginn der Komposition oder an der Zeitmarkenposition eingesetzt. Dies regeln Sie über BEARBEITEN • VOREINSTELLUNGEN • ALLGEMEIN mit der Option EBENEN ZU BEGINN DER KOMPOSITION ERSTELLEN. Entfernen Sie dort das Häkchen, wird jede Ebene mit dem In-Point an der Zeitmarkenposition statt am Beginn der Komposition eingesetzt.

Ebenen ins Kompositionsfenster ziehen

Wenn Sie Dateien aus dem Projektfenster direkt in die Zeitleiste ziehen, werden sie im Kompositionsfenster zentriert. Ziehen Sie sie direkt in das Kompositionsfenster, werden die Ebenen nicht zentriert, sondern an der Stelle fallen gelassen, an der Sie die Maustaste loslassen.

leistenfensters ❶ ziehen. Die Datei wird nun in der Zeitleiste als Ebene dargestellt.

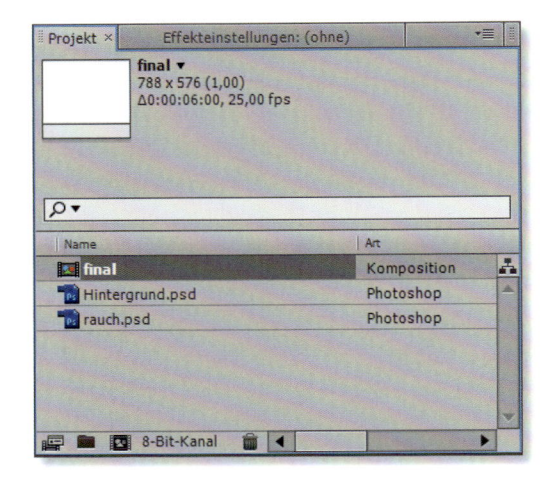

Abbildung 7.30 ▶
Kompositionen werden wie Rohmaterial im Projektfenster angezeigt.

Wollen Sie im Projektfenster mehrere einzelne Dateien auswählen, können Sie diese mit der [Strg]-Taste auswählen oder bei gedrückter Maustaste einen Rahmen über die Dateien ziehen.

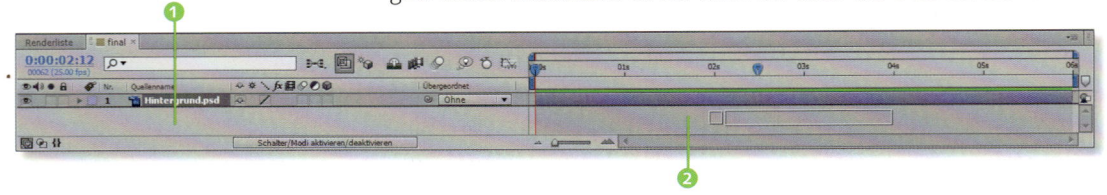

▲ **Abbildung 7.31**
Beim Hinzufügen von Ebenen in den Bereich der Zeitmarke erscheint eine zweite Marke als Positionierhilfe.

Ebenen am aktuellen Zeitpunkt einfügen

Ziehen Sie Dateien vom Projektfenster in den rechten Bereich der Zeitleiste nahe der Zeitmarke ❷ erscheint eine zweite Markierung als Positionierhilfe, um Dateien an der Zeitmarke oder an einem bestimmten anderen Zeitpunkt beginnen zu lassen. Sobald diese Markierung deckungsgleich mit der aktuellen Zeitmarke ist, wird der In-Point einer Ebene genau an der Zeitmarke ausgerichtet.

4 Komposition aus Photoshop-Datei erzeugen

Für das spätere Auseinanderbrechen des Autos wurde das Auto in Photoshop bereits in die Teile »front«, »haube« und »heck« zerlegt und jedes Teil auf eine separate Ebene gelegt, um sie in After Effects einzeln animieren zu können.

Importieren Sie nun die Datei »auto.psd« so, dass die Ebenen einzeln anwählbar sind und in einer eigenen, automatisch erzeugten Komposition liegen. Wählen Sie dazu im Importdialog DATEI IMPORTIEREN unter IMPORTIEREN ALS den Eintrag KOMPOSITION|EBENENGRÖSSE BEIBEHALTEN, und wählen Sie dann ÖFFNEN. Den darauffolgenden Dialog bestätigen Sie mit OK. After Effects hat nun eine Komposition namens »auto« und einen dazugehörigen Ordner angelegt. Der Ordner enthält die drei Autoteile.

7.4 Verschachtelte Kompositionen (Nesting)

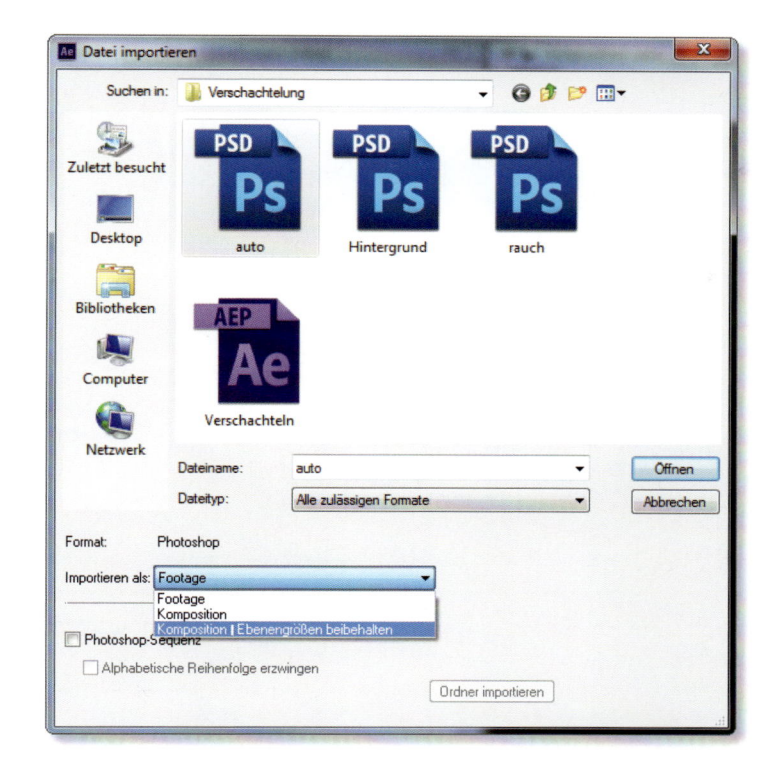

◄ **Abbildung 7.32**
Im Importdialog wählen Sie den Eintrag KOMPOSITION | EBENENGRÖSSE BEIBEHALTEN.

Klicken Sie doppelt auf die neue Komposition. Darin befinden sich die drei Autoteile, wie sie in Photoshop erstellt wurden. Wozu benötigen wir diese zweite Komposition? – Nun: Das Auto soll zunächst unversehrt durchs Bild fahren und dann auseinanderbrechen. Da es umständlich und oft unmöglich ist, mehrere einzelne Ebenen genau gleich zu animieren, werden wir die Ebenen zusammenfassen und nur noch eine Ebene animieren. Hätten wir hundert solcher Ebenen, machte sich diese Technik erst recht bezahlt: das Verschachteln.

5 Nesting: Auto verschachteln

Es klingt kompliziert, ist aber ganz einfach. – Sie haben in Ihrem Projektfenster zwei Kompositionen. Eine heißt »final« und enthält nur eine Hintergrundebene. Die andere heißt »auto« und enthält mehrere im Moment noch nicht animierte Ebenen.

Öffnen Sie die Komposition »final« per Klick auf die Registerkarte oder per Doppelklick auf das Kompositionssymbol im Projektfenster. Ziehen Sie, wie bei jedem anderen Rohmaterial auch, die Komposition »auto« in die Zeitleiste der Komposition »final«. Stellen Sie sicher, dass die verschachtelte Komposition sich über der Hintergrundebene befindet.

Kompositionen per Doppelklick öffnen

Scheint eine Komposition mitsamt Zeitleiste einmal abhandengekommen zu sein, obwohl sie im Projektfenster noch sichtbar ist, klicken Sie sie dort einfach doppelt an. Das Kompositionsfenster und die dazugehörende Zeitleiste öffnen sich dann.

Kapitel 7   Layout in After Effects: Kompositionen und Zeitleiste

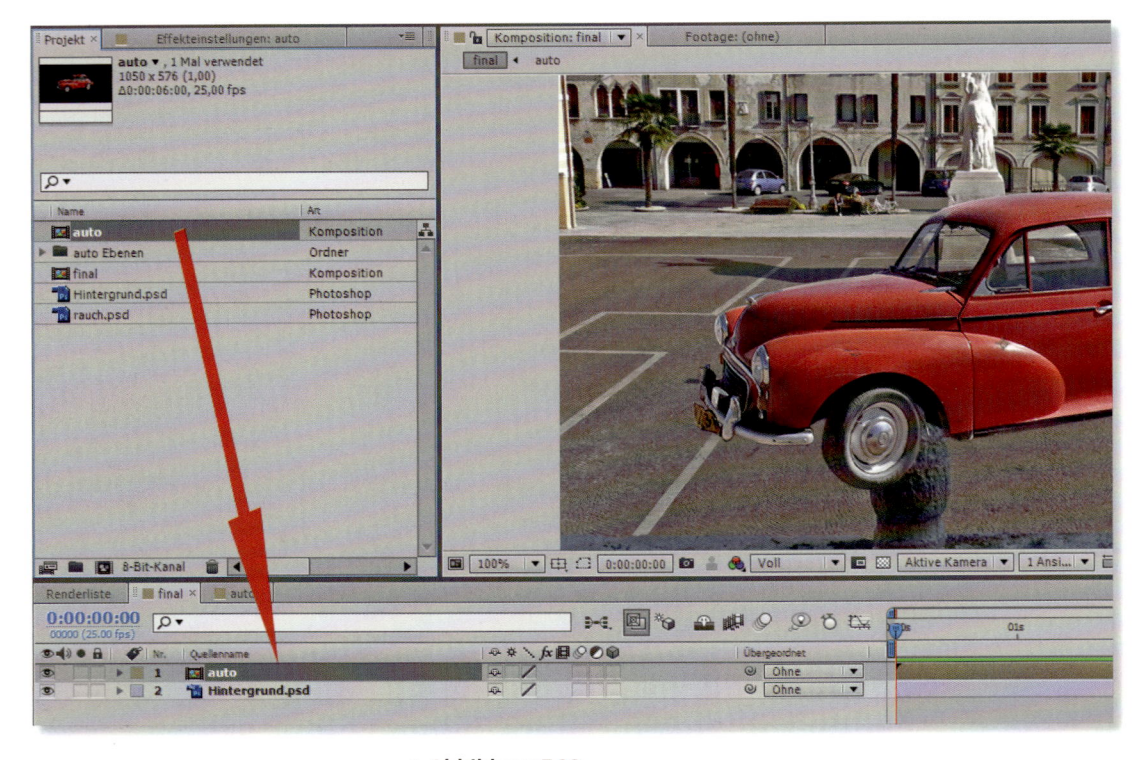

▲ **Abbildung 7.33**
Verschachteln Sie die Komposition »auto«, indem Sie sie in die Zeitleiste der Komposition »final« ziehen.

▲ **Abbildung 7.34**
Die Positionswerte am Zeitpunkt 00:00

Keine angeschnittenen Objekte
Wollen Sie eine Komposition verschachteln, sollten Sie darauf achten, dass die animierten Objekte nicht außerhalb des Kompositionsfensters erscheinen, also angeschnitten werden.

Das war's. Schon sind unsere drei Ebenen zu einer einzigen geworden, und wir können sie gemeinsam skalieren und animieren. Tragen Sie dazu bei der Skalierung den Wert »50 %« ein, und setzen Sie Keys bei POSITION, indem Sie folgende Werte per Klick auf die Positionswerte eintragen:

Bei 00:00 = 1230 und 330 (Stoppuhr anklicken); bei 01:20 = 745 und 350.

An dieser Stelle soll das Auto auseinanderbrechen

6   Ankerpunkt, Ebenengriffe und Animation

Öffnen Sie wieder die Quellkomposition »auto«. Zunächst verschieben Sie die Ankerpunkte der drei Ebenen, damit sich die folgende Animation auf je einen neuen Punkt bezieht. Sobald Sie eine Ebene mit dem Auswahl-Werkzeug ([V]) in der Zeitleiste markieren, wird der Ankerpunkt als kleines Kreuz in der Ebenenmitte dargestellt. Zum Verschieben wählen Sie das Ankerpunkt-Werkzeug ([Y]), klicken den jeweiligen Ankerpunkt an und verschieben ihn für Heck und Front auf die Radachse und für die Haube wie in der Abbildung.

7.4 Verschachtelte Kompositionen (Nesting)

◀ **Abbildung 7.35**
Die Ankerpunkte positionieren wir neu.

Übrigens: Die Punkte, die immer dann erscheinen, wenn eine Ebene ausgewählt ist, sind die Ebenengriffe. Durch Ziehen an den Griffen können Sie eine Ebene skalieren. Per Taste ⇧ skalieren Sie die Ebene proportional. Aber das benötigen wir jetzt nicht. Wir kommen zur Animation. Setzen Sie folgende Keys:

- Ebene »heck«, Eigenschaft DREHUNG: bei 01:14 = 0× +0,0 und bei 01:18 = 0× –23,0.
- Ebene »front« Eigenschaft POSITION: bei 01:14 = Klick auf Stoppuhr, um den Wert am aktuellen Zeitpunkt zu übernehmen; bei 01:19 = 200 und 385.
- Eigenschaft DREHUNG: bei 01:16 = 0× +0,0 und bei 01:19 = 0× +17,0.
- Ebene »haube« Eigenschaft DREHUNG: bei 01:14 = 0× +0,0 und bei 01:18 = 0× +44,0 und bei 01:19 = 0× +34,0.
- Eigenschaft POSITION: bei 01:14 = Klick auf Stoppuhr; bei 01:19 = 287 und 270.

> **Keyframe setzen**
>
> Zum Erzeugen eines ersten Keyframes klicken Sie auf das Stoppuhr-Symbol vor der zu animierenden Eigenschaft. Danach klicken Sie die Stoppuhr nicht mehr an, es sei denn, Sie wollen die Keys wieder löschen.

▼ **Abbildung 7.36**
In der Komposition »Auto« setzen Sie Keys.

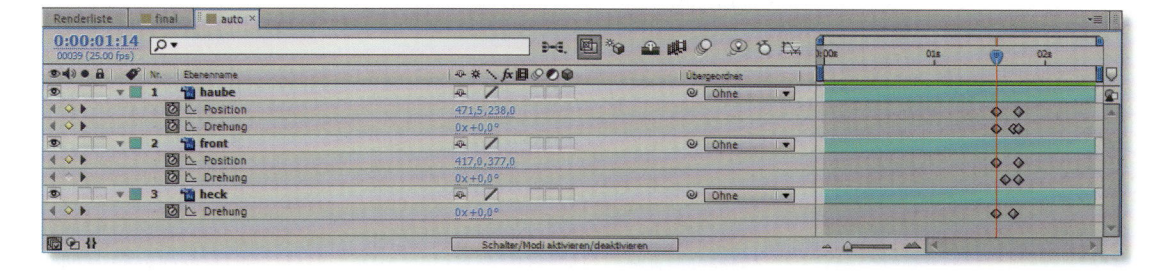

7 Kompositionshintergrundfarbe

Ändern Sie die Hintergrundfarbe Ihrer Komposition »auto«, indem Sie folgenden Weg wählen: KOMPOSITION • KOMPOSITIONSEINSTELLUNGEN. Klicken Sie in das kleine Farbfeld ❷ unten im Dialog, und wählen Sie eine Farbe aus dem Farbwähler (siehe Abbildung 7.37). Dank der VORSCHAU-Option ❶ sehen Sie bereits das Ergebnis. Sie können Farben auch numerisch festlegen. Bestätigen Sie mit OK ❸. Es ist unwichtig, welche Farbe Sie wählen. Ich möchte Ihnen hier nur zeigen, dass diese Hintergrundfarbe verschwindet, also transparent wird, wenn Sie die Komposition verschachteln, wie Sie es bereits getan haben.

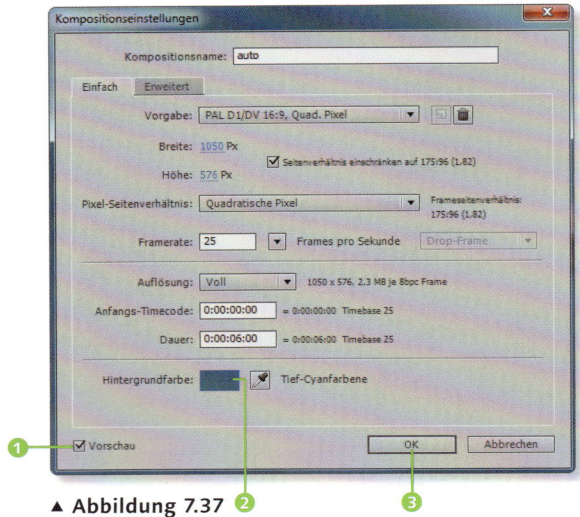

▲ **Abbildung 7.37**
Die HINTERGRUNDFARBE stellen Sie im Dialog KOMPOSITIONSEINSTELLUNGEN ein.

▲ **Abbildung 7.38**
Im Farbwähler ist auch die numerische Eingabe zur Festlegung von Farben möglich.

Wechseln Sie jetzt wieder zur Komposition »final«, und betätigen Sie die Taste [0] im Zehnerblock, um eine Vorschau abzuspielen. Wie Sie sehen, wird die zuvor erstellte Animation auch in der Komposition »final« angezeigt. Jede Änderung in der Quellkomposition wird also übernommen, außer die gewählte Hintergrundfarbe hinter dem Auto – diese ist verschwunden; die Farbe ist transparent geworden.

Abbildung 7.39 ▶
Die Animation aus der Quellkomposition »auto« wird vollständig in der Komposition »final« angezeigt.

8 Rauch hinzufügen

Im letzten Schritt fügen wir noch Rauch hinzu. Dazu ziehen Sie die Datei »rauch.psd« in die Zeitleiste der Komposition »final« an oberste Stelle. Navigieren Sie anschließend zum Zeitpunkt 01:14, und ziehen Sie die Ebene bei gedrückter ⇧-Taste zur Zeitmarke, bis der In-Point dort einrastet. Platzieren Sie dann den Ankerpunkt, und ziehen Sie ihn nach unten, dort wo die Rauchschwaden beginnen.

Setzen Sie folgende Keys:
- POSITION: bei 01:14 = 830 und 370; bei 01:20 = 760 und 370.
- SKALIERUNG: bei 01:14 = 0; bei 01:17 = 115; bei 05:24 = 170.
- DECKKRAFT: bei 02:00 = 100; bei 05:24 = 0.

Das war's. Zum Schluss fügen Sie noch Rauch hinzu.

▼ **Abbildung 7.40**
Die Keyframes für den Rauch.

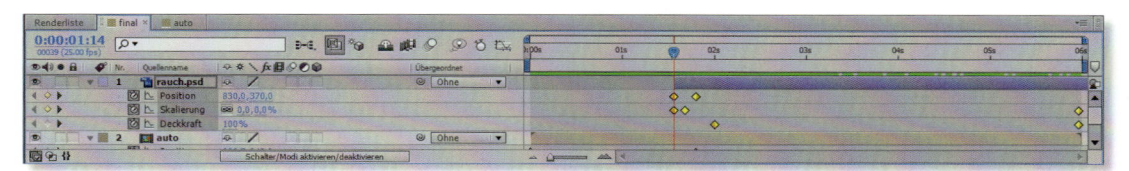

Vorteile von verschachtelten Kompositionen

Zusammengefasst haben verschachtelte Kompositionen folgende Vorteile:
- Änderungen, die Sie in der Quellkomposition vornehmen (im Workshop die Komposition »auto«), werden in die Zielkomposition übernommen (im Workshop »final«). Animationen in der Komposition »auto« wurden anschließend auch in der Komposition »final« sichtbar.
- Egal, wie viele Ebenen die Quellkomposition enthält, nach dem Verschachteln in die Zielkomposition haben alle Ebenen nur noch einen gemeinsamen Ankerpunkt. Die Ebenen wurden sozusagen zu einer Ebene zusammengefasst. So können Sie etliche Ebenen mit einem Mal skalieren, die Position ändern, Effekte darauf anwenden usw.
- Eine verschachtelte Quellkomposition ist nur eine **Instanz**. Sie können sie also, sooft Sie wollen, in der Zielkomposition auftauchen lassen. Ziehen Sie die Workshop-Komposition »auto« ruhig noch ein paarmal ins »final«. Das Ergebnis könnte dann ähnlich aussehen wie in Abbildung 7.42.
- Die Hintergrundfarbe der Quellkomposition wird in der Zielkomposition immer transparent, um andere Hintergründe verwenden zu können.

▼ **Abbildung 7.41**
Hier sehen Sie mehrere Instanzen der Komposition »auto« in der Zeitleiste.

Jetzt können Sie auch testen, was geschieht, wenn Sie die Ebenen in der Workshop-Komposition »Auto« über den Kompositionsrand hinaus verschieben. In diesem Falle werden nämlich die Ebenen in allen Instanzen in der Zielkomposition beschnitten bzw. gar nicht angezeigt.

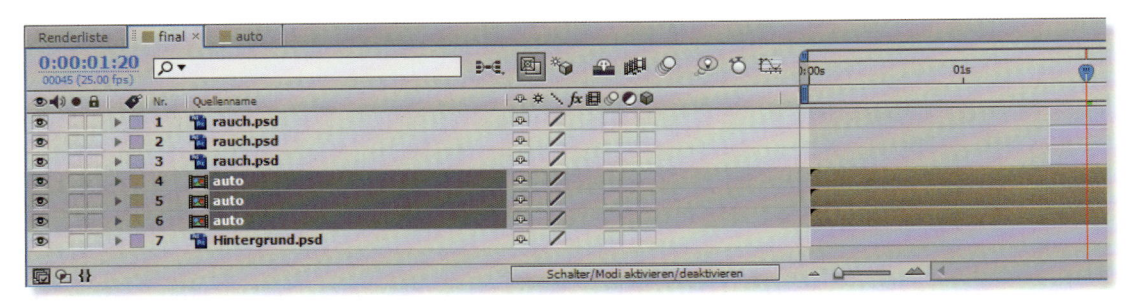

Abbildung 7.42 ▶
Kompositionen können Sie als Instanzen in anderen Kompositionen verwenden.

Anmerkungen zum Nesting

Es ist möglich und üblich, noch weit mehr als nur eine Komposition wie in unserem kleinen Workshop zu verschachteln. Allerdings sollten Sie Kompositionen nicht wild ineinander verschachteln, da dies die Vorschau bremst und die Renderzeit Ihrer Animationen verlängert.

▶ **Komplexe Projekte**: Sinnvoll ist es, eine »Final«-Komposition einzurichten, die die Ausgabeeinstellungen enthält, und dort andere Kompositionen hineinzuziehen, die Animationen enthalten. Auf diese Weise lassen sich komplexe Projekte recht übersichtlich gestalten.

▶ **Rendern statt verschachteln**: Haben Sie eine Animation bereits vollständig fertig in einer Komposition animiert, kann es günstig sein, diese unkomprimiert zu rendern und dann den gerenderten Film in der »Final«-Komposition zu verwenden. Das beschleunigt die Vorschau erheblich. Dazu erfahren Sie mehr in den Abschnitten »Ausgabemöglichkeiten zur Weiterverarbeitung« auf Seite 361 und »Ausgabeketten erstellen« auf Seite 377.

7.5 Flussdiagramm

Das Projekt, das Sie im Workshop »Verschachtelte Kompositionen« angelegt haben, eignet sich gut, um das Flussdiagramm zu erläutern. Das Flussdiagramm dient zur Darstellung des strukturellen Aufbaus eines Projekts oder einer Komposition und gibt einen Überblick, welche Rohmaterialien wo und wie verwendet wurden.

Öffnen Sie das Projekt »VerschachtelnCS6.aep« und dann die Komposition »final« per Doppelklick im Projektfenster. Sollte das Projektfenster nicht sichtbar sein, blenden Sie es mit der Tastenkombination [Strg]+[0] ein. Ziehen Sie das Kompositionsfenster gegebenenfalls nach rechts, um über den Flussdiagramm-Button ❶ die FLUSSDIAGRAMMANSICHT zu öffnen. Für den Projektüberblick gibt es einen solchen Button auch oben rechts im Projektfenster.

Im Flussdiagramm sind die Komposition »final« ❸ und darüber ein Pluszeichen zu sehen. Bei einem Klick auf das Pluszeichen ❷ werden das Rohmaterial, in der Komposition enthaltene Ebenen und verschachtelte Kompositionen angezeigt. Rohmaterialien erhalten vor ihrem Namen andere Symbole als Ebenen bzw. Kompositionen.

Öffnen Sie, falls Sie es bereits geschlossen haben, am besten nochmals Ihr Projekt oder das auf der DVD befindliche Projekt unter BEISPIELMATERIAL/07_EBENENLAYOUT/VERSCHACHTELUNG Verschachteln.aep«

▲ **Abbildung 7.43**
Klicken Sie auf den Button für das Flussdiagramm, um es zu öffnen.

▼ **Abbildung 7.44**
In der Flussdiagrammansicht gewinnen Sie einen Überblick über den Aufbau Ihres Projekts.

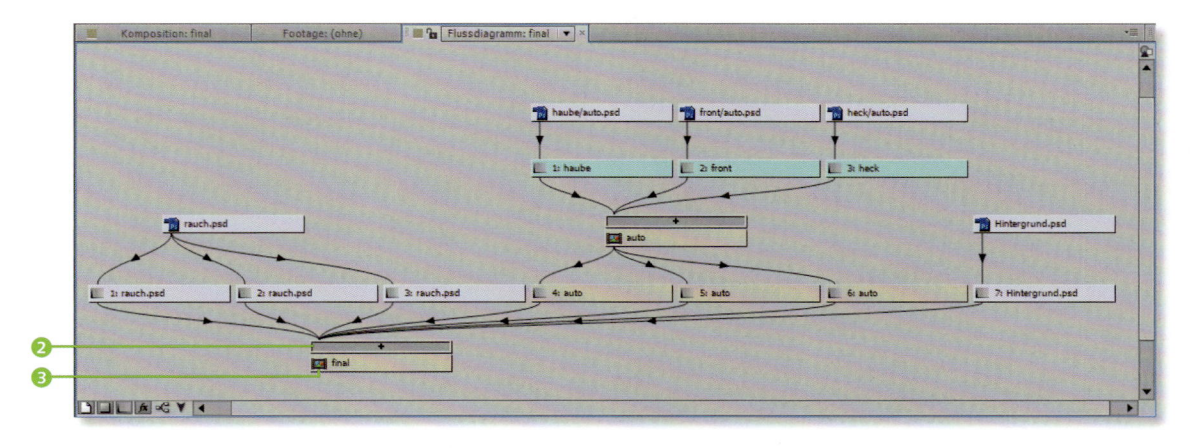

Am unteren Rand des Diagramms finden Sie sechs Schaltflächen zur Änderung der Ansicht:

- **Footage**: Blenden Sie Rohmaterial und Ebenen ein und aus, indem Sie den Footage-Button ❶ betätigen.
- **Farbflächen**: Wenn Ihre Komposition Farbflächen enthält, blenden Sie diese über den zweiten Button in der Reihe ein und aus.
- **Ebenen**: Mit dem dritten Button zeigen Sie die Ebenen an oder blenden sie aus.
- **Effekte**: Effekte blenden Sie mit dem vierten Button ❷ ein und aus.
- **Umschalten**: Mit dem Button ❸ ändern Sie die Darstellung zwischen geraden und schrägen Linien.
- **Richtung**: Schließlich lässt sich noch die Richtung des Flussdiagramms im Popup ❹ ändern.

Elemente markieren | Ihr eigenes Ordnungsprinzip richten Sie ein, indem Sie jedes Element markieren und an eine andere Stelle ziehen. Das Markieren hat aber noch eine andere Funktion: Markierte Elemente werden auch in den Kompositionen bzw. im Projektfenster markiert. Mit `Entf` löschen Sie Elemente aus Ihrem Projekt. In der Praxis werden Sie eine solche Vorgehensweise allerdings kaum finden. Ganz hilfreich zum Verschieben des gesamten Diagramms ist es, gleichzeitig die Leertaste und die Maustaste zu verwenden.

Mini-Flussdiagramm | Seit After Effects CS4 gibt es das Mini-Flussdiagramm, das Sie sowohl im Kompositionsfenster ❺ als auch in der Zeitleiste ❻ finden. Bei verschachtelten Kompositionen navigieren Sie über das Diagramm leichter und schneller zwischen den Kompositionen.

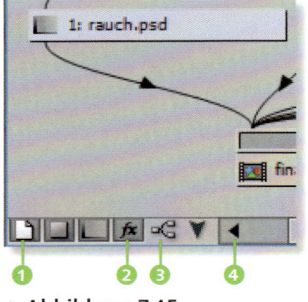

▲ **Abbildung 7.45**
Die Schalter für die Darstellung des Flussdiagramms

▼ **Abbildung 7.46**
Das Mini-Flussdiagramm hilft bei der Navigation in verschachtelten Kompositionen.

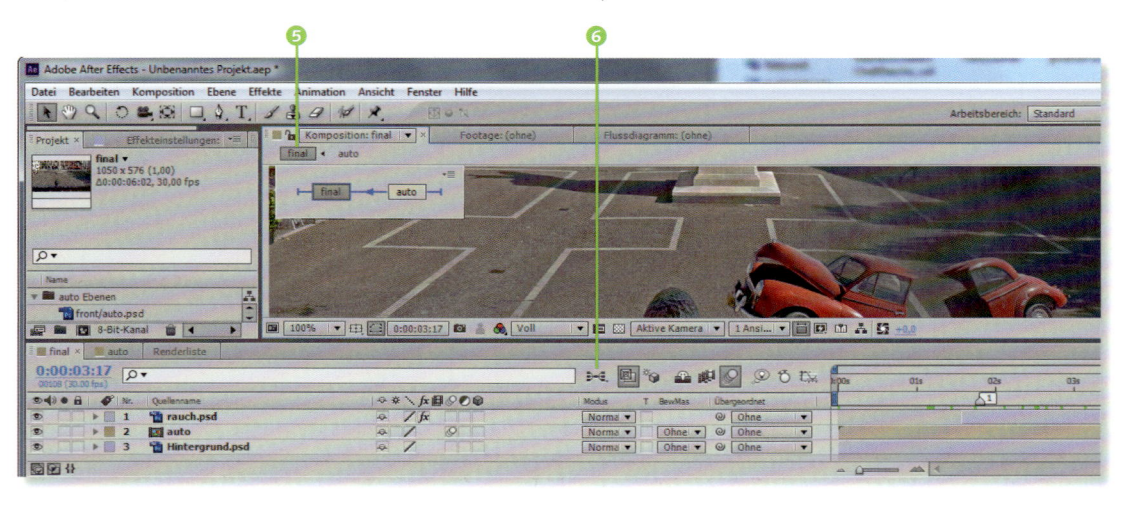

7.6 Die Zeitleiste

Die Zeitleiste dient dazu, Ebenen entsprechend ihrem zeitlichen Ablauf anzuordnen. Das Erscheinen und Verschwinden von Ebenen zu einem bestimmten Zeitpunkt definieren Sie in der Zeitleiste. Dafür verantwortlich sind der In-Point und der Out-Point einer Ebene in After Effects.

Ebenen werden in der Zeitleiste übereinandergestapelt. Eine Ebene, die sich in der Zeitleiste ganz oben befindet, verdeckt ganz oder teilweise Ebenen, die weiter darunter angeordnet sind. Eine Ausnahme dabei bilden dreidimensionale Ebenen, bei denen die Anordnung auf der Z-Achse entscheidend ist. Die Details dazu lesen Sie in Kapitel 23, »3D in After Effects«.

Visuelle Ebenen, ob Standbild oder Video, besitzen jeweils gleiche animierbare Eigenschaften. Solche Transformationen und Animationen können Sie für jede Ebene einstellen. Spezielle Effekte, die Sie den Ebenen hinzufügen, erweitern den Animationsspielraum erheblich. Sämtliche an einer Ebene vorgenommenen Veränderungen sind nicht destruktiv, das heißt, dem auf der Festplatte gespeicherten Rohmaterial geschieht nichts.

In späteren Kapiteln werden Sie einige der zahlreichen Animationsmöglichkeiten von Ebenen genauer studieren können. Die nächsten Seiten sind vorerst den vielen Funktionen der Zeitleiste gewidmet.

Zeitmarke

Das wichtigste Instrument der Zeitleiste ist zweifelsohne die Zeitmarke ❾. Mit der Zeitmarke steuern Sie bestimmte Zeitpunkte in der Komposition an. An der Zeitmarke richten Sie außerdem Ebenen aus, wie Sie bereits beim Hinzufügen von Rohmaterial zur Zeitleiste gesehen haben. Außerdem werden Keyframes an der Zeitmarkenposition gesetzt und können an ihr mit Hilfe der Taste ⇧ magnetisch ausgerichtet werden.

▼ **Abbildung 7.47**
Die Zeitmarke dient zum Navigieren in der Zeitleiste. Ebenen und Keyframes lassen sich an der Zeitmarke ausrichten.

Funktion	Windows und Mac OS
an den Arbeitsbereichsanfang	⇧ + Pos1
zum Arbeitsbereichsende	⇧ + Ende
zum Ebenen-In-Point	I
zum Ebenen-Out-Point	O

▲ **Tabelle 7.1**
Weitere Tastenkürzel zum Navigieren der Zeitmarke

▼ **Abbildung 7.48**
Bei größeren Projekten ist es günstig, den Arbeitsbereich auf eine bestimmte Zeitspanne anzupassen.

▶ **Zeitmarke ziehen:** Vor dem Setzen eines Keyframes müssen Sie immer die Zeitmarke auf den entsprechenden Zeitpunkt setzen. Dazu klicken Sie die Zeitmarke an und ziehen sie manuell, oder Sie klicken einfach auf das Zeitlineal ❽. Die Zeitmarke springt dann auf diesen Zeitpunkt.

▶ **Zeitpunkt ansteuern:** Für genauere Ansteuerungen geben Sie die gewünschten Zeitpunkte numerisch ein. Per Klick auf die Zeitanzeige ❼ tippen Sie den gewünschten Zeitpunkt, beispielsweise »300«, ein. Das Timecode-Format 0:00:03:00 erkennt After Effects automatisch.

Arbeitsbereich

Sehr wichtig ist der Arbeitsbereich ❷ im oberen Teil der Zeitleiste. Mit dem Arbeitsbereich legen Sie fest, welcher Teil Ihrer Komposition in der Vorschau angezeigt werden soll. Dies gilt zwar nicht für jede Art Vorschau, doch mehr dazu folgt in Kapitel 9, »Vorschau«. Spätestens bei größeren Projekten wird die Anpassung des Arbeitsbereichs auf eine bestimmte Zeitspanne notwendig.

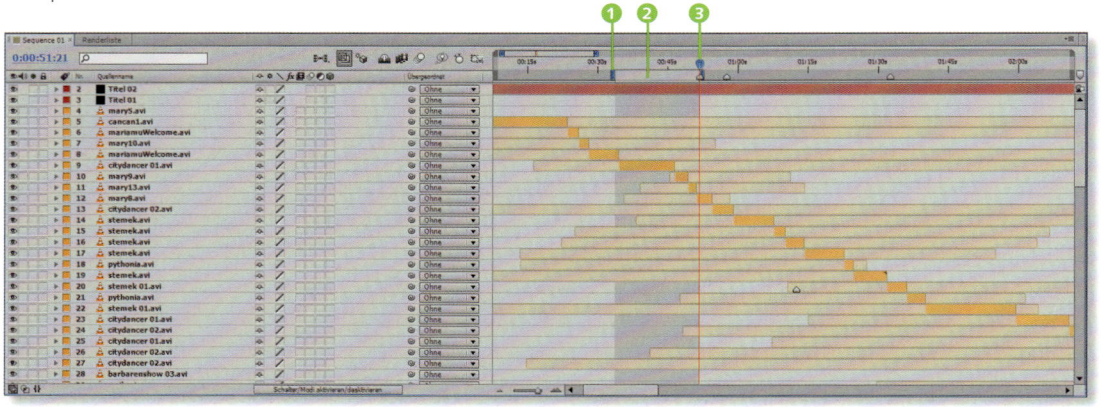

Infofenster

Beim Anklicken des Arbeitsbereichs zeigt Ihnen das Infofenster Anfang, Ende und Dauer des Bereichs an. Das Gleiche gilt für die Zeitansichtsklammern (der schmale Balken über der Zeitanzeige).

Zum Anpassen des Arbeitsbereichs ziehen Sie seinen Beginn ❶ und sein Ende ❸ an die von Ihnen gewünschte Stelle. Alternativ positionieren Sie zuerst die Zeitmarke auf den gewünschten Beginn und drücken anschließend die Taste B. Für das gewünschte Ende setzen Sie wieder die Zeitmarke und drücken dann die Taste N. Beginn und Ende des Arbeitsbereichs springen an die erwünschten Zeitpunkte.

Zum Verschieben eines einmal gewählten Arbeitsbereichs klicken Sie die Leiste an und ziehen den Arbeitsbereich seitwärts.

Zoomfunktion der Zeitleiste

Sie können das Zeitlineal der Zeitleiste zoomen. Normalerweise werden die Zeitwerte im Zeitlineal in Sekunden angezeigt (hinter jeder Zahl in der Zeitleiste steht ein kleines »s«). Sie können aber auch bis in die einzelnen Frames einzoomen, um beispielsweise Keyframes zeitlich sehr dicht zu setzen.

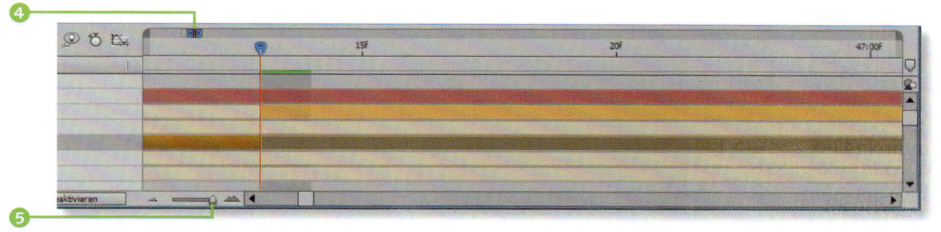

▲ **Abbildung 7.49**
Für genauere Arbeiten ist oft das Einzoomen bis hin zur Darstellung einzelner Frames notwendig.

- **Per Schieberegler**: Zum Einzoomen ziehen Sie den Schieberegler ❺ nach rechts, zum Auszoomen nach links. Haben Sie sehr weit eingezoomt, wird hinter den Zahlen im Zeitlineal ein kleines »f« dargestellt, das für »Frame« steht, also für das Einzelbild. Wundern Sie sich nicht, dass Ihre Zeitmarke beim Ziehen dann so komisch »hüpft« – sie springt ja nur von Frame zu Frame. Sie wissen schon: Viele einzelne Bilder ergeben einen Film.
- **Per Button**: Die Berge links und rechts vom Schieberegler dienen ebenfalls zum Ein- und Auszoomen – per Klick.
- **Per Klammern**: Eine weitere Möglichkeit für das Zoomen bieten die beiden Markierungen ❹, die Sie dazu nach links und nach rechts ziehen können. Nutzen Sie ⇧+Doppelklick auf die Zeitbereichsleiste, um zwischen Ihrem aktuell gewählten Zoom und der gesamten Kompositionslänge zu wechseln.
- **Per Mausrad**: Drücken Sie die Taste [Alt], und scrollen Sie dann mit dem Mausrad, um in die Zeit ein- oder auszuzoomen.
- **Zoombereich verschieben**: Mit dem Hand-Werkzeug, das Sie mit der Taste [H] einblenden, klicken Sie in das Zeitfenster und verschieben dann den Ausschnitt.

Anzeigeoptionen in der Zeitleiste

In der Zeitleiste sind einige standardmäßig angezeigte Spalten zu sehen, einige Spalten sind aber auch verborgen. Durch einen Klick mit der rechten Maustaste auf einen Spaltennamen öffnet sich das Menü SPALTEN. Dort sind die bereits angezeigten Spalten mit einem Häkchen versehen. Weitere Spalten lassen sich auswählen und werden anschließend in der Zeitleiste angezeigt.

Abbildung 7.50 ▶
Der Zeitleiste können Sie weitere Spalten hinzufügen.

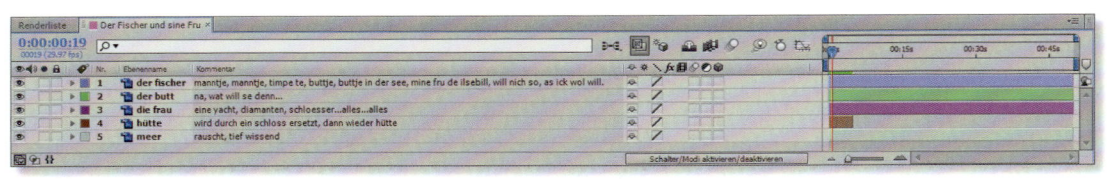

▲ **Abbildung 7.51**
In der Spalte KOMMENTAR lassen sich für jede Ebene Bemerkungen eintragen.

Audio-/Video-Funktionen

In diesem Abschnitt werden die verschiedenen Audio- und Video-Funktionen von After Effects CS6 vorgestellt.

Augen-Symbol | Zum Ausblenden von Videos oder Bildern können Sie ein Auge zudrücken, indem Sie auf das Augen-Symbol ❶ einer Ebene klicken. Für Sounddateien steht das Lautsprecher-Symbol ❷ zur Verfügung. Dateien, die Sie auf diese Weise ausblenden, sind auch bei der Ausgabe nicht sichtbar oder hörbar.

▲ **Abbildung 7.52**
Jede Ebene besitzt Schalter zum Schützen, Soloschalter und je nach Typ Audio- und Video-schalter.

Solo | Die Ebenenschalter unter der Spalte SOLO ❸ verwenden Sie, um zeitweise nur die solo geschaltete Ebene anzuzeigen oder anzuhören. Alle anderen Ebenen werden ausgeblendet, und die gewählte Ebene wird zum Single. Sie können auch mehrere Ebenen solo schalten. Wie bei dem Augen- und dem Lautsprecher-Symbol werden die ausgeblendeten Ebenen nicht mitgerendert.

Schützen | Das Vorhängeschloss ❹ dient dem Schutz der jeweils gewählten Ebene. Eine geschützte Ebene kann nicht verändert werden und blinkt, wenn sie in der Zeitleiste angeklickt wird.

Etiketten

Sie können Ebenen mit verschiedenen Etikettenfarben ausstatten, um in Projekten mit sehr vielen Ebenen die Übersicht zu bewahren. Klicken Sie dazu in der Zeitleiste auf eines der Etiketten ❺. In dem sich öffnenden Menü können Sie eine neue Farbe festlegen.

Es wird nicht nur das Etikett neu eingefärbt, sondern auch die Ebene in der Zeitleiste sowie die Ebenengriffe und Bewegungspfade im Kompositionsfenster werden mit der neuen Farbe versehen. Haben Sie mehrere Ebenen in der gleichen Farbe angelegt, hält das Einblendmenü noch die schöne Option für Sie bereit, eine ganze Etikettengruppe auszuwählen, also alle Ebenen mit dem gleichen Etikett. Und das ist kein Etikettenschwindel.

> **Schalter für Schnelle**
> Sämtliche Ebenenschalter können Sie für mehrere Ebenen aktivieren/deaktivieren, wenn Sie bei gedrückter Maustaste über ein Schalter-Symbol »ziehen«.

Ebenennummerierung

Die Nummerierung ❻ ist nicht fest mit einer Ebene verbunden. Ziehen Sie z. B. eine Ebene mit der Nummer 15 nach ganz oben, trägt sie anschließend die Nummer 1. Die Nummern kennzeichnen nur die Reihenfolge der Ebenen, man muss also keine besonders große Nummer daraus machen. Wenn Sie tastaturbegeistert sind, wird es Sie aber freuen, dass Sie die Ebenen über den Ziffernblock Ihrer Tastatur auswählen können. Tippen Sie dazu einfach die Nummer, und die Ebene wird markiert.

Ebenenname

Die Spalte EBENENNAME ❼ ist eine Schaltstelle zwischen dem von Ihnen festgelegten Ebenennamen und dem Namen des Rohmaterials. Um die Anzeige zwischen dem Ebenennamen und dem Rohmaterialnamen zu wechseln, klicken Sie jeweils auf die Spalte QUELLEN- bzw. EBENENNAME. Ist der Name Ihrer Ebene mit einer eckigen Klammer versehen, haben Sie keinen Ebenennamen vergeben, und der Rohmaterialname wird angezeigt.

Eigene Ebenennamen | Um eigene Ebenennamen zu vergeben, markieren Sie die Ebene und drücken ⏎ im Haupttastaturfeld. Tippen Sie den gewünschten Namen, und betätigen Sie erneut ⏎.

Eine Benennung der Ebenen ist wichtig, wenn Sie Rohmaterial mehrfach in einer Komposition verwenden, aber unterschiedliche Veränderungen damit planen. Die Änderung des Ebenennamens hat im Gegensatz zu früheren Versionen meistens keine Auswirkungen auf Expressions. Mit Expressions erzeugen Sie Verlinkungen zwischen mehreren Eigenschaften einer oder mehrerer Ebenen. Mehr dazu lesen Sie in Kapitel 24, »Expressions«.

Ebenenschalter

Die Ebenenschalter ❷ können Sie optional aus- oder einblenden, und zwar über die kleine Schaltfläche ❶ am linken unteren Rand des Zeitleistenfensters. Nach dem Einblenden ist eine ganze Reihe weiterer Optionen verfügbar.

▲ **Abbildung 7.53**
Mit einer kleinen Schaltfläche blenden Sie die Ebenenschalter ein und aus.

Verbergen | In After Effects können Ebenen sogar Tarnkappen erhalten! Sie können die 235 Ebenen, an denen Sie gerade nicht arbeiten, aus der Zeitleiste ausblenden und sich ewiges Hin- und Herscrollen ersparen. Im Kompositionsfenster bleiben die Ebenen präsent.

Die Spalte VERBERGEN ❸ zeigt an, ob eine Ebene getarnt ist oder nicht. Um Ebenen in der Zeitleiste zu tarnen, klicken Sie auf das Männlein der jeweiligen Ebene. Die getarnten Ebenen verschwinden allerdings erst, wenn Sie noch das größere Männlein bzw. Fräulein ❻ drücken. Und vergessen Sie nicht, das große Fräulein zum Einblenden erneut zu drücken – es hat schon so mancher verzweifelt seine vermissten Ebenen gesucht …

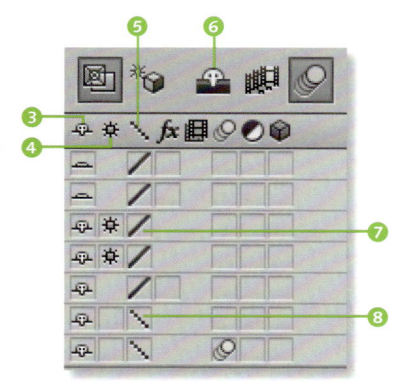

▲ **Abbildung 7.54**
Die eingeblendeten Ebenenschalter in der Zeitleiste

Qualität | In der Spalte QUALITÄT ❺ bestimmen Sie die Vorschauqualität der Ebenen. Bei besserer Qualitätseinstellung ❼ dauert die Berechnung der Bilder länger. Bei heute gebräuchlichen Rechnern fällt dies nicht sehr ins Gewicht. Allerdings ist es bei einigen auf die Ebene angewendeten Effekten, großen Skalierungen und großen Bildern sinnvoll, in den Entwurfsmodus ❽ umzuschalten. Klicken Sie den Schalter dazu einfach an.

▲ **Abbildung 7.55**
Im Entwurfsmodus erscheinen Grafiken an den Kanten stufig.

▲ **Abbildung 7.56**
Bei bester Qualität sind die Kanten geglättet.

Optimieren/Transformationen falten | Die Option OPTIMIEREN/ TRANSFORMATIONEN FALTEN ❹ hat zweierlei Funktion: Zum einen dient sie dazu, Vektorgrafiken wie Adobe-Illustrator-Dateien und EPS-Dateien in bester Qualität in After Effects anzuzeigen. Zum anderen wird sie für 2D- und 3D-Kompositionen verwendet, die in eine andere Komposition verschachtelt werden.

Mit der Option TRANSFORMATIONEN FALTEN werden Informationen mit in die andere Komposition übernommen und gewährleisten so eine korrekte Anzeige. Beim Import in After Effects werden vektorbasierte Dateien in pixelorientierte Dateien umgerechnet. Der Unterschied zu sonstigen pixelorientierten Dateien besteht darin, dass Illustrator- und EPS-Dateien bei aktiviertem Schalter in jedem Frame neu berechnet werden, so auch bei Skalierungen. Die Option TRANSFORMATIONEN FALTEN wird daher auch **kontinuierliches Rastern** genannt. Schlicht gesagt können Sie Ihre Vektorgrafiken so groß skalieren, wie Sie wollen, wenn Sie den Schalter für die jeweilige Ebene aktivieren.

▲ **Abbildung 7.57**
Eine Vektorgrafik ohne Vergrößerung wird in gleicher Qualität dargestellt wie …

▲ **Abbildung 7.58**
… eine vergrößerte Vektorgrafik.

Zum Nachlesen
Näheres zu Effekten und ihrer Verwendung erfahren Sie in Teil VII, »Masken, Effekte und Alphakanäle«.

Effektschalter | Wenn auf einzelne Ebenen Effekte angewandt wurden, kennzeichnet After Effects die jeweilige Ebene mit einem fx ❺. Mit einem Klick darauf wird die Ebene ohne angewendete Effekte dargestellt und bei entsprechender Option auch ohne Effekte gerendert. Der Schalter ist oft nützlich, um die Wirkung eines Effekts zu beurteilen und die Vorschau bei deaktivierten Effekten zu beschleunigen.

Frame-Überblendung | Bei Ebenen, die bewegtes Rohmaterial wie Video oder Bildsequenzen enthalten, können Sie die Frame-Überblendung aktivieren.

Die Option eignet sich für Bildsequenzen, die eine geringere Framerate aufweisen als die Komposition, in der sie verwendet werden. Wird eine Bildsequenz mit einer Framerate von 15 fps in einer Komposition mit einer Framerate von 25 fps verwendet, rechnet After Effects die fehlenden Bilder in der Sequenz hinzu, indem sie dupliziert werden. Die Bewegung kann dadurch beim Abspielen ruckelnd wirken.

Aktivieren Sie die Frame-Überblendung, werden aus je zwei aufeinanderfolgenden Originalbildern Zwischenbilder errechnet und mit den Originalbildern überblendet. Beim Abspielen wirkt die Bewegung flüssiger. Bei Filmmaterial ist die Frame-Überblendung nur sinnvoll, wenn Sie das Material zeitverzerren oder eine Zeitlupe darauf angewandt haben.

Für die Berechnung der Zwischenbilder bietet After Effects unter EBENE • FRAME-ÜBERBLENDUNG die Optionen FRAME-MIX und PIXEL-MOTION an. Für Dateien, die sehr stark verlangsamt wurden, bietet sich die zweite Option an. Es werden mit PIXEL-MOTION überhaupt bessere Ergebnisse erzielt, allerdings zu Lasten der Vorschau und des Renderprozesses. Wenn Sie eine Ebene im Qualitätsmodus ENTWURF bearbeiten, verwendet After Effects zur Vorschaubeschleunigung automatisch die Option FRAME-MIX.

Frame-Überblendung aktivieren | Sie aktivieren die Option per Klick in das Kästchen ❶ und auf den Button ❷. Um zwischen den Optionen AUS, FRAME-MIX und PIXEL-MOTION zu wechseln, klicken Sie wiederholt in das Kästchen. Wird kein Balken angezeigt, ist die Frame-Überblendung deaktiviert, was einer schnelleren Vorschau dient. FRAME-MIX ist eingestellt, wenn der Balken gepunktet dargestellt wird ❹, und PIXEL-MOTION in der dritten Einstellung.

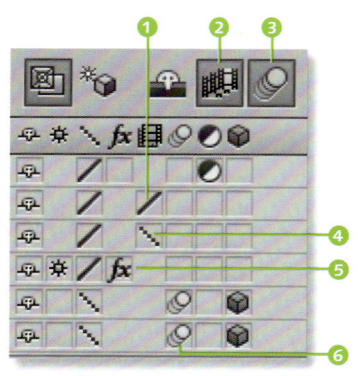

▲ **Abbildung 7.59**
Einige Ebenenschalter haben erst dann eine Wirkung, wenn weitere Schalter für die Komposition aktiviert wurden.

Bewegungsunschärfe | Schnell bewegte Objekte, die von einer Kamera aufgenommen werden, erscheinen verwischt, wenn man sie im Einzelframe des Films betrachtet. Die Bewegungsunschärfe simuliert diesen Effekt und lässt so Bewegungen realistischer erscheinen. Daher wirkt sich die Option nur auf sich bewegende Ebenen aus. Um eine Wirkung zu erzielen, müssen Keyframes, beispielsweise für die Positionseigenschaft, gesetzt worden sein. Schnell bewegte Pixel werden dabei stärker verwischt als langsam bewegte.

Um die Bewegungsunschärfe zu aktivieren, klicken Sie in das Kästchen ❻ und klicken auf den Button ❸. Da die Bewegungsunschärfe rechenintensiv ist, empfiehlt es sich, bei weiterer Bearbeitung die Unschärfe zu deaktivieren.

▲ **Abbildung 7.60**
Bei aktivierter Frame-Überblendung werden aus zwei aufeinanderfolgenden Originalbildern Zwischenbilder errechnet und eingeblendet.

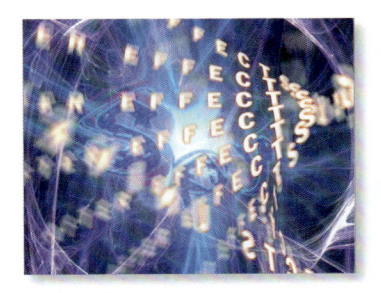

▲ **Abbildung 7.61**
Bei aktivierter Bewegungsunschärfe werden schnell bewegte Pixel in Bewegungsrichtung verwischt.

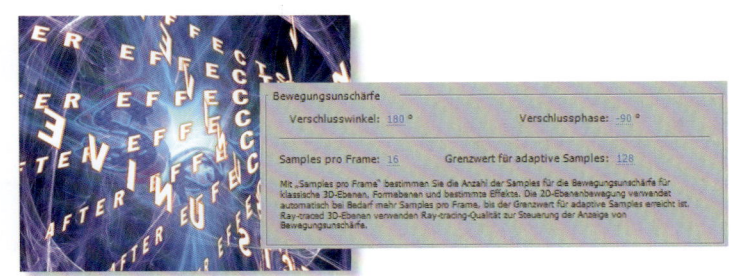

▲ **Abbildung 7.62**
Die gleiche Komposition ohne aktivierte Bewegungsunschärfe

▲ **Abbildung 7.63**
Festlegungen für die Bewegungsunschärfe treffen Sie in den KOMPOSITIONSEINSTELLUNGEN.

Stärke der Unschärfe ändern | Die Stärke der Bewegungsunschärfe ändern Sie in den KOMPOSITIONSEINSTELLUNGEN über KOMPOSITION • KOMPOSITIONSEINSTELLUNGEN oder ⌈Strg⌉+⌈K⌉. Klicken Sie im Dialog auf die Karte ERWEITERT.

Da die Bewegungsunschärfe den Verwischeffekt bei Kameras nachahmt, werden auch ähnliche Einstellmöglichkeiten wie bei Kameras verwendet. Unter VERSCHLUSSWINKEL geben Sie einen höheren Wert ein, um die Bewegungsunschärfe zu verstärken (maximal 720). Der Wert unter VERSCHLUSSPHASE (maximal 360) legt einen zeitlichen Abstand zum aktuellen Frame für die Bewegungsunschärfe fest.

> **Live-Update, 3D-Entwurf und Diagrammeditor**
> Für Informationen zu den Schaltern LIVE-UPDATE, 3D-ENTWURF und DIAGRAMMEDITOR schauen Sie bitte im Index nach, da diese an besser passender Stelle erläutert werden.

Zum Berechnen der Bewegungsunschärfe verwendet After Effects für sich schnell bewegende Ebenen eine andere Samplerate als für langsame Ebenen. Somit ist die Stärke der Bewegungsunschärfe je nach Geschwindigkeit unterschiedlich. Unter SAMPLES PRO FRAME legen Sie die Anzahl der Samples für die Berechnung von 3D-Ebenen, Formebenen und einigen Effekten fest. Unter GRENZWERT FÜR ADAPTIVE SAMPLES bestimmen Sie den Maximalwert der Samples für 2D-Ebenen. Für 2D-Ebenen werden die Samples bei Bedarf automatisch erhöht, bis der Grenzwert erreicht ist.

Einstellungsebenen | Mit dem Schalter ❶ oder über EBENE • NEU • EINSTELLUNGSEBENE machen Sie eine Ebene zu einer Einstellungsebene. Die Ebene wird dann ausgeblendet. Effekte, die auf die Einstellungsebene angewendet wurden, wirken sich auf alle darunter befindlichen Ebenen aus. Dies kann eine Menge Zeit sparen.

Wenn Sie eine Lichtebene zu einer Einstellungsebene erklären, wird deswegen das Licht nicht ausgeblendet, sondern die Lichtebene wirkt sich dann nur noch auf darunterliegende 3D-Ebenen aus.

> **Zum Nachlesen**
> Weiterführend lesen Sie hierzu Kapitel 23, »3D in After Effects«.

3D-Ebenen | Über den Schalter 3D-EBENEN ❷ definieren Sie zweidimensionale Ebenen als dreidimensionale Ebenen und können sie im 3D-Raum animieren.

▲ **Abbildung 7.64**
In der Zeitleiste befinden sich noch die Schalter LIVE-UPDATE, 3D-ENTWURF und DIAGRAMMEDITOR.

Schalter/Modi

> **Zum Nachlesen**
> Zum MODUS lesen Sie mehr in Abschnitt 8.7, »Bitte mischen: Füllmethoden«. Der Schalter TRANSPARENZ ERHALTEN und die Funktion BEWEGTE MASKE beschreibe ich eingehend in Kapitel 18, »Masken, Matten oder Alphakanäle«.

Unter den Ebenenschaltern befindet sich die Schaltfläche SCHALTER/MODI AKTIVIEREN/DEAKTIVIEREN ❼, mit der Sie schnell zu den interessanten Funktionen MODUS, TRANSPARENZ ERHALTEN und BEWEGTE MASKE ❺ wechseln können. Sollte die Schaltfläche nicht sichtbar sein, blenden Sie sie per Klick auf den Button EBENENSCHALTER EIN-/ AUSBLENDEN ❻ ein.

7.6 Die Zeitleiste

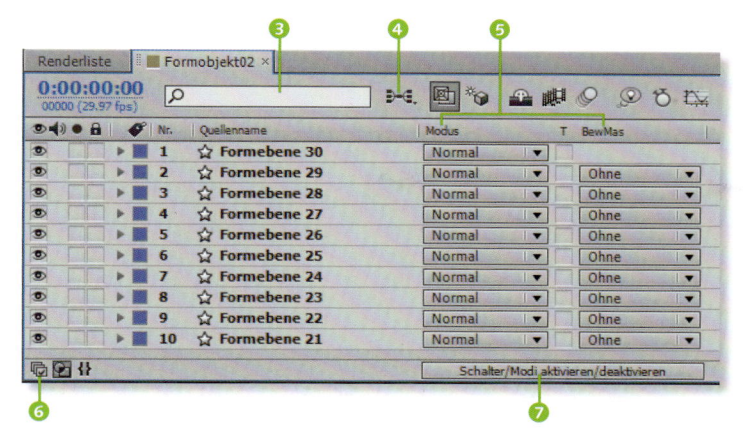

◄ **Abbildung 7.65**
Mit einem Klick auf die Schaltfläche EBENENMODIFENSTER wechselt die Anzeige, und es kommen weitere Optionen zum Vorschein.

Suchfunktion und Mini-Flussdiagramm | Wie im Projektfenster gibt es in der Zeitleiste eine komfortable Suchfunktion ❸, mit der Sie Ebenen in der Zeitleiste sehr schnell auffinden. Beim Eintippen des jeweiligen Namens blendet After Effects bereits die gesuchten Ebenen ein und die nicht gesuchten aus.

Auch das Mini-Flussdiagramm ❹ erleichtert die Arbeit und hilft beim Navigieren in verschachtelten Kompositionen.

Funktion	Windows/Mac OS
Arbeitsbereichsbeginn setzen	B
Arbeitsbereichsende setzen	N
Einzoomen ins Kompositionsfenster	. (Punkt)
Auszoomen aus dem Kompositionsfenster	, (Komma)

▲ **Tabelle 7.2**
Tastenkürzel für Arbeitsbereich und Zoom

Funktion	Windows/Mac OS
an den Zeitleistenanfang	Pos1
zum Zeitleistenende	Ende
ein Bild vor	Bild ab
ein Bild zurück	Bild auf
10 Bilder vor	⇧ + Bild auf
10 Bilder zurück	⇧ + Bild ab

▲ **Tabelle 7.3**
Tastenkürzel zum Navigieren der Zeitmarke

Kapitel 8
Ebenen organisieren und bearbeiten

Organisation ist das halbe Leben, und das gilt auch bei der Arbeit mit Ebenen. Wie Sie Ebenen organisieren, mit einfachen Schnittfunktion anpassen, zeitlich dehnen oder stauchen, mit anderen Ebenen visuell mischen und Markierungen an prägnanten Stellen setzen, zeige ich Ihnen in diesem Kapitel.

8.1 Ebenen anordnen und ausrichten

Im folgenden Workshop erlernen Sie die zeitliche Anordnung und Ausrichtung von Ebenen und einiges mehr. Damit haben Sie die Grundlage für jedes Arbeiten in After Effects.

Schritt für Schritt: Ebenen anordnen – Geburtstag

Wie die zeitliche Anordnung und Ausrichtung von Ebenen in After Effects funktioniert, erfahren Sie in diesem Workshop.

1 Vorbereitung
Zunächst schauen Sie sich am besten den Film »geburtstag.mov« aus dem Ordner 08_EBENENORGANISATION/POSITIONEN an.

2 Import
Importieren Sie über DATEI • IMPORTIEREN • DATEI oder [Strg]+[I] aus dem Ordner 08_EBENENORGANISATION/POSITIONEN/(FOOTAGE) die Dateien »birthday.eps«, »happy.eps«, »kraft.psd«, »liebe.psd«, »glueck.psd« und »hintergrund.jpg«. Wählen Sie gegebenenfalls AUF EINE EBENE REDUZIERT.

Die benötigten Dateien für diesen Workshop finden Sie auf der DVD unter BEISPIELMATERIAL/ 08_EBENENORGANISATION/ POSITIONEN.

Kapitel 8   Ebenen organisieren und bearbeiten

3 Komposition anlegen

Legen Sie eine Komposition über KOMPOSITION • NEUE KOMPOSITION oder [Strg]+[N] an. Benennen Sie Ihre Komposition. Wählen Sie unter VORGABE: PAL D1/DV, 720×576. Tragen Sie wie gehabt bei FRAMERATE »25« ein. Bei DAUER wählen Sie 700 bzw. 0:00:07:00.

4 Rohmaterial zur Ebene

Positionieren Sie die Zeitmarke auf 00:00, oder drücken Sie [Pos1]. Ziehen Sie die Datei »happy.eps« in die Zeitleiste. Die Ebene wird im Kompositionsfenster zentriert.

Abbildung 8.1 ▶
»happy« im Kompositionsfenster

▼ Abbildung 8.2
Der In-Point wird genau deckungsgleich zur Zeitmarke ausgerichtet, wenn Sie die Ebene direkt auf die Standard-Zeitmarke ziehen.

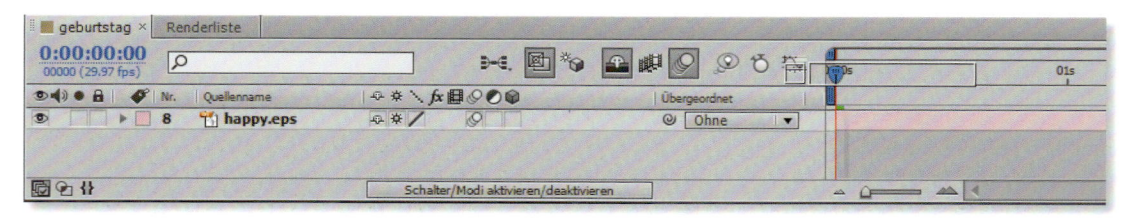

Ziehen Sie nun die Zeitmarke auf 01:00, oder klicken Sie in die Zeitanzeige der Zeitleiste und tippen Sie »100« anstelle des markierten Werts ein. Ziehen Sie die Datei »birthday.eps« in die Zeitleiste. Um die Ebene an der Zeitmarke auszurichten, ziehen Sie sie in den Zeitmarkenbereich rechts. Sobald Sie die Ebene dort über einer anderen Ebene bewegen, erscheint eine Positioniermarke. Achten Sie darauf, dass Sie die Positioniermarke auf die Zeitmarke verschieben, oder ziehen Sie die Ebene direkt auf die Zeitmarke. Der In-Point der »birthday«-Ebene sollte anschließend am Zeitpunkt 01:00 liegen. Ziehen Sie die »birthday«-Ebene über die Ebene »happy«.

8.1 Ebenen anordnen und ausrichten

Klicken Sie für beide Ebenen den Schalter OPTIMIEREN/TRANSFORMATIONEN FALTEN ❶ an.

▲ **Abbildung 8.3**
Der In-Point der »birthday«-Ebene wird mit Hilfe der Positioniermarke ausgerichtet.

5 Keyframes für Position

Öffnen Sie per Klick auf das kleine Dreieck ❷ die Transformieren-Eigenschaften der Ebene »happy.eps«. Setzen Sie einen ersten Keyframe bei der Eigenschaft POSITION bei 01:00 per Klick auf das Stoppuhr-Symbol ❸. Verschieben Sie die Zeitmarke auf 02:15, und tippen Sie nach einem Klick in das erste Wertefeld ❹ den Wert »–730« ein. Bestätigen Sie mit ↵ im Haupttastaturfeld, oder klicken Sie in einen leeren Bereich.

6 Keyframes für Skalierung

Ziehen Sie die Zeitmarke auf den ersten Keyframe für die Eigenschaft POSITION. Halten Sie die Taste ⇧ gedrückt, um die Zeitmarke magnetisch an den Key springen zu lassen. Alternativ navigieren Sie zum vorherigen Keyframe mit der Taste J und zum nachfolgenden Keyframe mit der Taste K.

Setzen Sie bei 01:00 einen Key für die Eigenschaft SKALIERUNG, indem Sie auf das Stoppuhr-Symbol klicken und den Wert »150« eintippen. Drücken Sie die Taste K, um zum nächsten Positions-Key zu springen. Tippen Sie in eines der Wertefelder für die Eigenschaft SKALIERUNG den Wert »1900«, und bestätigen Sie mit ↵ im Haupttastaturfeld. Spielen Sie die Animation ab, indem Sie die Taste 0 im Ziffernblock drücken.

▼ **Abbildung 8.4**
Für die Eigenschaften POSITION und SKALIERUNG werden Keyframes gesetzt.

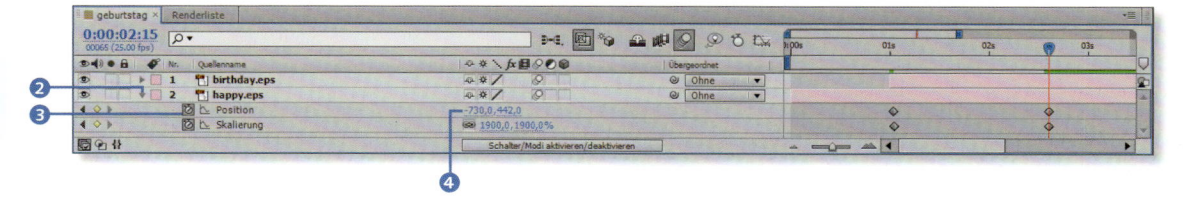

7 Keyframes für »birthday«

Markieren Sie die Ebene »birthday«, und drücken Sie die Taste P, um die Eigenschaft POSITION einzublenden. Drücken Sie anschließend die Tasten ⇧+S, um zusätzlich die Eigenschaft SKALIERUNG anzuzeigen. Die Ebene »birthday« sollte bei 01:00 beginnen. Lassen Sie die Zeitmarke auf den In-Point der Ebene springen, indem Sie die Taste `I` drücken. Die Taste `O` ist übrigens für den Out-Point, das Ende der Ebene, zuständig.

Setzen Sie für die Eigenschaft Position einen Keyframe, und tragen Sie in das linke Wertefeld den Wert »–3000« ein. Setzen Sie einen weiteren ersten Key bei Skalierung, und tragen Sie den Wert »2000« in das Feld ein.

Setzen Sie die nächsten Keys bei 02:15 mit folgenden Werten: Position 360, 288 Skalierung 150, 150. Aktivieren Sie für die Ebenen »happy« und »birthday« den Schalter Bewegungsunschärfe ❷ und ❸. Aktivieren Sie das Vorhängeschloss ❶, um die beiden Ebenen zu schützen. Spielen Sie die Animation mit der Taste `O` ab. Ziehen Sie die Datei »hintergrund.psd« in die Zeitleiste unter die beiden vorhandenen Ebenen, und lassen Sie sie bei 00:00 beginnen.

Abbildung 8.5 ▼
Die Ebene »birthday« erhält ebenfalls Keyframes für Position und Skalierung.

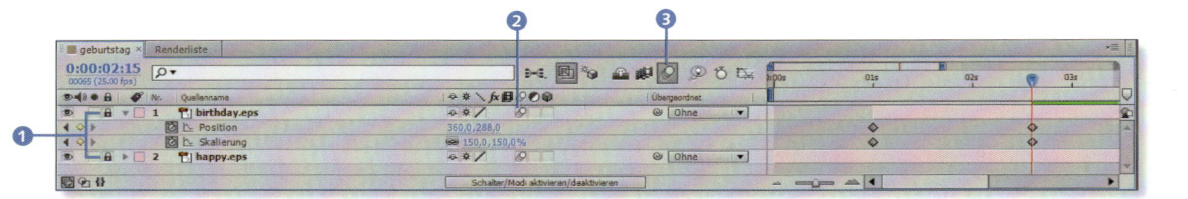

▲ **Abbildung 8.6**
Durch Aktivieren des Schalters Bewegungsunschärfe werden schnelle Bewegungen weichgezeichnet.

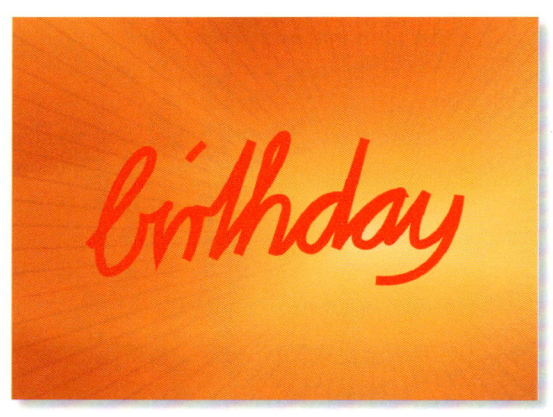

▲ **Abbildung 8.7**
Das Wort »birthday« erscheint in der Animation für einen Moment lesbar.

8 Erstellen von Farbflächen

Sie können in After Effects Rohmaterial generieren, das nicht importiert werden muss. Es handelt sich um Farbflächen. Behandelt werden Farbflächen wie jede andere Ebene auch.

Wählen Sie Ebene • Neu • Farbfläche oder `Strg`+`Y`. Wenn Sie nicht die von After Effects generierten, sehr klangvollen

8.1 Ebenen anordnen und ausrichten

Namen wie »Mittelgrau-blaue Farbfläche 1« verwenden wollen, geben Sie einen sinnfälligen Namen ein ❹. Tragen Sie für Breite und Höhe 720 bzw. 576 ❺ ein, oder wählen Sie über den Button WIE KOMPOSITIONSGRÖSSE ❼ die Abmessungen der Komposition. Bei PIXEL-SEITENVERHÄLTNIS ❻ belassen Sie es beim Eintrag D1/DV PAL (1,09), was rechteckigen Pixeln entspricht.

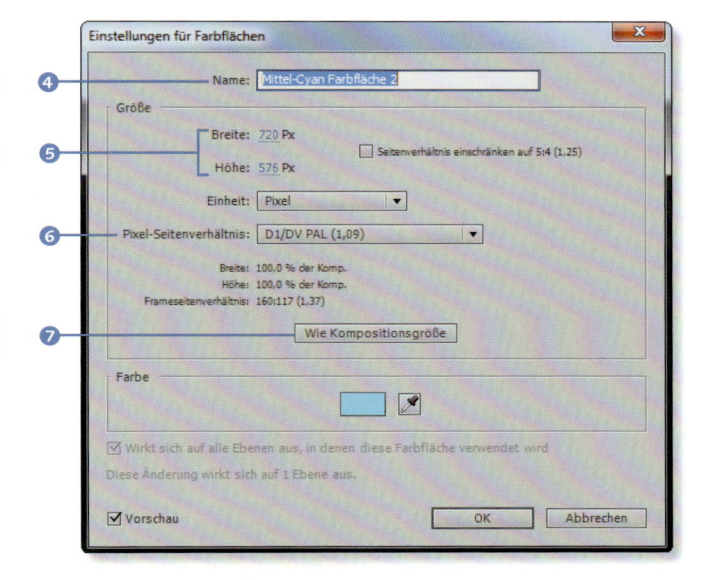

◀ **Abbildung 8.8**
Über den Dialog EINSTELLUNGEN FÜR FARBFLÄCHEN erstellen Sie in After Effects generiertes Rohmaterial.

Legen Sie eine Farbe (Magenta) über den Farbwähler oder mit der Pipette fest. Die von Ihnen kreierten Farbflächen legt After Effects automatisch in einem Ordner im Projektfenster ab. Erstellen Sie zwei weitere gleich große Farbflächen in den Farben Hellblau und Dunkelblau. Die Farbflächen werden je nach Voreinstellung automatisch an der Zeitposition 00:00 oder an der Zeitmarke in die Komposition eingefügt.

9 Farbflächen zeitlich anordnen

Setzen Sie die Zeitmarke auf 04:00. Klicken Sie die Magenta-Farbfläche im Zeitlineal mittig an, und verschieben Sie sie in die Nähe der Zeitmarke, bis der In-Point bei gedrückter ⇧-Taste auf die Zeitmarke springt. Richten Sie die beiden anderen Farbflächen auf gleiche Weise magnetisch an der Zeitmarke aus, lassen Sie sie aber bei 05:00 (Hellblau) und bei 06:00 (Dunkelblau) beginnen.

▼ **Abbildung 8.9**
Die Farbflächen werden zeitlich gestaffelt.

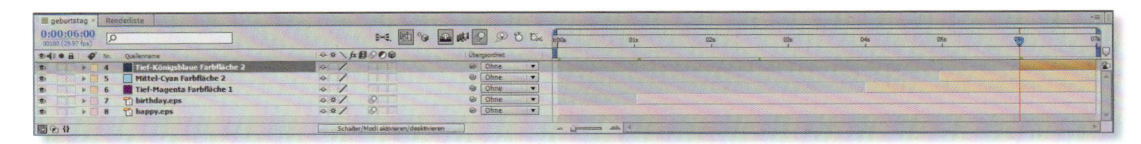

203

Kapitel 8 Ebenen organisieren und bearbeiten

10 Positions-Keyframes setzen

Markieren Sie alle Farbflächen mit der [Strg]-Taste in der Zeitleiste, und drücken Sie die Taste [P]. Setzen Sie die Zeitmarke auf den In-Point der Magenta-Ebene bei 04:00. Verkleinern Sie Ihre Komposition auf 50 %. Markieren Sie die Magenta-Ebene im Kompositionsfenster, und ziehen Sie sie bei gedrückter [⇧]-Taste nach oben wie in Abbildung 8.10.

Setzen Sie einen Positions-Key bei 04:00. Setzen Sie einen zweiten Key bei 04:12, indem Sie die Magenta-Ebene wie in Abbildung 8.11 deckungsgleich zur Komposition ziehen. Zur haargenauen Positionierung vergrößern Sie die Komposition wieder auf 100 %.

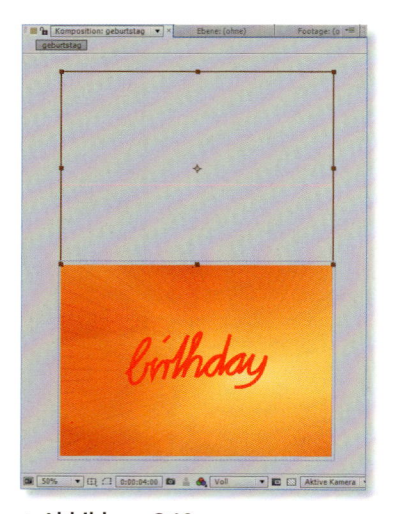

▲ **Abbildung 8.10**
Die Magenta-Fläche wird zuerst nach oben verschoben.

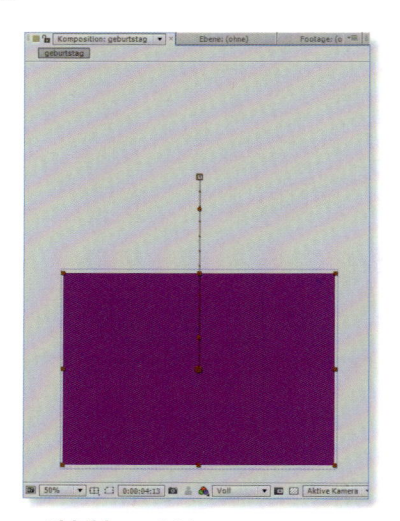

▲ **Abbildung 8.11**
Am Zeitpunkt 04:12 wird die Magenta-Fläche wieder genau auf die Kompositionsfläche verschoben.

Mit den beiden anderen Farbflächen verfahren Sie ähnlich und lassen sie von rechts und von links ins Bild kommen. Sie können aber auch die folgenden Werte eintragen:

▶ Hellblaue Farbfläche: bei 05:00 die POSITION 650, 288; bei 05:12 die POSITION 360, 288
▶ Dunkelblaue Farbfläche: bei 06:00 die POSITION –360, 288; bei ca. 06:12 die POSITION 360, 288

▼ **Abbildung 8.12**
Nach dem Setzen der Positions-Keyframes sollte es in der Zeitleiste ähnlich wie hier aussehen.

11 Texte anordnen

Verlieren Sie jetzt nicht die Geduld. Es ist ja gleich geschafft. Im nächsten Schritt sollen die Dateien »liebe.psd«, »kraft.psd« und »glueck.psd« der Bewegung der Farbflächen angepasst werden.

Fügen Sie die Dateien der Zeitleiste hinzu. Positionieren Sie die Datei »liebe« in der Zeitleiste über die Magenta-Fläche, die Datei »kraft« über die hellblaue und die Datei »glueck« über die dunkelblaue Fläche. Klicken Sie dazu auf den Namen, und ziehen Sie die Dateien nach oben bzw. unten. Zoomen Sie etwas ins Zeitlineal ein. Ziehen Sie die Ebenen mit dem In-Point deckungsgleich zum In-Point der jeweiligen Farbfläche, indem Sie dabei die Taste ⇧ verwenden.

Ihre Zeitleiste sollte nun wie in Abbildung 8.12 aussehen. Spielen Sie die Animation zur Kontrolle ab. Sie können auch das Projekt »geburtstag.aep« im Ordner 08_Ebenenorganisation/Positionen zum Vergleich öffnen.

▼ **Abbildung 8.13**
Jede Textebene wird mit dem In-Point deckungsgleich zum In-Point der jeweiligen Farbfläche ausgerichtet.

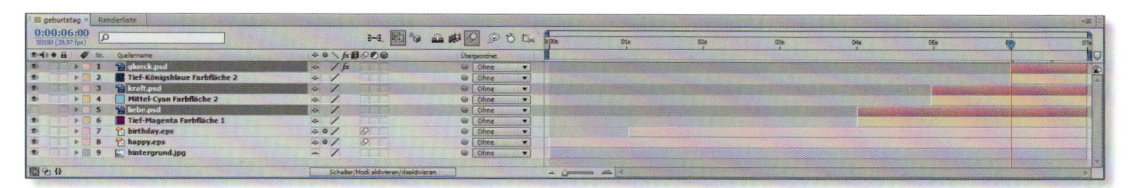

12 Texte animieren

Nun machen wir es uns einfach: Wir kopieren einfach die Keys aus den Farbflächen in die Textebenen.

Markieren Sie die Magenta-Ebene, und drücken Sie die Taste P. Klicken Sie auf das Wort Position. Dadurch werden – ein kleiner Vorgriff – alle für diese Eigenschaft gesetzten Keys ausgewählt. Kopieren Sie die Keys mit Strg+C.

▼ **Abbildung 8.14**
Die Keyframes werden aus den Farbflächen in die Textebenen kopiert.

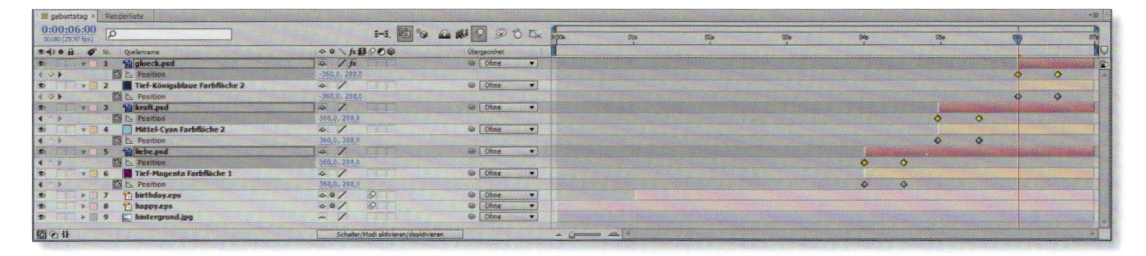

Markieren Sie die Ebene »liebe«, und achten Sie darauf, dass die Zeitmarke auf den In-Point gesetzt ist. Fügen Sie die Keys mit Strg+V ein. Kopieren Sie aus den beiden anderen Farbflächen jeweils die Keys für die Dateien »kraft« und »glueck«, und setzen Sie sie analog zu Abbildung 8.14 ein. Zum Abschluss verschieben Sie die Dateien »liebe«, »kraft« und »glueck« in der Zeitleiste ganz nach oben (klicken Sie dazu auf den Ebenennamen). Geschafft!

Zum Nachlesen
Lesen Sie jetzt am besten Kapitel 13, »Das Rendern«, und gönnen Sie Ihrem Projekt noch eine kleine Renderrunde.

Kapitel 8   Ebenen organisieren und bearbeiten

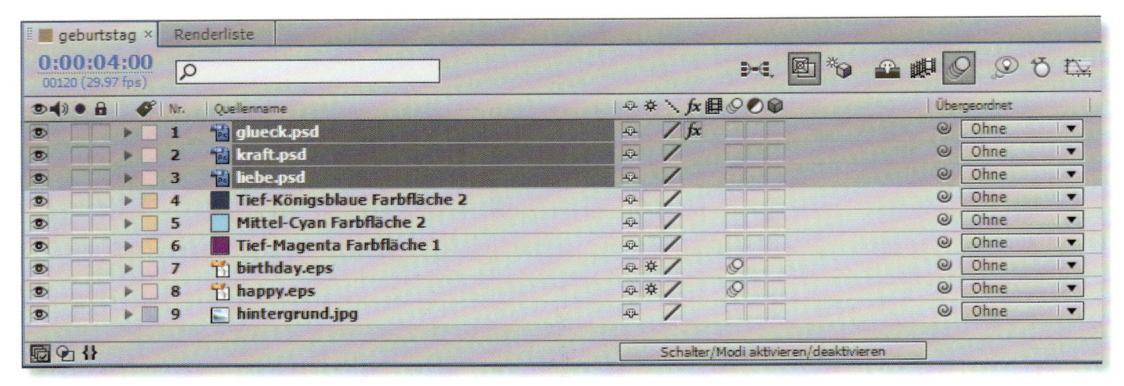

▲ **Abbildung 8.15**
Zum Abschluss werden die Textebenen in der Zeitleiste ganz nach oben verschoben.

Abbildung 8.16 ▶
Das Endbild der Animation ist dieses hier.

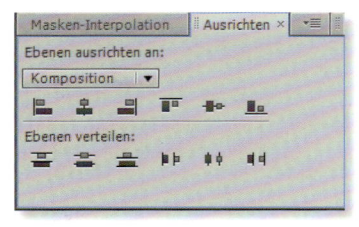

▲ **Abbildung 8.17**
Mit der Palette AUSRICHTEN ordnen Sie Ebenen innerhalb des Kompositionsfensters an.

Ebenen ausrichten und verteilen

Zum schnellen Anordnen von Ebenen innerhalb des Kompositionsfensters verwenden Sie die Palette AUSRICHTEN, die Sie per FENSTER • AUSRICHTEN öffnen. Sobald Sie mindestens eine Ebene markieren, werden die Optionen in der Palette aktiv. Im Popup-Menü unter EBENE AUSRICHTEN AN entscheiden Sie, ob die Ebenen in Relation zur Komposition oder in Bezug auf andere Ebenen ausgerichtet werden.

Zum Ausrichten verwenden Sie die Schaltflächen, um die Ebenen senkrecht und links, mittig oder rechts, waagerecht und oben, mittig oder unten auszurichten. Um Ebenen zu verteilen, benötigen Sie mindestens drei markierte Ebenen. Beim Verteilen nimmt After Effects die beiden äußeren Ebenen als Bezugspunkte, um die dritte Ebene dazwischen zu positionieren.

◀ **Abbildung 8.18**
Mit der Palette AUSRICHTEN angeordnete Ebenen.

8.2 Ebenen bearbeiten

Im Workshop »Ebenen anordnen – Geburtstag« haben Sie Tuchfühlung mit der Arbeit mit Ebenen aufgenommen. Die nun folgenden Ausführungen dienen einer noch besseren Handhabung des Materials. Die Ebenen werden bei den folgenden Bearbeitungen verändert. Behalten Sie dabei im Hinterkopf, dass diese Änderungen das Rohmaterial im Projektfenster unverändert lassen und dass auch auf der Festplatte kein Schaden am Rohmaterial angerichtet wird.

Das Ebenenfenster

Zu jeder Ebene lässt sich ein Ebenenfenster öffnen. Sie erhalten es über EBENE • EBENE ÖFFNEN oder durch Drücken der Taste ↵ im Ziffernblock, wenn die Ebene in der Zeitleiste markiert ist, oder per Doppelklick auf die Ebene. Es ist möglich, dass Sie keine grandiose Änderung bemerken, da das Ebenenfenster als Registerkarte im gleichen Rahmen geöffnet wird wie das Kompositionsfenster. Sie können die Ansicht über die Registerkarten ❶ umschalten.

Die Schalter im Ebenenfenster entsprechen in ihren Funktionen und ihrem Aussehen denen im Kompositionsfenster. Einen Unterschied bildet das Häkchen bei RENDERN ❻ (siehe Abbildung 8.19), das entfernt werden kann. Ist das Häkchen gesetzt, werden Änderungen der Ebene wie die Bearbeitung durch Masken und Effekte mit gerendert, also angezeigt. Weitere Unterschiede bilden das eigene Zeitlineal ❼ und die Zeitmarke ❷ sowie der In-Point der Ebene ❹ und der Out-Point ❺. Außerdem finden Sie die Schaltflächen ALPHA, ALPHARAND, ALPHAÜBERLAGERUNG, ein Farbfeld und ein Wertefeld ❸ für die unterschiedliche Anzeige von Transparenzen in entsprechendem Material.

Abbildung 8.19 ▲
Das Ebenenfenster unterscheidet sich kaum vom Kompositionsfenster. Auch die meisten Buttons sind gleich.

▼ **Abbildung 8.20**
Der Anfang jeder Ebene wird mit dem In-Point, das Ende mit dem Out-Point gekennzeichnet.

8.3 Trimmen von Ebenen

Eine Ebene besitzt in der Zeitleiste immer einen In-Point und einen Out-Point, also Anfang und Ende. Verschieben Sie den In- oder Out-Point einer Ebene, wird Material am Anfang oder am Ende ausgeblendet. Über diese Funktion können Sie einfache Schnittarbeiten in After Effects durchführen. Die auf diese Weise gekürzten (getrimmten) Ebenen haben keinen Einfluss auf Ihr Rohmaterial, das unbehelligt weiter Ihre Festplatte belegt.

Sie haben vier Möglichkeiten, Ebenen zu trimmen:
- Ziehen/setzen Sie In- und Out-Point im Ebenenfenster.
- Ziehen/setzen Sie In- und Out-Point in der Zeitleiste.
- Ziehen/setzen Sie In- und Out-Point im Footage-Fenster.
- Setzen Sie den In-Point über die Tastatur mit `Alt`+`Ö` und den Out-Point mit `Alt`+`Ä`.

8.3 Trimmen von Ebenen

Trimmen im Ebenenfenster

Zum Trimmen der Ebenen im Ebenenfenster ziehen Sie den In- oder Out-Point der Ebene auf den gewünschten Zeitpunkt.

Eine zweite Möglichkeit zum Trimmen im Ebenenfenster besteht darin, zuerst die Zeitmarke ❾ auf den gewünschten Zeitpunkt zu setzen und anschließend entweder den In-Button ❽ oder den Out-Button ❿ anzuklicken. Der In- bzw. Out-Point springt sodann zur Position der Zeitmarke.

▼ **Abbildung 8.21**
Im Ebenenfenster lassen sich In- und Out-Point trimmen.

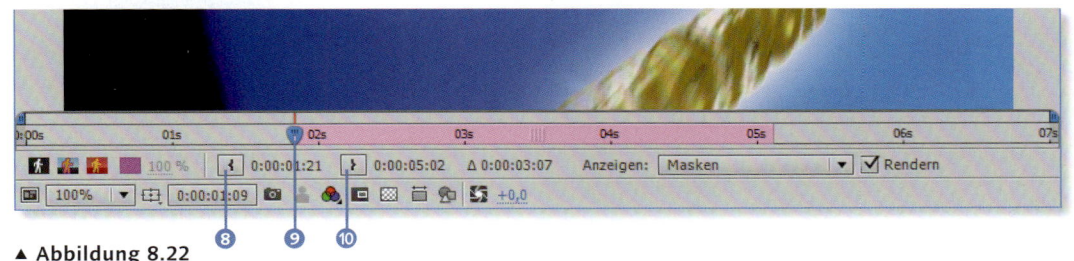

▲ **Abbildung 8.22**
Das Trimmen im Ebenenfenster ist auch durch vorheriges Setzen der Zeitmarke und anschließendes Drücken der Buttons für In bzw. Out möglich.

▼ **Abbildung 8.23**
Getrimmte Ebenen erscheinen in der Zeitleiste mit einem halb deckend dargestellten Rest, der auf das ausgeblendete Material hinweist.

Das Ergebnis der Bearbeitung ist sofort in der Zeitleiste der Komposition sichtbar. In- und Out-Point sind verschoben. Das Material vor dem In-Point und nach dem Out-Point ist ausgeblendet. Allerdings wird immer noch die volle Länge der Ebene dargestellt.

Der halb deckend dargestellte Teil der geschnittenen Ebene weist darauf hin, dass das geschnittene Material noch vorhanden und wieder herstellbar ist. Ziehen Sie dazu erneut den In- bzw. Out-Point im Ebenenfenster nach links oder rechts auf einen neuen Zeitpunkt.

Kapitel 8 Ebenen organisieren und bearbeiten

Trimmen mit der Umschalt-Taste

Bei gedrückter ⇧-Taste springt der In- oder Out-Point magnetisch an die Zeitmarke, auf In-Points anderer Ebenen und auf Ebenenmarken.

Trimmen in der Zeitleiste

Zum Trimmen von Ebenen in der Zeitleiste ziehen Sie einfach den In- oder Out-Point einer Ebene in der Zeitleiste auf den gewünschten Zeitpunkt. Achten Sie dabei auf das Infofenster; öffnen Sie sie bei Bedarf mit Strg+2. Dort wird die genaue Zeitposition des In- und Out-Points angegeben. Achten Sie darauf, dass Sie den In- oder Out-Point einer Ebene genau treffen, um ihn zu verschieben. Wenn Sie innerhalb einer Ebene klicken und ziehen, wird diese insgesamt verschoben.

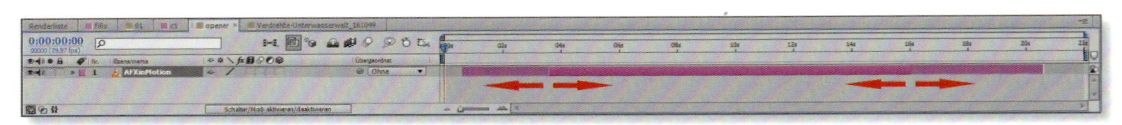

Abbildung 8.24 ▲
Auch in der Zeitleiste lassen sich Ebenen trimmen, indem Sie den In- oder Out-Point verschieben.

Trimmen im Footage-Fenster

Bevor Sie einer Komposition Material hinzufügen, können Sie es im Footage-Fenster trimmen und den Rohschnitt dort kontrollieren. Sie öffnen das Footage-Fenster über einen Doppelklick auf das Rohmaterial im Projektfenster. Das Footage-Fenster wird als Registerkarte neben dem Kompositionsfenster angezeigt. Der Schnitt erfolgt analog zum Trimmen von Material im Ebenenfenster. Der einzige Unterschied besteht darin, dass Sie das Material ähnlich wie in Adobe Premiere Pro zur Zeitleiste hinzufügen können. Hierbei gibt es zwei Varianten: EINFÜGEN und ÜBERLAGERN.

Einfügen | Beim Betätigen der Schaltfläche EINFÜGEN UND LÜCKE SCHLIESSEN ❶ wird das Material an der Position der Zeitmarke in die Zeitleiste eingesetzt. Wenn Sie die Schaltfläche weiter betätigen, wird das Material fortgesetzt eingefügt, und zwar so, dass die Ebenen auf Stoß angeordnet werden. Fügen Sie das neue Material zwischen bereits in der Zeitleiste vorhandenem Material ein, so wird das vorhandene Material an der Position der Zeitmarke geteilt. Das neue Material wird eingefügt, und die Lücken werden geschlossen.

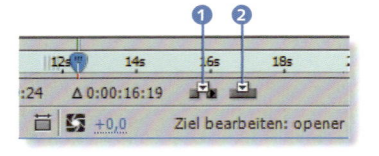

▲ **Abbildung 8.25**
Schaltflächen zum Einfügen neuen Materials

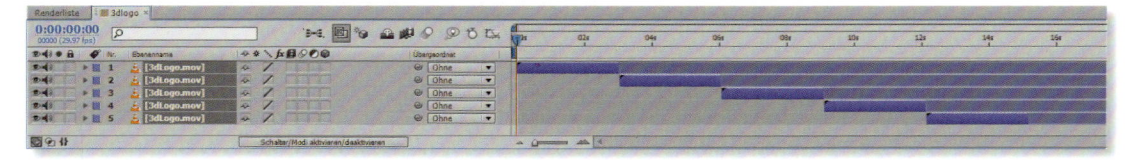

▲ **Abbildung 8.26**
Beim mehrfachen Einfügen desselben Materials wird dieses auf Stoß angeordnet.

8.3 Trimmen von Ebenen

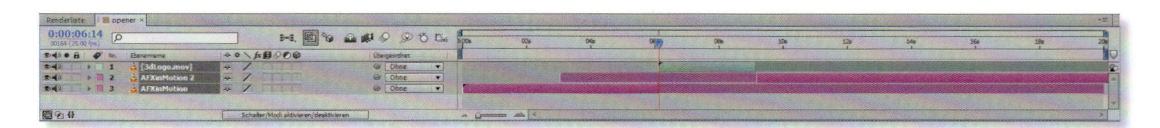

Überlagern | Wenn Sie die Schaltfläche ÜBERLAGERN ❷ betätigen, fügen Sie das Material an der Position der Zeitmarke in die Zeitleiste ein. Bereits vorhandenes Material wird überlagert. Beim weiteren Betätigen der Schaltfläche wird das Material weiterhin an der Zeitmarkenposition eingefügt und anderes Material überlagert.

▲ **Abbildung 8.27**
Beim Einfügen zwischen vorhandenem Material wird dieses geteilt. Das neue Material wird dazwischen eingefügt, und die Lücken werden geschlossen.

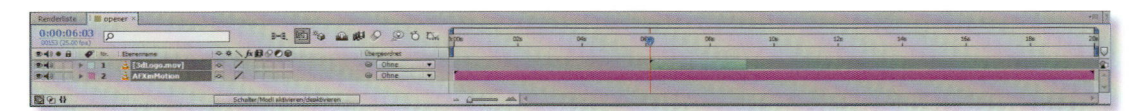

▲ **Abbildung 8.28**
Mit der Option ÜBERLAGERN wird Rohmaterial an der Zeitmarkenposition der Zeitleiste hinzugefügt und überlagert bereits vorhandenes Material.

Trimmen per Tastatur

Für eine schnelle Bearbeitung ist das Trimmen per Tastatur empfehlenswert. Positionieren Sie dazu zuerst die Zeitmarke für den In-Point, indem Sie in das Feld der Zeitanzeige in der Zeitleiste klicken und dort den Zeitpunkt eintragen.

Wenn Sie die Zeitmarke positioniert haben, markieren Sie die zu trimmende Ebene und drücken [Alt]+[Ö] zum Setzen des In-Points. Der In-Point springt an die Position der Zeitmarke. Positionieren Sie dann die Zeitmarke erneut, und verwenden Sie [Alt]+[Ä] zum Setzen des Out-Points. Diese Möglichkeit steht Ihnen sowohl im Footage-Fenster und im Ebenenfenster als auch in der Zeitleiste zur Verfügung.

Material aus Ebenen entfernen und Ebenen teilen

Mit den Funktionen EXTRAHIEREN und HERAUSNEHMEN bietet After Effects auch eine Möglichkeit, Material mittig zu entfernen oder auszublenden. Bei diesen Funktionen legen Sie den zu extrahierenden oder herauszunehmenden Bereich über den Arbeitsbereich fest.

Arbeitsbereich herausnehmen | Positionieren Sie die Zeitmarke auf den Beginn des zu entfernenden Materials, und drücken Sie die Taste [B], um den Anfang des Arbeitsbereichs auf die Position der Zeitmarke zu setzen. Verschieben Sie die Zeitmarke auf das Ende des zu entfernenden Materials, und drücken Sie die Taste [N], um das Ende des Arbeitsbereichs zur Zeitmarkenposition springen zu lassen.

Kapitel 8   Ebenen organisieren und bearbeiten

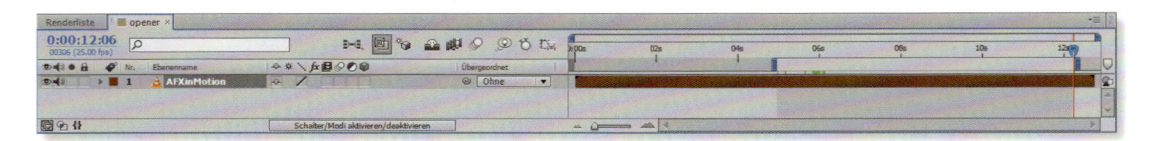

▲ Abbildung 8.29
Mit Zeitmarke und Tastatur legen Sie den Arbeitsbereich genau fest.

Markieren Sie eine oder mehrere Ebenen in der Zeitleiste. Wählen Sie anschließend BEARBEITEN • ARBEITSBEREICH HERAUSNEHMEN, um Material aus den gewählten Ebenen zu entfernen.

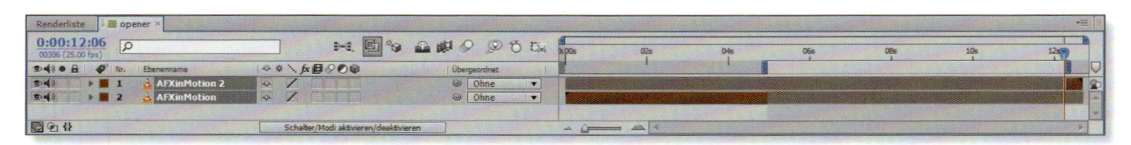

▲ Abbildung 8.30
Mit dem Befehl ARBEITSBEREICH HERAUSNEHMEN schneiden Sie eine Lücke in markierte Ebenen.

Das Material wird ausgeblendet, und es entsteht an seiner Stelle eine Lücke. Anders als in Schnittprogrammen dupliziert After Effects geschnittene Ebenen.

Arbeitsbereich extrahieren | Zum Extrahieren legen Sie den Arbeitsbereich analog zur obigen Beschreibung fest und wählen BEARBEITEN • ARBEITSBEREICH EXTRAHIEREN. Das Material wird ausgeblendet, und die entstehende Lücke wird geschlossen.

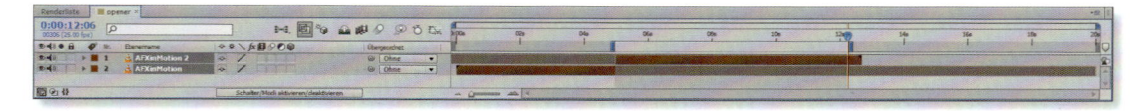

▲ Abbildung 8.31
Mit dem Befehl ARBEITSBEREICH EXTRAHIEREN wird Material extrahiert und die entstehende Lücke geschlossen.

Ebenen teilen | Mit der Option EBENEN TEILEN »zerschneiden« Sie eine oder mehrere markierte Ebenen an der aktuellen Zeitmarkenposition. Wählen Sie dazu einen Frame mit der Zeitmarke aus, markieren Sie eine oder mehrere Ebenen, und gehen Sie im Menü über BEARBEITEN • EBENE TEILEN oder `Strg`+`⇧`+`D`. Jede Ebene wird in je ein geschnittenes Original und ein Duplikat geteilt, da After Effects geschnittene Ebenen nicht in einer einzigen Spur anzeigen kann, wie es in Schnittprogrammen üblich ist.

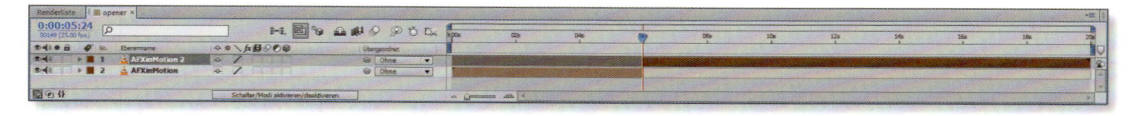

▲ Abbildung 8.32
Mit dem Befehl EBENEN TEILEN werden markierte Ebenen an der Zeitmarkenposition zerteilt.

Inhalt in einer Ebene verschieben

Sämtliches Material einer geschnittenen Ebene wurde nicht entfernt, sondern nur ausgeblendet. Sie können innerhalb eines fertigen Schnitts das Material verschieben. Das heißt, die Positionen von In- und Out-Point bleiben erhalten, nur das dazwischen angezeigte Material ändert sich.

Mit dem Auswahl-Werkzeug klicken Sie in den halb deckenden Bereich links oder rechts der geschnittenen Ebene und ziehen den Cursor bei gedrückter Maustaste nach rechts bzw. links. Sie können das Material auch mit dem Ausschnitt-Werkzeug (Y) verschieben. Vorteilhaft ist, dass Sie damit auch mitten in die Ebene klicken können, ohne dabei die gesamte Ebene zu verschieben.

Ebenen duplizieren
Eine oder mehrere Ebenen lassen sich mitsamt allen eventuell enthaltenen Keyframes, Effekten und Veränderungen duplizieren. Wählen Sie BEARBEITEN • DUPLIZIEREN, oder drücken Sie Strg+D. Die duplizierte Ebene wird über der Originalebene im Zeitplan angelegt.

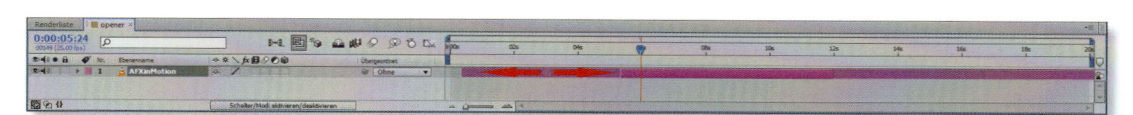

▲ **Abbildung 8.33**
Material in getrimmten Ebenen können Sie verschieben, ohne dass sich die Position von In- und Out-Point ändert.

8.4 Ebenen dehnen und stauchen

Für Geschwindigkeitsänderungen von Filmmaterial, Bildsequenzen, verschachtelten Kompositionen und Audio hält After Effects die in der Zeitleiste versteckte Funktion DEHNUNG bereit. Sie erhalten darüber die Möglichkeit, Material schneller oder langsamer abspielen zu lassen als das Originalmaterial. Auch ein Rückwärtsabspielen von Material ist möglich.

Betätigen Sie den Button ❶ in der Zeitleiste, um die Tabellen IN, OUT, DAUER und DEHNUNG anzuzeigen. Unter EBENE • ZEIT • ZEITDEHNUNG finden Sie ebenfalls diese Option.

Zeitmarkenposition
Die Zeitmarke lässt sich framegenau positionieren oder verschieben, indem Sie die Tasten Bild↑ und Bild↓ verwenden. Nehmen Sie die Taste ⇧ hinzu, um die Zeitmarke in 10-Frame-Schritten zu verschieben.

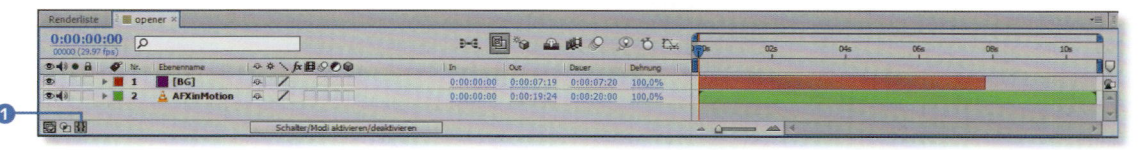

Um die Zeitdauer und damit die Abspielgeschwindigkeit einer Ebene zu ändern, klicken Sie auf den Wert bei DAUER oder bei DEHNUNG. Es öffnet sich der Dialog ZEITDEHNUNG.

▲ **Abbildung 8.34**
Durch andere Werte in den Spalten DAUER und DEHNUNG wird eine Ebene zeitlich gestaucht oder gedehnt.

Schnelleres und verlangsamtes Abspielen

Geben Sie bei DEHNFAKTOR einen geringeren Wert als 100 % ein, um ein schnelleres Abspielen des Materials zu erreichen. Ein ge-

In- und Out-Point an Zeitmarke ausrichten

Um den In-Point einer Ebene zur Zeitmarkenposition springen zu lassen und damit die gesamte Ebene zu verschieben, klicken Sie bei gedrückter [Alt]-Taste auf die IN-Spalte und für den Out-Point auf die OUT-Spalte. Alternativ drücken Sie die Taste [Ö] für den In-Point und die Taste [Ä] für den Out-Point.

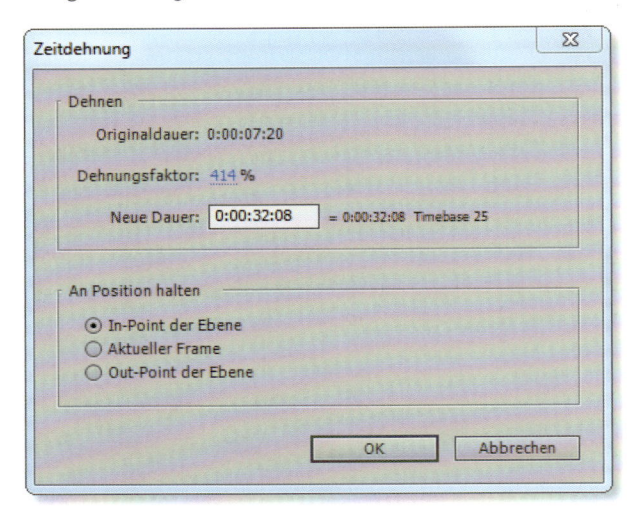

Abbildung 8.35 ▶
Im Dialog ZEITDEHNUNG können Sie Werte für das zeitliche Dehnen und Stauchen festlegen.

▼ **Abbildung 8.36**
Ebenen mit Zeitdehnung werden verkürzt oder verlängert dargestellt.

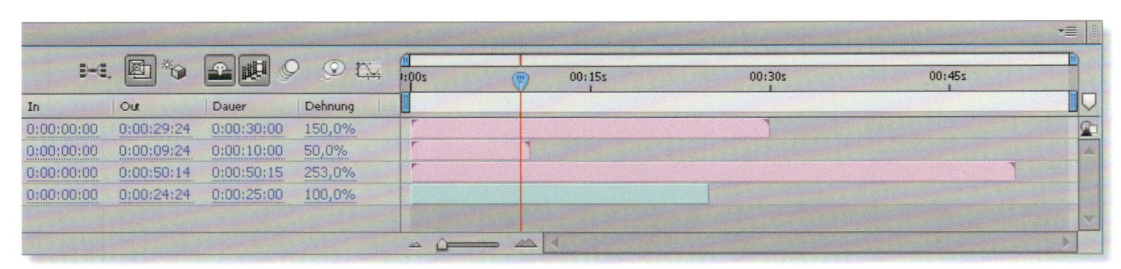

Dehnen von Ebenen mit Keyframes

Bei Ebenen, die Keyframes enthalten, werden die Abstände der Keyframes proportional zum Dehnungsfaktor mitgedehnt. Die Animation wird dadurch an die neue Geschwindigkeit angepasst.

ringerer Wert bei NEUE DAUER als der des Originalmaterials erzielt das gleiche Ergebnis.

Höhere Werte als 100 % führen dementsprechend zu einer Verlangsamung beim Abspielen. Die Ebene erscheint nach Anwendung der neuen Werte im Zeitplan verkürzt oder verlängert. Dazu wird entweder der In- oder der Out-Point der Ebene verschoben. Legen Sie unter POSITION HALTEN fest, ob der In-Point oder der Out-Point an seiner zeitlichen Position gehalten werden soll. Mit AKTUELLER FRAME verschieben sich sowohl In- als auch Out-Point in Richtung der aktuellen Zeitmarkenposition.

Abspielrichtung umkehren

Mit einem Dehnungsfaktor von –100 % kehren Sie Ebenen in ihrer Abspielrichtung um. Alternativ wählen Sie [Strg]+[Alt]+[R]. In der Zeitleiste erscheinen umgekehrte Ebenen mit einem Streifenmuster.

8.4 Ebenen dehnen und stauchen

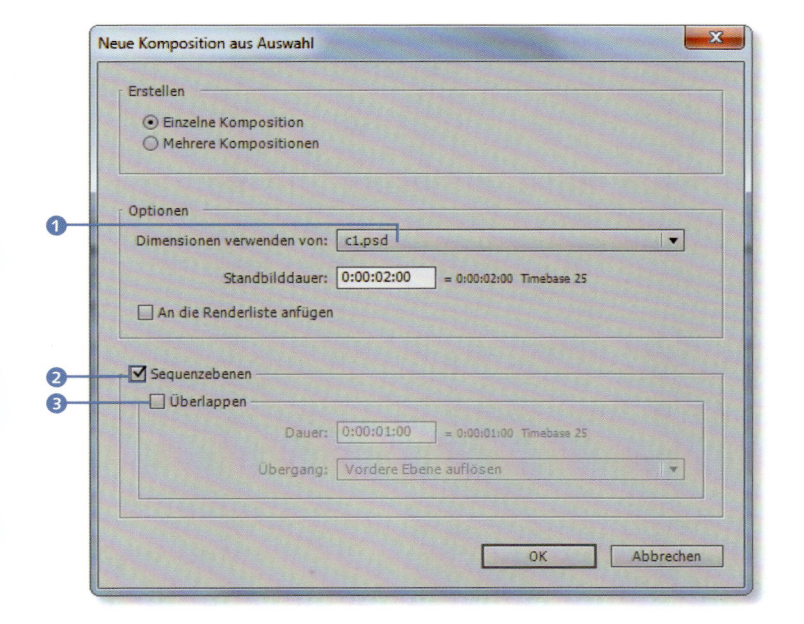

▲ **Abbildung 8.37**
Ebenen mit umgekehrter Abspielrichtung

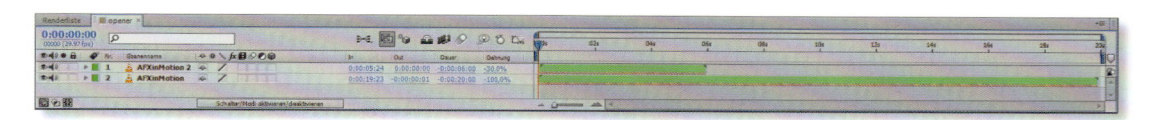

Ebenen als Sequenz

Eine große Arbeitserleichterung bietet After Effects mit der Möglichkeit, mehrere einzelne Ebenen zeitlich aufeinanderfolgend als Sequenz in der Zeitleiste anzuordnen. Dabei stellen Sie Ebenen automatisiert auf eine bestimmte Dauer ein, automatisieren Überblendungen von einer in die andere Ebene oder richten Ebenen an ihren In- und Out-Points aus. Nicht zu verwechseln ist diese Option mit der bereits beschriebenen Möglichkeit, Bilder als Sequenz zu importieren. Vielmehr müssen die Bilder im Projektfenster als einzelne Dateien vorliegen.

Sie haben zwei Möglichkeiten, Bilder als Sequenz anzulegen:
- Markieren Sie mehrere Bilder im Projektfenster, und ziehen Sie sie auf das Kompositionssymbol.
- Markieren Sie die Ebenen in der Zeitleiste, und wählen Sie die Option SEQUENZEBENEN.

Für die erste Möglichkeit markieren Sie die Bilder im Projektfenster in der Reihenfolge, in der sie später angeordnet werden sollen. Ziehen Sie anschließend alle Bilder auf das Kompositionssymbol. Es öffnet sich, anders als sonst, das Fenster NEUE KOMPOSITION AUS AUSWAHL.

Um die nachfolgend beschriebenen Möglichkeiten selbst auszuprobieren, bietet es sich an, die Einzelbilder von der DVD aus dem Ordner BEISPIELMATERIAL/08_EBENENORGANISATION/BILDER zu verwenden. Markieren Sie beim Import alle Bilder mit [Strg]+[A].

◄ **Abbildung 8.38**
Optionen für die Ebenensequenz

Kapitel 8 Ebenen organisieren und bearbeiten

Unter OPTIONEN legen Sie bei DIMENSIONEN VERWENDEN VON fest, welche Größe die neue Komposition haben soll. Es wird die Framegröße des im Listenmenü ❶ (Abbildung 8.39) gewählten Bildes verwendet. Ratsam ist es, bei verschieden großen Bildern das größte Bild der Sequenz zu verwenden, da einige Bilder ansonsten beschnitten werden können. Bei STANDBILDDAUER wählen Sie die spätere Anzeigedauer jedes einzelnen Bildes.

Ein Häkchen bei SEQUENZEBENEN ❷ ist entscheidend, um nachher auch die gewünschte Sequenz zu erhalten. Um die Ebenen nicht »auf Stoß« anzuordnen, setzen Sie ein Häkchen bei ÜBERLAPPEN ❸. Unter DAUER legen Sie fest, wie viele Frames die Überlappung betragen soll.

Wünschen Sie zusätzlich ein Überblenden der aufeinanderfolgenden Ebenen, wählen Sie bei ÜBERGANG die Option VORDERE EBENE AUFLÖSEN oder VORDERE UND HINTERE EBENE ÜBERKREUZT AUFLÖSEN. Damit werden automatisch Keyframes für die Eigenschaft DECKKRAFT gesetzt. Nach dem OK haben Sie nichts weiter zu tun, als das Ergebnis abzuspielen.

▼ **Abbildung 8.39**
Auf Stoß als Sequenz angeordnete Ebenen

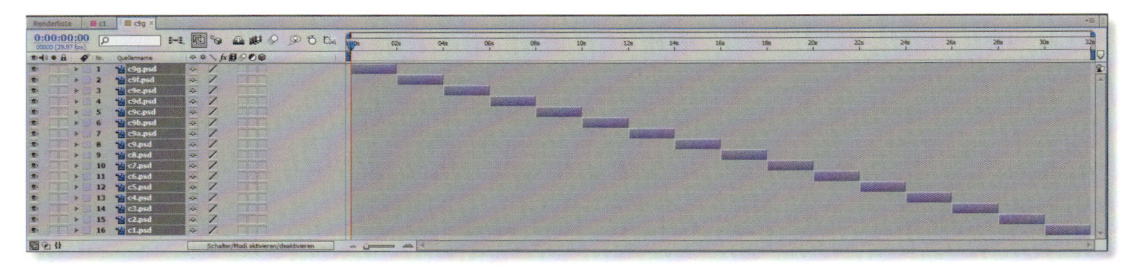

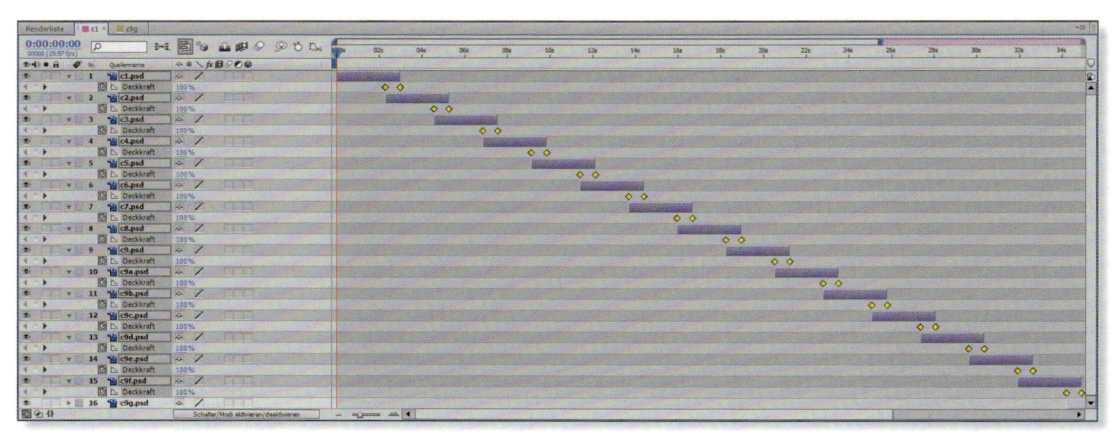

▲ **Abbildung 8.40**
Eine Ebenensequenz mit ineinander überblendeten Ebenen

Die zweite anfangs erwähnte Möglichkeit funktioniert ganz ähnlich: Wählen Sie dazu in der Zeitleiste die Ebenen in der Reihenfolge aus, in der sie später angeordnet werden sollen.

Anschließend gehen Sie über das Menü Animation • Keyframe-Assistent • Sequenzebenen. Im Dialog Sequenzebenen treffen Sie Ihre Festlegungen analog zum Überlappen in der obigen Beschreibung.

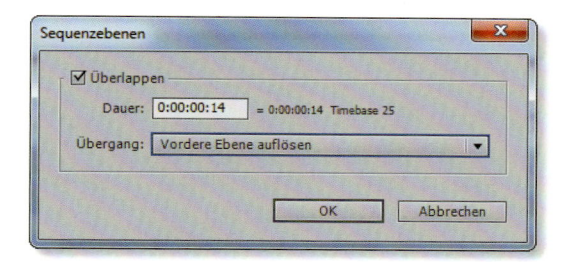

◄ **Abbildung 8.41**
Für in der Zeitleiste befindliche Ebenen öffnet sich ein eigener Dialog.

8.5 Marken setzen

Bei größeren Projekten sind Markierungen im Projekt oft unverzichtbar, um die Übersicht zu bewahren. Für die Synchronisation der Animationen mit Sound sind sie ein Muss. Sie setzen Marken in der Zeitleiste (Kompositionsmarken) und auf Ebenen (Ebenenmarken). Die Kompositionsmarken entsprechen den Sequenzmarken, Ebenenmarken entsprechen den Clipmarken in Premiere Pro. Marken können eine magnetische Anziehungskraft ausüben. Sie richten daran die Zeitmarke, den Ebenen-In- und -Out-Point und Keyframes aus.

Eine wichtige Möglichkeit bei Ebenen- wie bei Kompositionsmarken besteht im Hinzufügen von Kommentaren, Weblinks oder Kapitelverknüpfungen. Über Weblinks lassen sich Webseiten im Browser öffnen. Kapitelverknüpfungen dienen dazu, zu anderen Kapiteln innerhalb bestimmter Filmformate zu gelangen.

Im Folgenden sehen wir uns das einmal genauer an.

Kompositionszeitmarken

Kompositionsmarken setzen Sie, indem Sie sie aus dem kleinen Marken-Symbol ❺ in der Zeitleiste auf einen gewünschten Zeitpunkt ziehen. Die Markierungen ❹ werden nummeriert, beginnend mit 0. Drücken Sie die Markennummer (0–9) auf Ihrer Tastatur, wird die Zeitmarke genau auf die entsprechende Marke gesetzt. Bei gedrückter ⇧-Taste springen Keyframes, In- und Out-Points und die Zeitmarke magnetisch an die Markierungen. Zum Entfernen einer Markierung ziehen Sie sie auf das kleine Marken-Symbol zurück, oder klicken Sie die Marke mit der rechten Maustaste an, und wählen Sie Diese Marke löschen. Un-

Markierungen per Tastatur

Drücken Sie gleichzeitig die ⇧-Taste und eine Zahl zwischen 0 und 9 auf der Tastatur, um eine Markierung an der Position der Zeitmarke zu setzen. Bereits gesetzte Marken werden verschoben.

nummerierte Marken setzen Sie, wenn Sie keine Ebene der Komposition ausgewählt haben, mit der Taste *.

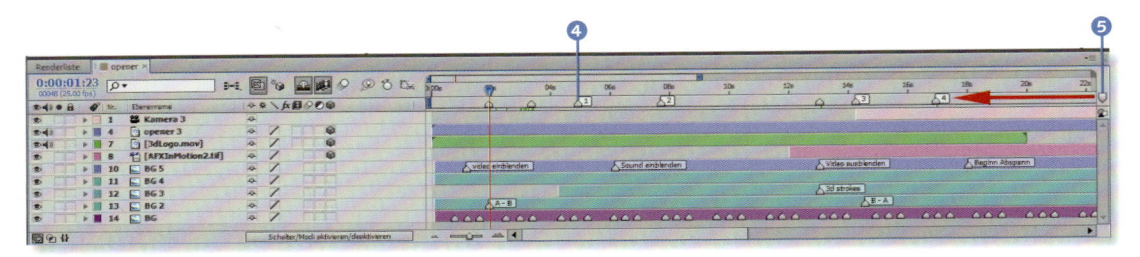

▲ **Abbildung 8.42**
Eine Komposition mit nummerierten und unnummerierten Kompositionsmarken

Innerhalb einer verschachtelten Komposition werden die Kompositionszeitmarken als Ebenenmarken angezeigt, wenn die Marken vor der Verschachtelung erstellt wurden. Das ist eine sehr sinnvolle Erfindung, um entscheidende Stellen in einer Animation leicht wiederzufinden und andere Animationen daran auszurichten. Im nächsten Abschnitt kommen wir zu den Ebenenmarken.

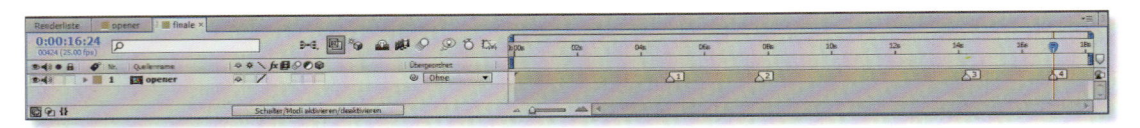

▲ **Abbildung 8.43**
In verschachtelten Kompositionen werden Kompositionszeitmarken als Ebenenmarken übernommen.

Ebenenmarken

Sie können einer Ebene beliebig viele Ebenenmarken hinzufügen. In größeren Projekten wird oftmals eine Ebene angelegt, die ausschließlich zum Setzen von Ebenenmarken dient.

Ebenenmarke und unnummerierte Kompositionsmarke setzen |
Markieren Sie zum Setzen von Ebenenmarken die gewünschte Ebene in der Zeitleiste. Wählen Sie anschließend EBENE • MARKE HINZUFÜGEN. Noch schneller ist das Setzen von Ebenenmarken mit der Taste * auf dem Ziffernblock der Tastatur bzw. Strg+8 beim Mac. Ist keine Ebene markiert, setzen Sie mit der Taste * auf dem Ziffernblock unnummerierte Kompositionsmarken, die nach dem Verschachteln als Ebenenmarken erscheinen.

Ebenenmarke löschen | Das Löschen von Marken ist über das Kontextmenü möglich, das sich bei einem Klick mit der rechten Maustaste auf eine Marke öffnet. Wählen Sie dort DIESE MARKE LÖSCHEN oder ALLE MARKEN LÖSCHEN. Schützen Sie Marken mit MARKEN SCHÜTZEN. Bei einem Klick mit gedrückter Strg-Taste auf eine Marke lässt sich diese ebenfalls entfernen.

Marken während der Audiovorschau setzen

Drücken Sie die Taste . auf dem Ziffernblock der Tastatur, um eine Audiovorschau abzuspielen. Während der Vorschau setzen Sie im Rhythmus Marken mit der Taste * auf dem Ziffernblock. Vertiefende Informationen finden Sie in Abschnitt 9.2, »Audiovorschau und Audio synchronisieren«.

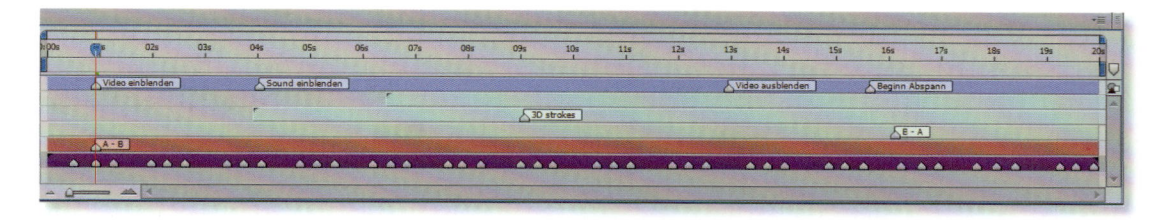

Funktion	Windows	Mac OS
zur Ebenenmarke davor	J	J
zur Ebenenmarke danach	K	K
Ebenenmarke entfernen	Strg + Klick auf die Marke	⌘ + Klick auf die Marke
zur Kompositionszeitmarke	0 bis 9 auf der Haupttastatur	0 bis 9 auf der Haupttastatur

▲ **Abbildung 8.44**
Ebenenmarken werden auf Ebenen zur Ausrichtung anderer Ebenen gesetzt.

▲ **Tabelle 8.1**
Weitere Tastenkürzel zum Navigieren der Zeitmarke

Der Dialog »Ebenenmarke«

Jeder Ebenenmarke können Sie, ähnlich den Kapiteln bei DVDs, Kapitelverknüpfungen zuweisen. Auch Weblinks sind möglich. Sie erreichen den Dialog dorthin per Doppelklick auf die jeweilige Ebenenmarke.

Kapitelverknüpfungen | Geben Sie im Dialogfeld EBENENMARKE im Bereich KAPITEL UND WEBLINKS die Verknüpfung zu dem entsprechenden Kapitel an. Unter KAPITEL müssen Sie den Namen des Kapitels und gegebenenfalls eine Kapitelnummer eingeben. Erreicht der Abspielkopf eine solche Marke im Film, springt er zu dem benannten Kapitel. QuickTime und Windows Media unterstützen die Kapitelverknüpfungen. Bei Formaten, die Kapitelverknüpfungen nicht beherrschen, werden die Verknüpfungen einfach übergangen.

Zur Erstellung von Kapitelmarken, die von Adobe Encore DVD erkannt werden sollen, ist es nötig, den Film als AVI oder als MPEG-2 auszugeben, und der Abstand zwischen den Marken muss mindestens 15 Frames betragen. Verwenden Sie Kompositionen über Dynamic Link in Encore, werden Kapitelmarken ebenfalls erkannt.

Zu Ebenenmarke springen
Verwenden Sie die Tasten J und K, um die Zeitmarke auf Ebenenmarken springen zu lassen. Werden gleichzeitig Keyframes angezeigt, springt die Zeitmarke auch an die Position der Keyframes.

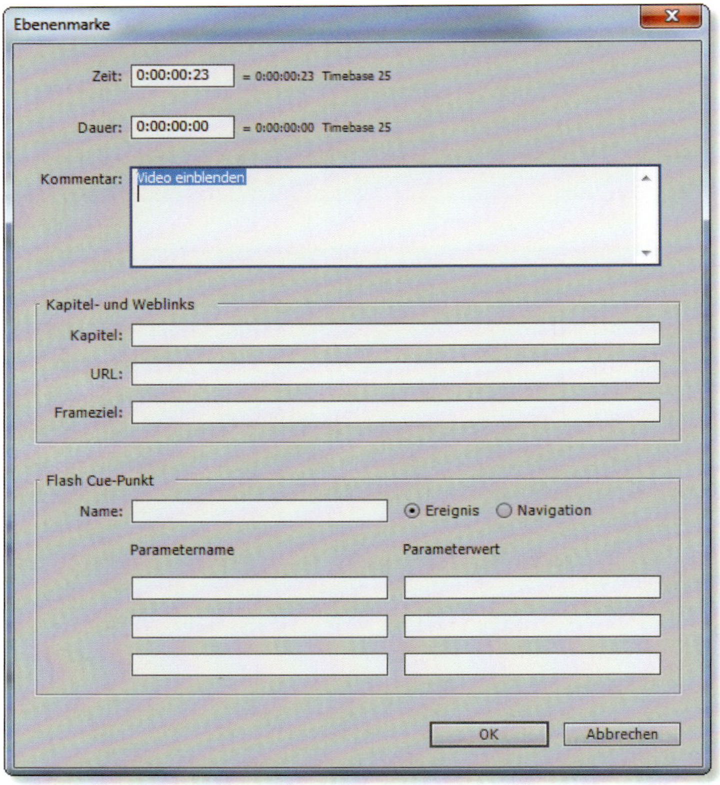

Abbildung 8.45 ▶
Im Dialogfeld EBENENMARKE tragen Sie Kommentare, Kapitelverknüpfungen und Weblinks ein.

Weblinks | Um aus Filmen heraus eine bestimmte Website zu öffnen, werden Weblinks verwendet. Dafür ist die Angabe der URL im Dialogfeld EBENENMARKE nötig. Werden so erstellte Filme in Webseiten integriert, wird die URL erkannt und zu der entsprechenden URL gesprungen. Anhand eines entsprechenden Eintrags unter FRAMEZIEL können Sie die Webadresse in einem bestimmten Frame aufrufen. Um diese Funktion nutzen zu können, müssen Sie Ihren Film als SWF- oder QuickTime-Film ausgeben. Allerdings unterstützt nicht jeder Medien-Player Weblinks.

Kommentare hinzufügen | Zum Hinzufügen von Kommentaren doppelklicken Sie auf eine Marke. Es öffnet sich das Dialogfeld EBENENMARKE. Geben Sie unter KOMMENTAR einen kurzen, aussagefähigen Kommentar ein.

Dauer | Unter DAUER tragen Sie die gewünschte Zeit ein, die Ihre Marke aktiv sein soll. Diese Dauer wird in der Ebene bzw. in der Zeitleiste mit einer dünnen Linie an dieser Marke dargestellt.

8.6 XMP-Metadaten

Metadaten können den Workflow bei der Arbeit mit mehreren Applikationen erheblich beschleunigen. Unterstützt werden sie seit der CS4-Version unter anderem von After Effects, Premiere Pro, Soundbooth, Encore, Flash Professional und Photoshop Extended.

Mit XMP-Metadaten werden einer Datei Informationen wie Datum, Copyright, Autor, Auflösung, Farbraum, Kameratyp etc. mitgegeben. Solche Daten werden innerhalb der jeweiligen Bild-, Video- oder Sounddatei mitgespeichert und sind so von jedem Programm der Adobe Creative Suite und Programmen vieler anderer Anbieter abrufbar. In manchen Fällen können die Metadaten nicht in der Datei mitgespeichert werden. Die Daten werden dann im Format XMP (eXtensible Metadata Platform) in einer separaten Filialdatei abgelegt.

Das XMP-Format basiert auf XML (Extensible Markup Language) und wird von den Adobe-Anwendungen als Standardformat für Metadaten verwendet. Mit XMP werden Metadaten, die in anderen Formaten – wie EXIF, IPTC (IIM), GPS oder TIFF – gespeichert sind, synchronisiert und so leichter angezeigt und verwaltet. Die gemeinsame Verwendung solcher Daten in verschiedenen Applikationen vereinfacht und beschleunigt den Arbeitsprozess. Die Applikationen seit der Creative Suite 4 von Adobe speichern solche Daten im Gegensatz zu älteren Applikationen immer mit, und diese Daten bleiben sowohl bei einer Formatumwandlung (z. B. PSD in JPG) als auch nach dem Platzieren in Projekten anderer Anwendungen erhalten.

Statische und temporale Metadaten

Metadaten können statisch (also dauerhaft) oder temporal (also zeitlich begrenzt) gültig sein. Copyright- und Urheberangaben sind beispielsweise statische und die weiter oben beschriebenen Ebenenmarken temporale Metadaten. Sie können zum Beispiel in Premiere Pro die Sprachsuche-Funktion anwenden, um gesprochenen Text aus Audio- oder Videodaten in Textmetadaten, also eine lesbare Textdatei, umzuwandeln. Mit dieser Suchfunktion kann dieser Text durchsucht und zur entsprechenden Textstelle in der Video- bzw. Sounddatei gesprungen werden.

Wird eine Datei mit solchen temporalen Textmetadaten in After Effects importiert, kann der gesprochene Text in den Ebenenmarken angezeigt werden, d. h., jedes gesprochene Wort erscheint synchron zum angezeigten Clip in einer Ebenenmarke.

> **Exif**
> Exif (Exchangeable Image File Format) ist ein von modernen Digitalkameras verwendeter Standard für das Speichern von Metadaten, also Informationen zu den aufgenommenen Bildern wie Kameratyp, Belichtung etc.

> **IPTC (IIM)**
> IPTC ist die Abkürzung für »International Press Telecommunications Council«. IPTC-Formate dienen ebenfalls der Speicherung von Textinformationen innerhalb von Bilddateien.

> **Änderungen an Ebenenmarken**
> Falls Sie Inhalte von Ebenenmarken ändern, werden diese Änderungen nicht in die Quelldatei übernommen. Die darin enthaltenen XMP-Metadaten bleiben unverändert.

FLV und F4V

FLV ist das Flash-Video-Dateiformat und findet in Adobe Flash für die Darstellung von Videos im Web Verwendung. F4V ist die Weiterentwicklung des Formats. Hier wird eine MPEG-4-Kompression für die Videodaten eingesetzt.

Dazu aktivieren Sie in den After-Effects-Voreinstellungen unter MEDIEN- UND DISK-CACHE die Option EBENENMARKEN AUS FOOTAGE-XMP-METADATEN ERSTELLEN, falls nicht schon aktiv. Da in Ebenenmarken gespeicherte Daten für Expressions zugänglich sind, können Sie die Metadaten auch für die Arbeit mit Expressions und Skripten verwenden.

Interessant ist die Möglichkeit, mit in FLV- und F4V-Dateien gespeicherten Metadaten Textinhalte in Videos per ActionScript anzusteuern, so dass beispielsweise ein Video per Skript ab einer bestimmten Textstelle gestartet werden kann. Aus After Effects ist die Ausgabe als FLV und auch als F4V möglich. Diese Dateien können dann in Flash weiterverwendet und per ActionScript gesteuert werden.

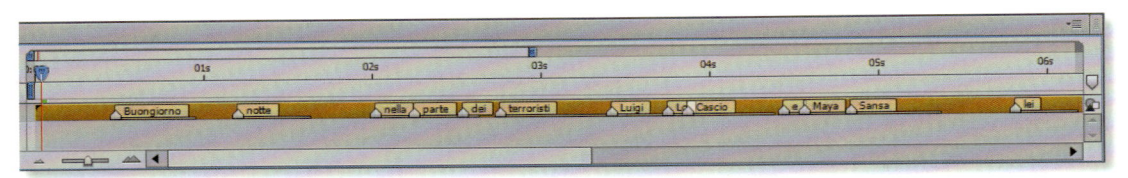

▲ **Abbildung 8.46**
Temporale Metadaten wie hier Textmetadaten werden in Ebenenmarken angezeigt.

Manuelle Konvertierung

Temporale Metadaten können Sie auch manuell in Ebenenmarken konvertieren, falls die Option EBENENMARKEN AUS FOOTAGE-XMP-METADATEN ERSTELLEN nicht aktiviert war. Klicken Sie dazu in der Ebene mit der rechten Maustaste auf eine selbsterstellte Ebenenmarke, und wählen Sie MARKEN ÜBER QUELLE AKTUALISIEREN. Alle selbsterstellten Marken werden dann entfernt und die temporalen Metadaten in neuen Ebenenmarken hinzugefügt.

GUIDs

GUIDs (Globally Unique Identifiers) sind zufällig generierte 16-Byte-Zahlen. Sie werden von XMP als ID-Werte für einzelne Dateien verwendet, um deren eindeutige Kennung zu gewährleisten.

Identifikationsnummer

Jeder Datei wird beim Import in After Effects eine eindeutige ID-Nummer zugewiesen, es sei denn, die Datei weist schon eine solche Nummer auf. Bei neueren Adobe-Applikationen werden die IDs in den entsprechenden Programmen, z. B. Photoshop, erzeugt; After Effects behält in diesem Fall die ID bei.

Der Vorteil der eindeutigen IDs wird beim Workflow zwischen den verschiedenen Anwendungen deutlich. Hier greifen mehrere Programme anhand der ID auf einmal erstellte Vorschauen und angepasste Audiodateien zu, und ein nochmaliges Rendern einer Vorschau in einem anderen Programm entfällt.

Wichtig ist, dass After Effects diese IDs nur dann selbst generiert, wenn in den Voreinstellungen unter MEDIEN- UND DISK-CACHE die Option BEIM IMPORT XMP-IDS IN DATEIEN SCHREIBEN aktiviert ist. Die ID wird dann direkt in die Quelldatei geschrieben und ist danach für alle anderen Anwendungen verfügbar.

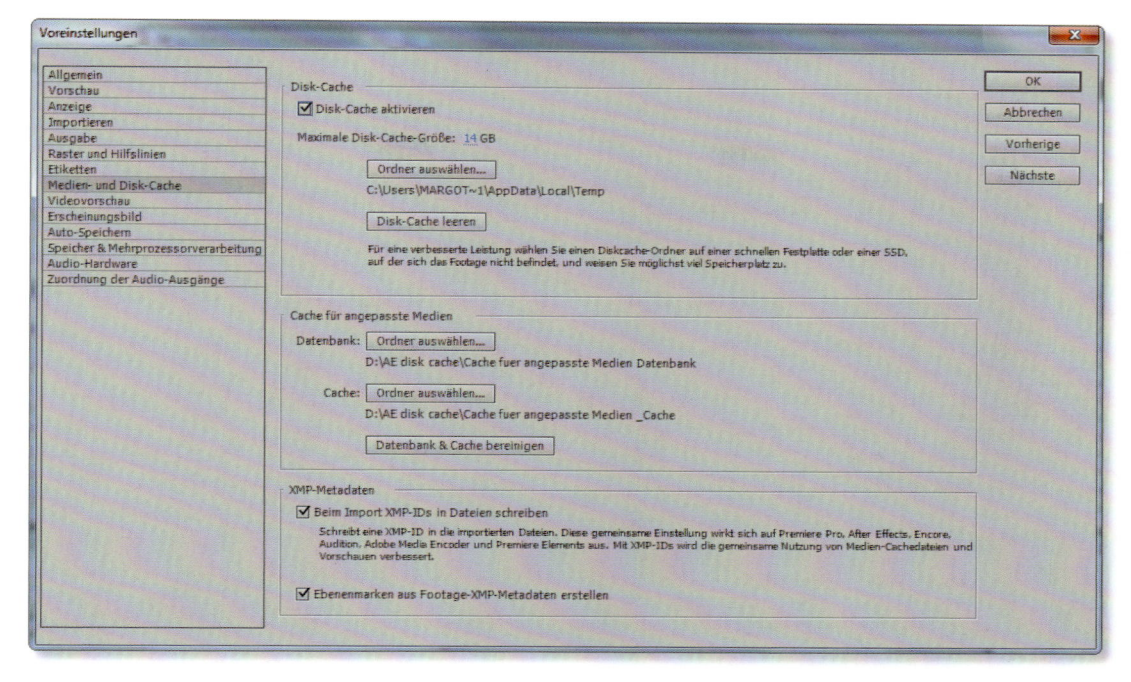

▲ Abbildung 8.47
In den Voreinstellungen regeln Sie den Umgang mit XMP-Metadaten

XMP-Metadaten in After Effects

Beim Import von Dateien, die Metadaten enthalten, zeigt After Effects gegebenenfalls die Meldung XMP-METADATEN WERDEN AUS FOOTAGE GELESEN an. Die in den Dateien enthaltenen Metadaten werden, wenn es sich um temporale Metadaten handelt, in der Zeitleiste als Ebenenmarken angezeigt.

Statische Metadaten können Sie im After-Effects-Metadatenfenster einsehen. Sie öffnen das Fenster über FENSTER • METADATEN. Die Daten werden nur angezeigt, wenn Sie eine Datei im Projektfenster ausgewählt haben. Metadaten aus Projektdateien werden dabei nach dem Öffnen des Projekts im oberen Teil unter PROJEKT angezeigt, Daten aus anderen Dateien erscheinen im unteren Teil. In den vorhandenen Metadatenkategorien können Sie eigene Informationen einfügen und Angaben ändern. Haben Sie zuvor mehrere Dateien ausgewählt, werden die Angaben in diesen Dateien gleichzeitig geändert und in die Quelldateien geschrieben.

Über den Button ❶ (Abbildung 8.48) oben rechts wählen Sie PROJEKT-METADATEN-ANZEIGE bzw. DATEI-METADATEN-ANZEIGE. Im Dialog METADATENANZEIGE können Sie Kategorien über den Button NEUES SCHEMA hinzufügen und danach per EIGENSCHAFT HINZUFÜGEN eine passende Eigenschaftsliste erstellen. Wollen Sie ein individuelles Eigenschaftsset speichern, klicken Sie auf den

Button EINSTELLUNGEN SPEICHERN und wählen einen aussagekräftigen Namen. Das Set ist dann im Popup-Menü über dem Button abrufbar.

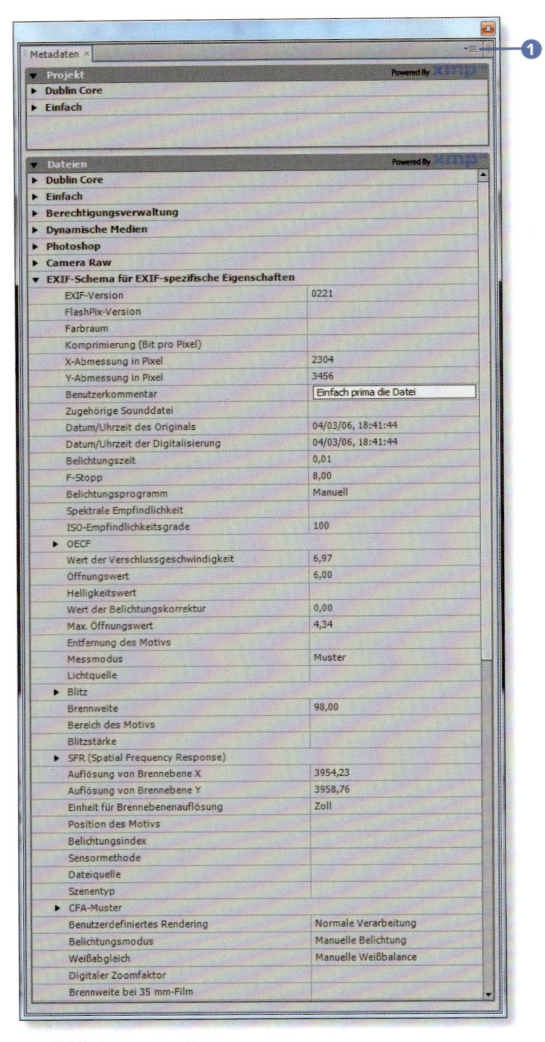

▲ **Abbildung 8.48**
Im Fenster METADATEN werden statische Metadaten angezeigt und können darin geändert oder ergänzt werden.

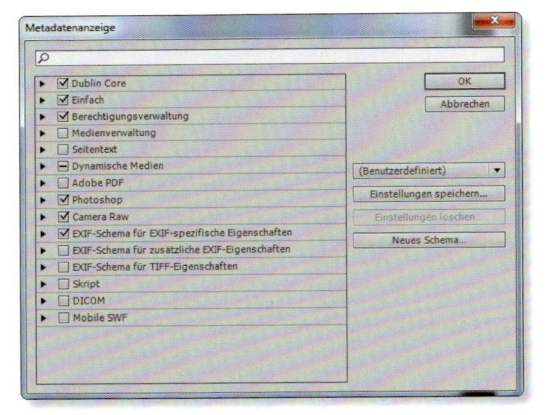

▲ **Abbildung 8.49**
Metadatenkategorien können Sie in der Metadatenanzeige ändern und hinzufügen.

Exportieren von XMP-Metadaten aus After Effects | Beim Rendern und Exportieren einer Komposition können Sie sämtliche XMP-Metadaten aller in der Komposition enthaltenen Footage-Elemente in die Ausgabedatei schreiben. Hierbei werden nicht nur die Metadaten aus importierten Dateien übernommen, sondern auch sämtliche Informationen in Ebenen- und Kompositionsmarken und in den Kommentarspalten des Zeitleisten- und Projektfensters.

Wichtig ist hierbei, dass im Ausgabemodul der Renderliste die Option QUELL-XMP-METADATEN EINSCHLIESSEN aktiviert ist, da ansonsten nur die IDs der Footage-Elemente eingeschlossen sind.

▲ **Abbildung 8.50**
Bei der Ausgabe können Sie sämtliche im Projekt enthaltenen XMP-Metadaten erfassen.

Re-importieren von XMP-Metadaten in After Effects | Re-importieren Sie Dateien in After Effects, die Sie zuvor mit der Ausgabeoption QUELL-XMP-METADATEN EINSCHLIESSEN erstellt haben, sind sämtliche XMP-Metadaten als Ebenenmarken verfügbar. Dazu müssen Sie die importierte Datei zunächst in einer Komposition als Ebene verwenden. Im Metadatenfenster erscheinen diese Informationen allerdings nicht.

8.7 Bitte mischen: Füllmethoden

Grundsätzlich sind Ebenen immer opak, d. h., weiter oben in der Zeitleiste befindliche Ebenen decken darunterliegende ab. Beeinflussen können Sie dies durch Deckkraftänderungen und durch die Füllmethoden (früher »Ebenenmodi«). Wenden Sie Füllmethoden auf eine Ebene an, werden die Pixel dieser Ebene mit den Pixeln der darunter befindlichen Ebenen gemischt. Weiter oben liegende Ebenen werden von der Füllmethode nicht beeinflusst.

Die Wirkung der Füllmethoden ist sehr unterschiedlich und hängt von den Farbwerten der Pixel der gemischten Ebenen ab. Wenige Füllmethoden nutzen den Alphakanalwert einer Ebene. Aus Photoshop sind Ihnen die Füllmethoden vielleicht ohnehin schon vertraut. Falls nicht, ist es das Beste, Sie probieren die verschiedenen Füllmethoden einmal praktisch aus. Aber versuchen

---

Importierbare XMP-Metadaten-Formate

Sie können XMP-Metadaten aus folgenden Formaten importieren:
Kameraformate: AVCHD, HDV, P2, XDCAM, XDCAM EX
Bildformate: GIF, JPEG, PNG, PostScript, TIFF
Containerformate: FLV, F4V, QuickTime (MOV), Video für Windows (AVI), Windows Media (ASF, WAV)
Authoring-Formate: InDesign-Dokumente, Photoshop-Dokumente (PSD), sonstige native Dokumentformate für Adobe-Anwendungen
MPEG-Formate: MP3, MPEG-2, MPEG-4
SWF

Exportierbare XMP-Metadaten-Formate

After Effects kann XMP-Metadaten außer in die eigenen Formate AEP und AEPX bei folgenden Formaten direkt in die Dateien schreiben: FLV und F4V, QuickTime (MOV), Video für Windows (AVI), Windows Media (WMV), einige MPEG-Formate (MPG, M2V, MP4), wobei für einige MPEG-Formate nur Filialdateien (XMP) erzeugt werden. Für andere Dateiarten wird die Option QUELL-XMP-METADATEN EINSCHLIESSEN nicht bereitgestellt.

Kapitel 8   Ebenen organisieren und bearbeiten

Sie nicht vergeblich, einen Wechsel der Methode zu animieren. Das ist nicht möglich.

Sie finden die Füllmethoden versteckt hinter einer kleinen Schaltfläche in der Zeitleiste. Klicken Sie auf die Schaltfläche EBENENMODIFENSTER ❷, um zu den Füllmethoden zu gelangen. Unter dem Spalteneintrag MODUS erreichen Sie das Füllmethoden-Popup, indem Sie auf den Eintrag NORMAL ❸ klicken. Haben Sie eine Füllmethode aus der Liste gewählt, wird die Ebene mit einem dunklen Augen-Symbol ❶ gekennzeichnet.

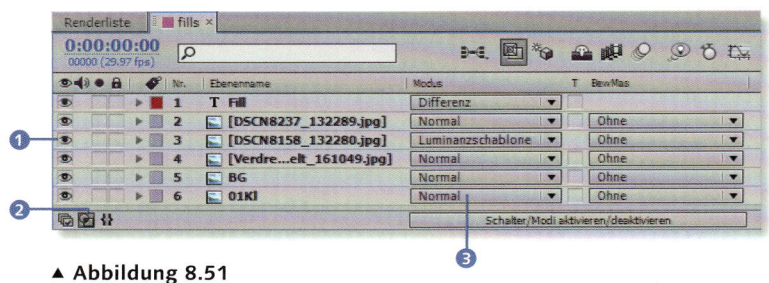

▲ **Abbildung 8.51**
Um die Füllmethoden anzuwenden, müssen Sie zuerst die Anzeige EBENENMODIFENSTER einblenden.

Sie finden die Füllmethoden bzw. Modi in verschiedene Gruppen unterteilt, von denen ich im Folgenden einige vorstellen werde.

Transparenzmodi

Die Transparenzmodi verwenden die Alphainformation einer Ebene, um diese mit den darunter befindlichen Ebenen zu kombinieren. Zu den Transparenzmodi zählen NORMAL, STREUEN und SPRENKELN MIT RAUSCHEN. Alle Ebenen sind grundsätzlich auf den Modus NORMAL eingestellt. Die Ebenenpixel werden bei dieser Einstellung nicht gemischt.

Bei den Modi STREUEN und SPRENKELN MIT RAUSCHEN werden einige Pixel einer Ebene per Zufallsverteilung komplett transparent und andere komplett deckend dargestellt. Um eine Wirkung zu erzielen, muss die Ebene eine geringere Deckkraft als 100 % aufweisen. Einen schönen Effekt erzielen Sie bei SPRENKELN MIT RAUSCHEN, da hier die Pixel über die Zeit verändert, sozusagen animiert werden.

Abdunkeln-Modi

Die Abdunkeln-Modi dunkeln die Pixel einer Ebene insgesamt ab. Dazu gehören die Modi ABDUNKELN, MULTIPLIZIEREN, LINEAR

▲ **Abbildung 8.52**
Unter dem Eintrag MODUS befindet sich für jede Ebene ein Popup mit sämtlichen Füllmethoden.

NACHBELICHTEN und FARBIG NACHBELICHTEN. FARBIG NACHBELICHTEN – KLASSISCH und DUNKLERE FARBE verwenden Sie, um die Kompatibilität mit älteren After-Effects-Projekten zu erhalten. Sie nutzen diese Modi, um Strukturen wie Rauch oder Störungen ins Material einzufügen.

Der Modus ABDUNKELN vergleicht die Farbwerte eines Bildes mit denen der darunter befindlichen Bilder. Dunkle Farbwerte werden übernommen, weiße Pixel werden transparent. Im Modus MULTIPLIZIEREN werden die Farbwerte der Pixel übereinanderliegender Bilder multipliziert und anschließend durch den maximalen Pixelwert dividiert. LINEAR NACHBELICHTEN verringert die Helligkeit eines Bildes, indem mit den Farbwerten darunter befindlicher Ebenen verglichen wird. Im Modus FARBIG NACHBELICHTEN wird die Helligkeit eines Bildes durch Erhöhen des Kontrasts anhand der Farbinformation in den verglichenen Bildern verringert.

▲ **Abbildung 8.53**
Ein Bild ohne Füllmethoden.

▲ **Abbildung 8.54**
Eine Ebene, die eine rauchartige Struktur enthält

◀ **Abbildung 8.55**
Der Rauch und das Kornfeld per Modus MULTIPLIZIEREN kombiniert. Fehlt nur noch das Feuer …

Aufhellen-Modi

Die Aufhellen-Modi ähneln den Abdunkeln-Modi und werden daher hier nur kurz erwähnt. Aufhellen-Modi führen im Gegensatz zu den Abdunkeln-Modi, wie der Name schon sagt, zu einer Aufhellung des Bildes. Sie nutzen diese Modi, um Feuer und Explosionen mit anderem Material zu kombinieren. Schwarze Pixel werden vollkommen transparent.

▲ **Abbildung 8.56**
Feuer und Explosionen kombinieren Sie über die Aufhellen-Modi.

▲ **Abbildung 8.57**
Hier wurde das Feuer im Modus NEGATIV MULTIPLIZIEREN kombiniert.

Kombinieren-Modi

Die Kombinieren-Modi vergleichen, ob Bildpixel sich über oder unter einem bestimmten Grenzwert wie beispielsweise 50 % Grau befinden. Abhängig davon werden Pixel im Bild heller oder dunkler dargestellt. Den Namen WEICHES LICHT, HARTES LICHT, LINEARES LICHT, STRAHLENDES LICHT, PUNKTUELLES LICHT lässt sich leicht entnehmen, dass bei diesen Modi eine unterschiedliche Beleuchtung der Ebenen simuliert wird. Beim Modus INEINANDER KOPIEREN werden die Ebenenfarben gemischt. Glanzlichter und Schatten bleiben dabei erhalten. Der Modus HARTE MISCHUNG führt zu einer extremen Verstärkung des Kontrasts des Bildes.

▲ **Abbildung 8.58**
Der Modus LINEARES LICHT simuliert die Beleuchtung der Ebene.

▲ **Abbildung 8.59**
Im Modus STRAHLENDES LICHT

Differenz- und Ausschlussmodi

Die Differenz- und Ausschlussmodi Differenz, Differenz – klassisch, Ausschluss, Subtrahieren und Dividieren vergleichen die Farbwerte zweier Ebenen und subtrahieren die niedrigeren von den höheren Farbwerten. Mit diesen Modi können Sie psychedelische Effekte erzielen.

Farbmodi

Die Farbmodi ersetzen bestimmte Farbwerte einer Ebene mit Werten einer darunter befindlichen Ebene. Mit den Modi Farbton, Sättigung, Farbe und Luminanz erreichen Sie oftmals unaufdringliche Farbveränderungen Ihres Materials und tauchen es in eine bestimmte Stimmung.

Photoshop-Ebenenstile

Sie können innerhalb von After Effects Ebenenstile festlegen und diese animieren. Wählen Sie dazu Ebene • Ebenenstile. Ebenenstile können Sie jeder Ebene in After Effects hinzufügen. Außerdem werden Photoshop-Ebenenstile absolut korrekt nach After Effects übernommen. Weitere Informationen finden Sie in Kapitel 25, »Workflow mit Photoshop und Illustrator«.

◄ **Abbildung 8.60**
Das Originalbild

◄ **Abbildung 8.61**
Die Farbmodi nutzen Sie zum Erzeugen einer bestimmten Stimmung wie hier eine blaue Farbfläche im Modus Farbe.

◄ **Tabelle 8.2**
Tastenkürzel zum Arbeiten mit Ebenen

Funktion	Windows	Mac OS
Ebene, Komposition umbenennen	⏎ (Haupttastatur)	⏎
Ebenen einzeln auswählen	Strg + Klick auf Ebene	⌘ + Klick auf Ebene

Kapitel 8 Ebenen organisieren und bearbeiten

Funktion	Windows	Mac OS
Ebenen in Zeitleiste ausrichten	⇧ + Ebene ziehen	⇧ + Ebene ziehen
Abspielreihenfolge umkehren	Strg + Alt + R	⌘ + ⌥ + R
In-Point verschieben	Ö	Ö
Out-Point verschieben	Ä	Ä
In-Point einer Ebene trimmen	Alt + Ö	⌥ + Ö
Out-Point einer Ebene trimmen	Alt + Ä	⌥ + Ä
In-Point an den Anfang der Komposition setzen	Alt + Pos1	⌥ + Pos1
Out-Point an das Ende der Komposition setzen	Alt + Ende	⌥ + Ende

▲ **Tabelle 8.2**
Tastenkürzel zum Arbeiten mit Ebenen (Forts.)

Kapitel 9
Vorschau

After Effects und die Vorschau – das sei gleich vorneweg erwähnt – ist wie Segeln mit regelmäßig wiederkehrender Flaute. After Effects arbeitet nicht in Echtzeit. Das heißt, für eine Vorschau Ihrer Animationseinstellungen müssen die entsprechenden Frames bei jeder Änderung neu berechnet werden. Das kostet je nach Systemkonfiguration mehr oder weniger Zeit und – ich will es nicht leugnen – Nerven.

Die Entwickler von After Effects waren auch einmal Studenten und hatten damals noch genügend Zeit zu warten, bis so eine Vorschau endlich angezeigt wurde. Aber Scherz beiseite.

Tatsächlich fügen die ehemaligen Studenten, die heute beispielsweise als Engineering Manager in Seattle an der ständigen Verbesserung von After Effects arbeiten, dem Programm immer neue Möglichkeiten zur Vorschaubeschleunigung hinzu, die Sie in diesem Kapitel kennenlernen. Ob Sie eine schnelle Vorschau und somit einen flüssigen Arbeitsprozess erhalten, hängt zum einen von der installierten Hardware, zum anderen von Optionen ab, die Sie im Kompositionsfenster, in der Vorschau-Palette und in der Zeitleiste festlegen. Doch zunächst zum Umgang von After Effects mit der Speicherung und Vorschau von Animationen.

Caching (globaler Performance Cache)

After Effects verwendet zwei Arten der Speicherung von Frames (Framecaching): die temporäre Speicherung im RAM und die mit der Version CS6 eingeführte dauerhafte Speicherung auf der Festplatte.

Temporäre Speicherung | Bei der temporären Speicherung (auch globaler RAM-Cache genannt) berechnet After Effects Frames, die von der Zeitmarke »berührt« wurden, automatisch und lädt

---

RAM entleeren

Um sämtliche in den RAM gespeicherte Frames zu löschen, wählen Sie BEARBEITEN • ENTLEEREN • GESAMTER SPEICHER. Wollen Sie nur die Rückgängig-Schritte entfernen, wählen Sie hier RÜCKGÄNGIG, und für berechnete Frames BILD-CACHE-SPEICHER.

sie in den RAM, worauf sie in Echtzeit wiedergegeben werden können. Solche Frames werden in der Zeitleiste mit einer grünen Linie markiert. Dies geschieht ganz nebenbei, während Sie arbeiten und die Zeitmarke bewegen.

Neu seit der Version CS6 ist, dass After Effects sämtliche einmal berechneten Frames im RAM behält, auch wenn Sie Änderungen vornehmen. Das heißt, kehren Sie zu einem vorherigen Zustand der Animation zurück, wird diese nicht wie früher erneut berechnet, sondern steht in Echtzeit zur Verfügung. Dies gilt auch für Ebenen, die Sie ein- und ausblenden oder hin und her schieben, für Ebenen, die Sie duplizieren, für Keyframes, die Sie kopieren und anderswo einfügen, für Loops… Sprich: für sämtliche Frames, die wiederverwendbar sind, egal wo sie sich in der Zeitleiste befinden. Aktuelle Änderungen muss After Effects natürlich wie ehedem immer neu berechnen, aber diese Neuerung wird Zeit sparen und ist sehr willkommen.

Durch die vielen gespeicherten Frames füllt sich zusehends der RAM; somit sind der Funktion natürliche Grenzen gesetzt, sobald der RAM voll ist. Beenden Sie After Effects, werden die Frames automatisch aus dem RAM entfernt.

Dauerhafte Speicherung | Die dauerhafte Speicherung (auch dauerhafter Disk-Cache genannt) betrifft die bereits aus früheren Versionen bekannte Möglichkeit, den Disk-Cache für die Speicherung von Frames hinzuzuziehen. After Effects berechnet renderintensive Frames, die automatisch erkannt werden, selbsttätig im Hintergrund und legt sie dauerhaft auf der Festplatte ab.

Früher wurde der Disk-Cache beim Beenden von After Effects gelöscht, seit CS6 bleiben die auf die Festplatte gerechneten Frames dauerhaft erhalten. Auf solche dauerhaft gespeicherten Frames können unterschiedliche Projekte zugreifen, da die Frames nicht projektspezifisch verwaltet werden. After Effects sucht beim Start automatisch auf der Festplatte nach zum Projekt passenden Frames.

Die dauerhafte Speicherung ist standardmäßig aktiviert. Dafür reserviert After Effects 10 % der gesamten Festplattenkapazität bzw. maximal 100 GB. Der Performancevorteil: Starten Sie ein zuvor schon einmal geöffnetes Projekt neu, erkennt After Effects dies und zeigt die früher bereits berechneten Frames schneller an. Diese Frames werden mit einer blauen Linie dargestellt. Teils kann After Effects solche Frames so schnell in den RAM laden, dass Sie sofort eine Echtzeitvorschau abspielen können, oft dauert das Laden jedoch fast so lange wie die vormalige RAM-Vorschau.

Disk-Cache löschen oder ausschalten

Zum Löschen des Disk-Cache, also aller dauerhaft gespeicherten Frames und Arbeitsbereiche, wählen Sie BEARBEITEN • VOREINSTELLUNGEN • MEDIEN- UND DISK-CACHE • DISK-CACHE LEEREN. Über das Häkchen bei DISK-CACHE AKTIVIEREN schalten Sie das Caching ein und aus. Außerdem legen Sie hier die MAXIMALE DISK-CACHE-GRÖSSE fest und wählen einen Ordner für die Speicherung auf einem möglichst schnellen Laufwerk, z. B. einem SSD-Laufwerk.

▲ **Abbildung 9.1**
Sie kennen es ja, das Warten am Computer. Es hat kein Ende, aber es gibt bei jeder neuen Programmversion auch Verbesserungen.

Keine Echtzeitwiedergabe

Wer sich eine Echtzeitwiedergabe durch die dauerhafte Speicherung der Frames auf der Festplatte erhofft, der wird leider enttäuscht. Die bereits auf der Festplatte vorhandenen Frames müssen vor der Wiedergabe in den RAM geladen werden, um sie in Echtzeit abzuspielen.

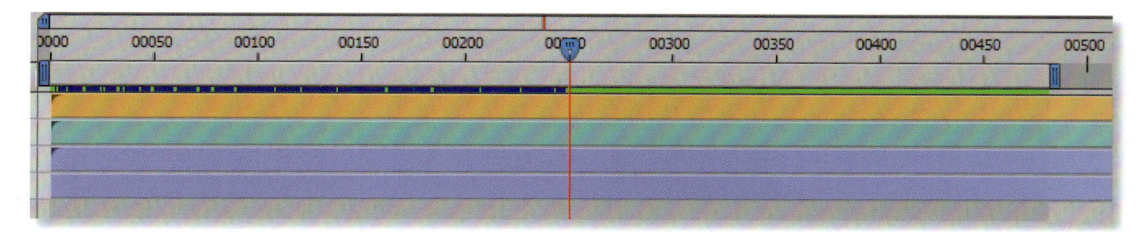

▲ **Abbildung 9.2**
Frames, die After Effects dauerhaft auf die Festplatte gerechnet hat, werden mit einer blauen Linie in der Zeitleiste dargestellt. In den RAM gerechnete Frames sind grün gekennzeichnet.

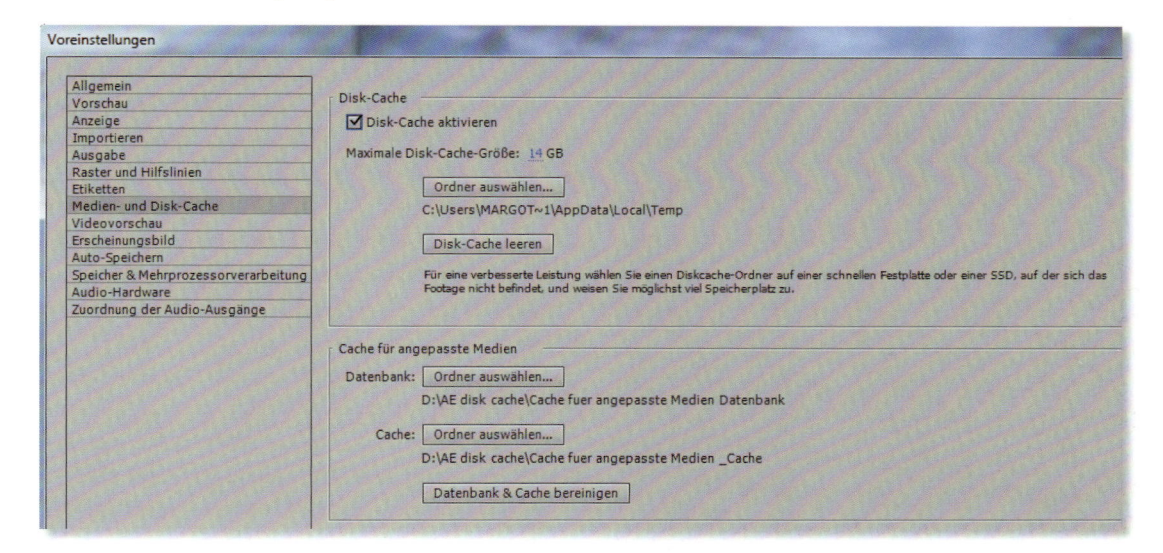

Arbeitsbereich dauerhaft speichern

Die in CS6 hinzugefügte Funktion, Arbeitsbereiche dauerhaft zwischenzuspeichern, ist vergleichbar mit der dauerhaften Speicherung, mit dem Unterschied, dass Sie bevor Sie die Funktion anwenden, selbst festlegen, was gespeichert wird.

Wenn Sie wollen, können Sie einen oder mehrere Arbeitsbereiche dauerhaft auf die Festplatte rechnen lassen. Dies geschieht im Hintergrund, das heißt, sie können dabei weiterarbeiten. Bei Kompositionen mit Ray-traced 3D verlangsamt sich allerdings die Performance. Der Vorteil zeigt sich ansonsten besonders bei renderintensiven Kompositionen, die dadurch schneller wiedergegeben werden sollen. Ändern Sie danach allerdings etwas in der gerenderten Komposition, nutzt Ihnen die gespeicherte Datei nichts, da die Änderung dafür erneut gerendert werden müsste.

Auch eine Echtzeitvorschau der einmal auf Festplatte gespeicherten Komposition ist leider nicht möglich, da After Effects bei

▲ **Abbildung 9.3**
In den Voreinstellungen aktivieren/deaktivieren Sie den dauerhaften Disk-Cache.

Alternative zum Speichern des Arbeitsbereichs

Eine sinnvolle Alternative dazu, Arbeitsbereiche oder ganze renderintensive Kompositionen im Hintergrund auf die Festplatte zu rechnen, ist die ganz normale Ausgabe der Komposition über die Renderliste und den Re-Import der gerenderten Datei: siehe im Abschnitt »Verlustfreie Ausgabe« auf Seite 362.

der erneuten Wiedergabe zunächst erst einmal alle gespeicherten Frames von der Festplatte in den RAM laden muss. Hier empfiehlt sich eine schnelle Festplatte besonders.

Arbeitsbereich im Hintergrund zwischenspeichern | Um eine oder mehrere Kompositionen im Hintergrund zu speichern, wählen Sie zunächst den jeweiligen gewünschten Arbeitsbereich, markieren dann die Kompositionen im Projektfenster und wählen Komposition • Arbeitsbereich im Hintergrund zwischenspeichern. Im Infofenster können Sie den Fortschritt kontrollieren. Dieser Rendervorgang läuft über eine im Hintergrund gestartete Instanz von After Effects, so dass Sie weiterarbeiten können. Schon während der Berechnung erscheint eine blaue Markierung für auf die Festplatte gerechnete Frames in der Zeitleiste. Schließen sie After Effects zwischenzeitlich, sind die Markierungen beim erneuten Öffnen noch vorhanden, die Frames also immer noch verfügbar.

Falls die Berechnung Ihr System zu lange ausbremst, wählen Sie Komposition • Zwischenspeichern des Arbeitsbereichs im Hintergrund abbrechen.

Medien-Cache

Für eine rasche Vorschau verarbeitet After Effects beim ersten Import einige Video- bzw. Audioformate und legt dafür auf der Festplatte neue Dateien in einem Medien-Cache-Ordner an, die durch eine Datenbank verwaltet werden, die ebenfalls auf der Festplatte gespeichert wird. Adobe Media Encoder, Premiere Pro, Encore, Audition und After Effects nutzen die Datenbank gemeinsam.

Wenn Sie die durch die Speicherung zusammengekommenen, oft großen Datenmengen löschen wollen, gibt es zwei Wege:

1. Über Bearbeiten • Voreinstellungen • Medien- und Disk-Cache klicken Sie unter Cache für angepasste Medien auf den Button Datenbank und Cache bereinigen. Daraufhin werden alle angepassten Vorschaudateien gelöscht, für die kein Original zu finden ist; alle anderen Dateien bleiben bestehen. Liegt das Originalmaterial auf einer nicht verbundenen, externen Festplatte, werden die Vorschaudateien dafür gelöscht. Starten Sie dann Projekte mit wieder verbundener Festplatte, erzeugt After Effects die Vorschaudateien erneut.
2. Wollen Sie sämtliche Vorschaudateien löschen, geht es nur über den zweiten Weg: Sie suchen die Datenbank- und Cache-

▲ **Abbildung 9.4**
Für After Effects gilt: Speicher, Speicher und nochmals Speicher.

Ordner auf der Festplatte (in den Voreinstellungen können Sie den Pfad selbst einsehen und ändern) und löschen die darin enthaltenen ».pek«-, ».cfa«- und ».mpgindex«-Dateien etc. manuell. After Effects erzeugt dann für alle neu importierten oder neu gestarteten Projekte neue Vorschaudateien.

9.1 Standard- und RAM-Vorschau

Damit die Einzelframes einer Animation dargestellt werden können, muss After Effects sie zuvor berechnen. Das Ergebnis dieser Berechnung wird, wie im Abschnitt »Temporäre Speicherung« auf Seite 231 beschrieben, im Arbeitsspeicher abgelegt. Daher sollten Sie Ihrem System ein paar nicht allzu kleine RAM-Bausteine gönnen.

Standardvorschau

Eine Standardvorschau erhalten Sie durch Drücken der Leertaste. In diesem Fall wird jeder Frame berechnet, der von der Zeitmarke angesteuert wird. Eine Audiovorschau erhalten Sie dabei nicht. Es werden nur bereits berechnete Frames in Echtzeit angezeigt.

RAM-Vorschau über die Vorschau-Palette

Bei einer RAM-Vorschau wird eine bestimmte Menge an Frames im RAM gespeichert und danach in Echtzeit abgespielt. Die RAM-Vorschau kann mit und ohne Sound berechnet werden. Sie erhalten die RAM-Vorschau durch Drücken der Taste [0] im Zifferblock oder alternativ über die Palette VORSCHAU. Eine grüne Linie in der Zeitleiste zeigt an, welcher Teil Ihrer Animation in Echtzeit abgespielt werden kann. Ist Ihr Arbeitsspeicher zu klein, wird nur ein Teil der Frames in der RAM-Vorschau angezeigt, und die grüne Linie endet dann abrupt in der Zeitleiste.

▼ **Abbildung 9.5**
Für eine RAM-Vorschau werden die Frames innerhalb des Arbeitsbereichs berechnet und anschließend in Echtzeit abgespielt.

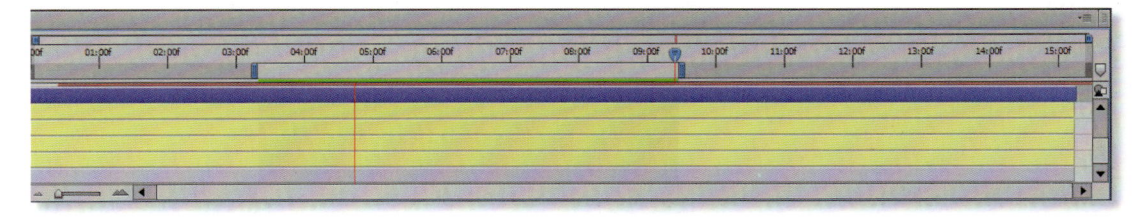

Die in der Vorschau-Palette enthaltenen Abspielfunktionen kennen Sie von Ihren Wiedergabegeräten daheim. Ein paar Funktio-

Kapitel 9 Vorschau

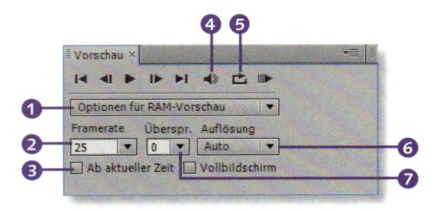

▲ **Abbildung 9.6**
Die Vorschau-Palette mit den Buttons für die Wiedergabe

Arbeitsbereich festlegen

Empfehlenswert ist es, den Beginn des Arbeitsbereichs mit der Taste B und das Ende des Arbeitsbereichs mit der Taste N auf den Teil Ihrer Animation einzustellen, den Sie gerade beurteilen wollen. Für eine Vorschau des gesamten Films ist es besser, die Animation als eigenständigen Film zu rendern.

Video scrubben

Halten Sie die Strg-Taste gedrückt und ziehen die Zeitmarke kontinuierlich vorwärts oder rückwärts, werden Video und Sound gescrubbt.

nen bedürfen allerdings der Erläuterung. Sie rufen die Vorschau-Palette über FENSTER • VORSCHAU oder Strg + 3 auf.

Abspielfunktionen | Der Schalter ❺ wechselt auf Mausklick zwischen drei Zuständen. Sie können die errechnete RAM-Vorschau in einer Schleife immer vorwärts abspielen lassen oder in einer Schleife vor und zurück oder einmalig vorwärts. Mit dem Schalter AUDIO ❹ legen Sie fest, ob Audio in der Vorschau enthalten sein soll oder nicht.

Vorschaubeschleunigung | Wichtige Einstellungen zur beschleunigten Berechnung Ihrer RAM-Vorschau finden Sie im unteren Teil der Vorschau-Palette.

Unter FRAMERATE ❷ verwenden Sie mit der Option AUTO die Framerate der Komposition. Bei einer geringeren Framerate wird die Vorschau schneller berechnet, aber nicht mehr ganz flüssig abgespielt. Bei ÜBERSPRINGEN ❼ legen Sie fest, wie viele Frames in der Vorschau übersprungen, also nicht angezeigt werden sollen. Werte zwischen 1 und 5 sind üblich und verfälschen die Vorschau nicht allzu sehr im Vergleich zu einem gerenderten Film.

Unter AUFLÖSUNG ❻ verringern Sie mit HALB, DRITTEL und VIERTEL die wiedergegebene Auflösung, beschleunigen aber das Erstellen der Vorschau und sparen zudem viel RAM. Die Einstellung AUTO verwendet die Auflösung der Komposition. Das Häkchen bei AB AKTUELLER ZEIT ❸ setzen Sie, um die Vorschau ab der Position der Zeitmarke zu rendern und nicht innerhalb des Arbeitsbereichs.

Die Option VOLLBILDSCHIRM zeigt nach der Berechnung die Vorschau im Vollbildmodus an. Diese können Sie mit einem Klick auf die Vorschauanzeige wieder verlassen. Der Schalter OPTIONEN FÜR RAM-VORSCHAU ❶ dient dazu, mit zwei verschiedenen Einstellungen für die Vorschauberechnung zu arbeiten. Sie können dazu bei aktivierter Schaltfläche OPTIONEN FÜR UMSCHALTTASTE + RAM-VORSCHAU individuelle Einstellungen von Framerate, Auflösung usw. treffen und diese abrufen, wenn Sie wieder auf OPTIONEN FÜR RAM-VORSCHAU gewechselt haben. Betätigen Sie dazu gleichzeitig die Taste ⇧ und den Button für die RAM-Vorschau.

Alternative RAM-Vorschau | Die alternative RAM-Vorschau spielt eine begrenzte Anzahl an Frames in einer Schleife ab. Sie wird nicht ab der Zeitmarke berechnet, wie man es erwarten sollte, sondern beginnt vor und endet an der Zeitmarke. Zum Abspielen dieser Vorschau betätigen Sie die Tasten Alt + 0.

◄ **Tabelle 9.1**
Tastenkürzel für die Vorschau

Funktion	Windows	Mac OS
RAM-Vorschau	`0`, Ziffernblock	`Strg`+`0`, Haupttastatur
Optionen für Umschalttaste + RAM	`⇧`+`0`, Ziffernblock	`⇧`+`Strg`+`0`, Haupttastatur
Audiovorschau ab aktueller Zeit	`.`, Ziffernblock	`Strg`+`.`, Haupttastatur
Audiovorschau im Arbeitsbereich	`Alt`+`.`, Ziffernblock	`Strg`+`⌘`+`.`, Haupttastatur
Vorschau N-Frames	`Alt`+`0`, Ziffernblock	`Strg`+`Alt`+`0`, Haupttastatur

9.2 Audiovorschau und Audio synchronisieren

Wie Sie Sound steuern und damit arbeiten, erfahren Sie gleich zu Beginn, damit Sie keinen Stummfilm produzieren. Anschließend geht es um die Audiovoreinstellungen. Darüber zu reden ist Silber. Um irgendeinen Ton zu hören, drücken Sie in der aktuellen Komposition die Taste `.` im Ziffernblock der Tastatur. Sie erhalten dadurch eine reine Audiovorschau. Diese wird ab der Position der Zeitmarke abgespielt. Drücken Sie `Alt` und die Taste `.` auf dem Ziffernblock der Tastatur, um die Audiovorschau nur innerhalb des Arbeitsbereichs abzuspielen.

Synchronisation mit Sound

Zum Synchronisieren von Sound und Animationen ist Ihr Taktgefühl die Grundvoraussetzung, denn Sie müssen dazu Marken im Takte der Musik oder wenigstens an entscheidenden Stellen der Sounddatei setzen. Zunächst wählen Sie eine Audioebene als Tanzpartnerin aus, auf der anschließend die Marken erscheinen. Drücken Sie dann die Taste (,) auf dem Ziffernblock Ihrer Tastatur, um eine Audiovorschau abzuspielen. Währenddessen setzen Sie mit der Taste (*) auf dem Ziffernblock Marken, wobei Sie schön im Rhythmus bleiben. Dazu drücken Sie die Taste im Takt. Wirklich – so geht das!

Allerdings werden die Marken erst nach dem Beenden der Audiovorschau auf der erwählten Ebene angezeigt. Hatten Sie einige Aussetzer und sind die Marken nicht taktgenau platziert,

Ebenenmarken
Vertiefende Informationen zum Setzen von Ebenenmarken finden Sie im Abschnitt »Ebenenmarken« auf Seite 218.

klicken Sie diese einfach an und verschieben sie. Dies geht noch besser, wenn Sie wie weiter unten beschrieben zusätzlich die Audio-Wellenform einblenden, in der Sie markante Stellen im Sound erkennen können und zusätzlich das Sound-Scrubbing nutzen, um Marken genau zu positionieren. Wenn die Marken genau sitzen, können Sie Keyframes Ihrer Animationen oder Ebenen daran ausrichten und somit beispielsweise eine Bassdrum genau auf dem Takt skalieren.

Sound scrubben | Das Synchronisieren von Sound mit Ihren Animationen macht sich oft besser, wenn Sie den Sound scrubben. Dabei erhalten Sie analog zum Ziehen der Maus in der Zeitleiste eine Audiovorschau. Drücken Sie dazu die Tasten `Strg` und `Alt`, und ziehen Sie die Zeitmarke vorwärts oder rückwärts in der Zeitleiste. Wenn Sie die beiden Tasten gedrückt halten und beim Ziehen der Zeitmarke innehalten, wird ein kurzer Teil des Sounds ab der Position der Zeitmarke in einer Schleife abgespielt. Auf diese Weise lokalisieren Sie schwierige Stellen im Sound besser.

Audio-Wellenform | Die Audio-Wellenform nutzen Sie zur visuellen Kontrolle des Sounds. Um sie anzuzeigen, klicken Sie in einer Ebene, die Sound enthält, nacheinander auf die kleinen Dreiecke ❶, ❷ und ❸. Per Klick auf die Schaltflächen ❺ und ❻ zoomen Sie in die Wellenform ein bzw. aus.

Außerdem können Sie die Wellenform im DIAGRAMMEDITOR anzeigen lassen. Klicken Sie dazu auf den Button ❹, und wählen Sie über den Button DIAGRAMMTYP den Eintrag AUDIO-WELLENFORM ANZEIGEN. Die Ebenenmarken werden dabei allerdings nicht mit angezeigt.

▼ **Abbildung 9.7**
Zur Erleichterung der Synchronisation von Sound und Animation setzen Sie Ebenenmarken und blenden die Audio-Wellenform ein.

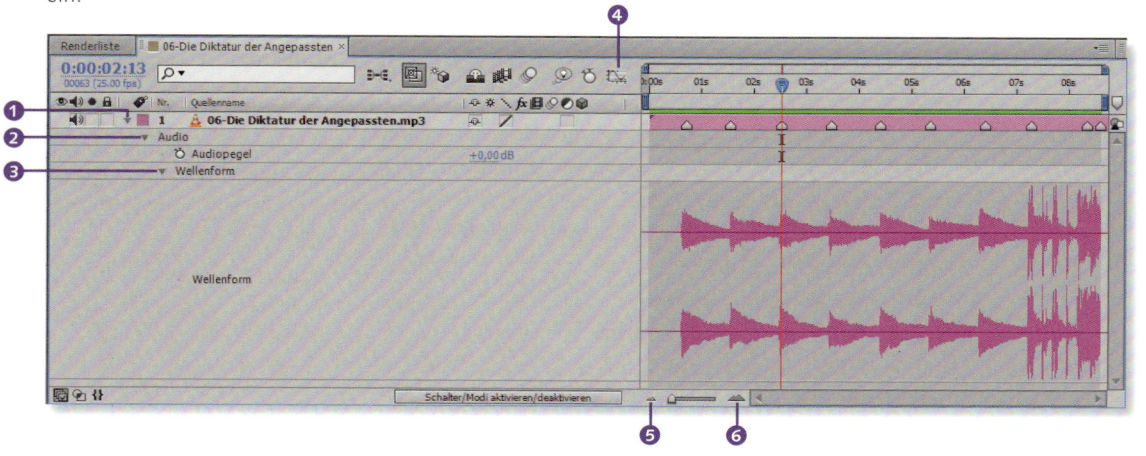

Audio-Palette | Eine weitere Audiokontrolle bietet die Audio-Palette. Die Pegelanzeige ❼ zeigt Ihnen die Lautstärke und übersteuerte Sounds an. Mit den Pegelsteuerungen ❽ und ❾ steuern Sie die Lautstärke für den linken und rechten Kanal separat bzw. gemeinsam. Die Dezibelwerte für eine importierte Datei werden im Feld für Pegelwerte ❿ immer mit 0 angegeben. Dies ist unabhängig davon, ob Ihr Sound bereits übersteuert importiert wurde.

Audiovoreinstellungen

Zur Arbeit mit Audiomaterial legen Sie über DATEI • PROJEKTEINSTELLUNGEN unter AUDIOEINSTELLUNGEN die Samplerate für Ihr Projekt fest. Mit 44,100 kHz erreichen Sie CD-Qualität.

Voreinstellungen | Die Dauer der Audiovorschau ist begrenzt und bricht nach einer in den Voreinstellungen festgelegten Zeit ab. Sie ändern die Dauer via BEARBEITEN • VOREINSTELLUNGEN • VORSCHAU unter AUDIOVORSCHAU bei DAUER. Höhere Werte belasten den Arbeitsspeicher etwas mehr.

Ebenfalls in den Voreinstellungen unter dem Punkt AUDIO-HARDWARE wählen Sie das in Ihrem System verfügbare Gerät bei STANDARDGERÄT aus (unter Windows sind professionelle ASIO-Soundkarten zu empfehlen). Ist keine Soundkarte installiert, findet After Effects automatisch das integrierte Gerät Ihres Systems, z. B. WDM-Sound (Windows). Per Klick auf EINSTELLUNGEN öffnen Sie den Dialog AUDIOHARDWARE-EINSTELLUNGEN mit den Karten EINGABE und AUSGABE. Im Feld GERÄTE AKTIVIEREN legen Sie fest, welche Eingabe- und Ausgabeports verfügbar sein sollen. Für After Effects werden die Eingabegeräte allerdings gar nicht unterstützt. Per Klick auf die Checkbox bei GERÄT MIT 32-BIT-AUFZEICHNUNG bzw. -WIEDERGABE aktivieren Sie die 32-Bit-Ein- bzw. -Ausgabe. Welche Bittiefe Ihre Soundkarte unterstützt, lesen Sie in der Dokumentation zu Ihrer Soundkarte. Unter PUFFERGRÖSSE geben Sie die Anzahl der Audio-Samples an, die bei der Aufnahme und Wiedergabe zwischengespeichert werden. Treten bei der Aufnahme oder der Wiedergabe Startverzögerungen auf, ist der Puffer zu groß gewählt; bei Sprüngen und Aussetzern ist er zu klein.

Unter BEARBEITEN • VOREINSTELLUNGEN • ZUORDNUNG DER AUDIO-AUSGÄNGE wählen Sie das Ausgabegerät für den linken bzw. rechten Kanal für die in After Effects mögliche Stereoausgabe.

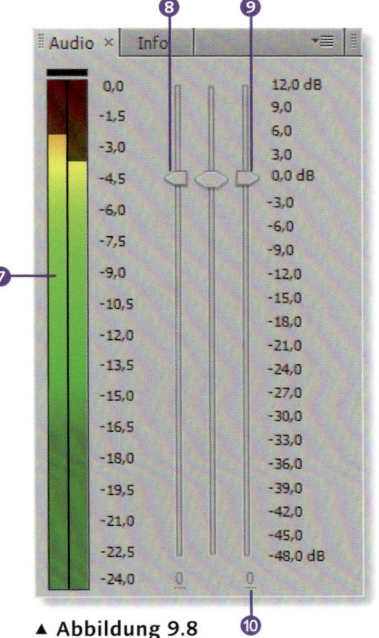

▲ **Abbildung 9.8**
Die Audio-Palette gibt Ihnen die Kontrolle über die Lautstärke von Audioinhalten.

9.3 Vorschau optimieren

After Effects bietet verschiedene Möglichkeiten, die Vorschaufunktion zu optimieren.

Arbeitsspeicher entlasten

Der Vorteil, dass von der Vorschau bereits berechnete Frames nicht wiederholt berechnet werden müssen, ist manchmal ein Grund für verlangsamte Berechnungen. Es ist daher ratsam, den Arbeitsspeicher von Zeit zu Zeit wieder zu leeren, um Platz für neue Informationen zu schaffen.

Nutzen Sie dazu unter BEARBEITEN • ENTLEEREN eine der folgenden Optionen: Wählen Sie GESAMTER SPEICHER, um sämtliche im Arbeitsspeicher gehaltenen Daten zu entleeren. Mit RÜCKGÄNGIG werden nur die gespeicherten, bereits vergangenen Schritte gelöscht. BILD-CACHE-SPEICHER entfernt gerenderte Frames aus dem Speicher. Die Option SCHNAPPSCHUSS löscht nur den letzten Schnappschuss.

Optionen in der Zeitleiste

Zur Beschleunigung der Vorschau legen Sie in der Zeitleiste fest, ob After Effects, während Sie Änderungen vornehmen, diese sofort im Kompositionsfenster aktualisiert oder erst nachdem die Änderung abgeschlossen ist.

Live-Update | Drücken Sie den Button LIVE-UPDATE ❶, um eine Aktualisierung während jeder Änderung anzeigen zu lassen. Bei umfangreichen Berechnungen, beispielsweise bei einigen Effektberechnungen, deaktivieren Sie den Button.

3D-Entwurf | Den Button 3D-ENTWURF ❷ nutzen Sie nach dem Studium der 3D-Funktionen von After Effects, um 3D-Ebenen ohne den Einfluss von Lichtern, Schatten und Tiefenschärfeeinstellungen der Kamera anzuzeigen.

Ebenenqualität | Klicken Sie auf den Qualitätsschalter einer Ebene ❸, oder ziehen Sie bei gedrückter Maustaste über die Schalter mehrerer Ebenen, um diese in verminderter Qualität anzuzeigen und die Berechnung von Animationen zu beschleunigen. Manche Effekte werden bei verminderter Qualität allerdings nicht korrekt angezeigt, z. B. der Effekt STRAHL.

▲ **Abbildung 9.9**
Was die Vorschauanzeige angeht, mussten Sie in After Effects schon immer einen heißen Draht zur Kaffeemaschine haben: Ist der Kaffee fertig, ist es die Vorschau vielleicht auch...

9.3 Vorschau optimieren

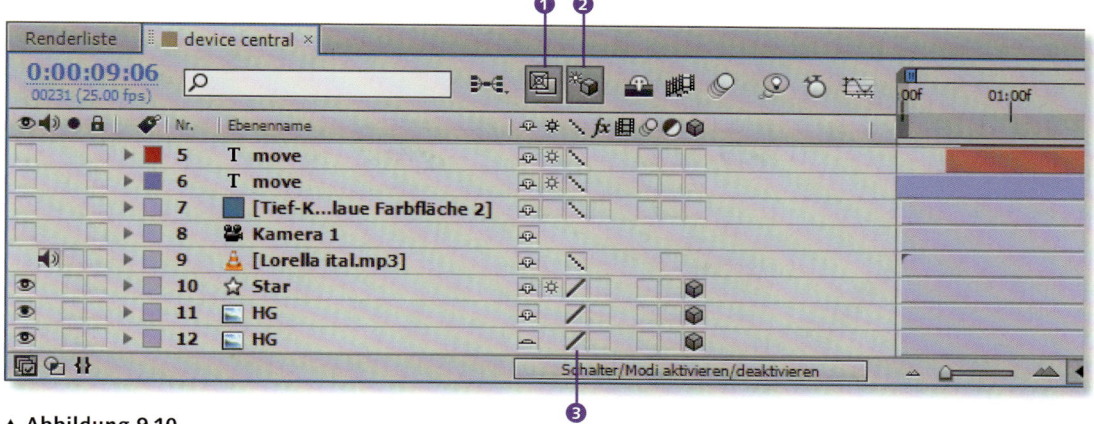

▲ **Abbildung 9.10**
Ein paar Buttons im Zeitleistenfenster enthalten Funktionen für die Vorschau.

Kompositionsvorschau optimieren

Auch im Kompositionsfenster finden sich einige Buttons, die dazu dienen, die Vorschauberechnung zu beschleunigen. Im Folgenden werden wir uns diese näher anschauen.

Auflösung | Entscheidend für die in der Vorschau angezeigte Zeitspanne ist die Größe des installierten Arbeitsspeichers. Mit der Schaltfläche ❹ verringern Sie die Auflösung Ihrer Kompositionsvorschau, um eine längere Zeitspanne Ihrer Animation anzuzeigen und die Berechnung zu beschleunigen. Für die endgültige Ausgabe hat die Auflösung im Kompositionsfenster keine Bedeutung.

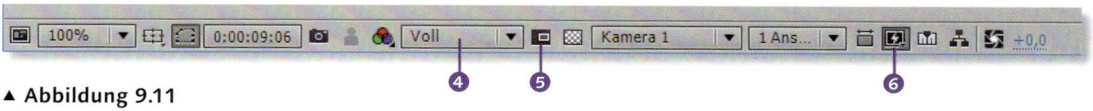

▲ **Abbildung 9.11**
Im Kompositionsfenster dienen einige Buttons dazu, die Vorschauberechnung zu beschleunigen.

Relevanter Bereich | Interessant ist für Sie, wann Sie Urlaub machen können, und für After Effects, was Sie gerade in Bearbeitung haben. Das kann auch nur ein Ausschnitt Ihrer Komposition sein. Den legen Sie mit der Schaltfläche ❺ fest, indem Sie einen Rahmen über dem relevanten Ausschnitt aufziehen. Dieser Spaß dient wieder der Vorschaubeschleunigung, spart Speicher und hat keinen Einfluss auf Ihre endgültige Ausgabe. Anschließend können Sie mit dem Schalter zwischen Vollanzeige und Interessenbereich hin und her wechseln. Im gerenderten Film erscheint die Vollanzeige Ihrer Animationen.

> **Komposition beschneiden**
> Wenn Sie eine Komposition auf die Größe des relevanten Bereichs beschneiden wollen, wählen Sie KOMPOSITION • KOMPOSITION AUF RELEVANTEN BEREICH BESCHNEIDEN.

241

Kapitel 9 Vorschau

▲ **Abbildung 9.12**
Mit dem relevanten Bereich wird nur der Teil im Kompositionsfenster angezeigt, der für die jeweilige Bearbeitung relevant ist.

Vorschauarten

Mit dem Button für SCHNELLE VORSCHAU ❻ lassen sich weitere Optionen zur Vorschaubeschleunigung festlegen. Die fünf in dem Popup-Menü wählbaren Vorschauarten sind von höchster zu niedrigster Qualität angeordnet.

Aus | Wählen Sie AUS für eine Vorschau in endgültiger Ausgabequalität.

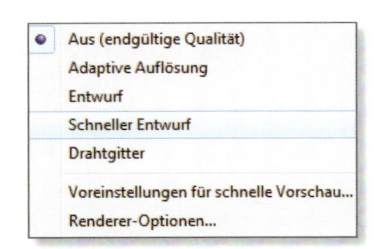

▲ **Abbildung 9.13**
In dem Popup SCHNELLE VORSCHAU können Sie zwischen verschiedenen Arten der Vorschauberechnung wählen.

Adaptive Auflösung | Per ADAPTIVE AUFLÖSUNG, wird die Auflösung in Klassisch-3D- und Ray-traced-3D-Kompositionen reduziert, während Sie Änderungen wie das Verschieben einer Ebene vornehmen. Nach jeder Änderung wird wieder die höchste im Kompositionsfenster gewählte Auflösung verwendet (z. B. VOLL) ❹ (Abbildung 9.11). Den Wert für die interaktive Reduktion der Auflösung legen Sie unter BEARBEITEN • VOREINSTELLUNGEN • VORSCHAU • SCHNELLE VORSCHAU bei GRENZE FÜR ADAPTIVE AUFLÖSUNG fest. Die schlechteste Qualität, aber schnellste Anzeige erhalten Sie bei 1/16.

9.3 Vorschau optimieren

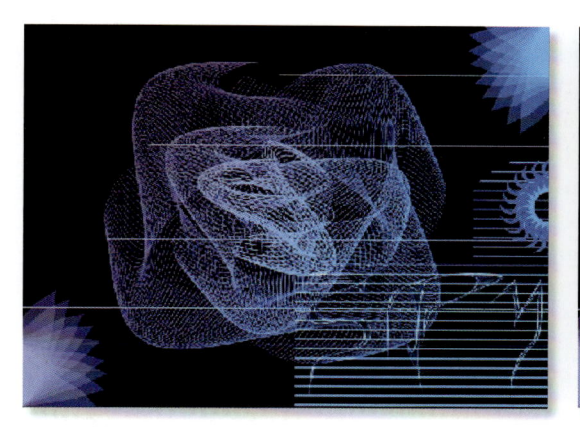

▲ **Abbildung 9.14**
Ist die adaptive Auflösung als Vorschauoption gewählt, werden Ebenen während Interaktionen automatisch in schlechterer Qualität dargestellt, um die Vorschauberechnung zu beschleunigen.

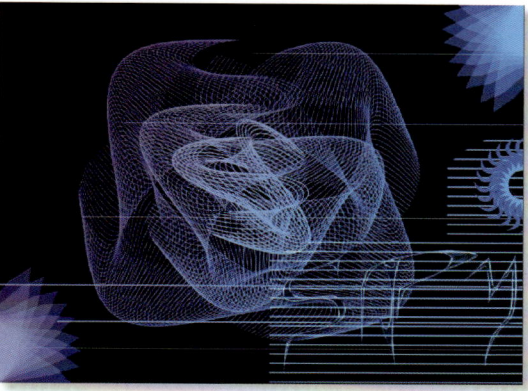

▲ **Abbildung 9.15**
Ist die Interaktion abgeschlossen, wird wieder die im Kompositionsfenster gewählte Qualität verwendet.

Entwurf | Diese Option ist nur für Ray-traced-3D-Kompositionen verfügbar und reduziert die vom Raytracer ausgesandten Strahlen auf 1. Die Ebenen werden in Entwurfsqualität dargestellt und bei Interaktionen als Drahtgitter angezeigt.

Schneller Entwurf | Dies ist die frühere Option OPENGL – IMMER EIN. Diese Vorschauart wurde extra für den seit der Version CS6 neuen Kompositionsrenderer Ray-traced 3D überarbeitet. Sie unterstützt extrudierte, gebogene und abgeschrägte 3D-Ebenen, Effekte und Track-Matten. Während Interaktionen und bei der Vorschau per Leertaste wird die Anzeigequalität auf ¼ herabgesetzt. Reflexionen und Transparenzen, Diffus, Umgebung und Spiegelintensität in Ray-traced-3D-Kompositionen werden nicht berechnet. Außer für Ray-traced-3D-Kompositionen eignet sich diese Vorschau auch für Klassisch-3D-Kompositionen mit komplexen Animationen.

Drahtgitter | Mit der Option DRAHTGITTER werden Ihre Ebenen nur als Rahmen dargestellt; die Inhalte werden nicht angezeigt, was die Vorschau beschleunigt. Mit dieser Option ist eine Beurteilung der Geschwindigkeit Ihrer Animation möglich.

Adaptive Auflösung anpassen
Um die adaptive Auflösung an Ihre Bedürfnisse anzupassen, wählen Sie VOREINSTELLUNGEN • VORSCHAU. Unter GRENZE FÜR ADAPTIVE AUFLÖSUNG stellen Sie 1/2, 1/4, 1/8 oder 1/16 ein.

Mehrere Ansichten
Arbeiten Sie beispielsweise bei der 3D-Bearbeitung mit mehreren Ansichten, wird nur das aktive Fenster aktualisiert, wenn Sie per [Strg]-Taste eine andere Vorschauart auswählen.

Zum Nachlesen
Weitere Informationen zu Ray-traced-3D-Kompositionen finden Sie im Abschnitt »Erweiterte Kompositionseinstellungen« auf Seite 164.

Vorschau-Voreinstellungen

Die Vorschau-Voreinstellungen öffnen Sie über BEARBEITEN • VOREINSTELLUNGEN • VORSCHAU.

Kapitel 9 Vorschau

- **Schnelle Vorschau**: Unter GRENZE FÜR ADAPTIVE AUFLÖSUNG ❶ legen Sie für die Vorschauart ADAPTIVE AUFLÖSUNG fest, ob Änderungen mit einem Sechzehntel, einem Achtel, einem Viertel oder der Hälfte der Qualität angezeigt werden.
- **GPU-Informationen**: Mit Klick auf den Schalter GPU-INFORMATIONEN ❷ gelangen Sie in den gleichnamigen Dialog. Hier finden Sie diagnostische Informationen zu Ihrer Grafikkarte. Unterstützt Ihre Grafikkarte die Vorschauart SCHNELLER ENTWURF, steht dort VERFÜGBAR, und Sie können den Strukturspeicher (RAM-Speicher auf der Grafikkarte = VRAM) anpassen. Empfohlen sind 80 % des installierten VRAM. Unter RAY-TRACING haben Sie die Wahl zwischen GPU und CPU, wenn Ihre Grafikkarte CUDA-fähig ist.
- **Qualität der Anzeige**: In den beiden Menüs bei ZOOMQUALITÄT ❸ und FARBMANAGEMENT-QUALITÄT ❹ legen Sie fest, ob die Berechnung der Anzeige in geringerer (SCHNELLER) oder höherer Qualität (GENAUER) erfolgt.
- **Alternative RAM-Vorschau**: Tragen Sie bei VORSCHAU ❺ höhere Werte ein, um die Vorschau, die Sie per [Alt]+[0] starten, mit mehr als fünf Frames abzuspielen.
- **Audiovorschau**: Unter AUDIOVORSCHAU legen Sie bei DAUER ❻ eine neue Vorschaudauer fest. Höhere Werte für die Dauer gehen direkt zu Lasten des Arbeitsspeichers.

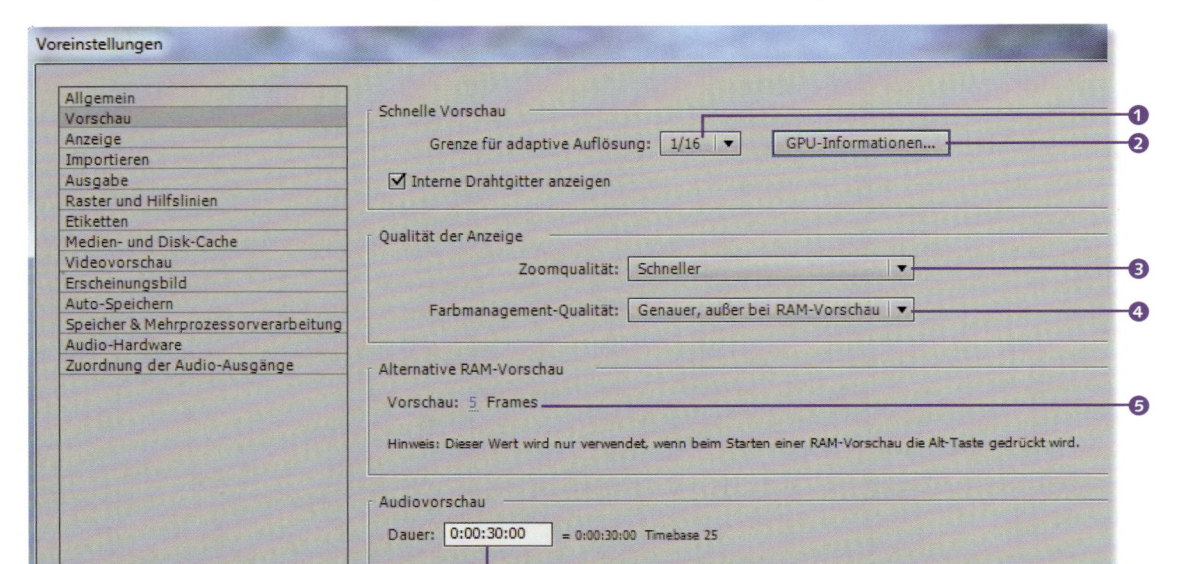

▼ **Abbildung 9.16**
In den Voreinstellungen konfigurieren Sie die Qualität der Vorschau fest.

Grafikkarte und Vorschau

Die OpenGL-Fähigkeiten Ihrer Grafikkarte sind seit After Effects CS6 besonders wichtig, da viele Rechenprozesse inzwischen auf die Grafikkarte (GPU) verlagert werden.

Wissen Sie nicht, warum manche Funktionen deaktiviert sind, kontrollieren Sie die Informationen zu Ihrer Grafikkarte über Bearbeiten • Voreinstellungen • Vorschau unter Schnelle Vorschau per Klick auf GPU-Informationen. – Von Ihrer Grafikkarte hängt es ab, ob in After Effects hardwareseitige Beschleunigungen möglich sind oder nicht. Um die beste Performance zu erhalten, müssen Sie eine von After Effects unterstützte Grafikkarte und aktuelle Treiber verwenden. Adobe testet laufend gängige Grafikkarten auf Kompatibilität und teilt die unterstützten Funktionen derzeit in drei Level auf:

▶ **Level 1**: Für die Basisfunktionen benötigen Sie eine Grafikkarte, die mindestens OpenGL 1.5 und das Schattierungsmodell 3.0 oder höher unterstützt. Dieses Level ermöglicht ein schnelleres Übertragen von Pixeln auf den Bildschirm, indem nicht mehr die Software diese Übertragung leistet, sondern die Hardware (GPU). Dieser Vorgang nennt sich auch OpenGL Swap Buffer.

▶ **Level 2**: Ab OpenGL 2.0 und dem Schattierungsmodell 4.0 oder höher erhalten Sie zusätzlich Unterstützung für folgende Funktionen: die Vorschauart Schneller Entwurf (siehe Abschnitt »Vorschauarten« auf Seite 242) und den Effekt Zeichentrick (Option: Wenn möglich OpenGL verwenden). Außerdem können Sie dann unter Bearbeiten • Voreinstellungen • Anzeige die Option Fenster für Kompositionen, Ebenen und Footage mit Hardwarebeschleunigung wählen, was die Darstellung von Rastern, Hilfslinien, Linealen und Begrenzungsrahmen beschleunigt. Diese Funktion wird auch als Hardware BlitPipe bezeichnet.

▶ **Level 3 (Ray-traced 3D per GPU)**: Noch besser sind Sie mit einer NVIDIA-Grafikkarte aufgestellt, die CUDA-fähig ist und über mindestens 1.024 MB Speicher verfügt. Dann nämlich kann After Effects die Grafikkarte zusätzlich zur CPU zur Berechnung von Ray-traced-3D-Kompositionen verwenden. Dazu wählen Sie unter Bearbeiten • Voreinstellungen • Vorschau die GPU in im Dialog GPU-Informationen bei Raytracing aus. Haben Sie mehrere Grafikkarten installiert, müssen alle die gleichen Vorraussetzungen erfüllen, um gemeinsam von After Effects genutzt zu werden. Ist die Grafikkarte nicht CUDA-geeignet, wird die CPU unter Nutzung aller Prozessorkerne für Raytracing eingesetzt. Dies ist dann im Vorschaumodus Aus (endgültige Qualität) langsamer.

OpenGL
OpenGL ist ein Standard, der dazu dient, eine qualitativ hochwertige Verarbeitung von 2D- und 3D-Grafiken auf der GPU zu gewährleisten.

Unterstützte Grafikkarten
Eine aktuelle Liste mit unterstützten Grafikkarten finden Sie unter folgendem Link: *http://www.adobe.com/products/aftereffects/tech-specs.html*

NVIDIA-Treiber
Installieren Sie unter Windows die neuesten WHQL-zertifizierten Treiber für Ihre Grafikkarte und unter MAC den NVIDIA-CUDA-Treiber (v4.0.50 oder höher).
Neueste NVIDIA-Treiber finden Sie unter *http://www.nvidia.de/Download/index.aspx?lang=de*.

Kapitel 9 Vorschau

Vergessen Sie nicht: Die neusten Treiber für Ihre Grafikkarte sind eine wichtige Vorraussetzung für ein reibungsloses Arbeiten. Unterstützt Ihre Grafikkarte nichts von alldem, nutzt After Effects für alle Berechnungen die CPU, was ja auch eine Menge wert ist, wenn die gewünschte Grafikkarte zu dick für den Geldbeutel ist.

Tabelle 9.2 ▶
Tastenkürzel für Wiedergabe und Vorschau

Funktion	Windows	Mac OS
Start/Stopp	Leertaste	Leertaste
nur Audio	⊙ (im Ziffernblock)	⊙ (im Ziffernblock)
RAM-Vorschau	⓪ (im Ziffernblock) oder Alt + ⓪	⓪ (im Ziffernblock) oder Alt + ⓪
Audio scrubben	Strg + Zeitmarke ziehen	⌘ + Zeitmarke ziehen

9.4 Brainstorming – Animationsvarianten

Brainstorming verwenden Sie, um Varianten Ihrer Animation generieren zu lassen. Die Animationsvarianten werden in einem separaten Fenster angezeigt, und Sie können die bisherige Animation modifizieren oder eine weitere Komposition mit der Variante erstellen.

Um Brainstorming anzuwenden, definieren Sie zuerst den Arbeitsbereich, für den das Brainstorming eine Vorschau anzeigen soll. Wählen Sie dann in der Zeitleiste die animierten Eigenschaften aus, für die Sie einen Animationsvorschlag erhalten möchten. Es ist hierbei gleichgültig, wie viele Eigenschaften oder Keyframes einer Eigenschaft Sie auswählen.

Klicken Sie anschließend auf den Button BRAINSTORMING in der Zeitleiste ❶. Es öffnet sich ein separates Fenster mit neun Animationsvarianten.

▼ **Abbildung 9.17**
Über den Button BRAINSTORMING gelangen Sie zu den Animationsvarianten.

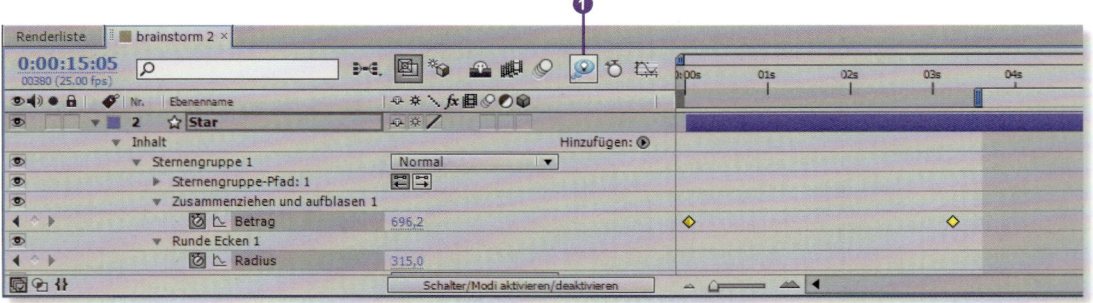

9.4 Brainstorming – Animationsvarianten

▲ Abbildung 9.18
Im Dialog BRAINSTORMING werden neun Varianten der Animation angezeigt.

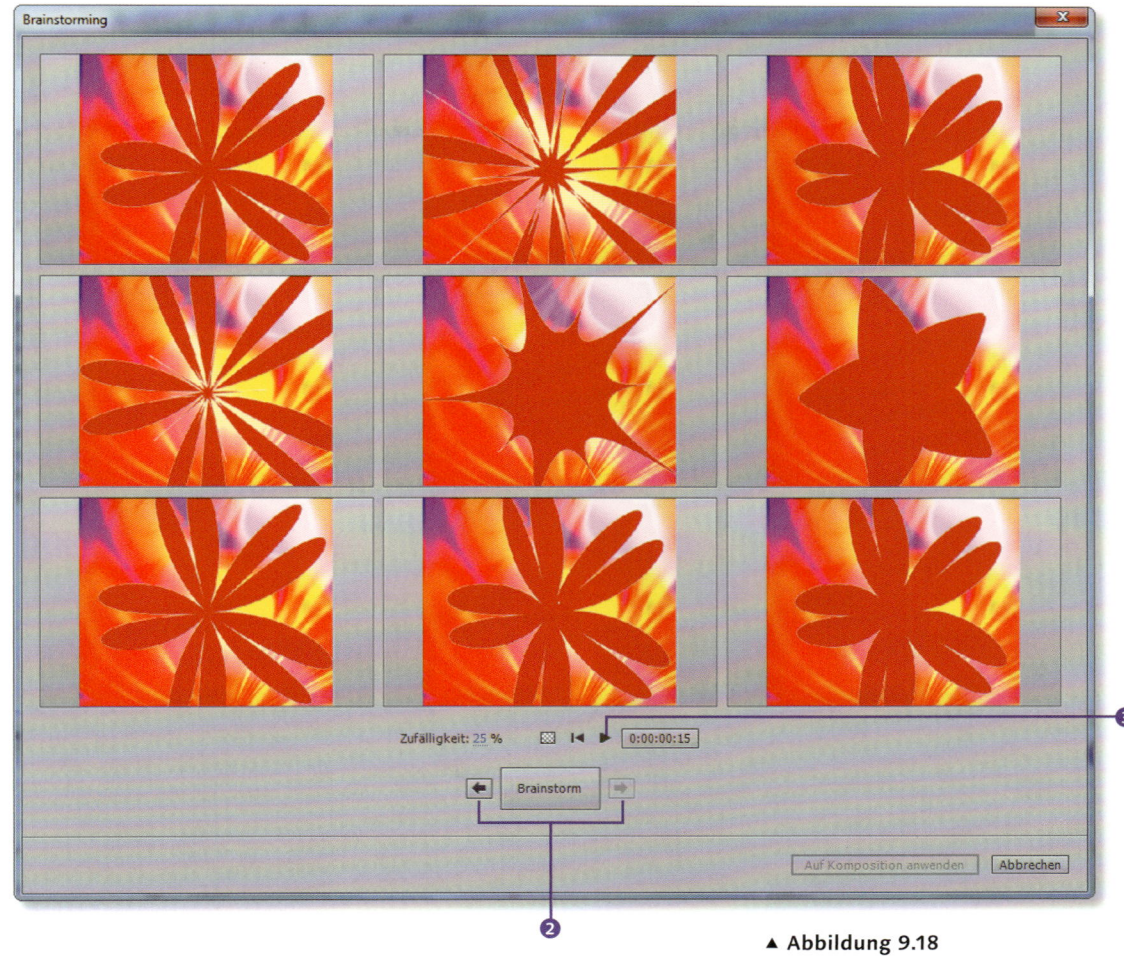

Neue Varianten generieren Sie über den Button BRAINSTORMING ❶. Anhand des bei ZUFÄLLIGKEIT definierten Werts werden dann acht neue Varianten berechnet. Das Feld oben links zeigt weiterhin die Ausgangsversion Ihrer Animation an. Jeder neue Klick ergibt neue Variationen. Zwischen den entstandenen Variationen blättern Sie mit den Pfeilen nach links und nach rechts ❷. Über die Schaltfläche PLAY ❸ spielen Sie die Varianten ab. Es werden alle Varianten gleichzeitig berechnet und anschließend in Echtzeit abgespielt.

Möchten Sie nur eine Variante anzeigen lassen, halten Sie den Mauszeiger über die Variante und wählen den Schalter KACHELGRÖSSE ❹. Mit dem Schalter SPEICHERN ❺ legen Sie die gewählte Variante in einer neuen Komposition im gleichen Projekt ab. Der Button ANWENDEN ❻ wendet die Variante in Ihrer aktuellen Komposition an und verändert dazu deren Keyframe-Werte.

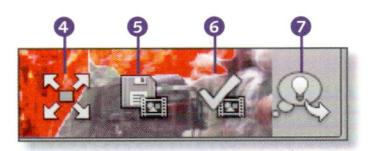

▲ Abbildung 9.19
Buttons einer Variante des Brainstormings

Wenn Sie auf Basis einer Ihnen zusagenden Variante weitere Vorschläge von der Brainstorming-Funktion erhalten möchten, drücken Sie zuerst den Brainstorming-Button ❼ und dann erneut den Button Brainstorming. Die Basisvariante wird dabei nicht verändert, während acht neue Vorschläge erstellt werden.

Sie können Brainstorming auch für Eigenschaften oder ganze Effekte einsetzen, für die Sie noch gar keine Keyframes definiert haben. Klicken Sie dazu einfach die zu variierenden Eigenschaften bzw. den Namen eines Effekts in der Zeitleiste an, und nutzen Sie dann Brainstorming wie beschrieben.

TEIL IV
Keyframes und Animation

Kapitel 10
Keyframe-Grundlagen

Keyframes sind für die Animation wie ein Reisefahrplan der Deutschen Bahn – bei aufwendigen Animationen kann es zumindest bei der Vorschau zu Verspätungen kommen. Sehr beliebt beim ersten Kennenlernen von After Effects ist das exzessive und recht unkontrollierte Setzen einer Unzahl von Keyframes. Oftmals rufen die dadurch mehr zufällig entstandenen Animationen bereits einige Freude hervor, aber stellen Sie sich einmal vor, Ihr Zug würde ständig Zwischenstationen ansteuern oder unkontrolliert im Zickzack fahren.

10.1 Setzen von Keyframes

Keyframes sind, wie Sie sehen werden, der Dreh- und Angelpunkt für die Animation sämtlicher animierbarer Eigenschaften und daher grundlegend für Ihre gesamte Arbeit mit After Effects. Es lohnt sich also, dieses Kapitel intensiv zu studieren. An verschiedenen Beispielen lernen Sie zunächst, Keyframes für die wichtigsten Eigenschaften zu setzen, und an späterer Stelle, Animationen durch Beschleunigung und Abbremsen zu dynamisieren.

Durch das Setzen von Keyframes legen Sie den Anfang und das Ende einer Animation fest. Sie erstellen eine Animation bereits mit nur zwei Keyframes. Allerdings setzt dies voraus, dass die Keyframes zwei unterschiedliche Eigenschaftswerte repräsentieren.

Nehmen wir beispielsweise an, Sie wollten die Skalierung einer Ebene verändern. Eine Animation erreichen Sie durch zwei verschiedene Skalierungswerte an unterschiedlichen Zeitpunkten: Zeitpunkt 1 = 0 %, Zeitpunkt 2 = 100 %. Fertig ist die Animation. In der Ebenenansicht der Zeitleiste werden diese beiden Werte, wie in Abbildung 10.1 zu sehen ist, durch zwei Keyframes für die Eigenschaft SKALIERUNG dargestellt.

> **Was sind Keyframes?**
> Keyframes sind Schlüsselbilder in Ihrer Animation, die ja aus einzelnen Bildern, den Frames, besteht. In den Schlüsselbildern werden die wichtigsten Eckpunkte Ihrer Animation fixiert, während After Effects die einzelnen Zwischenbilder errechnet.

Abbildung 10.1 ▶
Die Werte einer Eigenschaft werden durch Keyframes dargestellt. Mindestens zwei Keyframes mit verschiedenen Werten sind für eine Animation nötig.

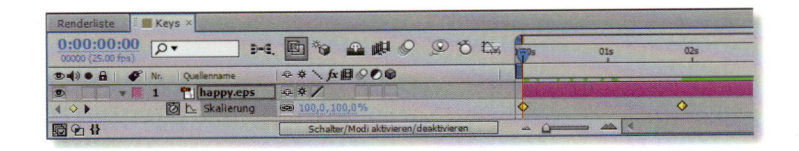

Grundsätzlich werden Keyframes, wie schon erwähnt, an Schlüsselpositionen der Animation gesetzt, daher auch der Name **Schlüsselbild** (Keyframe). Alles, was zwischen den Keyframes geschieht, muss Sie nicht kümmern. Hier rechnet After Effects selbsttätig die Animation aus. Dieser Vorgang wird **Interpolation** genannt. Für unser Beispiel bedeutet das nichts weiter, als dass für jeden Frame, also jedes Einzelbild, eine andere Skalierungsstufe berechnet wird.

Es gilt also, nur so viele Keyframes wie nötig zu setzen. Weniger ist hier mehr.

Eigenschaften

Parallel oder zeitlich versetzt zu der Eigenschaft SKALIERUNG können Sie natürlich für alle möglichen Eigenschaften Keyframes setzen, also Werte definieren.

Die für den Anfang wichtigsten Eigenschaften finden Sie beim Aufklappen einer Ebene in der Zeitleiste, indem Sie auf das kleine Dreieck ❶ klicken. Es handelt sich um die Eigenschaften unter dem Eintrag TRANSFORMIEREN: ANKERPUNKT, POSITION, SKALIERUNG, DREHUNG und DECKKRAFT.

> **Noch mehr Eigenschaften**
>
> Im Laufe der Arbeit mit After Effects erscheinen zusätzliche Eigenschaften in der Zeitleiste, wenn Sie einer Ebene beispielsweise Effekte oder Masken hinzufügen. Dadurch kann die Menge der animierbaren Eigenschaften ungeheuer erweitert werden.

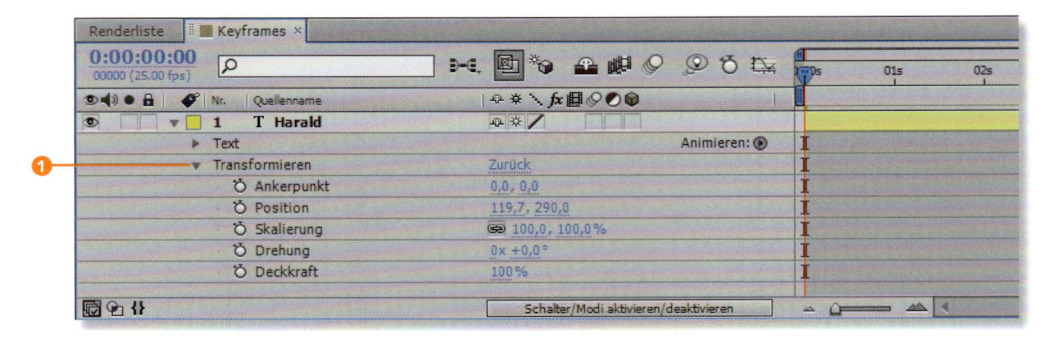

Abbildung 10.2 ▲
Für jede visuelle Ebene können Sie unter TRANSFORMIEREN Keyframes für Eigenschaften setzen.

Sie können jede Eigenschaft entweder in der **Ebenenansicht** anzeigen lassen und dort Keyframes setzen, oder Sie nutzen dazu den **Diagrammeditor**. Ob Sie die Werte der Eigenschaften in der Ebenenansicht oder im Diagrammeditor ändern, bleibt dabei Ihnen überlassen.

Das Setzen und Verändern von Keyframes lernt man am besten am praktischen Beispiel. In den nächsten Workshops geht es um die Eigenschaften unter TRANSFORMIEREN und um die Handhabung von Keyframes in der Ebenenansicht und im Diagrammeditor. Die Workshops bauen auf den Workshops der vorhergehenden Kapitel auf.

▼ **Abbildung 10.3**
Keyframes können Sie in der Ebenenansicht setzen und bearbeiten.

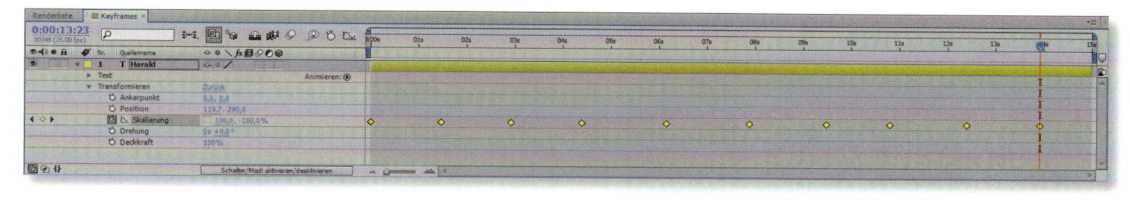

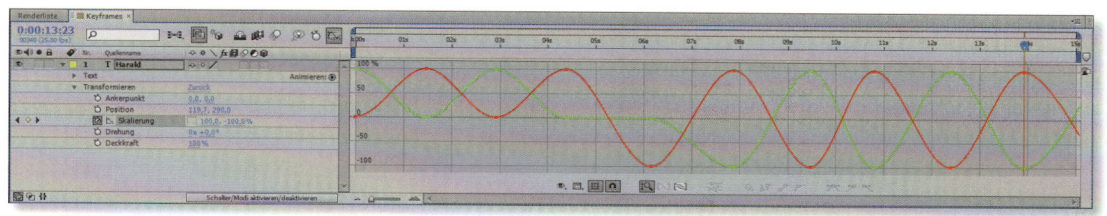

▲ **Abbildung 10.4**
Der Diagrammeditor ermöglicht eine visuelle Kontrolle über Werte von Eigenschaften und die Geschwindigkeit Ihrer Animationen. Auch hier können Sie Keyframes setzen und bearbeiten.

Die benötigten Dateien für diesen Workshop finden Sie auf der DVD unter BEISPIELMATERIAL/ /10_KEYFRAME-GRUNDLAGEN/ EIGENSCHAFTSWERTE

Schritt für Schritt: Eigenschaften und Eigenschaftswerte

Im folgenden Workshop werden wir uns mit dem Setzen, Kopieren und Verändern von Keyframes und Eigenschaftswerten in der Ebenenansicht der Zeitleiste befassen. Schauen Sie sich zuerst das Movie »orbiter« aus dem Ordner 10_KEYFRAME-GRUNDLAGEN/EIGENSCHAFTSWERTE an.

1 Vorbereitung

Importieren Sie per [Strg]+[I] aus dem Ordner 10_KEYFRAME-GRUNDLAGEN/EIGENSCHAFTSWERTE die Dateien »orbiter.psd« und »moon.psd«. Wählen Sie gegebenenfalls AUF EINE EBENE REDUZIERT. Legen Sie mit [Strg]+[N] eine Komposition in den Abmessungen 720×576 (PAL D1/DV) und mit einer Dauer von 30 Sekunden (0:00:30:00) an.

2 Orbiter-Position animieren

Setzen Sie die Zeitmarke auf 00:00. Ziehen Sie alle importierten Dateien in die Zeitleiste. Die Datei »moon« sollte sich als Hintergrund ganz unten befinden. Schützen Sie den Hintergrund mit dem Schloss-Symbol.

Der Orbiter soll von links außen ins Bild kommen. Dazu positionieren Sie die Ebene zuerst wie in Abbildung 10.5 außerhalb der Kompositionsansicht.

Eigenschaften mehrerer Ebenen einblenden

Sie können die Eigenschaften mehrerer Ebenen gleichzeitig einsehen. Wählen Sie dazu mehrere Ebenen aus. Wenn Sie anschließend die Eigenschaften einer markierten Ebene einblenden, werden auch die Eigenschaften der anderen markierten Ebenen angezeigt.

Kapitel 10   Keyframe-Grundlagen

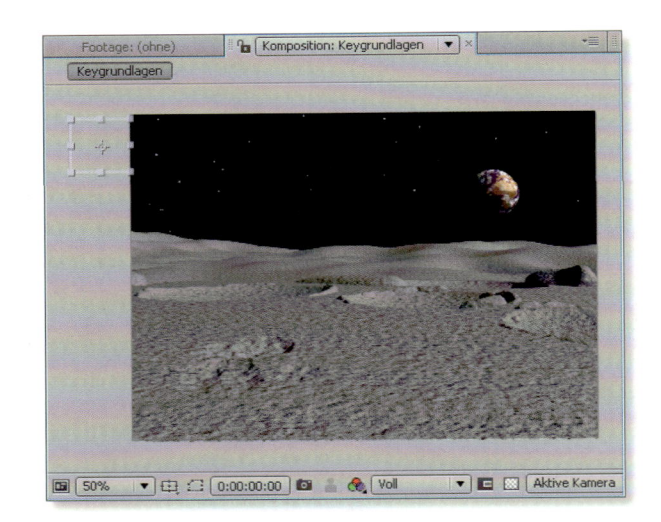

Abbildung 10.5 ▶
Die Orbiter-Ebene positionieren Sie zu Beginn außerhalb der Kompositionsansicht.

Keyframes löschen

Um einzelne oder mehrere ausgewählte Keyframes zu löschen, drücken Sie die Taste `Entf`. Um alle Keyframes einer Eigenschaft zu löschen, klicken Sie (erneut) auf das Stoppuhr-Symbol.

▼ **Abbildung 10.6**
Ein erster Keyframe wird für jede zu animierende Eigenschaft immer zuerst mit einem Klick auf das Stoppuhr-Symbol gesetzt.

Für die Datei »orbiter« setzen Sie Positions- und Skalierungs-Keyframes. Markieren Sie dazu die Ebene, und drücken Sie die Taste `P` zum Einblenden der Positionseigenschaft. Drücken Sie anschließend die Tasten `⇧` und `S`, um die Skalierungseigenschaft anzuzeigen. Verringern Sie den Wert für SKALIERUNG auf 21 %, indem Sie in der Zeitleiste direkt auf den Wert bei SKALIERUNG klicken. Tragen Sie dann den neuen Wert ein, und bestätigen Sie mit einem Klick auf einen grauen Bereich in der Zeitleiste oder per `↵` im Ziffernblock. Sie haben den Wert gerade numerisch gesetzt, per Tastatureingabe. Bei der weiteren Animation verfahren wir etwas anders.

Setzen Sie einen ersten Keyframe für die Position bei 00:00, indem Sie auf das Stoppuhr-Symbol ❶ klicken. Vorsicht: Klicken Sie kein zweites Mal auf die Stoppuhr, da sonst alle Keyframes der Eigenschaft gelöscht werden.

Für einen zweiten Keyframe setzen Sie die Zeitmarke auf 03:10. Ziehen Sie anschließend die Ebene »orbiter« ins Bild. Gewöhnen Sie sich dabei gleich an, die Ebenen in der Zeitleiste auszuwählen, um immer die richtige Ebene zu erwischen. Verwenden Sie beim Ziehen die `⇧`-Taste, um die Bewegung der Ebene horizontal zu beschränken (erst ziehen, dann die Taste drücken).

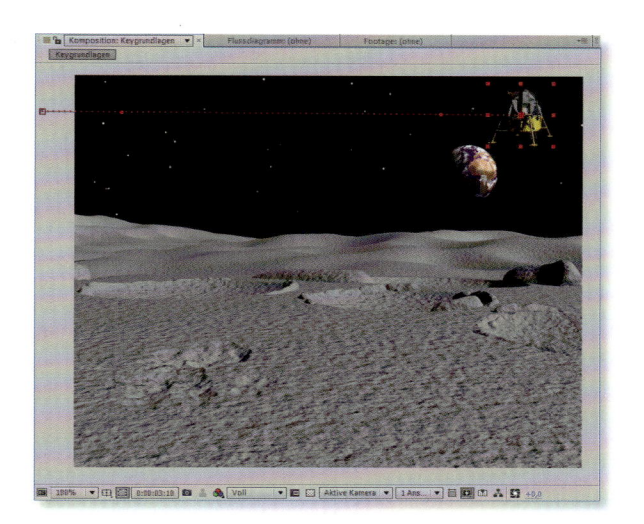

10.1 Setzen von Keyframes

◀ **Abbildung 10.7**
Mit Hilfe der ⇧-Taste verschieben Sie die Ebene »orbiter« waagerecht.

Keyframes auswählen
Zum Auswählen einzelner Keyframes klicken Sie diese an. Zum Auswählen mehrerer Keyframes drücken Sie zusätzlich die Taste ⇧ oder ziehen bei gedrückter Maustaste einen Rahmen über die betreffenden Keyframes.

Der Orbiter soll nun die Erde halb umrunden und dann zweimal an verschiedenen Stellen auf dem Mond landen. Setzen Sie den nächsten Keyframe auf die gleiche Weise bei 04:12, indem Sie die Ebene nach unten ziehen. Lassen Sie sich nicht davon verwirren, dass der Pfad sich nun krümmt wie ein Gartenschlauch. Wie Sie dies ändern, erfahren Sie später in Kapitel 11, »Keyframe-Interpolation«.

Die nächsten Keys setzen Sie bei 05:12 durch Ziehen der Ebene nach links, bei 06:00 durch Ziehen nach unten, zur ersten Landung auf dem Mond. Hier setzen wir auch Skalierungs-Keys, und zwar den ersten Key per Klick auf die Stoppuhr bei 05:12. Bei 06:00 erhöhen Sie den Skalierungswert auf 46 %. Position und Skalierung werden also gleichzeitig animiert.

Keyframes abwählen
Um einzelne Keyframes abzuwählen, klicken Sie mit der Maus bei gedrückter Taste ⇧ auf die markierten Keyframes. Um alle ausgewählten Keyframes abzuwählen, klicken Sie auf eine leere Stelle in der Zeitleiste.

▲ **Abbildung 10.8**
Der Bewegungspfad der Ebene »orbiter«

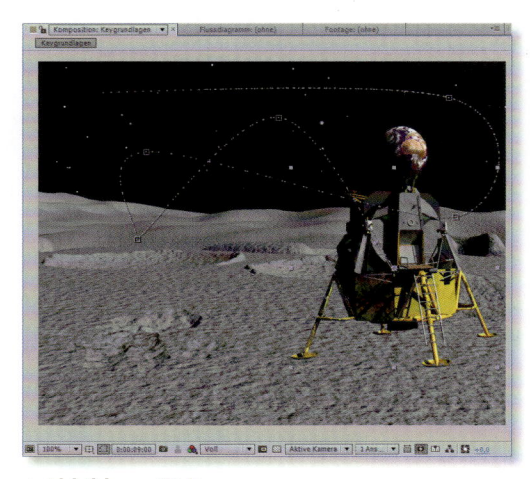

▲ **Abbildung 10.9**
Der Orbiter nach der Landung

255

Keyframe-Werte ändern

Die Zeitmarke muss zum Ändern der Werte immer genau auf dem Keyframe positioniert sein, da sonst neue Keyframes gesetzt werden! Mit den Tasten ⒥ und ⒦ springen Sie genau zu einzelnen Keyframes. Den Wert ändern Sie in den Wertefeldern jeder Eigenschaft und bestätigen ihn mit ⏎.

Keyframes per Tastatur

Keyframes lassen sich auch per Tastatur an der Zeitmarkenposition setzen. Verwenden Sie dazu die Tasten Alt+⇧+A für den Ankerpunkt, Alt+⇧+P für die Position, Alt+⇧+S für die Skalierung, Alt+⇧+R für die Drehung und Alt+⇧+T für die Deckkraft.

3 Animation stoppen

Der Orbiter soll für einen Moment stillstehen. Dies erreichen Sie, indem Sie die letzten beiden Keyframes von POSITION und SKALIERUNG noch einmal zu einem späteren Zeitpunkt einsetzen. Ziehen Sie dazu die Zeitmarke auf 07:00. Klicken Sie dann auf die kleinen Rauten-Symbole. Diese dienen dazu, den Wert der jeweiligen Eigenschaft an der Position der Zeitmarke auszulesen und ihn dort in einem Keyframe zu »speichern«. Da sich in unserem Falle die Werte an zwei aufeinanderfolgenden Zeitpunkten gleichen, gibt es dazwischen keine Animation, sondern Stillstand.

Manchmal ist es besser, eine Animation zu stoppen, indem Sie den vorherigen Keyframe kopieren und an späterer, aufeinanderfolgender Stelle wieder einsetzen. Dies ist besonders in bestehenden Animationen zu empfehlen. Verwenden Sie zum Kopieren Strg+C und danach Strg+V. Der kopierte Key wird dann an der Zeitmarkenposition eingesetzt.

Ziehen Sie die Zeitmarke auf 08:00 und die Ebene »orbiter« zum erneuten Start nach oben. Lassen Sie den Orbiter bei 09:00 etwas weiter rechts wieder landen, und erhöhen Sie dort den Wert für SKALIERUNG auf 72%. Wieder soll der Orbiter einen Moment verharren, und zwar bis 10:00. Setzen Sie also die letzten beiden Keys für SKALIERUNG und POSITION dort noch einmal ein.

▲ **Abbildung 10.10**
Die Keyframes der fast fertigen Animation

Keyframes in andere Ebenen kopieren

So wie Sie Keyframes innerhalb einer Ebene per Strg+C kopieren und mit Strg+V wieder einsetzen können, ist dies auch ebenenübergreifend möglich. Dazu wählen Sie die Ebene, in die Sie die Keys einsetzen wollen, einfach zuvor aus und fügen dann die Keys ein.

4 Keyframes kopieren

Wir wollen den Orbiter nun den gleichen Weg rückwärts fliegen lassen. Dazu verwenden wir die gleichen Keyframes noch einmal. Klicken Sie, um alle Keyframes der Eigenschaft POSITION auszuwählen, auf das Wort POSITION in der Zeitleiste. Wählen Sie Strg+C zum Kopieren der Keys. Setzen Sie die Zeitmarke auf 10:12, und wählen Sie dann Strg+V, um die Keys an der Position der Zeitmarke einzusetzen. Verfahren Sie genauso mit den Keys für die Skalierung, und setzen Sie sie ebenfalls bei 10:12 wieder ein.

10.1 Setzen von Keyframes

5 Keyframe-Reihenfolge umkehren

Damit der Orbiter tatsächlich rückwärts fliegt, müssen die zuletzt eingefügten Keys in ihrer Reihenfolge genau umgekehrt abgespielt werden. Markieren Sie dazu zuerst die zuvor eingefügten Keys von SKALIERUNG und POSITION, indem Sie mit der Maus einen kleinen Rahmen um die Keys ziehen. Wählen Sie anschließend ANIMATION • KEYFRAME-ASSISTENT • KEYFRAME-REIHENFOLGE UMKEHREN, oder klicken Sie mit der rechten Maustaste auf die markierten Keys, und wählen Sie den Befehl im Kontextmenü.

> **Keyframes verschieben**
>
> Sie können einzelne Keyframes oder mehrere markierte Keyframes mehrerer Eigenschaften zu einem anderen Zeitpunkt verschieben. Wählen Sie dazu die Keyframes aus, und ziehen Sie sie mit der Maus zu einem neuen Zeitpunkt.

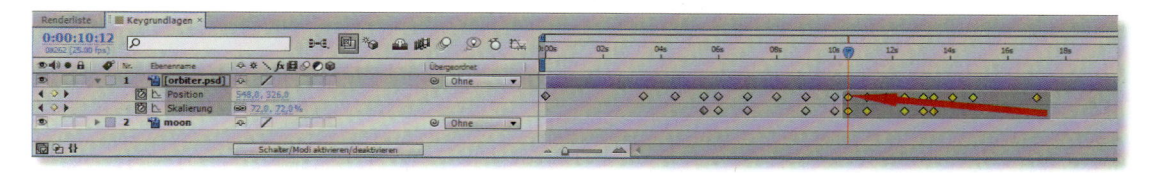

▲ **Abbildung 10.11**
Mit der Maustaste ziehen Sie einen Rahmen zum Markieren von Keyframes auf.

6 Keyframes proportional stauchen und strecken

Sie können die gesetzten Keyframes einer Eigenschaft stauchen, um die Animation zu beschleunigen, oder strecken, um sie zu verlangsamen. Die Ebene wird dabei nicht verändert.

Markieren Sie erneut die zuletzt bearbeiteten Keys. Drücken Sie die Taste (Alt), und klicken Sie gleichzeitig den letzten Key in der Reihe an. Ziehen Sie dabei den letzten Key auf die Zeit 17:00. Die Abstände zwischen den Keys bleiben dabei proportional erhalten. Das war alles. Spielen Sie die Animation in der RAM-Vorschau mit der Taste (0) im Ziffernblock ab.

▼ **Abbildung 10.12**
Eine Reihe Keyframes können Sie mit der Taste (Alt) auf eine neue Zeitdauer dehnen.

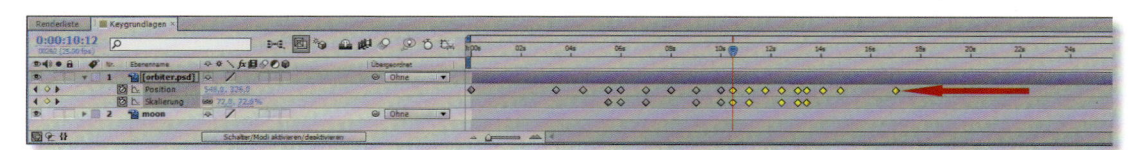

Bevor wir mit dem nächsten Workshop beginnen, folgen noch ein paar Ergänzungen zum Thema.

Werte global setzen | Unerwähnt blieb bisher die Möglichkeit, Werte global zu setzen, also ohne Animation. Dazu müssen Sie nichts weiter tun, als den Wert einer Eigenschaft zu verändern, ohne jedoch Keyframes zu setzen. Die Drehung einer Ebene um 90° beispielsweise bleibt dann unverändert bestehen.

Werte mit der Maus ändern | Wichtig ist die Möglichkeit, Werte in der Zeitleiste durch Ziehen mit der Maus zu verändern. Blenden Sie dazu die entsprechende Eigenschaft in der Zeitleiste ein,

> **Ebenen-Keyframes ein- und ausblenden**
>
> Mit der Taste (U) blenden Sie sämtliche für eine Ebene gesetzten Keyframes ein oder aus. Die Ebene muss dazu markiert sein. Sehr hilfreich ist diese Möglichkeit vor allem später, wenn Sie lange Listen animierbarer Eigenschaften ausblenden wollen.

Kapitel 10 Keyframe-Grundlagen

und positionieren Sie den Mauszeiger genau über dem eingefärbten Eigenschaftswert. Der Mauszeiger ändert sich in ein Hand-Symbol. Um den Wert zu erhöhen, ziehen Sie den Mauszeiger nach rechts, und um ihn zu vermindern, bewegen Sie den Mauszeiger nach links.

Abbildung 10.13 ▶
Eigenschaftswerte können Sie durch Ziehen mit der Maus ändern.

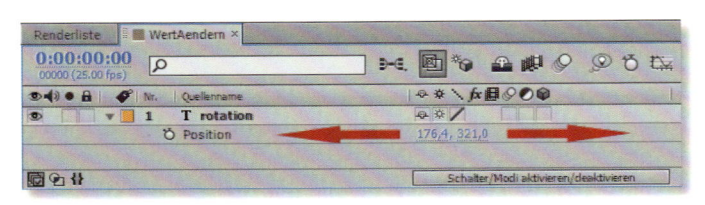

> **Aktualisierung im Kompositionsfenster unterdrücken**
>
> Halten Sie zusätzlich die [Alt]-Taste gedrückt, während Sie Werte durch Ziehen verändern, dann wird die Anzeige im Kompositionsfenster erst aktualisiert, wenn Sie die Maustaste loslassen. Sinnvoll ist das bei zu langen Vorschauberechnungen.

Keyframe-Dialogbox | Sie ändern Werte bereits gesetzter Keyframes, indem Sie den Keyframe einer Eigenschaft in der Zeitleiste mit der rechten Maustaste anklicken und WERT BEARBEITEN wählen – oder einfach auf den Keyframe doppelklicken. In der sich öffnenden Dialogbox tragen Sie die neuen Werte ein, die dann für diesen Keyframe übernommen werden. Sie ersparen sich damit ein mühseliges Positionieren der Zeitmarke.

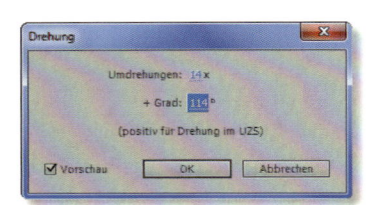

Drehen-Werkzeug | Um eine Ebene freihändig zu drehen, verwenden Sie das Drehen-Werkzeug aus der Werkzeugpalette. Sie können damit Ebenen direkt im Kompositionsfenster drehen, indem Sie die Ebene anklicken und gleichzeitig ziehen. Die Werteänderung wird in der Zeitleiste bei der Eigenschaft DREHUNG angezeigt.

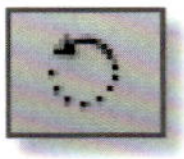

▲ **Abbildung 10.14**
In der Wertedialogbox ändern Sie schnell Werte von Keyframes.

▲ **Abbildung 10.15**
Mit dem Drehen-Werkzeug verändern Sie die Drehung einer Ebene direkt im Kompositionsfenster.

> **Drehung zurücksetzen**
>
> Ein Doppelklick auf das Drehen-Werkzeug setzt Drehungswerte auf 0° zurück.

Abbildung 10.16 ▶
Der Mauszeiger ändert sich, wenn das Drehen-Werkzeug aktiv ist.

Auto-Keyframe-Schalter

Seit After Effects CS5 gibt es den Auto-Keyframe-Schalter ❶. Wenn Sie den Schalter nicht betätigen, werden die Keyframes wie üblich gesetzt.

Ist der Schalter gedrückt, setzen Sie automatisch ab dem aktuellen Zeitpunkt Keyframes für diejenigen Eigenschaften, die Sie mit den Werkzeugen aus der Werkzeugpalette verändern können. Diese Eigenschaften sind ANKERPUNKT, POSITION, SKALIERUNG, DREHUNG und MASKENPFAD. Somit werden Keyframes außer in Standbildern, Videoebenen und Kameraebenen auch bei Masken, in Formebenen und bei Effekten mit der Eigenschaft POSITION gesetzt. Bei nicht animierbaren Eigenschaften wie z. B. QUELLTEXT werden keine Keyframes gesetzt.

Der einzige Unterschied zum »normalen« Arbeiten besteht darin, dass Sie den ersten Keyframe dieser Eigenschaften nicht selbst setzen müssen, aber Sie wissen ja: Ist der Anfang erst gemacht, ist's halb so schwer.

> **Das Prinzip Drehung**
> After Effects vergleicht immer jeweils die Werte zweier aufeinanderfolgender Keys. Für die Drehung bedeutet das ein bisschen Rechenarbeit, um die richtige Drehrichtung zu erhalten. Ein Beispiel:
> Wollten Sie eine Ebene erst dreimal nach rechts, dann noch fünfmal nach rechts und neunmal nach links drehen, ergäben sich folgende Keyframe-Werte: 0× +0,0° / 3× +0,0° / 8× +0,0° / –1× +0,0° Üben Sie dies am besten einmal mit eigenen Werten.

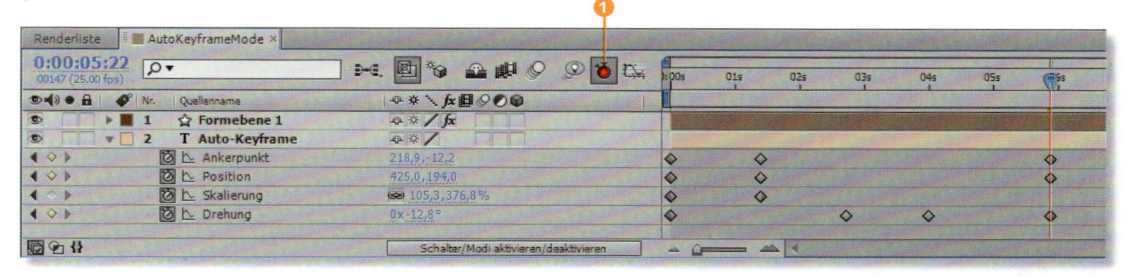

▲ **Abbildung 10.17**
Per Auto-Keyframe-Schalter setzen Sie automatisch einen ersten Keyframe in einigen Eigenschaften.

Separate Positions-Keyframes

Die Positionseigenschaft einer 2D-Ebene verfügt über Werte für die X- und Y-Achse. Wurde für eine Ebene die 3D-Option aktiviert, teilt sich die Positionseigenschaft in drei Werte auf, jeweils für die x-, y- und z-Achse. Seit der Version After Effects CS4 können Sie selbst entscheiden, ob Sie für die einzelnen Achsen der Positionseigenschaft einen einzigen gemeinsamen Keyframe setzen oder separat für jede Achse.

> **Werte in Schritten ändern**
> Wenn Sie einen Wert durch Ziehen in der Zeitleiste ändern und zusätzlich die Taste ⇧ verwenden, werden die Werte in Zehnerschritten erhöht bzw. vermindert.

Sinn und Zweck | Sinnvoll ist dies beispielsweise, um unterschiedliche Kräfte, die auf Ebenen wirken können, leichter zu simulieren. So kann die x-Achse kontinuierlich animiert werden, während die y-Achse gleichzeitig zufällig generierte Keyframes enthält oder über eine Expression animiert wird. Oder Sie legen für eine

Diagrammeditor

Im Diagrammeditor trennen Sie die Dimensionen per Klick auf die Schaltfläche ❷.

Keine Roving Keyframes

Roving Keyframes sind zeitlich nicht fixierte Keyframes, die Sie einsetzen, um die zeitliche Abfolge der Keyframes gleichmäßiger zu gestalten und die Animation so flüssiger zu machen. Roving Keyframes sind nur anwendbar, wenn die Option DIMENSIONEN TRENNEN nicht gewählt wurde.

▼ **Abbildung 10.18**
Mit der rechten Maustaste und DIMENSIONEN TRENNEN separieren Sie die Achsen der Positionseigenschaft.

der Achsen mittels zeitlicher Interpolation und Geschwindigkeitskurven eine beschleunigte Bewegung fest.

Weg | Um die Option zu aktivieren, markieren Sie die Positionseigenschaft in der Zeitleiste, klicken mit der rechten Maustaste darauf und wählen im Einblendmenü DIMENSIONEN TRENNEN. Anschließend sind die Achsen getrennt animierbar. Umgekehrt nehmen Sie den gleichen Weg.

Sie sollten die Option nicht ständig an- und ausschalten, da Sie ansonsten unkontrollierbare Ergebnisse erzielen. So werden Informationen aus beispielsweise drei separaten Bewegungspfaden für X, Y, Z zu einem einzigen Bewegungspfad reduziert, wenn Sie die Dimensionen wieder zusammenfügen. Ebenso ergeht es den Geschwindigkeitseinstellungen für die einzelnen Pfade.

Auch wenn Sie die Dimensionen trennen, werden Informationen zur Geschwindigkeit gelöscht, aber der Bewegungspfad bleibt dabei gleich. Alle Informationen zur Geschwindigkeitsbearbeitung von Keyframes und zu Roving Keyframes finden Sie im Verlauf dieses Kapitels. Näheres zur Animation von 3D-Ebenen lesen Sie in Kapitel 23, »3D in After Effects«.

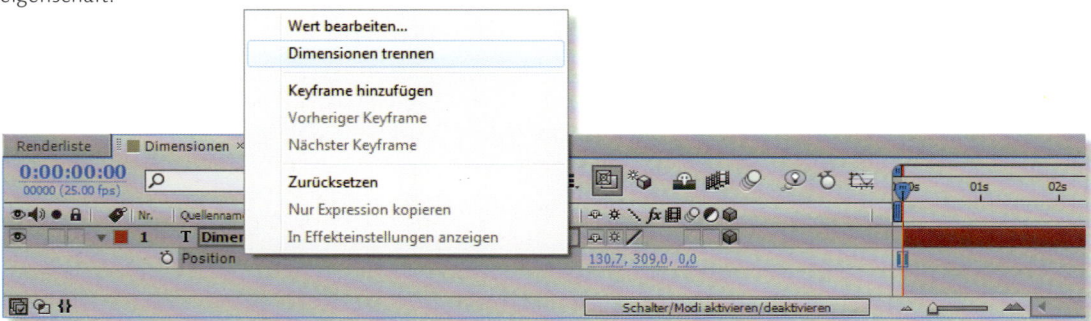

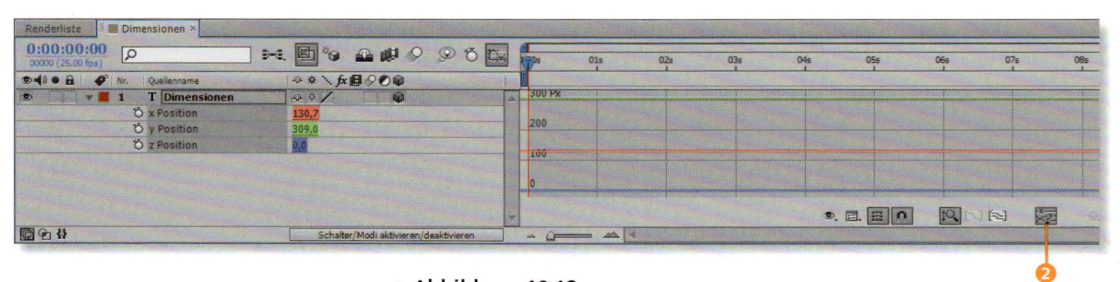

▲ **Abbildung 10.19**
Im Diagrammeditor, den Sie noch kennenlernen, trennen Sie Dimensionen mit der Schaltfläche für separate Achsen.

▲ Abbildung 10.20
Die getrennten Achsen können Sie separat mit Beschleunigungseinstellungen und/oder Expressions versehen.

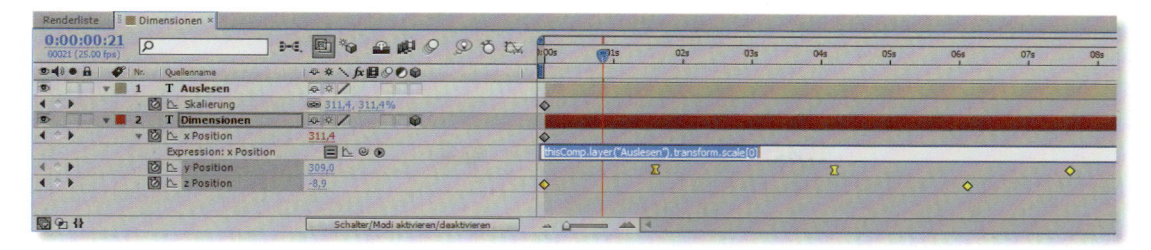

10.2 Ankerpunkte definieren

In dem Workshop »Eigenschaften und Eigenschaftswerte« haben Sie die Drehung einer Ebene animiert. Die Drehung erfolgte dabei, wie Ihnen vielleicht aufgefallen ist, um den Ebenenmittelpunkt, den Ankerpunkt. Standardmäßig liegt der Ankerpunkt in der Mitte. Für einige Animationen muss der Ankerpunkt verschoben oder sogar animiert werden. In dem folgenden Workshop gehen wir das Ganze praktisch an.

Schritt für Schritt: Dreh- und Angelpunkt ist der Ankerpunkt

Bevor Sie mit diesem Workshop beginnen, schauen Sie sich das Movie »allestrick« aus dem Ordner 10_KEYFRAME-GRUNDLAGEN/ ANKERPUNKT an.

Die benötigten Dateien für diesen Workshop finden Sie auf der DVD unter BEISPIELMATERIAL/ Ordner 10_KEYFRAME-GRUNDLAGEN/ANKERPUNKT

1 Vorbereitung
Importieren Sie per [Strg]+[I] die Datei »allestrick.psd«. Legen Sie mit [Strg]+[N] eine Komposition in den Abmessungen 788×576 und mit einer Dauer von 9 Sekunden (0:00:09:00) an. Wählen Sie unter KOMPOSITION • HINTERGRUNDFARBE ein dunkles Grün.

2 Farbfläche erstellen
Erstellen Sie eine Farbfläche über EBENE • NEU • FARBFLÄCHE oder mit [Strg]+[Y]. Klicken Sie auf die Schaltfläche WIE KOMPOSITIONSGRÖSSE. Als Farbe wählen Sie Rot.

3 Ankerpunkt und Skalierung
Die Farbfläche erscheint genau zentriert in der Komposition. In der Mitte sehen Sie bei markierter Ebene den Ankerpunkt. Dieser soll jetzt verschoben werden. Aktivieren Sie dazu das Ausschnitt-Werkzeug.

Kapitel 10   Keyframe-Grundlagen

▲ **Abbildung 10.21**
Den Ankerpunkt einer Ebene können Sie mit dem Ausschnitt-Werkzeug verschieben.

Abbildung 10.22 ▶
Für die Farbfläche wird der Ankerpunkt an den rechten Rand der Ebene verschoben.

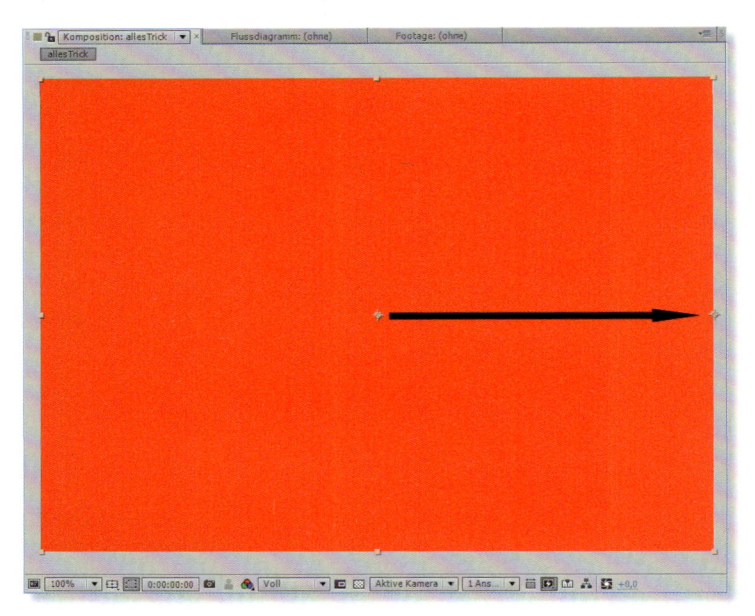

Ziehen Sie den Ankerpunkt im Kompositionsfenster ganz genau auf den rechten Rand der Farbfläche. Nutzen Sie eventuell die Vergrößerungsoption des Kompositionsfensters oder die Tasten ⸢.⸥ und ⸢,⸥ für eine genaue Positionierung. Wenn Sie über eine Maus mit Scrollrad verfügen, vergrößern und verkleinern Sie auch einfach per Rad. Um den Ausschnitt der vergrößerten Kompositionsansicht zu verschieben, nutzen Sie die Leertaste.

Ankerpunkt zurücksetzen
Durch einen Doppelklick auf das Ausschnitt-Werkzeug setzen Sie einen verschobenen Ankerpunkt wieder zurück auf den Ebenenmittelpunkt.

Skalierung zurücksetzen
Durch einen Doppelklick auf das Auswahl-Werkzeug setzen Sie die Skalierungswerte wieder auf 100 % zurück.

▼ **Abbildung 10.23**
Nur die Breite der Farbfläche wird skaliert.

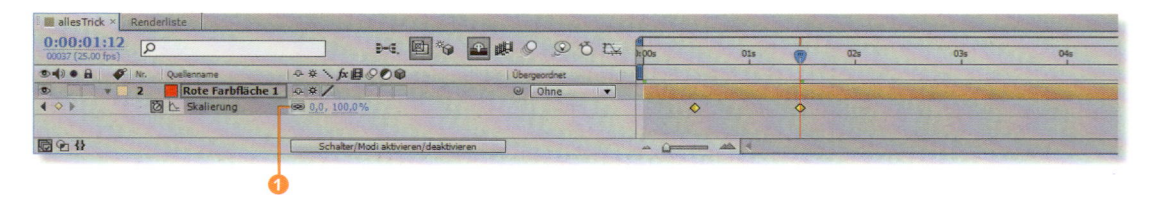

Als Nächstes verändern Sie die Skalierung. Wählen Sie wieder das Auswahl-Werkzeug (⸢V⸥). Markieren Sie die Farbflächenebene, und blenden die Eigenschaft SKALIERUNG mit der Taste ⸢S⸥ ein. Setzen Sie einen ersten Key per Klick auf das Stoppuhr-Symbol bei 00:12. Der zweite Key wird automatisch durch Verändern des Skalierungswerts entstehen.

Es soll nur die Breite skaliert werden. Entfernen Sie das Verketten-Symbol ❶, um die Skalierung für Breite und Höhe unabhängig voneinander zu ändern. Klicken Sie in das Wertefeld für die Breite, und tragen Sie bei 01:12 den Wert »0« ein. Die Fläche wird in Richtung des Ankerpunkts – nach rechts – verkleinert und ist dann unsichtbar.

4   Ankerpunkt und Drehung

Als Nächstes werden wir die Datei »allestrick« mit Hilfe des Ankerpunkts animieren. Positionieren Sie die Zeitmarke auf 02:00, und ziehen Sie die Datei »allestrick« in den rechten Bereich der Zeitleiste. Wenn Sie die Ebene genau auf die Zeitmarke ziehen, wird der In-Point der Ebene exakt dort positioniert. Setzen Sie den Ankerpunkt in die linke untere Ecke. Erweitern Sie das Kompositionsfenster etwas, und positionieren Sie die Ebene jetzt außerhalb der Ansicht, genau am rechten Rand der Komposition, wie in Abbildung 10.25.

> **Ankerpunkte am Anfang setzen**
>
> Es ist wichtig, den Ankerpunkt zu setzen, **bevor** Sie andere Keyframes definiert haben. Ein später verschobener Ankerpunkt kann zu erheblichen Veränderungen der Animation führen und Sie zur Verzweiflung treiben.

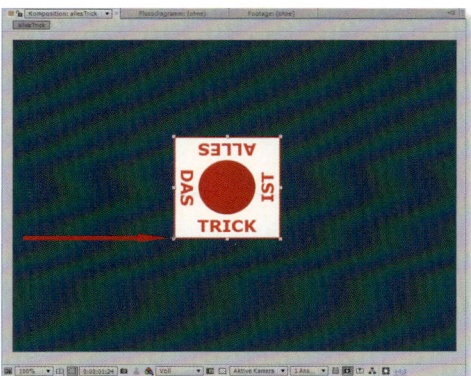

▲ **Abbildung 10.24**
Zuerst setzen Sie den Ankerpunkt für die Ebene »allestrick« auf die linke untere Ecke.

▲ **Abbildung 10.25**
Die Ebene »allestrick« wird zu Beginn an den rechten Kompositionsrand gesetzt.

Öffnen Sie die Eigenschaft DREHUNG mit der Taste R. Setzen Sie den ersten Key genau am In-Point der Ebene bei 02:00. Setzen Sie den nächsten Key bei 02:12, indem Sie den Wert »–90« in das Wertefeld ❷ eintragen. Die Ebene kippt um den Ankerpunkt nach links.

▲ **Abbildung 10.26**
Die Drehung der Ebene »allestrick« wird in 90-Grad-Schritten animiert.

Kapitel 10 Keyframe-Grundlagen

Abbildung 10.27 ▶
Die Ebene »allestrick« kommt von rechts ins Bild.

Ebenen per Tastatur verschieben

Markierte Ebenen können Sie mit den Pfeiltasten nach rechts, links, oben und unten um je ein Pixel verschieben. Bei Zuhilfenahme von ⇧ wandern die Ebenen in 10-Pixel-Schritten.

▼ **Abbildung 10.28**
Zur Animation des Ankerpunkts setzen Sie kurz nacheinander Keyframes für die Position und den Ankerpunkt.

5 Ankerpunkt animieren

Blenden Sie zusätzlich zur Drehung die Eigenschaften ANKERPUNKT und POSITION ein, und zwar bei markierter Ebene mit R, ⇧+A und ⇧+P. Passen Sie jetzt gut auf! Setzen Sie jeweils für Ankerpunkt und Position einen ersten Key bei 02:11, also genau einen Frame vor dem Drehungs-Key. Vergleichen Sie das mit Abbildung 10.28.

Gehen Sie jetzt nur um ein Bild in der Zeitleiste weiter auf 02:12. Nutzen Sie dazu die Taste Bild↓. Die Zeitmarke springt einen Frame weiter. Verschieben Sie den Ankerpunkt von »allestrick« mit dem Ausschnitt-Werkzeug zur linken unteren Ecke. Achten Sie dabei auf Genauigkeit, und nutzen Sie die Vergrößerung. Es entstehen zwei neue Keyframes bei ANKERPUNKT und POSITION. Der Ankerpunkt rutscht dabei innerhalb eines Frames auf seine neue Position.

6 Weitere Animation

Markieren Sie den Drehungs-Key bei 02:12. Kopieren Sie den Key mit Strg+C, und setzen Sie ihn bei 03:12 mit Strg+V ein. Durch den eingesetzten Key stoppt die Animation der Drehung für eine Sekunde. Ab jetzt wiederholt sich der Ablauf.

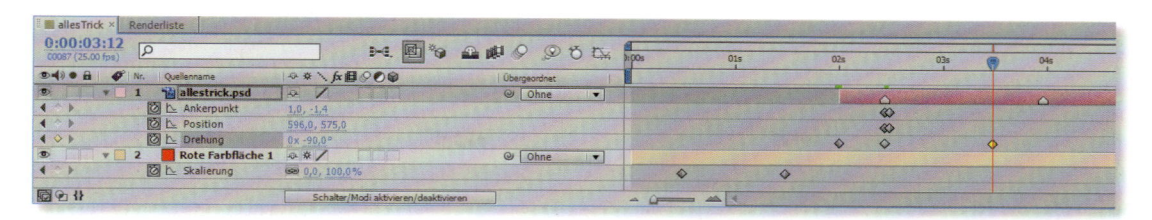

10.2 Ankerpunkte definieren

Für die Drehung setzen Sie bei 04:00 einen Key, indem Sie ins Wertefeld ❶ »–180« eintragen. Die Ebene kippt erneut nach links um den neu definierten Ankerpunkt.

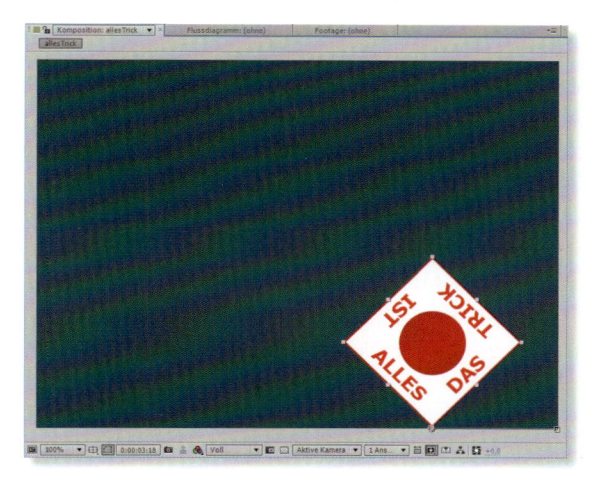

▲ **Abbildung 10.29**
Die Drehung stoppt für eine Sekunde. Dazu wird der letzte Keyframe kopiert und später eingefügt.

◄ **Abbildung 10.30**
Erneut kippt die Ebene, diesmal um eine andere Ecke.

Es folgt das erneute Verschieben des Ankerpunkts. Markieren Sie dazu zunächst nacheinander mit Hilfe der Taste ⇧ die beiden Keys für Ankerpunkt und Position bei 02:12. Kopieren Sie die Keys, und setzen Sie sie bei 03:24, einen Frame vor dem Drehungs-Key, ein. Verschieben Sie bei 04:00 wieder den Ankerpunkt. Da wir die Ebene bereits einmal gedreht haben, liegt der Ankerpunkt nun in der rechten unteren Ecke des Quadrats. Von dort ziehen Sie ihn auf die neue linke untere Ecke. Es entstehen wie vorher automatisch zwei neue Keys für ANKERPUNKT und POSITION.

▼ **Abbildung 10.31**
Die letzten Keyframes für DREHUNG und ANKERPUNKT werden kopiert und einen Frame vor dem Drehungs-Keyframe eingefügt. Ein Bild weiter wird der Ankerpunkt wieder verschoben.

Das Prinzip für die weitere Animation bleibt gleich. Daher beschreibe ich die nächsten Schritte nicht näher. Zum Vergleich

Abbildung 10.32
Die Position der Keyframes

schauen Sie eventuell in das Projekt »ankerpunkt.aep« im Ordner 10_KEYFRAME-GRUNDLAGEN/ANKERPUNKT und orientieren sich an Abbildung 10.32.

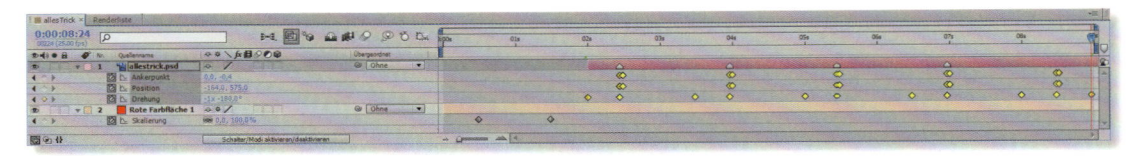

10.3 Animationsvorgaben

In der Palette EFFEKTE UND VORGABEN von After Effects finden Sie eine große Anzahl an vordefinierten Animationen, die Sie auf Ihre Ebenen in der Zeitleiste anwenden können. Sie öffnen die Palette über FENSTER • EFFEKTE UND VORGABEN oder mit [Strg]+[5].

Animationsvorgaben anzeigen | Sie erreichen die Animationsvorgaben über das Menü ANIMATION • VORGABEN DURCHSUCHEN. Falls Adobe Bridge installiert ist, sind die Vorgaben dort aufgelistet, und Sie können sie bequem durchsuchen und in einer Vorschau ansehen. In der Palette EFFEKTE UND VORGABEN wird der Eintrag ANIMATIONSVORGABEN zusätzlich zu den Effektkategorien eingeblendet, wenn Sie im Menü der Palette den Eintrag ANIMATIONSVORGABEN ANZEIGEN gewählt haben.

▲ **Abbildung 10.33**
Aus der Palette EFFEKTE UND VORGABEN heraus ziehen Sie die Animationsvorgabe auf eine markierte Ebene oder klicken sie doppelt an.

▲ **Abbildung 10.34**
In Adobe Bridge werden die Animationsvorgaben in einer Vorschau angezeigt und können schnell einer oder mehreren markierten Ebenen zugewiesen werden.

10.3 Animationsvorgaben

Animationsvorgaben anwenden | Um einer oder mehreren Ebenen eine Vorgabe zuzuweisen, markieren Sie die Ebenen zuerst in der Zeitleiste. Danach setzen Sie die Zeitmarke auf eine Zeitposition, an der die Animation beginnen soll. In Adobe Bridge oder in der Palette Effekte und Vorgaben klicken Sie doppelt auf die gewünschte Vorgabe. Alternativ wählen Sie Animation • Animationsvorgabe anwenden. In der sich öffnenden Dialogbox wählen Sie eine vorgegebene oder Ihre selbsterstellte Animationsvorgabe aus. Animationsvorgaben werden standardmäßig im Installationsordner von After Effects im Ordner Presets gespeichert.

▼ **Abbildung 10.35**
Nach Anwendung einer Animationsvorgabe erscheinen Keyframes bzw. Expressions in allen zuvor markierten Ebenen.

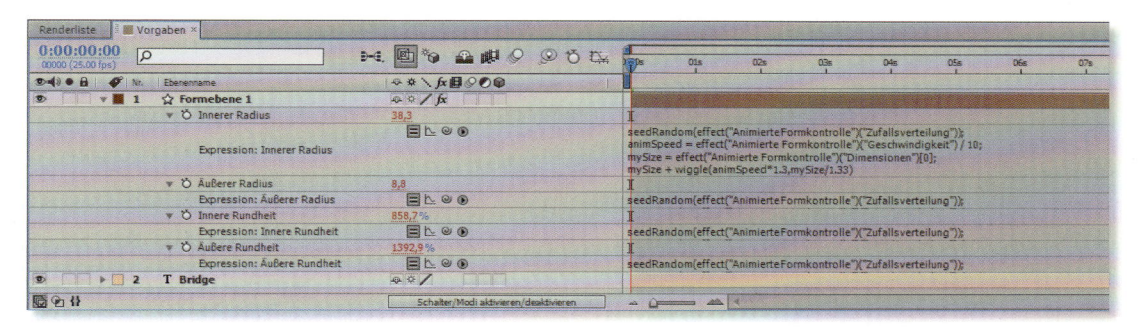

Eigene Animationsvorgaben erstellen

Im Workshop »Eigenschaften und Eigenschaftswerte« haben Sie Keyframes aus mehreren Eigenschaften kopiert und in andere Ebenen eingesetzt. Sie haben also eine Animation aus einer Ebene in eine andere Ebene übertragen. Sehr komfortabel ist das auch mit eigenen Animationsvorgaben machbar.

After Effects bietet Ihnen mit eigenen Animationsvorgaben die Möglichkeit, Keyframes einer oder mehrerer Eigenschaften dauerhaft zu speichern. Die so gesicherten Animationen können aus animierten Effekten, Masken und Ebenentransformationen – sprich allen mit Keyframes animierbaren Eigenschaften – bestehen. Nach dem Speichern ist es ein Kinderspiel, die Animationen den Ebenen Ihrer Wahl hinzuzufügen.

Animationsvorgabe anlegen | Bevor Sie eine Animationsvorgabe anlegen, markieren Sie die Keyframes einer Ebene, die Sie in einer anderen Ebene als Vorgabe verwenden wollen. Wählen Sie anschließend Animation • Animationsvorgabe speichern. Es öffnet sich ein Dialog zum Speichern der Animationsvorgabe. Denselben Dialog erhalten Sie auch per Klick auf das kleine Symbol ❷ (siehe Abbildung 10.36) unten rechts in der Palette Effekte und Vorgaben.

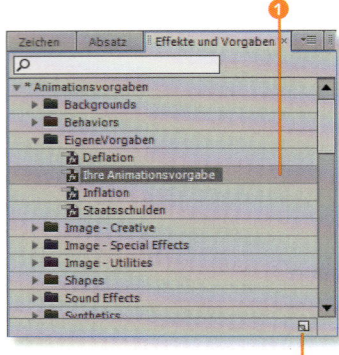

▲ **Abbildung 10.36**
In der Palette EFFEKTE UND VORGABEN werden selbstdefinierte Animationsvorgaben angezeigt.

Wenn Sie selbst keinen neuen Speicherpfad eingeben, wird die Animationsvorgabe als eigene Datei mit der Endung ».ffx« im Installationsordner AFTER EFFECTS CS6 / USER PRESETS unter dem von Ihnen gewählten Namen abgelegt.

Sollten Sie die Vorgabe an einem anderen Ort speichern, wird sie nur dann in der Vorgaben-Palette angezeigt, wenn der Ordner USER PRESETS eine Verknüpfung zu dem Ordner mit der Vorgabe enthält. Die neue Animationsvorgabe wird sowohl in Adobe Bridge als auch in der Palette EFFEKTE UND VORGABEN mit dem gewählten Namen angezeigt ❶.

Wenn Sie Ihre Animationsvorgabe anwenden möchten, gehen Sie so vor, wie ich es oben bereits beschrieben habe. Die zuvor als Vorgabe gespeicherten Keyframes Ihrer animierten Effekte und Transformationen werden jeweils in die markierten Ebenen eingesetzt.

Animationsvorgabe löschen | Um eine Animationsvorgabe wieder zu entfernen, markieren Sie sie zuerst in der Palette EFFEKTE UND VORGABEN. Anschließend wählen Sie aus dem Menü der Palette den Eintrag IN EXPLORER ANZEIGEN bzw. IM FINDER ANZEIGEN (Mac OS). Daraufhin wird der Ordner PRESETS angezeigt; die gewählte Vorgabe ist dort markiert. Zum Löschen betätigen Sie die Taste `Entf`. Im Menü der Palette wählen Sie abschließend den Eintrag LISTE AKTUALISIEREN.

Funktion	Windows / Mac OS
Ankerpunkt	`A`
Position	`P`
Skalierung	`S`
Deckkraft	`T`
Drehung	`R`
alle animierten Eigenschaften	`U`

Tabelle 10.1 ▶
Tastenkürzel zum Einblenden von Ebeneneigenschaften

Funktion	Windows / Mac OS
Ebene entlang der x-, y-Achse verschieben	`⇧` + Ebene ziehen
proportionale Skalierung	`⇧` + Eckpunkt der Ebene ziehen
Drehung in 45-Grad-Schritten	`⇧` + mit Drehen-Werkzeug ziehen

Tabelle 10.2 ▶
Tastenkürzel zum Arbeiten mit Ebeneneigenschaften

Funktion	Windows / Mac OS
Rotation auf 0° zurücksetzen	Doppelklick auf Drehen-Werkzeug
Skalierung auf 100 % zurücksetzen	Doppelklick auf Auswahl-Werkzeug

◀ **Tabelle 10.2**
Tastenkürzel zum Arbeiten mit Ebeneneigenschaften (Forts.)

10.4 Der Diagrammeditor

Mit dem Diagrammeditor meistern Sie Ihre Animationen schneller, führen Änderungen an bereits gesetzten Keyframes durch oder definieren neue Keyframes. Außerdem behalten Sie die Kontrolle über die Geschwindigkeiten Ihrer Animationen.

In den vorangegangenen Workshops haben Sie Keyframes in der Ebenenansicht des Zeitleistenfensters definiert, um damit Animationen zu schaffen. Eine Alternative zu der bekannten Bearbeitung bietet der Diagrammeditor. Trotz seines vielleicht abschreckenden Namens lohnt es sehr, ihn zu studieren. Sie haben mehr Kontrolle über Ihre Keyframes und können im Editor – nach kurzer Eingewöhnungsphase – mindestens ebenso leicht Animationen erstellen wie in der Ebenenansicht. Auch Änderungen sind sehr schnell und intuitiv bewerkstelligt. Zu guter Letzt erhalten Sie die volle Kontrolle über die Geschwindigkeiten Ihrer Animationen und können im Editor dynamisch wirkende Bewegungen erzeugen.

Funktion des Diagrammeditors

Der Diagrammeditor dient zur visuellen Darstellung der Geschwindigkeits- und Werteänderungen aller Ihrer Animationen. Sie können jederzeit über den Button ❸ in der Zeitleiste zwischen Ebenenansicht und dem Diagrammeditor wechseln.

◀ **Abbildung 10.37**
In der Zeitleiste können Sie schnell zwischen Ebenenansicht und Diagrammeditor wechseln.

Der Diagrammeditor besteht aus einem zweidimensionalen Diagramm, das genau wie in der Ebenenansicht den zeitlichen Verlauf von Eigenschaftsänderungen wiedergibt. In diesem Diagramm können Sie für jede Eigenschaft eine **Geschwindigkeits-** und eine **Wertekurve** einblenden. Die Geschwindigkeitskurve stellt die Geschwindigkeit, mit der sich Eigenschaftswerte ändern,

▼ **Abbildung 10.38**
Die Geschwindigkeitskurve stellt die Geschwindigkeit, mit der sich Eigenschaftswerte ändern, dar.

visuell dar. In der Wertekurve hingegen werden die Eigenschaftswerte visualisiert. Diese können einzeln oder auch gemeinsam angezeigt werden.

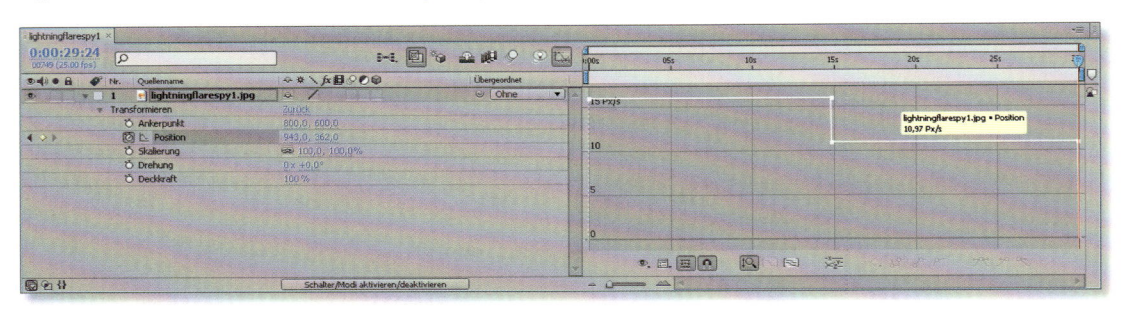

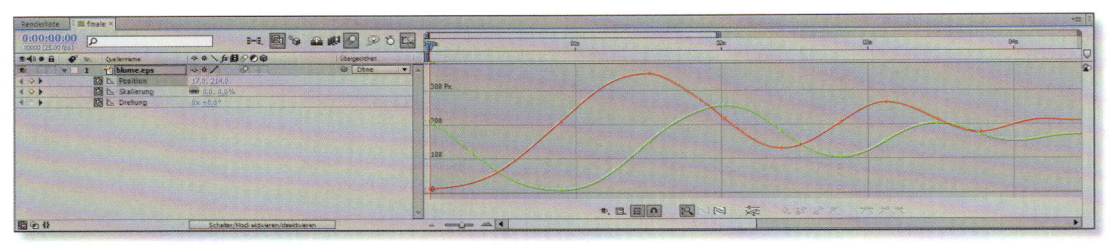

▲ **Abbildung 10.39**
In der Wertekurve werden Eigenschaftswerte visualisiert.

Außerdem ist es möglich, die Kurven für mehrere Eigenschaften gleichzeitig anzuzeigen. Dabei passt sich allerdings die Anzeige dem Minimal- und Maximalwert der Kurven an, so dass Kurven mit kleineren Wertebereichen kaum noch bearbeitbar sind. In diesem Fall passen Sie die Ansicht an oder wählen die entsprechenden Eigenschaften wieder einzeln aus.

Arbeit mit dem Diagrammeditor

> **Alte Ansicht**
>
> Die frühere Ansicht, die jede Kurve in einem eigenen Fenster mit jeweils eigenem Wertebereich darstellte, gibt es seit After Effects 7 nicht mehr.

Schauen wir uns als Nächstes den Diagrammeditor etwas näher an. Zum Testen setzen Sie zuvor ein paar Keyframes mit unterschiedlichen Werten in einer Eigenschaft, z. B. POSITION.

Um eine Eigenschaft im Diagrammeditor anzuzeigen, müssen Sie sie zuvor markieren. Der Editor blendet dann je nach Eigenschaftstyp automatisch entweder die Geschwindigkeits- oder die Wertekurve ein. Wenn Sie mehrere Eigenschaften markieren, werden die jeweiligen Kurven übereinander angezeigt. Jeder Eigenschaft bzw. Kurve sind dabei zur besseren Unterscheidung Farben zugeordnet, mit denen auch der Wert oder die Werte der Eigenschaft unterlegt sind. Verschiedene Eigenschaften und Werte lassen sich so besser auseinanderhalten, wenn ihnen nicht dieselbe Farbe zugeordnet wurde. Gleiche Eigenschaften erscheinen sogar grundsätzlich in den gleichen Farben.

10.4 Der Diagrammeditor

Auswahl der angezeigten Eigenschaften | Über den Button ❶ gelangen Sie in ein kleines Menü. Die zwei wichtigsten Optionen sind AUSGEWÄHLTE EIGENSCHAFTEN ANZEIGEN und ANIMATIONSEIGENSCHAFTEN ANZEIGEN. Mit der ersten Option werden nur die Werte der Eigenschaften als Kurven dargestellt, die Sie direkt markieren. Mit der zweiten Option benötigen Sie nur einen Klick auf die Ebene, um die Kurven sämtlicher animierter Eigenschaften gemeinsam einzublenden. Die Optionen sind auch gemeinsam wählbar.

▼ **Abbildung 10.40**
Die Werte mehrerer ausgewählter Eigenschaften werden im Editor mit verschiedenen Farben dargestellt.

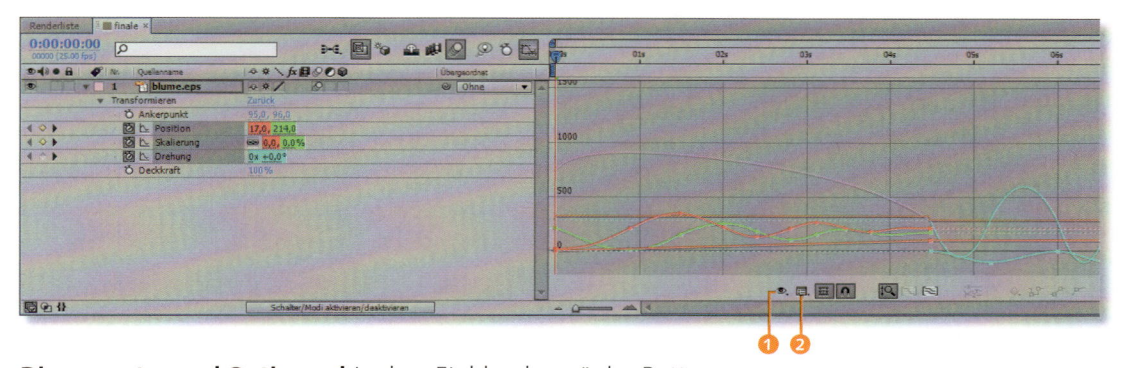

Diagrammtyp und Optionen | In dem Einblendmenü des Buttons ❷ wählen Sie, welcher Kurventyp angezeigt werden soll. Wählen Sie entweder WERTEKURVE BEARBEITEN oder GESCHWINDIGKEITSKURVE BEARBEITEN, um die Kurve einzeln anzuzeigen. Mit einem Häkchen bei REFERENZDIAGRAMM ANZEIGEN blenden Sie die jeweils nicht gewählte Kurve als Referenz ein.

Mit der Option KURVENTYP AUTOMATISCH WÄHLEN entscheidet After Effects selbst, welche Kurve einer markierten Eigenschaft angezeigt wird. Bei einer räumlichen Eigenschaft wie der Position ist es die Geschwindigkeitskurve und sonst die Wertekurve.

Nützlich sind auch die folgenden Optionen: AUDIO-WELLENFORMEN ANZEIGEN wählen Sie, um Audiodateien besser mit Animationen zu synchronisieren, indem die Audioinformation visualisiert wird. Eine ähnliche Option ist auch in der Ebenenansicht verfügbar.

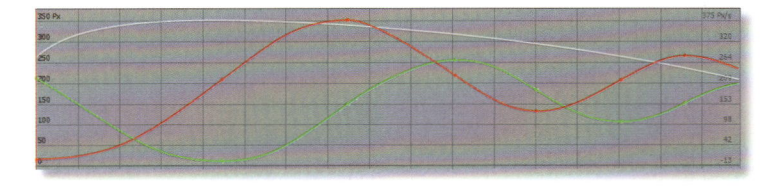

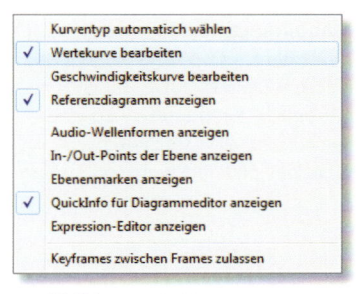

▲ **Abbildung 10.41**
Für das Diagramm sind viele Anzeigeoptionen wählbar.

◀ **Abbildung 10.42**
Wählen Sie die Option REFERENZDIAGRAMM ANZEIGEN, werden Geschwindigkeits- und Wertekurve gemeinsam im Diagramm dargestellt.

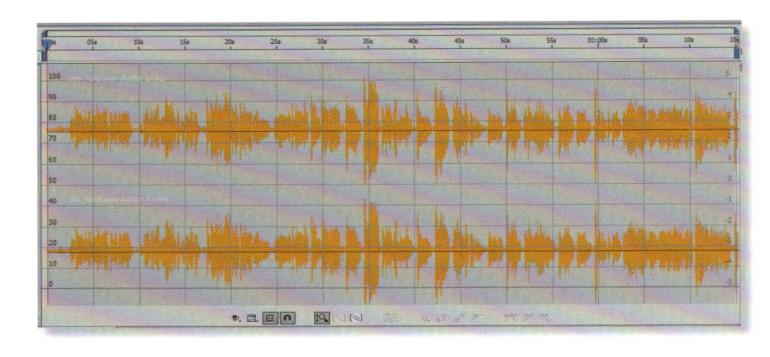

Abbildung 10.43 ▶
Mit Hilfe der Audio-Wellenform lassen sich Animationen und Sound besser synchronisieren.

Weitere Optionen

Die Optionen IN-/OUT-POINTS DER EBENE ANZEIGEN, EBENENMARKEN ANZEIGEN und EXPRESSION-EDITOR ANZEIGEN sind selbsterklärend. Allerdings sind sehr gute Augen vonnöten, um die angezeigten In- und Out-Points oder Marken zu entdecken. Der Expression-Editor gleicht dem Expressions-Feld in der Ebenenansicht. In Kapitel 24, »Expressions«, erfahren Sie mehr zu Expressions.

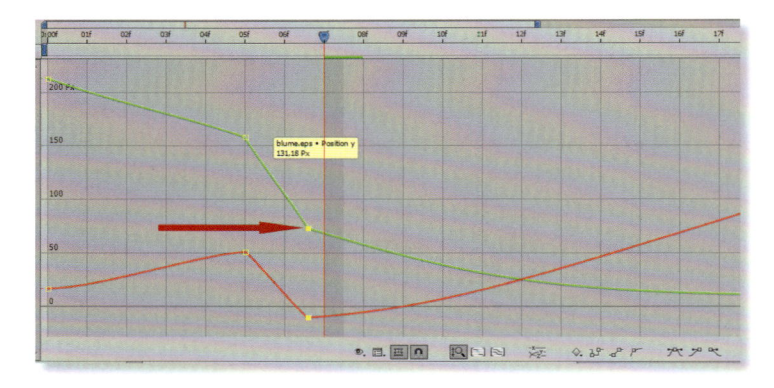

Die Option QUICKINFO FÜR DIAGRAMMEDITOR ANZEIGEN dient dazu, Informationen direkt dort anzuzeigen, wo sich der Mauszeiger gerade über einer der Kurven befindet.

Die letzte Möglichkeit, KEYFRAMES ZWISCHEN FRAMES ZULASSEN, ermöglicht es Ihnen, Keyframes im Editor so zu verschieben, dass sie auch zwischen Frames liegen können, was ein sehr präzises Timing ermöglicht.

Abbildung 10.44 ▶
Mit der Option KEYFRAMES ZWISCHEN FRAMES ZULASSEN wird es möglich, Keyframes so zu verschieben, dass sie zwischen Frames platziert werden können.

Keyframe-Bearbeitung im Diagrammeditor

Die Keyframe-Bearbeitung im Diagrammeditor ähnelt derjenigen in der Ebenenansicht. Der Hauptunterschied besteht in den unterschiedlich dargestellten Keyframes und in der Möglichkeit, ein Transformationsfeld über diesen Keyframes aufzuziehen.

Keyframe-Darstellung | Im Unterschied zur Keyframe-Darstellung in der Ebenenansicht sind die Keyframes im Diagrammeditor im markierten Zustand als gelbe Punkte sichtbar, die durch eine Linie miteinander verbunden sind. In der Geschwindigkeitskurve gibt es für jeden Keyframe zusätzlich Anfasser, über die Sie die Kurve verändern können.

10.4 Der Diagrammeditor

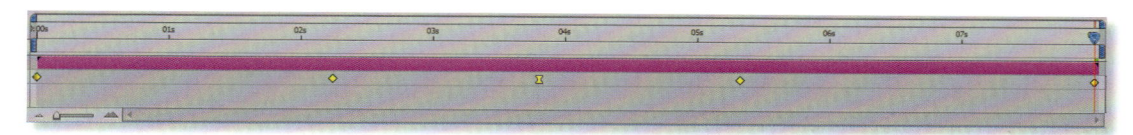

▲ **Abbildung 10.45**
Keyframes in der Ebenenansicht und …

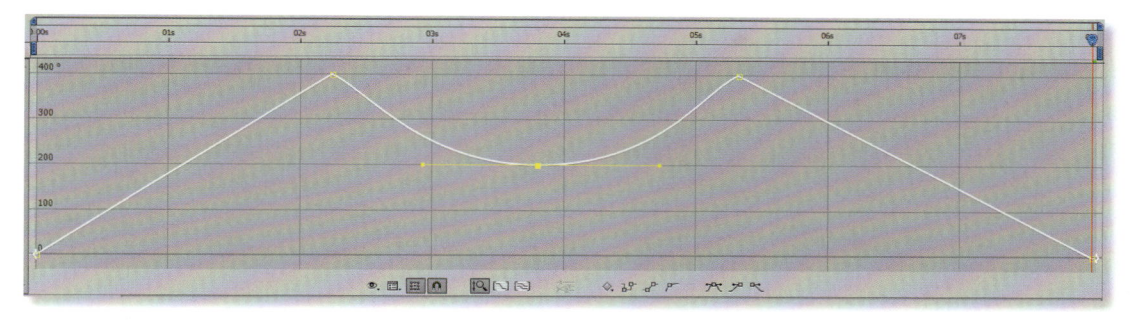

▲ **Abbildung 10.46**
… in der Wertekurve des Diagrammeditors …

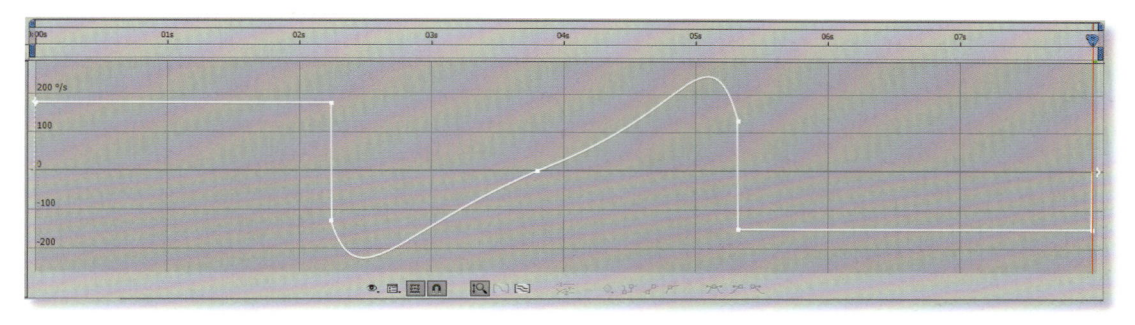

▲ **Abbildung 10.47**
… und noch einmal in der Geschwindigkeitskurve

Keyframes auswählen | Um alle Keyframes einer Eigenschaft im Diagrammeditor auszuwählen, klicken Sie bei gedrückter [Alt]-Taste auf ein Segment zwischen den Keyframes der Geschwindigkeits- oder der Wertekurve. Um mehrere Keyframes einzeln nacheinander auszuwählen, klicken Sie sie mit der [⇧]-Taste an.

Keyframes kopieren, einfügen und löschen

Wie in der Ebenenansicht können Sie auch im Diagrammeditor ausgewählte Keyframes mit [Strg]+[C] kopieren, mit [Strg]+[V] einfügen und mit der Taste [Entf] löschen.

Transformationsfeld

Sie können im Diagrammeditor – egal, ob Sie gerade in der Geschwindigkeits- oder in der Wertekurve arbeiten – ein Transformationsfeld aufziehen. Es dient dazu, Abstände zwischen mehreren Keyframes bequem zu verändern oder Keyframe-Gruppen zu verschieben.

Kapitel 10 Keyframe-Grundlagen

▼ **Abbildung 10.48**
Zum bequemen Verschieben von Keyframes oder zum Verändern der Abstände zwischen Keyframes können Sie das Transformationsfeld verwenden.

Transformationsfeld aufziehen | Ziehen Sie bei gedrückter Maustaste ein Feld über den Keyframes auf, die Sie bearbeiten wollen. Mit dem Button ❶ blenden Sie das Transformationsfeld ein und aus. Wenn Sie in der Wertekurve Keyframes bearbeiten, wirkt sich die Änderung sowohl auf die Keyframe-Werte als auch auf die Geschwindigkeit aus. Bei einer Bearbeitung in der Geschwindigkeitskurve bleiben die Werte unverändert.

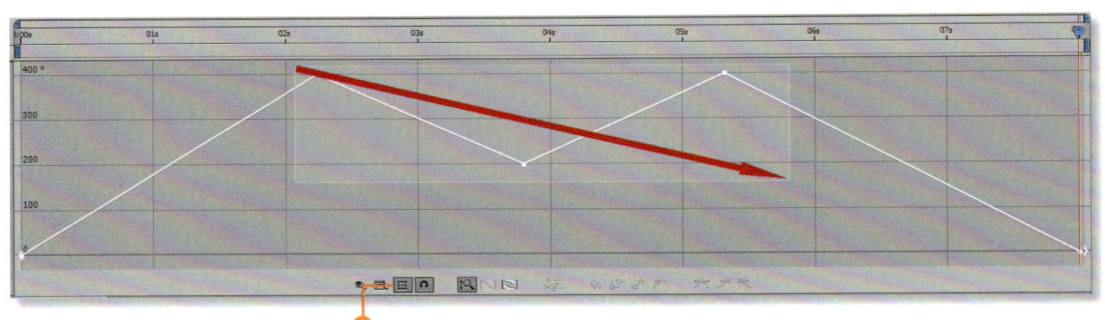

Transformationsfeld skalieren | Sie skalieren das Transformationsfeld, indem Sie auf einen der Punkte ❷ des Begrenzungsrahmens klicken und daran ziehen, sobald ein Doppelpfeil sichtbar wird. Zum proportionalen Skalieren halten Sie die Taste ⇧ gedrückt und ziehen den Rahmen an einem seiner Eckpunkte auf die neue Größe. Zum Skalieren um den Ankerpunkt des Rahmens ❸, den Sie auch anklicken und verschieben können, nehmen Sie die Taste Strg zu Hilfe. Um einen einzelnen Eckpunkt frei zu verschieben, klicken Sie ihn bei gedrückter Alt-Taste an und ziehen ihn an eine andere Stelle. Geschwindigkeitskurven und Keyframe-Abstände lassen sich nur im Zeitverlauf skalieren.

Abbildung 10.49 ▶
Das Transformationsfeld können Sie skalieren und verschieben. Die ausgewählten Keyframes bewegen sich entsprechend, und die Kurve wird angepasst.

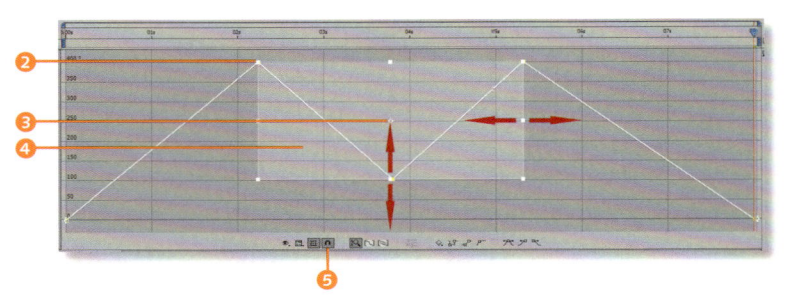

Transformationsfeld verschieben | Zum Verschieben des Transformationsfelds klicken Sie in das Feld ❹ und ziehen es an eine neue Position. Mit der Taste ⇧ beschränken Sie die Bewegung des Felds auf die Horizontale und Vertikale. Geschwindigkeitskurven und Keyframe-Abstände lassen sich nur im Zeitverlauf verschieben.

10.4 Der Diagrammeditor

Ausrichten | Wenn Sie im Wertediagramm einzelne Keyframes verschieben, können Sie sie an der Zeitmarke, an Keyframes, Ebenen- und Kompositionsmarken, In- und Out-Points und am Anfang und Ende des Arbeitsbereichs ausrichten. Dazu wird eine orangefarbene Linie als Positionierhilfe eingeblendet. Sie aktivieren diese Funktion mit dem Button ❺.

Ansicht im Diagrammeditor anpassen

Im Diagrammeditor gibt es drei Buttons, mit denen Sie die Ansicht des Diagramms schnell anpassen können.

Auswahl in Ansicht einpassen | Mit dem Button ❽ zoomen Sie eine mit dem Transformationsfeld getroffene Auswahl auf die Größe Ihres Zeitleistenfensters. Zum schnellen Auszoomen nutzen Sie den Button ❼.

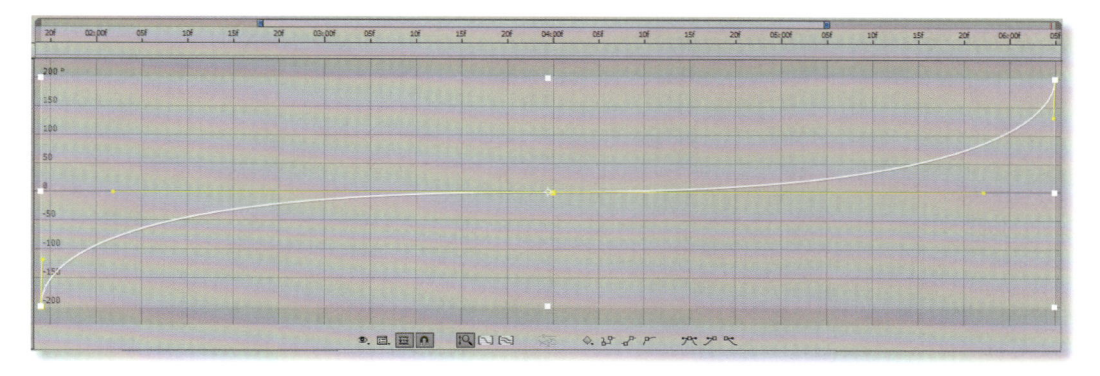

▲ **Abbildung 10.50**
Sie können in eine Auswahl schnell einzoomen und ...

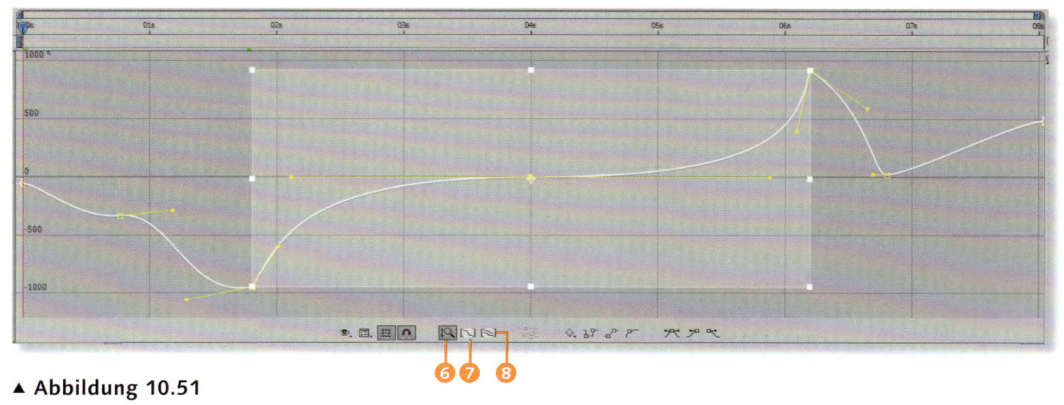

▲ **Abbildung 10.51**
... wieder auszoomen.

Zum Nachlesen
Alle an dieser Stelle nicht erwähnten Buttons des Diagrammeditors dienen zur Bearbeitung der **Keyframe-Interpolation**. Mehr dazu erfahren Sie im nächsten Kapitel.

Diagrammhöhe anpassen | Um das Diagramm automatisch an Ihre Änderungen der Geschwindigkeits- und Wertekurven anpassen zu lassen, aktivieren Sie den Button ❻. Besonders deutlich wird diese Funktion, wenn Sie den Button zuerst deaktivieren, dann Keyframes sehr weit nach oben im Diagramm ziehen und anschließend den Button wieder aktiv schalten.

Kapitel 11
Keyframe-Interpolation

Über vierzig Jahre lang beschäftigte sich Galileo Galilei mit dem Phänomen der gleichmäßig beschleunigten Bewegung. Um genaue Messungen dieser Beschleunigung durchzuführen, ließ er Kugeln eine schiefe Ebene hinabrollen, was letztlich in Formeln zur Berechnung wie dieser hier mündete: $\vec{a}(t) = \dot{\vec{v}}(t) = \ddot{\vec{r}}(t)$

Pfade für Bewegungen, Kurven für die Zeit – in diesem Kapitel erlernen Sie das Justieren von Bewegungen und die Feinabstimmung der Geschwindigkeit von Animationen, also das Beschleunigen und Abbremsen von Bewegungen.

11.1 Zwei Arten der Interpolation

Zur Freude der Anwender bietet After Effects einiges, um Animationen realistischer und dynamischer wirken zu lassen, ohne dass Sie selbst mit Formeln hantieren müssen. Es hält verschiedene Interpolationsmethoden bereit, um die Berechnung von Bewegungen und zeitlichen Abläufen zu ändern. Man unterscheidet zwei Grundarten der Interpolation:
1. die **räumliche** (früher auch **geometrische**) **Interpolation**
2. die **zeitliche Interpolation** zur Veränderung von Geschwindigkeiten Ihrer Animationen

Räumliche Interpolation | Bei der räumlichen Interpolation geht es darum, wie After Effects **Bewegungen** im Raum berechnet. Genauer gesagt berechnet After Effects die Zwischenbilder, also die Frames, zwischen den von Ihnen gesetzten Keyframes. Bei der räumlichen Interpolation bezieht sich diese Berechnung auf Veränderungen, die am **Bewegungspfad** einer Ebene, also räumlich, vorgenommen werden. Ein Pfad kann durch unterschiedliche Interpolationsmethoden gebogen oder eckig geformt sein.

Zeitliche Interpolation | Bei der zeitlichen Interpolation geht es darum, wie After Effects die **Geschwindigkeit** zwischen Keyframes berechnet. Die zeitliche Interpolation bezieht sich auf die Berechnung der Veränderung der Geschwindigkeit von animierten Eigenschaften. Auch hier gibt es unterschiedliche Interpolations- bzw. Berechnungsarten. Animationen, egal welche, werden mittels **Geschwindigkeitskurven** abgebremst oder beschleunigt.

11.2 Die räumliche Interpolation und Bewegungspfade

In After Effects gibt es zwei Arten von räumlichen Pfaden: den Bewegungspfad und den Maskenpfad.

- **Bewegungspfade** entstehen durch Animation der Eigenschaften POSITION, ANKERPUNKT, EFFEKTANKERPUNKT und 3D-AUSRICHTUNG einer Ebene und werden im Kompositionsfenster angezeigt. Sie haben den Pfad schon gesehen, als Sie in verschiedenen Workshops die Position einer Ebene animiert haben.
- **Maskenpfade** können auf unterschiedlichen visuellen Ebenen erstellt werden und dienen vor allem dazu, Bereiche von Ebenen transparent zu setzen. Genaue Informationen dazu finden Sie in Kapitel 18, »Masken, Matten oder Alphakanäle«.

Was ist ein Bewegungspfad?

Wenn Sie sich den Bewegungspfad in genau anschauen, stellen Sie fest, dass er aus vielen kleinen **Punkten** und einigen fett dargestellten **Scheitelpunkten** besteht.

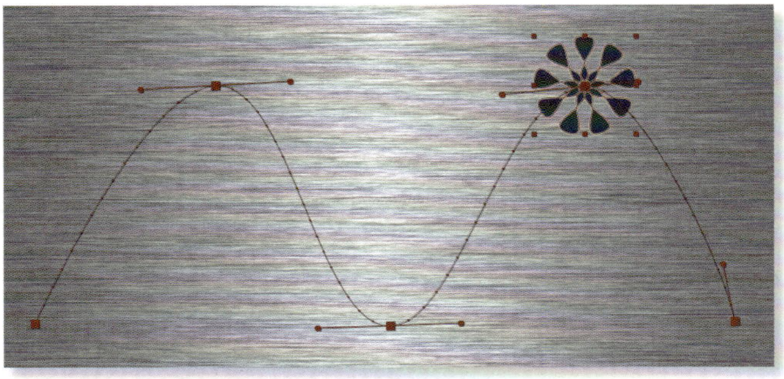

Zum Nachlesen
Wie Sie einen Bewegungspfad ganz praktisch selbst erstellen, erfahren Sie im Workshop »Dax-Index: Bewegungspfad bearbeiten und räumliche Interpolationsarten ändern« auf Seite 281.

Abbildung 11.1 ▶
Die Scheitelpunkte eines Bewegungspfads im Kompositionsfenster entsprechen den Keyframes im Zeitplanfenster.

11.2 Die räumliche Interpolation und Bewegungspfade

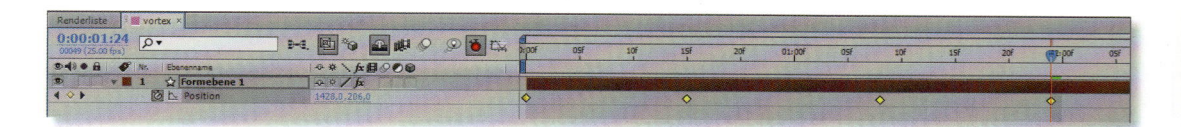

Die im Zeitplan gesetzten Keyframes spiegeln sich im Kompositionsfenster als Scheitelpunkte wider. Das heißt, wenn Sie einen Keyframe in der Zeitleiste markieren, wird der Scheitelpunkt im Kompositionsfenster markiert und umgekehrt.

Die Punkte sind erst dann einzeln erkennbar, wenn Sie einen etwas größeren zeitlichen Abstand zwischen den Keyframes wählen. Sie werden im Kompositionsfenster zwischen den Scheitelpunkten dargestellt und bezeichnen die einzelnen Bewegungsschritte von Bild zu Bild. Sie können das selbst einmal testen, indem Sie die Tasten `Bild↑` und `Bild↓` verwenden, um frameweise durch die Zeitleiste zu navigieren. Der Ankerpunkt der Ebene liegt genau auf dem Pfad und springt dann von Pünktchen zu Pünktchen. Jeder Punkt stellt dabei einen Frame dar. Die Anzahl der Frames, die pro Sekunde dargestellt werden, hängt von der Framerate der Komposition ab.

Das Aussehen des Pfads, ob mehr oder weniger gekrümmt, eckig oder gar ohne Interpolation, wird durch die Interpolationsmethoden bestimmt.

▲ **Abbildung 11.2**
Markieren Sie im Zeitplanfenster einen Keyframe, wird auch im Kompositionsfenster der Scheitelpunkt aktiviert.

Methoden der räumlichen Interpolation

Grundsätzlich kann zwischen der linearen Interpolation und der Bézier-Interpolation unterschieden werden.
- Bei der **Bézier-Interpolation** ist der Bewegungspfad gekrümmt (siehe Abbildung 11.1).
- Bei der **linearen Interpolation** ist der Bewegungspfad gerade (Abbildung 11.3).

Die Bézier-Interpolation unterteilt sich in drei Methoden:
- die **reine Bézier-Interpolation**
- die **gleichmäßige Bézier-Interpolation**
- die **automatische Bézier-Interpolation**

Der Unterschied zwischen den Interpolationsmethoden besteht darin, wie mit **Tangenten** der Bewegungspfad beeinflusst wird.

Lineare Interpolation | Bei der linearen Interpolation werden keine Tangenten verwendet, und der Bewegungspfad verläuft vollkommen gerade. Ein Scheitelpunkt mit linearer Interpolation ist mit einem Eckpunkt aus anderen Anwendungen vergleichbar.

Interpolationsmethoden räumlich und zeitlich

Die Interpolationsmethoden bei der räumlichen und der zeitlichen Interpolation sind fast vollkommen gleich. Allerdings wirkt sich die räumliche Interpolation auf die Scheitelpunkte und den Bewegungspfad im Kompositionsfenster aus, während bei der zeitlichen Interpolation Keyframes in der Zeitleiste und die Geschwindigkeitskurve beeinflusst werden.

Abbildung 11.3 ▶
Bei linearer Interpolation erscheint der Bewegungspfad im Gegensatz zur Bézier-Interpolation gerade.

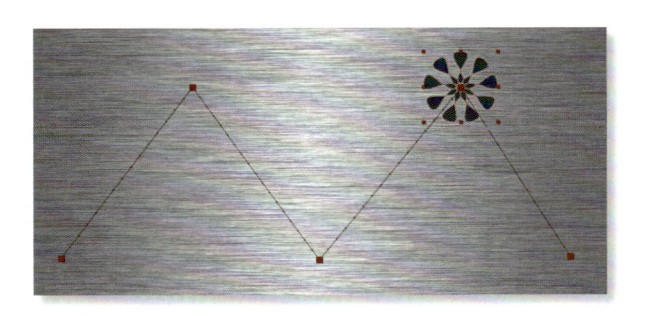

Bézier-Interpolation | Die reine Bézier-Interpolation verwendet zwei voneinander unabhängige Tangenten ❶ und ❸, mit denen der Pfad links und rechts vom Scheitelpunkt ❷ unterschiedlich gekrümmt werden kann.

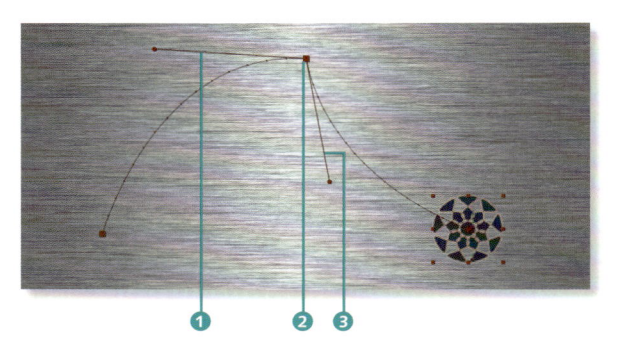

Abbildung 11.4 ▶
Bei der reinen Bézier-Interpolation sind die Tangenten zu beiden Seiten eines Scheitelpunkts unabhängig voneinander.

Gleichmäßige Bézier-Interpolation | Die gleichmäßige Bézier-Interpolation verwendet miteinander verbundene Tangenten ❹. Ziehen Sie an einer Tangente, wird die andere davon ebenfalls beeinflusst.

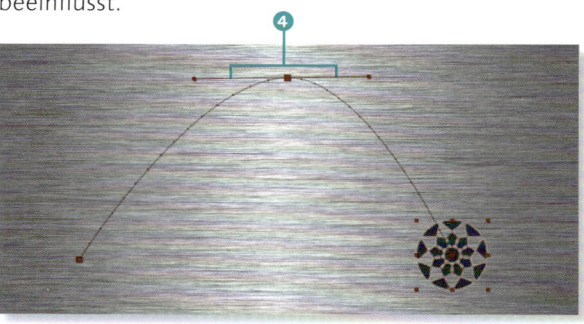

Abbildung 11.5 ▶
Bei der gleichmäßigen Bézier-Interpolation sind die Tangenten miteinander verbunden.

Automatische Bézier-Interpolation | Die automatische Bézier-Interpolation verwendet zwei gleich lange Tangenten auf beiden Seiten des Scheitelpunkts, die nicht durch eine Linie miteinander verbunden sind ❺. Nach der Anwendung wird die Kurve geglättet. Das Resultat ist ein weicher Übergang von der einen in die andere Kurve. Sobald Sie an einer der Tangenten ziehen, wird die gleichmäßige Bézier-Interpolation für diesen Scheitelpunkt eingestellt.

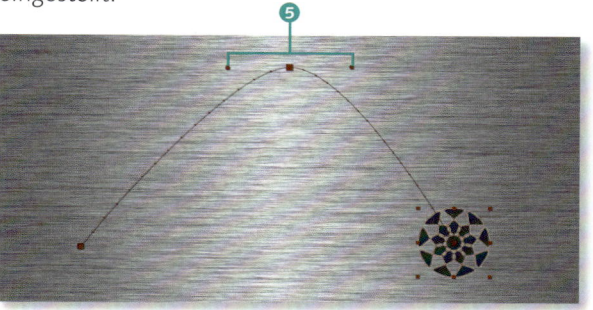

◄ **Abbildung 11.6**
Die Tangenten sind bei der automatischen Bézier-Interpolation gleich lang und werden nicht durch eine Linie miteinander verbunden.

Einige Möglichkeiten, wie Sie einen Bewegungspfad bearbeiten und die Interpolationsmethode für Scheitelpunkte ändern, erläutere ich im anschließenden Workshop.

Schritt für Schritt:
Dax-Index – Bewegungspfad bearbeiten und räumliche Interpolationsmethoden ändern

In diesem Workshop geht es um die Bearbeitung eines Bewegungspfads, auch wenn das Thema von so verantwortungslosen Gesellen wie Madoff inspiriert ist.

In dem Movie »dax_index« im Ordner 11_INTERPOLATION/BEWEGUNGSPFAD auf der DVD zum Buch zeichnet ein Pfeil die Auf-und-ab-Bewegung des Dax nach. Die zu importierenden Dateien »HG_dax.psd« und »pfeil.psd« befinden sich im selben Ordner. Wählen Sie beim Import gegebenenfalls AUF EINE EBENE REDUZIERT. Die Komposition wird auf die Größe 720×576 mit quadratischen Pixeln angelegt und ist 10 Sekunden lang.

Die benötigten Dateien für diesen Workshop finden Sie auf der DVD unter BEISPIELMATERIAL/11_INTERPOLATION/BEWEGUNGSPFAD.

1 Bewegungspfad erstellen

Erstellen Sie einen Bewegungspfad für den Pfeil, indem Sie die Kurve des Dax in etwa nachbilden. Dabei geht es nicht darum, jede Änderung der Kurve nachzuvollziehen, sondern nur um den groben Verlauf.

Ziehen Sie die beiden Dateien zum Zeitpunkt 00:00 in die Zeitleiste, und achten Sie darauf, dass der Pfeil sich in der Zeitleiste ganz oben befindet.

Setzen Sie einen ersten Positions-Keyframe für den Pfeil bei 00:00, indem Sie auf die Stoppuhr klicken oder [Alt]+[⇧]+[P] drücken. Vergleichen Sie die Ausgangssituation mit den Abbildungen von Kompositionsfenster und Zeitleiste.

Kapitel 11   Keyframe-Interpolation

Abbildung 11.7 ▶
Das Ausgangsbild der Animation

Abbildung 11.8 ▼
Die Zeitleiste zu Beginn

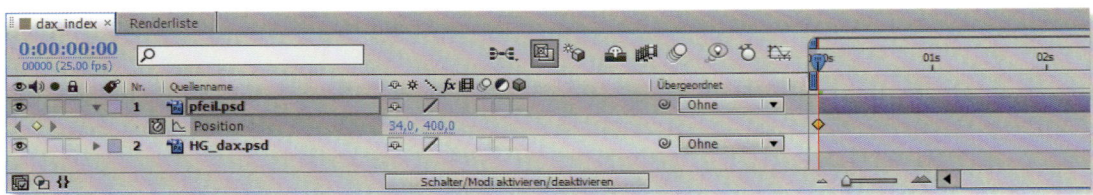

Ziehen Sie für kürzere Strecken die Zeitmarke immer etwa um eine halbe Sekunde und für längere Strecken um eine Sekunde nach rechts. Verschieben Sie die Ebene »pfeil« jeweils an eine neue Position. Die weiteren Positions-Keys entstehen automatisch. Die ersten Positions-Keys könnten dann wie in Abbildung 11.9 aussehen.

Abbildung 11.9 ▶
Am Anfang könnte der Bewegungspfad wie hier abgebildet aussehen.

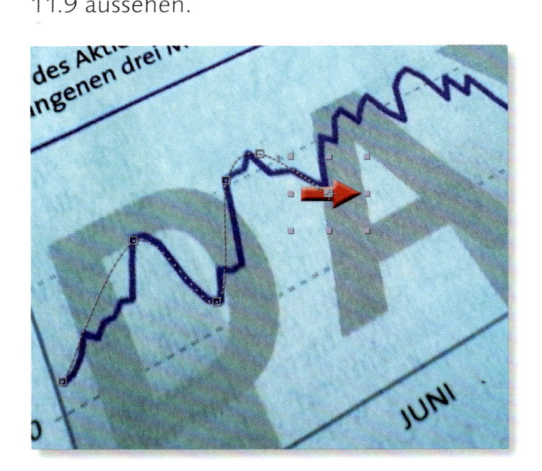

Abbildung 11.10 ▼
Die Keyframes werden bei kürzeren Wegen im Abstand von ca. einer halben Sekunde und bei längeren Wegen im Abstand von einer Sekunde gesetzt.

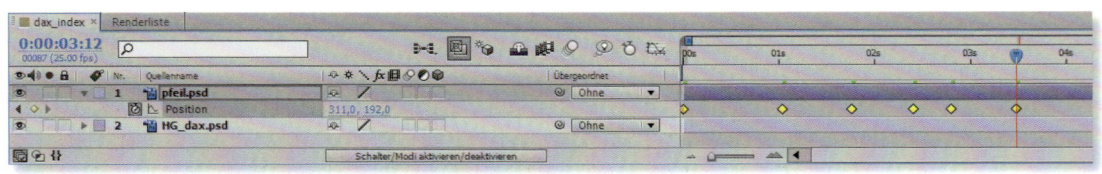

11.2 Die räumliche Interpolation und Bewegungspfade

Stören Sie sich nicht daran, dass sich der Pfeil nicht sehr angepasst an den Kurvenverlauf bewegt. Wir ändern das am Schluss. Sie können den Pfad im Nachhinein bearbeiten.

Für die nächsten Keys ziehen Sie die Ebene wie gehabt im Zeitverlauf immer ein Stück weiter. Schauen Sie sich zum Vergleich die Position der Scheitelpunkte in Abbildung 11.11 an. Der Bewegungspfad muss noch korrigiert werden.

Scheitelpunkte im Bewegungspfad setzen

Mit dem Zeichenstift-Werkzeug ([G]) lassen sich leicht zusätzliche Scheitelpunkte im Bewegungspfad setzen. Klicken Sie dazu mit dem Zeichenstift-Werkzeug einfach auf eine Stelle im Bewegungspfad. Die weitere Bearbeitung erfolgt dann mit dem Auswahl-Werkzeug ([V]).

Beim Setzen eines neuen Scheitelpunkts entsteht auch ein entsprechender Keyframe in der Zeitleiste.

▲ **Abbildung 11.11**
Vorerst sieht der Bewegungspfad noch etwas unansehnlich aus.

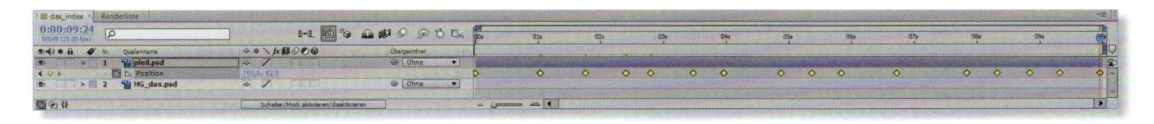

▲ **Abbildung 11.12**
Die fertig gesetzten Keyframes in der Ebenenansicht

2 Bearbeiten des Bewegungspfads

Zur Bearbeitung des Bewegungspfads vergrößern Sie Ihr Kompositionsfenster auf 200 %. Sie können das Bild innerhalb des Fensters mit dem Hand-Werkzeug verschieben. Noch besser ist es, zwischen Auswahl-Werkzeug und Hand-Werkzeug zu wechseln. Wählen Sie zum Verschieben des Ausschnitts im Kompositionsfenster das Auswahl-Werkzeug, und drücken Sie zum Verschieben die Leertaste. Beim Loslassen wechselt das Werkzeug wieder.

Zur Bearbeitung markieren Sie einen Scheitelpunkt. Es werden zwei Tangenten ❶ und ❷ sichtbar (Abbildung 11.13). Ziehen Sie an einem der Anfasser ❸ und ❹, um die Rundung des Pfads zu ändern. Wie Sie die Tangenten unabhängig verändern, erfahren Sie im nächsten Schritt.

Größe der Anfasser einstellen

Endlich: Seit der Version CS5 gibt es die Möglichkeit, die Größe der Anfasser für Bewegungspfade, Maskenpfade und Formebenen einzustellen: Wählen Sie BEARBEITEN • VOREINSTELLUNGEN • ALLGEMEIN, und tragen Sie unter GRÖSSE DES PFADPUNKTS einen passenden Wert ein. Übrigens müssen Sie den Punkt nun nicht mehr genau treffen, um ihn zu verschieben.

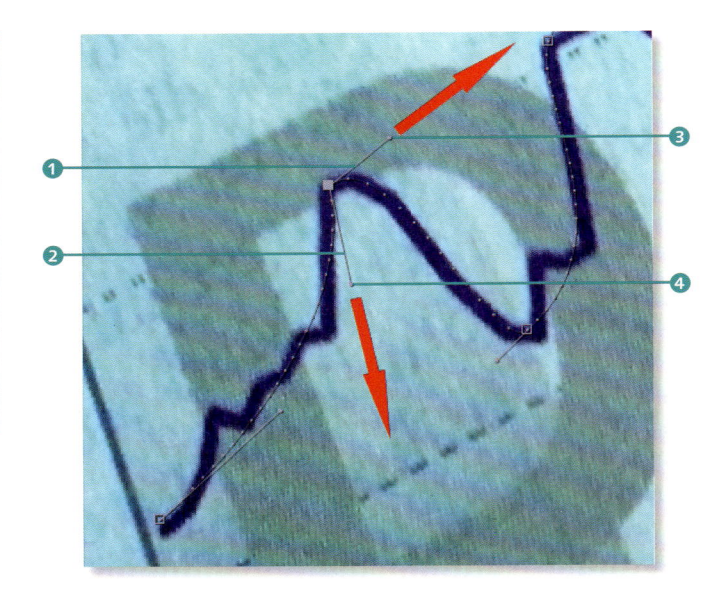

▲ **Abbildung 11.13**
Mit den Tangenten ändern Sie den Bewegungspfad zu beiden Seiten eines Scheitelpunkts.

3 Interpolationsmethode ändern

Bei allen Keys ist von vornherein die gleichmäßige Bézier-Interpolation eingestellt. Mit Hilfe der Taste G wechseln Sie bequem zwischen den Interpolationsmethoden.

Wenn Sie die Tangenten unabhängig voneinander verändern wollen, wechseln Sie mit der Taste G zum Pfad-Werkzeug und halten es über einen der Anfasser. Das Werkzeug wechselt dann automatisch zum Scheitelpunkt-konvertieren-Werkzeug. Der Mauszeiger ändert sich zu einem umgedrehten V. Ziehen Sie an einem Anfasser. Dadurch wechseln Sie bei jeder Wiederholung zwischen miteinander verbundenen Tangenten und voneinander unabhängigen Tangenten bzw. zwischen gleichmäßiger und reiner Bézier-Interpolation. Haben Sie einmal gewechselt, bearbeiten Sie den Pfad weiter mit dem Auswahl-Werkzeug.

Um zwischen linearer Interpolation (Eckpunkt) und automatischer Bézier-Interpolation (Kurvenpunkt) umzuschalten, klicken Sie bei aktivem Pfad-Werkzeug (Taste G) abwechselnd auf einen Scheitelpunkt des Bewegungspfads im Kompositionsfenster.

Für unsere Dax-Kurve benötigen Sie die gleichmäßige Interpolation (verbundene Tangenten) bei Rundungen und die reine Bézier-Interpolation (unabhängige Tangenten) an Kanten. Bearbeiten Sie den Pfad Punkt für Punkt, bis Sie ein ähnliches Ergebnis wie in Abbildung 11.16 erhalten.

Scheitelpunkte verschieben

Zum Verschieben von Scheitelpunkten im Bewegungspfad nutzen Sie am besten das Auswahl-Werkzeug (V).

11.2 Die räumliche Interpolation und Bewegungspfade

▲ **Abbildung 11.14**
Für Kurven wird die gleichmäßige Interpolation mit verbundenen Tangenten verwendet.

▲ **Abbildung 11.15**
Für Eckpunkte benötigen Sie die Bézier-Interpolation, also unabhängige Tangenten.

4 Ebene am Pfad ausrichten

Damit der Pfeil sich beim Auf und Ab an der Kurve orientiert, richten Sie ihn am Pfad aus. Markieren Sie dazu die Ebene »pfeil«, und rufen Sie dann EBENE • TRANSFORMIEREN • AUTOMATISCHE AUSRICHTUNG auf. Im Dialogfeld wählen Sie AUSRICHTUNG ENTLANG PFAD und bestätigen mit OK.

Schauen Sie sich die Animation an! Der Pfeil folgt der Kurve, und Sie sind mit dem Workshop fertig. Und all die Madoffs haben hoffentlich noch etwas von unserer bekannten Welt übrig gelassen.

Der Dialog »Keyframe-Interpolation«: Räumliche Interpolationsmethoden einstellen

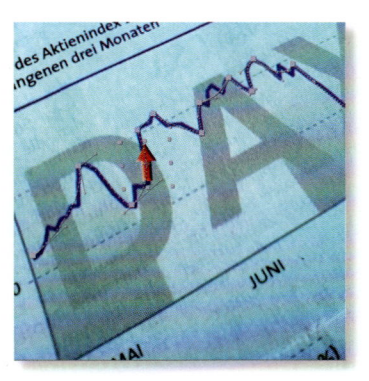

▲ **Abbildung 11.16**
Der fertige Bewegungspfad

Die schnellen Möglichkeiten, die Interpolationsmethode zu wechseln, kennen Sie bereits aus dem vorangegangenen Workshop. Eine weitere Möglichkeit will ich Ihnen nicht vorenthalten.

Über den Dialog KEYFRAME-INTERPOLATION schalten Sie Scheitelpunkte im Bewegungspfad zwischen den verschiedenen Interpolationsmethoden um. Wählen Sie dazu zuerst einen oder mehrere Scheitelpunkte bzw. Keyframes aus, und öffnen Sie dann über ANIMATION • KEYFRAME-INTERPOLATION den Dialog. Sie erhalten den Dialog schneller über das Kontextmenü oder mit [Strg]+[Alt]+[K].

Zum Ändern der räumlichen Interpolation wählen Sie unter RÄUMLICHE INTERPOLATION einen der Einträge. Mit AKTUELLE EINSTELLUNGEN behalten Sie die eingestellte Interpolationsmethode bei.

Abbildung 11.17 ▶
In der Dialogbox KEYFRAME-INTERPOLATION stellen Sie die Interpolationsmethode für Bewegungspfade (räumlich) und für den zeitlichen Verlauf ein.

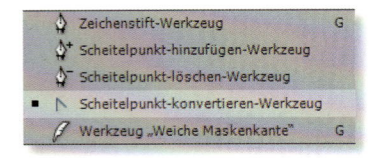

◀ **Abbildung 11.18**
Mit den Pfad-Werkzeugen fügen Sie Keyframes einem Bewegungspfad hinzu oder ändern die Interpolation der Keyframes.

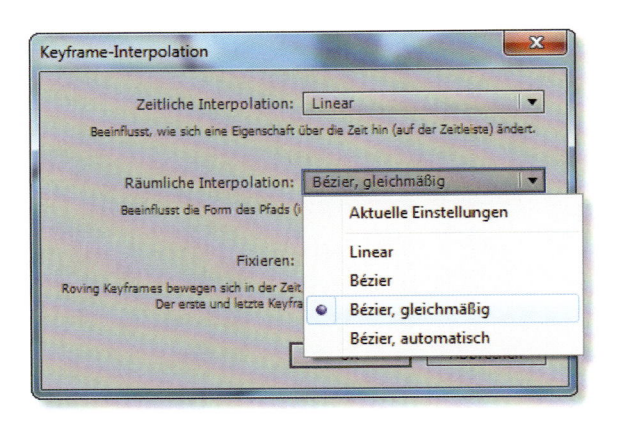

Bewegungspfad mit Pfad-Werkzeugen bearbeiten

Pfad-Werkzeuge verwenden Sie bei der Bearbeitung von Bewegungspfaden, bei Maskenpfaden (die Sie noch kennenlernen werden) und bei der Bearbeitung von Geschwindigkeitskurven. Sie finden die Pfad-Werkzeuge in der Werkzeugpalette.

Mit dem Zeichenstift-Werkzeug fügen Sie dem Bewegungspfad Punkte hinzu, indem Sie in den Pfad klicken. Das Zeichenstift-Werkzeug verwandelt sich dabei über dem Pfad in das Scheitelpunkt-hinzufügen-Werkzeug. Zum Entfernen von Punkten wählen Sie entweder das Scheitelpunkt-löschen-Werkzeug oder markieren einen Scheitelpunkt im Kompositionsfenster und drücken die Taste `Entf`. Das Scheitelpunkt-konvertieren-Werkzeug kennen Sie bereits aus dem Workshop. Sie wechseln damit bequem und schnell die Interpolationsmethode.

Voreinstellungen für Bewegungspfade

Standardmäßig sind Bewegungspfade bei der Erstellung auf die automatische Bézier-Interpolation eingestellt. Um die Voreinstellung auf LINEAR als Standard zu ändern, setzen Sie unter BEARBEITEN • VOREINSTELLUNGEN • ALLGEMEIN ein Häkchen bei STANDARD FÜR GEOMETRISCHE INTERPOLATION IST LINEAR. Günstig ist diese Einstellung, wenn Sie hauptsächlich lineare Bewegungspfade verwenden wollen.

Unter BEARBEITEN • VOREINSTELLUNGEN • ANZEIGE finden Sie Optionen für die Darstellung des Bewegungspfads. Per Klick auf einen der Auswahlpunkte wählen Sie KEIN BEWEGUNGSPFAD, um den Pfad ganz auszublenden, ALLE KEYFRAMES, um den gesamten Pfad einzublenden, oder NICHT MEHR ALS, um eine Beschränkung auf eine bestimmte Anzahl Keyframes bzw. auf eine bestimmte Zeitspanne einzurichten, die im Pfad dargestellt werden soll. Dies verbessert, wenn Sie sehr viele Keyframes haben, ein klein wenig die Übersichtlichkeit und entlastet den Arbeitsspeicher.

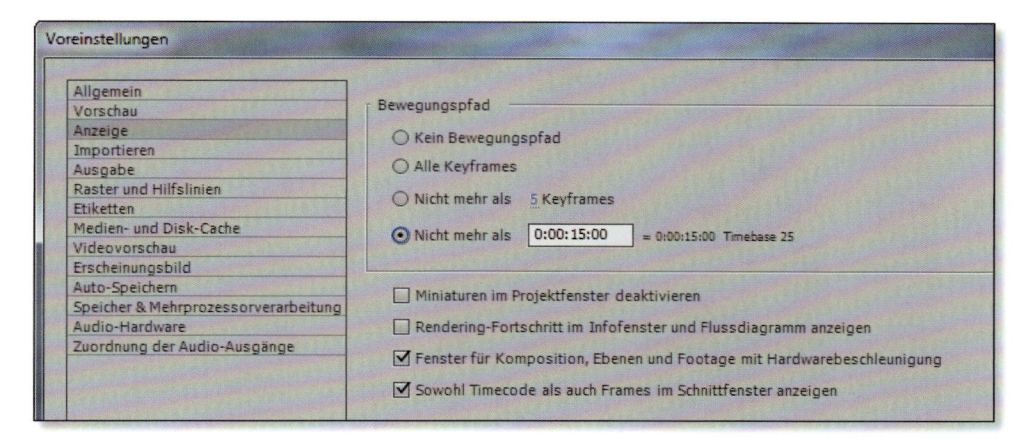

▲ **Abbildung 11.19**
Die Anzeige eines Bewegungspfads konfigurieren Sie in den Voreinstellungen.

11.3 Zeitliche Interpolation und Geschwindigkeitskurven

Der Begriff »zeitliche Interpolation« wirkt sicherlich etwas trocken. Doch jetzt kommen wir dazu, Galileo Galileis Experimente praktisch zu nutzen.

Wenn Sie die zeitlichen Interpolationsmethoden erst einmal verstanden haben, ergeben sich grundlegende und weitreichende Möglichkeiten für alle Ihre Animationen. Durch die zeitliche Interpolationsveränderung, also durch Veränderung der Geschwindigkeitskurven von animierten Eigenschaften, schaffen Sie sehr dynamisch wirkende Animationen. All dies ist mit dornigen Begriffen umwoben und erfordert etwas Geduld bei der Einübung. Versuchen wir also, das Dornröschen aus dem Schlaf zu holen.

Geschwindigkeit ist Weg durch Zeit

Sie kennen das ja noch aus der Schule: Legt ein Objekt einen gleich langen Weg in kürzerer Zeit zurück als ein anderes, hat es eine höhere Geschwindigkeit. So weit, so gut.

In After Effects wird die Geschwindigkeit grundsätzlich über den Abstand der Keyframes in der Zeitleiste geregelt. Ein kürzerer Abstand erhöht die Geschwindigkeit einer Animation, ein größerer Abstand verringert sie.

Sehr gut sichtbar ist dies am Beispiel der animierten Positionseigenschaft einer Ebene. Wie Sie schon wissen, repräsentieren

Geschwindigkeit 1

Für die folgenden Erläuterungen empfehle ich Ihnen, die Projektdatei »geschwindigkeit.aep« aus dem Ordner 11_INTERPOLATION/ZEITKURVEN zu nutzen, in der die Position einer blauen Kugel animiert wurde. Die ersten Erläuterungen werden anhand der Komposition »geschwindigkeit 1« nachvollziehbar.

die kleinen Punkte im Bewegungspfad die einzelnen (interpolierten) Frames zwischen den Keyframes. Gleichzeitig wird über den **Abstand der Pünktchen** die Geschwindigkeit der Ebene deutlich.

Weg durch Zeit | In der Zeitleiste können Sie die Geschwindigkeit durch Verändern der Abstände zwischen den Keyframes erhöhen oder verringern. Dabei sollten Sie beachten, dass ein Keyframe meist nicht allein existiert: Eine Veränderung an einem Keyframe hat eine Auswirkung auf die Animation vor und nach dem Keyframe.

Verschieben Sie einen Keyframe in der Zeitleiste nach links, erhöhen Sie die Geschwindigkeit der Animation vor dem Keyframe und verringern sie gleichzeitig nach dem Keyframe.

Beobachten Sie beim Verändern der Geschwindigkeit in der Zeitleiste die Pünktchen im Bewegungspfad! Je größer der Abstand zwischen ihnen, desto höher die Geschwindigkeit, und je kleiner der Abstand, desto mehr Frames liegen zwischen zwei Keyframes, und die Geschwindigkeit ist geringer.

Beispiel
In der Projektdatei »geschwindigkeit.aep« befindet sich die Komposition »spiralflug«. Hier wurde die Geschwindigkeit der Bewegung allein durch den zeitlichen Abstand der Keyframes zueinander geregelt.

Abbildung 11.20 ▶
Die Geschwindigkeit einer Ebene erkennen Sie am Abstand der Pünktchen im Bewegungspfad. Ist die Geschwindigkeit höher, sind die Abstände größer. Die Keyframes in der Zeitleiste und im Bewegungspfad entsprechen einander.

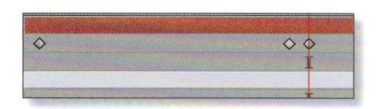

▲ Abbildung 11.21
Die Geschwindigkeit einer Animation regeln Sie durch die Abstände der Keyframes in der Zeitleiste.

Geschwindigkeit überprüfen | Im Bewegungspfad lässt sich die Geschwindigkeit, mit der sich eine Ebene von einer Position zu einer anderen bewegt, sehr leicht visuell sichtbar machen. Bei anderen animierten Eigenschaften entsteht kein Bewegungspfad, und trotzdem können Sie auch hier die Geschwindigkeit sehr gut visuell oder anhand von Zahlenwerten überprüfen.

Dazu bietet After Effects den Diagrammeditor mit der Geschwindigkeits- und der Wertekurve an. Die Namen klingen vielleicht abschreckend. Aber keine Angst, der Diagrammeditor bietet mit der Geschwindigkeitskurve wunderbare Möglichkeiten für die Beschleunigung und das Abbremsen von Animationen, denen wir uns als Nächstes widmen.

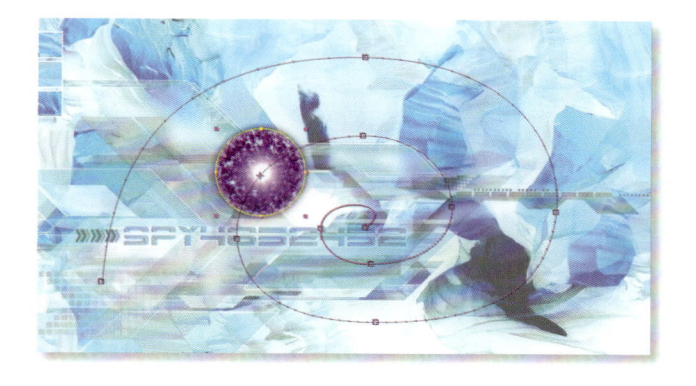

◀ **Abbildung 11.22**
Hier wurde die Geschwindigkeit allein durch den zeitlichen Abstand der Keyframes zueinander geregelt.

Die Geschwindigkeitskurve

Sobald Sie in irgendeiner Eigenschaft Keyframes gesetzt haben, können Sie die Geschwindigkeit der entstandenen Animation beschleunigen oder abbremsen.

Die Geschwindigkeitskurve gibt Ihnen eine visuelle und numerische Kontrolle über die Geschwindigkeitsänderungen Ihrer Animationen. In der Geschwindigkeitskurve wird die Geschwindigkeit in Einheiten pro Sekunde angegeben. Für die Skalierung wären das also Prozent pro Sekunde (%/s), für die Position Pixel pro Sekunde (Px/s) usw.

Diagrammeditor | Bleiben wir ruhig noch bei der animierten Positionseigenschaft. Mit einem Klick auf den Button ❶ (siehe Abbildung 11.23) öffnen Sie den DIAGRAMMEDITOR. Ist die Geschwindigkeitskurve noch nicht sichtbar, markieren Sie die Eigenschaft, die Sie bearbeiten wollen. Eventuell müssen Sie noch im Einblendmenü, das Sie über den Button ❷ erreichen, den Eintrag GESCHWINDIGKEITSKURVE BEARBEITEN wählen.

In dem Beispiel für die animierte Positionseigenschaft wird der aktuelle Geschwindigkeitswert über der Linie an der Mausposition eingeblendet. Die Kurve wird in einem Diagramm dargestellt, das die Geschwindigkeitswerte auf einer senkrechten Achse links und den zeitlichen Verlauf in Sekunden bzw. Frames auf der waagerechten Achse anzeigt.

Verschieben Sie einen Keyframe, ändern sich die Zahlenwerte und auch die Geschwindigkeitskurve. Die Geschwindigkeiten zwischen je zwei Keyframes werden in diesem Beispiel durch eine unterschiedliche Höhe der Geschwindigkeitskurven dargestellt. Die Kurven erscheinen als Linien. Das bedeutet, die Geschwindigkeit ist konstant, linear – es gibt keine Beschleunigung. Passiert die Zeitmarke einen Keyframe, ändert sich das Geschwindigkeitsniveau abrupt.

Kapitel 11 Keyframe-Interpolation

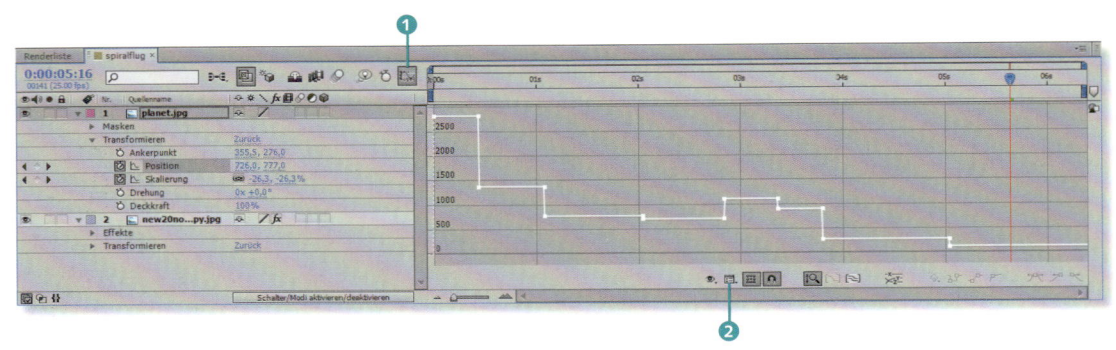

▲ Abbildung 11.23
Die Geschwindigkeitskurve zeigt Informationen zur Geschwindigkeit jeder ausgewählten Eigenschaft an. Verschiedene Geschwindigkeiten werden im Diagramm durch ein unterschiedlich hohes Geschwindigkeitsniveau dargestellt.

In der Praxis müssen Sie sich nicht allzu sehr den Kopf über die in der Geschwindigkeitskurve eingeblendeten Zahlenwerte zerbrechen. Man kann die Geschwindigkeiten meistens recht intuitiv einstellen. Merken sollten Sie sich allerdings, dass die grobe Regelung der Geschwindigkeit über den zeitlichen Abstand zwischen den Keyframes und über die Höhe der in den Keyframes gespeicherten Werte erfolgt.

Negative Werte | Enthält Ihre Animation von einem zu einem anderen Keyframe negative Werte, beispielsweise eine Drehung von 0° auf –200°, ändert sich das dargestellte Geschwindigkeitsdiagramm in einen oberen Teil für positive Werte und einen unteren Teil für negative Werte. Der Nullpunkt der Geschwindigkeit wird durch eine dickere Linie ❸ dargestellt. Sie können sich das Diagramm für negative Werte um diese Nulllinie gespiegelt vorstellen. Die Bearbeitung der Kurven ist nicht schwierig, auch wenn die Handhabung gewöhnungsbedürftig ist.

Abbildung 11.24 ▶
Positive Werte werden im Geschwindigkeitsdiagramm oberhalb und negative Werte unterhalb der Nulllinie dargestellt.

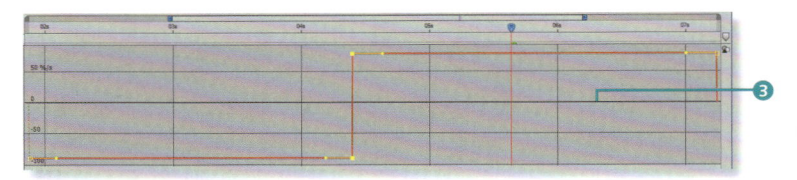

Geschwindigkeitskurven bearbeiten

Geschwindigkeitskurven können bei jeder animierten Eigenschaft verändert werden. After Effects gibt Ihnen damit ein Instrument zum Beschleunigen oder Abbremsen von Animationen an die Hand. Die standardmäßig konstante Geschwindigkeit einer Animation wird im Geschwindigkeitsdiagramm durch eine gerade Linie repräsentiert. Die Interpolationsmethode ist dabei Linear.

Griffe und Kurven | Jeder Keyframe erscheint in der Geschwindigkeitskurve als gelber Punkt. Klicken Sie einen solchen Keyframe an, wird links und rechts davon je eine Grifflinie sichtbar.

11.3 Zeitliche Interpolation und Geschwindigkeitskurven

Wenn Sie an dem rechten Griff des Keyframes ❹ ziehen und diesen verlängern oder verkürzen, hat das eine Auswirkung auf die Kurve rechts vom Keyframe, was zu einer Beschleunigung oder zum Abbremsen der Animation führt. Dieselbe Kurve wird aber auch durch den gegenüberliegenden Griff beeinflusst. Daher ist es bei der Bearbeitung günstig, immer nur zwei aufeinanderfolgende Keyframes und deren gegenüberliegende Griffe zu betrachten. Sie bearbeiten die gesamte Geschwindigkeitskurve also nacheinander von Keyframe zu Keyframe.

Durch das vertikale Ziehen stellen Sie die gewünschte Geschwindigkeit beim Erreichen oder Verlassen eines Keyframes ein. Mit der horizontalen Verlängerung oder Verkürzung der Grifflinien legen Sie die Auswirkung dieser eingestellten Geschwindigkeit auf die Frames vor bzw. nach einem Keyframe fest.

▼ **Abbildung 11.25**
Zum Verändern der zeitlichen Interpolationsmethode, also zum Beschleunigen und Abbremsen von Animationen, passen Sie Zeitkurven über Griffe an.

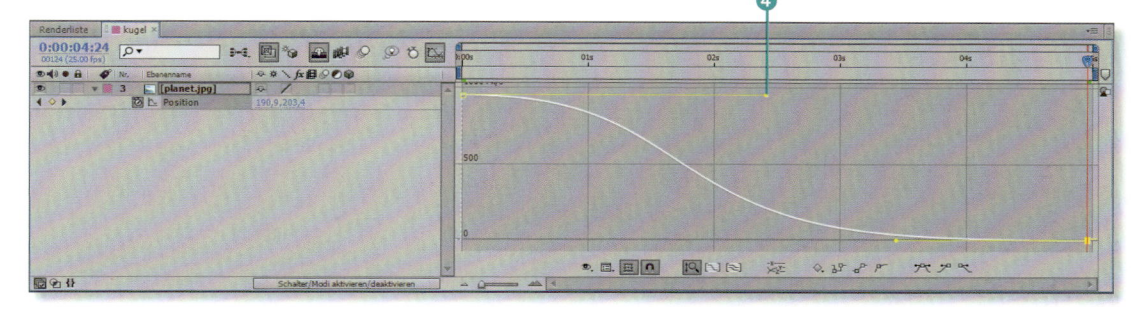

In den beiden Abbildungen 11.26 und 11.27 sehen Sie jeweils ein Beispiel für das Beschleunigen und für das Abbremsen einer Animation. Übrigens wird für die Positionseigenschaft die Beschleunigung oder das Abbremsen der Bewegung wieder punktchenweise im Kompositionsfenster dargestellt. Auch hier gilt: Je dichter die Punkte, desto langsamer die Bewegung.

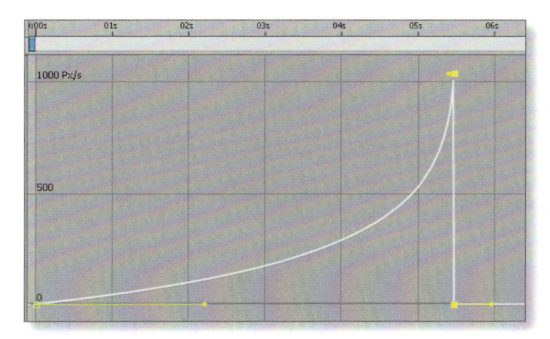

▲ **Abbildung 11.26**
Eine beschleunigte Animation wird in der Geschwindigkeitskurve ansteigend dargestellt.

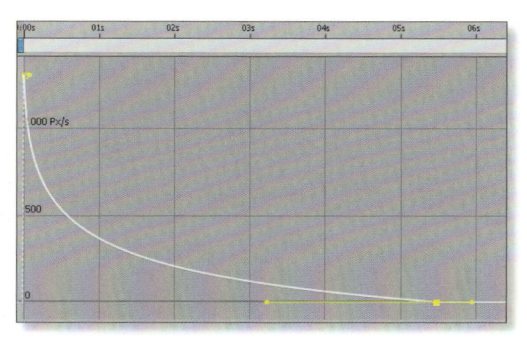

▲ **Abbildung 11.27**
Umgekehrt wird das Abbremsen als abfallende Kurve dargestellt.

Abbildung 11.28 ▶
Im Bewegungspfad ist das Beschleunigen und Abbremsen einer Bewegung am Abstand der Pünktchen nachvollziehbar.

Diagramm anpassen | Bei der Bearbeitung der Kurven sind Geduld und ein eher vorsichtiges Ziehen an den Kurven gefragt. Vermeiden Sie es vor allem, die Griffe unendlich weit nach oben zu ziehen – es werden dann sehr hohe Geschwindigkeiten eingestellt, die mit der aktuell vorhandenen Anzahl an Frames vielleicht gar nicht mehr dargestellt werden können. Da die Dimensionen des Diagramms automatisch angepasst werden, können die Kurven dann abgeflacht erscheinen und sind nur noch schwer zu bearbeiten.

▼ **Abbildung 11.29**
Das Geschwindigkeitsdiagramm wird automatisch an die aktuelle Bearbeitung Ihrer Kurven angepasst.

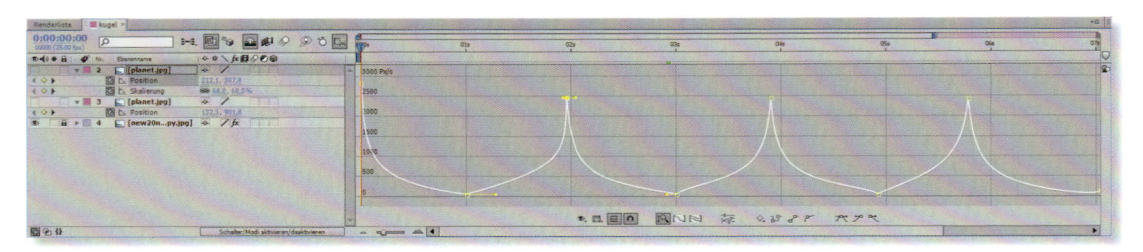

▼ **Abbildung 11.30**
Die Kurven können abgeschnitten werden, wenn Sie die Anpassung des Diagramms deaktiviert haben.

Im Geschwindigkeitsdiagramm wird die Kurve nicht angepasst, wenn Sie das Lupen-Symbol ❶ deaktivieren. Die Spitzen einer Geschwindigkeitskurve können danach abgeschnitten dargestellt werden. Dies ist besonders dann der Fall, wenn die Griffe weit nach oben gezogen wurden, wie es ir Abbildung 11.29 dargestellt ist. Aktivieren Sie das Kästchen erneut – was zu empfehlen ist –, passt sich das Diagramm wieder automatisch an.

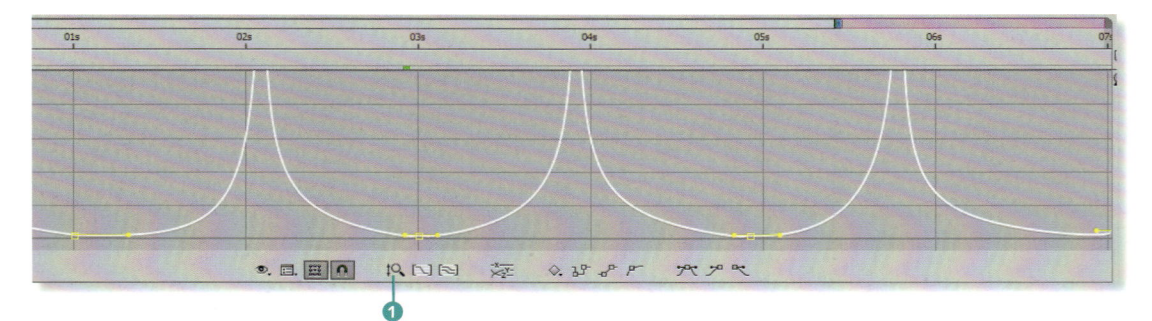

11.3 Zeitliche Interpolation und Geschwindigkeitskurven

Keyframe-Geschwindigkeit numerisch | Als Ergänzung sei noch bemerkt, dass Sie die Keyframe-Geschwindigkeit auch rein numerisch festlegen können, was manchmal hilfreich ist. Dazu markieren Sie einen Keyframe und wählen im Menü Animation • Keyframe-Geschwindigkeit. Sie gelangen auch über das Kontextmenü (rechte Maustaste) oder mit [Strg]+[⇧]+[K] dorthin.

In der sich öffnenden Dialogbox tragen Sie die Ankommende und die Ausgehende geschwindigkeit ein, also die Geschwindigkeit links vom Keyframe und rechts davon. Die Geschwindigkeit ❷ entspricht der vertikalen Position des Griffs in der Geschwindigkeitskurve. Der Einfluss ❸ entspricht der Länge des Griffs. Durch ein Häkchen in der Box Durchgehend ❹ passen Sie die ankommende Geschwindigkeit an die ausgehende Geschwindigkeit an.

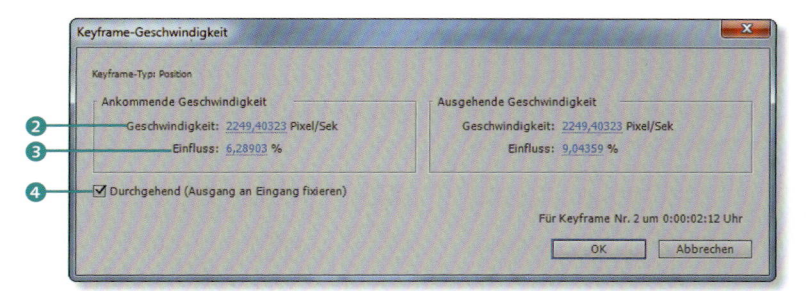

▲ **Abbildung 11.31**
Im Dialog Keyframe-Geschwindigkeit legen Sie die Geschwindigkeit an einem Keyframe und die Länge der Griffe (Einfluss) numerisch fest.

Geschwindigkeit 2

Um sich einmal eine abgebremste und eine beschleunigte Bewegung anzusehen, öffnen Sie die Komposition »geschwindigkeit 2« aus der Datei »geschwindigkeit.aep« im Ordner 11_Interpolation/Zeitkurven.

Infofenster

Im Infofenster werden die eingestellten Geschwindigkeitswerte zusätzlich zum Diagrammeditor angezeigt. Sie rufen das Infofenster mit [Strg]+[2] auf.

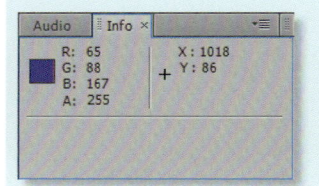

▲ **Abbildung 11.32**
Im Infofenster werden zusätzlich zum Diagrammeditor die eingestellten Geschwindigkeitswerte angezeigt.

Schritt für Schritt:
Mehr Dynamik – Geschwindigkeitskurven

Die Bearbeitung der Geschwindigkeits- und Wertekurven ist vor allem eine Übungssache. In diesem Workshop lernen Sie Schritt für Schritt eine Möglichkeit der Kurvenbearbeitung kennen.

In dem Movie »fallender_reifen« im Ordner 11_Interpolation/Dynamik wird ein Reifen beim Fallen beschleunigt, während die Geschwindigkeit beim Flug nach oben abnimmt. Importieren Sie die Datei »ReifenKomposition.psd« aus demselben Ordner. Wählen Sie im Dialog Footage interpretieren beim Import der Datei bei Importieren als den Eintrag Komposition | Ebenengrössen beibehalten. Nach dem OK erscheint die Komposition im Projektfenster. Um sie zu öffnen, klicken Sie sie doppelt an. Die Datei ist mit allen Ebenen, die Sie benötigen, angelegt

Die benötigten Dateien für den Workshop finden Sie auf der DVD unter Beispielmaterial/11_Interpolation/Dynamik

worden. Wie Sie Dateien selbst so vorbereiten, erfahren Sie im Abschnitt »Ein komplettes Layout importieren« auf Seite 118. Ändern Sie die Kompositionsdauer über KOMPOSITION • KOMPOSITIONSEINSTELLUNGEN bei DAUER auf 05:00 Sekunden.

1 Unterkomposition erstellen

Zunächst erstellen wir für den Reifen eine Unterkomposition. Dadurch können Sie den Reifen mit zwei verschiedenen Ankerpunkten versehen. Zum einen soll er sich um den Mittelpunkt drehen, zum anderen soll er, wenn er aufprallt, auf den Aufprallpunkt hin gestaucht werden. Markieren Sie die Reifen-Ebene, und wählen Sie EBENE • UNTERKOMPOSITION ERSTELLEN. Geben Sie im Dialog den Namen »Reifendrehung« ein. Bestätigen Sie dann mit OK. Klicken Sie doppelt auf das Kompositionssymbol »Reifendrehung« im Projektfenster. Setzen Sie in der darin enthaltenen Reifenebene folgende Keys für die Drehung:

Bei 00:00 = 0 × +0,0° und bei 05:00 = 6 × +0,0°. Wechseln Sie nun wieder zur Komposition »ReifenKomposition. Die Drehung ist auch darin sichtbar.

▼ **Abbildung 11.33**
In der Unterkomposition setzen Sie Keys für die Drehung.

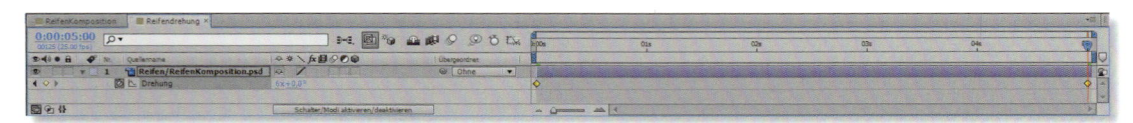

▲ **Abbildung 11.34**
Mit dem Ausschnitt-Werkzeug verschieben Sie den Ankerpunkt der Reifenebene.

2 Bewegungspfad erstellen

Schützen Sie die Ebenen »Auto« und »Hintergrund« mit dem Schloss-Symbol vor Veränderungen. Da der Reifen beim Auftreffen auf den Boden per Skalierung gestaucht werden soll, müssen Sie den Ankerpunkt wie in Abbildung 11.35 gleich zu Beginn nach unten verschieben. Klicken Sie den Ankerpunkt dazu mit dem Ausschnitt-Werkzeug an, und verschieben Sie ihn.

Abbildung 11.35 ▶
Den Ankerpunkt des Reifens positionieren Sie gleich zu Beginn.

11.3 Zeitliche Interpolation und Geschwindigkeitskurven

Blenden Sie die Positionseigenschaft der Ebene »Reifen« mit der Taste P ein, und setzen Sie bei 00:00 einen ersten Keyframe. Positionieren Sie die Reifenebene dazu außerhalb der Kompositionsansicht wie in Abbildung 11.36.

◄ **Abbildung 11.36**
Der Reifen kommt von außen ins Bild.

Weitere Positions-Keys erstellen Sie durch Verändern der Position der Reifenebene im Kompositionsfenster bei folgenden Zeitpunkten: 00:18; 01:01; 01:09; 01:17; 02:00; 02:12. Der Bewegungspfad und die Positions-Keyframes sollten denen in den Abbildungen gleichen.

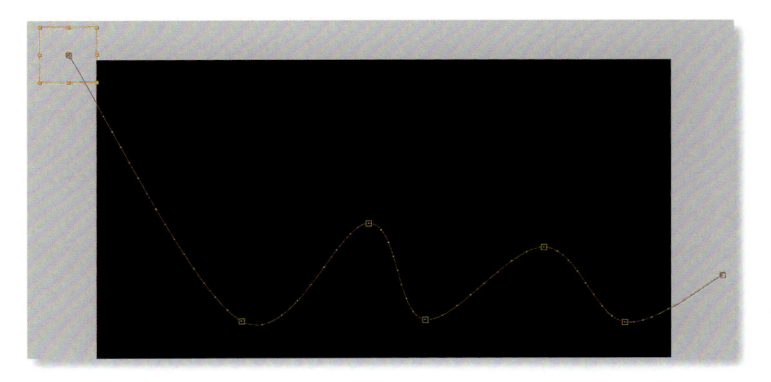

◄ **Abbildung 11.37**
Der Bewegungspfad des Reifens sollte dem hier abgebildeten ähneln.

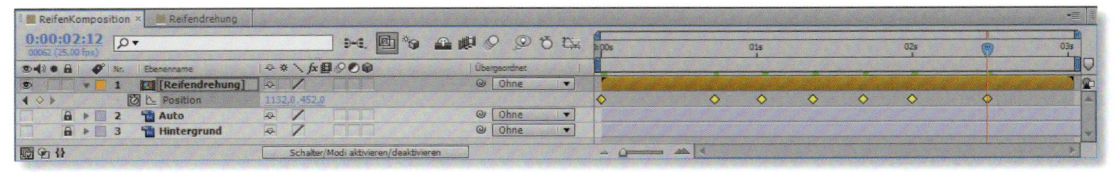

▲ **Abbildung 11.38**
Die Positions-Keyframes setzen Sie möglichst wie hier.

3 ● Bewegungspfad bearbeiten

Bevor wir die Geschwindigkeit für den Reifen verändern, widmen wir uns dem Bewegungspfad. Markieren Sie die Reifenebene, um den Bewegungspfad sichtbar zu machen. Passen Sie den Pfad so

Kapitel 11 Keyframe-Interpolation

an, dass der Reifen in einer spitzen Kurve auftrifft und in hohem Bogen davonfliegt, wie Sie in Abbildung 11.39 sehen.

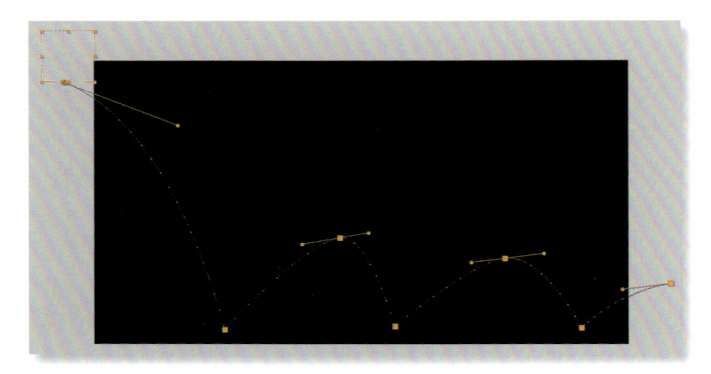

Abbildung 11.39 ▶
Verändern Sie den Bewegungspfad mit räumlicher Interpolation annähernd wie hier.

Wählen Sie zuerst im Kompositionsfenster nacheinander bei gedrückter ⇧-Taste den zweiten, vierten und sechsten Keyframe aus. Anschließend wählen Sie das Scheitelpunkt-konvertieren-Werkzeug. Sie finden es bei längerem Drücken auf das Zeichenstift-Werkzeug. Es ähnelt einem Dach. Klicken Sie damit einmal auf einen der markierten Keys. Bei mehrmaligem Klicken wechseln Sie zwischen Eck- und Kurvenpunkt hin und her.

Bearbeiten Sie danach den Bewegungspfad für die restlichen Keyframes mit dem Auswahl-Werkzeug (V), indem Sie je einen Keyframe markieren und dann an den Griffen ziehen. Biegen Sie den Pfad damit, wobei Sie sich an Abbildung 11.39 orientieren.

Der Reifen bewegt sich noch ohne zeitliche Interpolationsveränderung durch das Bild. Das werden wir gründlich ändern.

4 Geschwindigkeitskurve bearbeiten

Öffnen Sie den Diagrammeditor per Klick auf das Symbol ❶. Wenn Sie die Positionseigenschaft der Reifenebene markieren, sollte die Geschwindigkeitskurve angezeigt werden. Falls nicht, wählen Sie über den Button ❷ den Eintrag GESCHWINDIGKEITSKURVE BEARBEITEN aus dem Einblendmenü.

▼ **Abbildung 11.40**
Das Geschwindigkeitsdiagramm zeigt für den Reifen noch lineare Geschwindigkeitsstufen an.

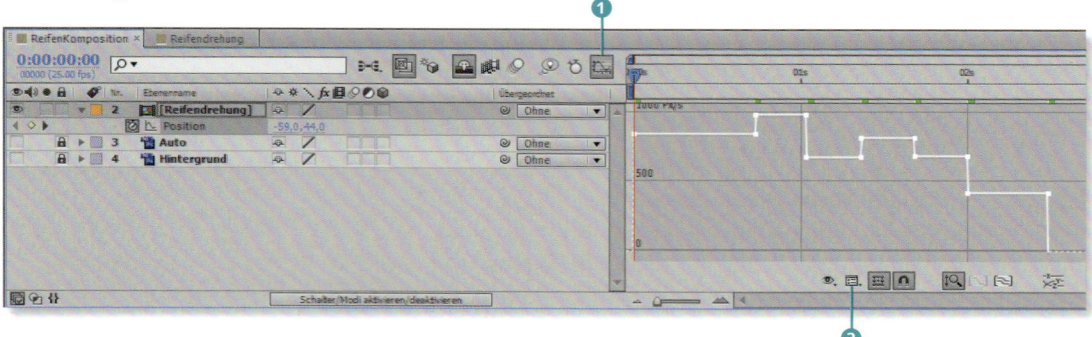

11.3 Zeitliche Interpolation und Geschwindigkeitskurven

Bevor Sie etwas verändern, sollten Sie überlegen, was überhaupt mit dem Reifen geschehen soll. Wie gesagt fand schon Galileo Galilei heraus, dass fallende Körper sich nicht mit konstanter Geschwindigkeit bewegen, sondern beschleunigt werden. So auch unser Reifen.

Für eine Beschleunigung der Bewegung vom ersten zum zweiten Keyframe müssen Sie die Geschwindigkeitskurve also ansteigend einstellen. Markieren Sie dazu den ersten Key, und ziehen Sie den Griff ❹ nach unten auf die Nulllinie. Anschließend verlängern Sie den Griff durch Ziehen nach rechts. Den gegenüberliegenden Griff am zweiten Key ❸ ziehen Sie bis zur Spitze der Kurve und verkürzen ihn etwas. Vergleichen Sie dies mit Abbildung 11.41.

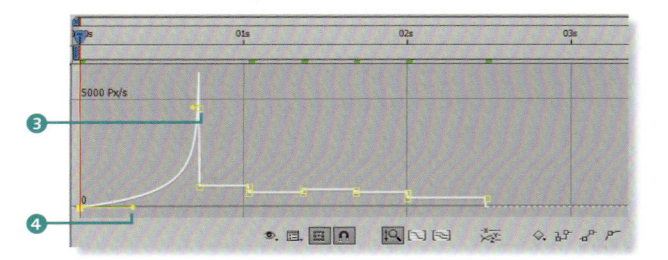

◄ **Abbildung 11.41**
Die zeitliche Interpolation verändern Sie durch Ziehen an den Griffen eines Keyframes.

Das Geschwindigkeitsdiagramm wird bei der Bearbeitung angepasst, und die Keyframes in der Ebenenansicht verändern ihre Form. Zwischen dem zweiten und dem dritten Key beginnt die Reifenbewegung bereits mit einer hohen Geschwindigkeit. Beim »Flug nach oben« wird die Bewegung etwas abgebremst. Ziehen Sie dazu den Griff rechts vom zweiten Key ❺ an die Spitze der Kurve, und verkürzen Sie ihn ein wenig. Den Griff ❻ links vom dritten Key ziehen Sie bis kurz oberhalb der Nulllinie und verlängern ihn etwas, bis die Kurve der Abbildung ähnelt. Falls der Griff immer auf die Nulllinie springt, verhindern Sie das, indem Sie das Magnet-Symbol ❼ deaktivieren.

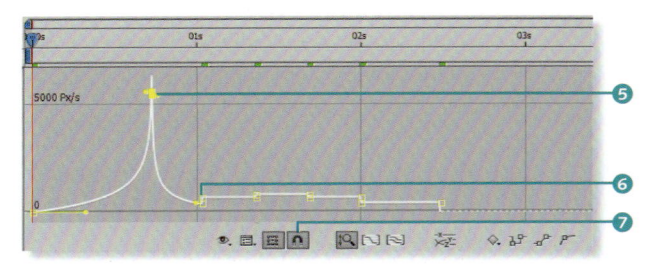

◄ **Abbildung 11.42**
Für die Bewegung nach oben wird die Geschwindigkeit abgebremst. Die Geschwindigkeitskurve ist abfallend.

Für die folgenden Keys wiederholt sich die Bearbeitung der Kurve. Beginnen Sie wieder wie beim ersten Key, und fahren Sie

Kapitel 11 Keyframe-Interpolation

Griffe verbinden

Sie können die Griffe außerdem verbinden, indem Sie die entsprechenden Keyframes markieren und im Dialog KEYFRAME-INTERPOLATION unter ZEITLICHE INTERPOLATION den Eintrag BÉZIER, GLEICHMÄSSIG wählen.

fort wie beim zweiten. Immer wenn der Reifen nach unten fällt, beschleunigen Sie die Bewegung, ansonsten bremsen Sie sie ab.

Empfehlen möchte ich noch Folgendes: **Verbinden** Sie die Griffe links und rechts von jedem Keyframe, indem Sie mit der Alt -Taste so oft auf einen Key klicken, bis die Griffe verbunden sind. Arbeiten Sie danach weiter mit dem Auswahl-Werkzeug. Sie können die Griffe nun gemeinsam nach oben oder unten ziehen. Passen Sie auf, dass Sie nicht den Keyframe selbst erwischen und verschieben, sondern nur seine Griffe, denn sonst verändern Sie sein zeitliches Erscheinen. Zur Bearbeitung der Kurven empfiehlt es sich, immer nur zwei gegenüberliegende Griffe vorsichtig zu verlängern oder zu verkürzen. Nach der Bearbeitung sollte Ihre Kurve derjenigen aus Abbildung 11.43 ähneln. Ist Ihnen die Bearbeitung nicht auf Anhieb gelungen, verzweifeln Sie nicht. Es geht vielen ähnlich. Dagegen hilft nur Üben. Und es lohnt sich!

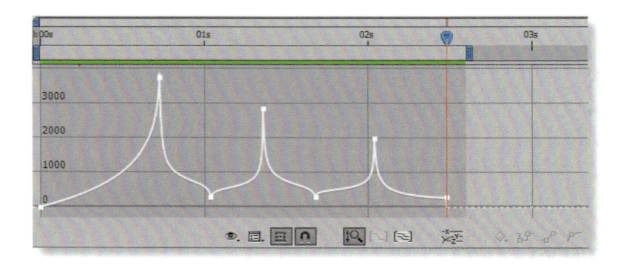

Abbildung 11.43 ▶
Die fertig bearbeitete Geschwindigkeitskurve für den animierten Reifen

5 Skalierung bearbeiten

Zu guter Letzt wird der Reifen noch bei jeder Bodenberührung gestaucht. Dafür sind drei Keys nötig, die wir mehrfach einsetzen. Schließen Sie den Diagrammeditor, und wechseln Sie zur Ebenenansicht. Blenden Sie zusätzlich zur Positionseigenschaft die Skalierung mit ⇧+ S ein.

Ziehen Sie die Zeitmarke kurz vor den zweiten Positions-Key, also kurz bevor der Reifen auftrifft. Setzen Sie dort den ersten Key für die Skalierung. Ziehen Sie dann die Zeitmarke möglichst genau synchron auf den zweiten Positions-Key. Entfernen Sie per Klick das Verketten-Symbol ❶ bei der Eigenschaft SKALIERUNG, um unproportional zu skalieren.

▼ Abbildung 11.44
Für die Skalierung setzen Sie zuerst drei Keyframes.

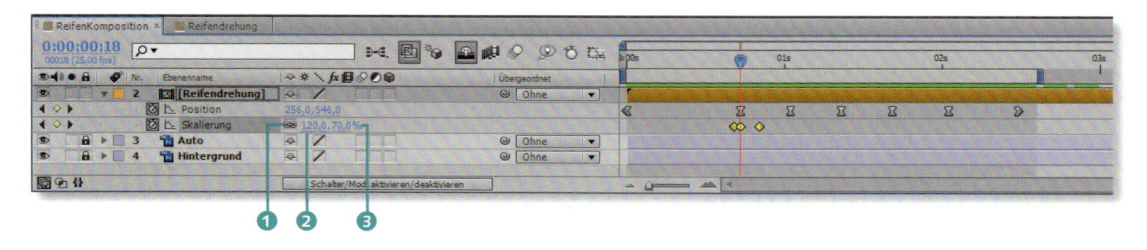

11.3 Zeitliche Interpolation und Geschwindigkeitskurven

Tragen Sie in den Wertefeldern ❷ und ❸ die Werte »120« und »70« ein, damit der Reifen gestaucht erscheint. Gehen Sie mit der Taste ⌈Bild↓⌉ drei Frames vorwärts, kopieren Sie den ersten Skalierungs-Key mit ⌈Strg⌉+⌈C⌉, und fügen Sie ihn mit ⌈Strg⌉+⌈V⌉ ein. Für die weiteren Skalierungs-Keys markieren Sie die drei bereits gesetzten Keys und fügen sie jeweils kurz vor dem vierten und sechsten Positions-Key ein.

◀ **Abbildung 11.45**
Nach dem Kopieren und Einsetzen der Skalierungs-Keyframes

Sie haben es geschafft! Jetzt können Sie die Geschwindigkeitskurven auch für andere Animationen einsetzen.

◀ **Abbildung 11.46**
Die fertige Animation

Per Transformationsfeld Geschwindigkeit erhöhen

Wenn Sie die Geschwindigkeit einer Animation erhöhen oder verringern wollen, können Sie im Diagrammeditor das Transformationsfeld nutzen.

Um es im Diagrammeditor zu aktivieren, drücken Sie die ⌈Alt⌉-Taste und klicken auf ein Segment zwischen zwei Keys in der Geschwindigkeits- oder Wertekurve. Alle Keys werden ausgewählt, und es erscheint das **Transformationsfeld**. Klicken Sie den Rahmen am rechten Rand an, und schieben Sie dann alle Keys für eine Beschleunigung zusammen bzw. auseinander für eine Verlangsamung. Eventuell müssen Sie danach Ihre Zeitkurve leicht nachbearbeiten.

Das Transformationsfeld erscheint auch, indem Sie einen Rahmen über den Keys aufziehen oder mit dem Auswahl-Werkzeug auf die Kurve zwischen zwei Keys klicken.

Beispiele

Im Ordner 11_Interpolation/Keyframeassistenten finden Sie die Projektdatei »assistenten.aep«, die mehrere Beispiele für die im Text erläuterten Assistenten enthält.

Abbildung 11.47 ►
Klicken Sie bei gedrückter Alt-Taste auf ein Kurven-Segment zwischen zwei Keyframes, um das Transformationsfeld für alle Keyframes einzublenden.

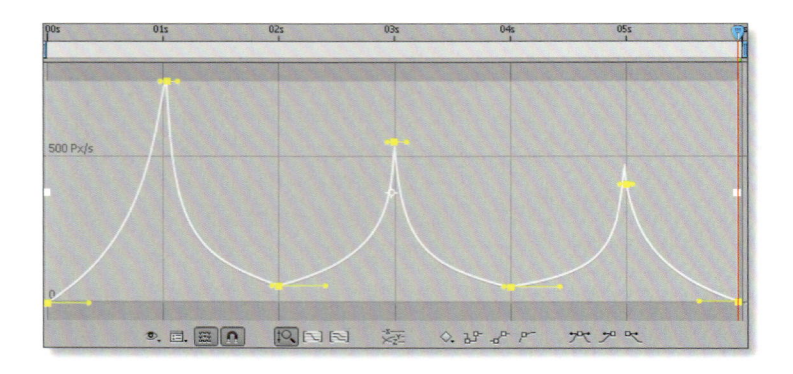

Assistenten für Keyframe-Geschwindigkeit

Die einigermaßen mühevolle Bearbeitung der Zeitkurven lässt sich in manchen Fällen umgehen. After Effects bietet zur automatischen Berechnung der Geschwindigkeitskurven mehrere Assistenten. Die Helfer bei der Erstellung weicher Übergänge bei Animationen heißen EASY EASE, EASY EASE IN und EASY EASE OUT.

Sie können die Assistenten sowohl in der Ebenenansicht als auch im Diagrammeditor auf ausgewählte Keyframes anwenden. Markieren Sie einen oder mehrere Keyframes, und rufen Sie dann ANIMATION • KEYFRAME-ASSISTENT auf. Wählen Sie einen der Easy-Ease-Assistenten. Sie finden das Menü auch als Kontextmenü. Im Diagrammeditor können Sie außerdem einen der drei Buttons aus Abbildung 11.48 verwenden.

▲ **Abbildung 11.48**
Die Buttons EASY EASE, EASY EASE IN und EASY EASE OUT

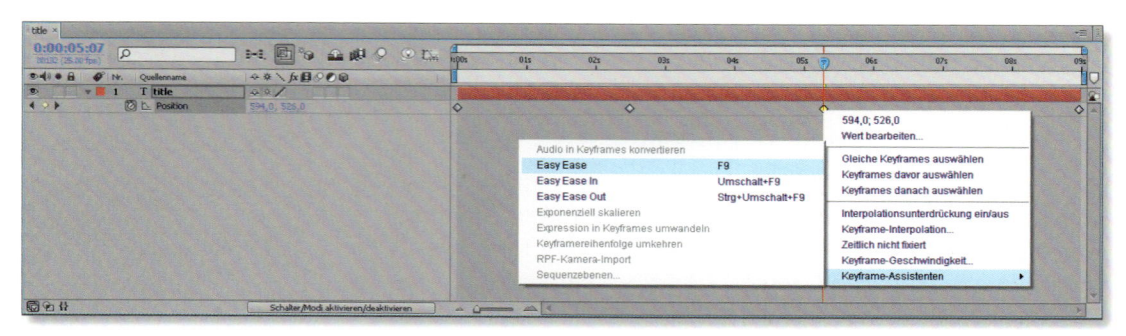

▲ **Abbildung 11.49**
Die Keyframe-Assistenten erreichen Sie auch über das Kontextmenü.

Easy Ease | Der Assistent EASY EASE sorgt für weiche Änderungen in einer animierten Eigenschaft. Die Geschwindigkeit wird an jedem Keyframe auf null verringert, und die Griffe sind zu beiden Seiten gleich lang. Die Auswirkung zu beiden Seiten ist somit gleich. Das Resultat ist eine zum Keyframe hin abgebremste Bewegung und eine vom Keyframe ausgehende beschleunigte Bewegung, wie Abbildung 11.50 veranschaulicht.

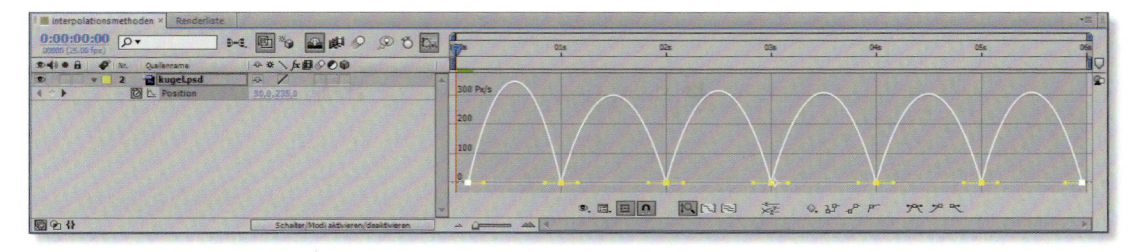

11.3 Zeitliche Interpolation und Geschwindigkeitskurven

▲ **Abbildung 11.50**
Der Keyframe-Assistent EASY EASE sorgt für weiche Änderungen zwischen zwei Keyframes.

Easy Ease In | Der Assistent EASY EASE IN verringert nur die Eingangsgeschwindigkeit an einem Keyframe auf null und bremst somit die Bewegung zum Keyframe hin ab.

Easy Ease Out | Der Assistent EASY EASE OUT macht genau das Umgekehrte von EASY EASE IN und beschleunigt die Bewegung nach dem Keyframe.

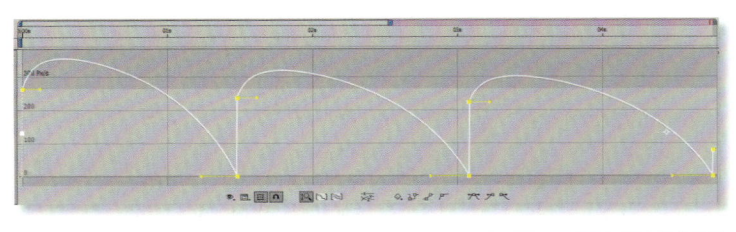

◀ **Abbildung 11.51**
Der Assistent EASY EASE IN verringert die Eingangsgeschwindigkeit an einem Keyframe.

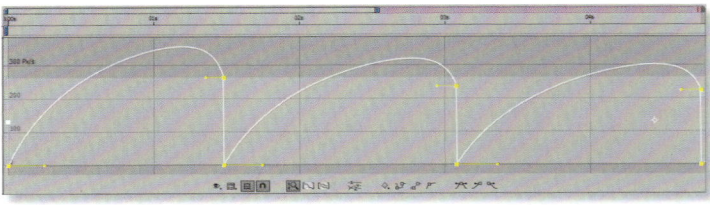

◀ **Abbildung 11.52**
Der Assistent EASY EASE OUT beschleunigt die Bewegung nach einem Keyframe.

Methoden der zeitlichen Interpolation

Sobald eine zeitliche Interpolation auf einen Keyframe angewandt wurde, verändert dieser sein Aussehen in der Ebenenansicht. In Abbildung 11.53 sind Keyframes dargestellt, auf die verschiedene Interpolationsmethoden angewandt wurden.

Lineare Interpolation | Die lineare Interpolation wurde für den Keyframe ❶ beibehalten. Die Kurve ist als Linie dargestellt und symbolisiert den konstanten zeitlichen Verlauf der Animation.

Bézier-Interpolation | Für den Keyframe ❷ ist die Kurve links vom Keyframe auf lineare Interpolation gestellt. Die Kurve rechts davon wurde durch Bézier-Interpolation verändert und ist als Beschleunigung (ansteigend) zu lesen. Die Griffe links und rechts

Weitere Beispiele

In der Datei »Fallender-Reifen.aep« im Ordner 11_INTERPOLATION/DYNAMIK befinden sich noch ein paar Kompositionen mit ganz einfachen weiteren Beispielen für zeitliche Interpolationen von animierten Eigenschaften. Probieren Sie am besten selbst einmal ähnliche Animationen aus.

301

vom Keyframe sind voneinander unabhängig, sowohl was die Geschwindigkeitseinstellung angeht als auch was die Länge der Griffe, also die eingestellte Auswirkung dieser Geschwindigkeit, betrifft (siehe Abbildung 11.55).

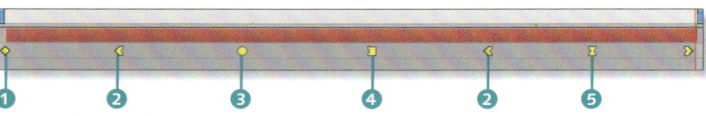

▲ Abbildung 11.53
Verschiedene zeitliche Interpolationsmethoden sind in der Ebenenansicht an der Form der Keyframes erkennbar: Linear ❶, Bézier-Interpolation ❷, automatische Bézier-Interpolation ❸, Interpolationsunterdrückung ❹, gleichmäßige Bézier-Interpolation ❺.

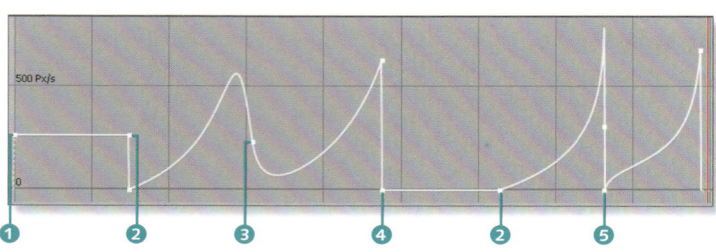

Abbildung 11.54 ▶
So kann das Geschwindigkeitsdiagramm bei verschiedenen Interpolationsmethoden aussehen.

Automatische Bézier-Interpolation | Die automatische Bézier-Interpolation wird mit einem kreisförmigen Keyframe ❸ symbolisiert. Die eingehende Kurve links und die ausgehende Kurve rechts vom Keyframe werden in einem weichen Übergang aneinander angeglichen. Die Griffe sind wie in Abbildung 11.56 auf beiden Seiten gleich lang und miteinander verbunden. Sobald Sie daran ziehen, wandelt sich die Interpolationsmethode in die gleichmäßige Bézier-Interpolation um.

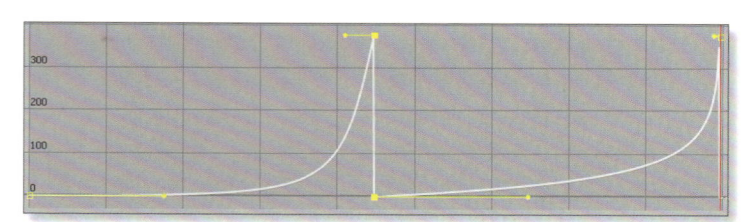

Abbildung 11.55 ▶
Bei der reinen Bézier-Interpolation sind die Griffe voneinander unabhängig veränderbar.

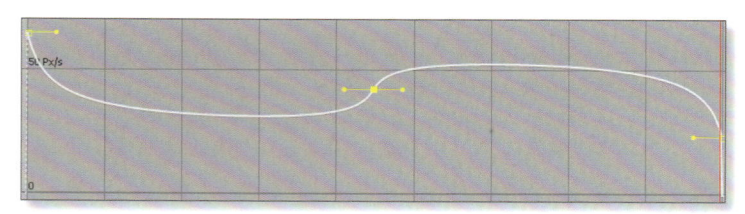

Abbildung 11.56 ▶
Die automatische Bézier-Interpolation verwendet Griffe, die auf beiden Seiten gleich lang und miteinander verbunden sind. Die Auswirkung zu beiden Seiten ist gleich.

Interpolationsunterdrückung | Die Interpolationsunterdrückung ist beim nächsten Keyframe ❹ zu finden (siehe Abbildung 11.53).

Die Werte nach dem Keyframe werden nicht mehr interpoliert, bis die Zeitmarke auf einen neuen Keyframe trifft, sprich, es findet keine Animation statt. Veränderungen werden dann erst beim nächsten Keyframe schlagartig angezeigt.

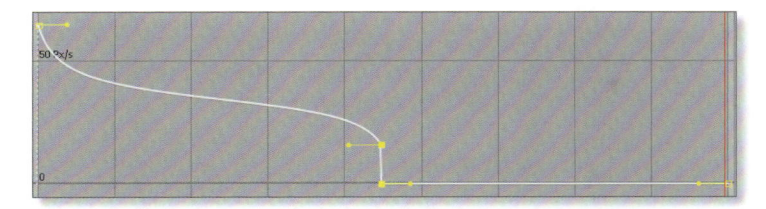

◀ **Abbildung 11.57**
Bei der Interpolationsunterdrückung wird die Kurve auf der Nulllinie dargestellt.

Gleichmäßige Bézier-Interpolation | Die gleichmäßige Bézier-Interpolation wurde für den Keyframe ❺ und den letzten Keyframe verwendet (siehe Abbildung 11.53). Hier sind die beiden Griffe wie in Abbildung 11.58 miteinander verbunden, können aber unterschiedlich lang gezogen werden, um die Auswirkung der Geschwindigkeit zu beiden Seiten des Keyframes verschieden einzustellen.

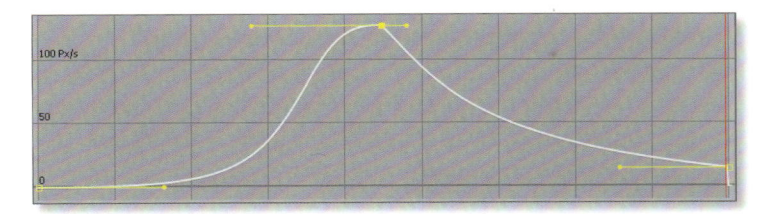

◀ **Abbildung 11.58**
Bei der gleichmäßigen Bézier-Interpolation sind die Griffe miteinander verbunden, die Auswirkung können Sie aber unterschiedlich einstellen.

Zeitliche Interpolationsmethoden einstellen

Wie bereits erwähnt, besteht die einfachste und schnellste Methode, eine konstante Bewegung in eine beschleunigte oder abgebremste zu ändern, darin, an den Griffen der Geschwindigkeitskurve einer animierten Eigenschaft zu ziehen. Nicht selten muss die Interpolationsmethode jedoch geändert werden. Sie haben dafür die vier folgenden Möglichkeiten. Für alle vier müssen Sie zuvor einen oder mehrere Keyframes markiert haben.

Dialogbox Keyframe-Interpolation | Zum Ändern der Interpolation rufen Sie im Menü ANIMATION • KEYFRAME-INTERPOLATION auf oder drücken Strg+Alt+K, wenn ein Key in der Ebenenansicht oder im Diagrammeditor markiert ist. In der sich öffnenden Dialogbox KEYFRAME-INTERPOLATION wählen Sie unter ZEITLICHE INTERPOLATION eine Interpolationsmethode und bestätigen Ihre Auswahl mit OK.

Kapitel 11 Keyframe-Interpolation

Abbildung 11.59 ▶
In der Dialogbox zur Keyframe-Interpolation ändern Sie die zeitliche Interpolationsmethode eines Keyframes.

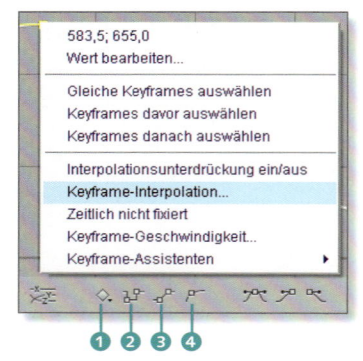

▲ **Abbildung 11.60**
Im Diagrammeditor können Sie die Interpolationsmethode schnell über ein paar Buttons wechseln.

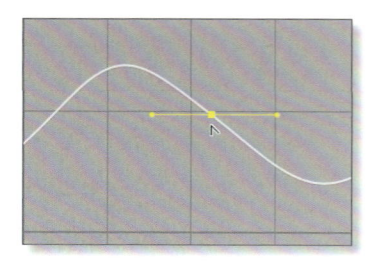

▲ **Abbildung 11.61**
Sie ändern einfach und schnell die Interpolationsmethode, indem Sie bei gedrückter ⎇-Taste im Diagrammeditor auf einen Keyframe klicken.

Die Dialogbox erhalten Sie im Übrigen auch per Klick mit der rechten Maustaste auf einen markierten Keyframe oder über das Keyframe-Symbol ❶ im Diagrammeditor.

Buttons im Diagrammeditor | Eine schnelle Änderungsmöglichkeit für die Interpolationsmethode bietet der Diagrammeditor mit den Buttons IN HOLD KONVERTIEREN ❷, IN LINEAR KONVERTIEREN ❸ und IN AUTO-BÉZIER KONVERTIEREN ❹. Der erste Button dient dazu, Interpolationsunterdrückung einzustellen. Sie können dazu aber auch einen oder mehrere Keyframes mit der rechten Maustaste anklicken und aus dem Kontextmenü den Eintrag INTERPOLATIONSUNTERDRÜCKUNG EIN/AUS wählen.

Tastatur im Diagrammeditor | Einen schnellen Wechsel der Interpolation erreichen Sie im Diagrammeditor, indem Sie bei gedrückter ⎇-Taste und aktivem Auswahl-Werkzeug abwechselnd direkt einen Keyframe anklicken. Es wird zwischen linearer Interpolation und automatischer Bézier-Interpolation gewechselt. Sind mehrere Keyframes ausgewählt, ändert sich die Interpolation für alle diese Keyframes.

Wenn die lineare Interpolation gewählt ist, müssen Sie nur an einem der Griffe ziehen, und schon haben Sie eine reine Bézier-Interpolation.

Tastatur in der Ebenenansicht | In der Ebenenansicht wechseln Sie sehr schnell zwischen linearer und automatischer Bézier-Interpolation, wenn Sie bei gedrückter Strg-Taste auf einen oder mehrere Keyframes klicken.

Die Wertekurve

In der Wertekurve des Diagrammeditors werden die Werte der Eigenschaften grafisch dargestellt. Sie können damit arbeiten, um Keyframes zu setzen, Werte zu ändern und präzise Animationen zu erstellen.

11.3 Zeitliche Interpolation und Geschwindigkeitskurven

Um die Wertekurve für eine Eigenschaft anzuzeigen, blenden Sie zuerst über den gleichnamigen Button den Diagrammeditor ein und markieren dann die entsprechende Eigenschaft. Gegebenenfalls müssen Sie noch über den Button ❺ den Eintrag WERTE-KURVE BEARBEITEN aus dem Einblendmenü wählen.

In der Wertekurve werden x-Werte rot, y-Werte grün und z-Werte bei 3D-Ebenen blau dargestellt. Die Wertekurve gibt Ihnen so eine hervorragende visuelle Kontrolle über den Wert von Keyframes zu verschiedenen Zeitpunkten sowie die Möglichkeit, die Werte an Keyframes zu verändern.

Abbildung 11.62 zeigt die Wertekurven für die Eigenschaft DREHUNG und für die Eigenschaft SKALIERUNG. Während Sie bei der Drehung nur eine Kurve sehen, wird die Skalierung mit zwei Wertekurven dargestellt: eine für die Breite ❻ und eine für die Höhe ❼. Sichtbar ist das nur bei unterschiedlichen Skalierungswerten für Breite und Höhe. Für die Skalierung kann eine dritte Kurve hinzukommen, wenn die Ebene eine 3D-Ebene ist. Die Geschwindigkeitskurve wird für Breite und Höhe ebenfalls gedoppelt.

Einfluss der Werte auf die Geschwindigkeit

Ändern Sie die Werte an ihren Keyframes, beeinflussen Sie auch den Geschwindigkeitsverlauf ihrer Animationen. Dies hängt damit zusammen, dass ein kleiner Unterschied zwischen zwei Keyframe-Werten eine langsamere Animation bewirkt als bei sehr unterschiedlichen Werten.

Haben Sie beispielsweise für eine Ebene zehn Umdrehungen innerhalb von 10 Sekunden festgelegt und für eine zweite Ebene nur eine Umdrehung in 10 Sekunden, ergibt sich für die zweite Ebene eine geringere Drehgeschwindigkeit.

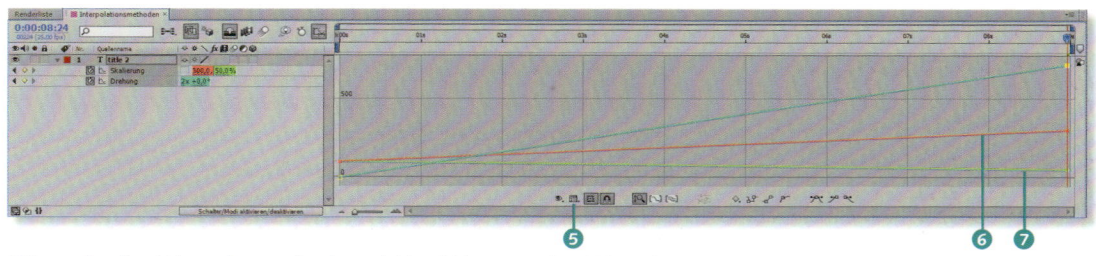

▲ **Abbildung 11.62**
Einige Eigenschaften haben eine Wertedimension von 2 oder 3. Die Skalierung hat hier die Dimension 2 – je ein Wert für Breite und Höhe.

Werte in der Wertekurve ändern | Um Werte in der Wertekurve zu ändern, klicken Sie auf einen Keyframe ❾ und ziehen ihn nach oben (für höhere Werte) oder nach unten (für verringerte Werte). Im Diagrammeditor und im Infofenster, die Sie mit [Strg]+[2] einblenden, werden die Werte dabei angezeigt.

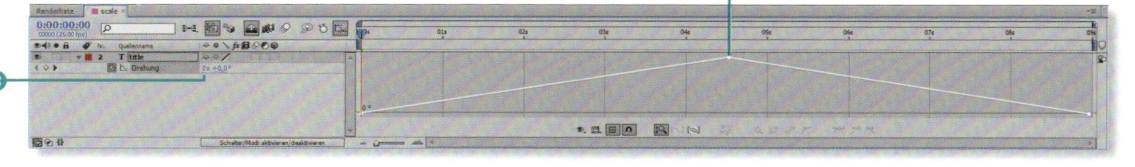

▲ **Abbildung 11.63**
Die Wertedimension der Eigenschaft DREHUNG ist 1. Daher wird auch nur eine Kurve für diesen Wert dargestellt.

Sie können Werte auch auf herkömmlichem Wege wie in der Ebenenansicht ändern. Dazu verändern Sie die Werte durch Ziehen im Wertefeld ❽ oder tippen dort den gewünschten Wert ein. Außerdem können Sie ebenso wie in der Ebenenansicht direkt auf einen Keyframe doppelklicken, um das Werte-Dialogfeld einzublenden. Dort tragen Sie neue Werte ein und bestätigen mit OK.

Kapitel 11 Keyframe-Interpolation

▲ Abbildung 11.64
Klicken Sie einen Keyframe doppelt an, erscheint das Werte-Dialogfeld. Dort können Sie neue Werte eintragen.

Keyframes per Pfad-Werkzeug hinzufügen

Der Wertekurve können Sie mit dem Pfad-Werkzeug Keyframes hinzufügen. Klicken Sie dazu mit dem Pfad-Werkzeug in die Wertekurve, um den dort angezeigten Wert in einem Keyframe zu »speichern«.

Geschwindigkeit 3

Zum Bearbeiten von Wertekurven können Sie die Dateien in der Komposition »geschwindigkeit 3« aus dem Projekt »geschwindigkeit.aep« im Ordner 11_Interpolation/ Zeitkurven verwenden.

Die benötigten Dateien für diesen Workshop finden Sie auf der DVD unter Beispielmaterial/ 11_Interpolation/Pfade_Keyframes

Keyframes in der Wertekurve setzen | Positionieren Sie die Zeitmarke neben einem oder zwischen zwei Keyframes und ändern Sie dann den Eigenschaftswert im Wertefeld oder im Kompositionsfenster (z. B. Ändern der Position), entsteht ein neuer Keyframe, ganz so wie in der Ebenenansicht. Auch beim Kopieren, Einfügen und Löschen von Keyframes gibt es keinen Unterschied.

11.4 Pfade als Key-Generator

In After Effects können Vektorpfade, die in anderen Programmen zum Zeichnen von Linien, Konturen und Formen dienen, als Bewegungspfade verwendet werden. Dazu fügen Sie einen Pfad, den Sie beispielsweise in Illustrator, Photoshop oder auch in After Effects erstellt haben, in Eigenschaften ein, die über Positionskoordinaten verfügen. Eigenschaften mit Positionskoordinaten sind beispielsweise Position und Ankerpunkt, aber auch manche Eigenschaften von Effekten. Einige Effekte mit Positionskoordinaten werden ich noch in Teil VIII, »Fortgeschrittene Funktionen«, besprechen. Ein eingefügter Pfad erscheint in der entsprechenden Eigenschaft als Reihe von Keyframes, wie Sie anschließend noch sehen werden.

Das Einfügen von Pfaden in After Effects ist besonders dann zu empfehlen, wenn Sie komplizierte Bewegungspfade erstellen wollen, die besser mit den Zeichenwerkzeugen von Illustrator zu kreieren sind.

Außerdem ist es möglich, einfache in After Effects erstellte Maskenpfade ebenso in Eigenschaften mit Positionskoordinaten einzufügen. Doch dies werde ich ausführlich im Abschnitt »Maskenpfad versus Bewegungspfad« auf Seite 510 erläutern.

Pfade aus Illustrator und Photoshop

Es ist nicht schwer, einen Pfad aus Illustrator oder Photoshop für After Effects zu verwenden. Der Weg ist bei beiden Anwendungen der gleiche.

Schritt für Schritt:
Pfade erstellen und einfügen

Das Arbeiten mit Pfaden ist eine oftmals lohnende Angelegenheit. Die folgende Beschreibung zeigt, wie ein Illustrator-Pfad in After Effects eingesetzt werden kann.

11.4 Pfade als Key-Generator

1 **Pfade erstellen in Illustrator/Photoshop**
In Illustrator markieren Sie alle Punkte eines dort erstellten Pfads mit dem Auswahl-Werkzeug (V) und wählen dann BEARBEITEN • KOPIEREN oder Strg+C. In Photoshop wählen Sie das Pfad-Auswahl-Werkzeug (A), um alle Punkte eines Pfads zu markieren. Wechseln Sie dann zu After Effects.

▲ Abbildung 11.65
Einen Pfad aus Adobe Illustrator können Sie kopieren und in After Effects verwenden.

2 **Pfad einfügen**
Zum Einfügen des Pfads in After Effects ist eines notwendig: Sie müssen die Eigenschaft, in die der Pfad eingefügt wird, markieren und nicht nur die Ebene. Markieren Sie nur die Ebene, erhalten Sie einen Maskenpfad. Das ist sicher auch schön und nützlich, aber erst im Maskenkapitel ein Thema.

◀ Abbildung 11.66
Zum Einfügen eines Adobe-Illustrator-Pfads in die Positionseigenschaft müssen Sie diese zuvor markieren.

3 **Bewegungspfad erzeugen**
Um einen Bewegungspfad aus dem Illustrator-Pfad zu erzeugen, markieren Sie die Eigenschaft POSITION einer Ebene in der Zeitleiste und wählen dann BEARBEITEN • EINFÜGEN oder drücken Strg+V. Jedem Punkt aus dem Illustrator-Pfad ist ein Keyframe in der Zeitleiste bzw. ein Scheitelpunkt im Kompositionsfenster zugeordnet. Pfade können auch in andere Eigenschaften, die mit Positionswerten arbeiten, eingefügt werden, beispielsweise in einigen Effekteigenschaften wie beim Effekt BLENDENFLECKE. Wenn es nicht funktioniert hat, hilft es manchmal auch, den Pfad in Illustrator auszuwählen und zuerst OBJEKT • ZUSAMMENGESETZTER PFAD • ERSTELLEN zu wählen und dann zu kopieren.

Illustrator-Voreinstellung
Damit das Kopieren und Einfügen von Pfaden aus Illustrator nicht schiefgeht, müssen Sie in Illustrator folgende Voreinstellung treffen: Unter BEARBEITEN • VOREINSTELLUNGEN wählen Sie bei DATEIEN VERARBEITEN UND ZWISCHENABLAGE die Option AICB und PFADE BEIBEHALTEN.

▲ Abbildung 11.67
Ein eingefügter Pfad wird in der Zeitleiste mit zeitlich nicht fixierten Keyframes (Roving Keyframes) dargestellt.

Kapitel 11 Keyframe-Interpolation

Beispiel

Zwei Beispiele für eingefügte Pfade finden Sie im Ordner 11_INTERPOLATION/PFADE_KEYFRAMES in der Projektdatei »illustratorpfad.aep«.

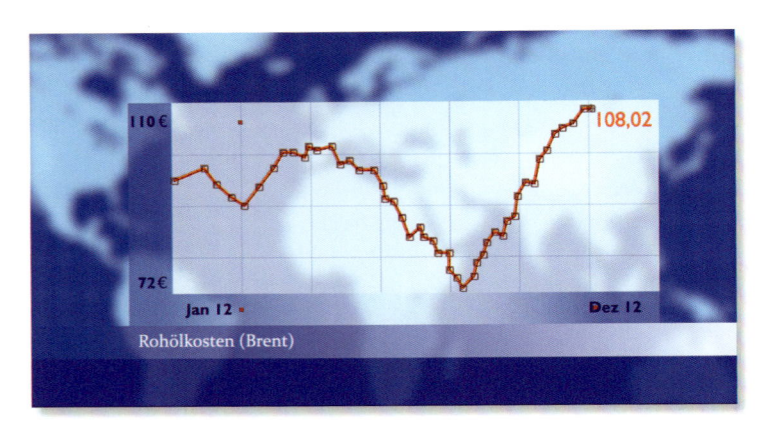

▲ **Abbildung 11.68**
Der eingefügte Pfad ist ein Bewegungspfad geworden.

Roving Keyframes

Die Reihe der eingefügten Keyframes ist standardmäßig auf zwei Sekunden Länge begrenzt. Anfang und Ende der Reihe werden mit zwei auf lineare Interpolation eingestellten Keyframes markiert. Die runden Punkte dazwischen sind sogenannte **Roving Keyframes**, d. h. zeitlich nicht fixierte Keyframes.

Ziehen Sie an einem der linearen äußeren Keyframes, um die Reihe zeitlich zu verlängern oder zu verkürzen und damit die Geschwindigkeit der Animation zu verlangsamen oder zu erhöhen. Die Roving Keyframes bewegen sich mit, und die zeitlichen Abstände zwischen diesen nicht fixierten Keyframes bleiben proportional erhalten.

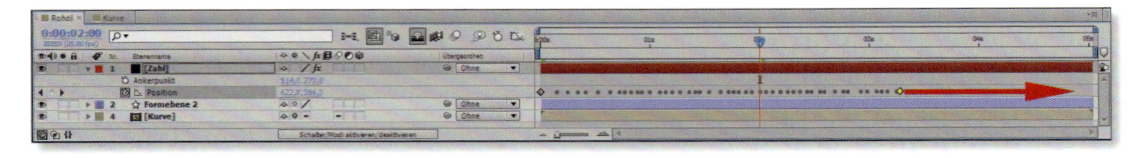

Verschobener Pfad

Ist der aus Illustrator oder Photoshop eingefügte Pfad in After Effects etwas verschoben, hilft es, alle eingefügten Keyframes zu markieren und im Kompositionsfenster zu verschieben. Sie können dazu auch die Pfeiltasten verwenden.

▲ **Abbildung 11.69**
Die Reihe der Roving Keyframes kann verlängert oder verkürzt werden. Die zeitlichen Werte zwischen den Keyframes bleiben proportional erhalten.

Roving Keyframes entstehen also automatisch durch das beschriebene Einfügen von Pfaden in Eigenschaften mit Positionskoordinaten. Roving Keyframes können Sie aber auch sehr einfach erzeugen, um Bewegungsabläufe zu glätten. Diese besondere Art der Keyframes können Sie nur für Eigenschaften, die mit Positionswerten arbeiten, anlegen. Schauen wir uns dies anhand eines kleinen Workshops einmal genauer an.

Schritt für Schritt:
Roving Keyframes – Geglättete Geschwindigkeit

In diesem Workshop geht es um zeitlich nicht fixierte Keyframes und die Bearbeitung von Animationen mit Hilfe von Keyframe-Assistenten. Schauen Sie sich zuerst das Movie »bewegteBlume« aus dem Ordner 11_INTERPOLATION/ROVING_KEYFRAMES an.

Öffnen Sie das für Sie schon vorbereitete Projekt »blume.aep« aus demselben Ordner. Sie finden dort eine Komposition vor, die eine per Position animierte Blume enthält. Der Bewegungspfad wurde in After Effects erstellt. Die Positions-Keyframes sind dafür im Abstand von etwa einer halben Sekunde gesetzt und auf lineare Interpolation gestellt. Gleichzeitig wird die Ebene von 0 % auf 100 % skaliert.

Die benötigten Dateien für den Workshop finden Sie auf der DVD unter BEISPIELMATERIAL/ 11_INTERPOLATION/ROVING_ KEYFRAMES

1 Roving Keyframes
Markieren Sie für die Blume-Ebene die Eigenschaft POSITION, und blenden Sie das Geschwindigkeitsdiagramm im Diagrammeditor ein. Beim Übergang vom einen zum anderen Keyframe ändert sich die Geschwindigkeit abrupt. Das Diagramm wirkt daher stufig.

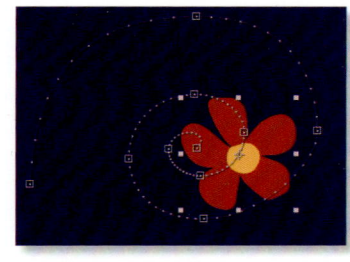

▲ **Abbildung 11.70**
Für diese Blume wurde ein spiralförmiger Bewegungspfad kreiert.

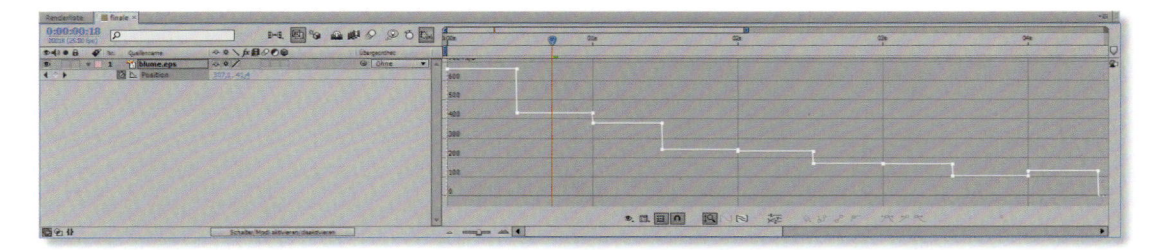

▲ **Abbildung 11.71**
Von einem zum anderen Keyframe ändert sich die Geschwindigkeit abrupt.

Die unterschiedlichen Geschwindigkeitsstufen lassen sich leicht angleichen, indem Sie die zeitliche Fixierung der Keys lösen. Ziehen Sie dazu mit der Maus einen Rahmen vom zweiten bis zum vorletzten Key auf. Der erste und der letzte Key dürfen nicht markiert sein, denn zwischen diesen beiden Keys soll die Geschwindigkeit gemittelt werden. Klicken Sie dann mit der rechten Maustaste auf einen der ausgewählten Keys, und wählen Sie im Einblendmenü ZEITLICH NICHT FIXIERT.

Abbildung 11.72 ▶
Im Diagrammeditor ziehen Sie über den Keyframes der Geschwindigkeitskurve das Transformationsfeld auf.

Abbildung 11.73 ▶
In der Ebenenansicht sind die zeitlich nicht fixierten Keyframes sehr gut als Punkte erkennbar.

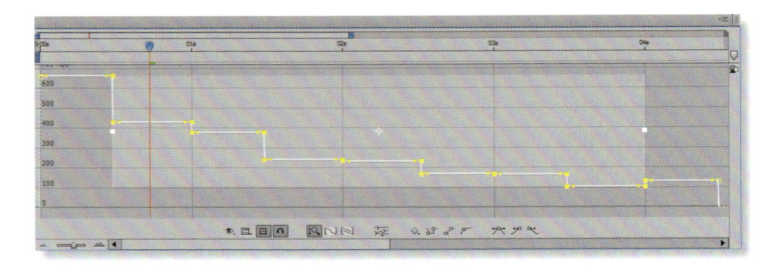

Die Keyframes werden zwischen dem ersten und letzten Key gemittelt und die Geschwindigkeiten aneinander angepasst. Die Keyframes im Bewegungspfad bleiben davon unbeeinflusst.

Übrigens lassen sich die Roving Keyframes wieder in zeitlich fixierte Keys **umwandeln**, wenn Sie einen der runden Punkte anklicken und verschieben oder wieder in das bereits genutzte Einblendmenü wechseln und dort das Häkchen bei ZEITLICH NICHT FIXIERT entfernen. Das ist auch in der Ebenenansicht möglich.

2 **Keyframe-Assistent und Roving Keyframes**

Im nächsten Schritt lassen wir die Blume schnell hereinfliegen und nachher allmählich abbremsen. Markieren Sie dazu mit der Taste ⇧ in der Ebenenansicht oder im Diagrammeditor nacheinander den ersten und den letzten Key. Öffnen Sie dann per Klick mit der rechten Maustaste das Kontextmenü, rufen Sie den KEYFRAME-ASSISTENTEN auf, und wählen Sie dort EASY EASE IN.

Da Sie eine zeitliche Interpolationsmethode auf die beiden äußeren Keys anwenden, wird auch der Geschwindigkeitsverlauf für die dazwischen befindlichen Roving Keyframes gleichmäßig verändert.

▼ **Abbildung 11.74**
Mit dem Keyframe-Assistenten EASY EASE IN gelingt ein sehr gleichmäßiger Geschwindigkeitsverlauf über alle Keyframes.

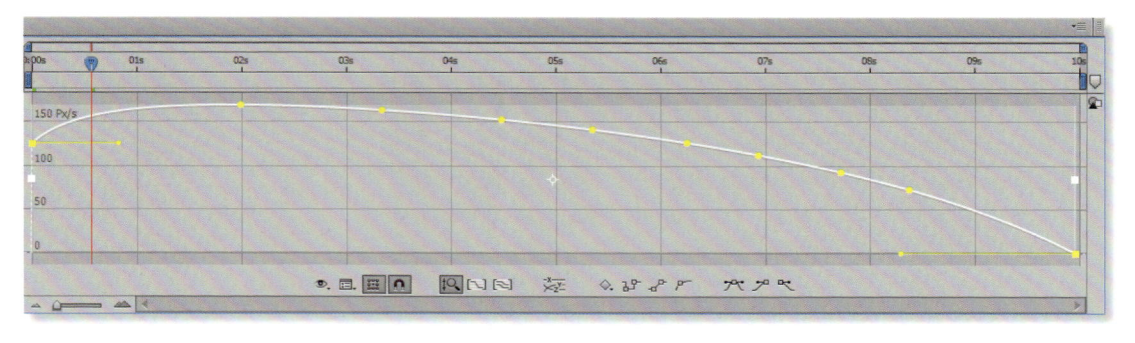

11.4 Pfade als Key-Generator

3 Easy Drehung

Blenden Sie die Eigenschaft DREHUNG bei ausgewählter Ebene mit der Taste R ein, und setzen Sie einen ersten Key bei 04:12, also am Ende der Positionsanimation, mit 0× +0,0°. Sie können dazu in der Ebenenansicht oder auch im Diagrammeditor arbeiten. Weitere Keys folgen bei 05:05 mit 0× –100,0°, bei 06:00 mit 0× +0,0°, bei 06:16 mit 0× –100,0° und am Ende der Komposition mit 4× +0,0°.

Markieren Sie anschließend alle Drehungs-Keys per Klick auf das Wort DREHUNG, und wählen Sie nach Klick mit der rechten Maustaste im Kontextmenü KEYFRAME-ASSISTENTEN und dort EASY EASE.

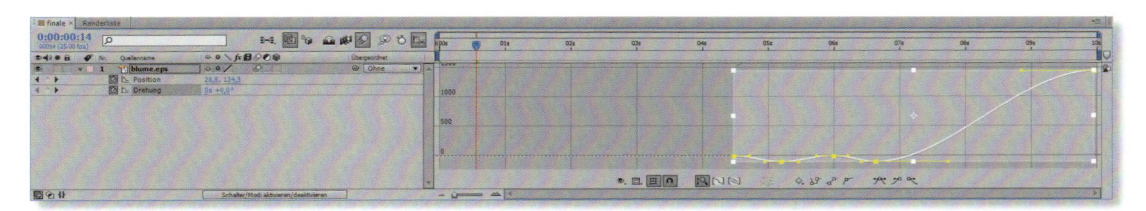

▲ **Abbildung 11.75**
Wählen Sie die Drehungs-Keyframes werden aus, und rufen Sie über das Kontextmenü oder die Buttons im Diagrammeditor den Keyframe-Assistenten EASY EASE auf.

4 Letzter Schritt

Zum Schluss lassen wir die Blume wieder verschwinden. Kopieren Sie dazu den Skalierungs-Key mit dem Skalierungswert 100 % bei 04:12, und setzen Sie ihn bei 07:12 ein. Die Animation der Skalierung stoppt also für drei Sekunden. Setzen Sie die Zeitmarke mit der Taste Ende an das Ende der Komposition. Dort soll die Skalierung 0 % betragen.

Anschließend markieren Sie die zwei eben gesetzten Keys und wählen den Keyframe-Assistenten EASY EASE OUT. Aktivieren Sie vielleicht noch ganz zum Schluss die Bewegungsunschärfe mit zwei Klicks ❶ und ❷. Lassen Sie eine Vorschau berechnen, indem Sie die Taste 0 im Ziffernblock drücken. Herzlichen Glückwunsch! Sie haben es wieder einmal gemeistert!

> **Beispiele**
>
> Zwei einfache Beispiele für eingefügte Pfade finden Sie auch auf der DVD im Ordner 11_INTERPOLATION/PFADE_KEYFRAMES in der Projektdatei »illustratorpfad.aep«.

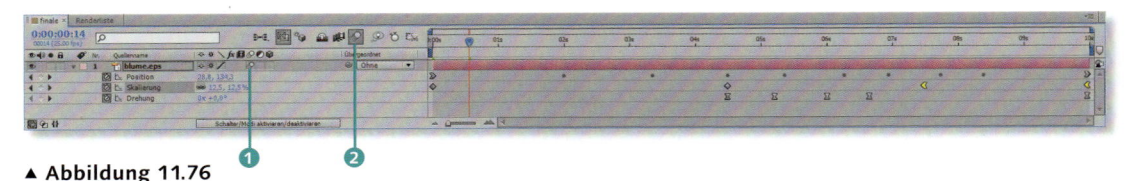

▲ **Abbildung 11.76**
Die fertige Animation in der Ebenenansicht

11.5 Keyframes für Schnelle

After Effects bietet mit drei kleinen versteckten Paletten Möglichkeiten zur schnellen Erstellung und Bearbeitung von Keyframes an. Es handelt sich um die Paletten BEWEGUNG SKIZZIEREN, GLÄTTEN und VERWACKELN.

Bewegung skizzieren

Mit der Palette BEWEGUNG SKIZZIEREN, die Sie über FENSTER • BEWEGUNG SKIZZIEREN erreichen, zeichnen Sie Bewegungspfade von Ebenen ohne vorheriges Definieren von Positions-Keyframes. Dazu wird Ihre Mausbewegung aufgezeichnet. Die Ebene folgt nachher nicht nur dem aufgezeichneten Pfad, sondern behält auch die Geschwindigkeit der Mausbewegung bei.

Zur Aufzeichnung markieren Sie eine Ebene in der Zeitleiste und aktivieren die Schaltfläche AUFNAHME BEGINNEN. Der Mauszeiger hat sich verändert. Sobald Sie irgendwo klicken, startet die Aufnahme und endet erst, wenn Sie absetzen. Dort, wo Sie zuerst im Kompositionsfenster klicken, entsteht der erste Positions-Keyframe. Zeichnen Sie, ohne abzusetzen, so lange, bis Sie mit dem Bewegungspfad zufrieden sind. Übrigens wird immer zwischen Anfang und Ende Ihres Arbeitsbereichs aufgezeichnet. Anschließend sind eine Menge Keyframes entstanden.

Beim Abspielen der Animation werden Sie feststellen, dass der Pfad und die Geschwindigkeit Ihren Mausbewegungen genau entsprechen. Gefällt Ihnen das Ergebnis nicht, löschen Sie die Positions-Keyframes durch Klick auf das Stoppuhr-Symbol.

▲ **Abbildung 11.77**
Mit der Palette BEWEGUNG SKIZZIEREN werden Animationen von bewegten Ebenen kinderleicht.

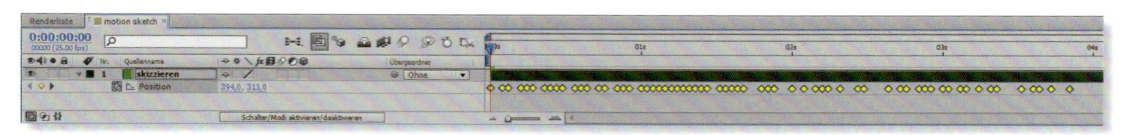

▲ **Abbildung 11.78**
Die Zeitleiste nach dem Skizzieren einer Bewegung. Für die wesentlichen Positionsänderungen wurden Keyframes erstellt.

Durch höhere Werte im Feld AUFNAHMEGESCHWINDIGKEIT BEI wird die Aufnahme verlangsamt, Sie können dann also längere Zeit zeichnen (bei kleineren Werten natürlich umgekehrt). Der Wert 100 % entspricht immer einer Echtzeitaufnahme. Mit dem Feld GLÄTTEN wirken Sie bereits vor der Aufzeichnung einer zu großen Zahl an später entstehenden Keys entgegen. Je höher der Wert ist, desto weniger Keys entstehen in der Zeitleiste, und die Bewegung der Ebene wird glatter.

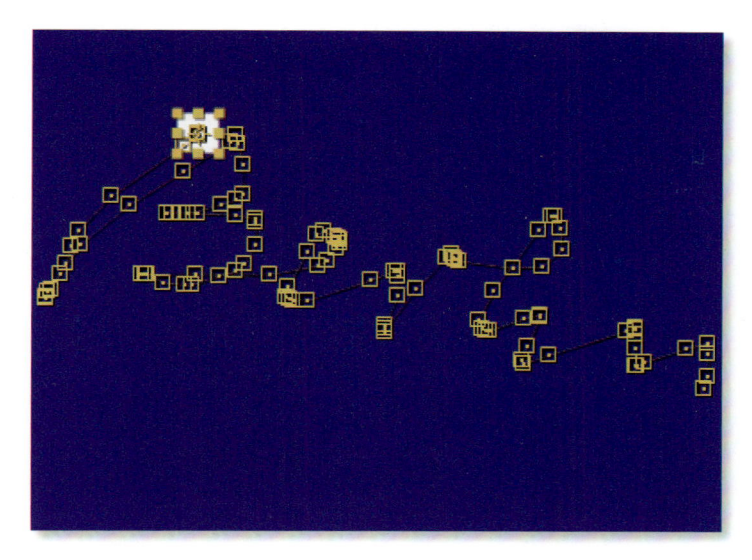

▲ **Abbildung 11.79**
Ein Bewegungspfad nach dem Aufzeichnen einer Mausbewegung

Bei aktiviertem Feld DRAHTGITTER wird die Ebene während der Aufzeichnung als Umrisslinie dargestellt. Sämtliche Bildinhalte werden ausgeblendet und der Kompositionshintergrund ist schwarz. Setzen Sie ein Häkchen für HINTERGRUND, werden die Bildinhalte während der Aufzeichnung weiterhin angezeigt.

Glätten

Mit der Palette GLÄTTEN reduzieren Sie Keyframes in animierten Eigenschaften und glätten die Zeitkurve, um somit weiche Übergänge zu schaffen. Sie blenden die Palette über FENSTER • GLÄTTEN ein. Um die Palette einzusetzen, müssen mindestens drei Keyframes einer Eigenschaft ausgewählt sein. Gut sichtbar ist das Ergebnis, wenn Sie zuvor mit der Palette BEWEGUNG SKIZZIEREN Positions-Keyframes ohne Glättung, also mit einem Wert 0 für Glättung, erstellen.

Um die Palette GLÄTTEN anzuwenden, markieren Sie die Positions-Keyframes. Automatisch wird unter ANWENDEN AUF das Wort BEWEGUNGSPFAD in der Palette eingeblendet. Bei anderen Eigenschaften erscheint dort ZEITLICHE KURVE. Unter TOLERANZ können Sie den eingetragenen Wert auf 10 erhöhen und das Glätten eventuell mehrmals anwenden, wenn das Ergebnis noch nicht ausreichend ist. Nach dem Anwenden sind die Keyframes weniger geworden; der Bewegungspfad ist geglättet und enthält dennoch die wesentliche Bewegung der Ebene.

▲ **Abbildung 11.80**
Mit der Palette GLÄTTEN reduzieren Sie Keyframes. Bewegungspfade und Zeitkurven werden dadurch geglättet.

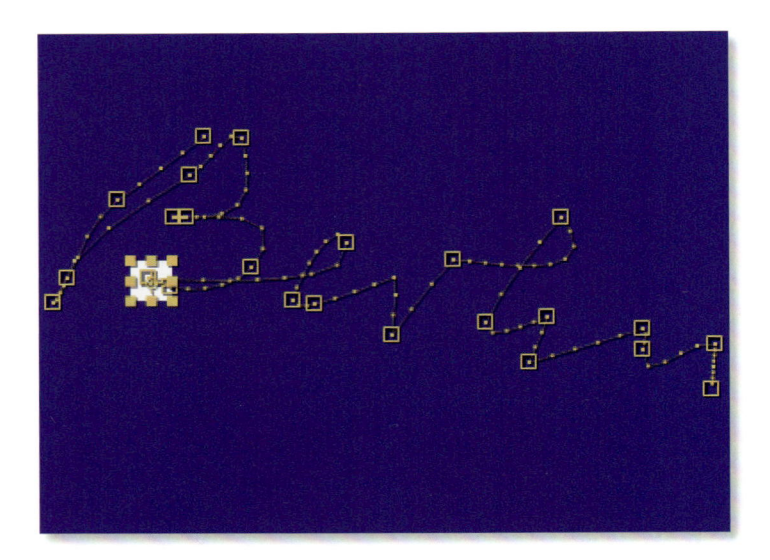

Abbildung 11.81 ▶
Nachdem der Bewegungspfad geglättet wurde, ist die Animation im Wesentlichen erhalten geblieben.

Glätten der Geschwindigkeitskurve | Wenn Sie die Palette GLÄTTEN für Eigenschaften verwenden, die keine Positionswerte nutzen, wird unter ANWENDEN AUF automatisch der Eintrag ZEITLICHE KURVE angezeigt. Je höher der Glättungswert, desto geringer ist anschließend die Anzahl der verbliebenen Keyframes. Die Hauptbewegung bleibt aber erhalten, und Sie erreichen weichere Übergänge, indem After Effects die Zeitkurve ähnlich den Ease-Assistenten von linear in Bézier umwandelt.

Verwackeln

Über die Palette VERWACKELN, die Sie über FENSTER • VERWACKELN einblenden, generieren Sie zusätzliche Keyframes für bereits animierte Eigenschaften. Dabei werden die Werte der bereits vorhandenen Keyframes genutzt, um neue Keyframes mit abweichenden Werten zu schaffen. Außerdem wird die Interpolation von Keyframes durch Zufallswerte verändert.

Vor dem Verwenden der Palette VERWACKELN müssen mindestens zwei Keyframes vorhanden sein. Gut sichtbar ist die Wirkung der Palettenoptionen anhand einiger animierter Eigenschaften wie POSITION, SKALIERUNG, DREHUNG oder DECKKRAFT.

Es ist günstig, vor dem Anwenden der Funktion VERWACKELN eine Kopie der gesetzten Keyframes anzufertigen, da diese durch die Funktion mehr oder weniger stark verändert werden und von der Masse der erzeugten Keys nicht zu unterscheiden sind. Mit [Strg]+[Z] können Sie aber auch einige Schritte rückgängig machen.

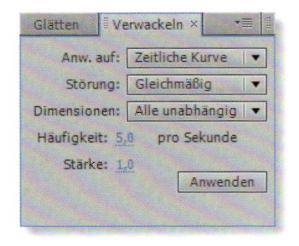

▲ **Abbildung 11.82**
Die Palette VERWACKELN dient dazu, bereits animierte Eigenschaften um einen bestimmten Betrag abzulenken, also zu verwackeln.

Verwackeln-Optionen anwenden | Sie wenden die VERWACKELN-Optionen an, indem Sie einige Keyframes einer Eigenschaft, beispielsweise POSITION, auswählen. Mit ANWENDEN AUF wählen Sie für die Positionseigenschaft zwischen BEWEGUNGSPFAD und ZEITLICHE KURVE. Bei Eigenschaften ohne Positionskoordinaten ist nur ZEITLICHE KURVE eingeblendet. Unter STÖRUNG wählen Sie GLEICHMÄSSIG, um eine eher sanft wirkende Ablenkung von der bisherigen Animation zu erreichen, und ECKIG für abrupte Änderungen.

Unter DIMENSIONEN legen Sie fest, ob die Eigenschaft nur auf der x-Achse, der y-Achse, für beide gleich oder für beide unabhängig abgelenkt werden soll. Dies ist für Eigenschaften interessant, deren Wertedimension größer ist als 1. Die Eigenschaft POSITION kann beispielsweise nur über mindestens zwei Werte beschrieben werden, nämlich mit den Werten für die x- und die y-Achse. Zu solchen mehrdimensionalen Eigenschaften zählen auch die Skalierung und der Ankerpunkt.

Mit X oder Y legen Sie die Achse fest, um die die Ablenkung stattfinden soll. Mit ALLE UNABHÄNGIG erzeugen Sie eher unruhige Animationen, beispielsweise tanzende Zahlen oder Buchstaben. Mit HÄUFIGKEIT steuern Sie, wie viele Keyframes pro Sekunde nach der Anwendung in der Eigenschaft erscheinen sollen. Mit der STÄRKE bestimmen Sie, wie stark die jeweilige Eigenschaft verwackelt wird. Es wird dabei die Werteinheit der ausgewählten Eigenschaft zugrunde gelegt.

Beispiele

Im Ordner 11_INTERPOLATION/VERWACKELN finden Sie ein paar Movies als Beispiele für verwackelte Eigenschaften und daraus resultierende Animationen. Öffnen Sie zum Nachmachen die Projektdatei »verwackeln.aep«.

▼ **Abbildung 11.83**
Nach dem Verwackeln sind mehr Keyframes als zuvor vorhanden, in denen die »verwackelten« Werte enthalten sind.

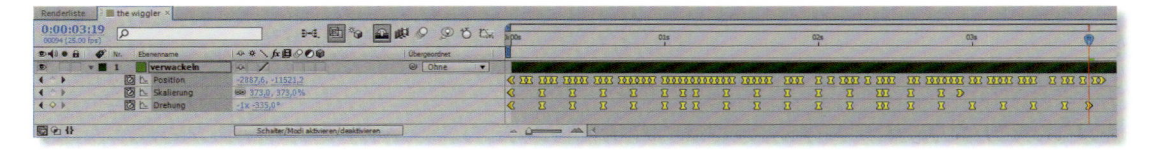

11.6 Zeitverzerrung

In After Effects können Sie Ebenen, die keine Standbilder sind, zeitverzerren. Dazu gehören Video- und Audiomaterial ebenso wie verschachtelte Kompositionen, die Bewegung enthalten. Mit der Zeitverzerrungsfunktion erzeugen Sie Slow Motion und Zeitraffer oder Freeze und spielen das Material an beliebiger Stelle vorwärts oder rückwärts ab. Außerdem können Sie das Material mit den in diesem Kapitel erläuterten Geschwindigkeitskurven beschleunigen und abbremsen.

Die Zeitverzerrung bietet weit mehr Kontrolle als die bereits erläuterten Möglichkeiten, Ebenen zu dehnen und zu stauchen.

Kapitel 11 Keyframe-Interpolation

Probieren geht über Studieren

Damit Sie hier keine Trockenübungen vollführen müssen, gibt es auf der DVD im Ordner 11_INTERPOLATION/ZEITVERZERRUNG ein kurzes Video namens »kaffeezeit.mov«, das Sie am besten in ein Projekt importieren. Die hier beschriebenen Möglichkeiten können Sie daran am besten nachvollziehen. Außerdem befindet sich im selben Ordner die Projektdatei »zeitverzerrung.aep« mit Beispielen.

Sie aktivieren die Zeitverzerrung, indem Sie eine Videoebene oder eine verschachtelte Komposition in der Zeitleiste markieren und dann EBENE • ZEIT • ZEITVERZERRUNG AKTIVIEREN oder [Strg]+[Alt]+[T] wählen.

In der Ebenenansicht kommt der Eintrag ZEITVERZERRUNG hinzu. Die zu verzerrende Ebene sollten Sie nun auf die Länge der Komposition verlängern, wie Sie in Abbildung 11.84 an der unteren Ebene sehen. Verschieben Sie dazu den Out-Point der Ebene. Dabei wird die Ebene noch nicht zeitverzerrt. Die ursprüngliche Dauer der Ebene ist in einem Anfangs- und einem End-Keyframe gespeichert.

Es gibt zwei Möglichkeiten, die Zeitverzerrung zu bearbeiten: im Diagrammeditor und im Ebenenfenster. Egal, wo Sie arbeiten, die Keyframes werden immer auch in der Ebenenansicht angezeigt.

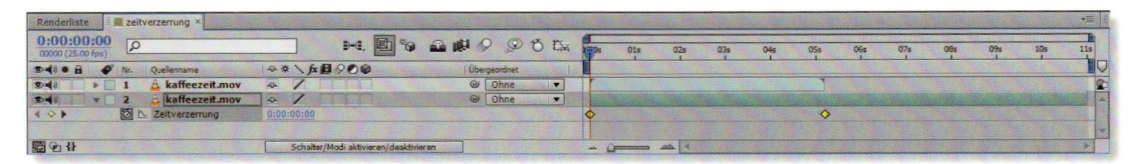

▲ **Abbildung 11.84**
In dieser Komposition wurde das Video »kaffeezeit« zweimal verwendet. Nur das untere der beiden Videos ist mit der Funktion ZEITVERZERRUNG belegt.

Zeitverzerrung im Diagrammeditor

Im Diagrammeditor wird automatisch die Wertekurve zur Bearbeitung eingeblendet, wenn das Wort »Zeitverzerrung« markiert ist.

Sie sind schon an die horizontale Darstellung der Kompositionszeit im Zeitplanfenster gewöhnt. Im Diagrammeditor wird die Gesamtzeit des Videos jedoch in der Vertikalen am linken Rand des Diagramms dargestellt. Das erste Bild des Videos liegt auf dem vertikalen Zeitstrahl, im Diagramm also ganz unten auf der Nulllinie, und das Endbild wird ganz oben dargestellt. Die Linie zwischen beiden Punkten stellt die Einzelbilder dar, die im Zeitverlauf bis zum Endbild angezeigt werden. Die Gesamtzeit des Videos können Sie in der Kompositionszeitleiste verschieben, verkürzen oder verlängern.

Standbild am Anfang und am Ende | Ist Ihre Kompositionszeit lang genug, also ein gutes Stück länger als das zu verzerrende Material, haben Sie Spielraum für ein Standbild vor und hinter dem Video. Dazu müssen Sie nur den Anfangs- und den End-Keyframe des Videos im Diagramm auswählen, was Sie mit der [Alt]-Taste und einem Klick auf die Wertekurve bewerkstelligen.

11.6 Zeitverzerrung

Wenn die Schaltfläche TRANSFORMATIONSFELD ANZEIGEN ❶ aktiv ist, wird ein Rahmen um die Keyframes gelegt. Diesen klicken Sie mittig an und verschieben ihn dann. Bei Zuhilfenahme der Taste ⇧ rastet das Feld auf der Nulllinie ein. In dem abgebildeten Beispiel wird für den Bereich vor der ansteigenden Linie das erste Bild und dahinter das letzte Bild des Videos als Standbild angezeigt.

▼ **Abbildung 11.85**
Das Wertediagramm stellt die Zeit des zu verzerrenden Materials bei aktiver Zeitverzerrung auf einer vertikalen Achse dar.

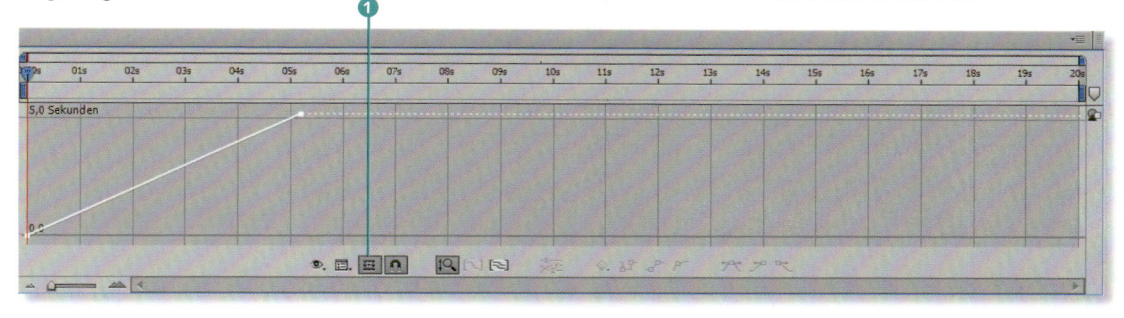

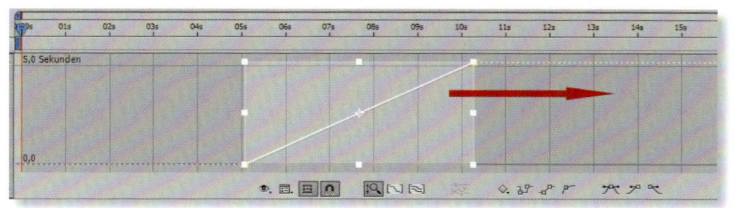

◄ **Abbildung 11.86**
Hier wurden der Anfangs- und End-Keyframe eines Videos in der Kompositionszeit nach hinten verschoben.

Freeze im Material einfügen | Etwas anspruchsvoller ist es, in laufendem Material einen Freeze, also ein Standbild, einzufügen. Zuerst wählen Sie das Standbild. Dazu positionieren Sie die Zeitmarke auf den Frame, der fixiert werden soll. Mit der Schaltfläche ❸ setzen Sie einen Keyframe. Nach Klick auf die aktuelle Zeit ❷ geben Sie einen späteren Zeitpunkt ein. Anschließend kopieren Sie den neu gesetzten Keyframe und setzen ihn an der neuen Zeitposition ein. Den End-Keyframe sollten Sie allerdings um den Betrag in der Zeit verschieben, der der Länge des Standbildes entspricht, da das Material hinter dem Standbild sonst im Zeitraffer abläuft.

▼ **Abbildung 11.87**
Ein Standbild wird in der Wertekurve als gerade Linie dargestellt.

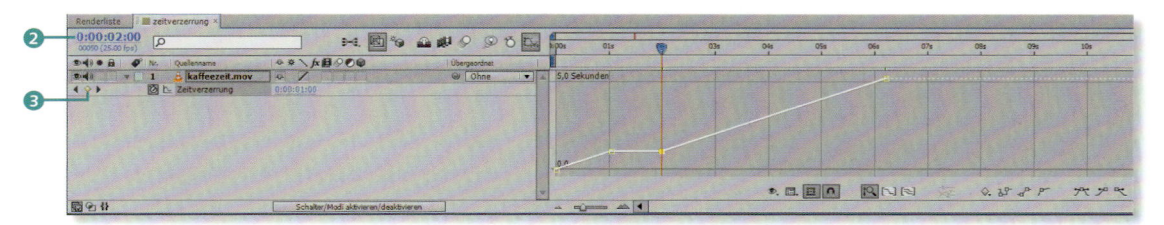

Kapitel 11 Keyframe-Interpolation

Zeitraffer, Zeitlupe und rückwärts | Das Prinzip von Zeitraffer und Zeitlupe ist schnell erklärt: Angenommen, Ihr Video ist fünf Sekunden lang, dann werden dafür in der Wertekurve ein Anfangs-Keyframe bei 0 Sekunden und ein End-Keyframe bei 5 Sekunden angezeigt. Verschieben Sie den End-Keyframe in der Kompositionszeitleiste nach rechts auf einen späteren Zeitpunkt, haben Sie eine Zeitlupe; umgekehrt ist es ein Zeitraffer. Bei Audiomaterial kommt es zu einer Veränderung der Tonhöhe.

Sie können Material auch rückwärts abspielen. Dazu ziehen Sie den Keyframe unter den Wert des vorherigen Keyframes.

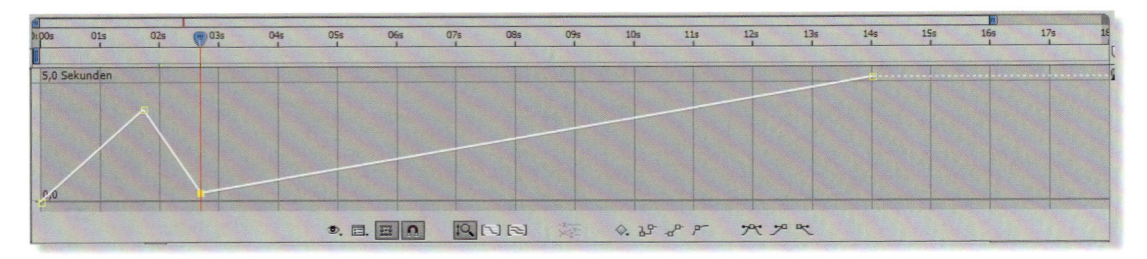

▲ **Abbildung 11.88**
Diese Kurve zeigt einen Zeitraffer vorwärts, einen Zeitraffer rückwärts und eine Zeitlupe.

Bilder durch Ziehen festlegen | Ein Bild, das im Diagrammeditor auf einem bestimmten Keyframe angezeigt wird, ändern Sie schnell, indem Sie den Keyframe im Editor markieren und nach oben oder unten ziehen. Günstig ist es, dabei die Zeitmarke genau auf dem Keyframe zu positionieren und die Taste ⇧ zu verwenden. Der Keyframe bewegt sich dann nur vertikal entlang der Zeitmarkierung. Wenn Sie einen Keyframe bewegen, verändert sich die Geschwindigkeit vor und nach dem Keyframe, und Sie erhalten einen Zeitraffer bzw. eine Zeitlupe.

Eine zweite Möglichkeit, Bilder an einem Keyframe zu ändern, bietet das Wertefeld. Klicken und ziehen Sie dazu mit der Maustaste nach rechts oder links. Ein neuer Keyframe entsteht, wenn Sie die Zeitmarke zwischen zwei Keyframes setzen und dann wieder das Wertefeld nutzen, um ein Bild einzustellen.

Geschwindigkeitskurve und Zeitverzerrung | Diese Möglichkeit soll hier nicht fehlen. Wenn Sie die Geschwindigkeitskurven fleißig geübt haben, können Sie Video- und Audiomaterial oder verschachtelte Kompositionen auch beschleunigt oder abgebremst abspielen. Nutzen Sie dazu einfach Ihr gesammeltes Wissen aus diesem Kapitel. Ein Beispiel finden Sie auch im

Projekt »zeitverzerrung.aep« in der Komposition »Zeitverzerrt/ Geschwindigkeitskurve«.

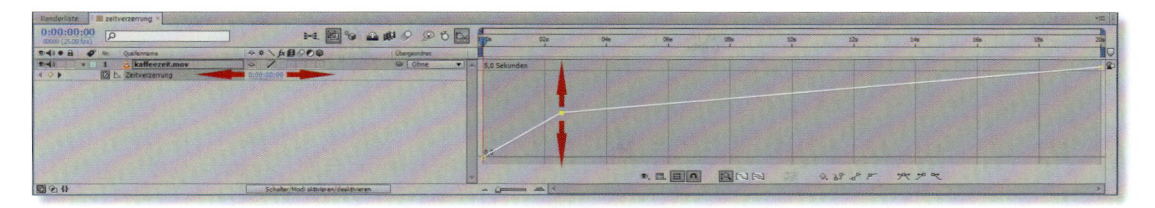

▲ **Abbildung 11.89**
Um ein anderes Bild am Keyframe einzustellen, verschieben Sie diesen nach oben oder unten oder verwenden das Wertefeld.

Zeitverzerrung im Ebenenfenster

Alternativ zur Bearbeitung der Zeitverzerrung im Diagrammeditor verwenden Sie das Ebenenfenster. Haben Sie die Zeitverzerrung über EBENE • ZEIT • ZEITVERZERRUNG AKTIVIEREN oder Strg + Alt + T eingestellt, klicken Sie doppelt auf die betreffende Ebene, um damit das Ebenenfenster zu öffnen. Sie sehen dort zwei Zeitleisten.

Die untere Zeitleiste entspricht der Kompositionszeitleiste, die Sie auch in der Ebenenansicht vorfinden. Sie wählen damit den Zeitpunkt aus, an dem eine Änderung stattfinden soll. Die obere Zeitmarke dient zur Darstellung der Quellzeit, daher ist diese Zeitleiste auch nicht länger als Ihr Material. Sie wählen damit das Bild in Ihrem Material aus, das am Zeitpunkt einer Änderung angezeigt werden soll.

Standbild im Material | Um im Ebenenfenster Standbilder festzulegen, positionieren Sie zuerst die obere Zeitmarke ❷ (Abbildung 11.90) auf dem Bild, das Sie fixieren möchten. Setzen Sie dann die untere Zeitmarke ❶ auf den Zeitpunkt, an dem das Standbild enden soll. Danach setzen Sie die obere Zeitmarke wieder zurück auf das Bild, das Sie fixieren möchten.

Es gibt noch einen anderen Weg: Wählen Sie das zu fixierende Bild (obere Marke), klicken Sie dann auf die Schaltfläche QUELLE ❹. Notieren Sie sich am besten die Zeitangabe, und bestätigen Sie mit OK. Geben Sie dann über die Schaltfläche ❸ den Endzeitpunkt des Standbildes ein. Klicken Sie wieder auf QUELLE, tragen Sie den notierten Zeitpunkt ein, und bestätigen Sie mit OK.

Zeitverzerrungen, die Sie im Ebenenfenster erstellt haben, können Sie natürlich auch über die Werte- und die Geschwindigkeitskurve im Diagrammeditor ändern.

Frame-Überblendung
Bei zeitverzerrtem Material kann es sinnvoll sein, die Frame-Überblendung einzuschalten. Es werden dann weitere Frames zwischen die vorhandenen Bilder gerechnet. Dazu sind zwei Klicks auf den Kompositionsschalter ❺ (Abbildung 11.91) und den Ebenenschalter ❻ nötig. Der Ebenenschalter kann per Klick drei Zustände annehmen: AUS, FRAME-MIX und PIXEL-MOTION. Mit der ersten Option schalten Sie die Überblendung vorübergehend aus; das Kästchen bleibt dann leer. Bei FRAME-MIX zeigt ein Balken im Kästchen nach links; die Berechnung erfolgt in geringerer Qualität. Die höchste Qualität erreichen Sie mit PIXEL-MOTION, wenn der Balken nach rechts ansteigt.

Abbildung 11.90 ▶
Im Ebenenfenster regeln Sie die Zeitverzerrung über zwei Zeitmarken.

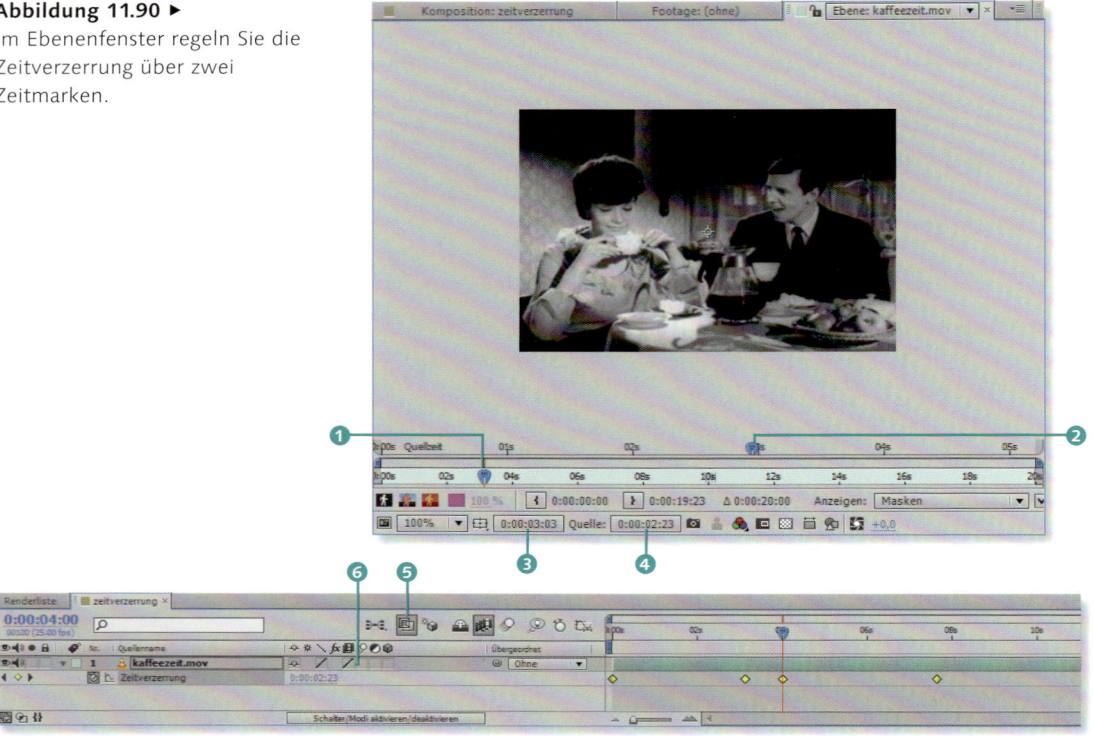

▲ **Abbildung 11.91**
Keyframes für die Zeitverzerrung werden bei der Arbeit im Ebenenfenster automatisch in der Ebenenansicht gesetzt.

11.7 Parenting: Vererben von Eigenschaften

Parenting macht es möglich, Eigenschaftswerte von einer Ebene auf eine andere zu übertragen. Dafür werden einander über- und untergeordnete Ebenen geschaffen. Verknüpfte untergeordnete Ebenen vollziehen somit die Animationen einer übergeordneten Ebene nach. Man nennt diese Funktion daher auch **ebenenhierarchische Verknüpfung**.

Nützlich ist Parenting beispielsweise bei Figurenanimationen, um Drehbewegungen vom Oberarm zur Hand zu übertragen oder um mehrere Ebenen einer übergeordneten Ebene folgen zu lassen, ohne dafür eigens in jeder Ebene Keyframes setzen zu müssen. Am besten lässt sich dies jedoch an einem Beispiel demonstrieren. Im folgenden Workshop schreiten wir zur Tat.

Schritt für Schritt:
Papa Parenting und Frosch junior

In diesem Workshop werden Sie Ebenen überordnen und unterordnen, Ankerpunkte verschieben und intuitiv Animationen er-

Die benötigten Dateien für diesen Workshop finden Sie auf der DVD unter BEISPIELMATERIAL/ 11_INTERPOLATION/PARENTING

11.7 Parenting: Vererben von Eigenschaften

stellen. Schauen Sie sich zuerst das Movie »froschjunior« aus dem Ordner 11_INTERPOLATION/PARENTING an. Im selben Ordner befindet sich ein für Sie vorbereitetes Projekt namens »frosch.aep«. In dem Projekt finden Sie zwei Kompositionen vor. Eine Komposition mit Namen »parentingFertig« ist zur Ansicht gedacht, die andere mit dem Namen »Uebung« zum ungefähren Nachbau.

1 Vorbereitung

Bevor Sie die einzelnen Ebenen (die Froschgliedmaßen) animieren, verschieben Sie die Ankerpunkte der Ebenen. Schieben Sie den Ankerpunkt mit dem Ausschnitt-Werkzeug (Y) für jede Ebene auf den jeweiligen Gelenkpunkt. Markieren Sie dazu jeweils eine Ebene, am besten im Zeitplanfenster, und bewegen Sie dann den Ankerpunkt auf einen Gelenkpunkt wie in Abbildung 11.92.

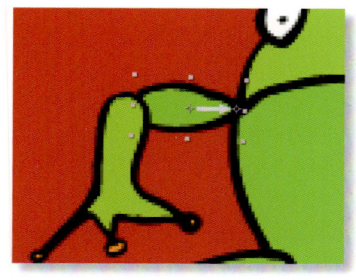

▲ **Abbildung 11.92**
Für jede der Froschgliedmaßen verschieben Sie den Ankerpunkt auf einen Gelenkpunkt.

2 Überordnung festlegen

Sicher ist Ihnen schon die Spalte ÜBERGEORDNET im Zeitplan aufgefallen. Falls sie fehlt, klicken Sie mit der rechten Maustaste auf EBENENNAME ❽ und wählen dann ÜBERGEORDNET aus dem Kontextmenü, oder Sie rufen das Menü SPALTEN über den kleinen Button ❼ oben rechts im Zeitplan auf.

Wählen Sie für die Ebene »linker_schenkel« die Ebene »froschkopf« als die übergeordnete Ebene. Sie haben dazu zwei Möglichkeiten: Klicken Sie auf das Wort OHNE, und wählen Sie die Ebene aus der Liste aus. Der Name der Ebene »froschkopf« erscheint anschließend in der Spalte ÜBERGEORDNET ❿. Die zweite Möglichkeit ist, den Button ❾ zu benutzen und mit der Linie auf die Ebene zu zeigen, die übergeordnet werden soll.

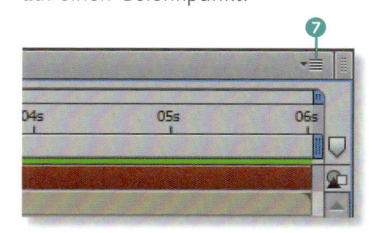

▲ **Abbildung 11.93**
Über den kleinen Button ❼ können Sie ebenfalls weitere Spalten einblenden.

▼ **Abbildung 11.94**
In der Spalte ÜBERGEORDNET erscheinen die Namen der Ebenen, die übergeordnet wurden. Sie können das Gummiband auf eine Ebene ziehen, die übergeordnet werden soll.

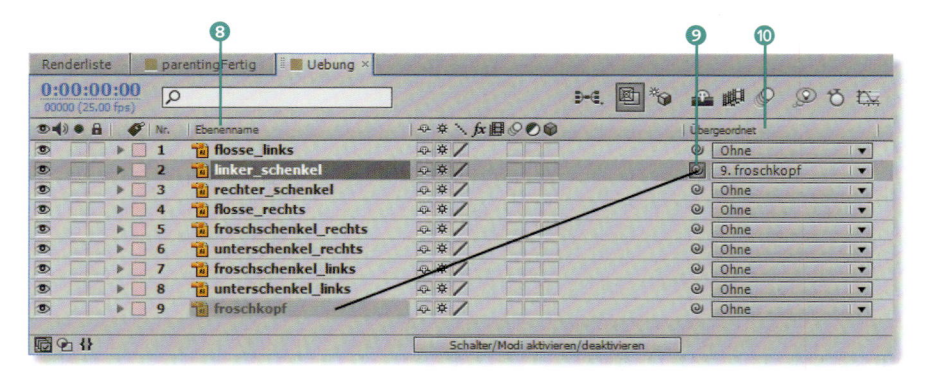

Sie haben die Ebene »linker_schenkel« der Ebene »froschkopf« untergeordnet. Wenn Sie in der Ebene »froschkopf« etwas an den Eigenschaften ändern, die Sie unter TRANSFORMIEREN fin-

Abbildung 11.95 ▼
Die richtige Verknüpfung der Ebenen für die Frosch-Animation

den, werden diese Änderungen von der untergeordneten Ebene übernommen. Verfahren Sie mit den Ebenen »rechter_schenkel«, »froschschenkel_rechts« und »froschschenkel_links« wie beschrieben. Wie Sie die restlichen Ebenen verknüpfen, entnehmen Sie bitte Abbildung 11.95. Falls etwas schiefgegangen ist, wählen Sie aus der Liste einfach OHNE und verknüpfen neu.

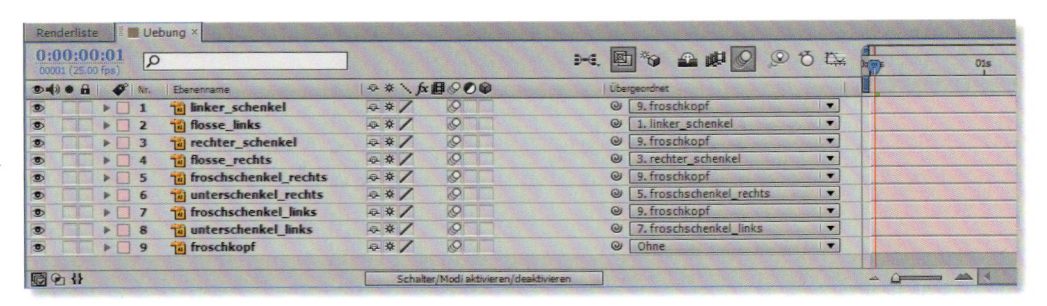

Sind alle Ebenen richtig verknüpft? Dann ziehen Sie doch einmal spaßeshalber die Ebene »froschkopf« an eine neue Position, oder verändern Sie die Skalierung (nachdem Sie OPTIMIEREN – das Sonnen-Symbol – für die Ebenen aktiviert haben). Alle untergeordneten Ebenen werden dabei an eine neue Position verschoben oder skaliert: Die Transformationen werden übertragen.

3 Animation

An dieser Stelle werden wir nur beispielhaft eine kleine Animation durchführen, Sie werden aber sicher viel Spaß haben, danach Ihre eigenen Animationen mit dem Frosch zu erstellen.

Blenden Sie die Eigenschaft DREHUNG für die Ebenen »flosse_links« und »linker_schenkel« mit der Taste R ein. Setzen Sie jeweils einen ersten Keyframe bei 00:00, und ziehen Sie die Zeitmarke etwa eine halbe Sekunde weiter. Lassen Sie beide Ebenen ruhig markiert, und erhöhen oder verringern Sie dann den Wert für DREHUNG durch Ziehen mit dem Mauszeiger. Stellen Sie einen Wert von etwa 0× +120° ein.

▼ **Abbildung 11.96**
Die Drehungswerte ändern Sie durch Ziehen.

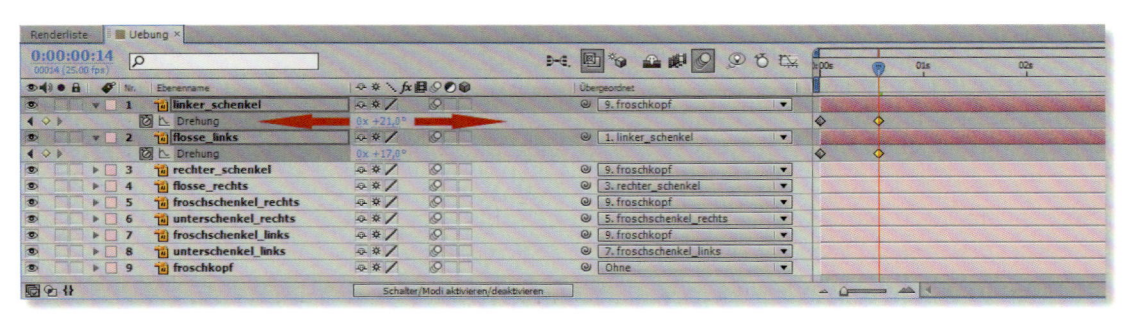

Setzen Sie dann die Zeitmarke auf 01:00, und stellen Sie einen Wert von 0× +60° für beide Ebenen ein. Die weiteren Keys können Sie kopieren. Markieren Sie dazu die beiden zuletzt gesetzten Keys für jede Drehung einzeln, und setzen Sie sie im Abstand einer halben Sekunde wieder ein. Der Frosch scheint zu winken.

◀ **Abbildung 11.97**
Die Keyframes für die Drehung werden kopiert und mehrfach hintereinander eingesetzt.

◀ **Abbildung 11.98**
So leicht winkt ein Froschkönig.

Ähnlich können Sie die anderen Gliedmaßen animieren. Um den Frosch hüpfen zu lassen, animieren Sie zusätzlich die Positionseigenschaft der Ebene »froschkopf«. Im Beispielfilm ist zuerst nur das Gesicht des Frosches sichtbar. Animieren Sie dazu die Eigenschaft SKALIERUNG für die Ebene »froschkopf«. Den letzten Schliff geben Sie Ihren Froschbewegungen mit der zeitlichen Interpolation, die Sie schon im Workshop zu Abschnitt 11.3, »Zeitliche Interpolation und Geschwindigkeitskurven«, geübt haben. Viel Spaß!

11.8 Animation mit den Puppenwerkzeugen

Die Puppenwerkzeuge verwenden Sie beispielsweise, um komfortabel Animationen von Figuren oder Text zu erstellen. After Effects nutzt ein zunächst unsichtbares Gitter, das über den zu animierenden Layer gelegt wird. Mit Hilfe einiger selbstdefinierter

Kapitel 11   Keyframe-Interpolation

Gelenk- bzw. Deformationspunkte verzerren Sie das Gitter. Durch Versteifungspunkte behalten Sie die Kontrolle über das Aussehen der Verzerrungen, und mit Überlappen-Punkten legen Sie fest, welche Teile des animierten Objekts im Vordergrund liegen und welche hinter anderen Bildteilen verschwinden.

Mit den Puppenwerkzeugen erhalten Sie ein weiteres interessantes Animationsfeature, das wir uns im folgenden Workshop in seiner vollen Funktion anschauen.

Schritt für Schritt:
Die Puppenwerkzeuge

Die benötigten Dateien für diesen Workshop finden Sie auf der DVD unter BEISPIELMATERIAL/ 11_INTERPOLATION/PUPPETTOOL

In diesem Workshop werden Sie lernen, wie Sie Objekte, in diesem Fall einen Humanoiden, intuitiv animieren. Öffnen Sie zuerst das vorbereitete Projekt »puppettool.aep« aus dem Ordner 11_INTERPOLATION/PUPPETTOOL. Es enthält bereits die für die Animation notwendigen Dateien. In dem Projekt befindet sich eine Komposition mit Namen »puppet«, die Sie verwenden, um die Animation zu erlernen.

1   Arbeiten mit dem Marionetten-Pin-Werkzeug

Ähnlich wie beim Parenting setzen Sie mit dem Marionetten-Pin-Werkzeug die Gelenkpunkte für Ihre Animation. Da wir es in unserem Workshop mit einem Humanoiden zu tun haben, dürfte dies nicht besonders schwerfallen. Sie finden das **Marionetten-Pin-Werkzeug** in der Werkzeugleiste ❶. Mit dem Pin setzen Sie zuerst auf dem vom Betrachter aus rechten Arm drei Punkte bei der Schulter, dem Ellenbogen und der Hand, wie in Abbildung 11.100 zu sehen. Aktive Punkte sind gelb.

Punkte markieren und löschen
Klicken Sie einzelne Punkte im Kompositionsfenster bei aktivem Auswahl-Werkzeug direkt an, um sie zu markieren, und verwenden Sie [Entf], um Punkte zu löschen.

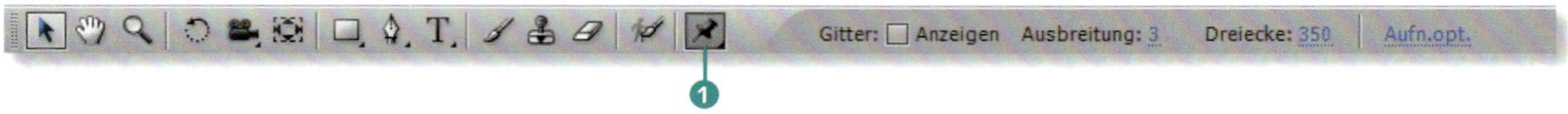

▲ **Abbildung 11.99**
Deformationspunkte setzen Sie mit dem Marionetten-Pin-Werkzeug.

Mehrere Gitterpunkte auswählen
Klicken Sie mehrere Gitterpunkte nacheinander bei gedrückter [⇧]-Taste an. Egal, welches Marionetten-Werkzeug aktiv ist, mit [Alt] erhalten Sie das Rahmenauswahl-Werkzeug. Hiermit ziehen Sie einen Rahmen über den jeweiligen Marionettenpunkten auf.

Nachdem Sie den ersten Punkt, auch **Deformationspunkt** genannt, gesetzt haben, wurde in der Zeitleiste respektive im Effektfenster bereits der Effekt MARIONETTE hinzugefügt. Die Einstellungen werden wir jedoch nur in der Zeitleiste vornehmen.

Mit dem Auswahl-Werkzeug können Sie die einzelnen gesetzten Punkte direkt anklicken und verschieben. Wie Sie sehen, wird der Arm des Humanoiden dabei gestreckt und gestaucht. Gleichzeitig wird die ganze Figur wie im luftleeren Raum bewegt, was wir gleich ändern werden.

11.8 Animation mit den Puppenwerkzeugen

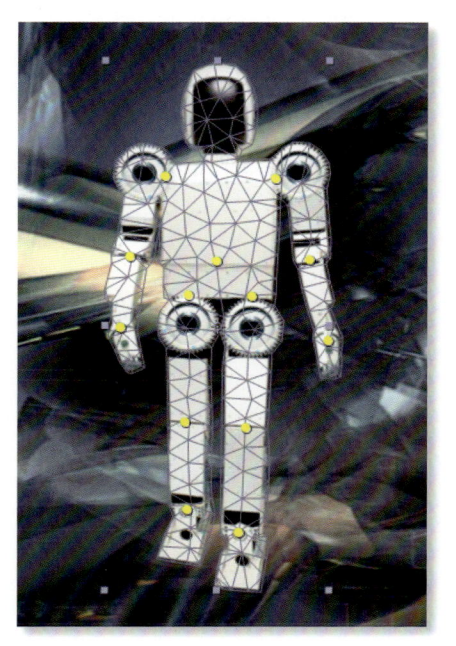

◀ **Abbildung 11.100**
Zuerst definieren Sie Gelenkpunkte per Marionetten-Pin.

Kehren Sie mit [Strg]+[Z] zur Ausgangseinstellung zurück. Setzen Sie weitere Gelenkpunkte für den anderen Arm: ebenfalls auf der Schulter, dem Ellenbogen und der Hand. Wenn Sie nun wieder an einem der Punkte ziehen, verschiebt sich die Figur nicht mehr ganz so stark. Um die Figur noch weiter zu fixieren, setzen Sie an allen Gelenken weitere Punkte wie in Abbildung 11.101.

◀ **Abbildung 11.101**
Zum Fixieren der Bewegung benötigen Sie Pin-Punkte an allen Gelenken.

Kapitel 11 Keyframe-Interpolation

2 Optionen in der Werkzeugleiste

Bei aktivem Marionetten-Pin-Werkzeug erscheinen rechts neben ihm in der Werkzeugleiste vier zusätzliche Optionen. Mit GITTER: ANZEIGEN blenden Sie das Verzerrungsgitter ein, das der Marionette, unserem Humanoiden, zugrunde liegt. Es ist ebenso groß wie die deckenden Pixel der Ebene und endet dort, wo transparente Ebenenteile beginnen. Bei kleineren Zwischenräumen kann das Gitter allerdings auch leicht so verschmelzen, dass die Zwischenräume nicht berücksichtigt werden. Dies müssen Sie besonders bei der Vorbereitung des zu animierenden Materials beachten.

Mit AUSBREITUNG legen Sie fest, wie weit sich das Gitter um die Außenkanten herum ausdehnt.

Mit der Option DREIECKE erhöhen oder verringern Sie die Anzahl der Flächen im Gitter, um die Qualität des Gitters zu verbessern oder zu verschlechtern. Beachten Sie, dass sich die Berechnungszeit bei einer größeren Flächenzahl teils deutlich erhöht.

3 Animation des Humanoiden

In der Zeitleiste öffnen Sie den Effekt MARIONETTE und unter GITTER1 den Unterpunkt DEFORMIEREN. Sie finden dort fortlaufend nummeriert sämtliche gesetzten Punkte unter der Bezeichnung MARIONETTEN-PIN. Jeder Marionetten-Pin verfügt über eine eigene Positionseigenschaft. Hier wurde bereits automatisch jeweils ein Anfangs-Key für die Animation erzeugt.

▼ **Abbildung 11.102**
In der Zeitleiste werden automatisch Positions-Keys für den aktiven Pin-Punkt gesetzt.

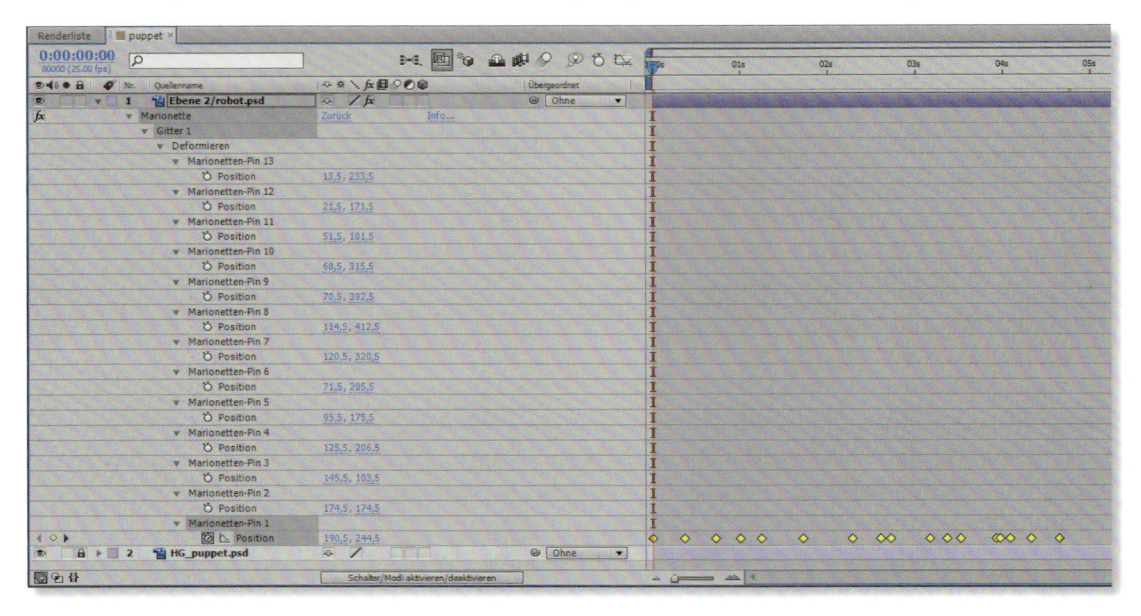

11.8 Animation mit den Puppenwerkzeugen

Sie können nun auf etwas umständliche Weise eine Animation »zu Fuß« erzeugen, indem Sie die Zeitmarke weiterbewegen und die Punkte in der Komposition verändern. Es werden neue Keys erzeugt, und die Positionsänderung wird danach als Animation angezeigt (betätigen Sie die Taste 0 im Ziffernblock).

Weit komfortabler ist die Animation jedoch, wenn Sie die Mausbewegung direkt aufzeichnen, wie es vergleichbar bei dem Feature BEWEGUNG SKIZZIEREN möglich ist. Löschen Sie zunächst die eventuell gesetzten Positionspunkte, und setzen Sie einen neuen ersten Key.

Klicken Sie den Pin-Punkt für die rechte Hand unseres Humanoiden an, und betätigen Sie gleichzeitig die Strg-Taste. Eine Eieruhr wird angezeigt, und der Umriss des Humanoiden wird gelb dargestellt, während die Zeitmarke bereits losläuft. Bewegen Sie nun im Takt der Musik, die Sie gerade hören, die Hand hin und her. Lassen Sie dann die Maustaste wieder los, um die Aufzeichnung zu beenden. After Effects hat Keys für jeden Bewegungsschritt gesetzt. Spielen Sie die Animation per Taste 0 im Ziffernblock ab. After Effects hat die Bewegung in Echtzeit aufgezeichnet. Die Aufzeichnung beginnt immer dort, wo die Zeitmarke gerade positioniert ist. Um Aufzeichnungen mit mehr als einem Pin-Punkt zu beginnen, markieren Sie zuvor die entsprechenden Punkte in der Komposition.

Wie Sie sehen, haben Sie hier ein sehr intuitives Animationstool an der Hand. Synchronisationen mit Sound nehmen Sie entweder intuitiv Ihrem Rhythmusgefühl entsprechend vor oder (als weitere Möglichkeit) über Expressions. Hier können Sie Audio-Keys, die Sie zuvor per AUDIO IN KEYFRAMES KONVERTIEREN erzeugt haben, auslesen und auf die Pin-Punkte übertragen.

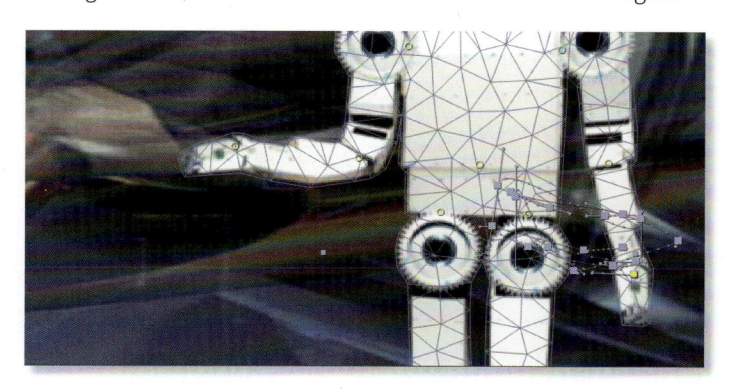

Zurücksetzen

Sie können in der Zeitleiste Marionettenpunkte schnell auf die Anfangsposition zurücksetzen. Dazu klicken Sie mit der rechten Maustaste auf die Eigenschaft POSITION des Marionettenpunkts und wählen ZURÜCKSETZEN. Die Position wird nur für den aktuellen Frame zurückgesetzt.

◄ **Abbildung 11.103**
Aufgezeichnete Positionspunkte können Sie wie jeden anderen Bewegungspfad bearbeiten.

4 Aufzeichnungsoptionen

Möchten Sie die Animationen nicht in Echtzeit aufzeichnen, sondern beschleunigt oder verlangsamt, legen Sie vor der Aufzeichnung neue Aufzeichnungsoptionen fest. Aktivieren Sie dazu das Marionetten-Pin-Werkzeug, und klicken Sie auf AUFN. OPT.

Abbildung 11.104 ▶
Mit den Aufzeichnungsoptionen wird die Aufnahme im Nachhinein schneller oder verlangsamt abgespielt.

Verringern Sie den Wert für GESCHWINDIGKEIT, wird die Bewegung anschließend schneller wiedergegeben, als sie aufgezeichnet wurde. Bei 100 % erfolgt die Wiedergabe in Echtzeit. Mit der Option GLÄTTEN verkleinern Sie die Anzahl der bei der Aufzeichnung gesetzten Keys. Je höher der Wert hier ist, desto weniger Keys werden gesetzt, und die Bewegung wird gegebenenfalls glatter.

Die Option ENTWURFSDEFORMATION VERWENDEN dient dazu, die Leistung bei der Vorschauanzeige zu verbessern. Per GITTER EINBLENDEN wird während der Aufzeichnung anstelle des einfachen Umrisses das Gitter eingeblendet, das der Marionette zugrunde liegt.

> **Animation verändern**
> Sie können die einmal aufgezeichnete Bewegung im Nachhinein noch modifizieren. Jedem Key in der Zeitleiste ist ein Positionspunkt im Kompositionsfenster zugeordnet. Sie können diese Punkte dort verschieben und den entstandenen Bewegungspfad genauso bearbeiten wie jeden anderen.

5 Marionette-Stärke-Werkzeug

Oft erzeugen die Deformationspunkte, wenn sie animiert werden, unerwünschte Verzerrungen. Um dies einzuschränken, können Sie Teile der Marionette oder, besser gesagt, Teile des zugrundeliegenden Verzerrungsgitters stabilisieren.

Exemplarisch werden wir dies anhand der Schulterstücke unseres Humanoiden nachvollziehen. Bewegen Sie zum Vergleich des Vorher-nachher-Effekts zunächst den Deformationspunkt für die rechte Schulter nach links. Das Schulterstück wird dabei stark zusammengedrückt. Setzen Sie die Bearbeitung per `Strg`+`Z` zurück. Um die Deformation zu verhindern, wechseln Sie zum Marionette-Stärke-Werkzeug. Klicken Sie dazu etwas länger auf das Marionette-Pin-Werkzeug. Setzen Sie zwei rote Punkte genau auf die beiden Schulterstücke, wie in Abbildung 11.105 gezeigt.

Öffnen Sie in der Zeitleiste den Eintrag STEIFHEIT, und erhöhen Sie dort den Wert für UMFANG auf 30. Damit werden weitere Gittersegmente in die Auswahl aufgenommen. Die betroffenen Gittersegmente werden versteift und können je nach der Höhe des Werts bei BETRAG gar nicht mehr oder nur noch schwer defor-

> **Quell-Footage austauschen**
> Wird das ursprüngliche Quell-Footage durch anderes ersetzt, wird das Gitter nicht automatisch an das neue Footage angepasst. Das Gitter wird nur bei Festlegung eines ersten Pin-Punktes berechnet, und zwar für den Frame, an dem die Zeitmarke sich gerade befindet.

miert werden. Per POSITION können Sie die Verstärkungspunkte noch verschieben.

Wenn Sie nun erneut zum Auswahl-Werkzeug greifen und die Schulter verschieben, bleiben die Schulterstücke wie gehabt erhalten. Dafür wird freilich der Hals arg gequetscht. Aber dies sollte ja auch nur ein Beispiel sein.

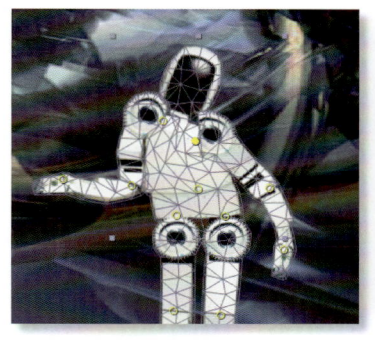

▲ **Abbildung 11.105**
Ohne Verstärkungspunkte werden die Schulterstücke stark deformiert.

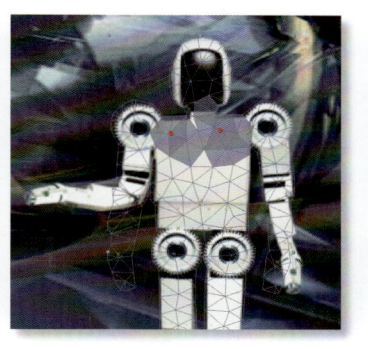

▲ **Abbildung 11.106**
Die Verstärkungspunkte werden auf die Schulterstücke gesetzt.

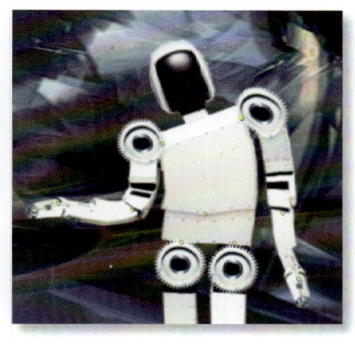

▲ **Abbildung 11.107**
Durch die Verstärkungspunkte werden die Schulterstücke nicht mehr deformiert.

6 Marionette-überlappen-Werkzeug

Ein weiteres Feature ist das Marionette-überlappen-Werkzeug. Es ermöglicht Ihnen beispielsweise, die Arme vor oder hinter dem Körper des Humanoiden zu platzieren. Und animierbar ist das wie immer natürlich auch noch.

Drücken Sie wieder länger auf das Marionette-Pin-Werkzeug, um das Marionette-überlappen-Werkzeug zu wählen. Wir wollen sowohl den rechten als auch den linken Arm manchmal vor dem Körper des Humanoiden platzieren und manchmal dahinter verschwinden lassen. Kaum haben Sie das Marionette-überlappen-Werkzeug aktiviert, werden die an den Gelenken gesetzten Pins als gelbe Kreuze dargestellt. Setzen Sie die Überlappen-Punkte neben den Kreuzchen auf der linken und der rechten Hand, damit die Deformationspunkte nicht verdeckt werden. Die neuen Punkte sind blau.

In der Zeitleiste definieren Sie den Bereich des Gitters, der von der ÜBERLAPPEN-Funktion betroffen sein soll. Öffnen Sie den Unterpunkt ÜBERLAPPEN und dort die Einträge ÜBERLAPPEN 1 und 2. Erhöhen Sie den Wert für UMFANG so weit, bis jeweils der gesamte Arm wie in Abbildung 11.108 weiß gefüllt erscheint. Die weiß gefüllten Gitterteile können Sie nun vor oder hinter dem Körper platzieren. Dies erreichen Sie mit dem Wert bei VORN.

Bei negativen Werten verschwindet der jeweilige Arm hinter dem Körper, bei positiven Werten liegt er vorn. Sollen beide Arme vor dem Körper überkreuzt erscheinen, benötigen wir zwei unterschiedliche positive Werte, z. B. 30 und 50. Hierbei würde der Arm mit dem Wert 50 ganz vorn liegen. Je höher der Wert, desto weiter oben liegt also das Objekt. Negative Werte werden im Kompositionsfenster mit einer dunkleren Füllung dargestellt; helle Füllungen zeigen ein vorn liegendes Objekt an.

▲ **Abbildung 11.108**
Mit dem Marionette-überlappen-Werkzeug definieren Sie Gitterteile, die weiter vorn oder weiter hinten liegen sollen.

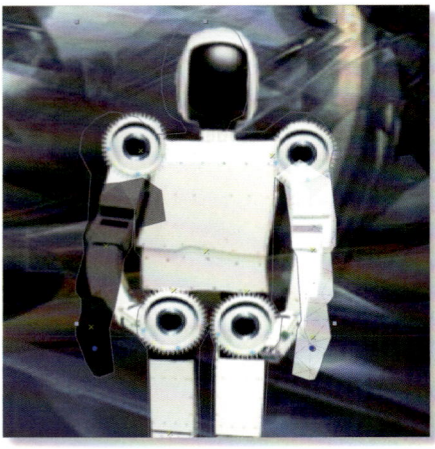

▲ **Abbildung 11.109**
Vorn liegende Gitterteile werden heller, weiter hinten liegende dunkler dargestellt.

▼ **Abbildung 11.110**
Für den Wechsel zwischen vorn und hinten liegenden Gitterteilen werden die Keys oft dicht nebeneinandergesetzt.

Zur Animation setzen Sie wie üblich Keyframes. Oft ist es hier günstig, die Keys zeitlich dicht aufeinanderfolgend zu setzen, z. B. in einem Moment, in dem sich ein Arm gerade seitlich des Körpers befindet, und dort die Position zwischen davor oder dahinter zu wechseln.

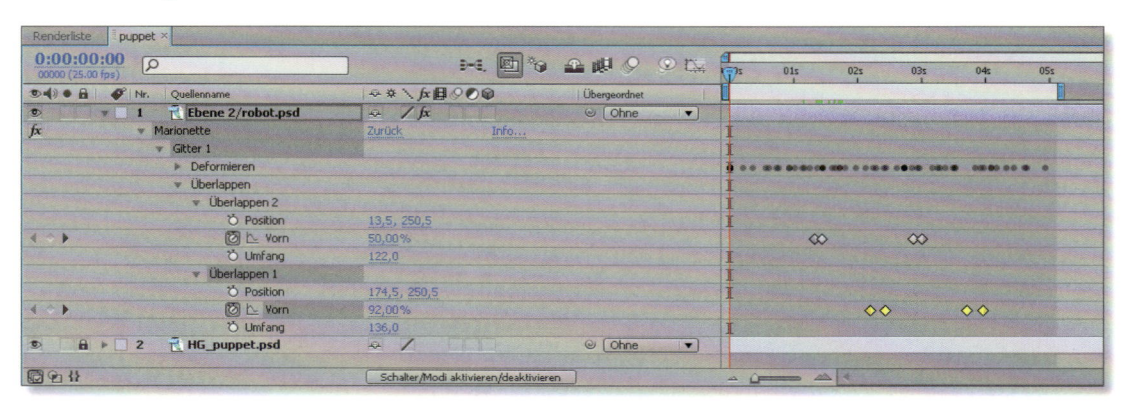

Zur Vertiefung Ihres jetzigen Wissens legen Sie sich vielleicht einen Song in die Komposition und versuchen, unseren Roboter im Rhythmus zu animieren.

Weitere Möglichkeiten, Marionetten-Gitter zu erstellen | Im Workshop haben wir den Marionetten-Effekt auf eine Rasterebene angewendet, die Transparenz enthielt. Das Gitter entstand dabei dort, wo sich nichttransparente Pixel befanden.

Bei Ebenen, die geschlossene Pfade wie Vektorpfade und Maskenpfade enthalten, können Sie zuerst für den oder die Pfade einen Umriss erstellen. Dazu klicken Sie außerhalb des Pfads mit dem Marionetten-Pin-Werkzeug in die Ebene. Das Werkzeug generiert daraufhin einen Umriss für sämtliche Pfade dieser Ebene, und der Marionetten-Effekt wird hinzugefügt. Um einen solchen Umriss anzuzeigen, müssen Sie das Marionetten-Werkzeug genau über einem Pfad positionieren. Der Umriss wird dann gelb eingeblendet. Nützlich ist der Umriss, um danach Deformationspunkte zu setzen, die Sie (wie im Workshop beschrieben) animieren können. Zum Erstellen eines Verzerrungsgitters klicken Sie mit dem Marionetten-Pin-Werkzeug in oder auf den Umriss.

Sie können das Marionetten-Werkzeug für folgende Ebenen bzw. Features einsetzen:

- **Vektorebenen**: Marionettengitter lassen sich auch für Vektorebenen erstellen. Hier wird das Gitter in dem durch einen Vektorpfad definierten Umriss erstellt.
- **Masken**: Auf Ebenen, die Masken enthalten, wird das Gitter im Umriss von geschlossenen Maskenpfaden erstellt. Mehr zu Masken erfahren Sie in Kapitel 18, »Masken, Matten und Alphakanäle«. Zur Animation setzen Sie Deformationspunkte, die Sie ähnlich wie im Workshop animieren.
- **Formebenen**: Auf Formebenen wird das Gitter im Umriss eines geschlossenen Formpfads erstellt. Die Animation erfolgt wieder über Deformationspunkte. Mehr zu Formebenen erfahren Sie in Abschnitt 18.5, »Formebenen«.
- **Text**: Bei Textzeichen entsteht das Verzerrungsgitter im Textzeichenumriss. Wollen Sie mehrere einzelne, unverbundene Textzeichen gemeinsam animieren, müssen Sie sie zuvor mit einer geschlossenen Maske umrahmen. Nachdem Sie dann das Gitter erstellt haben, können Sie die Maske löschen. Wenn Sie mehrere einzelne Teile einer Ebene, z. B. verschiedene Textzeichen, unterschiedlich stark verzerren wollen, können Sie mehrere Gitter auf der gleichen Textebene anlegen. Dies gilt auch für andere Ebenen als Textebenen. Mehr zu Text erfahren Sie in Teil VI, »Titel und Texte«.

> **Beispiele**
>
> Im Projekt »puppettool_animiert.aep« aus dem Ordner 11_INTERPOLATION/PUPPETTOOL finden Sie einige Beispiele zu den unten beschriebenen Punkten.

- **Malstriche**: Malstriche, die Sie in After Effects erstellt haben, können Sie mit dem Marionetten-Effekt animieren. Dazu verwenden Sie zuvor die Option AUF TRANSPARENZ MALEN, wodurch transparente Ebenenteile entstehen. Das Marionetten-Werkzeug erstellt dann ein Gitter auf der Grundlage des Alphakanals der Ebene. Mehr zu Malwerkzeugen erfahren Sie in Kapitel 21, »Malen und Retuschieren«.

TEIL V
Raus zum Film

Kapitel 12
Kompression und Kompressoren: die Grundlagen

Wirklich beendet ist ein Projekt erst, wenn es beim Kunden im gewünschten Ausgabeformat vorliegt. Und mit Überlegungen zum letztendlichen Ausgabeformat und zum Verteilermedium beginnt auch jedes Projekt. Dieses Kapitel gibt Ihnen zunächst einen Einblick in grundlegende Zusammenhänge, die Sie für jede Ausgabe brauchen. Daher begegnen Sie in diesem Kapitel erst einmal einer Menge grauer Theorie.

12.1 Kompression

Bei allem Vergnügen, Animationen zu erstellen, ist es doch entscheidend, wie der Film später bei Ihrem Publikum ankommt. Qualität und Dateigröße Ihres fertigen Films sind dabei genauso wichtig wie die richtigen Einstellungen, um Ihre Kompositionen für Fernsehen, Blu-ray Disc, DVD, CD-ROM, Web, mobile Geräte, Film oder zur Weiterverarbeitung auszugeben.

Die Kompression der Filmdaten ist ein wichtiger Bestandteil im Ausgabeprozess. Der Sinn der Kompression besteht kurz gesagt in einer Reduktion der Datenmenge.

Warum Kompression?

Bei der Reduktion der Datenmenge geht es für Bild-, Video- und Toninhalte um die Verringerung des Speicherbedarfs. Für die Bearbeitung oder die Ausgabe und Verbreitung dieser Inhalte ist es außerdem wichtig, den nötigen Datentransfer zu berücksichtigen: Sie müssen die Menge der zu übertragenden Daten bei größtmöglicher Qualität so gering wie möglich halten.

Sollten Sie noch Material aus analogen Quellen nutzen, ist es notwendig, die analogen Signale zur Weiterverarbeitung auf einem Computer zu digitalisieren. Bei der Aufzeichnung von Video geschieht dies bereits in der Kamera. Dabei wird, außer im

▲ **Abbildung 12.1**
Wollten Sie die Informationen dieser Bücher komprimieren, müssten Sie Worte löschen und Textstellen umformulieren, bei möglichst gleichbleibendem Informationsgehalt. Ginge das gut, hätten Sie nachher mehr Platz im Regal. Ähnlich ist das bei der Kompression von Bilddaten.

Abtastung eines analogen Signals

Bei der Abtastung eines analogen Signals wird das Signal in geringen Zeitabständen immer wieder gemessen. Die Messwerte werden dann in Form von binären Zahlenwerten gespeichert, sprich digitalisiert.

Profibereich, schon bei der Abtastung des analogen Bildsignals eine Datenreduktion erreicht. Trotzdem fallen dabei immer noch enorme Datenmengen an.

Bei der Bearbeitung von digitalem Video, beispielsweise beim Schnitt, muss die Datenmenge oft verringert werden. Denn jedes Bild muss praktisch in Echtzeit von der Festplatte gelesen und auf dem Computermonitor dargestellt werden.

Ein unkomprimiertes Videobild mit einer Framegröße von 720×576 Pixeln ist etwa 1,2 MB groß. Das macht bei 25 Bildern pro Sekunde etwa 30 MB. Es ist also mindestens eine Datenübertragungsrate von 30 MB/s nötig, um eine flüssige Darstellung zu erreichen. Bei HDTV-Material mit der Framegröße 1.920×1.080 Pixel ist jedes Bild schon etwa 7,91 MB groß. Dies ist trotz schneller Festplatten noch immer problematisch, da Umrechnungsprozesse zur Anzeige der Bilder auf dem Monitor die Übertragungsrate verringern. Auch die für das Lesen und Schreiben von Videodaten notwendige konstante Datenrate schmälert das Übertragungsvolumen. Um Material ohne Kompression (unkomprimiert) verarbeiten zu können, werden daher an das Rechnersystem hohe Anforderungen gestellt, verbunden mit höheren Kosten bei der Ausstattung.

Abbildung 12.2 ▶
Je größer die Framegröße und damit die Pixelanzahl, je höher die Farbtiefe und je besser die Tonqualität der Kamera, desto größer die Datenmenge.

© fotolia.com – A. Gravante

Datenrate

Die Datenrate oder Datenübertragungsrate beschreibt die Menge an übertragenen Daten pro Zeiteinheit. Die kleinste Dateneinheit ist das Bit, weswegen die Datenrate auch als **Bitrate** bekannt ist.

Je kleiner die Datenmenge pro Bild ist, desto geringere **Datenraten** können zur Bearbeitung und Wiedergabe von Videomaterial eingesetzt werden.

Die erreichbare Datenrate hängt außerdem vom Verteilermedium ab. So sind beim Lesen der Daten von einer DVD nur geringe Datenraten möglich. Daher muss hier auch die Datenmenge pro Bild recht klein sein. Wird von einer Festplatte gelesen, können größere Datenmengen pro Bild dargestellt werden, da die Datenrate beim Lesen höher ist. Ebenfalls gering ist die Datenrate bei der Übertragung von Bild-, Video- und Toninhalten über das Internet. Sind die Bild- oder Tondaten für die erreichbare Datenrate zu groß, stottert salopp gesagt die Wiedergabe.

Damit trotz geringer Datenraten noch etwas von den Bildern und dem Sound beim Publikum ankommt, gibt es die Kompression. Durch dünne Leitungen mit geringeren Datenraten passen kleinere Datenmengen. Die stärkste Kompression kommt daher auch gerade da zum Einsatz, wo der geringste Datendurchsatz möglich ist. Dabei liegt die Grenze der Kompression dort, wo es der menschlichen Wahrnehmung gerade noch zumutbar ist.

Kompressionsarten

Man unterscheidet grundsätzlich zwischen verlustfreier und verlustbehafteter Kompression.

Verlustfreie Kompression | Bei der verlustfreien Kompression (**lossless**) werden die Daten zusammengepackt und reduziert. Nach dem Entpacken sind die Daten vollständig wiederhergestellt. Es gehen keine Informationen verloren. Bei dieser Form der Kompression werden Wiederholungen im Material erkannt und auf andere Art gespeichert. Sind z. B. fünf Pixel rot, sechs Pixel gelb und vier blau, wird die Information nicht für jedes Pixel einzeln gespeichert, sondern in verkürzter Form: 5 × rot, 6 × gelb und 4 × blau. Verwendet wird diese Art der Komprimierung z. B. bei dem verbreiteten GIF-Format.

Verlustbehaftete Kompression | Bei der verlustbehafteten Kompression (**lossy**) werden Bilddaten mit Rücksicht auf die menschliche Wahrnehmung entfernt. Wichtig dabei ist immer das Verhältnis zwischen hoher Kompression und ebenfalls möglichst hoher Qualität. Oft werden die für das menschliche Auge weniger wichtigen Informationen reduziert. Dazu gehören die Farbinformationen. Sich wiederholende Bildinformationen werden zusammengefasst. Bei der Dekompression und Wiedergabe kann die ursprüngliche Qualität der Bildinformation nicht wiederhergestellt werden.

Kompressionsartefakte | Vielleicht kennen Sie die durch Kompression entstandenen Bildstörungen von Bildern oder Filmen aus dem Internet. Diese Störungen nennen sich **Kompressions-**

artefakte. Je nach verwendetem Kompressor unterscheiden sich die Artefakte und äußern sich in Blöckchenbildung, unscharfen Kanten, ausblutenden Farben, verwaschenem Ton oder Ähnlichem. Das soll Ihnen aber keine Angst vor dem Komprimieren machen, denn die Qualität von komprimierten Dateien nimmt durch neue Verfahren immer mehr zu, während immer kleinere Datenmengen entstehen.

▲ **Abbildung 12.3**
Ein Bild ohne Kompression …

▲ **Abbildung 12.4**
… und das gleiche Bild mit Kompressionsartefakten. Zur Verdeutlichung habe ich hier eine besonders geringe Qualität für die Kompression gewählt.

Intra-Frame- und Inter-Frame-Kompression | Die **Intra-Frame-Kompression** ist eine Einzelbildkompression (räumliche Kompression). Die einzelnen Bilder werden dabei unabhängig von den Folgebildern komprimiert. Daten innerhalb des Einzelbildes werden entfernt oder zusammengefasst. Intra-Frame-Kompression wird beispielsweise bei der M-JPEG-Kompression und bei DV verwendet.

Die **Inter-Frame-Kompression** ist eine Bewegtbildkompression (zeitliche Kompression). Mehrere aufeinanderfolgende Bilder werden hierbei zu einer Gruppe zusammengefasst. Es wird ein erstes Bild festgelegt, das mit allen Informationen gespeichert wird. Mit diesem Bild werden alle anderen Bilder der Gruppe verglichen. Nur die Änderungen in den nachfolgenden Bildern werden gespeichert. Daher ist es im Übrigen auch günstig, Kameraaufnahmen möglichst verwackelungsfrei, also mit Stativ, durchzuführen. Durch die geringeren Änderungen kann der Kompressor stärker komprimieren. Das reduziert letztendlich die Datenmenge. Verwendung findet die Inter-Frame-Kompression beispielsweise bei der MPEG-Kompression.

12.2 Codecs und ihre Verwendung

Um eine Audio- oder Videoinformation in ein digitales Format umzuwandeln, sind soft- oder hardwareseitige Berechnungen nötig. Zumeist geschieht dies mit dem Ziel der Datenreduktion, der Kompression. Wird ein komprimierter Film wieder abgespielt, ist ein Decoder nötig, der die komprimierte Information wieder in ein sichtbares Ergebnis umwandelt. Diese beiden Vorgänge werden über sogenannte **Codecs** durchgeführt, wie aus dem Namen Codec (**Co**der und **Dec**oder) ersichtlich wird.

Klar wird dadurch auch, dass ein Film, der mit einem bestimmten Codec komprimiert wurde, nur dann decodiert und abgespielt wird, wenn der Codec auf dem System installiert wurde. Und da eine sehr hohe Anzahl verschiedener Codecs Anwendung findet, kann es durchaus sein, dass von Ihrem schönen Film bei Ihrem Zielpublikum nicht ein Bild oder ein Ton ankommt, wenn die Kompressionsart nicht erkannt und decodiert werden kann.

Für ein breites Zielpublikum sollten Sie also zu einem weitverbreiteten Codec greifen. Zum Glück sind die wichtigsten Codecs bereits auf den meisten Rechnern vorhanden. Codecs gibt es als Softwarevarianten, die nachinstalliert werden können, und als Hardwarevarianten in Video- und Grafikkarten, um Berechnungen in Echtzeit zu ermöglichen.

▲ **Abbildung 12.5**
Einer Vielzahl an Codecs steht eine Vielzahl an Decodern gegenüber, wie den Schlössern die Schlüssel.

Asymmetrische Codecs
Die meisten Codecs sind asymmetrisch. Das heißt, sie benötigen weit mehr Zeit für das Komprimieren als für das Dekomprimieren bzw. Abspielen.

Player, Encoder und Codecs

Zum Abspielen eines Films auf einem Rechner ist ein Player notwendig. Darum müssen Sie sich meistens nicht weiter sorgen. Für den Mac wird der QuickTime Player und für Windows-Systeme der Windows Media Player vorinstalliert. Beide Player liefern gleich die gängigsten Codecs zur Dekompression, also zum Abspielen unterschiedlich komprimierter Medieninhalte, mit. Weitere Codecs und Player können nachinstalliert werden. Die Player zum Abspielen von Videos sind kostenfrei.

Mit After Effects werden ebenfalls wichtige Codecs auf dem System installiert, um eine Kompression direkt aus After Effects anbieten zu können.

Encoder | Außerdem ist es möglich, Daten über einschlägige Encoder zu komprimieren, die allerdings meistens nicht kostenfrei zu haben sind. Auch die Encoder enthalten verschiedenste Codecs zur Kompression. Die Kompressionseinstellungen sind gemeinhin umfangreicher und professioneller als in den kostenfreien Versionen.

Kapitel 12   Kompression und Kompressoren: die Grundlagen

Download

▶ **QuickTime Players**
Unter *www.apple.com/quicktime/download* können Sie den QuickTime Player kostenlos herunterladen.

▶ **Adobe Flash Players**
Unter *http://www.adobe.com/de/* im Menüpunkt DOWNLOADS gehen Sie auf FLASH PLAYER HERUNTERLADEN, um den Player kostenlos zu erhalten.

▶ **Windows Media Players**
Unter *http://www.microsoft.com/windows/windowsmedia/de/* finden Sie den Windows Media Player zum kostenlosen Download.

▶ **VLC Media Players**
Unter *http://www.videolan.org/vlc/* finden Sie den VLC Media Player kostenlosen Download. Der Player ist eine plattformübergreifende Open-Source-Software. Sie können damit alle gängigen Video- und Audioinhalte abspielen.

▶ **Real Media Players**
Unter *www.real.com/international/playerplus* können Sie den Real Media Player kostenlos herunterladen.

Abbildung 12.6 ▶
Wie in einem echten Container können bei Containerformaten verschiedene Inhalte, z. B. Audio- und Videodaten, im Containerformat enthalten sein.

Erwähnenswert sind der MPEG-Encoder von MainConcept, der auch in After Effects enthalten ist, DivX, Sorenson Squeeze Suite, Telestream Episode Encoder, TMPGEnc XPress, der auch in der Demoversion voll funktionstüchtig ist, und QuickTime Pro von Apple.

Da ständig an der Verbesserung der erreichbaren Ausgabequalität bei gleichzeitig kleiner werdenden Dateien gearbeitet und die Geschwindigkeit beim Komprimieren (Encodieren) beschleunigt wird, gibt es eine Vielzahl an Codecs und Encodern.

Gängige Formate, Kompressoren und Medien

Bei der Arbeit mit Audio- und Videodaten unterscheidet man zwischen **Audio- und Videoformaten** und **Containerformaten**.

Bekannte Containerformate sind AVI und MOV. Beide können Audio- oder Videodaten getrennt oder kombiniert enthalten und beherrschen viele verschiedene Audio- oder Videoformate. Es ist möglich, dass die Daten in unkomprimiertem Zustand in dem Containerformat vorliegen oder mittels verschiedener Kompressoren komprimiert wurden. So kann die Videoinformation beispielsweise entweder mit dem Cinepak-Codec, dem Sorenson-Codec oder mit MPEG-2, MPEG-4, H.264, DivX oder MPEG-1 codiert sein, die Audioinformation mit AAC, IMA 4:1, iLBC etc.

Bei anderen Formaten verrät bereits die Dateiendung, um welche Dateiart bzw. welche Kompression es sich handelt. Hierzu zählt beispielsweise das GIF-Format.

Kompression in After Effects

After Effects beherrscht die Ausgabe in unterschiedliche gängige Formate für verschiedenste Medien. Dazu bietet After Effects eine große Zahl der gebräuchlichen Kompressoren an. Dennoch müssen Codecs bisweilen nachinstalliert werden, um verschiedenen Anforderungen gerecht werden zu können. Wenn beispielsweise QuickTime nicht auf Ihrem System installiert ist, sind die dazugehörigen Komponenten einschließlich Codecs nicht in After Effects verfügbar.

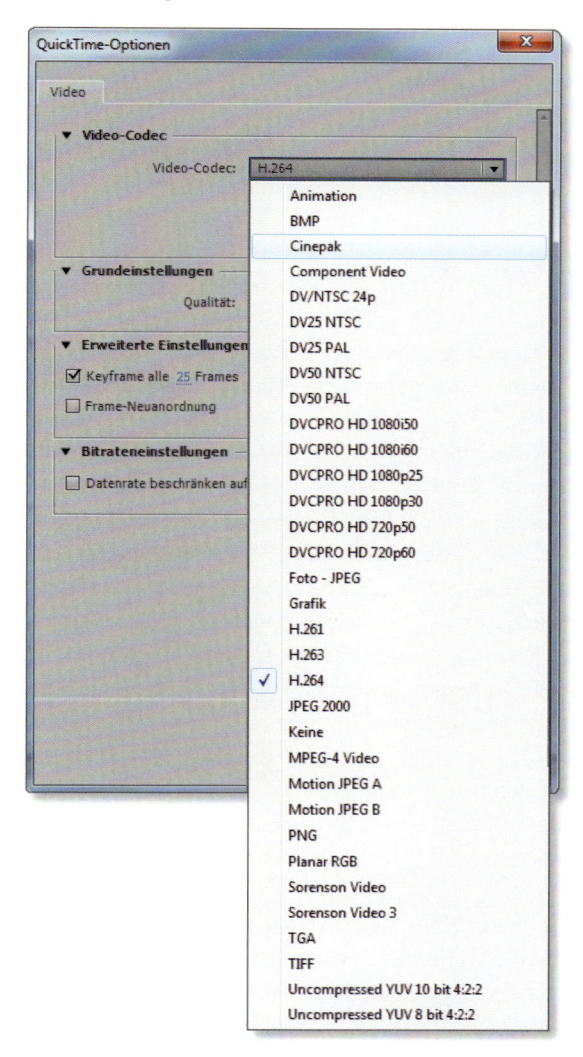

◄ **Abbildung 12.7**
Mit QuickTime bietet After Effects zusätzliche Codecs zu den bereits in der Software enthaltenen an.

Welche Codecs und Formate für die Ausgabe auf den gängigen Medien gebräuchlich sind, können Sie Tabelle 12.1 entnehmen.

Codec	Format	Medium
Cinepak, MPEG-1, Sorenson u. a.	AVI, MOV, SWF, MPEG-1 etc.	CD-ROM
MPEG-2	MPEG-2 (.mpg, .m2v, .m2a, .mp2, .vob)	DVD
Sorenson, MPEG-4	QuickTime (.mov)	WWW
H.264, H.264 Blu-ray	3GPP, .3g2, .MPEG-4, .m4v, .m4a	mobile Endgeräte (DVB-H, DMB), HD-DVD, Blu-ray Disc, DVB-S2
Windows Media Video/Audio	Windows Media (.wmv/.wma)	WWW
RealVideo/Audio	RealVideo (.rm) RealAudio (.ra)	WWW
On2 VP6, Sorenson H-263, MPEG-4	Flash-Datei (.swf) Flash-Video (.flv, .f4v)	WWW

▲ **Tabelle 12.1**
Codecs, Formate und dazugehörige Medien

Zum besseren Verständnis seien hier einige der wichtigsten in After Effects verfügbaren Kompressoren etwas genauer erläutert.

Unkomprimiert | Die unkomprimierte Ausgabe dient nur dem Zusammenfassen Ihrer Animationen in einer einzigen Datei. Das Resultat ist eine hohe Bildqualität bei entsprechend großen Dateien. Der Sinn ist meist, die Daten zur Weiterverarbeitung unkomprimiert auszugeben. Eine solche Datei kann auch Alphainformationen innerhalb eines ebenfalls ausgegebenen Alphakanals enthalten. Somit können Sie beispielsweise eine aus mehreren Ebenen bestehende Titelanimation in einer Datei mit transparentem Hintergrund zusammenfassen und über einem neuen Hintergrund platzieren.

In After Effects wählen Sie für die unkomprimierte Ausgabe im AVI-Format die Option KEINE KOMPRIMIERUNG und im Format MOV die Option KEINE.

Cinepak | Der Cinepak-Codec ist relativ alt und wird meist dann verwendet, wenn eine weite Verbreitung gewünscht ist, da er sowohl auf den meisten neuen als auch älteren Systemen vorhanden ist. Außerdem stellt der Codec nur geringe Anforderungen an die Prozessorleistung, was ein flüssiges Abspielen der komprimierten Filme gewährt. Die Kompressionsgeschwindigkeit des Cinepak-Codecs ist gering. Dagegen ist die Dekompression deutlich schneller. Der Nachteil ist die gegenüber einigen neueren Codecs geringere erreichbare Bildqualität.

Sorenson | Der Sorenson-Codec ist in einer älteren (Sorenson) und einer neueren Variante (Sorenson 3) in After Effects integriert. Die Kompressionsgeschwindigkeit von Sorenson ist mit der von Cinepak vergleichbar. Sorenson 3 ist schneller. Zum Abspielen mit hohen Auflösungen ist eine relativ hohe Prozessorleistung nötig, die allerdings nur bei sehr langsamen Systemen ins Gewicht fällt. Daher ist der Codec für sehr alte Systeme nicht empfehlenswert. Die erreichbare Bildqualität ist bedeutend höher als beim Cinepak-Codec, und die Datenrate ist weitaus geringer. Die resultierende Dateigröße kann sich gegenüber dem Cinepak-Codec halbieren.

Ein Nachteil ist die Tendenz zum »Ausbluten« der Farben, besonders bei Rottönen. Mit Sorenson 3 komprimierte Filme sind nur mit Playern ab der QuickTime-Version 5 abspielbar.

DV-PAL und DV-NTSC | DV-PAL oder DV-NTSC wird verwendet, um Animationen im DV-Standard auszugeben. Der Codec ist nicht für eine Datenreduktion und zur Verbreitung von damit komprimierten Filmen auf multimediatypischen Medien wie DVD geeignet. Planen Sie eine Ausgabe auf MiniDV, DVCam und DV-CPro, verwenden Sie die entsprechenden DV-Codecs.

Standardmäßig sind für das AVI-Format die Codecs DV (24p Advanced), DV PAL und DV NTSC wählbar und für die Ausgabe im MOV-Format die Codecs DV/NTSC 24p, DV25 PAL, DV50 PAL, DV25 NTSC, DV50 NTSC, DVCPRO HD 1080i50, DVCPRO HD 1080i60, DVCPRO HD 1080p25, DVCPRO HD 1080p30, DVCPRO HD 1080p50, DVCPRO HD 720p50 und DVCPRO HD 720p60.

▲ **Abbildung 12.8**
Die Beschäftigung mit Codecs gehört sicher zu einer der Wüsteneien in After Effects, aber es gibt ja auch die Oasen.

MPEG-2 | Die Kompressionsgeschwindigkeit des MPEG-2-Codecs ist relativ gering. Allerdings wird das durch kleine Dateien mit sehr guter Bildqualität belohnt. After Effects verwendet einen Codec von MainConcept. Mit dem MPEG-2-Codec komprimierte Dateien finden beim DVD-Authoring und zur Präsentation Verwendung (dabei ist nicht jeder Player in der Lage, die Datei abzuspielen).

Den Encoder finden Sie im Ausgabemodul unter Format: MPEG2. Entsprechende Kompressionseinstellungen nehmen Sie unter Formatoptionen im Adobe Media Encoder vor.

> **Ausgabeoptionen im Detail**
> Nähere Informationen zur Ausgabe in gängige Formate aus After Effects finden Sie in Kapitel 13, »Das Rendern«.

MPEG-2 DVD | Es wird der gleiche Codec wie bei der MPEG-2-Ausgabe verwendet. Optional geben Sie jeweils einen separaten Audio- und Videodatenstrom, je nach Weiterverarbeitungsart, oder eine gemultiplexte Variante aus (Audio- und Videodaten sind dabei in einer Datei zusammengefügt). Die Ausgabe eignet sich, wie der Name schon vermuten lässt, für Dateien, die letztlich auf einer DVD publiziert werden.

MPEG-2 Blu-ray | Auch hier nutzt After Effects wieder den MPEG-2-Codec von MainConcept, und Sie können über die Formatoptionen weitere Einstellungen vornehmen. Die Ausgabe dient, wie der Name bereits vermuten lässt, der Datenspeicherung auf Blu-ray-Medien.

MPEG-4 Video | Der Rechenaufwand bei der Kompression ist hier recht hoch und die Encodiergeschwindigkeit daher relativ niedrig. Das Resultat sind kleine Dateien in hoher Bildqualität. Die Ausgabe ist in After Effects für das MOV-Format möglich. Allerdings muss mindestens der QuickTime Player auf dem System installiert sein, sonst wird der Codec nicht angeboten. Die komprimierten Filme spielen Sie über den QuickTime Player ab. Die so komprimierte Ausgabe dient meist zur Verteilung im Web.

Im Ausgabemodul finden Sie den Codec MPEG-4 Video unter Format: QuickTime und weiter unter Formatoptionen. In der Karte Video suchen Sie unter Video-Codec den Eintrag MPEG-4 Video.

H.261, H.263, H.264 und H.264 Blu-ray | Seinem Verwendungszweck für die Videotelefonie und für Videokonferenzen entsprechend, werden mit dem Verfahren namens H.261 Bilddaten bei recht guter Bildqualität stark reduziert. Der H.261-Standard bildet die Grundlage für MPEG-1, MPEG-2, H.262, H.263, H.264 und H.264 Blu-ray.

Das im MPEG-4-Standard enthaltene H.263-Komprimierungsverfahren ist eine Weiterentwicklung von H.261 und ist wie dieses Verfahren für niedrige Datenraten und wenig Bewegung optimiert.

Ebenfalls Teil des MPEG-4-Standards (MPEG-4 Part 10) ist der Videokonferenz-Standard H.264. Hier sind Bildauflösungen bis hin zu 1.920 × 1.080 (HD-Video) bei geringen Datenraten möglich. Das Verfahren findet bei HD-DVD, Videokonferenzen, Video-on-Demand, Streaming und Multimedia-Nachrichten Verwendung und ist für TV-Sendungen geeignet.

12.2 Codecs und ihre Verwendung

In After Effects können Sie für das Format MOV eine Kompression mit H.261 und H.263 einstellen, und wenn mindestens QuickTime 7 installiert ist, zusätzlich mit H.264. Allerdings ist es für H.264 besser, das Format im Ausgabemodul direkt zu wählen, um eine hohe Qualität sicherzustellen.

H.264 liefert bei halber Datenrate die gleiche Qualität wie MPEG-2 und wird von den DVD-Formaten HD-DVD und Blu-ray Disc unterstützt. Wenn Sie in das Format H.264 oder H.264 Blu-ray ausgeben, können Sie unter FORMATOPTIONEN weitere Einstellungen vornehmen. Als Audiokompression wird AAC (Advanced Audio Coding) bzw. PCM Audio (bei H.264 Blu-ray) verwendet, was eine hohe Audioqualität gewährleistet und zudem von vielen mobilen Geräten unterstützt wird. Für die Videokompression wird bei H.264 und bei H.264 Blu-ray der Video-Kompressor MainConcept H.264 verwendet.

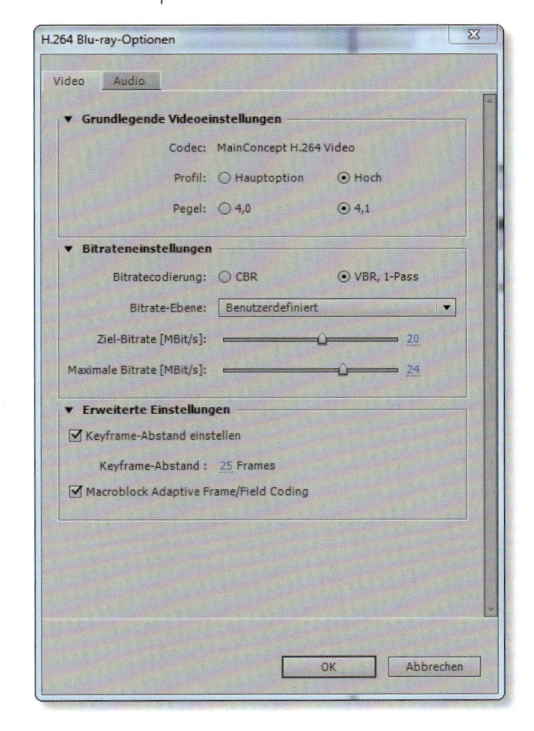

◄ **Abbildung 12.9**
Der Adobe Media Encoder stellt je ein komfortables Interface für Einstellungen zur Ausgabe in H.264 Blu-ray und H.264 bereit.

10 Bit YUV | Sie können Kompositionen aus After Effects mit 10-Bit-Kanal-YUV-Komprimierung rendern, wenn Sie AVI-Dateien in Premiere Pro mit HD-Material verwenden wollen.

Dazu wählen Sie im Ausgabemodul unter FORMAT den Eintrag AVI und unter FORMATOPTIONEN in der Karte VIDEO unter VIDEO-CODEC die Option V210 10-BIT YUV.

FLV und F4V (H.264) | Über den Adobe Media Encoder geben Sie Ihre Kompositionen in das **Flash-Video-Format** aus, um die Videodateien beispielsweise in Flash-Projekten weiterzuverwenden. Das FLV-Format ist ein Containerformat wie die Formate MOV und AVI. Sie können Videodaten innerhalb von FLV mit dem Codec On2 VP6 komprimieren. Der Codec Sorenson Spark wird nicht mehr verwendet. Daher sind Dateien mit diesem Codec auch nicht mehr in After Effects importierbar. Audiodaten komprimieren Sie mittels MP3.

Genaueres zu den Optionen lesen Sie in Abschnitt 15.3, »Ausgabe ins Flash-Video-Format (FLV + F4V)«.

Kapitel 13
Das Rendern

Um eine Komposition zu einem eigenständigen Film zu machen, muss sie berechnet werden. After Effects erstellt beim sogenannten **Rendern** *Frame für Frame Ihre Animation. Dabei werden Transformationen, Effekte, Maskenbearbeitungen und Sound in die fertige Datei eingerechnet. Das Ergebnis ist eine Filmdatei, die unabhängig von der Projektdatei auf der Festplatte gespeichert wird und auf verschiedene Medien verteilt werden kann. Abhängig von dem verwendeten Codec, der sich von Ausgabeformat zu Ausgabeformat unterscheiden kann, nimmt die resultierende Datei mehr oder weniger Platz auf der Festplatte ein.*

In diesem Kapitel erfahren Sie alles über die Funktionsweise des Renderns in After Effects und über Möglichkeiten, die Ausgabe von Dateien effektiv zu gestalten. Sie werden die Renderliste gut kennenlernen, wesentliche Rendereinstellungen vornehmen, Vorlagen für das Rendern selbst definieren, um sich die Arbeit zu erleichtern, und einiges mehr. Zuerst sehen wir uns aber den Rendervorgang genauer an.

13.1 Der Rendervorgang

Beim Rendern wird jede Ebene oder verschachtelte Komposition Frame für Frame entsprechend ihrer Reihenfolge in der Zeitleiste berechnet.

2D-Ebenen | 2D-Ebenen werden dabei von der untersten zur obersten Ebene berechnet. After Effects errechnet zuerst die auf eine Ebene angewendeten Masken, dann die Effekte und schließlich die Transformationen. Hat sich After Effects durch den Ebenenstapel bis zur obersten Ebene durchgearbeitet, wird das Ergebnis an die in der Renderliste definierten Ausgabemodule (es können mehrere sein) gesendet, um den Ausgabefilm zu erstellen.

3D-Ebenen | Bei 3D-Ebenen, die ich später noch genauer besprechen werde, ist die Renderreihenfolge durch die räumliche Anordnung der Ebenen bestimmt. After Effects beginnt mit der Berechnung der räumlich am weitesten entfernten Ebene der Komposition. Für Drehungen werden nacheinander zuerst die X- und Y- und zum Schluss die Z-Drehung berechnet.

2D- und 3D-Ebenen | Das wäre nun alles sehr schön, wenn nicht bisweilen mit Kompositionen gearbeitet würde, die 2D- und 3D-Ebenen enthalten. After Effects sieht in der Zeitleiste aufeinanderfolgende 3D-Ebenen als eine Gruppe an, aus der die am weitesten entfernte Ebene ermittelt wird. Platzieren Sie 2D-Ebenen in der Zeitleiste zwischen 3D-Ebenen, teilt After Effects die 3D-Ebenen in zwei Gruppen und berechnet sie jeweils extra.

Das Ärgerliche daran ist, dass nun Schatten, die eigentlich von der einen Gruppe der 3D-Ebenen auf die andere Gruppe fallen sollen, nicht mehr sichtbar sind, wie Sie das im Vergleich von Abbildung 13.1 und 13.3 gut erkennen. Auch geometrisch trennt die 2D-Ebene die beiden Gruppen, wie Sie an der Bodenfläche sehen, die einmal den Hintergrund durchdringt und einmal ohne Durchdringung dargestellt wird. Um eine solche Misere zu verhindern, müssen Sie die 2D-Ebenen in der Zeitleiste über oder unter sämtliche 3D-Ebenen ziehen.

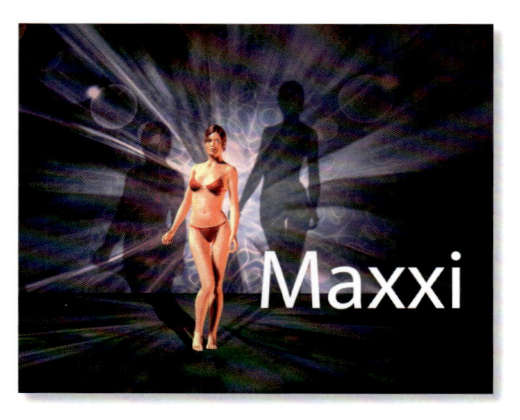

Zum Nachlesen
In Kapitel 23, »3D in After Effects«, finden Sie weitere Informationen zur Arbeit mit 3D-Ebenen.

Abbildung 13.1 ▶
Diese Abbildung stellt alle Ebenen wunschgemäß dar.

Abbildung 13.2 ▶
Die 2D-Ebene ist in der Zeitleiste separat neben den 3D-Ebenen platziert.

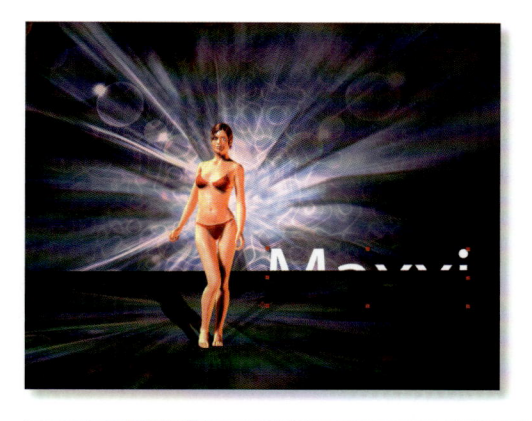

◄ **Abbildung 13.3**
Hier wird die Durchdringung der Boden-Ebene mit der Hintergrundebene nicht mehr dargestellt, ein Teil des Schattens fehlt, und der Text liegt nicht mehr ganz oben.

◄ **Abbildung 13.4**
In der Zeitleiste ist die 2D-Ebene zwischen den 3D-Ebenen platziert und teilt diese in zwei Gruppen, die getrennt berechnet werden.

13.2 Schnelle RAM-Vorschau und schnelles Rendern

Wer hat sich in After Effects nicht schon eine schnellere RAM-Vorschau (am liebsten sofort in Echtzeit) und eine flotte Ausgabe der umfangreichsten Bearbeitungen gewünscht. Mit den neuen Prozessorgenerationen, die mit mehreren Prozessorkernen ausgestattet sind, kommen wir der Sache ein paar Schritte näher.

Mehrprozessorverarbeitung in After Effects

After Effects ist für Systeme mit mehreren Prozessoren oder Prozessorkernen optimiert. Das heißt konkret, dass Sie die Berechnung der RAM-Vorschau – bei der After Effects intern alle Bearbeitungen zu einem fertigen Film rendert, der vorübergehend im Arbeitsspeicher (bzw. RAM-Cache) abgelegt wird – beschleunigen können. Außerdem ist die Endausgabe schneller, die schon oft Nächte gekostet hat.

Seit CS5 werden bei der Berechnung neben den physisch vorhandenen Prozessorkernen auch virtuelle, durch Hyper-Threading erstellte Kerne verwendet.

Hintergrundprozess
Hintergrundprozesse sind zusätzliche Prozesse, die After Effects beim Rendern für RAM-Vorschau und Endausgabe unterstützen und beschleunigen. Die Hintergrundprozesse aktivieren oder deaktivieren Sie, indem Sie das Häkchen bei MEHRERE FRAMES GLEICHZEITIG RENDERN setzen bzw. entfernen. Wenn möglich, startet After Effects dann Renderinstanzen im Hintergrund, wovon jede auf einem separaten Prozessorkern ausgeführt wird und einen eigenen Frame rendert.

Kapitel 13   Das Rendern

Vordergrundprozess
Zu den Vordergrundprozessen gehören die After-Effects-Anwendung selbst und der RAM-Cache, von dessen Größe es abhängt, wie viel Film Sie in der Vorschau in Echtzeit abspielen können.

Vielleicht haben Sie trotz fehlender Abwrackprämie für alte Rechner und Prozessoren und trotz fehlenden Rettungspakets bereits die Voraussetzung für dieses Privileg schaffen können und mindestens einen Intel Core 2 Duo-Prozessor in Ihrem System. Dann können Sie nämlich unter BEARBEITEN • VOREINSTELLUNGEN • SPEICHER & MEHRPROZESSORVERARBEITUNG im Dialog ein Häkchen bei MEHRERE FRAMES GLEICHZEITIG RENDERN ❶ setzen.

Damit haben Sie die Qual der Wahl, ob Sie den Vordergrund- oder den Hintergrundprozessen mehr Arbeitsspeicher zuweisen und eventuell auch noch anderen Anwendungen. Außerdem müssen Sie die vorhandenen CPUs (Prozessorkerne) auf die Hauptanwendung, also After Effects, und andere Anwendungen aufteilen.

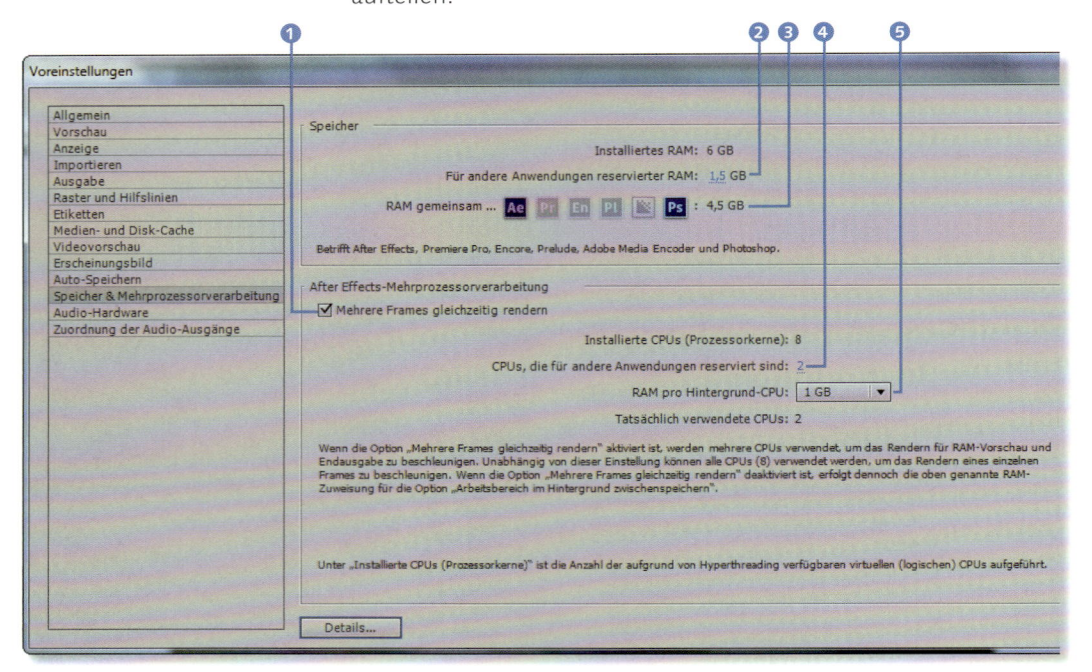

▲ **Abbildung 13.5**
In den Voreinstellungen aktivieren/deaktivieren Sie die Mehrprozessorverarbeitung und teilen CPUs und RAM auf.

CPU- und Speicheraufteilung

Zunächst müssen Sie entscheiden, wie viel von Ihrem Arbeitsspeicher und Ihren CPUs Sie anderen Anwendungen wie Premiere Pro, Encore und Adobe Media Encoder von After Effects abgeben wollen.

350

Speicheraufteilung | Unter FÜR ANDERE ANWENDUNGEN RESERVIERTER RAM ❷ tragen Sie einen Wert ein, der mindestens dem Minimum der Systemanforderungen der anderen Anwendungen entspricht. Neben den anderen Anwendungen wird auch dem Betriebssystem weiterer Speicher zugewiesen, wenn Sie den Wert erhöhen. Einen bestimmten Wert können Sie nicht unterschreiten, da dieser für ein optimales Arbeiten des Betriebssystems reserviert ist.

CPU-Aufteilung | Aktivieren Sie MEHRERE FRAMES GLEICHZEITIG RENDERN, und legen Sie dann fest, wie viele Ihrer CPUs Sie nicht für After Effects, sondern für andere Anwendungen arbeiten lassen wollen. Angenommen, Sie hätten acht CPUs, so könnten Sie zwei davon für andere Anwendungen abkommandieren, indem Sie unter CPUs, DIE FÜR ANDERE ANWENDUNGEN RESERVIERT SIND ❹ die Zahl 2 eintragen. So hätten Sie immer noch sechs CPUs, die After Effects flott machen. Dabei gilt: Je höher die Anzahl der CPUs, desto mehr Hintergrundprozesse können ausgeführt werden, denn jeder einzelne Prozess wird auf einer separaten CPU (Prozessorkern) ausgeführt.

Adobe empfiehlt, die optimale CPU-Aufteilung selbst zu testen, indem Sie mit einer geringen Prozessoranzahl beginnen und diese allmählich erhöhen.

Speicher pro CPU | Ist im System nicht genügend Speicher installiert oder haben Sie After Effects nicht genügend Speicher zugewiesen, verringert sich die Zahl der möglichen Hintergrundprozesse. Legen Sie unter RAM PRO HINTERGRUND-CPU ❺ den zum Projekt passenden Speicher fest. Empfohlen sind:
- für ein TV-Projekt mit SD-Auflösung: mindestens 1 GB pro Hintergrund-Prozess
- für ein HDTV-Projekt: mindestens 2 GB (z. B. für ein HDTV-Projekt mit 32 Bit Farbtiefe)
- für ein Digital-Cinema-Projekt: mehr als 2 GB

> **Speicherausgleicher**
>
> Neben RAM GEMEINSAM ❸ FÜR werden alle Anwendungen aufgeführt, die sich denselben Speicherbereich teilen müssen. Ein Diplomat – der Speicherausgleicher – weist den Speicher automatisch nach den Kriterien Mindestspeicheranforderung der Anwendung, maximal verfügbarer Arbeitsspeicher, aktuell verwendeter Speicher und Priorität zu und vermittelt die Ressourcen zwischen den Programmen. In den Voreinstellungen zu SPEICHER & MEHRPROZESSOREN können Sie die aktuellen Prozesse unter DETAILS einsehen. After Effects und Premiere hat Adobe die höchste Priorität gegönnt. Werden beide gleichzeitig verwendet, verringert sich sofort der für die Vorschau verfügbare RAM von After Effects.

Ist der Wert z. B. mit 0,5 GB pro CPU geringer eingestellt, werden mehrere CPUs gleichzeitig mit einem begrenzten Betrag vom RAM verwendet. Ist er allerdings zu niedrig, können die Hintergrundprozesse das Rendern nicht unterstützen, und so wird dann nur noch der Vordergrundprozess zum Rendern verwendet. Die optimale Einstellung hängt hier von der Farbtiefe des Projekts, der Framegröße der Kompositionen und von den verwendeten Effekten ab.

Einschränkungen

Haben Sie alles so weit eingerichtet, kommen nun die Performancebremsen. Eine Leistungssteigerung durch aktivierte Mehrprozessorverarbeitung tritt nämlich nur dann wirklich ein, wenn die Kompositionen CPU-intensive Bearbeitungen verlangen, wie dies bei einigen Effekten der Fall ist (z. B. Leuchten). Bremsend wirken:

- **Speicherintensive Bearbeitungen**
  Verarbeiten Sie Bilder mit mehreren Tausend Pixeln in Höhe und Breite, sind dies speicherintensive Bearbeitungen. Hier helfen auch viele Prozessoren wenig, die »an einem Strang ziehen«.
- **Bandbreitenintensive Bearbeitungen**
  Verarbeiten Sie viele Quelldateien von langsamen oder über langsame Verbindungen angeschlossenen Festplatten, ist dies bandbreitenintensiv, und Ihre CPU-Zugpferde müssen gewissermaßen durch ein Nadelöhr.
- **Virenschutzprogramme**
  Da Virenschutzprogramme jeden Lese- und Schreibzugriff überwachen, können Sie insbesondere bei der Mehrprozessorbearbeitung den Render- und Vorschauprozess verlangsamen. Viel Zensur und Überwachung bremsen das System selbst aus.

In folgenden Fällen wird die Mehrprozessorverarbeitung sogar automatisch deaktiviert:

- **Effekte**
  Sie verwenden Effekte, die auf dem Grafikprozessor verarbeitet werden müssen (meist Pixel-Bender-Effekte). Sie verwenden Effekte mit zeitlicher Komponente wie z. B. ZEITVERKRÜMMUNG oder einen der folgenden Effekte: AUTO-FARBE, AUTO-KONTRAST, AUTO-TONWERTKORREKTUR, ZEICHENTRICK, PARTIKELSIMULATION, SCHATTEN/GLANZLICHT, CC TIME BLEND, RE:VISION EFFECTS VIDEO GOGH.

Zusammenfassung | Für ein schnelles Rendern sind ein Prozessor mit mindestens vier, besser acht Prozessorkernen nötig, ausreichend Arbeitsspeicher – nämlich mindestens 4 GB pro CPU (Prozessorkern) –, ein schnelles, lokales, dediziertes Festplattenlaufwerk für bandbreitenintensive Bearbeitungen, eine zum Projekt passende Aufteilung der CPUs und des Arbeitsspeichers auf andere Anwendungen sowie auf Vorder- bzw. Hintergrundprozesse. Außerdem ist es sinnvoll, wenn möglich, Virenschutzprogramme zu deaktivieren.

13.3 Rendern in der Praxis: QuickTime-Film ausgeben

Im Folgenden erlernen Sie das grundsätzliche Verfahren, aus einer Komposition einen Film zu rendern. Als Beispiel soll hier ein QuickTime-Film ausgegeben werden, der mit dem Sorenson-3-Codec komprimiert wird. Der resultierende Film soll als finale Ausgabe einer Komposition für das Abspielen auf einem Computer optimiert werden. Verwenden Sie für die Ausgabe eine Ihrer Projektdateien oder eine Workshop-Datei von der DVD.

Komposition schließen | Bei sehr aufwendigen, effektgeladenen Kompositionen und hohen Auflösungen können Sie die Komposition schließen, um die Berechnung etwas zu beschleunigen. Dazu klicken Sie auf das kleine Schließkreuz der Registerkarte der Komposition. Sie öffnen das Kompositionsfenster sehr einfach wieder über einen Doppelklick auf die Komposition im Projektfenster. Schließen Sie die Komposition nicht, zeigt After Effects die Animation während des Renderns an.

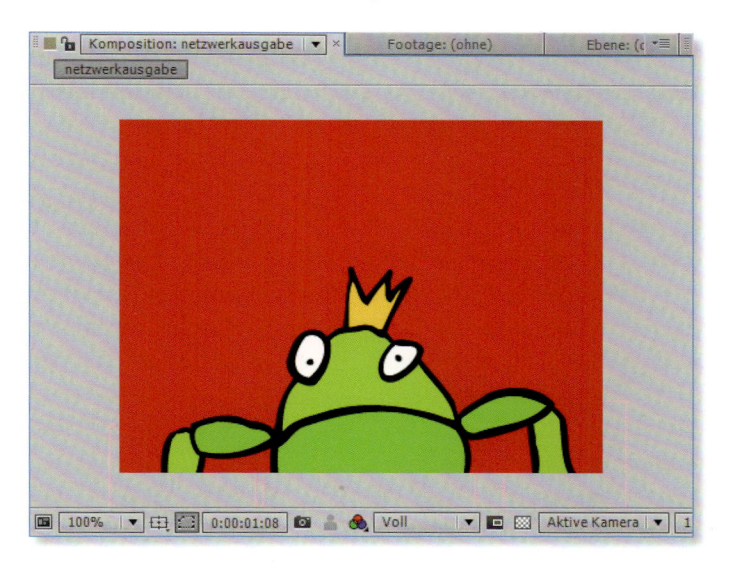

◄ **Abbildung 13.6**
Vor dem Rendern können Sie geöffnete Kompositionen über das Schließkreuz ausblenden.

Die Renderliste | In der Renderliste legen Sie mehrere verschiedene Kompositionen mit verschiedenen Render- und Ausgabeeinstellungen als Liste an. Starten Sie den Rendervorgang, arbeitet After Effects diese Liste von oben nach unten systematisch ab, wobei die jeweils getroffenen Einstellungen die Qualität, das Format und den Speicherort der Datei bestimmen. Die Renderliste öffnen Sie, falls das Fenster geschlossen ist, über FENSTER • RENDERLISTE oder mit ⌈Strg⌋+⌈Alt⌋+⌈0⌋.

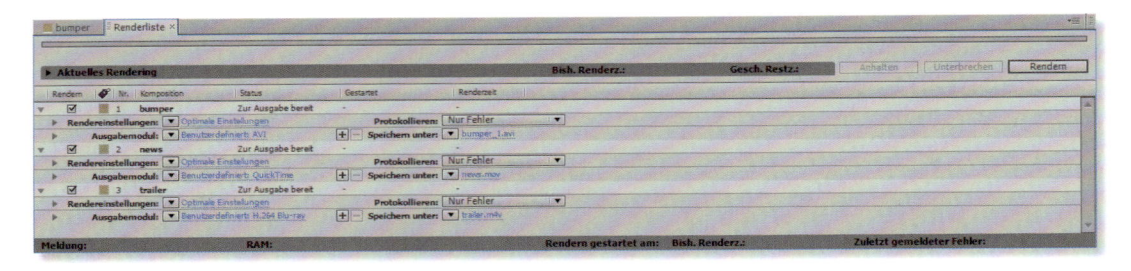

Abbildung 13.7
In der Renderliste warten die zur Ausgabe bereiten Kompositionen. In den Rendereinstellungen und im Ausgabemodul legen Sie zuvor wichtige Einstellungen fest.

Abbildung 13.8
Die zu rendernde Komposition wird der Renderliste hinzugefügt. Dort gelangen Sie zu den Rendereinstellungen und dem Ausgabemodul.

Komposition zur Renderliste hinzufügen | Markieren Sie die Komposition, die gerendert werden soll, im Projektfenster, und wählen Sie dann Komposition • An die Renderliste anfügen oder [Strg]+[⇧]+[<]. Es öffnet sich die Renderliste mit den Rendereinstellungen und dem Ausgabemodul. Alternativ fügen Sie Kompositionen der Renderliste hinzu, indem Sie die Kompositionen direkt vom Projektfenster in die Renderliste ziehen.

Mehrere Kompositionen rendern

Mehrere Kompositionen können Sie markieren und anschließend der Renderliste hinzufügen. Dabei erscheinen für jede Komposition die Rendereinstellungen und das Ausgabemodul. Auch einen Speicherort müssen Sie für jede Komposition festlegen. Erst zum Schluss betätigen Sie den Button Rendern.

Rendereinstellungen

Mit den Rendereinstellungen ❶ legen Sie die Ausgabequalität fest und wählen die Zeitspanne, die als Film ausgegeben werden soll, sowie die Halbbildreihenfolge. Klicken Sie auf den Text Optimale Einstellungen ❷, um die Einstellungen, die standardmäßig auf optimale Qualität gestellt sind, zu ändern. Es öffnet sich der Dialog Rendereinstellungen.

Einstellungen zur Komposition

▶ Qualität ❸: Legen Sie hier die Renderqualität für alle Ebenen der Komposition fest. Mit den Einstellungen Entwurf und Drahtgitter rendern Sie eine qualitativ schlechtere Datei zur reinen Vorschau und Kontrolle der Animation. Das Rendern geht bei geringerer Qualität schneller. Wählen Sie jedoch für die hier gewünschte qualitativ hochwertige Ausgabe die Einstellung Beste.

▶ Auflösung ❹: Hier stellen Sie ein, ob die resultierende Datei in Originalgröße oder kleiner ausgegeben wird. Wählen Sie die Einstellung Voll, es sei denn, Sie wünschen eine reine Vorschaudatei zur Kontrolle Ihrer Animationen.

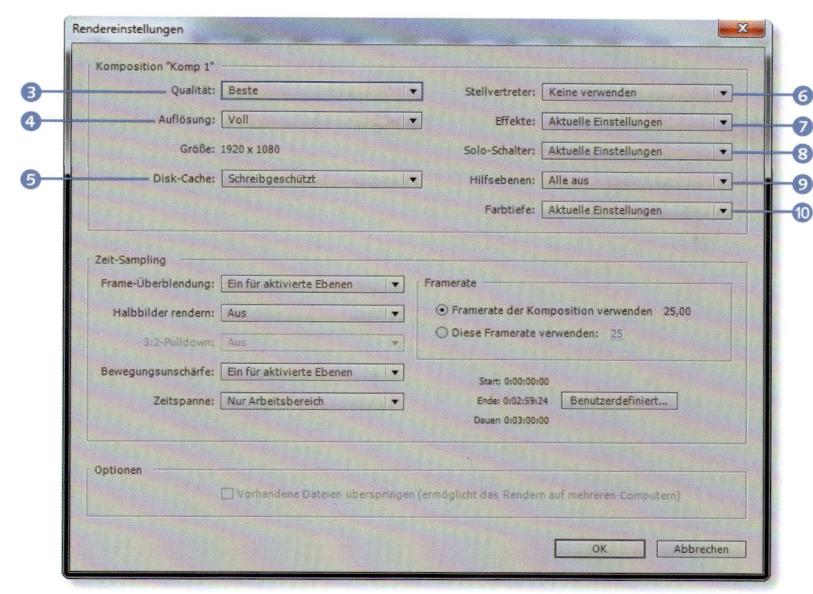

13.3 Rendern in der Praxis: QuickTime-Film ausgeben

◀ **Abbildung 13.9**
Im Dialog RENDEREINSTELLUNGEN treffen Sie grundsätzliche Festlegungen zum Rendern von Kompositionen.

▶ DISK-CACHE ❺: Mit AKTUELLE EINSTELLUNGEN bestimmen Sie hier, dass Sie die unter den Voreinstellungen getroffenen Festlegungen zum Disk-Cache verwenden (mehr dazu im Abschnitt »Caching« auf Seite 231) oder dass der Cache während des Rendervorgangs schreibgeschützt ist.

▶ STELLVERTRETER ❻: Unter STELLVERTRETER legen Sie fest, ob diese bei der Ausgabe verwendet werden oder nicht. Stellvertreter sind Dateien, die in geringer Qualität vorliegen und später durch hochaufgelöstes Material ersetzt werden. Wählen Sie hier bei der endgültigen Ausgabe KEINE VERWENDEN.

▶ EFFEKTE ❼: Hier wählen Sie, ob alle Effekte, kein Effekt oder die in der Komposition aktivierten Effekte verwendet werden sollen. Meist wird hier AKTUELLE EINSTELLUNGEN gewählt.

▶ SOLO-SCHALTER ❽: Unter SOLO-SCHALTER geben Sie vor, ob in der Zeitleiste auf solo geschaltete Ebenen gerendert werden oder nicht. Solo-Ebenen blenden sämtliche nicht auf solo geschalteten Ebenen aus. Mit AKTUELLE EINSTELLUNGEN rendern Sie die aktivierten Solo-Ebenen, mit ALLE AUS unterbinden Sie dies.

▶ HILFSEBENEN ❾: Unter diesem Punkt können Sie entscheiden, ob Hilfsebenen gerendert werden oder nicht. Hilfsebenen können aus jeder Ebene erstellt werden (EBENE • HILFSEBENE) und dienen z. B. zum Speichern von Kommentaren oder zur Synchronisation von Animationen mit Sound. Hilfsebenen werden normalerweise nicht gerendert, es sei denn, Sie wählen AKTUELLE EINSTELLUNGEN.

Einstellungen in der Zeitleiste
In Abschnitt 7.6, »Die Zeitleiste«, sind die einzelnen Schalter, die auch für die Rendereinstellungen Bedeutung haben, eingehend erläutert.

▶ FARBTIEFE ❿: Hier wählen Sie 8 Bit, 16 Bit oder 32 Bit pro Kanal. Mit AKTUELLE EINSTELLUNGEN übernehmen Sie die Farbtiefe, die aktuell im Projekt eingestellt ist, in Ihre Ausgabe.

Zeit-Sampling verstehen | Die FRAME-ÜBERBLENDUNG ist ebenfalls in Zusammenhang mit den in der Komposition gewählten Einstellungen zu sehen. Mit EIN FÜR AKTIVIERTE EBENEN wird eine Frame-Überblendung für Ebenen berechnet, bei denen diese Option in der Zeitleiste in der Spalte EBENENSCHALTER gewählt wurde.

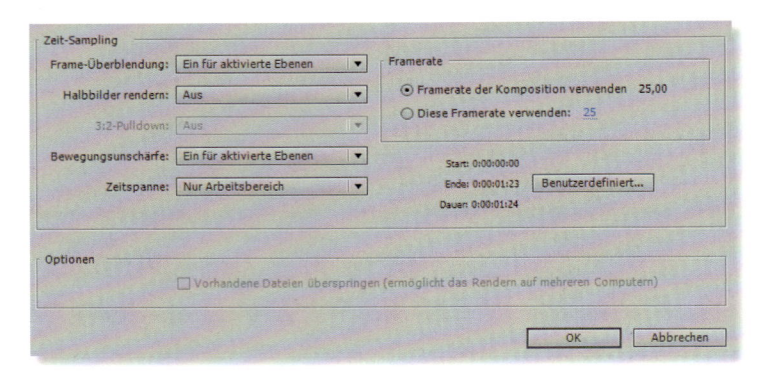

Abbildung 13.10 ▶
Im Feld ZEIT-SAMPLING befinden sich unter anderem Optionen zur Festlegung der Frame-Überblendung, der Halbbildreihenfolge und des zu rendernden Zeitbereichs.

Mit den Optionen bei BEWEGUNGSUNSCHÄRFE wird diese für in der Zeitleiste aktivierte Ebenen berechnet bzw. nicht berechnet. Die ZEITSPANNE ist standardmäßig auf NUR ARBEITSBEREICH eingestellt. Sie können hier aber auch die Länge der Komposition oder über ANDERE eine selbstdefinierte Zeitspanne wählen. Hier legen Sie den Zeitbereich Ihrer Komposition fest, der gerendert werden soll.

Bei den Einstellungen unter FRAMERATE empfehle ich Ihnen, diese nicht zu ändern, da dies zu Verfälschungen Ihrer Animationen führen kann. Sie erhalten kleine Dateien mit eventuell stockenden Animationen bei sehr geringen Frameraten und größere Dateien bei höheren Frameraten.

Abschließend noch ein paar gar nicht unwichtige Einstellungen: Unter HALBBILDER RENDERN legen Sie die Halbbildreihenfolge für Kompositionen fest, für die eine Videoausgabe erfolgen soll. Je nachdem, für welches Gerät oder Band die Ausgabe gedacht ist, wählen Sie hier UNTERES HALBBILD ZUERST oder OBERES HALBBILD ZUERST. Im Zweifelsfall müssen Sie testen. Verwenden Sie bei DV-Material immer das untere Halbbild, bei einer Ausgabe zur Weiterverarbeitung am Avid wählen Sie das obere Halbbild.

Für die Ausgabe als QuickTime-Film wählen Sie AUS, da der Film später nur auf dem Computer präsentiert werden soll.

Ausgabe in verschiedenste Formate
Mit After Effects rendern Sie Dateien für die Wiedergabe von DVDs, Blu-ray Discs oder auf Computern auf denen ein Player installiert ist. Die Ausgabe für das Web, für mobile Endgeräte, die Aufnahme auf Videobändern, auf Kinomaterial und für die Ausstrahlung im Fernsehen ist ebenso möglich. Die Ausgabe für HDV und HDTV ist eine weitere Option.

Endlich können Sie OK anklicken und gelangen wieder in die Renderliste.

Ausgabemodul

Als Nächstes geht es um die Ausgabeoptionen. Im Ausgabemodul definieren Sie das spätere Dateiformat und wählen eventuell eine Komprimierung zur Reduktion der Datenmenge. Auch die Farbtiefe der auszugebenden Datei und die Audioausgabe legen Sie hier fest.

Klicken Sie in der Renderliste hinter AUSGABEMODUL auf den Text VERLUSTFREI. Auch in den sich öffnenden EINSTELLUNGEN FÜR AUSGABEMODULE finden Sie wieder viele Optionen.

▲ **Abbildung 13.11**
Klicken Sie in der Renderliste auf VERLUSTFREI.

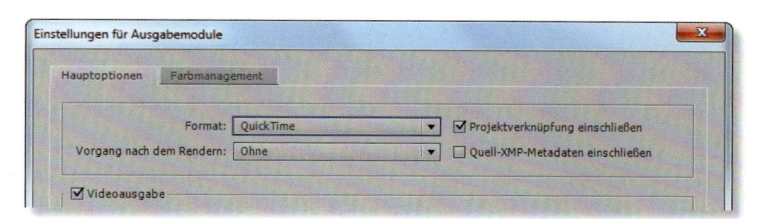

▲ **Abbildung 13.12**
Im Dialog EINSTELLUNGEN FÜR AUSGABEMODULE legen Sie das Format für den späteren Film, die Kompression und eine optionale Audioausgabe fest.

Unter FORMAT wählen Sie für das gewünschte MOV-Format aus der Liste den Eintrag QUICKTIME. Klicken Sie auf die Schaltfläche FORMATOPTIONEN, um in das Fenster QUICKTIME-OPTIONEN zu gelangen.

Einstellungen im Fenster »QuickTime-Optionen« | Im Listenfeld unter VIDEO-CODEC (Abbildung 13.13) stellen Sie den gewünschten Kompressor ein, in unserem Fall SORENSON VIDEO 3. Mit der QUALITÄT bestimmen Sie die räumliche Kompression.

Wählen Sie für unsere Ausgabe per Schieberegler den Wert 100, also beste Qualität. Eine entsprechend hohe Datenrate stellen Sie weiter unten ein. Sehr geringe Datenraten (nur für ältere Systeme und für eine Übertragung mit geringen Bandbreiten) können bei hoher Qualitätseinstellung zu einem **Abbruch des Renderprozesses** führen.

Unter ERWEITERTE EINSTELLUNGEN legen Sie fest, in welchem Intervall Schlüsselbilder gesetzt werden. Diese Bilder sind Frames, die bei der Komprimierung vollständig gespeichert werden. Mit einer der Framerate entsprechenden Anzahl können Sie nicht

Keyframes für die Kompression

Basisbilder oder Schlüsselbilder sind nicht zu verwechseln mit den Keyframes, die Sie für Animationen in der Zeitleiste setzen. Bei der Kompression definieren Sie eine geringere Anzahl an Schlüsselbildern für schlechtere Qualität und eine höhere Anzahl für bessere Qualität, woraus größere Dateien resultieren.

Alle Bilder zwischen den Schlüsselbildern werden mit dem jeweils vorherigen Bild verglichen, und nur die geänderte Information wird gespeichert. Dies ist eine zeitliche Kompression. Moderne Codecs fügen bei Szenenwechseln automatisch neue Schlüsselbilder ein, weshalb Sie nicht zu viele manuell erzwingen sollten, da es auf Kosten der Kompression geht.

Kapitel 13   Das Rendern

Verschiedene Formate und Formatoptionen

Je nach Format sind entsprechende Optionen wählbar. Bei einigen Formaten stehen keine weiteren Optionen zur Verfügung.

fehlgehen. Wenn Sie im PAL-Standard ausgeben, sind das also 25 Bilder. Geringere Werte erzeugen neben besserer Qualität auch größere Dateien.

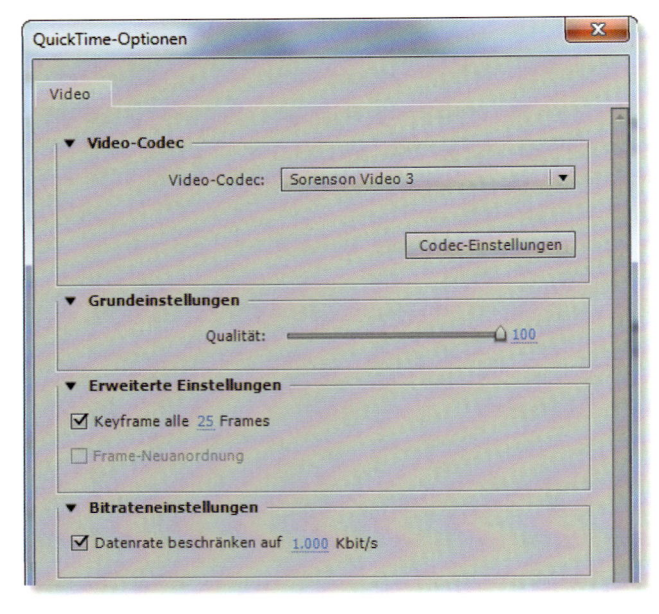

▲ **Abbildung 13.13**
Im Dialog QUICKTIME-OPTIONEN wählen Sie den Codec für die Kompression und treffen einige Qualitäts- und Komprimierungseinstellungen.

Unter DATENRATE BESCHRÄNKEN AUF geben Sie die Menge der Informationen an, die ein Computer in einer bestimmten Zeit verarbeiten muss, um ein Movie ohne Ruckeln und Stottern abzuspielen. Von der Datenrate hängt auch sehr die resultierende Dateigröße ab. Höhere Datenraten resultieren in größeren und qualitativ besseren Dateien. Welche Datenrate Sie wählen, richtet sich nach dem Zielmedium. Mit 1.000 Kbit/s können sie nichts falsch machen, da selbst eine CD-R bereits mit mindestens 1.500 Kbit/s gelesen werden kann. Bestätigen Sie die Einstellungen mit OK, und Sie gelangen wieder ins Fenster EINSTELLUNGEN FÜR AUSGABEMODULE.

RGB + Alpha

Wechseln Sie für Ausgabeformate wie Targa unter KANÄLE zwischen RGB und RGB + ALPHA, ändern sich auch die Einträge unter TIEFE.

Bei TIEFE können Sie für einige Ausgabeformate die Option TRILLIONEN+ und GLEITKOMMA+ und weitere Werte für die Farbtiefe wählen. In diesem Fall ist Platz genug für die RGB-Kanäle und einen zusätzlichen Alphakanal innerhalb einer Datei. Integrieren Sie den Alphakanal in die RGB-Datei (RGB + ALPHA), wird die Kompositionshintergrundfarbe im Ergebnisfilm automatisch auf transparent gestellt, was für eine Weiterverarbeitung der Datei interessant ist. Sie können vorerst getrost mit der voreingestellten Bildtiefe von nur 16,7 MILL. FARBEN rendern.

Unter FARBE bestimmen Sie, nach welcher Methode der Alphakanal gespeichert wird.

Einstellungen für Ausgabemodule | Weiter geht es mit den restlichen Optionen im Fenster EINSTELLUNGEN FÜR AUSGABEMODULE.

Unter dem Eintrag KANÄLE ❷ können Sie für einige Formate wählen, ob die Datei nur den Alphakanal, die RGB-Kanäle und den Alphakanal oder nur RGB enthalten soll. Für den hier beschriebenen Sorenson-komprimierten QuickTime-Film kann der Alphakanal nur separat ausgegeben werden. Für die geplante

13.3 Rendern in der Praxis: QuickTime-Film ausgeben

finale Ausgabe benötigen Sie den Alphakanal allerdings nicht. Lassen Sie auch TIEFE und FARBE unverändert.

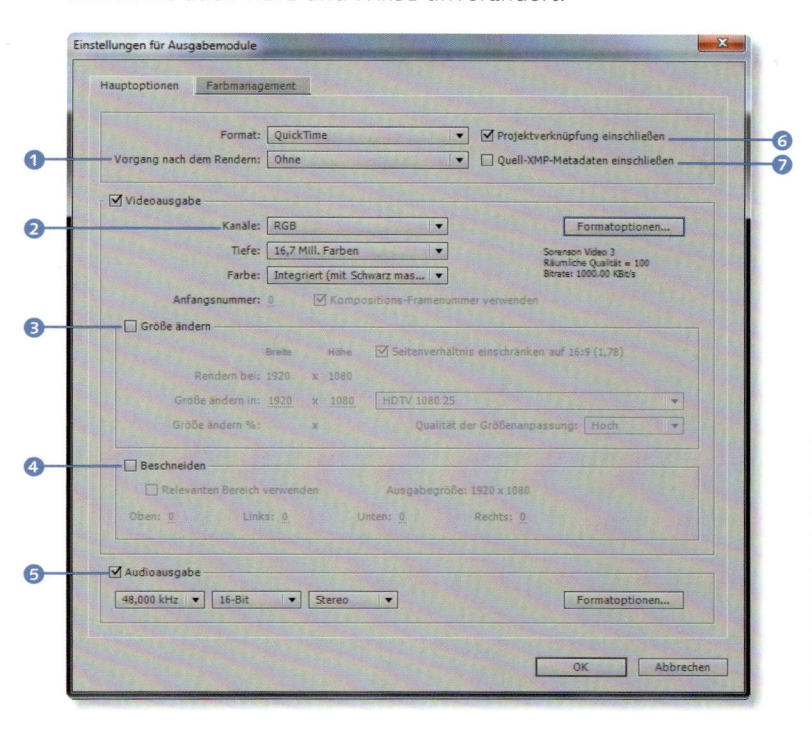

◀ **Abbildung 13.14**
Die EINSTELLUNGEN FÜR AUSGABEMODULE

Zum Nachlesen
Informationen zu integrierten und direkten Alphakanälen finden Sie in Kapitel 18, »Masken, Matten oder Alphakanäle«.

Das Häkchen bei PROJEKTVERKNÜPFUNG EINSCHLIESSEN ❻ dient dazu, in der Ausgabedatei eine Verknüpfung zur Projektdatei anzulegen. Wenn die Ausgabedatei anschließend in einer anderen Applikation wie Adobe Premiere Pro verwendet wird, kann sie in der Quellapplikation modifiziert werden. Dazu dient der Befehl DATEI EXTERN BEARBEITEN oder [Strg]+[E].

Mit der Option QUELL-XMP-METADATEN EINSCHLIESSEN ❼ geben Sie die Metadaten der ins Projekt importierten Rohmaterialien der Ausgabedatei mit. Weitere Informationen zu XMP-Metadaten erhalten Sie im gleichnamigen Abschnitt 8.6.

Bei VORGANG NACH DEM RENDERN ❶ bestimmen Sie, ob die gerenderte Datei zur Weiterverarbeitung automatisch ins Projekt importiert wird. Wählen Sie hier den Eintrag OHNE. Näheres dazu erfahren Sie im Abschnitt »Vorgang nach dem Rendern« auf Seite 375.

Das Feld GRÖSSE ÄNDERN ❸ benötigen Sie für unseren Film nicht.

Die Einstellungen im Feld BESCHNEIDEN ❹ dienen zum Entfernen oder Hinzufügen von Pixeln an den Formaträndern und sollten gut bedacht sein. Lassen Sie für beide Einstellungen die

Größe ändern

Im Feld GRÖSSE ÄNDERN ❸ passen Sie nötigenfalls Ihre Ausgabekomposition an ein davon unterschiedliches Ausgabeformat an. Zum Beispiel skalieren Sie eine PAL-16:9-Komposition mit 1.050×576 quadratischen Pixeln auf ein PAL-16:9-Format mit 720×576 rechteckigen Pixeln, um es im AVID weiterzuverarbeiten. Im Einblendmenü finden Sie voreingestellte gängige Formatgrößen.

Die Skalierung beim Rendern erfolgt Frame für Frame. Die QUALITÄT DER GRÖSSENANPASSUNG stellen Sie zur Endausgabe auf HOCH ein. Einstellungen zur Größenänderung erhöhen die Rechenzeit. Es empfiehlt sich, die Komposition von Anfang an in der Ausgabegröße zu erstellen, um die Größenänderung unnötig zu machen.

Farbmanagement

Informationen zu den Einstellungen auf der Karte FARBMANAGEMENT finden Sie in Kapitel 20, »Farbkorrektur«.

Checkboxen deaktiviert. Die AUDIOAUSGABE ❺ aktivieren Sie, falls Audiodaten für Ihre Komposition mitgerendert werden sollen. Bestätigen Sie die Einstellungen für das Ausgabemodul mit OK.

Rendern abschließen

Wichtig ist, für den zukünftigen Film einen geeigneten Speicherort festzulegen. Klicken Sie dazu in der Renderliste bei SPEICHERN UNTER auf den unterstrichenen Titel, der aus dem Kompositionsnamen hergeleitetet ist, und geben Sie gegebenenfalls einen anderen Dateinamen und Speicherpfad an.

Es ist so weit: Sie können das Rendern starten. Betätigen Sie dazu den Button RENDERN ❶. Sie können in Ruhe mit Ihrem Kollegen ein Schwätzchen halten, bis After Effects sich mit einem typischen Ton meldet, wenn das Rendern beendet ist. Den fertigen Film öffnen Sie anschließend in einem Player. Wenn alles in Ordnung ist, können Sie die Filmdatei z. B. über DVDs verteilen.

▼ **Abbildung 13.15**
Mit der Schaltfläche RENDERN starten Sie den Rendervorgang und sehen einen Fortschrittsbalken.

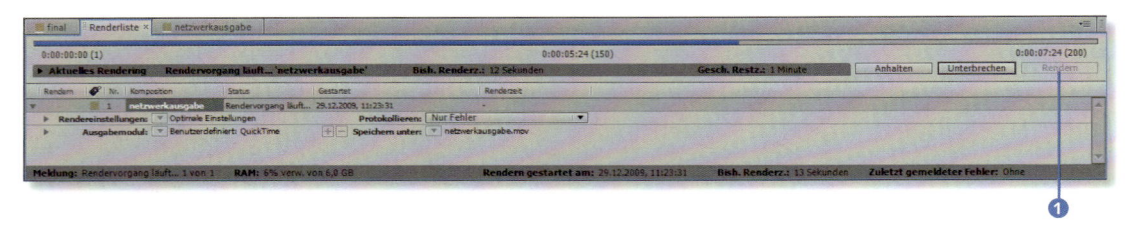

13.4 Ausgabemöglichkeiten

Neben der vorgestellten Variante, einen QuickTime-Film aus einer Komposition zu rendern, gibt es einige weitere Möglichkeiten der Ausgabe. Im Folgenden möchte ich Ihnen eine Auswahl daraus vorstellen. Ich erläutere hier nur noch Unterschiede zu den bereits zur Sprache gekommenen Einstellungen.

Falsche Framegröße

Arbeit mit D1/DV, HDV, DVCPRO HD und HDTV-Material

Falls Sie in diesem Kapitel eine Beschreibung der Arbeit mit D1/DV-, HDV-, DVCPRO-HD- und HDTV-Material vermissen, sollten Sie Abschnitt 5.6, »Videodaten in After Effects«, lesen.

Oft wird die Kompositionsgröße unpassend zum Ausgabeformat gewählt, bis dann bei der Endausgabe das böse Erwachen kommt. Seit der Version CS5 gibt es da eine kleine Hilfe, damit Sie immerhin, nachdem bereits alles im falschen Format produziert wurde, den Karren noch aus dem Dreck ziehen können.

Der Dialog EINSTELLUNGEN FÜR AUSGABEMODULE zeigt die Warnmeldung EINSTELLUNGEN STIMMEN NICHT ÜBEREIN an, wenn die Framegröße der Komposition nicht mit den Spezifikationen des Ausgabeformats übereinstimmt. Per Klick auf das Warndreieck erhalten Sie Informationen, wie After Effects die Framegröße verändern wird, können diese Informationen aber auch nutzen, um selbst die passenden Einstellungen in Ihrer Ausgabekomposition einzustellen.

Testrendern

Im laufenden Projekt ist es oft sinnvoll, eine Testdatei zu rendern, die schon einmal einen Eindruck von den Bewegungsabläufen des fertigen Films gibt. Damit die Renderzeit möglichst kurz gehalten wird, sollten Sie den Arbeitsbereich in der Zeitleiste nur auf den wirklich relevanten Teil des Films einstellen. In den Rendereinstellungen müssen Sie darauf achten, die Framegröße des Testfilms zu reduzieren. Dazu wählen Sie aus den Rendervorlagen die Vorlage ENTWURFSEINSTELLUNGEN ❷, wodurch Ihr Film in halber Größe ausgegeben wird.

Im Ausgabemodul wählen Sie unter FORMAT zwischen dem Eintrag AVI oder QUICKTIME. Für die QuickTime-Ausgabe wählen Sie über den Button FORMATOPTIONEN bei VIDEO-CODEC den Eintrag ANIMATION mit QUALITÄT 100 % (verlustfrei). Dieser Kompressor ist relativ schnell. Optional setzen Sie ein Häkchen bei AUDIOAUSGABE.

Nach dem Rendern beurteilen Sie das Ergebnis in einem Player. Eventuelle Änderungen nehmen Sie im Projekt vor.

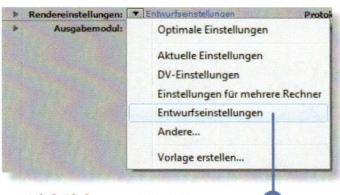

▲ **Abbildung 13.16** ❷
In den Rendereinstellungen können Sie die Vorlage ENTWURFSEINSTELLUNGEN verwenden, um ein Testrendern durchzuführen.

Ausgabemöglichkeiten zur Weiterverarbeitung

Der Renderprozess dauert, je nach Art Ihrer Animationen, der Kompositionsgröße und nicht zuletzt der Ausstattung Ihres Rechners, unterschiedlich lange. Oft ist es sinnvoll, schon einmal einen Picknickkorb für die Rechenzeit zu packen.

Wenn Sie die Ausgabe in verschiedene Formate planen, ist es daher günstig, zuerst ein **Masterformat** zu rendern. In diesen Masterfilm werden alle verwendeten Ebenen, deren Transformationen, darauf angewendete Effekte etc. eingerechnet. Anschließend re-importieren Sie den Masterfilm und können ihn für verschiedene Zwecke mit verschiedenen Codecs komprimieren und unter Beachtung der Frameseitenverhältnisse in verschiedene Formate ausgegeben. Der Rechenaufwand ist dabei viel geringer, als wenn Sie die Kompositionen jeweils neu rendern würden.

Zur Weiterverarbeitung gedachte Dateien geben Sie in den unterschiedlichsten Formaten aus, je nach Art der weiteren Verwendung. Drei Varianten seien hier kurz erwähnt: die verlustfreie

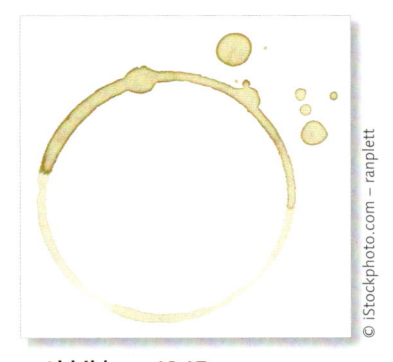

▲ **Abbildung 13.17**
Spuren eines Rendervorgangs: Kaffeeringe (manchmal auch Augenringe).

Ausgabe, die Ausgabe eines Frames und die einer Standbildsequenz.

Verlustfreie Ausgabe | Um komplexe Kompositionen mit vielen Effekten oder Ebenen in einer Datei zusammenzufassen, die dann anstelle der Komposition in Ihrem Projekt weiterverwendet wird, wählen Sie die verlustfreie Ausgabe.

Die Datei wird bei dieser Ausgabevariante in der höchstmöglichen Qualität gerendert. Egal, ob die Komposition Effekte, Transformationen, Masken, Sound oder alles gleichzeitig enthält, nach dem Rendern ist eine einzige Filmdatei das Resultat. Wichtig ist hierbei, dass diese Datei einen Alphakanal enthalten kann. Dies nützt Ihnen beispielsweise bei Titelanimationen, die aus vielen Ebenen bestehen und die Sie später über einem Hintergrund platzieren wollen. Zuerst stellen Sie den Titel fertig, rendern ihn dann transparent – also mit Alphakanal –, und anschließend importieren Sie die gerenderte Filmdatei. Der Titel besteht nun nur noch aus einer Ebene und kann über einem beliebigen Hintergrund platziert werden.

Eine solche Datei erstellen Sie wahlweise im AVI- oder im QuickTime-Format. Häufig werden aufgrund ihrer Plattformunabhängigkeit auch Sequenzen zur Weiterverarbeitung verwendet.

Einstellungen | Aus den Rendereinstellungen-Vorlagen wählen Sie OPTIMALE EINSTELLUNGEN ❶ für die beste Qualität. Aus den Ausgabemodul-Vorlagen wählen Sie VERLUSTFREI ❷. Es lohnt sich, danach auf den Text VERLUSTFREI zu klicken und die Einstellungen zu ändern.

Für das Format AVI wählen Sie über die Formatoptionen bei VIDEO-CODEC den Eintrag NONE und beim Format QUICKTIME den Eintrag KEINE. Es ist wichtig, im Ausgabemodul unter KANÄLE ❹ die Option RGB + ALPHAKANAL zu wählen. Damit erreichen Sie, dass die Hintergrundfarbe Ihrer gerenderten Komposition nach der Ausgabe als transparent interpretiert wird. Bei der erwähnten Titelanimation könnten Sie so jeden neuen Hintergrund hinter dem Titel platzieren.

Weitere Informationen zu Render- und Ausgabevorlagen finden Sie im Abschnitt »Vorlagen für Rendereinstellungen und Ausgabemodule« auf Seite 370.

Nach dem Rendern importieren Sie den fertigen Film automatisch in das laufende Projekt, indem Sie im Ausgabemodul unter VORGANG NACH DEM RENDERN ❸ den Eintrag IMPORTIEREN wählen.

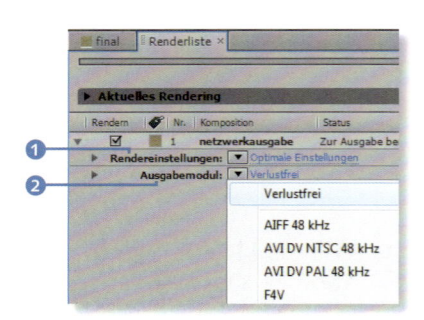

▲ **Abbildung 13.18**
Render- und Ausgabevorlagen finden Sie in der Renderliste.

Verlustfrei mit Alpha

Mit der Ausgabemodul-Vorlage VERLUSTFREI MIT ALPHA erzeugen Sie einen Film mit transparentem Hintergrund und ohne Kompression, ohne selbst etwas einstellen zu müssen.

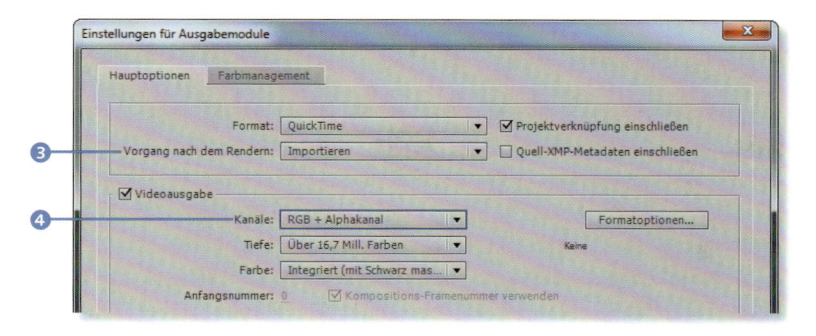

◀ **Abbildung 13.19**
Damit der Hintergrund der zu rendernden Komposition im fertigen Film transparent wird, müssen Sie die Option RGB + Alphakanal wählen.

Tauschen Sie anschließend die komplexe Komposition komplett durch die gerenderte Datei aus, oder – falls Sie noch auf die Quellebenen zugreifen möchten – schalten Sie sie unsichtbar bzw. stumm und ziehen die gerenderte Datei in die Komposition.

Ausgabe eines einzelnen Frames

Sie können einzelne Frames einer Komposition zur anschließenden Weiterverarbeitung in Photoshop oder zur Verwendung in After Effects als Standbild ausgeben. Dazu wählen Sie das Bild in der Zeitleiste mit der Zeitmarke aus. Nehmen Sie anschließend den folgenden Weg: Komposition • Frame speichern unter • Datei oder Photoshop mit Ebenen. Wenn Sie Photoshop mit Ebenen ausgesucht haben, müssen Sie nur einen geeigneten Speicherort festlegen. Die resultierende Datei ist eine Photoshop-Datei, die sämtliche Ebenen Ihrer Komposition enthält und natürlich in Photoshop bearbeitet werden kann.

Wenn Sie Datei gewählt haben, öffnet sich nach dem Speichern die Renderliste. In den Rendereinstellungen können Sie die Qualität noch von Aktuelle Einstellungen auf die Vorlage Optimale Einstellungen setzen. Die Ausgabedatei wird mit Alphakanal gerendert, und die Framenummer ist direkt im Dateinamen mitgespeichert. Eventuell enthaltene Ebenen werden zu einer einzigen zusammengerechnet, nachdem Sie die Schaltfläche Rendern betätigt haben.

▼ **Abbildung 13.20**
Zur Bearbeitung in Photoshop oder zur Weiterverwendung in Ihrem Projekt können Sie aus After Effects ein Standbild aus einer Komposition ausgeben.

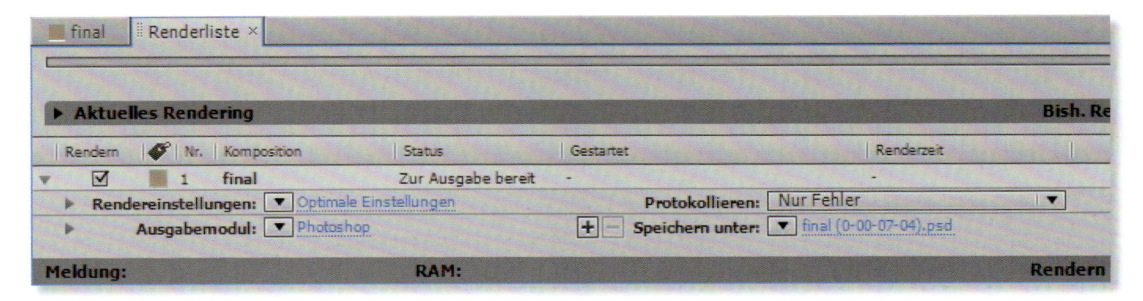

Ausgabe als Standbildsequenz

Oft ist es sinnvoll, Kompositionen als Standbildsequenzen auszugeben und nicht als einzelne Datei. Eine Standbildsequenz verwenden Sie beispielsweise, um Animationen für den Transfer auf Filmmaterial vorzubereiten. Ebenfalls wichtig ist die Weiterverwendung von Sequenzen in 3D-Applikationen und in professionellen Videosystemen. Die Ausgabe von Standbildern ist aber auch für die Bearbeitung in Grafikprogrammen sinnvoll.

Mit Standbildsequenzen können Sie die Einzelbilder beim Rendern auf verschiedene Volumes ausgeben, so dass der Rendervorgang nicht abgebrochen wird, wenn der Platz für die gesamte gerenderte Animation auf einem Volume nicht ausreicht. Jedes einzelne Bild der Animation wird bei der Ausgabe automatisch nummeriert, wodurch die spätere erneute Zusammensetzung als fortlaufende Bildersequenz gesichert wird.

Wichtig ist, vor dem Rendern der Standbildsequenz einen Ausgabeordner mit eindeutiger Benennung anzulegen, denn Sie möchten doch sicher nicht, dass es nachher auf Ihrer Festplatte aussieht wie in der Wohnung eines Messies! Für die Ausgabe einer Komposition gehen Sie wie üblich vor und wählen dann im Ausgabemodul unter FORMAT eine der angebotenen Sequenzen aus, z. B. TARGA SEQUENZ. Als Speicherort wählen Sie den Ausgabeordner. Das Rendern erfolgt wie gewohnt.

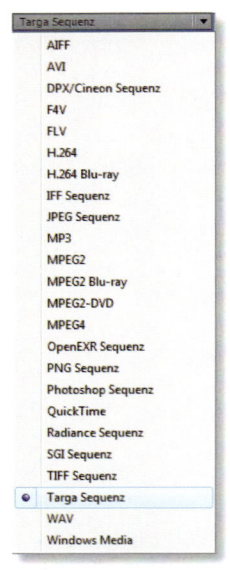

▲ **Abbildung 13.21**
Für den Transfer auf Filmmaterial, die Verwendung in 3D-Applikationen und in professionellen Videosystemen und vieles mehr ist es sinnvoll, Standbildsequenzen auszugeben.

DV-Ausgabe

After Effects bietet für die Ausgabe auf DV-Band in den Rendereinstellungen die Vorlage DV-EINSTELLUNGEN und im Ausgabemodul AVI DV NTSC bzw. PAL MIT 48 KHZ Audio.

Die Kompositionseinstellungen für die auszugebende Komposition müssen einem DV-Format entsprechen. Bei der Ausgabe mit der Rendervorlage wird passend zur DV-Spezifikation mit der Einstellung UNTERES HALBBILD ZUERST gerendert. Wenn Sie die Komposition auf diese Weise gerendert haben, können Sie sie über Premiere Pro auf Band ausgeben. Dazu nutzen Sie in Premiere Pro die Option DATEI • EXPORTIEREN • BAND.

Wie Sie Material für die DV-Ausgabe vorbereiten, erfahren Sie ebenfalls in Abschnitt 5.6, »Videodaten in After Effects«.

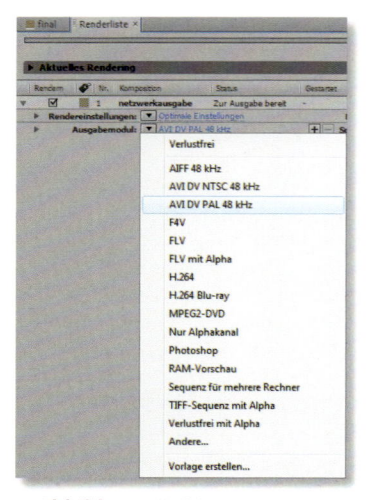

▲ **Abbildung 13.22**
After Effects bietet für die DV-Ausgabe eigens Vorlagen in den Rendereinstellungen und im Ausgabemodul an.

MP3-Ausgabe

Eine schöne Möglichkeit – und darum sei sie hier erwähnt – ist auch die Ausgabe von MP3-Dateien aus After Effects. So können Sie beispielsweise Dateien aus dem WAV- oder AIF-Format in MP3-Dateien umwandeln.

Der Weg ist einfach: Ziehen Sie die Sounddatei aus dem Projektfenster direkt in die mit [Strg]+[Alt]+[0] geöffnete Renderliste. After Effects legt automatisch eine Komposition an, die nur die Sounddatei enthält. Im Dialog EINSTELLUNGEN FÜR AUSGABEMODULE wählen Sie nun unter FORMAT den Eintrag MP3. Die Videoausgabe wird inaktiv. Über die FORMATOPTIONEN im Feld AUDIOAUSGABE können Sie die AUDIO-BITRATE und CODEC-QUALITÄT der MP3-Datei einstellen. Eine Bitrate von 224 Kbit/s ist meistens ausreichend.

Wenn Sie MP3 als Format bei der Ausgabe einer Komposition wählen, die Audio- und Videodaten enthält, wird nur die Soundspur ausgegeben und in MP3 konvertiert.

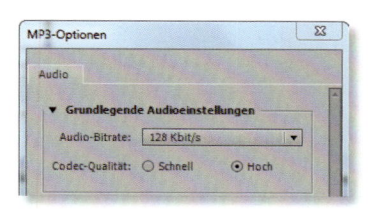

▲ **Abbildung 13.23**
Über die Formatoptionen legen Sie Einstellungen zur Bitrate und zur Qualität fest.

MPEG-2-DVD-Ausgabe

Voraussetzung für eine im DVD-Standard ausgegebene Datei ist, dass Sie zuvor eine entsprechende Kompositionseinstellung festlegen. Für eine Ausgabe nach PAL-Standard muss die Komposition eine Größe von 720×576 Pixeln aufweisen. Die Kompositionsvorgabe PAL D1/DV, 720×576 erleichtert die Einstellung.

Die Ausgabe ins DVD-kompatible Format legen Sie im Ausgabemodul fest. Dort wählen Sie unter FORMAT den Eintrag MPEG2-DVD. Es öffnet sich der Dialog MPEG2-DVD-OPTIONEN, der Ihnen vielleicht aus Premiere Pro bekannt vorkommt. Sollte sich der Dialog nicht öffnen, betätigen Sie die Schaltfläche FORMATOPTIONEN.

Videoeinstellungen | In der Karte VIDEO ❶ (Abbildung 13.24) erscheinen die Videoeinstellungen. Der MAINCONCEPT MPEG VIDEO-Codec ❷ ist für die Kompression verantwortlich. Unter GRUNDLEGENDE VIDEOEINSTELLUNGEN wählen Sie die Qualitätsstufe ❸.

Bei den BITRATENEINSTELLUNGEN ❹ haben Sie die Wahl zwischen konstanter (CBR) und variabler Bitrate (VBR). Je nachdem, ob es wichtiger ist, eine vorhersagbare Dateigröße bei schwankender Qualität zu erhalten (CBR) oder ob das Ergebnis eine hohe Qualität bei nicht hundertprozentig vorhersagbarer resultierender Dateigröße (VBR) haben soll, entscheiden Sie sich für eine konstante oder eine variable Bitrate.

Bei der VBR-Codierung können Sie die MINIMALE BITRATE [MBIT/S] ❺ erhöhen, um damit die Mindestqualität zu steigern. Das verringert allerdings die Qualität komplexer Szenen. Unter ZIEL-BITRATE [MBIT/S] ❻ stellen Sie die für den Decoder mögliche Datenrate ein. Bei MAXIMALER BITRATE [MBIT/S] ❼ erzielen Sie

Ausgabe ins OMF-Format
Die Ausgabe in das Format OMF ist seit After Effects CS5 nicht mehr möglich.

Zusammenfassung
Im Dialog MPEG2-DVD finden Sie unter ZUSAMMENFASSUNG die wichtigsten Einstellungen aufgelistet, die Sie für die Ausgabe in das MPEG-Format getroffen haben.

mit höheren Werten eine höhere Qualität, allerdings wird der Decoder dann stärker beansprucht.

Überlassen Sie die GOP-EINSTELLUNGEN ❽ ruhig dem Experten. Die eingestellten Werte für M-FRAMES und N-FRAMES entsprechen dem Standard bei PAL (siehe Kasten auf Seite 367).

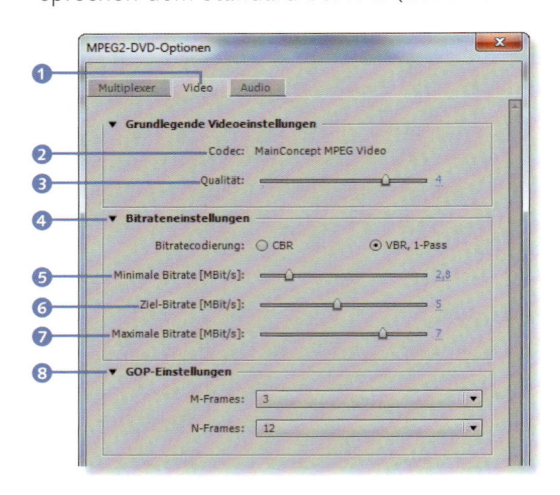

Abbildung 13.24 ▶
In der Karte VIDEO ändern Sie die Qualität über die Bitraten-Regler.

Konstante oder variable Bitrate

Bei konstanter Datenrate wird diese durchgängig für den gesamten Encodierprozess verwendet und unabhängig von der Komplexität der Bildinhalte nicht variiert. Der Speicherplatz wird also nicht an den Bedarf angepasst, was dazu führt, dass weniger komplexen Bildinhalten mehr Speicherplatz als nötig zugewiesen wird. Bildinhalten, die beispielsweise viel Bewegung aufweisen, wird hingegen, wenn die Grenze der konstanten Bitrate erreicht ist, nicht genügend Speicherplatz zugewiesen, worunter die Qualität leidet.

Bei einer variablen Datenrate werden Bildunterschiede im Film berücksichtigt. Sind größere Bildänderungen vorhanden, werden diese mit mehr Bits gespeichert als Teile des Films mit geringen Bildänderungen. Die Bitrate variiert demnach je nach Bildinhalt.

Audioeinstellungen | Kommen wir nun zu den Einstellungen in der Karte AUDIO, die Sie nur dann erreichen, wenn Sie zuvor ein Häkchen bei Audioausgabe gesetzt haben. Unter AUDIOFORMATEINSTELLUNGEN ❾ wechseln Sie besser auf die Einstellung MPEG. Zusätzlich erhalten Sie dann den Eintrag BITRATEINSTELLUNGEN. Die BITRATE ❿ können Sie bei 224 Kbit/s belassen. Wählen Sie PCM, entsteht eine bedeutend größere WAV-Datei ohne hörbaren Qualitätsunterschied.

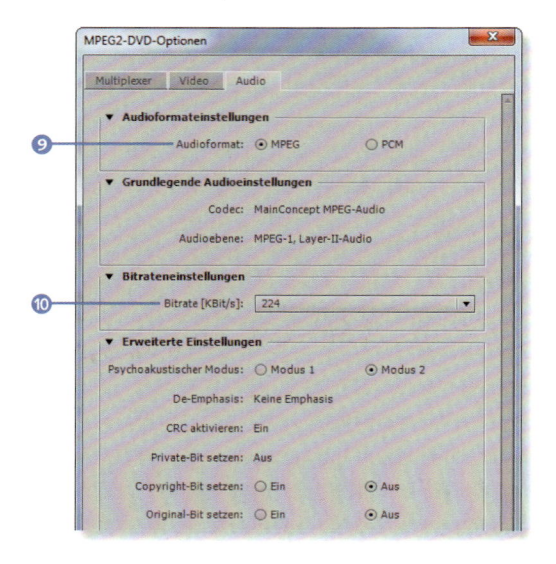

Abbildung 13.25 ▶
Im Anschluss an die Videoeinstellungen wählen Sie in der Karte AUDIO das Audioformat.

Multiplexer | Beim Klick auf die Karte MULTIPLEXER können Sie zwischen DVD und OHNE wählen. Seltsam ist, dass gerade bei der DVD-Einstellung eine Datei entsteht, in der Audio- und Videodaten ineinander verflochten (gemultiplext) sind. Für die Weiterverarbeitung sind zwei unabhängige Datenströme für Audio und Video aber empfehlenswert. Es bleibt daher bei der Einstellung OHNE.

Nach dem Rendern entstehen zwei unabhängige Audio- und Videodateien mit den Dateiendungen **.mpa** (bei Audioformat MPEG) oder **.wav** (bei Audioformat PCM) und **.m2v**. Die Dateien können nun von einem Authoring-Programm wie Adobe Encore DVD weiterverarbeitet und in ein vom DVD-Player lesbares Format umgewandelt werden.

MPEG-2 Blu-ray

Die Ausgabe für den Blu-ray-Standard unterscheidet sich kaum von der Ausgabe für MPEG-2-DVD. Für Blu-ray wird ebenfalls der MainConcept-MPEG-Video-Codec verwendet.

Die Audiodaten werden standardmäßig im PCM-Verfahren gespeichert.

H.264- und H.264-Blu-ray-Ausgabe

Für die Ausgabe ins Format H.264 wählen Sie in der Renderliste in den Rendereinstellungen zunächst die Vorlage OPTIMALE EINSTELLUNGEN. Im Ausgabemodul wählen Sie unter FORMAT den Eintrag H.264 (oder H.264 BLU-RAY). Über den Button FORMATOPTIONEN gelangen Sie in die H.264-OPTIONEN.

Dort finden Sie in der Karte VIDEO unter PROFIL die Auswahl EINFACHES, HAUPTOPTION und HOCH, was dem Englischen »Baseline«, »Main« und »High« entspricht. Bei der Einstellung HOCH erhalten Sie höhere Qualität bei höheren Anforderungen an das Encodieren und Decodieren. Mit PEGEL ist das englische Level gemeint. Hierbei wählen Sie ein hohes Level wie 5.1, wenn Sie eine große Framegröße ausgeben und eine hohe Datenrate benötigen.

Bei VBR, 1-PASS legen Sie mit ZIEL-BITRATE die minimale Bitrate fest und mit MAXIMALE BITRATE das Maximum. Der Encoder verwendet dann bei wenig komplexen Bildinhalten eine geringere Bitrate und schöpft ansonsten nötigenfalls das Maximum aus. Mit CBR geben Sie eine konstante, fest eingestellte Bitrate unabhängig von den Bildinhalten vor.

GOP (Group of Pictures)

Bei der MPEG-Kompression werden einzelne aufeinanderfolgende Bilder als Gruppen für die Kompression zusammengefasst. Dabei wird jeweils das Anfangsbild der Gruppe, der I-Frame (Intra-Frame), mit den meisten Bildinformationen abgespeichert. Danach folgt eine Anzahl an B-Frames (Bidirectional Frames). Diese hängen sowohl von den vorhergehenden als auch von den nachfolgenden Bildern ab, die jeweils als Referenz für die Komprimierung genutzt werden. Es werden nur die von Bild zu Bild geänderten Informationen gespeichert. Zusätzlich werden P-Frames (Predicted Frames) gespeichert. Diese werden vom I-Frame als Referenz verwendet. Es ergibt sich eine typische GOP-Struktur, die wie folgt aussehen kann: IBBPBBPBBPBB.

Im Dialog MPEG2-DVD stehen die M-Frames für die Anzahl der B-Frames zwischen I- und P-Frames und die N-Frames für die Anzahl der Frames zwischen den I-Frames. Beim Nachdenken darüber lindert eine Alka-Seltzer den Schmerz.

Profile und Level

Wikipedia ist für alles gut, so auch für genauere Infos zu den Profilen und Level der H.264-Kompression (unter Punkt 4 und 5): *http://de.wikipedia.org/wiki/H.264#Profile*

Abbildung 13.26 ▶
Über den Button FORMATOPTIONEN gelangen Sie in diesen Dialog.

FTP (File Transfer Protocol)
Das File Transfer Protocol ist ein Netzwerkprotokoll zum Übertragen von Dateien über TCP/IP-Netzwerke. Die Dateien können per Download von einem Server geladen oder per Upload zum Server hochgeladen werden. Es wird außerdem für die Dateiübertragung zwischen zwei Servern genutzt.

Keyframe-Abstand
Mit Keyframe-Abstand ist beim Encodieren nicht der Keyframe-Abstand gemeint, der beim Setzen von Keyframes für Eigenschaften, die Sie animieren, entsteht. Der Encoder definiert bestimmte Schlüsselbilder des Videos und speichert diese als Referenzbilder in hoher Qualität und komprimiert die Bilder dazwischen stärker. Wählen Sie z. B. bei Keyframe-Abstand die Zahl 25, wird jedes 25. Bild zum Referenzbild. Daher führen geringere Werte zu mehr Referenzbildern, höherer Qualität und größeren Dateien.

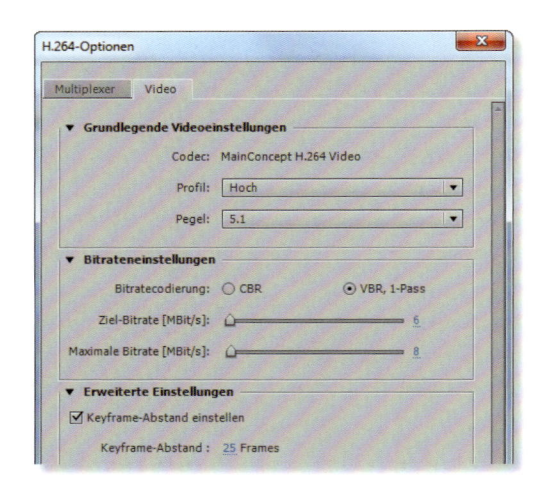

Wenn Sie keinen Haken bei KEYFRAME-ABSTAND EINSTELLEN setzen, ermittelt der Encoder selbstständig einen Keyframe-Abstand. Setzen Sie den Haken, können Sie geringere Werte für höhere Qualität, aber auch größere Dateien wählen. In dem Fall müssen Sie auch die Bitrate anheben, da Sie sonst durch die niedrige Bitrate, die anfallende höhere Datenmenge limitieren und somit die eigentlich bessere Qualität wieder »beschnitten« wird. Meist ist die Framerate der Komposition eine gute Wahl, am besten ist aber ein Test.

In der Karte MULTIPLEXING wählen Sie OHNE, um Audio und Videodatenstrom separat auszugeben. Für mit iPod und Playstation kompatible Ausgaben wählen Sie bei MULTIPLEXING MP4.

MPEG-4-Ausgabe

Da die Ausgabeoptionen bei der MPEG-4-Ausgabe den unter H.264-Ausgabe beschriebenen weitgehend gleichen, lesen Sie bitte den Abschnitt oben.

MXF OP1a

Die Ausgabe in das Format MXF OP1a nehmen Sie wie gewohnt über die Renderliste vor. Wählen Sie dazu im Ausgabemodul unter FORMAT MXF OP1A. Über FORMATOPTIONEN wählen Sie den Video-Codec, z. B. XDCAM HD 25 PAL, für Ihre Ausgabe.

Unterstützte Ausgabeformate

After Effects unterstützt, wie Sie bereits gesehen haben, eine Vielzahl an Ausgabeformaten. Durch die Installation von QuickTime kommen – je nach Version – weitere Ausgabe- und Exportformate hinzu, und auch zusätzlich installierte Hardware kann das Ausgabeangebot erweitern.

Standardmäßig werden alle Dateiformate mit 8 Bit pro Kanal (bpc) ausgegeben. Sie können dies aber jederzeit in den Rendereinstellungen unter FARBTIEFE ändern.

Video- und Animationsformate
- QuickTime (MOV)
- AVI
- Windows Media (nur Windows)
- SWF
- FLV, F4V
- H.264 und H.264 Blu-ray
- MPEG-2
- MPEG-2 DVD
- MPEG-2 Blu-ray
- MPEG-4
- MXF OP1a (AVC-Intra Class 50 720; 100 720; 100 1080; XD-CAM EX 35 PAL und NTSC 1080 (4:2:0))
- 3GPP (3GP)

Standbildformate
- Adobe Photoshop (PSD; 8-, 16- und 32-Bit-Kanal)
- JPEG (JPG, JPE)
- Targa (TGA, VBA, ICB, VST)
- TIFF (TIF; 8-, 16- und 32-Bit-Kanal)
- Bitmap (BMP, RLE)
- Maya IFF (IFF; 16-Bit-Kanal)
- Cineon (CIN, DPX; 16- und 32-Bit-Kanal konvertiert in 10-Bit-Kanal)
- Open EXR (EXR)
- PNG (PNG; 16 bpc)
- Radiance (HDR, RGBE, XYZE)
- SGI (SGI, BW, RGB, 16-Bit-Kanal)

Audioformate
- Audio Interchange File Format (AIFF)
- MP3
- WAV

Projektformate
- Adobe-Premiere-Pro-Projekt (PRPROJ)
- XFL für Flash Professional (XFL)

Standbildsequenz von Mac für Windows

Für Standbilddateien, die auf einem Mac OS-System für Windows gerendert werden sollen, muss der Dateiname folgendes Format haben: »Dateiname[###]«. Der Teil in den eckigen Klammern wird beim Rendern durch die Framenummer des gerenderten Einzelbildes ersetzt.

Animiertes GIF erzeugen

Ein animiertes GIF können Sie erzeugen, indem Sie aus After Effects einen QuickTime-Film rendern, den Film dann in Photoshop Extended importieren und dort per FÜR WEB UND GERÄTE SPEICHERN als GIF exportieren.

Vorlagen für Rendereinstellungen und Ausgabemodule

After Effects bietet zum schnelleren Arbeiten mit der Renderliste Vorlagen für die Rendereinstellungen und das Ausgabemodul. Die Vorlagen enthalten alle Einstellungen, die Sie ansonsten für jede Option akribisch einzeln treffen müssten. Außerdem können Sie eigene Vorlagen definieren. Die Verwendung von Vorlagen ist eine sehr angenehme Möglichkeit, wenn Sie häufig die gleichen Einstellungen für verschiedene Kompositionen benötigen.

Unter dem Button ❶ für die RENDEREINSTELLUNGEN und unter dem Button ❷ für das AUSGABEMODUL finden Sie mitgelieferte Vorlagen, die Sie dort einfach auswählen. Änderungen an ausgewählten Vorlagen sind anschließend noch möglich. Dazu klicken Sie jeweils auf den Text, um die entsprechenden Einstellungen zu öffnen.

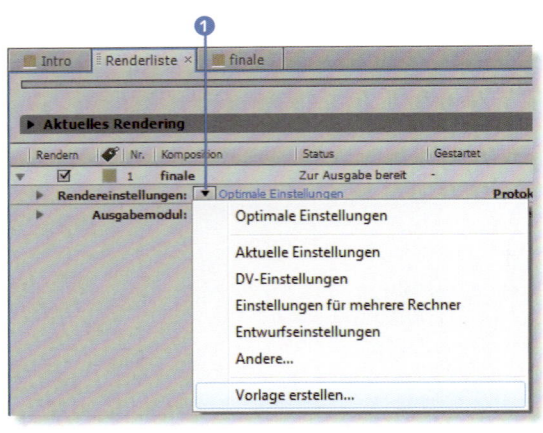

▲ **Abbildung 13.27**
Für das schnelle Arbeiten bietet After Effects die Möglichkeit, After-Effects-Vorlagen zu nutzen oder selbst neue zu erstellen.

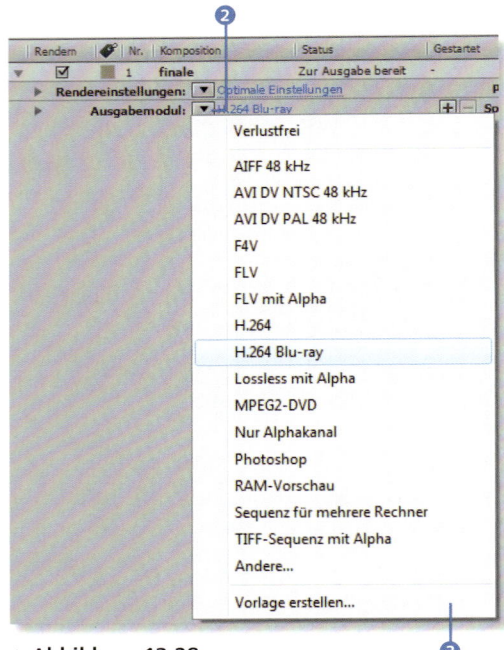

▲ **Abbildung 13.28**
Auch für das Ausgabemodul bringt After Effects einige vordefinierte Vorlagen mit, und Sie können auch selbst welche definieren ❸.

Vorlagen für Rendereinstellungen und Ausgabemodule selbst erstellen | Häufig verwendete Rendereinstellungen und Ausgabemodule, die Sie mühsam definiert haben, speichern Sie in Vorlagen. Eine selbsterstellte Vorlage erscheint nach dem Speichern wie jede andere Vorlage in einer Auswahlliste. Vorlagen können

Sie außerdem dauerhaft sichern und auf anderen Computern verwenden.

Das Verfahren, eine Vorlage zu definieren, ist für die Rendereinstellungen und das Ausgabemodul gleich. Daher beschreibe ich es hier nur exemplarisch für das Ausgabemodul: Zum Erstellen einer Vorlage wählen Sie aus der Vorlagenliste die Option VORLAGE ERSTELLEN ❸. Im Dialog AUSGABEMODULVORLAGEN vergeben Sie unter NAME FÜR EINSTELLUNGEN ❹ eine Bezeichnung für die Vorlage, die eindeutig über die getroffenen Einstellungen Auskunft geben sollte.

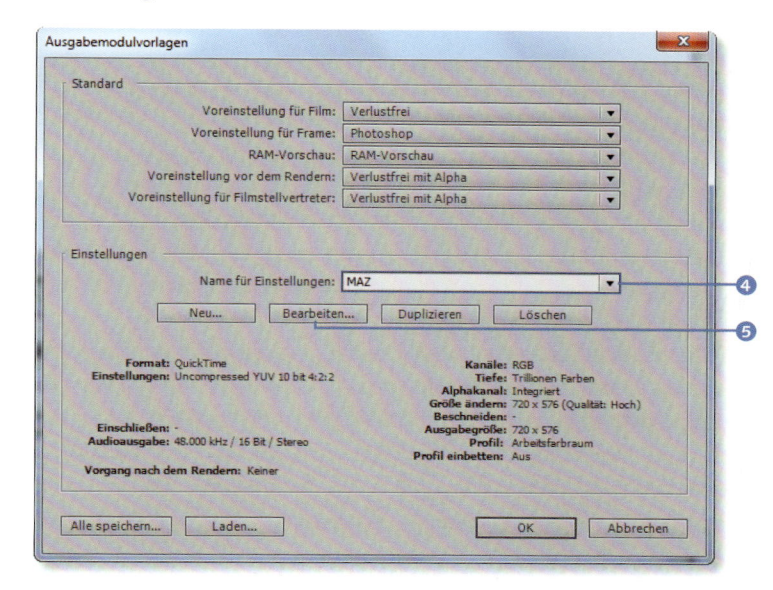

◀ **Abbildung 13.29**
Im Dialog AUSGABEMODULVORLAGEN legen Sie Einstellungen für eigene Vorlagen fest oder bearbeiten bereits vorhandene Ausgabevorlagen.

Über den Button BEARBEITEN ❺ gelangen Sie in den Dialog für die RENDEREINSTELLUNGEN bzw. hier zu den EINSTELLUNGEN FÜR AUSGABEMODULE. Sie können nun wie beschrieben einzeln die Einstellungen für FORMAT, FORMATOPTIONEN, AUDIOAUSGABE etc. vornehmen. Bestätigen Sie Ihre Einstellungen mit OK. Auch im Dialog AUSGABEMODULVORLAGEN bestätigen Sie mit OK. Die Vorlage erscheint nun zusätzlich zu den anderen Vorlagen in der Auswahlliste. Die Einstellungen sind damit gespeichert und können beliebig oft aufgerufen werden.

Vorlage löschen | Um die Vorlage wieder zu löschen, öffnen Sie erneut den Dialog AUSGABEMODULVORLAGEN mit der Option VORLAGE ERSTELLEN. Über den Button ❹ wählen Sie die zu löschende Vorlage aus der Liste aus und betätigen anschließend den Button LÖSCHEN.

▲ **Abbildung 13.30**
Die neue Vorlage erscheint schließlich in der Auswahlliste unter den anderen Vorlagen.

Vorlagen in einer Datei sichern und laden | Über den jeweiligen Vorlagen-Dialog für Rendereinstellungen oder Ausgabemodule können Sie auch Vorlagen in einer eigenen Datei sichern. Vorlagen für Ausgabemodule erhalten dabei die Dateiendung **.aom** und die Vorlagen für Rendereinstellungen die Dateiendung **.ars**.

Zum Sichern müssen Sie nur den Button ALLE SPEICHERN jeweils für die Ausgabe oder die Rendereinstellungen betätigen. Um die Vorlagen zu laden, verwenden Sie den Button LADEN.

13.5 Arbeiten mit der Renderliste

In diesem Abschnitt lernen Sie vereinfachende Arbeitsweisen und fortgeschrittene Rendermöglichkeiten kennen.

Rendern pausieren und anhalten | Nachdem Sie den Rendervorgang bereits gestartet haben, lässt sich der Rechenprozess in der Renderliste mit den Buttons UNTERBRECHEN und ANHALTEN, die dann anstelle des Buttons RENDERN aktiv werden, temporär oder endgültig stoppen.

Der Button UNTERBRECHEN dient dazu, das Rendern kurz zu pausieren, um beispielsweise in einer anderen Applikation zu arbeiten. In After Effects können Sie allerdings nicht mehr arbeiten; dies ist erst nach dem Rendern wieder möglich. Betätigen Sie den Button FORTSETZEN, fährt After Effects mit dem Renderprozess fort.

Der Button ANHALTEN bricht das Rendern ab. In der Renderliste erscheinen automatisch ein neues Modul RENDEREINSTELLUNGEN und ein dazugehöriges AUSGABEMODUL. Rendern Sie die Komposition mit den neuen Modulen, beginnt der Renderprozess mit dem Frame, an dem Sie zuvor angehalten haben. Es entstehen also zwei Ausgabefilme.

Abbildung 13.31 ▶
Halten Sie den Renderprozess an, wird automatisch eine neue Ausgabemöglichkeit angelegt.

Reihenfolge ändern | Zum Ändern der Reihenfolge, in der die zur Ausgabe bereiten Kompositionen abgearbeitet werden, mar-

13.5 Arbeiten mit der Renderliste

kieren Sie die entsprechende Komposition in der Renderliste und ziehen sie nach oben oder unten an eine neue Position.

Ausgabe deaktivieren | Wollen Sie eine Komposition erst einmal nicht ausgeben, deaktivieren Sie die Ausgabe. Entfernen Sie dazu das kleine Häkchen ❶ in der Spalte RENDERN vor der betreffenden Komposition. Der Status der Komposition wird nun mit DEAKTIVIERT angezeigt.

Nach dem Rendern ändert sich die Statusanzeige in FERTIG, ABGEBROCHEN oder FEHLGESCHLAGEN.

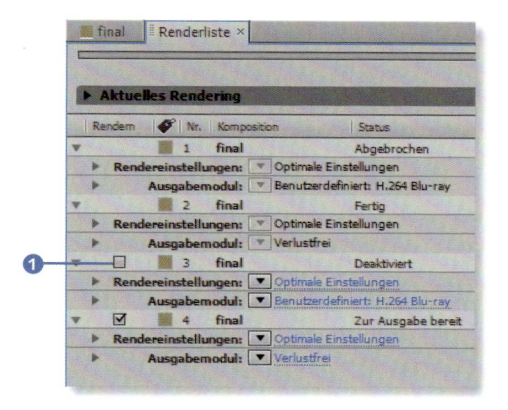

Kompositionen löschen
Falls Ihnen ein Fehler unterlaufen ist, können Sie Kompositionen löschen. Markieren Sie dazu die Komposition in der Renderliste, und drücken Sie die Taste `Entf`.

◀ **Abbildung 13.32**
Der Renderstatus wechselt je nach vorgenommener Einstellung oder nach dem Rendern.

Duplikate
Von den in der Renderliste enthaltenen Kompositionen können Sie, wie im Projektfenster übrigens auch, Duplikate erzeugen, falls Sie nur wenige Einstellungen modifizieren wollen. Markieren Sie dazu die Komposition in der Renderliste, und nutzen Sie die Tastenkombination `Strg`+`D`.

Rendereinstellungen überprüfen | Ihre Rendereinstellungen überprüfen Sie anhand der Tabellen für die Rendereinstellungen und für das Ausgabemodul. Mit einem Klick auf die zwei kleinen Dreiecke vor RENDEREINSTELLUNGEN und AUSGABEMODUL werden die protokollierten Einstellungen einsehbar. Dies ist sowohl bei fertig gerenderten Kompositionen möglich als auch für noch nicht gerenderte Kompositionen. Schön ist die Möglichkeit, durch einen Klick auf den farbig hervorgehobenen Text im Ausgabemodul direkt zum fertig gerenderten Film zu gelangen.

▼ **Abbildung 13.33**
Damit Sie die Rendereinstellungen und die Festlegungen im Ausgabemodul überprüfen können, protokolliert After Effects sie.

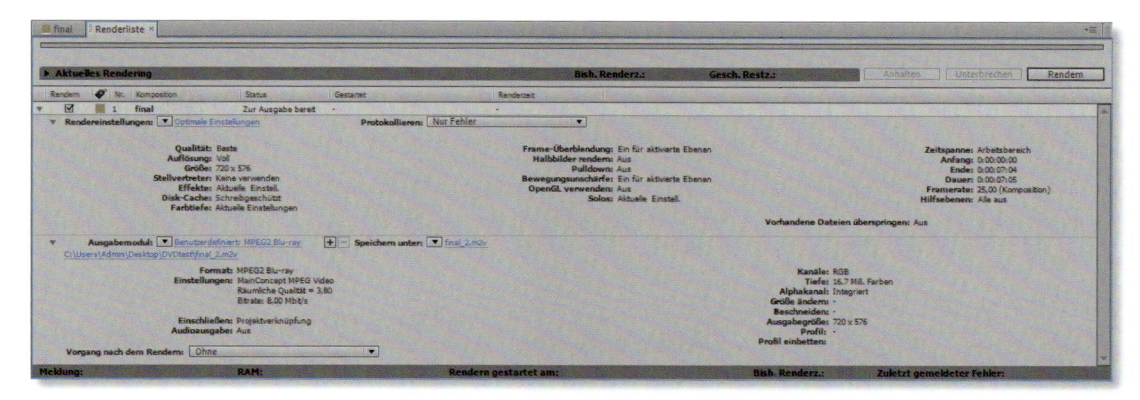

Aktuelle Renderinformationen | Während des Rendervorgangs können aktuelle Renderinformationen angezeigt werden. Dazu blenden Sie die Informationen über das kleine Dreieck unter Aktuelle Renderinformationen ein.

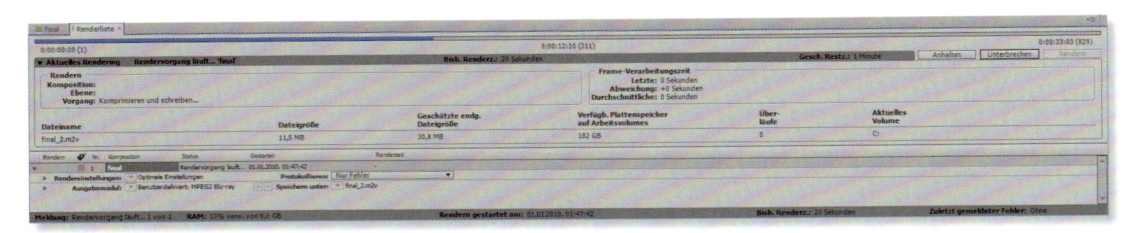

▲ **Abbildung 13.34**
Aktuelle Informationen zum Fortgang des Renderns blenden Sie unter Aktuelle Renderinformationen ein.

Mehrere Ausgabemodule verwenden

After Effects bietet eine einfache Möglichkeit, aus einer Komposition mehrere verschiedene Ausgabevarianten zu erstellen. Beispielsweise möchten Sie gern Ihre Animation mit verschiedenen Kompressoren – den Codecs – rendern, um nach dem Rendern zu sehen, welcher Ausgabefilm die beste Qualität aufweist. Oder Sie haben vor, Ihre Animation in verschiedenen Ausgabeformaten auf unterschiedliche Medien zu verteilen.

In diesem Fall müssen Sie die Komposition nicht mehrfach zur Renderliste hinzufügen. Fügen Sie die Komposition nur einmal wie gewohnt der Renderliste hinzu, markieren Sie die Komposition in der Renderliste, und wählen Sie danach weitere Ausgabemodule über Komposition • Ausgabemodul hinzufügen, oder noch einfacher: Klicken Sie auf das kleine Pluszeichen. Für jedes Ausgabemodul wählen Sie nun unterschiedliche Einstellungen für die Kompression und das Ausgabeformat. Die ausgegebenen Filme erhalten automatisch fortlaufende Nummern. Wollen Sie ein Ausgabemodul löschen, klicken Sie auf das Minuszeichen.

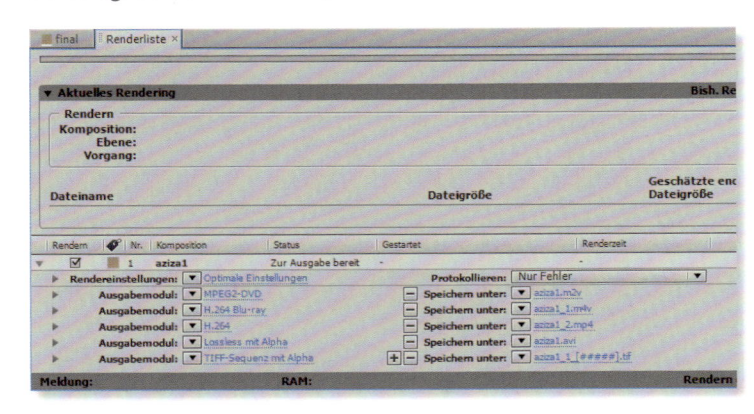

Rohmaterial rendern
Um Rohmaterial in verschiedene Formate umzuwandeln, bietet es sich an, das Rohmaterialelement in die Renderliste zu ziehen und anschließend mehrere Ausgabemodule mit verschiedenen Ausgabeeinstellungen anzulegen. Für das Rohmaterialelement wird dabei automatisch eine eigene Komposition angelegt.

Abbildung 13.35 ▶
Für eine zu rendernde Komposition können Sie mehrere Ausgabemodule mit unterschiedlichen Ausgabeeinstellungen festlegen.

13.5 Arbeiten mit der Renderliste

Vorgang nach dem Rendern

Drei Optionen, die automatisch nach dem Rendern ausgeführt werden, erleichtern Ihnen das Leben mit After Effects. Sie verbergen sich im Ausgabemodul unter der Schaltfläche VORGANG NACH DEM RENDERN in einem kleinen Popup-Menü.

▲ **Abbildung 13.36**
Über ein kleines Menü im Ausgabemodul wählen Sie, was nach dem Rendern mit dem fertigen Film geschehen soll.

Importieren | Der Eintrag IMPORTIEREN sorgt dafür, dass die fertig gerenderte Datei anschließend sofort wieder in das Projekt importiert wird. Sie erscheint dann als Rohmaterial im Projektfenster. Dies ist beispielsweise nützlich, um eine Komposition, die bereits weitestgehend fertig bearbeitet ist, nicht als verschachtelte Komposition weiterverwenden zu müssen, sondern als gerenderte Datei. Die Berechnung der Vorschau ist schneller, wenn Sie nicht mit verschachtelten Kompositionen arbeiten.

Verwendung importieren und ersetzen | Der Eintrag VERWENDUNG IMPORTIEREN UND ERSETZEN hat einen ähnlichen Hintergrund. Neben dem Eintrag erscheint nun noch ein Button ❷ (Abbildung 13.37), aus dem Sie ein Gummiband auf jedes beliebige Element im Projektfenster ziehen können. Alle Instanzen ❸ des ausgewählten Elements ❶, die sich auch in verschiedenen Kompositionen befinden können, werden nach dem Rendern durch die gerenderte Datei ersetzt ❺. Zusätzlich wird die gerenderte Datei als Rohmaterial importiert und erscheint im Projektfenster ❹.

Sehr günstig ist diese Option, wenn eine Komposition, die in viele weitere Kompositionen verschachtelt ist, auf diese Art durch den fertig gerenderten Film ersetzt wird. Die Vorschaugeschwindigkeit kann sich deutlich erhöhen, wenn in der verschachtelten Komposition umfangreiche Effektbearbeitungen und Transformationen enthalten waren. Im Beispiel wurde die Funktion auf einen Platzhalter angewendet.

Kapitel 13   Das Rendern

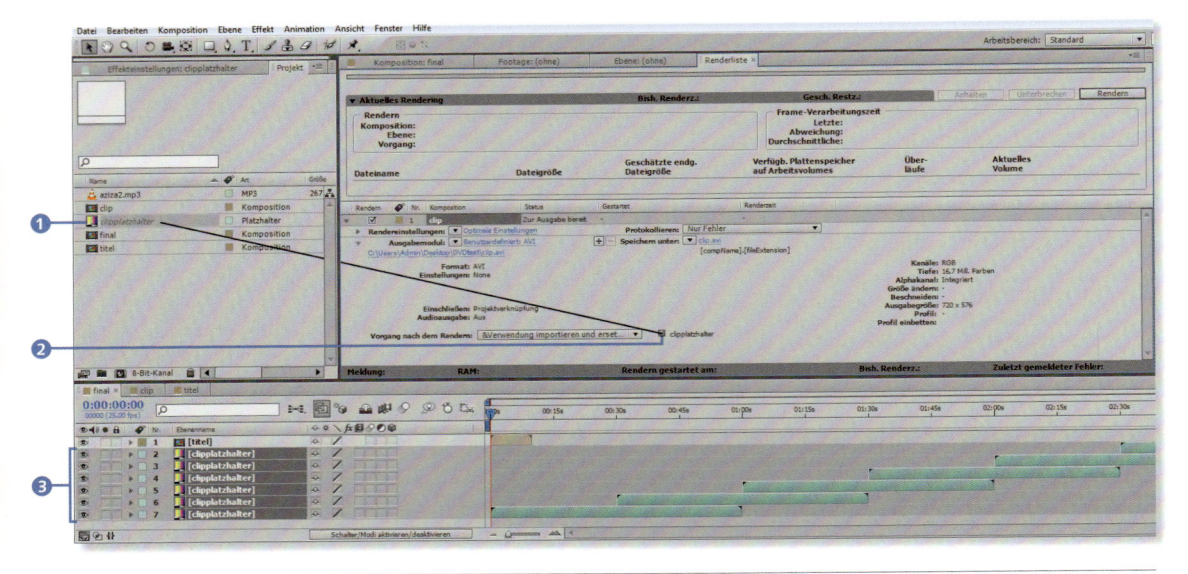

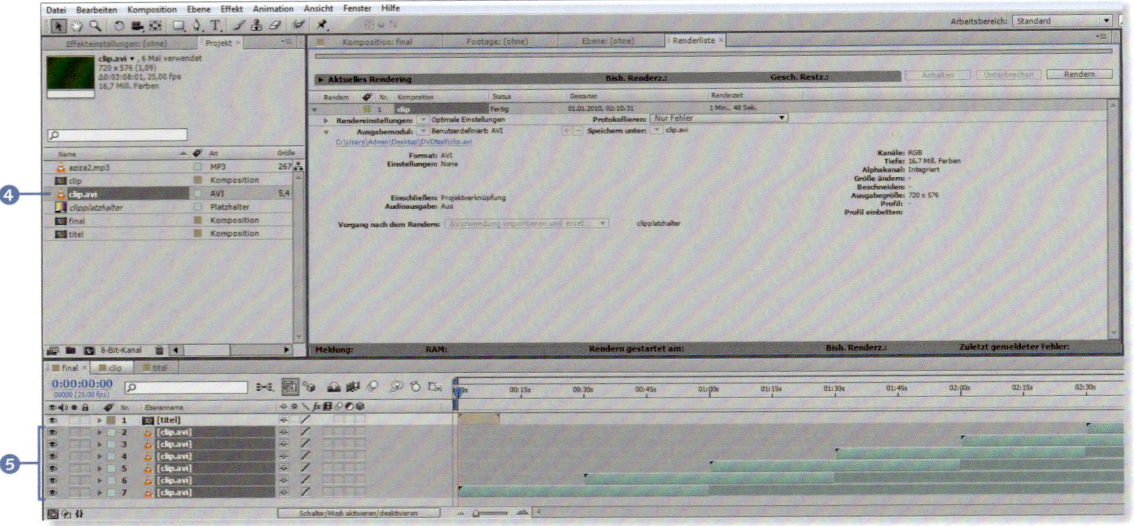

▲ **Abbildung 13.37**
Jedes Element im Projektfenster können Sie durch eine gerenderte Komposition ersetzen (oben). Alle Instanzen eines im Projektfenster zuvor ausgewählten Elements werden nach dem Rendern durch die gerenderte Datei ersetzt (unten).

Stellvertreter festlegen | Über den Eintrag STELLVERTRETER legen Sie die gerenderte Datei als Stellvertreter für das mit dem Gummiband ausgewählte Projektelement fest. Wenn Sie das Gummiband nicht bedienen, erhält die aktuelle Komposition einen Stellvertreter.

Ein solcher Stellvertreter ist nützlich, da After Effects dann bei der Erstellung der Vorschau nicht einzeln auf die Elemente der Komposition zugreifen muss, sondern auf Ihren bereits fertig gerechneten Film-Stellvertreter, was die Vorschau beschleunigt. Zwischen dem Stellvertreter und der eigentlichen Komposition können Sie dann im Projektfenster wechseln. Dazu klicken Sie jeweils auf das schwarze Quadrat ❻. Ist es leer, wird die Komposition angezeigt, ansonsten der Stellvertreter. In der Komposition wird für den Stellvertreter ein roter Hinweis mit Warndreieck eingeblendet: STELLVERTRETER AKTIVIERT. Um Änderungen für den Stellvertreter zu übernehmen, müssen Sie das Prozedere wiederholen.

Ausgabeketten erstellen

Als Vorgang nach dem Rendern können Sie, wie Sie gesehen haben, die Option VERWENDUNG IMPORTIEREN UND ERSETZEN auf einen Platzhalter anwenden. Eine alternative Möglichkeit sind Ausgabeketten.

Fügen Sie dazu eine Komposition, sagen wir die Komposition »Intro«, wie gewohnt der Renderliste hinzu. Ungewohnt ist vielleicht, dass Sie nun das Ausgabemodul zurück ins Projektfenster ziehen müssen, wo es als Platzhalter »intro.avi Rendern 1« erscheint. Das Ausgabemodul wird dabei automatisch unter VORGANG NACH DEM RENDERN auf VERWENDUNG IMPORTIEREN UND ERSETZEN eingestellt. Den entstandenen »Intro«-Platzhalter können Sie anschließend in einer finalen Komposition verwenden, die Sie wiederum zur Ausgabe in die Renderliste ziehen müssen.

Nach dem Start des Rendervorgangs wird zuerst die »Intro«-Komposition gerendert, wenn Sie nicht zuvor die Renderreihenfolge geändert haben. Mit dem fertigen Film wird sofort der in der finalen Komposition verwendete Platzhalter ersetzt, und der Rendervorgang läuft weiter, bis auch die finale Komposition fertig gerendert ist.

Es spielt dabei übrigens keine Rolle, ob der Platzhalter andere Einstellungen (beispielsweise eine andere Framerate) aufweist als die finale Ausgabekomposition, denn zuerst wird der Platzhalter berechnet und danach die finale Komposition. Nach dem Rendervorgang wurde der »Intro«-Platzhalter in der finalen Komposition durch den gerenderten »Intro«-Film ersetzt.

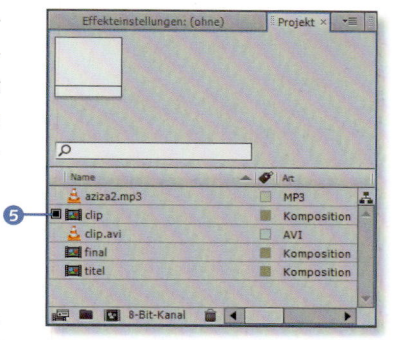

▲ **Abbildung 13.38**
Im Projektfenster wird eine Datei oder Komposition, die mit einem Stellvertreter angezeigt wird, mit einem Quadrat markiert.

Zum Nachlesen
Die Funktion und Verwendung von Platzhaltern und Stellvertretern beschreibe ich im Abschnitt »Platzhalter und Stellvertreter« auf Seite 156.

▼ **Abbildung 13.39**
Für die »Intro«-Komposition wird das Ausgabemodul ins Projektfenster gezogen und erscheint dann dort als Platzhalter.

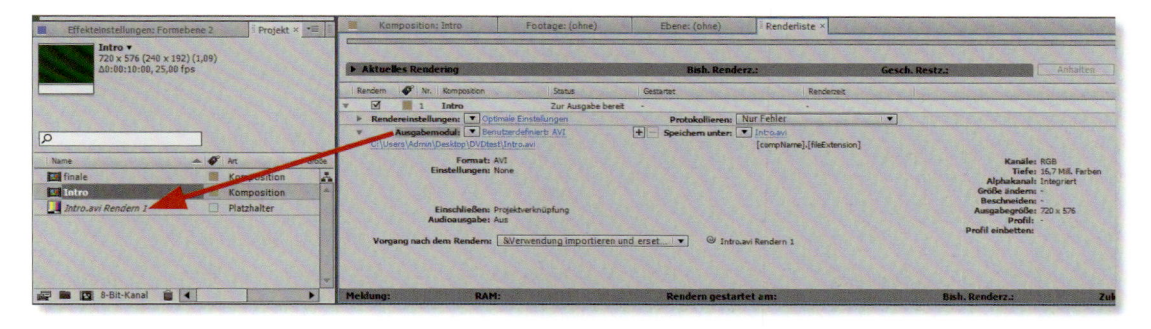

Kapitel 13   Das Rendern

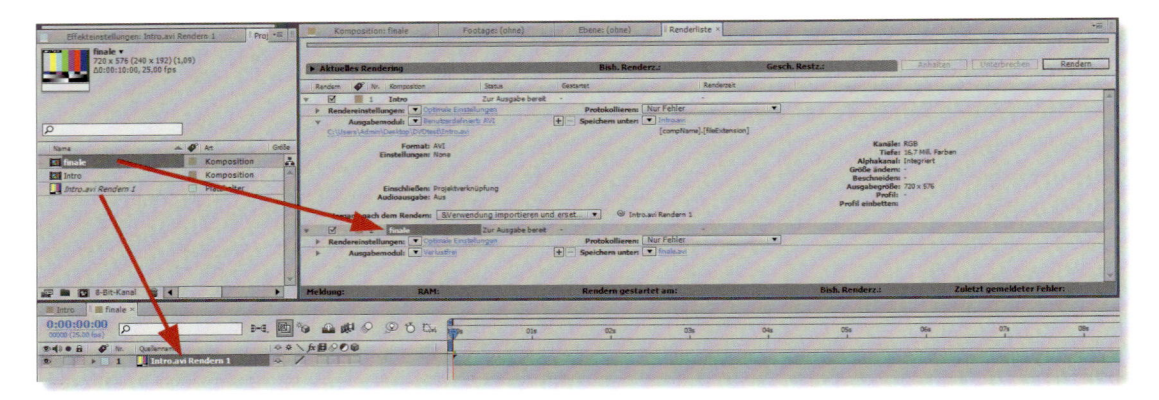

▲ Abbildung 13.40
Der »Intro«-Platzhalter wird in der finalen Komposition verwendet, und diese wird wie die »Intro«-Komposition in die Renderliste gezogen.

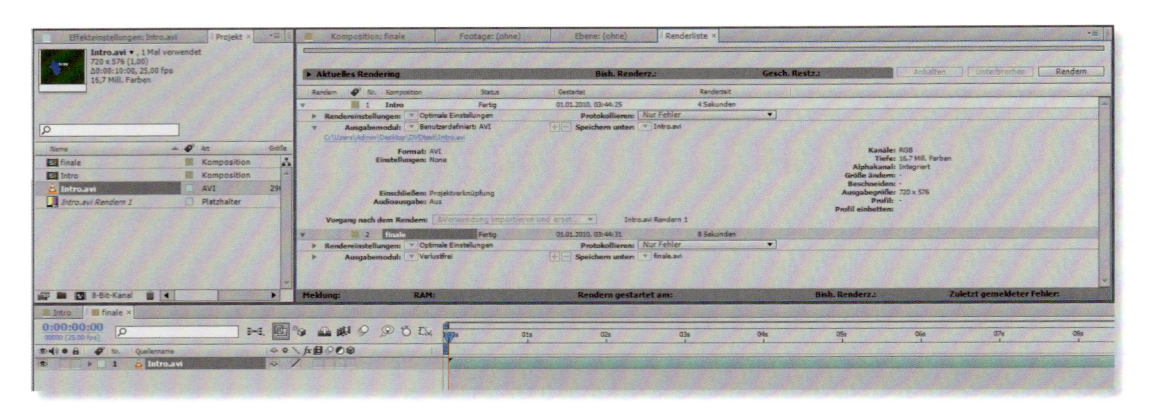

▲ Abbildung 13.41
Nach dem Rendern wurde der »Intro«-Platzhalter durch den fertigen »Intro«-Film ersetzt. Und die finale Komposition ist auch schon fertig gerendert.

Ausgabe-Voreinstellungen

In den Ausgabe-Voreinstellungen bestimmen Sie, wie After Effects mit dem Festplattenplatz umgehen soll und in welcher Größe es gerenderte Dateien speichert. Sie finden die Voreinstellungen für Windows unter BEARBEITEN • VOREINSTELLUNGEN • AUSGABE und für Mac unter AFTER EFFECTS • EINSTELLUNGEN • AUSGABE.

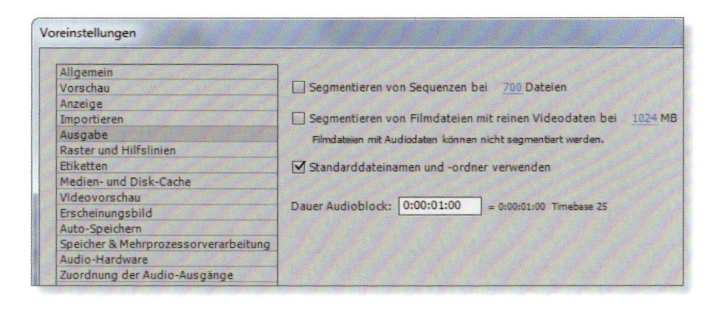

Abbildung 13.42 ▶
Die Voreinstellungen für die Ausgabe

Die Option Segmentieren von Sequenzen bei ist für besonders lange Sequenzen nützlich, die Sie rendern. Sie sollten die Dateien auf einen Wert von wenigen Hundert begrenzen, wenn der Renderprozess sich spürbar verlangsamt. Aktivieren Sie die Option, und geben Sie die maximale Anzahl Dateien ein, die ein Ordner enthalten darf.

Die Option Segmentieren von Filmdateien mit reinen Videodaten bei ist sinnvoll, wenn Ihre Ausgabedatei ohnehin nur auf eine bestimmte Größe limitiert ist, wie bei einer Datei, die auf einer DVD oder einer CD verwendet wird. Je nach dort vorhandenem Platz tragen Sie hier die maximale Dateigröße ein.

Die Option Standarddateinamen und -ordner verwenden aktivieren Sie, wenn aus dem Namen einer Komposition, die der Renderliste hinzugefügt wurde, gleich der Dateiname generiert werden soll. Außerdem wird in diesem Fall nach dem Rendern jede nachfolgend gerenderte Datei an gleicher Stelle gespeichert wie die vorhergehende. Entfernen Sie das Häkchen, müssen Sie für jedes neue Element in der Renderliste den Dateinamen und Speicherort neu festlegen.

Die Dauer Audioblock ist angegeben, da Audiodaten nicht frameweise, sondern in Blöcken gespeichert werden. Die Speicherung in größere Blöcke von je einer halben oder ganzen Sekunde ist für eine Wiedergabe von MP3-Dateien ohne Störgeräusche empfehlenswert.

13.6 Netzwerkrendern

After Effects ermöglicht es, Kompositionen über ein Netzwerk von verschiedenen Rechnern für die Ausgabe berechnen zu lassen. Der Renderprozess wird dadurch erheblich beschleunigt.

Voraussetzung für das Rendern im Netzwerk ist, dass eine aktivierte Vollversion von After Effects auf einem der Netzwerkrechner installiert ist. Auf den anderen assistierenden Rechnern, den Renderclients, installieren Sie die **Render-Engine** von After Effects. Die Render-Engine ist eine nur für den Renderprozess bestimmte Installationsversion von After Effects. Die Render-Engine installieren Sie auf allen beteiligten Render-Rechnern wie die After-Effects-Vollversion. Um die Engine im lizenzfreien Modus zu verwenden, müssen Sie eine leere ».txt«-Datei unter dem Namen »ae_render_only_node.txt« an einem der folgenden Orte speichern:

Gleiche Grafikkarten

Für das Rendern im Netzwerk sollten Sie möglichst auf allen Systemen die gleichen Grafikkarten verwenden, da ansonsten nicht sicher ist, dass alle verwendeten Funktionen auf allen Systemen mitberechnet werden. Prüfen Sie zuvor, welche Karten von After Effects unterstützt werden. Informationen dazu erhalten Sie unter: http://www.adobe.com/products/aftereffects/tech-specs.html.

Kapitel 13 Das Rendern

Mac:
- /Benutzer/<benutzername>/Dokumente/
- /Benutzer/Für alle Benutzer/Adobe/

Windows:
- C:\Benutzer\Öffentlich\Öffentliche Dokumente \Adobe

Nach der Installation öffnen Sie den After-Effects-Installationsordner. Dort finden Sie eine Verknüpfung mit dem Titel Adobe After Effects Render Engine. Klicken Sie diese Verknüpfung doppelt an, um nur die Render-Engine von After Effects zu starten.

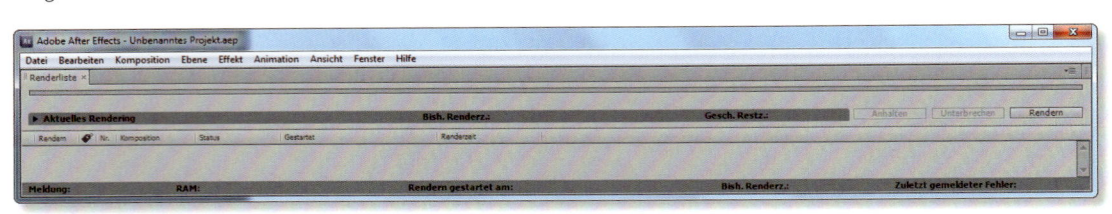

▼ **Abbildung 13.43**
Die Render-Engine zeigt sich wie die normale After-Effects-Programmoberfläche, allerdings wird nur die Renderliste angezeigt, und alle nichtrelevanten Funktionen in der Menüleiste sind grau dargestellt.

Dabei müssen Sie auf einem der Rechner (Projektrechner) die lizenzierte Vollversion von After Effects mit der zu rendernden Projektdatei bereitstellen. Auf einem Server legen Sie einen sogenannten überwachten Ordner an, in den Sie eine Kopie der Projektdatei und alle verknüpften Dateien kopieren. Die Assistentenrechner, die Renderclients, weisen Sie an, diesen Ordner permanent zu überwachen. Sobald sich in dem überwachten Ordner ein zu renderndes Element befindet, beginnen die Clients automatisch mit dem Rendern. Gespeichert werden die fertig gerenderten Frames in einem weiteren Ordner auf dem Server, dem Ausgabeordner.

Nur Einzelbilder
Beim Rendern mit mehreren Rechnern können nur Einzelbilder berechnet werden. Die Frames einer Komposition werden dabei als nummerierte Sequenzen ausgegeben. Es ist nicht möglich, eine einzelne Filmdatei mit mehreren Rechnern zu rendern.

Schritt für Schritt:
Einrichten eines Rendernetzwerks

In diesem Workshop erfahren Sie, wie das Einrichten eines Rendernetzwerks funktioniert.

1 Überwachten Ordner anlegen

Nachdem Sie die Vollversion von After Effects auf einem Projektrechner und die Render-Engine auf den Assistentenrechnern installiert haben, legen Sie einen überwachten Ordner auf einem Server an. Dieser Ordner soll später die zu rendernde Projektdatei enthalten. Es ist wichtig, dass sich dieser Ordner nicht auf einem der Rechner befindet, auf dem After Effects im Modus »Überwachter Ordner« ausgeführt wird. Die Renderclients sollen den Ordner überwachen und mit dem Rendern beginnen, sobald sich ein zu renderndes Element im Ordner befindet.

Benennen Sie den Ordner eindeutig, z. B. »ueberwachterOrdner«. Geben Sie den Ordner frei, damit die Renderclients darauf zugreifen können. Damit dieser Ordner ein überwachter Ordner wird, rufen Sie in jeder Render-Engine der Renderclients den Befehl DATEI/ABLAGE • ÜBERWACHTER ORDNER auf. Wählen Sie den eben erstellten Ordner aus. Jede Render-Engine prüft nun alle zehn Sekunden, ob sich ein zu renderndes Element in dem Ordner befindet.

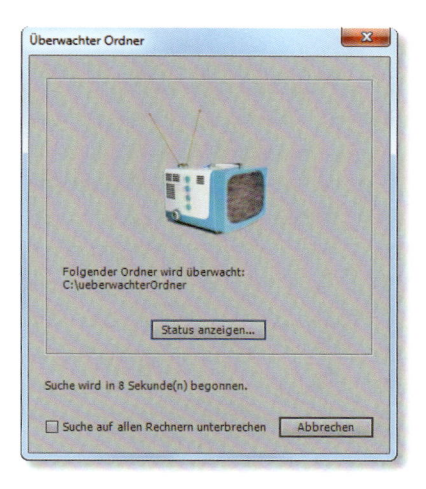

Sichern der Überwachung

Damit das Rendern durch die Renderclients nicht fehlschlägt, sollten Sie sicherstellen, dass auf jedem der Clients alle im Projekt verwendeten Effekte und Schriften installiert sind. Auch die im Projekt benutzten Kompressoren sollten sich auf allen Clients befinden.

◀ **Abbildung 13.44**
Ein auf einem Server erstellter Ordner wird von den Renderclients überwacht. Sobald sich ein zu renderndes Element darin befindet, beginnen die Clients mit dem Rendern.

2 Zu rendernde Dateien anlegen

Die nächsten Schritte führen Sie auf dem Projektrechner aus. Die auszugebende Komposition fügen Sie mit [Strg]+[⇧]+[<] der Renderliste hinzu. Hier nehmen Sie die Render- und Ausgabeeinstellungen vor. Im Ausgabemodul müssen Sie als Format eine Bildsequenz, beispielsweise eine Targa-Sequenz, festlegen. Sie können aber auch die Vorlage SEQUENZ FÜR MEHRERE RECHNER wählen. Damit wird eine Photoshop-Sequenz erstellt. Geben Sie dann bei SPEICHERN UNTER einen Ausgabenamen und einen Speicherort an.

Bei den Rendereinstellungen empfiehlt es sich, die Vorlage EINSTELLUNGEN FÜR MEHRERE RECHNER zu verwenden. Wenn Sie zuvor eine Sequenz als Ausgabe festgelegt haben, ist im Dialog RENDEREINSTELLUNGEN unter OPTIONEN bereits ein Häkchen für VORHANDENE DATEIEN ÜBERSPRINGEN gesetzt. Dies bewirkt, dass jeder Renderclient prüft, welche Dateien noch nicht berechnet wurden. Diese Dateien »greift« sich der Client, berechnet sie und legt das gerenderte Ergebnis in einem Ausgabeordner ab. Da die-

Absolute Dateipfade

Ordnen Sie den Netzlaufwerken auf allen Renderclients möglichst einen bestimmten Laufwerksbuchstaben zu, z. B. F:\ RENDERENGINES\UEBERWACHTERORDNER. Vermeiden Sie relative Pfade, z. B. \\RENDERENGINES\. Macintosh-Computer, die einen Ordner überwachen, müssen eindeutige Namen haben und sollten daher umbenannt werden, damit nicht der Standardname verwendet wird.

Renderkontrolle

Jeder Renderclient speichert seine Renderergebnisse in einer Datei namens »watch_folder.htm« im überwachten Ordner. In einem Webbrowser können Sie die Datei öffnen, um protokollierte Fehler und den Renderverlauf zu verfolgen. Dazu müssen Sie die Anzeige im Browser des Öfteren aktualisieren.

ser noch nicht existiert, muss er mit dem nächsten Schritt erstellt werden.

▲ **Abbildung 13.45**
Unter RENDEREINSTELLUNGEN und unter AUSGABEMODUL können Sie Vorlagen für das Rendern im Netzwerk auswählen.

3 Dateien sammeln

Als Nächstes führen Sie den Befehl DATEIEN SAMMELN aus. Das Projekt und alle dazugehörenden Rohmaterialdateien werden damit in dem überwachten Ordner gesammelt. Wählen Sie dazu im Projekt DATEI • DATEIEN SAMMELN. Es folgen einige Festlegungen im Dialog DATEIEN SAMMELN.

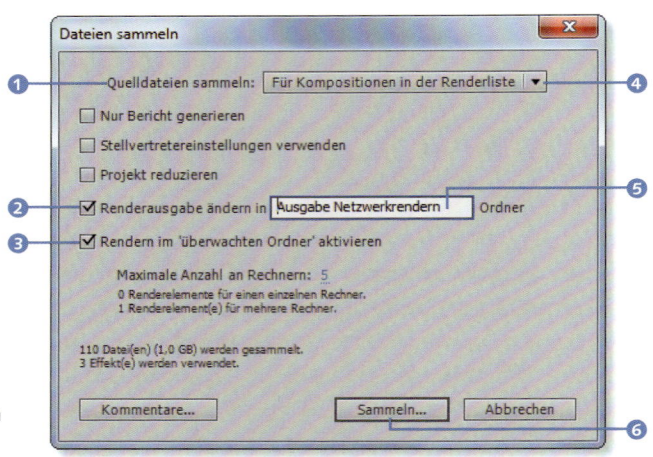

Abbildung 13.46 ▶
Über den Dialog DATEIEN SAMMELN legen Sie den Namen des Ausgabeordners fest und aktivieren das Rendern des überwachten Ordners.

Wenn die Renderliste eine Komposition zur Ausgabe enthält und Sie einen Ausgabenamen festgelegt haben, ist die Option RENDERAUSGABE ÄNDERN IN ORDNER ❷ anwählbar. Dort sollten Sie ein Häkchen setzen, damit der schon erwähnte Ausgabeordner automatisch erstellt wird. Beim Sammeln wird dann in dem bereits vorhandenen überwachten Ordner automatisch ein Unterordner angelegt, dessen Namen Sie im Eingabefeld ❺ bestimmen können. In diesem Unterordner werden dann die gerenderten Dateien abgelegt. Dieser Ausgabeordner sollte sich wie der überwachte Ordner auf dem Server befinden. Stellen Sie sicher, dass alle Clients auf den Ausgabeordner zugreifen können.

Damit die Renderclients auch wirklich mit dem Rendern beginnen, müssen Sie bei RENDERN IM ›ÜBERWACHTEN ORDNER‹ AKTIVIEREN ❸ ein Häkchen setzen. Effektiv ist es, unter QUELLDATEIEN SAMMELN ❶ die Option FÜR KOMPOSITIONEN IN DER RENDERLISTE ❹ zu aktivieren. Es werden dann nicht sämtliche im Projekt enthaltenen Dateien kopiert.

Über die Schaltfläche SAMMELN ❻ öffnen Sie den Dialog DATEIEN IN EINEM ORDNER SAMMELN. Geben Sie dort den überwachten Ordner als Sammelort an. Vergeben Sie einen Namen für den Sammelordner, und bestätigen Sie mit SPEICHERN. Als Speicherort wählen Sie einen im Netzwerk verfügbaren Rechner, am besten einen Server. Daraufhin werden die Projektdatei, die Quelldateien, der Ausgabeordner und eine Renderkontrolldatei im überwachten Ordner gespeichert. Quelldateien, die größer als 2 GB sind, werden allerdings nicht mitkopiert und müssen manuell in den Sammelordner verschoben werden.

Finden die Renderclients eine Renderkontrolldatei, die auf ein nicht gerendertes Projekt verweist, öffnen sie das Projekt und rendern es. Danach setzen die Clients die Überwachung fort, und sobald ein neues zu renderndes Element im überwachten Ordner landet, beginnen die Clients wieder mit ihrer Arbeit.

> **Netzwerkrendern mit mehreren Rechnern gleichzeitig**
>
> Ist in einem Netzwerk auf mehreren Rechnern After Effects installiert, können Sie auch ohne überwachten Ordner Standbildsequenzen mit mehreren Computern berechnen. Je mehr beteiligte Computer, desto schneller die Berechnung, es sei denn, die Netzwerkbelastung ist zu hoch.
>
> Führen Sie folgende Schritte durch: Öffnen Sie auf einem Computer das Projekt, und fügen Sie die zu rendernden Kompositionen der Renderliste hinzu. Verwenden Sie die Vorlage EINSTELLUNGEN FÜR MEHRERE RECHNER und die Option VORHANDENE DATEIEN ÜBERSPRINGEN. Es können nur Einzelbildsequenzen verwendet werden. Legen Sie einen freigegebenen Ausgabeordner an, auf den alle Rechner Zugriff haben.
>
> Kopieren Sie das zu rendernde Projekt samt allen Quelldateien auf alle beteiligten Rechner. Öffnen Sie überall das Projekt, und speichern Sie es auf dem jeweiligen Computer. Wählen Sie in der Renderliste für die Ausgabesequenz jeweils denselben zuvor freigegebenen Ordner als Speicherort. Anschließend starten Sie den Rendervorgang auf allen Systemen so zeitgleich wie möglich.

13.7 Ausgabe mit dem Media Encoder

Der Media Encoder ist Ihnen in diesem Kapitel schon begegnet. Allerdings handelte es sich dabei immer um die in After Effects integrierte Version des Encoders, den Sie aber auch als separate Applikation starten können. Der Adobe Media Encoder ist im Lieferumfang von After Effects enthalten.

Welche Ausgabeformate der Media Encoder anbietet, hängt davon ab, was Sie installiert haben. Wurde zum Beispiel nur Flash CS6 installiert, haben Sie die Ausgabemöglichkeiten in die Formate FLV, F4V und H.264. Sind noch After Effects und/oder Premiere installiert, erweitern sich die Ausgabemöglichkeiten entsprechend.

Schön ist die Möglichkeit, After-Effects-Kompositionen und Premiere-Pro-Sequenzen direkt aus dem Encoder auszugeben. Dazu wählen Sie im Encoder DATEI • AFTER EFFECTS-KOMPOSITION HINZUFÜGEN bzw. PREMIERE PRO-SEQUENZ HINZUFÜGEN. Über den Punkt HINZUFÜGEN können Sie Dateien unterschiedlichster Formate wie AVI, MOV etc. hinzufügen und dann in andere Formate umwandeln.

Kapitel 13   Das Rendern

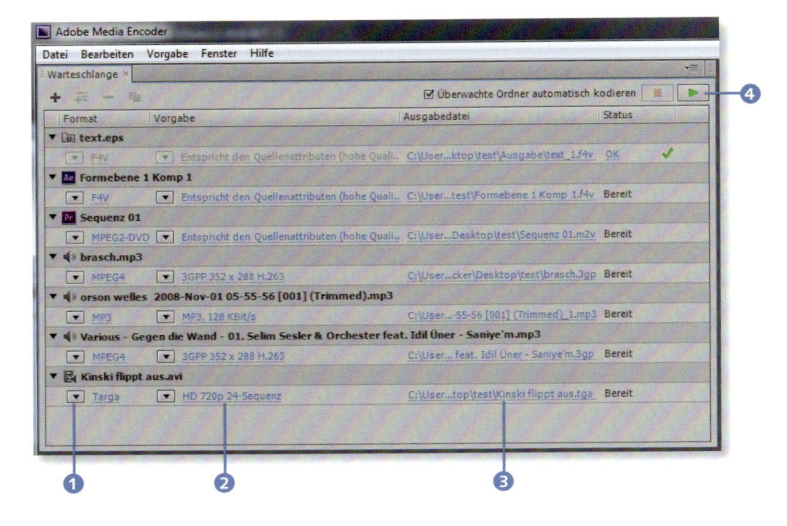

Abbildung 13.47 ▶
Über den Adobe Media Encoder geben Sie Dateien – sogar After-Effects-Kompositionen – in verschiedenste Formate aus.

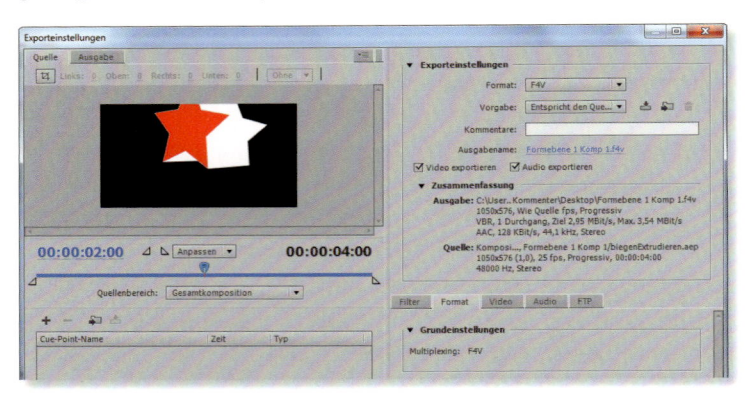

Abbildung 13.48 ▶
Die Exporteinstellungen sehen den in After Effects integrierten äußerst ähnlich.

Um das Ausgabeformat für Ihre Quelle zu definieren, klicken Sie in der Spalte Format auf das Dreieck ❶ und wählen dort einen Eintrag. Danach erscheinen sofort zum Format passende Vorgaben in der Spalte Vorgabe. Um die Vorgabe zu verändern, klicken Sie direkt auf den farbigen Text ❷ in der Spalte Vorgabe. Sie gelangen in den Dialog Exporteinstellungen.

Darin sieht es ähnlich aus wie im integrierten Encoder von After Effects. Freundlicherweise ist eine Anzeige von Quelle und Ausgabe erlaubt, die Sie über die gleichnamigen Registerkarten wählen. In der Registerkarte Quelle ist auch ein Beschnitt des Materials am Anfang und am Ende möglich. Außerdem können Sie die Größe des Formats beschneiden. In den Registerkarten Filter, Video, Audio, Format und FTP nehmen Sie gegebenenfalls Anpassungen vor.

Beispiele für die Ausgabe mit dem in After Effects integrierten Media Encoder finden Sie im Abschnitt »MPEG-2-DVD-Ausgabe« auf Seite 365 und in Kapitel 15, »Ausgabe für das Web«. Die Arbeit im Dialog EXPORTEINSTELLUNGEN unterscheidet sich davon nicht, allerdings haben Sie im Media Encoder mehr Einstellmöglichkeiten.

Bevor Sie die Ausgabe der im Adobe Media Encoder gehorteten Dateien starten, legen Sie jeweils einen Speicherort fest und klicken dazu auf den farbigen Text in der Spalte AUSGABEDATEI ❸.

Die Ausgabe beginnt, nachdem Sie auf WARTESCHLANGE STARTEN ❹ geklickt haben. Der Encoder arbeitet die Liste nacheinander ab und zeigt im unteren Teil Informationen zu Video, Audio und Bitrate, ein Vorschaubild der Ausgabedatei und in der farbigen Renderlinie die verstrichene und die geschätzte verbleibende Zeit – alles wie in After Effects.

13.8 Exportieren: Was ist das?

After Effects bietet neben dem Rendern von Kompositionen den Export als zweite Möglichkeit der Ausgabe. Sie finden das Export-Untermenü über DATEI • EXPORTIEREN.

▶ Über den Export geben Sie Kompositionen in das **Format SWF** aus, um Filme für den **Einsatz im Web** vorzubereiten. Dabei gibt es zwar einige Einschränkungen hinsichtlich in SWFs nicht unterstützter After-Effects-Funktionen, dennoch sind die Exportmöglichkeiten hervorzuheben, dank denen Sie die Stärken von After Effects für das Web nutzen und Filme mit sehr geringer Dateigröße erstellen.

▶ Für die Weiterverarbeitung von Kompositionen in Flash ist der Export in das **Format XFL** zu erwähnen. Hier werden grundlegende Kompositionseinstellungen nach Flash übernommen und ermöglichen eine Weiterverarbeitung. Mehr Informationen dazu erhalten Sie im Abschnitt »XFL-Export aus After Effects« auf Seite 846.

▶ Für eine enge Zusammenarbeit mit Premiere Pro exportieren Sie Ihr After-Effects-Projekt als **Adobe-Premiere-Pro-Projekt**. Weitere Informationen zur Zusammenarbeit mit Premiere Pro finden Sie in Kapitel 26, »Video-Workflow mit After Effects CS6«.

Nicht mehr unterstützte Formate | Die früher über den Export gegebenen Ausgabemöglichkeiten in Formate wie 3GP, AVI, MPEG-4 etc. wurden mit der Version CS5 konsequenterweise entfernt. Sie finden diese Exportmöglichkeiten dafür in der eigenständigen Vollversion des Adobe Media Encoders.

Zum Nachlesen
Mehr dazu lesen Sie in Abschnitt 15.2, »SWF-Dateien ausgeben«.

Kapitel 14
Filme für das Kino

Bei der geplanten späteren Ausgabe auf Filmmaterial kommen Sie nicht umhin, sich mit Aufzeichnungs- und Filmformaten zu beschäftigen. Die Verwirrung um die für die Bearbeitung in After Effects zu wählenden Formate ist oft groß. Wenn Sie bedenken, dass verschiedensten Aufzeichnungsformaten unterschiedliche, später im Kino projizierte Filmformate gegenüberstehen, ist das auch kein Wunder.

Bei der Ausgabe muss das ankommende Videoformat an das gewünschte Kinoformat angepasst werden. Das angepasste Format wird schließlich auf Filmmaterial ausbelichtet, also transferiert. In einem Teil dieses Kapitels beschreibe ich daher beispielhaft die Anpassung des gängigen HD-Standard-Formats 1.920 × 1.080 an die Ausgabe für Widescreen Europa und Widescreen USA.

14.1 Eine Frage des Formats

Bevor Sie mit der Arbeit in After Effects überhaupt beginnen, müssen Sie klären, in welcher Form das gefilmte Material vorliegt, denn davon hängt ab, welche Bearbeitungseinstellungen Sie in After Effects wählen müssen. Je nach Aufzeichnungsformat sind dabei unterschiedliche Umwandlungsverfahren nötig, um das gefilmte Material digital weiterverarbeiten zu können. Eine solche Umwandlung übernimmt eine darauf spezialisierte Firma, mit der Sie sich zuvor unbedingt genau absprechen sollten.

Normalerweise geben Sie aus After Effects Bildsequenzen zur Ausbelichtung auf Filmmaterial aus. Die Ausbelichtung der von Ihnen angelieferten Bildsequenzen übernimmt wiederum eine darauf spezialisierte Postproduktionsfirma. Diese kann vor dem endgültigen Transfer auf das Filmmaterial noch Farbkorrekturen durchführen. Die Maschinen, über die das von Ihnen gelieferte

> **Belichtungsprofis**
> Für Ihr konkretes Filmprojekt wenden Sie sich vertrauensvoll an eine Firma, beispielsweise Swiss Effects (*www.swisseffects.ch*), mit deren freundlicher Unterstützung (David Pfluger) dieses Kapitel entstanden ist.

Material auf Filmmaterial ausbelichtet wird, arbeiten nach unterschiedlichen Standards, die für die ausbelichtete Framegröße relevant sind. Eine eingehende Kommunikation mit den Spezialisten der Postproduktionsfirma kann Ihnen viel Ärger ersparen und garantiert, dass der Film im Kino auch Ihren oder den Wünschen des Kunden entsprechend projiziert wird. Außerdem ist eine Ausbelichtung recht kostspielig. Eine enge Zusammenarbeit mit der Firma Ihrer Wahl vor und während der Produktion ist daher unbedingt erforderlich.

Einen weiteren Beitrag zur Verwirrung leistet der folgende Umstand: Bei der Bearbeitung eines Projekts für die Filmausgabe müssen Sie daran denken, dass jegliches im Kino projizierte Format an allen **Rändern** leicht beschnitten wird. Dies liegt an dem bei der Projektion vom Filmvorführer verwendeten Projektionscache, einer Metallplatte mit einer rechteckigen Öffnung im Seitenverhältnis des zu projizierenden Films. Ähnlich wie bei einer Produktion für das Fernsehen müssen Sie daher aktions- und titelsichere Bereiche schon bei der Bearbeitung berücksichtigen. Bei einer Vernachlässigung dieser Formateinschränkungen können Titel in der Projektion durch das Cache angeschnitten erscheinen.

Häufige Aufzeichnungsformate

Um etwas Klarheit in die Formatfrage zu bringen, stelle ich hier zunächst einige wichtige Formate vor, bevor ich eine Weiterverarbeitungsmöglichkeit in After Effects thematisiere.

Tabelle 14.1 enthält einige häufig verwendete Aufzeichnungsformate, die in After Effects weiterverarbeitet werden können. Bei der Arbeit in After Effects ergibt sich das zu wählende Bearbeitungsformat aus dem jeweiligen ankommenden Videoformat. Arbeiten Sie ohne Verwendung von Videomaterial, beispielsweise bei einer rein in After Effects generierten Titelanimation, ergeben sich teils andere Formate, die in Abschnitt 14.3, »Arbeit mit synthetischem Bildmaterial«, aufgeführt sind.

Tabelle 14.1 ▶
Videoformate/digitale Bildformate

Aspect Ratio	Framegröße	Bezeichnung
4:3 bzw. 1:1,37	720 × 576	alter TV-SD-Standard (PAL)
	648 × 486	alter TV-SD-Standard (NTSC)

14.1 Eine Frage des Formats

Aspect Ratio	Framegröße	Bezeichnung
16:9 bzw. 1:1,82	1.050×576	SD-PAL
	853×480	SD-NTSC
	1.280×720	HD-Standard
	1.920×1.080	HD-Standard

◀ Tabelle 14.1
Videoformate/digitale Bildformate (Forts.)

Alter PAL-TV-Standard | Mit der Framegröße 720×576 ergibt sich eine eigentliche Ratio von 1:1,25 (die Ratio ist das Verhältnis von Breite durch Höhe eines reproduzierten Bildes). Da aber der PAL-Standard mit rechteckigen Pixeln (**Non-square Pixels**) mit einem Pixel-Seitenverhältnis von 1,09 arbeitet, wird das reproduzierte Bild auf die Framegröße 788×576 gestreckt. Die resultierende Ratio beträgt dann 1:1,37.

SD-PAL/SD-NTSC 16:9 | Die eigentliche Größe von 16:9-SD-PAL beträgt 720×576 Pixel und für SD-NTSC 720 × 480 Pixel. Das 16:9-Bild wird, um mit der 4:3-Ratio aufgezeichnet zu werden, horizontal gestaucht. Ein in solcher Form vorliegendes Material wird als **anamorphotisch** bezeichnet. Bei der späteren Reproduktion wird das Bildformat wieder auf die ursprüngliche Größe von 1.050×576 für SD-PAL und auf 853×480 für SD-NTSC entzerrt. Die aufgezeichneten Pixel werden dabei in der Breite gestreckt.

HD-Standard 1.280×720 | Die Auflösung 1.280×720 gehört wie die Auflösung 1.920×1.080 zum HD-Standard und zeichnet sich durch eine progressive Bildwiedergabe aus. HD-Kameras von Panasonic zeichnen mit dieser Auflösung auf.

HD-Standard 1.920×1.080 | Ein sehr gängiges Format im Kinobereich ist der HD-Standard 1.920×1.080. Diese Auflösung ist HDTV-Standard in den USA und in Europa. Die Aufzeichnung erfolgt beispielsweise mit HD-Kameras von Sony.

[Aspect Ratio]
Aspect Ratio ist die Bezeichnung für das Seitenverhältnis..
SD steht für **Standard Definition**, während **HD** für **High Definition** steht.

Zum Nachlesen
Weitere Informationen zu PAL und NTSC finden Sie in Kapitel 2, »Begriffe und Standards«, und zur Arbeit mit PAL- und NTSC-Video in Abschnitt 5.6, »Videodaten in After Effects«.

Anamorph
Filmbilder, die zur Speicherung oder für die Übertragung in einer Dimension (horizontal) gestaucht wurden, bezeichnet man als **anamorph verzerrt**.

◀ Abbildung 14.1
SD-PAL 720×576

▲ **Abbildung 14.2**
HD-Standard 1.280 × 720

▲ **Abbildung 14.3**
HD-Standard 1.920 × 1.080

▲ **Abbildung 14.4**
SD-PAL anamorph verzerrt 720 × 576

▲ **Abbildung 14.5**
SD-PAL anamorph entzerrt 1.050 × 576

Gängige Kinoformate

Wie Sie dem Vergleich der in Tabelle 14.2 aufgeführten gängigsten Filmformate mit den in Tabelle 14.1 aufgelisteten Aufzeichnungsformaten entnehmen können, ähneln sich die Formate kaum. Bei der Ausgabe eines fertigen Projekts für ein Filmformat müssen Sie demnach das Format anpassen.

▼ **Tabelle 14.2**
Gängigste Filmformate

Aspect Ratio	Framegröße 2K*	Framegröße 4K	Bezeichnung
4:3 bzw. 1:1,33	2.048 × 1.536	4.096 × 3.072	Vollbild (35 mm)
4:3 bzw. 1:1,33	1.828 × 1.332	3.656 × 2.664	Academy
1:1,66	1.828 × 1.100	3.656 × 2.200	Widescreen Europa
1:1,85	1.828 × 988	3.656 × 1.976	Widescreen USA
1:2,35	1.828 × 1.556	3.656 × 3.112	Cinemascope

* Die Filmauflösung wird mit 1K, 2K und 4K angegeben.

Vollbild-Format | Das Vollbild-Format ist das Stummfilm-Format aus den Anfängen der Filmgeschichte. Eine Aufzeichnung in diesem Format ist heute sehr selten und dient dazu, beste Qualität zu erreichen. Da auf dem Negativ keine Tonspur Platz findet, wird es nie so projiziert, geschweige denn, in dieser Auflösung ausbelichtet. Daher ist von der in After Effects wählbaren Kompositionsvorgabe FILM (2K) in der Größe 2.048 × 1.556 abzuraten. Einige Filmscanner – je nach Postproduktionshaus – verwenden allerdings eine solche Auflösung.

Academy-Format | Mit der Einführung des Tonfilms wurde es nötig, eine Tonspur auf dem Vollbild-Negativ unterzubringen. Das kleinere Academy-Format bot dafür Platz. Die tatsächliche Aspect Ratio des Academy-Formats beträgt 1:1,37, wird aber bei der Projektion auf eine 1:1,33-Ratio beschnitten. Das Format wird heutzutage kaum noch ausbelichtet oder in 4:3 projiziert.

Widescreen Europa/Widescreen USA | Die Widescreen-Formate sind die gängigen im Kino projizierten Formate. Die Ausgabegröße muss meist an eines dieser Formate angepasst werden.

Cinemascope | Cinemascope ist mit dem als Panavision bekannten Verfahren vergleichbar. Das eigentliche Seitenverhältnis auf dem Filmnegativ beträgt 1:1,175. Das Bild ist horizontal gestaucht und wird erst bei der Projektion durch eine spezielle Projektionslinse, den Anamorphot, auf ein Seitenverhältnis von 1:2,35 horizontal verdoppelt.

Abbildung 14.6 ▶
Vollbild- bzw. Stummfilm-Format 2.048 × 1.536

Abbildung 14.7 ▶
Die Abbildung zeigt das Academy-Format, das kaum noch ausbelichtet wird, sowie die gängigen Kinoformate. Diese Formate bieten Platz genug für die Tonspur.

Abbildung 14.8 ▶
Beim Cinemascope-Verfahren wird das Bild horizontal gestaucht auf den Film belichtet ...

Abbildung 14.9 ▶
... und bei der Projektion durch eine spezielle Linse entzerrt.

Aktions- und titelsichere Ränder

Wie bei den Fernsehproduktionen dürfen Sie auch bei einer Kinoproduktion aktions- und titelsichere Ränder nicht vergessen. Wichtige informationstragende Bildelemente müssen sich innerhalb des aktionssicheren Bereichs befinden, Titel müssen Sie innerhalb des noch kleineren titelsicheren Bereichs anlegen.

Notwendig ist dieser sichere Bereich, da, wie erwähnt, bei der Projektion im Kino das Projektionscache eingelegt wird, das das Kinoformat an allen Rändern beschneidet. Der durch das Projektionscache entstehende Formatabzug ist nicht standardisiert, Sie sollten aber mit etwa 5 % Beschnitt auf allen Seiten rechnen.

Dementsprechend richten Sie den aktionssicheren Bereich ❶ für das jeweilige projizierte Filmformat ein. Noch kleiner zu wählen ist der titelsichere Bereich ❷, bei dem Sie etwa 10 % vom jeweiligen projizierten Format abziehen müssen.

◄ **Abbildung 14.10**
In diesem Beispiel sind die aktions- und titelsicheren Bereiche für das europäische Widescreen-Format (1.828 × 1.100) eingeblendet.

14.2 Formate in After Effects

Für die Ausgabe einer Komposition in ein gängiges Filmformat sind, wie aus den obigen Ausführungen ersichtlich wird, oft Formatanpassungen nötig. Fragen, die die Wahl des Ausgabeformats, die einzustellende Projektbittiefe, die Framerate und eventuelle Anpassungen des Farbraums in After Effects betreffen, sollten Sie vor Beginn des Projekts genauestens mit der Postproduktionsfirma klären.

Arbeit mit HD 1.920 × 1.080 in After Effects

Da ich an dieser Stelle nicht auf alle Möglichkeiten eingehen kann, bezieht sich die folgende Beschreibung auf das heute sehr gängige Format HD-Standard 1.920 × 1.080, mit dem im Kinobereich häufig aufgezeichnet wird.

Kapitel 14 Filme für das Kino

Das HD-Material wird zur Weiterverarbeitung in After Effects zuerst in Bildsequenzen umgewandelt. Zumeist handelt es sich dabei um TIFF-Sequenzen. Beim Import müssen Sie darauf achten, dass Sie ein Häkchen bei TIFF-SEQUENZ setzen.

Framegröße und Framerate | Die importierte TIFF-Sequenz sollten Sie, um die richtige Framegröße und auch die richtige Framerate zu erhalten, auf den Kompositionsbutton im Projektfenster ziehen. Die entstehende Komposition übernimmt automatisch die Framegröße und Framerate des Ausgangsmaterials.

Die Framerate kann von Projekt zu Projekt differieren, da HD-Kameras in unterschiedlichen Frameraten aufzeichnen. Im HD-Standard 1.920 × 1.080 kann wahlweise mit 60 Halbbildern pro Sekunde (60i), 30 Vollbildern (30p) oder 24 Vollbildern (24p) aufgezeichnet werden. Das europäische Format erlaubt 50 Halb- (50i) und 25 Vollbilder (25p) pro Sekunde.

▲ **Abbildung 14.11**
Um die Framerate und Framegröße des importierten Materials automatisch zu übernehmen, ziehen Sie die Sequenz auf den Kompositionsbutton.

Projektbittiefe | Eine Anpassung der Projektbittiefe ist bei HD-Material nicht nötig, da die meisten HD-Kameras in **8 Bit lin** aufzeichnen. Auch eine Anpassung des linearen Computerfarbraums an das Aufnahmematerial ist in diesem Fall nicht erforderlich.

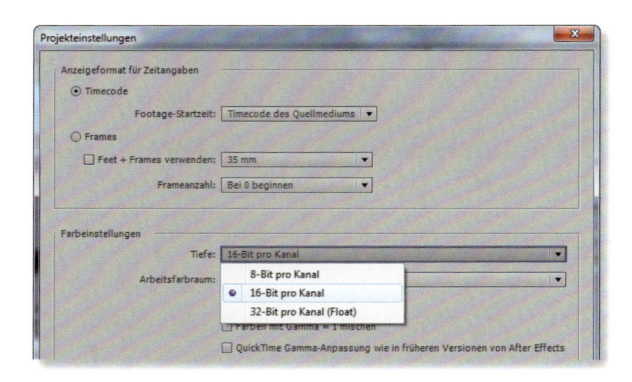

Abbildung 14.12 ▶
Verwenden Sie den Timecode des importierten Materials per TIMECODE DES QUELLMEDIUMS. Eine höhere Bittiefe ist hier ebenfalls wählbar.

8 Bit lin

Die Abkürzung **lin** steht für eine Aufzeichnung im linearen Farbraum. Dieser steht dem logarithmischen Farbraum von Filmmaterial gegenüber, der der menschlichen Wahrnehmung besser entspricht. Im logarithmischen Farbraum sind mehr Abstufungen in hellen und dunklen Bereichen darstellbar. Im linearen Farbraum sind die Farbwerte gleichmäßig verteilt.

Sollten Sie dennoch eine höhere Projektbittiefe wünschen (z. B. für die spätere Ausgabe ins Cineon-Dateiformat), ändern Sie sie unter DATEI • PROJEKTEINSTELLUNGEN im Feld FARBEINSTELLUNGEN von 8 Bit auf 16 Bit oder 32 Bit. In den PROJEKTEINSTELLUNGEN wählen Sie unter TIMECODE entweder TIMECODE DES QUELLMEDIUMS, der dann übernommen wird, oder starten bei null. Die Einstellung wirkt sich auf die Zeitanzeige in der Zeitleiste aus.

Aktions- und titelsichere Bereiche | Die aktions- und titelsicheren Bereiche blenden Sie über die Schaltfläche ❶ in After Effects ein. Der aktionssichere Bereich ist standardmäßig auf 10 % und der titelsichere Bereich auf 20% gesetzt. Sie können diese Einstellung unter BEARBEITEN • VOREINSTELLUNGEN • RASTER UND HILFSLINIEN im Feld SICHERE RÄNDER anpassen.

Außer den aktions- und titelsicheren Rändern wird bei 16:9-Kompositionsformaten auch ein sogenannter **Mittelausschnitt** eingeblendet. Dieser stellt einen 4:3-Bildausschnitt und dessen aktions- und titelsichere Ränder dar. Somit können Sie aus einem 16:9-Format heraus eine 4:3-Ausgabe ohne beschnittene Titel erzeugen.

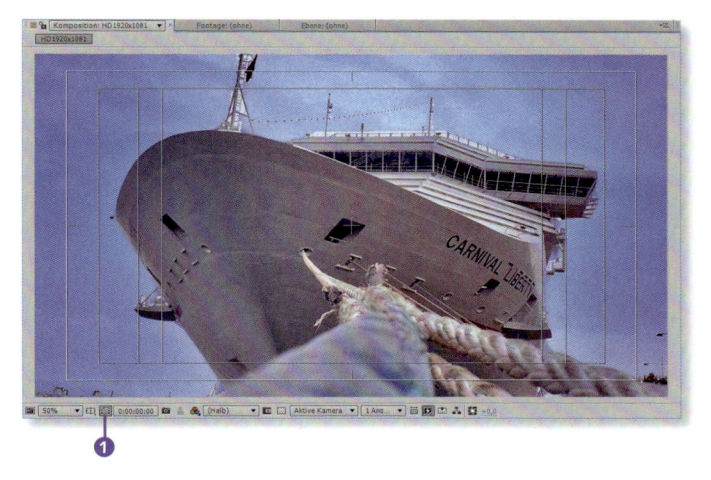

◄ **Abbildung 14.13**
Aktions- und titelsichere Bereiche können Sie in After Effects einblenden.

Formatanpassung in After Effects

Nicht jede Firma nutzt die gleiche Maschine zur Ausbelichtung des produzierten Materials auf Film. Was also wie auf den Film kommt, sollte von Anfang an besprochen werden. Sie können zwar davon ausgehen, dass die Ausbelichter jede Formatgröße akzeptieren und das Format auch anpassen können; dennoch gibt es gängige Formate, die als Richtwert gelten können. Da zumeist in den Kinoformaten **Widescreen Europa** (1.828×1.100) und **Widescreen USA** (1.828×988) projiziert wird, ist es sinnvoll, die Ausbelichtung auf eines dieser Formate zu beziehen.

Das hier als Beispiel gewählte HD-Standard-Format (1.920×1.080) wird, da es so verbreitet ist, oft schon unverändert von den meisten Ausbelichtern akzeptiert. Obwohl die Breite von 1.920 Pixeln nicht den 1.828 Pixeln der Filmformate entspricht, können einige Ausbelichter diesen Unterschied kompensieren, indem sie bei der Ausbelichtung engere Zeilen schreiben. Das Ergebnis ist eine mit dem Filmstandard übereinstimmende Breite. In der Produktion begegnet man oft dem Arri-Laser-Ausbelichter, mit dem eine solche Formatanpassung möglich ist. Erfragen Sie in jedem Fall die Möglichkeiten bei Ihrer Postproduktionsfirma.

Da die Formatanpassung auch schon zuvor innerhalb von After Effects erfolgen kann, nenne ich hier einige Möglichkeiten, das HD-Format (1.920 × 1.080) an die beiden gängigen Kinoformate anzupassen.

Die Formatanpassung in After Effects gestaltet sich recht einfach. Für die Ausgabe des HD-Formats in eines der Kinoformate legen Sie eine Komposition in der Ausgabegröße an, also 1.828 × 1.100 für Widescreen Europa oder 1.828 × 988 für Widescreen USA. Ziehen Sie anschließend die HD-Komposition in die jeweilige Ausgabekomposition. Sie können die Formate wie folgt ausgeben.

Widescreen Europa | Skalieren Sie die HD-Komposition auf 102 %, um die Höhe des HD-Formats an die Höhe für Widescreen Europa anzupassen. Es ergibt sich ein Beschnitt des HD-Formats am linken und rechten Rand.

Geben Sie die Komposition ohne Veränderung am HD-Format aus. Die Anpassung der Breite von 1.920 auf 1.828 erfolgt durch den Ausbelichter. Bei der Projektion im Kino im europäischen Widescreen-Format entsteht ein kleiner schwarzer Rand oben und unten.

Abbildung 14.14 ▶
Hier sehen Sie eine Anpassung des Formats HD 1.920 × 1.080 an das europäische Widescreen-Format. Die Ränder links und rechts werden beschnitten.

Abbildung 14.15 ▶
Die Komposition in HD 1.920 × 1.080 wird zur Ausgabe in eine Komposition in der Größe 1.828 × 1.100 für Widescreen Europa gezogen.

14.2 Formate in After Effects

Abbildung 14.16
Wird HD-Material 1.920 × 1.080 im europäischen Widescreen-Format projiziert, ergibt sich oben und unten ein kleiner schwarzer Rand.

Widescreen USA | Skalieren Sie die HD-Komposition auf 95,2 %, um die Breite des HD-Formats an die Breite für Widescreen USA anzupassen. Das HD-Format wird dadurch am oberen und unteren Rand leicht beschnitten.

Skalieren Sie die HD-Komposition auf 91,5 %, um die Höhe des HD-Formats an die Höhe des Widescreen-Formats anzupassen. Links und rechts ergeben sich schwarze Ränder.

Da die Unterschiede bei der Projektion nicht sehr erheblich sind, ist es letztendlich eine Geschmacksfrage, welche Größe Sie für die Ausbelichtung wählen.

◀ Abbildung 14.17
Das Format HD 1.920 × 1.080 wird zur Anpassung an das amerikanische Widescreen-Format oben und unten leicht beschnitten.

397

Abbildung 14.18 ▶
Bei dieser Anpassung des HD-Formats an das amerikanische Widescreen-Format entsteht links und rechts ein schwarzer Rand.

Abbildung 14.19 ▶
Die Komposition in HD 1.920 × 1.080 in einer Komposition mit 1.828 × 988 für Widescreen USA mit zwei verschiedenen Anpassungsmöglichkeiten

14.3 Arbeit mit synthetischem Bildmaterial

Wenn Sie rein synthetisches Material, z. B. eine Titelanimation, mit Filmmaterial mischen, ergibt sich die Kompositionsgröße zur Bearbeitung aus der Formatgröße des Materials, mit dem Sie mischen. Falls Sie ausschließlich mit synthetisch generiertem Material arbeiten, sind Kompositionsgrößen im Format Widescreen Europa, Widescreen USA oder im HD-Standard zu empfehlen.

Für den HD-Standard hält After Effects in den KOMPOSITIONS-EINSTELLUNGEN die Vorlage HDTV 1.080 24 ❶ mit einer FRAMERATE von 24 fps ❷ und mit QUADRATISCHEN PIXELN ❸ bereit. Wird das Material nicht weiter gemischt und unverändert auf Film ausbelichtet, können Sie die Framerate auf 24 fps belassen.

Soll das After-Effects-Material allerdings später mit Filmmaterial gemischt werden, ist die Framerate des Filmmaterials maßgebend. Diese kann auch 25 fps betragen, da oft mit 25 fps aufgezeichnet und auch mit 25 fps auf Film ausbelichtet wird. Filme, die mit 25 fps ausbelichtet werden, laufen im Kino unmerklich langsamer, da mit 24 fps projiziert wird. Der leicht verzerrte Ton wird vor dem Kopieren angepasst. Die Widescreen-Formate sind nicht wählbar und müssen manuell eingetragen werden.

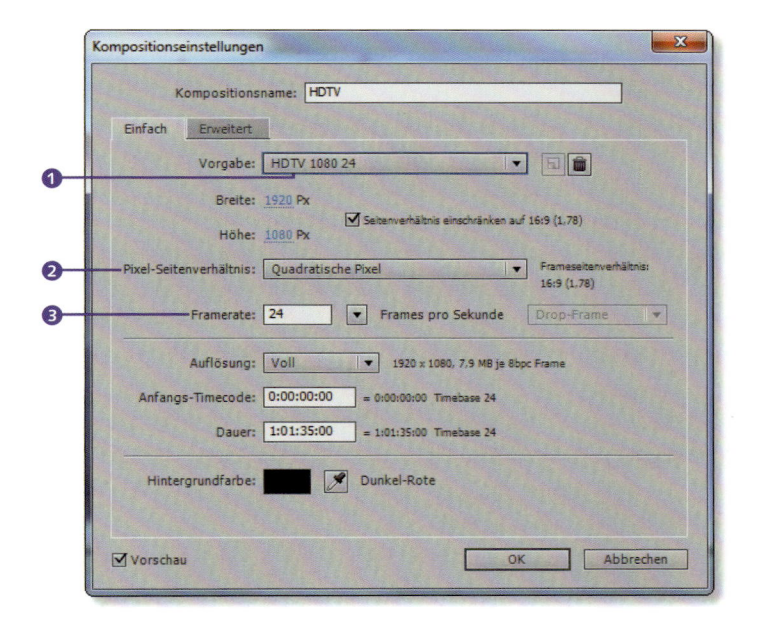

◀ **Abbildung 14.20**
In den Kompositionseinstellungen ist nur das HDTV-Format wählbar. Einstellungen für die Widescreen-Formate tragen Sie manuell ein.

Rendern ins Ausgabeformat

Die Ausgabe der Komposition für eine weitere Ausbelichtung auf Filmmaterial erfolgt wie bereits erwähnt in Form von Bildsequenzen. Es wird also eine Reihe nummerierter Einzelbilder gerendert, die jeweils eine möglichst hohe Auflösung aufweisen sollten.

Bei längeren Kompositionen ist es sinnvoll, die Ausgabe in mehrere kleinere Sequenzen zu unterteilen, wobei Sie darauf achten müssen, dass die jeweilige Folgesequenz mit der jeweils nächsten Framenummer beginnt. Umfasst die erste Sequenz beispielsweise die Framenummern 00000 bis 01000, sollte die nächste Sequenz mit der Nummer 01001 beginnen.

Bevor Sie die Sequenz ausgeben, ist es üblich, einen Ordner mit dem Namen Ihres Films anzulegen. In einen weiteren Ordner, den Sie mit der Ausgabegröße Ihres Films und dem Filmnamen betiteln (z. B. finale_1828x1100), wird die Sequenz gespeichert und später an die Postproduktionsfirma weitergeleitet.

Ausgabe | Für die Ausgabe wählen Sie die Komposition wie üblich aus und fügen sie der Renderliste hinzu. Im Ausgabemodul wählen Sie eine der folgenden Ausgabemöglichkeiten: SGI Sequenz oder DPX/Cineon Sequenz, TIFF oder Targa Sequenz. Die beiden letzten Ausgabeformate sind zu empfehlen, da die Postproduktionsfirmen diese sicher akzeptieren. Die im Ausgabemodul unter Formatoptionen angebotene RLE-Komprimierung bzw. LZW-Komprimierung für die Sequenzen können Sie akti-

RAM
Wenn Sie Material für die Filmbelichtung ausgeben wollen, sollten Sie nicht am Festplattenspeicher und auch nicht am Arbeitsspeicher sparen. Aufgrund der hohen Auflösung der Filmframes fallen schnell erhebliche Datenmengen an, und auch innerhalb der Filmkomposition kann sich die Berechnung von Effekten und Transformationen in die Länge ziehen. Es sollte also auch genügend RAM für die Berechnung der Filmframes installiert sein. Mit mindestens vier Gigabyte RAM pro Prozessorkern kann man gut leben.

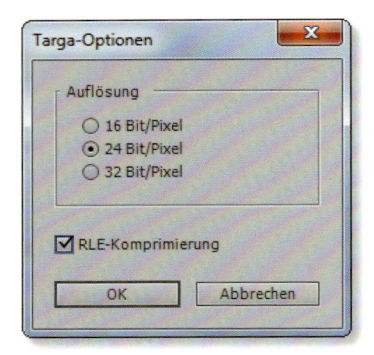

Abbildung 14.21
Für TGA-Sequenzen, die später ausbelichtet werden, können Sie die verlustfreie RLE-KOMPRIMIE-RUNG aktivieren, um den Speicherbedarf der Sequenzen zu verringern.

vieren, um den Speicherbedarf der gerenderten Sequenzen ohne Qualitätseinbußen zu verringern.

Die Ausgabe ins Cineon-Dateiformat ist sinnvoll, wenn zuvor in einem 16-Bit-Projekt mit Cineon-Sequenzen gearbeitet wurde, die z. B. bei der Filmabtastung anfallen können. Es sind dann allerdings in After Effects weitere Anpassungen an den logarithmischen Farbraum des Cineon-Formats nötig, der an die lineare Bildschirmdarstellung angepasst werden sollte. Eine Auswahloption zwischen FIDO/Cineon 4.5 und dem Standard DPX erreichen Sie im After-Effects-Ausgabemodul über den Button FORMATOPTIONEN und weiter über den BUTTON CINEON-EINSTELLUNGEN.

Im Zweifelsfall fragen Sie immer bei Ihrer Postproduktionsfirma nach, welches Format verarbeitet wird.

Kapitel 15
Ausgabe für das Web

Aufgrund seiner vielfältigen Ausgabemöglichkeiten können Sie After Effects auch zur Erstellung von Animationen für das Web einsetzen. So können Sie Animationen in wichtige webtaugliche Formate wie **QuickTime**, **Windows Media** *und in das* **Shockwave-Flash-Format** *(SWF) oder das* **Flash-Video-Format** *(FLV oder F4V) ausgeben und Ihre Videos beispielsweise bei Youtube hochladen.*

15.1 Die passende Ausgabe

Die Ausgabe in das SWF-, das FLV- und F4V-Format sind sicherlich einige der interessantesten Möglichkeiten der Ausgabe für das Web. Bevor Sie sich in das Vergnügen stürzen können, Animationen für das Web in After Effects zu erstellen, sollten Sie jedoch erst einmal die Rahmenbedingungen studieren.

Es ist nicht sinnvoll, jede für das Web gedachte Animation aus After Effects in das Format *SWF* auszugeben. Die Ausgabe in das SWF-Format eignet sich besonders für Inhalte, die aus Pfaden und einfachen Flächen aufgebaut werden können. Für Inhalte mit vielen Effekten oder gar Videodaten sollten Sie die Animation als *QuickTime-*, *FLV-*, *F4V-* oder *Windows-Media-Datei* ausgeben.

Der Grund liegt in der unterschiedlichen Konzeption der Formate. Eine SWF-Datei wird auch als *vektorbasiert* bezeichnet. Sie enthält im Grunde nur Vektoren und Referenzen auf innerhalb der Datei gespeicherte Bilder. Erst beim Abspielen der Animation auf einem Wiedergaberechner werden ebenfalls gespeicherte Bewegungen der Bilder zur Darstellung am Bildschirm berechnet. Im günstigsten Fall muss beim Export also nicht jeder einzelne Frame der Animation berechnet und komprimiert werden. Die entstehende Datei ist dann vergleichsweise winzig.

Sobald Videodaten oder Inhalte mit vielen Effekten in der SWF-Datei enthalten sein sollen, ist es allerdings mit den klei-

> **QuickTime**
>
> Für den Import von SWF-Dateien in After Effects (oder besser für die Umwandlung der Daten in Pixel) zeichnet QuickTime verantwortlich. Vektorinformationen gehen dabei verloren. Es sollte die neueste QuickTime-Version auf dem Rechner installiert sein, um Probleme beim Import zu vermeiden.

nen Dateien vorbei. Die Information wird dann beim Export aus After Effects frameweise als JPEG-Bitmap in der SWF-Datei gespeichert. In diesem Falle ist es besser, die oben genannten Formate für die Ausgabe zu nutzen. Der hier mögliche Einsatz von verschiedenen Kompressoren erlaubt eine bessere Berechnung der Pixelinformation. Mit den Kompressoren kann diese effektiv komprimiert werden.

15.2 SWF-Dateien ausgeben

Grundsätzlich schrumpfen die großen Möglichkeiten, die After Effects bei der Animation bietet, durch die Ausgabe ins SWF-Format auf einen kleinen, aber immerhin feinen Teil zusammen.

Eine SWF-Datei besticht trotz der umfangreichen Animationen, die sie enthalten kann, durch ihre minimale Dateigröße. Wie bereits erwähnt, liegt das daran, dass SWF-Dateien meist nur Vektordaten enthalten, die sehr wenig Speicherplatz beanspruchen. Daneben können Pixel- und Audiodaten in einer SWF-Datei enthalten sein, wobei die Audiodaten beim Export in MP3 umgewandelt und der SWF-Datei hinzugefügt werden. Die Pixeldaten sind dafür verantwortlich, dass die Dateigröße einer SWF-Datei erheblich anwachsen kann.

Hinsichtlich der für SWF-Dateien sinnvollen After-Effects-Funktionen gibt es einige Einschränkungen, aber es tun sich auch viele Möglichkeiten auf.

Möglichkeiten und Unmöglichkeiten beim SWF-Export

Exportieren Sie eine SWF-Datei aus After Effects, werden Ebenen, die Effekte enthalten oder auf die Bewegungsunschärfe angewendet wurde, in JPEG-Bitmaps innerhalb der SWF-Datei umgewandelt. Die Animation wird dabei Frame für Frame gerastert.

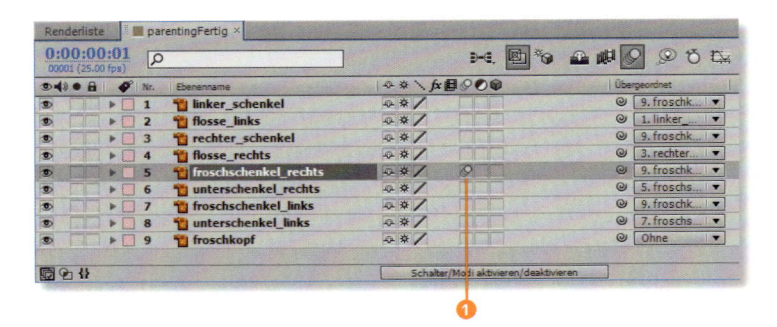

> **Beispiele**
>
> Auf der DVD zum Buch finden Sie im Ordner 15_Ausgabe_Web/SWF_Beispiele mehrere SWF-Dateien, die in After Effects erzeugt wurden und im Flash Player abspielbar sind.

> **Flash-Player-Download**
>
> Unter *http://www.adobe.com/de/downloads/* können Sie per Klick auf das Icon Get Adobe Flash Player einen entsprechenden Player zum Abspielen von SWF-Dateien herunterladen.

Abbildung 15.1 ▶
Der kleine Schalter für die Bewegungsunschärfe ❶ hat die große Wirkung, dass die gesamte Komposition beim SWF-Export in JPEG-Bitmaps ausgegeben wird.

15.2 SWF-Dateien ausgeben

Dementsprechend groß ist die resultierende Datei. Genau das sollte aber vermieden werden, um dem Sinn des SWF-Formats gerecht zu werden. Schließlich geht es darum, besonders kleine Dateien zu erzeugen, die jeden Bildschirm füllen können.

Textebenen | Besonders erfreulich ist die Möglichkeit, Textebenen aus After Effects in einer SWF-Datei als Vektordaten auszugeben. Der in Kapitel 17, »Text animieren«, besprochenen Animation von Texten sind somit auch für den SWF-Export keine Grenzen gesetzt. Aufpassen müssen Sie nur bei der Verwendung von Animationsvorgaben für Texte, die Effekte enthalten, und bei den Animatoreigenschaften WEICHZEICHNEN und ZEICHENWEISE 3D AKTIVIEREN, denn diese werden wieder gerastert, also Frame für Frame in Bitmaps umgerechnet.

Maskierte Ebenen | Maskierte Ebenen lassen sich exportieren. Es ist ratsam, die Masken nur auf Farbflächen anzuwenden. Video- und Pixelgrafiken resultieren in großen SWF-Dateien. Die WEICHE MASKENKANTE führt zum Rastern der Frames (setzen Sie sie daher auf 0). Auch duplizierte Masken vergrößern die Datei, da sie beim Export nicht als Instanzen der Quellmaske gesehen werden. Stattdessen wird in jeder SWF-Datei ein gesondertes Objekt pro Maske angelegt.

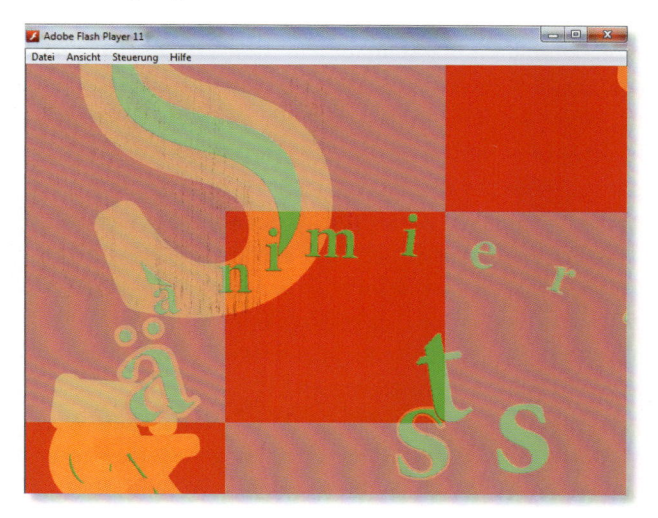

SWF-Import
SWF-Dateien, die in After Effects oder in Flash erstellt wurden, können in After Effects importiert werden. Bei den importierten Dateien bleibt der Alphakanal, also die Transparenzeinstellung, erhalten. Außerdem ist eine verlustfreie Skalierung der SWF-Dateien ebenso möglich wie bei importierten Illustrator-Grafiken.

◄ **Abbildung 15.2**
Animierte Texte lassen sich problemlos aus After Effects in eine sehr kleine SWF-Datei exportieren.

Zum Nachlesen
In Kapitel 18, »Masken, Matten und Alphakanäle«, sind Masken genau erläutert.

Bilddaten-Bug
Beim Export von Bilddaten bricht in der Version CS6 der Export manchmal einfach ab dem Moment ab, wo ein Pixelbild in der Zeitleiste erscheint. Die Lösung ist dann in einigen Fällen, weitere Ebenen, z. B. Text, hinzuzufügen und erneut zu exportieren.

◄ **Abbildung 15.3**
Maskierte Farbflächen werden beim SWF-Export nicht gerastert, wenn keine der Masken weiche Maskenkanten enthält. Textanimationen sind problemlos als SWF exportierbar.

Effekte als Vektordaten

Ein Rudiment aus Zeiten, als Textwerkzeuge in After Effects noch nicht zu finden waren, ist der Effekt PFADTEXT, der mit fast allen seinen Funktionen beim Export in Vektordaten umgerechnet wird. Sie finden ihn unter EFFEKTE • VERALTET • PFADTEXT. Außerdem werden die beiden Effekte AUDIO-WELLENFORM und AUDIOSPEKTRUM, die Sie unter EFFEKTE • GENERIEREN finden, in Vektoren umgerechnet, allerdings mit ein paar Einschränkungen, was unterschiedliche Linienstärken, die Option GLÄTTUNG etc. angeht.

Farbflächen | Über EBENE • NEU • FARBFLÄCHE erstellen Sie in After Effects Farbflächen. Diese werden als Vektordaten exportiert. Farbflächen können Sie über die Transformieren-Eigenschaften wie SKALIERUNG oder DREHUNG animieren.

3D-Ebenen | Ebenen, die zu 3D-Ebenen umgewandelt wurden, können Sie nicht als Vektordaten ausgeben. Aktivieren Sie den 3D-Schalter, ist es um die kleinen Dateien geschehen. Die SWF-Datei wird nach dem Export entsprechend größer.

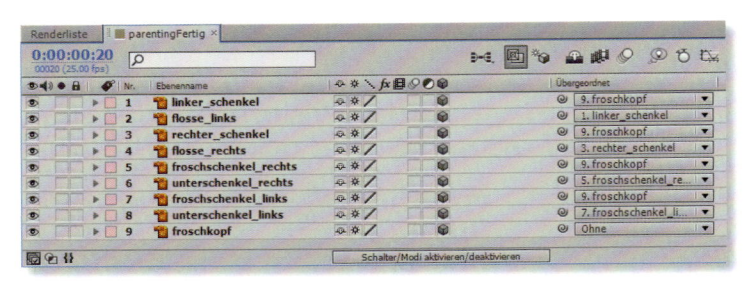

▲ **Abbildung 15.4**
Aktivieren Sie die 3D-Funktion für Ebenen, ist es mit den kleinen SWF-Dateien vorbei.

Formebenen | Formebenen – eine der Innovationen aus After Effects CS3 – können Sie in SWF-Dateien nur gerastert ausgeben, was die Dateigröße stark anwachsen lässt. Mit Formebenen erstellen Sie sehr komfortabel und schnell Formtransformationen, die weder in Flash noch mit Masken zu erzeugen sind.

Adobe-Illustrator-Dateien | Die beste Möglichkeit, Bildmaterial für den SWF-Export zu verwenden, ist es, Adobe-Illustrator-Dateien als Rohmaterial für die Animation in After Effects zu nutzen. Damit die Illustrator-Dateien tatsächlich als Vektoren ausgegeben werden, müssen Sie auf Verläufe verzichten. Text, den Sie in Illustrator erzeugt haben, müssen Sie in Pfade bzw. Outlines umwandeln, da sonst der Text beim Export gerastert oder später gar nicht angezeigt wird. Damit bei Texten nichts schiefgeht, verwenden Sie grundsätzlich das After-Effects-Text-Werkzeug. Die Funktionen TRANSFORMATIONEN FALTEN und OPTIMIEREN werden in SWFs nicht unterstützt. Haben Sie also in After Effects Illustrator-Ebenen über 100 % skaliert und mit der genannten Option optimiert, erscheinen sie in der SWF-Datei verpixelt.

Fügen Sie den Illustrator-Ebenen in After Effects keine Masken hinzu, sonst werden diese beim Export gerastert. Kontur- und Füllpfade der Illustrator-Dateien lassen sich dafür aber als

15.2 SWF-Dateien ausgeben

Vektoren exportieren. Duplizieren Sie eine Illustrator-Ebene in After Effects, spart das letztlich Platz, denn beim Export werden duplizierte Ebenen als Instanzen einer Quellebene gesehen. Auf die einzelnen Illustrator-Ebenen können Sie ebenfalls sämtliche Transformationseigenschaften wie Skalierung, Drehung etc. anwenden.

◄ **Abbildung 15.5**
Die Illustrator-Prinzessin von Anke Thomas im Flash Player. Es handelt sich um eine SWF-Datei, die beim Export aus After Effects erzeugt wurde.

Verschachtelte Kompositionen | Beim Export von verschachtelten Kompositionen werden keine Vektordaten unterstützt. Exportieren Sie trotzdem, ist das Ergebnis eine entsprechend größere Datei, da wieder Frame für Frame gerastert wird.

Was ist machbar? | Den relativ vielen Einschränkungen stehen die umfangreichen Möglichkeiten entgegen, die den Einsatz von After Effects für die Ausgabe ins SWF-Format und damit für die Internetwelt lohnend machen. Dazu zählt die Parenting-Funktion – die Möglichkeit, komplexe Animationen mit verknüpften Ebenen zu schaffen.

Interessant ist es auch, auf animierte Transformieren-Eigenschaften wie Drehung, Skalierung etc. das Verwackeln und Glätten anzuwenden oder über Bewegung skizzieren natürliche Bewegungsabläufe zu animieren. Sie finden die Paletten unter dem Menüpunkt Fenster. Eine große Erweiterung der Animationsmöglichkeiten bietet der Einsatz von Expressions, von denen sich Vektoren nicht stören lassen. Lesen Sie dazu Kapitel 24, »Expressions«.

Zusammenfassung

Vermeiden Sie also für den Export ins SWF-Format:
- den Einsatz von Effekten
- den Einsatz von Bewegungsunschärfe
- den Einsatz weicher Maskenkanten
- die Verwendung von 3D-Ebenen
- die Verwendung von Formebenen
- den Einsatz von verschachtelten Kompositionen
- den Einsatz von Videomaterial
- den Einsatz von pixelorientierten Standbildern

Zum Nachlesen

In Abschnitt 11.7, »Parenting: Vererben von Eigenschaften«, finden Sie weitere Informationen über das Vererben.

SWF-Exportoptionen

Um eine Komposition in das SWF-Format auszugeben, markieren Sie die Komposition und wählen dann DATEI • EXPORTIEREN • ADOBE FLASH PLAYER (SWF). In dem Dialog SWF-EINSTELLUNGEN legen Sie im Feld BILDER fest, ob Effekte und andere nicht unterstützte Funktionen zum Rastern der Bilder führen sollen oder ob sie ignoriert werden.

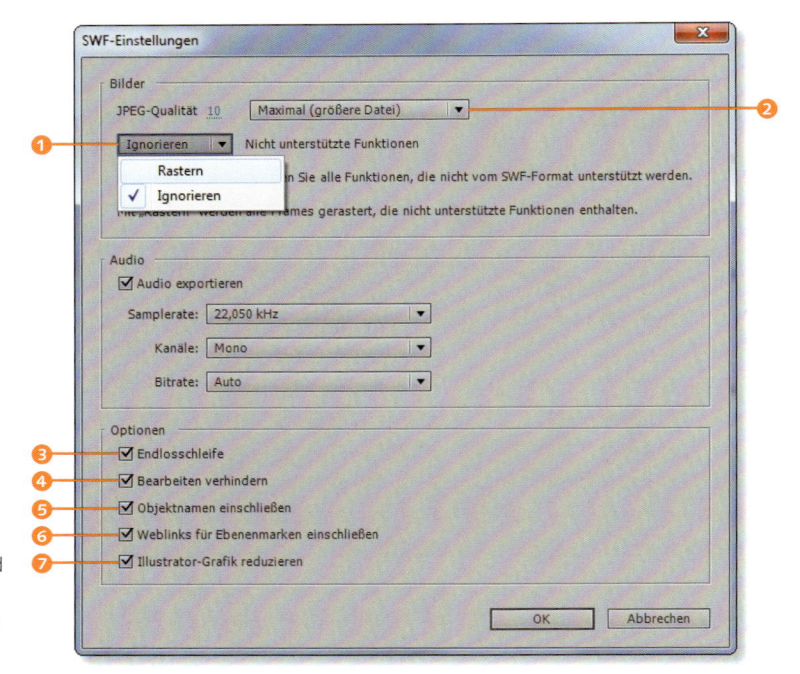

Abbildung 15.6 ▶
Im Dialog SWF-EINSTELLUNGEN entscheiden Sie, ob Effekte und nicht unterstützte Funktionen gerastert oder ignoriert werden sollen.

Export eines Froschs
Auf der DVD zum Buch liegt im Ordner 11_INTERPOLATION/PARENTING die Datei namens »frosch.aep«, die wir in Abschnitt 11.7, »Parenting: Vererben von Eigenschaften«, erstellt haben. Sie finden in der dort enthaltenen Komposition »parentingFertig« eine animierte Illustrator-Grafik vor. Öffnen Sie doch die Komposition einmal, und exportieren Sie sie in das SWF-Format.

Soll die SWF-Datei nur Vektoren enthalten, was für die Verteilung im Web sinnvoll ist, wählen Sie bei NICHT UNTERSTÜTZTE FUNKTIONEN den Eintrag IGNORIEREN ❶.

Haben Sie anstelle dessen RASTERN gewählt, werden Bilder, die einen hinzugefügten Effekt, eine 3D-Option oder eine andere nicht unterstützte Funktion enthalten, gerastert, also in JPEG-Bilder umgerechnet. Die Qualität dieser Bilder stellen Sie über das Auswahlfeld ❷ ein.

Im Feld AUDIO bestimmen Sie in Abstimmung mit der gewünschten Dateigröße die Qualität der Audiodaten, falls Ihre Komposition solche enthält. Eine geringe Samplerate, die Einstellung MONO und kleine Bitraten ergeben eine kleinere Datei. Komprimiert werden die Audiodaten wie MP3-Dateien.

Setzen Sie ein Häkchen im Feld OPTIONEN bei ENDLOSSCHLEIFE ❸, wiederholt sich der SWF-Film nach dem Export beim Abspielen wie ein Lied aus dem Leierkasten. BEARBEITEN VERHINDERN ❹ bewirkt, dass der resultierende Film nicht in eine Applikation wie Flash importiert und dort weiterbearbeitet werden kann.

Per Objektnamen einschliessen ❺ werden Namen von Ebenen, Masken und Effekten in der SWF-Datei verwendet, was allerdings eine größere Datei produziert. Nutzen Sie in der Komposition Ebenenmarken, für die Sie eine Webadresse angegeben haben, und aktivieren Sie die Option Weblinks für Ebenenmarken einschliessen ❻, wird die entsprechende Seite im Browser geöffnet, sobald der Player den Frame mit dem angegebenen Weblink erreicht.

Welche Ergebnisse die aktivierte Option Illustrator-Grafik reduzieren ❼ bringt, ist von Fall zu Fall zu testen. Eine reduzierte Datei kann, obwohl der Begriff anderes vermuten lässt, größer als eine nicht reduzierte Datei ausfallen. Auch sind die resultierenden Dateien oft unscharf und sollten nicht größer skaliert werden. Beim Reduzieren kann es vorkommen, dass Frames gerastert werden und manche Objekte weiße Ränder aufweisen. Bei der Verwendung von Transparenzen sollten Sie das Ausgabeergebnis testen. Ein Vorteil besteht darin, dass mit aktivierter Option Text nicht zuvor in Konturen konvertiert werden muss und wie gewünscht in SWF exportiert wird.

Weblinks einfügen
Per Doppelklick auf einen Ebenenmarker gelangen Sie in den Dialog Marke. Dort können Sie unter Weblinks bei URL eine Webadresse eingeben.

▼ **Abbildung 15.7**
Erreicht der Flash Player eine in der SWF-Datei gespeicherte Webmarke, öffnet er automatisch die in der Webmarke angegebene Seite in einem Browser.

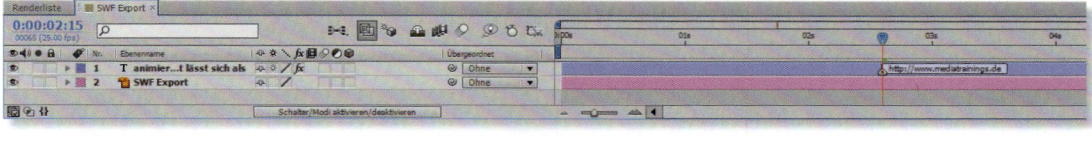

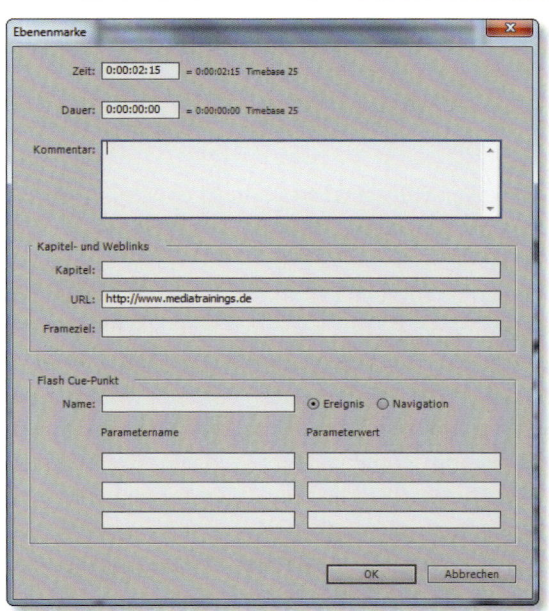

◀ **Abbildung 15.8**
Im Dialog Ebenenmarke können Sie Weblinks für Ebenenmarker angeben.

Nach dem Export

Eine exportierte Datei wird nicht allein gespeichert. Zusätzlich zu der SWF-Datei generiert das Exportmodul eine HTML-Datei, die die getroffenen Einstellungen auflistet und einen Link zur SWF-Datei enthält. Klicken Sie auf den Link, um die exportierte Datei abzuspielen. Wenn der Flash Player auf Ihrem System installiert ist, können Sie die SWF-Datei auch direkt darin anzeigen. Dafür reicht ein Doppelklick auf die exportierte SWF-Datei aus.

Import einer SWF-Datei in Flash

Eine aus After Effects generierte SWF-Datei importieren Sie in Flash entweder über IMPORTIEREN • IN BÜHNE IMPORTIEREN oder IMPORTIEREN • IN BIBLIOTHEK IMPORTIEREN. Im ersten Fall generiert Ihnen Flash für jeden After-Effects-Frame ein Schlüsselbild in der Hauptzeitleiste. Im zweiten Fall geschieht dies ebenso, aber Flash legt die Animation in einem Movieclip ab, was die vorzuziehende Variante ist. Die Animationsschritte werden also Frame für Frame »abfotografiert« und jeweils in ein Schlüsselbild gesetzt – für Flash, das von jeher mit Bewegungs- und Formtweens ausgestattet ist, nicht die eleganteste Übersetzung.

▼ **Abbildung 15.9**
SWFs können Sie direkt in die Flash-Bibliothek importieren, um automatisch einen Movieclip zu erzeugen.

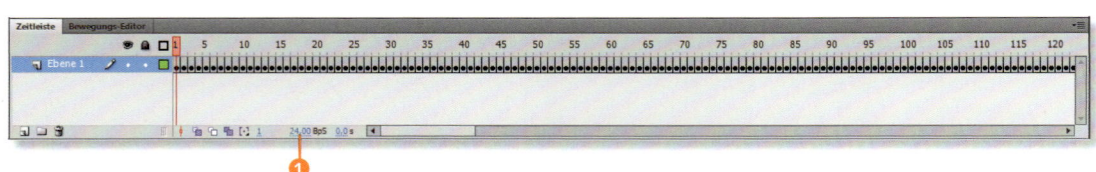

▲ **Abbildung 15.10**
Pro Frame bzw. Bewegungsschritt generiert Flash ein gefülltes Schlüsselbild.

Frames umstellen

Es ist sinnvoll, die Frames per Second (fps) in After Effects an die Bilder pro Sekunde (BpS) in Flash anzupassen. In Flash klicken Sie dazu einfach in der Hauptzeitleiste auf die BpS-Anzeige ❶.

Haben Sie nur Textanimationen exportiert, generiert Flash pro Buchstabe ein Grafik-Symbol. Dort können Sie im Nachhinein die Form einzelner Buchstaben ändern. Enthielt Ihre After-Effects-Komposition nur Bilder, so werden nun nicht die einzelnen Bilder nach Flash übernommen und mit besagten Tweens animiert, sondern jeder Bewegungsschritt wird in einer einzelnen Bitmap festgehalten. So ergeben sich in beiden Fällen schnell Hunderte von Symbolen bzw. Bitmaps.

Sinnvollerweise entscheiden Sie sich sicher meist für die Variante IN BIBLIOTHEK IMPORTIEREN und können dann auch mehrere importierte Animationen in der Hauptzeitleiste miteinander kombinieren, indem Sie den jeweils entstandenen Movieclip übersichtshalber auf verschiedenen Ebenen auf die Bühne ziehen.

15.3 Ausgabe ins Flash-Video-Format (FLV + F4V)

After Effects bietet mit der Möglichkeit, Kompositionen in das Flash-Video-Format auszugeben, eine verbesserte Integration mit Adobe Flash. Da Flash-Video-Formate sehr weit verbreitet sind, bietet die Ausgabemöglichkeit auch eine Erweiterung der Verbreitungsmöglichkeiten Ihrer After-Effects-Animationen für das Internet. Vor allem aber ist die Ausgabeoption für Flash-Anwender interessant, die die Möglichkeiten einer Videobearbeitungssoftware zur Weiterverarbeitung in Adobe Flash zu schätzen wissen. Wenn Sie das Flash-Video im Flash Player betrachten wollen, ist es notwendig, die F4V- bzw. FLV-Datei in Flash zu importieren und dort als SWF zu veröffentlichen. Die im F4V- bzw. FLV-Format übernommenen Daten enthalten keine vektorbasierten Objekte, sondern pixelorientierte Daten.

▲ **Abbildung 15.11**
Für in die Bibliothek importierte SWFs fasst Flash alle Elemente der Animation automatisch in einem Movieclip zusammen.

Bei der Ausgabe einer FLV-Datei werden die Videodaten mit dem Video-Codec **On2 VP6** komprimiert. Audiodaten werden mit dem MP3-Audio-Codec komprimiert. Bei einer F4V-Ausgabe werden der H.264-Video-Codec und der AAC-Audio-Codec verwendet. Außerdem können Sie Bildrate, Datenrate, Schlüsselbilder und Qualität vor der Ausgabe festlegen und ohne erneutes Kodieren in Flash importieren.

Bei der Ausgabe von Videos in das FLV- und F4V-Format sollten Sie darauf achten, dass die Videos nicht bereits komprimiert wurden, da dies eventuell schon eine Reduzierung der Bildqualität (Artefakte) und der Bildrate mit sich gebracht hat. Die Kodierung mit den oben genannten Codecs beeinflusst dies negativ. Die Encoder benötigen dann eine höhere Datenrate, um eine gute Qualität zu erzeugen. Wenn in den Einzelbildern des Videos sehr viel Bewegung enthalten ist, also große Unterschiede in den Bildinhalten bestehen, müssen Sie ebenfalls mit einer höheren Datenrate rechnen.

Einbindung in Flash
Die aus After Effects ausgegebenen FLV- bzw. F4V-Dateien lassen sich direkt in Flash importieren und in Flash-Dokumente einbinden.

Einstellungen für F4V- und FLV-Ausgabe

Zur Ausgabe in das F4V- oder FLV-Format wählen Sie die Komposition wie gewohnt aus und fügen sie über Komposition • An die Renderliste anfügen der Renderliste hinzu. Klicken Sie dann auf das Wort VERLUSTFREI bei AUSGABEMODUL. Im sich öffnenden Dialog EINSTELLUNGEN FÜR AUSGABEMODULE wählen Sie unter FORMAT den Eintrag FLV oder F4V aus.

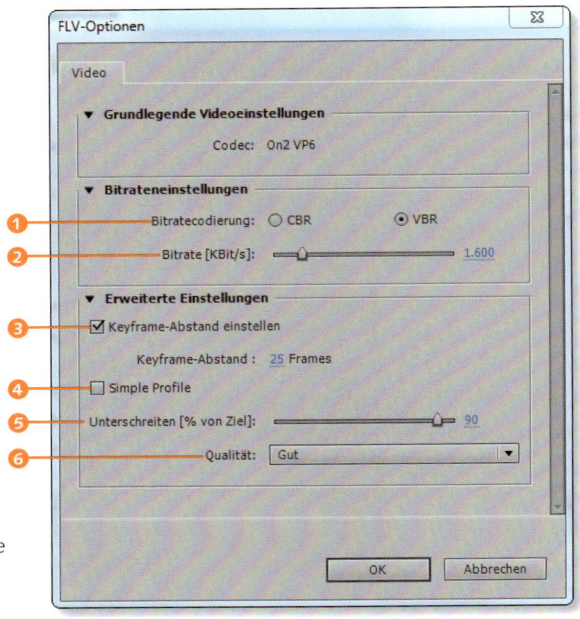

Abbildung 15.12 ▶
Im Dialog FLV-OPTIONEN legen Sie Bitrate, Keyframe-Abstand und Profil fest.

Im Dialog FLV- bzw. F4V-OPTIONEN, den Sie über den Button FORMATOPTIONEN erreichen, bestimmen Sie unter BITRATECODIERUNG ❶, ob mit konstanter (CBR) oder variabler Bitrate (VBR) kodiert wird. Eine vorhersagbare Dateigröße bei schwankender Qualität erhalten Sie mit CBR, eine hohe Qualität bei nicht absolut vorhersagbarer resultierender Dateigröße erhalten Sie mit VBR. Je höher Sie den Wert bei BITRATE [KBIT/S] ❷ wählen, desto besser die Qualität und desto größer die Datei. Enthält Ihr Video viel Bewegung, sollten Sie auf jeden Fall eine höhere Datenrate einstellen.

Für ein Flash-Video werden bei der Kodierung in bestimmten Zeitintervallen **Schlüsselbilder** festgelegt, die vollständig gespeichert werden. Von allen dazwischenliegenden Bildern werden nur die veränderten Bildinformationen gespeichert. Mit der aktivierten Option KEYFRAME-ABSTAND EINSTELLEN ❸ unter ERWEITERTE EINSTELLUNGEN können Sie die Anzahl der Bilder zwischen den Schlüsselbildern festlegen und selbst das Intervall definieren, in dem Schlüsselbilder gesetzt werden. Das Intervall sollten Sie bei Videos mit viel Bewegung nicht zu groß einstellen. Im Zweifelsfall ermitteln Sie über Tests, mit welchem Intervall die gewünschte Qualität erreicht wird.

Bitrate-Calculator
Unter folgendem Link finden Sie einen Bitrate-Calculator, der Ihnen Ihre Einstellungen erleichtert: *http://www.adobe.com/devnet/flash/apps/flv_bitrate_calculator/index.html*.

15.3 Ausgabe ins Flash-Video-Format (FLV + F4V)

Wenn die Bandbreite beschränkt ist und die Qualität Priorität hat, reduzieren Sie die Bildgröße unter GRÖSSE ÄNDERN außerhalb dieses Dialogs im Ausgabemodul.

Ein Häkchen bei SIMPLE PROFILE ❹ bewirkt, dass Videos in hoher Auflösung optimiert werden, damit sie auf älteren Computern und Geräten mit geringem Speicher und begrenzter Leistung wiedergegeben werden können. Die Option UNTERSCHREITEN [% VON ZIEL] ❺ dient der Verbesserung von komplizierten Bildinhalten. Sie geben hier den Prozentsatz der Zieldatenrate an, der erreicht werden soll, damit zusätzliche Daten im Puffer verfügbar sind. Schließlich können Sie noch die QUALITÄT ❻ in den Stufen GESCHWINDIGKEIT (= niedrig), GUT (= mittel) und HÖCHSTE wählen. Verlassen Sie den Dialog mit OK. Anschließend wählen Sie einen Speicherort und starten den Rendervorgang über den Button RENDERN.

Ausgabe von Flash-Videos mit Cue Points | Cue Points sind in einem Flash-Video (FLV) oder Filmen in den Formaten QuickTime und Windows Media enthaltene Marken, denen beispielsweise eine URL zugewiesen wurde. Wird diese Marke beim Abspielen des Films erreicht, öffnet sich automatisch die angegebene Webadresse im Browser. Die URL kann auch in einem bestimmten Frame innerhalb einer Website geöffnet werden.

Um einer Ebene Cue Points hinzuzufügen, wählen Sie die Ebene in der Zeitleiste aus und positionieren die Zeitmarke dort, wo die Markierung erscheinen soll. Sie setzen die Ebenenmarken über die Sternchen-Taste ((*)) im Ziffernblock oder über EBENE • MARKE HINZUFÜGEN. Anschließend öffnen Sie den Dialog EBENENMARKE über einen Doppelklick auf die Marke. Dort können Sie im Feld KOMMENTAR Anmerkungen hinzufügen, die später neben der Ebenenmarke erscheinen. Unter KAPITEL- UND WEBLINKS geben Sie einen Kapitelnamen oder die gewünschte URL ein. Soll der Link in einem bestimmten Frame geöffnet werden, geben Sie den Namen des Frames unter FRAMEZIEL an.

▼ Abbildung 15.13
Ebenenzeitmarken und Kompositionszeitmarken können als Cue Points dienen.

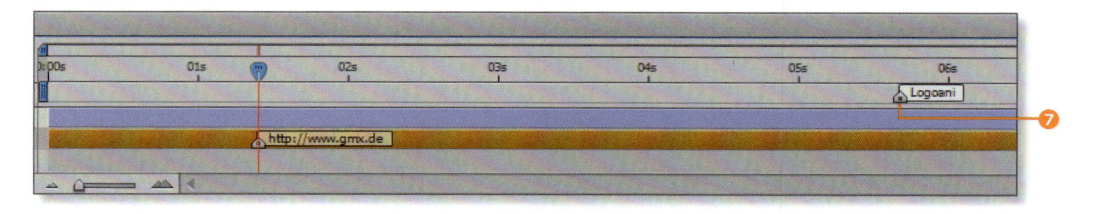

Unter FLASH CUE-PUNKT geben Sie einen Namen für den Cue Point ein. Wählen Sie über die Buttons EREIGNIS und NAVIGATION, welche Art von Cue Point erstellt werden soll. Die Angabe von Parametername und Parameterwert ist ebenfalls möglich.

Ein Cue Point unterscheidet sich von einer normalen Ebenenmarke durch einen kleinen schwarzen Punkt ❼ auf der Ebenenmarke. Sie können auch Kompositionszeitmarken als Cue Points verwenden. Dazu ziehen Sie die Kompositionszeitmarke vom linken Rand der Zeitleiste heraus. Um Einstellungen vorzunehmen, klicken Sie die Marke ebenfalls doppelt an.

TEIL VI
Titel und Texte

Kapitel 16
Texte erstellen und bearbeiten

After Effects werden Sie noch mehr zu schätzen wissen, wenn Sie erst mit den Textfunktionen vertraut sind, die das Programm zu bieten hat. Dieses Kapitel gibt Ihnen einen ersten Einblick in die Texterstellung.

16.1 Texte: Was ist möglich?

Es ist, als hätten die Entwickler von Adobe ihre Liebe zu Textanimationen für die sechste Version von After Effects neu entdeckt. Während Text zuvor über die Effekte BASIC TEXT (heute EINFACHER TEXT) und PFADTEXT generiert wurde, die in der aktuellen Version im Menüpunkt VERALTET auch noch verfügbar sind, können Sie seit After Effects 6 direkt im Kompositionsfenster schreiben. Sämtliche Möglichkeiten, die die Texteffekte bieten, sind in den neueren Textfunktionen eingeschlossen, diese bieten aber noch weit mehr.

Sie haben drei Möglichkeiten, Text zu erzeugen:
- über das Ebenenmenü per EBENE • NEU • TEXT
- bei aktivem Text-Werkzeug per Klick ins Kompositionsfenster
- per Doppelklick auf das Text-Werkzeug

Nach jeder Veränderung wird die Textebene neu gerastert. Das bedeutet, dass die Darstellungsqualität von Texten auch bei großen Skalierungswerten sehr hoch bleibt.

Große Animationsmöglichkeiten eröffnen sich durch leicht bedienbare Funktionen und durch eine große Anzahl an vorgegebenen Textanimationen, die Sie jedem Text einfach hinzufügen können.

▲ **Abbildung 16.1**
After Effects bietet eine große Anzahl vorgegebener Textanimationen, die Sie jeder Textebene hinzufügen können.

Und es geht noch mehr: das Erstellen von Masken oder Formen aus der Konturlinie der Textzeichen, die Umwandlung von Text aus Photoshop in editierbaren Text in After Effects, die Animation von Text entlang eines Maskenpfads und die Verwendung von Text aus der Zwischenablage. Seit After Effects CS3 kann Text zusätzlich zu den bekannten Animationsmöglichkeiten weichgezeichnet werden. Seit CS6 können Sie Text innerhalb einer Raytraced-3D-Komposition extrudieren und wie in einem 3D-Programm animieren.

Zudem sind Masken, Effekte und Expressions auf Textebenen anwendbar. Dabei bleibt der Text immer editierbar, auch wenn er als 3D-Ebene verwendet wird. Doch beschäftigen wir uns zunächst mit der Texterstellung.

▲ **Abbildung 16.2**
Text können Sie entlang eines Maskenpfads animieren.

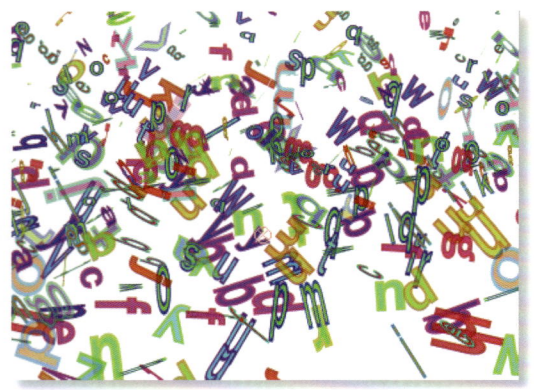

▲ **Abbildung 16.3**
Beinahe jede Texteigenschaft lässt sich in After Effects auch animieren.

16.2 Punkt- und Absatztext erstellen

Wie in anderen Grafikprogrammen auch, erstellen Sie Texte in After Effects als fortlaufend geschriebene Textzeile ohne automatischen Umbruch oder mehrzeilig mit Umbruch. In After Effects heißen diese zwei Eingabearten Punkttext und Absatztext.

16.2 Punkt- und Absatztext erstellen

▶ **Punkttext** ist sinnvoll, um eine Textzeile oder einzelne Wörter einzugeben.
▶ **Absatztext** verwenden Sie, um Text in mehreren Absätzen anzulegen.

Beide Textarten können horizontal oder vertikal ausgerichtet sein. Formatierungen für beide Textarten legen Sie in der Zeichen- und der Absatz-Palette fest. Kommen wir aber erst einmal zur praktischen Anwendung.

Punkttext erstellen

In diesem kleinen Workshop geht es um horizontalen und vertikalen Punkttext sowie um einige Formatierungsmöglichkeiten für Text. Die Kompositionsgröße wählen Sie frei, und auch eine Zeitbegrenzung gibt es nicht, da wir hier noch nicht animieren.

Schritt für Schritt:
Der Weg zum Punkttext

In diesem Workshop lernen Sie den horizontalen und vertikalen Punkttext sowie einige Formatierungsmöglichkeiten für Text kennen.

1 **Horizontaler Punkttext**
Legen Sie über EBENE • NEU • TEXT oder [Strg]+[Alt]+[⇧]+[T] eine neue Textebene an, oder klicken Sie doppelt auf das Text-Werkzeug. In der Zeitleiste erscheint eine Textebene. In der Mitte der Komposition wird eine Einfügemarke sichtbar. Sie können sofort losschreiben. Tippen Sie die Buchstaben »t«, »e« und »x« ein.

Weitere Zeilen
Um weitere Zeilen in einem Punkttext zu erzeugen, drücken Sie die Taste [↵] im Haupttastaturfeld.

◀ **Abbildung 16.4**
Jede neue Textebene ist zuerst an ihrer Einfügemarke erkennbar. Dort geben Sie den Text ein.

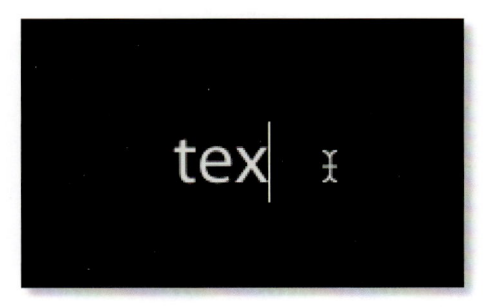

2 **Text markieren und formatieren**
Wählen Sie das horizontale Text-Werkzeug ([T]), und klicken Sie in den Text. Markieren Sie dann die drei Buchstaben, indem Sie direkt auf die Textzeichen oder die Textebene doppelklicken, oder

Kapitel 16   Texte erstellen und bearbeiten

Textbearbeitung beenden
Wenn Sie einen Text fertig editiert haben, drücken Sie die Taste ⏎ im Ziffernblock, um die Textbearbeitung zu beenden.

wählen Sie den Text bei gedrückter Maustaste durch seitliches Ziehen aus. Markierter Text wird andersfarbig unterlegt. Sie können auch einzelne Zeichen auswählen und anders formatieren.

In der Palette ZEICHEN bestimmen Sie im Popup-Menü ❶ eine andere Schriftart, beispielsweise ARIAL BLACK. Ändern Sie den Schriftgrad im Feld ❷ auf »150«.

▲ **Abbildung 16.5**
Zum Markieren von Text ziehen Sie die Markierung über die Textzeichen.

▲ **Abbildung 16.6**
Markierter Text wird andersfarbig unterlegt.

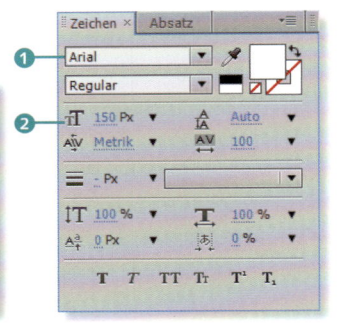

▲ **Abbildung 16.7**
In der Palette ZEICHEN, die in mehreren Adobe-Applikationen ihr Pendant hat, sind umfangreiche Textformatierungen möglich.

Änderungen in der Zeichen-Palette
Änderungen in der Zeichen-Palette wirken sich nur auf markierten Text und auf markierte Textebenen aus. Ist kein Text und keine Textebene markiert, wirkt sich die Änderung auf den Text aus, der als Nächstes erstellt wird.

3   Text positionieren
Den noch markierten Text können Sie an eine andere Stelle in der Komposition ziehen. Dazu bewegen Sie den Textcursor so lange vom Text weg, bis er seine Form ändert. Ziehen Sie den Text an den linken unteren Rand.

Eine zweite Möglichkeit zur Positionierung von Text ist, ihn so wie jede andere Ebene bei aktivem Auswahl-Werkzeug (V) anzuklicken und zu verschieben. Achten Sie dabei darauf, dass der Text nicht gerade ausgewählt ist, wenn Sie zum Auswahl-Werkzeug wechseln.

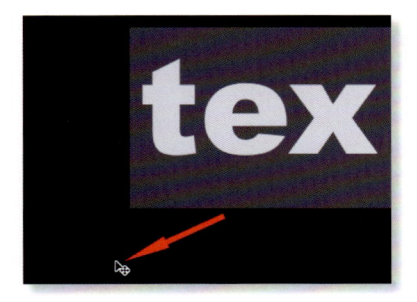

▲ **Abbildung 16.8**
Bewegen Sie den Mauszeiger während der Bearbeitung vom Text fort, können Sie den Text neu positionieren.

▲ **Abbildung 16.9**
Schon ist der Text dort, wo er landen sollte.

16.2 Punkt- und Absatztext erstellen

4 **Vertikalen und horizontalen Punkttext eingeben und positionieren**

Als zweite, bequemere Möglichkeit, Textebenen zu erstellen, verwenden Sie das Text-Werkzeug aus der Werkzeugpalette. Halten Sie die Maustaste über dem Text-Werkzeug länger gedrückt, so erscheint ein kleines Popup-Menü zur Wahl zwischen horizontalem und vertikalem Text-Werkzeug.

◄ **Abbildung 16.10**
In der Werkzeugpalette steht ein Werkzeug für horizontalen und eines für vertikalen Text zur Auswahl.

Klicken Sie mit dem vertikalen Text-Werkzeug an beliebiger Stelle ins Kompositionsfenster, und geben Sie das Wort »type« ein. Wählen Sie als Schriftgröße 33 px und als Schriftart ARIAL BLACK. Klicken Sie in der Zeitleiste auf einen leeren Bereich, um den Text zu deaktivieren.

Wählen Sie jetzt das horizontale Text-Werkzeug, und tippen Sie das Wort »typo« ein. Markieren Sie den Text, und wählen Sie nochmals ARIAL BLACK als Schriftart. Die Schriftgröße sollte ebenfalls nicht mehr als 33 px betragen.

Die beiden Wörter »typo« und »type« sollen das fehlende »t« für das Wortrudiment »tex« bilden. Positionieren Sie dazu das Wort »type«, wie in Abbildung 16.11 zu sehen, über dem Wort »typo«.

Ziehen Sie anschließend beide Wörter gleichzeitig an das Ende des Wortrudiments. Am besten geht das, wenn Sie die beiden Textebenen zuvor in der Zeitleiste nacheinander mit ⇧ ausgewählt haben und zum Verschieben das Auswahl-Werkzeug verwenden.

Werte in der Zeichen-Palette »ziehen«

Sie können Werte in der Zeichen-Palette bequem ändern, indem Sie den Mauszeiger über dem jeweils blau geschriebenen Wert, z. B. bei SCHRIFTGRAD, positionieren und dann, wenn ein Hand-Symbol erscheint, den Wert bei gedrückter Maustaste »ziehen«.

▲ **Abbildung 16.11**
Die Wörter »typo« und »type« werden deckungsgleich übereinander positioniert.

▲ **Abbildung 16.12**
Der fertig gestaltete Text wurde hier noch etwas mehr bearbeitet, sollte aber ähnlich aussehen.

Absatztext erzeugen

Absatztext erzeugen Sie mit dem horizontalen oder dem vertikalen Text-Werkzeug. Im Unterschied zum Punkttext ziehen Sie zuvor mit dem jeweiligen Werkzeug einen Rahmen auf. Der Text umbricht und wird automatisch in der nächsten Zeile fortgeführt, sobald er den rechten Rand des Rahmens erreicht. Sind mehr Zeichen vorhanden, als in den Rahmen passen, erkennen Sie dies an einem kleinen Kreuz in der rechten unteren Ecke des Rahmens.

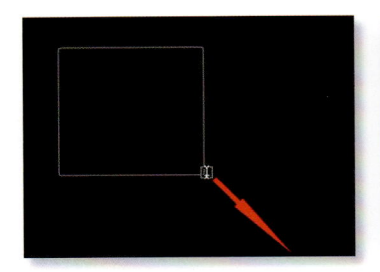

▲ **Abbildung 16.13**
Für einen Absatztext ziehen Sie erst einmal einen Rahmen auf.

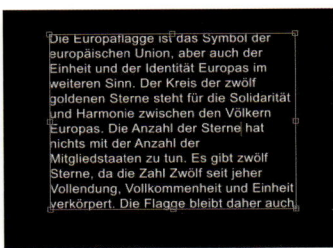

▲ **Abbildung 16.14**
An dem angekreuzten Kästchen unten rechts erkennen Sie, dass noch mehr Text vorhanden ist, als derzeit angezeigt wird.

▲ **Abbildung 16.15**
Hier sehen Sie das Kästchen noch besser.

Größe eines Textrahmens ändern | Positionieren Sie den Mauszeiger über einem Anfasser des Begrenzungsrahmens, ändert sich sein Aussehen. Ziehen Sie dann den Anfasser in die gewünschte Richtung, um die Größe zu ändern.

Mit Hilfe der Taste ⇧ vergrößern oder verkleinern Sie einen Rahmen proportional. Verwenden Sie während der Skalierung die Tasten ⇧+Strg, wird der Rahmen proportional und vom Mittelpunkt aus skaliert.

Quadratische Textrahmen aufziehen

Drücken Sie, während Sie einen Textrahmen aufziehen, die Taste ⇧, um einen Rahmen mit gleichen Seitenlängen zu erhalten.
lem Text-Werkzeug auf ein Wort wird dieses ausgewählt.
Bei drei Klicks wird die ganze Zeile, bei vier Klicks der ganze Absatz und bei fünf Klicks der gesamte Text ausgewählt.

Abbildung 16.16 ▶
Die Größe eines Textrahmens ändern Sie, indem Sie an einem der acht Anfasser des Rahmens ziehen.

Punkttext in Absatztext umwandeln und umgekehrt

Es ist ohne Weiteres möglich, Punkt- in Absatztext umzuwandeln und umgekehrt. Dazu markieren Sie die zu konvertierende Textebene am besten in der Zeitleiste mit dem Auswahl-Werkzeug. Anschließend wechseln Sie das Werkzeug und wählen das vertikale oder das horizontale Text-Werkzeug aus.

Dann klicken Sie bei gedrückter rechter Maustaste an einer beliebigen Stelle im Kompositionsfenster, woraufhin ein Popup-Menü erscheint. Dort wählen Sie je nachdem die Option In Punkttext umwandeln oder In Absatztext umwandeln. Die Umwandlung wird erst wirksam, wenn Sie danach mit dem Text-Werkzeug in den Text klicken.

> **Überfüllter Textrahmen**
> Absatztext kann mehr Text enthalten, als momentan im Textrahmen angezeigt wird. Vor der Umwandlung in Punkttext sollten Sie den Textrahmen aufziehen, bis der gesamte Text sichtbar ist, da unsichtbarer Text bei der Umwandlung gelöscht wird.

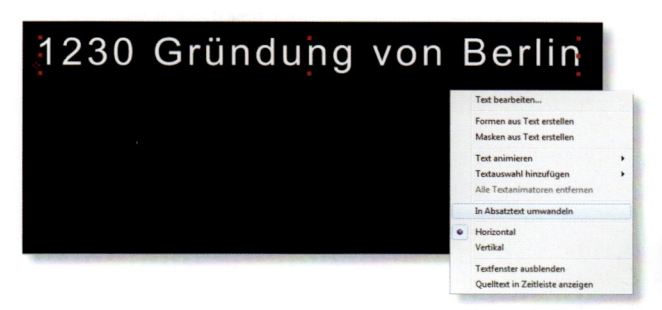

▲ **Abbildung 16.17**
Punkttext kann in Absatztext umgewandelt werden und umgekehrt.

▲ **Abbildung 16.18**
Nach der Umwandlung des Punkttextes wird der für den Absatztext typische Rahmen angezeigt.

Horizontalen in vertikalen Text umwandeln und umgekehrt

Zum Wechsel von horizontalen in vertikalen Text oder umgekehrt wählen Sie die Textebene in der Zeitleiste mit dem Auswahl-Werkzeug aus. Wechseln Sie dann zu einem der beiden Text-Werkzeuge, klicken Sie an beliebiger Stelle ins Kompositionsfenster, und wählen Sie dort Horizontal oder Vertikal.

> **Markierter Text**
> Wenn der Text markiert oder der Textcursor im Text platziert ist, kann er weder von Punkt- in Absatztext noch von horizontalem in vertikalen Text umgewandelt werden.

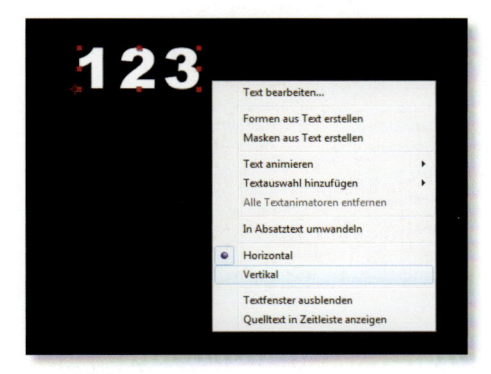

▲ **Abbildung 16.19**
Horizontalen Text können Sie leicht in vertikalen Text umwandeln.

▲ **Abbildung 16.20**
Tatsächlich – der Text ist jetzt vertikal.

Ebeneneinstellungen ein- und ausblenden

Bei der Bearbeitung von Text ist es mitunter lästig, wenn der markierte Text farbig unterlegt wird. Besonders bei Veränderungen der Textfarbe stört das sehr. Um die farbige Untermalung auszublenden und dennoch den ausgewählten Text bearbeiten zu können, wählen Sie ANSICHT • EBENENEINSTELLUNGEN EINBLENDEN (es wird abwechselnd ein Häkchen gesetzt) oder Strg+⇧+H. Danach verändern Sie die Textattribute wie gewünscht. Bei der nächsten Textauswahl wird die farbige Untermalung allerdings sofort wieder sichtbar und kann wieder deaktiviert werden.

Umbruch verhindern
Man könnte meinen, die Option KEIN UMBRUCH wurde durch Politiker und Pokerspieler an den Börsen in After Effects eingeführt, um sich diese Option offenzuhalten, sie bewirkt aber natürlich nur, was sie besagt – dass zuvor ausgewählte Wörter wie ein einzelnes Wort behandelt und durch das Verkleinern des Textrahmens nicht umbrochen werden. Sie finden die Option in der Zeichenpalette oben rechts im Popup-Menü.

Text aus anderen Anwendungen einfügen

In After Effects können Sie Text aus Adobe-Programmen und aus beliebigen Texteditoren in jede Textebene einfügen. Dazu kopieren Sie den Text in der anderen Anwendung mit Strg+C und setzen ihn mit Strg+V in eine Textebene ein. Wählen Sie zuvor noch das horizontale oder das vertikale Text-Werkzeug aus, und setzen Sie den Textcursor in den Text der gewünschten Ebene.

Textebenen aus Photoshop und Illustrator | Erfreulich ist, dass Textebenen aus Photoshop oder Illustrator in After Effects unterstützt werden und sämtliche Formatierungen der Texte erhalten.

Beim Import wählen Sie gegebenenfalls im Feld EBENENOPTIONEN den Eintrag EBENE AUSWÄHLEN. Suchen Sie dort die Textebene aus, und bestätigen Sie mit OK. Sie können Dateien mit mehreren Ebenen, aber auch als Komposition importieren und haben dann auf jede Ebene der Datei Zugriff.

Abbildung 16.21 ▶
Um Text aus Photoshop in After Effects zu editieren, wählen Sie die Photoshop-Textebene beim Import aus.

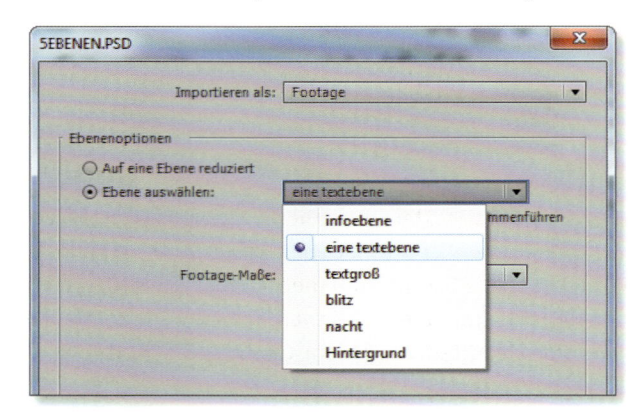

Photoshop-Text in editierbaren Text umwandeln | Nachdem Sie eine Photoshop-Textebene einer Komposition hinzugefügt haben, markieren Sie sie und wählen dann EBENE • IN EDITIERBAREN TEXT

16.3 Textformatierung

umwandeln. Danach lässt sich der Text mit der Zeichen- und der Absatz-Palette neu formatieren. In Photoshop mit der Option Text verkrümmen erstellter Text landet in After Effects allerdings auf einer Geraden. Illustrator-Textebenen können leider nicht in editierbaren Text umgewandelt werden.

16.3 Textformatierung

Dieser Abschnitt führt Sie durch sämtliche Optionen der Zeichen- und der Absatz-Palette, die ich mit einigen Beispielen visualisieren werde. Hier können Sie auch gern einfach nur nachschlagen, falls Sie eine Formatierungsoption noch nicht kennen oder sie vergessen haben.

Die Zeichen-Palette

Veränderungen, die Sie in der Zeichen-Palette vornehmen, wirken sich nur auf Textebenen oder Textzeichen aus, die Sie zuvor markiert haben. Es ist möglich, einzelne Zeichen innerhalb eines Textes unterschiedlich zu formatieren. Wenn Sie mit Adobe Illustrator oder Adobe Photoshop vertraut sind, wird Ihnen die Zeichen-Palette sicher bekannt vorkommen.

Sollte die Zeichen-Palette nicht sichtbar sein, wählen Sie Fenster • Zeichen oder [Strg]+[6]. Sämtliche Werte in der Zeichen-Palette ändern Sie bequem, indem Sie den Mauszeiger über dem jeweils blau geschriebenen Wert positionieren und den Wert dann, wenn ein Hand-Symbol erscheint, bei gedrückter Maustaste »ziehen«. Oder Sie klicken einfach auf einen Zahlenwert, um diesen zu markieren und einen neuen Wert über die Tastatur einzugeben. Obendrein stehen Popup-Menüs zur Auswahl voreingestellter Werte zur Verfügung.

Schriftart auswählen | In Feld ❶ wählen Sie eine der auf Ihrem System installierten Schriftarten aus. Hier können Sie auch den Namen einer installierten Schrift eingeben, die dann sehr schnell gefunden wird. Wenn Sie Schriftarten mehrfach auf Ihrem System installiert haben, erhalten die Schriftnamen folgende Zusätze: »(TT)« für TrueType-Schriften, »(OT)« für OpenType-Schriften und »(T1)« für Type-1-Schriften.

Schriftschnitt auswählen | Beim Schriftschnitt ❷ haben Sie die Wahl zwischen Schriftschnitten wie Bold, Regular und Italic. Der Schriftschnitt ist eine Variante der oben gewählten Schriftart.

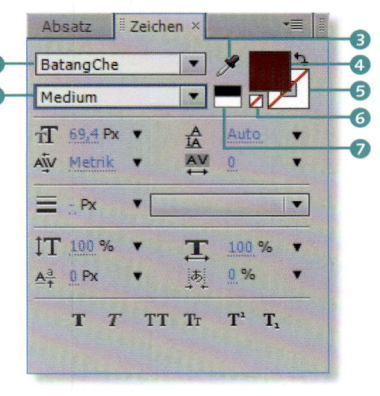

▲ **Abbildung 16.22**
Die Zeichen-Palette, hier in ihrer vollen Pracht, bietet große Formatierungsmöglichkeiten.

▲ **Abbildung 16.23**
Verschiedene Schriftarten innerhalb einer Textebene sind kein Problem.

TrueType-Schriften

TrueType-Schriften werden vergleichbar mit einer Vektorgrafik aus Konturen aufgebaut und können verlustfrei skaliert werden. Sie werden zur Darstellung am Bildschirm sowie beim Druck eingesetzt.

OpenType-Schriften

OpenType-Schriften können sowohl auf dem Mac als auch auf Windows-Rechnern verwendet werden; sie sind plattformübergreifend kompatibel.

▲ **Abbildung 16.24**
Unterschiedliche Schriftschnitte müssen auf dem System installiert sein, damit sie angewendet werden können.

▲ **Abbildung 16.25**
Text kann in unterschiedlichen Flächen- und Konturfarben erscheinen.

▲ **Abbildung 16.27**
Die Kontur kann unter der Flächenfarbe des Textes liegen oder darüber.

▲ **Abbildung 16.28**
So extrem (wie hier zur Demonstration dargestellt) sollten Sie das Kerning nicht verwenden. Es dient zur Feinabstimmung der Zeichenabstände.

Da nicht immer alle Schriftschnitte installiert sind, können Sie simulierte Schriftschnitte, die Faux-Schnitte, verwenden. Lesen Sie mehr dazu weiter unten.

Text- und Konturfarbe ändern | Wählen Sie den zu ändernden Text aus, und klicken Sie dann auf das FLÄCHENFARBFELD ❹, um mit dem Farbwähler eine neue Textfarbe zu definieren. Eine Konturfarbe definieren Sie über das Feld ❺. Die weiteren Optionen gelten für die Kontur und die Textfarbe gleichermaßen. Mit der Pipette ❸ lässt sich ebenfalls eine neue Farbe wählen. Das Feld ❻ dient dazu, keine Farbe darzustellen, und ist für die Darstellung als Konturschrift gedacht. Ist keine Kontur gewählt, wird der Text unsichtbar. Mit dem Feld ❼ schalten Sie schnell zwischen Schwarz und Weiß um.

Konturoptionen | Die LINIENSTÄRKE DER KONTUR ❿ nimmt durch höhere Werte zu und durch geringere ab. Im Feld ⓬ legen Sie mit KONTUR ÜBER FLÄCHE fest, dass die Textkontur die Flächenfarbe des Textes überlagern soll. Den umgekehrten Effekt erzielen Sie mit FLÄCHE ÜBER KONTUR.

▲ **Abbildung 16.26**
Auch die Schriftgröße, die Konturbreite, die Zeichen- und Zeilenabstände von mehrzeiligem Text lassen sich ändern.

Schriftgröße | Die SCHRIFTGRÖSSE ❽ definiert die Textgröße in Pixel.

Zeichenabstand (Kerning) | Mit dem Kerning ❾ legen Sie den Abstand zwischen zwei Zeichen fest. Die Option METRIK verwendet den Zeichenabstand der installierten Schrift. Bei dem Eintrag OPTISCH vergleicht After Effects die benachbarten Zeichen und sucht einen optimalen Zeichenabstand. Die Zeichen können sich auch überschneiden, wenn Sie hohe negative Werte verwenden, was allerdings dem Sinn des Kernings widerspricht, da es für die optische Feinabstimmung der Buchstabenabstände gedacht ist.

Zeilenabstand | Mit dem ZEILENABSTAND ⓫ bestimmen Sie den Abstand zwischen markierten Textzeilen. Die Option AUTO ist für gut lesbaren Text empfehlenswert.

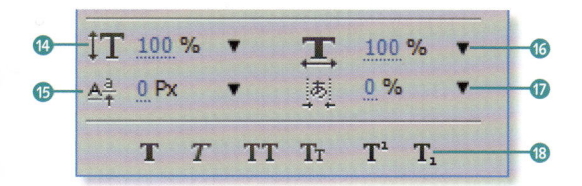

Laufweite | Die Laufweite ⑫ erhöht die Zeichenabstände mehrerer markierter Zeichen oder verringert sie bis zur gegenseitigen Überschneidung.

Vertikal und horizontal skalieren | Mit den Feldern Vertikal skalieren ⑭ und Horizontal skalieren ⑯ strecken Sie ausgewählten Text bei höheren Werten und stauchen ihn bei niedrigen Werten.

▲ **Abbildung 16.30**
Weitere Optionen der Zeichen-Palette sind Textzeichenskalierung, hochgestellte Zeichen, die Faux-Schnitte und Tsume.

Grundlinienverschiebung | Mit der Grundlinienverschiebung ⑮ legen Sie den Abstand der ausgewählten Zeichen von ihrer Grundlinie fest. Die Grundlinie ist eine gedachte Linie, auf der die Textzeichen »stehen«. Resultat der Grundlinienverschiebung sind hoch- oder tiefgestellte Textzeichen.

Tsume | Tsume ist nicht etwa eine Spezialität eines Sushi-Restaurants. Mit Tsume ⑰ verringern Sie den Raum um markierte Zeichen. Bei einem Wert von 100 % ist der Raum rechts und links von einem Textzeichen am geringsten. Die Funktion ist nicht mit dem Kerning zu verwechseln, bei dem der Abstand zweier benachbarter Textzeichen verändert wird. Tsume wird vor allem bei chinesischen, japanischen und koreanischen Schriften (CJK-Schriften) angewendet.

Faux-Schnitte | Sind entsprechende Schriftschnitte nicht auf Ihrem System installiert, können Sie sie mit den Feldern ⑱ für Faux Fett, Faux Kursiv, Grossbuchstaben, Kapitälchen, Hochgestellt und Tiefgestellt simulieren. Typografisch sind diese Einstellungen allerdings nicht zu empfehlen.

Vertikale Standardausrichtung Roman | Sie finden die Option Vertikale Standardausrichtung Roman über den Schalter ❶ im Menü der Zeichen-Palette (siehe Abbildung 16.34). In vertikalen Textzeilen werden die Zeichen gedreht, wenn die Option inaktiv ist. Chinesische, japanische und koreanische Zeichen wer-

▲ **Abbildung 16.29**
Auch hoch- und tiefgestellte Textzeichen sind möglich.

▲ **Abbildung 16.31**
Die Skalierung lässt sich für jedes Textzeichen einzeln einstellen.

▲ **Abbildung 16.32**
Unpassend, aber deutlich: Im oberen Beispiel wurde der Raum um das mittlere Textzeichen mit Tsume verringert.

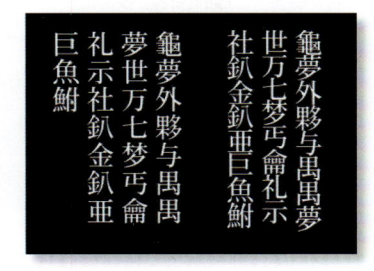

▲ **Abbildung 16.33**
Hier passt die Anwendung von Tsume: links mit einem Wert für Tsume von 0 % und rechts mit 100 %.

den nicht gedreht. Die Option sollten Sie vor der Texteingabe wählen.

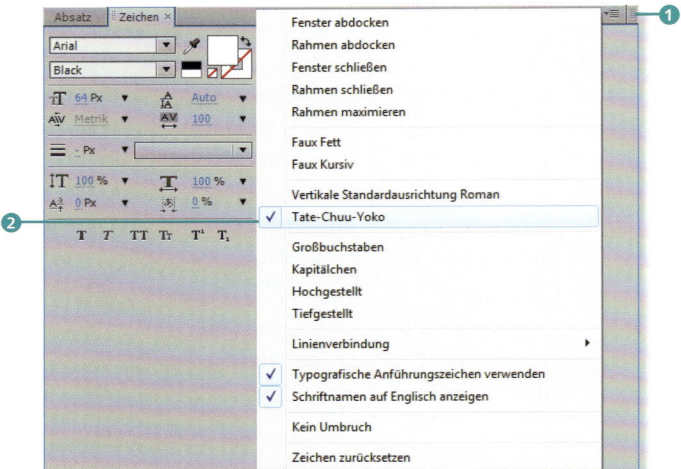

Abbildung 16.34 ▶
Im Menü der Zeichen-Palette verbergen sich weitere umfangreiche Optionen.

Tate-Chuu-Yoko | Falls es Ihnen schwerfällt, den Namen dieser Funktion auszusprechen, nutzen Sie einfach die beiden anderen gebräuchlichen Namen **Kumimoji** oder **Renmoji** ... Es handelt sich hierbei nicht um das, was Sie vielleicht vermuten: Dies ist keine Figur des Tai Chi Chuan. Sie finden die Funktion im Menü der Zeichen-Palette ❷. Sinn und Zweck der Funktion ist, Zeichen innerhalb einer vertikalen Textzeile horizontal auszurichten, wie es bei chinesischen, japanischen und koreanischen Schriften oft nötig ist.

▲ **Abbildung 16.35**
Auf diesen chinesischen Text wurde Tate-Chuu-Yoko noch nicht angewandt.

▲ **Abbildung 16.36**
Tate-Chuu-Yoko dient dazu, Zeichen innerhalb einer vertikalen Textzeile horizontal auszurichten. Hier sehen Sie einen Text nach Anwendung der Option.

Typografische Anführungszeichen | Im Menü der Zeichen-Palette wechseln Sie zwischen typografischen, also geschwungenen, und geraden Anführungszeichen. Dazu sollten Sie die Option vor der Eingabe der Zeichen wählen.

Die Absatz-Palette

Die Absatz-Palette enthält umfangreiche Möglichkeiten zur Formatierung von Absätzen. Dazu gehören Optionen wie Textausrichtung, Texteinzüge und Zeilenabstand, die Sie später am Beispiel sehen werden. Ein Absatztext kann aus einer oder mehreren Zeilen bestehen. Bei Punkttext gilt jede Zeile als Absatz. Um Text in mehreren Absätzen zu formatieren, müssen die entsprechenden Absätze markiert sein.

Über den kleinen dreieckigen Schalter oben rechts in der Absatz-Palette gelangen Sie in das Menü der Absatz-Palette mit weiteren Optionen.

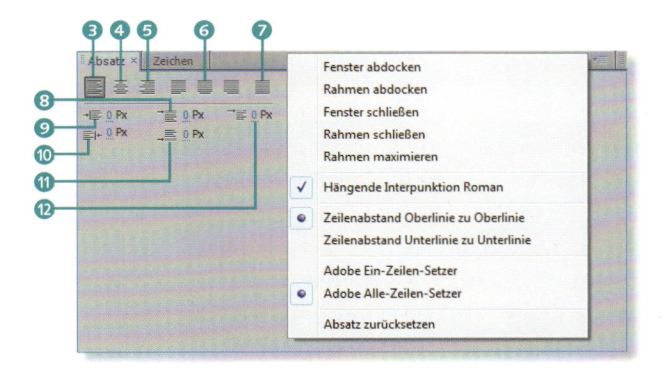

▲ **Abbildung 16.37**
Oben wurden typografische Anführungszeichen verwendet und unten normale.

Schriftnamen auf Englisch anzeigen

Die Option dient dazu, fremde Zeichensätze auf Englisch anzeigen zu lassen, und findet sich im Menü der Zeichen-Palette.

◄ **Abbildung 16.38**
Auch die Absatz-Palette versteckt ein nicht unbeachtliches Menü.

Textausrichtung | Mit den Schaltern für die TEXTAUSRICHTUNG richten Sie den Text am linken Rand des Textrahmens aus ❸, zentrieren ihn in der Mitte ❹ oder orientieren ihn am rechten Rand ❺.

Zeichen zurücksetzen

Diese Option ist ebenfalls im Menü der Zeichen-Palette zu finden. Alle Änderungen im markierten Text werden auf die Standardwerte zurückgesetzt.

◄ **Abbildung 16.39**
Das Beispiel zeigt linksbündigen, zentrierten und rechtsbündigen Text.

Die Schalter für BLOCKSATZ ❻ spannen den Text zwischen dem linken und rechten Rand des Textrahmens auf, während die letzte Textzeile links, mittig oder rechts ausgerichtet wird. Der Schalter ❼ erzeugt reinen Blocksatz.

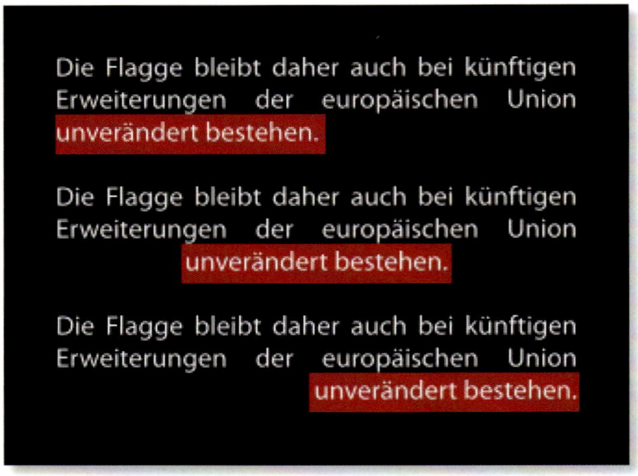

Abbildung 16.40 ▶
Beim Blocksatz können Sie die letzte Zeile linksbündig, zentriert oder rechtsbündig setzen.

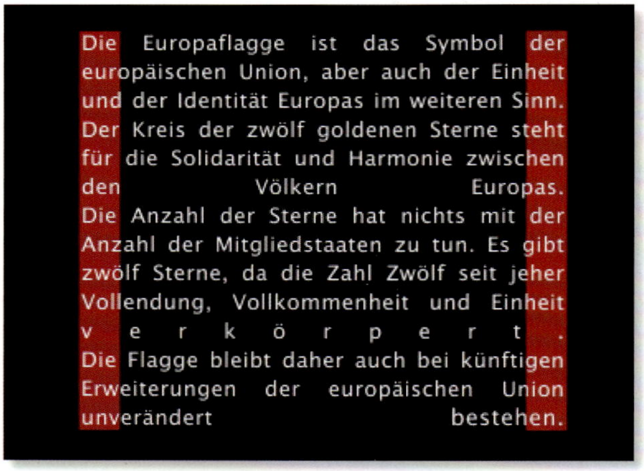

Abbildung 16.41 ▶
Beim reinen Blocksatz sind alle Zeilen zwischen linkem und rechtem Rand aufgespannt, was oft unansehnlich wirkt.

Texteinzüge | Die nächsten Schalter sind den Texteinzügen gewidmet. Befindet sich das Text-Werkzeug in einem Absatz und erhöhen Sie die Werte für EINZUG AM LINKEN RAND ❾, wird der gesamte linke Rand des Absatzes nach rechts eingerückt. Entsprechend rücken die Werte für EINZUG AM RECHTEN RAND ❿ den Absatz nach links ein. Erhöhen Sie die Werte für EINZUG ERSTE ZEILE ⓬, wird jeweils die erste Zeile eines jeden markierten Absatzes nach rechts eingerückt. Mit ABSTAND VOR ABSATZ EINFÜGEN ❽ erzeugen Sie, wie zu erwarten war, vor dem markierten Absatz einen Abstand, mit ABSTAND NACH ABSATZ EINFÜGEN ⓫ entsteht ein Abstand – richtig – danach.

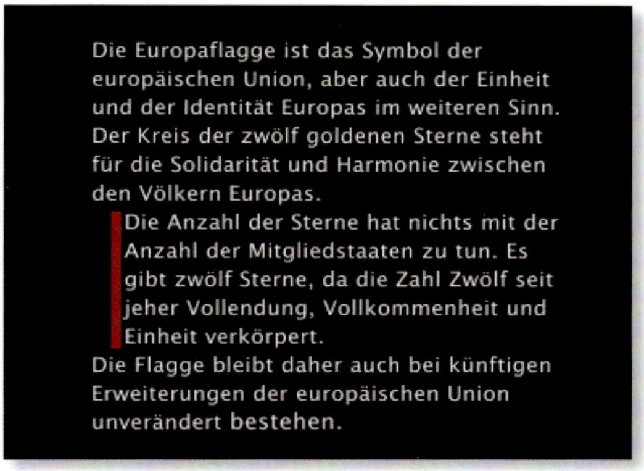

▲ **Abbildung 16.42**
Erhöhen Sie die Werte für Einzug am linken Rand, wird der gesamte linke Rand des Absatzes nach rechts eingerückt.

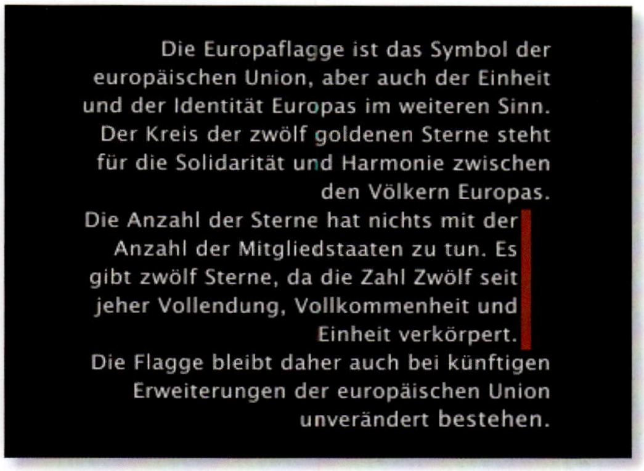

▲ **Abbildung 16.43**
Erhöhen Sie die Werte für Einzug am Rechten Rand, wird der gesamte rechte Rand des Absatzes nach links eingerückt.

▲ **Abbildung 16.44**
Erhöhen Sie die Werte für Einzug erste Zeile, wird die jeweils erste Zeile eines jeden markierten Absatzes nach rechts eingerückt.

▲ **Abbildung 16.45**
Mit Abstand vor Absatz einfügen erzeugen Sie vor dem Absatz einen Abstand.

Hängende Interpunktion Roman | Wenn Sie bei der Option Hängende Interpunktion Roman aus den Palettenoptionen ein Häkchen setzen, werden Anführungszeichen außerhalb eines Textrahmens dargestellt. Ohne Häkchen bleiben die Anführungszeichen innerhalb des Textrahmens.

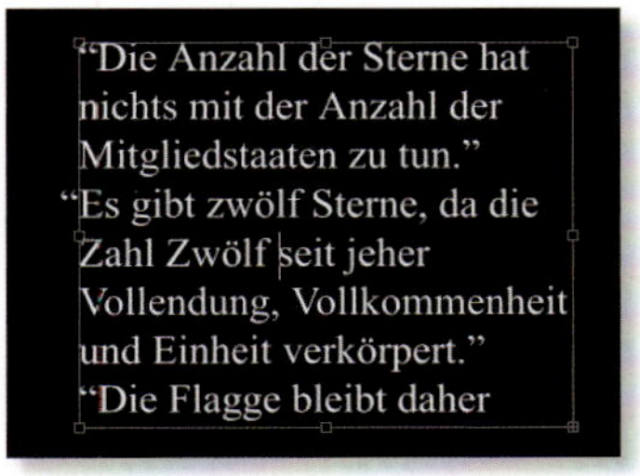

Zeilenabstand | Der Zeilenabstand bestimmt den Abstand von einer Textzeile zur nächsten. Mit den Optionen Zeilenabstand Oberlinie zu Oberlinie und Zeilenabstand Unterlinie zu Unterlinie bestimmen Sie, ob der Abstand von einer Grundlinie zur anderen Grundlinie oder zwischen den Oberlinien der Textzeichen gemessen wird.

▲ **Abbildung 16.46**
Mit der Option Hängende Interpunktion Roman werden Anführungsstriche außerhalb eines Textrahmens dargestellt.

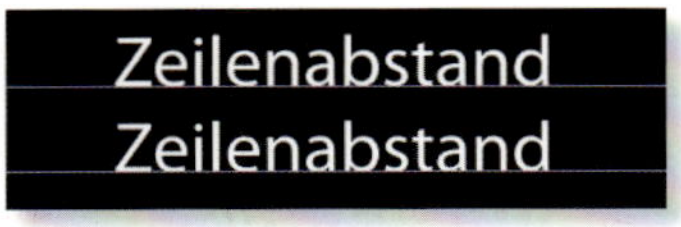

▲ **Abbildung 16.47**
Der Zeilenabstand kann von Grundlinie zu Grundlinie oder ...

▲ **Abbildung 16.48**
... von Oberlinie zu Oberlinie gemessen werden.

Absatz zurücksetzen
Zu guter Letzt lassen sich mit ABSATZ ZURÜCKSETZEN sämtliche Änderungen in der Absatz-Palette wieder auf die Standardwerte zurücksetzen.

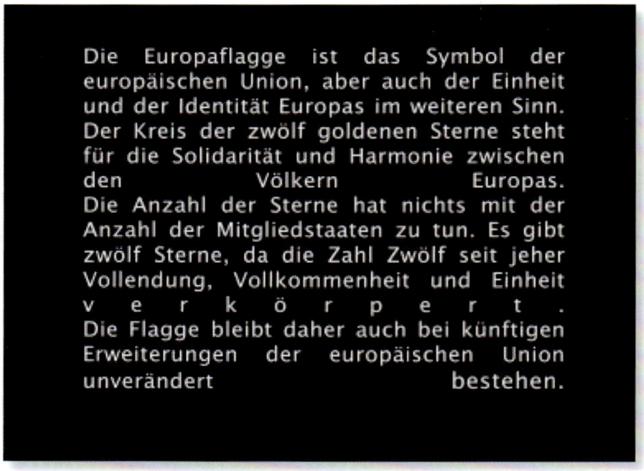

Abbildung 16.49 ▶
Das Schriftbild wirkt im Blocksatz mit dem ADOBE EIN-ZEILEN-SETZER eher mäßig.

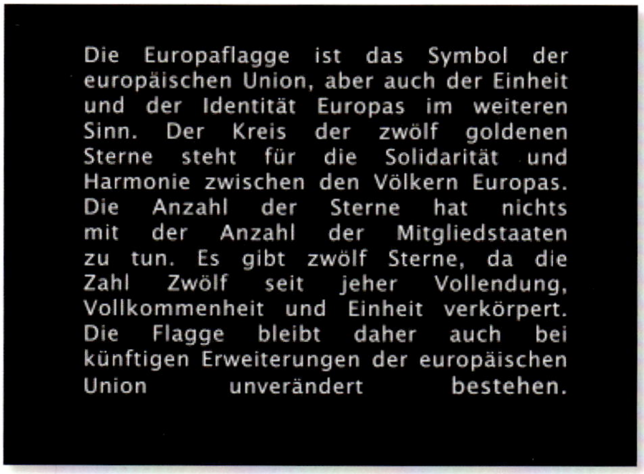

Adobe Ein-Zeilen-Setzer | Längere Texte müssen umbrochen werden, wenn sie von einer Zeile zur nächsten weiterfließen sollen. Das Ziel hierbei ist, ein optisch möglichst ausgeglichenes Schriftbild zu erzeugen, das heißt, es sollten im Text möglichst keine unregelmäßigen Zeichen- und Wortabstände sichtbar sein. Mit der Option ADOBE EIN-ZEILEN-SETZER wird für jede Textzeile einzeln die günstigste Stelle für einen Zeilenumbruch gesucht. Den Umbruch können Sie hier manuell steuern.

Adobe Alle-Zeilen-Setzer | Der ADOBE ALLE-ZEILEN-SETZER vergleicht mehrere Textzeilen miteinander, um ungünstige Umbrüche im Textverlauf zu vermeiden. Die günstigsten Umbrüche werden verwendet. Das Resultat ist ein Schriftbild mit gleichmäßigeren Abständen.

Abbildung 16.50 ▶
Mit dem ADOBE ALLE-ZEILEN-SETZER sieht es schon besser aus.

Kapitel 17
Text animieren

Auf einfachem Wege erreichen Sie umfangreichste Animationen von Texteigenschaften wie Skalierung, Drehung, Textfarbe usw. Verwenden Sie vorgegebene Textanimationen, oder erstellen Sie eigene Animationen mit Textanimator-Gruppen.

17.1 Welche Möglichkeiten der Textanimation gibt es?

Textebenen lassen sich auf folgenden Wegen animieren:

Wie jede andere Ebene auch können Sie Textebenen über die **Transformieren-Eigenschaften** einer Ebene, also die Eigenschaften SKALIERUNG, DREHUNG, POSITION etc., animieren. Doch darin besteht nicht die eigentliche Stärke bei der Textanimation. Denn die Transformieren-Eigenschaften beeinflussen die gesamte Ebene, nicht die einzelnen Texteigenschaften. Diese lassen sich eigenständig mit recht einfachen Funktionen animieren.

Mehrere Texteigenschaften wie TEXTFARBE, ZEICHENDREHUNG, ZEICHENSKALIERUNG etc. können Sie in **Textanimator-Gruppen** zusammenfassen und als Eigenschaftsgruppe über einen festgelegten Zeitraum animieren. Dabei ist es möglich, einzelne Zeichen, einen Bereich von Zeichen oder den ganzen Text mit einer **Bereichsauswahl** zu versehen.

Auch der Quelltext einer Textebene ist animierbar. Hierbei werden die Textzeichen im Zeitverlauf abrupt in andere Zeichen umgewandelt, oder ihre Formatierung ändert sich.

Den Eiligen sei die Verwendung von vordefinierten Textanimationen empfohlen – zur Erstellung komplexer Animationen, wenn der Feierabend ruft.

Auch wenn es ein Vorgriff auf Kapitel 18, »Masken, Matten und Alphakanäle«, ist, erstellen wir in diesem Kapitel schon einmal einen Maskenpfad und animieren den Text entlang dieses Pfads. Und noch etwas: Den Betrag, um den eine Texteigenschaft verändert, also animiert wird, können Sie mit Expressionauswahlen dynamisch kontrollieren.

17.2 Arbeiten mit Textanimator-Gruppen

Jede Textebene kann einen oder mehrere Animatoren, auch **Textanimator-Gruppen** genannt, enthalten. Jeder dieser Animatoren wird der Textebene einzeln hinzugefügt und kann – ganz nach Ihrer Wahl – verschiedene Eigenschaften der Textzeichen, beispielsweise DECKKRAFT oder LAUFWEITE, enthalten.

Diese Eigenschaften müssen Sie nicht unbedingt selbst mit Keyframes animieren. Stattdessen erreichen Sie die Animation der gewählten Texteigenschaften durch eine animierte Auswahl, die ebenfalls im Animator enthalten ist. Alle Textzeichen, die sich innerhalb der Auswahl befinden, werden animiert.

Da die Auswahl allein animiert werden kann, um sämtliche gewählten Eigenschaften im Zeitverlauf zu verändern, ist es nicht nötig, viele Keyframes für viele verschiedene Eigenschaften zu setzen, um mit Textanimator-Gruppen komplexe Animationen zu schaffen.

Der Animator, seine Eigenschaften und die Bereichsauswahl

Sie können sich das alles nicht so richtig vorstellen? Müssen Sie auch nicht. Im anschließenden Workshop geht es gleich praktisch los. Da sehen wir dann weiter.

Schritt für Schritt:
Text animieren in der Praxis

Die benötigten Dateien für diesen Workshop finden Sie auf der DVD unter BEISPIELMATERIAL/ 17_TEXTANIMATION/ANIMATION1

Fürs Erste wenden wir uns der Textanimation mit einem einfachen Beispiel zu. Wir animieren die Eigenschaften DREHUNG und SKALIERUNG für einzelne Zeichen eines kleinen Textes. Schauen Sie sich dazu das Movie »animator« aus dem Ordner 17_TEXTANIMATION/ANIMATION1 an.

17.2 Arbeiten mit Textanimator-Gruppen

1 Vorbereitung

Legen Sie ein neues Projekt an, und erstellen Sie eine Komposition in der Größe 1.050×576 mit einer Länge von 5 Sekunden.

Klicken Sie mit dem horizontalen Text-Werkzeug in die leere Komposition, um eine Textebene zu schaffen. Tippen Sie das Wort »Animator« ein, und wählen Sie in der Zeichen-Palette die Schriftart ARIAL oder MYRIAD PRO oder eine ähnliche verfügbare Schriftart. Die Schriftgröße soll etwa 150 px betragen. Bewegen Sie den Mauszeiger vom Text fort, um das Verschieben-Werkzeug zu erhalten, und ziehen Sie den Text in die Mitte der Komposition.

◄ **Abbildung 17.1**
Der zu animierende Text wird in der Mitte der Komposition platziert.

2 Animator hinzufügen

Sobald Sie eine Eigenschaft hinzufügen, die Sie animieren möchten, wird automatisch ein Animator angelegt. Markieren Sie dazu die Textebene, und wählen Sie im Menü ANIMATION • TEXT ANIMIEREN • DREHUNG.

Der Textebene wird in der Zeitleiste unter TEXT ❶ ein Eintrag mit dem automatisch generierten Namen ANIMATOR 1 ❷ hinzugefügt. Die anderen Optionen unter TEXT wie QUELLTEXT, PFADOPTIONEN und MEHR OPTIONEN ignorieren wir vorerst. Sie werde ich später noch besprechen.

Die Animator-Gruppe enthält die Auswahl mit dem automatischen Namen »Bereichsauswahl 1« und die Animatoreigenschaft DREHUNG.

Animatoren und Auswahl benennen

Es ist günstig, wenn Sie sich von Anfang an daran gewöhnen, Animatoren zu benennen, um Verwirrung zu vermeiden. Die Berennung erfolgt wie bei Ebenen, Kompositionen etc. Markieren Sie dazu das Wort Animator, und drücken Sie ⏎ im Haupttastaturfeld. Tippen Sie einen Namen ein, und bestätigen Sie erneut mit ⏎. Eine Bereichsauswahl benennen Sie auf gleichem Wege.

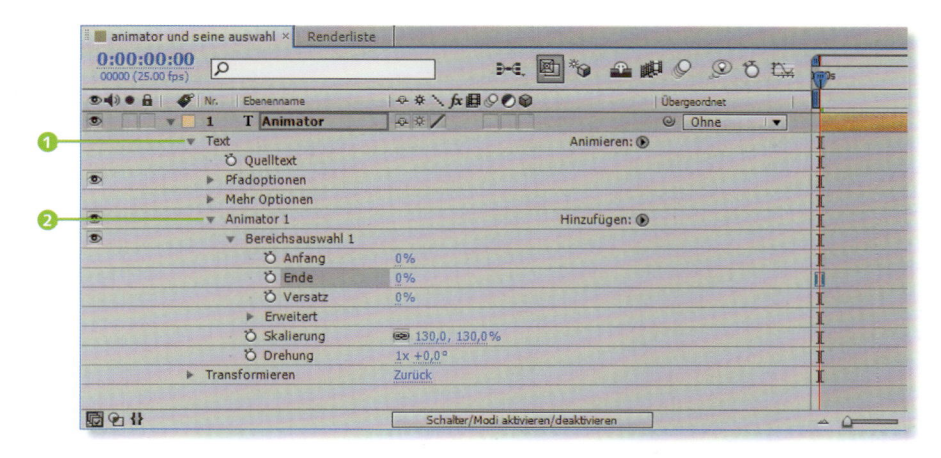

◄ **Abbildung 17.2**
Eine Animator-Gruppe enthält eine oder mehrere Eigenschaften und mindestens eine Auswahl.

3 Wie funktioniert eine Auswahl?

Jede Auswahl ist zuerst immer so eingerichtet, dass sich der gesamte Text innerhalb der Auswahl befindet. Wird in unserem Falle die Eigenschaft DREHUNG verändert, wirkt sich die Änderung

Versatz im Kompositionsfenster

Indem Sie bei gedrückter ⇧-Taste und mit aktivem Auswahl-Werkzeug auf das kleine Dreieck der Anfang- oder Ende-Markierung klicken und diese ziehen, können Sie den Auswahlbereich verschieben. Die Werte bei Versatz werden dementsprechend angepasst.

Textzeichen gleichzeitig animieren

Wenn Sie die Textzeichen nicht nacheinander, sondern alle gleichzeitig animieren wollen, dürfen Sie die Auswahl nicht animieren. Setzen Sie stattdessen die Werte für Anfang auf 0 % und für Ende auf 100 %, um den ganzen Text auszuwählen. Anschließend setzen Sie nur für die Drehung Keyframes, beispielsweise bei 0 Sekunden »0 × +0,0°« und bei 2 Sekunden »1 × +0,0°«.

Abbildung 17.4 ▶
Die Auswahlmarkierungen für Anfang und Ende können Sie bequem in der Zeitleiste verschieben.

auf den gesamten Text aus, es sei denn, Sie richten die Auswahl anders ein.

Um die Auswahl im Kompositionsfenster anzuzeigen, klicken Sie auf den Namen der Animator-Gruppe in der Zeitleiste. Im Kompositionsfenster werden Anfang und Ende der Auswahl mit senkrechten Linien markiert. Sie können die Auswahl ändern, indem Sie auf das kleine Dreieck ❶ klicken und Anfang oder Ende der Auswahl verschieben.

▲ **Abbildung 17.3**
Eine Bereichsauswahl hat zwei typische Markierungen für Anfang (links) und Ende (rechts) der Auswahl, die Sie verschieben können. Der Text wird nur innerhalb der Auswahl verändert.

Eine zweite Möglichkeit, die Auswahl zu ändern, finden Sie in der Zeitleiste.

Öffnen Sie die Bereichsauswahl ❷ per Klick auf das kleine Dreieck. Dort befinden sich die Einträge Anfang, Ende und Versatz. Wenn Sie den Wert bei Anfang ❸ auf über 0 % ziehen, wandert der Beginn der Auswahl ein paar Zeichen weiter. Bei Ende ❹ wählen Sie Werte unter 100 %, um die Auswahl zu verändern. Wenn Sie Werte mit der Maus »ziehen«, sobald das Hand-Symbol über einem Wert erscheint, lässt sich die Auswahl sehr bequem ändern. Auf diese Weise legen Sie einen Auswahlbereich fest, der über den Versatzwert verschoben werden kann.

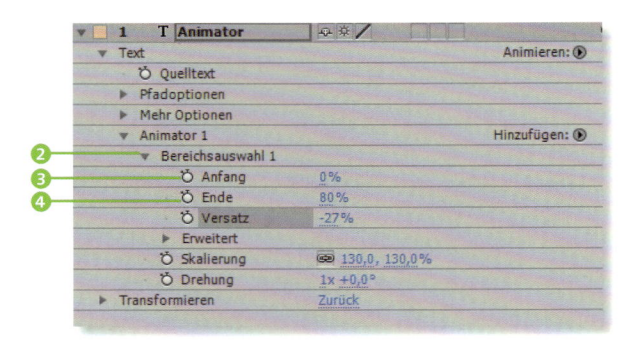

4 Auswahl animieren

Legen Sie zuerst für die Eigenschaft Drehung eine ganze Umdrehung fest, und tragen Sie »1 × +0,0°« in das Wertefeld ein.

17.2 Arbeiten mit Textanimator-Gruppen

Ziehen Sie die Zeitmarke auf den Zeitpunkt 00:00. Stellen Sie die Werte für Anfang, Ende und Versatz auf 0 % 5. Setzen Sie einen Keyframe für Ende. Ziehen Sie die Zeitmarke auf 02:00, und setzen Sie den Wert für Ende auf 100 %. Schon haben Sie die erste Animation erstellt.

Wie Sie sehen, ist es nicht nötig, für die Drehung einen Keyframe zu setzen. Das Ende der Auswahl wandert über die Textzeichen, die nacheinander jeweils eine ganze Umdrehung vollführen. Wenn Sie die Eigenschaft Drehung im Textanimator markieren, entdecken Sie im Kompositionsfenster unter jedem Zeichen ein kleines Kreuz. Dies sind die Dreh- bzw. Ankerpunkte der Textzeichen.

▼ **Abbildung 17.5**
So animieren Sie die dem Animator hinzugefügten Texteigenschaften über Anfang oder Ende der Auswahl. Die Zeichen ändern sich nacheinander, sobald die animierte Auswahl über ein Zeichen »wandert«.

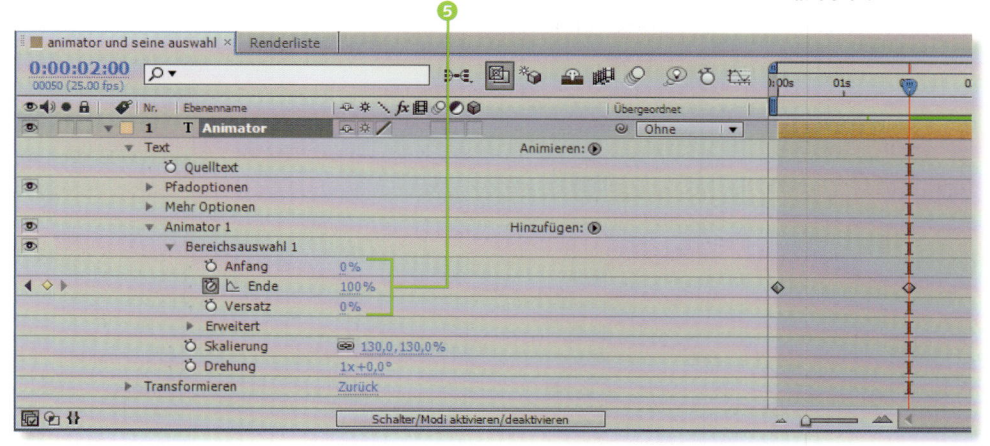

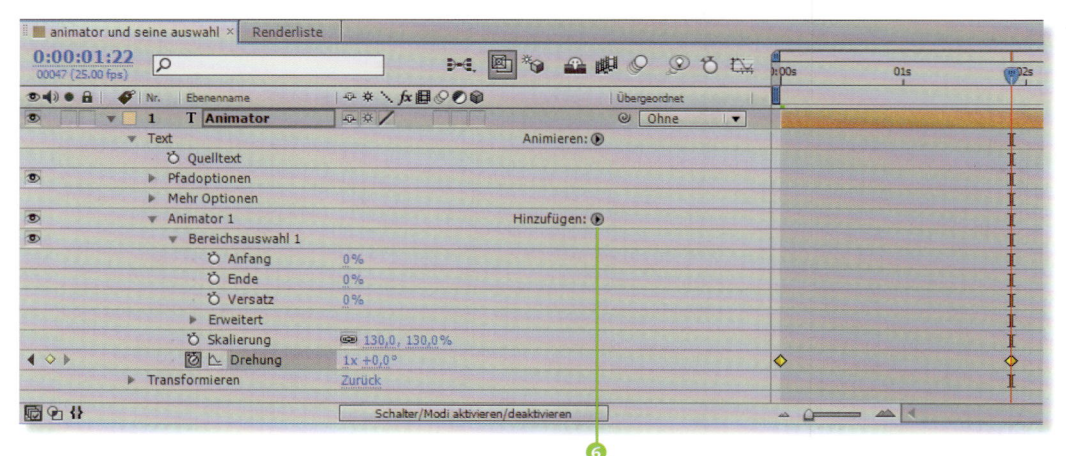

5 Eigenschaft zur Animator-Gruppe hinzufügen
Zusätzlich zur Drehung soll die Eigenschaft Skalierung animiert werden. Dazu klicken Sie auf die Schaltfläche 6 bei Hinzufügen und wählen unter Eigenschaft in unserem Falle Skalierung. Die Eigenschaft wird danach zusätzlich zur Drehung angezeigt.

▲ **Abbildung 17.6**
Animieren Sie nur die Eigenschaft Drehung, ändern sich die ausgewählten Zeichen gleichzeitig. Für die Übung ist dies aber nicht interessant.

435

Kapitel 17 Text animieren

Ändern Sie den Wert der SKALIERUNG auf 130 %, ohne einen Keyframe zu setzen. Wenn Sie die Animation abspielen, werden die Drehung **und** die Skalierung der Zeichen mit der animierten Auswahl beeinflusst. Das war es schon. Sie können Ihrer ersten Animator-Gruppe natürlich noch beliebig viele Eigenschaften hinzufügen.

Abbildung 17.7 ▶
In der fertigen Animation sehen Sie, dass jedes Zeichen einzeln mit den im Animator festgelegten Eigenschaftswerten verändert wird.

Mehr als ein Animator und eine Auswahl

Einer Textebene können Sie mehrere Animatoren hinzufügen. Jeder Animator übernimmt dabei die Animation weiterer Texteigenschaften. Die Bereichsauswahl kann dazu dienen, einzelne Wörter oder Textteile auszuwählen, die dann im Zeitverlauf animiert werden, während andere Textteile von der Veränderung ausgenommen sind. Ein praktisches Beispiel soll dies verdeutlichen.

Animatoren und Eigenschaften entfernen

Um einzelne Animatoren, ihre Eigenschaften oder Bereichsauswahlen schnell zu entfernen, markieren Sie sie und drücken dann die Taste `Entf`. Sämtliche Animatoren einer Textebene löschen Sie über ANIMATION • ALLE TEXTANIMATOREN ENTFERNEN.

Schritt für Schritt:
Animatoren und ausgewählte Bereiche

Schauen Sie sich zuerst das Movie »abspann« aus dem Ordner 17_Textanimation/Animation2 an. Es wurden die Eigenschaften Zeichenversatz, Deckkraft und Skalierung mit zwei Animatoren und verschiedenen Auswahlbereichen animiert.

Die benötigten Dateien für diesen Workshop finden Sie auf der DVD unter BEISPIELMATERIAL/ 17_Textanimation/Animation2

1 Vorbereitung

Legen Sie ein neues Projekt an, und erstellen Sie eine Komposition in der Größe 720×576 mit einer Länge von 10 Sekunden. Ziehen Sie mit dem horizontalen Text-Werkzeug in der leeren Komposition einen Textrahmen auf. Geben Sie folgenden Text ein: »Kamera / Igor O'Brien / Musik / Shana Ryan / Les Colorites«. Die Trennstriche bezeichnen den Zeilenumbruch mit `↵` im Haupttastaturfeld.

2 Formatierung

Markieren Sie den Text, und wählen Sie in der Zeichen-Palette die Schriftart ❶ IMPACT oder eine andere Schriftart. Markieren Sie dann die Wörter »Kamera« und »Musik«, und weisen Sie eine Schriftgröße ❷ von 30 px zu. Vergeben Sie für alle Namen eine Schriftgröße von 55 px. Markieren Sie das Wort »Musik«, und stellen Sie einen Zeilenabstand ❸ von 100 px ein.

17.2 Arbeiten mit Textanimator-Gruppen

Bewegen Sie den Mauszeiger vom Text fort, um das Verschieben-Werkzeug zu erhalten, und ziehen Sie den Text an den unteren linken Rand der Komposition.

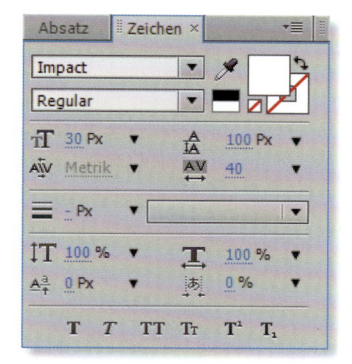

▲ **Abbildung 17.9**
Über die Zeichen-Palette formatieren Sie den Text für die Übung.

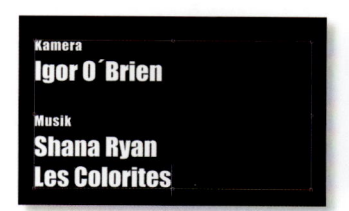

▲ **Abbildung 17.10**
Der formatierte Text soll in etwa wie hier platziert sein.

▲ **Abbildung 17.8**
Im Kompositionsfenster beschränken Sie die erste Bereichsauswahl auf das Wort »Kamera«. Ebenso verfahren Sie danach mit der Auswahl für das Wort »Musik«.

3 **Erster Animator und erste Auswahl**
Markieren Sie die Textebene, und wählen Sie Animation • Text animieren • Skalierung. Markieren Sie das Wort Animator1, und drücken Sie ↵ im Haupttastaturfeld, um einen neuen Namen einzugeben, z. B. »Ani: Thema«. Ziehen Sie das Ende der Bereichsauswahl 1 auf das Ende des Wortes »Kamera«. Sehr schön.

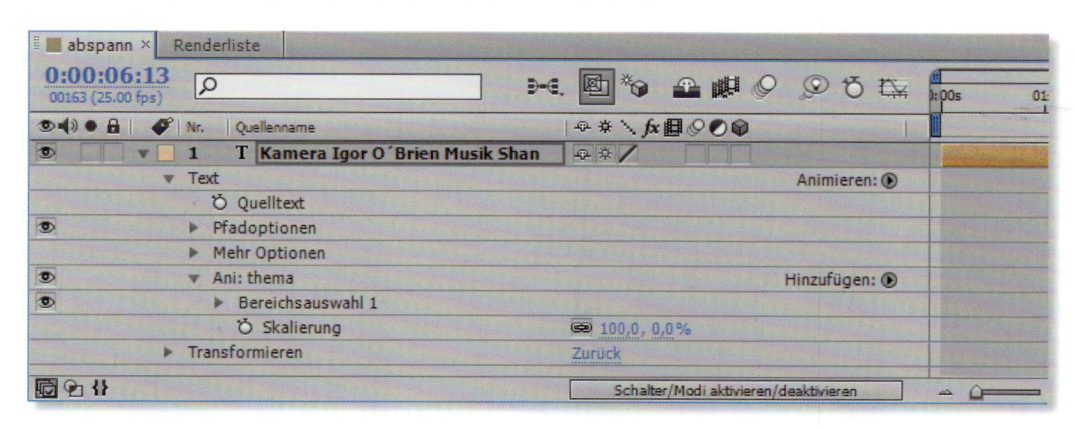

▲ **Abbildung 17.11**
Fügen Sie dem Animator eine erste Bereichsauswahl hinzu.

4 **Zweite Auswahl**
Die zweite Wahl ist die Musik. Zumindest wird sie hier so ausgewählt. Klicken Sie auf den Schalter bei Hinzufügen, und wählen Sie Auswahl • Bereich. Standardmäßig ist wieder der gesamte Text ausgewählt. Verschieben Sie Anfang und Ende der Auswahl, um diese auf das Wort »Musik« einzugrenzen.

5 Animation der Auswahlbereiche

Entfernen Sie zunächst das Verketten-Symbol bei der Eigenschaft SKALIERUNG ❷. Setzen Sie dann den y-Wert ❸ auf 0 %. Entfernen Sie das Augen-Symbol vor dem Animator ❶. Die Wirkung des Animators ist damit erst einmal ausgeblendet.

Öffnen Sie BEREICHSAUSWAHL 1 und BEREICHSAUSWAHL 2. Setzen Sie jeweils einen ersten Keyframe bei ENDE zum Zeitpunkt 00:00. Verschieben Sie die Zeitmarke auf 00:14. Verschieben Sie dann, um automatisch einen zweiten Key zu generieren, die Ende-Markierung für »Kamera« und »Musik« im Kompositionsfenster jeweils genau auf den Beginn des Wortes.

Klicken Sie noch einmal auf das Augen-Symbol des Animators und sehen sich dann die Animation an. Schließen Sie die Liste, indem Sie auf das kleine Dreieck beim Animator klicken.

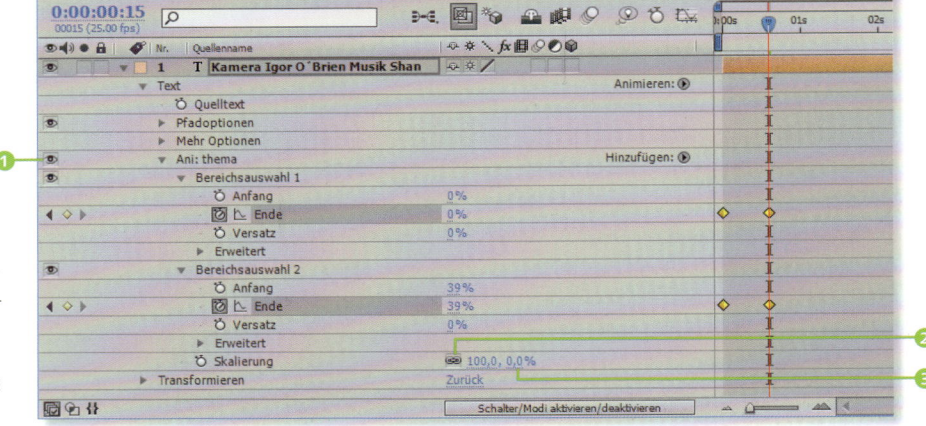

Abbildung 17.12 ▶
Für die beiden Auswahlbereiche wird die Animation mit Keyframes für ENDE realisiert.

▲ **Abbildung 17.13**
Um automatisch einen zweiten Key zu generieren, verschieben Sie die Ende-Markierung für »Kamera« und »Musik« im Kompositionsfenster jeweils genau auf den Beginn des Wortes.

▲ **Abbildung 17.14**
Danach sollte sich die Ende-Markierung mit der Anfang-Markierung decken.

6 Neuen Animator, Eigenschaft und Auswahl hinzufügen

Weiter geht's mit den Namen. Diese animieren Sie über die Eigenschaften DECKKRAFT und ZEICHENVERSATZ. Generieren Sie einen neuen Animator über den Schalter bei ANIMIEREN ❹, und wählen Sie den Eintrag DECKKRAFT. Nennen Sie den neuen Animator »Ani: Namen«. Wählen Sie für den neuen Animator über HINZUFÜGEN • EIGENSCHAFT den Eintrag ZEICHENVERSATZ und anschließend HINZUFÜGEN • AUSWAHL • BEREICH.

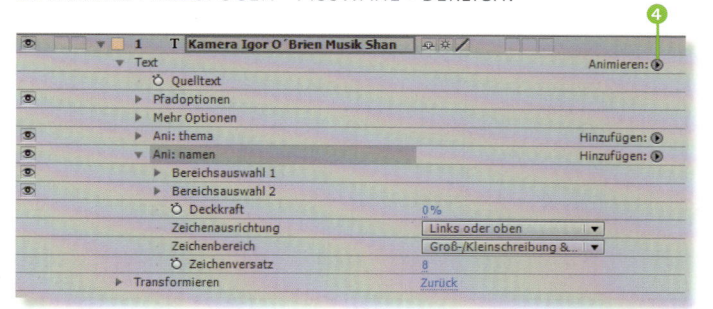

Zeichenversatz
Mit der Eigenschaft ZEICHENVERSATZ werden die eingegebenen Textzeichen durch andere im Alphabet enthaltene Zeichen ersetzt. Bei einem Wert von 3 wird aus ABC beispielsweise DEF.

◄ **Abbildung 17.15**
Ein zweiter Animator wird hinzugefügt, um die Namen von den Themenüberschriften verschieden zu animieren.

7 Animation der Auswahl

Markieren Sie die Bereichsauswahl 1, und stellen Sie Anfang und Ende der Bereichsauswahl 1 auf den Namen »Igor O'Brien« ein. Die Bereichsauswahl 2 stellen Sie auf »Shana Ryan / Les Colorites« ein. Setzen Sie die DECKKRAFT auf 0 % und den Wert bei ZEICHENVERSATZ auf 8. Schalten Sie zum Arbeiten wieder das Augen-Symbol des Animators aus.

Öffnen Sie die Bereichsauswahl 1, und setzen Sie bei 00:14 einen Key bei ANFANG. Verschieben Sie die Zeitmarke auf 02:00, und ziehen Sie die Anfang-Markierung auf das Ende des Namens »O'Brien«. Wenn dabei die Markierungen in die nächste Zeile springen, ist das nicht so schlimm, nur sollte kein weiteres Zeichen ausgewählt sein.

Setzen Sie für die Bereichsauswahl 2 einen ersten Key für ANFANG bei 02:00. Den nächsten Key generieren Sie automatisch bei 04:10, indem Sie die Anfang-Markierung an das Ende des Worts »Colorites« verschieben. Vergessen Sie nicht, das Augen-Symbol für den Namen-Animator wieder anzuschalten.

◄ **Abbildung 17.16**
Stellen Sie die erste Bereichsauswahl auf den Namen »Igor O'Brien« ein.

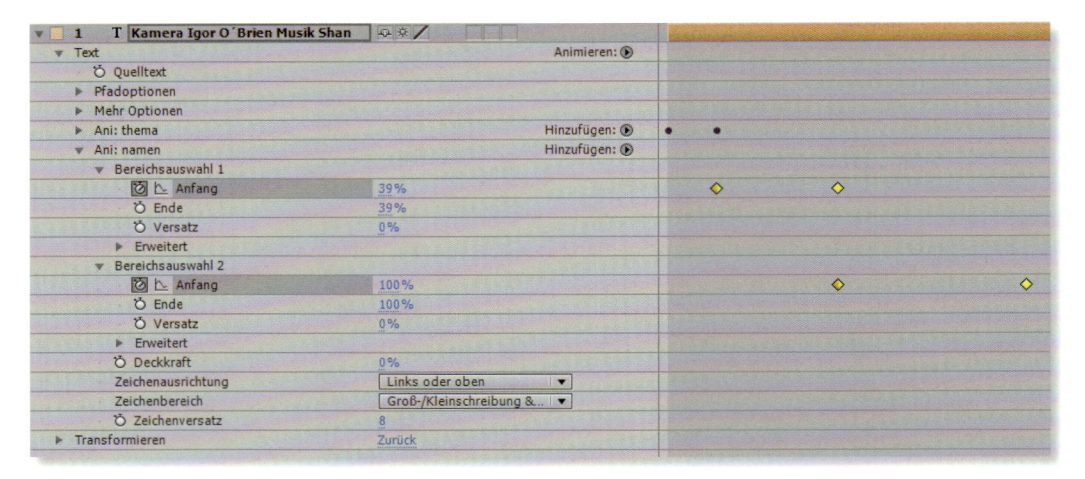

Abbildung 17.17 ▲
Animieren Sie den Anfang der Bereichsauswahl 1 und der Bereichsauswahl 2.

8 Animation umkehren

Um den Text in gleicher Weise wieder auszublenden, wie er zuvor eingeblendet wurde, soll die Animation zum Schluss umgekehrt verlaufen.

Markieren Sie dazu die Textebene, und drücken Sie die Taste U, um alle bisher gesetzten Keys einzublenden. Sie vermeiden damit die Anzeige unendlicher Listen, die After Effects bietet. Verschieben Sie die Zeitmarke auf 06:14.

Klicken Sie mit gedrückter ⇧-Taste auf die Wörter ENDE ❶ und ❷, um die dort gesetzten Keys auszuwählen. Drücken Sie Strg+C und dann Strg+V, um die Keys bei 06:14 einzusetzen. Klicken Sie mit der rechten Maustaste auf die eingefügten, noch markierten Keys, und wählen Sie aus dem Kontextmenü KEYFRAME-ASSISTENTEN • KEYFRAMEREIHENFOLGE UMKEHREN oder im Menü ANIMATION. Verschieben Sie dann die beiden letzten Ende-Keyframes auf den Zeitpunkt 06:20.

Anschließend markieren Sie zuerst die Keys bei ANFANG der Bereichsauswahl 1, setzen sie bei 06:20 ein, kehren sie um und verschieben den letzten Key auf 07:05. Wiederholen Sie den Vorgang mit den Keys bei ANFANG für die Bereichsauswahl 2.

▼ **Abbildung 17.18**
So sollten die Keyframes im fertigen Projekt aussehen.

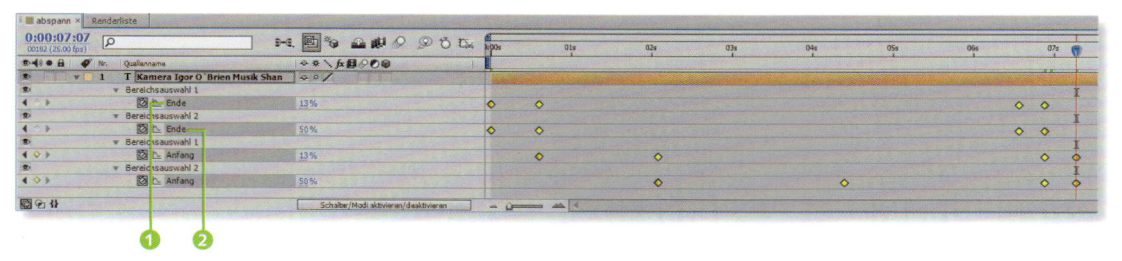

Das war es eigentlich schon. Schauen Sie vielleicht noch in das Projekt »animation2.aep« im Ordner 17_TEXTANIMATION/ANIMA-

TION2. Dort befindet sich eine weitere, ähnlich animierte Textebene, mit der der Abspann fortgesetzt wird.

Erweiterte Optionen der Bereichsauswahl

Hier wird es leicht wissenschaftlich. Jede Bereichsauswahl verfügt unter dem Eintrag ERWEITERT ❸ über eine Liste an weiteren Optionen, die das Aussehen der Animation beeinflussen können. Im Folgenden werden wir uns die Optionen nacheinander genauer ansehen.

◄ **Abbildung 17.19**
Unter dem Eintrag ERWEITERT verbirgt sich eine lange Liste mit Optionen für die Bereichsauswahl.

Einheit | Über das Popup-Menü legen Sie fest, wie die EINHEIT von ANFANG, ENDE und VERSATZ angegeben wird. Zur Wahl stehen PROZENTSATZ und INDEX. Die Werte werden also in Prozent ausgedrückt oder numerisch als Ziffern; z. B. erhält das erste Textzeichen die Ziffer 1, das zweite die 2 etc. In Zusammenhang damit steht der nächste Eintrag.

Basierend auf | Unter BASIEREND AUF bieten sich vier Optionen an. Wählen Sie ZEICHEN, wird jedes Textzeichen und jedes Leerzeichen in der Bereichsauswahl nummeriert. Tragen Sie dann beispielsweise bei ANFANG den Wert »5« ein, so beginnt Ihre Auswahl nach dem 5. Textzeichen. Wählen Sie ZEICHEN OHNE LEERZEICHEN, werden die Leerzeichen ignoriert. Bei WÖRTERN werden ganze Wörter gezählt, bei ZEILEN ganze Zeilen.

Methode | Die METHODE ist wichtig für die Arbeit mit mehr als einer Bereichsauswahl. Standardmäßig ist ADDIEREN eingestellt. Bei zwei Auswahlbereichen werden also beide zusammengerechnet. Die animierten Eigenschaften wirken sich dann auf alle addierten Zeichen aus. Ist die in der Reihenfolge weiter unten liegende Auswahl auf SUBTRAHIEREN eingestellt, wird sie von der oberen Auswahl abgezogen. Bei ÜBERSCHNEIDEN wird nur der Auswahlbereich animiert, der sich bei zwei Bereichen überlappt.

> **Auswahl umkehren**
> Eine Bereichsauswahl kehren Sie um, indem Sie den Modus SUBTRAHIEREN einstellen. Voraussetzung ist, dass keine weitere Auswahl vorhanden ist.

Abbildung 17.20
Im Modus ADDIEREN wirkt sich z. B. eine geringe Deckkraft auf die addierten Bereiche aus (hier auf den ganzen Text).

Abbildung 17.21
Hier sind zwei sich überlappende Auswahlbereiche unterschiedlich farbig dargestellt, die durch Anwendung verschiedener Modi miteinander interagieren.

Abbildung 17.22
Im Modus SUBTRAHIEREN wird nur die nicht subtrahierte Auswahl von der geringen Deckkraft beeinflusst.

Abbildung 17.23
Im Modus DIFFERENZ werden die Auswahlbereiche addiert, und der überlappende Bereich wird abgezogen. Dieser ist von der geringen Deckkraft nicht beeinflusst.

Abbildung 17.24
Die Option FORM steuert, wie Eigenschaftswerte innerhalb der Auswahl dargestellt werden.

Bei MIN wird der Minimalwert der Eigenschaften dort verwendet, wo sich die Auswahlbereiche **nicht** überlappen. Bei MAX wird der Maximalwert dort verwendet, wo sich die Bereiche berühren. Bei DIFFERENZ werden die Auswahlbereiche addiert, der überlappende Bereich wird aber wieder abgezogen, also nicht von den Eigenschaften beeinflusst.

Betrag | Die Option BETRAG ist sinnvoll, um das Ergebnis einer Animation zu beeinflussen. Bei 100 % werden die Animationen nicht verändert. Bei geringeren Werten nehmen die Eigenschaftswerte insgesamt ab, und bei 0 % werden sie ignoriert. Bei −100 % kehrt sich die Animation um.

Form | Ich empfehle Ihnen, mit der Option FORM zu experimentieren. Verwenden Sie dazu am besten die Eigenschaft SKALIERUNG oder POSITION, und verändern Sie dort den y-Wert. Die eingestellten Eigenschaftswerte werden nur bei QUADRATISCH auf jedes Textzeichen hundertprozentig angewandt. Bei RAMP-UP ergibt sich beispielsweise eine Staffelung der Zeichen vom minimalen zum maximalen Eigenschaftswert.

Glättung | Mit der GLÄTTUNG bestimmen Sie den Übergang bei der Animation von Zeichen zu Zeichen. Bei 0 % wirkt die Animation abrupt, und der Übergang ähnelt einem Schreibmaschineneffekt.

Ease-High | Setzen Sie den Wert bei EASE-HIGH auf 100 %, um die Animation für jedes Zeichen einzeln abzubremsen, sobald es sich dem Maximalwert nähert. Bei −100 % wird die Animation beschleunigt, wenn der Maximalwert erreicht wird. Sichtbar wird die Option, wenn die Auswahl vom Start zum Ende langsam animiert ist.

Ease-Low | Setzen Sie den Wert von EASE-LOW auf 100 %, um die Animation für jedes Zeichen einzeln abzubremsen, sobald es sich dem Minimalwert nähert. Bei −100 % wird die Animation beschleunigt, wenn der Minimalwert erreicht wird. Sichtbar wird die Option, wenn die Auswahl vom Ende zum Start langsam animiert ist.

Zufallsreihenfolge | Wenn Sie den Anfang einer Auswahl zum Ende hin animieren, werden alle Zeichen nacheinander verändert. Setzen Sie ZUFALLSREIHENFOLGE auf EIN, ändern sich die Zeichen in einer zufälligen Reihenfolge.

17.2 Arbeiten mit Textanimator-Gruppen

Zufallsverteilung | Mit der ZUFALLSVERTEILUNG legen Sie den Basiswert fest, mit dem die zufällige Reihenfolge berechnet wird, um Ähnlichkeiten zu verhindern.

Zeichenbasierte 3D-Textanimation

Adobe hat auch die Möglichkeit in die Text-Engine integriert, Text zeichenweise räumlich zu animieren. Wir werden uns der Funktion in einem kleinen Workshop widmen.

Schritt für Schritt:
Zeichenbasierte 3D-Textanimation

Erst im 3D-Kapitel lernen Sie mit After Effects in die dritte Dimension vorzudringen. – Aber ein kleiner Vorgeschmack schadet nicht.

1 Vorbereitung

Schauen Sie sich zuerst das Movie »3dText« aus dem Ordner 17_TEXTANIMATION/3DTEXT an.

Erstellen Sie in einem neuen Projekt eine Komposition mit der Vorgabe PAL D1/DV, also mit 720×576 Pixeln, und einer Dauer von 5 Sekunden. Klicken Sie mit dem Text-Werkzeug in das Kompositionsfenster, um eine Textebene zu schaffen. Tippen Sie das Wort »Animation« ein. Die Schriftart können Sie frei wählen. Die Größe des Textes stellen Sie so ein, dass der Text etwas breiter ist als die Kompositionsbreite. Wählen Sie Weiß als Textfarbe.

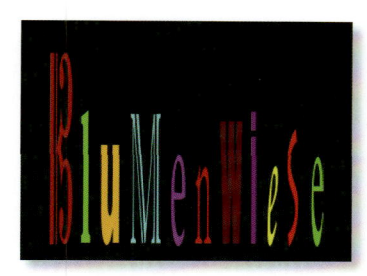

▲ **Abbildung 17.25**
Ein Beispiel für die Anwendung von EASE-HIGH finden Sie auf der DVD zum Buch im Projekt »bereichsauswahl.aep«.

Beispiele

Um die Optionen der Bereichsauswahl in der Praxis zu sehen, schauen Sie sich die Beispiele auf der DVD zum Buch im Ordner 17_TEXTANIMATION/BEISPIELE/AUSWAHLOPTIONEN an. Dort befinden sich mehrere Beispiel-Movies und das dazugehörende Projekt »bereichsauswahl.aep«.

Die benötigten Dateien für diesen Workshop finden Sie auf der DVD unter BEISPIELMATERIAL/17_TEXTANIMATION/3DTEXT

◀ **Abbildung 17.26**
Der erstellte Text soll dem hier abgebildeten ähneln.

2 Zeichenweise 3D hinzufügen

Gehen Sie in das Menü neben dem Wort ANIMIEREN in der Zeitleiste, und wählen Sie dort den Eintrag ZEICHENWEISE 3D AKTIVIEREN aus der Liste.

Sie haben damit die gesamte Textebene in eine 3D-Ebene verwandelt. Einen tieferen Einblick in diese Thematik erhalten Sie in Kapitel 23, »3D in After Effects«. Die eingeschaltete 3D-Option erkennen Sie an den zwei kleinen Würfeln ❶.

Vorab werden wir die Ebene im Raum drehen. Öffnen Sie die Liste der Eigenschaften unter TRANSFORMIEREN ❷. Suchen Sie dort die Eigenschaft Y-DREHUNG, und tragen Sie den Wert »–35« ins Wertefeld ein. Sie sehen, die Eigenschaft DREHUNG existiert nun in einer X-, Y- und Z-Ausführung. Das Wort lässt sich auf jeder der drei Achsen im Raum drehen. Das Gleiche werden wir nun für die einzelnen Textzeichen einrichten.

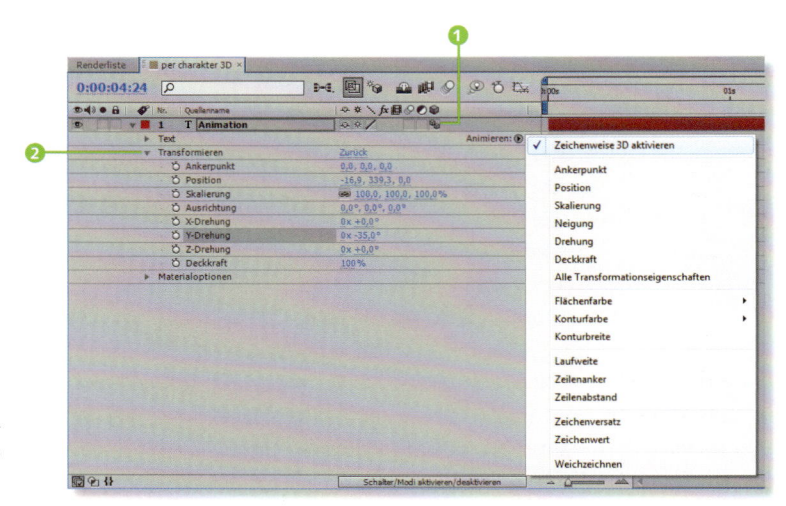

Abbildung 17.27 ▶
Nach der Auswahl von ZEICHENWEISE 3D AKTIVIEREN können Sie die Textebene im Raum drehen.

3 Eigenschaften hinzufügen und animieren

Schließen Sie zunächst die Liste der Eigenschaften unter TRANSFORMIEREN. Fügen Sie dann über das Menü bei ANIMIEREN nacheinander folgende Eigenschaften hinzu: SKALIERUNG, DREHUNG, DECKKRAFT, FLÄCHENFARBE, WEICHZEICHNEN. Sie sehen, dass auch hier die Drehung in drei Werte für die Achsen X, Y und Z aufgeteilt erscheint, und die Skalierung hat eine dritte Dimension erhalten, seit ZEICHENWEISE 3D AKTIVIEREN eingeschaltet wurde.

Löschen Sie anschließend die Eigenschaften Y- und Z-DREHUNG aus der Liste, da wir hier keine Animation benötigen.

Tragen Sie jetzt einige Werteänderungen für die Eigenschaften ein. Die Animation werden wir über den Versatz erzeugen. Bei SKALIERUNG und WEICHZEICHNEN klicken Sie zuerst auf das Verkettungssymbol ❸, um es zu entfernen. Dadurch können Sie die jeweiligen Werte unproportional zueinander verändern. Tragen Sie folgende Werte ein: SKALIERUNG: »100,0, 900,0, 100,0 %«. Bei X-DREHUNG: »1× +0,0°«. Bei DECKKRAFT wählen Sie »0 %«

17.2 Arbeiten mit Textanimator-Gruppen

und bei WEICHZEICHNEN »5,0, 200,0«. Bei FLÄCHENFARBE stellen Sie ein Gelb ein.

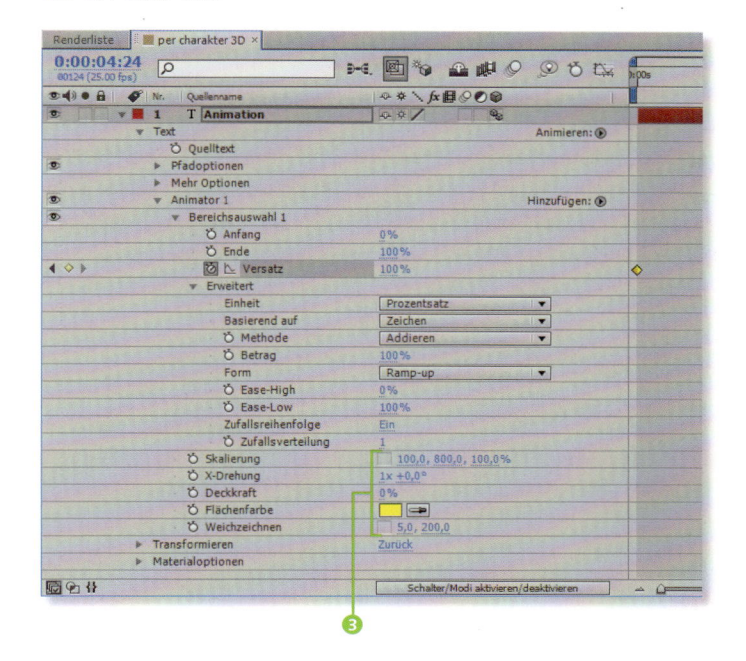

◄ **Abbildung 17.28**
Setzen Sie die Eigenschaftswerte wie in dieser Abbildung.

Zur Animation öffnen Sie die kleine Liste unter BEREICHSAUSWAHL 1. Setzen Sie für VERSATZ einen ersten Key bei 00:00. Tragen Sie hier einen Wert von »–100 %« ein. Navigieren Sie die Zeitmarke an das Ende der Komposition, und ändern Sie den Wert für VERSATZ auf »100 %«.

4 Erweiterte Einstellungen

Die Animation werden wir noch etwas modifizieren. Öffnen Sie die Liste bei ERWEITERT. Wählen Sie unter FORM den Eintrag RAMP-UP, um eine Staffelung der Zeichen vom minimalen zum maximalen Eigenschaftswert zu erreichen. Wählen Sie bei EASE-LOW einen Wert von »100«, um jedes Zeichen bei Annäherung an den Minimalwert langsam abzubremsen. Schalten Sie dann die ZUFALLSREIHENFOLGE auf EIN, um die Zeichen in einer zufälligen Reihenfolge und nicht direkt nacheinander zu animieren. Setzen Sie anschließend den Wert bei ZUFALLSVERTEILUNG auf »1«.

▼ **Abbildung 17.29**
Die fertige Animation sollte bei Ihnen so ähnlich aussehen wie in diesen Standbildern.

Kapitel 17 Text animieren

Beispiel

Als Beispiel öffnen Sie von der DVD das Projekt »ZeichenausrichtungZurKamera.aep« aus dem Ordner BEISPIELMATERIAL/17_TEXTANIMATION/ BEISPIELE.

Zeichenausrichtung zur Kamera

Wenn Sie mit der Option ZEICHENWEISE 3D AKTIVIEREN arbeiten, die ich im vorangegangenen Workshop beschrieben habe, lassen sich die Textzeichen seit CS5 einzeln zu einer Kamera ausrichten. Dreht sich die Kamera um den Text, wird jedes Zeichen einzeln frontal zur Kamera ausgerichtet. Um dies zu aktivieren, wählen Sie die Textebene in der Zeitleiste aus und nehmen dann den Weg EBENE • TRANSFORMIEREN • AUTOMATISCHE AUSRICHTUNG • AUSRICHTUNG ZUR KAMERA und setzen ein Häkchen bei JEDES ZEICHEN EINZELN AUSRICHTEN (ZEICHENWEISE 3D ERFORDERLICH).

17.3 Expression- und Verwackelnauswahl

Wie Ihnen vielleicht schon aufgefallen ist, haben Sie außer der Bereichsauswahl zwei andere Auswahlmöglichkeiten: die Expressionauswahl und die Verwackelnauswahl.

Expressionauswahl

Eine Expressionauswahl verwenden Sie, um den Betrag der in der Animator-Gruppe enthaltenen Eigenschaftswerte dynamisch zu verändern. Zur Berechnung des Betrags wird mit der JavaScript-basierten Expression-Sprache gearbeitet, für die unter dem Eintrag BETRAG ❶ ein Editorfeld ❷ angelegt ist.

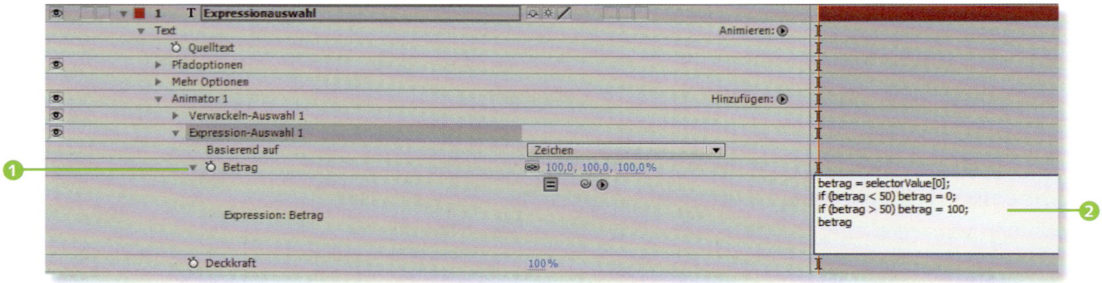

Abbildung 17.30 ▼
Mit der EXPRESSIONAUSWAHL wird der Betrag, um den eine Texteigenschaft verändert wird, dynamisch gesteuert.

Da die Expressionauswahl mit der Expression-Sprache arbeitet, die das Thema von Kapitel 24, »Expressions«, ist, verweise ich hier auf dieses Kapitel. Vorweggenommen sei erwähnt, dass Sie die Werte anderer Eigenschaften auf Texteigenschaften übertragen können. So nutzen Sie z. B. die Audioamplitude einer Sounddatei, um Ihre Animationen mit Sound zu synchronisieren. Die Eigenschaftswerte werden gewissermaßen miteinander verlinkt. Aber dazu erfahren Sie in Kapitel 24 mehr.

Verwackelnauswahl

Mit der Verwackelnauswahl wird der Wert einer Eigenschaft, die dem Animator hinzugefügt wurde, per Zufallszahl berechnet, also verwackelt. Die Verwackelnauswahl enthält einige Eigenschaften, über die sich z. B. die Menge der Verwacklungen pro Sekunde einstellen lässt. An einem kleinen Beispiel soll das anschaulich werden.

Schritt für Schritt: Verwackelte Eigenschaften

Schauen Sie sich zuerst das Movie »europaflagge« aus dem Ordner 17_TEXTANIMATION/ANIMATION3 an. Mit mehreren Auswahlbereichen wurden über die Eigenschaften NEIGUNG und SKALIERUNG einzelne Wörter animiert und deren Eigenschaften verwackelt.

Die benötigten Dateien für diesen Workshop finden Sie auf der DVD unter BEISPIELMATERIAL/17_TEXTANIMATION/ANIMATION3.

1 Vorbereitung

Öffnen Sie das bereits vorbereitete Projekt »europaflagge.aep« aus demselben Ordner, und arbeiten Sie darin weiter. Falls die verwendete Schriftart nicht auf Ihrem Rechner installiert ist, legen Sie einfach eine eigene fest und arbeiten damit.

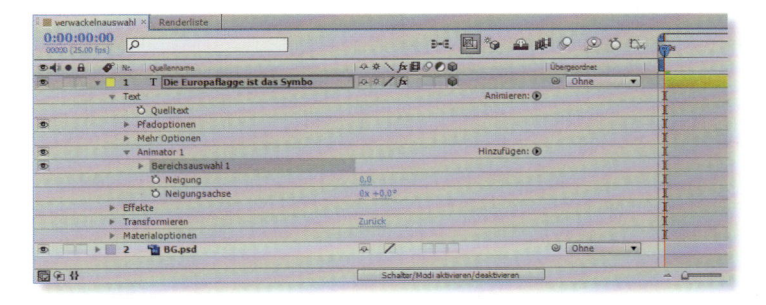

◄ **Abbildung 17.31**
Die Zeitleiste am Beginn der Animation

2 Animator und Bereichsauswahl hinzufügen

Die gelb hervorgehobenen Wörter sollen durch drei Bereichsauswahlen vom restlichen Text abgegrenzt werden.

◄ **Abbildung 17.32**
Die gelb dargestellten Wörter werden wir mit drei Bereichsauswahlen eingrenzen.

> **Reihenfolge der Auswahl**
>
> Die Auswahlen interagieren über die Einstellungen bei Methode in den Auswahloptionen unter Erweitert miteinander. Daher ist es oft notwendig, die Auswahlen in einem Animator in eine andere Reihenfolge zu bringen, um das gewünschte Ergebnis zu erzielen. Markieren Sie dazu eine Auswahl in der Zeitleiste, und ziehen Sie sie nach oben oder unten.

Wählen Sie zuerst bei markierter Textebene einen Animator über Animation • Text animieren • Neigung. Ziehen Sie die Anfang-Markierung genau vor das erste Zeichen des Wortes »Europaflagge« und die Ende-Markierung genau hinter das letzte Zeichen des Wortes.

Wählen Sie dann über den Schalter Hinzufügen ❶ • Auswahl • Bereich zwei weitere Bereichsauswahlen, und stellen Sie sie so ein, dass die Wörter »goldenen Sterne« und »Flagge« eingegrenzt sind.

Um eine Bereichsauswahl im Kompositionsfenster einzublenden, klicken Sie in der Zeitleiste auf Bereichsauswahl 2 etc. Benennen Sie anschließend noch mit ↵ auf der Haupttastatur Ihre drei Auswahlen und die Animator-Gruppe wie in Abbildung 17.33.

3 Eigenschaftswerte festlegen

Tragen Sie bei Neigung den Wert »40« ein. Die durch die drei Auswahlbereiche eingegrenzten Wörter werden dadurch verändert.

Wählen Sie über den Schalter Hinzufügen • Auswahl • Eigenschaft den Eintrag Skalierung. Die Eigenschaft wird dem Animator hinzugefügt. Tragen Sie für die Skalierung den Wert »220 %« ein. Die ausgewählten Wörter sehen jetzt ziemlich unansehnlich aus. Das ändert nun die Verwackelnauswahl.

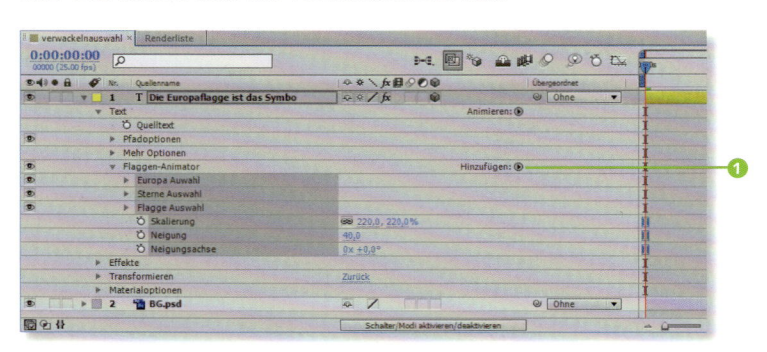

▲ **Abbildung 17.33**
In der Zeitleiste sollten drei Bereichsauswahlen (hier mit Europa Auswahl, Sterne Auswahl und Flagge Auswahl bezeichnet) sichtbar werden.

4 Verwackelnauswahl hinzufügen

Wählen Sie über den Schalter Hinzufügen • Auswahl den Eintrag Verwackeln. Öffnen Sie die Optionen für die Verwackelnauswahl, und tragen Sie bei Verwacklungen/Sekunde den Wert »0,5« ein. Schon ist die Animation fertig.

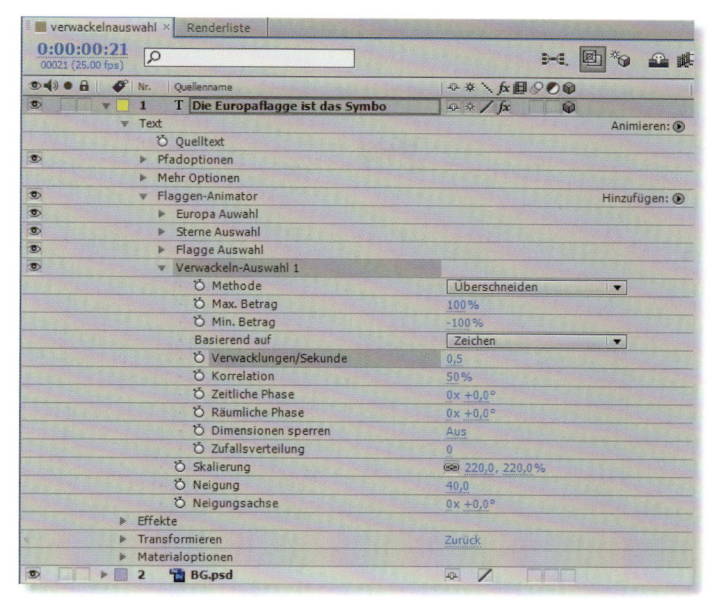

17.3 Expression- und Verwackelnauswahl

◀ **Abbildung 17.34**
Die VERWACKELN-AUSWAHL 1 wird dem Animator hinzugefügt und erscheint in der Zeitleiste.

◀ **Abbildung 17.35**
Nach erfolgreicher Arbeit sollte das Ergebnis dieser Abbildung ähneln.

Die Optionen der Verwackelnauswahl | Eine Verwackelnauswahl bezieht sich grundsätzlich auf den gesamten Text einer Textebene. Es wird also der ganze Text nach den im Animator enthaltenen Eigenschaften »verwackelt«. Eine Einschränkung der Verwackelnauswahl auf bestimmte Bereiche erfolgt durch eine Bereichsauswahl, so wie Sie es eben eingestellt haben.

Wie Sie im vorangegangenen kleinen Workshop sehen konnten, bietet die Verwackelnauswahl einige **Optionen**, denen wir uns hier wieder ausführlich widmen.

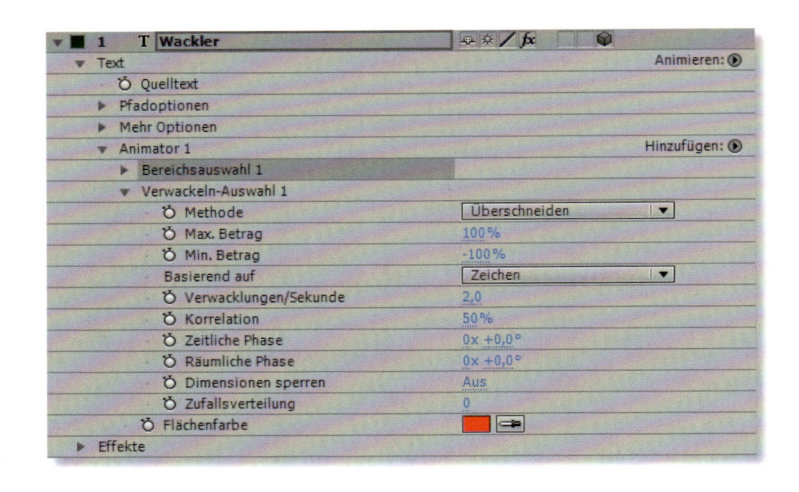

Abbildung 17.36 ▶
Die Verwackelnauswahl bietet Optionen zum Einstellen der Frequenz des Verwackelns und mehr.

Methode | Die METHODE, die Sie auch bei einer Bereichsauswahl vorfinden, ist bei der Verwackelnauswahl grundsätzlich auf ÜBERSCHNEIDEN eingestellt. Es wird also nur der Bereich verwackelt, der sich bei zwei Auswahlen überlappt. Die anderen Modi beschreibe ich im Abschnitt »Erweiterte Optionen der Bereichsauswahl« auf Seite 441.

Max. Betrag/Min. Betrag | Unter MAX. BETRAG und MIN. BETRAG legen Sie die maximale bzw. die minimale Abweichung von den eingestellten Eigenschaftswerten fest. Haben Sie beispielsweise eine Neigung von 40 ° bei einem MAX.-BETRAG von 100 % und einem MIN.-BETRAG von –100 % festgelegt, so wird der Text zwischen 40 ° und –40 ° geneigt.

Verwacklungen/Sekunde | Geben Sie unter VERWACKLUNGEN/SEKUNDE geringere Werte ein, um die Animation zu verlangsamen, und höhere, um die Animation unruhiger wirken zu lassen.

Zeitliche Phase | Mit der ZEITLICHEN PHASE variieren Sie das Verwackeln. Basis der Abwandlung ist die zeitliche Phase der Animation, die Sie hier verändern.

Räumliche Phase | Auch die Option RÄUMLICHE PHASE dient dazu, Abwandlungen des Verwackelns zu erzielen. Basis ist die Phase der Animation pro Zeichen.

Dimensionen sperren | Bei einer mehrdimensionalen Eigenschaft werden die vorhandenen Dimensionen um gleiche Werte verwackelt, wenn die Option DIMENSIONEN SPERREN auf EIN gestellt ist. Beispielsweise werden bei der zweidimensionalen Eigenschaft

Basierend auf
Hier legen Sie fest, ob die Verwacklungen einzelne Zeichen, Zeichen ohne Leerzeichen, ganze Wörter oder ganze Zeilen beeinflussen sollen.

Korrelation
Die Wechselwirkung mit den Zeichen der Textebene bestimmen Sie hier. Bei einem Wert von 0 % werden alle Zeichen unabhängig voneinander verwackelt, bei 100 % werden sie um den gleichen Betrag gleichzeitig verwackelt.

SKALIERUNG für die vertikale und die horizontale Skalierung gleiche Werte verwendet. Die Skalierung erfolgt also proportional.

17.4 Mehr Optionen

Das Leben könnte schöner sein, wenn es nicht so viele Optionen gäbe? Nun, Sie müssen ja nicht alle der beschriebenen Optionen verwenden. Hier werden nur noch ein paar verbliebene erläutert. Damit es nicht gar zu trocken wird, betrachten wir sie an einem Beispiel.

Schritt für Schritt: Einstellungen unter »Mehr Optionen«

Schauen Sie sich zuerst das Movie »glockenspiel« aus dem Ordner 17_TEXTANIMATION/ANIMATION4 an. Animiert wurde hier nur die Eigenschaft DREHUNG unter Verwendung einer Verwackelnauswahl und der noch erwähnenswerten Optionen.

Die benötigten Dateien für diesen Workshop finden Sie auf der DVD unter BEISPIELMATERIAL/17_TEXTANIMATION/ANIMATION.

1 Vorbereitung
Zum Bearbeiten öffnen Sie das vorbereitete Projekt »glockenspiel.aep« aus demselben Ordner. Sollte die verwendete Schriftart auf Ihrem System fehlen, suchen Sie eine andere Schrift aus.

2 Animator und Bereichsauswahl hinzufügen
Wählen Sie die Textebene aus, und fügen Sie dann, wie inzwischen schon bekannt, einen Animator über ANIMATION • TEXT ANIMIEREN • DREHUNG hinzu. Geben Sie bei DREHUNG den Wert »40« in das Wertefeld ein. Markieren Sie die BEREICHSAUSWAHL 1, und löschen Sie sie mit Entf. Fügen Sie dann über HINZUFÜGEN • AUSWAHL eine Verwackelnauswahl hinzu. Die Zeichen wackeln jetzt etwas unansehnlich hin und her.

◄ **Abbildung 17.37**
Am Anfang steht eine Verwackelnauswahl.

451

Abbildung 17.38 ▶
Ohne weitere Optionen wackeln die Textzeichen um den Textzeichenankerpunkt, der nahe bei jedem einzelnen Zeichen liegt.

3 Gruppieren-Optionen

Öffnen Sie die Liste unter MEHR OPTIONEN ❶. Belassen Sie den Eintrag bei ANKERPUNKTGRUPPIERUNG auf ZEICHEN.

Zur Erläuterung: Wir haben für die Eigenschaft DREHUNG einen Wert festgelegt. Jedes Zeichen wird in unserer bisherigen Animation jeweils um einen eigenen unsichtbaren Bezugs- bzw. Ankerpunkt herum gedreht. Wenn Sie unter ANKERPUNKTGRUPPIERUNG den Eintrag WORT auswählen, bezieht sich die Drehung auf einen Ankerpunkt pro Wort.

Was soll diese GRUPPIERUNGSAUSRICHTUNG bedeuten? Sie können sich das in etwa so vorstellen: Der Ankerpunkt, bei uns der Drehpunkt eines jeden Zeichens, kann verschoben werden.

Wenn Sie die Eigenschaft DREHUNG in der Zeitleiste auswählen, werden für die einzelnen Zeichen deren Ankerpunkte angezeigt. Sie werden als kleine Kreuze unter jedem Zeichen dargestellt. Bei positiven Werten im Feld ❷ wird der Ankerpunkt nach rechts, bei negativen Werten nach links verschoben. Bei positiven Werten im Feld ❸ wird der Ankerpunkt nach unten, bei negativen Werten nach oben verschoben.

Für unser Beispiel tragen Sie in das rechte Feld den Wert »–730« ein, damit die Ankerpunkte der Zeichen nach oben verschoben werden. Schauen Sie sich die Animation an. Jedes Zeichen scheint an einem unsichtbaren Faden zu hängen.

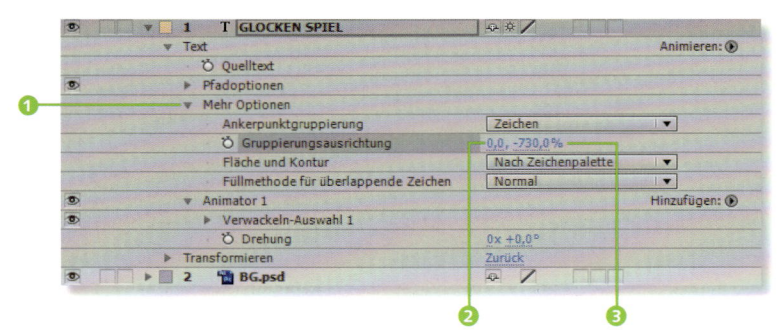

Abbildung 17.39 ▶
So viele Optionen sind es gar nicht. Geändert wird auf jeden Fall ein Wert bei GRUPPIERUNGSAUSRICHTUNG.

4 Füllmethoden

Wählen Sie aus dem Popup-Menü bei FÜLLMETHODE FÜR ÜBERLAPPENDE ZEICHEN den Eintrag MULTIPLIZIEREN, oder experimentieren Sie mit den verschiedenen Füllmethoden. Sich überlappende Zeichen werden ähnlich berechnet wie überlagerte Ebenen mit den Ebenenmodi.

5 Keyframes

Damit das Glockenspiel nicht gleich wie wild beginnt, setzen wir ein paar Keys für die Drehung. Und zwar setzen Sie zum Zeitpunkt 00:00 einen ersten Key für die Drehung auf »0«, bei 01:00 auf »40«, bei 03:00 ebenfalls auf »40« und bei 04:00 wieder auf »0«. Das war es. Zum Abschluss aktivieren Sie vielleicht noch die Schalter ❹ und ❺ für Bewegungsunschärfe, damit es hübsch aussieht.

▼ **Abbildung 17.40**
Keyframes für die Drehung verhindern ein allzu wildes Glockenspiel zu Beginn, da auch der größte Verwackler eine Eigenschaft mit dem Wert 0 nicht bewegen kann.

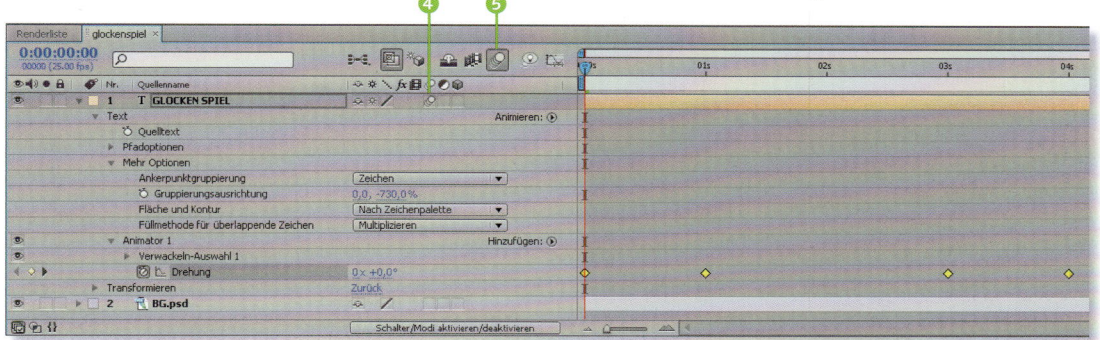

▲ **Abbildung 17.41**
Die Animation wirkt besser als die Abbildung – das ist versprochen.

17.5 Quelltextanimation

Bisher unerwähnt blieb die Möglichkeit, den Textinhalt innerhalb einer Textebene im Zeitverlauf zu ändern. Bei einer Quelltextanimation wird gewissermaßen die Textquelle, nämlich das einzelne Textzeichen, verändert. Das Wort »Quelle« kann beispielsweise durch das Wort »Welle« ersetzt werden. Allerdings geschieht dies nicht allmählich, sondern abrupt. Dabei können Sie auch die Formatierungen des Textes ändern.

Kapitel 17 Text animieren

▼ **Abbildung 17.42**
Keyframes für den Quelltext sind immer auf Interpolationsunterdrückung gesetzt und werden quadratisch dargestellt. Änderungen sind nur abrupt am Keyframe sichtbar.

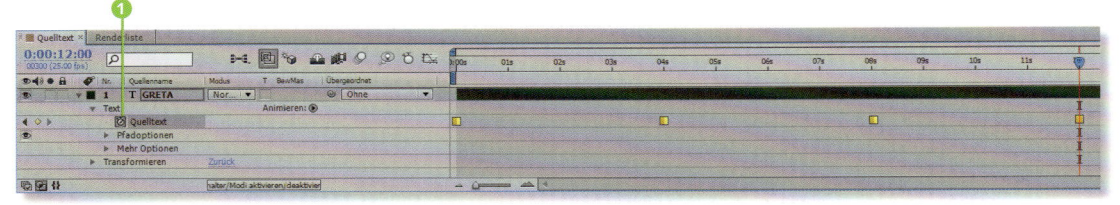

Der Weg zum Quelltext ist einfach: Tippen Sie Ihren Text ein, wie Sie es mittlerweile hoffentlich gewohnt sind, und öffnen Sie dann die TEXTOPTIONEN der Ebene.

Setzen Sie einen ersten Keyframe per Klick auf das Kästchen ❶. Vor jeder neuen Texteingabe oder Formatierungsänderung verschieben Sie die Zeitmarke. Die angezeigten Keyframes sind automatisch auf Interpolationsunterdrückung eingestellt, das bedeutet, dass die Übergänge nicht allmählich berechnet werden. Änderungen werden also erst bei Erreichen eines Keyframes sichtbar.

Abbildung 17.43 ▶
Die Animation ist hier zwar nicht sichtbar, aber es handelt sich dennoch um animierten Quelltext innerhalb einer Textebene.

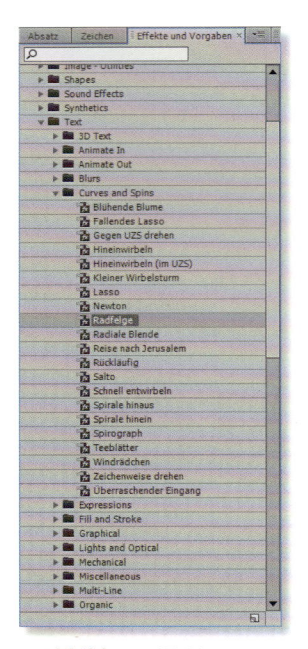

17.6 Vorgegebene Textanimationen

Wenn Sie sehr schnell zu animierten Ergebnissen bei der Arbeit mit Text kommen wollen, ist es sinnvoll, vorgegebene Textanimationen zu verwenden. After Effects bietet eine sehr große Auswahl solcher vorgegebenen Animationen, die Sie auf jede Textebene anwenden können.

Die Vorgaben werden in der Palette EFFEKTE UND VORGABEN bereitgehalten, die Sie über FENSTER • EFFEKTE UND VORGABEN oder mit [Strg]+[5] öffnen. In der Palette werden neben den Vorgaben die Effekte und eventuell von Ihnen selbst angelegte Vorgaben aufgeführt, deren Erstellung ich in Abschnitt 10.3, »Animationsvorgaben«, auf Seite 266, beschreibe. In der Palette öffnen Sie die Textanimationsvorgaben über den Eintrag ANIMATIONSVORGABEN • TEXT.

Die Liste der Vorgaben ist, wenn Sie erst einmal einen Ordner geöffnet haben, recht lang. Damit das Ausprobieren nicht ebenfalls sehr lange dauert, können Sie sich die Ergebnisse auch über Adobe Bridge in einer Vorschau anzeigen lassen. Sie starten Bridge zu diesem Zweck über ANIMATION • VORGABEN DURCHSUCHEN. In Bridge öffnen Sie dann den Ordner TEXT, in dem sämtliche Textvorgaben thematisch geordnet zur Ansicht vorliegen.

▲ **Abbildung 17.44**
Die Listen der vorhandenen Textvorgaben im TEXT-Ordner sind lang …

Vorgegebene Textanimation anwenden

Sie wenden eine vorgegebene Textanimation an, indem Sie die Textebene markieren und anschließend in der Vorgaben-Palette auf eine Vorgabe doppelklicken. Über ANIMATION • ALLE TEXTANIMATOREN ENTFERNEN machen Sie die Aktion wieder rückgängig.

Schauen Sie sich ruhig einmal die hinzugefügten Animatoren, Eigenschaften und Keyframes in der Zeitleiste an. Die Vorgaben können Sie dort noch modifizieren.

17.7 Text und Masken

Um mit Texten und Masken experimentieren zu können, empfiehlt es sich, nach der Lektüre von Kapitel 18, »Masken, Matten und Alphakanäle«, noch einmal zu diesem Abschnitt zurückzukehren und das Gelernte dann zu kombinieren. Wir werden hier trotzdem schon einmal einen kleinen Vorgriff auf das Maskenkapitel wagen und heimlich einen ersten Maskenpfad für einen Text benutzen.

Text am Maskenpfad animieren

Machen Sie sich im folgenden Workshop nicht zu viele Gedanken um Begriffe, die mit Masken zu tun haben. Im Maskenkapitel werden Sie alles Weitere zu Masken erfahren.

Schritt für Schritt:
Auf unsichtbaren Pfaden – Wellenreiter

Schauen Sie sich das fertige Movie aus dem Ordner 17_TEXTANIMATION/WELLENREITER mit dem Namen »wellenreiter« an.

1 Vorbereitung

Zum Bearbeiten öffnen Sie das vorbereitete Projekt »wellenreiter.aep« aus demselben Ordner. Es enthält zum einen die fertige Komposition zum Abgucken und zum anderen eine vorbereitete Komposition namens »uebung«, in der Sie arbeiten werden. Der Text darin ist bereits formatiert, und auch ein Maskenpfad ist schon angelegt.

Wenn Sie die Textebene markieren, wird der Maskenpfad angezeigt. Wie Sie selbst einen solchen Pfad erstellen, erfahren Sie in Kapitel 18, »Masken, Matten und Alphakanäle«. Falls Ihnen die Kompositionsgröße zu übertrieben erscheint, stellen Sie die Kompositionsansicht auf 50 %. Stören Sie sich nicht daran, dass

Die benötigten Dateien für diesen Workshop finden Sie auf der DVD unter BEISPIELMATERIAL/17_TEXTANIMATION/WELLENREITER

▲ **Abbildung 17.45**
Die Ausgangssituation für die Animation: ein Text und ein Maskenpfad im unbeteiligten Nebeneinander

Kapitel 17   Text animieren

der Text zu Beginn angeschnitten ist, er wird später zu einer nicht unbedingt lesbaren Welle.

2   Text am Pfad

Um einen Text einen Pfad entlangzuführen, brauchen Sie nicht viel Aufwand zu treiben. Öffnen Sie die Optionen von TEXT ❶ und die PFADOPTIONEN ❸ in der Zeitleiste. Wählen Sie dann aus dem Popup-Menü ❻ den Eintrag WELLENMASKE, woraufhin einige PFADOPTIONEN eingeblendet werden. Wählen Sie bei AUSRICHTUNG ERZWINGEN ❺ die Option EIN. Dadurch wird der Text zwischen Anfang und Ende des Maskenpfads wie beim Blocksatz gestreckt. Öffnen Sie den Eintrag MEHR OPTIONEN, und wählen Sie bei FÜLLMETHODE FÜR ÜBERLAPPENDE ZEICHEN die Option INEINANDERKOPIEREN.

Wollen Sie den Text temporär ohne die Ausrichtung auf dem Maskenpfad anzeigen, deaktivieren Sie das Augensymbol ❷ vor dem Eintrag PFADOPTIONEN.

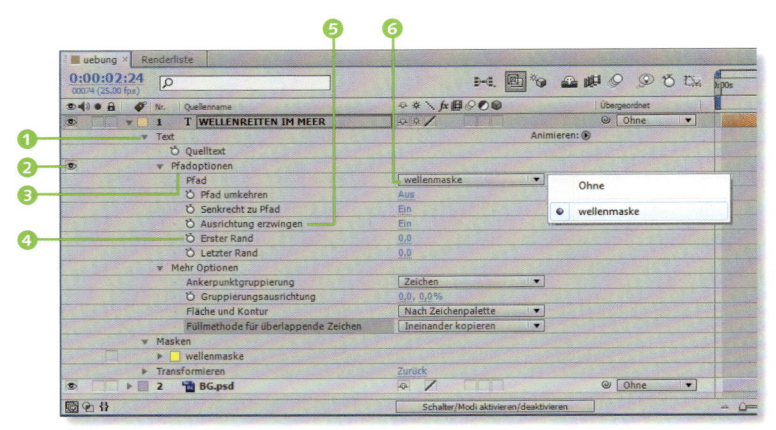

Abbildung 17.46 ▶
In der Zeitleiste wählen Sie die Maske in den PFADOPTIONEN als Pfad für den Text aus. Zum Pfad passende Optionen werden nach der Auswahl des Maskenpfads in der Zeitleiste eingeblendet.

Abbildung 17.47 ▶
Schon wird der Text am Pfad ausgerichtet.

3 Textanimation am Maskenpfad

Zur Animation der Textzeichen werden wir Keys für ERSTER RAND ❹ setzen. Setzen Sie den ersten Key am Zeitpunkt 00:00, und tragen Sie den Wert »–2000« in das Feld ein. Gehen Sie dann mit der Taste `Ende` an das Ende der Komposition bei 10:00, und tragen Sie den Wert »–500« in das Feld ein. Wie bei einer Ziehharmonika strecken sich die Abstände zwischen den Textzeichen. Duplizieren Sie die Ebene einmal mit `Strg`+`D`, und blenden Sie mit der Taste `U` die Keys der neuen Ebene ein. Verändern Sie darin die Werte für ERSTER RAND bei 00:00 auf »–200« und bei 10:00 auf »–1500«. Die Textzeichen beider Ebenen bewegen sich jetzt gegenläufig.

◀ **Abbildung 17.48**
Ein Duplikat der zuerst angelegten Textebene wird mit anderen Werten bei ERSTER RAND animiert.

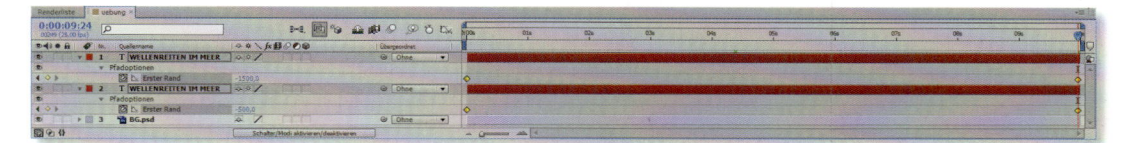

4 Weitere Duplikate

Von den beiden Ebenen erzeugen Sie Duplikate mit leicht veränderten Einstellungen. Schließen Sie sämtliche Ebeneneigenschaften, um Platz zu sparen. Markieren Sie dann beide Ebenen, und duplizieren Sie sie einmal. Schieben Sie die neuen Ebenen in der Zeitleiste nach oben. Lassen Sie beide Ebenen ausgewählt, und ändern Sie dann die Schriftgröße auf »200 px«.

Blenden Sie anschließend die Eigenschaft DECKKRAFT mit der Taste `T` bei den markierten Ebenen ein. Stellen Sie den DECKKRAFT-Wert auf 50 % für beide Ebenen. Wählen Sie in den PFADOPTIONEN unter AUSRICHTUNG ERZWINGEN die Option AUS. – Richtig, solange beide Ebenen ausgewählt sind, müssen Sie die Änderungen nicht in jeder Ebene einzeln vornehmen.

Lassen Sie die neuen beiden Ebenen markiert, und duplizieren Sie sie ein weiteres Mal. Die entstandenen vier 200 Pixel großen Ebenen verteilen Sie, um die »Wellen« zu erzeugen, mit dem Auswahl-Werkzeug (`V`) auf neue Positionen im Kompositionsfenster.

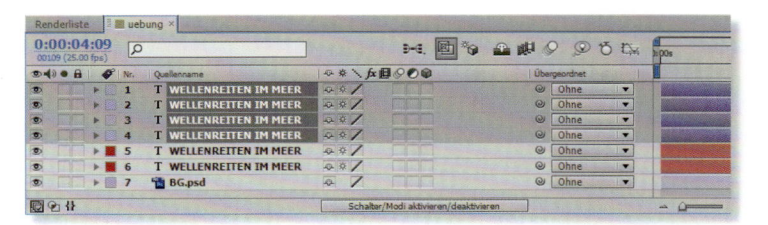

◀ **Abbildung 17.49**
Von den beiden ersten Textebenen erzeugen Sie nochmals je zwei Duplikate, und dort verändern Sie die Formatierung des Textes.

Abbildung 17.50 ▶
Die vier Duplikate mit neuer Schriftgröße ordnen Sie in der Komposition verschieden an.

5 Ein Wellenreiter

Legen Sie eine neue Textebene über EBENE • NEU • TEXT an, und tippen Sie den Text »Wellenreiten am Meer« ein. Wählen Sie ARIAL REGULAR oder eine ähnliche Schriftart. Die Schriftgröße soll etwa 40 px betragen. Als Textfarbe weisen Sie ein helles Türkis zu.

Um den Text ähnlich wie die Wellen animieren zu können, benötigen Sie den Maskenpfad. Sie kopieren ihn aus einer der anderen Ebenen. Markieren Sie dazu eine der Ebenen, und blenden Sie die Maske mit der Taste [M] ein. Klicken Sie auf das Wort MASKE 1, drücken Sie dann [Strg]+[C] zum Kopieren, und fügen Sie den Pfad mit [Strg]+[V] in der neuen Textebene ein. Wählen Sie in den PFADOPTIONEN der neuen Textebene die kopierte Maske als Pfad für den Text aus.

6 Animation des neuen Textes

Die Animation für die neue Textebene ähnelt der auf den anderen Ebenen. Setzen Sie einen ersten Key beim Zeitpunkt 00:00 für ERSTER RAND. Positionieren Sie den Mauszeiger über dem Wert für ERSTER RAND. Sobald das Hand-Symbol erscheint, können Sie den Wert ziehen. Dabei wandert der Text den Pfad entlang.

Ziehen Sie den Wert so lange nach rechts, bis der Text vollständig am rechten Bildrand verschwunden ist. Verschieben Sie die Zeitmarke auf 05:00, und verschieben Sie dann den Text so lange nach **links**, bis er am **linken** Bildrand verschwunden ist. Sehen Sie sich die Animation an.

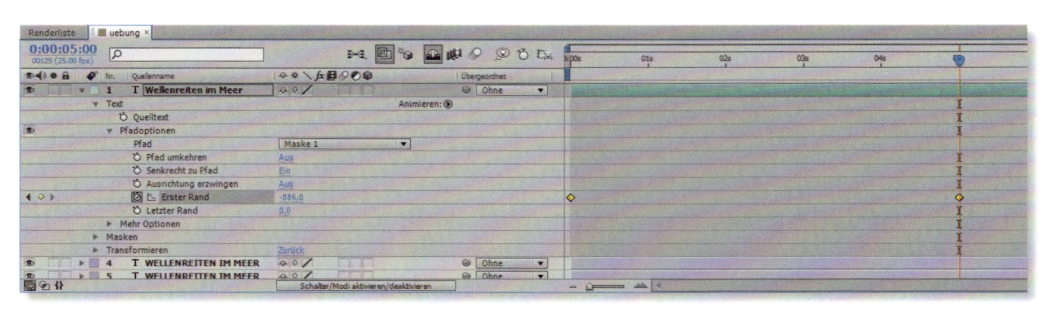

Abbildung 17.51 ▼
Eine weitere Textebene wird neu formatiert und über den rechten Rand auf dem Maskenpfad animiert.

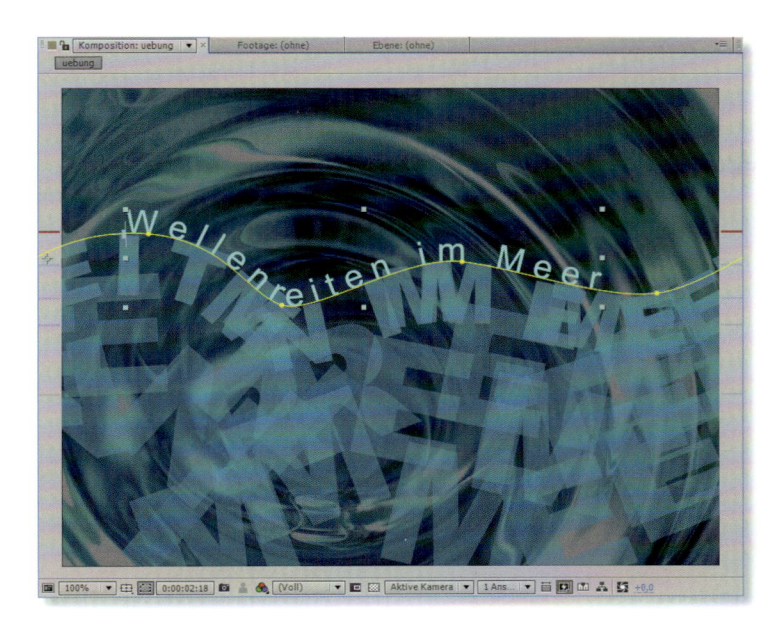

◄ **Abbildung 17.52**
Der Text scheint auf den Wellen zu reiten.

7 Neue Duplikate

Ich will Sie nicht ärgern, aber damit das Ganze ein bisschen nett aussieht, benötigen Sie noch ein paar Duplikate der neuen Textebene, wobei jedes Duplikat eine etwas größere Schrift haben sollte, damit der Eindruck einer räumlichen Perspektive entsteht. Die Einstellungen für ERSTER RAND sollten Sie ebenfalls bearbeiten, damit nicht alle Texte zur gleichen Zeit ins Bild treten. Letztendlich ist es natürlich Geschmackssache. Da Sie bereits alles Nötige wissen, lasse ich Sie an dieser Stelle allein. Das fertige Projekt liegt Ihnen zum Abgucken ja vor.

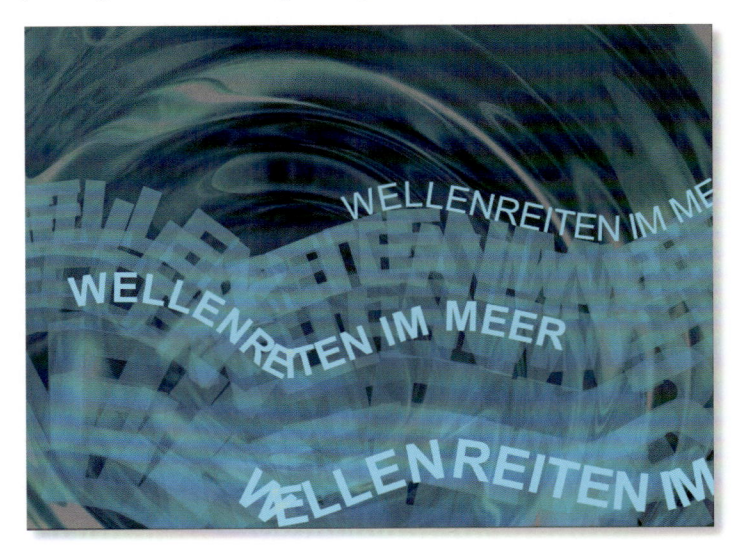

◄ **Abbildung 17.53**
Zum Schluss reiten drei Texte auf den Wellen.

Weitere Pfadoptionen

Jetzt stelle ich Ihnen zwei weitere Pfadoptionen vor: Pfad umkehren und Senkrecht zu Pfad. Interessant sind diese Optionen, wenn Sie den Text auf einem kreisförmigen Maskenpfad ausrichten. Sobald Sie den kreisförmigen Pfad für den Text ausgewählt haben, befindet er sich innerhalb des Maskenpfads.

Nach Anwendung der Option Pfad umkehren ❶ ist der Text am äußeren Rand des Maskenpfads orientiert. Die Option Senkrecht zu Pfad ❷ richtet jedes einzelne Textzeichen senkrecht zum Maskenpfad aus, wenn die Option auf Ein gestellt ist. Ansonsten wird der Text senkrecht zur Komposition angezeigt.

Abbildung 17.54 ▶
Die Pfadoptionen bestimmen die Ausrichtung der Textzeichen am Pfad und ihre Position darauf.

▲ Abbildung 17.55
Ein Text in einem kreisförmigen Maskenpfad verläuft innerhalb des Pfads.

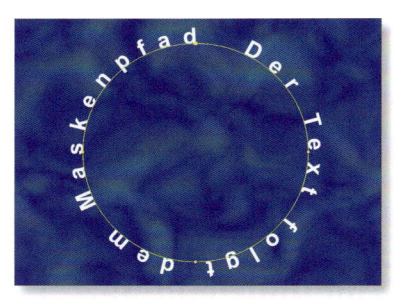

▲ Abbildung 17.56
Wenn Sie die Option Pfad umkehren verwenden, verläuft der Text genau umgekehrt auf dem Pfad.

▲ Abbildung 17.57
Mit der Option Senkrecht zu Pfad richten Sie jedes Textzeichen senkrecht auf dem Pfad aus.

▲ Abbildung 17.58
Ist die Option Senkrecht zu Pfad ausgeschaltet, wird der Text in Bezug zur Komposition gesetzt.

Formen und Masken aus Text erstellen

Aus den Textkonturen Formen oder Masken zu generieren, ist ganz einfach: Markieren Sie dazu die Textebene, und wählen Sie dann im Menü EBENE • FORMEN AUS TEXT ERSTELLEN oder MASKEN AUS TEXT ERSTELLEN. Sie erhalten eine neue Formebene, und diese wiederum enthält Pfade für jedes Textzeichen, bzw. es entsteht eine neue Ebene, die Masken für jedes Textzeichen enthält. Die im ersten Fall entstehenden Pfade sind Bestandteil der Formebene, aber das sagt Ihnen hier noch nichts; mehr dazu erfahren Sie in Abschnitt 18.5, »Formebenen«. Näheres zum Umgang mit Masken lesen Sie in Kapitel 18, »Masken, Matten und Alphakanäle«.

Sinnvoll ist das Generieren von Formen aus Text, um Texteffekte zu erzeugen, die nur mit Formebenen zu erreichen sind, z. B. das Verwackeln der Textkonturen oder das animierte Morphing der Textkonturen. Für die Masken, die Sie aus Text erzeugen, gilt das ähnlich. Hier können Sie neben dem Morphing der Textkonturen auch Effekte auf die Maskenpfade anwenden, beispielsweise Leuchteffekte, die den Konturen folgen. Außerdem können Objekte dem Pfad folgen. Doch dies alles greift bereits in andere Themenbereiche vor. Es wird also Zeit für Sie, das Kapitel zu wechseln.

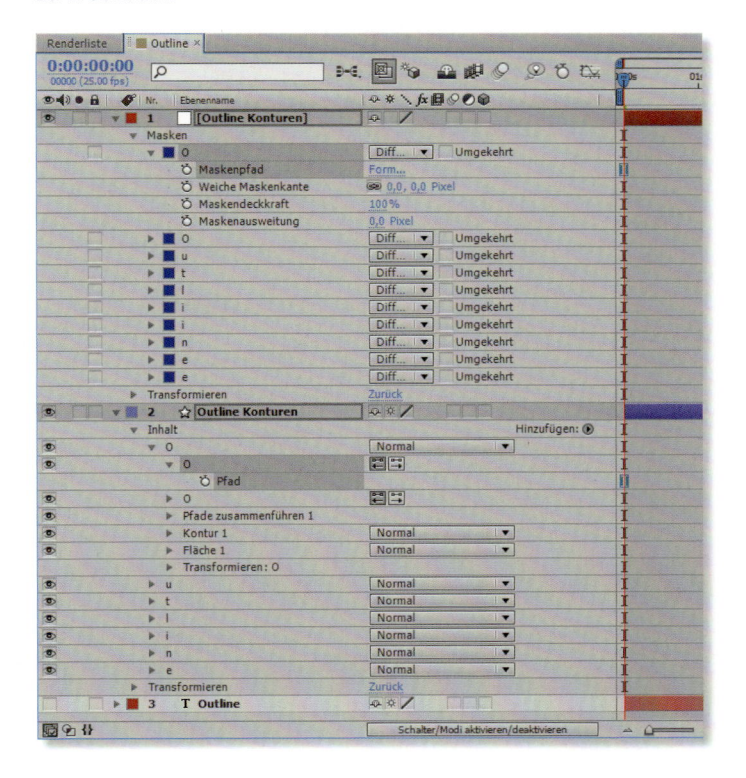

◀ **Abbildung 17.59**
Auf der DVD zum Buch findet sich eine Animation mehrerer Textebenen entlang eines kreisförmigen Maskenpfads (hier mit eingeschalteter Bewegungsunschärfe).

Beispiele

Auf der DVD zum Buch finden Sie im Ordner 17_TEXTANIMATION/BEISPIELE/TEXTAMPFAD zwei Movies und das Projekt »textampfad.aep«. Hier wurden Texte entlang eines kreisförmigen Maskenpfads animiert. Sollte die Schrift nicht auf Ihrem System installiert sein, wählen Sie eine andere Schriftart. Die Animation wird dennoch deutlich. Vielleicht bauen Sie eine der Animationen später ja einmal nach.

◀ **Abbildung 17.60**
Nach dem Anwenden des Befehls FORMEN AUS TEXT ERSTELLEN oder MASKEN AUS TEXT ERSTELLEN entsteht eine neue Form- bzw. Maskenebene in der Zeitleiste, die die aus den Textzeichen automatisch generierten Pfade enthält.

Masken aus Text in CS3

Falls Sie noch mit CS3 arbeiten und die genannten Optionen für Formen und Masken vermissen, die in noch älteren Versionen bei der Anwendung des Befehls EBENE • KONTUREN ERSTELLEN entstanden, können Sie folgende Alternative dazu nutzen: Wählen Sie die Textebene aus und danach die Option EBENE • PAUSSTIFT. Aus jedem Textzeichen werden nun Maskenpfade generiert. In diesem Fall können Sie die Maskenpfade als Referenz nutzen, um Effekte oder Ebenen am Pfad entlang zu animieren.

▲ **Abbildung 17.61**
Und so können sie aussehen, die Pfade für den Text.

TEIL VII
Masken, Effekte und Korrekturen

Kapitel 18
Masken, Matten und Alphakanäle

Das Durchsichtige, Durchscheinende wie Luft oder Wasser ist transparent. Es ist notwendig, Transparenzen zu definieren, um zwei oder mehr Bilder oder Videos visuell miteinander zu kombinieren. Als Compositing-Programm bietet After Effects vielfältige Möglichkeiten, Transparenzen selbst einzustellen oder transparentes Material aus anderen Applikationen zu übernehmen.

18.1 Begriffsdefinitionen

Beim Einstellen der Transparenz für ein Bild werden Teile dieses Bildes unsichtbar oder transparent gesetzt, so dass ein darunter befindliches Bild sichtbar werden kann. Auf diese Weise lassen sich beliebig viele Bilder zu einem neuen Layout kombinieren oder unerwünschte Bildbereiche entfernen und durch anderes Bildmaterial ersetzen. Bei der Arbeit mit solchen transparenten Bildbereichen begegnen uns zunächst einige Begriffe, die zur Verwirrung beitragen können, im Grunde aber vieles gemeinsam haben.

Daher soll in den folgenden Abschnitten erläutert werden, was sich genau hinter den Begriffen »Alphakanal«, »Maske« und »Matte« verbirgt.

Alphakanal

Ein Alphakanal beschreibt die transparenten Bereiche eines Bildes. Die Farbinformation eines Bildes ist in den sogenannten Farbkanälen enthalten. Für RGB-Bilder gibt es jeweils einen Kanal für die Farben Rot, Grün und Blau. Mit welcher Transparenz oder Deckkraft die Pixel eines Bildes dargestellt werden, wird als Transparenzinformation im Alphakanal gespeichert. Jedem Pixel eines

Kapitel 18 Masken, Matten und Alphakanäle

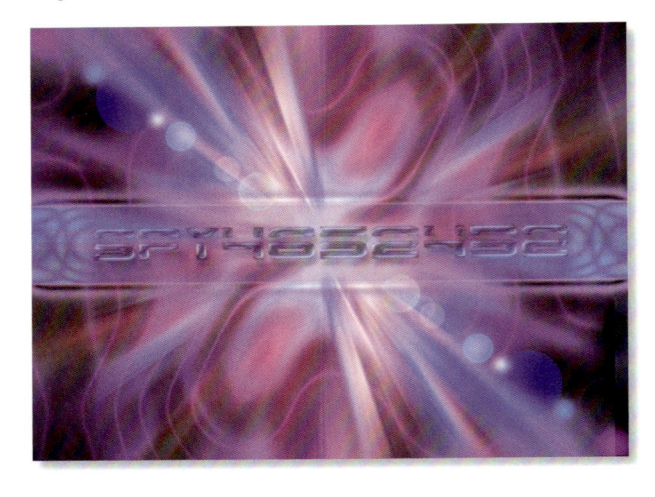

Bildes sind somit je drei Farbkanalwerte und ein Alphakanalwert zugeordnet.

Abbildung 18.1 ▶
Dieses Bild wird vollständig deckend ohne transparente Bildbereiche dargestellt.

Jeder der vier Kanäle für Rot, Grün, Blau und Alpha kann, wenn er mit einer Farbtiefe von 8 Bit gespeichert wurde, 256 Grau- bzw. Transparenzabstufungen darstellen. Mit Bildmaterial, das mit einer Informationstiefe von 16 Bit pro Farbkanal bzw. für den Alphakanal erstellt wurde, lassen sich hochwertige 65.536 Abstufungen darstellen. Noch feiner sind die darstellbaren Nuancen bei 32-Bit-Material, das Sie in After Effects ebenfalls verarbeiten können.

▲ **Abbildung 18.2**
Jedes Pixel setzt sich aus drei Werten für die Farben Rot, Grün und Blau und dem Alphakanalwert zusammen. Ein Rotton kann z. B. die Werte R: 180, G: 101, B: 86 und Alpha: 255 (also deckend) haben.

Damit eine Datei mitsamt Alphakanal gespeichert werden kann, muss sie insgesamt eine Farbtiefe von mindestens 32 Bit aufweisen. Das entspricht der Einstellung ÜBER 16 MIO. FARBEN bzw. TRILLIONEN FARBEN, die für einige Ausgabeformate in After Effects gewählt werden kann.

Im Alphakanal wird die Transparenzinformation immer als Graustufenbild gespeichert. Dabei entspricht der Schwarzwert des Graustufenbildes einer vollständigen Transparenz des Materials und der Weißwert der vollständigen Deckkraft. Enthält der Alphakanal hundertprozentiges Schwarz, wird in den RGB-Kanälen keine Bildinformation dargestellt, und das Bild ist transparent, also durchsichtig. Bei hundertprozentigem Weiß verhält es sich genau umgekehrt. Die Zwischenwerte werden als Grauwerte dargestellt und ebenfalls als Transparenz auf die RGB-Farbkanäle übernommen. Ob ein Bild in Teilen oder gänzlich transparent dargestellt werden soll, »merkt« sich der Alphakanal sozusagen pixelweise.

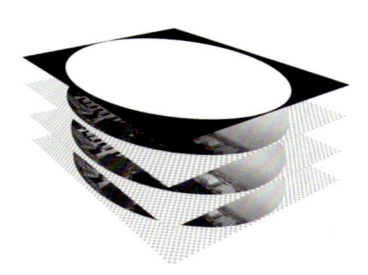

▲ **Abbildung 18.3**
Durch die Information im Alphakanal (hier die oberste Ebene) werden die Pixel in den einzelnen RGB-Kanälen transparent oder deckend gesetzt.

Andere Applikationen, andere Transparenzspeicherung: Da im Compositing mit Dateien aus unterschiedlichsten Applikationen gearbeitet wird, muss After Effects damit »leben«, verschiedene Arten der **Speicherung der Alphainformation** zu erkennen. In After Effects können Sie sowohl einen separaten Alphakanal verwenden, um innerhalb einer Komposition die Transparenzen eines Bildes oder Videos zu bestimmen, als auch einen schon in der Datei vorhandenen Alphakanal nutzen. Jede Ebene in einer After-Effects-Komposition kann einen Alphakanal, der im importierten Material enthalten ist, auch korrekt darstellen.

◄ **Abbildung 18.4**
Alle Kanäle zusammengemischt ergeben dieses Bild.

Separater Alphakanal | Manche Programme unterstützen keinen in der Datei enthaltenen Alphakanal. Dieser kann dann als separate Datei erstellt und in After Effects mit der RGB-Datei kombiniert werden.

Über diese Möglichkeit lässt sich jede Bildebene, die Sie in After Effects verwenden, mit der Alphainformation einer anderen Datei kombinieren. Damit können Sie Bildbereiche auf der Grundlage einer – möglichst in Schwarzweiß angelegten – Bildebene freistellen. Den Alphakanal können Sie aus vielen anderen Applikationen als separate Datei exportieren. 3D-Programme bieten diese Option immer an.

▲ **Abbildung 18.5**
Die Alphainformation in einer separaten Datei

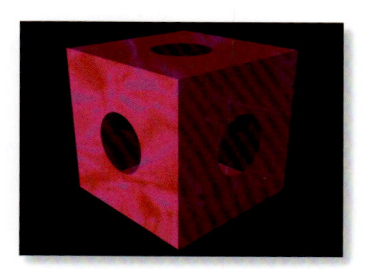

▲ **Abbildung 18.6**
Hier wurde die Alphainformation der Datei mit einem Bild kombiniert.

Direkter Alphakanal | Der direkte Alphakanal wird auch als *Straight Alpha Channel* bezeichnet. Bei dieser Art der Speicherung wird die Alphainformation vollständig in einem separaten Kanal neben den RGB-Kanälen gespeichert. Eine in dieser Form gespeicherte Datei enthält also vier Kanäle. Die Farbinformation in den RGB-Kanälen wird durch die Alphainformation nicht verändert. Das hat den Vorteil, dass halbtransparente Flächen korrekt dargestellt werden.

Programme, die keine direkten Alphakanäle unterstützen, können so gespeicherte Transparenzinformationen nicht interpretieren und zeigen die Transparenzen nicht an. After Effects unterstützt sowohl den direkten als auch den integrierten Alphakanal.

Abbildung 18.7 ▶
Bei der Speicherung mit direktem Alphakanal liegt die Alphainformation in einem separaten Kanal vor. Aus den sichtbaren RGB-Kanälen (hier zusammengemischt als ein Kanal dargestellt) kann die Transparenzinformation nicht abgeleitet werden.

Integrierter Alphakanal | Der integrierte Alphakanal wird auch als *Premultiplied Alpha Channel* bezeichnet. Auch bei Dateien mit integriertem Alphakanal wird die Transparenzinformation in einem gesonderten Kanal neben den RGB-Farbkanälen gespeichert. Zusätzlich wird die Transparenzinformation allerdings in die RGB-Kanäle eingerechnet. Vollkommen transparente Bereiche werden mit einer Farbe – meist Schwarz oder Weiß – vollfarbig dargestellt. Enthält die Datei auch halbtransparente Bereiche, wird die Farbe prozentual in die jeweiligen Pixel eingerechnet, d. h. für halbe Deckkraft 50 % der Farbe des Pixels und 50 % der eingerechneten Farbe. In den meisten Programmen wird die Transparenzinformation integriert gespeichert. Für Sequenzen aus 3D-Applikationen gilt dies in jedem Fall.

After Effects blendet beim Import von Dateien mit Alphainformationen bisweilen den Dialog FOOTAGE INTERPRETIEREN ein. Wenn Sie wissen, in welcher Art die Alphainformation gespeichert wurde, wählen Sie dort eine der Optionen DIREKT oder INTEGRIERT, wenn nicht, hilft der Button ERMITTELN.

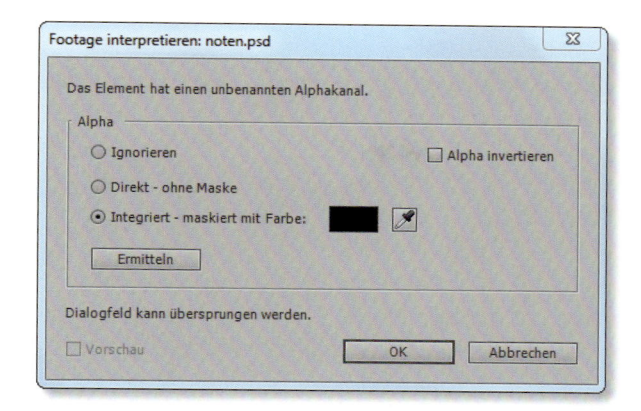

◄ **Abbildung 18.8**
Beim Import von Dateien, die Alphainformationen enthalten, blendet After Effects bisweilen diesen Dialog ein.

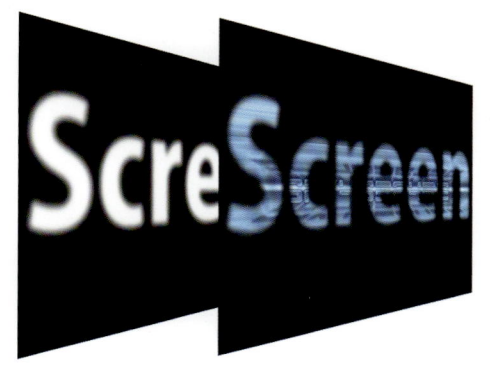

▲ **Abbildung 18.9**
Bei der Speicherung mit integriertem Alphakanal liegt der Alphakanal separat neben den RGB-Kanälen vor. In die RGB-Kanäle wurde die Alphainformation hier mit der Farbe Schwarz eingerechnet.

▲ **Abbildung 18.10**
In diesem Beispiel wurde der integrierte Alphakanal falsch interpretiert. Am Rand des Schriftzugs ist daher noch die schwarze Farbe erkennbar, die bei der integrierten Speicherung verwendet wurde.

Alphakanal und Transparenz | Wenn Sie mit Photoshop arbeiten, sehen Sie im Fenster KANÄLE bei einer Datei, die einen Alphakanal enthält, den Alphakanal neben den RGB-Kanälen.

Arbeiten Sie in After Effects mit einer Farbtiefe von nur 8 Bit, stehen für jeden der vier Kanäle 8 Bit zur Verfügung. Es ist also genügend »Platz« für die Information im Alphakanal vorhanden.

Enthält Ihr importiertes Footage keinen Alphakanal oder ist die Farbtiefe des Footage geringer als die 32 Bit der vier Kanäle zusammen, legt After Effects für die Datei einen Kanal an, der mit weißer Farbe gefüllt ist. Damit wird die Datei als vollständig deckend definiert. Bei Dateien mit 16 oder 32 Bit Farbtiefe pro Kanal, für die Sie die entsprechende Farbtiefe im Projekt einstellen, ist noch mehr Platz für feine Abstufungen und bessere Detailgenauigkeit vorhanden.

In After Effects können Sie den Farbanteil eines jeden Kanals in einer Datei über das Kompositionsfenster anzeigen lassen. Auch

▲ **Abbildung 18.11**
In Photoshop ist der Alphakanal neben den RGB-Kanälen leicht zu entdecken.

die Alphainformation ist separat darstellbar. Unter der kleinen Schaltfläche ❶ verbirgt sich ein Menü, in dem Sie den jeweiligen Kanal einzeln auswählen.

Abbildung 18.12 ▶
Die Farbinformation können Sie für jeden Farbkanal einzeln anzeigen. Das Gleiche gilt für den Alphakanal.

Masken und Matten

Um ein Bild oder Video mit Transparenz zu versehen, reduzieren Sie die Deckkraft. Es wird dann insgesamt durchscheinend oder ganz unsichtbar dargestellt. Um nur Teilbereiche eines Bildes unsichtbar oder durchscheinend und andere dagegen deckend zu gestalten, benötigen Sie Masken und Matten.

Deckkraft

Mit der Deckkraft legen Sie fest, ob und wie stark durchscheinend bzw. opak (also deckend) Bildbereiche oder das gesamte Bild dargestellt werden. Beträgt die Deckkraft eines Bildes 100 %, ist es vollkommen deckend. Bei 0 % Deckkraft sind Bildbereiche oder das gesamte Bild unsichtbar. Dazwischenliegende Werte führen zu einem mehr oder weniger durchsichtigen Bild.

Masken und Matten in der traditionellen Filmtechnik | Masken wurden ursprünglich in der Filmtechnik eingesetzt, um unerwünschte Bildteile in einem Film abzudecken und diese dann durch erwünschtes Bildmaterial zu ersetzen, z. B. um einen Bildvordergrund mit einem anderen als dem beim Filmdreh verfügbaren Hintergrund auszustatten. Dazu wurden ein Film für den Vordergrund und einer für den gewünschten Hintergrund gedreht. Um die beiden Filme in einem Endprodukt, dem Kinofilm, zu vereinen, mussten gewünschter Vorder- und Hintergrund miteinander kombiniert werden.

Da in der Realität nicht einfach ein im Hintergrund befindlicher Schornstein gesprengt werden kann, nur weil er im Film störend wirkt, wurde der störende Hintergrund bei der Filmnachbearbeitung mit einer festen, also unveränderlichen Maske abgedeckt und dann eine Kopie des Vordergrundfilms erstellt. Das Ergebnis war ein maskierter Vordergrundfilm. Für den Hintergrundfilm hingegen wurde der genau umgekehrte Teil abgedeckt und ebenfalls eine Kopie angefertigt. Die zwei entstandenen maskierten Kopien konnten nun nochmals in einer Endkopie zum fertigen Kinofilm zusammenkopiert werden.

Problematisch wird eine feste Maskierung, wenn ein beweglicher Vordergrund, beispielsweise ein Schauspieler, mit einem neuen Hintergrund kombiniert werden soll. Die Lösung hierfür wäre, für jedes Filmbild die Maske an die veränderte Vordergrundfigur anzupassen – ein sehr aufwendiges Unterfangen. Einfacher ist da die Verwendung einer beweglichen Maske, die sich selbst an die Silhouette des Schauspielers anpasst. Wird der Schauspieler vor einem einfarbigen Hintergrund aufgenommen, ist diese Situation gegeben. Dabei wird – auch heute noch – ein blauer oder grüner Hintergrund verwendet, der *Bluescreen* oder *Greenscreen*.

Anders als bei dem Verfahren mit einer festen Maske enthielt die maskierte Filmkopie eine Maske. Eine solche Maske bewegt sich gewissermaßen und wird daher auch als *Wandermaske* oder *Traveling Matte* bezeichnet. Also doch eine Matte ... In After Effects sind die Bezeichnungen »Maske« und »Matte« noch einmal etwas anders zu verstehen.

▼ **Abbildung 18.13**
Um den gewünschten Vorder- und Hintergrund miteinander zu kombinieren, werden Masken erstellt, die die entsprechenden Bereiche des Vorder- bzw. Hintergrundfilms abdecken. In einer Endkopie werden die gewünschten Bildinhalte miteinander kombiniert.

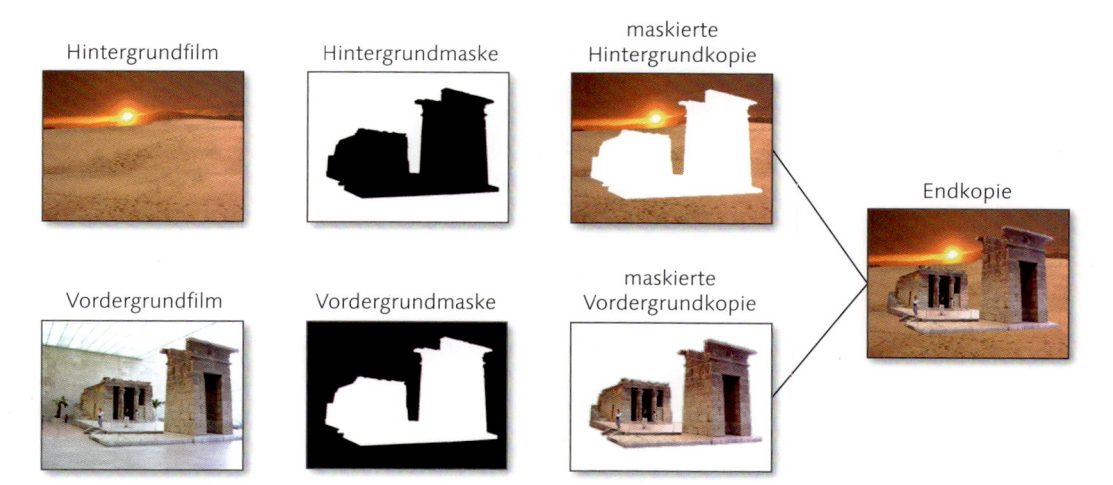

Hintergrundfilm | Hintergrundmaske | maskierte Hintergrundkopie

Vordergrundfilm | Vordergrundmaske | maskierte Vordergrundkopie

Endkopie

Maske | Eine Maske dient dazu, Teilbereiche eines Bildes deckend oder transparent darzustellen. Eine Maske besteht aus einem geschlossenen Pfad, der auf einer Bildebene erstellt wird. Bildbereiche innerhalb des Maskenpfads werden deckend dargestellt, sind also sichtbar; Bildbereiche außerhalb sind vollständig durchsichtig bzw. unsichtbar. Die Ränder der Maske können weich auslaufen.

▲ **Abbildung 18.14**
Ein Bild ohne transparente Bereiche

▲ **Abbildung 18.15**
Das Bild aus Abbildung 18.1? mit einem Maskenpfad

Bluescreen

Der Bluescreen ist ein blauer Hintergrund, vor dem eine Szene spielt. Bei der Nachbearbeitung des Materials kann die blaue Farbe mit entsprechenden Filtern transparent gesetzt werden (siehe auch Abschnitt 19.5, »Keying-Effekte«).

Matte | Matten tragen die verschiedensten Bezeichnungen: *Track Mattes*, *Spur-Matten*, *Traveling Mattes*, *bewegte Masken*, *Luminanz-Matten* und *Alpha-Matten*.

Egal, welcher Begriff Ihnen begegnet, Sie können immer von Folgendem ausgehen: Grundsätzlich ist eine Matte ein Bild, das als Transparenzinformation für ein anderes Bild dient. Es handelt sich hierbei beispielsweise um ein Schwarzweiß- oder Graustufenbild. Sie können aber auch ein Schwarzweiß- oder Graustufenfilm als Matte verwerden.

Um in einer anderen Ebene transparente Bildbereiche zu erzeugen, können Sie in After Effects sowohl die Alphainformation als auch die Helligkeitsinformation einer Matte-Ebene verwenden. Die Matte selbst wird dabei nicht dargestellt, sondern dient nur als Referenz.

Nutzen Sie die Alphainformation, ist die Farbe oder Helligkeit der Matte-Ebene egal. Beim Nutzen der Helligkeitsinformation wird mit Schwarzweißbildern bzw. -filmen gearbeitet, deren Graustufenwerte für mehr oder minder deckende Bereiche sorgen. So definieren Sie über totales Weiß absolut transparente und über totales Schwarz absolut deckende Bereiche, während 50 % Grau halbtransparente Bereiche erzeugt.

Im Gegensatz zu Masken schaffen Sie mit Matten somit auch komplexe semitransparente Übergänge. Ob es sich bei der Matte-Ebene um eine Bilddatei, einen Film oder auch eine Textebene handelt, ist frei wählbar.

▲ **Abbildung 18.16**
Noch ein Bild ohne transparente Bereiche

▲ **Abbildung 18.17**
Ein Graustufenbild, das als Matte verwendet werden kann. Weiße Pixel definieren volle Deckkraft, schwarze Pixel transparente Bildbereiche.

▲ **Abbildung 18.18**
Hier das Ergebnis, wenn das Bild aus Abbildung 18.16 mit der Matte aus Abbildung 18.17 kombiniert wird. Das Raster im Hintergrund deutet die transparenten Bereiche an.

◄ **Abbildung 18.19**
Ein Graustufenfilm kann ebenfalls als Matte definiert werden. Hier ein Graustufenfilm mit Text, der als Matte für eine andere Bildebene dienen soll.

▲ **Abbildung 18.20**
Der Graustufenfilm bewirkt als Matte dort Transparenzen, wo der Film kein hundertprozentiges Weiß enthält. Dort, wo es weiße Bereiche im Film gibt, wird hier ein Himmel sichtbar.

18.2 Matten und ihre Verwendung

In diesem Abschnitt schauen wir uns an, wie Sie in After Effects Matten verwenden. Zunächst nutzen wir die Alphawerte einer Matte-Ebene zum Erzeugen von Transparenzen in einer anderen Ebene und anschließend die Helligkeitswerte.

Alpha-Matte erstellen

Dieses Beispiel zeigt Ihnen, wie Sie über eine Alpha-Matte Videomaterial innerhalb eines Textes darstellen. Dazu geben Sie den Text als Transparenzinformation für das Video an.

Schritt für Schritt:
Das Bild im Text

Im folgenden Workshop lernen Sie, wie über eine Alpha-Matte Videomaterial innerhalb eines Textes dargestellt werden kann.

Die benötigten Dateien für diesen Workshop finden Sie auf der DVD unter BEISPIELMATERIAL/ 18_MASKEN/ALPHAMATTE

1 Vorbereitung
Importieren Sie aus dem Ordner 18_MASKEN/ALPHAMATTE die Dateien »hintergrund«, »fuellebene« und »text«. Legen Sie eine D1/DV-PAL-Komposition in der Größe 720×576 mit einer Dauer von 10 Sekunden an. Ziehen Sie die Dateien in den linken Bereich der Zeitleiste.

2 Ebenen anordnen
Für die Arbeit mit Matten sind mindestens zwei Ebenen nötig: eine Matte-Ebene und eine Füllebene. Zunächst benötigen wir eine Matte-Ebene und eine Füllebene. Außerdem können Sie einen Hintergrund hinzufügen. Die Matte-Ebene besteht in unserem Fall aus einer Photoshop-Textebene, die mit dem Inhalt eines Bildes gefüllt werden soll.

Um das gewünschte Ergebnis zu erhalten, müssen Sie die Reihenfolge der Ebenen in der Zeitleiste wie in Abbildung 18.22 einhalten. Die Matte-Ebene platzieren Sie immer direkt über der Füllebene, da die Transparenzinformation von der Matte-Ebene nur auf die direkt unter ihr befindliche Ebene übertragen wird. Ordnen Sie die Ebenen so an, dass die Ebene »text« ganz oben in der Zeitleiste liegt und darunter dann die Ebenen »fuellebene« und »hintergrund«.

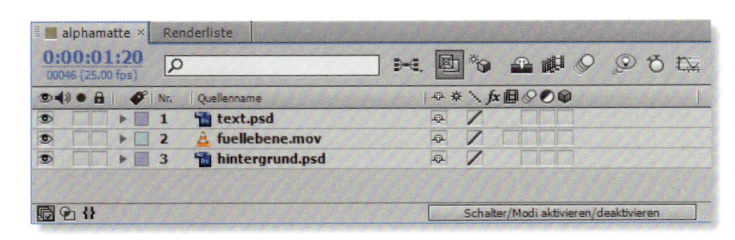

▲ **Abbildung 18.21**
Die oberste Textebene dient als Alpha-Matte für die darunterliegende Füllebene. Ganz unten können Sie ein Hintergrundbild hinzufügen.

Abbildung 18.22 ▶
In der Zeitleiste ordnen Sie die Matte-Ebene, hier den Text, ganz oben an. Darunter liegen die Füllebene und der Hintergrund.

3 Alpha-Matte festlegen
Im unteren linken Bereich der Zeitleiste befindet sich der Button EBENENMODIFENSTER ❷, mit dem Sie das entsprechende Fens-

18.2 Matten und ihre Verwendung

ter ein- oder ausblenden. Sie können dazu auch die Schaltfläche Schalter/Modi aktivieren/deaktivieren verwenden. Unter dem Listeneintrag BewMas ❸ wählen Sie den Text für den Film als Alpha-Matte aus. Klicken Sie dazu in der Füllebene auf den Eintrag Ohne, und wählen Sie im Einblendmenü den Eintrag Alpha Maske ›text.psd‹.

Automatisch wird unsere Matte-Ebene unsichtbar gestellt, wie Sie auch am nicht vorhandenen Augen-Symbol ❶ der Ebene erkennen. Auch das Augen-Symbol der Füllebene hat sich automatisch geändert, und die Trennlinie zwischen beiden Ebenen ist verschwunden.

After-Effects-Text als Matte
In After Effects erstellte Textebenen lassen sich ebenfalls als Matten für Videos verwenden. Zum Erstellen von Text in After Effects siehe Kapitel 16, »Texte erstellen und bearbeiten«.

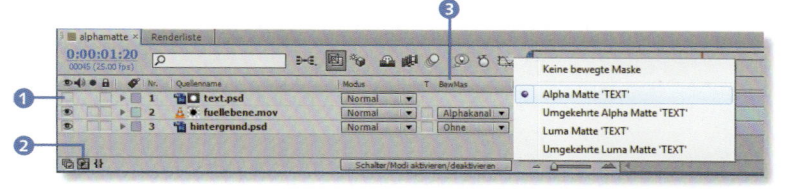

◂ **Abbildung 18.23**
Unter dem Listeneintrag BewMas definieren Sie die Textebene als Alpha-Matte für die Füllebene.

Verschieben Sie jetzt die Matte-Ebene gemeinsam mit der Füllebene ein Stück über dem Hintergrund. Markieren Sie dazu beide Ebenen in der Zeitleiste. Wenn Sie nur eine der beiden Ebenen auswählen, verschieben Sie damit entweder den Bildinhalt im Text oder die Matte über dem Bildinhalt.

Probieren Sie vielleicht auch einmal den Eintrag Umgekehrte Alpha Matte aus dem Einblendmenü, und betrachten Sie das Ergebnis. Falls Sie alles rückgängig machen wollen, wählen Sie den Listeneintrag Keine bewegte Maske und klicken für den Text auf das Augen-Symbol.

Bewegte Maske
Track Matte ist ein anderer Ausdruck für eine bewegte Maske. Obwohl »Track Matte« oft für eine sich bewegende Matte steht, muss sie sich in After Effects nicht bewegen.

◂ **Abbildung 18.24**
Das Ergebnis: Das Bild der Füllebene ist im Text der Matte-Ebene sichtbar.

Kapitel 18   Masken, Matten und Alphakanäle

Luminanz-Matte erstellen

Eine Luminanz-Matte ist dann gegeben, wenn die Helligkeitswerte einer Bildebene als Quelle für die Transparenzeinstellung in einer anderen Ebene verwendet werden. Es bietet sich daher an, als Matte ein Schwarzweißbild oder eine Graustufendatei bzw. einen Graustufenfilm zu verwenden. Dies kann beispielsweise ein Film zum Trennen der Vordergrund- von den Hintergrundbereichen eines Films sein.

Das Verfahren, eine Luminanz-Matte herzustellen, ist dasselbe wie das im vorigen Abschnitt beschriebene. Als einzigen Unterschied wählen Sie im Einblendmenü in der Spalte BEWMAS den Eintrag LUMA MATTE oder UMGEKEHRTE LUMA MATTE. Bei Letzterem werden nicht die schwarzen Pixel als Transparenzwerte verwendet, sondern umgekehrt die weißen.

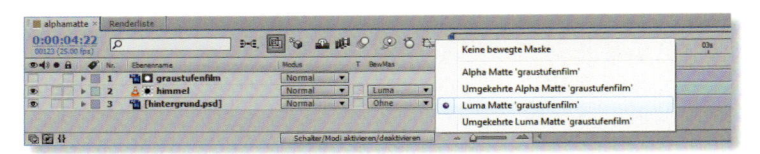

Effekte als Matte
Außerdem können Sie Effekte, die Sie auf eine Ebene angewandt haben, als Graustufenfilm verwenden, beispielsweise die Generieren-Effekte ZELLMUSTER, RADIOWELLEN, GEWITTER oder den Effekt FRAKTALES RAUSCHEN aus der Effektkategorie RAUSCHEN UND KORN. Damit ergeben sich vielfältige interessante Kombinationsmöglichkeiten.

Abbildung 18.25 ▶
In der Zeitleiste platzieren Sie die Matte-Ebene über der Füllebene, ganz wie bei der Erstellung einer Alpha-Matte.

Matte animieren

Während in einem Bild mit direktem oder integriertem Alphakanal die RGB-Kanäle mit dem Alphakanal in einer Datei verbunden sind, lässt sich die Matte im Nachhinein unabhängig von den RGB-Kanälen animieren oder austauschen.

Zur Animation einer Matte-Ebene stehen Ihnen alle Animationsmöglichkeiten von After Effects zur Verfügung. Probieren Sie doch einfach einmal aus, die Matte-Text-Ebene, die Sie im Workshop »Das Bild im Text« im Abschnitt »Alpha-Matte erstellen« auf Seite 474 verwendet haben, mit einer der Transformieren-Eigenschaften z. B. per Position oder per Rotation zu animieren, oder fügen Sie einer After-Effects-Textebene einen Animator hinzu, um Texteigenschaften zu variieren. Achten Sie dabei darauf, dass sich der Matte-Text nicht außerhalb der Grenzen der Füllebene befindet, da er sonst angeschnitten erscheint.

Traveling Mattes
Animierte Matten werden in After Effects auch **Traveling Mattes** genannt. Die Bezeichnung stammt aus einem weiter oben beschriebenen Maskierungsverfahren beim Film.

Transparenz erhalten

Einen Beitrag zur Verwirrung leistet eventuell der Schalter TRANSPARENZ ERHALTEN, den wir uns hier etwas genauer anschauen. Der Schalter befindet sich im EBENENMODIFENSTER, das Sie gegebenenfalls über den entsprechenden Button ❶ einblenden. In der Zeitleiste von After Effects müssen sich mindestens eine

Textebene und ein Video oder eine Bildebene befinden. Der Text muss dabei **unterhalb** der Bildebene platziert sein.

Anschließend können Sie in der Spalte »T« ❷ die Option Transparenz erhalten für die über dem Text befindliche Bildebene aktivieren. Deckende Bereiche des Bildes werden anschließend nur dann angezeigt, wenn sie sich mit deckenden Bereichen der darunterliegenden Ebene oder Ebenen überlappen.

Wenn Sie weitere Ebenen unter der aktivierten Bildebene platzieren, werden weitere Teile der Bildebene sichtbar.

◀ **Abbildung 18.26**
Aktivieren Sie die Option Transparenz erhalten in der Spalte »T«, damit deckende Bereiche der Bildebene in deckenden Bereichen der Textebene sichtbar sind.

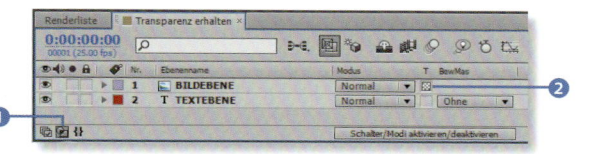

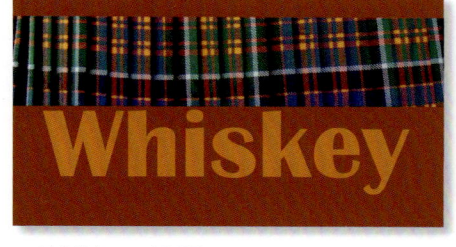

▲ **Abbildung 18.27**
Eine Bildebene und eine Textebene wurden in der Zeitleiste übereinander platziert.

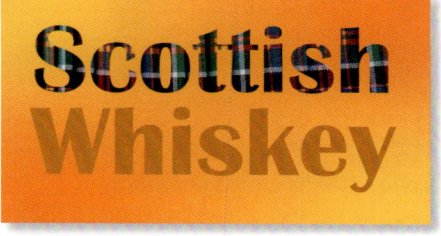

▲ **Abbildung 18.28**
Das Ergebnis, wenn die Option Transparenz erhalten aktiviert wurde

18.3 Masken: Schon wieder Pfade

Eine Maske definiert wie eine Matte auch transparente und deckende Bereiche eines Bildes.

Ein **Maskenpfad** wird entweder als offener oder geschlossener Pfad erstellt. Damit eine Maske die Transparenz einer Ebene beeinflusst, muss sie geschlossen sein. In diesem Fall sind die Bereiche innerhalb des Pfads deckend, die äußeren transparent, durchsichtig dargestellt. In After Effects können Sie eine Vielzahl an Masken auf einer Ebene anlegen.

Mit Hilfe von Masken fügen Sie einem Material, das keinen Alphakanal enthält, transparente Bereiche hinzu. Ebenso ist das bei Material möglich, das bereits transparente Bereiche enthält.

Sobald Sie eine oder mehrere Masken erstellt haben, stehen Ihnen weitreichende Bearbeitungsmöglichkeiten offen. – Sie können die Form jeder Maske im Nachhinein verändern und animieren, die Maske an ihren Rändern weichzeichnen und durch unterschiedliche Deckkrafteinstellungen für mehrere Masken mehrere Teilbereiche eines Bildes ein- und ausblenden.

Über Maskenmodi lassen Sie Masken miteinander interagieren, was die Darstellung der sichtbaren Bildbereiche beeinflusst. Sie können Alphakanäle und Text in Masken konvertieren (mehr dazu folgt weiter unten im Text). Sehr wichtig ist auch die Verwendung der Maskenpfade als Referenzpfad für bestimmte Effekte und Text.

Zu guter Letzt lassen sich Maskenpfade auch noch in Bewegungspfade umwandeln oder umgekehrt und dienen so auch als Referenzpfad für Ebenen. Zu Bewegungspfaden finden Sie Informationen in Abschnitt 11.2, »Die räumliche Interpolation und Bewegungspfade«.

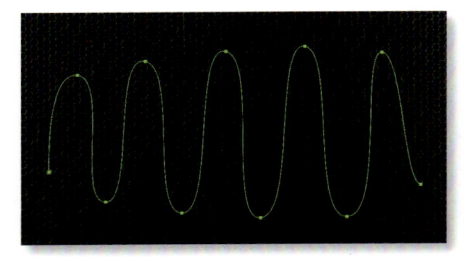

▲ **Abbildung 18.29**
Offene Maskenpfade verwenden Sie als Referenz für Effekte und Text; sie schaffen aber keine transparenten Bildbereiche.

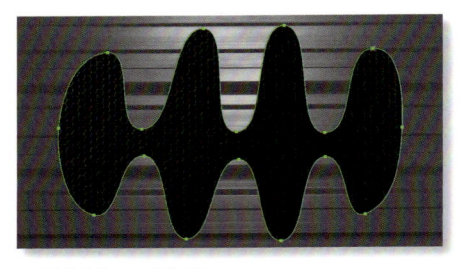

▲ **Abbildung 18.30**
Geschlossene Maskenpfade definieren transparente und deckende Bildbereiche.

Masken erstellen

Ihnen stehen sechs Wege offen, Masken zu kreieren:
1. mit den Masken- oder Form-Werkzeugen
2. Alphakanäle in Masken konvertieren
3. numerisch mit der MASKENFORM-Dialogbox
4. Text in Masken konvertieren
5. Pfade aus Illustrator oder Photoshop verwenden
6. mit dem Grafiktablett

Gehen wir es praktisch an. Wie Sie mit den Masken- oder Form-Werkzeugen Masken und Maskenpfade erzeugen, erfahren Sie im folgenden Workshop.

Schritt für Schritt:
Einfache Maskenformen erstellen

Um mit Maskenpfaden umgehen zu lernen, ist es am besten, mit wenigen und einfachen Maskenformen zu beginnen.

18.3 Masken: Schon wieder Pfade

1 Vorbereitung

Importieren Sie zunächst ein Bild, das Sie maskieren möchten, und ziehen Sie es in die Zeitleiste. In der Werkzeugpalette stehen Ihnen erst einmal fünf einfache Möglichkeiten für die Erstellung von Maskenpfaden zur Verfügung. Sie finden dort Werkzeuge für rechteckige, ovale bis hin zu sternförmigen Masken und für offene oder geschlossene freie Maskenformen.

2 Rechteckige und ovale Masken

Wählen Sie in der Werkzeugpalette das Werkzeug für rechteckige Maskenformen. Wichtig ist, die zu maskierende Ebene zuerst zu markieren, da Sie sonst eine neue Formebene kreieren; doch Formebenen sind erst später ein Thema. Markieren Sie also die zu maskierende Ebene, und ziehen Sie bei gedrückter Maustaste ein Rechteck im Kompositionsfenster auf. Damit erstellen Sie einen geschlossenen Maskenpfad, der standardmäßig gelb dargestellt wird. Wie Sie sehen, wird die Ebene nun innerhalb des Maskenpfads angezeigt und außerhalb transparent gestellt, so dass die Hintergrundfarbe Ihrer Komposition sichtbar wird.

Um eine **elliptische Maske** hinzuzufügen, wechseln Sie das Werkzeug, indem Sie mit gedrückter Maustaste länger auf das Rechteck-Werkzeug zeigen. Wiederholen Sie dann die oben genannten Schritte. Um schnell zwischen den verschiedenen Werkzeugen zu wechseln, drücken Sie die Taste [Q].

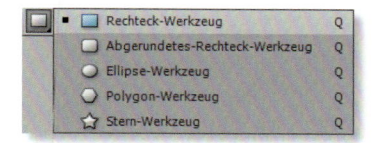

▲ **Abbildung 18.31**
Halten Sie die Maustaste auf dem Rechteck-Werkzeug gedrückt, um im Menü weitere Masken-Werkzeuge auszuwählen.

▲ **Abbildung 18.32**
Bei gedrückter Maustaste ziehen Sie eine Maske im Kompositionsfenster auf. Das kleine Kreuz in der Mitte stellt den Maskenmittelpunkt dar.

3 Weitere Maskenformen

Die Maskenformen Abgerundetes Rechteck, Polygon-Werkzeug und Stern-Werkzeug erstellen Sie grundsätzlich wie die anderen beiden Maskenformen. Beim Stern-Werkzeug können Sie den Stern noch mit spitzeren oder stumpferen Zacken ausstatten. Dazu ziehen Sie zunächst bei gedrückter Maustaste die

Masken proportional skalieren
Um eine Maske proportional zu skalieren, ziehen Sie die Maske auf und drücken währenddessen die [⇧]-Taste. Wenn Sie zusätzlich die [Strg]-Taste verwenden, wird die Maske außerdem von ihrem Mittelpunkt her aufgezogen. Dieser liegt beim Erstellen der Maske genau dort, wo Sie zuerst ins Bild geklickt haben. Stern- und polygonförmige Masken werden standardmäßig immer proportional und vom zuerst geklickten Punkt her aufgezogen.

Kapitel 18 Masken, Matten und Alphakanäle

Sternmaske auf und nehmen dann die Taste `Strg` hinzu. Ziehen Sie nun weiter die Form auf, bleibt der Stern in seiner Größe bestehen; nur die Zacken ändern sich.

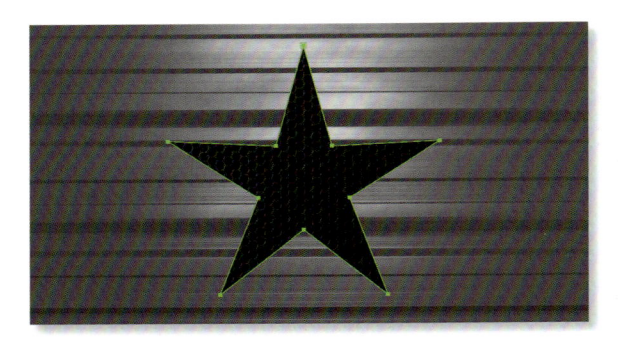

Abbildung 18.33 ▶
Zu den neuen Maskenformen gehört die Sternform.

4 Offene und geschlossene Masken

Um einen frei geformten offenen oder geschlossenen Maskenpfad anzulegen, benötigen Sie das Zeichenstift-Werkzeug.

▲ **Abbildung 18.34**
Mit dem Zeichenstift-Werkzeug erstellen Sie offene und geschlossene Maskenpfade.

Markieren Sie die zu maskierende Ebene, und klicken Sie mit dem Zeichenstift-Werkzeug darauf. Es entsteht ein erster Maskenpunkt. Klicken Sie mit etwas Abstand dazu weitere Male, um einen Pfad zu zeichnen. Die Pfadsegmente bestehen standardmäßig aus Geraden. Möchten Sie einen Maskenpfad mit Bézier-Kurven anlegen, ist nichts weiter nötig, als an jedem neu erstellten Punkt bei gedrückter Maustaste zu ziehen. Mit der aus dem Punkt gezogenen Tangente biegen Sie den Maskenpfad. Der Pfad wird erst dann geschlossen und maskiert die Ebene, wenn Sie **ein weiteres Mal** auf den **ersten** Maskenpunkt klicken.

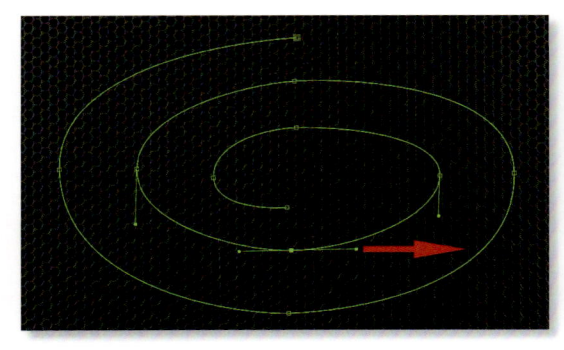

▲ **Abbildung 18.35**
Wenn Sie bei gedrückter Maustaste an einem Maskenpunkt ziehen, entstehen Tangenten, über die sich der Pfad biegen lässt.

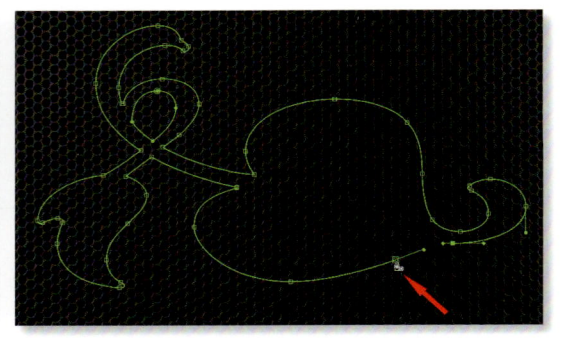

▲ **Abbildung 18.36**
Ein kleiner Kreis neben dem Zeichenstift-Werkzeug zeigt, dass der Maskenpfad beim Klick auf den zuerst gesetzten Maskenpunkt geschlossen wird.

Sie wundern sich vielleicht, warum ein Pfad als offene Maske, die keine Transparenzen definiert, geschaffen werden kann. Das liegt daran, dass Maskenpfade auch als Referenz für Effekte, Texte und Ebenen dienen können. Allerdings dienen dazu sowohl geschlossene als auch offene Pfade.

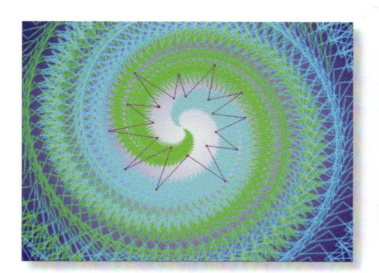

▲ **Abbildung 18.37**
Der Effekt RADIOWELLE bedient sich der Maskenform, um daraus sich ausbreitende Wellen zu generieren.

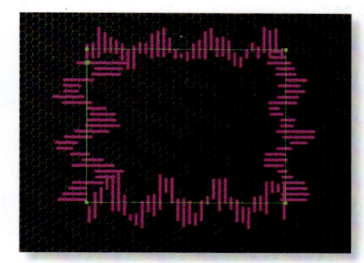

▲ **Abbildung 18.38**
Der Effekt AUDIO-WELLENFORM stellt hier die Audiodaten einer Tondatei entlang eines Maskenpfads dar.

▲ **Abbildung 18.39**
Der Effekt VEGAS orientiert sich in diesem Beispiel an einem Maskenpfad.

Bearbeitung von Masken

Wie Sie schon gesehen haben, ist es möglich, mehr als eine Maske pro Ebene anzulegen. Auf den nächsten Seiten erfahren Sie schrittweise in einem Workshop, wie Sie mit Maskenpfaden und Maskenpunkten umgehen. Mit dem Zeichenstift-Werkzeug arbeiten Sie wie mit einer Schere, die Formen aus Papier ausschneidet. Doch vorher schauen wir noch in die Voreinstellungen.

Masken ein- und ausblenden
Masken blenden Sie über den Button MASKEN ANZEIGEN ❶ im Kompositionsfenster (vierter Button von links) ein und aus.

Pfadpunkte anpassen | Seit CS5 können Sie in After Effects endlich die Größe der Pfadpunkte einstellen. Diese waren bisher mit etwas mehr als einem Pixel Größe winzig klein. Gehen Sie also den Weg BEARBEITEN • VOREINSTELLUNGEN • ALLGEMEIN, und setzen Sie den Wert bei GRÖSSE DES PFADPUNKTS entsprechend Ihren Anforderungen, z. B. auf 5 oder 7. Den Maximalwert 15 benötigen Sie nur bei einer höheren Brillenstärke.

Die Größe der Pfadpunkte betrifft auch Bewegungspfade. Allerdings werden die Anfasser im Diagrammeditor zur Geschwindigkeitssteuerung nicht beeinflusst und bleiben weiterhin winzig.

Übrigens: Sie müssen Pfadpunkte nicht mehr haargenau treffen. Es genügt, in der Nähe des Punkts zu klicken.

Schritt für Schritt:
Scherenschnitt – Maskenpfade

Schauen Sie sich zuerst das Movie »scherenschnitt.mov« aus dem Ordner 18_MASKEN/SCHERENSCHNITT an, das wir gemeinsam neu erstellen werden.

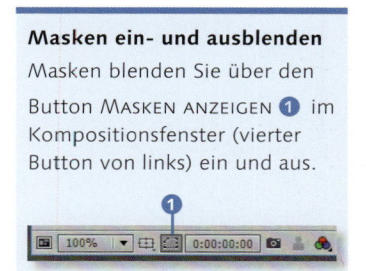

Die benötigten Dateien für diesen Workshop finden Sie auf der DVD unter BEISPIELMATERIAL/ 18_MASKEN/SCHERENSCHNITT

Kapitel 18   Masken, Matten und Alphakanäle

1 Vorbereitung

Importieren Sie anschließend aus demselben Ordner die Dateien »chinoise.psd«, »geisha1.psd« und »geisha2.psd«. Legen Sie eine Komposition in der Größe 768×576 mit einer Dauer von 12 Sekunden an.

Die Dateien »geisha1« und »geisha2« habe ich bereits freigestellt. Die Datei »chinoise« werden wir als Nächstes so ausschneiden, dass wir daraus eine Vordergrund-, eine Mittelgrund- und eine Hintergrundebene erhalten. Dazu benötigen wir »chinoise« dreimal in der Zeitleiste. Nennen Sie die Ebenen »chinoise HG« für den Hintergrund, »chinoise MG« für den Mittel- und »chinoise VG« für den Vordergrund.

Abbildung 18.40 ▼
Die Datei »chinoise« wird dreimal in der Komposition benötigt – als Vorder-, Mittel- und Hintergrund.

2 Erste Vordergrundmaske zeichnen

Zum Erstellen einer freien Maskenform verwenden Sie das Zeichenstift-Werkzeug. Setzen Sie damit einen Maskenscheitelpunkt nach dem anderen, um einen Maskenpfad zu definieren.

Abbildung 18.41 ▶
Einen freien Maskenpfad erstellen Sie mit dem Zeichenstift-Werkzeug und bearbeiten ihn mit den anderen Werkzeugen im Einblendmenü.

Zeichnen Sie mit dem Zeichenstift-Werkzeug zuerst einen Pfad um die sitzende Figur im Vordergrund. Achten Sie darauf, nicht zu viele Maskenscheitelpunkte zu verwenden. Wenn die Rundungen jetzt noch nicht hundertprozentig an die Kontur angepasst sind, macht das nichts. Das lässt sich später noch korrigieren. Es ist sinnvoll, die Punkte auf markante Eckpunkte im Bild zu setzen. Sie können dabei die Darstellungsgröße zoomen, indem Sie z. B. mit dem Zoom-Werkzeug ins Bild klicken.

Wenn Sie einen Maskenscheitelpunkt setzen und dann gleichzeitig ziehen, erhalten Sie zwei miteinander verbundene Tangenten, mit denen Sie den Pfad biegen können. Um die Tangenten einzeln zu bearbeiten, klicken und ziehen Sie mit dem Cursor am Endpunkt der Tangente und drücken gleichzeitig die Taste Strg. Wie Sie sicher bemerkt haben, hat sich dabei der Cursor

Tastenzauber

Mit der Taste G wechseln Sie schnell zum Zeichenstift. Drücken Sie die Taste G erneut, aktivieren Sie das Werkzeug WEICHE MASKENKANTE; weitere Informationen dazu lesen Sie weiter in diesem Kapitel im Abschnitt »Werkzeug ›Weiche Maskenkante‹« auf Seite 499. Mit der Taste V wechseln Sie wieder zum Auswahl-Werkzeug.

18.3 Masken: Schon wieder Pfade

geändert. Wenn Sie die Maustaste über dem Zeichenstift-Werkzeug in der Werkzeugpalette gedrückt halten, finden Sie sämtliche Pfad-Werkzeuge. Das Scheitelpunkt-konvertieren-Werkzeug dient dazu, zwischen Eck- und Kurvenpunkt umzuschalten, wenn Sie auf einen Maskenscheitelpunkt klicken. Ziehen Sie damit an einer Tangente, wird diese von einer verbundenen zu zwei einzeln bearbeitbaren Tangenten umgeschaltet. Sie können die Werkzeuge übrigens auch auf Bewegungspfade anwenden.

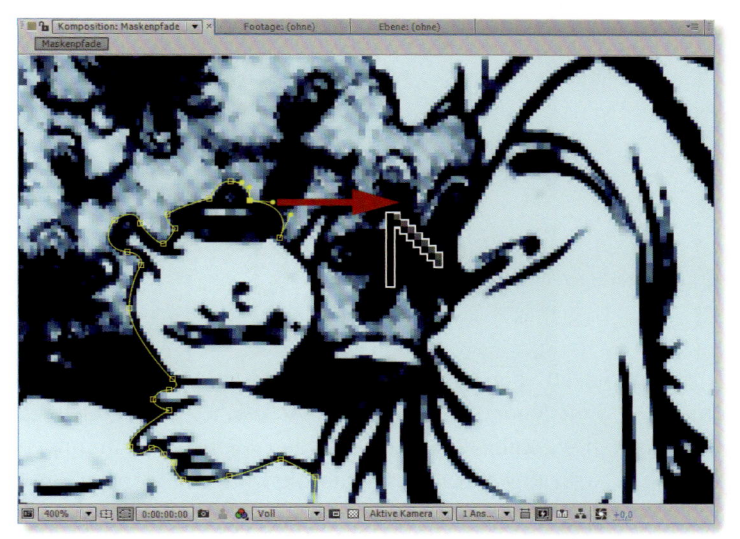

Ansicht verschieben
Mit der Leertaste blenden Sie unabhängig davon, welches andere Werkzeug gerade ausgewählt ist, temporär das Hand-Werkzeug ein, um die Ansicht im Kompositionsfenster zu verschieben.

◂ **Abbildung 18.42**
Für den Vordergrund schaffen Sie zwei Masken – eine für den Tisch, eine für die Figur –, die hier unterschiedlich eingefärbt sind.

◂ **Abbildung 18.43**
Die Tangenten eines Maskenscheitelpunkts schalten Sie mit dem Scheitelpunkt-konvertieren-Werkzeug von verbundenen in unabhängige Tangenten um.

Schließen Sie die Maske durch einen Klick auf den ersten Maskenpunkt. Wenn Sie die darunterliegenden Ebenen ausblenden, können Sie die freigestellte Figur bewundern. Außer der Figur wurde alles ausgeblendet, auch der Tisch, um den wir uns später kümmern. Damit die Figur nachher nicht eckig ausgeschnitten ist, sollten Sie den Pfad mit Bézier-Kurven an Rundungen anpassen. Hierfür ist ein wenig Übung nötig – im nächsten Schritt erfahren Sie mehr dazu.

Masken und Grafiktablett
Freie Maskenformen zeichnen Sie komfortabel mit einem Grafiktablett. Es bedarf allerdings einiger Gewöhnung, wenn Sie bisher nur mit der Maus gearbeitet haben.

3   Maske nachträglich bearbeiten

Sie sind mit den Maskenpfaden noch nicht zufrieden? Sie können sie sofort verbessern. Ist ein Maskenscheitelpunkt markiert, erscheinen wieder die Tangenten und können mit Auswahl- und Pfad-Werkzeugen bearbeitet werden. Maskenscheitelpunkte, die Sie nachträglich verändern wollen, markieren Sie einfach mit dem Auswahl-Werkzeug und verschieben sie.

Mit dem Auswahl-Werkzeug lassen sich mehrere Maskenpunkte auswählen, indem Sie ein Rechteck über den Punkten aufziehen. Dazu ist es manchmal nötig, die Maske zuvor in der Zeitleiste zu markieren. Klicken Sie dort auf den Namen der Maske, und ziehen Sie dann einen Rahmen über den gewünschten Punkten auf.

Haben Sie mehrere Maskenpunkte ausgewählt, können Sie diese frei transformieren. Dazu wählen Sie im Menü Ebene • Pfade für Masken und Formen • Freie Transformationspunkte oder [Strg]+[T]. Noch einfacher ist ein Doppelklick auf einen der markierten Maskenpunkte.

Masken auswählen und löschen
Natürlich können Sie ungeliebte Masken entfernen: Öffnen Sie die Eigenschaft Masken in der Zeitleiste. Wenn Sie dort die Maske markieren, werden alle Maskenpunkte ausgewählt. Drücken Sie dann die [Entf]-Taste, um alle Punkte zu löschen. Genauso entfernen Sie auch markierte Maskenpunkte aus dem Pfad.

▲ **Abbildung 18.44**
Maskenpunkte wählen Sie zur Bearbeitung aus, indem Sie einen Rahmen über den Punkten aufziehen.

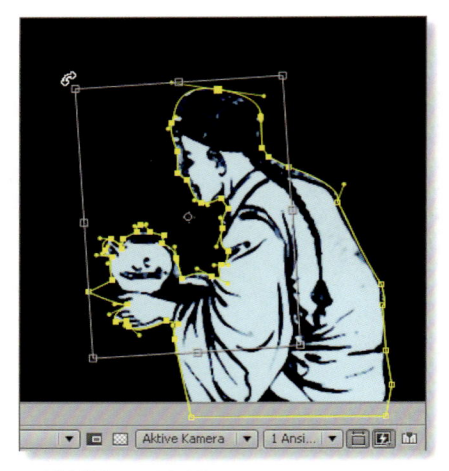

▲ **Abbildung 18.45**
Ausgewählte Maskenpunkte können Sie frei transformieren.

Klicken Sie nun einfach in das eingeblendete Rechteck, und verschieben Sie die Maskenpunkte gemeinsam. Skalieren oder drehen Sie die ausgewählten Punkte, indem Sie an einer Randmarkierung ziehen. Achten Sie auf den Cursorwechsel, wenn Sie die Maus über den Rahmen und die Markierungen darin bewegen. Drehungen beziehen sich auf den kleinen Punkt in der Mitte, der angeklickt und verschoben werden kann. Per Doppelklick in das Rechteck bestätigen Sie die Änderung.

4 Masken im Ebenenfenster

Masken können Sie im Kompositions- und im Ebenenfenster bearbeiten. Da wir die Maske für die Figur geschlossen haben, wird der Tisch, der ebenfalls freigestellt werden soll, nicht mehr angezeigt. Es ist hier sinnvoll, im Ebenenfenster weiterzuarbeiten.

Um Masken im Ebenenfenster zu bearbeiten, wählen Sie eine der folgenden Möglichkeiten:

▶ Markieren Sie die Ebene »chinoise VG« in der Zeitleiste, und wählen Sie dann Ebene • Ebene öffnen, oder klicken Sie die Ebene einfach doppelt an. Die Ebene wird als gesonderte Registerkarte über dem Kompositionsfenster angezeigt. Um den gesamten Bildinhalt der Ebene plus Masken anzuzeigen, entfernen Sie das Häkchen bei Rendern ❶. Jetzt können Sie den Pfad für den Tisch erstellen.

▶ Manchmal ist es bequemer, Maskenpunkte im Ebenenfenster auszuwählen. Wenn Sie doch lieber im »normalen« Kompositionsfenster arbeiten, wechseln Sie über die Registerkarte dorthin. Wenn Ihre Kompositionen sinnvoll benannt sind, bereitet das keine Probleme.

◀ **Abbildung 18.46**
In der Registerkarte Ebene ist die Bearbeitung der Masken manchmal einfacher als im Kompositionsfenster.

5 Maske für die Mitte der Komposition

Jetzt haben Sie schon einiges gelernt, und die Maske für die Mitte unserer Komposition sollte Ihnen leichter fallen. Schalten Sie zuerst das Augen-Symbol der obersten Vordergrundebene aus, und wählen Sie Maske schützen ❷ (siehe Abbildung 18.47).

Abbildung 18.47 ▶
Fertig bearbeitete Masken lassen sich mit dem Schloss-Symbol schützen.

Übrigens lassen sich geschützte Masken ausblenden, was sinnvoll ist, da Sie diese Masken ja nicht mehr bearbeiten. Wenn Sie das Schloss-Symbol gewählt haben, wählen Sie anschließend EBENE • MASKIEREN • GESCHÜTZTE MASKEN AUSBLENDEN. Erstellen Sie dann die Maske wie in Abbildung 18.48.

Abbildung 18.48 ▶
Die Maske sollte ähnlich wie hier aussehen.

6 Maske für den Hintergrund

Recht einfach haben wir es mit dem Hintergrund. Wir sparen uns Zeit, indem wir die eben erstellte Maske von der Mitte auf den Hintergrund kopieren. Öffnen Sie hierzu die mittlere Ebene, »chinoise MG«, in der Zeitleiste, und wählen Sie dort die Maskeneigenschaften. Sie können auch die Taste M verwenden, um die Maske einzublenden.

Sie entdecken die MASKE 1. Um sämtliche Maskenpunkte auszuwählen und zu kopieren, markieren Sie einfach das Wort MASKE 1. Wählen Sie anschließend BEARBEITEN • KOPIEREN. Um die Maske auf der Hintergrundebene einzufügen, markieren Sie die Ebene »chinoise HG« und wählen BEARBEITEN • EINFÜGEN.

Einen separaten Hintergrund haben wir jetzt allerdings noch immer nicht. Öffnen Sie also die Maskeneigenschaften der Hintergrundebene, und setzen Sie ein Häkchen bei UMGEKEHRT ❸. Daraufhin werden die Pixel **außerhalb** des Maskenpfads deckend dargestellt.

18.3 Masken: Schon wieder Pfade

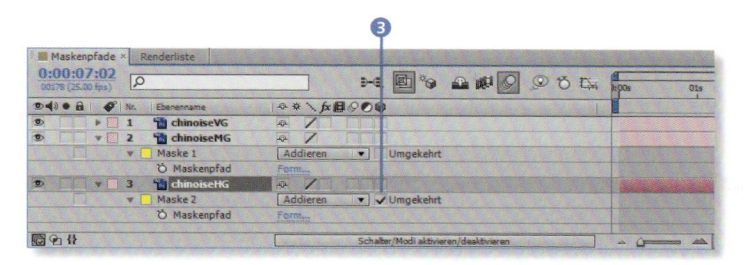

◀ **Abbildung 18.49**
Die »Mittelgrund-Maske« wird kopiert, in die Ebene »chinoise HG« eingefügt und mit der Option Umgekehrt verwendet.

◀ **Abbildung 18.50**
Die umgekehrte Maske im Kompositionsfenster

7 Animation

Wir sind so weit und können als Nächstes »geisha1« und »geisha2« auftreten lassen. Setzen Sie zuerst die Zeitmarke auf den Zeitpunkt 02:15. Ziehen Sie dann »geisha1« in die Zeitleiste direkt auf die Zeitmarke, um die Ebene an diesem Zeitpunkt beginnen zu lassen. Platzieren Sie die Ebene unter der Ebene »chinoise VG«.

▼ **Abbildung 18.51**
Die Ebene »geisha1« animieren Sie mit Positions-Keyframes.

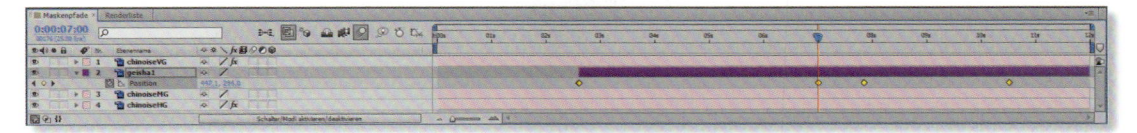

Damit »geisha1« durch das Bild »läuft«, müssen wir noch Positions-Keyframes setzen. Öffnen Sie dafür die Positionseigenschaft der Ebene mit der Taste [P], und setzen Sie den ersten Keyframe bei 02:15, indem Sie auf das Stoppuhr-Symbol klicken.

Klicken Sie die Ebene im Kompositionsfenster an, und verschieben Sie sie nach links außerhalb der Komposition (Abbildung 18.50). Die »geisha1« hat dort noch zu tun, bevor sie ins Bild kommt. Den zweiten Keyframe setzen Sie dann bei 07:00, indem Sie erneut die Ebene verschieben, bis »geisha1« wie in Abbildung 18.51 positioniert ist.

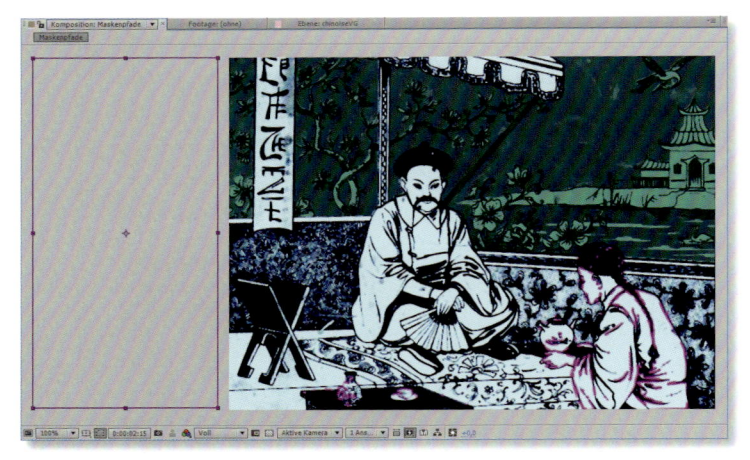

Abbildung 18.52 ▶
Auf dem ersten Keyframe platzieren Sie die Geisha links außerhalb der Komposition.

Sie können die Positionswerte auch numerisch setzen, indem Sie auf die XY-Koordinatenwerte bei der Positionseigenschaft klicken und dort folgende Werte eintragen: erster Keyframe: –164, 286; zweiter Keyframe: 447, 286. Bestätigen Sie mit ⏎. Die Geisha bleibt kurz stehen und verschwindet dann nach rechts.

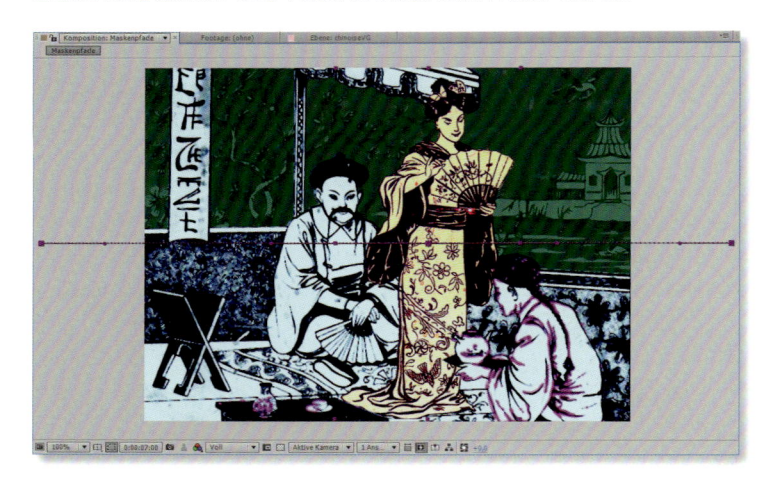

Abbildung 18.53 ▶
Hier bleibt die Geisha kurz stehen, bevor sie rechts aus dem Bild verschwindet.

Um die Bewegung kurz anzuhalten, kopieren Sie den Positions-Keyframe bei 07:00 und setzen ihn bei 07:21 ein. Den letzten Keyframe benötigen wir bei 10:13 mit den Positionswerten 927 und 286. Damit sich keine unerwünschten Bewegungen im Positionspfad ergeben, markieren Sie alle Keyframes per Klick auf das Wort POSITION und wählen dann ANIMATION • KEYFRAME-INTERPOLATION. Im Dialogfeld suchen Sie unter GEOMETRISCHE INTERPOLATION den Eintrag LINEAR aus und bestätigen mit OK.

In dem Projekt auf der DVD habe ich die Zeitkurven der Positionseigenschaft bearbeitet. Wie das geht, erfahren Sie im Abschnitt »Geschwindigkeitskurven bearbeiten« auf Seite 290.

8 Animation der »geisha2«

Jetzt zu »geisha2«: Positionieren Sie die Zeitmarke bei 06:08, und ziehen Sie die Ebene »geisha2« direkt auf die Zeitmarkierung. Platzieren Sie die Ebene unter die Mittelgrundebene »chinoise MG«.

Setzen Sie den ersten Keyframe für die Positionseigenschaft bei 06:08 auf die Werte 932 und 297, den zweiten Keyframe bei 07:00 auf die Werte 712 und 297. Geisha 2 bleibt auf ein paar Worte bei Geisha 1 stehen. Kopieren Sie den Keyframe bei 07:00, und fügen Sie ihn bei 07:15 ein. Den letzten Keyframe setzen Sie bei 11:22 auf die Werte –116 und 297.

Wählen Sie unter KEYFRAME-INTERPOLATION wieder LINEAR. Sie haben es geschafft! Die in diesem Workshop angewendeten Effekte lernen Sie in Kapitel 19, »Erweiterte Bearbeitungsmöglichkeiten mit Effekten«, kennen. Für den Hintergrund habe ich den Effekt EINFÄRBEN verwendet und für den Vordergrund den Effekt VEGAS.

◀ **Abbildung 18.54**
Die fertige Animation in der Zeitleiste

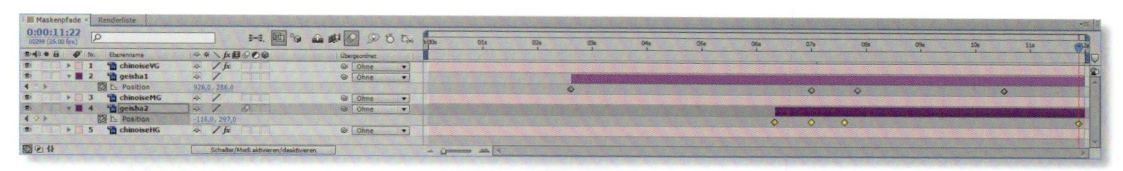

◀ **Abbildung 18.55**
In der fertigen Animation bleiben die zwei Geishas kurz voreinander stehen.

RotoBézier-Masken

Nachdem Sie nun eine Menge Übung im Zeichnen von Bézier-Masken mit dem Zeichenstift-Werkzeug haben, können Sie sich in Zukunft die Arbeit erleichtern, indem Sie die ROTOBÉZIER-Option zum Zeichnen verwenden. Mit dieser Option werden nur Maskenpunkte entlang einer Kontur gesetzt. Zwischen den einzelnen Maskenpunkten werden automatisch Kurvensegmente geschaffen, die annähernd der Kontur entsprechen, wenn Sie genügend Maskenpunkte setzen. Tangenten entstehen dabei nicht, da diese automatisch berechnet werden. Anschließend können Sie das Ergebnis noch bearbeiten, indem Sie die Spannung von Maskenpunkten verändern. Das heißt, Sie können den Pfad eckiger oder gebogener gestalten.

Schritt für Schritt:
Samurai – RotoBézier-Maske erstellen

Erleichtern Sie sich zukünftige Arbeit, indem Sie die RotoBézier-Option zum Zeichnen verwenden. Wie das funktioniert, erfahren Sie in diesem Workshop.

1 Vorbereitung

Importieren Sie aus dem Ordner 18_Masken/Rotobezier die Datei »samurai.psd«. Ziehen Sie die importierte Datei auf das Kompositionssymbol im Projektfenster, um eine Komposition in der Größe der importierten Datei anzulegen. Um die Option RotoBézier zu aktivieren, klicken Sie bei aktivem Zeichenstift-Werkzeug auf das kleine Häkchen.

Die benötigten Dateien für diesen Workshop finden Sie auf der DVD unter Beispielmaterial/18_Masken/Rotobezier

Abbildung 18.56 ▶
Mit der RotoBézier-Option erstellen Sie komfortabel Bézier-Masken.

2 RotoBézier-Pfad für den Samurai

Erstellen Sie, wenn Sie die RotoBézier-Option aktiviert haben, durch einfaches fortlaufendes Klicken entlang der Kontur des in der Mitte sitzenden Samurais einen Bézier-Pfad. Schließen Sie die Maske wie gewohnt per Klick auf den ersten Maskenpunkt.

Abbildung 18.57 ▶
Ein mit der RotoBézier-Option erstellter Maskenpfad passt sich automatisch an die Kontur an, ohne dass Sie mit Tangenten arbeiten müssen.

3 Spannung der Maskenpunkte einstellen

Der Pfad zwischen den Maskenscheitelpunkten kann in weichen Kurven oder in Geraden verlaufen. Bei RotoBézier-Masken regeln Sie dies über die Spannung des Pfads. Bei einer geringen Spannung sind die Kurven weicher. Um die Spannung des entstandenen Maskenpfads einzustellen, aktivieren Sie zunächst das Scheitelpunkt-konvertieren-Werkzeug, wählen dann einen oder mehrere Punkte mit dem Werkzeug aus und ziehen anschließend den Cursor über einem Maskenpunkt nach rechts oder links. Sie konvertieren damit die Punkte von Bézier- in Eckpunkte. Das Infofenster, die Sie mit [Strg]+[2] einblenden, zeigt die von Ihnen gewählte Spannung an. Ein Wert von 100 entspricht einem Eckpunkt. Kleinere Werte führen zu einer Biegung der Pfadsegmente. In den Abbildungen 18.58 und 18.59 sehen Sie hierfür ein etwas deutlicheres Beispiel als unseren Samurai.

> **Werkzeuge schnell wechseln**
>
> Sie können die Werkzeuge für die Pfadbearbeitung schnell wechseln, indem Sie die Taste [G] verwenden, wenn eines der Werkzeuge ausgewählt ist. Dazu deaktivieren Sie noch in den Voreinstellungen unter ALLGEMEIN den Eintrag MIT DEM KURZBEFEHL FÜR DAS ZEICHENSTIFT-WERKZEUG WIRD ZWISCHEN DEM ZEICHENSTIFT- UND WEICHE-MASKENKANTE-WERKZEUG GEWECHSELT.

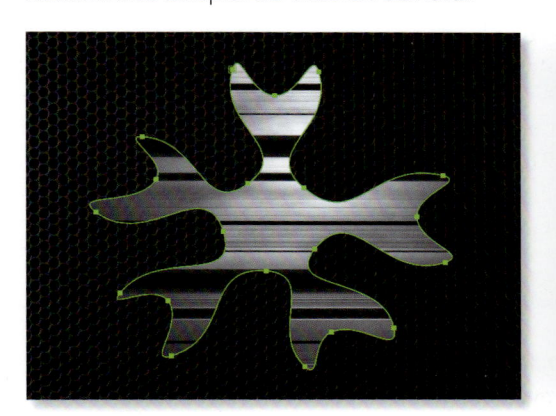

▲ **Abbildung 18.58**
Die Spannung der Maskenpunkte beträgt hier 0.

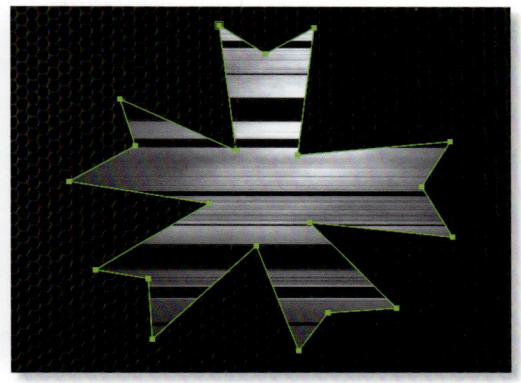

▲ **Abbildung 18.59**
Die Spannung der Maskenpunkte beträgt hier 100.

4 Masken im Nachhinein in RotoBézier-Masken umwandeln

Sie können Masken, die Sie nicht mit der RotoBézier-Option erstellt haben, im Nachhinein in RotoBézier-Masken umwandeln. Dazu markieren Sie einen oder mehrere Maskenpunkte und wählen im Menü EBENE • PFADE FÜR MASKEN UND FORMEN • ROTOBÉZIER. Die mit den Tangenten vorgenommenen Einstellungen werden dann allerdings leicht verändert. Um eine RotoBézier-Maske in eine Standardmaske zu konvertieren, wählen Sie den gleichen Weg.

> **Werkzeuge umstellen**
>
> Maskenpunkte lassen sich mit dem Scheitelpunkt-konvertieren-Werkzeug schnell zwischen Bézier- und Eckpunkt umschalten. Klicken Sie dazu, ohne zu ziehen, abwechselnd auf einen ausgewählten Punkt.

Bevor wir mit dem nächsten Workshop starten, noch ein paar weitere Informationen zum Arbeiten mit Masken.

Öffnen und Schließen von Masken

Wenn Sie einmal eine zittrige Hand haben und den ersten Maskenpunkt zum Schließen einer Maske nicht treffen, steht Ihnen dazu folgender Weg offen: Wählen Sie die Maske in der Zeitleiste aus, und nehmen Sie den Weg EBENE • PFADE FÜR MASKEN UND FORMEN • GESCHLOSSEN.

Umgekehrt öffnen Sie eine geschlossene Maske, indem Sie ein Pfadsegment auswählen (Klick auf den Pfad zwischen zwei Punkten) und den gleichen Weg wie oben nachvollziehen.

Maskenformen numerisch ändern

Wenn Sie eine Maske erstellt haben, können Sie ihre Form zwischen Rechteck und Ellipse ändern und numerische Werte für die Größe der Maske festlegen. Sie finden die Dialogbox MASKENFORM in der Zeitleiste, indem Sie auf FORM ❶ klicken.

Abbildung 18.60 ▶
Durch einen Klick auf FORM öffnen Sie den Dialog MASKENFORM, um Masken numerisch zu bestimmen.

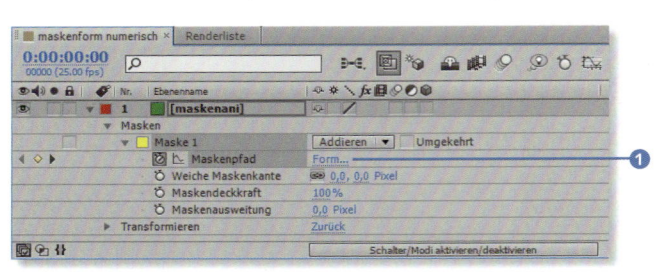

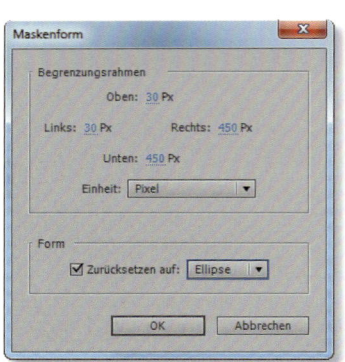

Die numerischen Werte in der Box beziehen sich auf den linken und auf den oberen Rand der Komposition. Wenn Sie also die Maske 10 Pixel vom oberen Rand beginnen und 350 Pixel vom oberen Rand enden lassen wollen, tragen Sie bei OBEN den Wert »10« und bei UNTEN den Wert »350« ein. Geben Sie bei LINKS »20« und bei RECHTS »200« ein, wenn Sie die Maske 20 Pixel vom linken Rand beginnen und 200 Pixel vom linken Rand enden lassen wollen.

▲ **Abbildung 18.61**
In der MASKENFORM-Dialogbox können Sie die Form der Maske nachträglich ändern.

Abbildung 18.62 ▶
Die Werte aus der Dialogbox MASKENFORM wurden hier auf eine Maske angewandt.

18.3 Masken: Schon wieder Pfade

Form einer Maske ersetzen

Im Ebenenfenster können Sie jede Maske über das Popup-Menü ZIELMASKE ❷ auswählen. Die von mir erstellte Maske heißt »kugel«. Wählen Sie die Maske »kugel« im Popup-Menü unter dem Eintrag ZIEL aus und erstellen danach eine x-beliebige neue Maske, so wird die als Ziel gewählte Maske durch die neue ersetzt. Haben Sie ZIEL: OHNE gewählt, wird die Maske nicht ersetzt, sondern eine neue hinzugefügt.

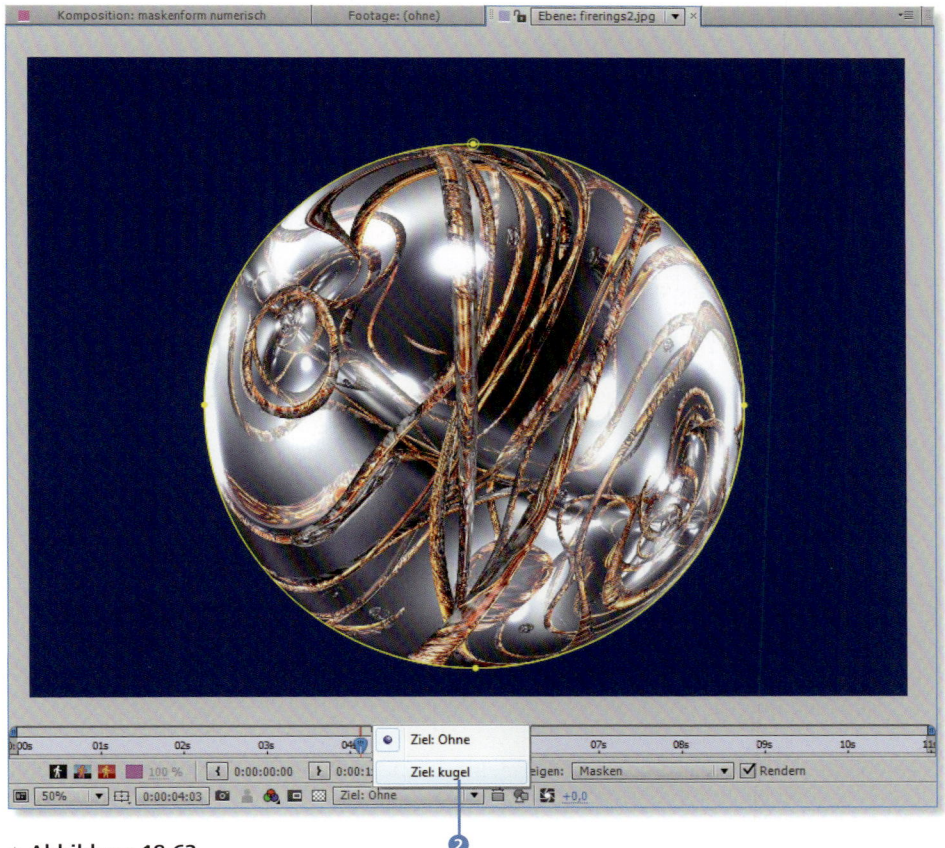

▲ **Abbildung 18.63**
Über das Popup-Menü ZIELMASKE können Sie bereits erstellte Masken auswählen und ersetzen.

▲ **Abbildung 18.64**
Das Ausschnitt-Werkzeug hat mehrere Funktionen: Verschieben Sie Ebenen hinter Masken, den Ankerpunkt einer Ebene oder Videomaterial in einer geschnittenen Ebene.

Ebene hinter einer Maske verschieben

Haben Sie erst einmal eine Maske gezeichnet und möchten Sie dann doch lieber einen anderen Ausschnitt der Ebene zeigen, müssen Sie die Maske nicht neu erstellen oder verschieben. Das Ausschnitt-Werkzeug hilft weiter. Klicken Sie damit in die Ebene, und ziehen Sie Ihr Bild an den gewünschten Platz.

493

▲ **Abbildung 18.65**
Um den gewünschten Bildausschnitt zu sehen, müssen Sie die Ebene erst noch hinter der Maske verschieben.

▲ **Abbildung 18.66**
Voilà!

Maskeneigenschaften animieren

After Effects bietet Ihnen vielfältige Animationsmöglichkeiten für Masken an. Jede Maske in der Zeitleiste verfügt über mehrere Maskeneigenschaften, z. B. Maskenform und Maskendeckkraft, die Sie wie alle anderen Eigenschaften über Keyframes animieren können.

Im folgenden Workshop werde ich Sie mit den Maskeneigenschaften vertraut machen. Wenn Sie später Kapitel 19, »Erweiterte Bearbeitungsmöglichkeiten mit Effekten«, durchgelesen haben, werden Sie durch die Kombination von Masken mit Effekten viele spannende Möglichkeiten entdecken. Es empfiehlt sich, zuvor den Workshop »Scherenschnitt – Maskenpfade« durchzuarbeiten.

Die benötigten Dateien für diesen Workshop finden Sie auf der DVD unter BEISPIELMATERIAL/ 18_MASKEN/MASKENBALL

Schritt für Schritt: Maskenball – Maskeneigenschaften

Für diesen Workshop schauen Sie sich am besten zunächst das Movie »maskenball« aus dem Ordner 18_MASKEN/MASKENBALL an.

1 Vorbereitung

Öffnen Sie das vorbereitete Projekt »maskenball.aep«. Es enthält eine Komposition in der PAL-Einstellung D1/DV, die Dateien »001.psd« bis »003.psd« und »BG.psd«.

Letztere liegt bereits als Hintergrundbild in der Komposition und enthält Masken in Textform, die ich aus einer Textebene generiert habe. Wie das geht, lesen Sie im Abschnitt »Formen und Masken aus Text erstellen« auf Seite 461 nach. Die anderen drei Dateien sind noch ausgeblendet und enthalten ebenfalls Maskenpfade, die ich in Photoshop erstellt und über die Zwischenablage in die Ebenen eingefügt habe.

Masken umbenennen

Sie können die Namen von Masken leicht ändern, indem Sie den Namen markieren und dann die Taste ⏎ im Hauptstaturfeld verwenden. Nach der Umbenennung betätigen Sie die Taste erneut. Für Ebenen- und Kompositionsnamen gilt übrigens das Gleiche.

2 Maskenmodi

Zunächst blenden Sie die Masken der »BG«-Ebene in der Zeitleiste ein. Markieren Sie dazu die Ebene, und drücken Sie die Taste M. Ich habe allen Masken bereits Namen gegeben. Zum Umbenennen der Masken klicken Sie auf den Namen und betätigen ⏎ im Haupttastaturfeld.

Neben jeder Maske befindet sich in der Spalte SCHALTER/MODI ein Popup-Menü mit verschiedenen wählbaren Maskenmodi. Normalerweise ist hier ADDIEREN eingestellt. Wenn Sie OHNE zuweisen, wird die Maskierung wirkungslos.

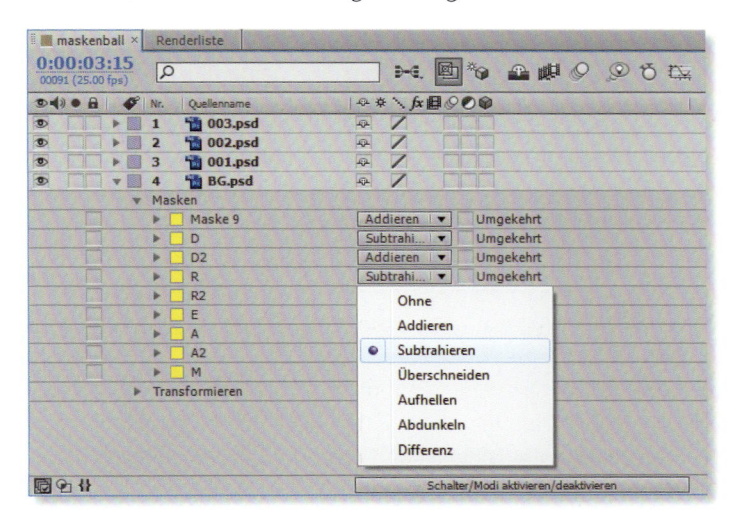

◀ **Abbildung 18.67**
Neben jeder Maske befindet sich ein Einblendmenü mit den Maskenmodi.

In den folgenden Abbildungen finden Sie eine Beispieldarstellung der verschiedenen Maskenmodi. Für unseren Workshop ist es notwendig, dass Sie den Maskenmodus für folgende Masken auf SUBTRAHIEREN setzen: »D«, »R«, »E«, »A« und »M«. Dadurch werden diese Masken von der großen Maske namens »gesamt« abgezogen, und der Hintergrund wird sichtbar, und zwar in Form des Schriftzugs »Dream«.

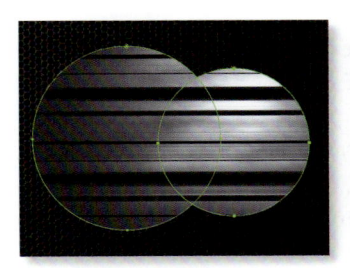

▲ **Abbildung 18.68**
Masken im Modus ADDIEREN

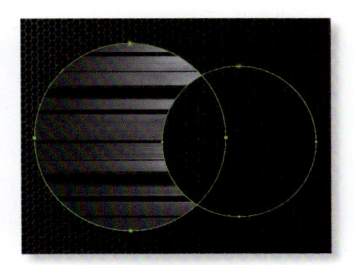

▲ **Abbildung 18.69**
Die linke Maske wurde auf den Modus SUBTRAHIEREN eingestellt.

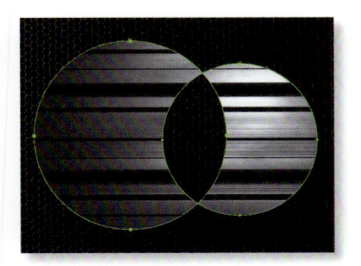

▲ **Abbildung 18.70**
Beiden Masken ist der Modus DIFFERENZ zugewiesen.

Masken anzeigen

Drücken Sie bei markierter Maskenebene die Taste M, um alle Masken auf einer Ebene einzublenden. Drücken Sie zweimal kurz nacheinander die Taste M, um für alle Masken die Maskeneigenschaften einzublenden.

▼ **Abbildung 18.71**
Der Schriftzug »Dream« wird per MASKENDECKKRAFT ins Bild geblendet.

3 Maskendeckkraft animieren

Klicken Sie für die Maske »D« auf das kleine Dreieck, um die Maskeneigenschaften einzublenden. Für die Animation benötigen Sie hier nur die Eigenschaft MASKENDECKKRAFT. Sie gibt Ihnen die Möglichkeit, Bildbereiche ein- oder auszublenden, die durch eine Maske umrandet sind. Wir wollen einige Masken langsam ein- und ausblenden. Markieren Sie die Ebene, und drücken Sie dann kurz nacheinander die Taste T, um nur die MASKENDECKKRAFT einzublenden. Markieren Sie die Masken »D«, »R«, »E«, »A« und »M« mit der Strg-Taste. Die Zeitmarke ziehen Sie auf 00:00 und setzen einen Key für die MASKENDECKKRAFT. Verringern Sie den Wert auf 0%. Dies geschieht automatisch für alle Masken, da wir diese ja ausgewählt haben. Erhöhen Sie am Zeitpunkt 02:00 den Wert auf 25%, und verringern Sie ihn bei 03:16 wieder auf 0%. Der Schriftzug wird allmählich ein- und ausgeblendet. Schließen Sie die Ebene per Klick auf das kleine Dreieck, und schützen Sie sie mit dem Schloss.

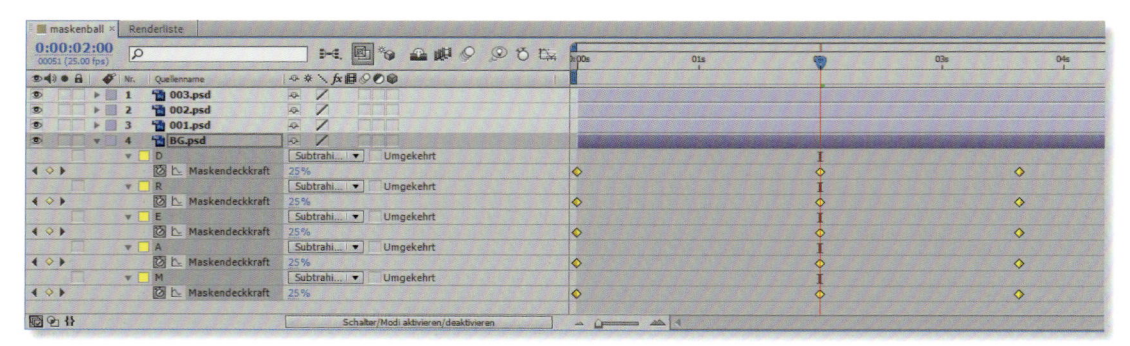

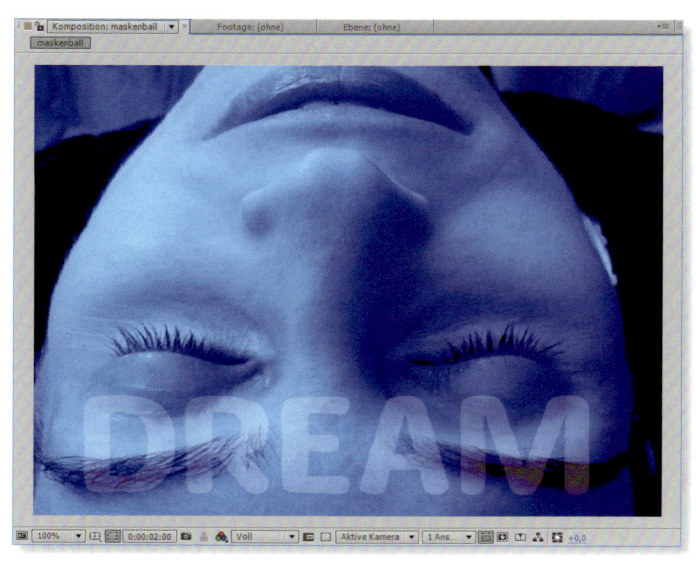

Abbildung 18.72 ▶
Das Ergebnis im Kompositionsfenster

18.3 Masken: Schon wieder Pfade

4 **Maskenausweitung animieren**
Blenden Sie die Maske auf der Ebene »001.psd« ein. Setzen Sie einen ersten Key bei 00:00, und verringern Sie den Wert bei Maskenausweitung auf –90. Bei 00:15 setzen Sie den Wert auf 0,0 Pixel, bei 01:06 wiederholen Sie den Key per Klick auf das Rauten-Symbol, und bei 01:19 erhöhen Sie den Wert auf 280.

Die Ebene soll außerdem die Position wechseln und gedreht und skaliert werden. Öffnen Sie dazu die Eigenschaften unter Transformieren. Setzen Sie bei 00:00 einen ersten Key für Position, und ziehen Sie die Ebene auf die Stirn der Schlafenden. Verschieben Sie die Ebene bei 00:15 noch über den linken oberen Rand. Bei 01:19 ziehen Sie die Ebene wieder auf die Anfangsposition.

Setzen Sie folgende weitere Keys:
- bei 01:06 für Skalierung 100 % und für Drehung 0× +0,0°
- bei 01:19 für Skalierung 0 % und für Drehung 0× +180,0°

Schließen Sie die Ebene, und fahren Sie mit Ebene »002.psd« fort. Setzen Sie folgende Keys:
- Maskenausweitung: 01:13 =−100 Pixel, 02:00 = 0,0 Pixel«, 02:19 = 0,0 Pixel, 03:15 = 290 Pixel
- Position: 01:13 = Beginn auf der Stirn, 02:19 = rechts oben und außerhalb, 03:15 = auf der Stirn
- Skalierung: 02:19 = 100 %, 03:15 = 0 %
- Drehung: 02:19 = 0× +0,0°, 03:15 = 0× +180,0°

Schließen Sie nach der Bearbeitung die Ebenen, und schützen Sie sie mit dem Schloss.

▲ **Abbildung 18.73**
Die Ebene »001.psd« wird animiert.

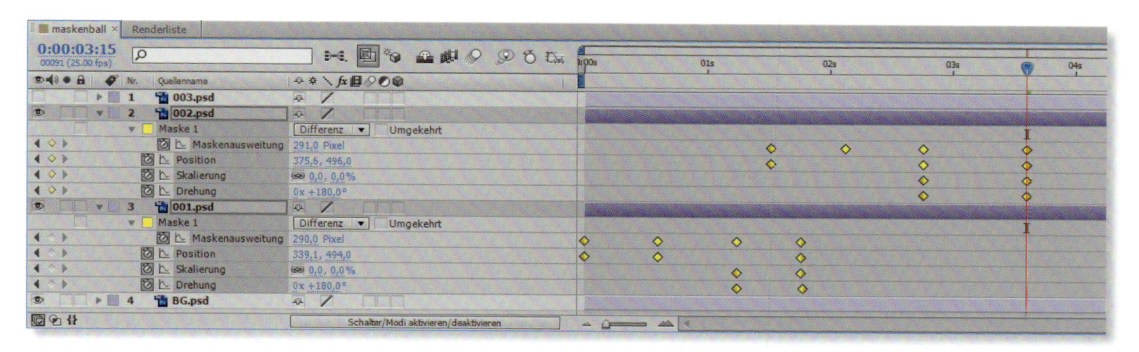

▲ **Abbildung 18.74**
Setzen Sie Keys für Maskenausweitung, Position, Skalierung und Drehung.

5 **Animation der Maskenform**
Die Ebene »003.psd« enthält eine Maske in Herzform. Wir werden diese Form animieren und aus Kreis und Rechteck erst die Herzform entstehen lassen. Öffnen Sie die Ebene und die Masken-

eigenschaften, und setzen Sie einen Key bei MASKENPFAD. Verschieben Sie den Key auf 06:10.

Zuerst soll ein Kreis erscheinen. Wählen Sie aus den Masken-Werkzeugen das Ellipse-Werkzeug, und ziehen Sie einen Kreis auf der Ebene auf. Um den Kreis dort zu zentrieren, wo Sie zuerst geklickt haben (möglichst auf dem Ebenenmittelpunkt), nehmen Sie die ⌜Strg⌝-Taste zu Hilfe und die Taste ⌜⇧⌝ für eine proportionale Skalierung. Eine weitere Maske (»Maske 2«) ist hinzugekommen. Öffnen Sie dort die Maskeneigenschaften, und wählen Sie die Eigenschaft MASKENPFAD aus. Kopieren Sie den Maskenpfad mit ⌜Strg⌝+⌜C⌝.

Markieren Sie die Eigenschaft MASKENPFAD der Herzmaske (»Maske 1«). Fügen Sie die Kreisform mit ⌜Strg⌝+⌜V⌝ bei 04:13 ein. Schon haben wir eine Animation von Kreis zu Herz. Doch damit nicht genug – löschen Sie die »Maske 2«, die wir nun nicht mehr benötigen.

6 Transformationsfeld

Bevor wir aus dem Kreis ein Rechteck werden lassen, animieren wir den Kreis selbst.

Klicken Sie auf den Keyframe bei 04:13, um den Kreispfad komplett auszuwählen. Verschieben Sie die Zeitmarke auf 04:00. Klicken Sie nun doppelt auf einen der ausgewählten Maskenpunkte im Kompositionsfenster. Nun wird ein Rahmen um die Maske gelegt, das sogenannte Transformationsfeld, das wie das vergleichbare Feld in Photoshop funktioniert. An den Eckpunkten können Sie das Feld und damit die Maskenpunkte skalieren und drehen. Wenn Sie innerhalb des Felds klicken und ziehen, verschieben Sie die Maske über dem Bild. Skalieren Sie für unsere Zwecke die Maske so klein, bis das Bild möglichst unsichtbar ist. Nehmen Sie für eine proportionale und auf den Mittelpunkt bezogene Skalierung die Tasten ⌜⇧⌝ und ⌜Strg⌝ zu Hilfe. Mit einem Klick der rechten Maustaste verlassen Sie den Modus, ansonsten gelangen Sie per Doppelklick ins Transformationsfeld.

7 Weitere Maskenform

Wenn Sie noch einen Funken Kraft haben, ziehen Sie auf der Ebene eine weitere Maske in Form eines Rechtecks (Rechteck-Werkzeug) auf. Kopieren Sie den Maskenpfad dann, und fügen Sie ihn bei 05:02 in die bestehende Animation ein. Löschen Sie die Rechteck-Maske danach wieder. Um die Animation pro Form etwas innehalten zu lassen, müssen Sie die Keys ein und derselben Form zweimal nacheinander einsetzen – beispielsweise im Abstand von 6 Frames.

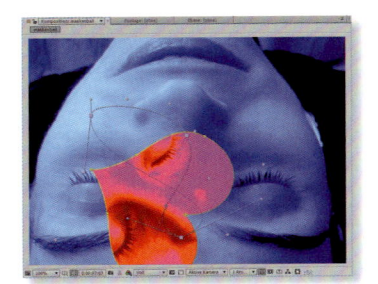

▲ **Abbildung 18.75**
Bewegungspfad der Herz-Ebene

18.3 Masken: Schon wieder Pfade

Setzen Sie folgende weitere Keys:
- Skalierung: 04:13 = 100%, 06:10 = 160%, 07:04 = 100%, 07:19 = 0%
- Drehung: 06:10 = 0× +0,0°, 07:19 = 0× +180,0°
- Position: 04:00 = Beginn auf der Stirn, 04:13 = links oben, 06:10 = über dem Gesicht des Hintergrunds, 07:19 = wieder auf der Stirn

Damit haben Sie die Animation erfolgreich nachgebaut und können das Ergebnis rendern.

▼ **Abbildung 18.76**
Zur Animation der Maskenform setzen Sie Keys für die Eigenschaft Maskenpfad.

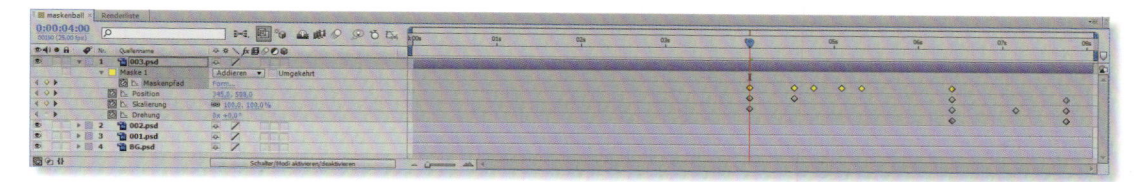

Werkzeug »Weiche Maskenkante«

Mit dem in der Version CS6 eingeführten Werkzeug Weiche Maskenkante schaffen Sie einen weichen Kantenverlauf entlang eines Maskenpfads in unterschiedlicher Breite. Beim mühevollen, aber manchmal nötigen frameweisen Freistellen von Objekten in Filmmaterial kann sich das bezahlt machen. Bewegte Objekte in einem Film können teils scharf abgegrenzt und gleichzeitig an anderer Stelle verwischt erscheinen. Mit dem neuen Werkzeug finden Sie eine Entsprechung dafür in der Maskenbearbeitung.

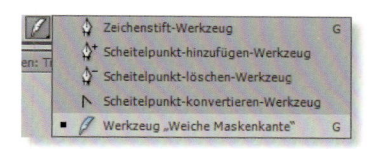

▲ **Abbildung 18.77**
Das neue Werkzeug Weiche Maskenkante in After Effects CS6

▲ **Abbildung 18.78**
Mitten in der Bewegung ergeben sich schnell unscharfe Kanten, die besonders das Freistellen per Rotoscoping erschweren.

▲ **Abbildung 18.79**
Die Person wurde hier per Maskenpfad freigestellt. Die weiche Kante wurde an die Unschärfen an den Rändern des Arms und der Hand mit verschiedener Breite angepasst. Zur Verdeutlichung habe ich die freigestellte Person umgefärbt.

Der Weg: Sie zeichnen wie gewohnt einen Maskenpfad und wechseln zum Werkzeug Weiche Maskenkante, indem Sie länger auf das Zeichenstift-Werkzeug drücken oder die Taste G betätigen. Der Cursor ändert sich in ein Feder-Symbol.

Positionieren Sie dann das Werkzeug dort über dem Maskenpfad, wo Sie eine weiche Kante erhalten wollen. Sobald neben der Feder ein Pluszeichen erscheint, klicken und ziehen Sie gleichzeitig und legen damit die Breite der weichen Kante an diesem Punkt fest. Haben Sie den entstandenen Anfasser zuerst nach außerhalb des Maskenpfads gezogen, entsteht auch die weiche Kante außerhalb des Pfads. Dies bleibt dann unveränderlich festgelegt, aber Sie können natürlich auch innerhalb des Pfads Anfasser definieren.

An den Anfasserpunkten können Sie jederzeit ziehen und die Bearbeitung ändern. Nutzen Sie dazu das Auswahl-Werkzeug (V) oder das Werkzeug Weiche Maskenkante.

Günstig ist es oft, mehrere der Anfasserpunkte auszuwählen und gleichzeitig zu verschieben. Klicken Sie dazu die einzelnen Punkte per Auswahl- oder Maskenkanten-Werkzeug und ⇧ nacheinander an, oder ziehen Sie mit einem der zwei Werkzeuge einen Rahmen auf. Zum Verschieben können Sie auch die Pfeiltasten nutzen. Überflüssige Punkte löschen Sie mit der Taste Entf.

Zur genauen Anpassung der Punkte stellen Sie die Spannung an einem Punkt ein, indem Sie per Alt einen Punkt anklicken und ziehen. Ziehen Sie den Cursor nach links, erhöhen Sie die Spannung, und die Kurve wird spitzer; in umgekehrter Richtung wird sie weicher und die Spannung geringer.

Kontextmenü
Per Klick mit der rechten Maustaste auf einen der Punkte der weichen Kante erscheint das Kontextmenü. Hier wählen Sie Unterdrücken, wenn Sie keinen weichen Übergang zum nächsten Punkt erhalten wollen. Per Spannung bearbeiten erhalten Sie spitzere Kurven mit hohen Werten und weichere mit geringen Werten. Der Radius bestimmt die Länge des Anfassers und der Eckwinkel die Neigung des Anfassers an Eckpunkten des Maskenpfads.

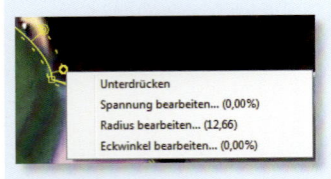

▲ **Abbildung 18.80**
Das Kontextmenü der weichen Maskenkante

Abfall der weichen Kante
Mit dieser nett benannten Einstellung bestimmen Sie das Aussehen des weichen Kantenverlaufs über Ebene • Maskieren • Abfall der weichen Kante: Glatt oder Linear.

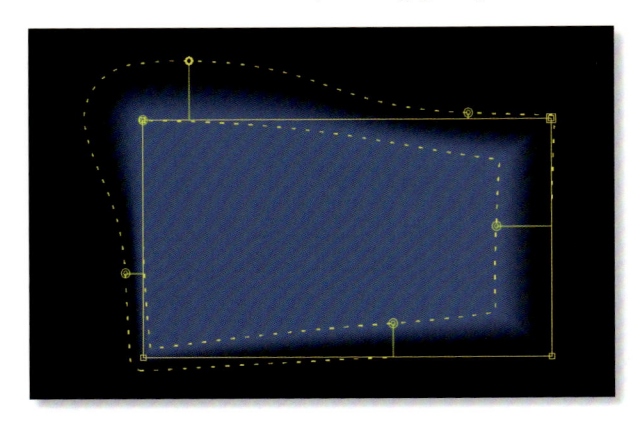

Abbildung 18.81 ▶
Weiche Kanten definieren Sie außerhalb und innerhalb von Maskenpfaden. Die Breite regeln Sie mit Anfassern.

Bewegungsunschärfe für Masken

Die Bewegungsunschärfe können Sie für Ebenen und für animierte Masken aktivieren. Dies bewirkt, dass die Konturen schnell bewegter Objekte bzw. Masken bei höheren Geschwindigkeiten stärker und bei geringen Geschwindigkeiten weniger stark weichgezeichnet werden. Der Sinn liegt darin, die Bewegung flüssiger aussehen zu lassen.

Die Bewegungsunschärfe ist dabei auch auf einzelne Masken anwendbar. Voraussetzung ist wie bei der Bewegungsunschärfe für Ebenen, dass Sie den Schalter BEWEGUNGSUNSCHÄRFE AKTIVIEREN ❶, der für jede einzelne Komposition verfügbar ist, einschalten.

Um die Bewegungsunschärfe auf eine oder mehrere bewegte Masken anzuwenden, markieren Sie diese in der Zeitleiste und wählen EBENE • MASKIEREN • BEWEGUNGSUNSCHÄRFE.

Sie haben dann folgende Optionen zur Auswahl: Bei GLEICH DER EBENE ist die Bewegungsunschärfe der Maske nur sichtbar, wenn der Schalter BEWEGUNGSUNSCHÄRFE der Ebene aktiviert wurde. Die Option EIN dient dazu, die Unschärfe unabhängig von der Ebene für die Maske zu aktivieren, und die Option AUS entfernt die Unschärfe wieder.

▲ **Abbildung 18.82**
Hier ist für die Masken die Bewegungsunschärfe aktiviert.

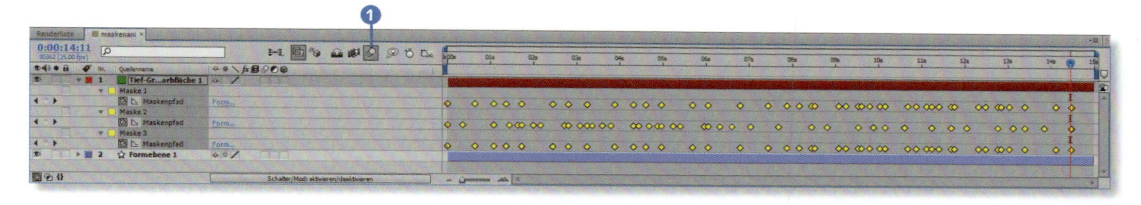

▲ **Abbildung 18.83**
In der Komposition muss der Schalter BEWEGUNGSUNSCHÄRFE AKTIVIEREN eingeschaltet sein, damit die Bewegungsunschärfe für Ebenen und/oder Masken wirksam wird.

Die Option »Pausstift«

Wenn Sie freigestelltes (also transparentes) Material in After Effects verwenden, können Sie mit dem PAUSSTIFT aus dem Alphakanal Maskenpfade generieren. Der PAUSSTIFT ähnelt dem Zauberstab in Adobe Photoshop. Anstelle einer Auswahl werden Masken entlang der Konturen im Alphakanal angelegt. Die eigentlich als Pixelinformation vorliegende Transparenz wird in eine Vektorinformation umgewandelt. Diese Möglichkeit erspart Ihnen ganz besonders bei transparentem animiertem oder gefilmtem Material viel Arbeit, da die Maskenpfade pro Frame generiert werden, sich also an die veränderten Bildbereiche anpassen. Außerdem können Sie die Luminanzinformation (den Rot-, Grün- und Blaukanal) einer Ebene als Quelle nutzen, um Masken daraus zu generieren.

Zur Optimierung des Pfads stehen außerdem einige Optionen bereit. Die Maskenpfade können Sie im Nachhinein für verschiedene Effekte oder Text verwenden.

Schritt für Schritt:
Alphakanal abpausen

In diesem kurzen Workshop schauen wir uns am praktischen Beispiel an, wie Sie aus Alphakanalinformationen Maskenpfade gewinnen.

1 Vorbereitung

Die benötigten Dateien für diesen Workshop finden Sie auf der DVD unter Beispielmaterial/ 18_Masken/Erde

Auf der DVD zum Buch finden Sie im Ordner 18_Masken/Erde einen bereits freigestellten Film, auf den Sie den Befehl Pausstift anwenden können. Importieren Sie dazu den Film »erde.mov«, und ziehen Sie ihn dann auf das Kompositionssymbol im Projektfenster, um eine Komposition in der Größe und Dauer des Films zu erstellen.

2 Pausstift anwenden und Einstellungen

Markieren Sie die Erde-Ebene in der Zeitleiste, und wählen Sie Ebene • Pausstift. In der erscheinenden Dialogbox Pausstift legen Sie über die Toleranz ❹ fest, wie genau die Masken der Kontur entsprechen. Bei niedrigen Werten erzielen Sie die höchste Genauigkeit, allerdings werden auch kleine Störungen als Masken nachgezeichnet.

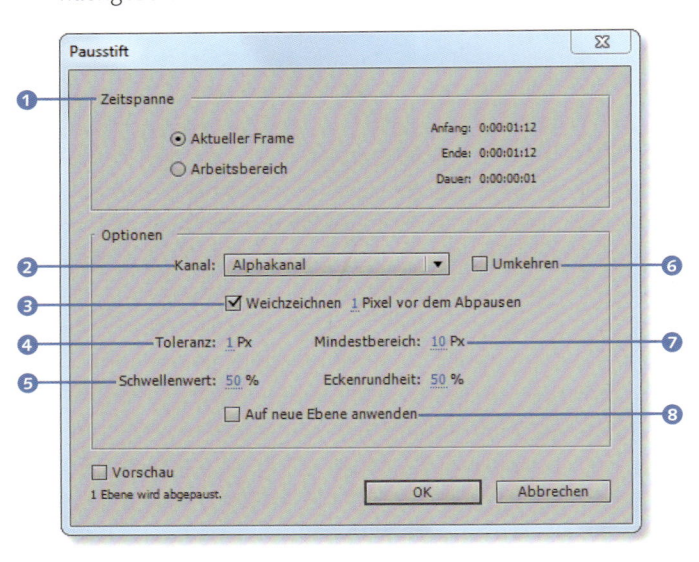

Abbildung 18.84 ▶
Im Dialog Pausstift legen Sie unter anderem fest, wie genau das Abpausen erfolgen soll.

Der Kanal ❷ ist standardmäßig auf Alphakanal eingestellt. Sie können im Popup-Menü auch den Rot-, Grün- oder Blaukanal und die Luminanz als Quelle für die zu generierenden Masken wählen. Weichzeichnen ❸ verwenden Sie, um kleinere Störungen im Alphakanal vor dem Abpausen zu nivellieren. Kleine

Werte sind dazu meist vollkommen ausreichend, z. B. 1 PIXEL VOR DEM ABPAUSEN.

Der SCHWELLENWERT ❺ erweitert oder verringert die nachzuzeichnende Matte und dient ebenfalls zur genauen Anpassung der Masken an die gewünschte Kontur. Sollen die Masken auf einer neuen Ebene angelegt werden, erstellt After Effects sie Ihnen automatisch, wenn Sie AUF NEUE EBENE ANWENDEN ❽ aktivieren. Lassen Sie diese Option vorerst deaktiviert.

Sie können vor dem Abpausen die Matte-Kontur UMKEHREN ❻. Welche Konturen ausgewählt sind, sehen Sie dann, wenn Sie die VORSCHAU aktivieren. Sie können außerdem verhindern, dass sehr kleine und viele Masken entstehen, indem Sie den Wert bei MINDESTBEREICH ❼ erhöhen. Masken, die kleiner wären als der angegebene Pixelwert, werden gar nicht erst erstellt. Tragen Sie hier einen Wert von etwa 10 oder 15 ein. Die Prozentangabe bei ECKENRUNDHEIT gibt an, wie abgerundet die Maskenpfade an Scheitelpunkten erscheinen.

Über die Optionen im Feld ZEITSPANNE ❶ legen Sie fest, ob nur der AKTUELLE FRAME an der Position der Zeitmarke abgepaust werden soll oder bei animiertem Material der festgelegte ARBEITSBEREICH. In unserem Falle wählen Sie also die Option ARBEITSBEREICH.

3 Der Abpausvorgang

Bestätigen Sie den Dialog mit OK. Der Fortgang des Abpausens wird im Infofenster angezeigt; es kann etwas dauern. Nach dem Abpausen ist eine ganze Reihe Masken (manchmal weit mehr, als Sie benötigen) in der Zeitleiste entstanden – das hängt ganz von den getroffenen Einstellungen im Dialog ab.

Für jeden Frame, in dem sich die Maske verändert, hat der PAUSSTIFT in der abgepausten Ebene einen Maskenpfad-Keyframe gesetzt. Häufig generiert der PAUSSTIFT mehr Maskenpfade, als benötigt werden. Diese löschen Sie anschließend, oder Sie machen die Aktion rückgängig und wiederholen den Abpausvorgang mit anderen Optionen.

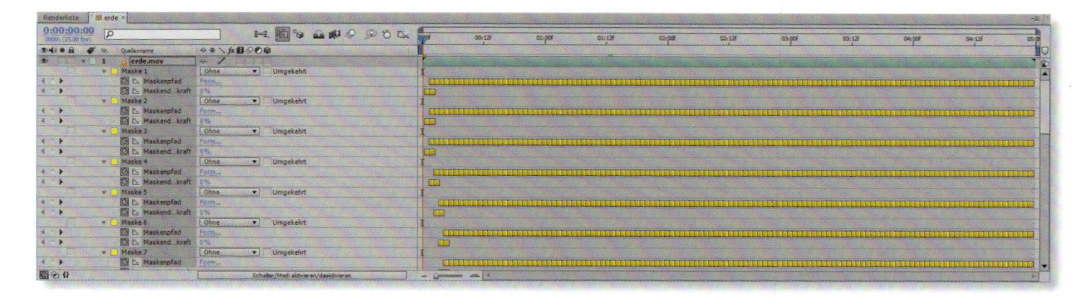

▼ **Abbildung 18.85**
Der Pausstift generiert häufig mehr Masken, als Sie benötigen. Für jeden Frame, in dem sich die Formen im Alphakanal ändern, wurde ein Maskenpfad-Keyframe gesetzt.

Kapitel 18   Masken, Matten und Alphakanäle

Abbildung 18.86 ▶
Die Alphainformation des Erd-Films. Schwarze Bereiche sind transparent, weiße deckend dargestellt. Die Konturen im Alphakanal wurden mit dem PAUSSTIFT in Masken konvertiert.

Zum Nachlesen
Lesen Sie dazu mehr in Abschnitt 17.7, »Text und Masken«. Interessant sind auch die Möglichkeiten, die ich im Abschnitt »Effekte am Pfad« auf Seite 565 beschreibe.

Sie können anschließend Effekte oder Text auf die generierten Maskenformen anwenden. Das fertige Beispiel für diesen Workshop befindet sich im Ordner 18_MASKEN/ERDE im Projekt »alpha-abpausen.aep«.

▲ **Abbildung 18.87**
Bei animierten Sequenzen passt der PAUSSTIFT die Maske(n) an die neuen Formen im Alphakanal an.

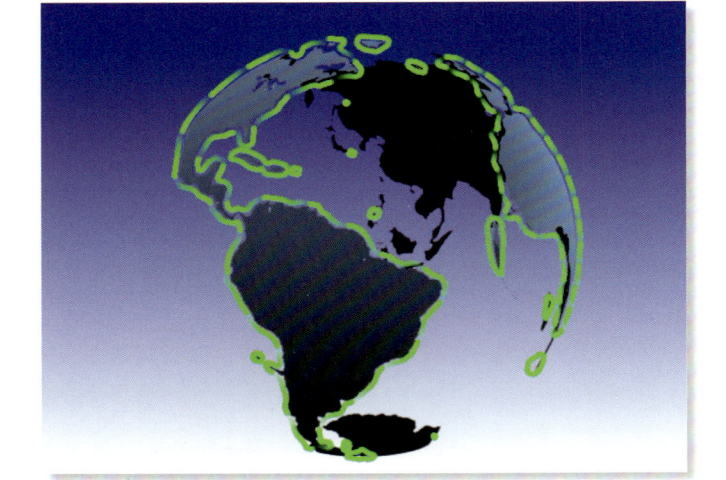

Abbildung 18.88 ▶
Auf die mit der Funktion PAUSSTIFT generierten Maskenpfade lassen sich Effekte anwenden, wie hier der Effekt VEGAS.

18.4 Masken-Interpolation

Wie Sie im Workshop »Maskenball – Maskeneigenschaften« gesehen haben, lässt sich die Form einer Maske in After Effects über Keyframes für die Eigenschaft MASKENPFAD problemlos animieren. Im Workshop haben wir die Animation der Maskenform recht einfach gehalten und per Hand die Form der Maske an bestimmten Keyframes verändert. Diese Art der Animation wird problematisch, wenn Sie z.B. eine einfache Form wie ein Quadrat in eine komplexere Form wie einen Buchstaben umwandeln wollen. Hierbei wird die Maske nicht nur skaliert oder gedreht, sondern komplett modifiziert.

Ein Quadrat besteht, wenn es eine Maske ist, aus vier Maskenscheitelpunkten. Mit den vier Punkten des Quadrats lässt sich schwer ein »T« oder ein »S« nachformen. Sie müssten also weitere Maskenpunkte für den Übergang hinzufügen. Genau das macht After Effects automatisch für Sie, wenn es den Übergang von der einen in die andere Maskenform berechnet. Sie müssen also nur die Anfangs- und Endform einer Maske für die Animation festlegen. Hierfür ist ein praktisches Beispiel das Sicherste.

Photoshop- und Illustrator-Pfade

Photoshop- und Illustrator-Pfade können Sie ebenfalls als Masken bzw. Maskenformen verwenden. Markieren und kopieren Sie dazu den Pfad im jeweiligen Programm, und fügen Sie ihn dann auf einer Ebene in After Effects ein.

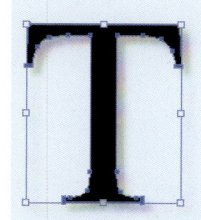

▲ **Abbildung 18.89**
Auch Pfade aus Illustrator können Sie verwenden. Dazu markieren Sie den Pfad in Illustrator, speichern ihn in der Zwischenablage und setzen ihn dann in die Maskenform bei After Effects ein.

Wählen Sie in Illustrator vor dem Kopieren eines Pfads unter BEARBEITEN • VOREINSTELLUNGEN • DATEIEN VERARBEITEN UND ZWISCHENABLAGE im sich öffnenden Dialogfeld die Option AICB und PFADE BEIBEHALTEN.

Schritt für Schritt:
Morphing – Maskenformen umwandeln

In diesem Workshop erfahren Sie, wie die Transformation eines Rechtecks zum Buchstaben »T« funktioniert.

1 Vorbereitung
Legen Sie ein neues Projekt an und darin eine Komposition in der Größe 384×288 mit einer Dauer von 5 Sekunden. Bleiben wir ruhig bei dem Beispiel, ein Quadrat in ein »T« umzuwandeln. Um den Formübergang zu realisieren, benötigen wir mindestens zwei Maskenpfad-Keyframes, nämlich einen für die Ausgangsform – das Quadrat – und einen für das »T« als Endform. Erstellen Sie zunächst eine Textebene, und tippen Sie dort den Buchstaben »T« mit einer Größe von mindestens 250 Pixeln ein.

2 Masken aus Text generieren
Markieren Sie die Textebene in der Zeitleiste, und wählen Sie EBENE • MASKEN AUS TEXT ERSTELLEN. Es entsteht eine Ebene namens »T Konturen«, die eine Maske in der Form des »T« enthält. Um die erstellte Maske einzublenden, verwenden Sie die Taste M. Diese Maske werden wir für das Morphing verwenden. Die

Textebene wurde bereits automatisch mit dem Augen-Symbol ausgeblendet.

3 Quadrat erstellen

Markieren Sie die Maskenebene, und zeichnen Sie mit dem Rechteckige-Maske-Werkzeug ein Rechteck bzw. Quadrat auf der Maskenebene. Die neue Maske erscheint unter dem Listeneintrag MASKEN in der Zeitleiste.

4 Maskenmorph erstellen

Setzen Sie einen Keyframe am Zeitpunkt 05:00 für die Eigenschaft MASKENPFAD der Text-Maske. Setzen Sie anschließend die Zeitmarke auf den Anfang der Komposition bei 00:00. Markieren Sie das Wort MASKENPFAD der Rechteck-Maske ❷. Wählen Sie [Strg]+[C]. Klicken Sie anschließend auf die Eigenschaft MASKENPFAD der Maske »T« ❶, und wählen Sie dann [Strg]+[V]. Das Quadrat sollte danach in einem Keyframe fixiert sein. Jetzt können Sie die Rechteck-Maske mit der Taste [Entf] löschen.

Sehen Sie sich die Animation in der Vorschau an. Den Übergang von der einen in die andere Maskenform berechnet After Effects automatisch. Es sieht nur etwas unelegant aus.

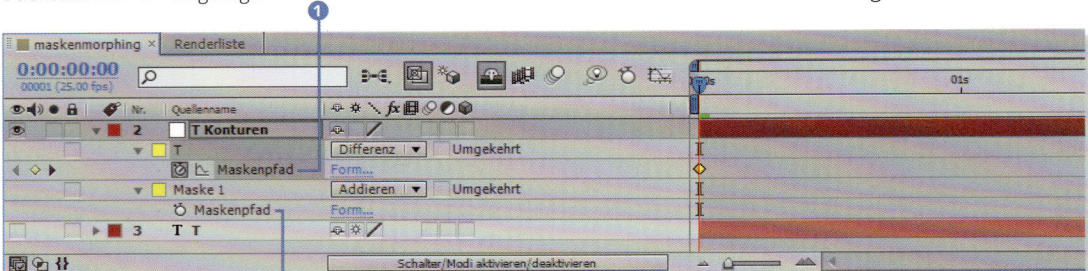

▼ **Abbildung 18.90**
Die Maskenform der Rechteck-Maske wird kopiert und in die Maskenform des ehemaligen Buchstabens »T« eingefügt.

Aber es geht auch eleganter. After Effects bietet einen Assistenten an, der sich früher auch noch »intelligent« nannte. Und den stelle ich Ihnen jetzt vor.

Der SmartMask-Assistent

Der SmartMask-Assistent, wie der Keyframe-Assistent für die Masken-Interpolation auch genannt wird, bietet Ihnen die Möglichkeit, sogar komplizierte Formübergänge ansehnlich zu gestalten. Über den Assistenten haben Sie – wie der Name schon verrät – die Möglichkeit, auf die Interpolation (also die Berechnung der Zwischenformen bei einem Übergang zweier Masken) Einfluss zu nehmen. Die Formübergänge sehen so genauer und glatter aus. Sie finden den Assistenten unter FENSTER • MASKEN-INTERPOLATION.

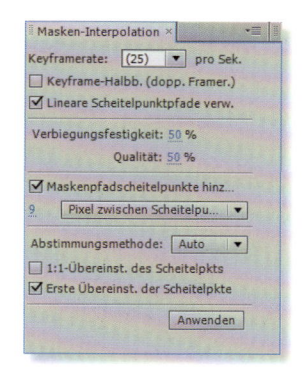

18.4 Masken-Interpolation

◄ **Abbildung 18.91**
Die Dialogbox MASKEN-INTERPOLATION mit allen verfügbaren Optionen

Damit der Assistent wirken kann, müssen mindestens zwei aufeinanderfolgende Maskenpfad-Keyframes ausgewählt sein. Falls Sie den vorhergehenden Workshop »Morphing – Maskenformen umwandeln« noch geöffnet haben, wählen Sie am besten gleich die beiden Keyframes des Quadrats und des »T« aus.

Sie können per Klick auf die Schaltfläche ANWENDEN die Berechnung der Maskenformübergänge mit dem Assistenten starten, ohne die voreingestellten Werte zu ändern. Beim Abspielen in der Vorschau sehen Sie sofort einen Unterschied. In der Zeitleiste sind etliche Keyframes für jeden Frame entstanden.

▼ **Abbildung 18.92**
Vor der Verwendung der Masken-Interpolation müssen Sie mindestens zwei Maskenpfad-Keyframes ausgewählt haben.

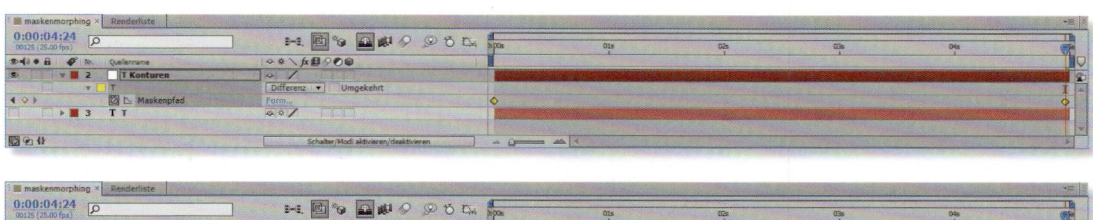

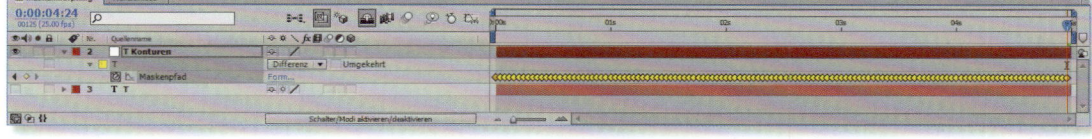

▲ **Abbildung 18.93**
Nach der Verwendung des Assistenten MASKEN-INTERPOLATION sind etliche zusätzliche Keyframes entstanden.

▲ **Abbildung 18.94**
Oben sehen Sie die Transformation vom Rechteck zum »T« mit der Standardberechnung, unten die gleiche Transformation unter Verwendung der Palette MASKEN-INTERPOLATION.

Beispiel

Auf der Buch-DVD finden Sie im Ordner 18_MASKEN/MASKENMORPHING die Datei »maskenmorph.aep« mit den beschriebenen Beispielen.

Sagen Ihnen die Formübergänge nicht zu, ändern Sie die Optionen in der Palette und wenden den Assistenten erneut an. Um die Änderung durch den Assistenten rückgängig zu machen, verwenden Sie am besten [Strg]+[Z].

Es lohnt sich, mit den vielen Optionen der Dialogbox MASKEN-INTERPOLATION zu experimentieren. Tipps zur Handhabung finden Sie auf den nächsten Seiten.

1:1-Übereinstimmung des Scheitelpunkts | Die letzte Option in der Box, 1:1-ÜBEREINSTIMMUNG DER SCHEITELPUNKTE, sehen wir uns zuerst an. Es geht um die Übereinstimmung der Maskenscheitelpunkte. Wichtig für den Übergang von einer Form in die andere ist vor allem die Übereinstimmung des ersten Scheitelpunkts zweier Masken. Der erste Scheitelpunkt ist bei offenen Maskenpfaden immer der Maskenpunkt, der zuerst gesetzt wurde. Bei geschlossenen Masken wird er automatisch angelegt.

Wenn Sie genau hinschauen, erkennen Sie, dass in jeder Maske ein Punkt immer etwas größer als die anderen dargestellt ist. Genau – da ist er, der erste Scheitelpunkt. Die besten Ergebnisse erzielen Sie, wenn die beiden ersten Scheitelpunkte zweier Maskenformen in ihrer Position übereinstimmen oder wenigstens dicht beieinanderliegen.

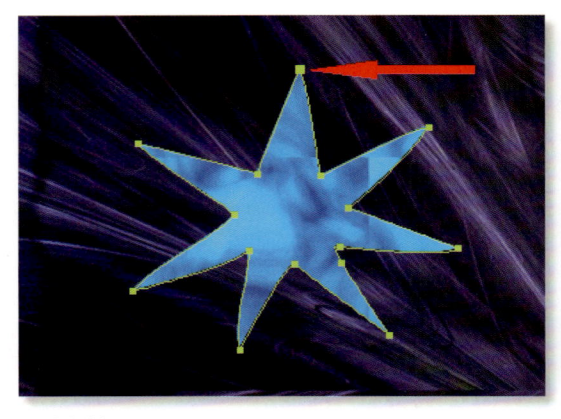

▲ **Abbildung 18.95**
Vergleichen Sie den ersten Scheitelpunkt in dieser und der folgenden Abbildung; sie befinden sich fast an gleicher Stelle.

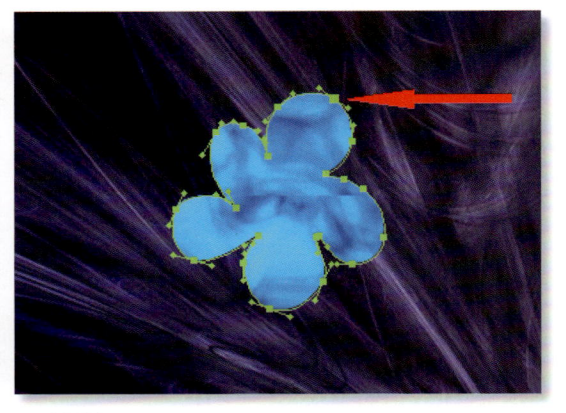

▲ **Abbildung 18.96**
Der erste Scheitelpunkt ist immer etwas größer als die anderen Punkte. Hier habe ich ihn nachträglich nach oben gesetzt, um die Transformationen glatter zu machen.

Mit der 1:1-Übereinstimmung des Scheitelpunkts versucht der Assistent, die ersten Scheitelpunkte zweier Masken möglichst deckungsgleich festzulegen, um beste Ergebnisse zu erzielen. Besser bedient sind Sie jedoch, wenn Sie selbst den Punkt definieren,

18.4 Masken-Interpolation

auf den es ankommt. Aktivieren Sie im Assistenten die Checkbox, sobald die Scheitelpunkte übereinstimmen. Manchmal wird der Assistent sogar unnötig, wenn die ersten Scheitelpunkte im Voraus übereinstimmen.

Keyframerate | Über die KEYFRAMERATE legen Sie fest, wie viele Keyframes pro Sekunde für die Formänderung erzeugt werden. Im nächsten Feld, KEYFRAME-HALBBILDER, können Sie die Anzahl der Keyframes schnell durch Anklicken der Checkbox verdoppeln.

Lineare Scheitelpunktpfade verwenden | Die Checkbox LINEARE SCHEITELPUNKTPFADE VERWENDEN führt zu seltsamen Animationen, wenn sie willkürlich deaktiviert wird. Enthält Ihre Animation Drehungen von Masken, ist die Option schon eher sinnvoll.

Der Assistent dreht die Masken bei aktivierter Option nicht als Formübergang, sondern verkleinert sie erst bis zur Unsichtbarkeit und vergrößert sie dann umgedreht wieder. Der Assistent berechnet den gedrehten Formübergang schon besser, wenn Sie die Checkbox LINEARE SCHEITELPUNKTPFADE VERWENDEN deaktivieren und dann die Einstellungen auf die markierten Keyframes der Masken anwenden.

Verbiegungsfestigkeit | Mit der Option VERBIEGUNGSFESTIGKEIT beeinflussen Sie, ob bei einer Transformation die Zwischenformen eher verbogen werden oder die Ausgangsform weitestgehend erhalten bleibt und nur in die andere Form hineingedehnt wird. Probieren Sie es aus – z. B. mit der Transformation von »H« zu »M« wie in Abbildung 18.99!

> **Erster Maskenscheitelpunkt**
> Um den ersten Scheitelpunkt zu ändern, markieren Sie einen anderen Maskenpunkt und wählen im Menü EBENE • PFADE FÜR MASKEN UND FORMEN • ERSTEN SCHEITELPUNKT FESTLEGEN.

▲ **Abbildung 18.97**
In der oberen Transformation stimmte der erste Scheitelpunkt nicht überein, unten dagegen schon.

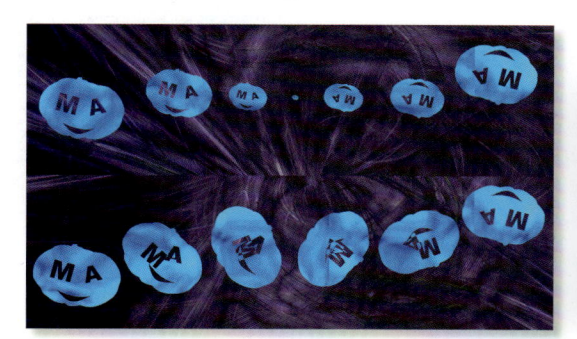

▲ **Abbildung 18.98**
Oben war die Option LINEARE SCHEITELPUNKTPFADE VERWENDEN aktiviert. Unten wurde die Option deaktiviert. Die Drehung wird zwar ohne Skalierung ausgeführt, die Zwischenformen überzeugen jedoch nicht sonderlich.

▲ **Abbildung 18.99**
Oben eine Transformation mit einer Verbiegungsfestigkeit von 0 – die Form wird etwas verbogen. Unten mit einem Wert von 100 – die Form wird von der einen in die andere gedehnt.

Abbildung 18.100
Oben eine Transformation ohne zusätzliche Maskenpfadscheitelpunkte und unten mit zusätzlichen Punkten

Qualität | Mit der Option QUALITÄT legen Sie fest, wie die Scheitelpunkte zweier Formen einander entsprechen. Die Maskenpunkte sind in der Reihenfolge ihrer Erstellung nummeriert bzw. bei geschlossenen Masken automatisch nummeriert. Wählen Sie einen Wert von 0 für die Qualität, so werden die Scheitelpunkte zweier Masken verglichen und Scheitelpunkte mit der gleichen Nummer einander zugeordnet. Bei einem Wert von 100 hält sich MASKEN-INTERPOLATION nicht mehr an die Nummerierung und sucht nach der besten Zuordnung der Scheitelpunkte, was lange dauern kann.

Maskenpfadscheitelpunkte hinzufügen | Mit der Option MASKENPFADSCHEITELPUNKTE legen Sie fest, ob und wie weitere Punkte dem Maskenpfad während der Transformation hinzugefügt werden. Wenn Sie die Option deaktivieren, werden nur die Maskenpunkte für die Transformation genutzt, die im ersten und letzten Keyframe enthalten sind. Die Transformation wird allerdings bei einer höheren Anzahl an Maskenpunkten qualitativ besser.

Maskenpfad versus Bewegungspfad

Wie bereits erwähnt, dienen die Masken nicht nur zum Freistellen von Bildbereichen oder zum Transformieren von einer Form in die andere. Interessant werden die Masken auch dadurch, dass sie als Referenz für die Bewegung von Ebenen, die Orientierung von Text am Pfad und für Effekte dienen, die entlang eines Pfads animiert werden können.

Zum Nachlesen
Zur Kombination von Effekten und Pfaden kommen wir im Abschnitt »Effekte am Pfad« auf Seite 565, und zur Textanimation entlang eines Pfads haben Sie schon in Kapitel 17, »Text animieren«, etwas gelesen.

Zur Bewegung von Ebenen am Pfad kommen wir jetzt. In Kapitel 11, »Keyframe-Interpolation«, haben Sie mit Bewegungspfaden bereits einige Erfahrungen gesammelt. Bewegungs- und Maskenpfade ähneln sich insofern, als Sie beide mit den gleichen Werkzeugen bearbeiten können. – Sie biegen die Pfade jeweils über Tangenten und schalten Maskenpunkte wie Bewegungspfadpunkte zwischen Eck- und Kurvenpunkt hin und her.

Aber vor allem enthalten die Bewegungspfad-Keyframes und die Maskenpunkte Positionsinformationen, die Sie auf andere Eigenschaften, die mit Positionswerten arbeiten, übertragen können. Das bedeutet konkret, dass Sie einen Maskenpfad in die Positionseigenschaft einer Ebene einfügen können und somit ein Bewegungspfad generiert wird, der genauso geformt ist wie Ihr Maskenpfad. Umgekehrt lässt sich der Bewegungspfad in eine Maske einfügen. Außerdem können Sie sowohl einen Bewegungspfad als auch einen Maskenpfad in Positionswerte von Effekten einfügen. Und los geht's:

Schritt für Schritt:
Ariadne – Maskenpfad in Bewegungspfad einsetzen

In der Sage kommt Theseus – dank Ariadnes Idee, im Labyrinth einen Faden zu verwenden –, nach dem Sieg über den blutrünstigen Minotauros, dort schnell wieder raus. Das Labyrinth ist also seit alters her in unserer Kultur verankert. Nun nutzen wir ebenfalls einen Trick um Ariadnes Wollknäuel aus dem Labyrinth zu holen.

Die benötigten Dateien für diesen Workshop finden Sie auf der DVD unter BEISPIELMATERIAL/ 18_MASKEN/ARIADNE

1 Vorbereitung
Schauen Sie sich zuerst das Movie »ariadne.mov« aus dem Ordner 18_MASKEN/ARIADNE an. Kopieren Sie dann den Ordner ARIADNE auf Ihre Festplatte, und importieren Sie die Dateien »labyrinth« und »wolle« in ein neues Projekt. Ziehen Sie die Datei »labyrinth« auf das Kompositionssymbol im Projektfenster, um eine neue Komposition zu schaffen. Achten Sie darauf, dass die Komposition eine Dauer von 4 Sekunden besitzt. Fügen Sie die Datei »wolle« der Komposition hinzu.

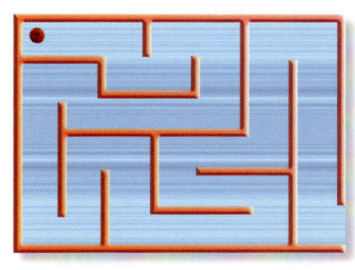

▲ **Abbildung 18.101**
Ariadnes Wollknäuel soll den Weg aus dem Labyrinth finden.

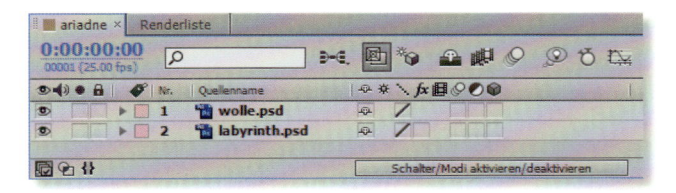

◀ **Abbildung 18.102**
Die Ebene »wolle« befindet sich über der Ebene »labyrinth«.

2 Maskenpfad erstellen
Ariadnes Wollknäuel weiß auch nicht mehr genau, wie es aus dem Labyrinth herauskommt, und folgt lieber einem Maskenpfad.

Erstellen Sie also zunächst einen Maskenpfad mit dem Zeichenstift-Werkzeug auf der Ebene »labyrinth«. Setzen Sie den ersten Maskenscheitelpunkt oben links im Labyrinth. Setzen Sie an jeder »Ecke« im Labyrinth einen neuen Maskenscheitelpunkt, bis Sie einen Pfad wie in Abbildung 18.103 erhalten. Bearbeiten Sie den Pfad nach, wie Sie es in den vorhergehenden Workshops gelernt haben, bis er dem abgebildeten ähnelt.

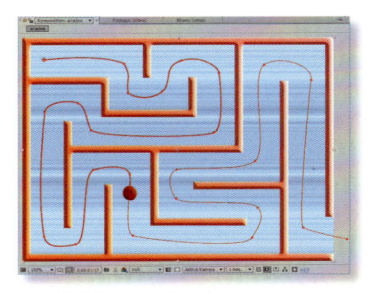

3 Bewegungspfad für das Wollknäuel
Um aus dem Maskenpfad einen Bewegungspfad für das Wollknäuel zu erhalten, markieren Sie die Ebene »labyrinth« und drücken die Taste [M], um die soeben erstellte Maske einzublenden. Klicken Sie auf das Wort MASKENPFAD, und drücken Sie die Tastenkombination [Strg]+[C], um die Maske zu kopieren.

▲ **Abbildung 18.103**
Mit dem Zeichenstift-Werkzeug erstellen Sie einen Maskenpfad. Nach der Bearbeitung sollte der Maskenpfad etwa so wie dieser hier aussehen.

Markieren Sie anschließend die Ebene »wolle«, und drücken Sie die Taste P, um die Positionseigenschaft anzuzeigen. Setzen Sie die Zeitmarke auf 00:00 an den Anfang der Komposition. Markieren Sie das Wort POSITION, und wählen Sie Strg+V. Fertig.

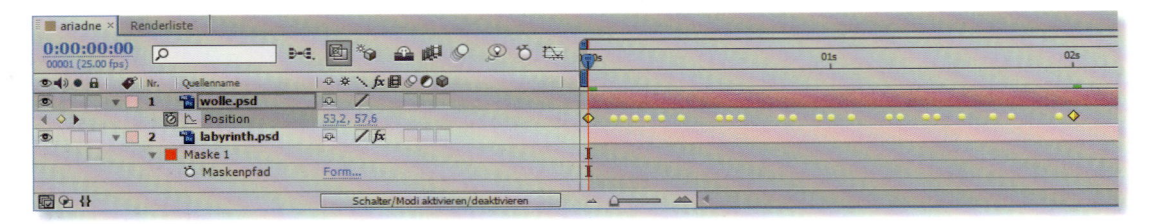

▲ **Abbildung 18.104**
Das Wort MASKENPFAD wird markiert. Anschließend wird die Maske kopiert und in die Positionseigenschaft der Ebene »wolle« eingefügt.

4 Roving Keyframes

Die kleinen runden Punkte, die in der Positionseigenschaft entstanden sind, nennt man Roving Keyframes. Es sind zeitlich nicht fixierte Keys, wie Sie bereits aus Kapitel 11, »Keyframe-Interpolation«, wissen.

Wenn Sie an einem der beiden »normalen« Keys ziehen, bewegt sich die Reihe mit. Die zeitlichen Abstände zwischen den Keys bleiben dabei proportional erhalten. Sie können so Ihre Animation zeitlich anpassen. Klicken Sie den letzten Keyframe an, und ziehen Sie ihn bis an das Ende der Komposition, damit sich die Dauer der Animation verlängert. Achten Sie dabei darauf, dass Sie nur den letzten Keyframe anklicken, da sich sonst die gesamte Reihe verschieben kann.

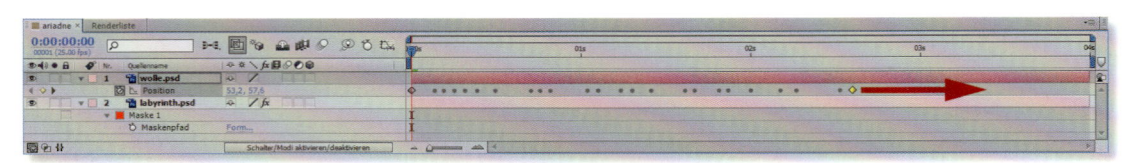

▲ **Abbildung 18.105**
Der letzte Keyframe wird angeklickt und zeitlich verschoben. Die Reihe der zeitlich nicht fixierten Keyframes (Roving Keyframes) wandert mit.

5 Maskenpfad und Effekt

In dem Projekt »ariadne.aep«, das sich auf der DVD im selben Ordner befindet wie die Workshopdateien, habe ich den Maskenpfad zusätzlich für den Effekt STRICH verwendet. Den Maskenpfad habe ich in den Effekteinstellungen unter der Option PFAD ausgewählt. Durch die Animation des Stricheffekts erscheint es so, als rollte das Wollknäuel tatsächlich einen Faden ab. Wie Sie Effekte anwenden und animieren, erfahren Sie im nächsten Kapitel.

Bewegungspfad versus Maskenpfad

Der umgekehrte Weg als der im vorigen Workshop vorgestellte – aus einem Bewegungspfad einen Maskenpfad zu generieren – ist folgender: Schaffen Sie zuerst einen Bewegungspfad, indem Sie die Positionseigenschaft einer Ebene animieren. Auf einer zweiten Ebene, die möglichst so groß ist, dass nachher der Maskenpfad in ihr Platz findet, zeichnen Sie eine x-beliebige Maske. Markieren Sie dann alle Keyframes des Bewegungspfads, und drücken Sie [Strg]+[C]. Anschließend öffnen Sie den Eintrag MASKE 1 auf der anderen Ebene und klicken dann auf das Wort MASKENPFAD, um es zu markieren. Fügen Sie dann mit [Strg]+[V] den Bewegungspfad ein. Fertig. Der Bewegungspfad sollte danach Ihrem Maskenpfad entsprechen.

18.5 Formebenen

Mit den Formebenen erhalten Sie einen Teil des Potentials von Illustrator in After Effects und können alles noch animieren. Da Formebenen vektorbasiert sind, können Sie sie problemlos verlustfrei in jede Größe skalieren. Für jeden Pfad legen Sie Füllung und Kontur unabhängig voneinander fest. Über etliche Parameter modifizieren Sie die Pfade und animieren sie beispielsweise zu mäandernden Mustern. Leider hat Adobe dabei nicht an die Maskenpfade gedacht. Daher sind ähnlich komplexe Pfadanimationen nur über Umwege als Masken anwendbar, deren animierbare Parameter Sie ja bereits kennengelernt haben.

Formebenen erstellen Sie ganz ähnlich wie Masken mit den Maskenpfad- oder Form-Werkzeugen. Sie haben also wie bei den Masken die Grundformen Rechteck, abgerundetes Rechteck, Ellipse, Polygon und Stern zur Verfügung.

Eine Formebene erhalten Sie immer dann, wenn Sie keine Ebene in der Zeitleiste ausgewählt haben und dann mit den Werkzeugen im Kompositionsfenster eine Form aufziehen. Jede Formebene kann mehrere verschiedene Formpfade enthalten, die entweder einzeln in der Formebene enthalten sind oder als Gruppe(n) mehrerer Pfade.

Schritt für Schritt:
Formen animieren

In diesem Workshop erfahren Sie Näheres zur Arbeit mit Formebenen.

Die benötigten Dateien für diesen Workshop finden Sie auf der DVD unter BEISPIELMATERIAL/ 18_MASKEN/FORMEBENEN

Kapitel 18   Masken, Matten und Alphakanäle

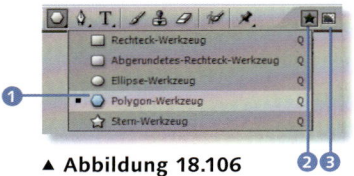

▲ **Abbildung 18.106**
Masken- bzw. Form-Werkzeuge sind in der Werkzeugleiste integriert.

▼ **Abbildung 18.107**
Jede neue Form innerhalb einer Formebene enthält eine Menge Einstellmöglichkeiten, die Sie animieren können.

1   Vorbereitungen

Importieren Sie die Dateien »background.psd« und »fuellung01.psd« bis »fuellung03.psd« aus dem Ordner 18_MASKEN/FORM-EBENEN. Achten Sie darauf, dass Sie die Dateien nicht als Sequenz importieren. Legen Sie eine erste Komposition an (720×576, PAL D1/DV, Dauer: 04:16 Sekunden, Name: »flower«).

2   Formebenen erstellen und bearbeiten

Oben in der Werkzeugleiste finden Sie wie gewohnt die Masken- bzw. Form-Werkzeuge. Wenn Sie die Maustaste etwas länger über dem Rechteck-Werkzeug gedrückt halten, erscheint eine aus Illustrator und Photoshop bekannte Liste an Formvorgaben.

Wählen Sie hier das Polygon-Werkzeug ❶. Ziehen Sie mit gedrückter Maustaste ein Polygon im Kompositionsfenster auf, um eine Formebene zu schaffen.

Öffnen Sie die Eigenschaften der Formebene in der Zeitleiste. Klicken Sie die Liste bei INHALT ❹ auf, wählen Sie dort STERNENGRUPPE 1 und dann STERNENGRUPPE-PFAD 1 ❺.

Das Polygon gehört zur Sternform, daher die Bezeichnung. Sie können hier Grundeigenschaften wie ART und SPITZEN ändern. ÄUSSERER RADIUS und ÄUSSERE RUNDHEIT beziehen sich nicht auf Seelen- oder Körperzustände, sondern auf die Rundungen der innen- und außenliegenden Sternspitzen.

Geben Sie bei DREHUNG den Wert »125°« ein und bei ÄUSSERER RADIUS den Wert »220«. Unter dem Eintrag KONTUR 1 können Sie wie bei allen Formen eine Konturlinie definieren, und unter FLÄCHE 1 wählen Sie Eigenschaften wie FARBE und DECKKRAFT.

Neben einigen Eigenschaften finden Sie ein Augen-Symbol. So blenden Sie die Konturlinie oder die Flächenfarbe aus und ein.

Öffnen Sie den Eintrag TRANSFORMIEREN: STERNENGRUPPE 1 ❻. Hier finden Sie genau die gleichen Eigenschaften wie unter dem Eintrag TRANSFORMIEREN ❼, der die Ebeneneigenschaften

Form oder Maske

Ist in der Zeitleiste keine Ebene markiert, generiert After Effects mit den Pfad-Werkzeugen eine Formebene. Haben Sie eine schon geschaffene Formebene markiert, entscheiden Sie per Klick auf den Button FORM ❷ oder MASKE ❸, ob eine weitere Form oder eine Maske hinzugefügt wird. Markierte pixelbasierte Ebenen erhalten immer eine Maske.

enthält. Der Unterschied besteht darin, dass Sie mit den Ebeneneigenschaften die gesamte Ebene mitsamt allen darin befindlichen Formen (oder Masken) beeinflussen, mit TRANSFORMIEREN: STERNENGRUPPE 1 hingegen nur diese eine Form innerhalb der Ebene. Sie können sich die Ebene also wie einen Container für verschiedene Form- und Maskenpfade vorstellen.

Wählen Sie aus der Werkzeugleiste das Ausschnitt-Werkzeug (sechster Button von links), und verschieben Sie damit den Ankerpunkt der Formebene in etwa auf ihren Mittelpunkt. Positionieren Sie die Ebene ähnlich wie in Abbildung 18.108 in der rechten unteren Ecke.

Für die erste Animation fügen Sie den Ebeneneigenschaften POSITION und SKALIERUNG Keys hinzu, und zwar:

- SKALIERUNG: bei 00:00 = »0 %«; bei 00:18 = »100 %«
- POSITION: bei 03:20 = rechte untere Ecke; bei 04:04 = links außerhalb der Komposition

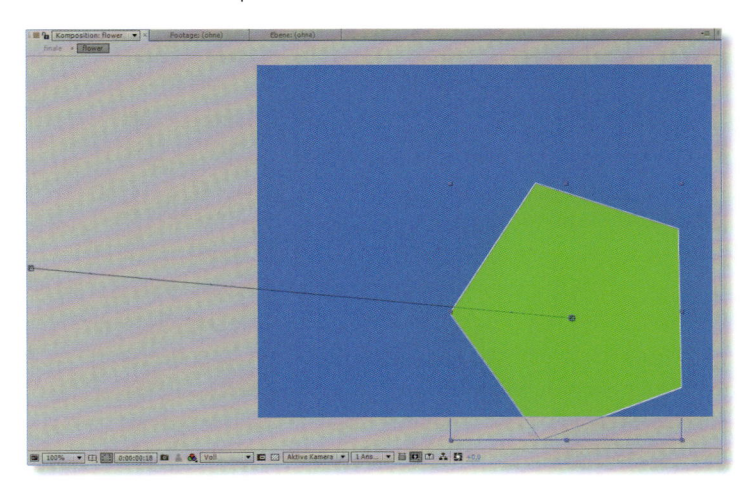

Modi

In der Spalte MODUS neben dem Eintrag STERNENGRUPPE, FLÄCHE und KONTUR können Sie Flächen und Konturfarben mit unterschiedlichen Modi mischen. Haben Sie mehrere Formen auf einer Formebene erstellt, ist eine Interaktion der Flächenfarben für diese Formen ebenfalls möglich.

Flächen- und Konturfarbe

Sie können die Flächen- und Konturfarbe eines innerhalb der Formebene markierten Pfads rasch über die Werkzeugleiste unter FLÄCHE und KONTUR ändern. Auch die Konturbreite lässt sich einstellen.

▲ **Abbildung 18.108**
Das Polygon wird unten rechts positioniert und nach links außen bewegt.

3 **Parameter hinzufügen und animieren**

Zu den Parametern, die wir bereits besprochen haben, fügen wir weitere hinzu. Dazu nutzen Sie den Button HINZUFÜGEN ❶ (siehe Abbildung 18.110) in der Zeitleiste oder in den Werkzeugoptionen (bei aktivem Form-Werkzeug in der Werkzeugleiste).

In der Liste finden Sie die Kategorie PFAD-OPERATOREN, die wir für unsere Animation bevorzugen. Wählen Sie dort ZUSAMMENZIEHEN UND AUFBLASEN und DREHEN. Öffnen Sie beide neuen Parameter, und verändern Sie testweise die Werte bei BETRAG und WINKEL. Zur Animation setzen Sie folgende Werte:

Gruppen hinzufügen

Bei Bedarf fügen Sie der Formebene eine leere Gruppe hinzu. In solch einer zunächst leeren Gruppe versammeln Sie dann über den Button HINZUFÜGEN in der Formebene beliebig viele neue Formen (Rechteck, Ellipse etc.), Flächen- oder Kontureigenschaften. Die gesamte Gruppe können Sie mit den Gruppen-Transformationseigenschaften verändern.

▶ BETRAG: bei 00:14 = 0,0; bei 00:19 = −105; bei 01:02 = −105; bei 01:15 = 105
▶ WINKEL: bei 01:15 = 0,0; bei 02:05 = 120; bei 02:21 = −60; bei 03:13 = 107; bei 03:20 = −120; bei 04:04 = −490

Abbildung 18.109 ▶
Die modifizierte Formebene

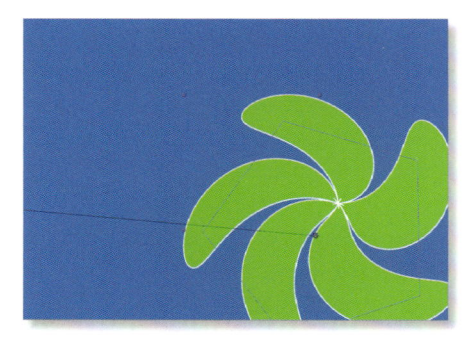

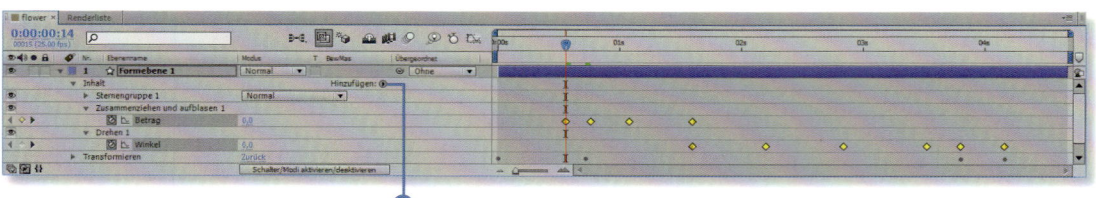

▲ Abbildung 18.110
Mit den Parametern ZUSAMMENZIEHEN UND AUFBLASEN und DREHUNG modifizieren und animieren Sie die Form.

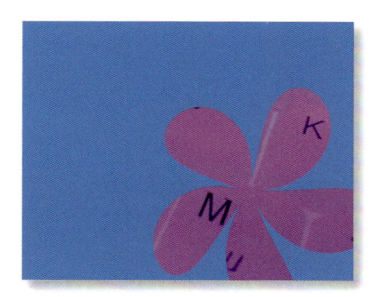

▲ Abbildung 18.111
Die Füllebene erscheint in der Form der Formebene.

Abbildung 18.112 ▶
Die Formebene wird als Matte-Ebene für die Füllung eingerichtet.

4 Formebene als Matte

Zu Beginn dieses Kapitels haben Sie bereits Informationen zu Matten erhalten. Hier werden wir die Formebene als Matte-Ebene verwenden. Fügen Sie der Zeitleiste zunächst die Ebene »fuellung01« hinzu, die Sie zuvor importiert haben, und positionieren Sie die Ebene unter der Formebene.

Wechseln Sie über den Button SCHALTER/MODI AKTIVIEREN/DEAKTIVIEREN ❸ in die Spalte MODUS/BEWMAS. Wählen Sie für die Ebene »fuellung01« aus dem Popup ❷ den Eintrag ALPHA MATTE ›FORMEBENE1‹.

Sofort wird die Formebene ausgeblendet, und die Füllebene erscheint in den Umrissen der Form. So nutzen Sie Formebenen auch als Maskierungen für Videos und anderes Bildmaterial.

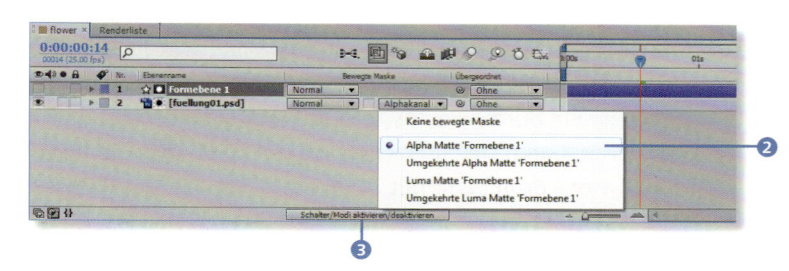

18.5 Formebenen

5 Duplikate

Als Nächstes duplizieren Sie die Ebene »Formebene 1« zweimal. Fügen Sie danach die Dateien »fuellung02« und »fuellung03« hinzu. Positionieren Sie jede Füllebene unter der jeweiligen Formebene, und wiederholen Sie den vorherigen Schritt für die beiden neuen Füllebenen.

Markieren Sie anschließend die Ebene »Formebene 2«, und drücken Sie die Taste U, um die Keys einzublenden. Klicken Sie auf die Eigenschaft POSITION, um dort die Keys auszuwählen. Ziehen Sie die Zeitmarke genau auf den ersten Key der Position. Verschieben Sie dann die »Formebene 2« an den oberen Kompositionsrand, etwa mittig. Verfahren Sie genauso mit der »Formebene 3«, und verschieben Sie diese an den linken Kompositionsrand.

Verändern Sie gegebenenfalls die Skalierungswerte, um verschieden große Ebenen zu erhalten.

▲ **Abbildung 18.113**
Die Duplikate ordnen Sie im Kompositionsfenster leicht versetzt an.

▲ **Abbildung 18.114**
Die zwei Duplikate der Formebene erhalten jeweils eine weitere Füllung.

6 Titel aus Formebenen

Erstellen Sie eine neue Komposition (720×576 – PAL D1/DV, Dauer: 5:08, Name: »title«).

Aktivieren Sie das Text-Werkzeug, und wählen Sie in der Zeichen-Palette, die Sie mit Strg+6 aufrufen, eine Schreibschrift wie z. B. BRUSH SCRIPT STD. Geben Sie den Text »Motion Graphics« ein. Blenden Sie den sicheren Titelbereich ein (dritter Button von links im Kompositionsfenster). Markieren Sie den Text per Doppelklick auf die Textebene in der Zeitleiste. Passen Sie die Schriftgröße an den sicheren Titelbereich an (ca. 230 bis 260 px). Ändern Sie den Zeilenabstand von »Auto« auf einen geringeren Wert, bis das Ergebnis optisch passt. Wählen Sie in der Absatz-Palette, die Sie mit Strg+7 einblenden, TEXT ZENTRIEREN.

Markieren Sie die Textebene, und wählen Sie im Menü EBENE den Befehl FORMEN AUS TEXT ERSTELLEN. After Effects generiert nun eine neue Formebene mit sämtlichen Buchstaben-Outlines als Pfade.

▲ **Abbildung 18.115**
Positionieren Sie den Schriftzug im Kompositionsfenster im sicheren Titelbereich (innerer Rahmen).

Abbildung 18.116 ▲
Generieren Sie aus dem Text eine Formebene, die sämtliche Textkonturen als Pfade enthält.

7 Arbeiten mit Gruppen und Pfaden

Öffnen Sie die Eigenschaftenliste der Text-Formebene. Für jeden Buchstaben hat After Effects einen eigenen Pfad mit passendem Namen erzeugt.

Legen Sie für die Buchstabenpfade eine Gruppe an, in der die Pfade zusammengefasst werden sollen. Klicken Sie dazu auf den Radiobutton bei Hinzufügen, und wählen Sie den Eintrag Gruppe (leer). Die Gruppe wird, wenn nichts als die Formebene selbst markiert ist, unter dem letzten Pfad in der Liste eingefügt. Haben Sie einen bestimmten Pfad ausgewählt, landet die Gruppe in der Liste für diesen Pfad.

Ziehen Sie die Gruppe nach oben, direkt unter den Eintrag Inhalt. Markieren Sie alle Pfade von »M« bis »s«, und ziehen Sie sie auf den Eintrag Gruppe 1. Ihre Pfade verschwinden zunächst in der Gruppe. Öffnen Sie die Gruppe wieder.

Unter dem letzten Pfad ist nun ein weiterer Eintrag hinzugekommen: Transformieren: Gruppe 1. Öffnen Sie dort die Liste. Sie finden hier neben Eigenschaften wie Position und Skalierung interessanterweise auch Neigung und Neigungsachse. Diese Parameter sind nicht mit den Ebeneneigenschaften zu verwechseln, die Sie unabhängig davon animieren. Ändern Sie einen Parameter, wirkt sich das auf die gesamte Gruppe aus.

In den Listen jedes Buchstabens finden Sie die gleichen Parameter zur einzelnen Animation. Über das Augen-Symbol blenden Sie einzelne Buchstaben oder gesamte Gruppen ein und aus. Gruppen, Pfade etc. benennen Sie wie gewohnt um, indem Sie den jeweiligen Eintrag markieren und ⏎ betätigen.

Klappen Sie die Liste für den Buchstabenpfad des »i« auf. Hier entdecken Sie die wichtige Funktion Pfade zusammenführen. Mit dieser Pfadoperation fügen Sie mehrere Pfade zusammen. Hier hat After Effects das freundlicherweise schon für uns erledigt.

Zum Test legen Sie sich außerhalb unseres Workshops eine neue Formebene mit zwei rechteckigen Pfaden an, die sich überlagern. Markieren Sie die Formebene, und wählen Sie im Menü Hinzufügen den Eintrag Pfade zusammenführen. Unterhalb der Rechteckpfade kommen die Einträge Pfade zusammenführen 1, Kontur und Fläche hinzu. Öffnen Sie den Eintrag Pfade zusammenführen 1, und testen Sie die Methoden durch. Sie ähneln denen der Berechnung von Maskenpfaden.

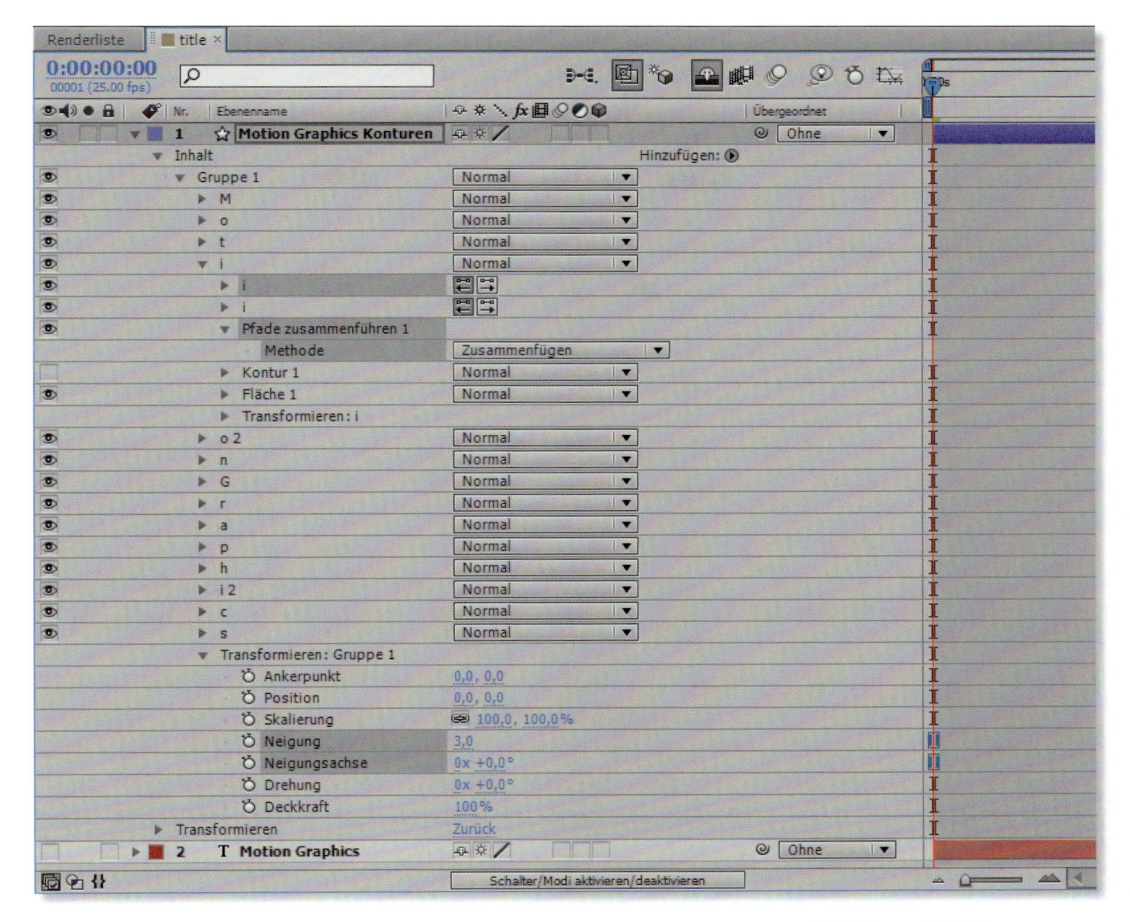

8 Animation der Textkonturen

Zur Animation der Textkonturen wählen Sie aus dem Menü Hinzufügen die Eigenschaft Zusammenziehen und aufblasen. Setzen Sie folgende Keys:

- Betrag: bei 01:00 = 0,0; bei 01:02 = −13; bei 01:03 = 0,0; bei 01:07 = 0,0; bei 01:09 = −15,5; bei 01:10 = 0,0; bei 01:16 = ?−4,3 und bei 01:22 = −87

Die Text-Outline ähnelt am Ende einer platzenden Comic-Seifenblase. Schließen Sie die Pfade-Liste, und öffnen Sie die Transformieren-Eigenschaften der Ebene (nicht die der Pfade!).

Setzen Sie folgende Keys:

- Skalierung: bei 01:16 = 100,0, 100,0% ; bei 01:18 = 132,0, 132,0%; bei 03:06 = 155,0, 155,0%
- Deckkraft: bei 01:22 = 100%; bei 03:06 = 0%

▲ **Abbildung 18.117**
Die Pfade für die Einzelbuchstaben fassen wir in einer Gruppe zusammen.

▲ **Abbildung 18.118**
Die Text-Outline animieren wir wie eine platzende Comic-Seifenblase.

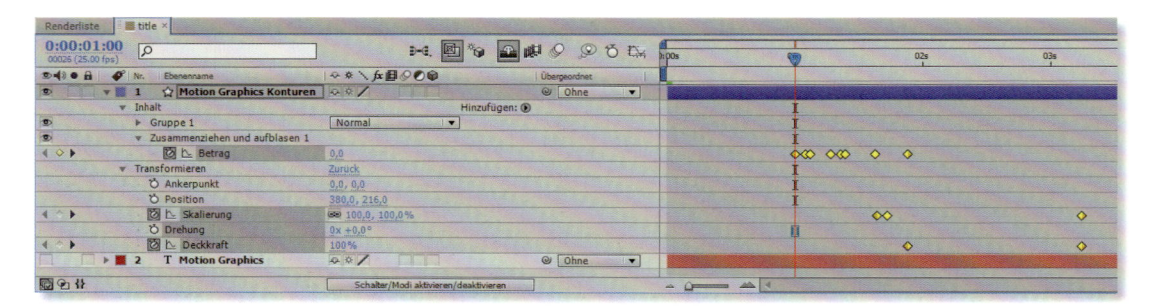

▲ **Abbildung 18.119**
Um den Effekt einer platzenden Comic-Seifenblase zu erzielen, fügen wir den Pfad-Operator ZUSAMMENZIEHEN UND AUFBLASEN hinzu.

9   Weitere animierte Outlines

Für die kleine Titelanimation generieren Sie aus einer neuen oder der noch vorhandenen Textebene neue Konturen aus dem Wörtchen »with«, das Sie in der Mitte der Komposition platzieren. Setzen Sie die Zeitmarke auf 01:23, und drücken Sie [Alt]+[Ö], um die Ebene dort abzuschneiden. Übertragen Sie die vorhin erstellte Textanimation auf die »with«-Formebene. Kopieren Sie dazu die Keys der vorhergehenden Animation, oder erstellen Sie daraus eine Animationsvorgabe, indem Sie alle für den ersten Text gesetzten Keys auswählen und im Menü ANIMATION den Eintrag ANIMATIONSVORGABE SPEICHERN wählen. Positionieren Sie die Zeitmarke auf 02:05, und wählen Sie EINFÜGEN bzw. ANIMATION • ANIMATIONSVORGABE ANWENDEN.

Erstellen Sie noch eine dritte Text-Formebene mit dem Inhalt »Shape Layers«. Lassen Sie sie bei 03:05 beginnen, und wenden Sie die Animationsvorgabe bei 03:12 erneut an.

Buchstabenpfade ein- und ausblenden
Um die Buchstabenpfade temporär auszublenden, nehmen Sie den Eintrag EBENENEINSTELLUNGEN AUSBLENDEN aus dem Menü ANSICHT.

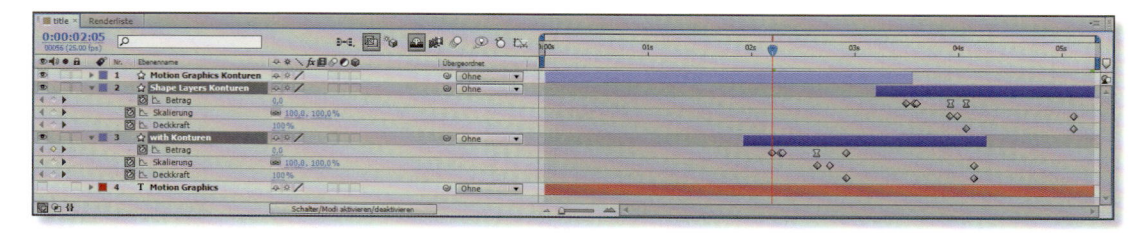

▲ **Abbildung 18.120**
Ein paar weitere Text-Outlines sind für die Titelanimation nötig.

10   Finales Compositing

Erstellen Sie eine letzte Komposition: 720×576 – PAL D1/DV, Dauer: 12:03, Name: »finale«. Ziehen Sie die bisher erstellten Kompositionen »title« und »flower« in die Komposition »finale«, und ordnen Sie sie in der genannten Reihenfolge an.

Ziehen Sie die Datei »background« in die finale Komposition, und positionieren Sie sie unter allen Ebenen. Öffnen Sie zum Vergleich das Beispielprojekt »ShapeLayerfertig«, und erstellen Sie die noch fehlenden Animationen nach diesem Beispiel.

▲ **Abbildung 18.121**
Zu guter Letzt setzen Sie die Kompositionen »title« und »flower« in die Komposition »finale« ein.

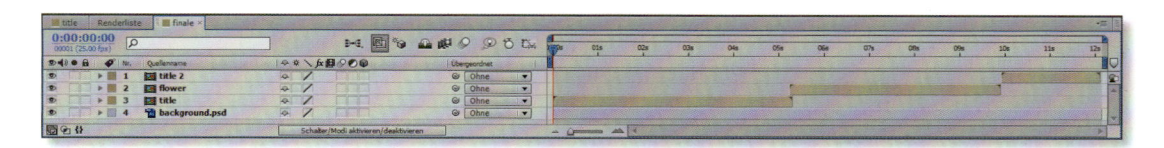

18.6 Rotoskopieren mit dem Roto-Pinsel

Der Roto-Pinsel bietet Ihnen eine neue Möglichkeit, Vordergrundbereiche von Hintergrundbereichen zu trennen, um beispielsweise eine im Studio aufgenommene Sprecherin vor einem neuen Hintergrund – einer Piazza in der Toskana – zu platzieren. Sie verwenden den Roto-Pinsel für Material, das ohne Blue- oder Greenscreen aufgenommen wurde.

Zum Rotoskopieren können Sie in After Effects neben dem Roto-Pinsel auch die Malen-Werkzeuge verwenden, auf die ich in Kapitel 21, »Malen und Retuschieren«, eingehe. Eine herkömmliche Methode ist auch das Zeichnen eines Maskenpfads um das Vordergrundobjekt. Hierbei müssen Sie den Maskenpfad über die Zeit animieren und mühsam manuell an die jeweilige Veränderung des Vordergrunds anpassen.

Der Roto-Pinsel ist eine komfortable Alternative zum manuellen Erstellen und Anpassen von Maskenpfaden.

Funktionsweise des Roto-Pinsels | Sie arbeiten mit dem Roto-Pinsel ähnlich wie mit dem Schnellauswahl-Werkzeug in Photoshop. Sie wählen also den Vordergrundbereich aus und können weitere Bereiche addieren oder auch von der Auswahl abziehen. Die geschaffene Auswahl können Sie anschließend noch mit Parametern wie WEICHE KANTE verbessern. After Effects berechnet die geschaffene Auswahl sofort als Matte und setzt den Hintergrund transparent.

Schritt für Schritt:
Roto-Pinsel und Maske verbessern

Wie die Arbeit mit dem Roto-Pinsel in der Praxis aussieht, zeigt der folgende Workshop.

1 Vorbereitung

Importieren Sie die Dateien »Rotobrush.mov« und »Hintergrund.psd« aus dem Ordner 18_MASKEN/ROTOPINSEL. Klicken Sie im Dialog FOOTAGE INTERPRETIEREN auf die Schaltfläche ERMITTELN.

Rotoskopie

Das Rotoskopieren diente bei seiner Erfindung 1914 dazu, Trickfilmanimationen zu schaffen, indem ein Animator Realbildaufnahmen bildweise abzeichnete. Dazu wurde jedes Einzelbild auf eine Mattglasscheibe projiziert.

Später wurde das Verfahren auch zur Retusche angewendet oder um Vorder- und Hintergrundbereiche eines Films zu separieren. Dabei wird eine Matte geschaffen, die den Hintergrund transparent und den Vordergrund deckend gestaltet. In Computerprogrammen können dazu auch animierte Maskenpfade verwendet werden.

Keying

Im Gegensatz zur Rotoskopie wird beim Keying der Hintergrund bereits bei der Aufnahme durch einen Blue- oder Greenscreen ersetzt. Die Farbe des Hintergrunds setzen Sie später transparent, um einen neuen Hintergrund einzufügen. Siehe Abschnitt 19.5, »Keying-Effekte«.

Kapitel 18   Masken, Matten und Alphakanäle

Die benötigten Dateien für diesen Workshop finden Sie auf der DVD unter BEISPIELMATERIAL/ 18_MASKEN/FORMEBENEN

Kompositionsauflösung
Während der Arbeit mit dem Roto-Pinsel sollte die Kompositionsauflösung auf VOLL eingestellt sein, da geringere Auflösungen oder der Wechsel zwischen Auflösungen zu einer kompletten Neuberechnung führen.

Abbildung 18.122 ▶
Mit dem Roto-Pinsel separieren Sie komfortabel Vorder- und Hintergrundbereiche.

Legen Sie eine neue Komposition mit der Vorgabe PAL D1/DV QUAD. PIXEL und der Dauer 12:04 an. Ziehen Sie den Film »Rotobrush« in die Zeitleiste der Komposition. Ziel ist es, die Schauspielerin auf den neuen Hintergrund zu setzen.

2   Roto-Pinsel anwenden

Den Roto-Pinsel verwenden Sie wie die Malen-Werkzeuge im Ebenenfenster. Klicken Sie, um das Ebenenfenster zu öffnen, doppelt auf den Film in der Zeitleiste. Mit der Taste Ü maximieren Sie das aktivierte Ebenenfenster bei Bedarf.

Klicken Sie in der Werkzeugleiste auf das Roto-Pinsel-Symbol ❶. Im Ebenenfenster erscheint der Pinsel als grüner Kreis mit einem Kreuz. Die Pinselgröße verändern Sie, indem Sie die Taste Strg gedrückt halten, während Sie mit der Maus ziehen. Sie können die Einstellungen aber auch in der Pinsel-Palette, die Sie mit Strg+9 einblenden, modifizieren. Wählen Sie zunächst für die Größe 45 Px.

Navigieren Sie mit der Zeitleiste zum Zeitpunkt 02:00. Ziehen Sie dann einen senkrechten Strich auf dem Vordergrundbereich, wie in Abbildung 18.123 direkt über der Schauspielerin. Gleich darauf erscheint eine magentafarbene Kontur, die den ausgewählten Bereich umrandet. Die Auswahl ist noch nicht ideal: Die Haare müssen noch zur Auswahl hinzu, Teile des Hintergrunds müssen noch entfernt werden.

▲ **Abbildung 18.123**
Zur Auswahl von Vordergrundbereiche genügt ein ungenau innerhalb des Vordergrunds gezogener Strich.

▲ **Abbildung 18.124**
Die erste Auswahl muss noch korrigiert werden.

18.6 Rotoskopieren mit dem Roto-Pinsel

Um Auswahlbereiche hinzuzufügen, ziehen Sie weitere Striche innerhalb des Vordergrunds. Für kleinere Bereiche ist eine kleinere Pinselspitze sehr günstig. Es ist jedoch nicht nötig, die Kontur nachzuzeichnen. Um Auswahlbereiche abzuziehen, drücken Sie die Taste [Alt] und ziehen einen Strich innerhalb des unerwünschten Bereichs. Der Roto-Pinsel sucht dann automatisch nach neuen Konturen.

Die Anpassung ist nicht mühelos, da in Bereichen mit ähnlichen Kontrastwerten die Konturen trotz der automatischen Erkennung schwer zu definieren sind. Auch schnelle Bewegungen sind problematisch, da sie zu verwischten Konturen führen. Allerdings bietet der Roto-Pinsel mit dem integrierten Effekt MASKE VERBESSERN Hilfe für ungenaue Konturen. Mehr dazu im Abschnitt »Der Effekt ›Maske verbessern‹« auf Seite 530.

> **Maskenpfade animieren**
> Wie Sie Masken animieren, beschreibe ich innerhalb des Workshops im Abschnitt »Maskeneigenschaften animieren« auf Seite 494 und im Abschnitt »Masken-Interpolation« auf Seite 505. Der PAUSSTIFT – im Abschnitt »Die Option ›Pausstift‹« auf Seite 501 – kann das Erstellen der Maskenpfade erleichtern.

▲ **Abbildung 18.125**
Um Bereiche hinzuzufügen, zeichnen Sie weitere Striche innerhalb des Vordergrunds.

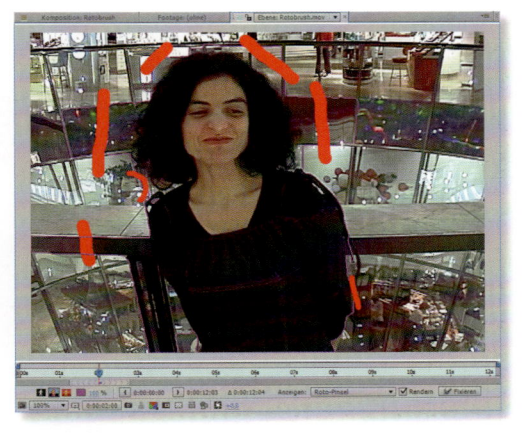

▲ **Abbildung 18.126**
Um Bereiche abzuziehen, zeichnen Sie Striche innerhalb des Hintergrunds.

> **Gleiche Frameraten**
> Die Framerate des Quellmaterials und der Komposition, in dem es verwendet wird, sollte gleich sein. Wenn sich die Framerate unterscheidet, erhalten Sie im Ebenenfenster eine Warnmeldung.

◄ **Abbildung 18.127**
Nicht hundertprozentig genau, aber als Übung zunächst ausreichend – unser erstes Ergebnis

Rückgängig

Roto-Striche machen Sie wie üblich mit ⌈Strg⌉+⌈Z⌉ rückgängig. Um die gesamte Spanne oder mehrere Spannen zu löschen, entfernen Sie den Effekt ROTO-PINSEL im Effektfenster.

3 Kontroll-Optionen für die Auswahl

Unterhalb der Zeitleiste des Ebenenfensters befinden sich drei Schaltflächen zur Anzeige Ihrer Auswahl. Mit dem Schalter ALPHA ❶ zeigen Sie die Maskierung der Ebene in Schwarzweiß oder bei einem zweiten Klick darauf als Endergebnis an.

Den Schalter ALPHARAND ❷ haben wir bereits verwendet. Mit dem Farbwähler ❹ ändern Sie die Konturfarbe, und gleich rechts daneben finden Sie die Deckkrafteinstellung für die Kontur.

Der Schalter ALPHAÜBERLAGERUNG ❸ blendet über dem transparenten Bereich des Hintergrunds eine rote Maskierungsfarbe ein. Farbe und Deckkraft ändern Sie über das Farbfeld und die Deckkrafteinstellung rechts daneben.

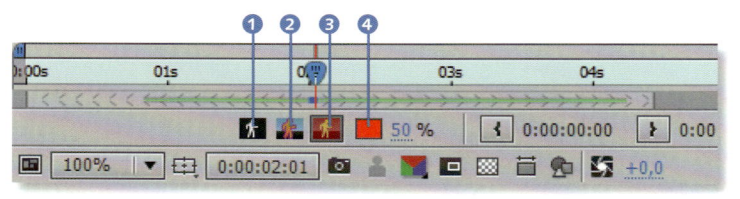

Abbildung 18.128 ▶
Drei Anzeigeoptionen für die geschaffene Matte befinden sich im Ebenenfenster.

Abbildung 18.129 ▶
Anstelle der magentafarbenen Kontur können Sie für die geschaffene Matte auch eine rote Maskierungsfarbe anzeigen.

4 Die Roto-Spanne

An der aktuellen Position der Zeitmarke bei 02:00 wurde mit dem ersten Roto-Strich ein Basisframe gesetzt, der als blauer Punkt unter der Zeitleiste des Ebenenfensters erscheint. Links und rechts davon dehnt sich über je 20 Frames die Roto-Spanne aus. Innerhalb dieser Spanne berechnet After Effects nun für die vorhergehenden und die nachfolgenden Frames Ihre Auswahl, um auch dort das Material in Vorder- und Hintergrund zu separieren. After Effects nennt diesen Vorgang Roto-Pinsel propagieren. Wenn Sie die Zeitmarke vom Basisframe wegbewegen, beginnt sofort diese zeitraubende Berechnung, und Sie können dann den Fortschritt im Infofenster beobachten. Bereits berechnete Bereiche werden mit einer grünen Linie dargestellt. Sie werden erst dann neu berechnet, wenn Sie Änderungen innerhalb der Spanne vornehmen.

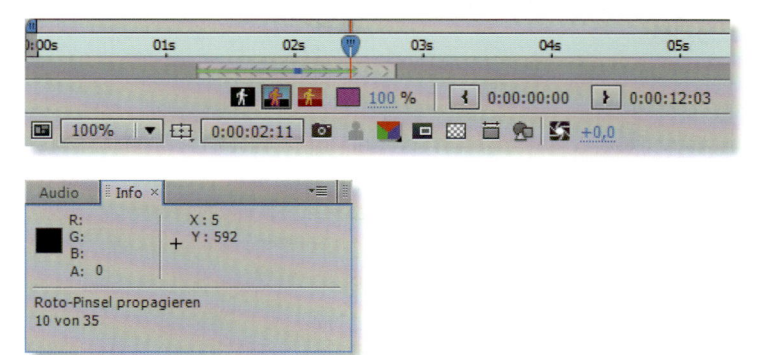

◄ **Abbildung 18.130**
Die Roto-Spanne wird um den als blauen Punkt dargestellten Basisframe herum berechnet.

◄ **Abbildung 18.131**
Das Infofenster zeigt die aktuelle Berechnung von einem Basisframe aus an.

5 Korrektur in der Roto-Spanne

Wenn Sie innerhalb der Roto-Spanne mit der Zeitleiste navigieren, sehen Sie, dass die magentafarbene Konturlinie nicht immer genau den Vordergrund umrandet. Diese Ungenauigkeiten bearbeiten Sie für unseren Workshop an den entsprechenden Zeitpunkten genauso wie am Basisframe, das heißt, Sie addieren Bereiche oder ziehen Bereiche ab, indem Sie neue Striche zeichnen. Wichtig ist dabei, dass Sie zunächst ganz in der Nähe des Basisframes Korrekturen vornehmen, falls sie dort nötig sind, und dann von dort aus immer weiter nach außen gehen. Fangen Sie zuerst weit entfernt vom Basisframe an, werden zunächst viele Frames berechnet, doch bei der nächsten Korrektur, die näher am Basisframe liegt, wird die Berechnung wieder verworfen.

Sobald Sie vor- oder nach dem Basisframe einen Korrekturstrich zeichnen, erweitert sich die Roto-Spanne. Sie können sie auch manuell erweitern, indem Sie am Anfang oder Ende der Spanne ziehen. Ziehen Sie den Anfang auf 00:00 und das Ende auf 04:00. Bearbeiten Sie auf diese Weise zunächst höchstens die ersten vier Sekunden. Innerhalb einer Spanne navigieren Sie mit der Taste ⬚1⬚ frameweise nach links und mit der Taste ⬚2⬚ nach rechts.

6 Mehrere Roto-Spannen

Es ist mitunter sehr nervenaufreibend, wenn ein Korrekturstrich sehr weit vom Basisframe gezeichnet wird, da mit jedem neuen Strich eine neue Berechnung erfolgt. Daher ist es sinnvoll, das Movie in mehrere Spannen aufzuteilen.

Um eine neue Spanne zu schaffen, muss sich die Zeitmarke außerhalb einer vorhandenen Spanne befinden. Positionieren Sie

Spanne löschen

Wenn Sie eine der Spannen löschen möchten, klicken Sie sie per rechter Maustaste an und wählen BEREICH ENTFERNEN.

die Zeitmarke also auf dem Zeitpunkt 06:00. Erstellen Sie dann eine neue Auswahl für den Vordergrund, ähnlich wie beim Schritt »Roto-Pinsel anwenden« beschrieben.

Legen Sie einen neuen Basisframe mit dazugehörender Spanne an, innerhalb dessen Sie wieder die nötigen Korrekturen im Zeitverlauf vornehmen müssen. Einen letzten Basisframe setzen Sie für unseren Workshop noch am Zeitpunkt 10:00, wieder mit den nötigen Korrekturen im Zeitverlauf.

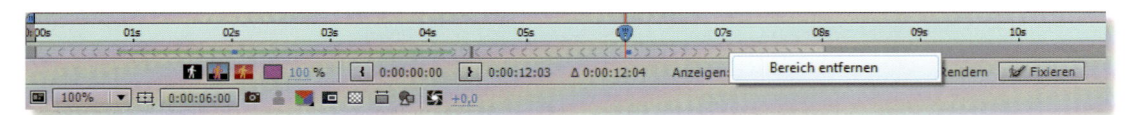

▲ **Abbildung 18.132**
Ein neuer Basisframe wird außerhalb einer vorhandenen Spanne erzeugt. Jeder neue Basisframe erhält eine eigene Spanne.

7 Der Roto-Pinsel-Effekt

Sobald Sie mit dem Roto-Pinsel zeichnen, wird im Effektfenster und in der Zeitleiste der gleichnamige Effekt hinzugefügt. Öffnen Sie einmal die Effekteinstellungen in der Zeitleiste.

Jeden Strich – ob Vorder- oder Hintergrundstrich –, den Sie gezeichnet haben, hat After Effekts unter dem Eintrag KONTUR in der Zeitleiste (wie bei Malstrichen) gespeichert. Obwohl jeder Strich nur einen Frame lang ist, wirkt er sich innerhalb der Roto-Spanne vor bzw. nach dem Basisframe auf die Berechnung des Endergebnisses aus.

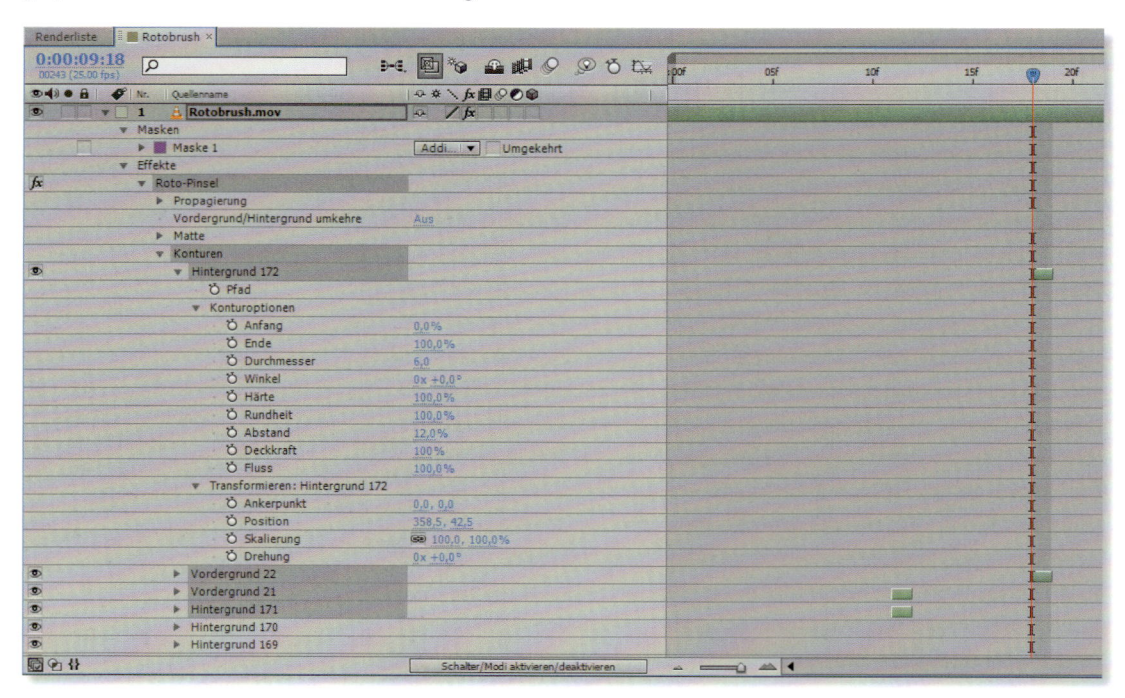

▼ **Abbildung 18.133**
Jeder Vorder- und Hintergrundstrich wird in der Zeitleiste gespeichert.

Wenn Sie die Eigenschaften eines Strichs in der Zeitleiste aufklappen, finden Sie unter KONTUROPTIONEN eine lange Liste mit sämtlichen für diesen Strich gewählten Einstellungen aus der Palette PINSEL. Unter TRANSFORMIEREN sehen Sie z. B. die Eigenschaft SKALIERUNG, um den Strich noch zu vergrößern. Auch die Eigenschaft PFAD befindet sich in den Listen.

Ob Sie hier tatsächlich für Hunderte von gezeichneten Strichen die Eigenschaften modifizieren, bleibt dahingestellt. Möglich ist es jedenfalls. Sehr viel interessanter sind die im Anschluss an den Workshop beschriebenen Effekteigenschaften.

Zwischen Spannen navigieren
Um zwischen mehreren Spannen zu navigieren, verwenden Sie die Taste K, um an den Anfang, den Basisframe oder das Ende zu springen, und die Taste J für die Gegenbewegung.

8   Segmentierung fixieren

Als Segmentierung wird die Aufteilung in Vorder- und Hintergrund durch den Roto-Pinsel bezeichnet. Sie können die auf Grundlage aller gezeichneten Striche erfolgte Berechnung für das Projekt dauerhaft mitspeichern, indem Sie die Segmentierung fixieren.

Sie finden im Ebenenfenster die Schaltfläche FIXIEREN ❶ vor. Wenn Sie darauf klicken, wird die Fixierung gestartet. After Effects rechnet nun noch einmal alles durch und zeigt das mit einer blauen Linie im Ebenenfenster an. Anschließend können Sie mit der Zeitmarke wieder ohne Wartezeit navigieren und Ihr Compositing vervollständigen. Beim nächsten Öffnen des Projekts ist die Matte-Berechnung übrigens immer noch gespeichert, und After Effects rechnet nicht andauernd Ihre Striche aus.

Wollen Sie doch noch einmal Änderungen vornehmen, klicken Sie einfach erneut auf FIXIEREN und können dann wie beschrieben weiterarbeiten.

Zeitpunkt der Fixierung
Falls Sie genau wissen wollen, wann Sie eine Bearbeitung fixiert haben, lassen Sie einfach den Mauszeiger über der Schaltfläche FIXIEREN schweben.

Änderungen nach dem Fixieren
Haben Sie eine Berechnung fixiert, ist das Roto-Pinsel-Werkzeug durchgestrichen. Verwenden Sie es dennoch, wirkt sich das erst aus, wenn Sie die Fixierung wieder lösen.

Fixierung stoppen
Klicken Sie während der Fixierung auf STOPP, wird die Berechnung bis zum Stopp-Zeitpunkt gespeichert und kann nachher fortgesetzt werden.

◄ **Abbildung 18.134**
Mit der Schaltfläche FIXIEREN speichern Sie die Berechnung der Matte dauerhaft.

Kapitel 18   Masken, Matten und Alphakanäle

9   Hintergrund einfügen

Als letzten Schritt fügen Sie die Ebene »Hintergrund.psd« der Zeitleiste hinzu. Im Kompositionsfenster sehen Sie, dass sich die Schauspielerin recht gut in den neuen Hintergrund integriert, vorausgesetzt, Sie haben einigermaßen genau gearbeitet. Passt es irgendwo nicht gut, können Sie jederzeit neu korrigieren. Die Matte-Kante allerdings sieht noch recht schablonenhaft aus.

Optionen zum Ändern der Matte finden Sie weiter unten im Abschnitt »Der Effekt ›Maske verbessern‹« auf Seite 530. Es ist günstig, dazu die Workshopdatei weiterzuverwenden.

Abbildung 18.135 ▶
Nach der Bearbeitung wurde der alte Hintergrund ganz ohne Bluescreen ersetzt.

Beispiele

 Auf der Buch-DVD finden Sie im Ordner Beispielmaterial/18_Masken/RotoPinsel das Projekt RotoPinsel.aep beschriebenen Beispielen.

Propagierung im Roto-Pinsel-Effekt

Um die Einstellungen unter Propagierung im Effekt Roto-Pinsel nachzuvollziehen, verwenden Sie die Workshopdatei oder laden das Projekt »RotoPinsel« aus dem Ordner 18_Masken/RotoPinsel. Klicken Sie doppelt auf die Ebene »Rotobrush.mov«, um das Ebenenfenster zu öffnen.

Unter dem Eintrag Propagierung im Effektfenster setzen Sie zuerst ein Häkchen bei Suchbereich anzeigen. Im Ebenenfenster wird daraufhin eine mehr oder minder breite Linie um den Vordergrund gelegt. In Bereichen mit größeren Bewegungen ist die Linie breiter, in gering bewegten schmaler. After Effects sucht in den angrenzenden Frames innerhalb der Linie nach der Kontur des Vordergrunds. Dort findet die Separation in Vorder- und Hintergrund statt.

Bevor Sie nun die Parameter verändern, navigieren Sie recht nahe an den Basisframe heran, da sonst die Berechnung ewig dauert. Die Parameter bewirken Folgendes:

▶ Suchradius: Eine Erhöhung des Werts erweitert den Suchbereich, innerhalb dessen After Effects nach der Kontur sucht. Bei zu hohen Werten werden auch irrelevante Bewegungen erfasst, bei zu niedrigen Werten werden relevante Bewegungen möglicherweise ignoriert.

▶ Schwellenwert für Bewegungsdämpfung: Eine starke Erhöhung des Werts bewirkt ein völliges Ignorieren von kleinen Bewegungen der Kontur, während sehr niedrige Werte zu einem Suchen auch bei kleinsten Bewegungen führen. Günstig ist meist ein Mittelwert, oder Sie müssen testen.

▶ Bewegungsdämpfung: Eine Erhöhung des Werts bewirkt ein Zusammenziehen des Suchbereichs. In gering bewegten Bereichen wird er stärker, in stark bewegten Bereichen geringer zusammengezogen. Günstig ist meist ein Mittelwert.

▶ Kantenfindung: Die Option Aktuelle Kanten bevorzugen bewirkt, dass die für den aktuellen Frame berechnete Kontur bzw. Segmentierung zwischen Vorder- und Hintergrund verwendet wird. Ausgewogen vergleicht die Segmentierung am aktuellen Frame mit benachbarten Frames. Vorhergesagte Kanten bevorzugen verwenden Sie, wenn der Vordergrund die gleiche Farbe wie der Hintergrund aufweist. Auch hier gilt: Probieren Sie.

▶ Alternative Farbabschätzung verwenden: Wenn Sie hier ein Häkchen setzen, führt After Effects eine andere Art der Berechnung zum Separieren von Vorder- und Hintergrund aus. Sie können es nur ausprobieren.

▶ Vordergrund/Hintergrund umkehren: Diese Option kehrt die Berechnung einfach um, und Sie erhalten dann eine transparente Schauspielerin.

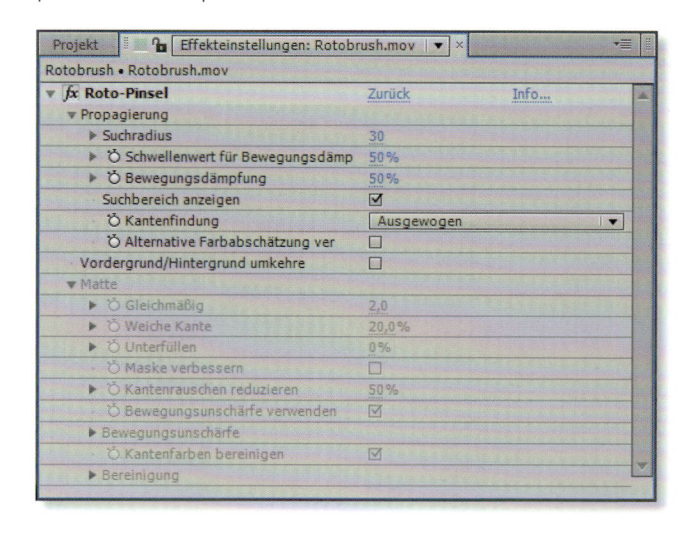

◀ **Abbildung 18.136**
Der Roto-Pinsel-Effekt mit den Optionen unter Propagierung.

Abbildung 18.137 ▶
Der Bereich, in dem After Effects nach Bewegungen der Vordergrundkontur sucht, wird hier als gelbe Linie angezeigt.

Beispiele

Auf der Buch-DVD finden Sie im Ordner BEISPIELMATERIAL/18_MASKEN/ROTOPINSEL das Projekt ROTOPINSEL.AEP beschriebenen Beispielen.

Der Effekt »Maske verbessern«

Durch das Roto-Pinsel-Werkzeug kommen Sie schon vor dem Effekte-Kapitel mit Effekten in Berührung. Der Effekt MASKE VERBESSERN existiert innerhalb des ROTO-PINSEL-Effekts, aber auch separat, und kann auf jegliche Ebenen mit transparenten Bereichen angewendet werden, also auf Ebenen mit Maskenpfaden oder eben auch auf Ebenen, denen Sie einen Keyeffekt zugewiesen haben.

Um die Einstellungen unter MATTE im Effekt ROTO-PINSEL nachzuvollziehen, verwenden Sie die Workshopdatei oder laden das Projekt »RotoPinsel« aus dem Ordner 18_MASKEN/ROTOPINSEL. Klicken Sie doppelt auf die Ebene »Rotobrush.mov«, um das Ebenenfenster zu öffnen.

Zunächst setzen Sie im Effektfenster ein Häkchen bei MASKE VERBESSERN, um alle Einstellungen, die der separate Effekt MASKE VERBESSERN besitzt, zu aktivieren.

Zu den Parametern:

▶ GLEICHMÄSSIG: Eine Erhöhung des Werts bewirkt eine weniger gezackte Matte-Kante. Verwenden Sie geringe Werte, zum Beispiel »2«, um Störungen zu nivellieren.

▶ WEICHE KANTE: Höhere Werte führen zu einer stärkeren Weichzeichnung der Matte-Kante und integrieren das Vordergrundobjekt oft besser in den neuen Hintergrund.

▶ UNTERFÜLLEN: Niedrige Werte erweitern die Matte etwas, höhere Werte schrumpfen sie.

▶ KANTENRAUSCHEN REDUZIEREN: Kurz gesagt: Bewegen sich die Matte-Kanten stark – ist also das Kantenrauschen hoch –, erhöhen Sie den Wert; bewegen sie sich nicht, verringern Sie den Wert.

▶ BEWEGUNGSUNSCHÄRFE VERWENDEN: Diese Option ist sehr hilfreich, wenn in Ihrem Material verwischte Objekte enthalten sind, wie sie beispielsweise durch eine schnelle Handbewegung entstehen. Die Matte-Kante wird mit aktiver Option nicht so schablonenhaft gerendert.

▶ BEWEGUNGSUNSCHÄRFE: Unter SAMPLES PRO FRAME stellen Sie die Durchgänge für die Berechnung der Unschärfe pro Frame ein. Unter VERSCHLUSSWINKEL können Sie den Wert erhöhen, um eine Verstärkung der Unschärfe zu erreichen.

▶ KANTENFARBEN BEREINIGEN: Eine nützliche Option für unscharfe, stark bewegte oder halbtransparente Vordergrundobjekte. Hier wird die Hintergrundfarbe aus den unscharfen Bereichen entfernt.

▶ BEREINIGUNG: Zuerst wählen Sie BEREINIGUNGSMASKE ANZEIGEN, denn da sehen Sie, welche Bereiche der Matte-Kontur beeinflusst werden. Unter STÄRKE DER BEREINIGUNG legen Sie einen Wert für die Option KANTENFARBEN BEREINIGEN fest. GLÄTTUNG AUSDEHNEN sollten Sie verwenden, wenn Sie KANTENRAUSCHEN REDUZIEREN und KANTENFARBEN BEREINIGEN nutzen, um die Qualität zu erhöhen. ERHÖHEN DES BEREINIGUNGSRADIUS verspricht das, was sein Name schon sagt.

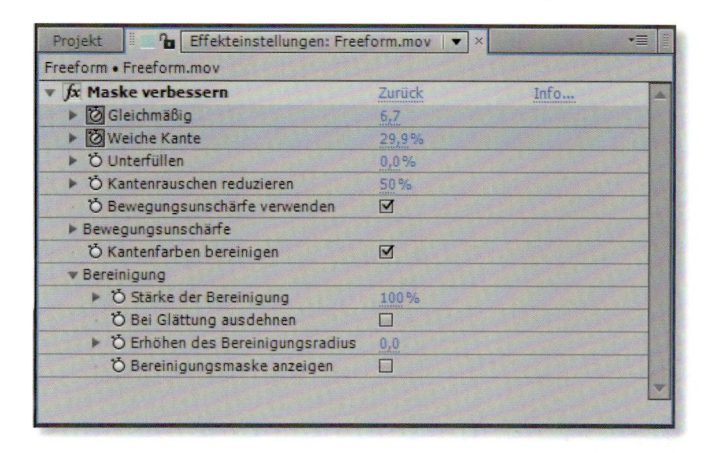

◀ **Abbildung 18.138**
Der Effekt MASKE VERBESSERN ist sowohl im ROTO-PINSEL-Effekt enthalten als auch separat für transparente Ebenen verfügbar.

Kapitel 19
Erweiterte Bearbeitungsmöglichkeiten mit Effekten

Menschen auf dem Mond? Mit Keying-Effekten kein Problem. Eine Blumenwiese unter Wasser? Mit dem KAUSTIK-Effekt kein Thema. Farbstichige oder kontrastarme Aufnahmen wie neu? Eine neue Farbe für Ihr Auto? Nutzen Sie Color Finesse! Bilder und Videos verzerren, verflüssigen oder zertrümmern? Es ist fast alles machbar. Hier erhalten Sie einen Einblick in die Welt der Effekte.

19.1 Effekte in After Effects CS6

Gleich zu Beginn sei warnend erwähnt: Mit Effekten können Sie eine Menge, eine große Menge Zeit verbringen. Effekte sind gewissermaßen unendlich. Ein erster Blick in die lange Liste, die sich im EFFEKT-Menü befindet und nur die Effektkategorien zeigt, soll Sie jedoch nicht abschrecken. Die Liste ist eher als eine Aufzählung der Möglichkeiten zu verstehen. Neben der bereits mitgelieferten umfangreichen Effekte-Palette gibt es Hunderte kostenloser und kommerzieller Effekte von After-Effects-Enthusiasten.

Effekte können die Rettung sein, wirken jedoch schnell auch plump. Die Wirkung eines Effekts will daher gut getestet und geübt sein, erst recht dann, wenn Sie die Effekte untereinander auch noch kombinieren.

In After Effects können Sie wahlweise mit einer Projektfarbtiefe von 8, 16 oder 32 Bit arbeiten. Die meisten Effekte sind auch für den 16-Bit- und den 32-Bit-Farbraum optimiert und können in entsprechenden Projekten sorgenfrei verwendet werden.

Am Ende dieses Kapitels werden Sie feststellen, dass Sie die meisten Effekte noch nicht kennengelernt haben. Dies ist nicht etwa wieder eine Sparmaßnahme und auch keine böse Absicht. Sie werden selbst bald sehen, dass ein einziges Kapitel nur als Anregung zu eigenen Reisen in die unendlichen Weiten und Kombinationsmöglichkeiten der Effekte dienen kann.

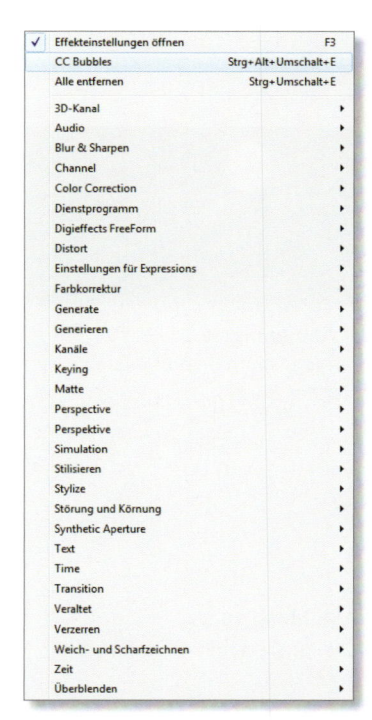

▲ **Abbildung 19.1**
Unter dem Menüeintrag EFFEKT befindet sich eine lange Liste mit Einträgen. Hier sind allerdings nur die Effektkategorien aufgelistet.

19.2 Effekt-Grundlagen

Zunächst widmen wir uns einigen einfacheren Effekten, quasi als Einstieg und um grundsätzliche Arbeitsweisen kennenzulernen. Anschließend werde ich Sie mit einigen sehr nützlichen umfangreicheren Effekten bekannt machen. Der folgende Workshop soll Ihnen die ersten Schritte erleichtern.

Schritt für Schritt: Bildanpassung mit Effekten

Zunächst verwenden wir drei Effekte, ohne diese zu animieren – zum Kennenlernen. Das fertige Projekt können Sie gleich zu Beginn oder am Ende des Workshops zum Vergleich öffnen. Es liegt im Ordner 19_Effekte/Starteffekte.

1 Vorbereitung

Öffnen Sie in Photoshop zunächst aus diesem Ordner 19_Effekte/Starteffekte die Datei »Burg.psd«. Sie enthält einen Nachthimmel, den ich für Sie bereits freigestellt habe, und eine Burg im Tageslicht. Wir werden in After Effects die Burg in Mondlicht tauchen.

Legen Sie für den Workshop ein neues Projekt an, speichern Sie es unter einem eindeutigen Namen ab, und importieren Sie dann mit Strg+I die Datei »Burg.psd«. Wählen Sie die Importoption Importieren als • Komposition. Klicken Sie dann doppelt auf die Komposition im Projektfenster, um sie zu öffnen.

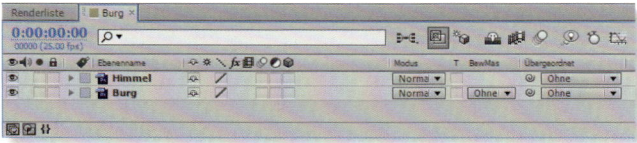

Nur noch 64-Bit-Plugins
Seit After Effects CS5 können Sie nur noch 64-Bit-Plugins laden. 32-Bit-Plugins, die Sie in den Ordner Plug-ins von After Effects kopiert haben, werden im Programm nicht angezeigt. Sie müssen Ihre Fremdanbieter-Plugins nun teilweise zunächst ganz abschreiben, bis 64-Bit-Versionen verfügbar sind.

Die benötigten Dateien für diesen Workshop finden Sie auf der DVD unter Beispielmaterial/19_Effekte/ Starteffekte

▲ **Abbildung 19.2**
Diesen Himmel kombinieren wir mit der Burg.

Abbildung 19.3 ▶
Die Burg erscheint hier (noch) im Tageslicht.

Abbildung 19.4 ▶
Die einzelnen Ebenen der importierten Datei finden sich in der Zeitleiste wieder.

2 Effekt hinzufügen

Mit Effekten versuchen wir, die Burg farblich an den Nachthimmel anzugleichen und eine passende Stimmung zu erzeugen.

Markieren Sie dazu die Ebene »Burg«. Zum Hinzufügen des ersten Effekts wählen Sie im Menü EFFEKTE • FARBKORREKTUR • EINFÄRBEN. Sofort öffnen sich die Effekteinstellungen in einem separaten Fenster. Dort wird der Effekt EINFÄRBEN angezeigt.

In der Zeitleiste zeigt das Effekt-Symbol ❷ an, dass die Ebene mindestens einen Effekt enthält. Um den hinzugefügten Effekt in der Zeitleiste anzuzeigen, markieren Sie die Ebene »Burg« und drücken die Taste [E]. Auf diese Weise blenden Sie sämtliche Effekte ein, die einer Ebene hinzugefügt wurden.

Effekte zurücksetzen
Um einen Effekt auf die »Werkseinstellung« zurückzusetzen, klicken Sie im jeweiligen Effekt auf das Wort ZURÜCK. Haben Sie bereits Keyframes für die Effekteigenschaften gesetzt, hat das Zurücksetzen nur eine Auswirkung auf den aktuellen Frame; die Effekteinstellungen an Keyframes vor und hinter dem aktuellen Frame bleiben erhalten.

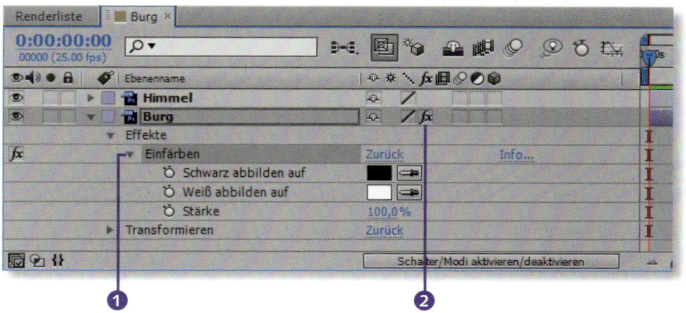

◄ **Abbildung 19.5**
Effekte können Sie auch in der Zeitleiste einblenden und dort bearbeiten.

Klicken Sie nun in der Zeitleiste auf das kleine Dreieck ❶, um die Effekteigenschaften sichtbar zu machen. Änderungen nehmen Sie nach Belieben entweder in den Effekteinstellungen oder in der Zeitleiste vor.

3 Effekt einstellen

Unser Effekt EINFÄRBEN zeigt sich mit sehr überschaubaren Einstellmöglichkeiten. Sie finden zwei Farbfelder vor. Das Feld SCHWARZ ABBILDEN AUF ❸ dient dazu, die dunklen Pixel im Bild zu beeinflussen, das andere ist für die hellen Bereiche zuständig. Mit der STÄRKE ❹ legen Sie die Auswirkung auf das Bild fest. Wie Sie sehen, bleibt bei einem Wert von 0 % alles beim Alten.

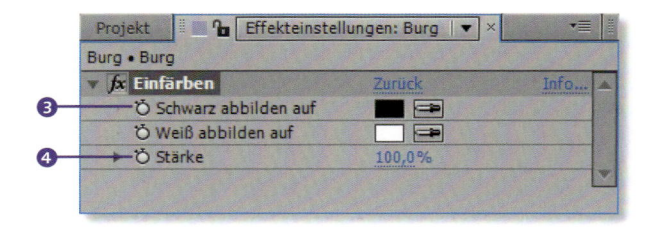

Effekte ein- und ausblenden
Eine Ebene, der ein Effekt hinzugefügt wurde, wird mit dem Effekt-Symbol FX vor jedem Effekt in den Spalten A/V-FUNKTIONEN und EBENENSCHALTER der Zeitleiste gekennzeichnet. Mit einem Klick auf das Effekt-Symbol in der Spalte EBENENSCHALTER blenden Sie sämtliche Effekte der Ebene aus und ein. In der Spalte A/V-FUNKTIONEN ist dies für jeden Effekt einzeln möglich.

◄ **Abbildung 19.6**
Wählen Sie einen Effekt aus dem EFFEKTE-Menü, öffnen sich sofort die EFFEKTEINSTELLUNGEN in einem Extrafenster. Hier können Sie den Effekt bearbeiten.

Der STÄRKE-Wert ist bereits auf 100 % eingestellt, so dass die Burg in Schwarzweiß angezeigt wird. Ändern Sie nun die Farbe, indem

Farbtiefe und Effekte

Alle Effekte in der Effekte-und-Vorgaben-Palette sind mit der maximal möglichen Farbtiefe gekennzeichnet, die ein Effekt unterstützt. Verwenden Sie einen Effekt, der nur eine geringe Farbtiefe unterstützt (z. B. 8 Bit), in einem Projekt mit höherer Bittiefe, erscheint neben dem Effekt im Effektfenster ein Warnsymbol.

Sie auf das weiße Farbfeld klicken. Es öffnet sich der Farbwähler. Tragen Sie dort bei R, G und B die Werte 55, 66 und 77 ein (ich habe die Farbe per Pipette aus dem Bild aufgenommen, aber so wird es bei Ihnen genau wie bei mir). Bestätigen Sie mit OK, und vergeben Sie dann für das schwarze Farbfeld die Farbwerte 12, 14 und 9.

Noch wirkt das Bild flau. Dies ändern wir noch.

Abbildung 19.7 ▶
Vorerst wirkt die Burg noch flau.

▲ **Abbildung 19.8**
In der Effekte-Palette suchen und finden Sie einen Effekt durch Eintippen seines Namens.

Effekte umbenennen

Sie können jeden Effekt umbenennen, den Sie bereits einer Ebene hinzugefügt haben. Klicken Sie dazu in der Zeitleiste oder im Effektfenster auf den Namen des Effekts, und drücken Sie die Taste ⏎ im Haupttastaturfeld. Geben Sie einen passenden Namen ein, und drücken Sie erneut die Taste ⏎.

4   Effekte und Vorgaben

Öffnen Sie über das Menü FENSTER oder mit Strg+5 die Palette EFFEKTE UND VORGABEN, wenn sie noch nicht eingeblendet ist. Die Palette enthält alle installierten Effekte und erlaubt ein komfortableres Arbeiten, als es über den Menüeintrag EFFEKT möglich ist. Um einen bestimmten Effekt aus der langen Liste der Effekte schnell aufzufinden, geben Sie seinen Namen einfach in das Suchfeld ein. Tippen Sie »belichtung« in das Feld. Der Farbkorrektur-Effekt BELICHTUNG wird angezeigt; gegebenenfalls müssen Sie die Liste ANIMATIONSVORGABEN zuklappen.

Markieren Sie die Ebene »Burg«, und klicken Sie anschließend doppelt auf den Effekt in der Palette. Daraufhin wird er der markierten Ebene hinzugefügt.

5   Der Effekt »Belichtung«

Wie der Titel schon verrät, ändern wir nun die Belichtung der »Burg«-Ebene. Sie können dies für die Einzelkanäle Rot, Gelb und Blau durchführen, aber wir verwenden den Master.

Erhöhen Sie den Wert bei BELICHTUNG auf 1,50, um das Bild etwas aufzuhellen. Der VERSATZ hat eine heftigere Auswirkung. Damit werden die Tiefen und Mitteltöne ohne die Lichter beeinflusst. Tippen Sie hier den Wert »–0,02« ein. Die GAMMAKORREKTUR belassen Sie auf 1. Nun passt es schon fast, bis auf zwei kleine Änderungen.

19.2 Effekt-Grundlagen

6 **Letzte Anpassungen**

Um die Burg der Unschärfe des Himmels anzupassen, fügen Sie über die Effekte-Palette noch den Effekt GAUSSSCHER WEICH-ZEICHNER hinzu. Mit einem Wert von 0,3 wird das ganze Bild ganz leicht weichgezeichnet.

Die Farbe des Nachthimmels könnte nun dem bläulichen Charakter der Burg mehr angenähert sein. Wir nutzen hierzu die Ebenenmodi und mischen die Pixel des Nachthimmels mit dem darunterliegenden Himmel der Burg-Bilddatei. Öffnen Sie mit dem Schalter **5** das Ebenenmodifenster, und wählen Sie aus der Liste **6** den MODUS HARTES LICHT. Nun sollte die leicht gespenstische Stimmung erreicht sein, und es fehlt nur noch Bram Stokers Dracula, der sich wie eine Fledermaus aus dem Fenster stürzt.

◤ **Abbildung 19.9**
Das Endbild der eigentlich im Sonnenlicht aufgenommenen Burg

◂ **Abbildung 19.10**
Per Ebenenmodus erhält der Himmel ein tieferes Blau.

7 **Effekthierarchie**

Noch ein letztes Wort zur Effekthierarchie: Es kommt sehr darauf an, in welcher Reihenfolge die Effekte im Effektfenster erscheinen. Sie können dies gleich einmal in Erfahrung bringen, indem Sie den Effekt BELICHTUNG markieren und im Effektfenster nach ganz oben ziehen. Die Burg sieht sofort ganz anders aus. Achten Sie also darauf!

◂ **Abbildung 19.11**
Hier wurde der Effekt BELICHTUNG über dem Effekt EINFÄRBEN platziert.

Kapitel 19 Erweiterte Bearbeitungsmöglichkeiten mit Effekten

Abbildung 19.12 ▶
Durch die Änderung der Effektreihenfolge sieht die Burg gleich ganz anders aus.

19.3 Effekte miteinander kombinieren

Es wäre ein Leichtes, den Rahmen des Buches zu sprengen, wollte ich hier sämtliche Effekte erläutern. Da dies nicht geht, werden wir wenigstens ein paar visuelle Explosionen erzeugen.

Manchmal ist es sinnvoll, das Potential einzelner Effekte miteinander zu kombinieren. Die resultierenden Gestaltungsmöglichkeiten sind vergleichbar mit denen des Schachspiels. Einige Effekte verlangen geradezu nach einer Kombination mit anderen Effekten.

Rauch und Feuer

Natürlich können Sie phantastische Explosionen jederzeit aus dem Internet ziehen, aber wenn Sie sich dort dumm und dusselig suchen und Ihre kostbare Zeit verschwenden, da Sie die Bildrechte nicht erhalten oder sich das Footage nicht leisten können, dann wird es Ihnen helfen, aus einem harmlosen Wölkchen, das Sie bei schönem Wetter selbst aufgenommen haben, eine Explosion zu erzeugen.

Eine solche Wolke habe ich für Sie bereits in Photoshop freigestellt. In After Effects werden wir sie mit den Effekten TURBULENTES VERSETZEN, GITTER-VERKRÜMMUNG und GRADATIONSBLENDE erst in Rauch und dann per EINFÄRBEN und LEUCHTEN in Feuer umwandeln.

Die benötigten Dateien für diesen Workshop finden Sie auf der DVD unter BEISPIELMATERIAL/ 19_EFFEKTE/RAUCH.

Schritt für Schritt:
Explosion erzeugen

In diesem Workshop lernen Sie, wie Sie aus einem harmlosen Wölkchen, einen Explosionseffekt zaubern können.

19.3 Effekte miteinander kombinieren

1 Vorbereitung

Öffnen Sie das fertige Projekt gleich zu Beginn oder am Ende des Workshops zum Vergleich. Es liegt im Ordner 19_Effekte im Ordner Rauch. Importieren Sie die Datei »Wolke.psd« in ein neues Projekt. Legen Sie eine neue Komposition mit der Vorgabe HDTV 1080 25 an, und ziehen Sie die Wolke dort hinein.

Versetzen Sie zuerst den Ankerpunkt genau auf den linken Rand ❶ wie in der Abbildung 19.13. Wählen Sie dann als Positionswerte 0,0 und 520. Wir lassen es von links nach rechts explodieren und nutzen so die Breite des Formats. Später können Sie die Explosion senkrecht drehen.

»Turbulentes Versetzen«: Optionen

Von uns nicht veränderte Optionen im Effekt sind diese: Stärke und Grösse erklären sich selbst. Versatz legt den Quellpunkt fest, aus dem der Versatz berechnet wird. Wenn Sie unter Evolutionsoptionen ein Häkchen bei Evolutionszyklus setzen, loopen Sie die bei Evolution eingestellte Animation, damit die Berechnung schneller geht. Mit Zufallsparameter erzeugen Sie zufällige Bewegung. Ebene neu skalieren ist nützlich, um die Verzerrung über die eigentlichen Ebenengrenzen hinaus zu gestatten.

▲ **Abbildung 19.13**
Der Ankerpunkt der Wolke wird am linken Bildrand ausgerichtet und die ganze Datei am linken Kompositionsrand.

2 Effekte hinzufügen und animieren

Markieren Sie die Wolke in der Zeitleiste, und fügen Sie folgende Effekte hinzu: Turbulentes Versetzen, Gitter-Verkrümmung und Gradationsblende.

Der Effekt Turbulentes Versetzen verzerrt die Wolke, und dies ist so animierbar, dass wir bewegten Rauch simulieren können. Unter Versetzung wählen Sie die Art der Verzerrung, in unserem Fall Drehen (sanfter). Tragen Sie bei Komplexität den Wert 10 ein, um mehr Details zu erzeugen.

▶ Mit animierten Werten bei Evolution bringen wir Bewegung in die Wolke, nein, den Rauch. Setzen Sie folgende Keys: bei 00:00 = 0× +0,0°; bei 00:04 = 3× +0,0°; bei 1:05 = 5× +0,0°.
▶ Bei Stärke setzen Sie bitte folgende Keys: bei 00:00 = 80 und bei 00:04 = 20.

Unter FIXIERUNG wählen Sie noch LINKE FIXIERTE FIXIEREN, um die Pixel am linken Rand unverzerrt dort zu belassen.

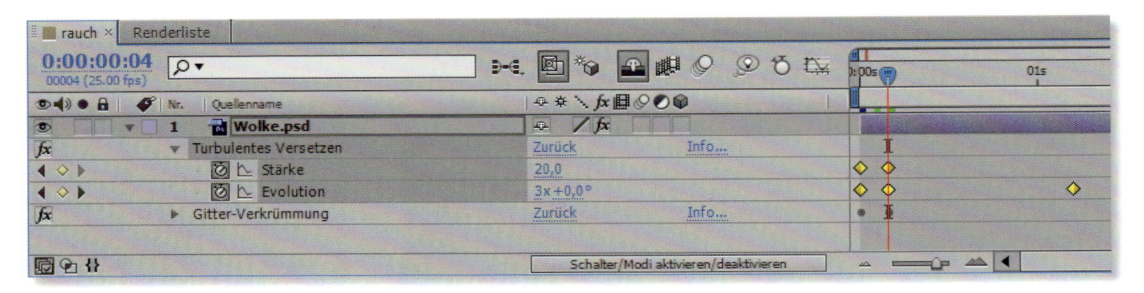

▲ **Abbildung 19.14**
Die Keys für den Effekt TURBULENTES VERSETZEN.

3   Explosion animieren

In einem kurzen Moment zu Beginn muss sich der Rauch schnell ausdehnen und dann wie ein Pilz erweitern. Dazu nutzen wir den Effekt GITTER-VERKRÜMMUNG.

Markieren Sie den Effekt in der Zeitleiste. Es erscheint das Verzerrungsgitter. Mit den Zeilen und Spalten stellen Sie das Gitter feiner oder gröber ein. Zur Animation setzen Sie einen Key bei 00:00 für die Option VERZERRUNGSGITTER. Navigieren Sie nun zum Zeitpunkt 00:04.

Um das Gitter an diesem Zeitpunkt so wie in den Abbildungen zu verzerren, markieren Sie nacheinander bei gedrückter Taste ⇧ alle einzelnen Kreuzungspunkte des Gitters, außer diejenigen ganz links (leider lassen sich mehrere Punkte nicht anders auswählen). Verschieben Sie dann die Punkte nach rechts wie in Abbildung 19.17.

Anschließend bearbeiten Sie die einzelnen Punkte und formen einen Rauchpilz. Nutzen Sie dazu auch die Tangenten an jedem einzelnen Punkt.

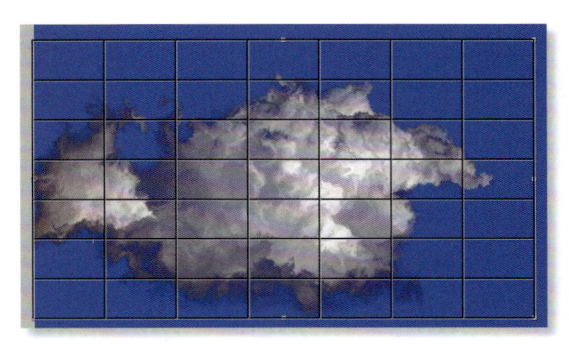

▲ **Abbildung 19.15**
Das Gitter im ersten Key ist unverzerrt.

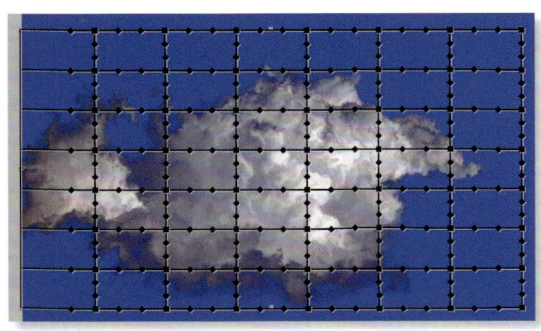

▲ **Abbildung 19.16**
Markieren Sie alle Punkte außer diejenigen ganz links.

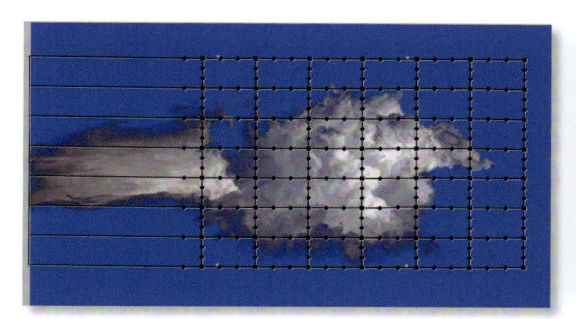

19.3 Effekte miteinander kombinieren

▲ Abbildung 19.17
Verschieben Sie die Punkte nach rechts.

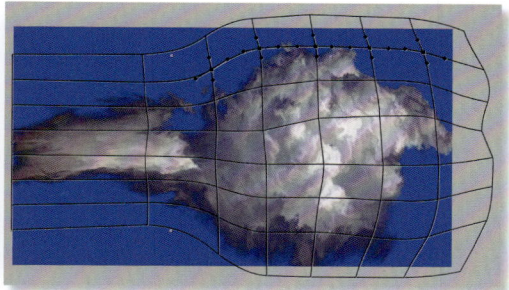

▲ Abbildung 19.18
Formen Sie mit den Gitterpunkten einen Rauchpilz.

4 Ausblenden animieren

Per GRADATIONSBLENDE werden wir den Rauch auflösen. Die GRADATIONSBLENDE nutzt die Helligkeitswerte einer zweiten Ebene, der Verlaufsebene, zur Überblendung. In unserem Falle nutzen wir die Wolken-Ebene selbst als Verlaufsebene, die schon automatisch gewählt ist. Der Rauch löst sich mit diesem Effekt ungleichmäßig auf. Motor des Effekts ist die Option FERTIGSTELLUNG DER ÜBERBLENDUNG. Setzen Sie hier Keys, und zwar: bei 00:04 = 0% und bei 01:05 = 100%. Erhöhen Sie den Wert bei ÜBERBLENDUNG GLÄTTEN ohne Key auf 100%.

Setzen Sie nun noch folgende Keys für die SKALIERUNG: Bei 00:00 = 0,0%; bei 00:04 = 50% und bei 01:05 = 100%.

> **Keyframes werden nicht angezeigt**
> Wenn Sie ausschließlich im Effektfenster arbeiten, werden Ihnen die Keyframes in der Zeitleiste nicht automatisch angezeigt, wenn dort der Effekt nicht eingeblendet ist. Ein solches Arbeiten spart lange Listen im Zeitleistenfenster. Wollen Sie Ihre Keyframes doch einmal wiedersehen, markieren Sie die Ebene in der Zeitleiste und drücken die Taste [U].

◄ Abbildung 19.19
Für GRADATIONSBLENDE und SKALIERUNG setzen Sie diese Keys.

5 Feuer hinzufügen

Für das Feuer nutzen wir gleich die bisherige Animation. Duplizieren Sie daher die Ebene »Wolke«. Erstellen Sie aus dem Duplikat eine Unterkomposition, damit wir darauf weitere Effekte und Animationen anwenden können. Markieren Sie dazu das Duplikat, und wählen Sie EBENE • UNTERKOMPOSITION ERSTELLEN. Aktivieren Sie den Radiobutton bei ALLE ATTRIBUTE IN DIE NEUE KOMPOSITION VERSCHIEBEN, um die Keys der Ebene in die neue Komposition zu verschieben, und benennen Sie die Komposition in »Feuer« um.

541

Markieren Sie dann die Ebene »Feuer«, und fügen Sie die Effekte Einfärben und Leuchten hinzu. Klicken Sie im Effekt Einfärben auf das schwarze Farbfeld, und geben Sie bei R, G, B die Werte 224, 7, 7 ein. Für das weiße Feld vergeben Sie die Werte 240, 230, 4. Setzen Sie für den Wert Stärke folgende Keys: bei 00:08 = 100 % und bei 01:00 = 0 %.

Mit dem Effekt Leuchten erhält die Ebene einen explosionsartigen Feuerschein. Unter Kanal ist dort Farbkanäle gewählt, so dass sich die Einstellungen auf die Farben der Ebene auswirken. Motor des Effekts ist die Intensität. Werte über null erzeugen ein Leuchten. Per Radius definieren Sie den Umfang des Leuchtens um helle Pixel herum. Ist der Schwellenwert hoch, leuchten größere Teile des Bilds und umgekehrt.

Setzen Sie für die Intensität folgende Keys: bei 00:08 = 0,3 und bei 01:00 = 0.

Kombinieren Sie nun die beiden Ebenen »Feuer« und »Rauch« über Ebenenmodi. Wählen Sie aus der Liste ❶ für die Ebene »Feuer« den Eintrag Hartes Licht. Zum Schluss können Sie die Komposition rendern oder in eine andere Komposition verschachteln und dort mit einem Hintergrundbild kombinieren, indem Sie die Explosion um –90° drehen, skalieren und positionieren.

Abbildung 19.20 ▶
Aus dem Rauch wird Feuer per Einfärben und Leuchten.

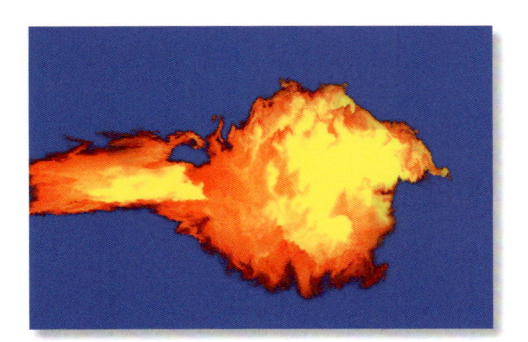

▲ **Abbildung 19.21**
Hier ist die Wolke vom Beginn kaum noch zu erkennen.

▲ **Abbildung 19.22**
Das Feuer wurde in einer weiteren Komposition über einem Hintergrundbild platziert.

Nebel

In diesem Abschnitt schauen wir uns drei Effekte an, mit denen Sie Nebel in Ihre Kompositionen einbauen können. Es handelt sich um FRAKTALES RAUSCHEN, TURBULENTES RAUSCHEN und VERFLÜSSIGEN. Ein fertiges Projekt dazu befindet sich im Ordner 19_EFFEKTE/NEBEL.

»Fraktales Rauschen« und »Turbulentes Rauschen« | Mit den Effekten FRAKTALES RAUSCHEN und TURBULENTES RAUSCHEN in Kombination mit Masken haben Sie vielfältige Möglichkeiten, Nebel zu erzeugen. Beide Effekte sind beinahe identisch, so dass ich hier nur FRAKTALES RAUSCHEN erläutere; gleichwohl rendert TURBULENTES RAUSCHEN schneller und ist genauer.

Der Weg: Sie können den Effekt einer einfachen Farbfläche hinzufügen. Die Farbe der Fläche wird vom Effekt ignoriert. Unter FRAKTALTYP ändern Sie das Erscheinungsbild der Störung und wählen für Nebel nicht WOLKIG, wie zu vermuten, sondern DYNAMISCH. Unter STÖRUNGSTYP können Sie alles verwenden, nur BLOCK eignet sich hier nicht. Unter TRANSFORMIEREN zoomen Sie per SKALIERUNG in das Fraktalmuster hinein und erhalten großzügigere Wolkenballungen.

Für eine ganz leichte Bewegung animieren Sie die Werte bei EVOLUTION, indem Sie zu Beginn Ihrer Animation einen ersten Key mit 0× +0,0° setzen und am Ende einen selbst zu testenden, nicht zu hohen Wert, z. B. 2× +0,0°.

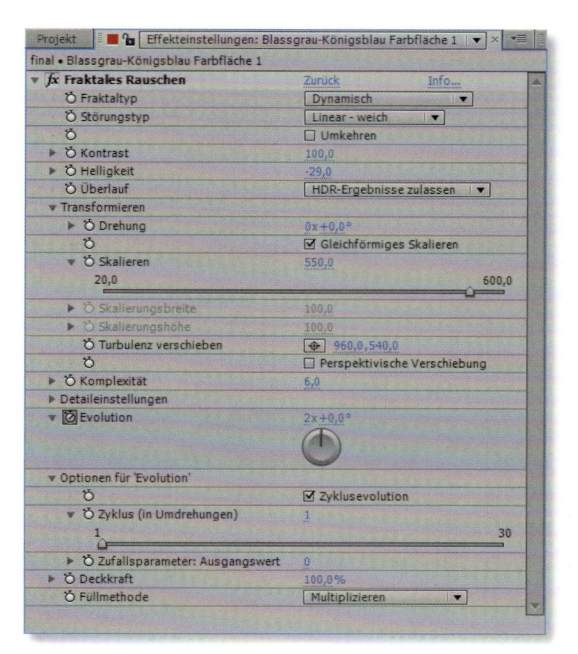

> **Beispiel**
>
> Auf der Buch-DVD finden Sie im Ordner BEISPIELMATERIAL/19_EFFEKTE/NEBEL die Datei »nebel.aep«.

> **Wasser simulieren**
>
> Für animierte Flüssigkeiten wählen Sie im Effekt FRAKTALES RAUSCHEN den Fraktaltyp WIRBELIG, und unter TRANSFORMIEREN animieren Sie den Wert für TURBULENZ VERSCHIEBEN und setzen ein Häkchen für PERSPEKTIVISCHE VERSCHIEBUNG.

◄ **Abbildung 19.23**
FRAKTALES RAUSCHEN, hier für Nebel eingestellt

Kapitel 19 Erweiterte Bearbeitungsmöglichkeiten mit Effekten

Zum Nachlesen
Einzelheiten zu Ebenenmodi finden Sie im Abschnitt 8.7, »Bitte mischen: Füllmethoden«, auf Seite 225. Details zur Maskenbearbeitung in Kapitel 18, »Masken, Matten und Alphakanäle«, Informationen zur Arbeit mit 3D-Ebenen und Kameras in Kapitel 23, »3D in After Effects«.

Die Berechnung geht schneller, wenn Sie diese Animation intern loopen lassen. Dafür setzen Sie unter Optionen für Evolution ein Häkchen bei Zyklusevolution. Unter Zyklus wählen Sie die gleiche Anzahl Umdrehungen wie bei Evolution oder einen glatt durch die Umdrehungen teilbaren Wert, damit der Evolutionszyklus genau passend geloopt wird. Der Zufallsparameter zerstört solch einen passenden Zyklus und führt zu nicht glatten Übergängen, also Vorsicht.

Wichtig ist es, im Effekt die Füllmethode zu ändern. Wählen Sie hier Multiplizieren, erhalten Sie das Fraktal in der Farbe Ihrer Farbfläche und Schwarz. Anschließend können Sie via Ebenenmodi das Schwarz transparent setzen. Dazu muss aber auch eine Bildebene unter der Fraktalebene liegen.

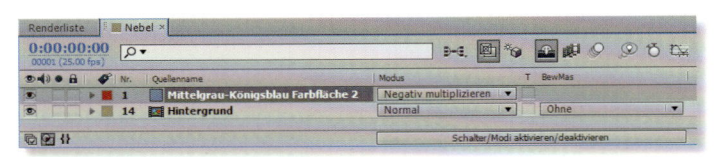

Abbildung 19.24 ▶
Die Farbfläche mit dem Effekt wird per Negativ Multiplizieren in den Hintergrund gerechnet.

Abbildung 19.25 ▶
Nebel über dem gesamten Bild ist hier bereits erreicht.

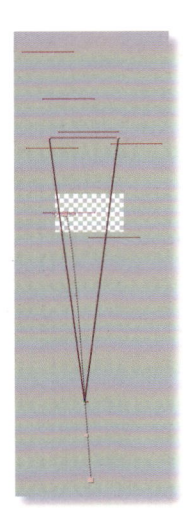

▲ **Abbildung 19.26**
Die maskierten, im Raum verteilten Ebenen in der Ansicht von oben mit animierter Kamera.

Masken, Duplikate und Kamera | Im Projekt »Nebel« aus dem Ordner 19_Effekte/Nebel ist eine Fahrt durch mehrere Nebelbänke per Kamera animiert. Hierfür sollten Sie in die entsprechenden Kapitel schauen und dann hier weiterlesen.

Um die Kamerafahrt einzurichten, zeichnen Sie zunächst eine Maske auf der Fraktalebene in ähnlicher Form wie in der Abbildung 19.27. Mit dem Werkzeug Weiche Maskenkante fügen Sie unterschiedlich breite weiche Kanten hinzu.

Anschließend aktivieren Sie die 3D-Option für die Ebene und duplizieren diese einige Male. Die duplizierten Ebenen verteilen Sie räumlich, indem Sie sie auf der X-, Y- und Z-Achse unterschiedlich verschieben. Animieren Sie dann eine Kamera, die durch die Ebenen fliegt. Es entsteht ein recht räumlicher Eindruck, obwohl der Nebel kein echtes Volumen hat.

19.3 Effekte miteinander kombinieren

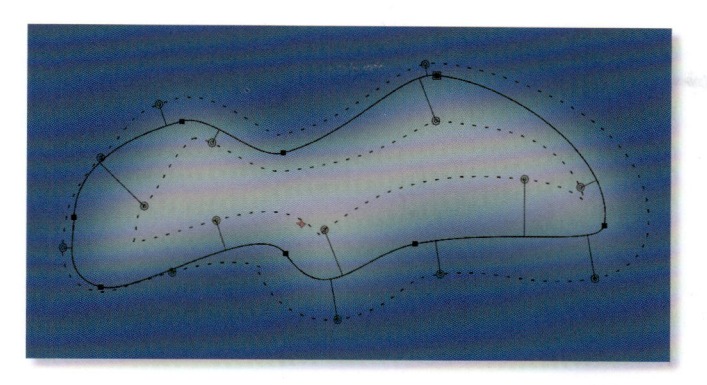

◄ **Abbildung 19.27**
Für die Fraktalebene zeichnen Sie eine Maske mit unterschiedlich breiter weicher Maskenkante.

▼ **Abbildung 19.28**
Die Ebenenduplikate und die Kamera in der Zeitleiste

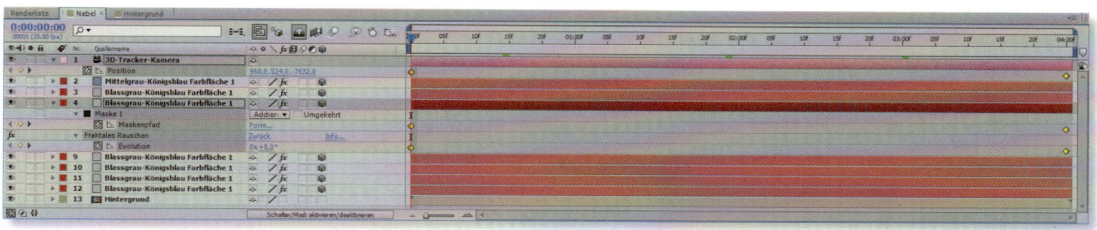

◄ **Abbildung 19.29**
In der Animation wirkt der Nebel plastischer als in der Abbildung.

»**Verflüssigen**« | Mit dem Effekt VERFLÜSSIGEN (EFFEKTE • VERZERREN • VERFLÜSSIGEN) arbeiten Sie fast schon künstlerisch auf einem Verzerrungsgitter, das über eine Ebene gelegt wird. Hier bearbeiten Sie nicht wie im schon beschriebenen Effekt GITTERVERKRÜMMUNG einzelne Gitterpunkte. Stattdessen erzeugen Sie wie im gleichnamigen Photoshop-Effekt Gitterverzerrungen mit Pinsel-Werkzeugen.

In der Projektdatei »nebel.aep« aus dem Ordner 19_EFFEKTE/NEBEL finden Sie eine Komposition namens »Verflüssigen«. Hier wurde aufsteigender Nebel animiert. Dazu wurde die Wolke verwendet, die Sie schon aus dem Workshop »Explosion erzeugen« kennen.

Der Weg: Nachdem Sie beispielsweise einer freigestellten Wolke den Effekt VERFLÜSSIGEN hinzugefügt haben, können Sie

Beispiel

Auf der Buch-DVD finden Sie im Ordner BEISPIELMATERIAL/19_EFFEKTE/NEBEL die Datei »nebel.aep«

Fixierungsbereichsmaske

Sie können auf der Ebene eine Maske aufziehen und diese unter FIXIERUNGSBEREICHSMASKE auswählen. Hat diese Maske keine weiche Kante und eine MASKENDECKKRAFT von 100 %, wirken sich Verzerrungen nicht auf den Bereich innerhalb der Maske aus; nur ein paar Pixel am Maskenrand werden beeinflusst, der Rest ist fixiert. Verringern Sie die MASKENDECKKRAFT oder stellen Sie eine weiche Kante ein, um diese Pixel zu verzerren.

Verzerrungsgitterversatz

Haben Sie eine Ebene bereits mit den Werkzeugen verzerrt, können Sie die geschaffene Verzerrung auf den Achsen X und Y über das Bild laufen lassen, was sich besonders für Wassersimulationen eignet. Dazu animieren Sie die Option VERZERRUNGSGITTERVERSATZ.

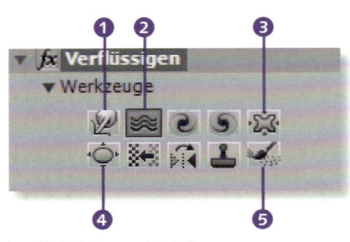

▲ **Abbildung 19.30**
Den Werkzeugkasten des Verflüssigen-Effekts sehen Sie hier.

via ANZEIGEOPTIONEN per GITTER ANZEIGEN schauen, ob das Gitter zu fein eingestellt ist. In dem Fall wählen Sie unter GITTERGRÖSSE die Einstellung GROSS.

Aufsteigenden Nebel erzeugen Sie mit den Werkzeugen VERKRÜMMEN, TURBULENZ, AUFBLASEN, ZUSAMMENZIEHEN und gegebenenfalls dem Rekonstruktions-Werkzeug, die Sie im oberen Bereich anklicken. Jedes aktive Werkzeug hat eigene Optionen, die weitgehend gleich sind.

Die Stärke der Verzerrung wird durch den VERZERRUNGSPROZENTSATZ und den PINSELDRUCK bestimmt. Je höher dort die Werte, desto stärker die Verzerrung.

Eine Animation erreichen Sie, indem Sie Keyframes für die Option VERZERRUNGSGITTER setzen. Für quellwolkenartigen Nebel aktivieren Sie das Aufblasen-Werkzeug ❹, und wählen Sie einen großen Pinsel. Klicken Sie im Bild den Bereich an, der vergrößert werden soll. Halten Sie die Maustaste gedrückt, wird der Bereich in Schritten vergrößert. Genau umgekehrt wirkt das Zusammenziehen-Werkzeug ❸. Mit dem Verkrümmen-Werkzeug ❶ verschieben Sie Pixel, um auch hier eine Bewegung zu erzeugen. Diese Werkzeuge erzeugen recht starke Veränderungen, die schnell unrealistisch wirken; arbeiten Sie daher eher mit geringem Pinseldruck. Kleine, aber für Wolken und Nebel sehr realistische Änderungen erzielen Sie mit dem Turbulenz-Werkzeug ❷, das die Pixel schrittweise verwirbelt, wenn Sie den Bereich angewählt halten.

Mit dem Rekonstruktions-Werkzeug ❺ setzen Sie Ihre Bearbeitungen im Bereich des Pinseldurchmessers zurück.

In der Beispiel-Komposition »Verflüssigen« habe ich die Wolke zusätzlich zur Effektanimation von unten nach oben skaliert und Bereiche, die nicht nebelig erscheinen sollten, ausmaskiert. Um die Wolke besser in das Bild zu integrieren, habe ich die DECKKRAFT verringert und den Ebenenmodus auf NEGATIV MULTIPLIZIEREN gesetzt. Mehrere Duplikate der Animation erzeugen Nebel im gesamten Bild. Außerdem wird der Nebel über eine GRADATIONSBLENDE eingeblendet.

Abbildung 19.31 ▶
In diesem Bild soll Nebel aufsteigen.

19.3 Effekte miteinander kombinieren

◄ **Abbildung 19.32**
Mit den Verflüssigen-Werkzeugen bearbeiten Sie fast künstlerisch das Verzerrungsgitter.

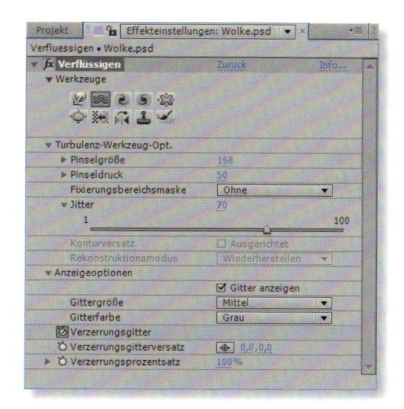

▲ **Abbildung 19.33**
Das bearbeitete Gitter verzerrt die Wolke. Bereiche, die ohne Nebel erscheinen sollen, sind ausmaskiert.

▲ **Abbildung 19.34**
Der fertig animierte Nebel durchzieht die Landschaft.

Wasser

Im nächsten Beispiel werden wir mit Hilfe des Effekts Kaustik Wasser, genauer eine Pfütze, in eine Videoaufnahme einbauen. Kaustik nutzt drei Ebenen: eine für den Boden, eine für den Himmel und eine für die Wasseroberfläche – wie in einem echten See. Diese drei Ebenen legen wir zuerst an. Der Boden besteht aus einem in Photoshop bearbeiteten Standbild des Videos, in das wir später die Pfütze einsetzen werden.

Für die Wasseroberfläche verwenden wir den Effekt Turbulentes Rauschen, der wie der schon erläuterte Effekt Fraktales Rauschen funktioniert. Damit generieren wir eine leicht bewegte Oberfläche. Der Himmel besteht aus einem animierten Foto.

Die benötigten Dateien für diesen Workshop finden Sie auf der DVD unter Beispielmaterial/ 19_Effekte/Kaustik

Schritt für Schritt:
Simulation einer Wasseroberfläche

Bevor wir uns wirklich mit simuliertem Wasser beschäftigen, werden wir eine Komposition anlegen, die wir als Graustufenmatrix für den Effekt Kaustik verwenden.

Kapitel 19 Erweiterte Bearbeitungsmöglichkeiten mit Effekten

1 Vorbereitung

Legen ein neues Projekt an, und erstellen Sie eine Komposition mit dem Namen »Turbulentes Rauschen« mit der Vorgabe HDTV 1080 25 und einer Dauer von 06:19 Sekunden. Fügen Sie der Komposition eine neue Farbfläche hinzu; drücken Sie dazu [Strg]+[Y]. Die Farbe der Ebene ist egal, die Größe soll der Komposition entsprechen. Wichtig ist, dass die Ebene die gesamte Kompositionsdauer lang sichtbar ist.

2 Einstellungen für »Turbulentes Rauschen«

Blenden Sie mit [Strg]+[5] die Palette EFFEKTE UND VORGABEN ein, und tippen Sie die Buchstaben »turb« in das Eingabefeld. Markieren Sie die neu geschaffene Ebene, und klicken Sie doppelt auf den Effekt RAUSCHEN UND KORN • TURBULENTES RAUSCHEN. Die Ebene wird danach mit einer watteartigen Struktur gefüllt.

Damit die Wasseroberfläche später leicht gekräuselt erscheint, wählen Sie folgende Einstellungen:

FRAKTALTYP ❶ = WIRBELIG; STÖRUNGSTYP ❷ = LINEAR WEICH; KONTRAST ❸ = 14; HELLIGKEIT ❹ = 61; unter TRANSFORMIEREN • SKALIERUNG ❺ = 16.

Setzen Sie folgende Keys für TURBULENZ VERSCHIEBEN ❻, um eine leichte Fließbewegung zu erzeugen: bei 00:00 = 960, 540; bei 06:19 = 940, 515. Bei KOMPLEXITÄT ❼ wählen Sie den Wert 4.

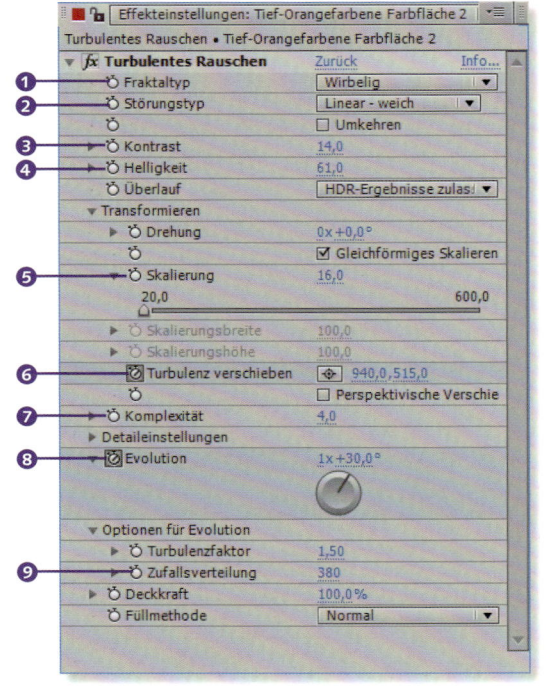

▲ **Abbildung 19.35**
Der selbsterstellte Graustufenfilm bewegt später die Wasseroberfläche.

Abbildung 19.36 ▶
Die Einstellungen für Wasser im Effekt TURBULENTES RAUSCHEN.

548

19.3 Effekte miteinander kombinieren

Setzen Sie bei EVOLUTION ❽ folgende Keys: bei 00:00 = 0× +0,0 und bei 06:19 = 1× +30,0.

Unter OPTION FÜR EVOLUTION wählen Sie bei ZUFALLSVERTEILUNG ❾ den Wert 380. Alles andere bleibt unverändert.

3 Himmel animieren

Importieren Sie die Datei »himmel.psd« aus dem Ordner 19_EFFEKTE/KAUSTIK. Legen Sie eine neue Komposition mit der Vorgabe HDTV 1080 25 und einer Dauer von 06:19 Sekunden an, benennen Sie sie mit »himmel«, und ziehen Sie die Datei dort hinein. Animieren Sie die Ebene so, dass sie von oben nach unten wandert. Setzen Sie dazu für die Eigenschaft POSITION einen Key bei 00:00 und einen am Ende bei 06:19.

Jetzt werden Sie die beiden geschaffenen Kompositionen für den Effekt KAUSTIK nutzen.

◀ **Abbildung 19.37**
Am Zeitpunkt 00:00 beginnt die »Himmel«-Ebene am unteren Rand des Kompositionsfensters und wandert von dort nach unten.

4 »Kaustik«-Vorbereitung

Zur Simulation einer Wasseroberfläche bietet sich hervorragend der Effekt KAUSTIK an. Möglichkeiten sind die Spiegelung einer beliebigen Bildebene in der Wasseroberfläche oder der Blick durch das Wasser auf den Grund, der wiederum eine beliebige Bildebene darstellen kann.

Legen Sie eine neue Komposition mit dem Namen »Kaustik« mit der Vorgabe HDTV 1080 25 und einer Dauer von 06:19 Sekunden an. Fügen Sie der Komposition eine Farbfläche hinzu, und wählen Sie aus dem Menü EFFEKTE • SIMULATION • KAUSTIK. Ohne weitere Ebenen ergibt der Effekt noch keinen Sinn.

Importieren Sie also mit Strg+I aus dem Ordner 19_EFFEKTE/KAUSTIK die Datei »boden.psd«. Gegebenenfalls wählen Sie beim Import im Dialog FOOTAGE INTERPRETIEREN die Option

Kapitel 19   Erweiterte Bearbeitungsmöglichkeiten mit Effekten

ERMITTELN. Fügen Sie die Datei der Komposition »Kaustik« hinzu. Fügen Sie auch die Kompositionen »himmel« und »Turbulentes Rauschen« hinzu. Achten Sie darauf, dass alle Ebenen zum Zeitpunkt 00:00 beginnen.

Als auf diese Weise verschachtelte Kompositionen sind unsere Animationen für den Effekt KAUSTIK einsetzbar. Blenden Sie alle Ebenen außer der Farbfläche mit dem KAUSTIK-Effekt aus, indem Sie auf das Augen-Symbol jeder Ebene klicken.

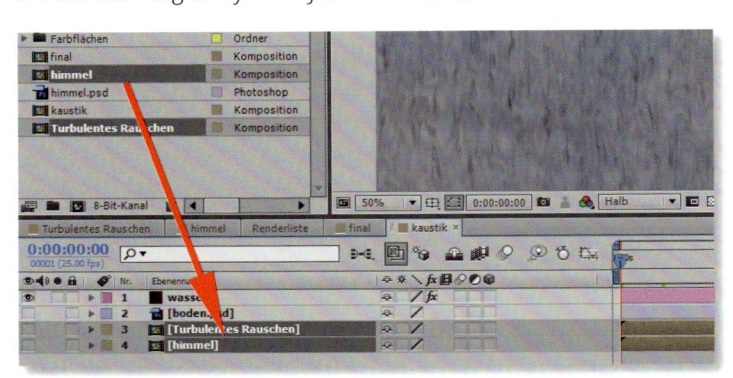

Abbildung 19.38 ▶
Die Kompositionen »himmel« und »Turbulentes Rauschen« werden in die Komposition »Kaustik« verschachtelt. Auf diese Weise können Sie die Animationen für den Effekt KAUSTIK verwenden.

Optionen im »Kaustik«-Effekt
Soll der Effekt KAUSTIK nur allmählich Wirkung zeigen, regeln Sie das über die WELLENHÖHE im Effekt. Bei einem Wert von 0 wird keine der Ebenen verzerrt. Auch ein Wert 0 bei der KONVERGENZ verhindert eine Verzerrung der Bildinhalte. Mit WELLENHÖHE, GLÄTTEN und WASSERTIEFE legen Sie fest, wie stark die Verzerrung des Bodens und des Himmels sein soll. Der BRECHUNGSINDEX simuliert mit 1,2 korrekt die Lichtbrechung von Wasser. Erhöhte Werte bei KAUSTIKSTÄRKE lassen dunkle Stellen dunkler und helle heller erscheinen. Für den Himmel regelt die INTENSITÄT, wie stark er sich im Wasser spiegelt, und die KONVERGENZ, wie nahe er sich an die Wasseroberfläche anpasst.

5 »Kaustik« einstellen
Der Effekt KAUSTIK funktioniert nach folgendem Prinzip: Der Effekt nutzt maximal drei Ebenen. Eine ist der »Meeresgrund« und eine der Himmel. Die dritte, mittlere Ebene ist die Wasseroberfläche. Sie dient zur Verzerrung der Himmel- bzw. Meeresgrundebene. Für die Wasseroberfläche verwenden wir die Komposition »Turbulentes Rauschen«. Der Effekt KAUSTIK holt sich die Helligkeitsinformation aus der Ebene und übersetzt sie in Wellenberge und -täler. Wie bei echtem Wasser wirkt ein Wellenberg dann wie eine vergrößernde Lupe. Das ist das Prinzip. Im Effekt stecken allerdings weit mehr Einstellmöglichkeiten, die sich am besten durch Probieren erschließen. Gehen wir die ersten Schritte gemeinsam.

Markieren Sie die Ebene, die den Effekt KAUSTIK enthält, und drücken Sie die Taste E. Doppelklicken Sie auf den Namen des KAUSTIK-Effekts, um die Einstelloptionen im Effektfenster zu öffnen. Die Einträge UNTEN, BELEUCHTUNG und MATERIAL ignorieren Sie zunächst. Öffnen Sie dafür die Listen unter WASSER und HIMMEL. Ja, das sieht umfangreich aus. So schlimm ist es aber nicht.

Wählen Sie aus dem Einblendmenü unter WASSEROBERFLÄCHE ❶ die Ebene »Turbulentes Rauschen«, um sie als Graustufenmatrix für die Wellenberge und -täler festzulegen. Wählen Sie aus dem Menü unter HIMMEL ❸ die Ebene »himmel«, um diese Ebene als Spiegelung auf der Wasseroberfläche anzuzeigen.

19.3 Effekte miteinander kombinieren

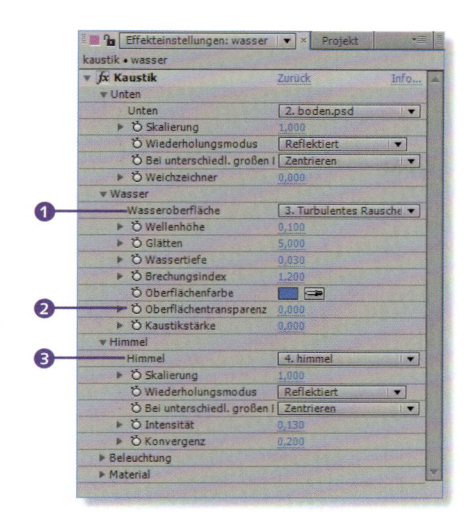

◄ **Abbildung 19.39**
Der Effekt KAUSTIK präsentiert sich mit erschlagend vielen Einstellmöglichkeiten, die aber recht gut handhabbar sind.

Für die OBERFLÄCHENTRANSPARENZ ❷ vergeben Sie den Wert 0. Damit wird die Wasseroberfläche vollkommen durchsichtig.

Legen Sie folgende weitere Werte fest: WELLENHÖHE = 0,1; WASSERTIEFE = 0,03; bei HIMMEL die INTENSITÄT = 0,13.

Spielen Sie jetzt einmal die Animation ab. Das TURBULENTE RAUSCHEN wird auf den Boden und Himmel übertragen. Damit haben Sie bereits die wichtigsten Hebel in der Hand. Die Einstellmöglichkeiten erschließen sich schnell über Ausprobieren.

▲ **Abbildung 19.40**
Das TURBULENTE RAUSCHEN wird über den Effekt KAUSTIK auf den Boden und Himmel übertragen.

6 Einbau ins Video

Legen Sie eine neue Komposition mit dem Namen »final« mit der Vorgabe HDTV 1080 25 und einer Dauer von 06:19 Sekunden an. Importieren Sie die Datei »BG.mov«, und fügen Sie sie der Komposition hinzu. Fügen Sie auch die Komposition »Kaustik« hinzu.

Damit die Kaustik-Ebene als Pfütze erscheint, müssen Sie sie maskieren. Zeichnen Sie dazu mit dem Zeichenstift-Werkzeug (G) einen Maskenpfad wie in der Abbildung. Mit dem Werkzeug WEICHE MASKENKANTE definieren Sie anschließend eine unterschiedlich breite weiche Kante.

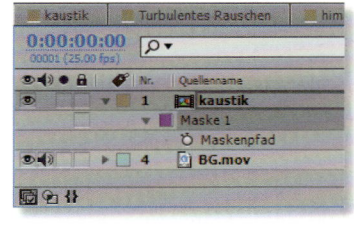

▲ **Abbildung 19.41**
Die maskierte Kaustik-Ebene liegt über dem Movie.

◄ **Abbildung 19.42**
Per Maskenpfad wird aus der Kaustik-Ebene eine Pfütze.

Kapitel 19   Erweiterte Bearbeitungsmöglichkeiten mit Effekten

Zum Nachlesen

Weitere Einzelheiten zur Maskenbearbeitung bietet Kapitel 18, »Masken«, Informationen zur Arbeit mit 3D-Ebenen erhalten Sie in Kapitel 23, »3D in After Effects«, und Details zur Farbkorrektur lesen Sie in Kapitel 20, »Farbkorrektur«.

Beispiele

Im Ordner 19_Effekte/WeitereEffekte auf der DVD zum Buch befindet sich die Projektdatei »weitereEffekte.aep« mit einigen Beispielen zu den hier beschriebenen Effekten.

Abbildung 19.43 ▶
Für die Kaustik-Ebene wird die 3D-Option aktiviert.

Abbildung 19.44 ▶
Am Ende passt sich die Pfütze recht gut ein.

Noch passt sich die Pfütze nicht recht in das Bild ein, da die Pflastersteine im Movie eine andere Perspektive aufweisen als die Struktur in der Pfütze.

Sie ändern dies, indem Sie die Komposition »kaustik« wieder öffnen und dort für die Ebene mit dem Kaustik-Effekt die 3D-Option aktivieren ❶.

Blenden Sie mit der Taste ⌧R⌧ die Drehungseigenschaften ein, und tippen Sie für X-Drehung »0 × –80,0°« in das Wertefeld ein und für Y-Drehung »0 × –1,0°«. Nun sollte es in der finalen Komposition schon besser passen. Dort können Sie noch die Deckkraft der »Kaustik«-Komposition auf 90 % setzen und damit die Pfütze noch besser ins Movie integrieren und das Movie per Tonwertkorrektur und Helligkeit und Kontrast farblich angleichen. Da Pfützen manchmal dunkle Ränder haben, habe ich noch eine Farbfläche unterlegt. Sie sehen das im fertigen Projekt, das im Ordner 19_Effekte/Kaustik liegt.

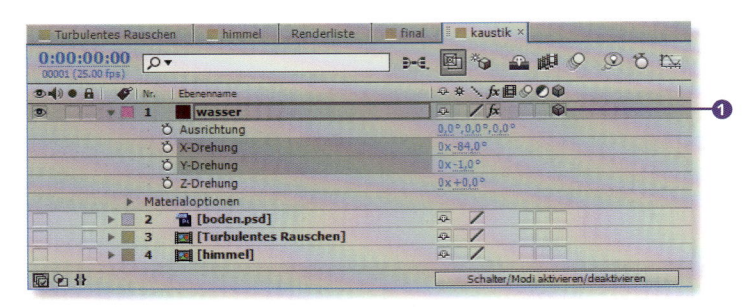

19.4 Arbeiten mit den Cycore Effects

After Effects enthält über 60 Effekte der Firma Cycore Systems aus Uppsala in Schweden. Das Besondere an diesen Effekten ist ihre leichte Handhabung und Bedienfreundlichkeit. Da ich Ihnen hier nicht alle 60 Effekte vorstellen kann und dies meines Erachtens aufgrund der vorgenannten Besonderheiten auch gar nicht nötig ist, widmen wir uns hier dem umfangreichsten der Cycore Effects und noch einigen anderen.

Spielen mit Partikeln

Im Physikunterricht haben Sie vielleicht schon einmal etwas von den verschiedensten Teilchen wie Quarks, Leptonen und Eichbosonen gehört. Mit solch elementaren Systemen wollen wir hier zwar nicht hantieren, aber wenigstens mit physikalischen Größen wie Geschwindigkeit, Gravitation und Widerstand. Diese Größen finden Sie beispielsweise in dem Effekt CC PARTICLE WORLD. PARTICLE WORLD weist einige Ähnlichkeiten zum alten Simulationseffekt PARTIKELSIMULATION auf, ist jedoch viel leichter zu bedienen. Gehen wir es praktisch an.

Cycore-Effects-Übersicht

Eine Übersicht über alle in After Effects vorhandenen Cycore Effects finden Sie als After-Effects-Projekt mit Beispielen zu jedem Effekt auf folgender Website: *www.cycorefx.com*. Unter dem Punkt DOWNLOADS klicken Sie auf der linken Seite auf den Link CYCOREFX (AE BUNDLE ONLY) SAMPLES & TUTORIALS, suchen dann das CYCOREFX BASIC PROJECT und schauen sich dort die Beispiele an.

Schritt für Schritt:
»Particle World« anwenden

In diesem Workshop werden Sie zunächst drei einfach zu erlernende Cycore Effects kennenlernen, bevor wir PARTICLE WORLD angehen.

1 Vorbereitung

Schauen Sie sich zuerst das Movie »CycoreFX.mov« aus dem Ordner BEISPIELMATERIAL/19_EFFEKTE/CYCOREEFFECTS an. Öffnen Sie dann das bereits vorbereitete Projekt »CycoreFX.aep« aus dem gleichen Ordner. Es enthält die drei Kompositionen »finale«, »Worldtext« und »title«. In der Komposition »finale« werden wir am Ende die beiden anderen Kompositionen verwenden, sie also darin verschachteln.

Die benötigten Dateien für diesen Workshop finden Sie auf der DVD unter BEISPIELMATERIAL/ 19_EFFEKTE/CYCOREEFFECTS

2 »CC Cylinder«

Zuerst werden wir mit dem Effekt CC CYLINDER einen Text auf einen Zylinder mappen. Öffnen Sie dazu die Komposition »Worldtext«. Der Text ist bereits enthalten. Sollte die verwendete Schriftart ARIAL BLACK bei Ihnen nicht installiert sein, passen Sie bitte den Text der Abbildung entsprechend an.

Der Text soll auf einen Zylinder gemappt werden. Diesen kreieren wir über eine neue Farbfläche mit [Strg]+[Y]. Legen Sie die Größe mit 730×300 Pixeln etwas breiter als die Komposition an, und wählen Sie einen Magenta-Farbton.

Positionieren Sie die Farbfläche unter dem Text. Fügen Sie eine Einstellungsebene hinzu (EBENE • NEU • EINSTELLUNGSEBENE).

Lückenloser Zylinder

Die Farbfläche muss deswegen so breit wie die Komposition sein, da der Effekt CC CYLINDER die Kompositionsbreite als Länge für den Mantel des Zylinders heranzieht. Wird die Kompositionsbreite unterschritten, ergibt sich eine Lücke im Zylinder.

Wenden Sie auf diese Ebene den Effekt an (EFFEKTE • PERSPECTIVE • CC CYLINDER).

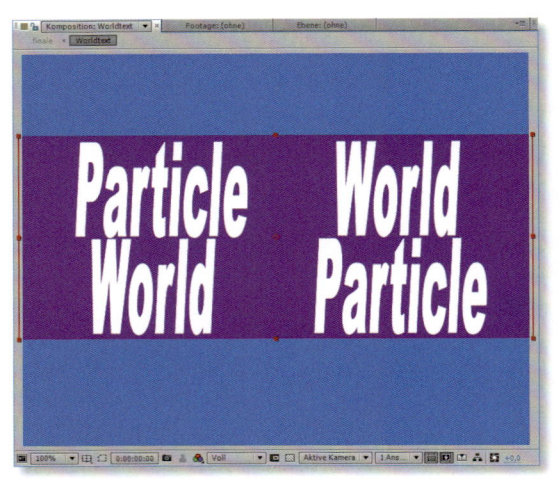

▲ **Abbildung 19.45**
Ausgangsmaterial sind eine Textebene und eine Farbfläche.

▲ **Abbildung 19.46**
Der Effekt CC CYLINDER biegt Text und andere Materialien um einen imaginären Zylinder.

Da sich Effekte, die auf Einstellungsebenen angewandt werden, auf sämtliche darunterliegenden Ebenen gleich auswirken, werden sowohl der Text als auch die Farbfläche um den Zylinder wie um den kleinen Finger gewickelt.

Im Effektfenster lassen sich RADIUS, POSITION oder ROTATION wie gewohnt einfach über Keyframes animieren. Wenn Sie die Beleuchtung oder den Schattenwurf ändern wollen, verwenden Sie LIGHT und SHADING.

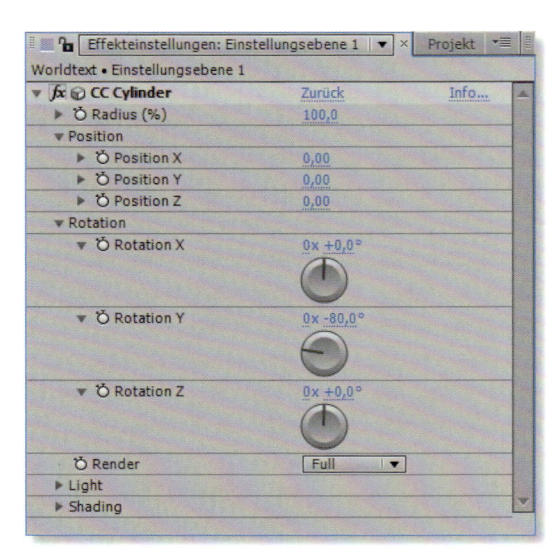

Abbildung 19.47 ▶
In den Cycore Effects gibt es meist wenige, gut beherrschbare Regler wie hier zum schnellen Positionieren und Drehen.

Zur Animation öffnen Sie die Eigenschaft ROTATION und setzen für ROTATION Y einen ersten Key bei 01:14. Ziehen Sie den Wert so lange, bis auf dem Zylinder »Particle« und darunter »World« erscheint (–80°). Navigieren Sie zum Kompositionsende, und tragen Sie folgenden Wert ein: »2× +0,0°«.

Setzen Sie noch folgende Keys für die Farbfläche: DECKKRAFT: bei 00:14 = »100 %«, bei 01:22 = »50 %«.

▼ **Abbildung 19.48**
Damit sich der Effekt auf alle darunterliegenden Ebenen auswirkt, verwenden wir eine Einstellungsebene.

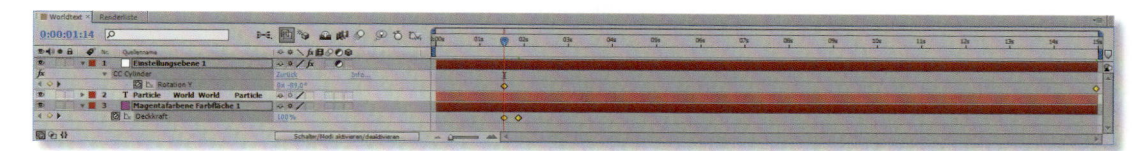

3 »CC Ball Action«

Öffnen Sie die Komposition »title«. Die Komposition enthält zwei Ebenen. Fügen Sie der Ebene »Ball Action« den gleichnamigen Effekt hinzu (EFFEKTE • SIMULATION • CC BALL ACTION). Sofort wird der Text unleserlich und in kleine Bälle zerteilt.

Schauen wir uns den Effekt an: Mit SCATTER regeln Sie die Verteilung dieser Bälle – höhere Werte führen zu weiter verstreuten Bällen. Per ROTATION drehen Sie das Ball-Objekt insgesamt, und mit TWIST ANGLE verdrehen Sie es in sich. Dazu haben Sie per ROTATION AXIS die Möglichkeit, das Objekt um mehr als nur eine Achse zu rotieren. Bei TWIST PROPERTY können Sie die Verwindung des Objekts sogar auf Werten aus den Farbkanälen oder per RANDOM auf Zufallszahlen basieren lassen. Das alles testen Sie vielleicht separat auch an einem importierten Bild. Dem Ball-Objekt liegt ein unsichtbares Gitter zugrunde, dessen Maschenweite Sie mit GRID SPACING verändern. Die Ballgröße ändern Sie über BALL SIZE. Bei einem Wert von 0 verschwinden die Bälle. INSTABILITY STATE bezeichnet nicht den Zustand amerikanischer Immobilienanleihen, bringt aber Bewegung in das Ball-Objekt, wenn Sie den Wert bei SCATTER zuvor erhöht haben.

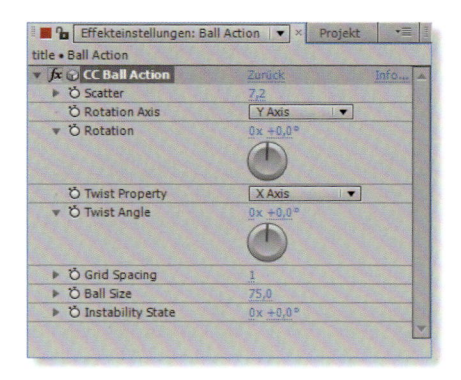

8, 16 und 32 bpc

Die in After Effects CS3 enthaltenen Cycore Effects unterstützen eine Farbtiefe von 8 bpc. Auf der Website von Cycore finden Sie das CycoreFX-HD-Bundle mit 16- bzw. 32-bpc-Unterstützung und weiteren zehn Effekten.

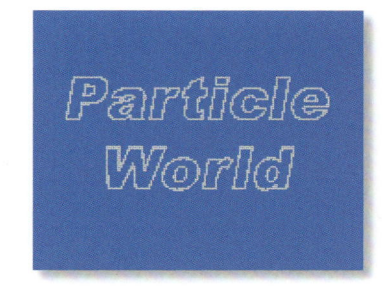

▲ **Abbildung 19.49**
Zunächst erscheint der Text in kleine Bälle zerlegt.

◄ **Abbildung 19.50**
Der Effekt CC BALL ACTION mit allen Einstellmöglichkeiten

Kapitel 19 Erweiterte Bearbeitungsmöglichkeiten mit Effekten

Setzen Sie die Änderungen im Effekt zurück. Zur Animation setzen Sie dann folgende Keys:
- SCATTER: bei 01:04 = »0«; bei 02:12 = »60«
- ROTATION: bei 01:14 = »0× +0,0°«; bei 02:12 = »1× +0,0°«
- TWIST ANGLE: bei 01:08 = »0× +0,0°«; bei 01:18 = »0× +60,0°«

Abbildung 19.51 ▶
Anschließend werden die Bälle stärker im Raum verteilt und animiert.

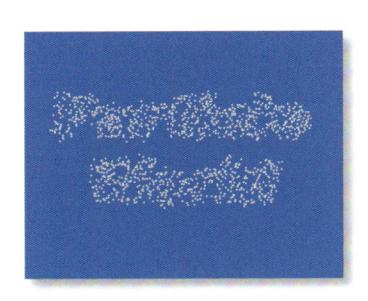

▲ **Abbildung 19.52**
Mit Keys bei SCATTER, ROTATION und TWIST ANGLE kommt die Animation zustande.

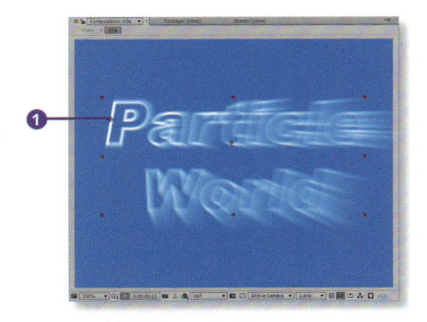

▲ **Abbildung 19.53**
Der Center-Punkt von CC RAY LIGHT läuft über den Text und generiert ständig neue Strahlen.

Abbildung 19.54 ▶
Für CENTER und RAY LENGTH setzen Sie Keys.

4 »CC Light Burst«

Öffnen Sie die Komposition »finale«. Hier befindet sich bereits ein Hintergrundbild, das wir nicht verändern.

Ziehen Sie die Komposition »title« in die Komposition »finale«, und achten Sie darauf, dass die Ebene bei 00:00 beginnt. Fügen Sie der Ebene »title« den Effekt LIGHT BURST hinzu (EFFEKTE • GENERIEREN • CC LIGHT BURST 2.5). Sofort scheint der Text wie von hinten beleuchtet. Die Stärke des Leuchtens legen Sie mit INTENSITY fest, die Länge der Strahlen mit RAY LENGTH. Bei BURST finden Sie verschiedene Berechnungsmethoden für die Strahlen. Mit HALO ALPHA generieren Sie die Strahlen nur aus den Konturlinien entlang der Alpha-Matte.

Zur Animation setzen Sie folgende Keys:
- RAY LENGTH: Erstellen Sie Keyframes bei 00:00 = 0; bei 00:05 = 50; bei 00:22 = 50 und bei 01:02 = 0.
- CENTER: Bei 00:05 ziehen Sie den Center-Punkt ❶ auf das »d« von »World«; bei 00:22 ziehen Sie den Center-Punkt auf das »P« von »Particle«.

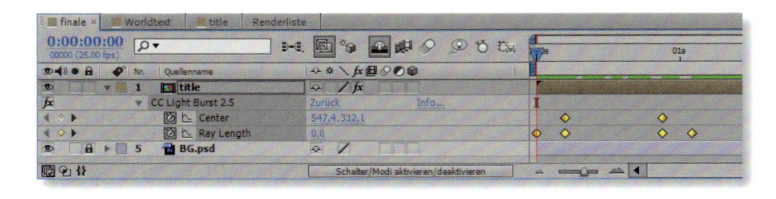

5 »CC Particle World«

Ziehen Sie die Komposition »Worldtext« in die Komposition »finale«, und lassen Sie sie bei 01:14 beginnen. Fügen Sie der Ebene »Worldtext« den Partikeleffekt hinzu (Effekte • Simulation • CC Particle World). Der Inhalt der Komposition wird durch den Effekt vorerst ausgeblendet.

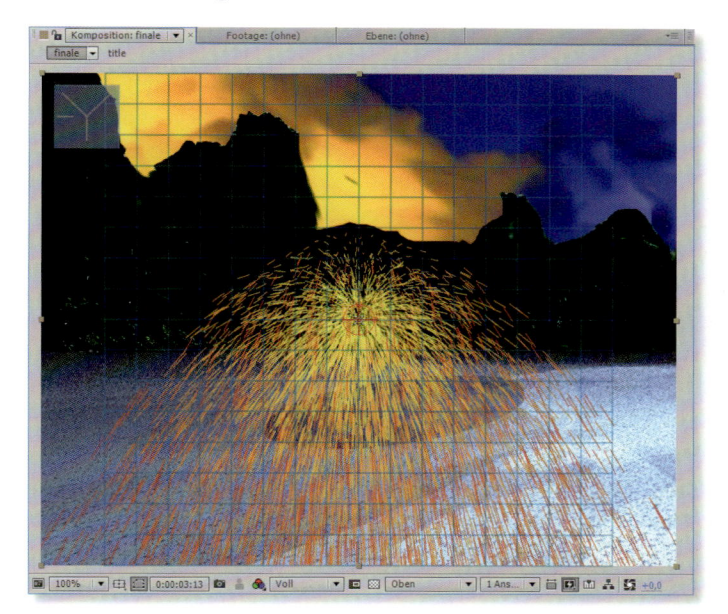

◀ **Abbildung 19.55**
In der Voreinstellung werden sprühende Linien als Partikel generiert.

Schauen wir uns den Effekt an und testen zunächst einige Einstellungen. Der Effekt generiert aus einem Punkt, dem Producer, Partikel. Die Partikel können mit dem Floor genannten Boden interagieren, z. B. von dort abprallen.

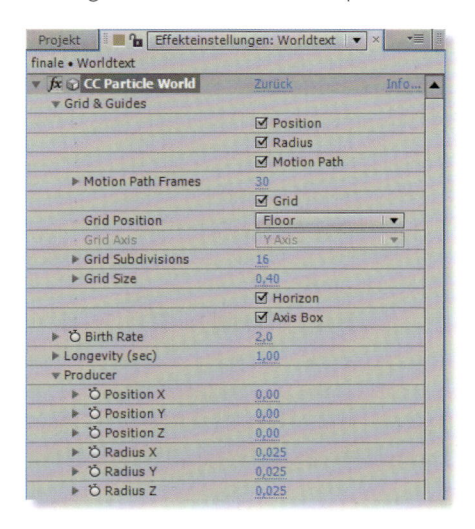

◀ **Abbildung 19.56**
Zunächst dieser Teil der erschlagenden Menge an Einstellmöglichkeiten.

Grid & Guides: Unter der Rubrik Grid & Guides finden Sie alles, um visuelle Hilfen ein- oder auszuschalten. Die Box Position blendet ein kleines Kreuz im Zentrum des Producers ein und aus. Die Box Radius aktiviert einen kleinen Kreis, der den Bereich darstellt, innerhalb dessen Partikel generiert werden. Die Box Motion Path zeigt den Bewegungspfad des Producers an, wenn Sie dessen Position animiert haben. Wie viele Frames vom Bewegungspfad sichtbar sind, entscheiden Sie bei Motion Path Frames. Das eingeblendete Drahtgitter können Sie mit der Box Grid ein- und ausschalten, und bei Grid Position legen Sie fest, ob es sich direkt beim Producer oder darunter befinden soll.

Bei Grid Subdivisions stellen Sie das Gitter feiner ein, und mit Grid Size skalieren Sie es. Die Box Horizon blendet eine Horizontlinie ein und aus.

Die Box Axis Box ist interessant, da hier oben links eine Steuerungsmöglichkeit eingeblendet wird, mit der Sie den Blickwinkel auf die Partikel festlegen. Der Effekt nutzt eine eigene Kamera, deren Drehungswerte Sie hierbei verändern und animieren können. Die Effektkamera finden Sie unter der Rubrik Extras. Sobald Sie eine After-Effects-Kamera verwenden, wird die Steuerungsmöglichkeit automatisch deaktiviert und ist erst wieder zu gebrauchen, wenn Sie die Kamera gelöscht haben. Allerdings ist es sehr günstig, After-Effects-Kameras zu verwenden, da Sie 3D-Ebenen perfekt mit der Partikelsimulation synchronisieren können.

Birth Rate/Producer: Bei Birth Rate legen Sie die Menge der Partikel fest, die produziert werden sollen. Bei Longevity (sec) stellen Sie die Lebensdauer in Sekunden ein. Mit Producer bestimmen Sie den Radius des Punkts, aus dem die Partikel entspringen, und dessen Position.

Physics: Unter Physics erreichen Sie starke Veränderungen im Popup Animation, wie Sie beim Ausprobieren schnell feststellen werden. Die Geschwindigkeit der Partikelemission regeln Sie mit Velocity. Mit Inherit Velocity % bestimmen Sie die Vererbung der Geschwindigkeit des Producers auf die Partikel, falls der Producer animiert wurde. Gravity regelt, wie stark die Partikel angezogen werden, und Resistance legt die Dichte des Materials fest, in dem sich die Partikel bewegen. Mit Extra und Extra Angle fügen Sie der Bewegung der Partikel Zufälligkeit hinzu.

Unter Floor verändern Sie die Position des Bodens. Hier regeln Sie auch, wie die Partikel mit dem Boden interagieren. Später erfahren Sie mehr dazu.

Unter Direction Axis legen Sie eine veränderte Hauptachse fest, die z. B. den Partikelstrom bei den Einstellungen Direction

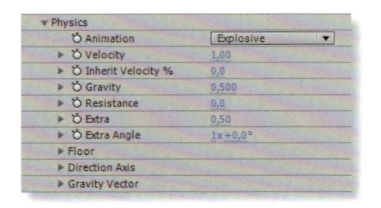

▲ **Abbildung 19.57**
War der Physikunterricht in der Schule doch zu etwas nütze?

Axis und Cone Axis (unter Physics • Animation) verändert. Auch die Werte unter Gravity Vector beeinflussen den Partikelstrom und »ziehen« ihn in andere Richtungen.

Particle: Unter Particle ändern Sie im Popup Particle Type schnell die Art der Partikel, z.B. von Line in Bubble oder Cube. Manche Partikel bieten sogar die Möglichkeit, eine Textur hinzuzufügen. Haben Sie einen anderen Partikeltyp als Line gewählt, können Sie die Größe der Partikel bei Geburt und Dahinscheiden mit Birth Size und Death Size bestimmen. Auch die Farbe bei Geburt und Übertritt ins Totenreich lässt sich per Birth Color und Death Color leicht ändern.

◀ **Abbildung 19.58**
Und der kleine Rest…

Da Sie nun sicher an allen Reglern gedreht oder gezogen haben, setzen Sie den Effekt wieder auf die Ausgangseinstellungen zurück, damit wir im nächsten Schritt die Animation erstellen können.

6 Animation von »CC Particle World«
Ändern Sie zunächst folgende Eigenschaftswerte, ohne Keys zu setzen: Birth Rate setzen Sie auf »4,0«, Longevity auf »0,25«; unter Physics • Animation wählen Sie Jet Sideways; Velocity stellen Sie auf »0,05«, Inherit Velocity % auf »–225«. Gravity stellen Sie auf »0,73«, Extra auf »0,13«, und unter Particle • Particle Type wählen Sie Cube. Der Partikelstrom klebt nun am Producer. Dies ändert sich jedoch, sobald dieser animiert ist.

Bisher war der Inhalt unserer Komposition unsichtbar. Nun blenden wir ihn wieder hinzu. Klicken Sie im Effekt auf den Eintrag Extras, und setzen Sie ein Häkchen bei Composite with Original.

Zur Animation setzen wir Keys für die Position des Producers und lassen den Partikelstrom um den Zylinder kreisen. Setzen Sie bei 03:19 Keys für folgende Eigenschaften: POSITION X, POSITION Y und POSITION Z. Der Producer lässt sich zwar auch direkt anklicken, genauer arbeiten wir jedoch mit numerisch gesetzten Werten. Ziehen Sie also den Wert für POSITION X, und bewegen Sie den Producer damit nach rechts außen außerhalb der Komposition auf einen Wert von ca. 0,60. Sie sehen, dass sehr kleine Werte benötigt werden, um den Producer zu bewegen. Bei 04:09 ziehen Sie den Producer wieder ins Bild, und zwar etwa mittig auf den Zylinder. Ziehen Sie ebenfalls den Wert bei POSITION Y, bis sich der Producer etwa am oberen Rand des Zylinders befindet. Bewegen Sie den Producer mit POSITION Z vor den Zylinder. Sie erreichen dies mit negativen Werten.

Bei 04:23 ziehen Sie den Producer in die Nähe des linken Bildrands und ein wenig nach unten (POSITION Y) und auf der Z-Position ein wenig nach hinten (positive Werte). Bei 05:12 soll der Producer mittig hinter dem Zylinder sein und bei 06:05 wieder nahe des rechten Bildrands. Schon haben Sie eine erste Runde um den Zylinder absolviert. Fahren Sie so im Abstand von je ca. 20 Frames fort, und lassen Sie den Producer noch ein zweites Mal um den Zylinder kreisen. Bei 11:06 ziehen Sie den Producer nach links aus der Komposition heraus.

Markieren Sie alle Producer-Keys, und klicken Sie einen der Keys mit der rechten Maustaste an. Aus dem Popup wählen Sie KEYFRAME-ASSISTENTEN und dann EASY EASE. Dies glättet den geschaffenen Bewegungspfad des Producers.

Abbildung 19.59 ▼
Per rechter Maustaste wählen Sie die Option EASY EASE.

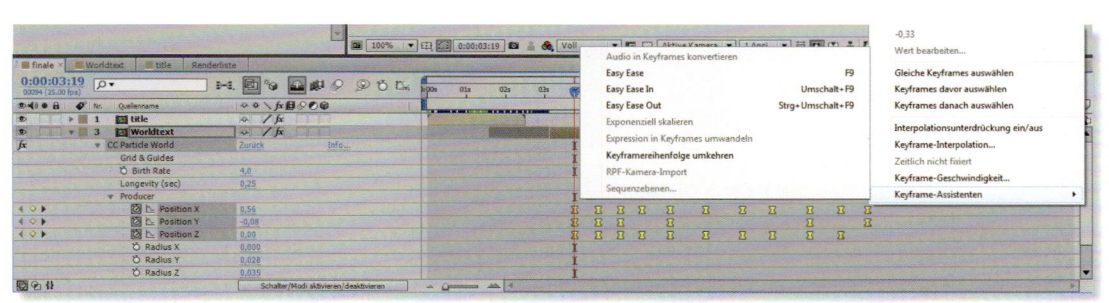

Das Ergebnis ist ein in der Bewegung des Producers mitlaufender Partikelstrom, was durch den Wert bei INHERIT VELOCITY erreicht wird. Aktivieren Sie für die Ebene »Worldtext« noch den Schalter BEWEGUNGSUNSCHÄRFE (für die Komposition tun Sie dies ebenfalls). Die Partikel werden dadurch in ihrer Bewegung verwischt und wirken dann eher wie ein Kometenschweif oder Rauch.

19.4 Arbeiten mit den Cycore Effects

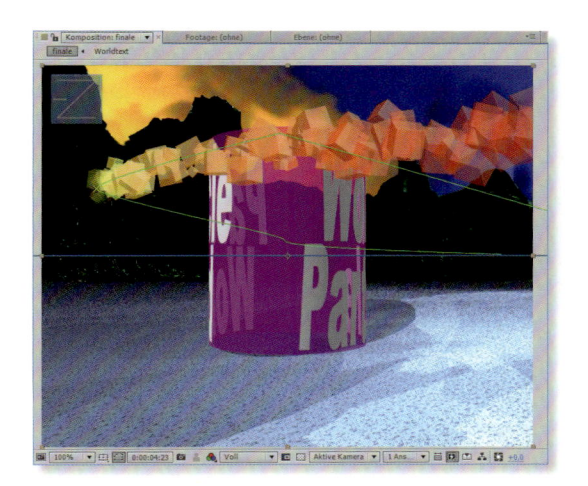

◀ **Abbildung 19.60**
Der Producer wird um den Zylinder herumgeführt.

▼ **Abbildung 19.61**
Die Keys für den Producer glätten Sie mit der Interpolationsmethode EASY EASE.

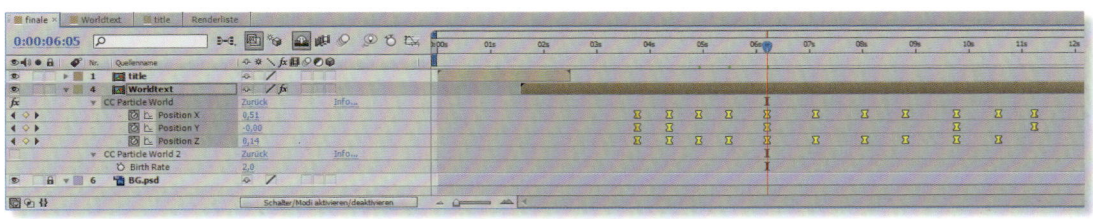

7 Kleine Explosionen

Mit einem zweiten Partikel-Effekt generieren wir zum Schluss noch ein paar aus dem Zylinder schießende Partikel.

Wenden Sie den Effekt CC PARTICLE WORLD nochmals auf die Ebene »Worldtext« an. Öffnen Sie den Eintrag PHYSICS • FLOOR, und wählen Sie unter FLOOR ACTION die Option BOUNCE und unter EXTRAS wieder die Option COMPOSITE WITH ORIGINAL. Durch die Option BOUNCE prallen die fallenden Partikel vom Boden (FLOOR) ab.

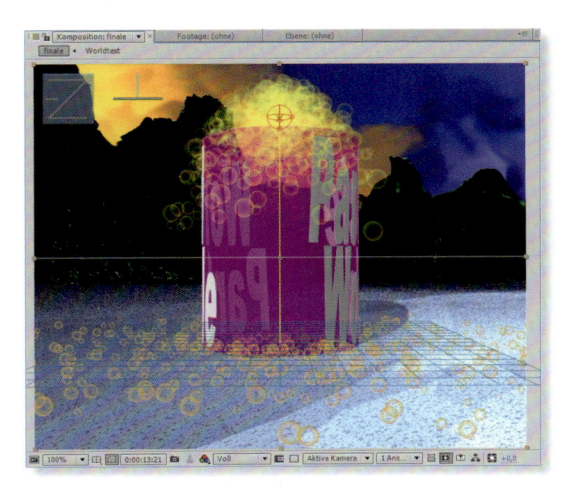

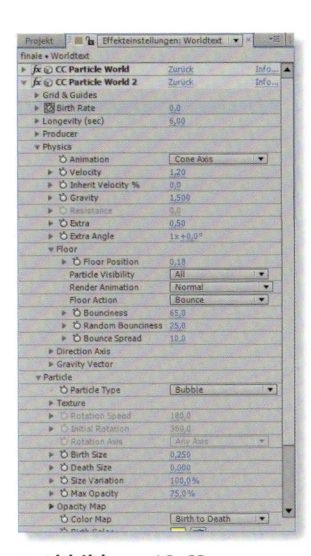

▲ **Abbildung 19.62**
Fügen Sie den Effekt CC PARTICLE WORLD ein zweites Mal hinzu, diesmal mit der Option BOUNCE.

◀ **Abbildung 19.63**
Partikel werden über dem Zylinder generiert und fallen in Richtung Floor-Grid.

Achten Sie darauf, dass sich das Floor-Grid genau unter dem Zylinder befindet. Positionieren Sie den Producer etwas über dem Zylinder.

Ändern Sie vor der Animation folgende Werte: LONGEVITY (SEC) auf 6; unter PHYSICS, ANIMATION gehen Sie auf CONE AXIS; VELOCITY: 1,2; GRAVITY: 1,5; unter PARTICLE, PARTICLE TYPE stellen Sie BUBBLE ein; DEATH SIZE: 0; SIZE VARIATION: 100 %.

Die Animation erfolgt über BIRTH RATE. Setzen Sie folgende Keys: bei 11:06 = 0; bei 11:10 = 35; bei 11:15 = 0; bei 13:22 = 0; bei 14:01 = 50 und bei 14:06 = 0.

Auf diese Weise werden die Partikel nur für einen kurzen Moment ausgestoßen, sie fallen zu Boden, wo sie abprallen und letztlich liegen bleiben, bis sie nach sechs Sekunden das Zeitliche gesegnet haben. Im fertigen Projekt »CycoreFXfertig« habe noch ein wenig weitergearbeitet. Schauen Sie vielleicht dort einmal hinein.

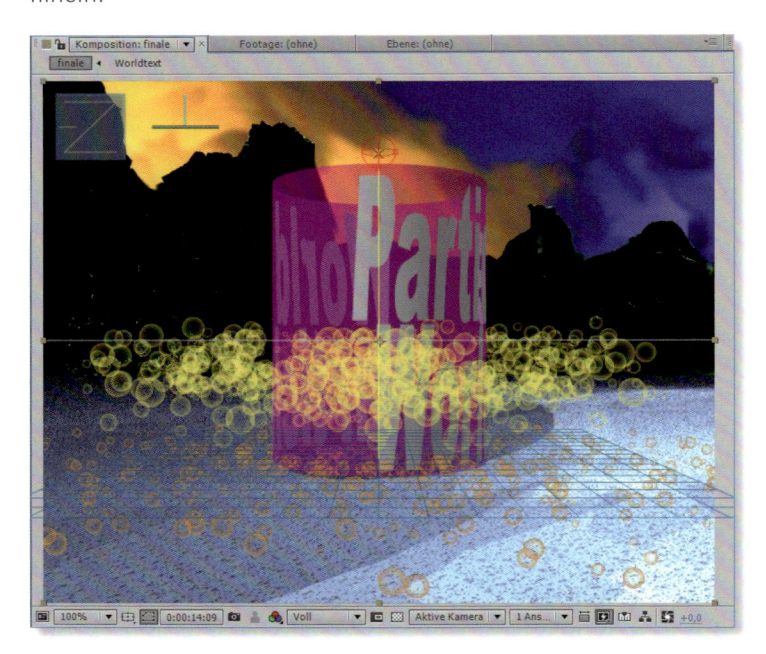

Abbildung 19.64 ▶
Die Partikel prallen vom Floor ab und bleiben schließlich liegen.

Partikelexplosion

Natürlich können Sie den Effekt CC PARTICLE WORLD auch einsetzen, um Explosionen zu generieren. Dabei sollten Sie darauf achten, dass die Farbfläche, auf die Sie den Effekt anwenden, groß genug ist, so dass sämtliche umherfliegenden Partikel sich nicht über die Ränder der Ebene hinausbewegen, da es sonst zu einem unschönen Beschnitt kommt.

Einstellungen für eine Explosion | Der folgende Abschnitt ist zwar kein Workshop, aber eine schrittweise Beschreibung. – Sie können daher versuchen, den Text in die Praxis zu transferieren.

Erstellen Sie eine Komposition mit der Vorgabe HDTV 1080 25 und einer ebensogroßen Farbfläche darin. Nachdem Sie CC PARTICLE WORLD (EFFEKTE • SIMULATION • CC PARTICLE WORLD) hinzugefügt haben, tragen Sie folgende Werte in den Effekt ein und lassen alle nicht genannten Werte unverändert:

LONGEVITY = 3,0; POSITION Y = 0,9; POSITION Z = 3,6; VELOCITY = 5,0; INHERIT. VELOCITY % = 500,0; GRAVITY = 1,4; unter FLOOR, FLOOR POSITION = 0,90; FLOOR ACTION = BOUNCE; BOUNCINESS = 100; RANDOM BOUNCINESS = 50; BOUNCE SPREAD = 50; PARTICLE TYPE = MOTION SQUARE; BIRTH SIZE = 0,12; DEATH SIZE = 0,0; SIZE VARIATION = 100; TRANSFER MODE = BLACK MATTE; unter EXTRAS: EFFECT CAMERA – DISTANCE = 4,30.

Unter PHYSICS ist der Effekt von vornherein auf EXPLOSIVE eingestellt, so wie es hier sein soll. Zur Animation setzen Sie drei Keys für BIRTH RATE, z. B. bei 01:00 = 0, bei 01:04 = 300 und bei 01:08 = 0. Für einen kurzen Moment werden so die Partikel explosionsartig generiert.

Anschließend verfeinern Sie mit zwei weiteren Effekten die Explosion: mit LEUCHTEN und RADIALER WEICHZEICHNER.

Der Effekt »Leuchten« | Fügen Sie der Ebene den EFFEKTE • STILISIEREN • LEUCHTEN hinzu. Der Effekt LEUCHTEN hellt bestimmte im Bild vorhandene Farben je nach eingestellter Intensität auf. Sie können den Effekt nutzen, um die RGB-Farbtöne leuchten zu lassen, oder einen Farbverlauf im Alphakanal festlegen. Die Farben des Alphakanals befinden sich dann wie eine weitere Ebene vor oder hinter den RGB-Farbtönen. Dafür wählen Sie im Effektfenster unter KANAL ❶ den Eintrag ALPHAKANAL (siehe Abbildung 19.66). Als Farben für den Farbverlauf im Alphakanal stellen Sie ein helles Rot für FARBE A ❺ ein. Für FARBE B, das zweite Farbwahlfeld, legen Sie ein reines Gelb fest. Unter RADIUS ❷ bestimmen Sie, inwieweit sich das Leuchten um die Partikel legt. Tippen Sie den Wert »1« in das Wertefeld ein. Erhöhen Sie, damit das Leuchten sichtbar wird, den Wert für INTENSITÄT ❸ auf »1«. Für den SCHWELLENWERT tragen Sie 70 % ein. Wählen Sie unter ORIGINAL BERECHNEN ❹ den Eintrag DAHINTER.

▲ **Abbildung 19.65**
Hier wurde der Effekt LEUCHTEN auf den Alphakanal des Textes angewandt, um die Farben der Explosion aus dem Hintergrund, auch um den Text herum erscheinen zu lassen.

Leuchten animieren

Zur Animation des LEUCHTEN-Effekts können Sie Keys für die Eigenschaft INTENSITÄT setzen. Erhöhen Sie dazu die INTENSITÄT von 0 – bei der der Effekt unsichtbar ist – auf einen höheren Wert.

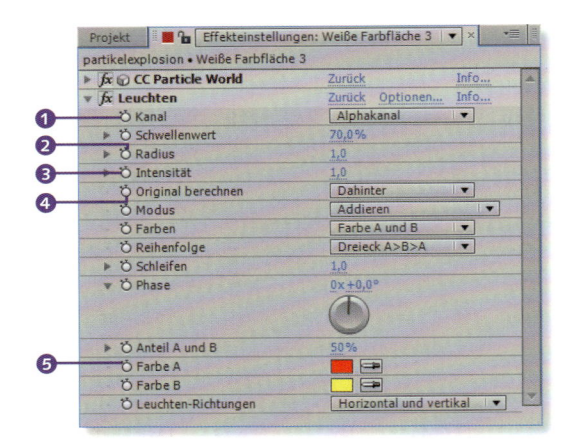

Kapitel 19   Erweiterte Bearbeitungsmöglichkeiten mit Effekten

Abbildung 19.66 ▶
Mit diesen Einstellungen bringen Sie den Alphakanal der Partikel zum Leuchten.

Beispiel

Auf der Buch-DVD finden Sie im Ordner Beispielmaterial/19_Effekte/Partikelexplosion die Datei »partikelexplosion.aep«

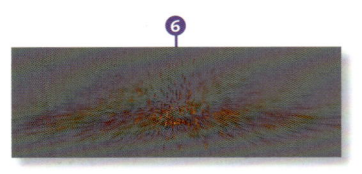

▲ Abbildung 19.67
Den Mittelpunkt des Radialen Weichzeichners setzen Sie auf die Mitte der Explosion.

Der Effekt »Radialer Weichzeichner« | Schnell fliegende Partikel sollen etwas unscharf erscheinen, damit der Eindruck schneller Bewegung verstärkt wird. Dazu fügen Sie der Ebene den Effekt Radialer Weichzeichner hinzu, der sich in der Effektkategorie Weich- und Scharfzeichnen befindet. Zuerst setzen Sie den Effekt unter Methode auf Strahlenförmig. Solange der Effekt im Effektfenster markiert ist, können Sie den Mittelpunkt ❻ verschieben, von wo aus die Strahlen generiert werden. Unter Stärke wählen Sie hier den Wert 25.

Zu guter Letzt duplizieren Sie die Ebene mit den drei Effekten und setzen dann in der oberen Ebene im Effekt CC Particle World unter Particle den Transfermode auf Screen. Über die Ebenenmodi kombinieren Sie dann die beiden Ebenen noch mit dem Modus Ineinanderkopieren. Dies erzeugt einen relativ realistischen Effekt.

Da Particle World die Farbfläche bereits transparent gesetzt hat, können Sie nun die Explosion jedem beliebigen Rohmaterial hinzufügen und dort die Funken sprühen lassen. Das fertige Projekt mit einer weiteren Explosionsvariante finden Sie im Ordner 19_Effekte/Partikelexplosion.

Abbildung 19.68 ▶
Hier habe ich den neu kreierten Effekt verwendet.

19.4 Arbeiten mit den Cycore Effects

Effekte am Pfad

Eine schöne Möglichkeit ist es, Effekte einem Maskenpfad folgen zu lassen. Dazu kopieren Sie die Maskenpunkte und setzen sie in die Positionseigenschaft eines Effekts ein. Nicht alle Effekte können mit Positionswerten animiert werden. Typische Effekte, bei denen eine solche Animation möglich ist, sind beispielsweise die Generieren-Filter BLENDENFLECKE, STRAHL, GEWITTER oder BLITZ.

Um einen Maskenpfad in einen Effektpositionspunkt, also eine Eigenschaft mit Positionswerten, einzusetzen, öffnen Sie zuerst die Maskeneigenschaften in der Zeitleiste. Dort markieren Sie das Wort MASKENPFAD ❼. Mit [Strg]+[C] kopieren Sie den Pfad und können ihn dann in jeden beliebigen Effektpositionspunkt einsetzen. Dazu markieren Sie den jeweiligen Effektpositionspunkt ❽ und setzen den Maskenpfad mit [Strg]+[V] ein.

▼ **Abbildung 19.69**
Nachdem Sie das Wort MASKENPFAD markiert haben, kopieren Sie den Maskenpfad. Nach dem Markieren des Effektpositionspunkts wird der Maskenpfad dort als Reihe von Keyframes eingefügt.

Das Resultat ist eine Reihe von Roving Keyframes, also zeitlich nicht fixierten Keyframes, deren Anzahl genau der Anzahl der Maskenpunkte entspricht. Zu beachten ist noch, dass die Effektpositionspunkte durchaus verschiedene Namen haben. Bei dem Effekt BLENDENFLECKE heißt dieser Punkt MITTELPUNKT DER LICHTBRECHUNG, beim Effekt GEWITTER sind es URSPRUNG und RICHTUNG, bei den Effekten BLITZ und STRAHL sind es ANFANGSPUNKT und ENDPUNKT etc. Der Effekt STRICH verwendet eine Maske, um entlang dieses Pfads einen Strich zu generieren.

Beispiel

Ein Beispiel befindet sich im Ordner 19_EFFEKTE im Projekt »weitereEffekte.aep« in der Komposition »effekte am pfad«.

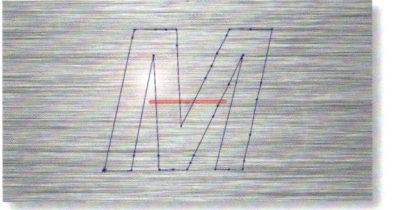

▲ **Abbildung 19.70**
Zuerst liegen der Maskenpfad und die Effekte BLENDENFLECKE und STRAHL ohne Zusammenhang nebeneinander.

© Bildrechte: iStockphoto.com – Simfo (Hintergrundbild)

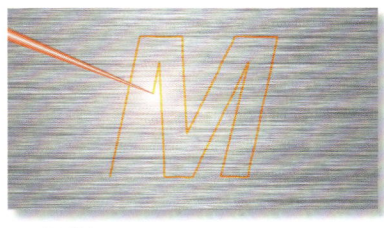

▲ **Abbildung 19.71**
Nach dem Einfügen des Maskenpfads in den Effektpositionspunkt MITTELPUNKT DER LICHTBRECHUNG folgt der Blendenfleck genau dem Pfad. Hier habe ich zusätzlich die Generieren-Effekte STRICH und STRAHL auf den Pfad angewendet.

»Strich«, »Strahl«, »Blendenflecke«, »Turbulentes Versetzen« und »Zertrümmern«

Im folgenden Workshop verwenden wir die Effekte STRICH und STRAHL, BLENDENFLECKE sowie TURBULENTES VERSETZEN und ZERTRÜMMERN. Da diese Effekte zum Teil sehr umfangreiche Einstellmöglichkeiten aufweisen, würde es den Rahmen sprengen, auf jede Möglichkeit einzugehen. Sie erhalten dennoch das nötige Handwerkszeug für eigene Experimente. Und lassen Sie sich nicht von den vielen Parametern abschrecken. Los geht's.

Schritt für Schritt: Ufo-Angriff

Dank außerirdischer Hilfe lernen Sie in diesem Workshop die Effekte STRICH, STRAHL, BLENDENFLECKE sowie TURBULENTES VERSETZEN und ZERTRÜMMERN kennen.

Die benötigten Dateien für diesen Workshop finden Sie auf der DVD unter BEISPIELMATERIAL/ 19_EFFEKTE/UFO_ANGRIFF

1 Vorbereitung

Kopieren Sie sich den gesamten Ordner UFO_ANGRIFF aus dem Ordner 19_EFFEKTE auf Ihre Festplatte. Schauen Sie sich zuerst aus dem gleichen Ordner das fertige Movie mit dem Namen »Ufo.mp4« an.

Damit alles etwas einfacher geht, habe ich für Sie ein vorbereitetes Projekt in den Ordner gelegt. Es heißt »Ufo.aep«. Dieses Projekt können Sie selbst erstellen, wenn Sie zuvor den Workshop »Bewegung verfolgen« aus Kapitel 22, »Motion Tracking«, besuchen.

Zum Nachlesen
Einzelheiten zum Tracking finden Sie in Kapitel 22, »Motion Tracking«, mehr zum Keying erfahren Sie in Abschnitt 19.5, »Keying-Effekte«, Details zu Maskenpfaden stehen in Abschnitt 18.3, »Masken: Schon wieder Pfade«, und weitere Informationen zu Ebenenmodi erhalten Sie im Abschnitt »Bitte mischen: Füllmethoden« auf Seite 225.

2 Materialsichtung

Starten Sie das Projekt, und doppelklicken Sie auf die darin enthaltene Komposition »Ufo«, um sie zu öffnen.

Ganz unten befindet sich das Movie, in das Ufos und eine Explosion eingebaut werden sollen. Damit das Auto später zertrümmert werden kann, habe ich schon bei der Aufnahme ein Videostandbild auf dem Parkplatz davon gemacht und es in Photoshop freigestellt. Das Originalbild (»Auto1Original«) liegt im Projektordner. Wenn Sie die bearbeitete Datei »Auto1.psd« in Photoshop öffnen, sehen Sie, dass das Auto von einer riesigen transparenten Fläche umgeben ist. Diese ist nötig, damit der Effekt ZERTRÜMMERN umherfliegende Teile darin berechnen kann.

Damit das Ufo hinter dem Laternenmast vorbeifliegt und sich so besser in das Bild integriert, habe ich aus dem Parkplatzvideo das erste Bild als Standbild herausgerechnet und die Laterne in Photoshop freigestellt.

Die Explosion, die ich gekeyt habe, stammt von der Firma Detonation Films (www.detonationfilms.com), die freundlicherweise einige ältere Videos zur Verwendung freigegeben hat. Allerdings ist die Qualität leider nicht berauschend.

Damit Auto, Laterne und die Explosion den Schwenk der Kamera mitmachen, habe ich einen Punkt im Parkplatzvideo getrackt und die Positionsdaten in die eingefügten Ebenen übertragen. Doch nun zu den Effekten.

3 Kondensstreifen erstellen

Wir werden ein Ufo durch das Bild fliegen lassen und mit den Effekten STRICH, TURBULENTES VERSETZEN und GAUSSSCHER WEICHZEICHNER einen Kondensstreifen erzeugen, der genau hinter dem Ufo platziert ist.

Ziehen Sie zunächst die Datei »Ufo.psd« unter die Ebene »laterne« in die Zeitleiste. Setzen Sie folgende Keys:
- POSITION: bei 00:00 = Ufo links oben außerhalb des Bilds; bei 02:00 = Ufo rechts oben außerhalb des Bilds
- SKALIERUNG: bei 00:00 = 8 %; bei 02:00 = 12 %

◀ **Abbildung 19.72**
Per POSITION bewegen Sie das Ufo durch das Bild.

Kreieren Sie über EBENE • NEU • FARBFLÄCHE eine Ebene in Kompositionsgröße, und nennen Sie sie »strich«. Fügen Sie bei markierter Ebene die oben genannten Effekte hinzu (z. B. über die Effekte-Palette).

Für den Effekt STRICH benötigen wir einen Maskenpfad, der dem Bewegungspfad des Ufos entspricht. Dazu sind ein paar Schritte nötig:
- Markieren Sie die Ebene »strich«, und klicken Sie dann doppelt auf das Rechteck-Werkzeug (Q). Uns genügt die hinzugefügte eckige Maske.
- Markieren Sie die Eigenschaft POSITION ❷ (siehe Abbildung 19.73) der Ebene »Ufo.psd«, um die Keys auszuwählen, und kopieren Sie sie per Strg+C.

▼ **Abbildung 19.73**
Kopieren Sie die Positionswerte des Ufos in die Maske der Effektebene.

▶ Öffnen Sie die Ebene »strich«, und markieren Sie dort unter Maske 1 den Eintrag Maskenpfad ❶. Fügen Sie nun die kopierten Daten mittels [Strg]+[V] ein.
▶ Suchen Sie im Effekt Strich den Eintrag Pfad ❸, und wählen Sie dort die eingefügte Maske aus.

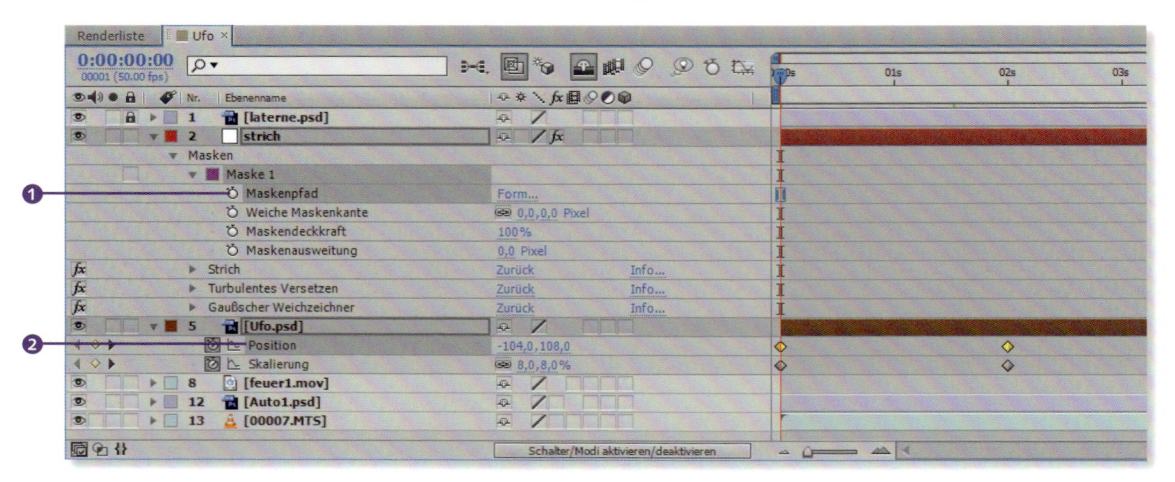

Abbildung 19.74 ▶
Der Maskenpfad deckt sich mit dem Bewegungspfad des Ufos.

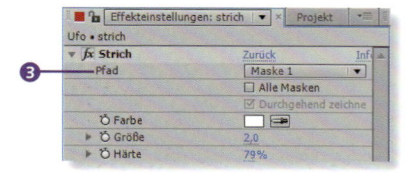

▲ Abbildung 19.75
Unter Pfad wählen Sie die Maske für den Effekt Strich aus.

Um die Farbfläche auszublenden und nur den Strich sichtbar zu machen, wählen Sie im Effekt Strich unter Malstil den Eintrag Auf Transparent. Ändern Sie folgende Parameter: Grösse = 11; Härte = 90 %; Deckkraft = 60 %. Zur Animation setzen Sie Keys für die Eigenschaft Ende: bei 00:00 = 0 %; bei 02:00 = 100 %. Dies generiert den Strich im Zeitverlauf entlang des Maskenpfads.

Jetzt sollte dem Ufo ein Kondensstreifen folgen.

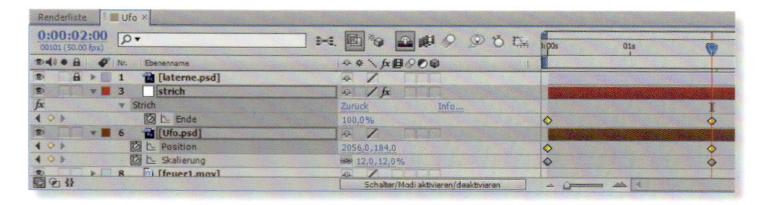

Abbildung 19.76 ▶
Der Strich-Effekt folgt dem Maskenpfad und wird mit der Eigenschaft Ende animiert.

19.4 Arbeiten mit den Cycore Effects

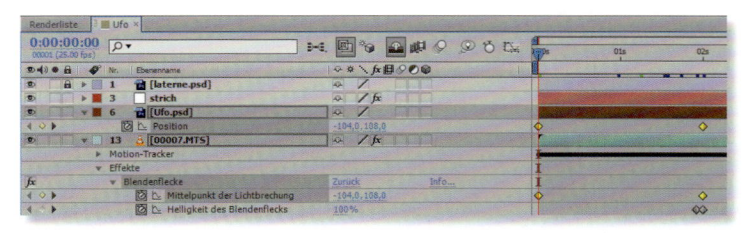

◄ **Abbildung 19.77**
Der Kondensstreifen folgt dem Ufo.

4 Kondensstreifen verschwinden lassen

Mit dem Effekt Turbulentes Versetzen bewegen Sie den Strich leicht. Ändern Sie den Parameter Versetzung auf Horiz. und vert. Versetzung. Setzen Sie folgende Keys für Stärke bei 02:00 = 0; bei 04:00 = 25 und für Evolution bei 02:00 = 0× +0,0; bei 04:00 = 1× +0,0.

Setzen Sie beim Gaussschen Weichzeichner die Stärke auf 27. Setzen Sie noch folgende Keys für die Ebeneneigenschaften:
- Skalierung: bei 02:00 = 100 %; bei 04:00 = 145 %
- Deckkraft: bei 02:00 = 100 %; bei 04:00 = 0 %

5 Ufolicht hinzufügen

Für einen Lichthalo um das Ufo verwenden wir den Effekt Blendenflecke. Der Effekt hellt die Pixel der Ebene auf, auf die er angewendet wird, und simuliert Lichtreflexe auf einem Objektiv. Fügen Sie den Effekt dem Parkplatzvideo hinzu. Wählen Sie als Objektivart den Eintrag 105 mm. Damit der Fleck dem Ufo folgt, kopieren Sie wieder die Positions-Keyframes aus der Ebene »Ufo.psd«. Markieren Sie anschließend die Eigenschaft Mittelpunkt der Lichtbrechung, und fügen Sie die Positions-Keys am Zeitpunkt 00:00 ein.

Blenden Sie dann das Licht per Helligkeit des Blendenflecks aus: bei 01:23 = 100 %, bei 02:00 = 0 %.

◄ **Abbildung 19.78**
Die Positions-Keys des Ufos verwenden Sie auch für den Blendenfleck.

◄ **Abbildung 19.79**
Der Blendenfleck folgt wie der Strich dem Ufo.

6 Zweites Ufo hinzufügen

Ziehen Sie die Datei »Ufo.psd« erneut in die Zeitleiste, und lassen Sie sie bei 02:00 beginnen. Setzen Sie die Skalierung auf 90 %.

Verschieben Sie den Ankerpunkt mit dem Ausschnitt-Werkzeug (Y) auf den unteren Rand des Ufos ❶. Lassen Sie das Ufo von rechts außen ins Bild kommen, und bilden Sie den Bewegungspfad aus der Abbildung möglichst annähernd nach. Setzen Sie dazu Positions-Keyframes bei 02:00; 04:08; 07:00 und 09:01.

Abbildung 19.80 ▶
Versuchen Sie, den Bewegungspfad annähernd wie hier zu erstellen.

7 Laserschuss hinzufügen

Für den Laserschuss ist eine weitere Farbfläche in Kompositionsgröße nötig. Nennen Sie sie »strahl«, und lassen Sie sie bei 02:00 beginnen. Fügen Sie der Ebene den Effekt Strahl hinzu.

Ändern Sie zunächst folgende Parameter: Länge = 100 %; Anfangsbreite = 20; Innenfarbe = Gelb; Aussenfarbe = Grün.

Um den Anfangspunkt des Strahls deckungsgleich zum Bewegungspfad des zweiten Ufos zu bekommen, – Sie ahnen es bereits – kopieren Sie die Positions-Keys des Ufos in die Eigenschaft Anfangspunkt. Beim Einfügen muss die Zeitmarke bei 02:00 stehen und die Eigenschaft wieder markiert sein.

▼ **Abbildung 19.81**
Kopieren Sie die Positionswerte des zweiten Ufos in den Anfangspunkt des Strahls.

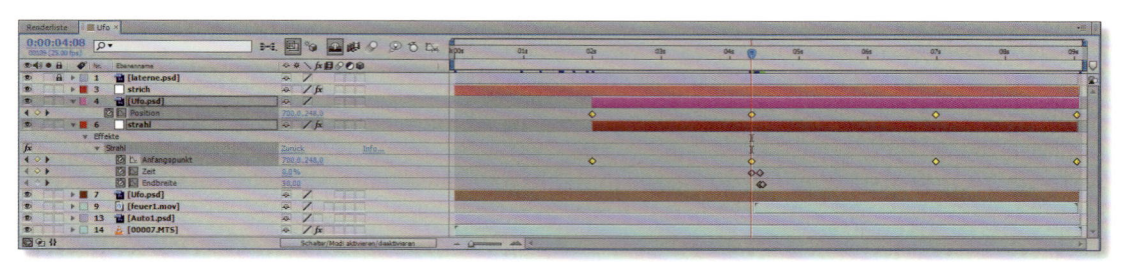

Jetzt der Laserschuss: Navigieren Sie zum Zeitpunkt 04:08. Klicken Sie im Effekt Strahl auf das Kästchen für Endpunkt ❷, und ziehen Sie das im Kompositionsfenster erscheinende Kreuz auf das Auto wie in der Abbildung.

19.4 Arbeiten mit den Cycore Effects

Setzen Sie folgende Keys:
- ZEIT: bei 04:08 = 0 %; bei 04:11 = 100 %
- ENDBREITE: bei 04:11 = 30; bei 04:12 = 0

▲ **Abbildung 19.82**
Der Endpunkt des Strahls liegt genau auf dem Auto.

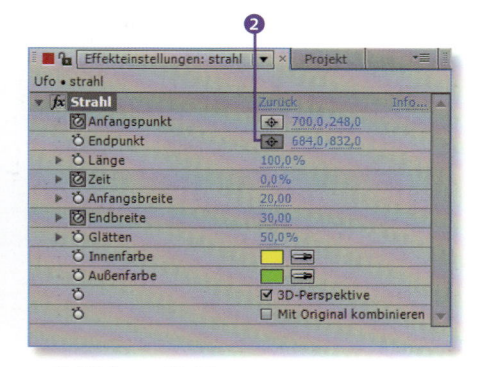

▲ **Abbildung 19.83**
Die Parameter des Effekts STRAHL

8 Auto zertrümmern

Das größte Vergnügen bereitet wahrscheinlich dieser Punkt, und das nicht nur, weil es der letzte ist. Fügen Sie der Ebene »Auto1.psd« den Effekt ZERTRÜMMERN aus der Kategorie SIMULATION hinzu.

Zunächst verschwindet das Auto vollständig. Dies liegt daran, dass im Effekt unter ANSICHT der Eintrag DRAHTGITTER + KRÄFTE gewählt ist. Diese Ansicht ist zum Einstellen des Effekts sehr gut geeignet. Um das Auto wiederzusehen, wählen Sie später GERENDERT.

Motor des Effekts ist die KRAFT 1 (KRAFT 2 ist per RADIUS = 0 deaktiviert). Diese ist als Kugel angelegt, deren Lage bzw. X-Y-Position Sie per POSITION bestimmen, deren Z-Position per TIEFE und deren Größe durch den RADIUS. Ändern Sie zunächst unter Form folgende Parameter: MUSTER = GLAS; WIEDERHOLUNGEN = 110; EXTRUSIONSTIEFE = 0,15. Schieben Sie die Kraftkugel (KRAFT 1) mittels TIEFE einmal auf den Wert –0,73. Damit wirkt sich die Kraft nicht aus, da sie zu weit entfernt ist. Im Drahtgittermodus erkennen Sie jetzt lauter Kacheln (Wiederholungen des Musters), die wiederum in Glasscherben zerteilt sind. Nun werden wir die Kraft nutzen, um die Ebene in die Glasscherben zu zertrümmern.

Tragen Sie unter KRAFT 1 folgende Werte ein: POSITION = 1140, 2048 (damit die Kraft genau auf dem Auto liegt), RADIUS = 0,70 und STÄRKE = 24,50. Setzen Sie folgende Keys für TIEFE: bei 04:11 = - 0,73 und bei 04:17 = 0,20. Wenn Sie die Animation nun rendern, fliegen die Teile noch nicht so wie gewünscht.

Ändern Sie daher unter PHYSIK den Wert bei VISKOSITÄT auf 0,55. Dies bremst die Teile wie in einer dickeren Flüssigkeit. Setzen Sie für SCHWERKRAFTRICHTUNG folgende Keys: bei 07:15 = 0× +100° und bei 08:08 = 0× +0°.

Kapitel 19 Erweiterte Bearbeitungsmöglichkeiten mit Effekten

Somit fliegen die Teile erst leicht nach rechts in Richtung der Bewegung des Ufos und folgen ihm dann nach oben. Für das fertige Movie habe ich noch ein zweites Auto zertrümmert. Sie können es gern noch hinzufügen. Sie wissen jetzt ja, wie es geht.

Abbildung 19.84 ▶
Nur einige der vielen Parameter nutzen wir für die Animation.

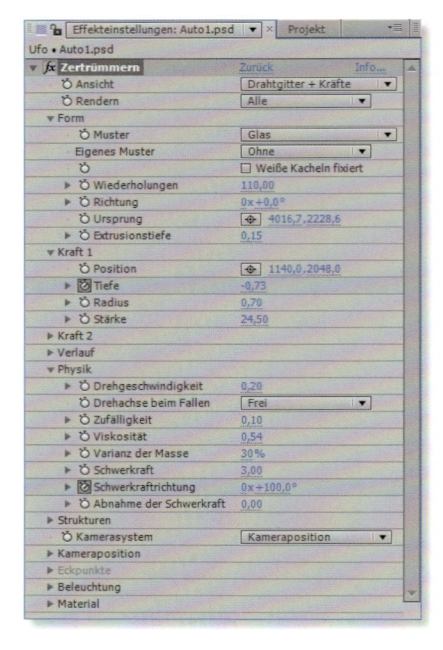

▼ Abbildung 19.85
Per Tiefe und Schwerkraftrichtung animieren wir den Effekt.

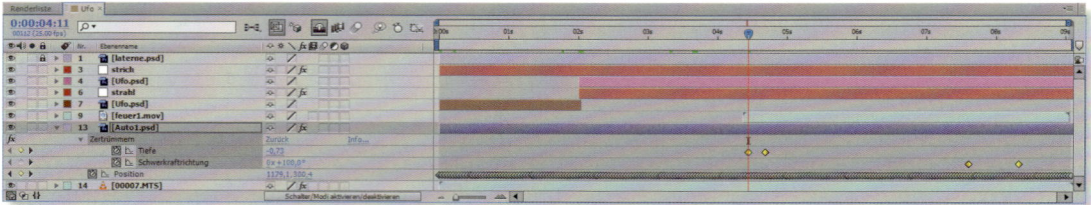

▲ Abbildung 19.86
Die Trümmerteile des Autos folgen dem Ufo.

▲ Abbildung 19.87
Im fertigen Movie wird ein weiteres Auto zertrümmert.

(c) Detonation Films (Explosionen)

19.4 Arbeiten mit den Cycore Effects

◄ **Abbildung 19.88**
Teile von beiden Autos folgen letztlich dem Ufo.

»Zeichentrick«

Mit dem Effekt ZEICHENTRICK schaffen Sie eine ähnliche Anmutung wie mit dem Effekt SELEKTIVER WEICHZEICHNER, allerdings arbeitet ZEICHENTRICK, den Sie in der Effektkategorie STILISIEREN finden, noch genauer und besser. Mit diesem Effekt können Sie sogar Ihre Filme aussehen lassen, als wären sie im Trickfilmstudio entstanden, da bewegtes Material ohne Bildfehler berechnet wird.

Ein Beispiel finden Sie im Ordner 19_EFFEKTE/ZEICHENTRICK_ MOSAIK in den Zeichentrick-Kompositionen. Hier habe ich Vorder- und Hintergrund des Originals per Roto-Pinsel separiert und einen Matte-Film erstellt, der – zugegeben – verbesserungsfähig ist. Durch Verwendung des Matte-Films konnte der Hintergrund andere Farben erhalten als der Vordergrund; Sie sehen es an den verwendeten Effekten.

Der Weg: Gleich nachdem Sie den Effekt angewendet haben, haben die Konturen im Bild eine leichte Umrandung erhalten, und die dazwischenliegenden Flächen wirken nicht mehr so detailliert.

Im Effekt legen Sie unter RENDERN mit der Option RÄNDER fest, dass nur die Konturen eingeblendet werden, und erhalten ein wie gezeichnet wirkendes Bild. Mit FÜLLEN werden nur die dazwischenliegenden Flächen angezeigt.

Beispiel

Ein Beispiel befindet sich im Ordner Beispielmaterial/19_ EFFEKTE/ZEICHENTRICK_MOSAIK im Projekt »MosaikZeichentrick. aep«

▲ **Abbildung 19.89**
In diesem Beispiel wurde noch kein Effekt angewendet.

◄ **Abbildung 19.90**
Hier wird der Effekt ZEICHENTRICK nur mit der Option RÄNDER angezeigt.

Kapitel 19 Erweiterte Bearbeitungsmöglichkeiten mit Effekten

OpenGL-fähige Grafikkarte?
Falls Sie eine OpenGL-fähige Grafikkarte installiert haben, können Sie im Effekt ZEICHENTRICK unter ERWEITERT bei LEISTUNG mit WENN MÖGLICH OPENGL VERWENDEN, die Bearbeitung des Effekts durch den Grafikprozessor aktivieren.

Beispiel
Ein Beispiel befindet sich im Ordner Beispielmaterial/19_EFFEKTE/ZEICHENTRICK_MOSAIK im Projekt »MosaikZeichentrick.aep«

Über DETAILRADIUS erreichen Sie bei höheren Werten ein stärkeres Weichzeichnen der Flächen, mit DETAILSCHWELLENWERT werden die Details im Bild noch stärker nivelliert.

Die zwei Regler unter FÜLLEN funktionieren wie die Tontrennung in Photoshop, das heißt, mit SCHATTIERUNGSSCHRITTE legen Sie die Anzahl der Tonwertnuancen fest. Je geringer der Wert, desto plakativer also die Wirkung. Mit SCHATTIERUNGSGLÄTTE können Sie die Übergänge der Nuancen glätten.

Unter RAND erhalten Sie mit höheren Werten bei SCHWELLENWERT mehr und breitere Konturen (abhängig davon, wie stark unterschiedlich angrenzende Pixel sind). Diese Konturen können Sie per BREITE fein oder grob einstellen und mit GLÄTTUNG den Übergang zu den Farbflächen weich gestalten.

Unter ERWEITERT schärfen Sie per KANTENVERBESSERUNG mit positiven Werten die Kanten und lassen sie mit negativen Werten ausgefranster erscheinen.

Per KANTENTIEFE verwandeln Sie die normalerweise schwarzen Konturen auf weißem Grund in ihr Gegenteil, indem Sie den Wert erhöhen (leicht erhöhte Werte führen zunächst zu Grautönen). Mit KANTENKONTRAST erreichen Sie einen ähnlichen Effekt.

▲ **Abbildung 19.91**
Hier sehen Sie ZEICHENTRICK mit der Option FÜLLEN UND RÄNDER.

▲ **Abbildung 19.92**
Per Matte-Film können Sie Vorder- und Hintergrund trennen und unterschiedlich färben.

»Mosaik«

Wenn Sie beispielsweise vorhaben, das Gesicht eines Menschen in einem Video für den Zuschauer unkenntlich zu machen, ist der Effekt MOSAIK genau das Richtige für Sie. Ein Beispiel finden Sie im Ordner 19_EFFEKTE/ZEICHENTRICK_MOSAIK in der »Mosaik«-Komposition.

19.4 Arbeiten mit den Cycore Effects

Mosaik-Effekt anwenden | Nachdem Sie Ihr Video in die Zeitleiste gezogen haben, markieren Sie die Ebene und drücken [Strg]+[D], um ein Duplikat zu erzeugen. Fügen Sie dem Duplikat den Effekt Mosaik aus der Effektkategorie Stilisieren hinzu.

Sie bestimmen die Größe der »Mosaiksteinchen« über Anzahl horizontal und Anzahl vertikal. Setzen Sie das Häkchen bei Farben nicht mitteln nicht, ergeben sich weichere Farbabstufungen zwischen den Mosaiksteinchen.

▲ **Abbildung 19.93**
Zunächst ist das gesamte Videoduplikat verpixelt.

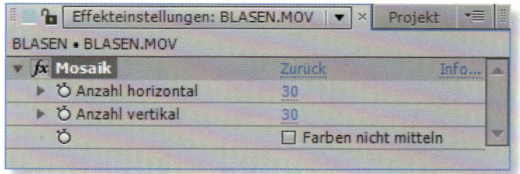

▲ **Abbildung 19.94**
Der Effekt Mosaik ist nützlich, um Bildbereiche für den Zuschauer unkenntlich zu machen.

Damit nun nur das Gesicht und nicht das ganze Video verpixelt wird, tracken Sie zunächst einen Punkt im Gesicht, beispielsweise die Nase.

Fügen Sie dann eine weiße Farbfläche hinzu, deren Ankerpunkt Sie deckungsgleich zum Track-Punkt auf die Nase verschieben und die Sie so maskieren, dass nur das Gesicht von der Farbfläche verdeckt wird. Später wird die Farbfläche als Alpha-Matte für das Video verwendet. Die Tracking-Daten übertragen Sie nun auf die Farbfläche. Somit wandert die Farbfläche deckungsgleich zum Gesicht durch das Bild. Wenn Sie jetzt die Farbfläche als Alpha-Matte für das in Mosaiksteinchen zerlegte Video definieren, erscheint nur noch das Gesicht verpixelt.

Zum Nachlesen
Details zum Tracken von Punkten in Videomaterial erhalten Sie in Kapitel 22.1, »Der After Effects Motion Tracker«. Informationen zum Umgang mit Masken und Alpha-Matten finden Sie in Kapitel 18, »Masken, Matten und Alphakanäle«.

▲ **Abbildung 19.95**
Über die Mosaikebene legen sie eine weiße, maskierte Farbfläche, deren Ankerpunkt deckungsgleich zum Track-Punkt liegt.

▲ **Abbildung 19.96**
Die Nase wird mit einem Track-Punkt verfolgt.

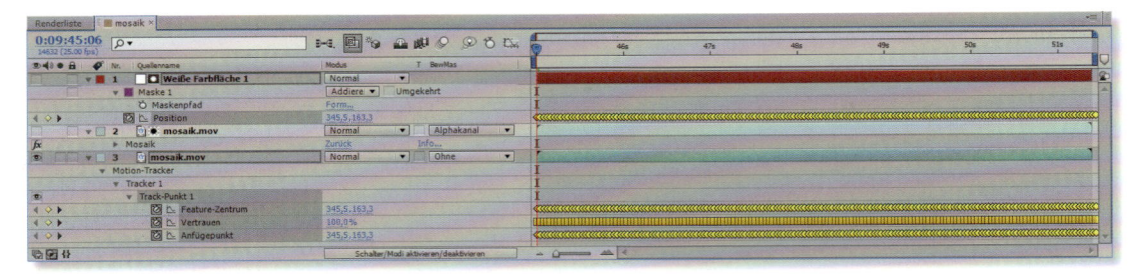

Kapitel 19   Erweiterte Bearbeitungsmöglichkeiten mit Effekten

▲ **Abbildung 19.97**
Die Tracking-Daten werden auf die Farbfläche übertragen. Diese verwenden Sie als Alpha-Matte für die Mosaikebene.

▲ **Abbildung 19.98**
Letztlich ist nur das Gesicht verpixelt.

Kameralinsen-Weichzeichner-Optionen

Wie Unschärfen im Hintergrund bzw. Vordergrund aussehen, bestimmen Sie mit den Optionen unter IRISBLENDE-EIGENSCHAFTEN. Nahezu perfekt runde Unschärfen erhalten Sie, wenn Sie unter FORM ein ZEHNECK wählen. Allerdings erreichen Sie dies auch mit einem Wert von 100 % bei RUNDHEIT. Per SEITENVERHÄLTNIS erzielen Sie mit Werten unter 1 eine leichte vertikale und mit Werten über 1 eine horizontale Verschiebung der Pixel. Mit 1 ist das Seitenverhältnis ausgeglichen. Mit BEUGUNGSSTREIFEN simulieren Sie haloartige Interferenzen des Lichts. Der Wert 100 simuliert ein natürliches Halo und 500 das eines Spiegellinsenobjektivs.

Um Glanzlichter hervorzuheben, wählen Sie zuerst den SCHWELLENWERT bzw. Graustufenwert. Pixel, die heller sind als die eingestellte Graustufe, werden um den bei VERSTÄRKUNG gewählten Wert heller dargestellt. Bei einer Projektfarbtiefe von 8 Bit ergeben sich 255 Graustufen. Ist der SCHWELLENWERT 255, hellt sich nichts auf, und bei 0 alles.

»Kameralinsen-Weichzeichner«

Der seit CS 5.5 mitgelieferte Effekt KAMERALINSEN-WEICHZEICHNER ist für Kameraaufnahmen gedacht, denen im Nachhinein Tiefenschärfe hinzugefügt werden soll. Daher ist der Effekt besonders im Consumer-Bereich interessant, wo Kameras über keine Tiefenschärfe-Einstellung verfügen.

Zum Testen habe ich Ihnen im Ordner 19_EFFEKTE/KAMERALINSEN_WEICHZEICHNER das Movie »Weichzeichnen« mitgegeben, das in gleichmäßiger Schärfe aufgenommen ist.

Wenn Sie den Effekt aus der Kategorie WEICH- UND SCHARFZEICHNEN auf das Movie anwenden, wirkt zunächst das gesamte Bild leicht unscharf. Der Motor des Effekts ist eine Graustufenebene, die Sie selbst erzeugen müssen. Im oben genannten Ordner finden Sie zwei von mir erstellte Graustufenfilme zum Testen.

Für den Film »Alpha« habe ich per Roto-Pinsel-Werkzeug die Statue vom Hintergrund separiert und daraus einen Film mit Alphakanal gerechnet. Als zweite Variante habe ich einen Punkt des Movies mit dem After-Effects-Tracker verfolgt und die Daten auf eine Farbfläche angewendet, die so der Bewegung der Statue bzw. der Kamera folgt. Auf dieser Farbfläche habe ich mit den Malwerkzeugen schwarze Farbe aufgetragen und damit das

19.4 Arbeiten mit den Cycore Effects

Gesicht, die Hand und das Buch übermalt. Anschließend habe ich noch die Silhouette der Statue in grauer Farbe hinzugefügt. Dieser Film heißt »Luma«.

Abbildung 19.99
Zugrunde liegt eine gleichmäßig scharfe Aufnahme.

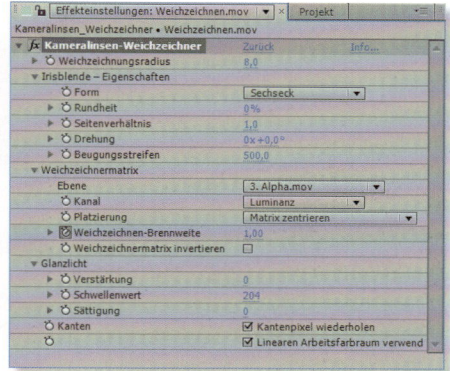

Abbildung 19.100
Im Effekt wählen Sie unter EBENE einen Graustufenfilm aus.

▶ **Variante 1**: Wählen Sie den Film »Alpha« unter WEICHZEICHNERMATRIX bei EBENE aus. Unter KANAL stellen Sie ALPHAKANAL ein, damit der Effekt die Information von dort bezieht. Sofort ist die Statue unscharf und der Hintergrund fokussiert. Um die Schärfe vom Hintergrund nach vorn zu verlagern, erhöhen Sie die Werte bei WEICHZEICHNEN-BRENNWEITE. Ist der Wert 1, wird die Statue fokussiert. Mit dem WEICHZEICHNUNGSRADIUS verstärken Sie die Unschärfe.

▶ **Variante 2**: Wählen Sie den Film »Luma« unter WEICHZEICHNERMATRIX aus und unter KANAL LUMINANZ. Der »Luma«-Film enthält drei Graustufen: weiß für den Hintergrund, grau für die Silhouette der Statue und schwarz für Gesicht, Hand und Buch. Stellen Sie den Wert bei WEICHZEICHNEN-BRENNWEITE auf 0,5/0,6, ist nur die Statue scharf sichtbar, bei 0 Gesicht, Hand und Buch. Somit können Sie über verschiedene Graustufenwerte verschiedene Schärfeebenen innerhalb einer Aufnahme festlegen und diese per Keyframes ansteuern.

Beispiel
Ein Beispiel befindet sich im Ordner Beispielmaterial/19_EFFEKTE/KAMERALINSEN_WEICHZEICHNER im Projekt »Weichzeichnen.aep«

◀ **Abbildung 19.101**
Ein Graustufenfilm trennt Vorder- und Hintergrundbereiche.

Abbildung 19.102 ▶
Nach Auswahl des Graustufenfilms ist der Hintergrund unscharf.

»Rolling-Shutter-Reparatur«

Der Effekt ROLLING-SHUTTER-REPARATUR aus der Effektkategorie VERZERREN ist vor allem zur Entzerrung von Videos gedacht, die mit einem Smartphone oder einer DSLR-Kamera aufgenommen wurden. Der Effekt versucht, Flächenkanten zu begradigen, die besonders bei Schwenks häufig wie ein Parallelogramm verzerrt sind, oder gerade Linien, die geneigt erscheinen.

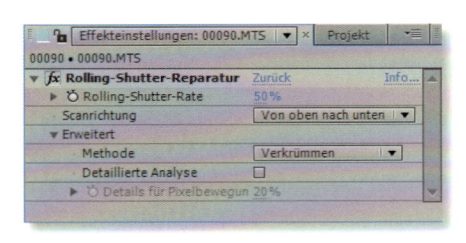

Abbildung 19.103 ▶
Oft reicht die Voreinstellung des Effekts für ein gutes Ergebnis.

Nachdem Sie den Effekt hinzugefügt haben, berechnet er das Video mit einer ROLLING-SHUTTER-RATE von 50 %, die oft ausreichend ist. Falls nicht, erhöhen Sie diesen Wert. Da die meisten Kameras das Bild von oben nach unten aufzeichnen, ist diese Variante bereits unter SCANRICHTUNG gewählt. Haben Sie Ihr Smartphone einmal umgedreht verwendet, wählen Sie VON UNTEN NACH OBEN. Als METHODE bieten sich VERKRÜMMEN und PIXELBEWEGUNG an, wobei letztere einzelne Pixel verschiebt und daher etwas länger dauert. Sie können die Analyse für die jeweilige Methode detailgenauer durchführen.

Der Effekt ist zwar einfach anwendbar und arbeitet schnell, aber die Ergebnisse hängen sehr vom aufgenommenen Material ab. Des Öfteren wirkt das Ergebnis nach Anwendung des Effekts genau in dem Sinne verzerrt wie das Material, das der Effekt gerade begradigen sollte. Hier lässt sich zwar mit Keyframes arbeiten, indem Sie die ROLLING-SHUTTER-RATE jeweils erhöhen und verringern, doch das ist bei längeren Clips aufwendig. Trotzdem ist dies eine gute Möglichkeit, die zuvor nicht existierte.

> **Beispiel**
>
> 💿 Das Movie »Schwenk« befindet sich auf der DVD im Ordner BEISPIELMATERIAL/19_EFFEKTE/ROLLING_SHUTTER_REPARATUR.

▲ **Abbildung 19.104**
Hier wurde die ROLLING-SHUTTER-REPARATUR noch nicht angewendet. Der LKW ist wie ein Parallelogramm verzerrt.

▲ **Abbildung 19.105**
Jetzt sind die Kanten des LKW und senkrechte Linien deutlich gerader als zuvor.

Für eigene Tests finden Sie im Ordner 19_EFFEKTE/ROLLING_SHUTTER_REPARATUR das Movie »Schwenk«. Wenden Sie den Effekt mit verschiedenen Einstellungen darauf an, und vergleichen Sie mit dem Original, indem Sie den Effekt auf der Ebene ein- und ausschalten ❶.

▲ **Abbildung 19.106**
Testen Sie Ihr Material selbst, indem Sie den Effekt auf der Ebene ein- und ausschalten.

Effekt per Einstellungsebenen vererben

Es kann eine mühselige Arbeit sein, einen Effekt, den Sie für eine Ebene nach Ihren Wünschen eingestellt haben, mit den gleichen Einstellungen auf andere Ebenen zu übertragen. Eine Variante ist es, den Effekt samt Effekteinstellungen zu kopieren und dann in andere Ebenen einzusetzen.

Es geht aber auch anders. Über EBENE • NEU • EINSTELLUNGSEBENE kreiert After Effects für Sie eine Ebene, deren Effekteinstellungen sich auf alle im Zeitplan **darunter** befindlichen Ebenen auswirken. In der Zeitleiste in Abbildung 19.106 sehen Sie hierfür ein Beispiel. Die Perspektive-Effekte SCHLAGSCHATTEN sowie ALPHA ABSCHRÄGEN wurden auf die oberste Ebene, die Einstellungsebene, angewandt. Sämtliche unter der Effektebene liegenden Ebenen erhalten daraufhin einen Schatten und werden wie mit einer reliefartigen Kontur versehen.

Kapitel 19 Erweiterte Bearbeitungsmöglichkeiten mit Effekten

Abbildung 19.107 ▲
Die Einstellungsebene muss sich über den Ebenen befinden, auf die sich die darin enthaltenen Effekte auswirken sollen.

Beispiel

Ein Beispiel befindet sich im Ordner Beispielmaterial/ 19_Effekte/ WeitereEffekte im Projekt »weitereEffekte.aep« in der Komposition »perspektive«.

Abbildung 19.108 ▶
Alle hier sichtbaren Buttons werden durch eine einzige Effektebene beeinflusst, die sogenannte Einstellungsebene.

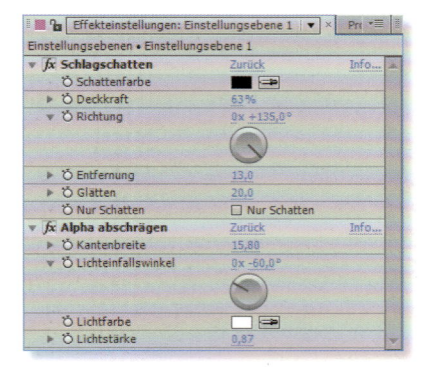

Abbildung 19.109 ▶
Die Effekte Schlagschatten und Alpha abschrägen wurden hier auf die Einstellungsebene angewandt.

Sie können eine Einstellungsebene über den Ebenenschalter ❶ ein- und ausschalten. Über diesen Schalter ist es auch möglich, bereits vorhandene Ebenen zur Einstellungsebene zu erklären. Es ist eine Sache der Einstellung, welche Ebene Hammer oder Amboss ist. Sie finden ein ähnliches Beispiel im Ordner 19_Effekte/ WeitereEffekte im Projekt »weitereEffekte.aep« in der Komposition »Einstellungsebene«.

580

19.5 Keying-Effekte

In diesem Abschnitt kommen wir zu einigen Keying-Werkzeugen, die After Effects in recht großem Umfang bereitstellt. After Effects bietet verschiedene Keying-Möglichkeiten, die weit über das Auskeyen einer einzigen Farbe hinausgehen. Einige dieser Möglichkeiten stelle ich auf den folgenden Seiten vor. After Effects wird außerdem mit dem professionellen Keyer KEYLIGHT von The Foundry ausgeliefert, der schon in Hollywood-Filmen eingesetzt wurde!

> **Animationsvorgabe**
>
> Ein sehr komfortabler Weg, einmal angelegte Effekteinstellungen auf eine oder mehrere andere Ebenen zu übertragen, sind Animationsvorgaben. In Abschnitt 10.3, »Animationsvorgaben«, finden Sie alle dazu nötigen Informationen.

Wozu dient das Keying?

Angenommen, ein Moderator soll im Fernsehen einen Beitrag zu einer Katastrophe sprechen, etwa einem Wüstensturm. Dabei sollen im Hintergrund ständig Bilder der Katastrophe sichtbar sein. Da es am Katastrophenort etwas ungemütlich wäre, wird der Moderator im Studio aufgenommen. Schon haben wir das Problem: Wie kommen bloß die Katastrophenbilder in den Hintergrund?

Vielen ist sicher der **Blue- oder Greenscreen** ein Begriff. Es handelt sich hierbei um einen blauen oder grünen Hintergrund, der hinter eine Filmszene gespannt wird. In der Postproduktion wird die blaue bzw. grüne Farbe des Hintergrunds durch anderes Bildmaterial ersetzt. Technisch gesehen wird in der Postproduktion die blaue Farbe des Bluescreens transparent gesetzt, die blauen Pixel werden also ausgeblendet. Wird der Moderator vor blauem Hintergrund aufgenommen, kann anschließend jedes Bildmaterial als Ersatz für die blaue Farbe dienen. Und genau darum soll es jetzt gehen.

»Color-Key«

Der wohl einfachste Keying-Effekt ist der Effekt COLOR-KEY. Oft lassen sich schon mit diesem Effekt befriedigende Ergebnisse erzielen. Sehen wir uns seine Anwendung genauer an.

Schritt für Schritt:
Ein neuer Hintergrund mit Color-Key

In diesem Workshop lernen Sie, wie Sie mit dem Effekt COLOR-KEY das Freistellen von Bildelementen vom Hintergrund auf Basis einer Schlüsselfarbe (in unserem Fall Blau) bewerkstelligen.

> **Vorbereitung des Key-Materials**
>
> Wenn Sie selbst eine Bluescreen-Aufnahme durchführen wollen, benötigen Sie einen formatfüllenden blauen Hintergrund. Dieser sollte bestens ausgeleuchtet sein. Achten Sie darauf, dass keine Schatten auf den Vorhang fallen und dass der Stoff faltenfrei ist. Wichtig ist, dass die Key-Farbe, in diesem Falle Blau, nicht in den Gegenständen oder der Kleidung der Personen auftaucht, die Sie vor einen anderen Hintergrund platzieren wollen.

Die benötigten Dateien für diesen Workshop finden Sie auf der DVD unter BEISPIELMATERIAL/ 19_EFFEKTE/KEYING/MOVIE

1 Vorbereitung

Kopieren Sie sich den Film »colorkey« aus dem Ordner 19_ EFFEKTE/KEYING/MOVIE von der DVD auf Ihre Festplatte. Legen Sie ein neues Projekt an, und importieren Sie die Filmdatei. Ziehen Sie die importierte Datei im Projektfenster auf das Kompositionssymbol, um eine Komposition in der richtigen Größe und Dauer zu erhalten.

2 Der Effekt »Color-Key«

Öffnen Sie mit [Strg]+[5] das Fenster EFFEKTE UND VORGABEN, falls es nicht sichtbar ist. Tippen Sie »color-key« in das Eingabefeld. Markieren Sie die Ebene »colorkey.avi«, und doppelklicken Sie auf KEYING • COLOR-KEY.

Der Effekt ist auf die KEY-FARBE Blau voreingestellt. Um diese Farbe der blauen Hintergrundfarbe im Movie stärker anzunähern, klicken Sie mit der Pipette ❶ direkt auf die blaue Farbe des Hintergrunds. Erhöhen Sie allmählich die Werte der TOLERANZ ❷, um die Farbe verschwinden zu lassen. Gehen Sie dabei nicht weiter als bis zu einem Wert von 90. Bei höheren Werten entstehen in diesem Beispiel leicht kleine transparente Löcher in Bereichen, die nicht gekeyt werden sollen.

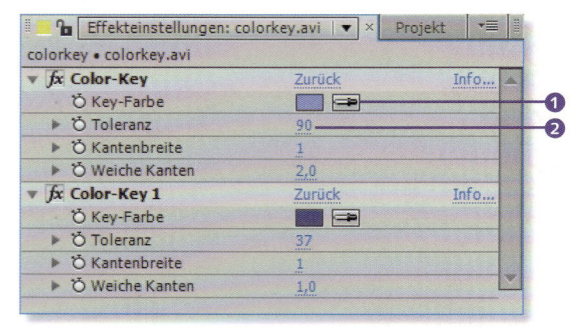

▲ **Abbildung 19.110**
Die Originalaufnahme enthält einen blauen Hintergrund, der ausgetauscht werden soll.

Abbildung 19.111 ▶
Um zu bestimmten Ergebnissen zu gelangen, verwenden Sie den COLOR-KEY gegebenenfalls mehrfach.

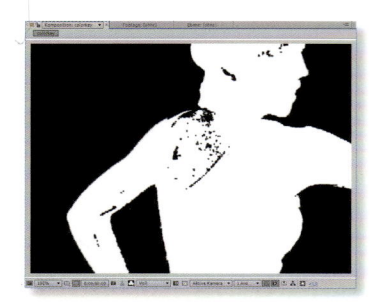

▲ **Abbildung 19.112**
Dieses Material weist transparente Löcher auf. Die Einstellungen im Key-Effekt müssen modifiziert werden.

Beim Abspielen des Films sehen Sie, dass ein blauer Rest in der rechten oberen Ecke verblieben ist. Diesen entfernen wir gleich. Tippen Sie zuvor noch für die KANTENBREITE den Wert »1« ein. Damit wird die Matte, also der transparente Bereich, den wir geschaffen haben, an den Kanten erweitert. Tippen Sie auch für WEICHE KANTEN den Wert »1« ein. Die Matte-Kante wird dadurch leicht weichgezeichnet.

Wenden Sie den COLOR-KEY ein zweites Mal auf die Ebene an. Suchen Sie sich im Movie eine Stelle, an der die blaue Restfarbe gut zu sehen ist. Klicken Sie nun mit der Pipette des zweiten Farb-Keys auf dieses Blau. Erhöhen Sie den TOLERANZ-Wert auf ca. 37. Alles Blau sollte jetzt verschwunden sein. Tippen Sie bei

KANTENBREITE und WEICHE KANTEN jeweils wieder den Wert »1« ins Feld ein.

▲ Abbildung 19.113
Nach einmaliger Anwendung des Effekts COLOR-KEY verbleibt noch ein Rest Blau.

▲ Abbildung 19.114
Ein zweiter COLOR-KEY entfernt auch das restliche Blau.

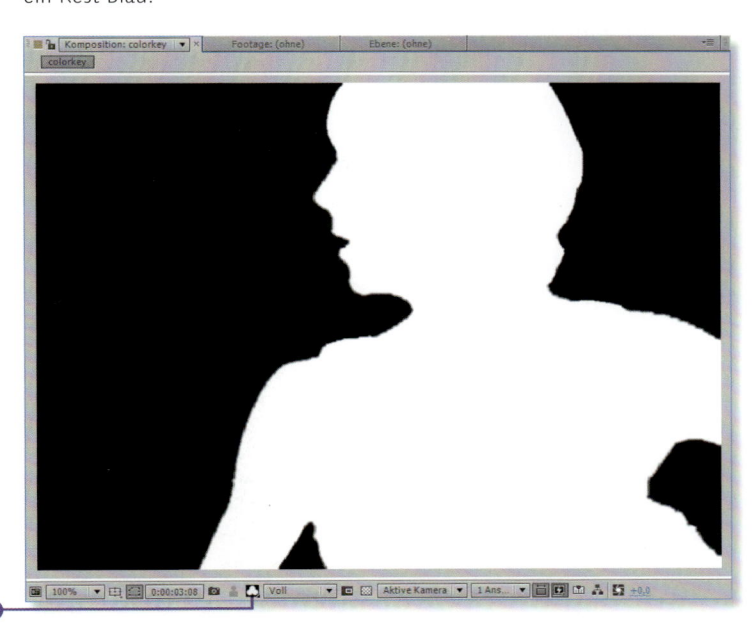

◄ Abbildung 19.115
Ein korrekt gekeytes Material weist auch dann keine Löcher auf, wenn nur der Alphakanal der Komposition eingeblendet wird.

3 Der Effekt »Key-Farbe unterdrücken«

Das Keying sieht schon ganz gut aus, aber ein Manko bleibt noch: Bei genauem Hinsehen fallen unschöne blaue Ränder an der Matte-Kante auf. Abhilfe schafft hierbei der Effekt KEY-FARBE UNTERDRÜCKEN. Er befindet sich im Menü unter EFFEKTE • KEYING. Gleich nach der Anwendung ist das Manko beseitigt. Bei Bedarf erhöhen Sie die Werte für UNTERDRÜCKUNG noch oder wählen eine andere Farbe aus. Sollten Sie den Unterschied nicht erkennen können, verringern Sie einmal die TOLERANZ-Werte für den ersten Color-Key, und schalten Sie dann den Effekt KEY-FARBE UNTERDRÜCKEN aus und ein.

Keying überprüfen

Oft werden Pixel in Bereichen ausgekeyt, in denen das unerwünscht ist. Diese kleinen, transparenten Löcher werden sehr gut sichtbar, wenn Sie kurz nur den Alphakanal der Komposition anzeigen lassen. Die Schaltfläche dafür befindet sich am unteren Rand der Komposition ❸. Blenden Sie zuerst den Hintergrund aus, wählen Sie dann den Eintrag ALPHA aus der Liste, und schalten Sie mit RGB wieder zurück.

Kapitel 19 Erweiterte Bearbeitungsmöglichkeiten mit Effekten

Abbildung 19.116 ▶
Mit dem Effekt KEY-FARBE UNTERDRÜCKEN beseitigen Sie unschöne Ränder an der Matte-Kante.

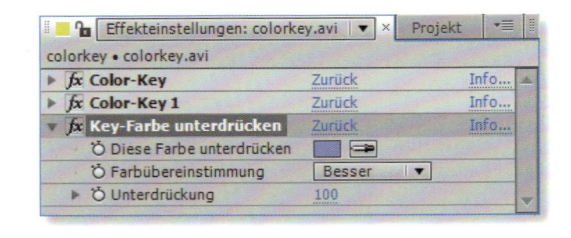

Abbildung 19.117 ▶
An der Matte-Kante sind noch Reste der Key-Farbe erkennbar.

Abbildung 19.118 ▶▶
Nach Anwendung des Effekts KEY-FARBE UNTERDRÜCKEN sieht die Matte-Kante schon viel besser aus.

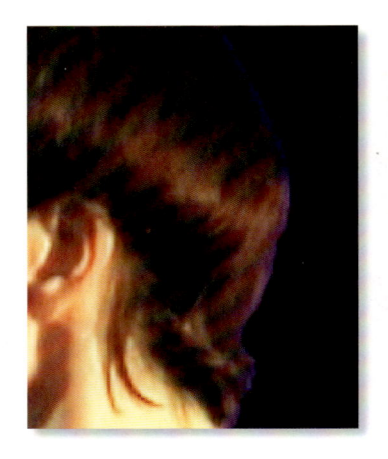

16-Bit-Projekt

Bei der Bearbeitung von Material, das gekeyt werden soll, erreichen Sie selten gute Ergebnisse, wenn Sie im Projektmodus von 8 Bit pro Kanal arbeiten. Ändern Sie daher unter DATEI • PROJEKTEINSTELLUNGEN • FARBTIEFE die Projektfarbtiefe auf 16 BIT PRO KANAL. Dies ergibt natürlich nur Sinn, wenn Ihr Filmmaterial in entsprechender Qualität vorliegt. Für diesen und die folgenden Workshops habe ich aus Platzgründen mit dem zwar gebräuchlichen, aber für Keying-Zwecke minderwertigen DV-Material gearbeitet.

4 Der neue Hintergrund

Importieren Sie zum Schluss noch die Datei »colorkeyHG.psd« aus dem Ordner 19_EFFEKTE/KEYING/BILDMATERIAL in das Projekt. Ziehen Sie das Hintergrundbild an den Zeitpunkt 00:00 in die Zeitleiste. Kaum zu glauben, dass der Hintergrund vorher nicht da war. Oder?

Abbildung 19.119 ▶
Nachdem der Hintergrund hinzugefügt wurde, scheint es fast so, als ob Maria tatsächlich am Meer tanzt.

»Linearer Color-Key«

Der im vorigen Workshop beschriebene COLOR-KEY wurde dort zweimal angewendet, um die blaue Hintergrundfarbe vollständig zu entfernen. Eine komfortablere Möglichkeit für solche Arbeiten bietet sich mit dem Effekt LINEARER COLOR-KEY an.

▲ **Abbildung 19.120**
Im Originalbild ist in der blauen Hintergrundfarbe ein Schatten sichtbar, der mit dem Effekt LINEARER COLOR-KEY entfernt wird.

▲ **Abbildung 19.121**
Im Ergebnis ist das Blau samt Schatten vollständig verschwunden.

In Abbildung 19.120 ist ein Schatten auf dem blauen Hintergrund sichtbar. Um sowohl den blauen Schatten als auch den helleren blauen Farbbereich transparent zu setzen, wäre es wieder möglich, den Effekt COLOR-KEY zweimal anzuwenden: einmal für den helleren Teil vom Blau, einmal für den Schatten.

Der Effekt LINEARER COLOR-KEY hält für solche Fälle mehrere Pipetten bereit. Mit der ersten Pipette ❶ (siehe Abbildung 19.122) nehmen Sie die Hauptfarbe, die transparent werden soll, auf, indem Sie in den betreffenden Farbbereich klicken. Mit der Plus-Pipette ❷ fügen Sie weitere Farben zur Farbauswahl hinzu. Die Minus-Pipette ❸ dient dazu, Farben aus der Farbauswahl zu entfernen. Dazu setzen Sie die Pipette in den Farbbereich, der eigentlich nicht transparent werden soll.

Im Effektfenster wird im linken Bild das Original angezeigt. Im rechten Bild sehen Sie je nach Wahl aus dem Einblendmenü unter ANSICHT ❹ das Ergebnis (AUSGABE), das Original (NUR QUELLE) oder die entstandene Matte (NUR MATTE).

Möchten Sie nur eine Farbe transparent setzen, wie im abgebildeten Beispiel, ist der Wechsel unter FARBRAUM ❺ von NACH RGB-WERTEN auf NACH FARBTON günstig. Auch NACH CHROMINANZ-WERTEN (Farbton und Sättigung) können Sie keyen. Erhöhen Sie die Werte bei TOLERANZ, vergrößert sich der Bereich der

Kameraaufnahme

Material, das für das spätere Keying bestimmt ist, sollten Sie mit einer Kamera aufnehmen, die mit einer Farbabtastung von 4:2:2 oder besser 4:4:4 arbeitet. Bei einer geringeren Abtastrate sind schlechte Keying-Ergebnisse oft unvermeidlich. Weitere Informationen zum Farbsampling finden Sie im Abschnitt »Farbsampling« auf Seite 597.

ausgekeyten Farben. Die GLÄTTUNG ist für den Übergang an der Matte-Kante verantwortlich.

Abbildung 19.122 ▶
Mit dem Effekt LINEARER COLOR-KEY sind recht komfortable Keying-Arbeiten möglich.

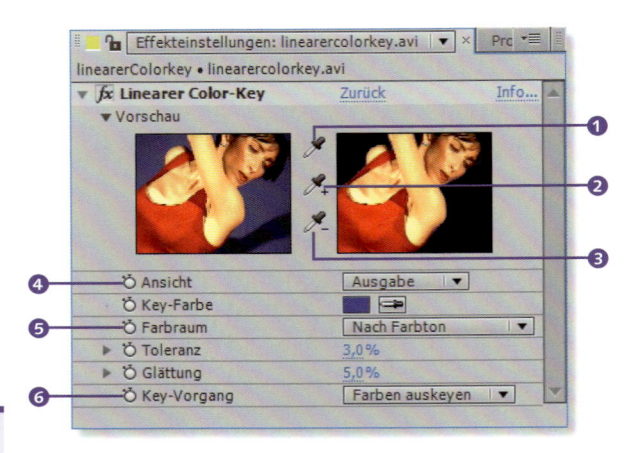

Die letzte Option im Effekt ist der KEY-VORGANG ❻. Hier wählen Sie zwischen den Einträgen FARBEN AUSKEYEN und FARBEN BEHALTEN. Wenden Sie den Effekt ein zweites Mal an und stellen dort die Option FARBEN BEHALTEN ein, kann der Effekt dazu dienen, bestimmte, mit den Pipetten definierte Farben vom Keying auszunehmen. Zwei auf diese Weise eingestellte Key-Effekte können also gegenläufig angewandt werden: einer, um Farben verschwinden zu lassen, der andere, um Farbbereiche beizubehalten.

Beispiele

Auf der Buch-DVD finden Sie im Ordner 19_EFFEKTE/KEYING das Projekt »keying.aep«, das alle hier dargestellten Beispiele enthält. Kopieren Sie sich am besten den gesamten Ordner KEYING auf Ihre Festplatte, um die Beispiele reibungslos ansehen zu können.

»Matte vergrößern/verkleinern«

Ein nützliches Hilfsmittel ist der Effekt MATTE VERGRÖSSERN/VERKLEINERN aus dem Menü EFFEKTE • MATTE. Der Effekt hilft dabei, kleine transparente Löcher aus Farbbereichen zu entfernen, die nicht transparent sein sollen. Um solche Löcher zu schließen, verwenden Sie bei FAKTOR negative Werte. Die Matte wird dann entsprechend verkleinert. Wollen Sie Ränder an den Außenkanten einer Matte entfernen, helfen positive Werte.

▲ **Abbildung 19.123**
Was wie eine Grafik aussieht, zeigt, dass im Material kleine transparente Löcher enthalten sind, die Sie mit Hilfe des Effekts MATTE VERGRÖSSERN/VERKLEINERN schließen können.

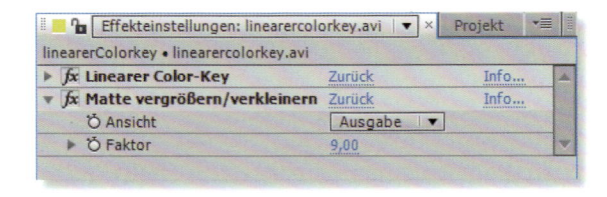

▲ **Abbildung 19.124**
Mit negativen oder positiven Werten bei FAKTOR im Effekt MATTE VERGRÖSSERN/VERKLEINERN lassen sich Matten leicht verbessern.

▲ **Abbildung 19.125**
Die Matte-Kante weist einen unerwünschten dunklen Rand auf.

▲ **Abbildung 19.126**
Nach der Anwendung des Effekts Matte vergrössern/verkleinern ist der dunkle Rand weitgehend beseitigt.

»Maske verbessern«

Ein sehr nützlicher Effekt bei der Bearbeitung bestehender Matten ist Maske verbessern, der der Verfeinerung einer bereits bestehenden Matte oder Maske dient. Den Effekt erläutere ich in Zusammenhang mit dem Roto-Pinsel-Werkzeug im Abschnitt »Der Effekt ›Maske verbessern‹« auf Seite 530.

Matten per »Min-Max« bearbeiten

Den Effekt Min-Max aus der Effektkategorie Kanäle können Sie alternativ zum beschriebenen Effekt Matte vergrössern/verkleinern verwenden. Zunächst wählen Sie unter Kanal den Eintrag Alphakanal. Unter Vorgang erweitern Sie den Alphakanal bzw. die Matte, wenn Sie Maximum wählen, und umgekehrt schrumpfen Sie ihn/sie bzw. den Alphakanal, wenn Sie Minimum wählen und dabei die Werte bei Radius erhöhen. Damit das Movie beim Vorgang Minimum an den Rändern nicht mitgeschrumpft wird, ist die Option Kanten nicht verkleinern eine gute Wahl.

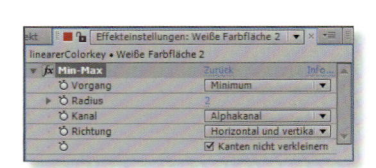

▲ **Abbildung 19.127**
Per Effekt Min-Max erweitern oder verkleinern Sie Matte-Kanten.

»Innerer/Äußerer Key«

Neben den schon beschriebenen Keying-Effekten stellt der Effekt Innerer/Äusserer Key insofern eine Besonderheit dar, als er ohne einen speziellen blauen oder grünen Hintergrund auskommt und diesen dennoch transparent setzen kann. Voraussetzung ist allerdings, dass die Person im Vordergrund nur minimale Bewegungen ausführt. Sie werden gleich sehen, warum.

Kapitel 19 Erweiterte Bearbeitungsmöglichkeiten mit Effekten

Schritt für Schritt:
Keying ohne Bluescreen

Auch ohne speziellen blauen oder grünen Hintergrund kann ein Hintergrund transparent gesetzt werden. Wie das funktioniert, erfahren Sie in diesem Workshop

Vorkenntnisse erforderlich
Gleich vorweg sei gesagt, dass der anschließend beschriebene Key-Effekt mit Maskenpfaden arbeitet. Sie sollten also Kenntnisse im Umgang mit Maskenpfaden haben oder zuvor Kapitel 18, »Masken, Matten und Alphakanäle«, studieren.

Die benötigten Dateien für diesen Workshop finden Sie auf der DVD unter BEISPIELMATERIAL/19_EFFEKTE/KEYING/MOVIE

1 Vorbereitung
Kopieren Sie sich den Film »innerouter« aus dem Ordner 19_EFFEKTE/KEYING/MOVIE von der DVD auf Ihre Festplatte. Legen Sie ein neues Projekt an, und importieren Sie den Film. Ziehen Sie die importierte Datei im Projektfenster auf das Kompositionssymbol, um eine Komposition in der richtigen Größe und Dauer zu erhalten.

2 Maskenpfade erstellen
Zuerst legen Sie zwei Maskenpfade an. Die beiden Pfade müssen parallel zueinander verlaufen und sich an den Konturen unserer freizustellenden Person orientieren. Dazu verwenden Sie das Zeichenstift-Werkzeug.

Die Pfade sollten Sie für unsere Zwecke lieber mit ein paar mehr Pfadpunkten ausstatten, um später bei Korrekturen der Maske einige Anfasser zu haben. Auf eine sehr akribische Nachformung der Konturen kommt es nicht an. Aber je genauer Sie arbeiten, desto besser sind danach die Ergebnisse. Entnehmen Sie den Pfadverlauf der beiden Masken bitte Abbildung 19.129. Die abgebildeten Masken wurden am Zeitpunkt 00:00 erstellt.

▲ **Abbildung 19.128**
Mal sehen, ob wie diesen Hintergrund wegbekommen und durch einen anderen ersetzen können.

▲ **Abbildung 19.129**
Die beiden Maskenpfade müssen die Konturen der Person einigermaßen genau nachzeichnen. Den ersten Pfad zeichnen Sie innerhalb der Person, den anderen außerhalb.

Zeichnen Sie den ersten Maskenpfad **innerhalb** der Person und den zweiten Pfad parallel dazu **außerhalb** der Person. Sie werden sagen: »Toller Trick, einfach eine Maske drumherum zu zeichnen ...« – Der Trick kommt aber erst jetzt.

3   Der Effekt »Innerer/Äußerer Key«

Öffnen Sie mit [Strg]+[5] die Palette EFFEKTE UND VORGABEN, und tippen Sie die Buchstaben »inn« ins Eingabefeld. Markieren Sie die Ebene »innerouter.avi«, und doppelklicken Sie auf den Effekt KEYING • INNERER/ÄUSSERER KEY. Nach dem Hinzufügen des Effekts ist der Bereich zwischen den beiden Maskenpfaden zum großen Teil schon transparent. Es kommt aber auf die Feineinstellung an.

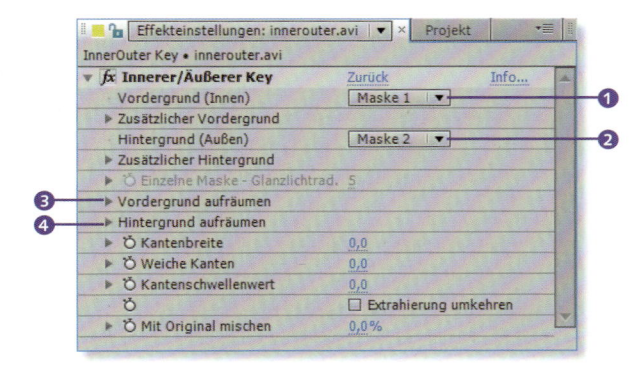

◄ **Abbildung 19.130**
Der Effekt INNERER/ÄUSSERER KEY erkennt die zuvor erstellten Masken automatisch als Vorder- und Hintergrund.

Der Effekt arbeitet folgendermaßen: Die MASKE 1 (innerer Pfad) wird automatisch als Vordergrund definiert ❶, während der MASKE 2 (äußerer Pfad) automatisch der Part des Hintergrunds zugeordnet wird ❷.

Der Effekt sieht den Pfad der MASKE 1, also den Vordergrund, als einen Pinselstrich, der die Deckkraft der Bildpixel erhöhen kann und dessen Strichstärke breiter oder dünner sein kann. Die Kontur der Person wird damit ausgeweitet bzw. verringert. Ebenso ist es mit dem Hintergrundpfad, nur dass hier die Deckkraft der Bildpixel verringert wird. Der Hintergrundpfad erweitert so den transparenten Bereich zur Kontur hin.

Die Optionen unter ZUSÄTZLICHER VORDERGRUND und ZUSÄTZLICHER HINTERGRUND sind für weitere Maskenpfade gedacht und werden verwendet, wenn beispielsweise mehr als eine Person oder ein weiteres Objekt freigestellt werden soll.

4   Vorder- und Hintergrund aufräumen

Zur Feineinstellung der Transparenz zwischen den beiden Maskenpfaden dienen die Optionen VORDERGRUND AUFRÄUMEN ❸ und HINTERGRUND AUFRÄUMEN ❹. Klicken Sie jeweils auf das kleine Dreieck, um die Einstellungsliste zu öffnen. Keine Angst! Die langen Listen dort dienen den optionalen acht Masken. Klappen Sie jeweils den Eintrag AUFRÄUMEN 1 auf ❺. Wählen Sie unter PFAD ❽ die MASKE 1 und unter PFAD ❾ die MASKE 2 aus. Mit den jeweils vorhandenen Reglern für PINSELRADIUS ❻ und PINSELDRUCK ❼ lässt sich der transparente Bereich zwischen den Pfaden recht genau bestimmen.

Ich bin mit folgenden Werten gut zurechtgekommen: Unter VORDERGRUND AUFRÄUMEN: PINSELRADIUS »26«, PINSELDRUCK »24«. Unter HINTERGRUND AUFRÄUMEN: PINSELRADIUS »24«, PINSELDRUCK »95«.

Passen Sie Ihr Ergebnis durch die Optionen KANTENBREITE, WEICHE KANTEN und KANTENSCHWELLENWERT im Nachhinein noch an, wenn Sie mit der entstandenen Matte nicht zufrieden sind.

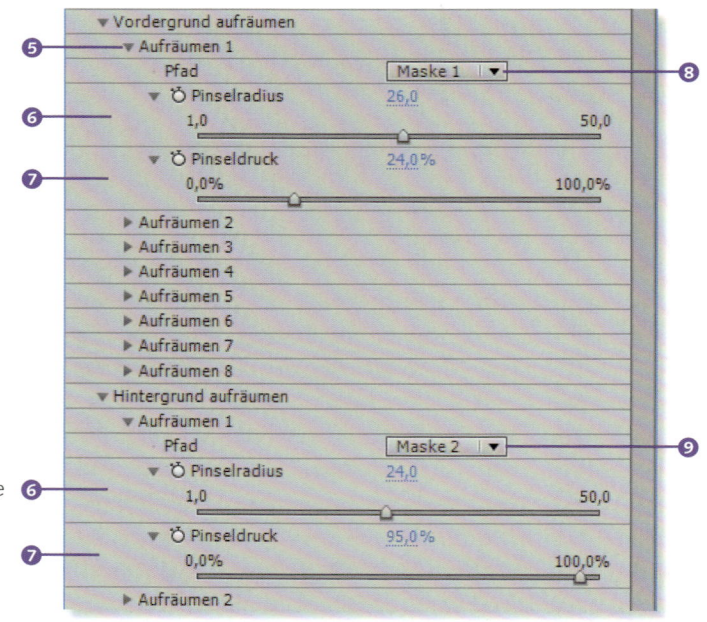

Abbildung 19.131 ▶
Für den Workshop benötigen Sie nur die abgebildeten Regler für PINSELRADIUS und PINSELDRUCK, und zwar für Vordergrund und Hintergrund.

5 Wenn Sie noch Zeit und Lust haben

Das Gemeine an dem Movie für diesen Workshop ist, dass die Frau eine leichte Drehung macht. Die Masken machen diese Drehbewegung aber nicht einfach so mit. Daher müssten wir im Grunde noch Keyframes für die Maskenform der beiden Pfade setzen. Ich habe es mir zugemutet und der Maskenform einige Keyframes verpasst. Schließlich kam noch das Hintergrundbild hinzu. Wenn Sie Zeit und Lust haben, modifizieren Sie also noch die Maskenform. Das Hintergrundbild finden Sie im Ordner 19_ Effekte/Keying/Bildmaterial; es heißt »innerouterHG.psd«.

Die fertig bearbeitete Datei liegt im Ordner 19_Effekte Keying. Dort finden Sie das Projekt mit dem Namen »keying.aep« mit der Komposition »innerOuter Key«.

◄ **Abbildung 19.132**
Nach fertiger Bearbeitung könnte das Ergebnis so wie hier aussehen.

▲ **Abbildung 19.133**
Die Maskenform habe ich hier noch per Keyframes angepasst, um Bewegungen im Bild auszugleichen.

»Differenz-Matte«

Angenommen, Sie möchten den Protagonisten Ihres Films in keinem geringeren Ambiente als auf dem Mond aufnehmen. In der Realität befinden Sie sich aber auf der Erde, und dort läuft Ihr Protagonist vor einem beliebigen anderen Hintergrund durch das Bild. Mit dem Effekt Innerer/Äusserer Key ist der Protagonist schwer vom Hintergrund zu isolieren, da hier eine aufwendige Maskenanimation nötig wäre.

Der Effekt Differenz-Matte hingegen verwendet zum Auskeyen eines Hintergrunds ein Referenzbild. Dieses Bild ist ein Standbild vom Hintergrund **ohne** Protagonisten. Anschließend wird der Protagonist vor dem haargenau gleichen Hintergrund gefilmt.

Kapitel 19   Erweiterte Bearbeitungsmöglichkeiten mit Effekten

▲ **Abbildung 19.134**
Die Referenzebene bzw. das Standbild ist ein statischer Hintergrund. Die Protagonistin tritt erst später ins Bild.

▲ **Abbildung 19.135**
Der Hintergrund ändert sich nicht, während die Protagonistin im Vordergrund Bewegung ins Bild bringt.

Abbildung 19.136 ▼
Für den Effekt DIFFERENZ-MATTE fügen Sie in der Zeitleiste eine Referenzebene hinzu, die ein Standbild des aufgenommenen Films ohne Protagonistin ist.

Um aus einem fertigen Film ein **Standbild** herauszubekommen, bietet After Effects den Einzelbildexport an. Dazu postieren Sie die Zeitmarke auf der Stelle im fertigen Film, an der kein Protagonist weit und breit sichtbar ist. Über KOMPOSITION • FRAME SPEICHERN UNTER • DATEI rendern Sie dann das Standbild. Danach fügen Sie es als Ebene der Filmkomposition hinzu ❶ und legen es im Effekt DIFFERENZ-MATTE unter DIFFERENZEBENE ❷ als Referenzbild fest.

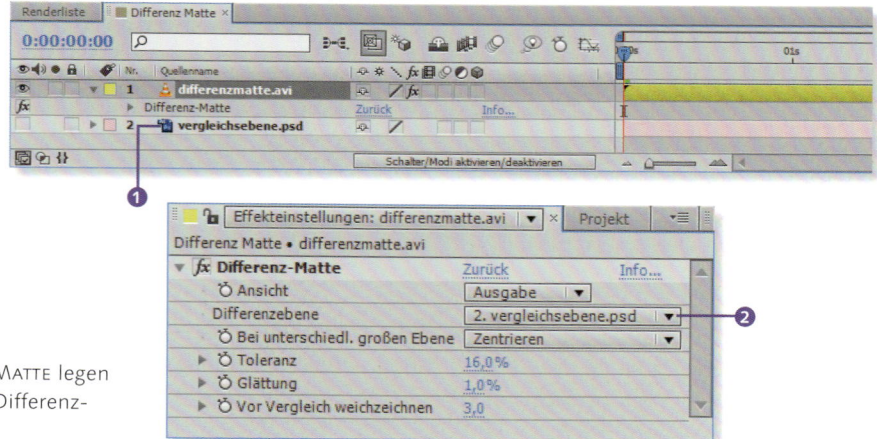

Abbildung 19.137 ▶
Im Effekt DIFFERENZ-MATTE legen Sie das Standbild als Differenzebene fest.

Der Effekt vergleicht schließlich das Referenzbild Frame für Frame mit dem Movie des aufgenommenen Helden. Bildbereiche im Movie, die denen im Referenzbild gleichen, werden transparent gesetzt, also ausgekeyt. Die ungleichen Bildbereiche – sprich dort, wo sich unser Protagonist befindet und bewegt – bleiben deckend. Unsauber wird das Keying, wenn die Kamera bei der Aufnahme verwackelt wird oder beispielsweise ein roter Schal zufällig mit einem gleichen Rot im Hintergrund zusammentrifft. Auch kleine Veränderungen im Hintergrund wie sich bewegende Blätter oder der Schatten des Protagonisten, der auf den Hintergrund fällt, führen zu unbefriedigenden Ergebnissen. Idealbedingungen erreichen Sie natürlich nur im Studio.

Ist das Keying gelungen, kommt zum Schluss die Mondlandschaft hinzu, und schon spaziert der Held – nein, die Heldin – auf dem Mond. Das Beispiel dazu befindet sich im Ordner 19_EFFEKTE/KEYING im Projekt »keying.aep« und dort in der Komposition »Differenz-Matte«.

Beispiel

Auf der Buch-DVD finden Sie im Ordner BEISPIELMATERIAL/19_EFFEKTE/KEYING die Datei »keying.aep«

◀ **Abbildung 19.138**
Bei einem gelungenen Keying ist vom früheren Hintergrund keine Pixelspur mehr übrig. Und schon spaziert die Heldin auf dem Mond herum.

Hintergrundfarbe entfernen

Neben den Keying-Effekten können Sie schwarze Hintergrundfarbe leicht aus einem Video (z. B. Feuer, Explosion) entfernen, indem Sie die Ebenenmodi nutzen. Dazu müssen sich zwei Ebenen in der Zeitleiste befinden: Eine Hintergrundebene, in die eine Explosion eingebaut werden soll, und eine Videoebene mit der Explosion auf schwarzem Hintergrund. Für die Explosion wählen Sie den Ebenenmodus NEGATIV MULTIPLIZIEREN ❶ (siehe Abbildung 19.140).

◀ **Abbildung 19.139**
Eine Explosion, die vor schwarzem Hintergrund abgefilmt wurde

Kapitel 19   Erweiterte Bearbeitungsmöglichkeiten mit Effekten

Abbildung 19.140 ▶
Der Ebenenmodus NEGATIV MULTIPLIZIEREN entfernt die schwarze Hintergrundfarbe.

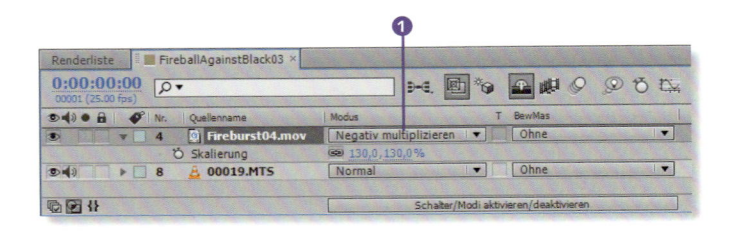

Ähnlich ist das Ergebnis unter Verwendung der Effekte KANÄLE FESTLEGEN und KANÄLE VERTAUSCHEN aus der Effektkategorie KANÄLE.

Weist das Explosionsvideo einen perfekt schwarzen Hintergrund auf, wählen Sie im Effekt KANÄLE VERTAUSCHEN unter ALPHAKANAL AUS den Eintrag LUMINANZ bzw. LAB-HELLIGKEIT, und schon ist die schwarze Farbe verschwunden, da für den Alphakanal nur Grauwerte gelten und schwarze Farbe absolute Transparenz definiert.

Abbildung 19.141 ▶
Hier sind mehrere Videos auf dem Fenster platziert.

Der Effekt KANÄLE FESTLEGEN funktioniert genauso, wenn Sie unter QUELLEBENE ALPHAKANAL das Explosionsvideo auswählen und dann wieder unter ÜBERNEHMEN den Eintrag LUMINANZ.

Anschließend kann es sinnvoll sein, mit dem Effekt FARB-MATTE ENTFERNEN Reste der schwarzen Hintergrundfarbe zu beseitigen.

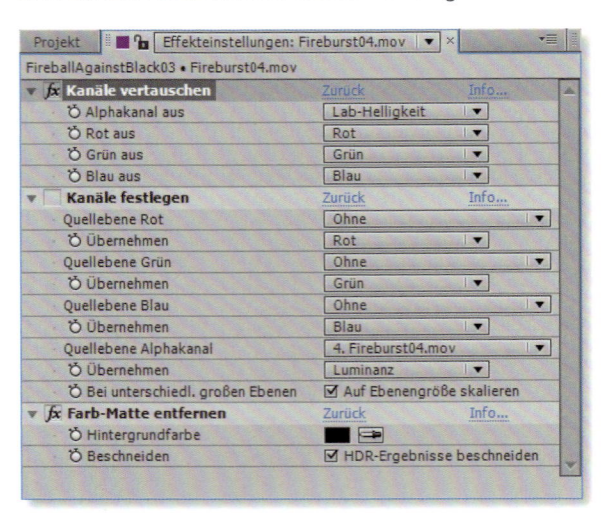

Abbildung 19.142 ▶
Mit den zwei Effekten KANÄLE VERTAUSCHEN und KANÄLE FESTLEGEN entfernen Sie jeweils schwarze Hintergrundfarbe.

594

Kapitel 20
Farbkorrektur

Zuerst klären wir in diesem Kapitel ein paar grundlegende Fragen. Daher beginnen wir diesmal mit etwas Theorie. Dann führe ich Sie durch einige nützliche Werkzeuge zur Farbkorrektur bis hin zu dem professionellen Farbkorrekturwerkzeug Color Finesse. An mehreren Beispielen werde ich wichtige Farbkorrekturmöglichkeiten demonstrieren.

20.1 Grundlagen der Farbenlehre

Zum besseren Verständnis einiger nachfolgend in den Workshops genannter Begriffe stellen wir in diesem Kapitel zu Beginn ein paar Überlegungen zu farbtheoretischen Fragen an. Die Farbenlehre umfasst weit mehr, doch das für die weitere Arbeit Relevante ist hier zusammengefasst.

Die Grundfarben

Nach dem Drei-Farben-Modell, das zur Darstellung der Farben am Bildschirm eingesetzt wird, können beinahe alle vom menschlichen Auge wahrnehmbaren Farben durch Mischung dreier Grundfarben erzeugt werden. Dabei ist es nicht möglich, eine der drei Grundfarben Rot, Grün, Blau durch das Mischen der beiden anderen Farben zu erhalten.

Die Grundfarben werden auch als Primärfarben bezeichnet, die Mischfarben als Sekundärfarben.

Die Farbdarstellung auf dem Bildschirm, im Fernseher oder bei Videoprojektoren wird über die Mischung der drei Farben Rot, Grün und Blau erreicht. Die Basis für die Farbdarstellung ist hier die additive Farbmischung.

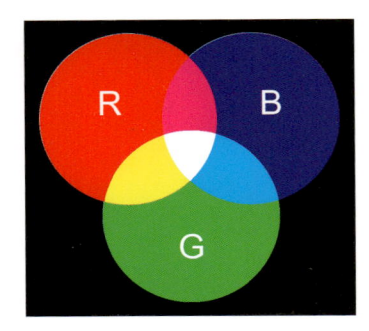

Abbildung 20.1
Bei einer Überlagerung aller drei Grundfarben der additiven Farbmischung – also Rot, Grün und Blau – ergibt sich Weiß.

Additive Farbmischung

Die Darstellung von Farben auf Bildschirmen und Fernsehern beruht auf der additiven Mischung von Farben. Daher ist diese Art der Farbmischung für die digitale Bildbearbeitung und damit auch für die Farbkorrektur in Film und Video von Bedeutung. Farbe kann bei der additiven Farbmischung als eine Addition von Lichtfarben beschrieben werden, die im Wahrnehmungsbereich des menschlichen Auges liegen. Jede der wahrnehmbaren Farben entspricht einer bestimmten Wellenlänge des sichtbaren Lichts. Wird also ein roter Scheinwerfer angeschaltet, so wird nur dieser Teil des Spektrums des sichtbaren Lichts projiziert. Kommt ein Scheinwerfer mit grünem Licht hinzu, wird ein weiterer Teil des sichtbaren Lichtspektrums projiziert und zu dem Teil des Spektrums addiert, der für die Farbe Rot verantwortlich ist.

Wenn alle drei Grund- bzw. Primärfarben der additiven Farbmischung – also Rot, Grün und Blau – übereinanderprojiziert werden, entsteht Weiß. Das Mischen der Farben untereinander ergibt die folgenden weiteren Farben:

- Rot + Blau = Magenta
- Rot + Grün = Gelb
- Grün + Blau = Cyan

Subtraktive Farbmischung

Die subtraktive Farbmischung findet beim Drucken von Farben Anwendung. Im Gegensatz zur additiven Farbmischung werden durch den Auftrag von Farbpigmenten bestimmte Bereiche aus den wahrnehmbaren Spektralbereichen des Lichts absorbiert. Eine Farbe ist hier so definiert, dass nicht wie bei der additiven Farbmischung mit jeder Farbe ein bestimmter Teil des sichtbaren Lichtspektrums hinzukommt. Stattdessen **vermindert** jede Farbe den Teil des sichtbaren Spektrums. Sie können sich das so vorstellen: Eine weiße Farbfläche reflektiert das Spektrum des sichtbaren weißen Lichts zu 100%. Wird eine Farbe aufgetragen, z. B. Magenta, werden andere Farbanteile des Spektrums (in diesem Fall vorrangig Grün) von dieser Farbe absorbiert, also gefiltert. Nur der Magenta-Anteil des weißen Lichts kann den Filter passieren.

Die Primärfarben der subtraktiven Farbmischung sind Cyan, Magenta und Gelb (Yellow, daher CMY). Werden diese übereinandergedruckt, ergibt sich daraus Schwarz – der schwarzen Fläche entkommt also kein Teilchen des weißen Lichts. Da dieses Schwarz im Druck kaum dunkel genug erscheint, wird das Schwarz mit einer Extra-Druckfarbe (Key, K) erzeugt. Zum Schluss ergibt sich also CMYK.

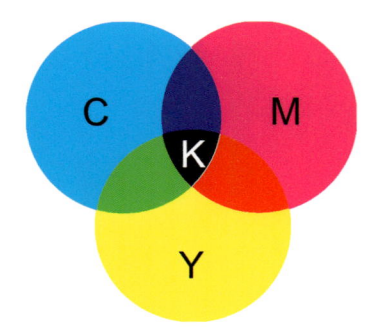

Abbildung 20.2
Eine Überlagerung aller drei Grundfarben der subtraktiven Farbmischung – also Cyan, Magenta und Gelb – ergibt Schwarz.

Die Mischung von Cyan, Magenta und Gelb untereinander ergibt folgende Farben:
- Magenta + Gelb = Rot
- Cyan + Gelb = Grün
- Cyan + Magenta = Blau

Farbkreis

Zur besseren Orientierung und um Farben übersichtlich verwalten zu können, werden diese beispielsweise in einem Farbkreis angeordnet. Bei der Bildbearbeitung ist dadurch eine schnelle und zuverlässige Kontrolle über Farbton (Hue) und Sättigung (Saturation) gegeben. Der Farbton kann dabei in Winkelwerten angegeben werden. Der Winkel gibt also an, wo im Farbkreis die Farbe zu finden ist. Hinzu kommt die Angabe der Sättigung in Prozent, die die Intensität einer Farbe angibt und vom Mittelpunkt des Farbkreises gesehen nach außen zunimmt. Die Komplementärfarben liegen sich in einem Farbkreis immer genau gegenüber.

Farbsampling

Bei der Übertragung von analogen Videosignalen wie etwa vom RGB-Chip der Kamera bis zur Aufzeichnung auf Band wird das Videosignal in eine Helligkeitsinformation (Y) und in zwei Farbdifferenzsignale (U, V) umgewandelt. Die Farbdifferenzsignale sind Rot (U = R – Y) und Blau (V = B – Y). Jeder Farbanteil wird also abzüglich des Helligkeitsanteils übertragen. Die Schreibweise für diese Form der Signalübertragung ist YUV (bzw. YCbCr) in der analogen Welt. Das Pendant in der Welt der digitalen Datenübertragung nennt sich YCC.

Durch die Übertragung des Videosignals als YUV-Signal wird gegenüber einer Speicherung der RGB-Information eine starke Kompression des Signals ermöglicht. Neben weiteren Kompressionsmöglichkeiten vor der Speicherung lässt sich durch eine unterschiedliche Frequenz bei der Abtastung beim Sampling von Helligkeits- und Farbinformationen so die Datenmenge bereits erheblich reduzieren. Da das menschliche Auge sehr viel stärker auf Helligkeitsschwankungen als auf Farbschwankungen reagiert, kann bei der Farbe gespart werden. Schon daher kann Alexis Sorbas in Michael Cacoyannis' Film auch ohne Farbe über den Bildschirm tanzen. So wird der Grünanteil im Format YUV bereits eingespart und durch Berechnung aus den Helligkeits- und Farbdifferenzsignalen rekonstruiert. Aber auch bei den beiden anderen Farben lässt sich noch sparen.

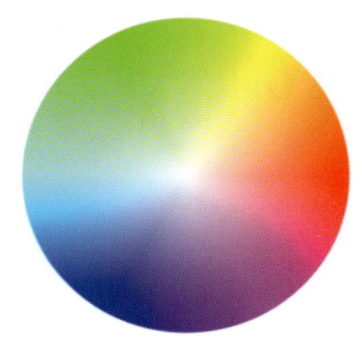

▲ **Abbildung 20.3**
Oft werden Farben in einem Farbkreis dargestellt. Bei der Bildbearbeitung ermöglicht das eine zuverlässige Kontrolle über Farbton und Sättigung. Gut erkennbar ist im Mittelpunkt das bei der additiven Farbmischung von Komplementärfarben entstehende Weiß.

Komplementärfarben

Ergeben zwei Farben bei additiver Farbmischung Weiß, werden sie als Komplementärfarben bezeichnet. Das Gleiche gilt bei subtraktiver Farbmischung für zwei Farben, die gemeinsam Schwarz ergeben.

Dies ist bei Rot + Cyan, Grün + Magenta und Blau + Gelb der Fall.

Kapitel 20   Farbkorrektur

Da das Helligkeitssignal den Bildinhalt am besten transportiert, wird es mit einer hohen Abtastrate ausgelesen. Bei den Farbdifferenzsignalen wird, abhängig vom verwendeten System, mit der gleichen oder einer geringeren Abtastrate gearbeitet. In jedem Fall wird die Helligkeitsinformation für jeden Bildpunkt voll abgetastet und aufgezeichnet, die Farbinformation aber, je nach Qualitätsstufe, nur für jeden vierten oder zweiten Bildpunkt. Dieses Abtastverhältnis wird in Zahlen ausgedrückt.

▲ Abbildung 20.4
Das Videosignal ist in eine Helligkeitsinformation (Y) und in zwei Farbdifferenzsignale (U und V) aufgeteilt.

4:1:1-Farbsampling | Das 4:1:1-Farbsampling findet bei DV NTSC Anwendung. Dabei wird die Helligkeitsinformation für jeden und die Farbinformation nur für jeden vierten Bildpunkt abgetastet.

4:2:0-Farbsampling | DV PAL, HDV, AVCHD, XDCAM HD und XDCAM EX arbeiten mit 4:2:0-Farbsampling, wobei für jede Bildzeile abwechselnd nur je eine der beiden Farbinformationen erfasst wird. Außerdem wird nur für jeden zweiten Bildpunkt überhaupt eine Farbinformation erfasst. Wenn Sie die Abbildungen dazu vergleichen, könnte man meinen, dass einige Bildpunkte recht farblos erscheinen müssten. Doch die Datenreduzierung liegt nur bei der Speicherung so vor, später wird die fehlende Farbinformation vom Fernseher, Videomonitor oder sonstigem Wiedergabegerät durch Interpolation rekonstruiert.

Das 4:2:0-Farbsampling findet vor allem im Consumer-Bereich Anwendung. Die Abtastrate ist bei 4:1:1- und 4:2:0-Farbsampling für Keying und aufwendige Farbkorrektur nicht geeignet. Bei anspruchsvolleren Arbeiten wird daher zu dem höheren Qualitätsstandard mit 4:2:2- und 4:4:4-Farbsampling gegriffen.

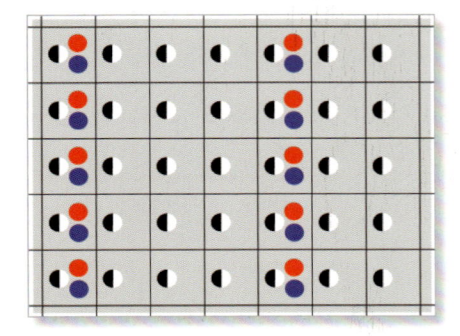

▲ Abbildung 20.5
DV NTSC verwendet 4:1:1-Farbsampling.

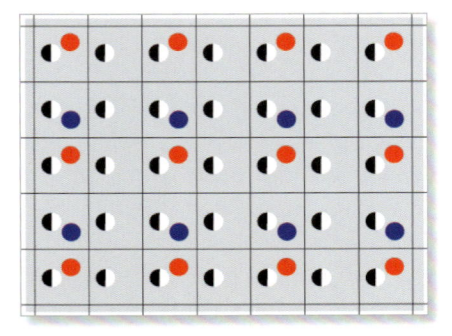

▲ Abbildung 20.6
4:2:0-Farbsampling wird bei DV PAL, HDV, AVCHD und XDCAM HD eingesetzt.

4:2:2-Farbsampling | Das 4:2:2-Farbsampling entspricht der Norm ITU-R BT.601 (früher CCIR-601) der International Telecommunication **U**nion. Die Abtastrate wurde hier auf 4:2:2 festgelegt. Es wird also nur die Hälfte der Farbinformation übertragen, ohne dass dies erheblich auffällt. Ein solches Farbsampling findet bei D1, DVCPro 50, Digital Betacam und XDCAM HD 422 Anwendung.

4:4:4-Farbsampling | Bei höchsten Ansprüchen an die Qualität wird sogar ein 4:4:4-Farbsampling mit enormen Datenmengen und Anforderungen an die Hardware nötig. Dabei wird die volle Helligkeits- und Farbinformation für jeden Bildpunkt aufgezeichnet. Dies ist bei professioneller Effektbearbeitung, Farbkorrektur und Keying von großem Vorteil.

Ein Band, das diese hochqualitative Aufzeichnung erlaubt, ist HDCAM SR. Hier werden allerdings RGB-Daten und kein YUV-Signal aufgezeichnet. Das bringt einen großen Qualitätsvorteil, da immer im RGB-Farbraum gearbeitet werden kann, ohne in YUV umwandeln zu müssen. Abgesehen davon ist die Bildauflösung bei Weitem höher als bei den DV-Formaten.

Als Vorgänger des HDCAM-SR-Formats hat das HDCAM-Format große Verbreitung gefunden und erfreut sich in Europa einiger Beliebtheit. Zur Reduktion der Datenmenge wird dort ein Farbsampling von 3:1:1 eingesetzt.

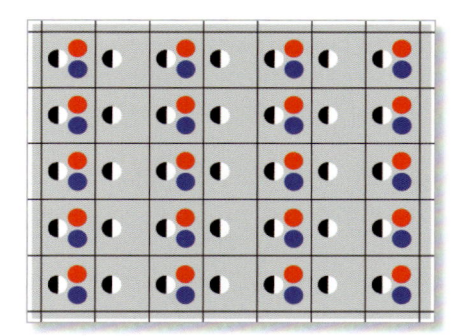

▲ **Abbildung 20.7**
4:2:2-Farbsampling erfolgt nach der Norm ITU-R BT.601 (früher CCIR-601).

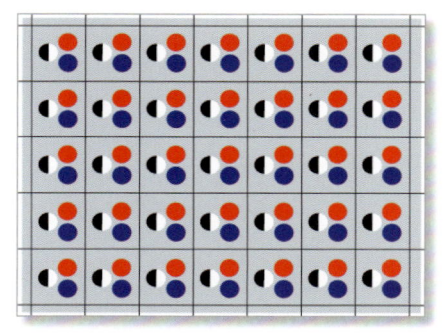

▲ **Abbildung 20.8**
4:4:4-Farbsampling garantiert professionelle, höchste Bildqualität.

RGB-Modell und After Effects

Wie ich bereits erwähnt habe, werden Farben am Bildschirm nach dem Prinzip der additiven Farbmischung dargestellt. Auch After Effects nutzt das RGB-Modell, um Farben darzustellen. Außer Dateien, die im RGB-Modus erstellt wurden, unterstützt After Effects Dateien im Modus GRAUSTUFEN, FARBPALETTE oder

CMYK in After Effects

Dateien, die im CMYK-Modus erstellt wurden, werden von After Effects unterstützt. Auch Illustrator- und EPS-Dateien, die den CMYK-Farbraum verwenden, können problemlos importiert werden. Eine Umwandlung in den RGB-Farbraum vor dem Import ist nicht nötig.

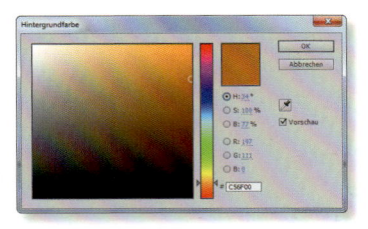

▲ **Abbildung 20.9**
Im Farbwähler von After Effects können Sie den Farbwert im RGB-Modus angeben. Die Angabe im Format HSB (Farbton, Sättigung, Helligkeit) und hexadezimal ist ebenfalls möglich.

Projektfarbtiefe schnell wechseln

Halten Sie die Taste `Alt` gedrückt, und klicken Sie dann am unteren Rand des Projektfensters auf die dort angezeigte Projektfarbtiefe, um schnell zwischen den Einstellungen zu wechseln.

SCHWARZWEISS. Solche Dateien wandelt After Effects beim Import in RGB um.

Zur genauen Definition der Farbe eines jeden Bildpixels werden die Farbwerte in After Effects als RGB-Werte angegeben. Für die Speicherung dieser Farbinformation werden Farbkanäle verwendet. Dabei ist jeder Farbkanal bei der Standard-Projekteinstellung mit einer Informationstiefe von 8 Bit ausgestattet. Dies entspricht 256 möglichen Abstufungen bzw. Farbwerten pro Kanal. Zur Darstellung der Farbe eines Pixels werden die drei Kanäle übereinandergelegt. Multipliziert man die Abstufungsmöglichkeiten der Kanäle miteinander, ergeben sich 16,7 Millionen mögliche Farbwerte pro Pixel. Um nun eine ganz bestimmte Farbe aus den 16,7 Millionen Möglichkeiten anzugeben, wird für jeden Farbkanal die Nummer der Abstufung angegeben, z. B. für Schwarz R = 0, G = 0, B = 0 oder für einen Blauton R = 0, G = 10, B = 255.

Projektfarbtiefe

Für die Bearbeitung von Farbverläufen in hoher Qualität, für die Farbkorrektur, beim Arbeiten mit Keying-Effekten oder bei Verwendung von Daten aus 3D-Applikationen ist es empfehlenswert oder nötig, die Projektfarbtiefe auf 16 oder 32 Bit pro Kanal einzustellen, sollten Farbabstufungen sichtbar werden.

Sie erreichen dies über DATEI • PROJEKTEINSTELLUNGEN. Im Feld FARBEINSTELLUNGEN wählen Sie die Projektfarbtiefe aus dem Einblendmenü unter TIEFE.

Bei höheren Farbtiefen können weit mehr Farbabstufungen als bei einem 8-Bit-Projekt dargestellt werden. Pro Kanal sind es 65.536 Abstufungen bei einem 16-Bit-Projekt, die miteinander multipliziert Trillionen möglicher Farbwerte darstellen können. Das erlaubt feinere Übergänge zwischen den Farben und sichert Details, die sonst verlorengehen würden.

Im professionellen Bereich ist eine 10-, 12- oder 16-Bit-Farbwelt bereits gang und gäbe. Während die anderen Bit-Welten aus Festkommazahlen, also aus Ganzzahlwerten, bestehen, werden in der 32-Bit-Welt Fließkommawerte verwendet. Somit lässt sich ein sehr viel größerer Bereich an Werten darstellen.

Entscheidend dafür, ob Sie eine Projektfarbtiefe von 32, 16 oder 8 Bit wählen, ist jedoch die gewünschte Ausgabequalität. Es ergibt keinen Sinn, per se eine hohe Projektfarbtiefe zu wählen, da sich dadurch auch die Rechenzeit erhöht. Außerdem wird die Ausgabe einer sehr hohen Farbtiefe nur von einigen Ausgabeformaten unterstützt, z. B. bei der Ausgabe als OpenEXR-Sequenz.

20.1 Grundlagen der Farbenlehre

Allerdings kann es sinnvoll sein, auch für eine Ausgabe im 8-Bit-Modus eine höhere Projektfarbtiefe zu wählen oder dies beim Rendern einzustellen. After Effects berechnet dann Farbwerte mit höherer Präzision. Eine Ausgabe mit Trillionen Farben bzw. Gleitkommazahl wird beispielsweise bei der Ausgabe einer TIFF-Sequenz unterstützt.

16-Bit-Farbmodus | Den 16-Bit-Farbmodus sollten Sie verwenden, wenn Sie feinere Details und Verläufe erhalten wollen und wenn Sie mit Cineon-Dateien arbeiten oder wenn Sie eine HDTV-Ausgabe planen. Bedenken Sie dabei, dass sich die Berechnungszeit und der RAM-Verbrauch der Vorschau bei höheren Projektfarbtiefen erhöhen.

After Effects unterstützt den 16-Bit-Farbmodus bereits seit Längerem. In der Palette EFFEKTE UND VORGABEN, die Sie mit [Strg]+[5] einblenden, werden die unterstützten Farbtiefen mit einer kleinen Zahl neben jedem Effekt angezeigt. Adobe erweitert bei jeder neuen Version die Anzahl der Effekte mit höheren Bittiefen.

32-Bit-Farbmodus | Den 32-Bit-Farbmodus sollten Sie dann wählen, wenn Effektberechnungen in höchster Qualität erforderlich sind oder Sie die Weiterverwendung von Daten aus oder in 3D-Applikationen planen und HDR-Bilder (High Dynamic Range) verwenden. Bei der Verwendung des 32-Bit-Farbmodus bleiben Details und Farbunterschiede in sehr hellen und sehr dunklen Bildbereichen erhalten, da mit Helligkeitswerten über 100 % sichtbarem Weiß gearbeitet werden kann. Bei der Verwendung von 8-Bit-Footage erzielen Sie in Farbverläufen und bei vielen Effektberechnungen im 32-Bit-Modus ebenfalls bessere Ergebnisse.

HDR-Bilder wurden mit einem sehr hohen Beleuchtungsumfang (High Dynamic Range) aufgezeichnet, der dem in der Natur vorkommenden annähernd entspricht. Damit liegt der Beleuchtungsumfang von HDR-Bildmaterial weit über dem von 8- und 16-Bit-Material. Am Computermonitor und auf Filmmaterial ist nur ein begrenzter Beleuchtungsumfang darstellbar, es sei denn, Sie verwenden einen speziellen HDR-Monitor. Beim Import konvertiert After Effects daher die Fließkommawerte von 32-Bit-Bildmaterial zur Darstellung am Monitor in den Arbeitsfarbraum Ihres Projekts. Dabei wird, wenn nichts anderes eingestellt ist, ein voreingestellter Konvertierungswert für einen normalen Monitor verwendet.

Wie Sie den Arbeitsfarbraum wählen, erfahren Sie im folgenden Abschnitt.

Farbtiefe

Die Farbtiefe wird in Bit pro Kanal (bpc) angegeben und beschreibt die Menge der Farbinformationen, die pro Pixel und Farbkanal (z. B. R, G, B) verfügbar sind. Mit steigendem Bitwert nimmt die Zahl der darstellbaren Farben zu.

Ausgabefarbtiefe

Im Ausgabemodul lässt sich die Farbtiefe für jedes Renderelement unterschiedlich und unabhängig von der Projektfarbtiefe festlegen. Nicht jedes Ausgabeformat unterstützt den 32-Bit-Farbmodus beim finalen Rendering. Bei einer JPEG-Sequenz ist beispielsweise nur eine geringere Farbtiefe wählbar als bei TIFF-, Radiance- oder OpenEXR-Sequenzen, die mit Gleitkommagenauigkeit ausgegeben werden können.

20.2 Farbmanagement in After Effects

Durch ein passendes Farbmanagement erreichen Sie, dass Material, egal mit welchem Aufnahmemedium es erfasst wurde, so ähnlich wie möglich auf einem beliebigen Ausgabegerät dargestellt wird.

Um eine möglichst farbgetreue und einheitliche Darstellung von Farben auf unterschiedlichen Wiedergabemedien zu erzielen, sollten Sie Ihren Monitor zuvor kalibrieren und ein Farbprofil des Monitors erstellen. Dies gilt insbesondere, wenn Sie vorhaben, Farbkorrekturarbeiten in After Effects durchzuführen.

Anschließend wählen Sie einen Arbeitsfarbraum, der zu Ihrem gewünschten Ausgabemedium passt. Der von Ihnen gewählte Arbeitsfarbraum wird mit der Projektdatei gespeichert. Ein Projekt, in dem ein RGB-Arbeitsfarbraum gespeichert wurde, sollte an jedem anderen kalibrierten Monitor mit gleichen Farben angezeigt werden.

Wenn Sie einen Arbeitsfarbraum gewählt haben, haben Sie damit gleichzeitig das Farbmanagement aktiviert. Beim Farbmanagement werden Farben von einem Farbraum in einen anderen konvertiert. Dies ist notwendig, da verschiedene Geräte (Kameras, Scanner, Monitore etc.) jeweils mit ihrem gerätespezifischen Farbraum arbeiten.

Wurde das Farbmanagement in After Effects nicht aktiviert, hängen die Farben in der Komposition von den Bildschirmfarben ab. Der Vorteil, mit aktiviertem Farbmanagement zu arbeiten, besteht darin, dass ein gemeinsamer Farbraum für alle Kompositionen definiert wird und die Farben des importierten Materials so dargestellt werden, wie sie erstellt wurden.

Farbraum

Der Farbraum wird durch den Farbumfang, die Primärfarben, den Weiß- und Schwarzwert sowie den Gamma- bzw. Grauwert bestimmt. Der Farbraum ist eine Variante eines Farbmodells. Im RGB-Farbmodell können beispielsweise verschiedene Farbräume mit unterschiedlich großem Farbumfang enthalten sein (z. B. ProPhoto RGB, Adobe RGB, sRGB IEC1966-2.1 und Apple RGB).

Arbeitsfarbraum

Ein Arbeitsfarbraum ist der Farbraum, der in After Effects bei der Bearbeitung verwendet wird. Er bildet die Grundlage der internen Farbberechnung und Definition von Farben.

Wie funktioniert das Farbmanagement?

Für die Übersetzertätigkeit in den verschiedenen Farbräumen sind Farbprofile zuständig. Der Standard für Farbprofile wurde vom ICC (International Color Consortium) entwickelt. Gängige Farbprofile sind in After Effects bereits ab der Installation verfügbar. Der Arbeitsablauf ist folgender:

1. **Projekteinstellung**: Zuerst weisen Sie Ihrem Projekt über DATEI • PROJEKTEINSTELLUNGEN unter FARBEINSTELLUNGEN • ARBEITSFARBRAUM eine passende Einstellung zu. Dadurch aktivieren Sie das Farbmanagement. Einige Vorschläge dazu, welche Profile Sie einsetzen können, finden Sie etwas weiter hinten im Abschnitt »Arbeitsfarbraum einstellen«

2. **Import**: Enthält importiertes Material – beispielsweise eine Photoshop-Datei – ein eingebettetes Farbprofil, sind die vom Produzenten beabsichtigten Farben in Ihrem Projekt genau reproduzierbar. Die Farben der Datei werden automatisch vom eingebetteten Farbprofil in die Farben des Arbeitsfarbraums konvertiert.

Enthält das Footage kein eingebettetes Farbprofil, so weisen Sie gegebenenfalls selbst ein Farbprofil zu. Dazu importieren Sie wie üblich das Material und markieren es dann im Projektfenster. Klicken Sie das markierte Element mit der rechten Maustaste an, und wählen Sie FOOTAGE INTERPRETIEREN • FOOTAGE EINSTELLEN. Im Dialog FOOTAGE INTERPRETIEREN wechseln Sie in die Karte FARBMANAGEMENT ❶. Dort wählen Sie gegebenenfalls RGB BEIBEHALTEN ❷, um das Farbmanagement zu deaktivieren (für Ebenen, deren RGB-Werte – beispielsweise zum Steuern von Effekten – Sie beibehalten wollen). Unter PROFIL ZUWEISEN ❸ wählen Sie ein Profil, das dem Arbeitsfarbraum entspricht, den Sie eingestellt haben. Die Option ALS LINEARES LICHT INTERPRETIEREN ❹ ist für 32-Bit-Projekte zur Vermeidung von Farbsäumen etc. sinnvoll, nicht aber für 8- oder 16-Bit-Projekte.

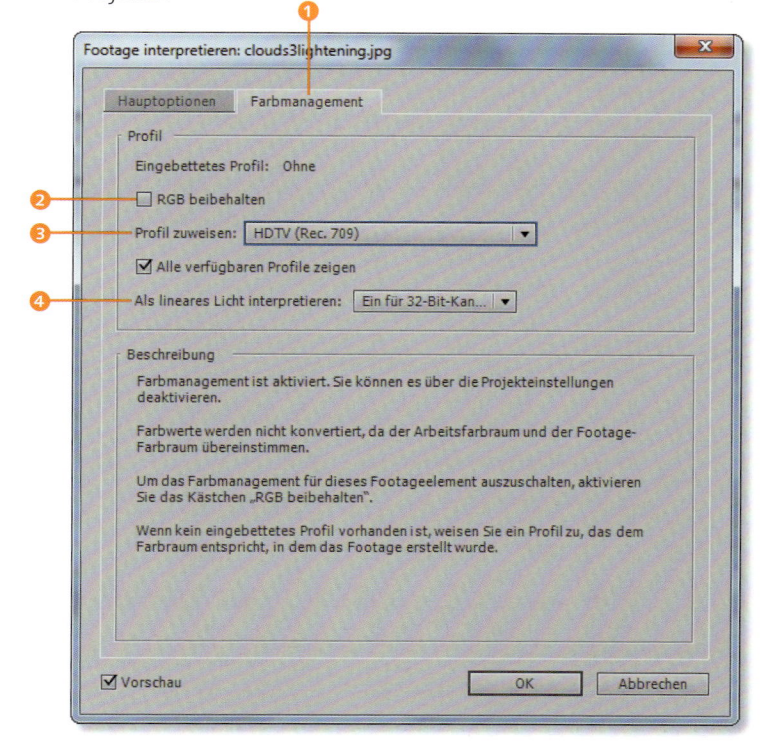

> **Arbeiten in der Gruft**
> Um eine möglichst farbgenaue und farbgetreue Bearbeitung zu gewährleisten, wird die Arbeit in der Gruft empfohlen. Das ist kein Witz: Arbeiten Sie vom Sonnenlicht abgeschirmt oder in einem fensterlosen Raum so wie Dracula, da die Anzeige der Farben durch Sonnenlicht verändert wird. Bram Stoker wird Sie dafür ebenfalls lieben. Immerhin.

◄ **Abbildung 20.10**
Der Dialog FOOTAGE INTERPRETIEREN enthält die Karte FARBMANAGEMENT. Dort weisen Sie importiertem Footage gegebenenfalls ein Farbprofil zu.

Kapitel 20   Farbkorrektur

3. **Bearbeitung**: Wenn Sie den Arbeitsfarbraum gewählt haben und das Footage richtig interpretiert ist, kümmert sich After Effects automatisch um das weitere Farbmanagement. Zur korrekten Darstellung der Farben am Monitor erstellen Sie ein Monitorprofil, wie im nächsten Abschnitt beschrieben wird. Unter ANSICHT • BILDSCHIRMMANAGEMENT VERWENDEN legen Sie fest, ob die Farben zur Darstellung an Ihrem Bildschirm konvertiert werden sollen.

4. **Ausgabe**: Vor der Ausgabe können Sie die Anzeige auf einem anderen Gerät von After Effects simulieren lassen. Dazu rufen Sie ANSICHT • AUSGABE SIMULIEREN auf. Sie können zwischen HDTV (REC. 709), SDTV PAL und anderen wählen.

Beim Rendern einer Komposition ins Ausgabeformat können Sie im Ausgabemodul ein Ausgabefarbprofil festlegen. Dadurch wird die zu rendernde Komposition vom Arbeitsfarbraum in den Ausgabefarbraum konvertiert. Klicken Sie vor der Ausgabe in der Renderliste auf das unterstrichene Wort rechts neben AUSGABEMODUL, um das Dialogfeld EINSTELLUNGEN FÜR AUSGABEMODULE zu öffnen. Wechseln Sie dort auf die Karte FARBMANAGEMENT ❶. Wählen Sie unter AUSGABEPROFIL ❷ eine Ihrer Ausgabe entsprechende Einstellung. Sie können für jedes Ausgabemodul ein anderes Ausgabefarbprofil zuweisen. Sollten Sie eine Ausgabe für das Web, aber auch für HDTV planen, wählen Sie als Arbeitsfarbraum den größten gemeinsamen Nenner, in diesem Fall HDTV (REC. 709).

Farbprofil

Das Farbprofil enthält sämtliche Informationen, um die RGB-Werte der Bilddatei in einen geräteunabhängigen Farbraum zu konvertieren. Zusammen mit einem Farbprofil Ihres Monitors können Sie dann festlegen, welche Monitor-Farbwerte die Farbwerte des importierten Materials am besten wiedergeben. Sie werden vielleicht einwenden, dass der Bildschirm den Farbumfang des Materials ohnehin oft nicht darstellen kann. Dies ist für die Anzeige des Materials am Monitor zwar richtig, intern in Ihrem Projekt bleiben die Farben jedoch im Umfang des gewählten Arbeitsfarbraums erhalten.

Informationen zu Farbprofilen

Auf der Website des International Color Consortiums (ICC) finden Sie weitere Informationen zu Farbprofilen: *www.color.org*.

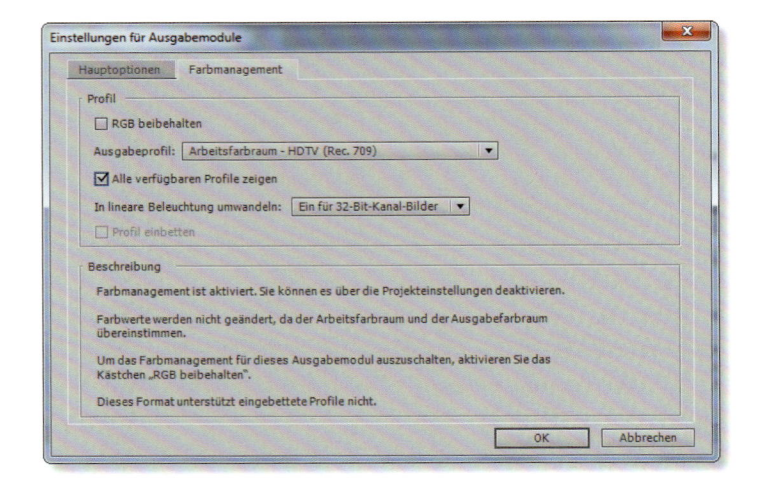

▲ **Abbildung 20.11**
Der Dialog EINSTELLUNGEN FÜR AUSGABEMODULE enthält die Karte FARBMANAGEMENT. Dort wählen Sie ein zum Ausgabemedium passendes Profil.

20.2 Farbmanagement in After Effects

Monitor kalibrieren und Profil erstellen | Um eine möglichst objektive Beurteilung der Farbwerte auf verschiedenen Anzeigegeräten zu ermöglichen, sollten Sie Ihren Monitor unter Windows und unter Mac OS mit entsprechenden Dienstprogrammen kalibrieren. Noch sicherer ist allerdings die Verwendung eines Farbmessgeräts (Kolorimeters), das die Farben im Gegensatz zum menschlichen Auge objektiv misst, und der Einsatz von spezieller Software.

Beim Kalibrieren wie auch zur Beurteilung von Farben bei der Farbkorrektur ist es günstig, ablenkende Farben auf dem Desktop und in der Programmumgebung zu entfernen. Empfehlenswert ist beispielsweise ein neutrales Grau als Desktopfarbe. Auch vom Umgebungslicht sollte der Monitor möglichst abgeschirmt sein, und keinesfalls dürfen Sie den Kontrast oder die Helligkeit nachträglich manuell verändern.

Unter Windows finden Sie unter START • SYSTEMSTEUERUNG in der klassischen Ansicht schnell das Dienstprogramm ADOBE GAMMA, das Sie schrittweise bis zur Speicherung Ihres Monitorprofils als ICC-Profil führt. Unter Windows 7 erreichen Sie das Tool unter PROGRAMME • CONTROL PANELS. Voraussetzung ist, dass Photoshop zuvor installiert wurde, da Adobe Gamma dabei mitinstalliert wird. Für LCD-Monitore ist ein zuverlässiges Ergebnis mit ADOBE GAMMA nicht gewährleistet. Unter Mac OS befindet sich der Kalibrierungsassistent unter SYSTEMEINSTELLUNGEN • MONITORE • FARBEN.

Arbeitsfarbraum einstellen | An anderer Stelle habe ich es zwar bereits erwähnt, aber passend zum Thema verweise ich hier noch einmal auf die Projekteinstellungen. Um eine hohe Farbgenauigkeit zwischen den Einstellungen in Ihrem Projekt und dem Farbraum des Ausgabemediums zu erhalten, sollten Sie den Arbeitsfarbraum nach der Kalibrierung Ihres Monitors an Ihren Ausgabefarbraum anpassen. Die Farben der importierten Materialien werden dann in den Arbeitsfarbraum konvertiert.

Unter DATEI • PROJEKTEINSTELLUNGEN finden Sie unter FARBEINSTELLUNGEN • ARBEITSFARBRAUM verschiedene Farbprofile. Bei der Einstellung OHNE verwendet After Effects den Farbraum des Monitors, und das Farbmanagement für das Projekt wird deaktiviert.

Soll das Projekt in unterschiedliche Farbräume ausgegeben werden, wählen Sie beim finalen Rendering eine Projektfarbtiefe von 16 oder 32 Bit pro Kanal. Wählen Sie außerdem einen Arbeitsfarbraum, der dem Ausgabefarbraum mit dem größten Farbumfang entspricht.

Monitorprofil
Das Monitor-Farbprofil definiert, wie die Farben am Monitor dargestellt werden.

ICC-Profil
Ein ICC-Profil beschreibt den Farbraum eines Farbeingabe- oder Farbwiedergabegeräts wie Scanner, Monitor, Videobeamer und Drucker.

Der Name ICC steht für *International Color Consortium*. Dieses Gremium wurde 1993 zur Vereinheitlichung der Farbmanagementsysteme gegründet.

Kapitel 20 Farbkorrektur

Abbildung 20.12 ▶
In den PROJEKTEINSTELLUNGEN treffen Sie die grundlegende Auswahl des Arbeitsfarbraums und der Projekttfarbtiefe.

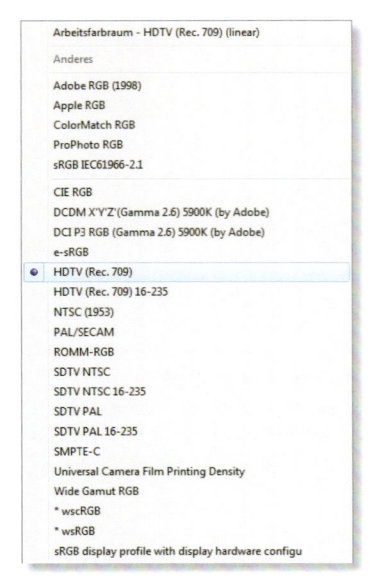

▲ **Abbildung 20.13**
Hier sehen Sie die standardmäßig installierten Ausgabefarbprofile von After Effects. Noch etwas umfangreicher sind die verfügbaren Eingabefarbprofile.

Einige Vorschläge sollen Ihnen hier die Wahl des Arbeitsfarbraums erleichtern.

Für das Ausgabefarbprofil gelten die Angaben entsprechend. Die Vorschau Ihrer Animationen kann sich bei der Verwendung eines Arbeitsfarbraums allerdings erheblich verlangsamen.

Es gibt folgende Farbprofile für Arbeitsfarbraum und Ausgabefarbprofile:

- **Web-Ausgabe**: Für sämtliche webrelevanten Ausgaben wählen Sie sRGB IEC61966-2.1.
- **SDTV**: Wenn die Ausgabe für Standard-Video, Standard Definition Television (SDTV) sowie Standard Definition DVD vorgesehen ist, entscheiden Sie sich für SDTV PAL oder SDTV NTSC.
- **HDTV**: Für eine HDTV-Ausgabe oder eine Ausgabe auf Film empfiehlt sich HDTV (REC. 709) und eine Projekttfarbtiefe von 32 bpc.
- **Film**: Für digitale Kinofilme wählen Sie z. B. PROPHOTO RGB oder UNIVERSAL CAMERA FILM PRINTING DENSITY und setzen ein Häkchen bei FARBEN MIT GAMMA = 1 MISCHEN.

Arbeitsfarbraum linearisieren

Durch die Arbeit in einem linearisierten Arbeitsfarbraum vermeiden Sie beispielsweise Farbsäume, die beim Mischen gesättigter

Farben mit hohen Kontrastwerten auftreten können. Günstig wirkt sich die Arbeit im linearisierten Farbraum besonders dann aus, wenn Sie Ebenen per Füllmethoden mischen oder Bewegungsunschärfe aktiviert ist. Für die Arbeit in 8-Bit-Projekten ist das Linearisieren nicht sinnvoll.

Unter DATEI • PROJEKTEINSTELLUNGEN finden Sie unter FARBEINSTELLUNGEN die Option ARBEITSFARBRAUM LINEARISIEREN. Die Option ist erst aktiv, wenn Sie einen Arbeitsfarbraum gewählt haben.

Erst linearisieren, dann arbeiten
Es ist sinnvoll, den linearisierten Arbeitsfarbraum einzustellen, bevor Sie Ihr Projekt beginnen, da sich Farben, die Sie in After Effects selbst definiert haben, durch die Einstellung verändern.

20.3 Luminanzbasierte Farbkorrektur

Die luminanzbasierte Farbkorrektur nimmt einen wesentlichen Platz bei der Farbkorrektur ein und steht zumeist am Anfang. After Effects bietet zur Korrektur der **Helligkeitswerte** eines Bildes wichtige Werkzeuge an, von denen ich hier einige vorstellen werde.

Tonwertkorrektur

Ein probates Mittel, kontrastarmen, flauen Bildern ein klares Aussehen zu verleihen, ist die Anwendung des Effekts TONWERTKORREKTUR. Er befindet sich im Menü unter EFFEKT • FARBKORREKTUR.

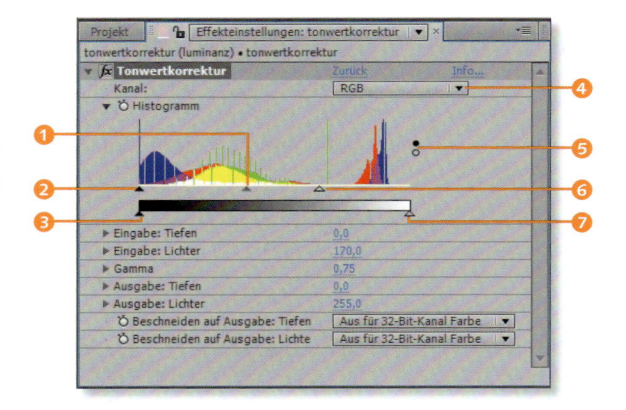

Gamma-Anpassung unter Windows und Mac OS
Seit der Version CS3 stimmen die Gamma-Anpassungen auf beiden Systemen überein. Beim Öffnen älterer After-Effects-Projekte wird in den Projekteinstellungen automatisch die Option QUICKTIME GAMMA-ANPASSUNG WIE IN FRÜHEREN VERSIONEN VON AFTER EFFECTS aktiviert. Damit wird sichergestellt, dass es zu keiner Farbverschiebung kommt. Bei neu erstellten Projekten sollten Sie die Option nicht aktivieren (DATEI • PROJEKTEINSTELLUNGEN).

◄ **Abbildung 20.14**
Der Effekt TONWERTKORREKTUR dient dazu, kontrastarmen Bildern ein klareres Aussehen zu verleihen.

Der Effekt arbeitet mit einer **Histogramm**-Anzeige, die die Helligkeitsverteilung der Pixel innerhalb eines Bildes illustriert. Auf der horizontalen Achse des Histogramms werden die Helligkeitsstufen dargestellt. Die vertikale Achse zeigt die Menge der Bildpixel für jede Helligkeitsstufe an. Ein Berg im Histogramm zeugt also davon, dass ganz besonders viele Bildpixel in dem entsprechenden Helligkeitsbereich vorhanden sind. Über die zwei kleinen

Farbtiefe

Sie können den Effekt sowohl in 8- und 16- als auch in 32-Bit-Projekten verwenden. Mit höheren Projektfarbtiefen wächst auch der Helligkeitsbereich des Effekts entsprechend.

Beispiele

Die hier im Text erwähnten Beispiele finden Sie gesammelt auf der Buch-DVD im Ordner 20_FARBKORREKTUR. Das Projekt »farbkorrektur.aep« zeigt alle im Text besprochenen Effekte anhand von abgebildetem Beispielmaterial. Die Datei liegt für CS5 und CS6 vor.

Punkte rechts beim Histogramm ❺ können Sie andere Farbkanäle zum Vergleich einblenden oder nur den jeweiligen Kanal einzeln anzeigen.

Über Regler für den Weiß- und Schwarzpunkt und einen Regler für den Gammawert korrigieren Sie die Helligkeitswerte. Dabei steht der **Weißpunkt** für ein absolutes Weiß im Bild und der **Schwarzpunkt** für ein absolutes Schwarz. Der **Gammawert**, auch Graupunkt genannt, repräsentiert die Bildbereiche mittlerer Helligkeit.

Verschieben Sie den Regler für den Schwarzpunkt, EINGABE: TIEFEN ❷, nach rechts, ist das Resultat ein dunkleres, kontrastreicheres Bild, bei dem die Feinheiten in den dunklen Bildbereichen verlorengehen. Verschieben Sie den zweiten Regler für den Schwarzpunkt, AUSGABE: TIEFEN ❸, resultiert dies in einem helleren Bild. Tiefschwarze Farbbereiche sind dann nicht mehr zu finden.

Bei einem Verschieben des Reglers für den Weißpunkt, EINGABE: LICHTER ❻, nach links hellt sich das Bild auf und wird kontraststärker. Ein Verschieben des zweiten Reglers für den Weißpunkt, AUSGABE: LICHTER ❼, nach links führt zu einem dunkleren, kontrastschwachen Bild.

Wenn schließlich Weiß- und Schwarzpunkt neu gesetzt sind, können Sie noch die Mitteltöne über den Gammaregler ❶ beeinflussen. Eine Verschiebung nach links hellt das Bild auf und verringert den Kontrast. Genau umgekehrt verhält es sich bei einer Verschiebung nach rechts.

Im Übrigen lässt sich der Effekt auch sehr gut zur Regelung der Helligkeitswerte in den einzelnen Farbkanälen einsetzen. Dazu wählen Sie den entsprechenden Kanal im Einblendmenü unter KANAL ❹ aus. After Effects merkt sich die Änderungen, die Sie in den einzelnen Kanälen vorgenommen haben. Sie müssen den Effekt also nicht für jeden Kanal neu hinzufügen.

▲ **Abbildung 20.15**
Das nicht korrigierte Originalbild

▲ **Abbildung 20.16**
Nach der Korrektur wirkt das Bild schon viel klarer.

Kurven

Wie der Effekt TONWERTKORREKTUR dient auch der Effekt KURVEN zur Anpassung kontrastarmer Bilder. Allerdings bietet er dabei noch mehr Kontrolle als der Effekt TONWERTKORREKTUR. Der Effekt KURVEN befindet sich ebenfalls im Menü unter EFFEKT • FARBKORREKTUR. Nach dem Anwenden des Effekts wird ein Kurvendiagramm angezeigt, das zum Bearbeiten der Helligkeitswerte des Bildes dient. Den Schwarzpunkt verschieben Sie durch Anklicken und Ziehen des Punkts unten links ⓬, den Weißpunkt über den Punkt oben rechts ⓼.

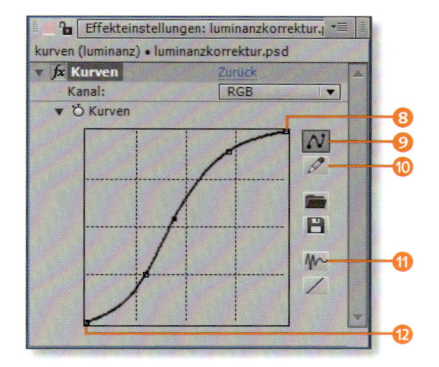

◄ **Abbildung 20.17**
Der Effekt KURVEN gibt Ihnen große Kontrolle über die Helligkeitswerte im Bild, da Sie bis zu 14 Punkte definieren können, die die Helligkeitswerte fixieren.

Ein Verschieben des **Schwarzpunkts** nach rechts führt zu einem kontrastreichen Bild ohne Feinzeichnung in schwarzen Bildbereichen. Eine Verschiebung nach oben hellt das Bild auf und macht es kontrastärmer.

Verschieben Sie den **Weißpunkt** nach links, hellt sich das Bild auf und wird kontrastreicher. Beim Verschieben nach unten wird es dunkler und kontrastärmer.

Der Kurve können Sie weitere Punkte hinzufügen, solange die Schaltfläche BÉZIER ⓽ aktiv ist. Um einen Punkt hinzuzufügen, klicken Sie einfach auf die Kurvenlinie. Jeder hinzugefügte Punkt gibt Ihnen weitere Kontrolle über die Helligkeitswerte. Die Kurvenpunkte können Sie intuitiv verschieben, um die Helligkeitsverteilung im Bild schnell zu korrigieren. Ziehen Sie dabei nur ganz sensibel an den Punkten, da Sie sonst möglicherweise höchst unerwünschte Ergebnisse erhalten. Wenn Sie einen Punkt entfernen möchten, ziehen Sie ihn einfach aus der Diagramm-Anzeige heraus.

Die Bearbeitung der Kurven ist standardmäßig auf RGB eingestellt, um die Luminanz eines Bildes zu regeln. Verändern Sie die RGB-Kanäle alle in gleicher Weise, bleibt der Farbton erhalten. Im Einblendmenü unter KANAL sind jedoch auch die einzelnen Farbkanäle wählbar. Stellen Sie die Farbkanäle in einem unter-

Zeichenstift und Glätten

Bei aktiviertem Zeichenstift ⓾ können Sie eine Freihandkurve zeichnen, die Sie mit der Schaltfläche GLÄTTEN ⓫ in eine formschön geschwungene Kurve verwandeln.

schiedlichen Verhältnis zueinander ein, verändert sich auch der Farbton. Änderungen in den einzelnen Farbkanälen merkt sich After Effects wieder ganz genau.

Auch dieser Effekt ist bei einer 32-Bit-Farbtiefe verwendbar. Leider lässt sich die Größe des Fensters aber nicht anpassen, und die einzelnen Kurven können nicht nebeneinander dargestellt werden, was ein eher intuitives Arbeiten mit sich bringt.

▲ **Abbildung 20.18**
Das Originalbild wirkt sehr flau.

▲ **Abbildung 20.19**
Dem mit dem Effekt Kurven korrigierten Bild fehlt es nur in den ganz dunklen Bereichen etwas an Details.

20.4 Chrominanzbasierte Farbkorrektur

Bei der chrominanzbasierten Farbkorrektur geht es vor allem um die Änderung des **Farbtons**. Wie Sie bei den zuvor erläuterten Effekten Tonwertkorrektur und Kurven auch die Farbwerte beeinflussen können, sind bei den chrominanzbasierten Farbkorrektur-Werkzeugen auch Helligkeitsänderungen möglich. Das Augenmerk liegt jedoch auf der Änderung des Farbtons. Manipulieren Sie ihn, färben Sie beispielsweise eine blaue Blume bei gleichbleibenden Helligkeitswerten in eine rote, grüne oder beliebig andersfarbige Blume um.

Farbton/Sättigung

Der Effekt Farbton/Sättigung zeigt recht anschaulich, was Sie mit dem Ändern eines Farbtons eigentlich bewirken können. Sie finden den Effekt im Menü unter Effekt • Farbkorrektur. Er verwendet zur Auswahl des Farbtons den Farbkreis. Wenn Sie sich die Farben nacheinander auf einen Kreis verteilt vorstellen, so ist es gut nachvollziehbar, dass mit einer bestimmten Winkelangabe eine bestimmte Farbe angegeben werden kann.

Der Gradmesser bei Blau: Farbton ❹ arbeitet genauso. Wenn Sie den Regler auf andere Werte als den voreingestellten Wert 0

20.4 Chrominanzbasierte Farbkorrektur

ziehen, ändern sich im ganzen Bild bzw. im gewählten Farbkanal die Farben.

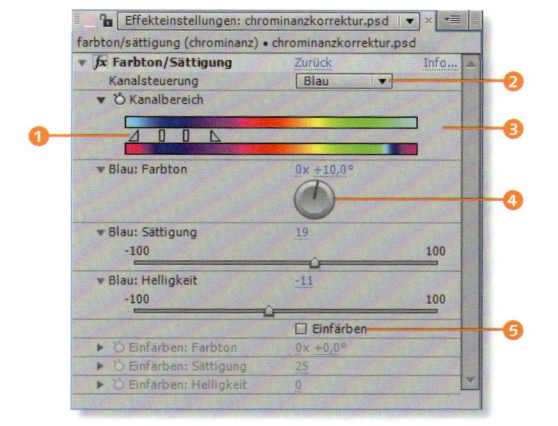

◄ **Abbildung 20.20**
Mit dem Effekt FARBTON/SÄTTIGUNG färben Sie einzelne Farbbereiche um, entfernen den Farbstich aus einem Bild oder tauchen das gesamte Bild in einen Farbton.

Sie können in dem Effekt unter KANALSTEUERUNG ❷ einen bestimmten Farbkanal wählen, den Sie ändern möchten. Normalerweise ist hier STANDARD eingestellt. Im abgebildeten Beispiel, das sich auch auf der DVD befindet, wurde der Blaukanal ausgewählt. Der für Blau vordefinierte Farbbereich wird unter KANALBEREICH ❸ angezeigt.

Die zwei Dreiecke und die zwei kleinen Balken ❶ lassen sich verschieben, um den Kanalbereich zu verändern. Damit erreichen Sie gegebenenfalls eine genauere Auswahl des Farbbereichs, in dem Sie den Farbton ändern wollen. Ist der Kanalbereich einmal definiert, lassen sich, wie Sie in Abbildung 20.21 sehen, sehr schön nur die Blautöne des Himmels im Bild umfärben. Die anderen Farbkanäle beeinflussen Sie auf die gleiche Weise. Neben der Farbtonänderung bietet der Effekt die Möglichkeit, die Sättigung – also die Intensität – und auch die Helligkeit des Farbtons zu beeinflussen.

▼ **Abbildung 20.21**
Im Originalbild hat der Himmel einen blauen Farbton (links). Rechts wurde über die Kanalsteuerung der Kanalbereich für Cyan und Blau ausgewählt, daher wirkt sich der rote Farbton nur auf den zuvor blauen Himmel aus.

Setzen Sie ein Häkchen bei EINFÄRBEN ❺, erscheinen die Regler oben deaktiviert. Dafür erhalten Sie Regler für FARBTON, SÄTTIGUNG und HELLIGKEIT, um das Bild einzufärben. Ohne Rücksicht auf die im Bild vorhandenen Farbunterschiede wird das Bild basierend auf der Helligkeit in eine neue Farbe getaucht.

Abbildung 20.22 ▶
In diesem Beispiel wurde das Häkchen bei EINFÄRBEN im Effekt FARBTON/SÄTTIGUNG gesetzt.

Farbbalance

Der Effekt FARBBALANCE aus dem Menü EFFEKT • FARBKORREKTUR dient dazu, die Bildfarben über Regler für die Kanäle Rot, Grün und Blau zu beeinflussen. Dabei stellt der Effekt für jeden Farbkanal drei Regler zur Verfügung, so dass Sie Schatten, Mitten und Spitzlichter separat einstellen können. Verwenden Sie einen Wert von –100, verschwindet die Farbe vollständig. Bei positiven Werten wirkt der Farbton intensiver.

Abbildung 20.23 ▶
Mit dem Effekt FARBBALANCE verändern Sie die Farben für die Kanäle Rot, Grün und Blau separat.

Wenn Sie unter LUMINANZ ERHALTEN ein Häkchen setzen, versucht After Effects, die Helligkeitswerte des Originals mit den eingestellten Werten in Einklang zu bringen.

Viel mehr muss zu dem Effekt nicht gesagt werden, da sich die Bedienung intuitiv erschließt und die Einstellungen stark vom jeweils verwendeten Material abhängen.

▲ **Abbildung 20.24**
Das Originalbild wirkt etwas eingetrübt.

▲ **Abbildung 20.25**
Nach der Anwendung des Effekts FARBBALANCE erscheint das Motiv etwas sonniger.

20.5 Color Finesse

Color Finesse, das leistungsstarke Werkzeug zur professionellen Farbkorrektur, stammt aus dem Hause Synthetic Aperture und ist in After Effects als Plug-in integriert. Color Finesse bietet komfortable Möglichkeiten zur automatischen und manuellen primären und sekundären Farbkorrektur. Das Plug-in verfügt über traditionelle Analysetools wie den **Waveformmonitor** und das **Vectorscope**, um die Farb- und Helligkeitsverteilung sowie Sättigungswerte eines Bildes zu beurteilen. Außerdem dienen ein **Kurvendiagramm** und ein **Histogramm** als Kontrollmöglichkeit. Ein Vorteil bei der Korrektur mit Color Finesse ist die interne Berechnung der Farbkorrektur mit **32-Bit-Fließkommagenauigkeit**. Damit vermeiden Sie bei umfangreichen Farbkorrekturen Fehler, die bei der Auf- und Abrundung von Werten entstehen können.

Seit der Version CS5 unterstützt Color Finesse auch 64-Bit-Anwendungen wie After Effects.

Die bisher beschriebenen Möglichkeiten der Farbkorrektur werden in Color Finesse vereint. Color Finesse bietet seit CS3 eine in die After-Effects-Oberfläche integrierte, abgespeckte Benutzeroberfläche mit allen wichtigen Parametern und die separate, eigene Color-Finesse-Oberfläche, die weitere Analysetools enthält. So lassen sich auch für alle wichtigen Parameter über den

Zeitverlauf Keyframes setzen, und in der Color-Finesse-Oberfläche kann Videomaterial komplett wiedergegeben werden.

Color Finesse ist im Lieferumfang der CS6-Software enthalten.

Die Benutzeroberfläche von Color Finesse

Zunächst lernen Sie die Benutzeroberfläche von Color Finesse kennen.

Markieren Sie ein importiertes Video in der Komposition, und öffnen Sie mit [Strg]+[5] die Palette EFFEKTE UND VORGABEN. Tippen Sie die Buchstaben »color f« in das Eingabefeld ein, und klicken Sie dann doppelt auf den Effekt SA COLOR FINESSE 3, um ihn der Ebene hinzuzufügen.

Das Plug-in zeigt sich zunächst im Effektfenster. Klicken Sie dort auf die Schaltfläche FULL INTERFACE.

Vorbereitung

Starten Sie ein neues Projekt, und importieren Sie mit [Strg]+[I] die Datei »colorfinesseTonwert.psd« aus dem Ordner 20_FARBKORREKTUR/BILDMATERIAL. Ziehen Sie die Datei auf das Kompositions-Symbol im Projektfenster, um eine neue Komposition zu erstellen. Die Dauer ist egal, da hier nur ein Standbild als Beispiel verwendet wird.

Informationen zu Color Finesse

Informationen zur Firma Synthetic Aperture und zu Color Finesse finden Sie auch unter *www.synthetic-ap.com*.

Test Gear

Test Gear ist ein Plug-in für After Effects, das wichtige Messinstrumente wie Histogramm, Waveformmonitor, Vectorscope und auch Audio Waveform Display, Audio Spectrum Analyzer etc. in After Effects integriert. Viele Instrumente davon sind auch in Color Finesse enthalten. Unterschied: Die Messinstrumente von Test Gear sind ständig in der After-Effects-eigenen Oberfläche verfügbar. Weitere Informationen finden Sie unter *www.synthetic-ap.com*.

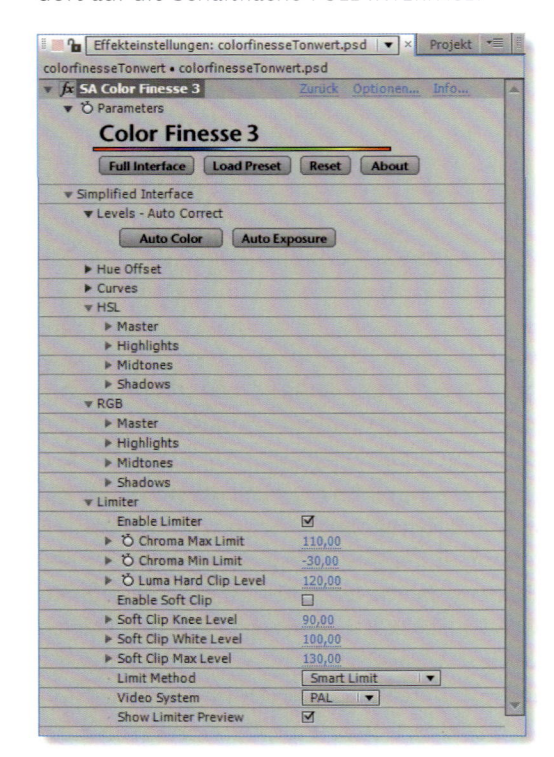

▲ **Abbildung 20.26**
Im After-Effects-Effektfenster erscheinen unter SIMPLIFIED INTERFACE alle wichtigen Parameter. Mit FULL INTERFACE starten Sie die separate Color-Finesse-Oberfläche.

Es wird die Benutzeroberfläche von Color Finesse gestartet. Von After Effects ist vorerst nichts mehr zu sehen. Sie gelangen aber

20.5 Color Finesse

schnell dorthin zurück, indem Sie in der rechten unteren Ecke von Color Finesse eine der Schaltflächen CANCEL oder OK betätigen.

Abbildung 20.27
Color Finesse zeigt sich mit einer eigenen Benutzeroberfläche. After Effects ist im Hintergrund noch anwesend.

Die Benutzeroberfläche unterteilt sich in vier Hauptbereiche. Diese sind das Analysefenster, das Bildfenster, der Einstellbereich und das Farbinfofenster.

- Im **Analysefenster** ❶ ist standardmäßig die Registerkarte COMBO gewählt. Diese Anzeige stellt die vier wichtigsten Analysewerkzeuge innerhalb eines Fensters dar. Zu den einzelnen Anzeigen finden Sie weiter unten mehr.
- Das **Bildfenster** ❷ zeigt das Bild an der aktuellen Zeitmarkenposition in der After-Effects-Zeitleiste. Ein Abspielen von Videos innerhalb des Plug-ins ist über die Steuerungen am unteren Rand des Bildfensters möglich. Über die Registerkarten sind verschiedene Anzeigemöglichkeiten gegeben, auf die ich noch eingehen werde.
- Im **Einstellbereich** ❸ werden verschiedene Möglichkeiten der Farbkorrektur angeboten. So sind Luminanzkorrekturen ebenso möglich wie das Entfernen eines Farbstichs oder das Umfärben eines Farbbereichs.
- Das **Farbinfofenster** ❹ ist ein Hilfsmittel zur Kontrolle der Farbkorrektur. Mit der darunter befindlichen Anzeige bei MATCH COLOR ist auch eine automatische Farbkorrektur möglich. Doch auch dazu folgt später mehr im Abschnitt »Farbinfofenster« auf Seite 629 in diesem Kapitel.

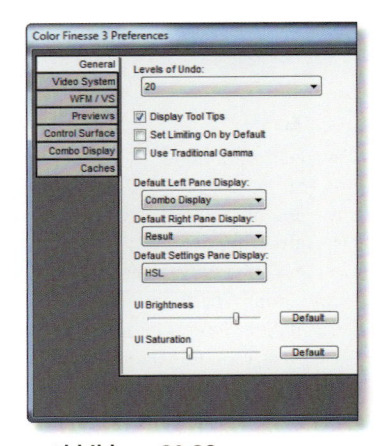

Abbildung 20.28
Unter EDIT • PREFERENCES befinden sich die Voreinstellungen für Color Finesse.

615

Voreinstellungen

Sie finden die Color-Finesse-Voreinstellungen im Menü unter EDIT • PREFERENCES. In der Karte GENERAL können Sie die Menge der Rückgängig-Schritte und einige Einstellungen zur Benutzeroberfläche festlegen. In der Karte VIDEO SYSTEM sollte PAL oder HD eingestellt sein. Unter VIDEO LEVEL CODING bleibt 0–255 (8-BIT) eingestellt. Falls Sie für eine Sendeanstalt produzieren, sollten Sie allerdings 16–235 (8-BIT) wählen. Die Karte WFM/VS dient zur Anpassung der Vectorscope- und Waveformmonitor-Anzeige. Hier können Sie die Bildfarben im Waveformmonitor anzeigen: Wählen Sie dazu DISPLAY WAVEFORM MONITOR WITH PICTURE COLOR.

▼ **Abbildung 20.29**
In diesem Beispiel ist die Helligkeitsverteilung im Bild recht gleichmäßig.

Zum Gebrauch des Plug-ins folgen Sie bitte den nächsten Erörterungen und Workshops. Lassen Sie dabei Ihr Projekt ruhig geöffnet, wir schließen nach dem folgenden Abschnitt daran an.

Waveformmonitor

Der Waveformmonitor dient kurz gesagt dazu, die Helligkeitsverteilung (Luminanzwerte) und die Farbwerte (Chrominanzwerte) in einem Videobild zu beurteilen. Color Finesse bietet dazu sogar mehr als einen Waveformmonitor (WFM) an.

Luma-Waveformmonitor | Recht leicht verständlich ist die Waveformmonitor-Darstellung, wenn Sie nur die Luminanzwerte eines Bildes in Betracht ziehen. Diese erreichen Sie schnell über die Registerkarte LUMA WFM ❶.

Die Helligkeitswerte des Beispielbildes (Abbildung 20.29) werden im Luma-Waveformmonitor (LUMA WFM) dem Bild entsprechend von links nach rechts dargestellt. Das heißt, die linke obere Ecke des Monitors entspricht der linken oberen Ecke im Bild usw. Die Helligkeitswerte der Bildpunkte werden auf der vertikalen Achse dargestellt. Die obere Kante des Monitors zeigt die rein weißen Bildpunkte, die untere die absolut schwarzen. Das Monitorbild lässt sich daher wie in Abbildung 20.29 bis Abbildung 20.32 gezeigt interpretieren.

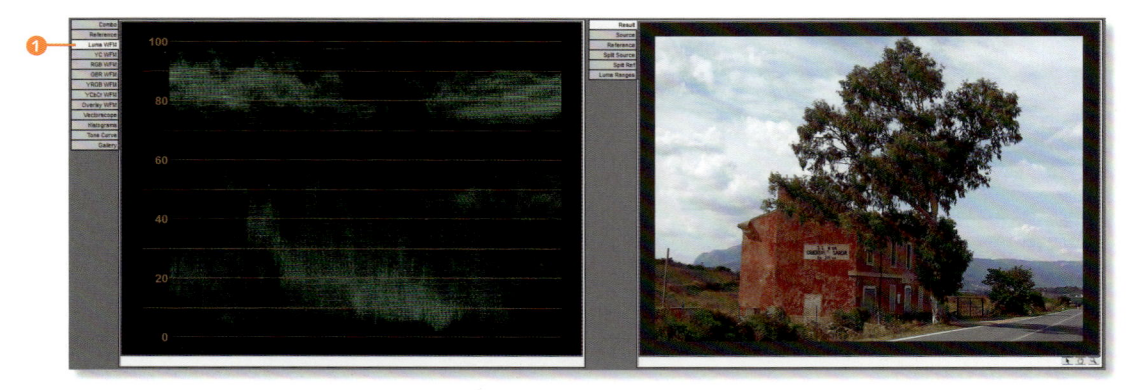

Abbildung 20.30 ▶
Im oberen Bereich des Waveformmonitors sind die hellen Punkte dicht gedrängt: Den hellen Bereichen des Bildes fehlt es an Details.

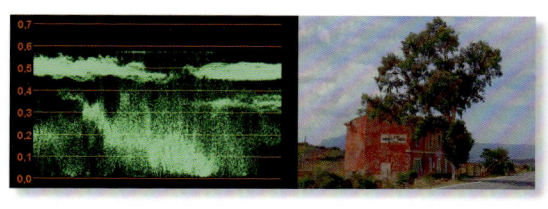

20.5 Color Finesse

▲ **Abbildung 20.31**
Im oberen Bereich des Waveformmonitors fehlt es an Punkten: Das Bild ist zu dunkel und wirkt kontrastarm.

▲ **Abbildung 20.32**
Der Hauptteil der Bildpunkte für den hellen und dunklen Bildbereich ist im Waveformmonitor deutlich nach oben gedrängt. Das Bild wirkt zu hell und kontrastarm. Den Schatten fehlt Tiefe.

YC-Waveformmonitor | Der YC-Waveformmonitor zeigt wie der Luma-WFM die Helligkeitswerte des Bildes an, nur dass diese hier noch mit den Chrominanzwerten überlagert werden. So lässt sich die minimale und die maximale Ausdehnung der Farbinformation beurteilen.

RGB-Waveformmonitor | Eine weitere Monitoranzeige wird mit dem RGB-Waveformmonitor geboten. Sie erreichen ihn über die Registerkarte RGB WFM. Hier wird die Helligkeitsverteilung im Bild jeweils für die drei Farben Rot, Grün und Blau einzeln dargestellt. Mit dem RGB-Waveformmonitor ordnen Sie die Reihenfolge der Farben neu.

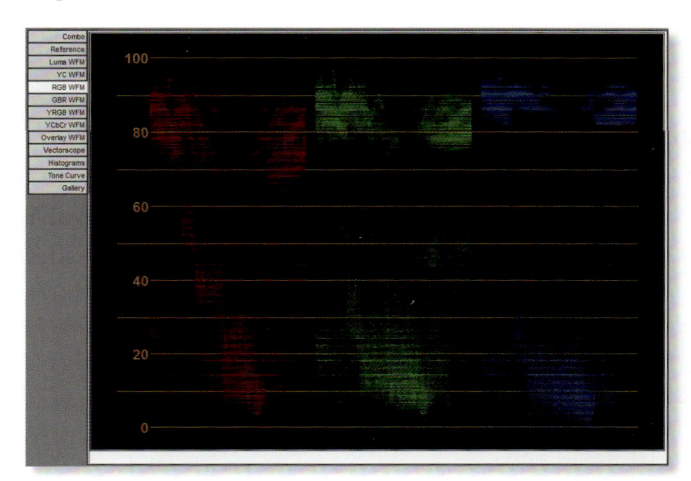

◀ **Abbildung 20.33**
Der RGB-Waveformmonitor zeigt die Helligkeitsverteilung im Bild für die Farben Rot, Grün und Blau einzeln an.

YRGB-Waveformmonitor | Der YRGB-Waveformmonitor zeigt zusätzlich zu den Farbkanälen den Lumawert, also den Helligkeitswert, wie im Luma-WFM an.

YCbCr-Waveformmonitor | Den Farbdifferenzmonitor (YUV-Anzeige) blenden Sie über die Registerkarte YCbCr ein. Hier stellt

Kapitel 20   Farbkorrektur

die linke Anzeige die Helligkeitsinformation (Y) dar. In den beiden anderen Anzeigen wird die Farbdifferenzinformation (U, V) dargestellt, wobei die mittlere Anzeige den blauen Farbbereich minus Helligkeitsinformation und die rechte Anzeige den roten Farbbereich minus Helligkeit illustriert. Die Chromainformation wird im YCbCr-Waveformmonitor in einem Bereich von +100 % am oberen Rand bis −100 % am unteren Rand dargestellt.

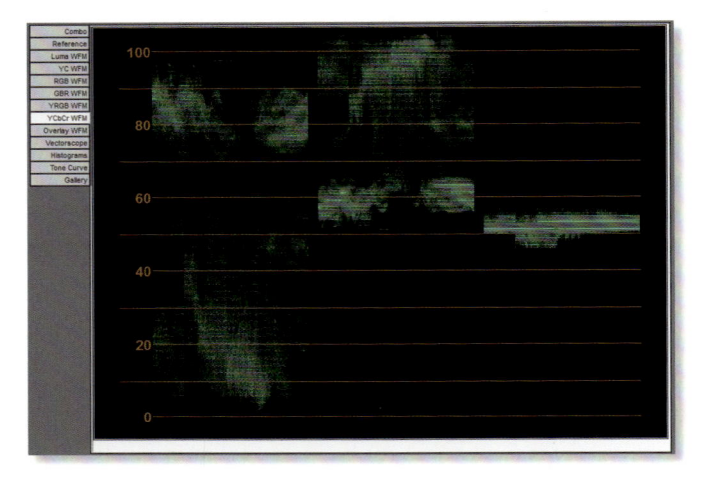

Abbildung 20.34 ▶
Der YCbCr-Waveformmonitor zeigt links die Helligkeitsinformation (Y) an und in den beiden anderen Anzeigen die Farbdifferenzinformation (U, V).

Overlay-Waveformmonitor | Im Overlay-Waveformmonitor überlagern die drei Farbkanäle (Rot, Grün und Blau) einander, was die Beurteilung der Farbverteilung erleichtert.

Schritt für Schritt:
Ein flaues Bild mit Color Finesse korrigieren

Die benötigten Dateien für diesen Workshop finden Sie auf der DVD unter BEISPIELMATERIAL/ 20_FARBKORREKTUR/BILDMATERIAL.

Im folgenden Workshop wenden Sie das neu erworbene Wissen über Color Finesse gleich an.

1 Vorbereitung

Kehren Sie noch einmal zum letzten Projekt zurück, oder starten Sie ein neues Projekt, und importieren Sie mit [Strg]+[I] die Datei »colorfinesseTonwert.psd« aus dem Ordner 20_FARBKORREKTUR/ BILDMATERIAL. Ziehen Sie die Datei auf das Kompositions-Symbol im Projektfenster, um eine neue Komposition zu erstellen.

Das Landschaftsbild wirkt eindeutig zu flau. Blenden Sie im Analysefenster den Waveformmonitor für die Luminanzwerte im Bild über die Registerkarte LUMA WFM ein. Wie Sie sehen, erscheinen alle Bildpunkte stark nach oben gedrängt. Es fehlen also Bildpunkte in gesättigtem Schwarz. Wir korrigieren dies mit Hilfe der Einstellungsmöglichkeiten unter HSL.

Gamma

Mit den Gammawerten werden die Mitteltöne im Bild beeinflusst, ohne dass Lichter oder Schatten in Mitleidenschaft gezogen werden. Oft kann ein zu dunkler oder zu heller Bildbereich schon über die Gammawerte korrigiert werden.

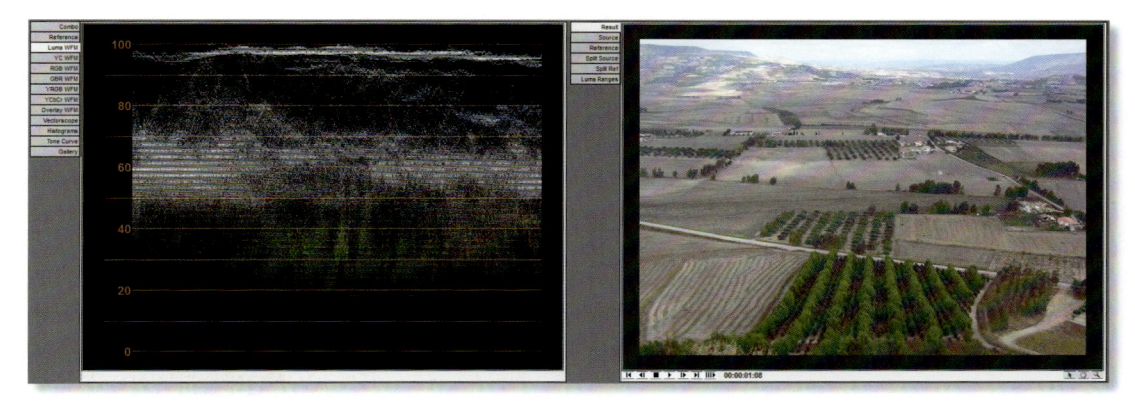

20.5 Color Finesse

▲ **Abbildung 20.35**
Das Bild wirkt flau, und im Waveformmonitor für Luminanzwerte spiegelt sich das mit nach oben gedrängten Punkten wider.

2 Arbeit mit den HSL-Einstellungen

Die HSL-Karte steht für die Veränderung der Farb-, Sättigungs- und Helligkeitseinstellungen (**H**ue, **S**aturation, **L**uminance) eines Bildes. In der Registerkarte CONTROLS können Sie die Werte für Glanzlichter, Mitteltöne und Schatten (HIGHLIGHTS, MIDTONES, SHADOWS) einzeln ändern. Die Registerkarte MASTER enthält sämtliche Regler noch einmal, so dass Sie auf das gesamte Bild Einfluss nehmen können.

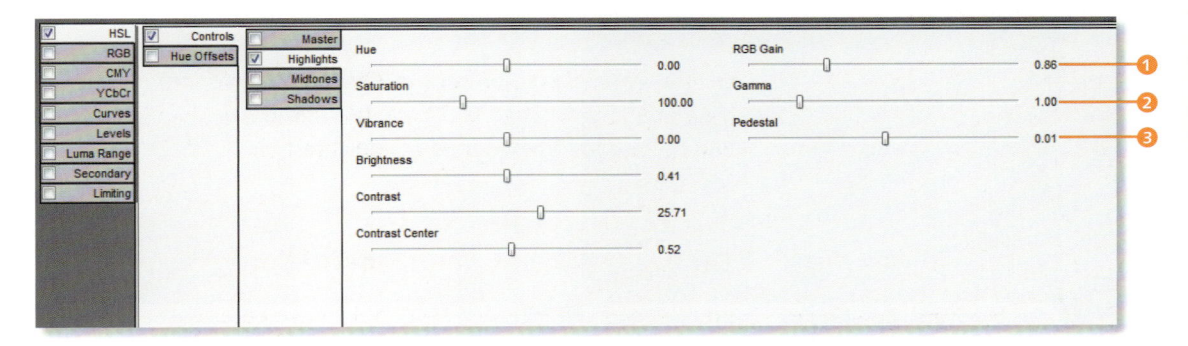

▲ **Abbildung 20.36**
Auf der HSL-Karte stellen Sie unter CONTROLS Farbe, Sättigung und Helligkeit für Glanzlichter, Mitteltöne und Schatten einzeln ein.

Recht gute Ergebnisse erhalten Sie in unserem Beispiel, wenn Sie mit der Karte SHADOWS beginnend die Werte für PEDESTAL ❸, GAMMA ❷ und RGB GAIN ❶ intuitiv verändern. Dazu ziehen Sie an den einzelnen Reglern oder klicken den jeweiligen Wert direkt an, um in das dann aktive Feld einen numerischen Wert einzutippen.

Durch die Werte unter RGB GAIN werden hellere Bildbereiche stärker als dunklere beeinflusst. Die Einstellung der Bildhelligkeit erfolgt durch Multiplikation.

> **Vibrance**
>
> VIBRANCE dient wie SATURATION zur Einstellung der Farbsättigung. Während mit dem Regler SATURATION oft sehr stark ausblutende Farben entstehen, erhalten Sie mit erhöhten Werten bei VIBRANCE das natürliche Aussehen des Bilds.

> **Einstellungen ein- und ausblenden**
>
> Durch einen Klick auf die Häkchen der Einstellungskarten blenden Sie die Änderungen, die Sie vorgenommen haben, schnell ein und aus. Dies ist zum Vergleich der Vorher-nachher-Wirkung äußerst nützlich.

Die PEDESTAL-Werte werden als fester Wert zu den vorhandenen Pixelwerten addiert. Ist der addierte Wert negativ, wird das Bild insgesamt heller (aus Schwarz wird Grau), positive Werte führen zur Abdunklung.

Als Orientierung dient Ihnen der Luma-Waveformmonitor. Achten Sie darauf, dass sich die große untere Punktewolke langsam nach unten bewegt und die Punkte dann am unteren Rand des Monitors beginnen.

Bei der Karte HIGHLIGHTS achten Sie darauf, dass sich die dicht gedrängten Punkte am oberen Rand des Waveformmonitors etwas weiter verteilen. Vermeiden Sie »Punktehaufen« in der Anzeige. Sie werden sicher öfter zwischen den Karten hin- und herwechseln, um die für Sie passende Einstellung zu erreichen. Dabei kommen letztendlich oft andere Werte zustande als die, mit denen Sie begonnen haben. Probieren Sie es aus!

Übrigens müssen Sie keine Häkchen in die Boxen der Karten setzen, um loszulegen. Diese kommen automatisch hinzu, sobald Sie eine Veränderung vornehmen.

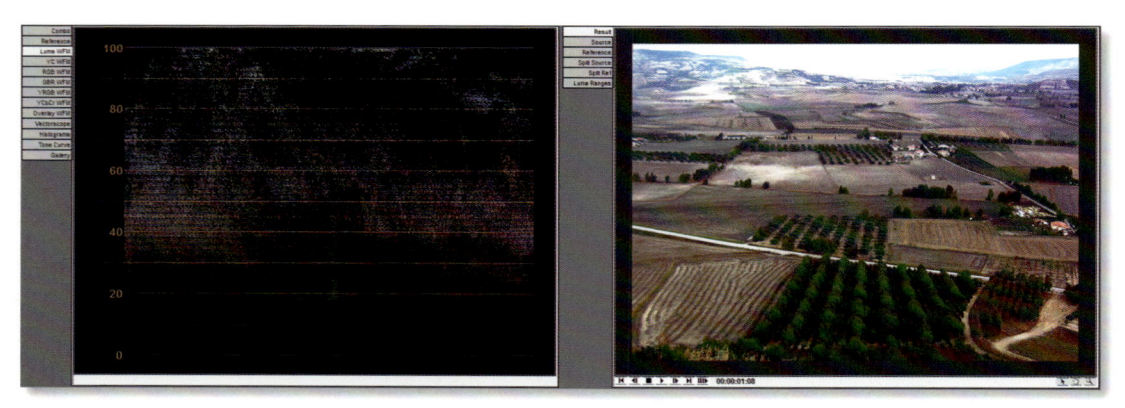

▼ **Abbildung 20.37**
Das korrigierte Bild sieht doch um einiges besser aus als das Original. Im Waveformmonitor erscheinen die Helligkeitswerte nun relativ gleichmäßig verteilt.

> **Reset**
>
> Ist Ihnen die Änderung innerhalb einer Karte ordentlich misslungen, hilft ein Klick auf die Schaltfläche RESET, die sich auf jeder der Einstellungskarten in der rechten unteren Ecke befindet. Am unteren Rand der Benutzeroberfläche finden Sie die Schaltfläche RESET ALL, mit der Sie alle Einstellungen zurücksetzen.

3 **»Save« und »Load«**
Wenn Sie dringend einmal Luft schnappen müssen und Sorge haben, ein anderer Leiharbeiter könnte inzwischen an Ihren Farbkorrektur-Einstellungen drehen, ist es sicherer, die Einstellungen zu speichern. Über die Schaltfläche SAVE am unteren Rand der Color-Finesse-Benutzeroberfläche speichern Sie die Einstellungen in einer Datei mit der Endung ».cfpreset«. Über die Schaltfläche LOAD stellen Sie die Einstellungen schnell wieder her.

4 **Tone Curve**
Eine sehr gute Kontrolle zur Beurteilung der Helligkeitsveränderungen im Bild ist mit der Anzeige unter TONE CURVE gegeben.

Vielleicht erinnern Sie sich noch an den im Abschnitt »Kurven« auf Seite 609 erläuterten Effekt KURVEN. Die TONE CURVE-Anzeige funktioniert nach dem gleichen Prinzip.

Das fertige Beispiel zu diesem Projekt finden Sie übrigens im Ordner 20_FARBKORREKTUR. Es heißt »farbkorrektur.aep«, und der Titel der Komposition lautet »colorfinesseTonwert«. Wenn Sie das Bild aus dem Nebel geholt haben, gratuliere ich Ihnen! Gleich kommt das Vectorscope.

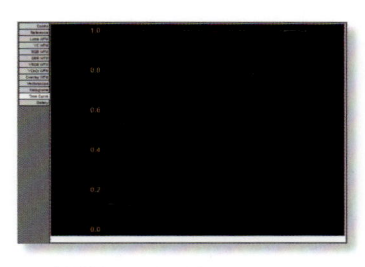

▲ **Abbildung 20.38**
Mit der Anzeige TONE CURVE lassen sich Helligkeitsänderungen im Bild ebenfalls sehr gut kontrollieren.

Farbkorrektur an verschiedenen Zeitpunkten

Wenn Sie vorhaben, Color Finesse einzusetzen, um an verschiedenen Stellen eines Films verschiedene Farbanpassungen durchzuführen, so ist dies möglich, indem Sie den Effekt in der Einstellung SIMPLIFIED INTERFACE nutzen und für die gewünschten Parameter wie gewohnt Keyframes setzen.

Ebenfalls möglich ist das Setzen von Keyframes bei PARAMETERS. In diesem Fall werden sämtliche Einstellungen, die Sie innerhalb der Color-Finesse-eigenen Benutzeroberfläche oder unter SIMPLIFIED INTERFACE durchführen, in einem einzigen Keyframe gespeichert. Für die einzelnen Parameter ist es in diesem Fall nicht nötig, Keyframes zu setzen, allerdings können Sie später schwer herausfinden, welchen Parameter Sie verändert haben.

Falls Sie in der Color-Finesse-Benutzeroberfläche arbeiten und Keyframes im Zeitverlauf setzen wollen, ist dies nur möglich, indem Sie zwischen der Benutzeroberfläche von Color Finesse und After Effects hin- und herschalten. Sie setzen dann ebenfalls einen ersten Key bei PARAMETERS und betätigen anschließend den Button FULL INTERFACE im Effektfenster, um neue Anpassungen in Color Finesse durchzuführen. Um zu einem anderen Zeitpunkt zu wechseln, verlassen Sie Color Finesse über OK oder CANCEL und steuern dann in der After-Effects-Zeitleiste den neuen Zeitpunkt an. Danach wechseln Sie wieder zu Color Finesse ... Pontius und Pilatus grüßen Sie bei dieser Arbeitsweise.

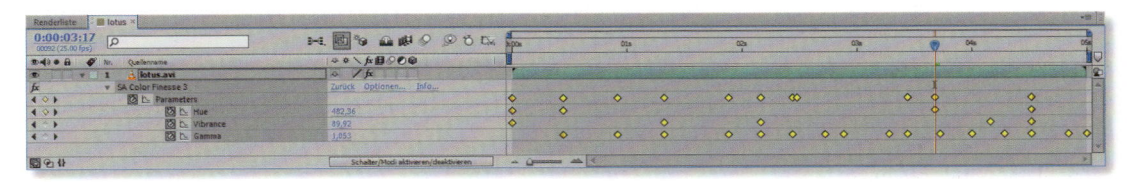

▲ **Abbildung 20.39**
In der Einstellung SIMPLIFIED INTERFACE ist es möglich, Keyframes wie gewohnt auch im Zeitverlauf zu setzen.

Vectorscope

Das Vectorscope ist ein Analysewerkzeug, um Farbton und Sättigung eines Videosignals zu überprüfen. Sie erreichen es über die Registerkarte VECTORSCOPE. Dabei wird jeder Bildpunkt durch einen Punkt in der VECTORSCOPE-Anzeige repräsentiert. Diese stellt einen Farbkreis dar, in dem die Bildfarben entgegen dem Uhrzeigersinn in folgender Reihenfolge zugeordnet werden: Rot, Gelb, Grün, Cyan, Blau, Magenta.

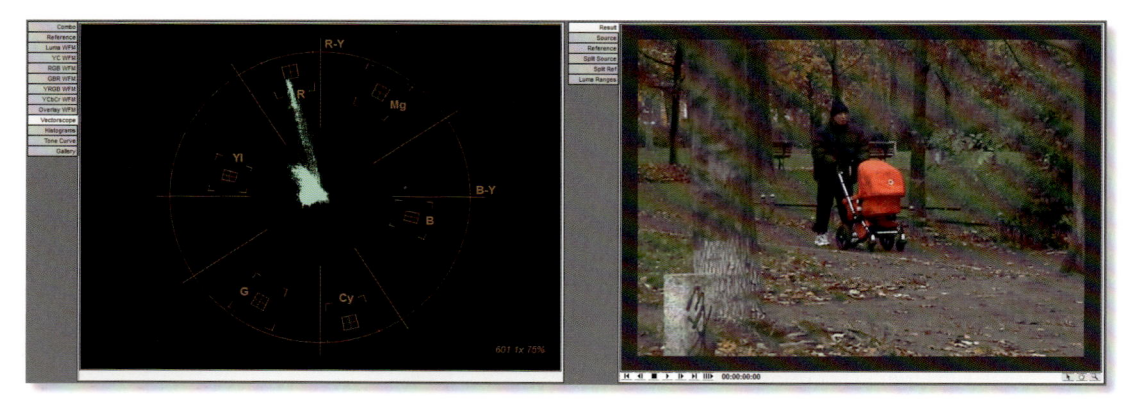

▲ **Abbildung 20.40**
Das Vectorscope zeigt eine deutliche Rotverschiebung einiger Bildpunkte bis in den übersättigten Bereich. Diese stammen von dem knallroten Kinderwagen.

Stark gesättigte Bildpunkte, also die intensiver leuchtenden Farben, werden je nach Grad der Sättigung weiter außen am Rand des Farbkreises dargestellt. In der Mitte sammeln sich alle die Bildpunkte, die eine weniger hohe oder gar keine Sättigung aufweisen. Dort sind daher auch sämtliche unbunten Farben zu finden, also Weiß, Grau und Schwarz. Um im unbunten Farbbereich größere Kontrolle zu haben, können Sie mit dem Scrollrad der Maus den Punktehaufen vergrößern.

Wird die Sättigung im Bild erhöht, wandern die Punkte in der Anzeige nach außen, während sich bei einer Verringerung der Sättigung die Punkte zur Mitte hin bewegen. Auch bei der Manipulation einer Farbe wandern die Punkte – diesmal allerdings von einem Farbsegment ins andere, rund um den Farbkreis.

Korrekturmöglichkeiten

Einen **Farbstich** erkennen Sie im Vectorscope sehr schnell, da in diesem Fall eine deutliche Verschiebung einiger Bildpunkte in ein bestimmtes Segment des Farbkreises zu beobachten ist.

Auch ein Überschreiten der Farbsättigungsgrenze, die bei der Ausgabe für eine Ausstrahlung im Fernsehen zu beachten wäre, lässt sich mit dem Analysewerkzeug schnell bestimmen. In den Segmenten der Primärfarben Rot, Grün und Blau und in denen der Sekundärfarben Gelb, Cyan und Magenta befindet sich zur Kontrolle jeweils ein Kästchen. Sollten die Bildpunkte über diese Kästchen hinaus verteilt sein, zeigt das eine Übersättigung der jeweiligen Farbe an. Das sollten Sie natürlich vermeiden.

In Abbildung 20.40 sehen Sie ein kontrastarmes Bild mit einem leuchtend roten Kinderwagen. Der Blick auf das Vectorscope zeigt die deutliche Rotverschiebung einiger Bildpunkte bis in den übersättigten Bereich.

Schritt für Schritt:
Farbstich entfernen mit Color Finesse

In diesem Workshop lernen Sie, wie Sie einen Farbstich mit Color Finesse entfernen können.

Die benötigten Dateien für diesen Workshop finden Sie auf der DVD unter BEISPIELMATERIAL/ 20_FARBKORREKTUR/BILDMATERIAL

1 Vorbereitung

Starten Sie ein neues Projekt, und importieren Sie die Datei »farbstich.psd« aus dem Ordner 20_FARBKORREKTUR/BILDMATERIAL. Ziehen Sie die Datei auf das Kompositions-Symbol im Projektfenster, um eine neue Komposition zu erstellen. Auf die Dauer der Komposition kommt es nicht an.

Markieren Sie die Ebene in der Komposition, und fügen Sie über das Menü EFFEKT • SYNTHETIC APERTURE den Effekt SA COLOR FINESSE 3 hinzu. Betätigen Sie die Schaltfläche FULL INTERFACE, um die Benutzeroberfläche zu starten. Zeigen Sie mit einem Klick auf die Karte VECTORSCOPE das Analysewerkzeug in voller Größe an.

▼ **Abbildung 20.41**
Der Blaustich des Originalbildes spiegelt sich in einer Farbverschiebung hin zum Cyan-Segment im Vectorscope wider.

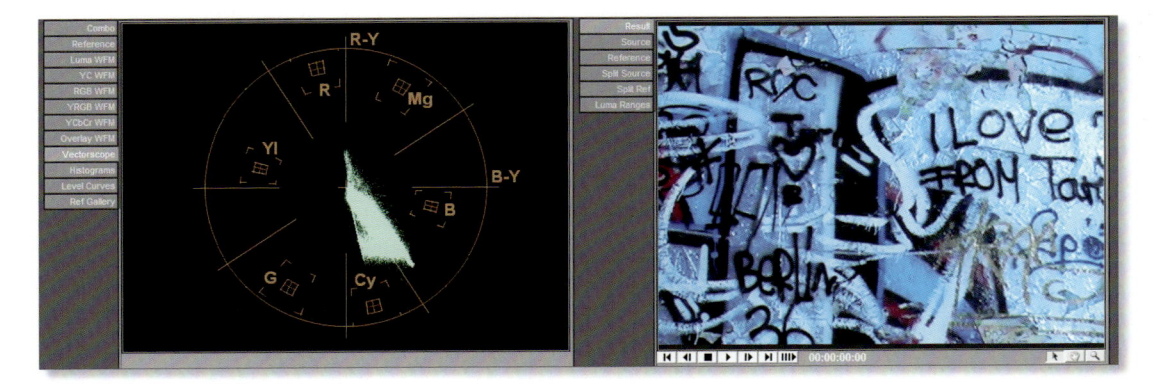

2 Split Source

Wechseln Sie die Ansicht im Bildfenster auf SPLIT SOURCE. Damit wird die Ansicht geteilt. Links sehen Sie das Bild im Originalzustand, rechts das korrigierte Ergebnis. Sie können die Bildteilung

Kapitel 20   Farbkorrektur

frei wählen, indem Sie die kleinen weißen Dreiecke oben und unten ❶ verschieben.

Abbildung 20.42 ▶
Durch die Wahl der Anzeige SPLIT SOURCE sind sowohl das Original als auch das Ergebnisbild sichtbar.

3   Vectorscope interpretieren

Wenn Sie die Darstellung im Vectorscope anschauen, sehen Sie eine deutliche Konzentration der Bildpunkte im Cyan-Farbsegment. Ein Ausgleich der Farbverschiebung wäre über eine Erhöhung des komplementären Farbanteils möglich, also der Farbe, die der Farbe Cyan im Farbkreis gegenüberliegt. Das bedeutet somit eine Verschiebung hin zum Rot-Segment.

Klicken Sie in der HSL-Karte auf HUE OFFSETS ❷. Dort finden Sie vier hübsche Farbkreise vor. Über diese verschieben Sie die Farben jeweils für die Schatten, Mitteltöne und Glanzlichter oder insgesamt im Bild. In der Mitte eines jeden Farbkreises befindet sich ein kleiner Punkt, den Sie anklicken und in ein bestimmtes Farbsegment ziehen können. Die Entfernung zum Mittelpunkt bestimmt die Stärke der Einfärbung, und die Rotation auf dem Farbkreis legt die Farbe fest.

▼ **Abbildung 20.43**
Das Entfernen eines Farbstichs ist mit den HUE OFFSETS und der Beurteilung im Vectorscope kein Problem.

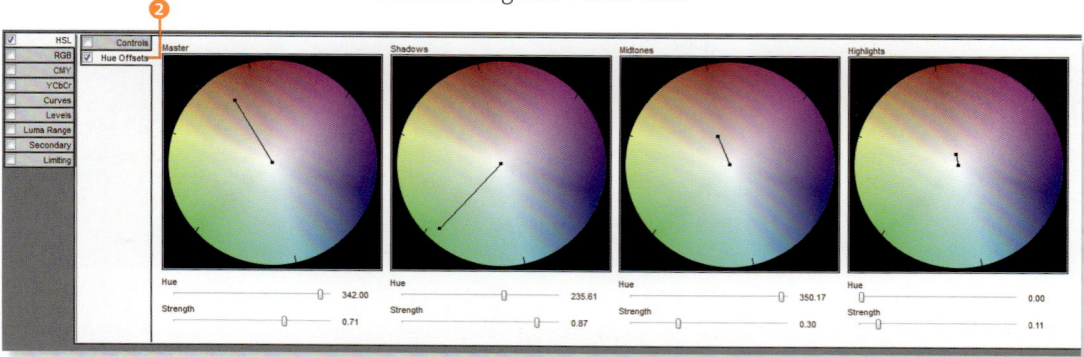

Das Gleiche erreichen Sie mit den Reglern unter den Farbkreisen. Hue bestimmt hier die Farbe und Strength die Stärke der Färbung. Na dann, drauflos! Ziehen Sie den Punkt für den Master in das rote Farbsegment, und passen Sie eventuell die Schatten-, Mittelton- und Glanzlichtfarben noch an. Der Farbstich sollte allmählich verschwinden.

Die genauen Einstellungen hängen natürlich von vielen subjektiven Faktoren ab. Wenn beispielsweise Sonnen- oder Lampenlicht auf Ihren Bildschirm fällt oder Sie bereits sehr lange am Computer sitzen, fallen die Ergebnisse sicher jeweils unterschiedlich aus. Aber Sie haben ja das Vectorscope als objektiven Betrachter, das Ihnen verrät, in welche Richtung sich die Farben verschieben – egal bei welcher Beleuchtung.

Das fertige Beispiel zu diesem Projekt finden Sie wieder im Ordner 20_Farbkorrektur unter dem Titel »farbkorrektur.aep«, und der Name der Komposition lautet »colorfinesseFarbstich«.

Kleine Änderungen bei »Hue Offsets«

Wenn Sie in den Farbkreisen bei Hue Offsets nur minimale Änderungen vorhaben, drücken Sie beim Ziehen des Punkts im Farbkreis gleichzeitig die Taste ⇧. Ihre Mausbewegungen werden dann um ein Zehnfaches minimiert.

▼ **Abbildung 20.44**
Nach der Korrektur des Farbstichs sind die Bildpunkte im Vectorscope um den Mittelpunkt gruppiert.

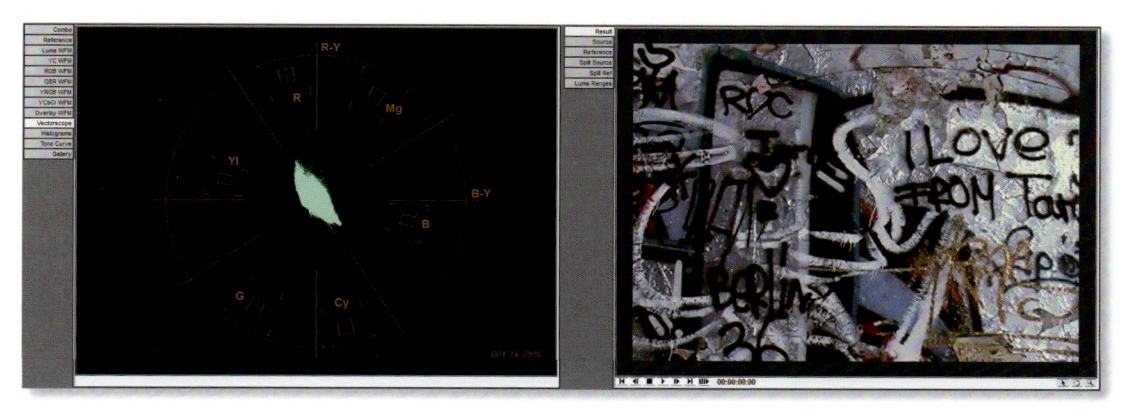

Primäre und sekundäre Farbkorrektur

Die bisher in diesem Kapitel gezeigten Beispiele befassten sich mit der Korrektur der Helligkeitsverhältnisse in einem Bild oder mit der Regelung der Farbwerte im gesamten Bild. Diese Korrekturen sollten am Anfang jeder Farbkorrektur stehen und werden daher auch **primäre Farbkorrektur** genannt. Die primäre Farbkorrektur verwenden Sie also, bevor Sie einen bestimmten Look für das Video erzeugen. Bei diesen Bearbeitungen kann dann ein bestimmter Farbstich sogar erwünscht sein, um beispielsweise eine kühle Farbstimmung zu erreichen.

Bei der **sekundären Farbkorrektur** werden bestimmte Teile des Bildes korrigiert. Dies geschieht, nachdem die primäre Korrektur abgeschlossen ist. Um nur bestimmte Bildteile zu korrigie-

Die benötigten Dateien für diesen Workshop finden Sie auf der DVD unter BEISPIELMATERIAL/ 20_FARBKORREKTUR/BILDMATERIAL.

▲ **Abbildung 20.45**
In diesem Beispiel werden wir die Farben der Fahne ändern.

ren, müssen Sie diese auswählen. Wie das in der Praxis aussieht, schauen wir uns im folgenden Workshop an.

Schritt für Schritt:
Sekundäre Farbkorrektur mit Color Finesse

In diesem Workshop färben wir ein Objekt im Bild einfach vollkommen um.

1 Vorbereitung

Starten Sie ein neues Projekt, und importieren Sie die Datei »selektiveKorrektur.psd« aus dem Ordner 20_FARBKORREKTUR/ BILDMATERIAL. Ziehen Sie die Datei auf das Kompositions-Symbol im Projektfenster, um eine neue Komposition zu erstellen. Fügen Sie zur Ebene »selektiveKorrektur« wie in den vorherigen Workshops den Effekt SA COLOR FINESSE 3 hinzu. Starten Sie die Benutzeroberfläche über die Schaltfläche FULL INTERFACE. Wählen Sie im Einstellbereich die Karte SECONDARY.

2 Secondary

Die Karte SECONDARY enthält weitere sechs, von A bis F bezeichnete Karten, die alle genau gleich aufgebaut sind. Sie können damit sechs Farbbereiche auswählen oder kombinieren und gleichzeitig korrigieren. Für unser Beispiel genügt es zunächst, die Karte A zu verwenden. Sie finden im rechten oberen Bereich vier Pipetten vor, die dazu dienen, vier Farben aufzunehmen. Sie können sich sicher schon denken, welche Farben hier verändert werden sollen. Richtig: die roten und die grünen Farbtöne der Fahne.

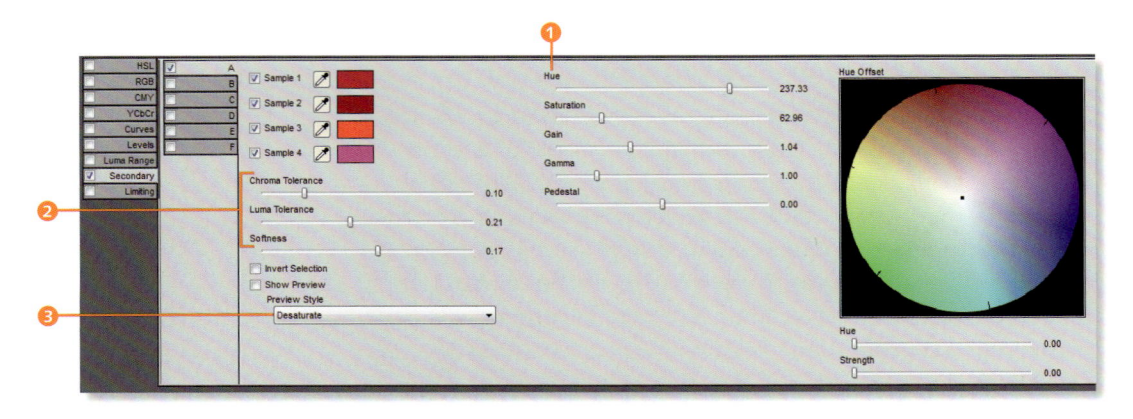

Abbildung 20.46 ▲
In der Karte SECONDARY befinden sich sechs Karten (A–F).

Um zuerst sowohl die hellen als auch die dunkleren Rottöne zu erwischen, müssen Sie sie vor der Farbkorrektur mit den Pipetten auswählen. Klicken Sie also mit der ersten Pipette beispielsweise auf einen sehr hellen Rotton, und wählen Sie dann mit den anderen Pipetten zwei mittlere und einen sehr dunklen roten Farbton aus. Es wird immer die Farbe an der Pipettenspitze aufgenommen. Ziehen Sie dann an dem Regler für HUE ❶, bis Sie die Farbe Blau gefunden haben und diese anstelle des Rots sichtbar wird.

Wenn danach noch nicht alle roten Bereiche in der Fahne beeinflusst werden, verändern Sie die Farbauswahl noch über die Regler CHROMA TOLERANCE ❷, LUMA TOLERANCE und SOFTNESS. Dabei werden möglicherweise allerdings andere, unerwünschte Bereiche ausgewählt. Um diese besser im Auge zu behalten, empfiehlt es sich, unter PREVIEW ❸ eine andere Vorschau zu wählen. Sehr gut sichtbar sind die Auswahlbereiche mit der ALPHA-Vorschau und mit DESATURATE, wobei die nicht ausgewählten Bereiche entfärbt werden. Zurück zur alten Anzeige wechseln Sie mit OFF.

Lupe und Hand
Mit dem Lupen-Symbol in der rechten unteren Ecke des Bildfensters klicken Sie in das Bild, um Bereiche zu vergrößern. Bei gleichzeitigem Drücken der Strg-Taste wird das Bild wieder verkleinert. Das Hand-Symbol neben der Lupe dient zum Verschieben des Bildes.

◀ **Abbildung 20.47**
Die PREVIEW-Einstellung DESATURATE stellt Bildbereiche, die nicht ausgewählt sind, entsättigt dar.

Probieren Sie also etwas herum, um die für Sie passenden Werte herauszufinden. Kommen Sie zu keinen passenden Ergebnissen, hilft es, die Samplefarben zu ändern. Sie können zuvor die Häkchen vor den Farben entfernen, um die Auswirkung einer einzelnen Samplefarbe zu testen. Ganz einfach ist es nicht, einen bestimmten Farbbereich im Zeitverlauf eines Videos zu isolieren. Schließlich haben wir hier nur ein einzelnes Bild verwendet.

3 Abschluss
Nachdem Sie die rote Farbe der Fahne durch ein Blau ersetzt haben, wechseln Sie in die Karte B. Wählen Sie dort wieder vier Samplefarben, nun für die grüne Farbe der Fahne. Wählen Sie dann mit dem Regler für HUE ein Rot, und passen Sie die Tole-

Samplegröße
Sie können den normalerweise auf nur einen Pixel festgelegten Samplebereich vergrößern. Wenn Sie bei aktiver Pipette und gedrückter ⇧-Taste in das Bild klicken, werden 3×3 Pixel aufgenommen. Mit der Taste Strg sind es schon 5×5 Pixel und mit beiden Tasten gemeinsam 9×9 Pixel. Die Tastenkombinationen gelten für die Arbeit mit allen Pipetten in Color Finesse.

ranz an. Wenn nur noch die Farben Ihrer gewünschten Auswahl beeinflusst werden, können Sie neben dem Farbton auch die Sättigung unter SATURATION und die Helligkeitswerte unter GAIN, GAMMA und PEDESTAL für den ausgewählten Bereich verändern.

Auch der schon aus dem Workshop zum Farbstich bekannte HUE OFFSETS-Farbkreis dient zur farblichen Änderung Ihres Auswahlbereichs.

Das fertige Beispiel zu diesem Projekt finden Sie wieder im Ordner 20_FARBKORREKTUR unter dem Titel »farbkorrektur.aep«, und der Name der Komposition lautet »colorfinesseSelektive-Korrektur«.

Abbildung 20.48 ▶
Nach der sekundären Farbkorrektur sind die Farben der Fahne Rot, Weiß und Blau.

▼ **Abbildung 20.49**
Ist der Auswahlbereich einmal festgelegt, lässt sich an der Farbe »drehen«. Änderungen sind mit HUE, SATURATION, GAIN, GAMMA, PEDESTAL und mit HUE OFFSETS möglich.

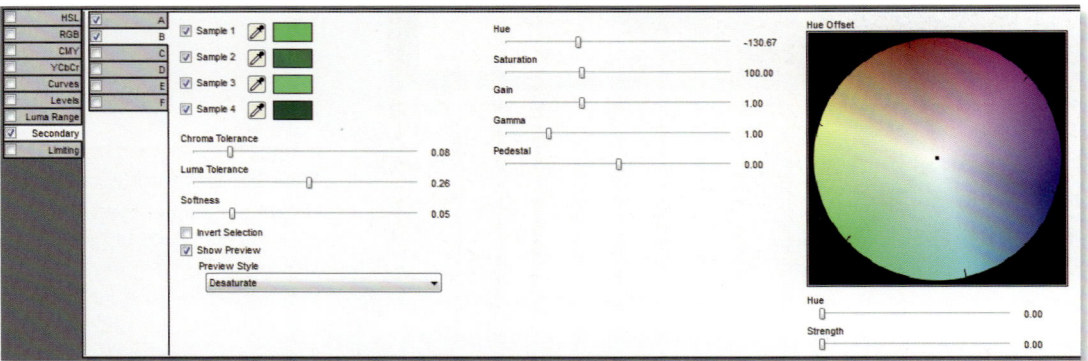

Einige Ansichten und Funktionen sind in den vorangegangenen Workshops noch unerwähnt geblieben. Dazu gehören die Referenzgalerie, ein paar Bildfenster, das Farbinfofenster und einige Karten im Einstellbereich.

Referenzbild

Über die Karte GALLERY legen Sie Referenzbilder fest. Diese Referenzbilder dienen dem Vergleich mit dem zu korrigierenden Bild, sind aber auch nützlich, um bestimmte Farben aus dem Referenzbild zu sampeln, sprich von dort aufzunehmen.

In der Referenzgalerie werden alle im After-Effects-Projekt enthaltenen Standbilder und Movies angezeigt, sofern sie von QuickTime gelesen werden können. Auch QuickTime-Videos können Sie in die Referenzgalerie laden. Das Hinzuladen neuer Dateien erfolgt über die Schaltfläche ❶ am unteren Rand. Per Doppelklick auf eine der in der Galerie enthaltenen Dateien oder durch Klick auf das Symbol ❷ wird das Referenzbild in der Karte REFERENCE ❸ angezeigt.

Wenn Sie Movies als Referenz verwenden, können Sie auf die Bildanzeige in der Karte REFERENCE klicken und bei gedrückter Maustaste ziehen, um ein anderes Bild aus dem Movie als Referenzbild auszuwählen. Im Bildfenster blenden Sie das Referenzbild über die Karte REFERENCE ein. Mit der Karte SPLIT REF ❹ sind sowohl das Referenz- als auch das Ergebnisbild der Farbkorrektur sichtbar.

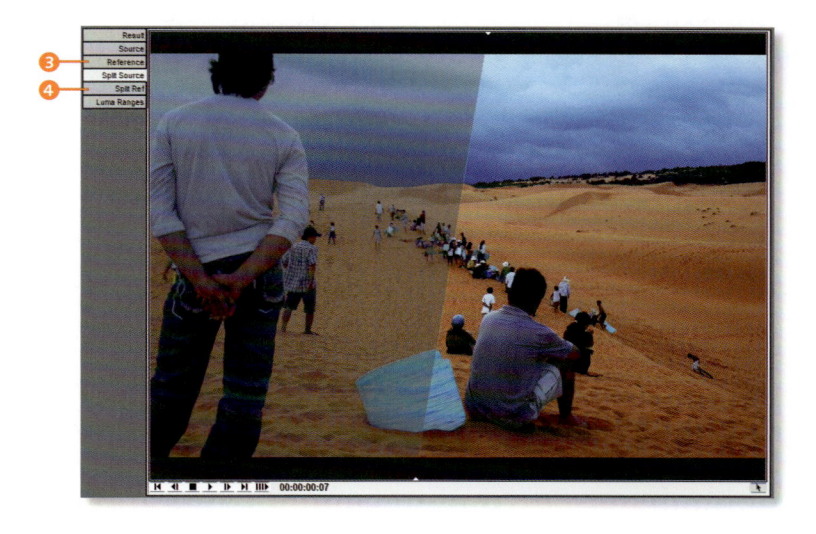

▲ **Abbildung 20.50**
In die Referenzgalerie können Sie Standbilder und Movies laden. Sie dienen als Vergleichsbilder oder dazu, Farben daraus zu sampeln.

◄ **Abbildung 20.51**
Über die Karte SPLIT REF werden sowohl das Referenzbild als auch das Ergebnisbild der Farbkorrektur angezeigt.

Farbinfofenster

Weitere Kontrolle über farbkorrigierte Bildbereiche erhalten Sie mit dem Farbinfofenster. Der obere Bereich dient zum Kontrollieren der korrigierten Farbe. Der untere Bereich unter der Schaltfläche MATCH COLOR ist für die automatische Farbkorrektur bestimmt.

Kapitel 20 Farbkorrektur

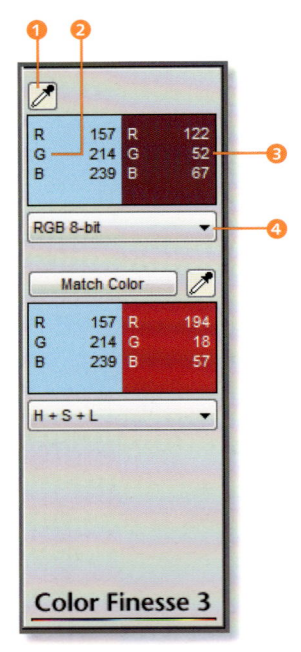

▲ **Abbildung 20.52**
Das Farbinfofenster dient zur Kontrolle der Farbkorrektur und zur automatischen Farbkorrektur mit MATCH COLOR. Die numerische Angabe der Farbwerte im Farbinfofenster ändern Sie über das Einblendmenü.

Um die Farbwerte einer ausgewählten Farbe zu kontrollieren, nehmen Sie diese im Originalbild mit der Samplepipette ❶ auf. Die Farbe erscheint daraufhin zunächst sowohl in der rechten als auch in der linken Anzeige ❷ und ❸. Werden oder wurden Korrekturen vorgenommen, wird in der rechten Anzeige die korrigierte Farbe eingeblendet. Außer der Original- und der Ergebnisfarbe sind die jeweiligen Farbwerte sichtbar. Anhand dieser numerischen Angaben lässt sich leicht beurteilen, ob ein Farbanteil überwiegt.

Das Format für diese numerischen Angaben legen Sie im oberen Einblendmenü ❹ fest. Für RGB können Sie zwischen 8, 10, 16 Bit und Fließkomma- oder Prozentangabe wählen. Außerdem ist eine Anzeige im HSL- und Hex-Format möglich.

Wenn Sie eine ganz bestimmte Farbe als Samplefarbe wählen wollen, klicken Sie auf die Samplepipette, während Sie gleichzeitig die [Strg]-Taste gedrückt halten. Anschließend wählen Sie die Farbe im Standard-Farbwähler aus.

Automatische Farbkorrektur mit Match Color

Die MATCH COLOR-Funktion im Farbinfofenster dient zum automatischen Korrigieren von Quell- zu Zielfarbbereichen. Die zu korrigierende Quellfarbe nehmen Sie mit der Samplepipette auf, die Sie im Abschnitt »Farbinfofenster« auf Seite 629 kennengelernt haben.

Mit der Zielfarbpipette bei MATCH COLOR ❺ können Sie eine Farbe aus einem Referenzbild aus der Karte REFERENCE aufnehmen. Oder Sie definieren die Zielfarbe selbst, indem Sie bei gleichzeitigem Drücken der [Strg]-Taste auf die Zielfarbenpipette klicken und in dem sich öffnenden Farbwähler eine Farbe aussuchen.

Anschließend ersetzen Sie die Quellfarbe per Klick auf die Schaltfläche MATCH COLOR durch die Zielfarbe.

Welche Art der **automatischen Farbkorrektur** dabei angewendet wird, hängt von der Einstellungskarte ab, die aktuell im Einstellungsfenster ausgewählt ist. Pro Karte können Sie im Einblendmenü ❻ verschiedene Farbkorrekturmöglichkeiten wählen. In der HSL-Karte finden Sie beispielsweise eine größere Auswahl im Einblendmenü als in der Karte SECONDARY. Wenn Sie die einzelnen Karten durchgehen, werden Sie feststellen, dass nicht jede Karte mit der MATCH COLOR-Funktion ausgestattet ist. Schön ist die Möglichkeit, nur einzelne Farbkanäle (z. B. in der RGB-Karte) oder nur die Sättigung eines Bildes zu beeinflussen (z. B. HSL-Karte).

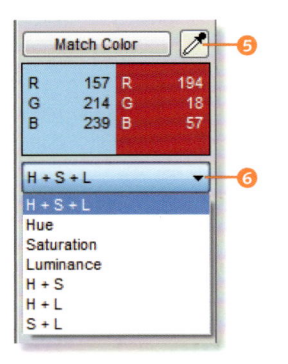

▲ **Abbildung 20.53**
Die MATCH COLOR-Funktion im Farbinfofenster bietet Möglichkeiten zur automatischen Farbkorrektur.

Die Version Color Finesse 3 in After Effects CS 6 enthält hier auch bei Ihnen möglicherweise einen Bug, so dass der Klick auf MATCH COLOR eventuell zu keiner Veränderung führt.

Farbkanalkorrektur (RGB, CMY, YCbCr)

In Color Finesse beeinflussen Sie einzelne Farbkanäle über die Einstellkarten **RGB**, **CMY** und **YCbCr**. Für die Helligkeitsregelung stehen in jeder Karte jeweils drei Masterregler für GAMMA, PEDESTAL und GAIN zur Verfügung. Außerdem enthält jede Karte weitere Regler für verschiedene Farbkanäle. So sind in der RGB-Karte die Luminanzwerte für die Primärfarben Rot, Grün und Blau einzeln steuerbar. In der CMY-Karte gilt das Gleiche für die Sekundärfarben Cyan, Magenta und Yellow.

Die YCBCR-Karte funktioniert etwas anders: Hier können Sie die Helligkeitswerte (Y) unabhängig von den Farbkanälen verändern. Die Farbkanäle wiederum beeinflussen Sie durch die Regler für CB und CR, ohne die Helligkeitsinformation zu stören. Dabei verändern sich die Farben mit dem CB-Regler in Richtung Gelb bzw. Blau auf dem Farbkreis und mit dem CR-Regler in Richtung Grün bzw. Rot.

Zusätzlich können Sie die Farbkorrektur in allen drei Farbkanal-Karten für Glanzlichter, Mitteltöne und Schatten (HIGHLIGHTS, MIDTONES, SHADOWS) extra bearbeiten.

Falls Sie sich fragen, wie After Effects den CMY-Modus oder den YCBCR-Modus verträgt, kann man das mit »gar nicht« beantworten. Color Finesse arbeitet nur intern in diesen Modi und wandelt anschließend das Ergebnis für After Effects in den RGB-Modus um. Den Umgang mit Luminanzreglern habe ich übrigens im Workshop »Flaues Bild mit Color Finesse korrigieren« auf Seite 618 anhand der HSL-Karte erläutert.

▼ **Abbildung 20.54**
Die YCBCR-Karte ermöglicht es, die Luminanzwerte im Bild unabhängig von den Farbkanälen zu verändern. Umgekehrt wird die Luminanz durch Änderungen in den Farbkanälen CB und CR nicht beeinflusst.

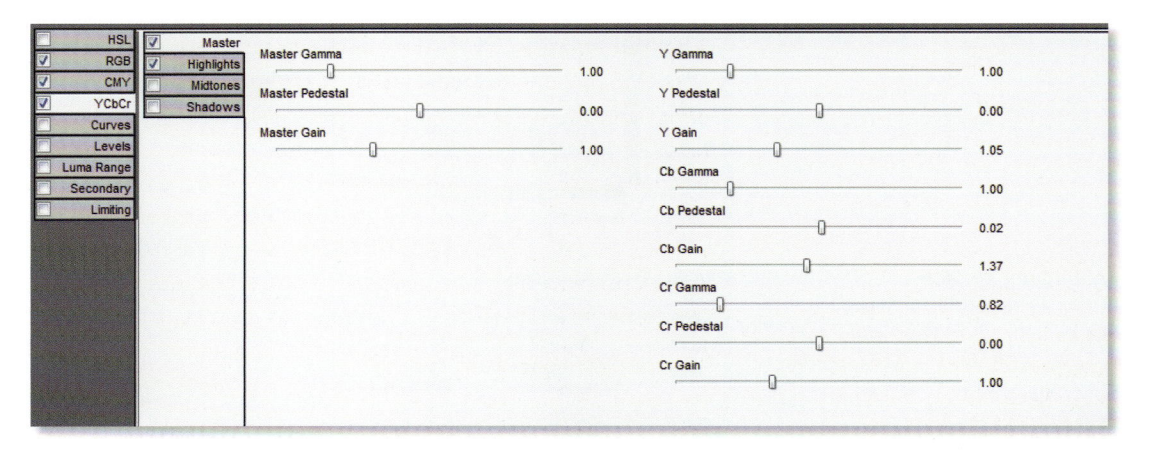

Curves

Die Karte CURVES enthält eine Master-Kurve und drei Kurven für die Farben Rot, Grün und Blau. Die Umgangsweise damit ist ähnlich wie bei dem Effekt KURVEN, den ich im gleichnamigen Abschnitt auf Seite 609 erläutert habe. Durch einfaches Klicken auf die Kurve fügen Sie bis zu 16 Kurvenpunkte hinzu, die Sie mit der Taste [Entf] wieder löschen können, sofern der Kurvenpunkt markiert ist. Möchten Sie die Bearbeitung rückgängig machen, hilft ein Klick auf die Schaltfläche RESET am rechten unteren Rand der Karte. Einzelne Kurven können Sie nur durch einen Klick mit der rechten Maustaste auf eine der Kurven und durch die Wahl des Eintrags RESET CURVE aus dem Einblendmenü zurücksetzen.

Abbildung 20.55 ▶
Die Karte CURVES enthält Kurven für die Farbkanäle Rot, Grün und Blau. Mit den Pipetten legen Sie den Schwarz-, den Weiß- und den Graupunkt im Bild fest.

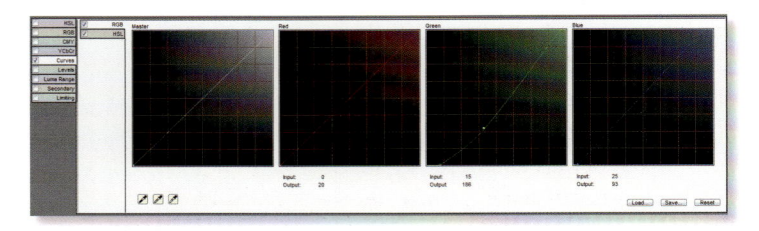

Mit der Schaltfläche SAVE ist es möglich, die Bearbeitung als Datei zu speichern. Über die Schaltfläche LOAD können Sie nicht nur Kurven aus Color Finesse neu laden, sondern auch Kurven aus Adobe Photoshop.

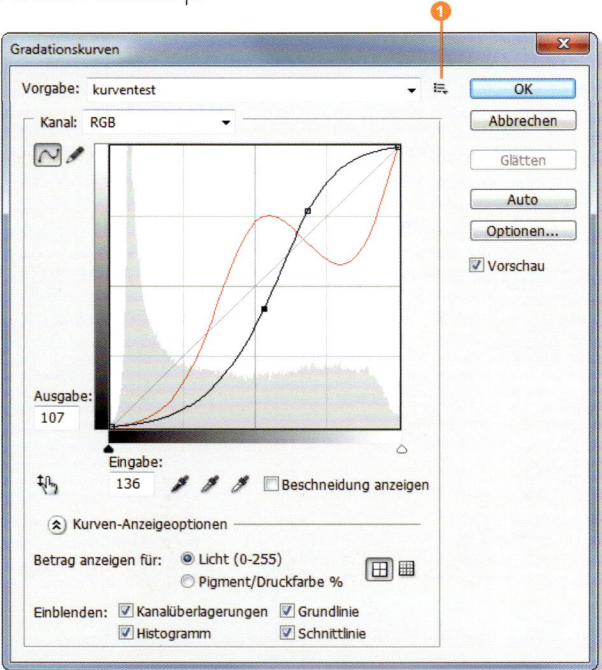

Abbildung 20.56 ▶
Über die Schaltfläche SPEICHERN ❶ können Sie in Photoshop Kurven für RGB und die Masterkurve (hier die Master- und die Rotkanal-Kurve) speichern.

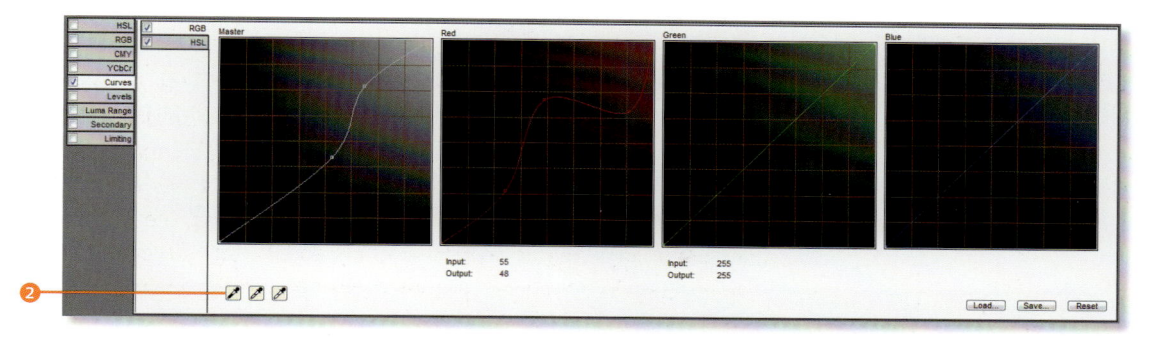

20.5 Color Finesse

Abbildung 20.57
Die Kurven können Sie in Color Finesse laden.

Kontrastwerte | Eine zusätzliche Funktion deuten schon die drei Pipetten unter den Kurven ❷ an. Sie dienen zum automatischen Setzen der Kurven und korrigieren die Kontrastwerte im Bild. Mit der Pipette links bestimmen Sie den Punkt im Bild, der als absolutes Schwarz definiert sein soll (Schwarzpunkt). Klicken Sie mit dieser Pipette auf einen dementsprechend dunklen Bereich im Bild. Die Pipette rechts dient zum Festlegen des Weißpunkts, also des Punkts, der als absolutes Weiß definiert wird. Klicken Sie mit dieser Pipette auf einen sehr hellen Bereich im Bild. Die mittlere Pipette ist dem Graupunkt vorbehalten und sollte in einen Bildbereich gesetzt werden, der eine neutrale Farbe in einem mittleren Farbbereich enthält. Falls ein mittleres Grau im Bild vorkommt, ist dieses die erste Wahl. Die Kurven werden automatisch an die neu gesetzten Werte angepasst.

HSL-Karte | Mit der Version Color Finesse 3 ist die Karte HSL in der Karte CURVES hinzugekommen. Hier steuern Sie zusätzlich die Farbwerte. Für die drei horizontalen Kurven bei HUE (Farbton), SATURATION (Sättigung) und LIGHTNESS (Helligkeit) setzen Sie bei Bedarf Punkte für die Farbwerte, die Sie ändern wollen. Die Punkte werden vertikal verschoben. Für HUE verschieben Sie den gewählten Farbton in den gewünschten Farbbereich, für SATURATION liegen gesättigte Farben oben, ungesättigte unten. Einen helleren Farbton erhalten Sie bei LIGHTNESS im oberen Bereich des Farbfelds, einen dunkleren im unteren Bereich.

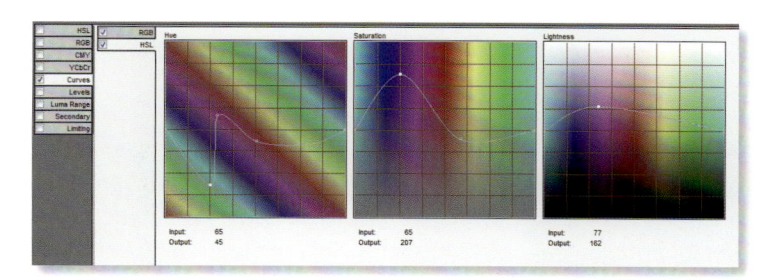

Abbildung 20.58
In der Karte HSL bei CURVES steuern Sie Farbton, Sättigung und Helligkeit des Bilds.

Levels

Auf der Karte LEVELS finden Sie eine Histogramm-Ansicht sowohl für die INPUT-Werte – also die Helligkeitswerte des Originalbildes – als auch für die OUTPUT-Werte vor. Die OUTPUT-Werte dienen zur Darstellung des korrigierten Ergebnisses. Sie können sich außerdem die INPUT- und OUTPUT-Werte für die einzelnen Farbkanäle Rot, Grün und Blau anzeigen lassen.

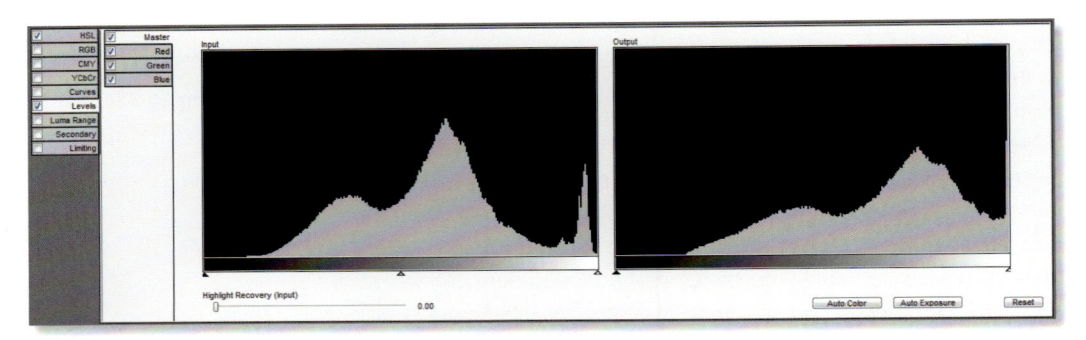

Abbildung 20.59 ▲
Die Karte LEVELS enthält eine Histogramm-Anzeige sowohl für die INPUT-Werte (Originalbild) als auch für die OUTPUT-Werte (nach der Farbkorrektur).

Sie können sowohl die INPUT- als auch die OUTPUT-Werte verändern. Verändern Sie das Histogramm in der INPUT-Anzeige, so wird das Ergebnis sofort in der OUTPUT-Anzeige sichtbar. Hierbei werden allerdings nicht nur die veränderten INPUT-Werte angezeigt, sondern Sie sehen das Ergebnis nach der gesamten Farbkorrektur, also auch wenn Sie diese in anderen Einstellungskarten vorgenommen haben.

Die Handhabung der Regler unter der jeweiligen Histogramm-Ansicht gleicht derjenigen beim Effekt TONWERTKORREKTUR, den ich im gleichnamigen Abschnitt auf Seite 607 erläutert habe.

Die Regler unterhalb des OUTPUT-Histogramms können merkwürdig erscheinen. Sie erfüllen jedoch den schönen Zweck, am Endergebnis der gesamten Farbkorrektur nochmals eine Tonwertkorrektur vorzunehmen. Dies ist sehr nützlich, wenn die anderen, bereits erläuterten Farbkorrekturmöglichkeiten beispielsweise zu einem Bild mit unerwünschten Kontrastverhältnissen geführt haben.

Neu seit der Version CS5 sind die beiden Schaltflächen AUTO COLOR und AUTO EXPOSURE sowie der Regler HIGHLIGHT RECOVERY (INPUT).

Auto Color | Mit der Schaltfläche AUTO COLOR korrigieren Sie farbstichiges Material mit einem Klick. Die Funktion entfernt auch Schwankungen in der Weißbalance Ihrer Aufnahmen und Veränderungen der Farbtemperatur. Sollten die Änderungen über die Zeit auftreten, verwenden Sie die gleichnamige Schaltfläche im SIMPLIFIED INTERFACE und setzen Keyframes für die Eigenschaft PARAMETERS dort, wo die größten Farbunterschiede auftreten. Color Finesse schafft sehr weiche Übergänge zwischen den Korrekturen.

Auto Exposure | Ähnlich wie AUTO COLOR arbeitet AUTO EXPOSURE. Der Unterschied ist, dass AUTO EXPOSURE keine Farbveränderungen durchführt, sondern den Schwarz- und Weißpunkt der Originalbild automatisch selbst definiert. Meist wird AUTO EXPOSURE nach AUTO COLOR verwendet.

Highlight Recovery (Input) | Mit dem Regler HIGHLIGHT RECOVERY bringen Sie extrem helle Helligkeitswerte, z. B. bei Lichtspiegelungen, in einen darstellbaren, sichtbaren Bereich. Dadurch können Sie Details in den Highlights rekonstruieren. Nützlich ist dies beispielsweise bei Filmscans (z. B. DPX-Dateien). Zu hohe Werte sollten Sie vermeiden, um die Highlights nicht flach erscheinen zu lassen. Zur Kontrolle der hellen Bildbereiche verwenden Sie die im Abschnitt »Limitierung von Luma- und Chromawert« auf Seite 636 beschriebene Funktion LUMA SOFT CLIPPING.

Luma Ranges

Zur Einstellung von Glanzlicht-, Mittelton- und Schattenbereichen dient die Karte LUMA RANGES. Mit dem Anfasser links definieren Sie die Schattenbereiche des Bildes, mit dem Anfasser rechts die Glanzlichtbereiche. Beide Werte beeinflussen ebenfalls die Mitteltonbereiche. Das Histogramm unter den Anfassern zeigt die Helligkeitsverteilung im Bild an. Eine gute Kontrolle über die Ergebnisse der Bearbeitung erhalten Sie erst, wenn Sie die Karte LUMA RANGES im Bildfenster einblenden.

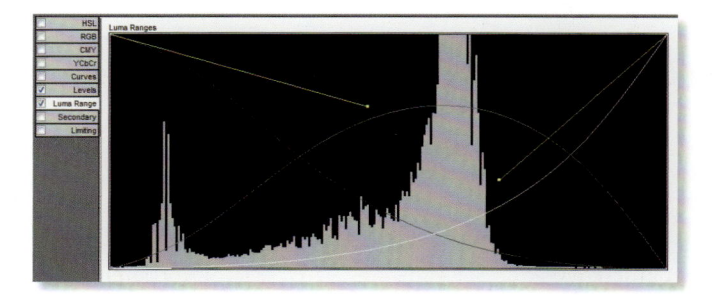

◀ **Abbildung 20.60**
In der Karte LUMA RANGES definieren Sie die Glanzlicht-, Mittelton- und Schattenbereiche eines Bildes neu.

Wenn Sie sich wundern, warum all Ihre Änderungen eigentlich keinerlei Wirkung auf das Ergebnisbild in der Karte RESULT des Bildfensters haben, empfehle ich Ihnen, einmal die Einstellungen für HIGHLIGHTS, MIDTONES und SHADOWS in der Karte HSL zu verändern und dann wieder an den Kurven zu ziehen. Danach müsste klar werden, wie sich die Neudefinition der Helligkeitsbereiche auswirkt. Falls immer noch keine Änderung eintritt, starten Sie Color Finesse noch einmal und behalten das RESULT-Fenster immer im Auge, wenn Sie die Kurven ändern.

Abbildung 20.61 ▶
Im Bildfenster werden über die Karte LUMA RANGES die Schatten-, Mittelton- und Glanzlichtbereiche eines Bildes in Schwarz-, Weiß- und Grauwerten dargestellt.

Limitierung von Luma- und Chromawert

Soll ein Video an eine Sendeanstalt weitergegeben werden, ist eine Limitierung der Helligkeits- und Farbwerte im Bild notwendig. Überschreiten bestimmte Bildbereiche maximale Luma- oder Chromawerte, wird das Videomaterial als nicht sendefähig eingestuft.

Für die Limitierung der Helligkeitswerte bietet Color Finesse die Regler auf der linken Seite in der Karte LIMITING an. Diese und auch die Regler für die Chroma-Limitierung rechts sind auf übliche IRE-Werte voreingestellt, und Sie sollten sie nur dann verändern, wenn dies von der Sendeanstalt Ihrer Wahl ausdrücklich erwünscht ist. Fragen Sie im Zweifelsfall nach.

Abbildung 20.62 ▼
Die Karte LIMITING ermöglicht eine sendefähige Ausgabe Ihres Videomaterials. Luma- und Chromawerte werden eingeschränkt, damit das Material sendefähig wird.

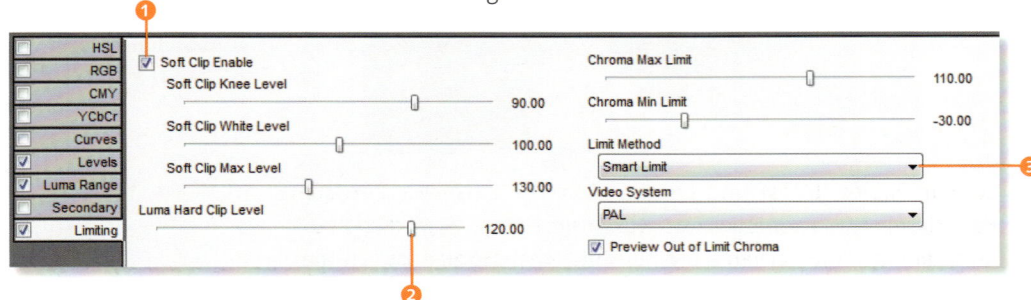

Luma-Limiting | Mit dem Regler Luma Hard Clip Level ❷ legen Sie einen IRE-Wert fest, der das absolute Limit darstellt, auf dem die Lumawerte platziert werden sollen. Alle Helligkeitswerte über dem eingestellten IRE-Wert werden gekappt. Es empfiehlt sich, ein Häkchen bei Soft Clip Enable ❶ zu setzen, da die Beschneidung der Helligkeitsbereiche damit etwas sanfter erfolgt. Mit den Reglern für Soft Clip Knee Level und Soft Clip Max Level stellen Sie die minimalen und maximalen Werte für die Limitierung ein. Der Soft Clip White Level-Regler legt fest, bei welchem IRE-Wert reines Weiß liegen soll. War die Justierung erfolgreich, bleiben kaum noch Pixel übrig, die durch Luma Hard Clip Level beeinflusst werden.

Chroma-Limiting | Mit dem Regler Chroma Max Limit begrenzen Sie helle Bereiche von gesättigtem Cyan und Gelb. Der Regler Chroma Min Limit dient zur Begrenzung heller Bereiche von gesättigtem Rot und Blau. Zur Limitierung der Farbwerte können Sie unter Limit Method ❸ die Methoden Reduce Saturation (Reduzieren der Sättigung), Reduce Luma (Reduzieren der Helligkeitswerte) oder Smart Limit (eine Kombination aus beiden Methoden) wählen. Hier ist Smart Limit die richtige Wahl, da so die Bildfarben in bestmöglicher Qualität erhalten und gleichzeitig limitiert werden.

Wichtig für ein erfolgreiches Limitieren der Luma- und Chromawerte ist die passende Wahl Ihres Videosystems unter Video System. Mit einem Häkchen in der Box Preview Out of Limit Chroma werden Ihnen die Bereiche im Bild angezeigt, die durch die Chroma-Limitierung beeinflusst werden. Sind das sehr große Bereiche, sind diese gut erkennbar, denn sie werden schwarz.

Zum Test können Sie gern aus dem Ordner 20_Farbkorrektur das Projekt mit dem Titel »farbkorrektur.aep« öffnen. In der Komposition »Uebersaettigt« habe ich Color Finesse auf die dort enthaltene Ebene angewandt. Starten Sie Color Finesse, und verschieben Sie einmal den Regler Chroma Max Limit nach links. Beobachten Sie dabei das Fenster Result. Es entsteht ganz irdisch wie in Genf ein schwarzes Loch.

> **IRE**
>
> **IRE** steht als Abkürzung für **Institute of Radio Engineers**. Die Helligkeitswerte werden oft in IRE-Einheiten angegeben, beispielsweise im Waveformmonitor.

> **Beispiel**
>
> Auf der Buch-DVD finden Sie im Ordner Beispielmaterial/20_Farbkorrektur die Datei »farbkorrektur.aep«.

20.6 Lookup Tables (LUTs)

Lookup Tables (LUTs) sind Farbtabellen, die beispielsweise zum Kalibrieren von Monitoren verwendet werden. Dies dient zum Beispiel dazu, die Farben auf einem Vorschaumonitor genau passend zum Look eines fertigen Films darzustellen.

In After Effects werden LUTs benutzt, um die Farben einer Ebene passend zu einer Farbtabelle zu transformieren. Dazu muss die Farbtabelle extern vorhanden sein und geladen werden. Eigene Farbtabellen können Sie in After Effects über den Effekt COLOR FINESSE erstellen. Auch Photoshop unterstützt Farbtabellen.

Farbtabellen (LUTs) mit Color Finesse erstellen

Sie können Farbtabellen zur Vorschau an externen Geräten erstellen oder zur Weitergabe an andere Programme.

Vorschau-Farbtabelle erstellen | Bevor Sie eine Farbtabelle erstellen, ist es günstig, ein passendes Bild, am besten ein Farb-Testbild, zu verwenden und dieses in Color Finesse zu bearbeiten. Richten Sie Ihren Vorschaumonitor so ein, dass das Testbild dort zu sehen ist, und verändern Sie dann in Color Finesse die Farben so, wie sie bei der Endausgabe auf dem Vorschaumonitor erscheinen sollen.

Sie können dabei nur die Einstellungen in den Karten RGB, CMY, YCBCR, LEVELS und CURVES verwenden. Die Werte aus anderen Karten werden bei Vorschau-Farbtabellen nicht mitgespeichert.

- **Speichern der Einstellungen**: Wählen Sie FILE • EXPORT • SETTINGS TO COLOR FINESSE PREVIEW LUT. Es wird eine 3D-LUT-Datei gespeichert.
- **Laden der Einstellungen**: Sie können die gespeicherten Einstellungen auf jedes andere Material anwenden, indem Sie die Farbtabelle über den folgenden Weg laden: VIEW • PRIMARY PREVIEW LUT • OTHER. Die anderen Einträge im Menü wie ITU.R 601 GAMMA sind mitgelieferte Farbtabellen. Wollen Sie wieder eine neutrale Anzeige haben, wählen Sie im gleichen Menü den Eintrag NONE.

Farbtabellen für andere Anwendungen | 3D-LUTs stellen die Farbinformation als dreidimensionales Koordinatensystem dar, bei der jede Achse die Farbtransformationen sämtlicher Werte eines Farbkanals repräsentiert.

Color Finesse unterstützt solche 3D-LUTs für die Formate Academy LUT, Autodesk (in Lustre, Flame, Smoke), Blackmagic HDLink Pro, Pogle, Scratch, Truelight Cube, Panavision GDP, Thomson LUTher und Cinetal.

- **Speichern der Einstellungen**: Rufen Sie FILE • EXPORT auf, und wählen Sie das entsprechende Format.
- Ein **Laden** von 3D-LUTs ist in Color Finesse **nicht möglich**.

Farbtabellen (LUTs) in After Effects

In After Effects können Sie seit CS5 Farbtabellen für einzelne Ebenen hinzuladen, um die Farbeinstellungen dieser Ebene entsprechend einer Farbtabelle zu verändern.

Dazu fügen Sie der Ebene den Effekt Farb-LUT anwenden hinzu. Sie werden sofort zur Auswahl einer Datei aufgefordert, wie Sie beispielsweise Color Finesse erzeugen kann. Allerdings sind nur die Formate »cube«, »3dl«, »look« und »csp« gestattet. Gefällt Ihnen die veränderte Farbeinstellung der Ebene nicht, können Sie im Effekt per Klick auf LUT auswählen eine andere Farbtabelle laden.

Kapitel 21
Malen und Retuschieren

After Effects bietet mit drei unauffälligen Werkzeugen umfangreichste Bearbeitungsmöglichkeiten für die Retusche in Film- und Bildmaterial: mit dem Pinsel, dem Kopierstempel und dem Radiergummi. Diese Werkzeuge basieren auf auflösungsunabhängigen Vektoren. Im Folgenden wollen wir uns diese Werkzeuge einmal genauer ansehen.

Dabei erzeugen Sie mit dem **Pinsel** Striche, die vorhandene Bildbereiche überdecken oder diese transparent setzen. Mit dem **Kopierstempel** kopieren Sie Pixel aus einem gewählten Bildbereich und fügen sie an anderer Stelle im Bild wieder hinzu. Der **Radiergummi** dient dazu, Bildpixel oder auch bereits gemalte Pinselstriche durchscheinend oder unsichtbar zu machen. Für beide, den Kopierstempel wie den Radiergummi, werden dabei ebenfalls Striche erzeugt.

Alle diese Bearbeitungsmöglichkeiten sind nicht-destruktiv, fügen dem Bild also keinen Schaden zu. Jeder Strich, ob vom Pinsel-, Kopier- oder Radier-Werkzeug erzeugt, besitzt mannigfaltige animierbare Eigenschaften und ist nachträglich bearbeitbar. Durch die Anwendung eines der drei Werkzeuge auf eine Ebene wird dieser der Effekt MALEN oder MALEN ANIMIEREN aus der Effekt-Kategorie GENERIEREN hinzugefügt.

21.1 Pinsel und Pinselspitzen

Zum Einstieg werden Sie die wichtigen Paletten MALEN und PINSEL in einem kleinen Workshop kennenlernen.

Kapitel 21 Malen und Retuschieren

Die benötigten Dateien für diesen Workshop finden Sie auf der DVD unter BEISPIELMATERIAL/ 21_RETUSCHE/GRAFFITI

Das fertige Movie
Schauen Sie sich zuerst das fertige Movie »GraffitiFertig.mp4« aus dem Ordner 21_RETUSCHE/ GRAFFITI von der DVD an.

Das Gedächtnis der Malen-Palette
Veränderungen in der Malen-Palette bleiben Ihnen auch dann erhalten, wenn Sie ein anderes Werkzeug verwenden. Sie sollten also in jedem Fall überprüfen, ob die gewählten Einstellungen noch zur jeweiligen Aufgabe passen.

▼ **Abbildung 21.1**
Die Wahl des Arbeitsbereichs MALEN ermöglicht ein bequemes Arbeiten im Ebenenfenster, während das Endergebnis im Kompositionsfenster angezeigt wird.

Weiterlesen
Im nächsten Kapitel, »Motion Tracking«, erhalten Sie dann das nötige Wissen, um das Graffiti per Tracking an die Kamerabewegung anzupassen.

Schritt für Schritt: Ein Graffiti malen

In diesem kleinen Workshop erhalten Sie die Aufgabe, das Graffiti »Berlin Graffiti Beatz« mit unterschiedlichen Farben und Strichstärken auf eine Hauswand zu sprayen, sorry, auf eine virtuelle Hauswand zu zeichnen.

1 Vorbereitung
Legen Sie ein neues Projekt an, importieren Sie das Video »Graffiti.mp4«, und ziehen Sie es dann auf das Kompositionssymbol im Projektfenster, um Größe, Dauer etc. zu übernehmen.

Sie könnten nun direkt auf die Hauswand spr…, nein, zeichnen, aber da es sich bei dem Video um einen Kameraschwenk handelt und das Graffiti diesen mitmachen soll, muss es auf einer gesonderten Ebene liegen.

Erstellen Sie über EBENE • NEU • FARBFLÄCHE oder [Strg]+[Y] eine beliebig farbige Ebene. Klicken Sie im Kompositionsfenster doppelt auf die Ebene, um das Ebenenfenster einzublenden, denn nur dort haben die Malen-Werkzeuge eine Wirkung.

2 Arbeitsbereich wechseln
Öffnen Sie über FENSTER • MALEN ([Strg]+[8]) und FENSTER • PINSEL ([Strg]+[9]) die Malen- und Pinsel-Palette. Noch besser ist es, Sie wechseln gleich den gesamten Arbeitsbereich. Wählen Sie dazu bei FENSTER • ARBEITSBEREICH den Eintrag MALEN ❷. Der Arbeitsbereich enthält danach bereits beide Paletten, und Kompositions- und Ebenenfenster sind nebeneinander angezeigt. Ein Doppelklick auf die Ebene im Kompositionsfenster öffnet diese wieder im Ebenenfenster. Ziehen Sie, um Platz zu sparen, gegebenenfalls die Palette PINSEL auf die Palette MALEN, und wechseln Sie dann zwischen beiden Registerkarten hin und her.

3 Erste Schritte mit der Malen-Palette
Die Bearbeitung erfolgt beim Malen, Radieren und Kopieren im Ebenenfenster. Wählen Sie zunächst das **Pinsel-Werkzeug** ❶ aus. Sie können sofort loslegen. Versichern Sie sich aber zuerst, dass unter METHODE ❸ NORMAL gewählt ist, unter KANÄLE • RGBA und unter DAUER • KONSTANT. Zeichnen Sie nun am Zeitpunkt 00:00 den Schriftzug »Berlin«, so wie Sie ihn sprayen würden, oben links auf die Farbfläche. Sie könnten natürlich gleich in der

passenden Größe zur Wand den Schriftzug unter dem Lüfter platzieren. Ich habe ihn nur auf die gesamte Ebene gezeichnet, um die Wackler meiner tattrigen Hand nachher durch Verkleinern unsichtbar zu machen (ein alter Trick …).

Sie sollten die Buchstaben möglichst in einem Zug durchzeichnen. Setzen Sie zu oft ab, entstehen unübersichtlich viele Striche, die sich schlechter korrigieren lassen.

Für den zweiten Schriftzug, »Graffiti«, ändern Sie die Farbe über den Farbwähler ❹ in Grün. Sie können in einem Bild auch Farben mit der Pipette aufnehmen und dann mit dieser Farbe malen. Die Einstellungen DECKKRAFT und FLUSS verändern die Transparenz des Strichs. Setzen Sie den Wert für FLUSS auf 20 %.

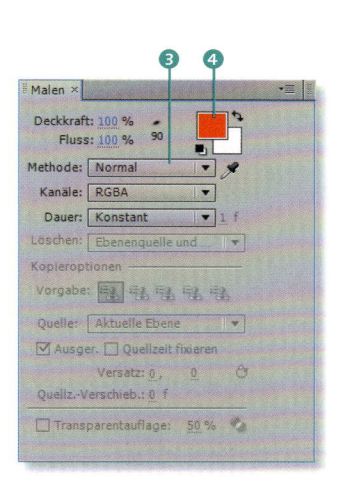

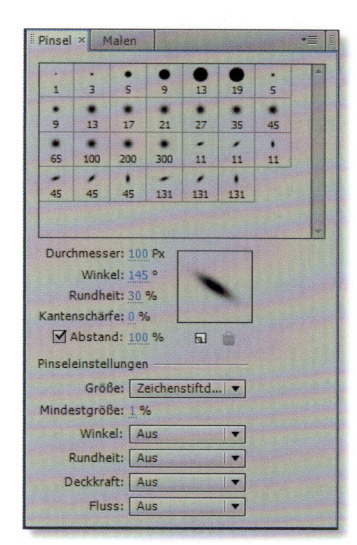

Striche korrigieren
Übrigens zum Thema »korrigieren«: Per [Strg]+[Z] löschen Sie den letzten missratenen Strich und zeichnen ihn dann neu. Um einen mit dem Pinsel-, Kopier- oder Radier-Werkzeug erzeugten Strich zu verschieben, verwenden Sie das Auswahl-Werkzeug und klicken dann direkt in die Mitte eines Strichs. So einfach können Sie den Strich an eine andere Stelle ziehen. Das Verschieben mit den Pfeiltasten ist ebenfalls möglich.

◂◂ **Abbildung 21.2**
In der Palette MALEN legen Sie die FARBE, die DECKKRAFT, die KANÄLE, auf die sich der Strich auswirkt, und mehr fest. Die KOPIEROPTIONEN sind noch inaktiv.

◂ **Abbildung 21.3**
In der Palette PINSEL wählen Sie vordefinierte Pinselspitzen aus dem oberen Feld oder definieren selbst neue.

❹ Erste Schritte mit der Pinsel-Palette

Wechseln Sie in die Palette PINSEL. Tragen Sie bei DURCHMESSER dem neuen Wert »50« ein. Legen Sie die KANTENSCHÄRFE mit 75 % und den ABSTAND mit 10 % fest. Zeichnen Sie danach das Wort »Graffiti« im Ebenenfenster. Der »rauchige«, sehr durchscheinende Charakter dieses Strichs ist auf den zuvor gewählten Wert von 20 % bei FLUSS zurückzuführen.

Für den nächsten Schriftzug, »Beatz«, stellen Sie die Werte bei DURCHMESSER auf 100 px, bei WINKEL auf 145° und bei RUNDHEIT auf 30 %. Sie erkennen schon in der Vorschau neben den Werten, dass damit die Form eines Markers simuliert wird. Ändern Sie die KANTENSCHÄRFE auf 0 %, setzen Sie ein Häkchen bei ABSTAND, und tippen Sie einen Wert von »100 %« in das Wertefeld. Dadurch wird eine punktierte Linie entstehen. Setzen Sie jetzt noch in der Palette MALEN den Wert für FLUSS auf 100 %

Keine eigenen Pinselspitzen
Die Verwendung eigener, auf Bildern basierender Pinselspitzen zur Simulation von natürlichen Malwerkzeugen, wie es beispielsweise Photoshop erlaubt, ist leider nicht möglich.

Selbsterstellte Pinselspitzen sichern

Wenn Sie eigene Werte für die Parameter einer Pinselspitze definiert haben, können Sie sie sichern. Wählen Sie aus dem Palettenmenü über die Menü-Schaltfläche den Eintrag NEUER PINSEL. Als Name werden einige Parameter vorgegeben. Die neue Pinselspitze finden Sie nach dem OK neben den Standardspitzen. Das Gleiche erreichen Sie auch in der Pinsel-Palette über die Schaltfläche SPEICHERN.

Pinselspitzen anhängen/zurücksetzen

Sie können die Pinselspitzen wieder auf Standardwerte zurücksetzen. Klicken Sie dazu auf die kleine Menü-Schaltfläche, und wählen Sie dann im Palettenmenü den Eintrag PINSELSPITZEN ZURÜCKSETZEN. Sie haben die Wahl zwischen ANHÄNGEN, ABBRECHEN und OK. ANHÄNGEN bewirkt eine Erweiterung der Standardpalette um die von Ihnen erstellten Pinselspitzen. Die Schaltfläche OK löscht angehängte Vorgaben. Es sind dann nur noch die Standardvorgaben vorhanden.

Abbildung 21.5 ▶
Der Effekt MALEN enthält im Effektfenster nur eine Option.

Effekte einblenden

Effekte blenden Sie bei markierten Ebenen schnell mit dem Tastenkürzel E ein.

zurück, und wählen Sie eine neue Farbe, z. B. Weiß. Zeichnen Sie dann den Schriftzug im Ebenenfenster.

▲ **Abbildung 21.4**
Das Ergebnis Ihrer ersten Schritte sollte dieser Abbildung ähnlich sehen.

5 Der Effekt »Malen«

Wählen Sie bei markierter Farbflächen-Ebene im Menü EFFEKTE den Eintrag EFFEKTEINSTELLUNGEN ÖFFNEN. Im Effektfenster ist der Effekt MALEN sichtbar. Er enthält eine äußerst karge Liste. Aktivieren Sie den Eintrag AUF TRANSPARENZ MALEN mit einem Häkchen. Sie blenden damit den Bildinhalt der Originalebene aus, auf der Sie gemalt haben, und es sind lediglich Ihre Malstriche zu sehen. Falls einer Ihrer Malstriche doch nicht sichtbar ist, so liegt das sicherlich daran, dass Sie das Graffiti-Video nicht importiert haben und so Strich- und Hintergrundfarbe der Komposition einander gleichen wie ein Ei dem anderen. Schließen Sie die Effekteinstellungen wieder.

Nun müssen Sie nur noch das Graffiti auf der Mauer hin und her verschieben und gegebenenfalls skalieren, bis es passt. Im Endergebnis habe ich einen Punkt der Wand getrackt und die Daten auf das Graffiti angewandt, damit es den Kameraschwenk mitmacht.

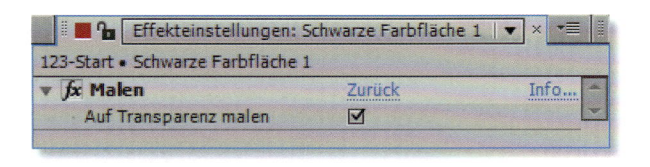

Im Endergebnis sieht es dann so wie in Abbildung 21.6 aus.

21.1 Pinsel und Pinselspitzen

◄ **Abbildung 21.6**
Die schwarze Originalfarbe der Farbfläche können Sie durch die Option Auf Transparent malen ausblenden.

Malen-Optionen in der Zeitleiste

So karg es im Effektfenster aussah, so reichhaltig tummeln sich nach unserem Workshop die Optionen in der Zeitleiste. Wir werfen hier nur einmal einen kleinen Blick hinein.

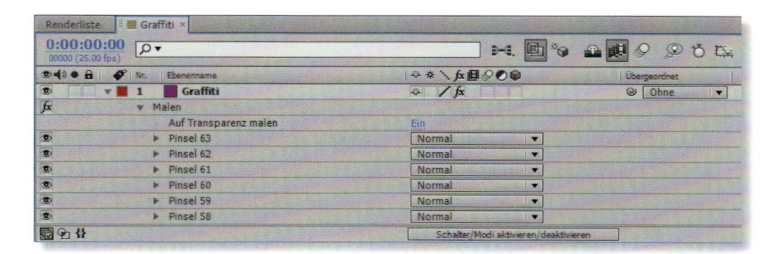

◄ **Abbildung 21.7**
In der Zeitleiste verbergen sich noch eine Menge mehr Optionen für Striche, als an dieser Stelle abgebildet sind.

Markieren Sie die schwarze Farbfläche aus dem vorhergehenden Workshop in der Zeitleiste, und drücken Sie dann zweimal kurz hintereinander die Taste P. Der Effekt Malen wird daraufhin in der Zeitleiste geöffnet. Darin enthalten ist wieder die Option Auf Transparenz malen. Außerdem finden Sie dort etliche Einträge: Pinsel 1, Pinsel 2 … – je nachdem, wie viele Striche Sie für das Graffiti aufgewendet haben. Jeder Eintrag steht für einen der gemalten Striche. Die Nummerierung erfolgt fortlaufend. Der zuletzt gemalte Strich trägt die höchste Nummer und befindet sich auch ganz oben in der Reihenfolge.

Reihenfolge ändern | Sie können die Reihenfolge jederzeit verändern, indem Sie einen Pinsel auswählen und nach oben oder unten verschieben. Die Renderreihenfolge der Malstriche verläuft vom untersten zum obersten Strich in der Zeitleiste.

Pinsel umbenennen | Zum Umbenennen eines Pinsels markieren Sie seinen Namen und drücken die Taste ⏎, tragen den neuen Namen ein und betätigen wieder ⏎. Zum **Ausblenden eines Pinsels** klicken Sie auf das Augen-Symbol.

Pinsel löschen

Sie haben zwei Möglichkeiten: Klicken Sie mit dem Auswahl-Werkzeug direkt auf die Mitte eines Strichs, um den Strichpfad zu markieren, und betätigen Sie dann die Taste Entf. Wählen Sie alternativ den Pinsel in der Zeitleiste aus, und betätigen Sie auch hier die Taste Entf.

645

Abbildung 21.8
Jeder mit dem Pinsel-, Kopier- oder Radier-Werkzeug erzeugte Strich besteht aus einem Pfad, der in der Mitte des Strichs verläuft.

Neben jedem Pinsel befindet sich ein roter Balken, der nicht etwa eine neue Ebene darstellt, sondern die Dauer der Sichtbarkeit des Pinsels bzw. Strichs anzeigt.

Das soll es für Ihren Einstieg zunächst gewesen sein, aber es gibt natürlich weitaus mehr Möglichkeiten. Dazu kommen wir auf den nächsten Seiten.

Anzeigeoption im Ebenenfenster

Im Ebenenfenster haben Sie unter dem Menüpunkt ANZEIGEN die Möglichkeit, Effekte, Masken und Ankerpunktpfade auszublenden. Diese sind dort in der Reihenfolge ihrer Anwendung aufgelistet. Wenn Sie ein Häkchen am Anfang der Liste setzen, z. B. bei MASKEN, werden alle nachfolgenden Bearbeitungen ausgeblendet. Mit dem Eintrag OHNE ist das Material im Originalzustand sichtbar. Um den Originalzustand anzuzeigen, können Sie aber auch das Häkchen bei RENDERN entfernen.

Abbildung 21.9 ▶
Im Ebenenfenster blenden Sie Bearbeitungsschritte ein und aus.

Malen auf Text

Um auf in After Effects erstellte Texte oder Buchstaben zu malen, ist eine kleine Vorbereitung nötig. Zuerst müssen Sie eine Komposition für den Text erstellen. Dort organisieren Sie Ihre Textebenen. Anschließend legen Sie eine zweite Komposition an, in der Sie später malen, radieren oder kopieren. Die zuerst angelegte Textkomposition ziehen Sie dann wie jedes Rohmaterial aus dem Projektfenster in die zweite Komposition. Mehr dazu erfahren Sie in Abschnitt 7.4, »Verschachtelte Kompositionen (Nesting)«.

Auf die in der zweiten Komposition entstandene Ebene können Sie wie auf jeder anderen Ebene malen. Wenn Sie die Malstriche nur innerhalb der Textzeichen anzeigen lassen wollen, wählen Sie in der Malen-Palette vor dem Malen unter KANÄLE den Eintrag RGB aus. Die Striche werden nur innerhalb der Buchstaben, sprich in den opaken Bereichen, angezeigt.

Abbildung 21.10
In diesem Beispiel wurde der Text in einer Komposition verschachtelt, um auf ihm malen zu können. Nur in den RGB-Kanälen der Buchstaben wurde Pink aufgetragen.

21.2 Malstriche bearbeiten

Wenn Sie mit dem Werkzeug Pinsel (oder auch Kopierstempel oder dem Radiergummi) ähnlich wie im vorhergehenden Workshop einen Strich erzeugt haben, können Sie die Parameter des Strichs im Nachhinein ändern.

Aber aufgepasst! Diese Änderung ist nicht in der Malen-Palette oder in der Palette PINSEL möglich! Diese beiden Paletten dienen nur dazu, die Eigenschaften eines zukünftig noch zu zeichnenden Strichs festzulegen. Also: Erst wenn Sie **danach** im Ebenenfenster malen, werden die Einstellungen wirksam und sichtbar.

Um einen schon vorhandenen Strich zu modifizieren, müssen Sie die Eigenschaften in der Zeitleiste verändern. Im Workshop haben Sie da schon kurz hineingeschaut.

Konturoptionen

Wenn Sie die Eigenschaftsliste eines Pinsel- oder anderen Malstrichs in der Zeitleiste über die kleinen Dreiecke öffnen, finden Sie unter KONTUROPTIONEN ❷ die Eigenschaften aufgelistet, die in den beiden Paletten enthalten sind. Wenn Sie dort die Werte verändern oder eine neue Farbe wählen, wird der Strich dementsprechend modifiziert.

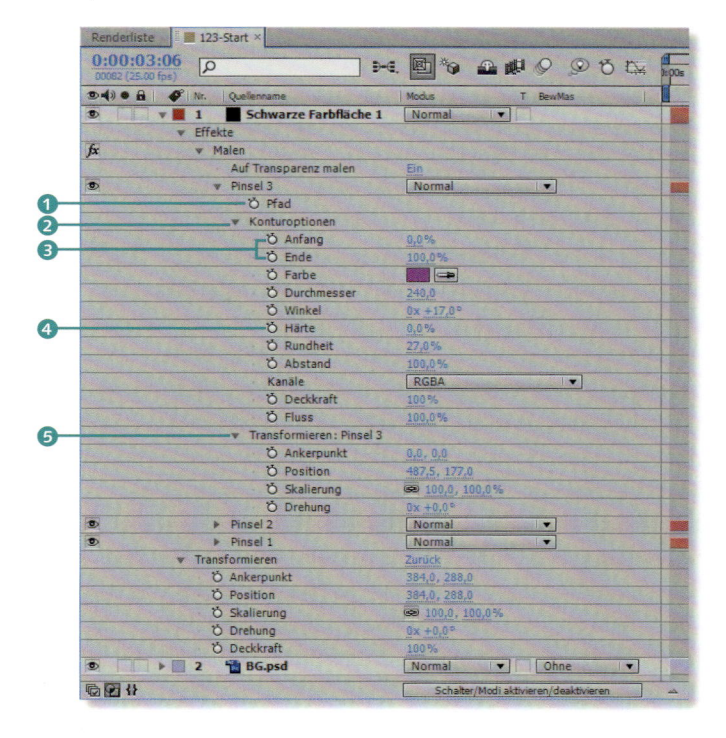

◄ **Abbildung 21.11**
In der Zeitleiste befinden sich die Optionen der Paletten MALEN und PINSEL als animierbare Eigenschaften aufgelistet. Hier ändern Sie bereits erstellte Striche.

Beispiele

 Die Beispiele zu den Workshops und zu einigen im Text erläuterten Funktionen finden Sie auf der Buch-DVD im Ordner 21_Retusche. Öffnen Sie das Projekt »malenCS6.aep«. Sie finden darin Kompositionen vor, die ähnliche Namen tragen wie die Workshops bzw. die beschriebenen Funktionen.

Ebenen zur Bearbeitung doppelt anklicken

Wenn Sie eine neue Ebene mit den Werkzeugen Pinsel, Kopierstempel oder Radierer bearbeiten wollen, müssen Sie sie zuvor erst im Ebenenfenster per Doppelklick öffnen. Andernfalls bearbeiten Sie womöglich versehentlich die falsche Ebene.

Zu viele Pinselstriche

Wenn Sie mit dem Pinsel, Kopierstempel oder Radierer arbeiten, sollten Sie darauf achten, nicht wie wild ständig in die Ebene zu klicken, da jeder neue Klick einen neuen Strich erzeugt. Es wird in der Zeitleiste, wo Sie auf jeden Strich Zugriff haben, sonst recht schnell sehr unübersichtlich.

Falls Sie den Eintrag Kantenschärfe vermissen, der für einen weichen oder harten Strich sorgt – dieser heißt hier Härte ❹. Interessant sind die Eigenschaften Pfad ❶ sowie Anfang und Ende ❸ und weitere Optionen unter Transformieren ❺. Im Abschnitt »Transformieren von Strichen« auf Seite 651 folgt noch mehr zu diesem Thema.

Im folgenden kleinen Workshop schauen wir uns die Eigenschaften Pfad sowie Anfang und Ende genauer an. Die anderen Eigenschaften sollten Sie ohne weitere Hilfe schnell handhaben können. Probieren Sie einfach die Eigenschaften einmal durch, nachdem Sie einen Strich gemalt haben.

Schritt für Schritt:
Der Anfang, das Ende und die Form des Pinsels

In diesem Workshop lernen Sie zwei Möglichkeiten kennen, wie Sie einen **Strich animieren** können. In der ersten Variante sieht das Ergebnis so aus, als würde der Strich gerade erst beim Abspielen der Animation von Hand gezeichnet. Anschließend soll er einige Formumwandlungen durchlaufen.

1 Vorbereitung

Legen Sie zuerst ein neues Projekt an und darin eine Komposition mit einer Dauer von 10 Sekunden. Die Größe darf 720×576 (PAL) betragen. Fügen Sie dann mit `Strg`+`Y` eine Farbfläche in der Größe der Komposition hinzu. Wählen Sie unter Arbeitsbereich oben rechts den Eintrag Malen. Klicken Sie gegebenenfalls im Kompositionsfenster doppelt auf die Ebene, um sie im Ebenenfenster für die Bearbeitung zu öffnen.

2 Anfang

Wählen Sie wie im ersten Workshop das Pinsel-Werkzeug aus, und modifizieren Sie dann wieder über die Paletten Malen und Pinsel die Einstellungen des Pinsels nach Ihrem Geschmack. Achten Sie aber darauf, dass bei Methode Normal, bei Kanäle RGBA und bei Dauer Konstant gewählt ist.

3 Ende animieren

Wählen Sie keinen sehr dicken Durchmesser für den Strich. Schreiben Sie dann das Wort »Anfang« in einem einzigen Durchgang ins Ebenenfenster.

Nachdem Sie das Wort geschrieben haben, wählen Sie das Auswahl-Werkzeug und klicken damit genau auf die Mitte des erstellten Strichs. Es wird der in jedem Strich vorhandene Pfad angezeigt, und wenn Sie etwas genauer hinschauen, sehen Sie den Anfangspunkt: einen kleinen Kreis mit einem Kreuz. Dieser liegt genau da, wo Sie mit dem Zeichnen angesetzt haben.

Öffnen Sie in der Zeitleiste den Eintrag KONTUROPTIONEN. Setzen Sie bei ENDE am Zeitpunkt 00:00 einen ersten Key, indem Sie auf das Stoppuhr-Symbol klicken. Tippen Sie den Wert »0%« in das Wertefeld von ENDE ein. Der Strich ist zunächst verschwunden. Verschieben Sie die Zeitmarke auf den Zeitpunkt 02:00, und setzen Sie den Wert bei ENDE nun wieder auf 100%. Drücken Sie die Taste [0] im Ziffernblock, um eine Vorschau anzuzeigen. Schon wird das Wort wie von selbst geschrieben.

▲ **Abbildung 21.12**
Jeder Strich hat einen Anfangspunkt, der dort liegt, wo Sie angesetzt haben, um den Strich zu zeichnen.

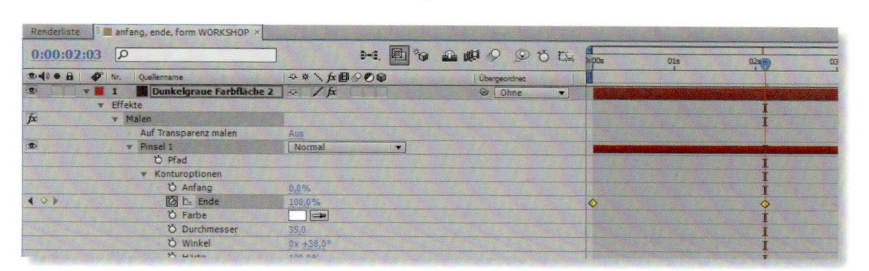

▲ **Abbildung 21.13**
Für die Eigenschaft ENDE setzen Sie Keyframes, um den Strich zu animieren.

4 Form animieren

Jetzt werden wir den Strich noch wie in Ovids »Metamorphosen« von einer Form in die andere transformieren.

Verschieben Sie dazu die Zeitmarke auf den Zeitpunkt 03:00, und setzen Sie einen ersten Key für die Eigenschaft PFAD des bereits vorhandenen Strichs. Den zweiten Key generieren Sie automatisch am Zeitpunkt 06:00, indem Sie dort einfach eine neue Form, nämlich das Wort »Ende«, zeichnen bzw. schreiben.

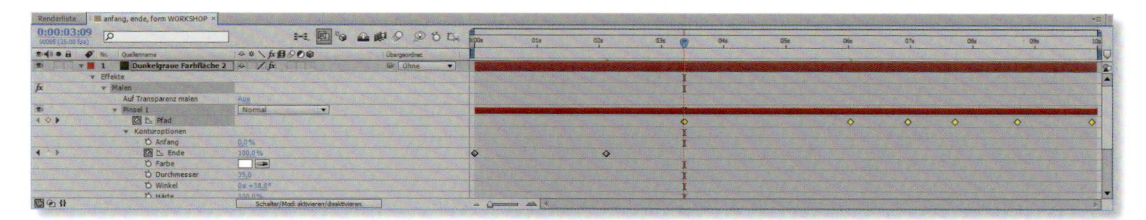

▲ **Abbildung 21.14**
Auch in der Eigenschaft PFAD setzen Sie Keyframes. After Effects berechnet selbstständig den Übergang von der einen in die andere Form.

Aufgepasst! Dazu müssen Sie wieder das Pinsel-Werkzeug wählen, und Sie sollten den Namen PINSEL 1 in der Zeitleiste anklicken, damit dieser Strich ausgewählt ist. Ansonsten erhalten Sie nämlich einen neuen Strich. Wenn Sie es so gemacht haben, wird die bisherige Form des Strichs durch die neue ersetzt und in einem Key gespeichert. After Effects berechnet selbstständig die Interpolation zwischen den Keys, also den Übergang von der einen in die andere Form.

Vorsicht bei Eigenschaftsänderungen

Sollten Sie in der Zeitleiste eine Eigenschaft wie die Farbe ändern, so wirkt sich das in diesem Workshop auf alle von Ihnen gezeichneten Formen aus, da diese ja nur aus einem einzigen Strichpfad bestehen.

Abbildung 21.15 ▶
After Effects errechnet die Zwischenstufen der Formen, die mit Keyframes fixiert wurden.

Vorsicht bei der Bearbeitung mehrerer Striche

Wenn Sie mehrere Striche gemalt haben, sollten Sie darauf achten, immer nur den oder die Striche ausgewählt zu haben, die Sie tatsächlich bearbeiten wollen. Zur Sicherheit drücken Sie vor der Bearbeitung die Taste [F2], um sämtliche Striche zu deselektieren.

Beispiel

Auf der Buch-DVD finden Sie im Ordner Beispielmaterial/21_Retusche/Rauchspur die Datei »rauchspurCS6.aep«.

Das war es im Grunde schon. Aus Spaß habe ich noch ein paar mehr Formen hinzugefügt. Dieser kleine Workshop hat Ihnen gezeigt, dass die Form eines Strichs ersetzt wird, wenn dieser ausgewählt ist, und ein neuer Strich gemalt wird. Passen Sie also auf, ob Sie das wirklich wollen!

Übrigens: Ich habe geschummelt … Sie wundern sich vielleicht über die Exaktheit der Linienführung in den abgebildeten Beispielen dieses Workshops. Ich habe sie gar nicht mit dem Pinsel-Werkzeug gemalt, sondern aus einem Maskenpfad kopiert, um genauere Pfade zu erhalten. Wie das funktioniert, erfahren Sie im folgenden Abschnitt.

Strichpfad als Maskenpfad und umgekehrt

Jeder mit dem Pinsel-, Kopier- oder Radier-Werkzeug erzeugte Strich besteht aus einem Pfad, der genau in der Mitte des Strichs verläuft. Sie können diesen Pfad direkt mit dem Auswahl-Werkzeug anklicken und beispielsweise verschieben. Außerdem können Sie den Pfad kopieren und an anderer Stelle einsetzen.

Um einen Strichpfad in einen Maskenpfad zu verwandeln, drücken Sie auf der Ebene, die den Strich enthält, zweimal kurz hintereinander die Taste [P] und wählen dann die Eigenschaft Pfad aus. Kopieren Sie danach den Pfad des mit dem Pinsel-, Kopier- oder Radier-Werkzeug erstellten Strichs mit [Strg]+[C]. Wählen Sie anschließend die Ebene aus, die den Maskenpfad enthält, drücken Sie die Taste [M], und markieren Sie dann die Eigenschaft Maskenpfad. Fügen Sie den Strichpfad mit [Strg]+[V] ein.

Umgekehrt funktioniert es ebenso: Wählen Sie zuerst den Maskenpfad aus, kopieren Sie ihn dann, und setzen Sie ihn in die Pfad-Eigenschaft des Strichs ein. Auf diese Weise übernehmen Sie auch ganze Pfadanimationen wie die im vorigen Workshop beschriebene.

Hierzu finden Sie ein Beispiel auf der Buch-DVD im Ordner 21_Retusche/Rauchspur; es heißt »rauchspurCS6.aep«.

Hier habe ich die Flugbahn des Flugzeugs mit einer Maske nachgezeichnet und diese dann in eine neue Ebene in den Strichpfad eingefügt. Der Strich ist grau gefärbt, und die Option Fluss habe ich auf 20 % gesetzt. Da es im Flugzeug-Movie eine leichte Kamerabewegung gab, habe ich einen Punkt im Video getrackt und die Daten auf die Rauchspurebene übertragen, wo noch via Ankerpunkt ein paar Korrekturen nötig waren. Anschließend kamen die Effekte Turbulentes Rauschen, Turbulentes Versetzen, Kanten aufrauen und Gaussscher Weichzeichner hinzu, um dem Strich ein rauchähnliches Aussehen zu verleihen. Anschließend habe ich das Feuer von Detonation Films hinzugefügt, wozu ich das Flugzeug getrackt habe.

Natürlich gibt es auch andere Varianten, eine Rauchspur zu erzeugen, aber diese ist auch passabel.

Pfade aus Illustrator und Photoshop

Sie können auch Pfade aus Adobe Illustrator oder Adobe Photoshop für die beschriebene Prozedur verwenden. Achten Sie dabei darauf, dass die Pfade möglichst aus einfachen Formen bestehen, dass sich also Pfade nicht kreuzen, wie es beim Symbol für »Unendlich« der Fall wäre. Dann nämlich wird ein Maskenpfad in After Effects generiert.

◄ **Abbildung 21.16**
Die Rauchspur ist ein Malen-Strich.

Transformieren von Strichen

Verwechseln Sie nicht die Transformieren-Eigenschaften, die in der Zeitleiste für jeden Strich einzeln verfügbar sind, mit den gleichnamigen Transformieren-Eigenschaften einer Ebene. Der Unterschied besteht darin, dass hier nur der Strich, im Falle der Ebene aber die ganze Ebene mit allen enthaltenen Effekten etc. transformiert werden kann. Damit Sie nicht zufällig die Ebeneneigenschaften transformieren, markieren Sie die Ebene und drücken die Taste `P` zweimal kurz hintereinander. Somit werden sicher nur die Pinseleigenschaften angezeigt.

Wichtig beim Transformieren ist es, sich zu vergegenwärtigen, dass jeder Strich einen Anfangspunkt besitzt, wie Sie im Workshop »Der Anfang, das Ende und die Form des Pinsels« auf Seite 648 bereits gelernt haben. Dieser Anfangspunkt ist der Ankerpunkt des Strichs, um den sich sozusagen alles dreht.

Wenn Sie unter Transformieren die Werte bei Ankerpunkt verändern, bleibt dieser fixiert, während der Strich verschoben wird. Eine Änderung bei der Eigenschaft Position wiederum verschiebt sowohl den Ankerpunkt als auch den Strich gemeinsam.

Die Skalierung wird immer auf den Ankerpunkt bezogen und vergrößert den Strich. Falls Sie den Durchmesser beibehal-

Transformieren per Tastatur

Bei aktivem Auswahl-Werkzeug und **ausgewähltem** Strich können Sie zum Verschieben des Strichs die Pfeiltasten verwenden. Zum Drehen nutzen Sie im Ziffernblock `+` und `-`. Zum Skalieren verwenden Sie die Tasten ebenfalls, aber in Verbindung mit der Taste `Strg` bzw. `Alt`. Eine Hinzunahme der Taste `⇧` bewirkt bei allen Optionen einen Versatz in Zehner- statt in Einer-Schritten.

ten wollen, hilft nur eine Korrektur der Werte bei DURCHMESSER in den KONTUROPTIONEN. Auch die Eigenschaft DREHUNG nimmt den Ankerpunkt als Bezugspunkt.

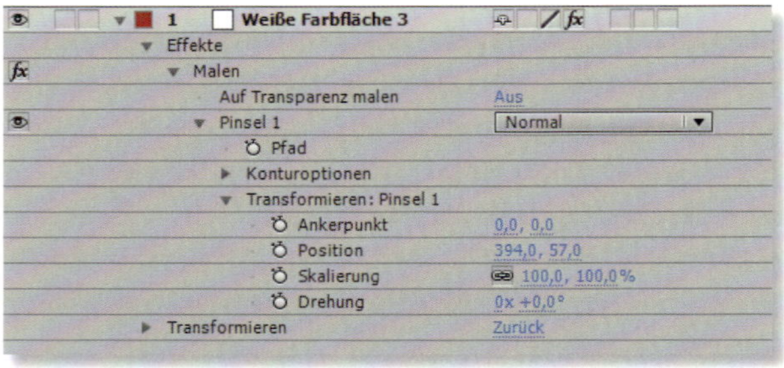

Abbildung 21.17 ▶
Die TRANSFORMIEREN-Eigenschaften sind bei jedem Strich änderbar und nicht mit den Transformieren-Eigenschaften einer Ebene zu verwechseln.

Ein paar Helfer beim Malen

Damit Sie etwas flotter arbeiten können, liste ich hier ein paar helfende Funktionen auf.

Durchmesser und Kantenschärfe | Der Durchmesser und die Kantenschärfe einer Pinselspitze lassen sich sehr schön mit Hilfe der [Strg]-Taste einstellen. Wenn Sie bereits das Ebenenfenster geöffnet haben, wählen Sie den Pinsel, den Kopierstempel oder den Radiergummi und drücken dann **zuerst** die [Strg]-Taste. Platzieren Sie danach den Mauszeiger im Ebenenfenster, drücken Sie die Maustaste, und verändern Sie durch Ziehen den Pinseldurchmesser. Lassen Sie dann zuerst die [Strg]-Taste los, und ziehen Sie weiter bei gedrückter Maustaste, um auch die Kantenschärfe einzustellen. Diese wird mit einem zweiten Kreis dargestellt.

Gerade Linien zeichnen | Mit Hilfe der Taste [⇧] zeichnen Sie gerade Linien. Dazu klicken Sie zuerst am Startpunkt der Linie ins Ebenenfenster, drücken dann die Taste [⇧] und klicken auf den Endpunkt der Linie. Wenn Sie die Taste weiter gedrückt halten, können Sie die geraden Liniensegmente beliebig fortsetzen.

Farbwahlfeld schnell wechseln | Mit der Taste [X] wechseln Sie sehr schnell zwischen Vorder- und Hintergrundfarbe in der Malen-Palette, wenn ein Pinsel-Werkzeug aktiv ist. Die Taste [D] ermöglicht ein schnelles Austauschen selbstgewählter Farben gegen Schwarz und Weiß.

Aufnahmebereich der Pipette vergrößern | Mit der Pipette übernehmen Sie Farben eines Bildes und legen sie dadurch als Vordergrundfarbe für die nächsten zu malenden Striche fest. Mit der

Taste [Strg] nehmen Sie nicht nur ein Pixel auf, sondern einen Bereich von 4 × 4 Pixeln. Der Durchschnittswert wird als Vordergrundfarbe festgelegt.

Deckkraft- und Flusswerte per Tastatur | Wenn die Malen-Palette aktiv ist, können Sie mit der numerischen Tastatur die Werte von DECKKRAFT und FLUSS in 10-Prozent-Schritten festlegen. Mit den Tasten [1] bis [9] stellen Sie den DECKKRAFT-Wert von 10 % bis 90 % ein. Die Taste [,] setzt den Wert auf 100 %. Um die Werte für FLUSS zu ändern, nehmen Sie dabei immer die [⇧]-Taste hinzu.

> **Die Alt-Taste**
> Wenn Sie die [Alt]-Taste betätigen, wird bei aktivem Pinsel-Werkzeug immer die Pipette anstelle der Pinselspitze eingeblendet. Sollten Sie das Kopierstempel-Werkzeug gewählt haben, können Sie bei gedrückter [Alt]-Taste den Aufnahmebereich festlegen, von dem aus Pixel kopiert werden sollen.

Grafiktablett verwenden

Wenn Sie ein Grafiktablett an Ihren Computer angeschlossen haben, können Sie auch den Zeichenstift des Tabletts verwenden, um mit den Pinsel-, Kopier- oder Radier-Werkzeugen Striche zu erzeugen. Dabei können Sie festlegen, welche Eigenschaft des Strichs in welchem Maße durch den Zeichenstift beeinflusst wird.

In der Palette PINSEL befindet sich die Sektion PINSELEINSTELLUNGEN. Dort können Sie für die Pinsel-Eigenschaften GRÖSSE, WINKEL, RUNDHEIT, DECKKRAFT und FLUSS jeweils wählen, ob sie durch den Zeichenstiftdruck, die Zeichenstift-Schrägstellung oder die Rändelradposition am Grafiktablett beeinflusst werden. Sie können so z. B. die Deckkraft oder die Größe des Pinselstrichs oder auch beide Eigenschaften durch Ihren individuellen Stiftandruck dynamisch verändern.

> **Werkzeuge wechseln**
> Um schnell zwischen den Werkzeugen Pinsel, Kopierstempel und Radierer zu wechseln, nutzen Sie die Tastenkombination [Strg]+[B].

◄ **Abbildung 21.18**
In den PINSELEINSTELLUNGEN können Sie den ZEICHENSTIFTDRUCK, die ZEICHENSTIFT-SCHRÄGSTELLUNG oder die Rändelradposition am GRAFIKTABLETT zur dynamischen Veränderung der Pinselspitze wählen.

Malen auf Kanälen

Mit den Malen-, Radieren- und Kopier-Werkzeugen haben Sie die Möglichkeit, nur bestimmte Kanäle eines Bildes zu beeinflussen. Dazu befindet sich in der Palette MALEN ein Einblendmenü unter KANÄLE. Dort wählen Sie den Eintrag RGBA, RGB oder ALPHAKANAL.

Wie die unterschiedliche Wahl sich auswirkt, wird an einer Bildebene mit transparenten Bereichen recht anschaulich. In dem abgebildeten Beispiel aus Abbildung 21.20 sehen Sie einen Farbverlauf. Die kleinen Karos zeigen die transparenten Bereiche an.

- Wenn Sie mit dem Malen-Werkzeug Farbe auftragen und **RGBA** gewählt haben, ist nachher ein Strich sowohl in den transparenten Bereichen (dem Alphakanal der Ebene) als auch in den deckenden (den RGB-Kanälen) sichtbar. Diese Option habe ich in Abbildung 21.21 bei dem roten Strich links im Bild gewählt.
- In der Mitte habe ich nur die bereits deckenden Bereiche mit grüner Farbe verändert. Dies war mit der Kanalwahl **RGB** möglich.
- Den fehlenden Teil rechts im Bild habe ich mit der Kanalwahl ALPHAKANAL erzeugt. Dazu habe ich die Farbe in der Malen-Palette auf Schwarz eingestellt. Mit weißer Farbe machen Sie in diesem Kanal zuvor transparente Bereiche wieder sichtbar. Grau bewirkt halbtransparente Farben. Der Malen-Pinsel wird beim Malen mit schwarzer Farbe im Alphakanal dem Radiergummi-Werkzeug sehr ähnlich.

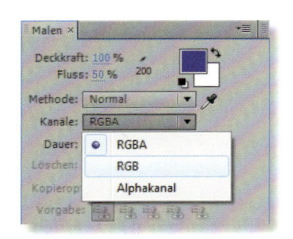

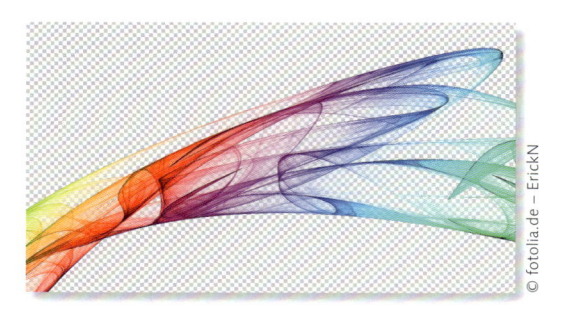

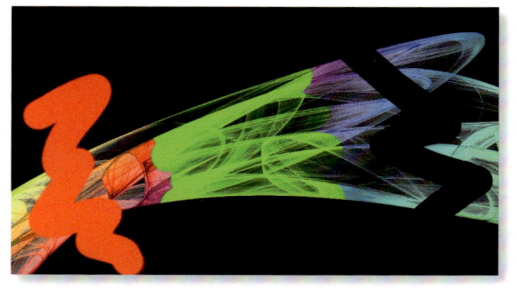

▲ Abbildung 21.19
Die Kanalwahl in der Malen-Palette entscheidet sehr über das Endergebnis einer Bearbeitung durch Malen-, Radieren- oder Kopieren-Werkzeuge.

Abbildung 21.20 ▶
In diesem Ausgangsbild werden transparente Bereiche zur Verdeutlichung mit einem Karomuster dargestellt.

Abbildung 21.21 ▶
Mit dem Malen-Werkzeug in verschiedenen Kanälen erzeugte Veränderungen

Blendmodi

Interessante Wirkungen erzielen Sie auch durch das Verwenden unterschiedlicher Blendmodi. In der Malen-Palette sind eine ganze Reihe davon unter METHODE aufgelistet (siehe Abbildung 21.19). Sie können jeden Strich in einem eigenen Überblendmodus zu den Bildpixeln oder zu anderen überlagerten Strichen einstellen. In der Zeitleiste ist der Modus eines Strichs jederzeit änderbar. Dazu befindet sich neben jedem Strich die gleiche Liste wie in der Malen-Palette.

▲ **Abbildung 21.22**
Neben jedem einzelnen Strich befindet sich ein Menü, das die Liste der möglichen Blendmodi enthält.

▲ **Abbildung 21.23**
Die verschiedenen Modi unter METHODE in der Malen-Palette probieren Sie am besten selbst einmal aus.

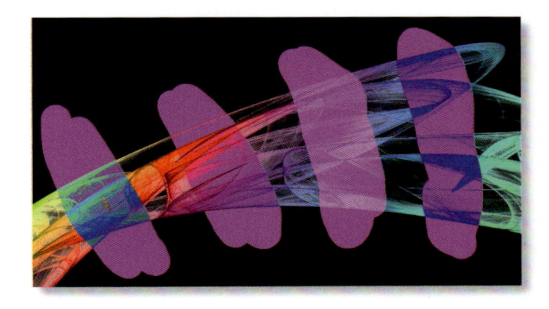

◄ **Abbildung 21.24**
In diesem Beispiel habe ich mit verschiedenen Blendmodi für die einzelnen Striche gearbeitet, um den Farbverlauf einzufärben.

Dauer und Animation

Bevor Sie einen Strich malen, können Sie in der Malen-Palette eine DAUER festlegen. Daraus ergeben sich einige Animationsmöglichkeiten, die bisher nicht besprochen wurden. Im Einblendmenü bei DAUER haben Sie die Wahl zwischen den Optionen KONSTANT, MALEN ANIMIEREN, EINZELNER FRAME und EIGENE.

Konstant | Die Option KONSTANT ist Ihnen bereits aus den beiden Workshops in diesem Kapitel bekannt. Wenn Sie einen Strich mit dieser Option malen, ist er normalerweise über die gesamte Länge der Komposition sichtbar. Eine Ausnahme entsteht allerdings, wenn Sie die Zeitmarke an einen neuen Zeitpunkt ziehen, denn jeder Strich, den Sie malen, beginnt genau dort, wo Ihre

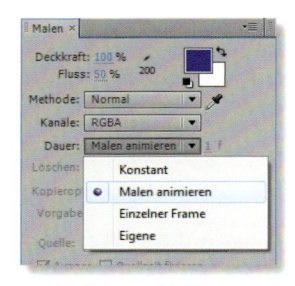

▲ **Abbildung 21.25**
Optionen bei DAUER

Abbildung 21.26 ▶
Die Striche beginnen dort, wo die Zeitmarke zu Beginn des Malens positioniert war, und enden da, wo der Out-Point der Ebene liegt.

Abbildung 21.27 ▶
Den Balken für die Dauer bzw. Sichtbarkeit eines Strichs sowie dessen In- und Out-Point können Sie verschieben.

Zeitmarke positioniert war, und endet dort, wo der Out-Point einer Ebene platziert ist.

Die Dauer eines Strichs können Sie im Nachhinein durch das Verschieben des In- oder Out-Points ändern, was ein früheres oder späteres Erscheinen bzw. Verschwinden des Strichs bewirkt. Sie können den Balken für die Dauer auch insgesamt verschieben, ohne dass sich die zeitliche Position der Ebene dabei verändert. Keyframes, die Sie für die Pinseleigenschaften gesetzt haben, werden dabei mitbewegt.

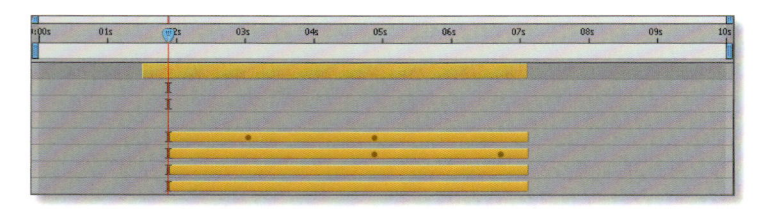

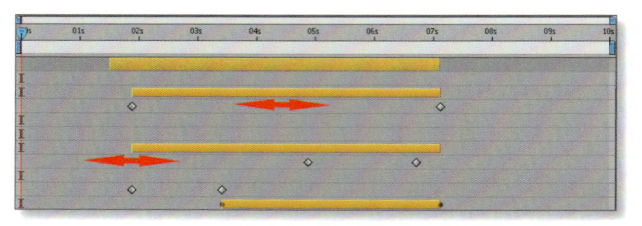

Malen animieren | MALEN ANIMIEREN ist eine tolle Sache. Sie sollten es unbedingt ausprobieren! Im Workshop »Der Anfang, das Ende und die Form des Pinsels« auf Seite 648 haben Sie einen Malstrich über Keyframes in der Eigenschaft ENDE animiert. Die Option MALEN ANIMIEREN funktioniert ganz genauso und setzt freundlicherweise die Keyframes in der Eigenschaft ENDE automatisch für Sie.

Sie müssen die Option wählen, **bevor** Sie malen. Der erste Keyframe entsteht automatisch dort, wo die Zeitmarke zu Beginn positioniert wird. Wenn Sie danach loslegen, zeichnet After Effects Ihre Mausbewegung zeitlich eins zu eins auf. Beim Betrachten des Ergebnisses in der Vorschau werden Sie bemerken, dass auch die Geschwindigkeitsänderungen Ihrer Linienführung identisch gespeichert wurden. Sie können die Geschwindigkeit anschließend noch durch das Verschieben der Keyframes in der Eigenschaft ENDE anpassen.

Falls Sie beim Malen sehr langsam waren, wurde der letzte Keyframe möglicherweise bereits außerhalb Ihrer gewählten Kompositionszeit gesetzt. Um den Keyframe trotzdem zu erreichen, passen Sie die Länge der Komposition an oder verschieben den Balken für die Ebenendauer bzw. für die Dauer des Strichs in der Zeitleiste.

»Einzelner Frame« und »Eigene« Rotoscoping | Als Rotoskopieren oder Rotoscoping bezeichnet man das Malen auf einer Reihe von fortlaufenden Einzelbildern eines Films, um eine trickfilmartige Animation zu schaffen oder um zu retuschieren.

Mit den beiden Optionen EINZELNER FRAME und EIGENE können Sie trickfilmartig auf einzelnen Frames malen, radieren oder kopieren. Für die Trickfilmanimation eignen sich die Optionen jedoch weniger, da die vorherigen und folgenden Frames im Vergleich zum aktuellen Frame nicht angezeigt werden. Für die als Rotoscoping bekannten Verfahren eignen sich die Optionen aber gut. Mit dem Kopierstempel-Werkzeug können Sie beispielsweise Retuschearbeiten innerhalb einiger weniger Frames eines Films gut durchführen.

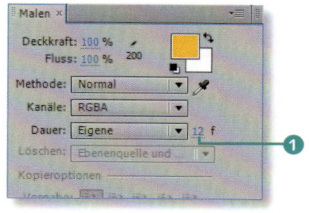

▲ **Abbildung 21.28**
Bei der Option EIGENE können Sie eine Frameanzahl für die DAUER der zu schaffenden Striche festlegen.

Wenn Sie die Option EINZELNER FRAME gewählt haben, wird ein Strich mit der Dauer eines Frames erstellt. Verwenden Sie die Tasten `Bild↓`, um einen Frame vorwärts zu gehen, und `Bild↑`, um einen Frame rückwärts zu springen.

Mit der Option EIGENE definieren Sie die Dauer eines Strichs mit einer eigenen Anzahl an Frames. Das kleine Eingabefeld ❶, das bei dieser Wahl aktiv wird, dient dazu, die gewünschte Anzahl einzutragen. Der danach erstellte Strich ist auf diese Dauer festgelegt. Mit der Tastenkombination `Strg`+`Bild↓` und `Strg`+`Bild↑` springen Sie schnell um die gewählte Anzahl an Frames vor oder zurück.

21.3 Radiergummi

Mit Hilfe des Radieren-Werkzeugs setzen Sie Bildpixel transparent und machen Striche, die Sie zuvor mit den Pinsel- oder Kopier-Werkzeugen gezeichnet haben, durchscheinend oder unsichtbar. Auch für den Radierer wird nach der Anwendung ein Pfad angelegt, den Sie über die bereits erläuterten Optionen FORM, KONTUROPTIONEN und TRANSFORMIEREN in der Zeitleiste modifizieren können.

▲ **Abbildung 21.29**
Das Radieren-Werkzeug macht Bildpixel oder zuvor mit den Pinsel- oder Kopier-Werkzeugen gezeichnete Striche durchscheinend oder unsichtbar.

Die Pinselspitze eines Radierers stellen Sie auf dieselbe Art und Weise ein wie die eines Malstrichs.

Löschen | Im Radieren-Modus können Sie unter LÖSCHEN zusätzlich drei weitere Optionen wählen. Dort legen Sie zuerst fest, welche Bildteile gelöscht werden sollen. Sie können mit der Option EBENENQUELLE UND MALEN sowohl die Pixel der Originalebene als auch zuvor mit den Pinsel- oder Kopier-Werkzeugen gezeichnete Striche transparent setzen.

▲ **Abbildung 21.30**
Unter LÖSCHEN legen Sie fest, was im Bild transparent werden soll.

Mit dem Radier-Werkzeug erstellte Striche nachträglich ändern

Genau wie die mit den Pinsel- und Kopier-Werkzeugen erstellten Striche können Sie auch die Striche des Radier-Werkzeugs in der Zeitleiste mit den Optionen unter KONTUROPTIONEN und TRANSFORMIEREN nachträglich bearbeiten. Auch das Umbenennen und Löschen oder das Umsortieren in eine neue Reihenfolge wird in der Zeitleiste vollzogen. Lesen Sie mehr dazu in Abschnitt 21.2, »Malstriche bearbeiten«.

Wenn Sie die Option NUR MALEN gewählt haben, bleibt die Originalebene von Ihrem Tun unbehelligt, und nur die zuvor gemalten Striche werden dort transparent, wo der Radierer über sie hinwegstreicht.

Die Option NUR LETZTE KONTUR dient schließlich dazu, den mit den Pinsel- oder Kopier-Werkzeugen zuletzt gemalten Strich transparent zu setzen. Die Originalebene und sämtliche anderen Striche bleiben erhalten.

Dauer | Unter DAUER sollten Sie beim Radieren den Eintrag KONSTANT auswählen, da Sie sonst womöglich den mit dem Radieren-Werkzeug erstellten Strich animieren, aber vielleicht haben Sie ja auch genau das im Sinn. Die Werte bei DECKKRAFT und FLUSS verändern die mit dem Radieren-Werkzeug erstellten Striche ähnlich wie die mit dem Pinsel-Werkzeug erstellten Striche. Meist werden Sie mit Werten bei 100 % arbeiten.

Kanäle | Nicht unerheblich ist es, welche Wahl Sie im Einblendmenü KANÄLE getroffen haben.
- **RGBA**: Egal, welche Farbe Sie gewählt haben, die Pixel werden dort transparent gesetzt, wo der Radierer waltet.
- **RGB**: Hier kommt es auf die Hintergrundfarbe in der Palette MALEN an. Es entstehen keine transparenten Bereiche, stattdessen werden die Originalpixel wegradiert, und dafür erscheint die gewählte Hintergrundfarbe.
- **Alphakanal**: Auch hier kommt es auf die Hintergrundfarbe in der Palette an. Diese kann nur zwischen Schwarz, Weiß und den dazwischenliegenden Graustufen gewählt werden. Haben Sie Schwarz gewählt, werden die Pixel transparent. Haben Sie Weiß aktiviert, werden sie wieder sichtbar.

▲ **Abbildung 21.31**
Im Modus RGBA werden Pixel transparent gesetzt, egal, welche Farbe Sie in der Malen-Palette gewählt haben.

▲ **Abbildung 21.32**
Im Modus RGB werden die Originalpixel durch eine in der Malen-Palette gewählte Hintergrundfarbe ersetzt (in diesem Falle durch ein Blau).

▲ **Abbildung 21.33**
Im Modus ALPHAKANAL machen Sie bereits transparente Bildpixel wieder sichtbar.

21.4 Der Kopierstempel

Eine hervorragende Möglichkeit, Retuschearbeiten in After Effects an Standbildern und bewegtem Filmmaterial durchzuführen, bietet sich mit dem Kopierstempel-Werkzeug, das dem aus Photoshop bekannten Werkzeug sehr ähnlich ist.

Mit dem Kopierstempel können Sie nicht nur Bildbereiche innerhalb einer Ebene kopieren und an anderer Stelle einsetzen, sondern es ist auch ein ebenenübergreifender Einsatz möglich. So übertragen Sie Bildbereiche einer Ebene in eine zweite Ebene. Malstriche oder Effekte, die sich vor dem Kopieren bereits auf der Ebene befinden, kopiert das Kopierstempel-Werkzeug ebenfalls mit.

Die nachträgliche Bearbeitung eines mit dem Kopierstempel-Werkzeug erzeugten Strichs erfolgt wie beim Malen und beim Radieren in der Zeitleiste. Dort können Sie unter KONTUROPTIONEN und unter TRANSFORMIEREN die gleichen Modifikationen durchführen, wie ich sie in Abschnitt 21.2, »Malstriche bearbeiten«, beschrieben habe. Nun kommen wir aber zuerst einmal zur Handhabung des Kopierstempel-Werkzeugs.

Radier-Werkzeug temporär einsetzen

Wenn Sie das Malen- oder das Kopierstempel-Werkzeug gewählt haben, können Sie mit der Tastenkombination [Strg]+[⇧] kurz das Werkzeug wechseln. Stattdessen wird dann das Radier-Werkzeug verwendet, und Sie können die zuvor erzeugten Striche wegradieren. Benutzen Sie gerade das Radier-Werkzeug, können Sie die Tastenkombination verwenden, um radierte Teile wieder sichtbar zu machen.

Schritt für Schritt:
Das doppelte Lottchen

Im folgenden Workshop wird zunächst ein wenig Retuschearbeit nötig sein, bevor wir zur Verdoppelung des »Lottchens« kommen.

1 Vorbereitung

Öffnen Sie für diesen Workshop das vorbereitete Projekt auf der Buch-DVD. Es befindet sich im Ordner 21_RETUSCHE/LOTTCHEN und heißt »kopieren.aep«. In dem Projekt sind zwei Kompositionen enthalten. Die Komposition »kopieren fertig« ist dafür gedacht, sie nachher als Ihre eigene Übung zu verkaufen oder dort abzugucken. Aber fangen Sie erst einmal mit der Komposition »kopieren« an. Diese enthält die Datei »kopieren.mov«. Hier soll zuerst der Fensterrahmen retuschiert werden.

2 Vor dem Kopieren

Aktivieren Sie das Kopierstempel-Werkzeug in der Werkzeugleiste, und wechseln Sie zum Arbeitsbereich MALEN. Um mit dem Kopierstempel-Werkzeug zu arbeiten, klicken Sie doppelt auf die zu bearbeitende Ebene in der Zeitleiste, damit diese im Ebenenfenster geöffnet wird.

Die benötigten Dateien für diesen Workshop finden Sie auf der DVD unter BEISPIELMATERIAL/21_RETUSCHE/LOTTCHEN.

▲ **Abbildung 21.34**
In diesem Bild retuschieren wir zuerst den Fensterrahmen. Anschließend verdoppeln wir das Lottchen.

▲ Abbildung 21.35
Zuerst aktivieren Sie das Kopierstempel-Werkzeug in der Werkzeugleiste.

Bevor Sie einen Bereich in einem Bild kopieren, legen Sie zuerst, wie Sie es von den Malen- und Radieren-Werkzeugen bereits gewohnt sind, die Parameter für die Pinselspitze wie DURCHMESSER, WINKEL, RUNDHEIT und weitere fest. Für den DURCHMESSER wählen Sie beispielsweise »45 px«.

In der Malen-Palette sollten dazu DECKKRAFT und FLUSS auf 100 % eingestellt sein. Die gewählte Farbe ist uns gleich, da mit jeder Farbe ebenso gut kopiert werden kann. Bei METHODE sollten Sie darauf achten, dass Sie NORMAL gewählt haben. Unter KANÄLE sollte RGBA und unter DAUER sollte KONSTANT stehen. Die KOPIEROPTIONEN werde ich noch im Anschluss an den Workshop ansprechen.

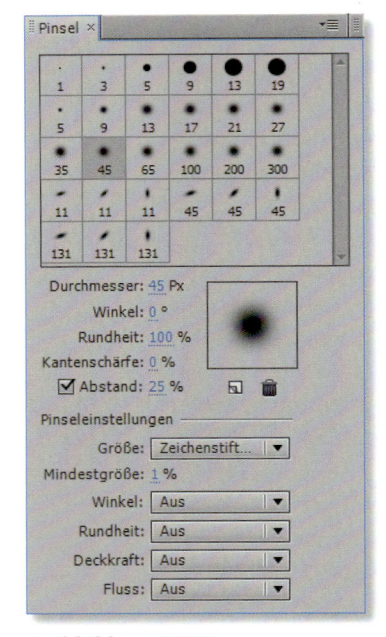

▲ Abbildung 21.36
Auch für das Kopierstempel-Werkzeug stellen Sie zunächst die Pinselspitze ein.

▲ Abbildung 21.37
In der Malen-Palette sind nun auch die KOPIEROPTIONEN aktiviert.

3 Kopierstempel zur Retusche anwenden
Zum Anwenden des Kopierstempels betätigen Sie die [Alt]-Taste. Dadurch verwandelt sich der Mauszeiger im Ebenenfenster in ein Fadenkreuz. Klicken Sie damit in einen Bildbereich, aus dem Sie Pixel aufnehmen wollen. Bewegen Sie dann den Mauszeiger an die Stelle, an der Pixel eingesetzt werden sollen. In unserem Falle nehmen Sie Pixel aus dem Bereich links neben dem Fenster auf ❷ und setzen diese Pixel auf dem Fenster wieder ein ❶.

21.4 Der Kopierstempel

◀ **Abbildung 21.38**
Der Kopierstempel nimmt Bildbereiche dort auf, wo das Fadenkreuz sichtbar ist, und fügt sie unter dem Kreis ein.

Einsatzzweck
Wie Sie vielleicht schnell bemerkt haben, ist das Kopieren vor allem bei statischen Aufnahmen lohnenswert.

4 Kopierstempel zur Montage anwenden
Wenn Sie das Fenster erfolgreich retuschiert haben, wiederholen Sie das Prozedere und nehmen Pixel aus dem Lottchen auf. Legen Sie sie gleich rechts daneben wieder ab. Um das ganze Lottchen zu kopieren, müssen Sie höchstwahrscheinlich mehrfach ansetzen. Es ist etwas Geschick nötig, damit nicht unerwünschte Verschiebungen auftreten, die beispielsweise an der Mauerkante leicht deutlich werden. Nach dem Kopieren haben Sie ein identisches zweites Lottchen. Sogar die Bewegungen sind vollkommen gleich.

Hilfe zum Kopieren
Schön ist, dass eine transparente Kopie über dem Original eingeblendet wird, wenn Sie die Werte bei Versatz in der Malen-Palette verändern.

▲ **Abbildung 21.39**
Um das Lottchen zu verdoppeln, ist etwas Fingerspitzengefühl nötig.

▲ **Abbildung 21.40**
Fertig! Das doppelte Lottchen bewegt sich vollkommen gleich.

▼ **Abbildung 21.41**
Finden Sie die zehn Unterschiede!

Noch mehr Retusche | Ein wenig retuschiert haben Sie im vorigen Workshop bereits. Etwas mehr davon ist im folgenden Workshop nötig.

In den beiden Abbildungen sehen Sie ein mit dem Kopierstempel bearbeitetes Video und ein unbearbeitetes. Nur – welches ist welches?

Die benötigten Dateien für diesen Workshop finden Sie auf der DVD unter BEISPIELMATERIAL/ 21_RETUSCHE/HAUSRETUSCHE

Schritt für Schritt: Bildteile entfernen

Richtig! Das rechte Bild ist das Originalbild. Es sollen also die Pfütze und ein Stückchen Rasen auf dem Fußweg und das ganze Haus entfernt werden.

1 Vorbereitung

Importieren Sie dazu die Datei »hausretusche.mp4« aus dem Ordner 21_RETUSCHE/HAUSRETUSCHE. Vom vorigen Workshop her wissen Sie ja bereits, wie Sie den Kopierstempel benutzen. Außerdem kennen Sie ihn ja aus Photoshop. Daher hier nur noch ein paar Tipps.

2 Bildelemente entfernen

Beginnen Sie mit der Pfütze, und vergrößern oder verkleinern Sie die Darstellung im Ebenenfenster schnell mit den Tasten ⎡.⎦ und ⎡,⎦. Verschieben Sie die vergrößerte Ansicht per gedrückter Leertaste, um den Ausschnitt festzulegen. Passen Sie die Größe der Kopierstempels bei gedrückter ⎡Strg⎦-Taste und durch Ziehen des Werkzeugs an. Achten Sie darauf, dass Sie nicht aus einem Bildteil Pixel kopieren, der sich später stark ändert, z. B. aus dem Bereich des Fußwegs, in dem der Fahrradfahrer auftaucht. – Von der Quelle aus, von der Sie die Pixel aufgenommen haben, werden über die gesamte Filmdauer Pixel in den retuschierten Bereich übertragen! Es sei denn, Sie nutzen die weiter unten beschriebene Option QUELLZEIT FIXIEREN.

Achten Sie auf ähnliche Farbnuancen; im Fall der Pfütze etwa sollten Sie nur aus dem Baumschatten Pixel kopieren, ebenso bei dem kleinen Rasenstück links im Bild. Das Haus entfernen Sie durch eine Erweiterung des Himmels einerseits und der Baumgruppe links andererseits. Der Rest ist eine Frage Ihres Geschicks und Ihres Zeitkontingents. Viel Erfolg!

Kopieroptionen in der Malen-Palette und in der Zeitleiste

Wenn Sie den Kopierstempel gewählt haben, werden in der Malen-Palette weitere Optionen unter KOPIEROPTIONEN aktiviert. In der Zeitleiste kommen die Einträge KOPIERQUELLE, KOPIERPOSITION, KOPIERZEIT bzw. KOPIERINTERVALL unter den KONTUROPTIONEN hinzu. Da die Optionen in der Zeitleiste oft im Zusammenhang mit denen der Malen-Palette stehen, fassen wir diese Optionen hier unter einer Überschrift zusammen. Beispiele befinden sich im Projekt »malenCS6.aep« auf der DVD.

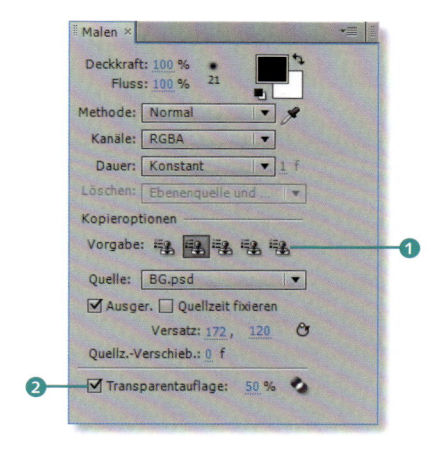

◀ **Abbildung 21.42**
In der Malen-Palette können Sie bis zu fünf Vorgaben mit unterschiedlichen Kopieroptionen anlegen.

Vorgabe | Die fünf als Stempel gekennzeichneten Kopiervorgaben ❶ dienen dazu, schnell zwischen unterschiedlich gewählten Kopieroptionen zu wechseln. Sobald Sie eine der Kopieroptionen verändern, wird diese neue Einstellung in der aktuell aktiven Vorgabe gespeichert. Die Vorgaben sind auch dann noch verfügbar, wenn Sie auf einer anderen Ebene oder in einer anderen Komposition arbeiten. Zum schnellen Umschalten zwischen den fünf Vorgaben nutzen Sie die Tasten ③ bis ⑦ im Haupttastaturfeld.

Die Einstellungen der aktuell aktiven Vorgabe können Sie duplizieren. Dazu klicken Sie bei gedrückter Alt-Taste auf die Vorgabe und klicken gleich anschließend ebenfalls bei gedrückter Alt-Taste auf eine andere Vorgaben-Schaltfläche.

Quelle | Unter QUELLE legen Sie fest, aus welcher Ebene Pixel kopiert werden sollen, um sie an anderer Stelle einzusetzen. Sie haben die Wahl zwischen dem Eintrag AKTUELLE EBENE und weiteren Ebenen, soweit diese in Ihrer Komposition enthalten sind. Ist AKTUELLE EBENE gewählt, ist die aktive Ebene Quelle und Ziel zugleich. Wenn Sie eine andere Ebene auswählen, beispielsweise ein anderes Movie, können Sie den Inhalt der Quell- und Zielebene mischen und somit Bildteile austauschen.

Für das Kopieren aus einer anderen Ebenenquelle setzen Sie ein Häkchen bei TRANSPARENTAUFLAGE ❷. Wenn Sie dann kopieren, wird die Quellebene über der Zielebene als Orientierung transparent eingeblendet. Gleich rechts neben der Option TRANSPARENTAUFLAGE befindet sich eine Schaltfläche mit zwei Kreisen bzw. Kugeln. Ist diese aktiviert, wird die Quellebene im Differenzmodus in die Zielebene eingeblendet.

Sie können direkt drauflosmalen, um die Quellebene eins zu eins und deckungsgleich zu kopieren. Wollen Sie die Quellebene an eine andere Stelle in der Zielebene kopieren, müssen Sie die Quellebene so verschieben, dass die zu kopierende Stelle deckungsgleich über dem Ziel liegt. Dazu benutzen Sie die Tasten ⌥Alt+⇧ und ziehen die Ebene an eine neue Position.

▲ **Abbildung 21.43**
Diese Datei wurde hier als Quellebene angegeben.

▲ **Abbildung 21.44**
Diese Datei dient als Ziel- bzw. Bearbeitungsebene.

▲ **Abbildung 21.45**
Ist die Option TRANSPARENTAUFLAGE aktiviert, wird als Orientierung die Kopierquelle über dem Zielbild eingeblendet.

▲ **Abbildung 21.46**
Im Ergebnis wurden Pixel aus der Quellebene in die Zielebene kopiert.

21.4 Der Kopierstempel

Kopierquelle | In der Zeitleiste gibt es zu der Option QUELLE der Malen-Palette eine Entsprechung in den KONTUROPTIONEN. Sie können dort im Nachhinein unter KOPIERQUELLE das Bild oder Movie wechseln, aus dem Pixel kopiert werden sollen.

Ausgerichtet | Bevor Sie mit dem Kopieren beginnen, definieren Sie mit [Alt] einen Quellpunkt, von dem aus Pixel kopiert werden. Mit einem zweiten Klick legen Sie dann den Ort fest, an dem die kopierten Pixel abgelegt werden. Zwischen Quell- und Zielpunkt gibt es also einen bestimmten Versatzwert.

> **Blendmodi beim Kopieren**
> Interessante Effekte erzielen Sie beim Kopieren, wenn Sie in der Malen-Palette für die eingefügten Pixel als METHODE einen anderen Blendmodus als den standardmäßig eingestellten Modus NORMAL verwenden.

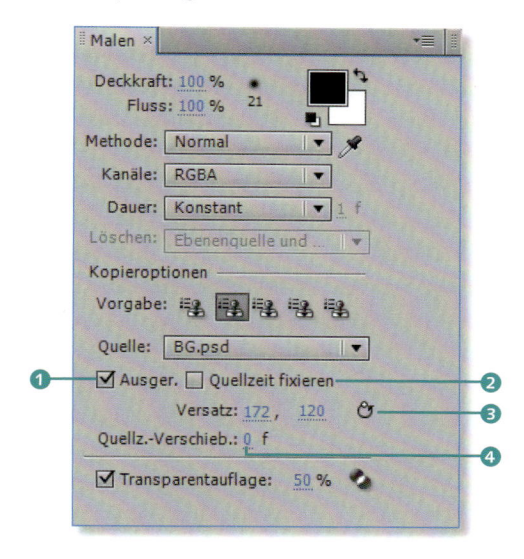

◀ **Abbildung 21.47**
Die Malen-Palette

Wenn Sie bei AUSGER. ❶ ein Häkchen gesetzt haben, bleibt der Versatzwert bei jedem nachfolgenden Strich gleich groß, und der Quellpunkt wandert beim Kopieren synchron zum Zielpunkt mit. Fehlt das Häkchen, wird der Versatzwert für jeden neuen Strich neu definiert. Auf diese Weise kopieren Sie Pixel immer von ein und demselben Ort bzw. Quellpunkt und können sie in unterschiedlichen Abständen im Bild einfügen.

◀ **Abbildung 21.48**
Links sehen Sie das Originalbild. Für das Ergebnisbild rechts wurde die Option AUSGERICHTET deaktiviert, um Pixel immer von ein und demselben Ort, hier der Person mit der roten Jacke, zu kopieren.

Versatz | Den Versatzwert zwischen Quell- und Zielpunkt können Sie über die X- und Y-Werte bei Versatz auch numerisch festlegen. Wenn Sie den Mauszeiger über einem der Werte positionieren, wird der Mauszeiger zu einem Hand-Symbol. Verändern Sie die Werte dann durch Ziehen, oder nutzen Sie die Tasten [Alt]+[⇧] im Ebenenfenster. Ihre Kopierquelle wird halbtransparent über dem Zielbild eingeblendet. Die Versatzwerte lassen sich auf null zurücksetzen, indem Sie auf das kleine Symbol ❸ neben den Versatzwerten klicken.

»Quellzeit fixieren« aktiviert/deaktiviert | Wenn Sie ein Häkchen bei Quellzeit fixieren ❷ setzen, wird nur der Frame Ihres Quellmaterials kopiert, der unter Quellzeit ❹ festgelegt wurde. (In Abbildung 21.47 ist das Häkchen nicht gesetzt, daher steht dort Quellz.-verschieb. (siehe unten).) Dies ist sehr nützlich, wenn Sie beispielsweise am Zeitpunkt null aus der linken unteren Ecke Pixel kopieren und später im Film aber ein Auto genau in dieser Ecke erscheint, das Sie gar nicht kopieren wollten. In dem Fall fixieren Sie den Zeitpunkt, bevor das Auto erscheint, und kopieren die Pixel. Sie können also mit der Option Quellzeit Pixel aus irgendeinem Frame Ihres Videos zeitlich und örtlich an eine andere Stelle kopieren. Das heißt, sollte bei Quellzeit der Wert »0 f« oder »1 f« stehen, wird der allererste Frame Ihres unter Quelle angegebenen Materials kopiert. Bei einem Wert von »25 f« wird der Frame kopiert, der in der PAL-Norm nach einer Sekunde sichtbar ist.

Verwenden Sie höhere Werte, als Ihr Movie »hergibt« – das heißt, ist Ihr Movie nicht so lang wie die eingetragene Framezahl –, fängt After Effects einfach von vorn an zu zählen.

Ist die Option Quellzeit fixieren deaktiviert, wird anstelle der Option Quellzeit die Option Quellzeit-Verschiebung angezeigt. Haben Sie für die Quellzeit-Verschiebung den Wert 0 eingesetzt, wird immer der Frame kopiert, der gerade an der aktuellen Position der Zeitmarke sichtbar ist. Sie können danach die Zeitmarke verschieben, um aus einem anderen Frame zu kopieren, oder die Werte bei Quellzeit-Verschiebung ändern.

Kopierzeit und Kopierintervall | Wenn Sie in der Malen-Palette ein Häkchen bei Quellzeit fixieren gesetzt haben, wird nach der Anwendung des Kopierstempels die Konturoption Kopierzeit ❺ in der Zeitleiste angezeigt. Sie können dort die Werte ändern, ohne Keyframes zu setzen, um Frames aus einem anderen Zeitpunkt im kopierten Bildbereich darzustellen. Dies ergibt natürlich nur Sinn, wenn Sie zuvor aus einem Movie kopiert haben.

Die Option eignet sich aber auch sehr gut, um Änderungen in der Geschwindigkeit des kopierten Bildbereichs zu gestalten. Dazu setzen Sie einen Keyframe für den im kopierten Bildbereich zuerst angezeigten Frame, z. B. 0:00:00:00, und wählen dann für den zweiten Keyframe einen anderen Zeitpunkt, z. B. 0:00:10:00. Durch das Verschieben des zweiten Keyframes ändern Sie die Geschwindigkeit des angezeigten kopierten Materials.

Ihr kopiertes Material kann mit der Option auch in Schleife abgespielt werden, also mehrmals hintereinander. Angenommen, Ihr kopiertes Movie ist nur 10 Sekunden lang und Sie wählen für den zweiten Keyframe eine KOPIERZEIT von 30 Sekunden. In diesem Falle wird das kopierte Material dreimal hintereinander abgespielt.

Die Option KOPIERINTERVALL wird in der Zeitleiste dann sichtbar, wenn Sie vor dem Kopieren die Option QUELLZEIT FIXIEREN deaktiviert hatten. Wie mit der Option KOPIERZEIT können Sie durch ein Ändern der Werte Bildinhalte aus anderen Zeitpunkten im kopierten Material sichtbar machen. Auch mit der Animation verhält es sich ganz ähnlich.

Kopierposition

Die Option KOPIERPOSITION in der Zeitleiste können Sie verwenden, um den Bildinhalt des bereits kopierten Materials in X- und Y-Richtung zu verschieben. Für kleinere Korrekturen im kopierten Bildbereich eignet sich die Option recht gut.
Die beim Lesen dieses wissenschaftlichen Abschnitts entstandenen intervallartigen Kopfschmerzen lindern Sie vielleicht bei etwas Quellwasser und praktischen Übungen.

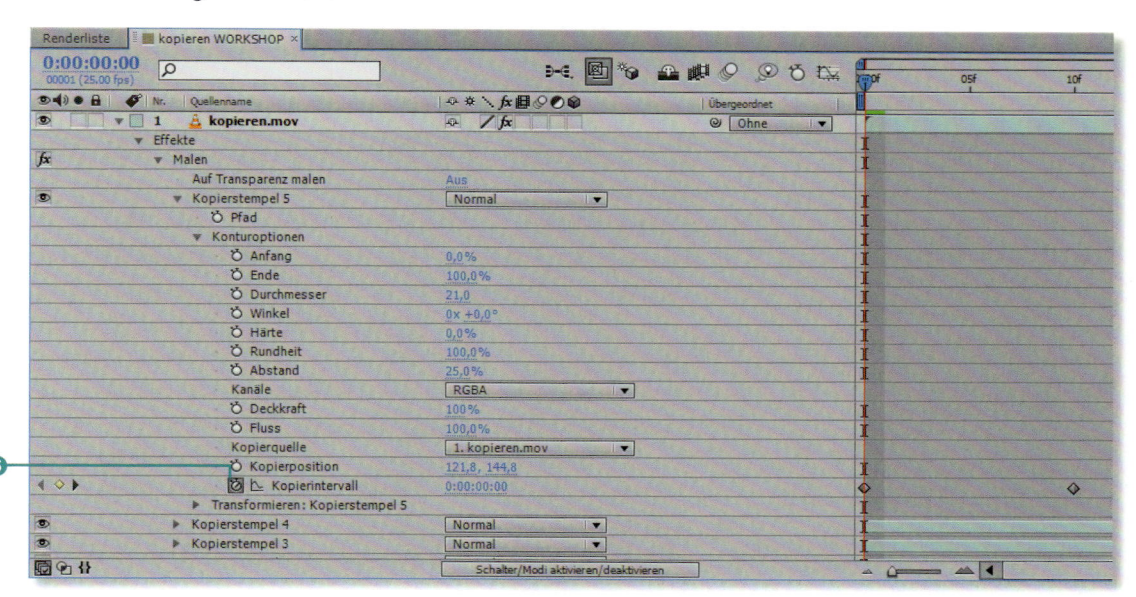

▲ **Abbildung 21.49**
In der Zeitleiste werden vier nur beim Kopieren verfügbare Konturoptionen angezeigt: KOPIERQUELLE, KOPIERPOSITION und KOPIERZEIT. Der Eintrag KOPIERINTERVALL ist nur sichtbar, wenn Sie in der Malen-Palette QUELLZEIT FIXIEREN deaktiviert haben.

TEIL VIII
Fortgeschrittene Funktionen

Kapitel 22
Motion Tracking

Beim Motion Tracking werden die Bewegungen von Objekten oder Bewegungsdaten einer Kamera aus gefilmtem Material ausgelesen. Mit diesen Daten bietet das Motion Tracking einige Möglichkeiten zur Synchronisation von Filmmaterial mit später hinzugefügten Effekten oder Bilddaten. Auch manche verwackelten Aufnahmen können gerettet – d. h. stabilisiert – werden. Seit After Effects CS4 können Sie sich entscheiden, ob Sie das Tracking mit dem internen After-Effects-Tracker oder der mitgelieferten Zusatzapplikation Mocha der Firma Imagineer Systems durchführen.

22.1 Der Motion Tracker von After Effects

Das kleine Fenster des Motion Trackers lässt die Anwendungsvielfalt des Werkzeugs kaum erahnen. Mit Hilfe des Trackers integrieren und synchronisieren Sie später hinzugefügte Bilder, Videos oder Effekte so mit Ihrem Filmmaterial, als wäre alles gemeinsam aufgezeichnet worden. Der After-Effects-Tracker verfolgt dabei einen oder mehrere Punkte in dem aufgenommenen Material, beispielsweise das Rücklicht eines Autos, das Vergissmeinnicht im Haar Ihrer Freundin oder auch einen markanten, extra für den Tracker angehefteten Punkt. Nach dem Verfolgen hat sich der Tracker die Positionsdaten des verfolgten Punkts genau gemerkt. Dieser Positionspfad lässt sich anschließend auf anderes Bildmaterial oder Effekte übertragen. Im Ergebnis bewegt sich das Bildmaterial oder ein Effekt entlang des Pfads, den der Tracker aufgezeichnet hat. So lässt sich das Vergissmeinnicht leicht durch eine Rose ersetzen.

Auch verwackeltes Filmmaterial ist ein Thema für den Tracker. Salopp gesagt schlägt der Tracker einfach einen Nagel in das aufgenommene Material, und somit kann an dieser Stelle nichts mehr wackeln. Aber keine Angst, es wird danach kein Loch in der Leinwand sichtbar sein. Doch dazu später mehr.

Die Tracker-Palette

Für das Motion Tracking in After Effects nutzen Sie die Tracker-Palette, die Sie über FENSTER • TRACKER erreichen. Beginnen wir mit einem kurzen Überblick.

Abbildung 22.1 ▶
Über die Tracker-Palette richten Sie verschiedenste Arten des Trackings ein.

Die Tracker-Palette unterteilt sich in zwei Hauptkategorien für das Tracking: das Verfolgen einer Kamera oder einer Bewegung und das Stabilisieren verwackelter Aufnahmen. Wenn Sie BEW. STABILISIEREN ❸ gewählt haben, wird als TRACK-ART ❷ standardmäßig STABILISIEREN verwendet. Haben Sie BEW. VERFOLGEN ❶ gewählt, ist standardmäßig TRANSFORMIEREN eingestellt.

Bei diesen beiden Track-Arten können Sie das Tracking weiter spezifizieren, indem Sie eine der Boxen POS., DREH. oder SKAL. ❹ aktivieren. Je nachdem, in welcher Box Sie ein Häkchen gesetzt haben, werden in Ihrer Zielebene Keyframes für Position, Drehung oder Skalierung generiert, nachdem Sie die Schaltfläche ANWENDEN ❺ angeklickt haben. Eine Kombination mehrerer Boxen ist ebenfalls möglich. Die generierten Keyframes bewirken, dass Ihre Zielebene oder auch ein Effektpunkt Ihrem getrackten Feature, also einem markanten Punkt im aufgenommenen Material, folgt.

Motion Tracking in der Praxis

Ein erstes Beispiel soll Ihnen dabei helfen, den Tracker kennen- und verstehen zu lernen. Anschließend werden Sie weitere verschiedene Tracking-Arten kennenlernen. Für diese ist der folgende Workshop grundlegend.

In diesem Workshop geht es um die Handhabung der Tracker-Palette, was wir anhand von vorbereitetem Videomaterial üben. Der Tracker verfolgt einen zu wählenden Punkt im Video, indem er diesen Punkt mit sogenannter **Subpixelgenauigkeit** Frame für Frame im Video vergleicht. Der Tracker verwendet also intern nicht nur Pixelgenauigkeit, sondern eine höhere Auflösung,

22.1 Der Motion Tracker von After Effects

indem er die Pixel in noch kleinere Einheiten unterteilt. Schauen wir es uns an einem praktischen Beispiel an.

Schritt für Schritt:
Bewegung verfolgen

Dieser Workshop dient als Grundlage für den Workshop »Ufo-Angriff«, aus Kapitel 19, »Erweiterte Bearbeitungsmöglichkeiten mit Effekten« auf Seite 533. Schauen Sie sich zuerst das Ziel an. Das fertige Movie befindet sich im Ordner 22_MOTION_TRACKING/MOTIONTRACKINGCS6 und heißt »Ufo.mp4«.

1 Vorbereitung

Erstellen Sie ein neues Projekt, und importieren Sie die Datei »00007.mts« aus dem Ordner 22_MOTION_TRACKING/MOTIONTRACKINGCS6/(FOOTAGE FENSTER) von der DVD. Ziehen Sie die Datei auf das Kompositions-Symbol im Projektfenster ❻, um eine Komposition mit passender Größe und Dauer zu schaffen. Benennen Sie die Komposition mit dem Titel »Ufo«. Importieren Sie die Dateien »Auto 1.psd«, »feuer1.mov« und »laterne.psd«. Diese drei Dateien sollen später so ins Bild platziert werden, als wären Sie von der Kamera mitaufgezeichnet worden. Im Projekt »Ufo-Angriff« werden die Autos dann in Einzelteile zertrümmert.

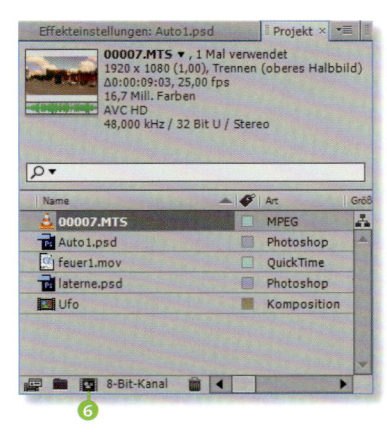

Die benötigten Dateien für diesen Workshop finden Sie auf der DVD unter BEISPIELMATERIAL/22_MOTION_TRACKING/MOTIONTRACKINGCS6

Dateien unsichtbar?
Zunächst ist von den Dateien im Kompositionsfenster nichts zu sehen: Die Laterne liegt genau auf der Laterne des Videos, die sie während des Schwenks überdecken soll, damit zwischen Video und Laterne ein Ufo entlangfliegen kann. Das Auto befindet sich in der linken Ecke der PSD-Datei. Diese ist so groß, da der im Workshop »Ufo-Angriff« hinzugefügte Effekt ZERTRÜMMERN diesen Platz benötigt. Das Feuer wird erst nach ein paar Frames sichtbar.

◀ **Abbildung 22.2**
Das importierte Video ziehen Sie auf das Kompositions-Symbol.

Ziehen Sie die Dateien ebenfalls in die Zeitleiste, und ordnen Sie sie wie in Abbildung 22.3 an.

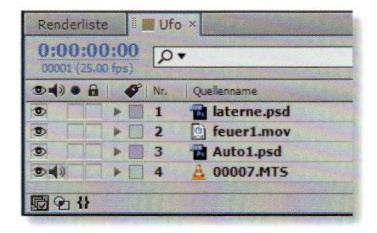

2 Einstellungen in der Tracker-Palette

Wählen Sie unter FENSTER • ARBEITSBEREICH den Eintrag MOTION-TRACKING, um die Tracker-Palette einzublenden. Alternativ rufen Sie im Menü unter FENSTER den Eintrag TRACKER auf.

▲ **Abbildung 22.3**
Positionieren Sie die importierten Dateien in dieser Reihenfolge über dem Video.

In der Tracker-Palette wählen Sie unter BEW.-QUELLE ❸ die Datei »00007.mts« aus. Markieren Sie dann das Video in der Zeitleiste. Daraufhin werden weitere Schaltflächen in der Palette aktiv.

Zuallererst legen Sie fest, ob eine Bewegung verfolgt oder stabilisiert werden soll. Klicken Sie in unserem Fall auf die Schaltfläche BEW.VERFOLGEN ❶. Durch den gewählten Arbeitsbereich ist bereits das Ebenenfenster über dem Kompositionsfenster geöffnet worden, da Sie für das Tracking darin arbeiten müssen.

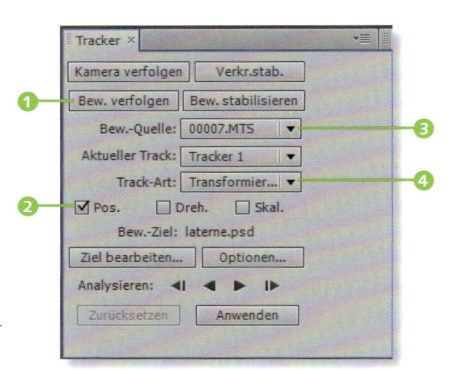

Abbildung 22.4 ▶
In der Tracker-Palette legen Sie zuerst die Bewegungsquelle fest, und danach entscheiden Sie, ob eine Bewegung verfolgt oder stabilisiert werden soll.

Tracker komplett löschen

Einen Tracker, den Sie loswerden wollen, löschen Sie am besten in der Zeitleiste. Klicken Sie auf den Namen des unerwünschten Trackers, z. B. TRACKER 224, und drücken Sie die Taste `Entf`.

Dieses enthält einen TRACK-PUNKT ❺, der mit 1 nummeriert ist. Das hat den Grund, dass Sie mit mehreren Track-Punkten mehr als einen Punkt im Video verfolgen können. Im Ebenenfenster wird übrigens nur das Video angezeigt, das getrackt wird, kein anderes Material aus der Komposition. Ins Kompositionsfenster zurück wechseln Sie einfach per Klick auf die Karte KOMPOSITION. Aber bleiben Sie zunächst im Ebenenfenster.

Abbildung 22.5 ▶
Nachdem Sie das Video in der Tracker-Palette gewählt haben, erscheint ein erster Track-Punkt im Ebenenfenster.

22.1 Der Motion Tracker von After Effects

In der TRACKER-PALETTE ist unter TRACK-ART ❹ automatisch TRANSFORMIEREN eingestellt. Belassen Sie es bei dieser Einstellung. Diese Tracking-Art erlaubt auch das Verfolgen der Position, der Drehung und der Skalierung, was Sie mit Häkchen in den dementsprechend benannten Boxen entscheiden. Wir benötigen nur eines in der Box POS. ❷. Zu den anderen Schaltflächen kommen wir gleich.

❸ Der Track-Punkt

Schauen wir uns den Track-Punkt genauer an! Der Track-Punkt setzt sich aus Suchregion ❻, Feature-Region ❼ und Anfügepunkt ❽ zusammen.

- Das **Feature** ist der Punkt, der verfolgt werden soll. In unserem Fall ist dies die Fingerspitze, die zur besseren Erkennung schwarz markiert ist. Der Tracker benötigt zum Verfolgen Punkte, die sich im gesamten aufgenommenen Material klar von der Umgebung unterscheiden. Die Feature-Region wird später auf den zu verfolgenden Feature-Punkt gesetzt.
- Die **Suchregion** ist immer größer als die Feature-Region. Der Tracker sucht nur innerhalb dieser Region in den zu verfolgenden Frames nach dem Feature-Punkt.
- Der **Anfügepunkt** liegt meistens genau in der Mitte der Feature-Region. Mit diesem Punkt legen Sie fest, wo ein Effekt-Positionspunkt oder der Ebenenmittelpunkt (Ankerpunkt) einer Bilddatei angefügt wird, nachdem das Verfolgen bzw. das Tracking abgeschlossen wurde.

❹ Track-Punkt anpassen

Um den Track-Punkt inklusive Feature-, Suchregion und Anfügepunkt zu verschieben, klicken Sie in eines der beiden Rechtecke der Suchregion oder der Feature-Region, ohne dabei den Anfügepunkt oder den Rahmen einer Region zu treffen. Bei Hinzunahme der Taste [Alt] verbleibt der Anfügepunkt an seiner ursprünglichen Position. Der Bildbereich der Feature-Region wird dabei zur haargenauen Positionierung stark vergrößert, wenn Sie nicht ohnehin schon in einer starken Vergrößerung arbeiten.

Um die Suchregion zu skalieren, klicken Sie einen der Eckpunkte der Region an und ziehen an einem Punkt. Mit der Taste [⇧] vergrößern Sie die Region proportional. Zum Verschieben der Suchregion allein und ohne zu skalieren klicken Sie den Rahmen der Region an und ziehen die Region an eine neue Position.

Die Feature-Region skalieren Sie wie die Suchregion an den Eckpunkten. Um den Anfügepunkt zu verschieben, klicken Sie ihn direkt an.

Neuer Tracker

Mit jedem Klick auf eine der Schaltflächen BEWEGUNG VERFOLGEN oder BEWEGUNG STABILISIEREN fügen Sie einen neuen Tracker hinzu. Sie sollten also nicht häufiger als nötig auf die Schaltflächen klicken. Jeder Tracker erhält eine fortlaufende Nummer und kann unter AKTUELLER TRACK ausgewählt werden. Jeder Tracker kann mehrere Track-Punkte enthalten.

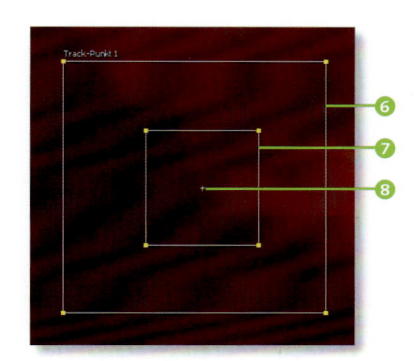

▲ **Abbildung 22.6**
Der Track-Punkt setzt sich aus Suchregion, Feature-Region und Anfügepunkt zusammen.

Ein- und Auszoomen im Ebenenfenster

Hilfreich ist es, die Ansicht im Ebenenfenster, beispielsweise beim Einstellen der Feature-Region, zu vergrößern oder zu verkleinern. Dies erreichen Sie durch eine Bewegung Ihres Maus-Scrollrades. Alternativ nutzen Sie die Taste [,] zum Verkleinern und die Taste [.] zum Vergrößern.

Abbildung 22.7 ▶
Standardmäßig wird der Bildbereich innerhalb der Feature-Region beim Verschieben des Track-Punkts stark vergrößert, wenn Sie nicht ohnehin eine große Vergrößerung gewählt haben.

Position der Zeitmarke
Vor dem Einrichten des Track-Punkts sollte sich die Zeitmarke im ersten Frame des zu verfolgenden Materials befinden.

Bild im Ebenenfenster verschieben
Mit der Taste H oder der Leertaste verschieben Sie den Bildausschnitt im Ebenenfenster, falls der Track-Punkt am Rand verborgen ist.

Abbildung 22.8 ▶
Die Feature-Region sollte das Feature recht genau umschließen. Die Suchregion wählen Sie nicht viel größer.

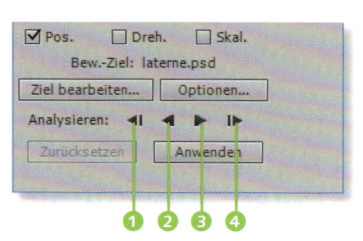

Ziehen Sie jetzt den gesamten Track-Punkt auf die Laterne wie in Abbildung 22.7. Passen Sie anschließend die Feature-Region so an, dass sie etwas größer als die Lampe ist. Die Suchregion sollte links etwas mehr Platz haben, da bei diesem Schwenk das Feature, also die Lampe im linken Bereich, zu erwarten ist. Das kleine Kreuz, den Anfügepunkt, belassen Sie direkt auf der Lampe. Vergleichen Sie die Einstellungen mit Abbildung 22.8.

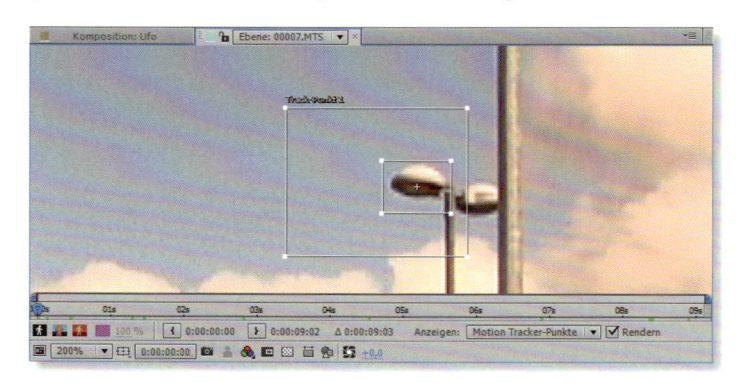

5 Bewegung verfolgen

Wählen Sie eine Vergrößerung im Ebenenfenster, bei der Ihr gesamtes Videobild angezeigt wird. Stellen Sie sicher, dass in der Tracker-Palette unter TRACK-ART der Eintrag TRANSFORMIEREN gewählt ist. In der Tracker-Palette befinden sich bei ANALYSIEREN folgende Schaltflächen: FRAME RÜCKWÄRTS ANALYSIEREN ❶, RÜCKWÄRTS ANALYSIEREN ❷, VORWÄRTS ANALYSIEREN ❸ und FRAME VORWÄRTS ANALYSIEREN ❹.

Klicken Sie auf die Schaltfläche VORWÄRTS ANALYSIEREN ❸, um das Tracking in Abspielrichtung zu starten. Der Track-Punkt folgt jetzt der Lampe, unserem Feature, solange dieses sich eindeutig

▲ **Abbildung 22.9**
Das Tracking starten Sie mit den ANALYSIEREN-Schaltflächen.

von der Umgebung abhebt. Danach erscheinen im Ebenenfenster eine Reihe von Pünktchen, die Keyframe-Marken. Diese werden in der Zeitleiste tatsächlich als einzelne Keyframes gespeichert, und jeder dieser Keys enthält die Koordinaten des Anfügepunkts bzw. des Feature-Zentrums für den jeweiligen Frame.

Häufig bleibt beim Tracking der Track-Punkt plötzlich irgendwo hängen. In diesem Falle – und das verursacht die Arbeit beim Tracking – müssen Sie den Track-Punkt ab genau der Stelle anpassen, an der er das Feature verloren hat, und genau dort wieder auf die ANALYSIEREN-Schaltfläche klicken. Lassen Sie sich also davon nicht beirren! Oft muss man mehrmals neu ansetzen oder das Tracking wiederholen. Dies hängt auch entscheidend vom vorbereiteten Tracking-Material ab. Aber das ist in diesem Workshop recht ideal.

Wie Sie das Tracking präzisieren, erfahren Sie im Abschnitt »Das Tracking verbessern« nach diesem Workshop. Doch zunächst möchte ich mit Ihnen die bereits vorhandenen Tracking-Daten anwenden.

Maximale Qualität
After Effects setzt beim Tracking automatisch die Bildauflösung auf die beste Qualität und die Auflösung auf 100 %. Beim Tracking werden somit von vornherein bessere Ergebnisse gesichert.

▼ **Abbildung 22.10**
In der Zeitleiste werden die Tracking-Daten in Keyframes gespeichert.

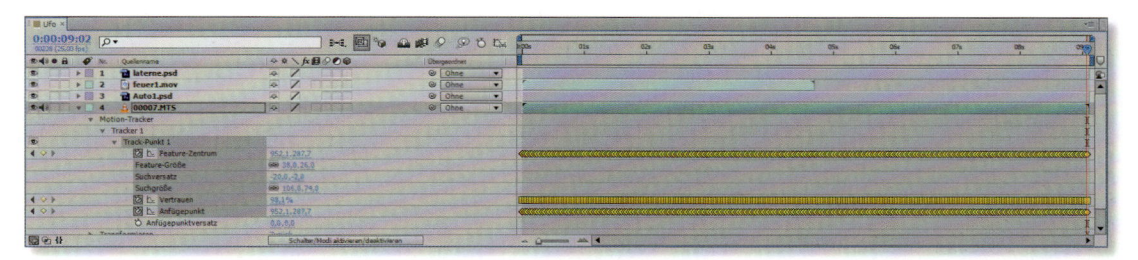

6 Tracking-Daten auf Bilder und Effekte anwenden
Die ermittelten Tracking-Daten können Sie auf Bilddaten und Positionsdaten mancher Effekte wie zum Beispiel des Effekts BLENDENFLECKE anwenden. Eine weitere Verwendung bietet sich mit Expressions, die auf die Tracking-Daten zugreifen können. In unserem Falle wenden wir die Daten zuerst auf die Ebene »Auto1.psd« an. Klicken Sie in der Tracker-Palette auf ZIEL BEARBEITEN 5. Im Fenster BEWEGUNGSZIEL (Abbildung 22.12) wählen Sie unter EBENE die Datei »Auto1.psd« aus. Dort können Sie aber auch jede andere Ebene, sofern sie sich in der Zeitleiste befindet, auswählen. Bestätigen Sie den Dialog mit OK. Im selben Dialog können Sie unter EINSTELLUNGEN FÜR EFFEKTANKERPUNKT die Effektposition auswählen, die beispielsweise für die erwähnten Blendenflecke den schönen Namen MITTELPUNKT DER LICHTBRECHUNG trägt. Dies geht aber nur, wenn Sie zuvor den Effekt auf die getrackte Ebene angewendet haben. Bei anderen Ebenen erkennt der Tracker die dort befindlichen Effekte nicht.

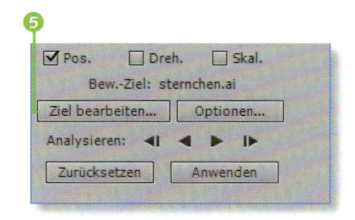

▲ **Abbildung 22.11**
Mit der Schaltfläche ZIEL BEARBEITEN legen Sie das Bewegungsziel fest, und mit der Schaltfläche ANWENDEN kopieren Sie Keyframes zum Ziel.

Abbildung 22.12 ▶
Im Dialogfenster BEWEGUNGSZIEL wählen Sie eine Ebene oder einen Effektankerpunkt.

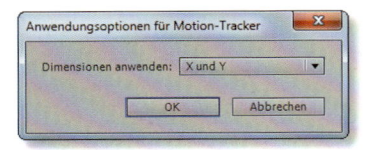

▲ **Abbildung 22.13**
In diesem Dialogfenster können Sie die Bewegungen auf die Dimension X oder Y beschränken.

> **Zurücksetzen**
>
> Mit der Schaltfläche ZURÜCKSETZEN in der Tracker-Palette löschen Sie sämtliche Tracking-Daten des ausgewählten aktuellen Trackers. Haben Sie diese bereits auf eine Zielebene oder einen Effektpunkt angewendet, bleiben die Tracking-Daten dort erhalten.

> **Standbilder im Menü »Bewegungsquelle«**
>
> Normalerweise erscheinen in der Motion-Tracker-Palette unter dem Eintrag BEWEGUNGSQUELLE nur Movies. Für Standbilder wählen Sie EBENE • UNTERKOMPOSITION ERSTELLEN, um sie danach im Menü verfügbar zu machen.

> **Effektankerpunkt**
>
> Einen Effektankerpunkt finden Sie nicht in jedem Effekt vor. Zudem tragen die Effektankerpunkte kaum jemals den gleichen Namen. Es handelt sich aber immer um Punkte, die Positionswerte beschreiben. Effekte mit solchen Positionswerten sind interessant für den Motion Tracker.

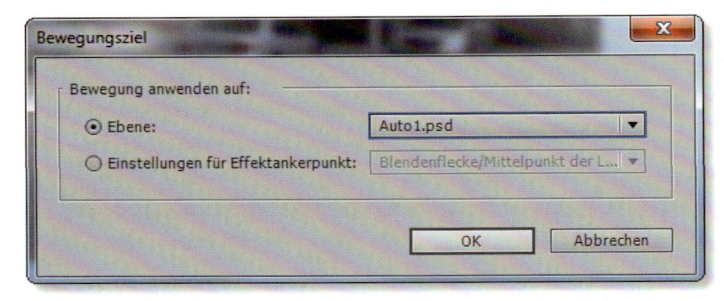

Betätigen Sie jetzt die Schaltfläche ANWENDEN. Im Fenster ANWENDUNGSOPTIONEN FÜR MOTION-TRACKER (Abbildung 22.13) wählen Sie unter DIMENSIONEN ANWENDEN den Eintrag X UND Y. Eine davon abweichende Wahl beschränkt die resultierende Bewegung auf die Dimension X oder Y. Bestätigen Sie mit OK.

In der Ebene »Auto1.psd« befinden sich nun Keys für die Eigenschaft POSITION. Trotzdem sehen Sie in der Komposition noch immer kein Auto, da wir den Anfügepunkt auf der Lampe belassen haben, und nun wandert zwar der Ankerpunkt des Autos schön synchron auf der Lampe mit, aber nicht das Auto.

Um es zu sehen, skalieren Sie das Auto auf 32 % und verschieben den Ankerpunkt manuell, bis Sie das Auto auf dem Parkplatz eingeparkt haben. Sie können auch in der Zeitleiste unter ANKERPUNKT die Werte 2696 und 373 eintragen – dies sollte passen. Schauen Sie sich in der Vorschau das Ergebnis an. Das Auto bleibt den gesamten Schwenk über gut geparkt.

Prima! Damit haben Sie schon die Grundlage für die weiteren Erläuterungen!

Die auf das Auto angewendeten Tracker-Daten können Sie ebenso für die Ebenen »feuer1.mov« und »laterne.psd« verwenden, um die Startkomposition des Workshops »Ufo-Angriff« aus dem Effekte-Kapitel zu erstellen (oder Sie verwenden das vorbereitete Projekt des dortigen Workshops).

Dazu verschieben Sie beim Feuer vor Anwendung der Tracker-Daten die Ebene in der Zeitleiste auf den Zeitpunkt 04:09 und lassen sie dort beginnen. Den Ankerpunkt müssen Sie in etwa auf die Position 1150 und 320 verschieben, damit das Feuer auf dem Auto platziert ist. Ihre Tracker-Daten sind sicher leicht anders, daher ist dies nur bedingt passend. Für die Laterne tragen Sie die Werte 1408 und 302 ein. Allerdings müssen Sie hier mit Keyframes für DREHUNG und ANKERPUNKT nachkorrigieren.

Das fertige Beispiel befindet sich auf der DVD im Ordner 22_MOTION-TRACKING/motiontrackingCS6 im Projekt »motiontracking.aep« und dort in der Komposition »Ufo_positionverfolgen«.

◀ **Abbildung 22.14**
Nach dem erfolgreichen Anwenden der Tracking-Daten sind Auto, Feuer und Laternenmast mit der Bewegung der Lampe synchron.

▼ **Abbildung 22.15**
Die angewendeten Tracking-Daten erscheinen als Keyframes in der Zeitleiste unter Position und Mittelpunkt der Lichtbrechung.

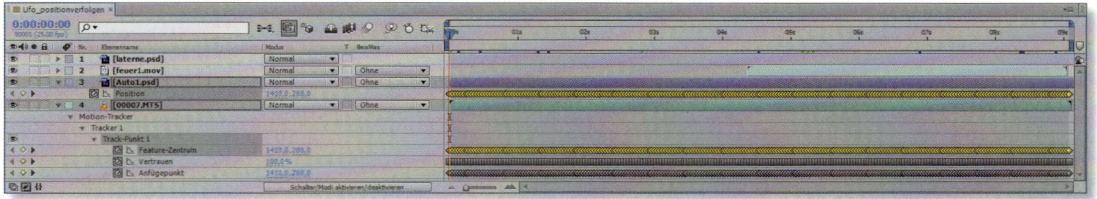

Track-Punkt hinzufügen | Sie können jedem Tracker weitere Track-Punkte hinzufügen, um mehr als ein Feature in Ihrem aufgenommenen Material zu verfolgen. Dazu wählen Sie im Menü der Tracker-Palette (die kleine Schaltfläche oben rechts) den Eintrag Neuer Track-Punkt.

Allerdings ist dabei zu beachten, dass Sie die Daten zusätzlicher Track-Punkte nicht auf eine andere Ebene oder einen Effektankerpunkt übertragen können, solange Sie mit der Schaltfläche Anwenden der Tracker-Palette arbeiten. Außerdem können zusätzliche Track-Punkte ausschließlich die Position verfolgen, nicht beispielsweise Position und Drehung gleichzeitig.

Sinnvoll ist die Verwendung mehrerer Track-Punkte also vor allem dann, wenn die Track-Daten später von Expressions ausgelesen werden sollen, um darüber andere Eigenschaften zu animieren. Mit der etwas uneleganteren Methode können Sie Keyframes der zusätzlichen Track-Punkte natürlich auch kopieren und in andere Ebenen einsetzen. Weitere Informationen zur Handhabung von Expressions finden Sie in Kapitel 24, »Expressions«.

Bewegungsunschärfe in der Zielebene
Wenn Sie die Bewegungsunschärfe-Funktion in der Zeitleiste für Ihre Zielebene aktiviert haben, empfiehlt es sich, unter Komposition • Kompositionseinstellungen • Erweitert bei Verschlussphase die Hälfte des Werts einzutragen, der bei Verschlusswinkel gewählt ist. Sie erreichen damit, dass die Bewegungsunschärfe auf den Anfügepunkt zentriert wird und damit Ihre Zielebene nicht hinter oder vor dem verfolgten Feature erscheint.

Das Tracking verbessern

Häufig verläuft das Tracking nicht in den gewünschten Bahnen. Ein Track-Punkt verliert leicht das Feature, das er verfolgen soll. Man nennt dies eine **driftende Feature-Region**.

Abbildung 22.16 ▶
In der Vergrößerung ist gut sichtbar, wo der Track-Punkt das Feature verloren hat.

Tracking-Daten auf Effekte in anderen Ebenen anwenden
Eine Übertragung der Tracking-Daten in Effektankerpunkte anderer Ebenen ist aus der Tracker-Palette heraus nicht möglich. Sie können aber die Track-Daten in der Zeitleiste kopieren und in Effektankerpunkte anderer Ebenen einfügen oder mit Expressions arbeiten, um die Track-Daten auszulesen.

Frame vorwärts/rückwärts analysieren
Um sich an einen Zeitpunkt heranzutasten, an dem die Feature-Region wegzudriften beginnt, sind die Schaltflächen FRAME VORWÄRTS ANALYSIEREN und FRAME RÜCKWÄRTS ANALYSIEREN sinnvoll, die Sie im vorigen Workshop kennengelernt haben, da sie Frame für Frame analysieren.
Mit der Schaltfläche RÜCKWÄRTS ANALYSIEREN erhalten Sie manchmal andere und eventuell bessere Ergebnisse als bei der Option VORWÄRTS ANALYSIEREN, da der Vergleich der Einzelbilder in umgekehrter Reihenfolge erfolgt.

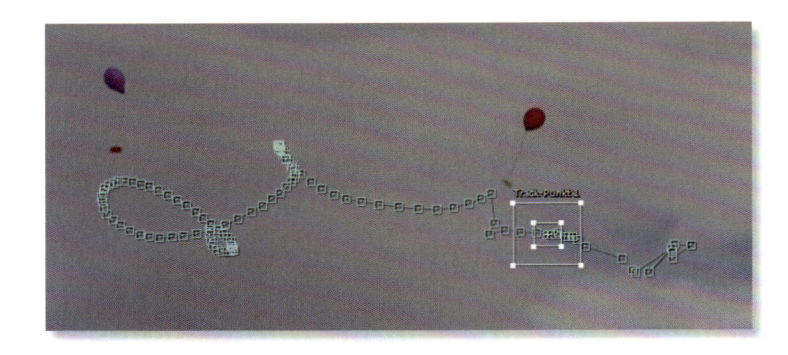

Damit die Fehlerquote relativ gering bleibt, sollten Sie das Feature bereits vor der Aufnahme deutlich von der Umgebung abheben. Am besten eignet sich dafür ein Objekt, dessen Farbe, Kontrast und Form sich nicht stark ändern. Dies könnte ein farbiger Tischtennisball sein, den Sie dort platzieren, wo später neues Bildmaterial oder ein Effekt »angehängt« werden soll. Während der Aufnahme sollte dieses Feature möglichst nie verdeckt werden. Da sich die Beleuchtungsverhältnisse und der Blickwinkel auf das verfolgte Objekt während einer Aufnahme leicht ändern können, ist es kein Wunder, dass beim Tracken manchmal nicht gleich alles glattläuft. Aber der Tracker bietet einige Möglichkeiten für die verschiedensten Bedingungen, die ich im folgenden Abschnitt beschreiben werde.

Sie haben vier Möglichkeiten, das Tracking zu verbessern: das erneute Anpassen der Feature- und Suchregion, die Optionen für den Motion Tracker, das manuelle Korrigieren der Marken, die der Tracker für das Feature-Zentrum setzt, und die Anpassung der Werte unter VERTRAUEN bei problematischen Frames. Dazu werden die Werte dieser Frames analysiert. Wählen Sie dann etwas höhere Werte als den bereits vorgefundenen Maximalwert der Frames.

Feature-Region und Suchregion neu anpassen | Um einen wegdriftenden Track-Punkt in die gewünschte Bahn zu lenken, verwerfen Sie nicht etwa den bisherigen Teil des Trackings, bei dem alles gut lief. Vielmehr platzieren Sie die Zeitmarke kurz vor die Stelle, an der der Track-Punkt das Feature verlor. Nach dem erneuten Anpassen der Feature- und der Suchregion setzen Sie das Tracking einfach durch einen Klick auf eine der Schaltflächen bei ANALYSIEREN fort. Die zuvor vom Tracker gespeicherten Keyframes werden dabei überschrieben. Den Anfügepunkt sollten Sie dabei nicht verschieben, sonst »holpert« es nachher in der Bewegung der angefügten Bilddatei oder des angefügten Effekts.

22.1 Der Motion Tracker von After Effects

Optionen für den Motion Tracker | Hinter der Schaltfläche OPTIONEN der Tracker-Palette finden Sie umfangreiche Einstellungen zum Anpassen und Präzisieren des Trackings. Außerdem können Sie in dem sich öffnenden Dialogfeld OPTIONEN FÜR ›MOTION-TRACKER‹ einen neuen Track-Namen für den aktuellen Track vergeben oder, wenn vorhanden, ein Tracker-Plugin eines Drittanbieters wählen.

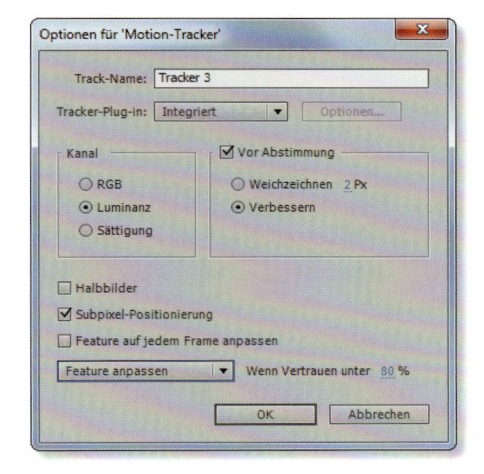

◄ **Abbildung 22.17**
Das Dialogfeld OPTIONEN FÜR ›MOTION-TRACKER‹ bietet viele Optionen zum Verbessern des Trackings.

Folgende weitere Optionen sind verfügbar:
- **Kanal**: Unter KANAL legen Sie fest, ob innerhalb der Feature-Region RGB-, Luminanz- oder Sättigungswerte des Features mit den nachfolgenden Frames verglichen werden. Wählen Sie beispielsweise RGB für ein stark andersfarbiges Feature, das verfolgt werden soll, oder LUMINANZ, wenn die Helligkeitswerte eindeutig verschieden von der Umgebung sind, z. B. bei einer bewegten Lichtquelle.
- **Vor Abstimmung**: Um während des Trackings Störungen im Material zu nivellieren, sind Werte von 2 Pixel unter WEICHZEICHNEN gängig. Das Weichzeichnen erfolgt nur während des Trackings innerhalb der Feature-Region. Mit der Option VERBESSERN hebt der Tracker intern Konturen deutlicher hervor, um eine Verbesserung des Trackings zu erzielen.
- **Halbbilder**: Bei Videomaterial mit Halbbildern (Interlaced) sollten Sie hier ein Häkchen setzen. Es werden beide Videohalbbilder beim Verfolgen berücksichtigt, und auch die Framerate wird verdoppelt.
- **Subpixel-Positionierung**: Wählen Sie diese Option, wird die Berechnungsgenauigkeit zur Platzierung von Positions-Keyframes erhöht und weitestgehend an die Feature-Region angepasst.

»Wenn Vertrauen unter«
Unterschreitet die Genauigkeit, mit der der Tracker das Feature vom Tracker bestimmen kann, einen bestimmten Prozentwert im Eingabefeld, wird eine der Optionen ausgeführt, die Sie im Einblendmenü gewählt haben. Die Bewegung kann gestoppt oder fortgesetzt oder die Feature-Region automatisch angepasst werden. Wird die Bewegung extrapoliert, setzt der Tracker Keyframes, indem er vermutet, wo entlang sich das Feature weiterbewegt. Dies ist hilfreich, wenn das Feature kurzzeitig verdeckt ist.

▶ **Feature auf jedem Frame anpassen**: Aktivieren Sie diese Box, versucht der Tracker, die Feature-Region automatisch an das Feature anzupassen.

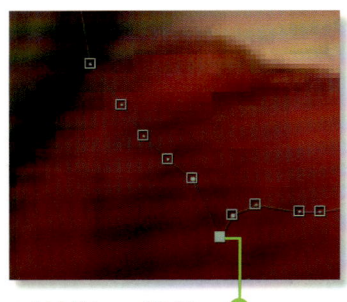

Feature-Zentrum anpassen | Die sicherlich aufwendigste Methode, die Track-Daten zu korrigieren, ist das manuelle Verschieben der Marken, die der Tracker für das Feature-Zentrum setzt. Es soll hier trotzdem erwähnt sein, da sich kleine Korrekturen damit gut bewerkstelligen lassen. Eine Feature-Zentrum-Marke ❶ können Sie mit dem Auswahl-Werkzeug anklicken und manuell verschieben. Mit der Taste ⇧ wählen sie mehrere Marken nacheinander aus und verschieben sie dann. Die Taste Entf löscht ausgewählte Marken.

Das erfolgreiche Tracking erfordert etwas Erfahrung und Geduld und ist mit jedem neuen Material eine neue Herausforderung! Wenn es also nicht gleich beim ersten Mal so klappt, wie Sie sich das vorstellen, verzagen Sie nicht. Welche Methode für das Verbessern des Trackings am günstigsten ist, hängt stark vom Material ab – da hilft oft nur Probieren.

Tracking-Daten in der Zeitleiste

Wie bereits erwähnt, wird mit jedem Betätigen einer der Schaltflächen BEWEGUNG VERFOLGEN oder BEWEGUNG STABILISIEREN ein neuer Tracker angelegt. In der Zeitleiste erscheint ein zusätzlicher Eintrag unter MOTION-TRACKER. Um die Tracker einzublenden, klicken Sie auf die kleinen Dreiecke. Jeder Tracker wird fortlaufend nummeriert und enthält sämtliche Track-Punkte, die jeweils gesetzt wurden.

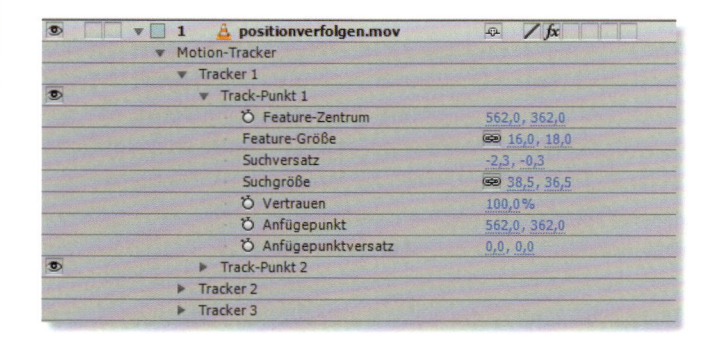

▲ **Abbildung 22.18** ❶
Für kleine Korrekturen gut: das manuelle Verschieben der Marken für das Feature-Zentrum mit dem Auswahl-Werkzeug

---

Keyframe-Interpolation im Tracker anpassen

Die im Tracker in der Zeitleiste angezeigten Keyframes können wie die Keyframes eines Bewegungspfads interpoliert werden. Um eine andere Interpolationsmethode festzulegen, markieren Sie die entsprechenden Keyframes in der Zeitleiste und wählen ANIMATION • KEYFRAME-INTERPOLATION. Zur genauen Handhabung lesen Sie mehr in Kapitel 11, »Keyframe-Interpolation«.

Abbildung 22.19 ▶
Jeder Track-Punkt ist mit einer Reihe animierbarer Eigenschaften ausgestattet.

Jeder Track-Punkt enthält folgende animierbare Eigenschaften:
▶ **Feature-Zentrum**: Ändern Sie die Werte für das FEATURE-ZENTRUM, verschiebt sich der gesamte Track-Punkt. Die Werte geben die Positionskoordinaten des Feature-Zentrums an.

22.1 Der Motion Tracker von After Effects

- **Feature-Größe**: Die FEATURE-GRÖSSE gibt die Größe der Feature-Region – also der Region, die an das zu verfolgende Feature angepasst wird – in Pixel an.
- **Suchversatz**: Wie der Name bereits besagt, handelt es sich hierbei um den Versatz der Suchregion gegenüber der Feature-Region.
- **Suchgröße**: Die SUCHGRÖSSE steht für die Größe der Suchregion in Pixel.
- **Vertrauen**: Gibt die Genauigkeit an, mit der das verfolgte Feature durch den Tracker im Suchbereich bestimmt werden konnte.
- **Anfügepunkt**: Ändern Sie die Werte für den ANFÜGEPUNKT, verschiebt sich dieser unabhängig von der Feature- und der Suchregion. Einen Ebenen- oder einen Effektankerpunkt fügen Sie mit der Schaltfläche ANWENDEN an der Position des Anfügepunkts an das verfolgte Feature an.
- **Anfügepunktversatz**: Eine Änderung der Werte an dieser Stelle führt ebenfalls zu einer Verschiebung des Anfügepunkts unabhängig von der Feature- und Suchregion. Allerdings werden hier die Werte als Abstand zum Feature-Zentrum ausgedrückt. Den Anfügepunkt zu verschieben ist nur dann sinnvoll, wenn das anzufügende Objekt nicht genau auf dem verfolgten Feature platziert werden soll.

> **Tracker oder Track-Punkt umbenennen**
>
> Zum Umbenennen eines Trackers oder Track-Punkts markieren Sie den bisherigen Namen in der Zeitleiste, drücken dann die Taste ⏎ im Haupttastaturfeld, geben den neuen Namen ein und bestätigen erneut mit der Taste ⏎.

Track-Arten

In der Tracker-Palette finden Sie unter TRACK-ART fünf Kategorien, mit denen Sie den verschiedenen Anforderungen des Trackings begegnen. Um Ihnen einen Überblick zu geben, beschreibe ich hier die Track-Arten im Einzelnen noch einmal genauer.

Bewegung verfolgen (Track-Art »Transformieren«) | Wollen Sie einen Effekt oder eine Bildebene bestimmten Punkten im Filmmaterial, z. B. einem fliegenden roten Ball, folgen lassen, wählen Sie in der Tracker-Palette BEW. VERFOLGEN. Als TRACK-ART erscheint der Eintrag TRANSFORMIEREN.

- **Transformieren: Position**: Mit Hilfe dieser Track-Art verfolgen Sie einzelne Feature-Punkte wie z. B. das Rücklicht eines Autos. Dafür setzen Sie ein Häkchen bei POS. Die ermittelten Tracking-Daten kopieren Sie als Positions-Keyframes in eine von Ihnen gewählte Ebene, die Zielebene, oder einen Effektankerpunkt. Im Workshop »Bewegung verfolgen« finden Sie hierzu eine genaue Erläuterung, die als Grundlage für die weiteren Track-Arten dient.

▲ **Abbildung 22.20**
Es stehen die Track-Arten STABILISIEREN, TRANSFORMIEREN, PARALLELER ECKPUNKT, PERSPEKTIVISCHER ECKPUNKT und ROH zur Verfügung.

Beispiele

📀 Zu den in diesem Abschnitt beschriebenen Track-Arten finden Sie auf der DVD zum Buch im Ordner 22_MOTION-TRACKER das Projekt »motiontracking.aep«. Es enthält mehrere Kompositionen mit Anwendungsbeispielen zu einigen der hier vorgestellten Track-Arten.

▶ **Transformieren: Drehung**: Für diese Track-Art setzen Sie ein Häkchen in der Box DREH. Mit dieser Art des Trackings verfolgen Sie beispielsweise Enden eines gefilmten Stabes in der Quellebene, an die später eventuell ungeheure Gewichte geknüpft werden sollen. Der Tracker setzt zur Ermittlung der Tracking-Daten automatisch zwei Track-Punkte. Im Beispiel aus Abbildung 22.21 habe ich einen Trackpunkt manuell auf der gelben Tüte platziert, den anderen auf dem Ausrufezeichen des Verkehrsschilds. Die Feature- und Suchregion wurden justiert. Wie bei allen Track-Arten starten Sie das Tracking der Drehung über eine der ANALYSIEREN-Schaltflächen der Tracker-Palette. Beim Anwenden der ermittelten Track-Daten generiert der Tracker Keyframes für die Eigenschaft DREHUNG in der Zielebene. Um das Bild aus Abbildung 22.22 zu erzeugen, habe ich außer für die DREHUNG in der Box POS. ein Häkchen gesetzt. So wurden in der Zielebene für den hinzugefügten Baum Keyframes sowohl für die POSITION als auch für die DREHUNG generiert.

▲ **Abbildung 22.21**
Um Keyframes für die Drehung zu erstellen, ermittelt der Tracker den Winkel zwischen den zwei Track-Punkten.

▲ **Abbildung 22.22**
Nach dem Betätigen der Schaltfläche ANWENDEN passt sich die Zielebene (der Baum) der Bewegung der zwei Track-Punkte an.

© pixelio.de –Reinhold Kiss

▶ **Transformieren: Skalierung**: Ein Häkchen in der Box für SKAL. bewirkt ein ähnliches Tracking wie das der DREHUNG. Es werden ebenfalls automatisch zwei Track-Punkte geschaffen. Bei der Anwendung des Track-Ergebnisses auf eine Zielebene werden dort Skalierungs-Keyframes generiert. Die Zielebene wird dabei proportional skaliert, und zwar im Verhältnis der Entfernung der beiden Track-Punkte zueinander. Verringert sich die Entfernung, wird die Zielebene also verkleinert, ansonsten vergrößert.

Eckpunkte verfolgen | Mit den beiden Track-Arten PARALLELER ECKPUNKT und PERSPEKTIVISCHER ECKPUNKT haben Sie die Möglichkeit, jeweils vier Punkte in bewegtem Filmmaterial zu verfolgen. Auf diese Weise ersetzen Sie beispielsweise ein Werbeplakat

22.1 Der Motion Tracker von After Effects

in einem Film leicht durch ein in der Postproduktion erstelltes Standbild.

- **Perspektivischer Eckpunkt**: Diese Track-Art ähnelt der zuvor beschriebenen Track-Art PARALLELER ECKPUNKT. Allerdings sind nun alle vier Track-Punkte am Tracking beteiligt und müssen auf die vier Ecken eines rechteckigen Features eingerichtet werden. Die Verwendung dieser Track-Art ist für rechteckige Flächen gedacht, die perspektivisch verjüngt aufgenommen wurden. Das könnte z. B. ein Buchdeckel sein, der geöffnet wird, oder wie im abgebildeten Beispiel die Ecken des Hauses, die sich zwar nur leicht durch einen Schwenk verjüngen. Nach Anwendung der Track-Daten wurden auch hier Keyframes in der gewählten Zielebene für den Effekt ECKPUNKTE VERSCHIEBEN und für die Eigenschaft POSITION generiert. Im Beispiel wurden zwei Tracker verwendet. Die Trackpunkte habe ich auf je einem Fenster platziert. Die Anfügepunkte des ersten Trackers lagen oberhalb des Hauses, so dass der Schriftzug »tracker« eingefügt werden konnte. Die Anfügepunkte des zweiten Trackers lagen auf dem Haus. So ließe sich dort eine Werbung aufbringen.

> **Zielebene in Kompositionsgröße**
>
> Da der Tracker außer der eingestellten Kompositionsgröße keine Bezugsgröße hat, werden die Positionen des Effekts ECK-PUNKTE VERSCHIEBEN von den Eckpunkten der Komposition aus berechnet. Daher sollte Ihre Zielebene immer Kompositionsgröße haben. Bei Textebenen etc. verschachteln Sie den Text in eine entsprechend große Komposition und wenden dann auf diese Komposition die Track-Daten an.

▲ **Abbildung 22.23**
Mit der Track-Art PERSPEKTIVISCHER ECKPUNKT tracken Sie perspektivisch verjüngte Flächen. Alle vier Track-Punkte sind aktiv. Die Anfügepunkte sind hier außerhalb der Track-Punkte gesetzt.

▲ **Abbildung 22.24**
Die Ecken der Zielebene liegen auch hier nach Anwendung der Track-Daten auf der vorherigen Position der Anfügepunkte.

◂ **Abbildung 22.25**
In diesem Beispiel wurden die Positionsdaten per Expression ausgelesen und auf zwei Explosionen angewendet, die daher die Kamerabewegung mitmachen.

685

Effektpunktsteuerungen verfolgen

Die Option EFFEKTPUNKTSTEUE-RUNGEN VERFOLGEN sei hier der Vollständigkeit wegen erwähnt. Im Workshop am Anfang des Kapitels haben Sie bereits eine Möglichkeit kennengelernt, Track-Daten in einen Effektpunkt zu übertragen. Dazu haben Sie den Effektankerpunkt in der Tracker-Palette als Ziel angegeben. Sie erreichen die richtigen Tracker-Einstellungen aber auch, indem Sie zuerst den Effektankerpunkt in der Zeitleiste markieren. Im Falle des Effekts BLENDENFLECKE wäre dies der MITTELPUNKT DER LICHTBRECHUNG. Anschließend wird im Menü ANIMATION der Eintrag EFFEKTPUNKTSTEUERUNGEN VERFOLGEN aktiv. Wenn Sie diese Option auswählen, wird im Tracker automatisch das passende Bewegungsziel eingestellt. Die TRACK-ART ist in diesem Falle TRANSFORMIEREN, und es wird die Position verfolgt.

▶ **Paralleler Eckpunkt**: Diese Track-Art eignet sich dafür, vier Punkte eines Rechtecks (also eines Werbeplakats, eines Fernsehers oder dergleichen) zu verfolgen, die günstigenfalls ohne perspektivische Verjüngung aufgenommen wurden. Wenn möglich sollten Sie vor der Aufnahme vier deutlich erkennbare Punkte auf dem Rechteck platzieren, deren Farbe sich stark abhebt. Der Tracker bietet drei Track-Punkte an, während ein vierter automatisch berechnet wird. Vor dem Tracking platzieren Sie die Feature- und die Suchregion der drei aktiven Track-Punkte auf die Ecken bzw. Marker des zu verfolgenden Rechtecks. Der vierte Punkt verschiebt sich automatisch. Welcher der vier Track-Punkte das sein soll, können Sie selbst neu definieren. Dazu markieren Sie den Punkt, der zukünftig automatisch berechnet werden soll, und klicken bei gedrückter Alt-Taste auf die Feature-Region des Track-Punkts.

Wie bei jedem Trackpunkt können Sie die Anfügepunkte (die kleinen Kreuze in der Mitte der Feature-Region außerhalb der Feature-Region platzieren. Nach dem Anwenden der ermittelten Track-Daten werden die Ecken einer Zielebene genau auf die Position der Anfügepunkte gesetzt. Dies erreicht der Tracker über den Effekt ECKPUNKTE VERSCHIEBEN. Der Tracker generiert dort für jede Ecke Keyframes. Außerdem legt er Keyframes für die Positionseigenschaft der Zielebene an.

Roh | Die Track-Art ROH ist nicht etwa besonders grobschlächtig, sondern dafür gedacht, Punkte in bewegtem Material zu verfolgen, wenn eine Zielebene noch nicht vorhanden ist. Ist ROH gewählt, wird nur ein Track-Punkt sichtbar. Da Sie mit dieser Track-Art nur die Position eines Features verfolgen können, ist diese VERFOLGEN-Option schon von vornherein aktiviert, und weitere Optionen wie DREHUNG und SKALIERUNG sind nicht verfügbar.

Wenn Sie weitere Track-Punkte benötigen, fügen Sie sie über das Menü der Tracker-Palette hinzu. Das Menü erreichen Sie über die kleine Schaltfläche oben rechts mit der Option NEUER TRACK-PUNKT. Die Feature- und die Suchregion des Track-Punkts richten Sie wie beschrieben ein. Nach dem Analysieren der Bewegung des Features werden die ermittelten Track-Daten dauerhaft in der Filmebene gespeichert.

Die Daten können Sie anschließend per Expression auslesen oder auf eine später hinzugekommene Zielebene anwenden. Dazu müssen Sie die TRACK-ART allerdings beispielsweise auf TRANSFORMIEREN umstellen, denn bei der TRACK-ART ROH sind die Schaltflächen ZIEL BEARBEITEN und ANWENDEN nicht aktiv.

22.1 Der Motion Tracker von After Effects

Bewegung stabilisieren | Wollen Sie eine verwackelte Kameraaufnahme nachträglich stabilisieren, wählen Sie die Track-Methode BEWEGUNG STABILISIEREN (❸ in Abbildung 22.1). Erhoffen Sie sich aber nicht zu viel. Sehr stark verwackelte Aufnahmen büßen eine Menge Bildinformation an den Rändern ein und sind auch schwierig zu tracken. Als TRACK-ART erscheint der Eintrag STABILISIEREN. Beim Stabilisieren einer Bewegung ist die Quellebene immer auch die Zielebene, da diese ja die verwackelte Aufnahme enthält und stabilisiert werden soll.

▶ **Stabilisieren: Position**: Haben Sie diese Track-Art gewählt, können Sie auf dem Feature (also dem zu verfolgenden Punkt) im Film einen Track-Punkt platzieren, der nach Anwendung der ermittelten Track-Daten unverrückbar an derselben Stelle verbleiben soll. Die Feature-Region und den Suchbereich des Trackpunkts richten Sie wie bei allen Track-Arten ein. Das war bereits das Thema des Workshops »Bewegung verfolgen«.

Nach Anwendung der Track-Daten wackelt nicht mehr der Punkt im Bild, sondern der Bildrahmen verwackelt um den getrackten Punkt. Dies ist der Grund für Bildverluste an den Rändern der verwackelten Aufnahme, die eine Skalierung notwendig machen. Trotzdem ist dieses Tracking für kleinere Korrekturen gut geeignet. Damit der verfolgte Punkt fixiert bleibt, werden Keyframes für den Ankerpunkt der Ebene generiert, die die Verwacklung ausgleichen.

Größe der Ausgabedatei reduzieren

Stabilisieren ist eine Möglichkeit, die Größe der Ausgabedatei zu reduzieren. Da viele Encoder nur die sich ändernden Bilddaten abspeichern und redundante Bilddaten entfernen oder stärker komprimieren, ist ein stabiles Bild günstig. Verwackelte Videos enthalten mehr sich ändernde Bilddaten.

◀ **Abbildung 22.26**
Wenn eine verwackelte Aufnahme stabilisiert wird, kommen leicht Bildverluste an den Rändern zustande. Verwenden Sie also besser ein Stativ!

▶ **Stabilisieren: Drehung**: Die Box für die DREHUNG wird oft gemeinsam mit der Box POSITION verwendet. Zusätzlich können Sie damit leichte Verwacklungen um die Kameraachse ausgleichen. Dabei werden nach dem Anwenden der Track-Daten neben den Keyframes für den Ankerpunkt auch Keyframes für die Drehung generiert, die den Verwacklungen entgegenwirken. Wurde die Kamera während der Aufnahme geschwenkt, sollten Sie die Box POSITION deaktivieren.

Null-Objekte für Tracking nutzen

Null-Objekte sind unsichtbare Ebenen, die Sie über den Menüpunkt EBENE • NEU • NULL-OBJEKT generieren. Sie können wie oben beschrieben Positionsdaten aus Videoebenen auslesen, also tracken, und diese dann auf ein Null-Objekt anwenden. Auf die Positionsdaten in der Null-Objekt-Ebene greifen Sie wiederum per Expression zu oder indem Sie einer oder mehreren Ebenen das Null-Objekt überordnen. Um die Positionsdaten per Expression auszulesen, markieren Sie die Eigenschaft POSITION der Zielebene und wählen ANIMATION • EXPRESSION HINZUFÜGEN oder klicken mit [Alt] auf die Stoppuhr der Positionseigenschaft. Ziehen Sie dann das Gummiband ❶ auf die Positionseigenschaft des Null-Objekts.

Wie Sie Ebenen überordnen, lesen Sie in Abschnitt 11.7, »Parenting: Vererben von Eigenschaften«.

Im Projekt »motiontracking.aep« im Ordner 22_MOTION_TRACKING/MOTIONTRACKINGCS6 auf der DVD finden Sie ein Beispiel in der Komposition »Null-Objekt«. Hier wurde ein Luftballon verfolgt, dessen getrackte Positionsdaten auf ein Null-Objekt angewandt wurden. Per Überordnung wurden diese Daten dann in die Text-Ebenen übertragen, um die Namen zu animieren.

> **Beispiel**
>
> Auf der Buch-DVD finden Sie im Ordner BEISPIELMATERIAL/22_MOTION_TRACKING/MOTIONTRACKINGCS6 die Datei »motiontracking.aep«.

▼ **Abbildung 22.27**
Per Expression oder Überordnung lesen Sie die Positionsdaten, die der Tracker geschaffen hat, aus und übertragen diese in eine oder mehrere weitere Ebenen.

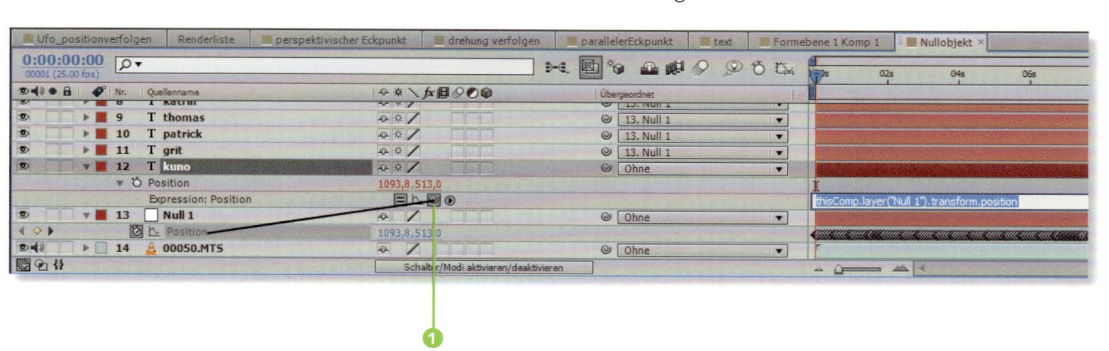

3D-Kameratracker

Vermutlich werden Sie den in der Version CS6 hinzugekommenen 3D-Kameratracker sehr schnell lieben. Dieser Tracker analysiert nämlich Ihr Videomaterial vollkommen selbstständig und bietet Ihnen anschließend verschiedenste Ebenen im Video an, die sich zum Anheften von Rauchsäulen oder computergenerierten Objekten etc. eignen. Dies werden wir im nächsten Workshop gleich praktisch angehen.

▲ **Abbildung 22.28**
Alle Namen erhalten ihre Positionsdaten vom Null-Objekt, das den Namen-Ebenen übergeordnet ist.

Schritt für Schritt:
Kamera tracken

In diesem Workshop ermitteln Sie zuerst die Kamerabewegung mit dem 3D-Kameratracker und verwenden die Daten anschließend dazu, um dem Video einen Text, Schatten und eine Rauchsäule hinzuzufügen.

1 Vorbereitung

Erstellen Sie ein neues Projekt, und importieren Sie die Datei »00082.mts« aus dem Ordner 22_Motion_Tracking/3DKameratracker von der DVD. Ziehen Sie die Datei auf das Kompositions-Symbol im Projektfenster ❷, um eine Komposition mit passender Größe und Dauer zu schaffen. Benennen Sie die Komposition mit dem Titel »kameratracker«.

Die benötigten Dateien für diesen Workshop finden Sie auf der DVD unter Beispielmaterial/22_Motion_Tracking/3DKameratracker

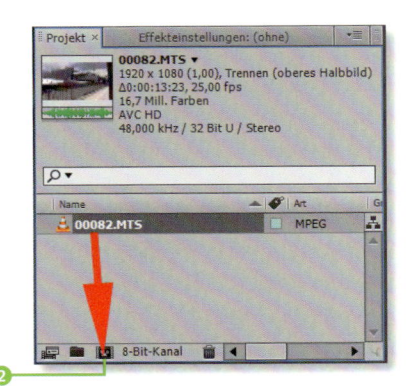

Abbildung 22.29 ▶
Das importierte Video ziehen Sie auf das Kompositions-Symbol.

Auf der Brücke soll ein Text mit Schattenwurf eingefügt werden und … meinetwegen auch eine Rauchsäule.

2 3D-Kameratracker hinzufügen

Der 3D-Kameratracker ist ein Effekt, den Sie über EFFEKTE • PERSPEKTIVE • 3D-KAMERATRACKER der markierten Videoebene hinzufügen. Oder Sie nutzen bei markierter Ebene die Tracker-Palette und klicken dort auf den Button KAMERA VERFOLGEN oder wählen im Menü ANIMATION • KAMERA VERFOLGEN. Sofort beginnt der Tracker zu arbeiten, was Sie am blauen Banner »ANALYSIEREN IM HINTERGRUND« erkennen. Nun können Sie noch einmal über den letzten Abend bei Ihrer Freundin oder Ihrem Freund nachdenken, denn auch beim Tracker dauert es ein wenig, bis die Analyse fertig ist. Allerdings könnten Sie jetzt auch an anderen Kompositionen weiterarbeiten, da der Tracker im Hintergrund arbeitet, ohne After Effects zu beeinträchtigen.

▼ **Abbildung 22.30**
Während der Tracker arbeitet, sehen Sie diese Banner.

Track-Punkte manuell wählen

Sie können drei oder mehr Track-Punkte auch manuell wählen. Klicken Sie diese dazu bei gedrückter Taste ⇧ an.

Nachdem der Tracker eine Lösung angekündigt hat, stehen Ihnen etliche bunte Track-Punkte im Video zur Verfügung. Da diese hier recht klein sind, ändern Sie sie im Effektfenster unter TRACK-PUNKT-GRÖSSE auf 200 %.

Bewegen Sie nun die Maus über das Video: Sobald sich der Mauszeiger zwischen den Trackpunkten befindet, werden dreieckige Flächen und eine Art Zielscheibe eingeblendet. Zum Einfügen des Textes auf der Brücke suchen Sie eine Zielscheibe, die in etwa der Perspektive der Brücke entspricht. Dazu navigieren Sie zum Zeitpunkt 02:00. Hier bieten sich mehrere Flächen an. Wählen Sie eine etwas weiter hinten liegende wie in der Abbildung ❸.

◀ **Abbildung 22.31**
Wir wählen ein Bullseye, das perspektivisch in etwa passend zur Brücke liegt.

Arbeitsbereich trimmen
Bei der Analyse wird immer die gesamte Komposition analysiert. Um kürzere Sequenzen des Videos zu analysieren, stellen Sie zuerst den Arbeitsbereich auf die gewünschte Dauer, klicken dann mit der rechten Maustaste in die Arbeitsbereichsleiste und wählen KOMPOSITION AUF ARBEITSBEREICH TRIMMEN.

❸ Schattenfänger, Kamera und Licht

Für den Text, der auf der Brücke landen soll, benötigen wir eine Beleuchtung und eine Ebene, die den Schatten des Textes abbildet, sowie nicht zuletzt eine Kamera, die die Bewegung der Videokamera unserer Aufnahme nachahmt. Dies ist ganz einfach: Klicken Sie mit der rechten Maustaste auf unsere erwählte Zielscheibe 1. Im Kontextmenü wählen Sie SCHATTENFÄNGER, KAMERA UND LICHT ERSTELLEN ❹, und im Nu erhalten Sie die gewünschten drei Ebenen.

◀ **Abbildung 22.32**
Per rechter Maustaste erschaffen Sie getrackte Objekte.

Nur Schattenfänger
Der Schattenfänger bzw. Tiefenfänger ist nichts weiter als eine Farbfläche mit aktivierter 3D-Option, für die unter MATERIALOPTIONEN bei EMPFÄNGT SCHATTEN die Option NUR gewählt wurde.

Es hängt nun ganz von Ihren Vorschaueinstellungen ab, ob Sie eine schwarze Fläche auf der Brücke sehen oder gar nichts. Im Modus AUS (ENDGÜLTIGE QUALITÄT) sehen Sie nichts, da für die Schattenebene noch kein Objekt existiert, das Schatten werfen könnte. Im Modus SCHNELLER ENTWURF ist die Schattenfläche zu sehen, was gut ist, um die Fläche nachher an den Schatten anzupassen.

Kapitel 22   Motion Tracking

Klicken Sie, um den Text zu erstellen, ein zweites Mal mit der rechten Maustaste auf die aktive Zielscheibe, und wählen Sie TEXT ERSTELLEN ❶.

Abbildung 22.33 ▶
Im Vorschaumodus SCHNELLER ENTWURF erscheint der Schattenfänger als schwarze Fläche.

Wenn Sie das Video jetzt in endgültiger Qualität anschauen, klebt der Text fest auf der Brücke und sollte perfekt jede Kamerabewegung mitmachen. Der Tracker hat dafür in der Kameraebene etliche Keys geschaffen. Als nächstes kommen wir zu den Einstellmöglichkeiten des 3D-Kameratrackers.

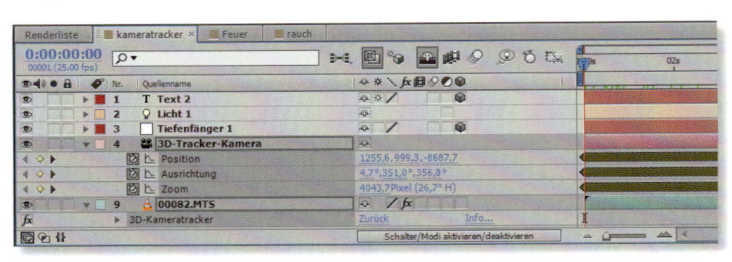

Abbildung 22.34 ▶
Alle Ebenen werden automatisch generiert, und die Kamera erhält passende Keys.

4   Effekteinstellungen des 3D-Kameratrackers
Für den Fall, dass die automatische Analyse des Trackers keine passenden Ergebnisse liefert, können Sie unter EINSTELLUNGSART wählen, ob Ihr Material mit einem festen horizontalen Blickwinkel, einem variablen Zoom oder einem speziellen Blickwinkel aufgenommen wurde. Sobald Sie hier etwas ändern, beginnt der Tracker, an einer neuen Lösung zu tüfteln.

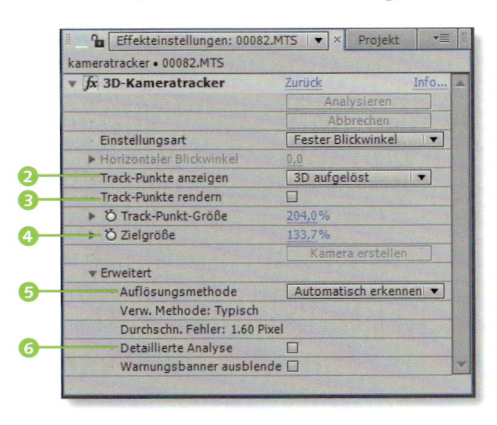

Abbildung 22.35 ▶
Der 3D-Kameratracker und seine Optionen

692

Unter TRACK-PUNKTE ANZEIGEN ❷ können Sie die Punkte mit 2D AUFGELÖST ohne Perspektive oder mit 3D AUFGELÖST perspektivisch anzeigen lassen.

Die Option TRACK-PUNKTE RENDERN ❸ verwenden Sie, wenn Sie die Punkte im Zeitverlauf beobachten wollen, um sie beispielsweise mit einem anders analysierten Video zu vergleichen. Aber Vorsicht! Hierbei bleiben die Punkte auch nach der Endausgabe sichtbar!

Die ZIELGRÖSSE ❹ ist wichtig, denn sie hat Einfluss auf die Größe des dem Video hinzugefügten Materials. Sie legen hier also schon die Größe des Texts fest, der auf der Brücke erscheinen soll.

Unter ERWEITERT definieren Sie per AUFLÖSUNGSMETHODE ❺ ihre Kamerabewegung. TYPISCH wählen Sie, wenn Sie weder einen reinen Schwenk noch eine statische Aufnahme gemacht haben, wie im Beispielmovie. Die anderen beiden Optionen dienen der statischen Aufnahme und dem Schwenk. War Ihnen alles zu ungenau, wählen Sie DETAILLIERTE ANALYSE ❻ und denken noch länger über den vorigen Abend nach. Das Warnbanner ist nur das Banner, das Sie schon gesehen haben – nichts Schlimmes.

> **Tracker verwirrt**
>
> Sich bewegende Objekte können den Tracker verwirren. Markieren Sie ungünstige Track-Punkte, und löschen Sie sie per ⌦-Taste. Gegebenenfalls rendern Sie die Track-Punkte zuvor, um ungünstige Punkte zu erkennen.

> **Tiefenfänger unverfügbar**
>
> Haben Sie die unter Track-Punkte anzeigen den Eintrag 2D AUFGELÖST gewählt, können Sie nur eine Kamera erstellen, keinen Schattenfänger, da dann keine Perspektivdaten verfügbar sind. Ein manuell erzeugter Text, für den Sie die 3D-Option aktivieren, wird perfekt getrackt.

5 Text, Licht und Schatten anpassen

Ab hier sollten Sie zuvor bereits das Kapitel 23, »3D in After Effects«, gelesen haben, sonst wird es eventuell zu kompliziert, aber abhalten will ich Sie auch nicht

Navigieren Sie wieder zum Zeitpunkt 02:00, und markieren Sie die Textebene. Text und Schatten sind vom Tracker per se als 3D-Ebenen erzeugt worden, was Sie am kleinen Würfel-Symbol auf diesen Ebenen erkennen. Positionieren Sie das Drehen-Werkzeug (W) genau auf der roten x-Achse, bis anstelle des Cursors ein kleines Anführungszeichen? x erscheint, und drehen Sie den Text senkrecht. Auf der Y-Achse drehen Sie ihn quer zur Fahrtrichtung des Radfahrers. Per Auswahl-Werkzeug (V) verschieben Sie den Text nach rechts neben den Fahrradweg. Ziehen Sie dazu an je einer der Achsen. Natürlich lässt sich der Text noch editieren. Klicken Sie den Text dazu doppelt in der Zeitleiste an, und wählen Sie in der Zeichenpalette SCHRIFTGRÖSSE, FARBE etc. aus. Ich habe mich für den Text »good luck!« entschieden.

Die Größe der Ebene TIEFENFÄNGER 1, also des Schattenfängers, verändern Sie zunächst auf 4.500 Px × 4.500 Px. Markieren Sie dazu die Ebene, und wählen Sie den Menüpunkt EBENE • EINSTELLUNGEN FÜR FARBFLÄCHEN. Da wir später noch eine Maske hinzufügen werden, können wir die Ebene nicht einfach skalieren, da dies zu ungewollten weichen Kanten an den Maskenrändern führt. Verschieben Sie die Ebene noch so wie in der Abbildung, damit sie den Schatten empfangen kann.

▲ Abbildung 22.36
Den Text editieren, drehen und verschieben Sie. Den Schattenfänger verschieben Sie ebenfalls und vergrößern ihn.

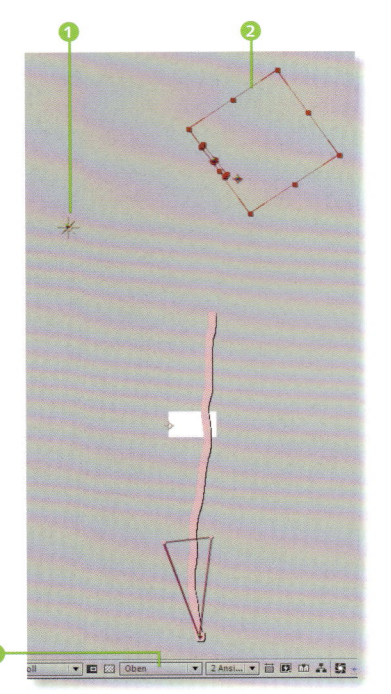

In der Licht-Ebene klappen Sie die LICHTOPTIONEN auf und stellen die SCHATTENTIEFE etwa auf 40 % und die WEICHE SCHATTENKANTE auf 300 Pixel.

Damit der Schatten ähnlich fällt wie der vom Geländer, muss das Licht ❶ links vom Text ❷ platziert sein. Dazu wählen Sie am besten eine zweite Kompositionsansicht und verschieben das Licht in der Ansicht von OBEN ❸ wie in der Abbildung.

Letztendlich fällt der Schatten auch auf den Pfeiler im Video, wo er unerwünscht ist. Um dies zu beheben, fügen Sie der Ebene TIEFENFÄNGER 1 eine Maske hinzu, die Sie im Zeitverlauf animieren. Dazu zeichnen Sie die Maske am Zeitpunkt 00:00 wie in Abbildung 22.36 rund um den Pfeiler und wählen dann für die Maske die Option UMGEKEHRT in den Ebeneneigenschaften.

Für diese erste Maskenform setzen Sie am Zeitpunkt 00:00 einen Key bei MASKENPFAD. Alle weiteren Keys entstehen, indem Sie jeweils die Maske an anderen Zeitpunkten anpassen. Günstig ist es, zunächst im Zeitverlauf nach jeder Sekunde einen Key für die Eigenschaft MASKENPFAD zu setzen, indem Sie die Maske an jeder Sekunde an den Pfeiler anpassen. Anschließend justieren Sie die Maske, indem Sie zwischen den Keys gegebenenfalls weitere Anpassungen vornehmen.

Weitere Informationen zu animierten Masken erhalten Sie in Abschnitt 18.4, »Masken-Interpolation«.

▲ Abbildung 22.37
Das Licht ist hier in der Ansicht von OBEN links vom Text platziert.

22.1 Der Motion Tracker von After Effects

◄ **Abbildung 22.38**
Eine Maske auf der Ebene Tiefenfänger 1 verhindert, dass der Schatten auf den Pfeiler fällt.

▲ **Abbildung 22.39**
Im Zeitverlauf wurden Keys für die Option Maskenpfad gesetzt. Für die Maske wurde hier die Option Umgekehrt verwendet.

6 **Null-Objekt tracken und Rauch einfügen**
Importieren Sie die Datei »BlackSmokeMasked.mov« der Firma Detonation Films aus dem Ordner Motion Tracking/3DKameratracker/Footagefenster. Die Qualität der Datei ist zwar nicht berauschend, da sie nicht für HD-Material geschaffen wurde, aber dafür ist sie kostenlos und unlizensiert verfügbar. Ziehen Sie die Datei in die Zeitleiste, und aktivieren Sie die 3D-Option der Ebene, indem Sie auf das Würfel-Symbol der Ebene klicken. Skalieren Sie die Datei auf 790 % (dadurch wird sie noch pixeliger – zum Üben reicht es aus, falls Sie das aber zu sehr stören sollte, können Sie im Internet nach einem anderen lizenzfreien Video stöbern, das Ihren Vorstellungen entspricht.)

Markieren Sie wieder den Effekt 3D-Kameratracker wie zu Anfang des Workshops, und suchen Sie erneut die Zielscheibe, die wir anfangs verwendet haben. Klicken Sie mit der rechten Maustaste darauf, und wählen Sie Null-Ebene erstellen. Für die Null-Ebene ist automatisch die 3D-Option aktiviert, und sie folgt der Kamera. Damit der Rauch dies auch tut, ordnen Sie die Null-Ebene dem Rauch über. Wie Sie Ebenen überordnen, lesen Sie in Abschnitt 11.7, »Parenting: Vererben von Eigenschaften«.

▼ **Abbildung 22.40**
Hier folgen zwei Rauch-Ebenen der Ebene Null-Ebene 1.

Um den Rauch auf der Brücke zu verschieben, bietet es sich an, die Werte bei Ankerpunkt zu verändern. Ziehen Sie die Werte, und platzieren Sie den Rauch damit links neben dem Schriftzug. Lassen Sie den Rauch am Zeitpunkt 04:11 beginnen, damit der Radfahrer noch durch die Rauchsäule fährt.

Wenn Ihr Rechner und Ihre Zeit es noch hergeben, können Sie den Text noch extrudieren, wenn Sie zuvor die Komposition auf Ray-traced 3D umschalten. Wie das geht, steht im 3D-Kapitel. Gutes Gelingen!

Abbildung 22.41 ▶
Der Rauch und der Text machen die Kamerabewegung mit.

Verkrümmungsstabilisierung

Den Effekt Verkrümmungsstabilisierung, der in der Version CS5.5 hinzukam, nutzen Sie, um nicht allzu stark verwackelte Kameraaufnahmen zu beruhigen oder die Verwacklung ganz zu beseitigen.

Sie fügen den Effekt über die Schaltfläche Verkrümmungsstabilisierung in der Tracker-Palette, über Effekte • Verzerren • Verkrümmungsstabilisierung oder Animation • Verkrümmungsstabilisierung einer markierten Videoebene hinzu. Wie der Effekt 3D-Kameratracker analysiert die Verkrümmungsstabilisierung zunächst Ihr Material und bietet dann eine Lösung an.

Voreingestellt sind im Effekt unter Stabilisierung bei Ergebnis die Option Ruhige Bewegung und bei Methode die Option Subspace-Warp ❷. Je nach Material verändern Sie diese Einstellungen. Mit der Option Keine Bewegung ❶ versucht der Effekt, Punkte im Bild vollkommen unverwackelt zu halten. Mit den Methoden Position, Perspektive und Position, Skalierung, Drehung werden dementsprechende Kamerabewegungen ausgeglichen, während Subspace-Warp Teile des Bilds verzerrt, um den Frame insgesamt unverwackelt zu halten. Dies führt bei stärkerer Bewegung zu unschönen Verzerrungen. In diesem Fall wechseln Sie zu Position, Skalierung, Drehung.

22.1 Der Motion Tracker von After Effects

◀ **Abbildung 22.42**
Die Optionen des Effekts VERKRÜMMUNGSSTABILISIERUNG

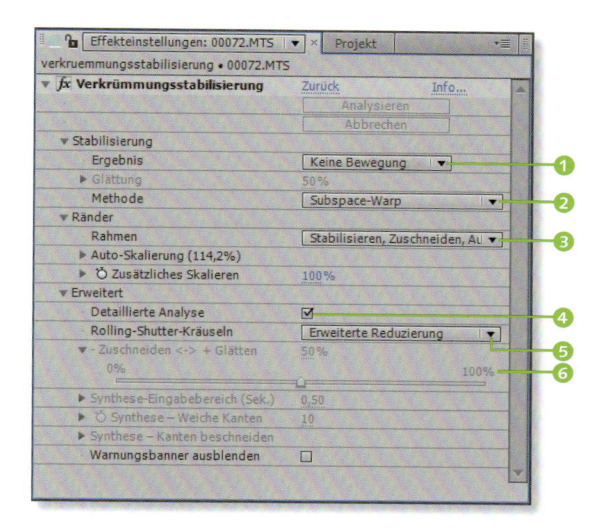

Unter RÄNDER bei RAHMEN ❸ können Sie gut erkennen, was der Effekt eigentlich macht. Ist NUR STABILISIEREN gewählt, wackelt der Rahmen um die Aufnahme herum, anstatt dass die Aufnahme im Rahmen wackelt. Bei STABILISIEREN, ZUSCHNEIDEN wird der Bereich festgelegt, der noch ohne wackeligen Rand dem Seitenverhältnis des Formats entspricht; kommt AUTO-SKALIERUNG hinzu, skaliert der Effekt das Bild, damit es ins Format passt. Mit STABILISIEREN, KANTEN SYNTHETISIEREN versucht der Effekt, den fehlenden Randbereich durch Bildinformationen aus vorherigen und nachfolgenden Frames auszugleichen.

Unter ERWEITERT setzen Sie gegebenenfalls ein Häkchen bei DETAILLIERTE ANALYSE ❹ und verwenden unter ROLLING-SHUTTER-KRÄUSELN die ERWEITERTE REDUZIERUNG ❺, wenn senkrechte Linien verzerrt erscheinen. Die Option ZUSCHNEIDEN < -> + GLÄTTEN ❻ ist nur bei der Option RUHIGE BEWEGUNG aktiv und sorgt bei geringeren Werten für einen geringeren Kantenbeschnitt. Auch die Option NUR STABILISIEREN kann den Beschnitt verringern.

Beispiel

Ein Beispiel finden Sie im Ordner 22_MOTION_TRACKING/ VERKRUEMMUNGSSTABILISIERUNG im Projekt »Verkruemmungs-stabilisierungCS6« auf der DVD.

◀ **Abbildung 22.43**
Mit der Option NUR STABILISIEREN sehen Sie, wie der Effekt das Bild dreht, skaliert und verschiebt, um die Kamerabewegung auszugleichen.

22.2 Mocha

Während der in After Effects integrierte Motion Tracker pixelbasiert arbeitet, kommt in Mocha ein flächenbasiertes Tracking zum Einsatz. Der klassische After-Effects-Tracker verfolgt also Pixel im Videomaterial und ist somit anfällig für jegliche Störungen wie Artefakte, Unschärfen und verdeckte oder außerhalb des Bildes geratene Pixel, die eigentlich verfolgt werden sollen. Da Mocha nicht die Pixel, sondern die Form des Objekts verfolgt, werden die meisten Fehler ausgeschlossen, und das Tracking geht schneller und ist präziser. Die gewonnenen Tracking-Daten können Sie dann für After Effects und viele andere Applikationen exportieren und in den Versionen ab Adobe After Effects 6 verwenden.

> **Imagineer Systems**
> Weitere Informationen zur Firma Imagineer Systems und Mocha finden Sie unter www.imagineersystems.com.

Schritt für Schritt:
Eckpunkte verfolgen mit Mocha

Im folgenden Workshop werden Sie die Umgangsweise mit Mocha erlernen. Die Dateien für den Workshop sowie die fertigen Mocha- und After-Effects-Projekte zur Kontrolle finden Sie auf der DVD im Ordner 22_MOTION-TRACKING/MOCHA.

> Die benötigten Dateien für diesen Workshop finden Sie auf der DVD unter BEISPIELMATERIAL/22_MOTION_TRACKING/MOCHA.

1 Vorbereitung
Kopieren Sie die Datei »mobile.mov« aus dem Ordner 22_MOTION_TRACKING/MOCHA von der DVD, und legen Sie sie in einem eigenen Ordner ab. Importieren Sie die Datei in After Effects, und ziehen Sie sie dort auf das Kompositions-Symbol im Projektfenster, um eine Komposition mit passender Größe und Dauer zu schaffen. Benennen Sie die Komposition mit dem Titel »mobile«.

2 Erste Einstellungen in Mocha
Markieren Sie nun die Datei in der Zeitleiste, und wählen Sie dann ANIMATION • AE IN MOCHA VERFOLGEN. Mocha startet, und es erscheint das Fenster NEW PROJECT.

- CHOOSE ❹: Per Klick auf diesen Button können Sie einen Pfad zum zu importierenden Clip wählen, der hier schon vorgegeben ist. Geben Sie eventuell einen neuen Projektnamen ein. Außerdem können Sie unter LOCATION den Output-Ordner mit CHANGE neu wählen.
- OPTIONS ❶: In dieser Karte werden Informationen zum importierten Clip zusammengefasst. Sie können die Länge unter FRAME RANGE verändern und unter PIXEL ASPECT RATIO ein Standard-Pixelseitenverhältnis wählen. Belassen Sie es vorerst bei HD.

▶ FRAME RATE ❷: Hier wählen Sie die Zahl, die zur Framerate Ihres After-Effects-Projekts passt. Da meist mit PAL gearbeitet wird und unser Clip ebendiese Rate verwendet, wählen wir hier 25.

▶ SEPARATE FIELDS ❸: Falls das Material aus Halbbildern besteht, wählen Sie hier bei den Eintrag LOWER FIELD FIRST oder UPPER FIELD FIRST. Da es sich im Workshop um Material ohne Halbbilder handelt, wählen Sie OFF. Beenden Sie den Dialog mit OK.

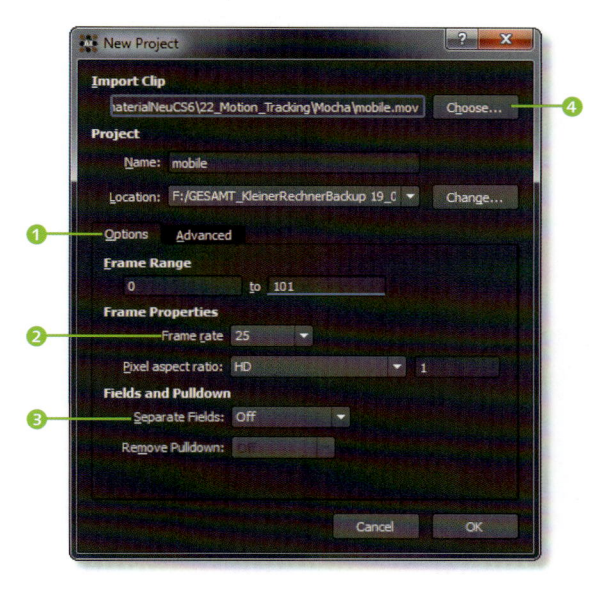

Schnelle Festplatte

Sie sollten als Speicherorte für die Mocha-Dateien in jedem Falle immer eine schnelle Festplatte mit viel Platz auswählen, da Mocha Daten schreibt, die durchaus den dreifachen Platz Ihres Originalclips belegen können. Durch diese Daten sichert Mocha eine hohe Wiedergabegeschwindigkeit des Clips im Programm.

◀ Abbildung 22.44
Im Project Wizard legen Sie die Importeinstellungen zum Clip fest.

3   Output Settings

Bevor Sie beginnen, schauen wir uns ein paar Voreinstellungen an. Öffnen Sie diese über FILE • PREFERENCES. Im Dialog PREFERENCES bestimmen Sie in der Karte OUTPUT SETTINGS den Speicherpfad des Mocha-Projekts. Sie können den Eintrag unter OUTPUT DIRECTORY von RELATIVE PATH in ABSOLUTE PATH ändern, um auf Wunsch einen anderen als den voreingestellten Speicherpfad für die Projektdatei und die gerenderten Dateien zu definieren.

Wir bleiben hier bei RELATIVE PATH ❺ (Abbildung 22.45); so landet Ihre Projektdatei automatisch im Unterordner des Ordners, in dem sich Ihr Originalclip befindet. Dieser Ordner heißt RESULTS ❻. Wollen Sie einen anderen Ordner, klicken Sie auf die Schaltfläche CHOOSE ❾.

Unter CACHE DIRECTORY ❼ legen Sie fest, in welchem Ordner Ihre Bilddaten und die automatisch gesicherten Projektdateien abgelegt werden. Kreuzen Sie die Box bei CACHE ORIGINAL CLIP ❽ an, damit der Originalclip ebenfalls im bei CACHE DIRECTORY definierten Ordner gesichert wird. Dies beschleunigt die Wiedergabe und den Workflow. Bestätigen Sie den Dialog mit OK.

Kapitel 22 Motion Tracking

Abbildung 22.45 ▶
Zunächst passen Sie die Voreinstellungen an.

4 Der Clip in Mocha

Der Film wird nun im Bildfenster innerhalb von Mocha angezeigt. Unten in der Karte CLIP finden Sie unter GENERAL noch einmal die Möglichkeiten, neues Material zu importieren ❿ und den Ausgabeordner zu wechseln ⓫ sowie unter ATTRIBUTES ⓬ Informationen zum Clip.

Abbildung 22.46 ▼
In der Karte CLIP tauschen Sie bei Bedarf das Material aus und legen Einstellungen zum Clip fest.

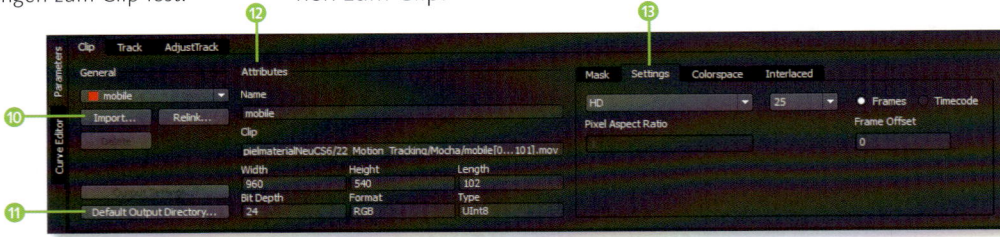

Mocha hat automatisch erkannt, dass es sich bei dem Clip um ein HD-Format handelt, so dass Sie in der Karte SETTINGS ⓭ keine andere Einstellung aus dem Popup-Menü wählen müssen. Wenn der Clip nicht zentriert angezeigt wird, drücken Sie die Taste [X] und verschieben den Clip dann mit der Hand.

Wenn Sie den Clip jetzt einmal mit den Steuerungen unter dem Bildfenster ⓱ abspielen, sehen Sie, dass das Material recht unscharf ist, Artefakte aufweist und die rechte obere Ecke des Mobiltelefons oft außerhalb des Bildrands ist.

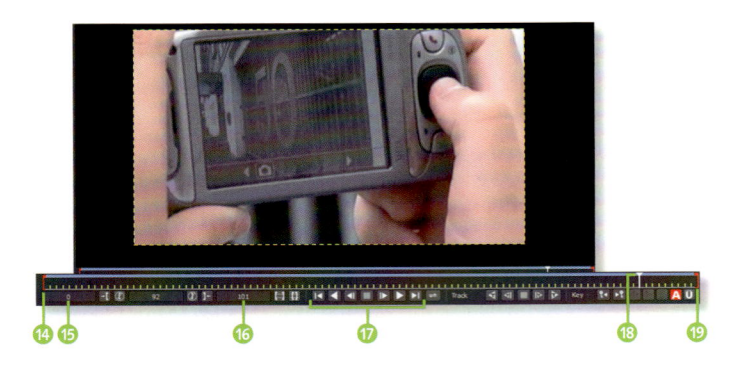

Abbildung 22.47 ▶
Im Bildfenster steuern Sie den Clip oder beschneiden ihn.

700

Außer mit der üblichen Steuerung können Sie schnell durch das Material spulen, indem Sie die Marke ⑱ ziehen. Mit den roten Markierungen ⑭ und ⑲ beschneiden Sie das Material am Anfang und am Ende, wenn Sie nicht den ganzen Clip tracken wollen. Die Zahlenfelder ⑮ und ⑯ dienen dem gleichen Zweck. Wir wollen aber den ganzen Clip.

5 Objekt separieren

Damit der Tracker weiß, was er verfolgen soll, legen wir einen Rahmen oder besser einen Maskenpfad um das zu verfolgende Objekt an. Ziehen Sie die Zeitmarke auf den Frame 0, und klicken Sie dann auf CREATE X-SPLINE LAYER TOOL ㉑.

◀ **Abbildung 22.48**
Im Bildfenster zeichnen Sie mit dem X-SPLINE TOOL eine Art Maske um das Mobiltelefon.

Zeichnen Sie damit Klick für Klick einen Pfad um das Mobiltelefon. Machen Sie das nicht zu genau – der Pfad soll ein wenig Abstand zu den Objekträndern haben. Damit der Tracker besser arbeitet, setzen Sie auch bei geraden Objektkanten ein paar Punkte mehr. Richten Sie sich im Zweifel nach der Abbildung. Wenn Sie in die Nähe des Anfangspunkts kommen und die Maske beenden möchten, klicken Sie mit der rechten Maustaste.

Anschließend bearbeiten Sie gegebenenfalls den Pfad mit dem PICK TOOL ⑳. Klicken Sie damit auf Punkte, und verschieben Sie sie bei Bedarf. In den Ecken des Bildfensters werden dann für ein präzises Justieren vergrößerte Darstellungen des Bildausschnitts eingeblendet. Wenn Sie den blauen Anfasser an einem Punkt verkürzen, erhalten Sie an dieser Stelle einen stark gebogenen Pfad, beim Verlängern wird der Pfad eckig.

6 Flächen ausschließen

Problematisch für den Tracker können die auf dem Display des Mobiltelefons erscheinenden Reflexionen werden. Wir werden diese Fläche also aus der schon geschaffenen Maske aussparen.

Dazu wählen Sie das Werkzeug ADD X-SPLINE TO LAYER ㉒. Zeichnen Sie damit im ersten Frame eine Maske in der Größe des Displays. Diesmal benötigen wir allerdings nur die vier Eckpunkte. Das fertige Rechteck hat abgerundete Ecken. Wir ändern das, indem wir mit dem PICK TOOL auf einen Eckpunkt klicken. Drücken Sie dann die rechte Maustaste, und wählen Sie aus dem Einblendmenü die Option SELECTION • SELECT ALL IN SPLINE. Ziehen Sie an dem Anfasser, bis der Pfad an allen vier Punkten eckig ist. Klicken Sie die einzelnen Eckpunkte noch einmal durch, und justieren Sie sie gegebenenfalls genauer in die Ecken.

Abbildung 22.49 ▶
Um die Reflexionen des Displays beim Tracking auszuschließen, umranden Sie es mit einer weiteren Maske.

Zur Kontrolle dessen, was wir gemeinsam fabriziert haben, demarkieren Sie alle Punkte und klicken oben auf die Schaltfläche MATTES ❶. Sie sehen, das Display ist in der Matte ausgespart – so eine rosarote Brille brauchen wir in diesen krisengeschüttelten Zeiten.

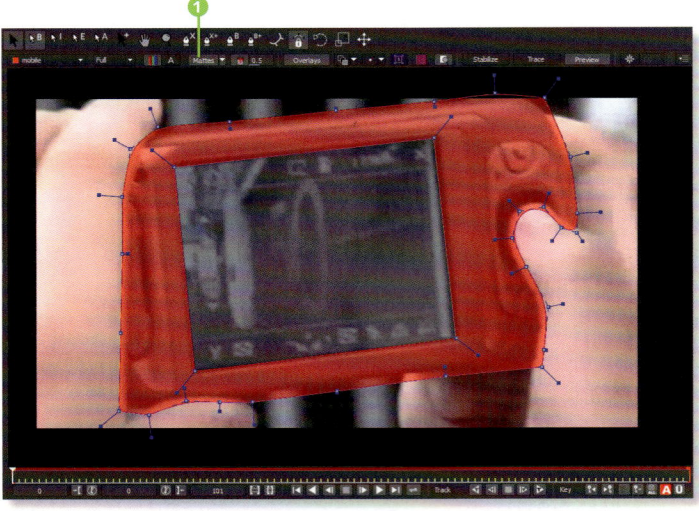

Abbildung 22.50 ▶
Zur Kontrolle blenden Sie die fertige Matte farbig ein.

7 Tracking starten

Öffnen Sie im unteren Teil die Karte TRACK. Falls sie ausgegraut dargestellt ist, klicken Sie mit dem PICK TOOL auf einen der Maskenpfade. Setzen Sie unter MOTION ein Kreuz bei PERSPECTIVE ❷.

▼ **Abbildung 22.51**
In der Karte TRACK justieren Sie die Tracker-Einstellungen.

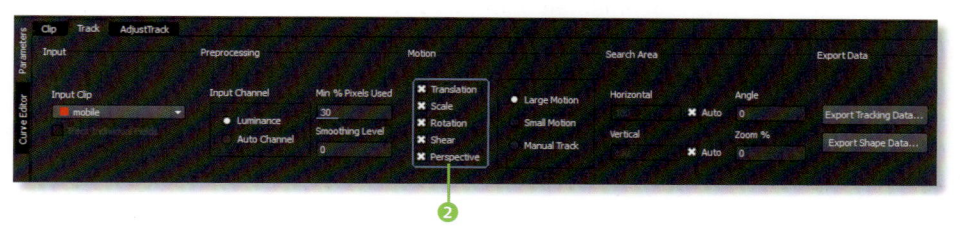

Jetzt können Sie das Tracking starten. Klicken Sie dazu auf die Schaltfläche TRACK FORWARDS ❸. Und nun können Sie sich wieder Ihrem Kollegenschwätzchen oder Ihrer Familie widmen oder mit Warren Buffet über gewinnbringende Anlagestrategien nachdenken.

▲ **Abbildung 22.52**
Starten Sie das Tracking mit den Tracker-Steuerungen.

8 Daten für Eckpunkte

Um in After Effects unser Tracking so verfügbar zu machen, dass wir ein anderes Bild auf das Display »kleben« können, müssen Sie noch festlegen, wo das Display sich überhaupt befindet. Sie haben dies noch nicht mit der zuletzt gezeichneten Maske getan, denn diese dient nur dazu, das Display für den Tracker auszusparen, damit die Reflexionen nicht zu Fehlern führen. Klicken Sie also oben auf die Schaltfläche SHOW PLANAR SURFACE ❺. Es wird ein schlecht sichtbarer blauer Rahmen eingeblendet, der nun die Eckpunkte für After Effects definiert.

Mit dem PICK TOOL positionieren Sie im ersten Frame die Punkte des Rechtecks genau in den Ecken des Displays.

Zur Vorschau des Endergebnisses klicken Sie auf die Schaltfläche SHOW PLANAR GRID ❹. Das eingeblendete Gitter bewegt sich beim Abspielen des Clips perspektivisch richtig.

◄ **Abbildung 22.53**
Um Eckpunktdaten für After Effects zu erhalten, müssen Sie den Surface-Rahmen einrichten.

Set Master All

Mit SET MASTER ALL setzen Sie einen neuen Referenz-Keyframe für alle enthaltenen Referenzpunkte, auf den sich wieder nachfolgende Änderungen beziehen. Mit SET MASTER geschieht das Gleiche für den aktuell markierten Referenzpunkt.

9 Adjust Track

Sollte das Surface an den Eckpunkten noch nicht ausreichend genau auf das Display passen, navigieren Sie mit der Zeitmarke zunächst bis zu dem letzten Frame, der noch ausreichend genau war. Nehmen Sie in unserem Workshop beispielsweise Frame 20.

Klicken Sie dann im Bildfenster den Pfad bzw. den Surface-Rahmen an. Klicken Sie jetzt auf die Karte ADJUST TRACK. Durch den Klick auf SET MASTER setzen Sie für den jeweils markierten Eckpunkt des Surface einen Keyframe, der für alle nachfolgenden Keyframes als Referenzpunkt dient. Mit SET MASTER ALL legen Sie alle Punkte des Surface als Referenzpunkte fest. In der Zeitleiste wird ein Keyframe eingefügt ❷, und im Bildfenster erscheinen vier Referenzpunkte (rote Kreuze). Diese dienen als Referenz, wo die Surface-Eckpunkte noch perfekt eingerichtet waren. Alles, was danach kommt, wird sich nun daran messen lassen müssen.

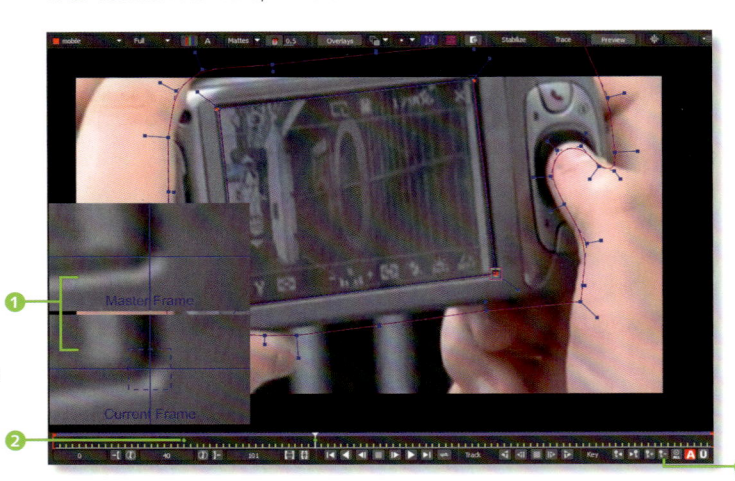

Abbildung 22.54 ▶
Um das Surface haargenau auf das Display einzupassen, korrigieren Sie mittels Referenzpunkten und Keyframes.

Reference-Point-Linien

Die Referenzpunkte sind durch gestrichelte Linien miteinander verbunden. Erscheinen diese grün, sind die Referenzpunkte gut platziert, bei Rot sind sie schlecht platziert und bei Gelb mittelmäßig.

Navigieren Sie anschließend zu einem Frame, bei dem der Surface-Rahmen nicht hundertprozentig auf das Display passt, beispielsweise Frame 40. Klicken Sie mit dem PICK TOOL auf einen der gedrifteten Eckpunkte. Im Bildfenster werden zusätzlich zwei Vergrößerungen des Eckpunkts eingeblendet ❶. Davon ist die obere Darstellung die Ihres Master Frames (also dort, wo der Key gesetzt wurde), und die untere zeigt den Eckpunkt am aktuellen Frame. Jetzt korrigieren Sie entweder manuell oder automatisch: manuell, indem Sie den Punkt anklicken und per Maus dem Master anpassen; automatisch, indem Sie ihn anklicken und dann in der Karte ADJUST TRACK auf die Schaltfläche AUTO klicken. Mocha erledigt das dann für Sie, und Sie erhalten in jedem Falle einen neuen grünen Key in der Zeitleiste.

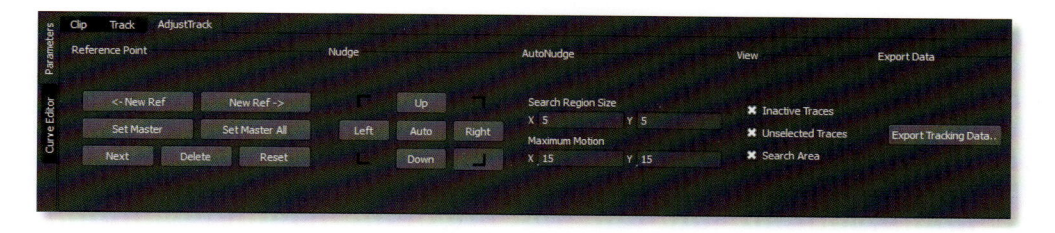

22.2 Mocha

So fahren Sie fort, bis alle gedrifteten Punkte korrigiert sind. Für eine solche Korrektur müssten Sie mit dem After Effects Motion Tracker entweder das Tracking wiederholen oder die Track-Punkte auf jedem einzelnen Frame anpassen.

◀ **Abbildung 22.55**
Mit der Schaltfläche Auto ist das Korrigieren ein Kinderspiel.

10 Export für After Effects

Sie können in den Karten TRACK und ADJUST TRACK unter EXPORT DATA auf die Schaltfläche EXPORT TRACKING DATA klicken. Unter FORMAT im darauf erscheinenden Dialog treffen Sie folgende Auswahl:

▶ **After Effects Corner Pin**: Hierbei exportieren Sie die X-, Y-Information der beim Surface befindlichen und getrackten Eckpunkte. Es gibt zwei Varianten: eine unterstützt Red Giant Warp, die andere unterstützt die Bewegungsunschärfe in After Effects.

▶ **After Effects Transform Data**: Hierbei werden sowohl Ankerpunkt als auch X- und Y-Positionswerte sowie Skalierungs- und Rotationswerte für das gesamte Surface exportiert.

Keyframes löschen

Wollen Sie einen Keyframe aus der Zeitleiste entfernen, navigieren Sie in den entsprechenden Frame und betätigen bei KEY unter dem Videofenster die Schaltfläche DELETE KEYFRAMES AT CURRENT POSITION ❸.

Wählen Sie AFTER EFFECTS CORNER PIN [SUPPORTS MOTION BLUR]. Sie können mit SAVE eine Textdatei speichern, die es Ihnen ermöglicht, die Tracking-Daten auch auf einem anderen Computer zu verwenden. Wählen Sie aber COPY TO CLIPBOARD, da wir die Daten gleich in After Effects verwenden möchten.

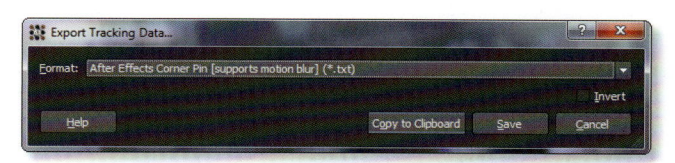

◀ **Abbildung 22.56**
Die Eckpunktdaten exportieren Sie entweder in die Zwischenablage oder als Textdatei.

11 Verwendung in After Effects

Kehren Sie nun zum After-Effects-Projekt mit dem importierten Clip zurück. Importieren Sie die Datei »screen.psd« aus dem Ordner 22_MOTION_TRACKING/MOCHA von der DVD, und ziehen Sie sie über den Clip in die Zeitleiste. Markieren Sie die Ebene »Screen.psd«, und wählen Sie dann BEARBEITEN • EINFÜGEN.

Kapitel 22 Motion Tracking

Abbildung 22.57 ▲
Das kleinere Foto links soll in das Display des Mobiltelefons rechts eingepasst werden.

Anschließend wird der Ebene automatisch der Effekt EFFEKT-PUNKTE VERSCHIEBEN hinzugefügt. Auch die in After Effects dafür üblichen Keyframes pro Frame sind eingefügt. Nur leider passt das Bild nicht genau auf das Display.

Dies liegt daran, dass das Foto kleiner ist als die Video-Komposition und somit der Ankerpunkt nicht mit dem des Videos übereinstimmt. Sie können das simpel lösen, indem Sie das Foto manuell auf das Display verschieben. Besser ist es allerdings, vorher eine Extrakomposition für das Foto in der Größe des Videos (960 × 540) anzulegen. Das Foto skalieren Sie darin, bis es die Komposition ausfüllt.

Diese Komposition ziehen Sie dann in die Videokomposition und wenden die Tracking-Daten darauf an. So geht es ganz genau. Falls Sie nicht folgen konnten, schauen Sie in den mitgelieferten Projekten »mobileFertigCS6.aep« und »mobileFertig.mocha« nach. Hier habe ich noch weitere Anpassungen mittels Weichzeichner-Effekt und Blendmodi vorgenommen, um das Foto besser an die Videoqualität anzugleichen.

▼ **Abbildung 22.58**
In After Effects markieren Sie die Fotoebene oder Fotokomposition und fügen die Tracking-Daten ein.

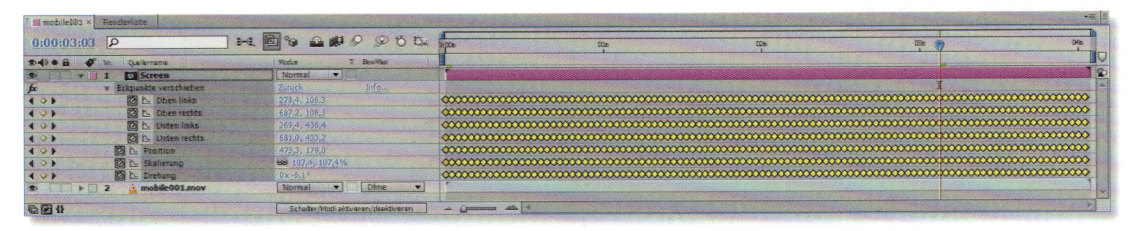

Abbildung 22.59 ▶
Im Endergebnis passt das Foto ins Display, als wäre es das Originalmaterial.

22.2 Mocha

Sie haben also gesehen, mit dem Mocha-Tracker ist es nicht nötig, perfekt aufgenommenes Videomaterial für das Tracking zu verwenden!

Mocha Shape Data

Seit After Effects CS5 unterstützt After Effects auch das Mocha-Shape-Plugin. Dadurch erhalten Sie die Möglichkeit, die in Mocha erstellten Pfade, die Sie für die Form eines Objekts und für das Surface des Objekts erstellt haben, als Matte oder Maskenpfade in After Effects zu übernehmen – also eine zusätzliche Art und Weise, Objekte in Filmmaterial freizustellen.

Schritt für Schritt:
AE-Matte und AE-Masken erstellen mit Mocha

Im vorigen Mocha-Workshop haben wir für den Umriss des Mobiltelefons einen Maskenpfad innerhalb von Mocha gezeichnet, um die Bewegungen zu verfolgen. Diesen Maskenpfad verwenden wir nun als Matte in After Effects.

Die benötigten Dateien für diesen Workshop finden Sie auf der DVD unter BEISPIELMATERIAL/22_MOTION_TRACKING/MOCHA

1 Vorbereitung
Um den Weg zur Verwendung von Mocha Shape nachzuvollziehen, nutzen Sie am besten das Projekt »mobileFertig.mocha« aus dem Ordner 22_MOTION_TRACKING/MOCHA von der DVD.

2 Shape Data exportieren
Nach dem Öffnen des Projekts klicken Sie oben links unter LAYER CONTROLS auf LAYER 1. Öffnen Sie dann unten die Karte TRACK, und wählen Sie dort unter EXPORT DATA die Schaltfläche EXPORT SHAPE DATA.

Im folgenden Dialog wählen Sie SELECTED LAYER, um nur für diesen Layer Daten zu exportieren. Um die Daten gleich in After Effects weiterzuverwenden, wählen Sie COPY TO CLIPBOARD.

▲ **Abbildung 22.60**
Wählen Sie den Layer, für den Daten exportiert werden sollen.

▲ **Abbildung 22.61**
Die Daten exportieren wir für den gewählten Layer.

3 Shape Data in After Effects
Öffnen Sie das Projekt »mobileFertig« von der DVD. Öffnen Sie darin die Komposition »mobileFertig«. Schalten Sie das Augen-

Symbol für die Ebene »Screen« aus. Markieren Sie die Ebene »mobile.mov«.

Fügen Sie die Mocha-Daten per [Strg]+[V] ein. Sofort erscheint die Ebene im Kompositionsfenster mit einer Matte. In der Zeitleiste erhalten Sie zwei Effekte, die den Namen des in Mocha markierten Layers tragen. Ein Effekt wurde für die Bewegungen des Surface eingefügt, der andere für den in Mocha erstellten Pfad rund um das Mobiltelefon. Alle Bewegungsdaten sind als Keyframes in der Zeitleiste enthalten.

▼ Abbildung 22.62
In der Zeitleiste werden die Bewegungsdaten als Keyframes angezeigt.

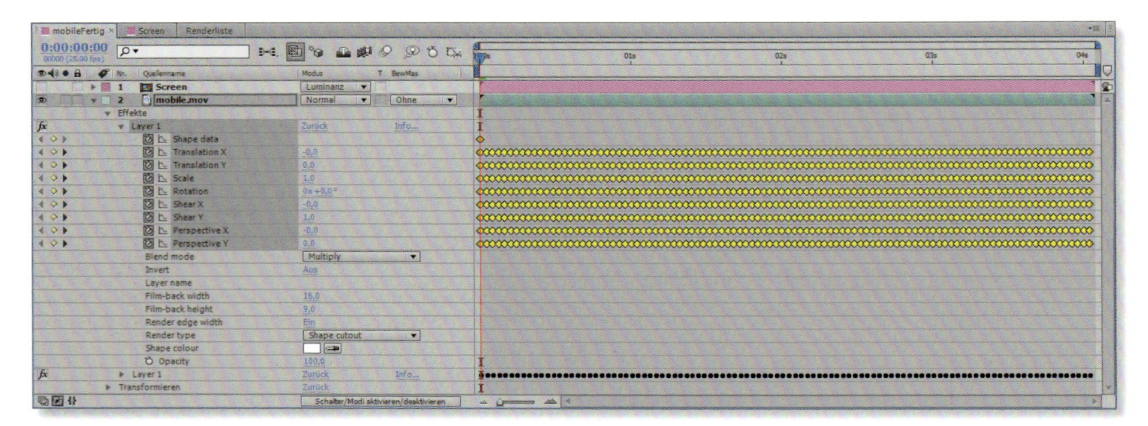

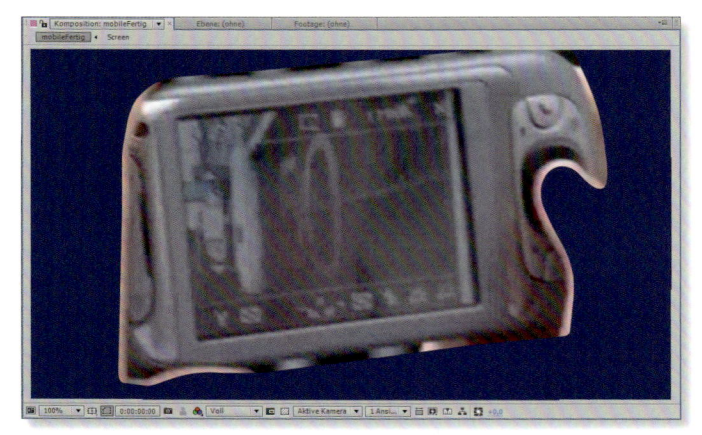

Abbildung 22.63 ▶
Mocha Shape schafft aus den exportierten Mocha-Daten eine Matte für After Effects.

4 Einstellungen für Mocha Shape

Klicken Sie in der Zeitleiste doppelt auf einen der Effektnamen, um die Effekteinstellungen zu öffnen.

▶ Über BLEND MODE legen Sie fest, wie die beiden Matten des Mobiltelefons und des Surface miteinander interagieren. Wechseln Sie zwischen MULTIPLY, SUBSTRACT und ADD, um entweder allein das Mobiltelefon oder das Surface zu separieren.

▶ Per INVERT kehren Sie die Matte um.

22.2 Mocha

- Mit RENDER EDGE WIDTH können Sie weiche Kanten, die Sie zuvor in Mocha für den Pfad definiert haben, ein- und ausschalten. Da wir diese nicht verwendet haben, gibt es hierbei keine Veränderung.
- Unter RENDER TYPE wählen Sie mit COLOR COMPOSITE eine Farbe für den Bereich der Matte aus und blenden das Originalbild ringsum ein. SHAPE CUTOUT schafft eine Schwarzweißmatte, die Sie als Luma-Matte für andere Ebenen innerhalb der Zeitleiste verwenden können.
- Mit SHAPE COLOUR ändern Sie die Farbe der Matte und mit OPACITY deren Deckkraft.

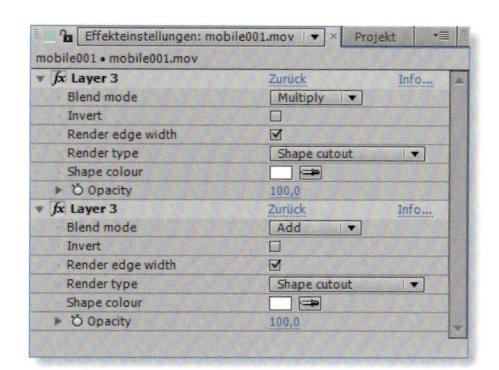

◄ **Abbildung 22.64**
In den Effekteinstellungen verändern Sie die Erscheinungsform der geschaffenen Matte.

5 Mocha Shape Data als After-Effects-Masken

Um die Mocha-Daten nicht als Matte, sondern als Masken für After Effects zu übernehmen, exportieren Sie sie aus Mocha, markieren dann in After Effects die Zielebene und wählen BEARBEITEN • PASTE MOCHA MASK.

Die Bewegungsdaten erscheinen in der Eigenschaft MASKENPFAD. Eine weiche Kante können Sie nun noch nachträglich per WEICHE MASKENKANTE hinzufügen.

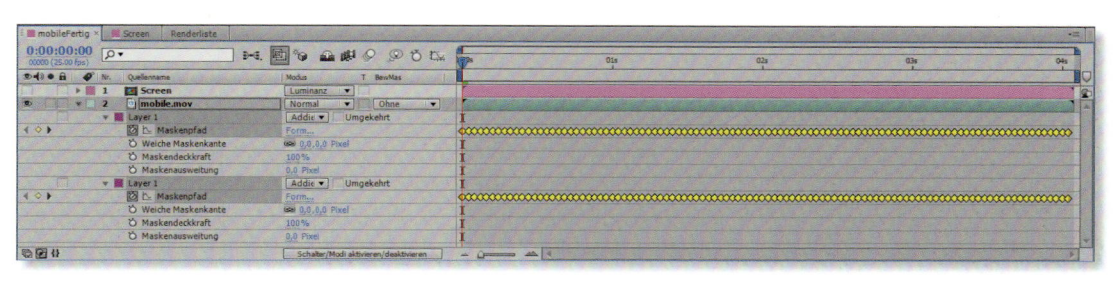

▲ **Abbildung 22.65**
Die Mocha-Daten erscheinen als Maskenpfad-Keyframes in der Zeitleiste.

Kapitel 23
3D in After Effects

Die Assoziation liegt nahe, dass 3D-Objekte in After Effects selbst generiert werden könnten. Und wirklich: Seit der Version CS6 können Sie – innerhalb einer Ray-traced-3D-Komposition – bestimmte 2D-Ebenen extrudieren, also eine Materialdicke hinzuzufügen. So schaffen Sie einfache 3D-Objekte in After Effects.

23.1 3D in einem 2D-Animationsprogramm?

Es mag verwirrend erscheinen, mit einem 2D-Animationsprogramm im dreidimensionalen Raum arbeiten zu können. Tatsächlich ist diese Möglichkeit für das Programm noch relativ jung – sie wurde mit der Version 5 in After Effects integriert. Seitdem ist es möglich, zweidimensionale Flächen im 3D-Raum zu animieren, die 3D-Szenerie mit verschiedenen Lichtquellen zu beleuchten und über Kameras eine weitere Art der Animation zu erreichen.

Um 3D-Ebenen zu einem perfekten Kubus zu formen, die 3D-Ebenen auf einer Kugel anzuordnen oder räumlich gestaffelt zu verteilen, ist PlaneSpace von Red Giant, vormals 3D-Assistents von Digital Anarchy, interessant.

Zum Erstellen komplizierter Objekte greift man allerdings lieber auf einschlägige 3D-Software zurück. After Effects ist auf Dateien verschiedener 3D-Applikationen gut vorbereitet und ermöglicht deren Weiterverarbeitung. Zunächst befassen wir uns aber mit dem 3D-Raum und dem Umgang mit 3D-Ebenen in After Effects.

PlaneSpace
Informationen und Tutorials zu PlaneSpace finden Sie auf der Website *www.redgiantsoftware.com* unter PRODUCTS/PLANE-SPACE.

Invigorator nicht mitgeliefert
Falls Sie den Zaxwerks 3D-Invigorator, der mit der Version 7 noch mitgeliefert wurde, noch kennen: Das Plug-in wird auch für die Version CS6 noch kostenpflichtig über die Seite *www.zaxwerks.com* vertrieben. Allerdings haben Sie nun innerhalb von Ray-traced-3D-Kompositionen auch in After Effects fast alle Gestaltungsmöglichkeiten des Invigorators.

2D- und 3D-Ebenen und Koordinaten

Sie verwandeln jede 2D-Ebene in eine 3D-Ebene, indem Sie die 3D-Option für die Ebene aktivieren (dazu gleich mehr). Zusätz-

2D- und 3D-Ebenen mischen

Eine Komposition kann sowohl 2D- als auch 3D-Ebenen enthalten. Was bei der Arbeit mit gemischten Ebenen zu beachten ist, beschreibe ich in Kapitel 13, »Das Rendern«.

lich zu der bisherigen x- und y-Achse zur Positionierung von 2D-Ebenen kommt eine z-Achse für die Tiefe hinzu. Eine 3D-Ebene bleibt zunächst flächenhaft, kann aber auf der z-Achse vom Betrachter weg und zu ihm hin verschoben und im Raum gedreht werden. After Effects errechnet dabei die perspektivische Verjüngung der Ebenen und erzeugt realistisch wirkende Szenarien. Bei Einstellungsebenen hat die 3D-Option keine Wirkung auf die darunterliegenden Ebenen, anders als bei angewandten Effekten.

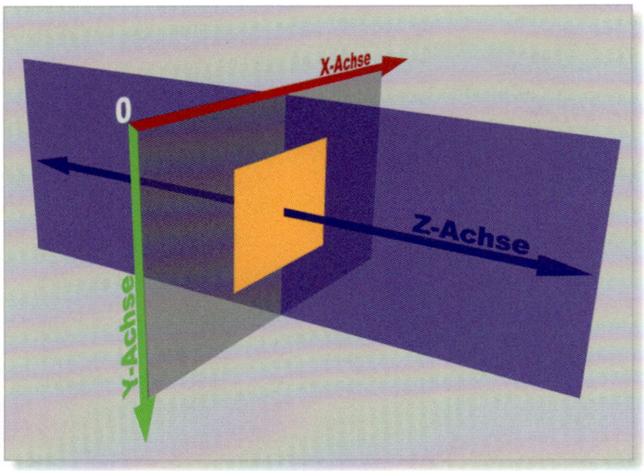

Abbildung 23.1 ▶
Eine 3D-Ebene (orangefarbene Fläche) wird mittels der Koordinaten X, Y und Z im Raum positioniert und kann animiert werden.

In einer Komposition wird jede Ebene anhand ihres Ankerpunkts auf den Achsen X, Y und Z im Raum positioniert. Für die Achsen X und Y liegt der Nullpunkt oben links im Kompositionsfenster. Die 3D-Ebenen befinden sich, wenn Sie nichts geändert haben, immer auf dem Nullpunkt der z-Achse. Die Position einer 3D-Ebene wird also durch drei Werte für die x-, y- und die z-Achse repräsentiert.

Die Werte für diese drei Achsen geben an, wo sich der Ankerpunkt der Ebene im Raum befindet. Verringern Sie die Werte für die x-Achse, verschiebt sich eine 3D-Ebene – von vorn betrachtet – nach links und umgekehrt nach rechts. Auf der y-Achse verschiebt sich eine 3D-Ebene nach oben, wenn die Werte verringert werden, und umgekehrt nach unten. Verringern Sie schließlich die Werte für die z-Achse, bewegt sich die Ebene auf den Betrachter zu und umgekehrt vom Betrachter fort in die Tiefe des Raums.

Für jede 3D-Ebene werden die drei Achsen einzeln angezeigt, wenn die Ebene markiert ist. Jeder Achse ist zur besseren Unterscheidung eine andere Farbe zugeteilt. Die x-Achse wird dabei in Rot, die y-Achse in Grün und die z-Achse in Blau dargestellt. Um die Position der Ebene in Richtung einer Achse zu ändern, ziehen Sie direkt an der jeweiligen Achse.

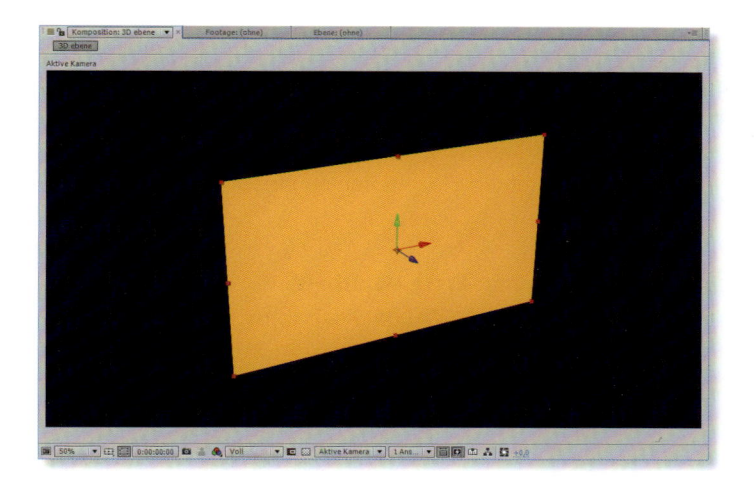

◄ Abbildung 23.2
Für jede 3D-Ebene zeigt After Effects drei Achsen (X: rot, Y: grün und Z: blau) an, anhand derer sie im Raum verschoben werden können.

2D-Ebenen in 3D-Ebenen umwandeln und animieren

Jetzt geht es zum praktischen Teil. – In drei Workshops, die aufeinander aufbauen, erlernen Sie die Arbeit mit 3D-Elementen in After Effects. Im ersten Workshop widmen wir uns den grundlegenden 3D-Funktionen, kommen dann zur Arbeit mit Lichtern, und werden die im ersten Workshop erzeugte 3D-Szene beleuchten. Im dritten Workshop arbeiten Sie mit einer Kamera und schaffen eine Kamerafahrt.

Schritt für Schritt:
Schaffe, schaffe, Häusle baue

In diesem Workshop lernen Sie, 2D-Ebenen in 3D-Ebenen umzuwandeln und diese im Raum zu animieren. Dabei werde ich die grundsätzliche Arbeit mit 3D-Kompositionen erläutern.

1 Vorbereitung

Zuerst schauen Sie sich, wie immer, das fertige Movie »dorf.mov« aus dem Ordner 23_3D/3D-EBENEN an.

Ich werde Ihnen, damit Sie nicht noch ein halbes Buch lesen müssen, die ersten 347 Schritte ersparen, die nötig waren, das Haus für die Animation vorzubereiten. Aber eine kurze Zusammenfassung will ich Ihnen nicht vorenthalten. Die Datei für das Haus stammt aus dem Internet und liegt mit auf der DVD, damit Sie die Schritte selbst ausprobieren können. Ich habe sie in Photoshop in Dach und Haus separiert, per TONWERTKORREKTUR, KURVEN, TIEFEN/LICHTER korrigiert, per FORMGITTER und TRANSFORMIEREN verzerrt, per KOPIERSTEMPEL retuschiert. Für das Dach und die Straße im Movie habe ich Muster aus Ziegeln

Die benötigten Dateien für diesen Workshop finden Sie auf der DVD unter BEISPIELMATERIAL/ 23_3D/3D-EBENEN

bzw. Pflastersteinen erzeugt, was beim näheren Hinsehen noch sichtbar ist. Der Himmel ist eine After-Effects-Farbfläche mit den Effekten VERLAUF und FRAKTALES RAUSCHEN.

Doch nun zum Haus. Es soll zuerst als Abwicklung erscheinen und sich dann aus seinen Einzelteilen zu einem Haus zusammenfalten.

2 Grundsteinlegung: Erste Vorarbeit

Wir werden das Haus aus 10 Ebenen zusammensetzen. Dafür benötigen wir zuerst eine Komposition für das Haus in der Größe 1.580 Px × 1.580 Px und mit einer Dauer von 10 Sekunden, die den Namen »haus« erhalten soll.

Importieren Sie folgende Dateien aus dem Ordner 23_3D/3D-EBENEN, und ziehen Sie sie in die neue Komposition: »dach1«, »dach2«, »haus1«, »haus2«.

Erstellen Sie via EBENE • NEU • FARBFLÄCHE eine Ebene in der Größe 530 × 530 Px. Diese Ebene bildet die Bodenfläche des Hauses; wir benötigen sie als Orientierung zum Positionieren der Wände.

3 2D-Ebenen in 3D-Ebenen umwandeln

Wandeln Sie alle Ebenen in 3D-Ebenen um. Dazu klicken Sie für jede Ebene in der Spalte 3D-EBENE auf das Würfel-Symbol ❶. Sie können auch alle Ebenen schnell umwandeln, indem Sie den Mauszeiger bei gedrückter Maustaste über die Würfel-Symbole ziehen. Wenn Sie die Ebenen markieren, werden danach die Achsen X, Y und Z für jede Ebene angezeigt.

Abbildung 23.3 ▶
Zum Aktivieren der 3D-Eigenschaft klicken Sie das Würfel-Symbol ❶ für die Ebenen an.

Abbildung 23.4 ▶
Für jede 3D-Ebene (hier eine Hausseite) werden die Ebenenachsen eingeblendet, wenn die Ebene markiert ist.

4 Ebenen im Raum verschieben

Im nächsten Schritt sollen die Ebenen so verschoben werden, dass sie zusammengeklappt ein Haus ergeben. Um die Ebene im Raum zu verschieben, ergeben sich drei Möglichkeiten:

- Klicken Sie die Ebene direkt im Kompositionsfenster an, und verschieben Sie sie frei, also in jede Richtung unabhängig.
- Klicken Sie jeweils auf eine der angezeigten Achsen der Ebene, und ziehen Sie daran, um die Ebene ausschließlich auf **einer** Achse zu verschieben. Neben dem Mauszeiger erscheint in diesem Fall ein kleines x, y oder z, um anzuzeigen, um welche Achse es sich handelt.
- Ändern Sie die Werte für X, Y oder Z in der Zeitleiste.

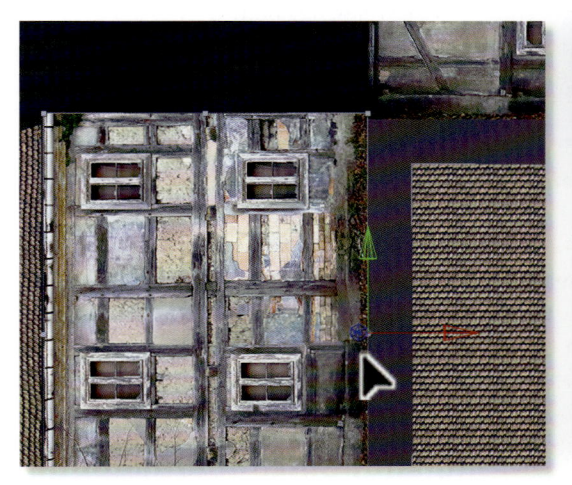

▲ **Abbildung 23.5**
Um eine Ebene frei in allen Richtungen zu verschieben, klicken Sie in die Ebene und ziehen.

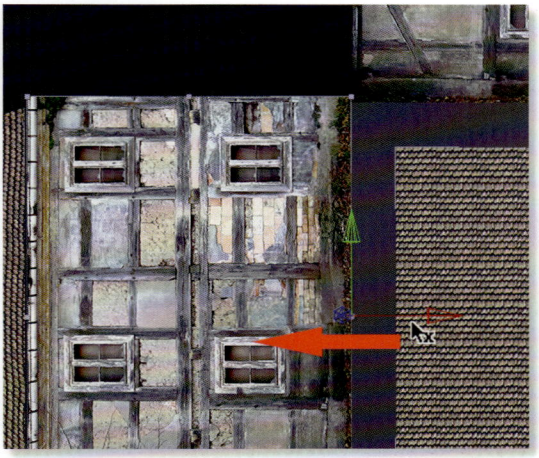

▲ **Abbildung 23.6**
Um eine Ebene ausschließlich in Richtung einer Achse zu verschieben, klicken Sie die Achse an und ziehen.

Wählen Sie vorerst die dritte Möglichkeit. Markieren Sie dazu die Ebene »haus1«, und drücken Sie die Taste P, um die Positionseigenschaft einzublenden. Dort sehen Sie im Gegensatz zu 2D-Ebenen drei Werte, jeweils für die Achsen, die ärgerlicherweise nicht so eingefärbt sind wie die Achsen im Kompositionsfenster. Daher muss man meist erst die Werte verändern und dann zurücksetzen, um herauszufinden, welcher Wert welche Achse repräsentiert. In unserem Fall sollte es der zweite Wert sein. Ziehen Sie so lange daran, bis der untere Rand der Hauswand bündig mit der Bodenfläche ist. Verfahren Sie ebenso mit »dach1«, bis es bündig mit der Wand positioniert ist.

Markieren Sie dann die Ebene »haus2«, und drücken Sie die Taste R zum Einblenden der DREHUNG. Im Vergleich zu den 2D-Ebenen sind die AUSRICHTUNG, die X-DREHUNG, Y-DREHUNG und die Z-Drehung hinzugekommen. Tippen Sie bei Z-Drehung den Wert 0× +90° in das Feld, und verschieben Sie die Wand dann bündig nach rechts.

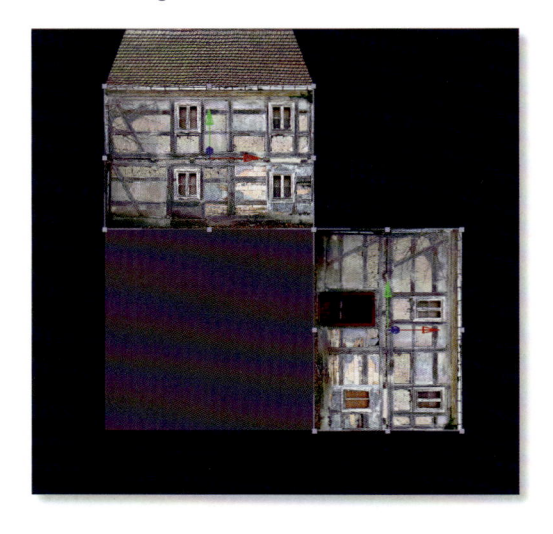

Abbildung 23.7 ▶
Die Wand von »haus1« ziehen Sie bündig zur Bodenfläche.

Bevor Sie das komplette Haus weiterbauen, müssen Sie die Ankerpunkte verschieben, denn um diese dreht sich nachher die ganze Animation. Wählen Sie das Ankerpunkt-Werkzeug (Y), und klicken Sie zuerst die Ebene »dach1« im Kompositionsfenster an. Dort, wo alle Achsen entspringen, befindet sich der Ankerpunkt. Klicken Sie ihn direkt an, und ziehen Sie ihn genau auf die untere Kante der Ebene. Vergrößern Sie dazu ruhig die Kompositionsansicht. Verfahren Sie mit den beiden anderen Ebenen genauso.

Abbildung 23.8 ▶
Voraussetzung für die Animation: die richtige Position des Ankerpunkts.

23.1 3D in einem 2D-Animationsprogramm?

Anschließend duplizieren Sie die Ebene »dach1« drei Mal und die Ebene »haus1« zwei Mal. Verschieben und drehen Sie die Ebenen (Z-Drehung), bis Sie die Anordnung aus der Abbildung erreicht haben. Wenn alles stimmt, blenden Sie zum Schluss die Bodenebene aus.

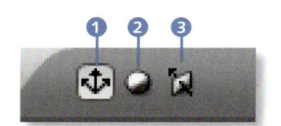

▲ **Abbildung 23.9**
Die möglichen Achseneinstellungen von 3D-Ebenen in After Effects

◄ **Abbildung 23.10**
In der Zeitleiste sind bei den 3D-Ebenen einige Eigenschaften hinzugekommen.

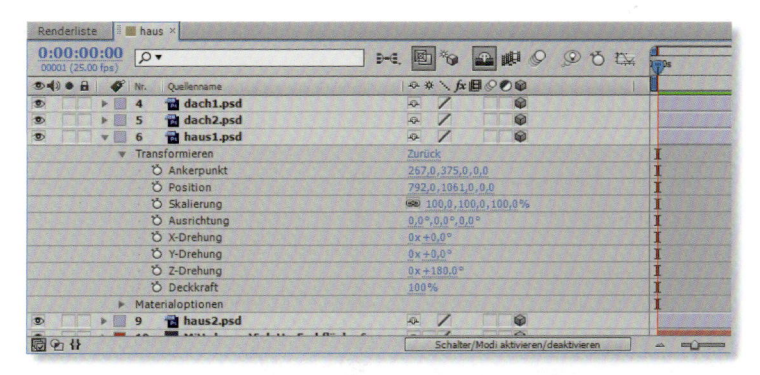

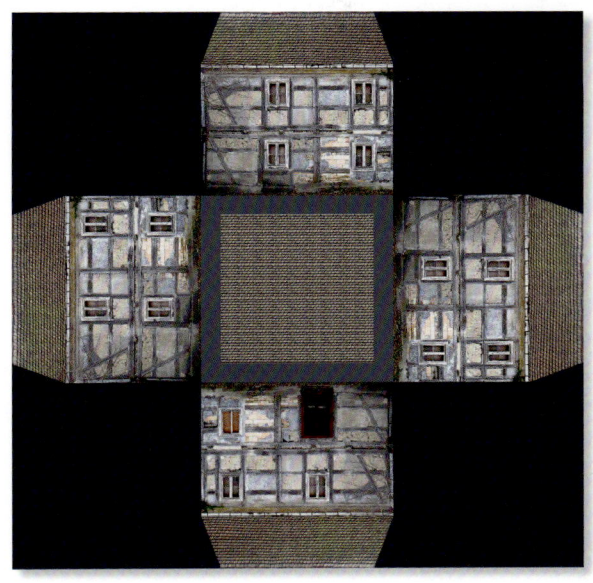

▲ **Abbildung 23.11**
So soll die Abwicklung des Hauses schließlich aussehen.

Achsenmodi

Die Achsen von 3D-Ebenen können im Lokalachsenmodus, im Weltachsenmodus und im Sichtachsenmodus angezeigt werden. Jede 3D-Ebene ist standardmäßig auf den **Lokalachsenmodus** ❶ eingestellt. Dabei werden die Achsen in Bezug zu der 3D-Ebene dargestellt und drehen sich mit, wenn Sie die Ebene drehen. Im **Weltachsenmodus** ❷ richten sich die Achsen nach den Kompositionskoordinaten, auch wenn die Ebene schon gedreht ist. Im **Sichtachsenmodus** ❸ sind die Achsen in Bezug auf die aktive Kompositionsansicht ausgerichtet.

5 Hierarchische Verknüpfung

Bevor wir Keys setzen, verknüpfen wir die Dächer mit der jeweiligen Wand. Dadurch können die Dächer nachher ebenso animiert werden wie die Wände. Benennen Sie die Ebenen in »dach oben«, »haus oben«, »dach rechts«, »haus rechts« etc. um. Dazu markieren Sie die Ebene und drücken ⏎, benennen die Ebene und drücken wieder ⏎.

Anschließend klicken Sie in der Zeitleiste mit der rechten Maustaste auf den grauen Bereich neben QUELLENNAME ❶ und wählen SPALTEN • ÜBERGEORDNET ❷. Verknüpfen Sie jedes Dach mit der dazugehörigen Wand, indem Sie das Gummiband ❸ jeweils von der Dachebene auf die Wandebene ziehen. Konzentrieren Sie sich auf die richtige Verknüpfung – hier darf nichts schiefgehen.

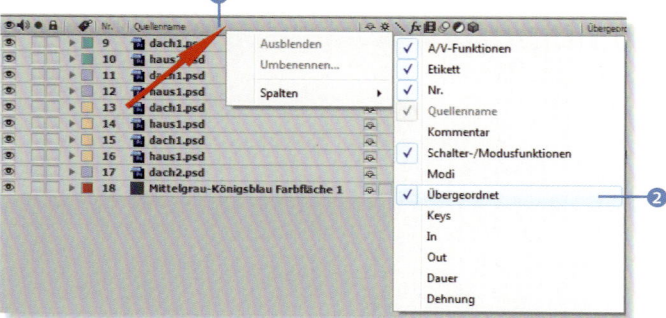

Abbildung 23.12 ▶
Blenden Sie die Spalte ÜBERGEORDNET ein.

Abbildung 23.13 ▶
Ziehen Sie das Gummiband von der zu verknüpfenden Dachebene auf die Wand- bzw. Hausebene.

6 Animation

Alle »haus«-Ebenen werden wir nun um 90° drehen – allerdings um verschiedene Achsen –, so dass wir von oben in die Haus-Pappschachtel schauen. Eventuell müssen Sie die Ebenen um andere Achsen drehen, als von mir angegeben, da Sie vielleicht zuvor andere Drehungen verwendet haben. In dem Fall testen Sie bitte selbst, welche Achse richtig ist, indem Sie kurz den Drehungswert der Achse ändern und wieder zurücksetzen. Ansonsten gehen Sie wie folgt vor:

Markieren Sie die jeweils im Folgenden genannte Ebene und drücken Sie die Taste R. Setzen Sie folgende Keys:

▶ Für die Ebene »haus unten«, für X-DREHUNG, am Zeitpunkt 00:00 = 0× +0,0° und bei 02:00 = 0× –90°
▶ Für die Ebene »haus links«: für Y-DREHUNG, am Zeitpunkt 00:00 = 0× +0,0° und bei 02:00 = 0× –90°
▶ Für die Ebene »haus oben«: für X-DREHUNG, am Zeitpunkt 00:00 = 0× +0,0° und bei 02:00 = 0× +90°
▶ Für die Ebene »haus rechts«: für Y-DREHUNG, am Zeitpunkt 00:00 = 0× +0,0° und bei 02:00 = 0× +90°

23.1 3D in einem 2D-Animationsprogramm?

Verfahren Sie dann mit den Dächern ebenso, aber setzen Sie dort für **alle** Dachebenen Drehungs-Keys für X-DREHUNG bei 02:00 mit 0× + 0,0° und bei 03:00 mit 0× + 21,5°. Die Dächer werden somit leicht gekippt und sollten dann an den Kanten genau bündig aufeinandertreffen.

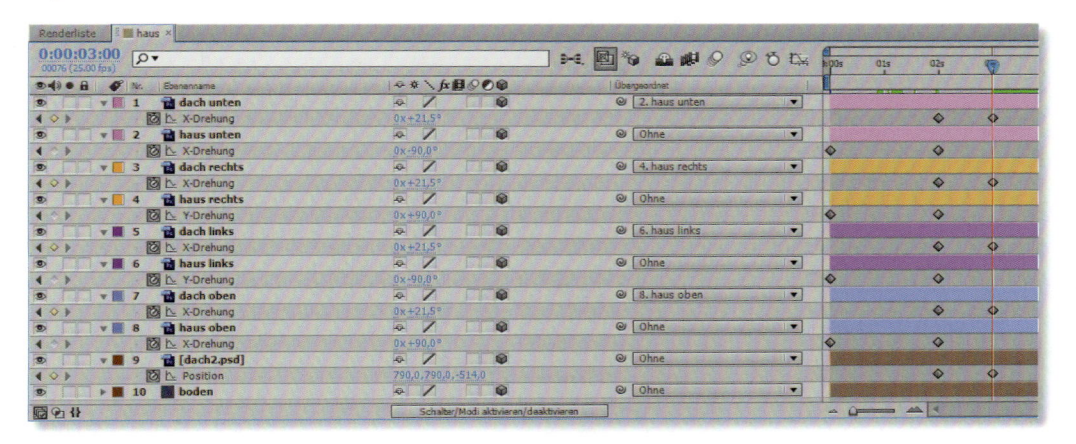

▲ **Abbildung 23.14**
Nun fehlt nur noch das »dach2« als Deckel für das Papphaus. Das animieren wir später.

Bisher haben Sie das Haus die ganze Zeit nur von oben gesehen. Zunächst werden Sie daher nun andere Blickwinkel auf die Szenerie kennenlernen, und später drehen wir das Haus noch.

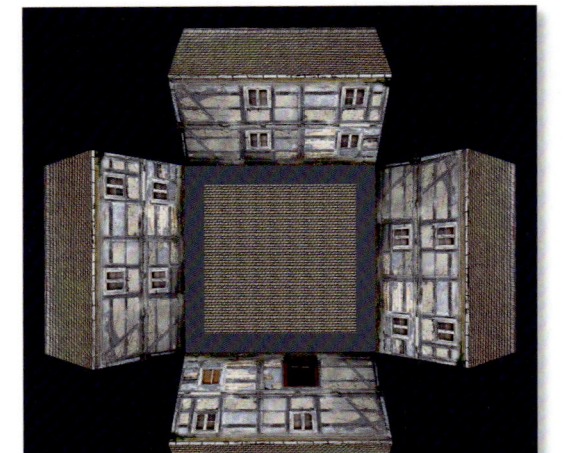

◄ **Abbildung 23.15**
Das Haus faltet sich nun zusammen wie eine Blume.

7 Kompositionsansichten einrichten

Zur Arbeitserleichterung stellt After Effects Ihnen mehrere Kompositionsansichten zur Verfügung. In jeder Kompositionsansicht können Sie die 3D-Szenerie aus verschiedenen Blickwinkeln betrachten. Um mehrere Kompositionsansichten zu erhalten, erwei-

Arbeitsbereich speichern

Über FENSTER • ARBEITSBEREICH • NEUER ARBEITSBEREICH können Sie eine einmal eingerichtete Arbeitsoberfläche dauerhaft sichern. Vergeben Sie einen eindeutigen Namen für die Arbeitsoberfläche. Der neue Arbeitsbereich erscheint in der Liste der voreingestellten Arbeitsbereiche.

tern Sie das Kompositionsfenster, bis alle Schaltflächen am unteren Rand sichtbar sind. Über die Schaltfläche ANSICHTENLAYOUT AUSWÄHLEN ❶ suchen Sie den Eintrag 4 ANSICHTEN – LINKS aus ❷. Andere Optionen sind natürlich auch erlaubt. Probieren Sie diese aus, um sich mit den verschiedenen Möglichkeiten vertraut zu machen.

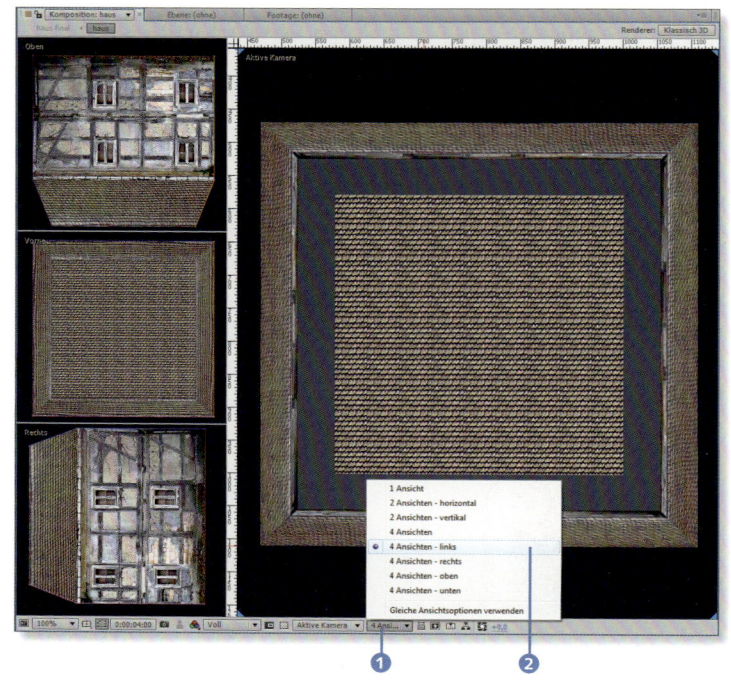

Abbildung 23.16 ▶
Bei der Arbeit mit 3D-Kompositionen wird die Arbeit durch die optionalen vier Kompositionsansichten oft erleichtert.

In dem hier favorisierten Ansichtenlayout wird die 3D-Szenerie in drei verkleinerten Ansichten in den voreingestellten Blickwinkeln von OBEN, von VORNE und von RECHTS dargestellt. Die vierte, große Ansicht stellt die Szenerie durch die standardmäßig definierte AKTIVE KAMERA dar, die das Endergebnis anzeigt, solange Sie keine andere Kamera definiert haben. Veränderungen Ihrer Arbeit werden in allen Ansichten gleichzeitig aktualisiert. Netterweise steht in jeder Ansicht, um welchen Blickwinkel es sich handelt.

Unser Haus haben wir, wie Sie nun auch sehen, auf die Seite gekippt gebaut. Dies war aus erklärungstechnischer Sicht besser – sorry! Aber keine Sorge: Wir können das Haus nachher drehen, wie wir wollen.

Sie sehen nur Striche?

In den Ansichten von OBEN und von RECHTS etc. sehen Sie nur einen dünnen Strich, wenn Sie auf die Seiten von Flächen schauen und keine Materialdicke angegeben wurde oder Sie kein Objekt gebaut haben wie das Haus.

8 Blickwinkel ändern

Per Klick in eine Ansicht aktivieren Sie diese. Die ausgewählte Ansicht wird an den Ecken markiert ❺. Klicken Sie zunächst auf die

23.1 3D in einem 2D-Animationsprogramm?

standardmäßig eingestellte Ansicht AKTIVE KAMERA ❸ (in jedem Ansichtfenster steht oben links der Name der Ansicht), und wählen Sie dann über die Schaltfläche 3D-ANSICHTEN einen anderen Blickwinkel aus, und zwar EIGENE ANSICHT 3 ❹. Damit wird die 3D-Szenerie perspektivisch dargestellt. Viele Anwender bevorzugen diese Ansicht, da es hier einfacher ist, sich vorzustellen, wie die Flächen im 3D-Raum verschoben werden. Wir hätten die Flächen darin allerdings kaum so passgenau positionieren können, wie wir es anfangs getan haben. Zum genauen Arbeiten sind die anderen Ansichten ohne perspektivische Verzerrung also unverzichtbar.

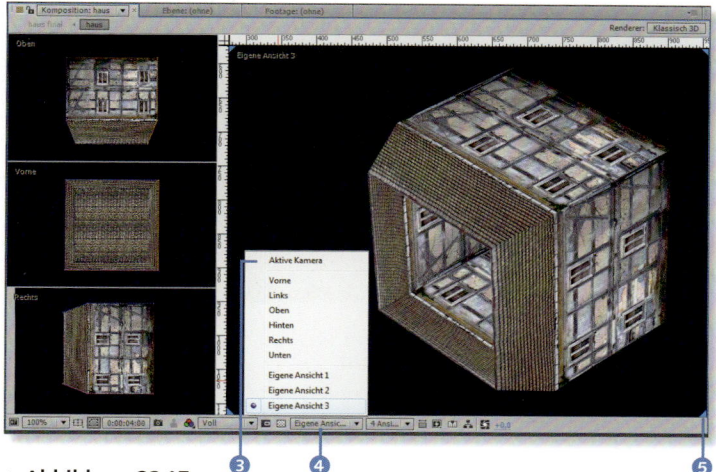

▲ **Abbildung 23.17**
Für jede Kompositionsansicht können Sie verschiedene Blickwinkel wählen.

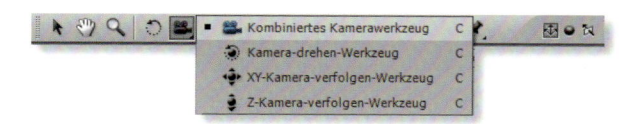

▲ **Abbildung 23.18**
Wenn Sie eine EIGENE ANSICHT im Kompositionsfenster gewählt haben, lässt diese sich mit den Kamera-Werkzeugen verändern. Sonst werden die Kamera-Werkzeuge, wie der Name schon sagt, für die Arbeit mit Kameras verwendet.

Kamera-Werkzeuge zum Ändern der Ansicht

Wenn Sie eine EIGENE ANSICHT im Kompositionsfenster gewählt haben, lässt sie sich mit den Kamera-Werkzeugen verändern. Sie können die Ansicht drehen und auf der x- und y-Achse oder der z-Achse verschieben. Die Veränderung hat keine Auswirkung auf das gerenderte Ergebnis. Weitere Informationen finden Sie im Abschnitt »Kamera-Werkzeuge« auf Seite 750.

9 Dach decken

Schon vergessen? Wir wollten das Dach noch animieren und somit das Haus schließen.

Ändern Sie das Ansichtenlayout auf 2 ANSICHTEN – HORIZONTAL. Wählen Sie für die rechte Ansicht den Blickwinkel AKTIVE KAMERA und für die linke den Blickwinkel LINKS. Markieren Sie

Tastaturbefehl für aktive Kamera festlegen

Auf die Tasten [F10], [F11] und [F12] sind standardmäßig die Ansichten von VORNE, EIGENE ANSICHT 1 und AKTIVE KAMERA gelegt. Um beispielsweise für [F10] eine andere Ansicht festzulegen, suchen Sie zuerst im Kompositionsfenster eine neue Ansicht (z. B. von LINKS) aus und wählen dann ANSICHT • TASTATURBEFEHL FÜR ›LINKS‹ ZUWEISEN • F10 (›VORNE‹ ERSETZEN) aus.

Abbildung 23.19 ▶
Die Ebene »dach2« animieren Sie per POSITION. Sie wandert vom Boden hinauf.

Parenting statt Verschachteln

Statt der Verschachtelung von Kompositionen können Sie die einzelnen Ebenen auch innerhalb einer Komposition über die Funktion PARENTING miteinander verknüpfen und dann als gesamtes Objekt animieren. Dies hätte im Fall des Hauses gut mit einem allen anderen Ebenen übergeordneten Null-Objekt funktioniert, also einer unsichtbaren Ebene (EBENE • NEU • NULL-OBJEKT). Informationen zum Parenting erhalten Sie auch in Abschnitt 11.7, »Parenting: Vererben von Eigenschaften«.

die Ebene »dach2«. In der linken Ansicht erscheint die Ebene am Boden des Hauses mit aktivierten Achsen. Setzen Sie zunächst am Zeitpunkt 00:00 für diese Position einen Key. Navigieren Sie zum Zeitpunkt 03:00, und ziehen Sie dann die Ebene an der Z-Achse nach rechts, bis sie mit den Dachschrägen abschließt ❶.

Sie können in die Ansicht mit dem Scrollrad der Maus und den Tasten ﹐ und ﹒ aus- und einzoomen und die Ansicht per Leertaste verschieben.

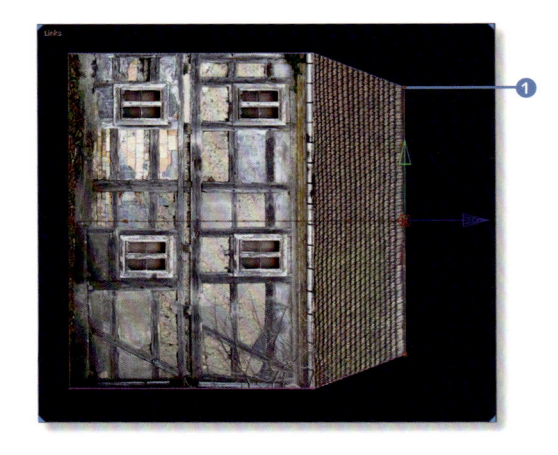

10 Komposition verschachteln

Sie haben nun zwar schon erfolgreich Ihr erstes animiertes Objekt gebaut, doch die Komposition, in der es steckt, hat eine Größe, die keinem Standard entspricht und die vor allem dazu da ist, das Haus später modifizieren zu können und insgesamt die Übersicht zu wahren.

In den weiteren Workshops werden wir eine Szenerie mit dem Haus bauen und dafür hier den Grundstein legen.

Was wir dazu brauchen, ist ein neue Komposition. Würde ich nicht befürchten, dass vielleicht Ihr Rechner bei der Berechnung dieser recht komplexen Kompositionen arg lahmen könnte, da Sie vielleicht nicht alles in Ihr System gesteckt haben, würde ich die Vorgabe HDTV 1080 25 vorschlagen. Da später aber noch Lichter etc. hinzukommen, tippen Sie bei der Kompositionsgröße lieber 960 Px × 540 Px, also die Hälfte, ein und wählen 10 Sekunden bei DAUER. Als Hintergrundfarbe legen Sie für später bitte ein dunkles Blau (#08122E) fest. Nennen Sie die Komposition »haus final«.

Zum Verschachteln ziehen Sie die Komposition »haus« einfach wie ein Rohmaterialelement in die Komposition »haus final«. Sie müssen noch die Schalter TRANSFORMATIONEN FALTEN ❷ und 3D-EBENE ❸ für die verschachtelte Komposition aktivieren, da

23.1 3D in einem 2D-Animationsprogramm?

ansonsten das Haus nicht als Objekt, sondern als flache Scheibe dargestellt wird.

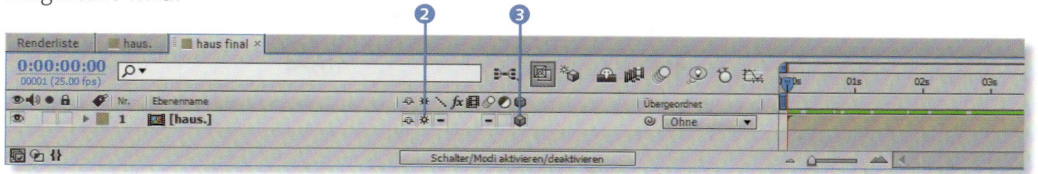

▲ **Abbildung 23.20**
Nach der Verschachtelung sind die Ebenen des Objekts zu einer Ebene zusammengefasst, und es wird die 3D-Option aktiviert.

11 Ausrichtung des Hauses

Von dem Haus ist noch nicht viel zu sehen? Stimmt! Aber gleich.

Öffnen Sie die Eigenschaft TRANSFORMIEREN. Setzen Sie den z-Wert bei POSITION auf 1000, um das ganze Objekt zu sehen.

Tippen Sie bei X-Drehung 0× –90,0° in das Feld. Ziehen Sie das Haus auf der senkrechten Achse nach unten, und verändern Sie probehalber die Werte bei AUSRICHTUNG leicht, um das Haus ein wenig gekippt anzuzeigen. Sie können die Ausrichtung auch direkt im Kompositionsfenster mit dem Drehen-Werkzeug verändern. Wechseln Sie dazu im Popup-Menü auf AUSRICHTUNG ❹. Setzen Sie am Ende aber alle Ausrichten-Werte und die Y- und Z-Drehung auf 0 zurück!

◀ **Abbildung 23.21**
Das Drehen-Werkzeug beeinflusst je nach Wahl im Popup-Menü die Werte der DREHUNG oder der AUSRICHTUNG von 3D-Ebenen.

Die Box ums Haus, wenn es markiert ist, ist übrigens eine Neuerung der Version CS6. Danke dafür! Wollen Sie sie trotzdem mal nicht sehen, wählen Sie ANSICHT und entfernen den Haken bei EBENENEINSTELLUNGEN EINBLENDEN.

Speichern Sie das Projekt, falls Sie es für die folgenden Workshops verwenden wollen. Aber ich habe für jeden Teil auch ein eigenes Projekt auf der DVD hinterlegt.

◀ **Abbildung 23.22**
Das ausgerichtete Haus könnte so aussehen.

3D-Ebenen im Kompositionsfenster

Sie haben das Kompositionsfenster bisher als zweidimensionale Fläche wahrgenommen und kennengelernt. An dieser Darstellung ändert sich, wie Sie im vorhergehenden Workshop gerade gesehen haben, auch dann nichts, wenn Sie mit 3D-Ebenen arbeiten.

Die 3D-Darstellung in After Effects führt oft zu Orientierungsproblemen. Es fehlt die Darstellung eines Gitters, auf dem, wie in vielen 3D-Applikationen üblich, dreidimensionale Objekte platziert werden. Daher ist das Kompositionsfenster eher als ein Fenster zu betrachten, durch das Sie in den 3D-Raum schauen und das einen Ausschnitt dieses Raumes zeigt. Stellen Sie sich den Blick durch Ihre Fotokamera auf eine 3D-Szenerie vor.

Auf einen dreidimensionalen Raum können Sie in After Effects von allen Seiten schauen, also in den Arbeitsansichten von Vorne, Links, Oben, Hinten, Rechts und von Unten. Zusätzlich ist ein Blick aus einem festgelegten Blickwinkel auf die 3D-Szenerie möglich. Verwenden Sie eine After-Effects-Kamera, können Sie den Raum aus jedem Blickwinkel betrachten. Aber dazu kommen wir in Abschnitt 23.3, »Die Kamera: Ein neuer Blickwinkel«, noch.

Ungünstig ist, dass in jeder Ansicht des Kompositionsfensters eine Fläche in den Proportionen der gewählten Kompositionsgröße angezeigt wird, da außerhalb dieser Fläche Ebenen sofort als Drahtgitter erscheinen. So schauen Sie in den 3D-Raum wie auf einen Menschen, von dem Sie nur den Bauchnabel in Farbe und 3D sehen und den Rest als simples Knochengerippe. Außerdem hat die besagte Fläche in den Arbeitsansichten für die Endausgabe praktisch keine Bedeutung, in der Ansicht Aktive Kamera allerdings sehr wohl!

Die Arbeit mit 3D-Ebenen ist an dieser Stelle noch nicht beendet. In den nächsten Abschnitten liegt der Schwerpunkt allerdings auf der Arbeit mit Licht- und Kameraebenen. Trotzdem lohnt es sich, die Workshops in diesen Abschnitten durchzuarbeiten, weil Sie dabei auch lernen, mit 3D-Ebenen besser umzugehen.

23.2 Licht und Beleuchtung

Eine Szene ist erst dann richtig reizvoll, wenn sie in das richtige Licht getaucht wird. Sie werden jetzt verschiedene Lichtquellen kennenlernen und deren Wirkung auf 3D-Ebenen erproben.

Ausrichtung oder Drehung

Sie fragen sich vielleicht, warum es eine Ausrichtungsoption gibt, wo doch für jede einzelne Achse die Drehen-Eigenschaften vorhanden sind. Hilfreich ist die Ausrichtung, um ein Objekt oder eine Fläche im Raum zu neigen und anschließend mit den Werten für die Drehung zu animieren. Die Drehung ermöglicht im Gegensatz zur Ausrichtung mehrere Umdrehungen um die jeweilige Achse. Für die Animation geringfügiger Neigungen im Raum kann es aber sinnvoll sein, die Ausrichtung zu verändern, da die x-, y- und z-Neigungswerte in einem einzigen Key repräsentiert werden und Sie so mit weniger Keys als bei der Drehung arbeiten können.

Lichtquellen

In After Effects gibt es einige animierbare Lichtquellen. Stellen Sie sich diese wie Scheinwerfer vor, die Sie im Raum positionieren können. Dabei sind die Position wie auch die Beleuchtungsrichtung animierbar. Lichtquellen sind selbst immer 3D-Ebenen. Sie müssen die Option also nicht extra einschalten. Für Ebenen, auf die sich die Beleuchtung auswirken soll, ist es allerdings notwendig, die 3D-Option zu aktivieren. 2D-Ebenen bleiben vom Licht unbehelligt.

Schritt für Schritt:
Lichtquellen anlegen und animieren

Jetzt schreiten wir zur Tat. Im folgenden Workshop erfahren Sie, wie Sie Lichtebenen anlegen und animieren.

1 Vorbereitung
Öffnen Sie Ihr Projekt aus dem vorigen Workshop oder das Projekt »Hausworkshop01« aus dem Ordner 23_3D/3D-EBENEN. In diesem Teil werden wir mehrere Häuser entlang einer Straße postieren, Straßenbeleuchtung hinzufügen und einen Hubschrauber mit Scheinwerfer darüberfliegen lassen.

Importieren Sie die beiden Dateien »steinstrasse« und »Hubschrauber« aus dem Ordner 23_3D/3D-EBENEN. Ziehen Sie die Datei »steinstrasse« in die Komposition »haus final«. Die Datei ist recht groß, da wir sie als Boden verwenden und sie sich dann in der Perspektive stark verjüngt.

2 Ein Straßendorf bauen
Wählen Sie als Ansichtenlayout 2 ANSICHTEN – HORIZONTAL. Aktivieren Sie die 3D-Option für die Straße. Klicken Sie in die linke Ansicht des Kompositionsfensters, um sie zu aktivieren, und wählen Sie als Blickwinkel LINKS. Dort sehen Sie das Haus als Drahtgitter und die Straße als dünnen Strich, da wir auf die Kante der Ebene schauen. Markieren Sie die Ebene »steinstrasse«, und drücken Sie die Taste [R]. Tippen Sie dann bei X-DREHUNG den Wert 0× –90° in das Feld. In diesem Projekt ist der Lokalachsenmodus eingestellt, d.h., da wir die Ebene gedreht haben, sind nun die Achsen auch verdreht, und die Z-Achse zeigt nach oben. Wechseln Sie daher per Klick auf den Button ❶ auf WELTACHSENMODUS, und ziehen Sie die Ebene entlang ihrer Y-Achse nach unten und entlang der Z-Achse nach hinten, indem Sie im Kompositionsfenster genau an der jeweiligen Achse ziehen, oder tippen Sie folgende Werte in die Eigenschaft POSITION: 480, 540, 4500.

Die benötigten Dateien für diesen Workshop finden Sie auf der DVD unter BEISPIELMATERIAL/ 23_3D/3D-EBENEN

Reihenfolge von 3D-Ebenen
Im Unterschied zu 2D-Ebenen wird die Reihenfolge von 3D-Ebenen nicht durch deren Position in der Zeitleiste, sondern durch die Position im Raum festgelegt. Das heißt, 2D-Ebenen, die sich im Zeitplan über anderen 2D-Ebenen befinden, überdecken diese. Bei 3D-Ebenen überdecken die weiter vorn beim Betrachter befindlichen Ebenen diejenigen Ebenen, die sich räumlich dahinter befinden. Die Reihenfolge in der Zeitleiste spielt dafür keine Rolle.

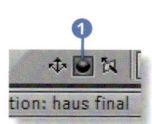

▲ **Abbildung 23.23**
Die Achsen einer 3D-Ebene können in verschiedenen Modi angezeigt werden. Wir wählen hier den Weltachsenmodus.

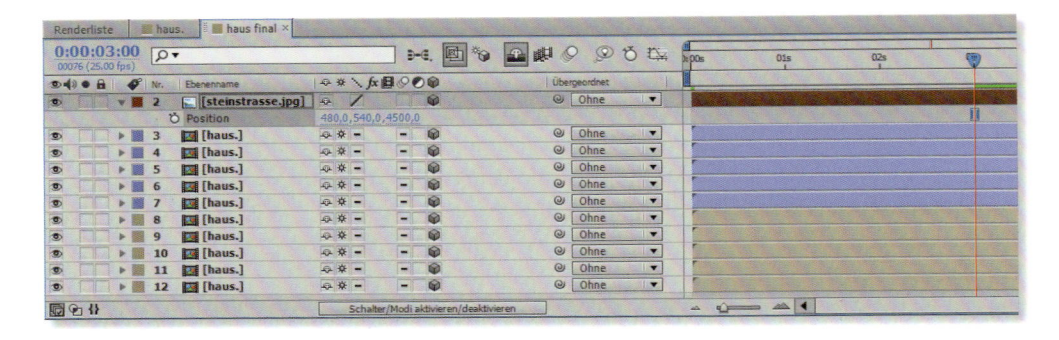

Abbildung 23.24 ▲
Für die Straße aktivieren Sie die 3D-Option. Die Hausebenen ordnen Sie per Ebenenfarbe bzw. Ebenenetikett in rechte und linke Seite.

Für ein kleines Straßendorf duplizieren Sie die Ebene »haus« so oft, bis Sie insgesamt fünf Häuser haben. Markieren Sie die fünf Häuser, und ziehen Sie sie in der Ansicht LINKS auf der Y-Achse etwas nach unten, bis sie bündig auf der Straße stehen. Verteilen Sie dann die Häuser wie in Abbildung 23.25 auf der Z-Achse, dass sie eine Reihe bilden.

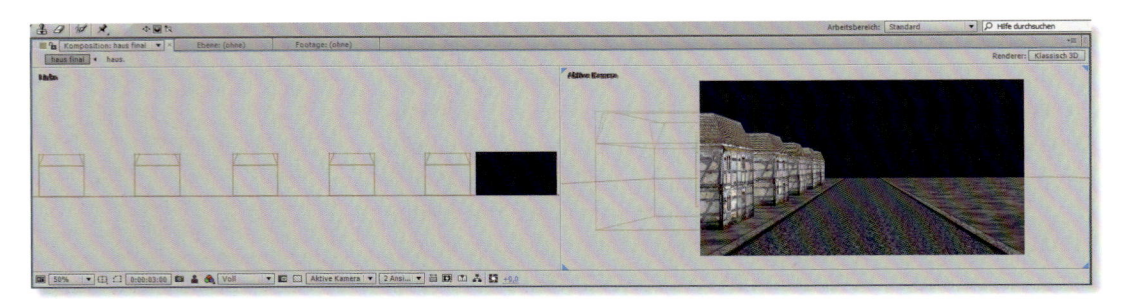

Abbildung 23.25 ▲
Zunächst schaffen Sie fünf Duplikate des Hauses und verteilen sie in der Ansicht LINKS.

Markieren Sie jetzt die fünf Hausebenen, und duplizieren Sie sie wieder. Ziehen Sie die markierten Ebenen in der Zeitleiste nach oben, und weisen Sie ihnen eine neue Etikettfarbe zu, indem Sie auf das eingefärbte Kästchen vor der Ebenennummer klicken, um die Ebenen von den anderen zu unterscheiden. Verschieben Sie dann die Duplikate auf der X-Achse auf die andere Straßenseite.

Jetzt kommen wir zur Beleuchtung.

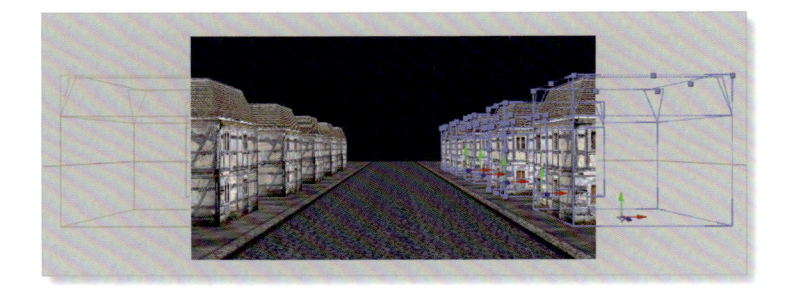

Abbildung 23.26 ▶
Für die andere Straßenseite duplizieren Sie die fünf Häuser und verschieben sie.

3 Lichtebene hinzufügen und Lichtoptionen einstellen

Lichtquellen werden ebenfalls als Ebenen angelegt und befinden sich nach deren Einrichtung in der Zeitleiste. Lichtebenen haben also wie alle Ebenen einen In- und einen Out-Point. Vor dem In- und nach dem Out-Point wirkt sich die Lichtebene daher auch nicht auf die 3D-Ebenen aus.

Zur Einrichtung wählen Sie EBENE • NEU • LICHT. Es erscheint der Dialog LICHTEINSTELLUNGEN. Dort gibt es unter LICHTART folgende Optionen:

- PUNKTLICHT ist mit einer Glühbirne zu vergleichen – das Licht strahlt von einem Punkt aus gleichmäßig in alle Richtungen.
- Die Einstellung PARALLEL resultiert in einer Lichtquelle ohne Lichtkegel, vergleichbar mit einer leuchtenden Fläche, die Licht in eine Richtung aussendet, oder der Sonne, deren Licht aufgrund der Entfernung beinahe parallel einfällt.
- Die Einstellung SPOTLICHT, die wir später verwenden, resultiert in einer Lichtquelle, deren Licht ähnlich wie bei einem Scheinwerfer durch einen Lichtkegel begrenzt ist.
- UMGEBUNGSLICHT schließlich dient zur Aufhellung der Szene insgesamt; es ist nicht animierbar und kommt aus allen Richtungen.

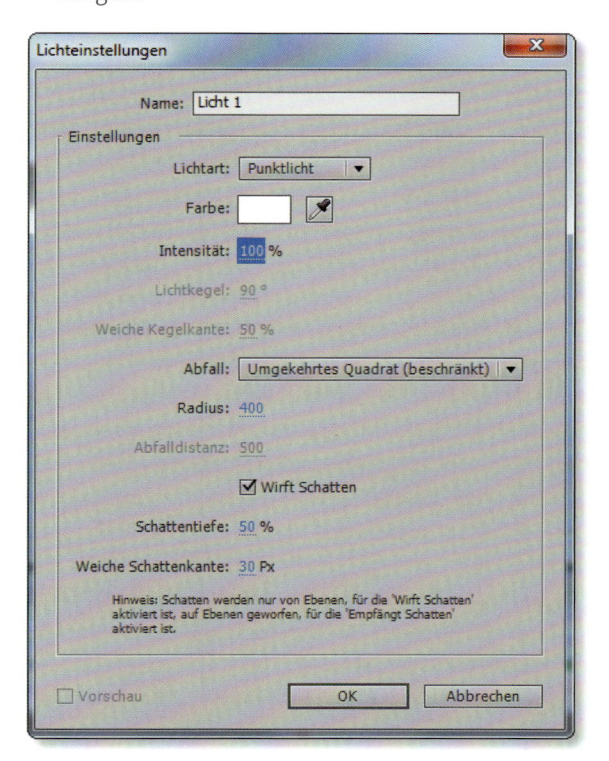

Tasten zum Ein- und Auszoomen und Verschieben

Um ein Kompositionsfenster zu vergrößern, betätigen Sie die Taste `.`. Zum Verkleinern wählen Sie `,`. Benutzen Sie dafür nicht den Ziffernblock der Tastatur. Zum Verschieben der Ansicht innerhalb des Kompositionsfensters drücken Sie die Taste `H` oder die Leertaste und ziehen gleichzeitig mit der Maus.

◄ **Abbildung 23.27**
Die Einstellungen aus dem Dialog LICHTEINSTELLUNGEN können Sie in der Zeitleiste auch animieren.

Stellen Sie zunächst Punktlicht ein. Die Farbe belassen Sie bei Weiß. Die Intensität erhöhen Sie auf 100 %. Per Abfall gerät das Licht nicht in den Müll, sondern es wird geregelt, ob und wie die Lichtintensität mit der Entfernung abnimmt. Mit Gleichmässig (auch Glätten genannt) nimmt das Licht linear mit der Entfernung ab, und mit Umgekehrtes Quadrat wird der Lichtabfall physikalisch korrekt berechnet. Über Radius legen Sie fest, ab wo der Lichtabfall beginnt, und über Abfalldistanz, wo er endet. Wählen Sie hier Umgekehrtes Quadrat und für den Radius den Wert 400. Den Haken bei Wirft Schatten belassen wir. Beleuchtete 3D-Ebenen werfen in dem Fall Schatten, allerdings muss in den 3D-Ebenen die gleichnamige Option aktiviert sein. Ist die Schattentiefe bei 100 %, ist der Schatten absolut schwarz, ansonsten gesoftet. Der Schatten ist umso weicher, je höher der Wert bei Weiche Schattenkante ist. Belassen Sie die Werte. Bestätigen Sie mit OK. Achten Sie darauf, dass die Lichtebene zum Zeitpunkt 00:00 beginnt.

4 Punktlichter positionieren

Kaum haben Sie das erste Punktlicht in Ihrer Szene, ist diese in tiefschwarze Nacht gehüllt. Der Grund ist, dass das Punktlicht einen eingeschränkten Leuchtradius hat und wir es erst in die Nähe eines Hauses rücken müssen. Wählen Sie für die linke Ihrer Kompositionsansichten den Blickwinkel Oben.

Lichter positionieren Sie genauso wie 3D-Ebenen – über ihre Achsen. Ziehen Sie das Punktlicht mittels der z- und der x-Achse bis kurz vor das erste Haus ❸ der linken Straßenseite. Je nach Rechnerkonfiguration verlangsamt sich die Anzeige nun ab jedem neu hinzukommenden Licht stark. In dem Fall verringern Sie die Zoomstufe der Ansicht Aktive Kamera auf 50 % ❶, die Auflösung auf Halb ❷ und wählen bei Schnelle Vorschau ❹ den Eintrag Schneller Entwurf ❺.

Duplizieren Sie dann die Lichtebene, bis sie sechs Ebenen erhalten, und positionieren Sie die restlichen Lichter jeweils zwischen den Häusern. Die sechs Lichtebenen duplizieren Sie wieder und verschieben die Duplikate auf die rechte Straßenseite.

Sollten Sie sich wundern, dass anscheinend bei manchen Lichtern der Lichtschein fehlt, so trügt Sie der Schein. Sobald Sie die Schnelle Vorschau wieder auf den Modus Aus (endgültige Qualität) und die Auflösung auf Voll stellen, sollte alles korrekt (und langwierig) berechnet werden.

23.2 Licht und Beleuchtung

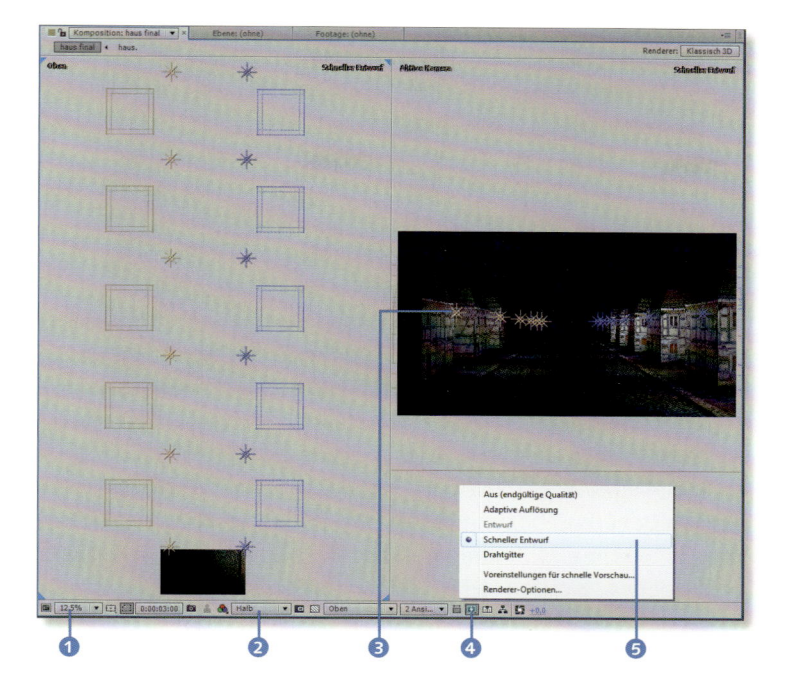

◀ **Abbildung 23.28**
Das Punktlicht wird dupliziert und wie Straßenbeleuchtung positioniert.

5 Spotlicht hinzufügen und animieren

Öffnen Sie die Lichteinstellungen via EBENE • NEU • LICHT. Wählen Sie für die neue Lichtebene den Namen »spot« und unter Lichtart den Eintrag SPOTLICHT. Ändern Sie folgende Einstellungen: INTENSITÄT = 300 %, LICHTKEGEL = 20°, WEICHE KEGELKANTE = 10 %, ABFALL = OHNE.

◀ **Abbildung 23.29**
Je nach Lichtart sind in der Lichtebene mehr oder weniger Optionen animierbar. Für das Spotlicht sind es am meisten.

Das Spotlicht besteht aus **Lichtquelle** ❽, **Lichtkegel** ❼ und **Zielpunkt** ❻. Die Lichtquelle ist in gleicher Weise animierbar (POSITION, DREHUNG) wie 3D-Ebenen. Der Zielpunkt bestimmt die Beleuchtungsrichtung und ist ebenfalls animierbar. Zu Beginn ist der Zielpunkt auf den Kompositionsmittelpunkt gerichtet. Den Lichtkegel können Sie ebenfalls animieren.

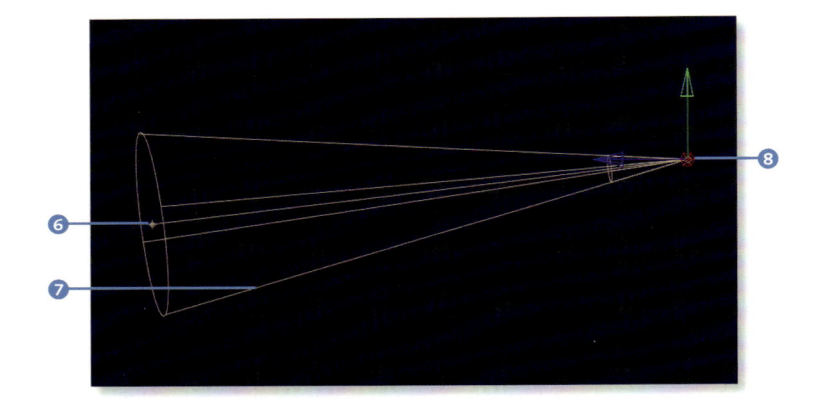

Abbildung 23.30 ▶
Lichter positionieren und verschieben Sie ähnlich wie 3D-Ebenen.

Nun zur Animation:

Verschieben Sie zuerst die »spot«-Ebene in der Zeitleiste, so dass sie bei 06:00 beginnt. Zu diesem Zeitpunkt soll der Lichtkegel von links ins Bild kommen, über ein Haus hinwegfliegen und dann auf dem zweiten Haus der rechten Straßenseite ankommen.

Öffnen Sie die Transformieren-Eigenschaften in der Zeitleiste. Setzen Sie je einen ersten Key für die Eigenschaften POSITION und ZIELPUNKT bei 06:00. Richten Sie die Lichtquelle dann so ähnlich ein wie in den Abbildungen 23.31 und 23.32. Arbeiten Sie dazu in der linken Kompositionsansicht, wo Sie den Blickwinkel nach Bedarf zwischen LINKS und OBEN wechseln.

Separate Dimensionen

Auch für die Positionseigenschaft von Lichtebenen können Sie die Dimensionen separieren. Klicken Sie dazu mit der rechten Maustaste auf TRANSFORMIEREN • POSITION, und wählen Sie DIMENSIONEN TRENNEN. Sie können dann für die Achsen X, Y und Z jeweils einzeln Keyframes setzen. Um die Option rückgängig zu machen, nehmen Sie den gleichen Weg. Für diesen Workshop ist es einfacher, mit einem Keyframe für alle drei Achsen zu arbeiten.

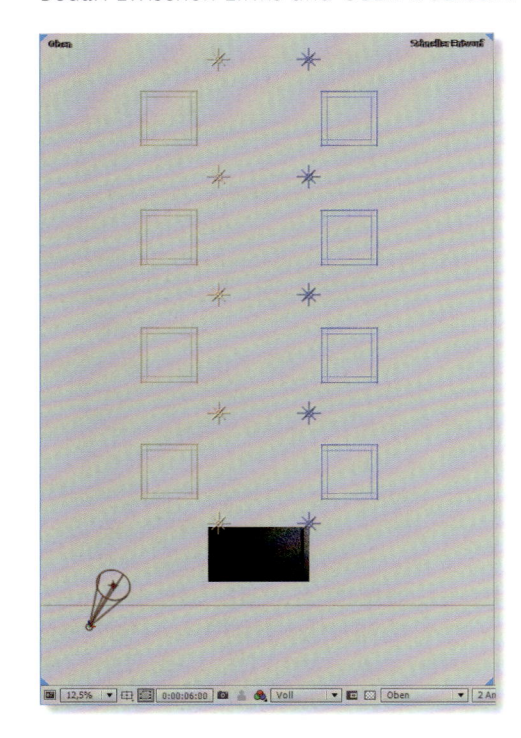

Abbildung 23.31 ▶
Bei 06:00 ist das Spotlicht in der Ansicht OBEN wie hier positioniert und…

Ziehen Sie die Lichtquelle möglichst immer nur direkt an einer ihrer Achsen, da sie sonst frei im Raum verschoben wird, was zu unerwarteten Ergebnissen führen kann. Um den Lichtkegel nach unten zeigen zu lassen, klicken Sie in der Ansicht LINKS direkt auf den Zielpunkt des Lichts und ziehen daran.

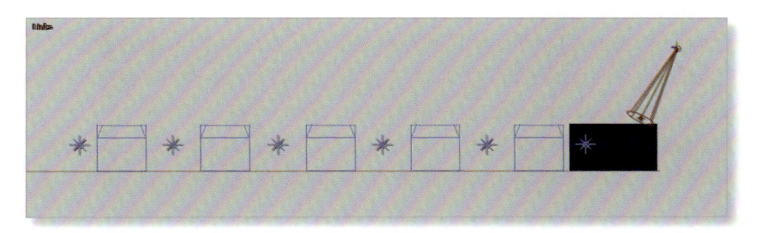

▲ **Abbildung 23.32**
…in der Ansicht LINKS so wie hier.

Am Zeitpunkt 09:00 soll der Spot auf das zweite Haus der rechten Straßenseite zeigen. Um Zielpunkt und Lichtquelle gleichzeitig und parallel zu verschieben, ziehen Sie die Lichtquelle immer an einer ihrer Achsen. Es geht gut, wenn Sie die Lichtquelle in der Ansicht OBEN zuerst auf der Z-Achse nach hinten verschieben und dann auf der x-Achse zum Haus hin, dann in der Ansicht LINKS nach unten und in der Ansicht AKTIVE KAMERA den Zielpunkt direkt anklicken und auf das Haus ziehen.

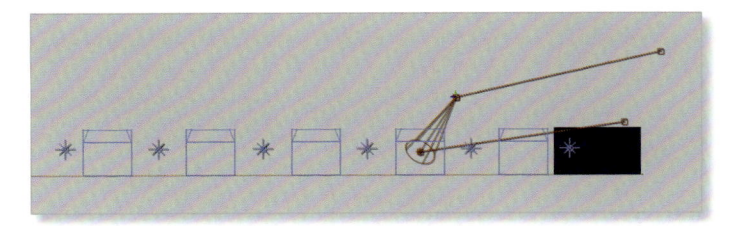

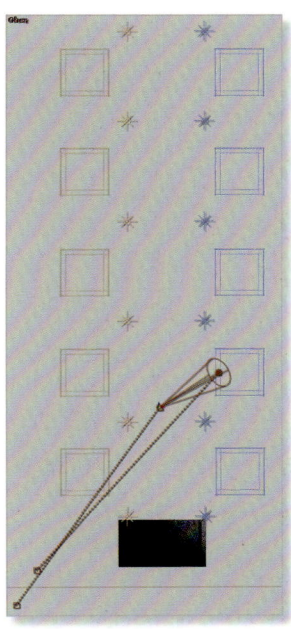

▲ **Abbildung 23.33**
Bei 09:00 sieht es von oben so aus und…

▲ **Abbildung 23.34**
…von links so.

▲ **Abbildung 23.35**
Mit zwei Keys für POSITION und ZIELPUNKT animieren Sie den Spot.

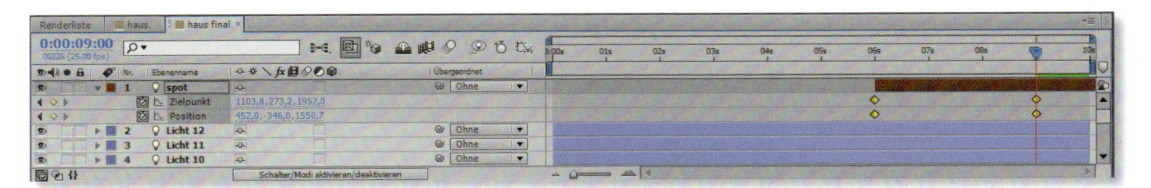

6 Umgebungslicht hinzufügen

Jetzt haben Sie es fast geschafft. Setzen Sie die Zeitmarke auf den Zeitpunkt 00:00, und gehen Sie noch einmal den Weg EBENE • NEU • LICHT. Wählen Sie im Einstellungsdialog unter LICHT-

Lichtposition und Leuchtrichtung ändern

Um die Position einer Lichtquelle zu ändern, ziehen Sie an einer der Achsen der Lichtquelle, um damit die Lichtquelle und den Zielpunkt gleichzeitig und parallel auf einer Achse zu verschieben. Ziehen Sie nur an der Lichtquelle, ohne dass eine Achse aktiviert ist, wird sie frei und unabhängig vom Zielpunkt verschoben. Ziehen Sie nur am Zielpunkt, wird dieser unabhängig von der Leuchtquelle verschoben und ändert so die Beleuchtungsrichtung.

art gleich Umgebungslicht. Die Farbe wählen Sie je nach Geschmack, beispielsweise ein helles Blau für eine bläuliche Nachtstimmung, und setzen die Intensität nicht zu hoch, z. B. auf 20 %. Bestätigen Sie mit OK.

7 Letzter Schritt

Zu guter Letzt kommt noch der Hubschrauber ins Spiel bzw. ins Dorf. Er soll sich genau entlang des Spotlichts bewegen, so als ginge dieses vom Hubschrauber aus.

Dazu nutzen wir eine Expression. Ziehen Sie den Hubschrauber, den Sie anfangs importiert haben, in die Zeitleiste, und aktivieren Sie die 3D-Option. Markieren Sie die Ebene, und drücken Sie die Taste P. Markieren Sie dann die Positionseigenschaft, und wählen Sie Animation • Expression hinzufügen.

Um die Positionswerte der Ebene »spot« in die Ebene »spot« zu übertragen (zum Übertragen von Eigenschaftswerten sind Expressions da), ziehen Sie das Gummiband ❶ auf die Eigenschaft Position der Ebene »spot« und bestätigen mit ⏎ im Zehnerblock. Gut. Das war es. Mehr Informationen zu Expressions finden Sie in Kapitel 24, »Expressions«.

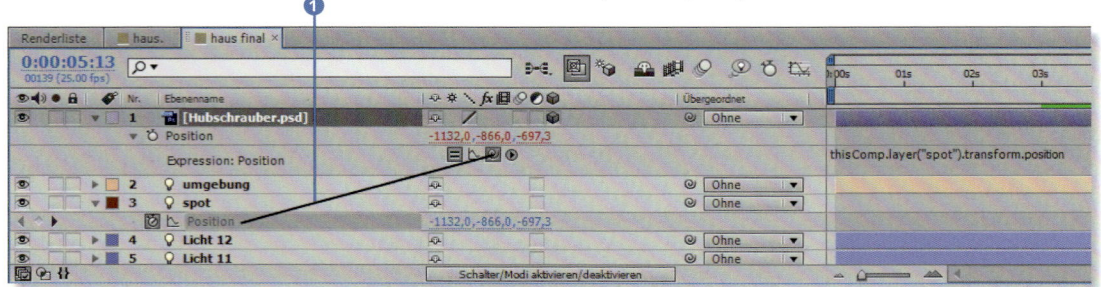

▲ **Abbildung 23.36**
Per Expression übertragen Sie die Positionsdaten der Ebene »spot« in die Position des Hubschraubers.

8 Gut zu wissen: Variationen

Übrigens können Sie für die Häuser zur Variation auch per Z-Drehung eine andere Frontansicht einstellen und die Häuser etwas in der Höhe skalieren. Mit etwas mehr Zeit erstellen Sie verschiedene Haustypen, indem Sie die Quellkomposition »haus« im Projektfenster duplizieren und im Duplikat die Wände und Dächer austauschen. Die neuen Dächer und Wände müssen genau so groß sein wie die alten und extern erstellt und dann importiert werden. Per Alt-Taste ziehen Sie dann die neuen Wände auf die markierten Ebenen im Duplikat. Die neuen Hauskompositionen ziehen Sie ebenfalls per ⟨Alt⟩-Taste auf die vorhandenen Hausebenen in der Komposition »haus final«.

Einen besseren Blick auf die ganze Szenerie richten wir im nächsten Workshop »Kamerafahrt und Kamerazoom« auf Seite 737 ein.

◀ **Abbildung 23.37**
Nach unserer Beleuchtungsaktion ist die Dorfstraße in nächtliches Laternenlicht getaucht. Und wo sind die Laternen? – Vielleicht fügen Sie sie ja noch hinzu …

Materialoptionen: Die Schattenwelt

Dies ist nicht wie in der realen Welt: Beleuchtete Ebenen können in After Effects Schatten werfen oder auch nicht. Teuflisch gut. Schatten können Sie nicht allein in der Lichtebene festlegen, sondern die Einstellung hängt mit den Materialoptionen der 3D-Ebenen zusammen.

Schattenwurf für 3D-Ebenen einstellen | Da Sie im vorigen Workshop die Szenerie beleuchtet haben, wollen Sie sicher wissen, wie Sie einen Schattenwurf für beleuchtete Ebenen einstellen. Hier die prinzipielle Herangehensweise.

Zunächst benötigen Sie mindestens folgendes Setting: Eine Lichtquelle, eine Ebene, die beleuchtet wird und Schatten wirft, und eine Hintergrundebene, auf die der Schatten fällt. Bei allen Ebenen muss die 3D-Option aktiviert sein. Zuerst wählen Sie in der Lichtebene unter LICHTEINSTELLUNGEN bei WIRFT SCHATTEN den Eintrag EIN, falls die Option dort inaktiv ist.

Dann öffnen Sie die 3D-Ebene, die von der Lichtquelle beleuchtet wird. Dort wählen Sie in den MATERIALOPTIONEN ebenfalls bei WIRFT SCHATTEN den Eintrag EIN ❶ (siehe Abbildung 23.38). Fertig. Ach so: Damit auf die Hintergrundebene der Schatten fällt, wählen Sie dort, falls inaktiv, in den MATERIALOPTIONEN den Eintrag EMPFÄNGT SCHATTEN EIN ❷.

Für die Optionen WIRFT SCHATTEN und EMPFÄNGT SCHATTEN können Sie EIN, AUS und NUR wählen und somit bestimmte Licht- und Schatteninteraktionen auch unterbinden.

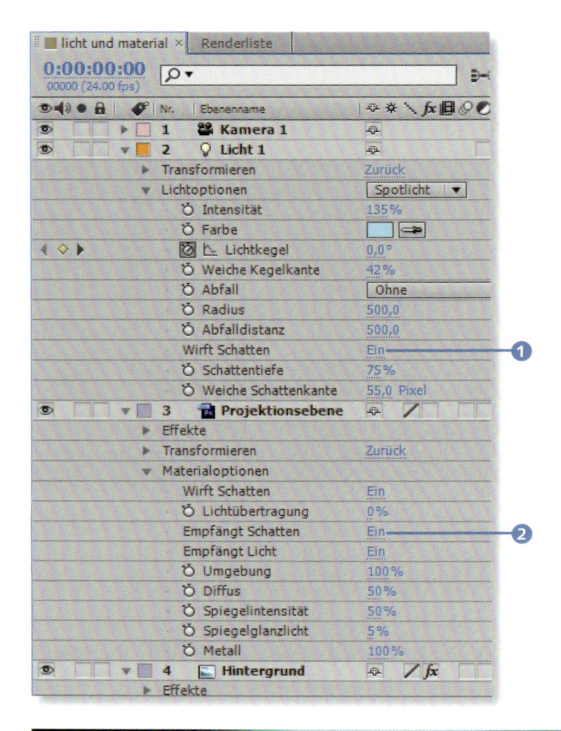

Abbildung 23.38 ▶
In der Lichtebene aktivieren Sie den Schattenwurf, genau wie in der Projektionsebene.

Abbildung 23.39 ▶
Haben Sie die Materialoptionen richtig gewählt, sind realistisch wirkende Schatten möglich.

Noch mehr Materialoptionen | Weitere Materialoptionen befinden sich in jeder 3D-Ebene:

- UMGEBUNG: Bei 100 % wird Umgebungslicht vollständig reflektiert.
- DIFFUS: Hier bestimmen Sie die Reflexion diffusen Lichts. Bei 0 % wird gar kein diffuses Licht reflektiert.
- SPIEGELINTENSITÄT: Bei einem Wert von 100 % wird das ankommende Licht wie ein Spiegel reflektiert. Bei 0 % gibt es keine Reflexion.

23.2 Licht und Beleuchtung

- **Spiegelglanzlicht:** Hier legen Sie die Randschärfe des Reflexionspunkts für das gespiegelte Licht fest. Wählen Sie 0 %, wirkt der Lichtpunkt etwas kleiner.
- **Metall:** Diese Option bewirkt bei 0 % einen Glanzpunkt in der Farbe des einfallenden Lichts und bei 100 % einen in der Farbe der Ebene.
- **Lichtübertragung** dient dazu, die Ebene durchscheinend wie ein Dia zu machen. Dazu mehr im folgenden Abschnitt.

▲ **Abbildung 23.40**
Mit diesen Materialoptionen bestimmen Sie Lichtinteraktionen von 3D-Ebenen.

Lichtübertragung

Die Option Lichtübertragung, die für 3D-Ebenen einstellbar ist, kann dazu dienen, Durchlichtprojektionen zu kreieren. Für diese Möglichkeit drängt sich der Vergleich mit einem Kirchenfenster auf, durch das Licht fällt. In magisch leuchtenden Farben illuminiert die Christusgeschichte geheimnisvoll den Kirchenraum. In After Effects werden – weniger poetisch ausgedrückt – Bildinhalte durch Verwendung der Lichtübertragung auf die 3D-Szenerie projiziert, um Texturen auf 3D-Ebenen zu generieren.

In der Anwendung benötigen Sie für eine solche Projektion eine Lichtquelle, eine Bildebene, deren Bildinhalt projiziert werden soll, und eine oder mehrere Projektionsflächen.

Im mitgegebenen Beispiel »lichtuebertragung.aep« auf der DVD im Ordner 23_3D/Lichtuebertragung wird ein Panoramabild auf zwei weiße Farbflächen ❺ projiziert. Dazu habe ich vor den Farbflächenebenen das Panoramabild ❼ platziert und dahinter ein Punktlicht ❻ (siehe Abbildung 23.43).

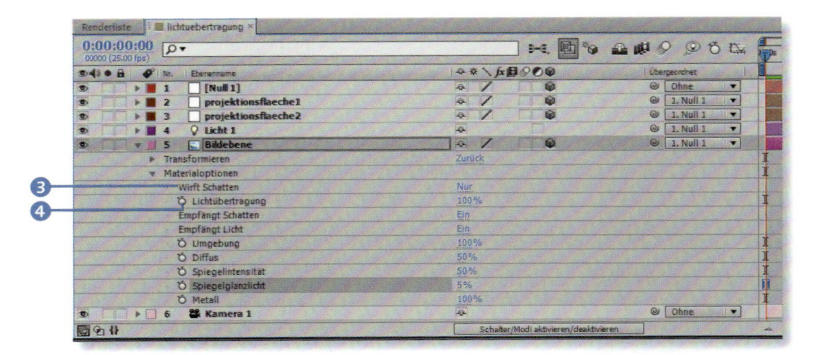

Vorsicht!
Bei Verwendung der Vorschauoption Schneller Entwurf wird die Lichtübertragung leider nicht dargestellt.

Beispiel
Auf der Buch-DVD finden Sie im Ordner Beispielmaterial/23_3D/Lichtuebertragung die Datei »Lichtuebertragung.aep«.

◀ **Abbildung 23.41**
Für eine wirkungsvolle Projektion setzen Sie den Wert für Lichtübertragung auf 100 % und die Option Wirft Schatten auf Ein bzw. Nur.

Beim Panoramabild ist in den Materialoptionen die Option Lichtübertragung ❹ auf 100 % eingestellt und die Option Wirft Schatten auf Nur ❸. Dadurch wird die Bildebene ausgeblendet und nur ihre Projektion sichtbar.

Null-Objekt

Günstig ist es, zum Beispiel Lichtquelle und Bildebene und gegebenenfalls die Projektionsflächen einem Null-Objekt unterzuordnen. So lassen sich alle diese Ebenen gleichzeitig im Raum verschieben, was die Positionierung einfacher gestaltet. Infos zur Überordnung erhalten Sie in Abschnitt 11.7, »Parenting: Vererben von Eigenschaften«.

Beispiele

Auf der DVD zum Buch finden Sie im Ordner 23_3D/ LICHTUEBERTRAGUNG ein weiteres Beispielprojekt und das Movie »projektor.mov«, in dem die Option LICHTÜBERTRAGUNG verwendet wurde.

Für das Punktlicht sind die Optionen INTENSITÄT auf 100 % gestellt (höhere Werte überstrahlen die Projektion möglicherweise, und geringere führen zur Abdunklung), die Farbe ist weiß, damit die Projektion nicht verfärbt wird, ABFALL steht auf OHNE, damit die Projektion nicht irgendwo im Dunkel endet. WIRFT SCHATTEN habe ich auf EIN gestellt, die SCHATTENTIEFE auf 100 % (geringere Werte soften die Projektion ab) und WEICHE SCHATTENKANTE auf 0, damit die Projektion hohe Schärfe aufweist.

Für die Projektionsflächen wählen Sie in den MATERIALOPTIONEN bei EMPFÄNGT SCHATTEN den Eintrag EIN.

Das Panoramabild besteht aus einer Häuserreihe und der Wasserfläche davor. Hier bot es sich an, zwei Projektionsflächen zu verwenden, die im Winkel aufeinanderstoßen. Die Lichtquelle und die Bildebene mussten dann so verschoben werden, dass die Haus-Wasserkante passgenau auf die Ecke der Flächen zielte.

Oft kommt es bei Projektionen zunächst zu Unschärfen wie bei der heranfahrenden Kamera im Beispiel. Diese können Sie im Beispiel beheben, indem Sie dort in den KOMPOSITIONSEINSTELLUNGEN in der Karte ERWEITERT unter OPTIONEN den Wert bei SCHATTENMATRIXAUFLÖSUNG auf 4000 einstellen.

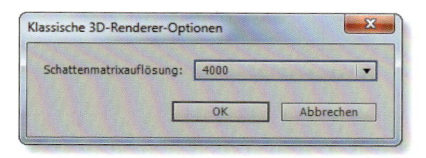

▲ **Abbildung 23.42**
Die SCHATTENMATRIXAUFLÖSUNG zeichnet für scharfe und unscharfe Schatten verantwortlich.

Der Schatten wird anschließend genauer berechnet, was natürlich auch länger dauert.

Mit diesen Mitteln fügen Sie realistische Texturen in Ihre 3D-Szenerien ein.

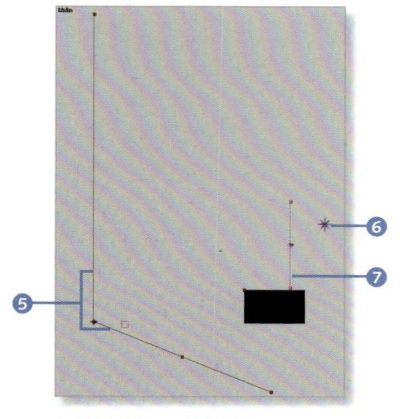

▲ **Abbildung 23.43**
In der Ansicht LINKS sehen Sie das Setting für die Lichtprojektion.

Abbildung 23.44 ▶
Zur Verdeutlichung ist die Kamera hier ausgezoomt, damit Sie sehen, wie die Projektion auf die Farbflächen passt. Nicht alles wird abgedeckt, was es per Kamera geschickt zu umsteuern gilt.

23.3 Die Kamera: Ein neuer Blickwinkel

Bisher haben Sie von festgelegten Blickwinkeln aus auf die 3D-Szenerie geschaut, wie z. B. von oben, von links oder durch die Ansicht AKTIVE KAMERA, die als Standardkamera sofort aktiviert wird, wenn eine 3D-Ebene in der Komposition auftaucht. Weitere Kameras, die Sie selbst einrichten, geben Ihnen weitreichende neue Möglichkeiten, um realistisch wirkende Bewegungen durch einen 3D-Raum zu kreieren. Die Tiefenschärfeeinstellung einer Kamera macht es möglich, einzelne Ebenen besonders hervorzuheben, während andere im Unschärfebereich der Kamera nur angedeutet werden.

Arbeit mit Kameraebenen

Grundsätzlich ist erst einmal wichtig, dass eine neue Kamera (wie eine Lichtquelle) als Ebene in der Zeitleiste erscheint. Außerdem werden auch Kameras als Drahtgitterobjekte in den Kompositionsansichten dargestellt, denn nicht immer schauen Sie durch die neue Kamera selbst. Sie schauen in den Arbeitsansichten LINKS, OBEN etc. vielmehr auf die gesamte 3D-Szenerie mitsamt der neuen Kamera, um diese im Raum zu positionieren. Im gerenderten Ergebnis ist sie dann – keine Sorge – nicht sichtbar.

Damit die selbsterstellte Kamera Wirkung zeigt, muss die Komposition 3D-Ebenen enthalten. Die Kamera selbst ist bereits eine 3D-Ebene. Besser wird das aber anhand eines praktischen Beispiels im folgenden Workshop deutlich.

Schritt für Schritt:
Kamerafahrt und Kamerazoom

In diesem Workshop erfahren Sie, wie Sie Kameraebenen erstellen und animieren.

1 Vorbereitung
Öffnen Sie Ihr Projekt aus dem vorigen Workshop oder das Projekt »Hausworkshop02« aus dem Ordner 23_3D/3D-EBENEN. In diesem Workshop-Teil werden wir eine Kamera hinzufügen und diese animieren.

Die benötigten Dateien für diesen Workshop finden Sie auf der DVD unter BEISPIELMATERIAL/23_3D/3D-EBENEN.

2 Kamera hinzufügen und Kameraeinstellungen
Öffnen Sie die Komposition »haus final«. Erstellen Sie über EBENE • NEU • KAMERA eine neue Kameraebene. Der Dialog KAMERA-

EINSTELLUNGEN sieht kompliziert und mächtig aus, die Handhabung der Einstellungen ist aber einfacher, als es scheint.

Unter VORGABE ❶ wählen Sie die Einstellung 35 mm für die häufig verwendete 35-mm-Filmkamera. Die Einstellungen ZOOM, BLICKWINKEL und BRENNWEITE hängen zusammen und wirken sich darauf aus, wie groß die Komposition beim Blick durch die Kamera abgebildet wird. Wenn Sie den Wert für eine der drei Einstellungen verändern, passen sich die jeweiligen beiden anderen Werte an. Die MESSFILMGRÖSSE simuliert die Größe des belichteten Bereichs eines Films und bestimmt den erfassten Ausschnitt der Szene.

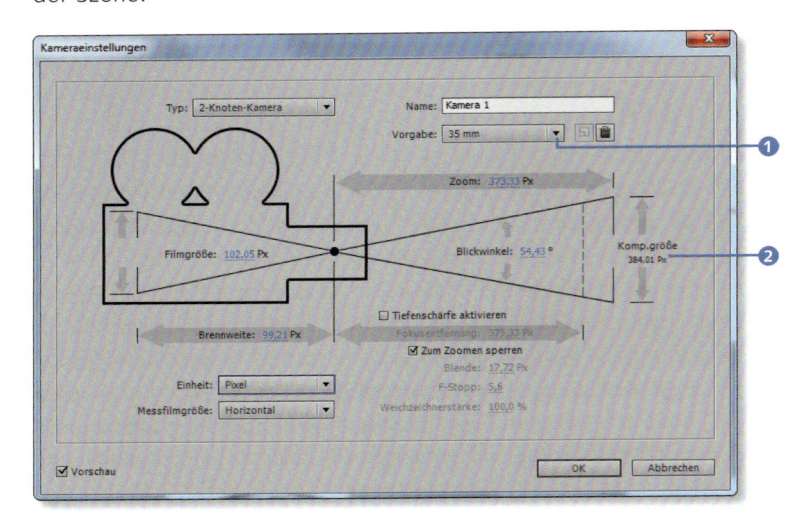

Abbildung 23.45 ▶
Der Dialog KAMERAEINSTELLUNGEN wirkt komplizierter als er ist. Hier legen Sie grundlegende Eigenschaften der Kamera fest.

Die KOMPOSITIONSGRÖSSE ❷ entspricht den zuvor von Ihnen gewählten Einstellungen. Die EINHEITEN geben Sie in PIXEL, MILLIMETER oder ZOLL an. Bei der Einstellung MILLIMETER erkennen Sie, dass die Brennweite unseren voreingestellten 35 mm entspricht. Die Filmgröße wird normalerweise immer horizontal gemessen, sie können Sie aber unter MESSFILMGRÖSSE in VERTIKAL oder DIAGONAL ändern.

Unter TYP entscheiden Sie, ob Sie eine 1-KNOTEN-KAMERA oder eine 2-KNOTEN-KAMERA erstellen wollen. Was es damit auf sich hat, erfahren Sie im Abschnitt nach diesem Workshop. Belassen Sie zunächst die 2-KNOTEN-KAMERA.

Einen interessanten weiteren Optionsbereich – die Tiefenschärfeeinstellungen – schauen wir uns im nächsten Workshop genauer an. Nach dem OK erscheint die Kamera als Drahtgitterdarstellung in Ihren Kompositionsansichten und als Ebene in der Zeitleiste.

Ausrichtung

In den Transformieren-Eigenschaften der Kamera findet sich auch die Eigenschaft AUSRICHTUNG. Ich rate Ihnen vorerst davon ab, diese zu animieren oder zu verändern. Durch eine Änderung wird die Kamera von ihrem Zielpunkt abgelenkt, was zu unerwünschten Ergebnissen führen kann. Interessant ist die Option zum Schwenken der Kamera.

3 Kameraoptionen

Öffnen Sie in der Kameraebene via TRANSFORMIEREN die KAMERAOPTIONEN – hier kommt eine schöne Liste zusammen. Sie finden die wichtigsten, auch im Einstellungen-Dialog wählbaren KAMERAOPTIONEN wieder, Sie müssen also nicht immer in die Einstellungen zurückkehren. Wenn Sie dies dennoch wollen, klicken Sie einfach doppelt auf die Kameraebene. Das Gleiche gilt übrigens für Lichtebenen. Mit den KAMERAEINSTELLUNGEN beschäftigen wir uns ausführlich im Abschnitt »Die wichtigsten Kameraoptionen« auf Seite 745.

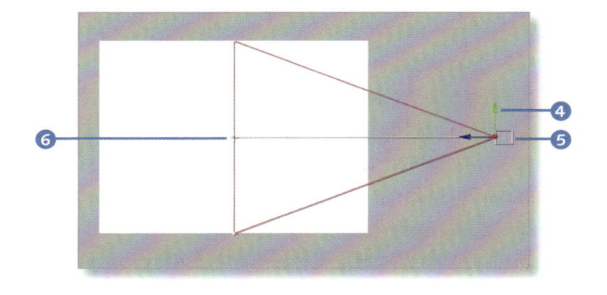

◀ **Abbildung 23.46**
Unter KAMERAOPTIONEN sind die animierbaren, wichtigsten Optionen des Dialogs KAMERAEINSTELLUNGEN zusammengefasst.

▲ **Abbildung 23.47**
Die Schaltflächen der verschiedenen Achsenmodi

Die Blickrichtung einer Kamera stellen Sie ähnlich den Leuchtquellen über den ZIELPUNKT ❸ ein. Wollen Sie die Position der Kamera ändern, ist dies ebenfalls vergleichbar mit den Leuchtquellen. Ziehen Sie an einer der Achsen ❹, um die Kamera und den Zielpunkt **gleichzeitig und parallel** zu verschieben. Ziehen Sie an einer der Achsen und drücken gleichzeitig die Taste [Strg], wird die Kamera bewegt, und der Zielpunkt verbleibt an seiner Position. Ziehen Sie am Kamerakörper ❺, um die Kamera unabhängig in alle Richtungen zu verschieben. Bewegen Sie nur den Zielpunkt, verbleibt die Kamera an ihrer Position, und die Blickrichtung ändert sich.

Achsenmodi

Wie bei allen Bearbeitungen im 3D-Raum ist es auch bei der Positionierung von Kameras oft nötig, den Achsenmodus umzuschalten und beispielsweise anstelle des Lokalachsenmodus den Weltachsenmodus zu verwenden.

◀ **Abbildung 23.48**
Die Kamera wird hier in der Ansicht von links gezeigt. Sie Positionieren sie ähnlich wie 3D-Ebenen und Lichter.

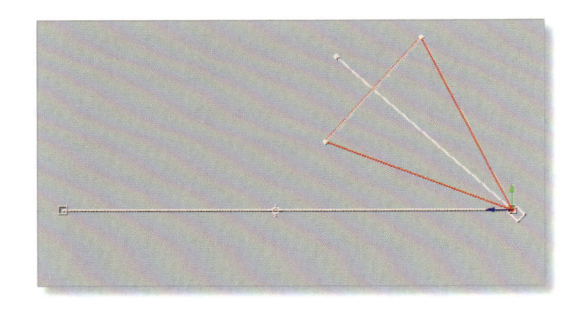

Abbildung 23.49 ▶
Vorsicht ist mit der Option Ausrichtung der Kamera geboten: Dadurch wird die Kamera von ihrem Zielpunkt abgelenkt, der in diesem Fall auf dem Bewegungspfad liegt.

4 Kamera in Ausgangsposition bringen

Damit Sie alles gut sehen, duplizieren Sie die Ebene »umgebung« und drücken zweimal kurz hintereinander die Taste (A), um die Lichtoptionen einzublenden. Ändern Sie die Farbe in Weiß und die INTENSITÄT in 100 %. Arbeiten Sie, während Sie die Kamera einrichten, mit dem Vorschaumodus SCHNELLER ENTWURF.

Die Kamera soll zu Beginn so positioniert sein, dass sie von schräg links oben auf das Dorf »schaut«. Wählen Sie dazu das Ansichtenlayout 2 ANSICHTEN – HORIZONTAL, und für die linke der beiden Ansichten den Blickwinkel LINKS und für die rechte Ansicht den Blickwinkel KAMERA 1. Der Blick durch die eben erstellte Kamera 1 zeigt das Endergebnis.

Setzen Sie zuerst in der Kameraebene für die Eigenschaften POSITION und ZIELPUNKT je einen Key bei 00:00. Ziehen Sie dann in der Ansicht LINKS die Kamera an der Y-Achse nach oben und auf der Z-Achse nach rechts. Der Zielpunkt ❶ sollte dabei mitgewandert sein, wenn Sie die Achsen genau getroffen haben. Diesen klicken Sie jetzt direkt an und ziehen ihn zwischen das zweite und dritte Punktlicht.

Wechseln Sie nun den Blickwinkel auf OBEN. Hier ziehen Sie die Kamera auf der x-Achse nach links und den Zielpunkt anschließend auf die Straßenmitte. Das ist die Ausgangsposition.

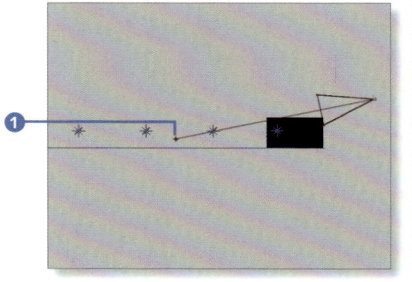

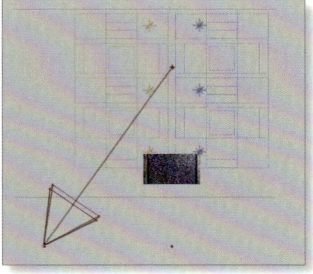

Tasten für Ansichten

Zum Verkleinern oder Vergrößern Sie einer Ansicht nutzen Sie die Tasten ⟨,⟩ und ⟨.⟩. Bei gedrückter Taste ⟨H⟩ oder Leertaste verschieben Sie die Ansicht innerhalb des Kompositionsfensters.

Abbildung 23.50 ▶
Die Kamerapositionen zu Beginn von LINKS und von OBEN.

5 Die Kamerafahrt einstellen

Kamerabewegungen in einem Buch zu erläutern, ist in etwa so, als wollten Sie im Nachhinein Ihre Fahrt mit dem Motorrad durch

23.3 Die Kamera: Ein neuer Blickwinkel

die Stadt im Detail nachvollziehbar machen; aber versuchen wir es. Navigieren Sie zum Zeitpunkt 01:15. In der Ansicht OBEN ziehen Sie die Kamera hinter die rechte Häuserzeile, und zwar **ohne** eine der Achsen zu treffen! Klicken Sie dazu in der Nähe des Kamerakörpers, bis sich der Cursor in ein schwarzes Dreieck verwandelt, und schwenken Sie dann die Kamera um 90° herum. Ziehen Sie den Zielpunkt in die Straßenmitte beim dritten Haus. Den Bewegungspfad der Kamera (und übrigens auch den von Lichtebenen) bearbeiten Sie wie jeden Bewegungspfad mit den Anfassern. Formen Sie den Pfad zu einem Kreisbogen.

Navigieren Sie zum Zeitpunkt 03:00, und ziehen Sie die Kamera wieder, ohne eine Achse zu treffen, an das Ende der Häuserreihe.

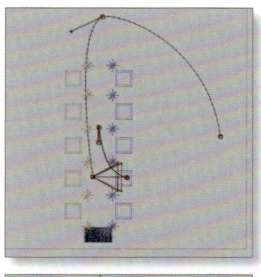

Zum Nachlesen
Falls Sie es vergessen haben: Informationen zur Bearbeitung von Bewegungspfaden erhalten Sie in Kapitel 11, »Keyframe-Interpolation«.

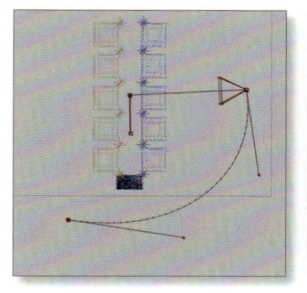

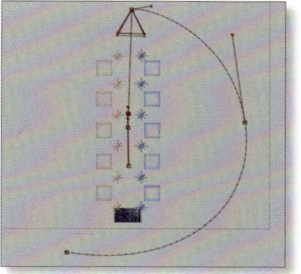

◄ **Abbildung 23.51**
Von oben: die zweite und dritte Kameraposition.

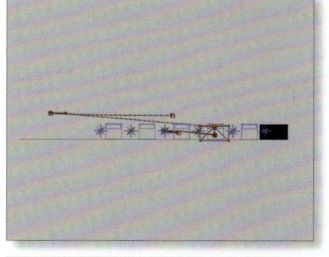

Am Zeitpunkt 04:15 ziehen Sie zuerst den Zielpunkt auf den Mittelpunkt des zweiten Hauses rechts und dann die Kamera, ohne eine Achse zu treffen, so dass Sie frontal zum Haus ausgerichtet ist. In der Ansicht LINKS ziehen Sie die Kamera, diesmal indem Sie die Y-Achse treffen, etwas nach unten.

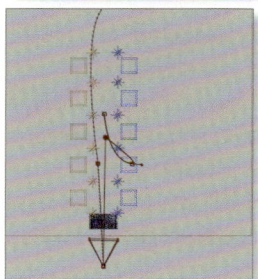

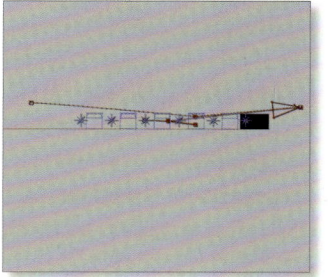

◄ **Abbildung 23.52**
Die vierte und fünfte Kameraposition

741

Zum Schluss verschieben Sie die Kamera bei 05:15 in der Ansicht OBEN so, dass sie frontal auf die Straße »schaut«; dazu versetzen Sie den Zielpunkt auf die Straßenmitte beim dritten Haus. In der Ansicht LINKS schwenken Sie die Kamera für einen schrägen Blickwinkel ohne Achsen nach oben.

Hoffentlich haben Sie bei Ihrer Fahrt keinen Unfall eingebaut!

▼ **Abbildung 23.53**
Die Keys der Kamerabewegung

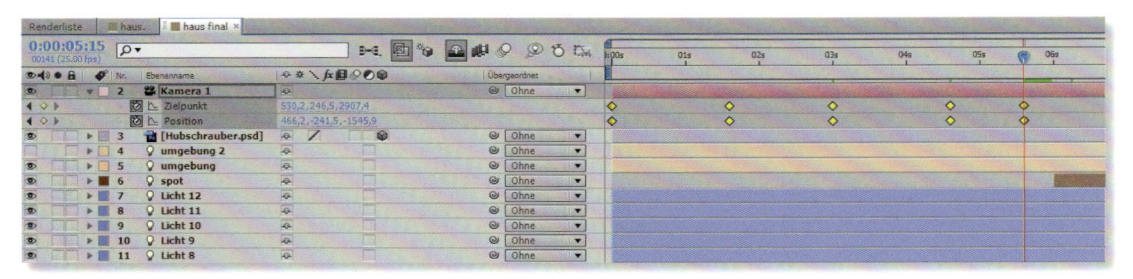

Abbildung 23.54 ▶
Der Blick durch die Kamera am Ende der Kamerafahrt

6 Das fertige Projekt

Im letztendlichen Projekt (»Hausworkshop03_fertig.aep«) habe ich noch eine Hintergrundebene eingefügt und mit den Effekten VERLAUF und FRAKTALES RAUSCHEN eine wolkenartige Struktur erzeugt. Damit die Struktur im Hintergrund in allen Perspektiven sichtbar ist, habe ich die Komposition zu einer Ray-traced-3D-Komposition umgeschaltet und dann die Ebene zur Umgebungsebene erklärt. Außerdem ist die Zeit für die Kamerabewegung etwas verändert und ein Blinklicht für den Hubschrauber hinzugekommen. So könnte es immer weitergehen, aber es gibt noch eine Menge anderer Aufgaben, wie zum Beispiel dieses Buch. Daher überlasse ich Ihnen die perfekte Übertragung der hier beschriebenen Funktionen auf Ihr eigenes Rohmaterial.

Informationen zu Ray-traced-3D-Kompositionen finden Sie im Abschnitt 23.4, »Ray-traced-3D-Kompositionen«.

23.3 Die Kamera: Ein neuer Blickwinkel

Ein-Knoten- und Zwei-Knoten-Kameras

Wenn Sie über EBENE • NEU • KAMERA gehen, gelangen Sie in den Dialog KAMERAEINSTELLUNGEN und entscheiden sich dort unter TYP zwischen 1-KNOTEN-KAMERA und 2-KNOTEN-KAMERA.

Eine 2-KNOTEN-KAMERA ist auf den Zielpunkt hin ausgerichtet. In der Zeitleiste können Sie sowohl für die Eigenschaft POSITION als auch für die Eigenschaft ZIELPUNKT Keyframes setzen.

Eine 1-KNOTEN-KAMERA ist auf keinen Punkt ausgerichtet. Der Zielpunkt wird in der Komposition zwar unnötigerweise angezeigt, aber die Kamera ist weder auf ihn ausgerichtet, noch können Sie in der Zeitleiste Keyframes dafür setzen.

Ausrichtung der Kamera | Ob 1- oder 2-Knoten-Kamera – der Titel lenkt davon ab, dass es sich hierbei nur um eine Ausrichtungsoption handelt. Sie können die Ausrichtung der Kamera jederzeit ändern und damit die Kamera von einer 1- in eine 2-Knoten-Kamera umwandeln und umgekehrt.

Markieren Sie dazu die Kameraebene und gehen den Weg EBENE • TRANSFORMIEREN • AUTOMATISCHE AUSRICHTUNG. Im Dialog AUTOMATISCHE AUSRICHTUNG wählen Sie AUS, um eine 1-KNOTEN-KAMERA zu erhalten, und AUSRICHTUNG ZUM ZIELPUNKT für eine 2-Knoten-Kamera.

Mit der Option AUSRICHTUNG ENTLANG PFAD folgt die Blickrichtung der Kamera einem zuvor geschaffenen Bewegungspfad. Auch hier ist der Zielpunkt nicht selbst animierbar.

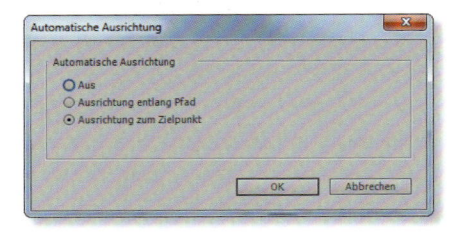

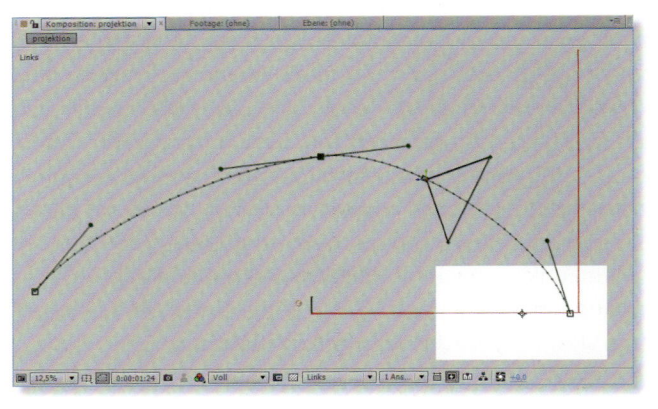

◄ **Abbildung 23.55**
Im Dialog AUTOMATISCHE AUSRICHTUNG entscheiden Sie, wohin die Kamera »blickt«.

◄ **Abbildung 23.56**
Hier ist die Kamera entlang des Bewegungspfads ausgerichtet.

Ebene zur Kamera ausrichten

Wie Sie aus dem vorherigen Abschnitt schon wissen, können Sie Kameras an Pfaden ausrichten, was bei Ebenen auch möglich ist. Zusätzlich lassen sich Ebenen zur Kamera hin ausrichten. Die Option ist erst verfügbar, wenn Sie die Ebene zu einer 3D-Ebene umschalten. Anschließend ist die Ebene immer frontal zur Blickrichtung der Kamera ausgerichtet. Dies ist beispielsweise nützlich, wenn Sie die Kamera um ihren Zielpunkt drehen. Die ausgerichtete Ebene dreht sich dann mit.

Um eine Ebene zur Kamera auszurichten, markieren Sie sie und wählen Ebene • Transformieren • Automatische Ausrichtung • Ausrichtung zu Kamera.

Abbildung 23.57 ▶
Über den Dialog Automatische Ausrichtung richten Sie 3D-Ebenen zur Kamera hin aus.

Für Textebenen gibt es zusätzlich die Option Jedes Zeichen einzeln ausrichten, falls Sie in der Textebene Zeichenweise 3D aktivieren gewählt haben. In dem Fall dreht sich jedes einzelne Textzeichen frontal in die Blickrichtung der Kamera.

Null-Objekt für die Kamera nutzen

Oft ist es hilfreich, eine Kamera über ein Null-Objekt zu animieren, da dieses eventuell leichter zu handhaben ist.

Ein Null-Objekt, also eine unsichtbare Ebene, erhalten Sie über Ebene • Neu • Null-Objekt.

Es gibt zwei Möglichkeiten:
Ordnen Sie der Kamera das Null-Objekt über – dann werden die Transformieren-Eigenschaften der Null-Ebene auf die Kamera übertragen. Der Kamerakörper folgt dann dem Bewegungspfad des Null-Objekts, und Sie können die Blickrichtung der Kamera via Ausrichtung oder Drehung in der Kameraebene beeinflussen. Wichtig ist dabei, dass in diesem Fall die Optionen Ebene • Transformieren • Ausrichtung entlang Pfad und Ausrichtung zum Zielpunkt nicht funktionieren. Dies geht aber mit der zweiten Möglichkeit:

Ordnen Sie dafür die Kameraebene nicht der Null-Ebene unter, sondern verknüpfen Sie die Positionseigenschaft der Kamera per

Zum Nachlesen
Mehr Informationen zu Expressions finden Sie in Kapitel 24, »Expressions«. Informationen zum Überordnen bzw. Parenting erhalten Sie auch in Abschnitt 11.7, »Parenting: Vererben von Eigenschaften«.

Expression mit der Positionseigenschaft der Null-Ebene. Auch hier können Sie die Kamera per AUSRICHTUNG und DREHUNG noch beeinflussen.

Wollen Sie eine Kamera um ihren Zielpunkt herum bewegen, also die Kamera im Kreis drehen, gibt es eine hilfreiche Funktion: Markieren Sie die Kamera, und wählen Sie dann EBENE • KAMERA • DREHUNG UM NULL-EBENE ERSTELLEN. Daraufhin generiert bequemerweise After Effects für Sie ein Null-Objekt mit aktivierter 3D-Option, das der Kamera übergeordnet ist und bereits haargenau auf dem Zielpunkt liegt. Sie müssen dann nur noch Keys für die Drehungs-Eigenschaften der Null-Ebene setzen.

Die wichtigsten Kameraoptionen

Wie ich im vorhergehenden Workshop schon angekündigt habe, wollte ich noch ein paar Kameraoptionen erklären. Es handelt sich um die Einstellungen für die Tiefenschärfe, die Blende, die Weichzeichnerstärke, die Fokusentfernung und den Zoom. Sie kennen die Wirkung von der Fotokamera – eine kleine Blende bewirkt eine hohe Tiefenschärfe: Das Motiv ist, obwohl Sie nur auf einen bestimmten Punkt scharf gestellt hatten, durchgängig klar erkennbar. Bei einer großen Blendenöffnung hingegen ist das Motiv vor und hinter dem Punkt, auf den Sie scharf gestellt haben, verschwommen. Um Teile einer 3D-Szenerie zu betonen, bietet sich die Tiefenschärfeeinstellung hervorragend an.

Schritt für Schritt: Fokus, Pokus, Tiefenschärfe

Die benötigten Dateien für diesen Workshop finden Sie auf der DVD unter BEISPIELMATERIAL/ 23_3D/FOKUS

In diesem Workshop schauen wir uns die einige Möglichkeiten Kameraeigenschafte zu animieren an. Das Augenmerk liegt dabei besonders auf dem Fokus der Kamera.

1 Vorbereitung

Diesmal müssen Sie nicht ganz so viel vorbereiten, da ich Ihnen ein Projekt mitgegeben habe, das Sie einfach öffnen können, um darin weiterzuarbeiten. Das Projekt heißt »fokus.aep« und ist im Ordner 23_3D/FOKUS zu finden. Kopieren Sie sich am besten den gesamten Ordner auf die Festplatte.

An der gleichen Stelle liegen auch das Movie »fokus«, das den fertigen Film darstellt, und das fertige Projekt »fokusfertig.aep« zur Anschauung bereit. Öffnen Sie das Projekt »fokus.aep«. In der Komposition »tiefenschaerfe« habe ich bereits eine Kamera und einige Ebenen angelegt, die die Kamera ins Visier nimmt. Sie können die Ebenen über das Verbergen-Männlein in der Zeitleiste jederzeit ein- und ausblenden. Zum Arbeiten verwenden Sie zwei Kompositionsansichten. Stellen Sie eine Ansicht auf LINKS und die andere auf KAMERA 1.

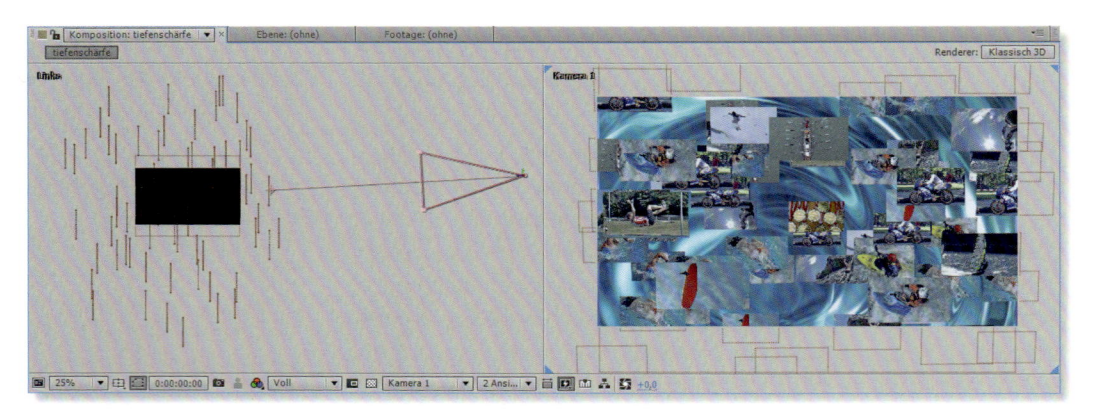

Abbildung 23.58 ▲
Die Kamera ist recht weit von den etwa 60 Ebenen entfernt, die das Zahlenmeer bilden. Noch sind alle Fotos klar erkennbar.

2   Tiefenschärfe einschalten und Optionen

Die Tiefenschärfe können Sie im Dialogfeld KAMERAEINSTELLUNGEN und in der Zeitleiste aktivieren. Doppelklicken Sie auf die Ebene KAMERA 1 in der Zeitleiste, um das Dialogfeld zu öffnen. Setzen Sie ein Häkchen bei TIEFENSCHÄRFE AKTIVIEREN ❶.

Der Fokus bezeichnet den absoluten Schärfepunkt. Ein Bild, das sich also genau auf dem Fokuspunkt befindet, wird absolut scharf dargestellt. Mit der FOKUSENTFERNUNG ❷ legen Sie fest, wie weit entfernt von der Kameraposition dieser Schärfepunkt liegt. Vor und hinter dem Fokuspunkt werden die Bildbereiche abhängig von der gewählten BLENDE ❹ unscharf. Je kleiner der Blendenwert ist, desto größer ist der Bereich vor und hinter dem Fokuspunkt, innerhalb dessen die Bildbereiche scharf erkennbar sind. Das ist der Tiefenschärfebereich. Durch die Animation der Fokusentfernung ist es möglich, den Tiefenschärfebereich so zu verschieben, dass neue Objekte in den scharfen Bereich eintreten, während andere im unscharfen Bereich liegen.

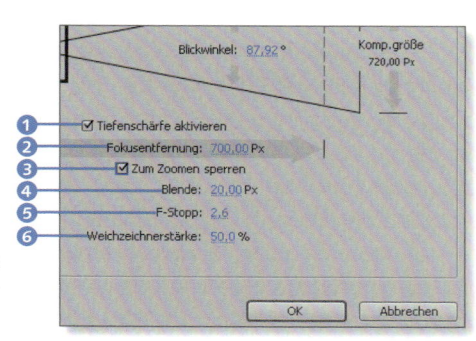

Abbildung 23.59 ▶
Im Dialog KAMERAEINSTELLUNGEN befinden sich auch Optionen für die Tiefenschärfe einer Kamera.

23.3 Die Kamera: Ein neuer Blickwinkel

F-Stopp ❺ ist nichts weiter als eine andere Art der Messung des Blendenwerts; die Werte der Blende und von F-Stopp hängen daher zusammen. Verändern Sie den einen Wert, ändert sich auch der andere. Die Option Zum Zoomen sperren ❸ bewirkt, dass die Fokusentfernung dem Wert des Zooms entspricht. Mit der Weichzeichnerstärke ❻ stellen Sie ein, wie stark Bildbereiche, die außerhalb des Tiefenschärfebereichs liegen, weichgezeichnet werden. Ändern Sie die Werte in den Kameraeinstellungen nicht; das machen wir in der Zeitleiste. Schließen Sie den Dialog mit OK.

3D-Entwurf

Sie können für 3D-Kompositionen Lichter, Schatten und die Wirkung der Tiefenschärfe einer Kamera aus- und einschalten, um das Rendern beim Arbeiten zu beschleunigen. Klicken Sie dazu in der Zeitleiste auf den Schalter 3D-Entwurf ❼.

3 Zoom und Position animieren

Bevor wir uns der Fokuseinstellung widmen, werden wir die Kamera auf einem Bewegungspfad durch die Ebenen wandern lassen und mit dem Zoom den Eindruck dieser Bewegung verändern.

Es ist sinnvoll, den Fokus erst danach einzustellen, da wir erst dann wissen, wo sich die Kamera in Bezug zu den Ebenen befindet, die klar sichtbar sein sollen.

Öffnen Sie die Kameraoptionen der Kamera 1 in der Zeitleiste und die Positionseigenschaft der Ebene. Der Zielpunkt ist bereits platziert. Und raten Sie einmal, worauf er ausgerichtet ist – ja, die Medaillen! Setzen Sie bei 00:00 einen ersten Key für die Eigenschaft Position. Navigieren Sie zum Zeitpunkt 02:00, und tippen Sie dort folgende Werte für die Position ein: 900; 570; 60 und dann bei 04:00 die Werte: 945; 600; 440.

Die Kamera bewegt sich also zuerst schnell heran und wird dann langsamer. Um die Bewegung zu soften, markieren Sie alle Keys der Positionseigenschaft und klicken dann einen der Keys bei gedrückter Strg-Taste an. Dadurch wird die Interpolationsmethode von Linear auf Bézier automatisch geschaltet.

Mit dem Zoom werden wir nun eine andere Dynamik in die Bewegung bringen. Setzen Sie für die Eigenschaft Zoom folgende Werte: bei 00:00 = 1866,7, bei 02:00 = 375 und bei 04:00 = 500. Wechseln Sie dann auf gleiche Weise wie beschrieben die Interpolationsmethode.

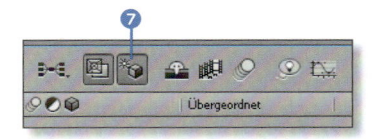

▲ **Abbildung 23.60**
Über den Schalter 3D-Entwurf schalten Sie die Wirkung von Lichtern, Schatten und Tiefenschärfe aus und ein.

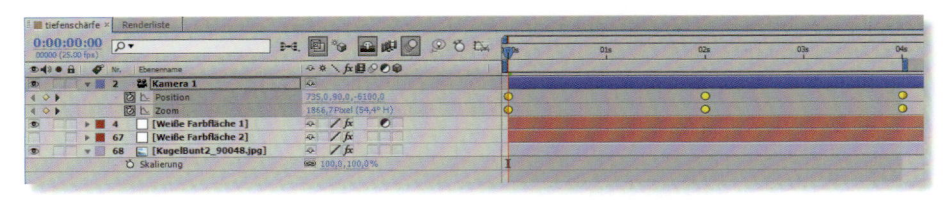

▲ **Abbildung 23.61**
Zunächst setzen wir Keys für Position und Zoom.

Abbildung 23.62 ▶
Die Kamera auf dem Weg durch die Ebenen

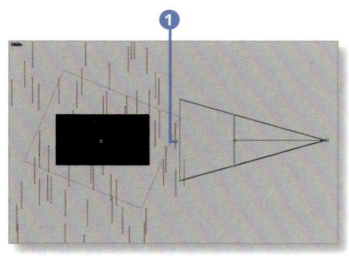

▲ **Abbildung 23.63**
Außer der Kamera selbst wird der zur Kamera gehörende Fokuspunkt angezeigt.

Fokus testen

In der Ansicht LINKS lässt sich – wenn Sie die Kamera sonst nicht animiert haben – sehr gut nachvollziehen, wie der Fokuspunkt ❶ durch die Ebenen »wandert«. Verändern Sie dazu den Wert von FOKUSENTFERNUNG ruhig einmal, indem Sie ihn in der Zeitleiste ziehen. Sie sehen dann einen dünnen Strich in der linken Ansicht wandern. Dies ist der absolute Schärfepunkt, d. h., sobald dieser deckungsgleich mit einer Ebene liegt, ist diese klar erkennbar.

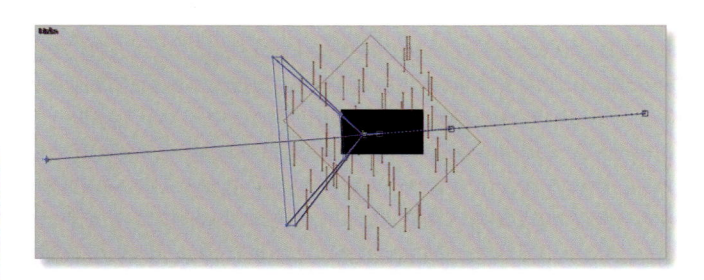

---

4 Fokusentfernung animieren und Blende einstellen

Öffnen Sie wieder die KAMERAOPTIONEN der KAMERA 1 in der Zeitleiste. Für eine leichte Unschärfe zu Beginn setzen Sie den Blendenwert auf 120. Der F-STOPP-Wert fehlt übrigens, da der Blendenwert ihn ersetzt. Um den Unschärfeeffekt zu verstärken, setzen Sie die WEICHZEICHNERSTÄRKE auf 1000 %. Nun ist alles total unscharf. Aber per animierter Fokusentfernung ändern wir das. Wir lassen den Fokuspunkt durch die gestaffelten Fotoebenen wandern.

Setzen Sie für FOKUSENTFERNUNG einen Wert von 4600 und einen Key zum Zeitpunkt 00:00. Ziehen Sie die Zeitmarke auf 02:00, und setzen Sie die FOKUSENTFERNUNG auf den Wert 900 und bei 04:00 auf 515. So müssten anfangs die ersten Ebenen erkennbar sein und dann die Medaillen im Fokus liegen. Liegt die Ebene an irgendeinem Zeitpunkt nicht im Fokus, korrigieren Sie den Wert dort manuell nach. Ich habe das an den Zeitpunkten 02:15, 03:00 und 03:15 gemacht.

▶ Die Blende animieren Sie mit folgenden Werten: bei 00:00 = 120, bei 02:00 = 200.
▶ Für WEICHZEICHNERSTÄRKE setzen Sie diese Keys: bei 01:23 = 1000 und bei 02:00 = 600.

Abbildung 23.64 ▲
Hier sehen Sie alle gesetzten Keys.

Abbildung 23.65 ▶
Die Kamera lässt den Fokuspunkt durch die Ebenen wandern.

23.3 Die Kamera: Ein neuer Blickwinkel

Fokusentfernung automatisch erkennen | Nachdem Sie sich nun im Workshop bereits abgemüht haben, verrate ich Ihnen, wie Sie zumindest mit der Fokusentfernung einfacher umgehen können.

Im Workshop haben Sie Keyframes gesetzt, um den Fokus passend zur Entfernung der Ebene zu halten. Dies geht ganz ohne Keyframes auf folgendem Weg: Sie markieren die Kameraebene und die Ebene, auf die fokussiert werden soll, und wählen EBENE • KAMERA • FOKUSENTFERNUNG MIT EBENE VERKNÜPFEN. After Effects erstellt daraufhin eine Expression in der Kameraebene, die die Entfernung ermittelt und zur Kameraebene überträgt, so dass es keine Unschärfen geben kann.

Auf gleichem Weg verknüpfen Sie die Fokusentfernung mit dem Zielpunkt, um Objekte an diesem Punkt immer klar zu erkennen. Außerdem ist über FOKUSENTFERNUNG ANHAND DER EBENE EINSTELLEN ein einmaliges Auslesen der Entfernung am aktuellen Zeitpunkt möglich.

Weitere Kameraoptionen | Im vorangegangenen Workshop »Fokus, Pokus, Tiefenschärfe« haben Sie per TIEFENSCHÄRFE, BLENDE etc. Unschärfen erzeugt. Für die realistischere, an reale Kameraobjektive angepasste Darstellung solcher Unschärfen und eventuell in der Szene enthaltene Glanzlichter gibt es einige weitere Optionen. Das Ziel hierbei ist es – besonders bei Glanzlichtern –, in den Unschärfebereichen eine subjektiv schöne Form zu erreichen.

▲ **Abbildung 23.66**
Hier können Sie das sogenannte Bokeh – das Aussehen des Unschärfebereichs – dieses Bilds selbst begutachten.

▲ **Abbildung 23.67**
Mit vielen Optionen beeinflussen Sie das Aussehen unscharfer Bereiche, insbesondere bei Glanzlichtern.

Übrigens sind die folgenden Optionen identisch mit dem ähnlich oder gleichlautenden Einstellungsmöglichkeiten im Effekt KAMERALINSEN-WEICHZEICHNER, den ich in Kapitel 19, »Erweiterte Bearbeitungsmöglichkeiten mit Effekten«, beschreibe.

- Per IRIS-FORM wählen Sie die Anzahl der Lamellen des Kameraobjektivs. Je höher der Wert, desto kreisförmiger ist die Blendenöffnung und somit auch unscharfe Glanzlichter. Dies erreichen Sie auch mit höheren Werten bei IRISBLENDE-RUND-HEIT. IRIS-DREHUNG und IRISBLENDE-SEITENVERHÄLTNIS verändern vor allem bei den Formen DREIECK und VIERECK das Aussehen der Unschärfebereiche.

▶ Mit BEUGUNGSSTREIFEN simulieren Sie die bei verschiedenen Objektiven unterschiedlich auftretenden Haloeffekte von unscharfen Lichtpunkten, die mal eher am Rand oder eher in der Mitte heller sind. Hohe Werte erzeugen einen Halo, also einen helleren Rand.

▶ Per GLANZLICHTER-SCHWELLENWERT entscheiden Sie, bis zu welchem Graustufenwert Glanzlichter beeinflusst werden. Die Anzahl der Graustufen ist dabei abhängig von der von Ihnen gewählten Projektfarbtiefe. Wie die GLANZLICHTER-SÄTTIGUNG beeinflusst wird, bestimmen Sie mit der letzten Option der Liste.

Kamera-Werkzeuge

Die schon im Workshop »3D-Ebenen positionieren« erwähnten Kamera-Werkzeuge dienen zum Bearbeiten und Neueinrichten der Ansichten im Kompositionsfenster, was besonders in den Einstellungen EIGENE ANSICHT deutlich wird. Diese Änderungen haben keinen Einfluss auf das Endergebnis.

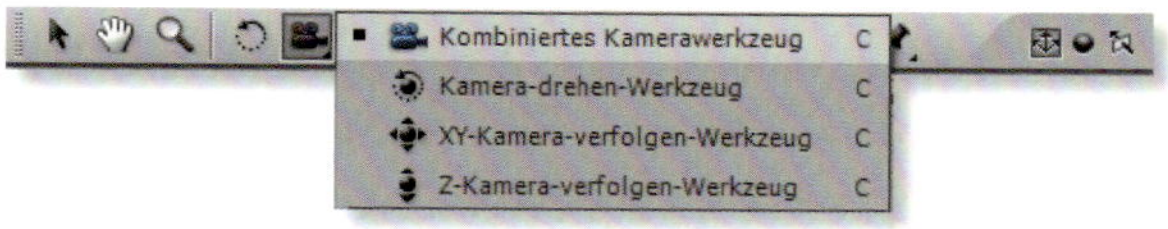

Abbildung 23.68 ▶
Hervorragend: Die Arbeit mit den Kamera-Werkzeugen macht das Animieren der Kamera zu einem intuitiven Vergnügen.

Aber: Wenden Sie die Werkzeuge in einer Kameraansicht, z. B. KAMERA 1, an, ändern sich sehr wohl die Drehung und die X-, Y-, Z-Position der Kamera. Dies hat einen Einfluss auf das Endergebnis! Die Kamera-Werkzeuge dienen so als große Arbeitserleichterung, da Sie mit den Werkzeugen einfach irgendwo in das Kompositionsfenster klicken können, ohne umständlich in verschiedenen Ansichten nach Achsen suchen zu müssen. Die Kameraposition ändern Sie dann sehr einfach, indem Sie sie bei aktiviertem Werkzeug über das Kompositionsfenster ziehen. Daher betrachten wir hier noch einmal diese Werkzeuge.

Bei aktivem Kamera-drehen-Werkzeug drehen Sie die Kamera um den Zielpunkt. Bei ausgewähltem XY-Kamera-verfolgen-Werkzeug verschieben Sie Kamera und Zielpunkt gleichzeitig und parallel auf der x- oder y-Achse. Mit dem Z-Kamera-verfolgen-Werkzeug verschieben Sie Zielpunkt und Kamera ebenso auf der z-Achse.

Tastenkürzel
Um sich das Arbeiten mit den Werkzeugen noch leichter zu machen, wechseln Sie einfach mit der Taste [C] zwischen den Werkzeugen hin und her.

Kombiniertes Kamera-Werkzeug | Das mit der Kamera symbolisierte kombinierte Kamera-Werkzeug verbindet die zuvor beschriebenen Kamera-Werkzeuge. Der Vorteil: Wenn Sie eine Maus mit drei Tasten verwenden, sind die Werkzeuge nun auf je eine der Tasten gelegt, und Sie können schneller und intuitiver arbeiten.

Dabei ist der rechten Maustaste das Z-Kamera-verfolgen-Werkzeug zugeordnet. Ziehen Sie mit gedrückter rechter Maustaste, ändert sich die Position der Kamera, und der Zielpunkt verbleibt an seiner Position; nehmen Sie beim Ziehen die Taste [Strg] hinzu, wird auch der Zielpunkt mit verschoben.

Mit der linken Maustaste erhalten Sie das Kamera-drehen-Werkzeug und mit der mittleren Maustaste das XY-Kamera-verfolgen-Werkzeug. Sie müssen den mit gedrückter Maustaste sichtbaren entsprechenden Mauszeiger nur noch im Kompositionsfenster bewegen, um die Kamera neu zu positionieren bzw. die Kompositionsansichten zu modifizieren.

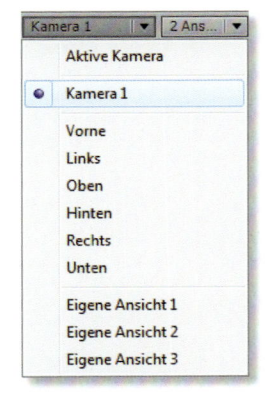

▲ **Abbildung 23.69**
Um eine Kamera mit den Kamera-Werkzeugen zu bearbeiten, müssen Sie sie im Einblendmenü 3D-Ansichten auswählen.

23.4 Ray-traced-3D-Kompositionen

In Ray-traced-3D-Kompositionen können Sie Textebenen und Formebenen in echte 3D-Ebenen umwandeln, d.h. mit einer Materialdicke versehen. Außerdem ermöglichen Sie das Biegen von Ebenen und die Einrichtung von Umgebungsmaps. Aber die Bezeichnung »Ray-traced« ist damit nicht genügend gewürdigt, denn was solche Kompositionen wirklich auszeichnet, sind die physikalisch genauere Berechnung einer 3D-Szenerie und der Lichtverteilung darin sowie Tiefenschärfe und weichere Schatten. Die genauere Berechnung resultiert – abhängig von Ihrer Systemkonfiguration – in längeren Renderzeiten.

Voraussetzungen und Arbeitshilfen für Ray-traced 3D

Wegen der oben bereits erwähnten langen Renderzeiten, die sich beim Arbeiten mit Ray-traced-3D-Kompositionen ergeben können, gebe ich Ihnen gleich zu Beginn ein paar Hilfsmittel an die Hand, mit denen Sie die Vorschauanzeige passabel gestalten.

Grafikkarte | Bevor Sie mit Ray-traced 3D anfangen, sollten Sie sich eine neue Grafikkarte kaufen, denn die Grundvoraussetzung für ein flüssiges Arbeiten liegt vor allem darin. Wenn Sie eine Grafikkarte verwenden, die Ray-traced-3D-Berechnungen un-

> **Raytracing**
> Raytracing, zu Deutsch Strahlverfolgung, wurde zur Berechnung verdeckter Objekte in 3D-Szenerien entwickelt bzw. um zu berechnen, welche Objekte der Szenerie vom Betrachter zu einem Zeitpunkt gesehen werden und welche nicht. Der Grundaufbau für die Berechnung sind ein fester Blickpunkt, die 3D-Szenerie und eine in Pixel aufgeteilte Bildebene, die zwischen Blickpunkt und 3D-Szenerie liegt. Vom Blickpunkt aus wird nun ein Strahl zu einem Pixel und dem nächstgelegenen dahinter befindlichen Objektpunkt, auf den der Strahl trifft, berechnet. Dieser nächstgelegene Punkt wird dann auf der Bildebene dargestellt. Bei Lichtern wird der gesamte Weg eines Lichtstrahls auch bei Reflexionen berechnet.

terstützt, erfolgt die Berechnung von Lichtern, Lichtbrechungen, Spiegelungen etc. auf der GPU.

Unterstützt Ihre Grafikkarte Ray-traced-3D nicht, erfolgt die Berechnung aber immerhin noch über alle physischen Kerne der CPU. Damit kommen Sie auch ein Stück weit. Weitere Informationen finden Sie im Abschnitt »Grafikkarte und Vorschau« auf Seite 245.

Ist eine unterstützte Grafikkarte im System, gehen Sie über BEARBEITEN • VOREINSTELLUNGEN • VORSCHAU und klicken auf den Button GPU-INFORMATIONEN. Im gleichnamigen Dialog wählen Sie unter RAY-TRACING GPU aus. Hier finden Sie auch alle Informationen zu der installierten Grafikkarte. In jedem Fall können Sie unter STRUKTURSPEICHER den Wert auf 80 % des installierten VRAM erhöhen.

Unterstützte Grafikkarten
Eine aktuelle Liste unterstützter Grafikkarten finden Sie unter *http://www.adobe.com/products/aftereffects/tech-specs.html*.

Kompositionsfenster und Zeitleiste | Ob mit CPU oder GPU unterwegs, Sie beschleunigen die Anzeige mit der Vorschauoption SCHNELLER ENTWURF. Es werden damit allerdings keine exakten Berechnungen von Lichtern, Schatten, Transparenzen etc. durchgeführt, so dass sich die Vorschau stark vom Endergebnis unterscheiden kann.

Im Modus AUS (ENDGÜLTIGE QUALITÄT) wird die Anzeige via CPU langsamer. Um dem entgegenzuwirken, schalten Sie in der Zeitleiste die Option LIVE-UPDATE ❶ ab. Der Renderer versucht dann nicht sofort, jede Veränderung zu berechnen, sondern erst, wenn Sie die Maustaste loslassen.

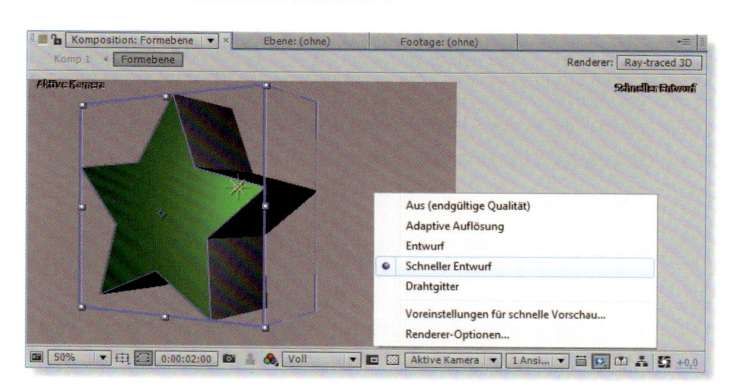

Abbildung 23.70 ▶
Immer schneller ist es im Vorschaumodus SCHNELLER ENTWURF.

Abbildung 23.71 ▶
Wird nur per CPU gerendert, schalten Sie LIVE-UPDATE besser aus.

23.4 Ray-traced-3D-Kompositionen

Optionen in den Kompositionseinstellungen | Sobald Sie eine 3D-Ebene in einer Komposition haben, erscheint im Kompositionsfenster oben rechts der RENDERER-Button, der Ihnen einen Schnellzugriff zu den erweiterten Kompositionseinstellungen gestattet. Hier wählen Sie bei RENDERER nicht nur die Einstellung RAY-TRACED 3D aus, sondern via OPTIONEN beeinflussen Sie die Render-Geschwindigkeit über RAY-TRACING-QUALITÄT. Wichtig: Ist dort der Wert auf 1 gesetzt, erhalten Sie eine gute Performance, aber es wird dann auch keine Reflexion berechnet. Für die endgültige Berechnung aller Schattierungen und Reflexionen erhöhen Sie den Wert schrittweise, bis das Ergebnis passend ist. Bei zu niedrigen Werten können Störungen wie Bildrauschen auftreten. Die Optionen bei GLÄTTUNGSFILTER sind von der niedrigsten zur höchsten Qualität gelistet.

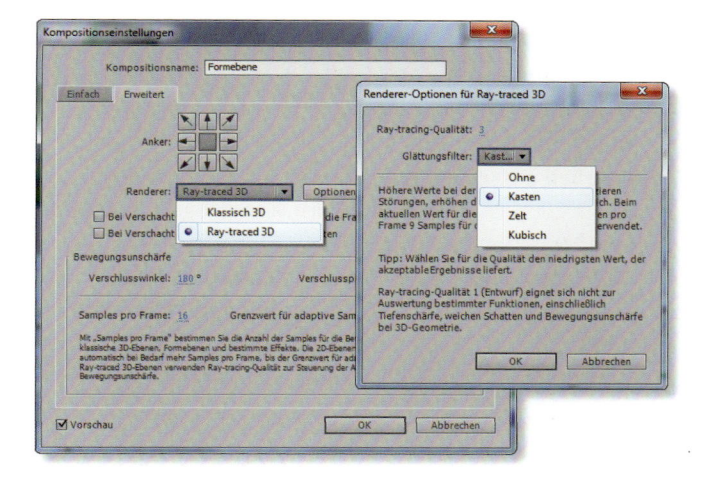

◄ **Abbildung 23.72**
In der Karte ERWEITERT schalten Sie Kompositionen auf RAY-TRACED 3D um und legen Optionen für die Qualität des Renderers fest.

Jetzt sind Sie gerüstet, damit Sie im folgenden Workshop nicht nur zwischen Rechner und beispielsweise Ihrem Buch »Debt: The First 5,000 Years« von David Graeber pendeln, um die Zeit während der Vorschauberechnung sinnvoll zu nutzen.

Schritt für Schritt:
3D-Balkengrafik

In diesem Workshop arbeiten Sie mit rein in After Effects generiertem Material: mit Form- und Textebenen, die zusammen ein beleuchtetes und animiertes Balkendiagramm ergeben sollen.

1 Vorbereitung

Schauen Sie sich zuerst das Movie »Balkendiagramm« aus dem Ordner 23_3D/RAYTRACE3D an.

Die benötigten Dateien für diesen Workshop finden Sie auf der DVD unter BEISPIELMATERIAL/ 23_3D/RAYTRACE3D

Nicht unterstützte Funktionen
Folgende Funktionen, die der Renderer KLASSISCH 3D unterstützt, entfallen bei RAY-TRACED 3D: Füllmethoden, Bewegte Masken, Ebenenstile, Masken und Effekte auf kontinuierlich gerasterten Ebenen, einschließlich Text- und Formebenen, Masken und Effekte auf 3D-Unterkompositionen mit gefalteten Transformationen, die Option TRANSPARENZ ERHALTEN. Dafür kommen aber eine Menge anderer guter Funktionen hinzu, wie Sie sehen werden.

▲ **Abbildung 23.73**
Haben Sie eine Ebene markiert sind es Maskenwerkzeuge. Wenn nicht, Formwerkzeuge, wie wir sie hier benötigen.

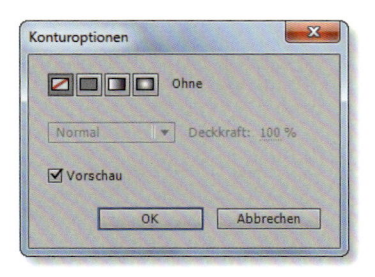

▲ **Abbildung 23.74**
Per Klick auf das Wort KONTUR öffnen sich die Konturoptionen.

Ein wenig vorbereitet habe ich das Projekt, in dem Sie arbeiten sollen, bereits. Aber keine Angst – es bleibt genügend zu tun übrig. Öffnen Sie das Projekt »Diagramm_start.aep« aus dem oben genannten Ordner.

Darin habe ich die Komposition »3draum_start« in HD-Größe angelegt. Zuerst schalten Sie die Komposition zu einer Ray-traced-3D-Komposition um. Sie haben ja bereits weiter oben im Text gelesen, wie das geht. Bei den Optionen verwenden Sie vorerst unter RAY-TRACING-QUALITÄT den Wert 3.

In der Komposition befindet sich bereits eine Formebene, deren Inhalt nur aus einem L-förmigen Pfad besteht. Da dieser bereits extrudiert ist, bildet er die Hintergrundfläche. Allerdings sehen Sie davon momentan nichts, da die Ebene ausgeblendet ist. Aber auch wenn Sie sie einblenden, sehen Sie nur eine weiße Fläche. Ganz anders wird das nachher, wenn wir die Beleuchtung hinzufügen.

Mit Formebenen machen wir gleich weiter; zunächst bauen wir einen Balken für das Diagramm und eine Skala.

2 Formebenen extrudieren
Wählen Sie von den Masken- bzw. Formwerkzeugen das Werkzeug Abgerundetes-Rechteck-Werkzeug.

Klicken Sie in der Werkzeugleiste auf das Wort KONTUR, und wählen Sie die Kontur in den Konturoptionen ab (das durchgestrichene Kästchen). Als Flächenfarbe wählen Sie Weiß. Ziehen Sie bei gedrückter ⇧-Taste ein Quadrat auf.

Öffnen Sie die Liste unter INHALT in der entstandenen Formebene. Unter RECHTECKPFAD ❶ tippen Sie bei GRÖSSE den Wert 220 in eines der Felder und bestätigen mit ↵ im Zehnerblock. Schalten Sie anschließend die 3D-Option für die Ebene ein, und drehen Sie sie dann um 90° auf der x-ACHSE.

Durch das Umschalten der Ebene auf 3D ist der Punkt GEOMETRIEOPTIONEN hinzugekommen, dem ein paar Optionen untergeordnet sind. Um nun aus der Fläche einen Balken zu machen, erhöhen Sie den Wert bei EXTRUSIONSTIEFE auf 1.000. Zugegeben: Das Ganze wirkt momentan eher flach als plastisch, aber es handelt sich jetzt wirklich um ein in After Effects erzeugtes, echtes 3D-Objekt – wie gesagt, es liegt am noch fehlenden Licht, dass Sie es nicht als solches erkennen. Benennen Sie die Ebene also trotzdem in »Balken 1« um, indem Sie sie markieren und ↵ drücken.

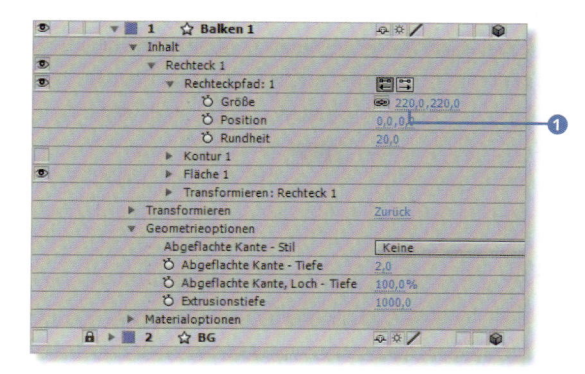

23.4 Ray-traced-3D-Kompositionen

◀ **Abbildung 23.75**
Hier die Optionen der ersten Formebene.

3 Formebenen zu einer Skala kombinieren

Nun zur Skala – nein nicht zur Mailänder Scala, obwohl ... Italien ... Verlockend, die Vorstellung, dort, in Italien, unter italienischer Sonne, bei einer Polenta pasticciata und einer Flasche Pinot Grigio zu sitzen und ... Aber bleiben wir vorerst beim Rechteck-Werkzeug. Verwenden Sie nun das normale Rechteckwerkzeug ohne abgerundete Ecken, und ziehen Sie damit ein Rechteck ohne Kontur auf. Dabei darf die zuerst erstellte Formebene nicht markiert sein, sonst zeichnen Sie dort einen weiteren Pfad hinein. Für die Flächenfarbe wählen Sie einen Blauton (R: 142, G: 186, B: 245).

Tippen Sie diesmal bei Grösse die Werte 275 und 1100 ein. Deaktivieren Sie dazu das Verketten-Symbol ❸ vor den Wertefeldern. Lassen Sie die neue Ebene markiert, und erstellen Sie ein weiteres Rechteck in der Größe 2.000 × 180.

Aktivieren Sie die 3D-Option ❷. Tragen Sie dann bei Extrusionstiefe ❹ den Wert 380 ein. Wählen Sie bei Abgeflachte Kante – Stil den Eintrag Konvex, und tragen Sie bei Abgeflachte Kante – Tiefe den Wert 15 ein. Es entsteht dadurch an den Kanten eine Rundung, die der des Balkens entspricht. Benennen Sie die Ebene mit... »Skala«.

Licht? – Nein. Wir schalten es noch nicht ein.

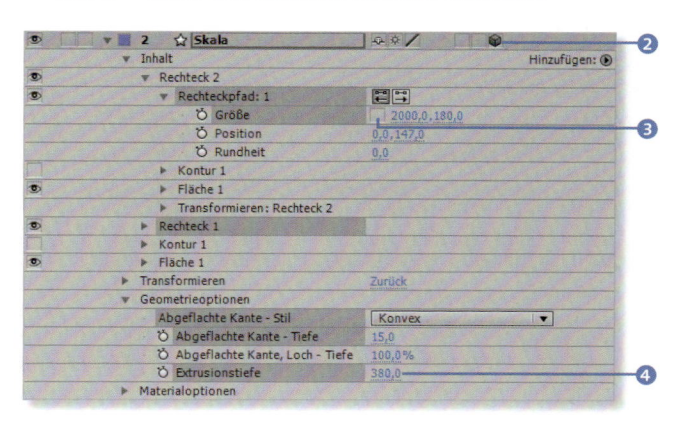

◀ **Abbildung 23.76**
Bei aktivierter 3D-Option können Sie Formebenen extrudieren.

4 Formebenen positionieren

Wechseln Sie in die Ansicht VORNE. Öffnen Sie die Eigenschaften der Ebene »Skala«, und ändern Sie dort unter INHALT für das waagerechte und senkrechte Rechteck unter RECHTECK 2 bzw. RECHTECK 1 • RECHTECKPFAD 1 die Positionswerte so, dass beide Pfade bündig miteinander abschließen, damit sich keine Lücke oder Stufe bildet.

Markieren Sie die Ebene »Balken 1«, und verschieben Sie den Balken auf der Z-Achse (Lokalachsenmodus) so weit nach unten, bis er bündig mit der Waagerechten der Skala abschließt.

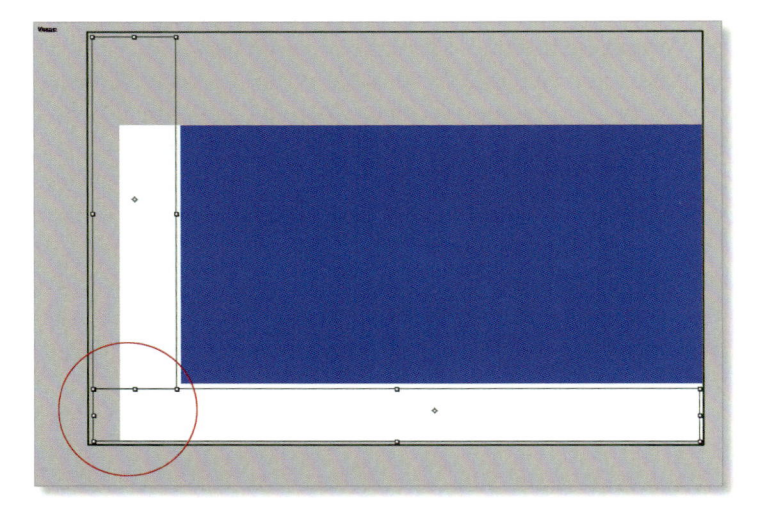

Abbildung 23.77 ▶
Die beiden Rechtecke der Skala sollten bündig aufeinandertreffen.

Wechseln Sie in die Ansicht LINKS, und verschieben Sie den Balken auf der Y-Achse, bis er mittig auf der Skala positioniert ist.

Duplizieren Sie den Balken zwei Mal. Verteilen Sie die drei Balken in der Ansicht VORNE gleichmäßig auf der Waagerechten.

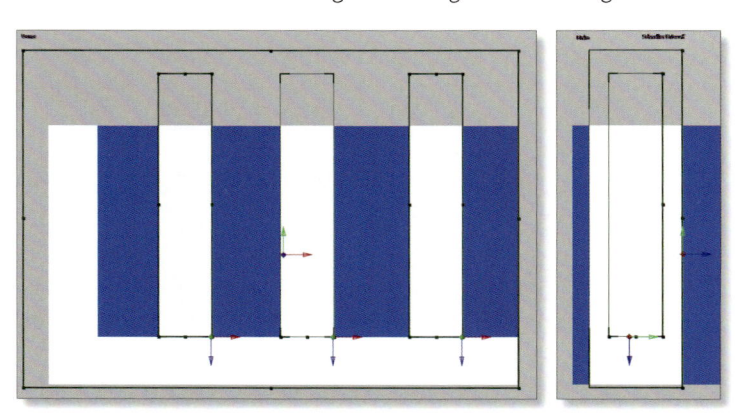

Abbildung 23.78 ▶
Positionieren Sie die Balken auf der Waagerechten der Skala annähernd wie in dieser Abbildung.

5 Beleuchtung hinzufügen

Damit es endlich nicht mehr aussieht wie auf Zeichnungen eines Architekturbüros, fügen Sie über EBENE • NEU • LICHT eine neue Lichtebene hinzu und wählen als LICHTART SPOTLICHT. Die Farbe soll Weiß sein, die INTENSITÄT auf 140 stehen, LICHTKEGEL auf 30°, WEICHE KEGELKANTE auf 50 %, ABFALL auf OHNE, ein Häkchen bei WIRFT SCHATTEN stehen, die SCHATTENTIEFE bei 50 % liegen und WEICHE SCHATTENKANTE bei 100 Pixeln.

Duplizieren Sie gleich die Ebene, und positionieren Sie dann die Lichter links und rechts von der Skala; sie sollen die Skala, ähnlich wie in der Abbildung, leicht von vorn und oben beleuchten. Wie das geht, wissen Sie schon aus vorangegangen Workshops – das hoffe ich jedenfalls.

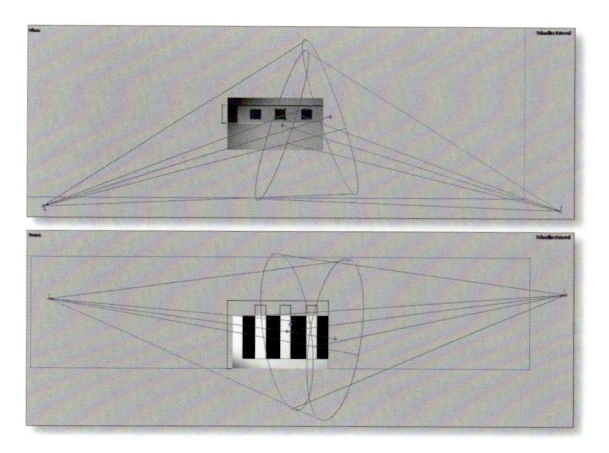

◄ **Abbildung 23.79**
Positionieren Sie zwei Spotlichter links und rechts von der Skala.

Außerdem verwenden wir einige Punktlichter, zur Aufheiterung gewissermaßen – wie Laternen in einer Trattoria … Aber lassen wir das. Fügen Sie also ein Punktlicht mit der INTENSITÄT 20 % und weißer Lichtfarbe hinzu. Duplizieren Sie die Ebene drei Mal, und verteilen Sie die Lichter dann in den Ansichten OBEN und VORNE wie in der Abbildung, also etwas vor und über der Skala.

Schalten Sie die Sichtbarkeit der Ebene »BG« ein.

▼ **Abbildung 23.80**
Vier Punktlichter bringen ein variantenreicheres Licht- und Schattenspiel.

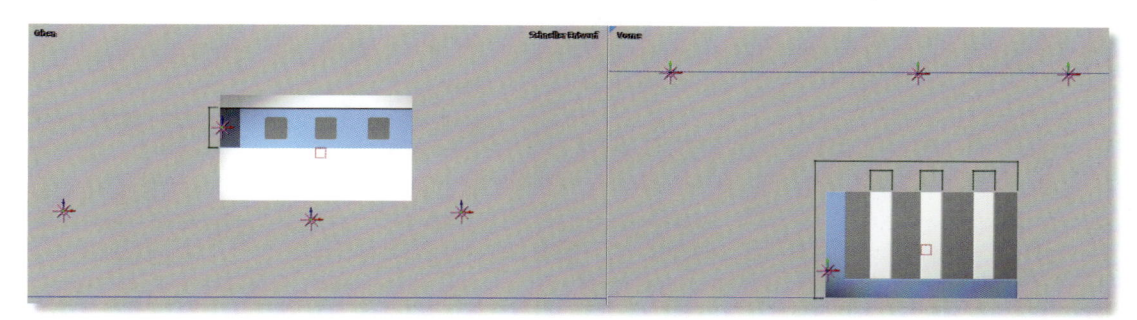

Kapitel 23 3D in After Effects

6 Kamera hinzufügen und animieren

Schalten Sie das Ansichtenlayout auf 2 ANSICHTEN – HORIZONTAL. Wählen Sie auf der rechten Seite die Ansicht KAMERA 1, um das Endergebnis zu sehen, und auf der linken Seite die Ansicht OBEN.

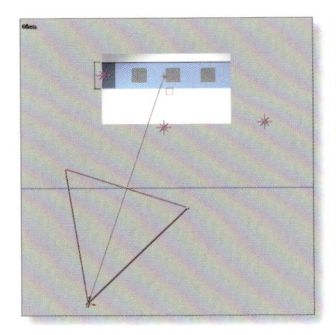

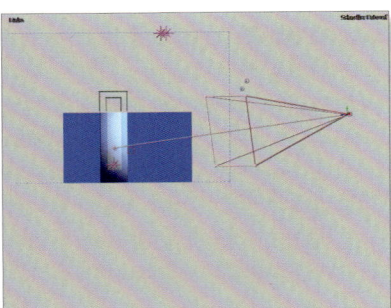

Abbildung 23.81 ▶
In der Startposition »schaut« die Kamera leicht von links und oben auf das Diagramm.

Fügen Sie via EBENE • NEU • KAMERA eine 2-Knoten-Kamera mit der Vorgabe 35 MM hinzu. Schwenken Sie die Kamera in der Ansicht OBEN um den Zielpunkt, indem Sie keine der Achsen treffen und nur am Kamerakörper ziehen. Ziehen Sie auch am Zielpunkt, um die Skala im Blickfeld mittig zu positionieren.

In der Ansicht LINKS ziehen Sie den Kamerakörper leicht nach oben.

Setzen Sie in der Kameraebene bei POSITION einen Key am Zeitpunkt 00:00. Navigieren Sie zum Zeitpunkt 03:00, schwenken Sie dann dort die Kamera in der Ansicht OBEN um ihren Zielpunkt nach rechts, und ziehen Sie die Kamera in der Ansicht LINKS auf der Y-Achse etwas nach unten und auf der Z-Achse etwas an das Diagramm heran.

Abbildung 23.82 ▼
Schwenken Sie die Kamera nach rechts.

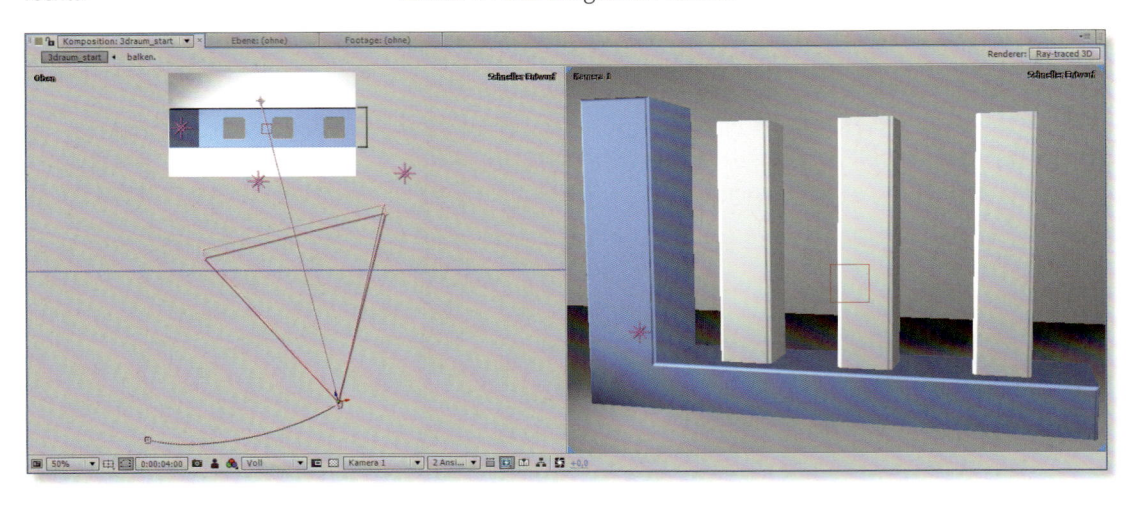

7 Zahlen hinzufügen

Über EBENE • NEU • TEXT erstellen Sie eine Textebene. Markieren Sie sie, und fügen Sie über EFFEKTE • EINSTELLUNGEN FÜR EXPRESSIONS den Effekt EINSTELLUNGEN FÜR SCHIEBEREGLER hinzu.

Öffnen Sie die Texteigenschaften, und markieren Sie das Wort QUELLTEXT. Aktivieren Sie dann via ANIMATION • EXPRESSION HINZUFÜGEN diese Funktionalität. Ziehen Sie das Gummiband ❷ auf das Wort SCHIEBEREGLER ❶.

▼ **Abbildung 23.83**
Per Expression werden die Werte des Schieberegler-Effekts in den Quelltext übertragen.

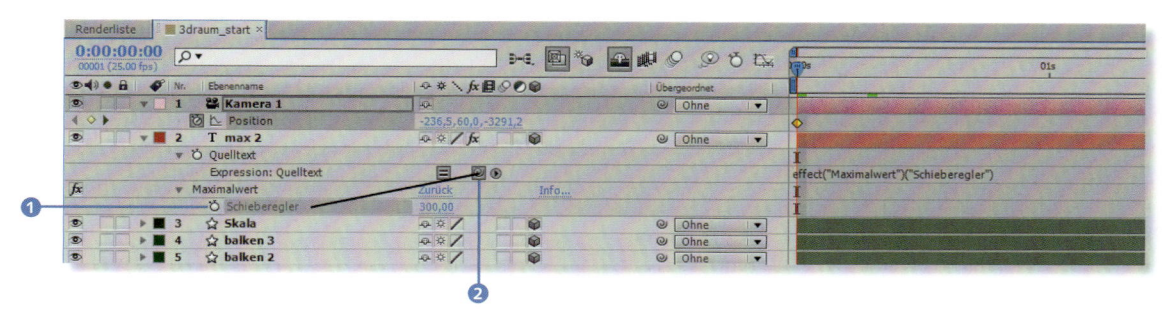

Wenn Sie jetzt Zahlen im Wertefeld des Schiebereglers eintippen oder per Keys animieren, erscheinen die Zahlen in Ihrer Komposition. Ändern Sie noch die Farbe des Textes, beispielsweise in einen Apricot-Ton.

Schalten Sie die 3D-Option für die Ebene ein, und wählen Sie unter GEOMETRIEOPTIONEN bei EXTRUSIONSTIEFE den Wert 30. Duplizieren Sie die Ebene drei Mal, und positionieren Sie dann die Zahlen jeweils unter den Balken und eine Zahl als Maximalwert auf der senkrechten Skala. Nutzen Sie dafür die Ansicht VORNE. In der Ansicht LINKS verschieben Sie die Zahlen bündig zur Waagerechten bzw. Senkrechten der Skala.

Zum Nachlesen
Mehr Informationen zu Expressions finden Sie in Kapitel 24, »Expressions«.

◀ **Abbildung 23.84**
Die Texte verteilen Sie auf der Skala.

8 Materialoptionen wählen

Damit Sie die Qualitäten des Ray-traced-3D-Renderers richtig zu schätzen lernen, verändern wir noch ein paar MATERIALOPTIONEN.

Markieren Sie zunächst die Balken und die Skala, drücken Sie die Taste T, um die Deckkraft einzublenden, und wählen Sie dann 80 %. Markieren Sie nun alle Balken-Ebenen und die Skala. Öffnen Sie bei einer beliebigen Ebene die MATERIALOPTIONEN. Solange alle Ebenen markiert bleiben, wirken sich Änderungen auf diese Ebenen aus.

Ändern Sie nun folgende Werte: WIRFT SCHATTEN = EIN; SPIEGELINTENSITÄT = 100; SPIEGELGLANZLICHT = 10; REFLEXIONSINTENSITÄT = 100; REFLEXIONSSCHÄRFE = 100; REFLEXIONSAUSSTRAHLUNG = 50; TRANSPARENZ = 20.

Die Optionen werde ich im Anschluss an den Workshop noch näher erläutern. Bei allen Textebenen verändern Sie die Werte wie oben, außer: SPIEGELINTENSITÄT = 80; SPIEGELGLANZLICHT = 0; REFLEXIONSAUSSTRAHLUNG = 0; TRANSPARENZ = 0.

Entfernen Sie das Schloss-Symbol bei der Ebene »BG«.

Ändern Sie hier die Werte wie oben, außer: WIRFT SCHATTEN = AUS; REFLEXIONSINTENSITÄT = 50; REFLEXIONSSCHÄRFE = 30; TRANSPARENZ = 0.

9 Animation der Balken

Sie animieren die Balken, indem Sie den Skalierungswert für die Höhe ändern und dazu das Verketten-Symbol bei SKALIERUNG deaktivieren.

Im Projektordner liegt auch die Datei »DiagrammFertig.aep«. Darin sind die Balken und Zahlen per Expressions so animiert, dass sich die Höhenskalierung der Balken dem eingetippten Zahlenwert proportional anpasst. Die Regler für die Balkenskalierung sind in die Ebene »Balkenwerte« ausgelagert und werden per Expressions in die Skalierung der Balken übertragen, wo sie passend umgerechnet werden.

10 Bessere Renderqualität

Noch bessere Qualität besonders in Verläufen, weichgezeichneten und halbtransparenten Bereichen erhalten Sie mit einer Projektfarbtiefe von 16 (bzw. 32) Bit pro Kanal. Per Strg-Taste und Klick auf die Kanalangabe im Projektfenster erreichen Sie dazu die Projekteinstellungen. Die Renderzeiten erhöhen sich jedoch stark!

Leider können Sie im Vorschaumodus SCHNELLER ENTWURF die volle Wirkung einer beleuchteten Szene nicht beurteilen, dazu ist diese Vorschau zu ungenau. Daher kommt nun der Gedulds-

und Performancetest für Sie und Ihren Rechner: Schalten Sie den Vorschaumodus auf Aus (ENDGÜLTIGE QUALITÄT).

Nachdem die Vorschau berechnet wurde, gibt es noch einige verrauschte Stellen im Bild, die bei der voreingestellten Raytracing-Qualität noch nicht ausreichend genau berechnet werden konnten. Das ändern Sie, indem Sie per `Strg`-Taste auf den Button bei RENDERER in der rechten oberen Ecke des Kompositionsfensters klicken. Im erscheinenden Dialog erhöhen Sie schrittweise so lange die Werte bei RAY-TRACING QUALITÄT, bis keine Störungen mehr auftreten.

Die Szene wirkt, wie Sie sehen, bedeutend anders – es sind tolle Materialwirkungen möglich! Der Nachteil: Je nach Rechnerperformance können Sie das Projekt trotz der kurzen Animationssequenz nur über Nacht rendern (oder eben schneller). Einen erholsamen Schlaf wünsche ich jedenfalls!

Und morgen können Sie noch die Headline, die Quelle, Jahreszahlen und eine feinere Aufteilung der Skala für die gestiegene Staatsverschuldung hinzufügen.

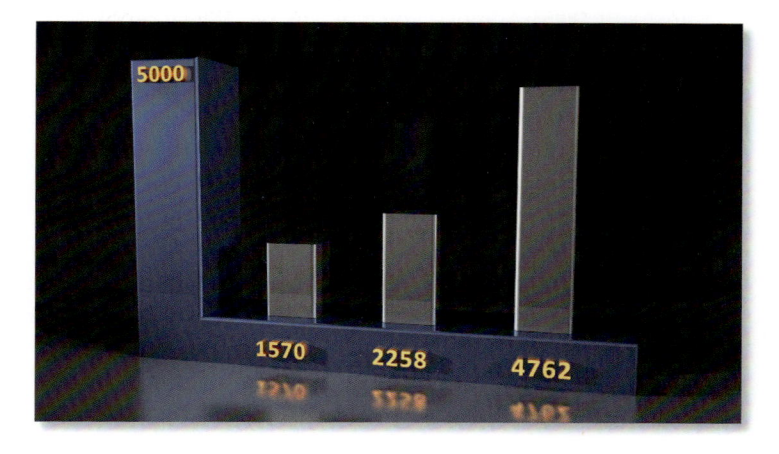

◄ **Abbildung 23.85**
Nach dem der Raytracer gearbeitet hat, sieht es bedeutend besser aus.

Materialoptionen in Ray-traced-3D-Kompositionen

Sieben neue Materialoptionen sind für 3D-Ebenen in Ray-traced-3D-Kompositionen hinzugekommen. Gehen wir sie durch:

▶ **Reflexionsintensität:** Hiermit legen Sie fest, wie stark sich andere reflektierende Objekte und Umgebungsmaps im markierten Objekt spiegeln. Bei 0 % gibt es keine Spiegelung.
▶ **Reflexionsschärfe:** Die Reflexionen auf der Oberfläche werden weichgezeichnet, wenn Sie niedrige Werte verwenden.
▶ **Reflexionsausstrahlung:** Oberflächen, die frontal zur Kamera ausgerichtet sind, reflektieren stärker bei einem Wert von 0 % und erscheinen opak bei einem Wert von 100 %.

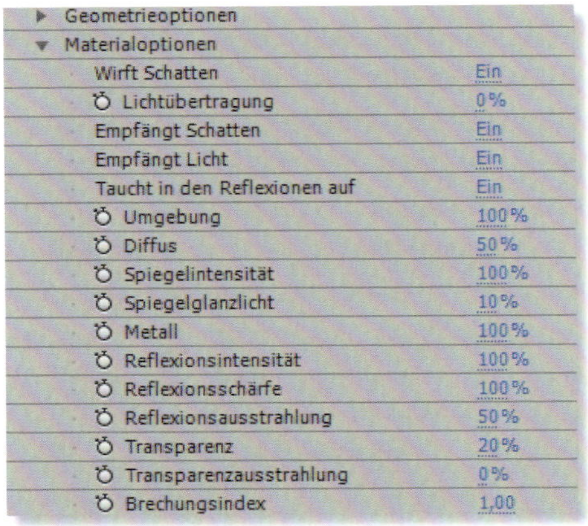

Abbildung 23.86 ▶
In Ray-traced-3D-Kompositionen ist die Liste der Materialoptionen länger als in Klassisch 3D-Kompositionen.

▶ **Transparenz:** Anders als mit der DECKKRAFT unter TRANSFORMIEREN wird hier nicht die gesamte Ebene ein- oder ausgeblendet. Bei einem Wert von 100 % wird der Ebeneninhalt ausgeblendet, während die Spiegelungen und Glanzlichter auf der Oberfläche erhalten bleiben.

▶ **Transparenzausstrahlung:** Oberflächen, die frontal zur Kamera ausgerichtet sind, wirken bei 0 % transparenter und bei 100 % opaker.

▶ **Brechungsindex:** Hier legen Sie fest, wie das Licht beim Durchtritt durch 3D-Objekte gebrochen wird und wie Objekte und Hintergründe, die hinter halbtransparenten 3D-Objekten liegen, erscheinen. Je höher der Wert, desto stärker die Brechung.

▶ **Taucht in Reflexionen auf:** Nomen est omen – Haben Sie diese Option für die 3D-Ebene eingeschaltet, passiert das, was der Name schon sagt: De Ebene taucht in den Reflexionen anderer Objekte auf. Bei der Einstellung NUR tauchen nur die Reflexionen des Objekts auf, ohne das Objekt. Mysteriös, nicht?

Animationsoptionen für Formen und Text | Für Text- und Formebenen gibt es passend dazu, dass diese Ebenen extrudierbar sind, die Möglichkeit, allen Seiten des Objekts, auch schrägen Kantenflächen, Materialoptionen hinzuzufügen, die auch animierbar sind.

Bei Textebenen wählen Sie die Ebene aus, klicken dann auf den kleinen Button bei ANIMIEREN in der Textebene und suchen dort für VORNE, SCHRÄGE, SEITE oder HINTEN eine Materialoption wie SPIEGELINTENSITÄT aus. Es sind die gleichen Materialoptionen wie oben beschrieben. Für Textebenen fallen dafür die sonst verfügbaren Optionen FLÄCHENFARBE, KONTURFARBE und KONTURBREITE weg.

23.4 Ray-traced-3D-Kompositionen

Für Formebenen werden VERLAUFSFÜLLUNG und VERLAUFSKONTUR wie bei Text mit VORNE, SCHRÄGE, SEITE und HINTEN ersetzt. Verläufe werden nicht unterstützt.

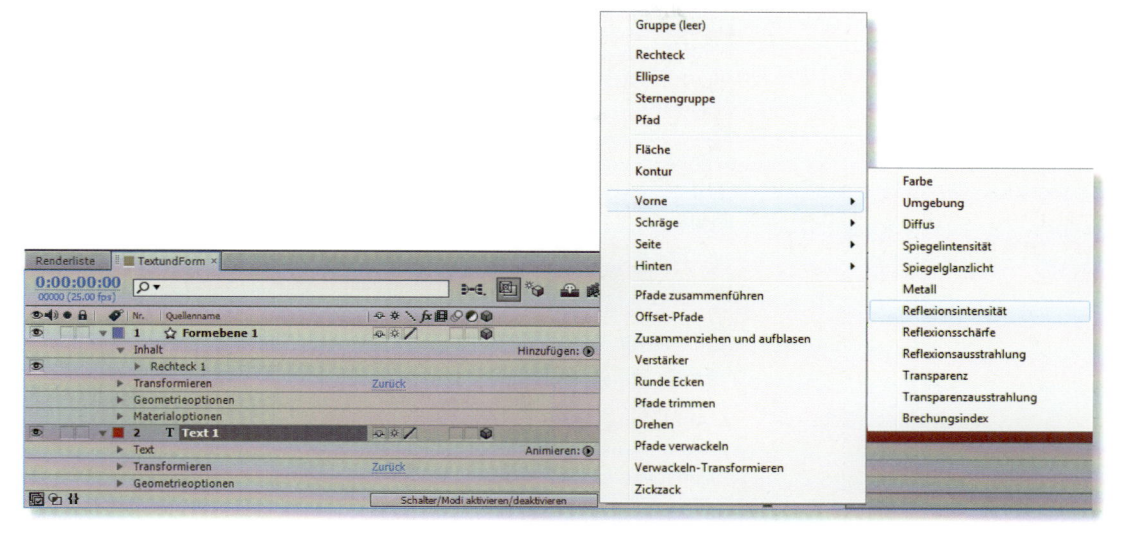

▲ **Abbildung 23.87**
Im Textanimationsmenü wählen Sie für VORNE, SCHRÄGE, SEITE und HINTEN verschiedene Materialoptionen aus. Auch für Formebenen sind via HINZUFÜGEN animierbare Materialoptionen wählbar.

Ebenen biegen und Umgebungsmaps

In Ray-traced-3D-Kompositionen können Sie Ebenen via GEOMETRIEOPTIONEN biegen und somit beispielsweise halbrunde Hintergründe erzeugen. Auch Umgebungsmaps sind möglich.

Ebenen biegen ist eine einfache Sache. Jede 3D-Ebene, die Sie in einer Ray-traced-3D-Komposition verwenden, verfügt über Geometrieoptionen mit den Einstellungen KRÜMMUNG und SEGMENTE, solange es sich nicht um eine Form- oder Textebene handelt, denn diese können normalerweise nur extrudiert werden.

Für konkave Krümmungen stellen Sie positive Werte ein und für konvexe negative. Erhöhen Sie den Wert bei SEGMENTE, um genauere Krümmungen zu erhalten.

Um eine Umgebungsmap zu kreieren, markieren Sie die Ebene und wählen EBENE • UMGEBUNGSEBENE. Im Vorschaumodus SCHNELLER ENTWURF ist die Ebene allerdings unsichtbar. Erst ab dem Modus ENTWURF können Sie sie sehen. In den Ebenenoptionen entscheiden Sie via ERSCHEINT IN REFLEXIONEN mit AUS, dass die Ebene nur als Hintergrund erscheint, mit NUR, dass die Ebene nur auf reflektierenden Objekten erscheint, und mit AN, dass Sie sowohl im Hintergrund als auch auf den Objekten erscheint.

> **Gebogener Text und Formebenen**
>
> Text- und Formebenen lassen sich nur verkrümmen, wenn Sie sie zuvor verschachteln. Also: Textkomposition anlegen, die Komposition in eine andere Komposition ziehen, dafür die 3D-Option aktivieren und dann biegen, bis sich die Balken brechen – nein, das ging irgendwie anders.

Kapitel 23 3D in After Effects

▲ Abbildung 23.88
Umgebungsmaps erhalten eine Art Weltkugel als Symbol. Fotos, Videos, Farbflächen etc. biegen Sie per KRÜMMUNG und legen Segmente fest.

Eine Umgebungsmap besitzt immer eine Nahtstelle, an der sie zur Kugel zusammengefügt wurde. Daher sollten Sie beim Kreieren der Map bereits auf Strukturen achten, bei denen die Naht nicht stark auffällt. Ansonsten drehen Sie die Naht über die Optionen AUSRICHTUNG oder DREHUNG.

Übrigens wird immer die oberste Kompositionsebene als Umgebungsmap verwendet, aber nur wenn das Auge angeschaltet ist. Haben Sie die Deckkraft heruntergesetzt, wird die Kompositionsfarbe in die Map mit eingerechnet. Allerdings erscheint diese Farbe nicht in Reflexionen.

Ein kleines Beispielprojekt namens »biegen.aep« finden Sie auf der DVD im Ordner 23_3D/RAYTRACE3D.

Beispiel

Auf der Buch-DVD finden Sie im Ordner BEISPIEL-MATERIAL/23_3D/RAYTRACE3D die Datei »biegen.aep«.

Abbildung 23.89 ▶
Nicht schön, aber möglich: Eine Umgebungsmap, die sich in 3D-Objekten spiegelt, und gebogener Text.

Illustrator-Pfade extrudieren

Illustrator-Pfade können Sie nicht direkt extrudieren, aber über einen kleinen Umweg. Die Illustrator-Datei ziehen Sie in die Zeitleiste und wählen dann Ebene • Formen aus Vektorebene erstellen. Dann schalten Sie die neu entstandene Formebene auf 3D und können die Form extrudieren.

◂ **Abbildung 23.90**
Diese Spirale entstand aus einem Spiralpfad einer Illustrator-Datei.

Kapitel 24
Expressions

Schon geringe Kenntnisse im Umgang mit Expressions geben Ihnen große Möglichkeiten an die Hand, komplexe Animationen ohne aufwendiges Setzen vieler Keyframes zu schaffen. Ändern Sie ganze Sets von animierten Eigenschaften im Handumdrehen, schaffen Sie Beziehungen zwischen verschiedenen Eigenschaften. Expressions sind ein weites Feld; gehen wir ein Stück hinein ...

24.1 Was sind Expressions?

Expressions sind eine oder mehrere Anweisungen bzw. Ausdrücke in Form von Formeln, die dazu dienen, einem **Parameter** (d.h. der Eigenschaft eines Objekts) einen **Wert** zuzuweisen.

Sie haben selbst schon den verschiedensten Eigenschaften Werte zugewiesen und damit eine Änderung oder Animation einer Eigenschaft erreicht. Zum Beispiel kann der Wert »100«, den Sie in der Eigenschaft DECKKRAFT ins Wertefeld eintippen, eine Expression sein. Sie können aber auch eine Berechnung wie 10*5 als Expression verwenden. Das Ergebnis dieser Berechnung verändert dann entsprechend die Eigenschaft, in der es verwendet wird.

Die Stärke der Expressions liegt aber nicht einfach nur darin, einer Eigenschaft einen unveränderlichen Wert zuzuweisen. Die Hauptanwendung von Expressions ist, verschiedene **Eigenschaften miteinander zu verbinden.**

In diesem Anwendungsfall sind Expressions vergleichbar mit einer Pipeline, die zwei Eigenschaften einer Ebene (wie beispielsweise die Position und die Drehung) miteinander verbindet. Durch diese Pipeline werden Werte von hier nach da, von einer Eigenschaft zur anderen übertragen. Allerdings geht das nur in eine Richtung.

Das bedeutet konkret, dass Sie für eine Animation beider Eigenschaften nur eine der Eigenschaften mit Keyframes bestücken müssen. Nennen wir sie die Quelleigenschaft – oder besser die Quelleigenschaften, denn es ist möglich, die Werte aus mehreren unterschiedlichen Eigenschaften per Expression zu einer Zieleigenschaft zu übertragen. Die Zieleigenschaft erhält anstelle von Keyframes eine Expression. Diese Expression liest die Werte der mit Keyframes animierten Eigenschaft aus und überträgt sie. Die übertragenen Werte werden dann in der Zieleigenschaft verwendet.

Schon ist die Beziehung definiert: Die Eigenschaft mit der Expression übernimmt jetzt immer die Werte der Quelleigenschaft, egal, wie dort die Keyframes verschoben werden. Hinzu kommt, dass alle möglichen Eigenschaften mit Expressions bestückt werden können. Auf diese Weise beeinflussen Sie eine ganze Heerschar an Eigenschaften über eine einzige, mit Keyframes bedachte Eigenschaft. Veränderungen sind im Nu bewerkstelligt. Wir haben es also mit einem sehr mächtigen Instrument zu tun.

Expressions sind bei aller Arbeitserleichterung, die sie bieten, sehr kleinlich, was ihre Schreibweise angeht. Weniger salopp ausgedrückt: Expressions basieren auf der Programmiersprache JavaScript und müssen eine genaue Schreibweise einhalten. Bei einer fehlerhaften Syntax droht die Expression mit gelben Warndreiecken und verweigert einfach den Dienst.

Sie mögen nun Angst bekommen und denken, dass Sie mit Expressions in diesem Fall nichts anfangen können. Sie brauchen sich aber auch als Nicht-Programmierer keine Sorgen zu machen, denn After Effects ist freundlich zu Ihnen und hilft Ihnen beim Schreiben der Expressions. Folgen Sie einfach den nächsten Workshops, und Sie werden sehen, dass es gar nicht so schwer ist, einen Einstieg zu finden.

Expressions professionell
Wenn es später richtig losgehen soll, empfehle ich Ihnen, ein Buch über JavaScript zu lesen, z. B. »JavaScript und AJAX« von Christian Wenz, das ebenfalls bei Galileo Press erschienen ist (ISBN 978-3-8362-1128-4).

Animationen übertragen

In After Effects haben Sie verschiedene Möglichkeiten, eine Animation auf einen Satz anderer Ebenen oder Eigenschaften zu übertragen. Dazu gehören die schon früher besprochenen verschachtelten Kompositionen, die ebenenhierarchische Verknüpfung (Parenting) und eben die Expressions.

Mehrere Ebenen einer Komposition lassen sich, wenn Sie sie in einer anderen Komposition verwenden, zu einer einzigen Ebene zusammenfassen. Eine Änderung in der auf diese Weise verschachtelten Kompositionsebene wirkt sich auf alle darin enthaltenen Ebenen gleichermaßen aus. Bei der ebenenhierarchischen Verknüpfung sieht es schon anders aus: Hier werden einzelne animierte Eigenschaften auf eine oder mehrere andere Ebenen, die hierarchisch mit der jeweils übergeordneten Ebene verknüpft sind, identisch übertragen. Eine Verschachtelung von Kompositionen ist dazu nicht nötig.

Noch ein wenig anders ist es bei den Expressions. Jede Expression überträgt Werte von einer oder mehreren Eigenschaften zu einer einzigen anderen Eigenschaft. Dabei spielt es keine Rolle, ob es sich dabei um gleiche oder um unterschiedliche Eigenschaften handelt. Sollen Animationen von einer Eigenschaft auf mehrere andere Eigenschaften übertragen werden, ist es notwendig, für jede dieser Eigenschaften eine eigene Expression zu schreiben.

24.2 Expressions in der Praxis

Auch wenn das, was Sie bis jetzt gelesen haben, recht anspruchsvoll wirkt: In der Praxis sieht manches einfacher aus. Der folgende Workshop beschreibt ein einfaches Beispiel zum Erstellen von Expressions.

Schritt für Schritt:
Eigenschaften verknüpfen

Wir beginnen hier mit einem einfachen Beispiel, dass Ihnen eine grundlegende Handhabung zeigt, um mit Expressions zu arbeiten.

1 Vorbereitung
Für diesen Workshop und auch die folgenden finden Sie ein vorbereitetes Projekt auf der DVD zum Buch im Ordner 24_Expressions vor. Kopieren Sie am besten den gesamten Ordner auf Ihre Festplatte. Der Ordner enthält das Projekt »expressions.aep«, mit dem Sie die Übungen nachvollziehen können, und das Projekt »expressions_fertig.aep«, anhand dessen Sie die Ergebnisse vergleichen können. Außerdem ist ein Ordner Bildmaterial mit den dazugehörenden Rohmaterialien enthalten.

Die benötigten Dateien für diesen Workshop finden Sie auf der DVD unter Beispielmaterial/24_Expressions

2 Sichtung des Projekts
Öffnen Sie das Projekt »expressions.aep«, und doppelklicken Sie dort auf die Komposition »start«. Sollte das Rohmaterial als fehlend angezeigt werden, öffnen Sie den Ordner Bildmaterial im Projektfenster und verlinken das Rohmaterial neu, indem Sie es

Kapitel 24 Expressions

im Projektfenster markieren und dann den Befehl DATEI • FOOTAGE ERSETZEN • DATEI wählen.

In der Komposition »start« befinden sich die zwei Ebenen »rad01« und »rad02«. Die Ebene »rad01« wurde mit Keyframes animiert. Markieren Sie die Ebene, und blenden Sie die Keyframes mit der Taste [U] ein. Es wurden für die Eigenschaften SKALIERUNG, DREHUNG und DECKKRAFT Keys gesetzt. Unser Ziel ist es hier, die Ebene »rad02« auf die gleiche Weise zu animieren, ohne jedoch einen einzigen Keyframe dazu zu verwenden. Wir lösen diese Aufgabe mit Expressions.

Abbildung 24.1 ▶
Zu Beginn ist nur das linke Rad animiert. Mit Hilfe von Expressions übertragen wir die Animation auf das rechte Rad.

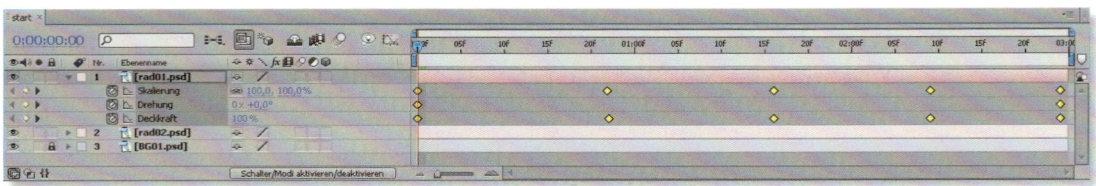

▲ **Abbildung 24.2**
Für das linke Rad wurden Keyframes für die Eigenschaften SKALIERUNG, DREHUNG und DECKKRAFT gesetzt.

Expression hinzufügen und löschen

Um eine Expression hinzuzufügen, drücken Sie die [Alt]-Taste und klicken auf das Stoppuhr-Symbol der gewünschten Eigenschaft. Auf gleichem Wege können Sie Expressions auch wieder löschen.

3 Expression hinzufügen

Markieren Sie die Ebene »rad02«, und drücken Sie zuerst die Taste [S], um die Skalierung einzublenden, und danach [⇧]+[R] und [⇧]+[T], um die Drehungs- und die Deckkrafteigenschaft anzuzeigen.

Für alle drei Eigenschaften sollen Expressions festgelegt werden, die die jeweiligen Eigenschaftswerte aus der Ebene »rad01« auslesen und übertragen.

Markieren Sie dazu zuerst das Wort SKALIERUNG, und wählen Sie dann ANIMATION • EXPRESSION HINZUFÜGEN. In der Zeitleiste erscheint die Skriptzeile `transform.scale`. Die Zeile bewirkt erst einmal nichts und ist die voreingestellte Expression. Ziehen Sie also, während der Skripttext markiert bleibt, das Gummiband ❶ auf das Wort SKALIERUNG der Ebene »rad01«, und lassen Sie es dort los. Drücken Sie zur Bestätigung der Expression [↵] im

Ziffernblock, nicht ⏎ im Haupttastaturfeld. Alternativ klicken Sie in einen leeren Bereich der Oberfläche.

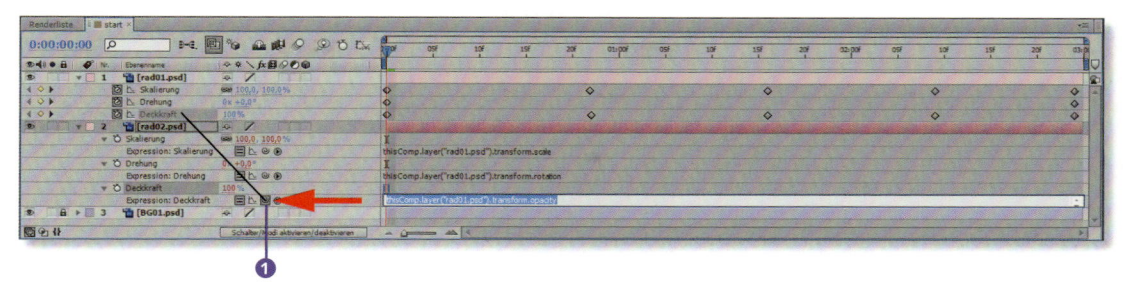

❶

Der Expression-Text hat sich nun geändert. Es ist zu lesen:

`thisComp.layer("rad01.psd").transform.scale`

Aus der Eigenschaft SKALIERUNG der Ebene »rad01« werden also die Werte dieser Komposition ausgelesen. Da die Expression in der Eigenschaft SKALIERUNG der Ebene »rad02« geschrieben ist, werden die ausgelesenen Werte dort verwendet. Fein.

Spielen Sie einmal die Animation ab. Das rechte Rad wird so skaliert wie das linke.

▲ **Abbildung 24.3**
Nach dem Hinzufügen einer Expression können Sie eine Eigenschaft mit jeweils einer anderen Eigenschaft verknüpfen, wobei es sehr hilfreich ist, das Gummiband zu verwenden.

4 Noch zwei Expressions

Für die DREHUNG und die DECKKRAFT wiederholen Sie den Spaß. Diesmal fügen wir die Expressions aber auf anderem Weg hinzu.

Drücken Sie die Taste Alt, und klicken Sie dann jeweils auf das Stoppuhr-Symbol der Eigenschaften DREHUNG und DECKKRAFT. Ziehen Sie danach wieder bei markiertem Expression-Text jeweils das Gummiband von der DREHUNG bzw. der DECKKRAFT zur animierten DREHUNG bzw. DECKKRAFT der Ebene »rad01«.

Es werden wieder automatisch die passenden Expressions hinzugefügt. Die Syntax ist ebenfalls genau richtig. Das Gummiband ist also ein großer Helfer! Sie sehen, die Sache mit den Expressions kann ganz leicht von der Hand gehen. Nachdem Sie die Animationen übertragen haben, verändern Sie doch einmal die Keyframes in der Ebene »rad01«. Das Praktische an den Expressions ist nämlich, dass jetzt die Animationen der Ebene »rad02« automatisch angepasst werden. Toll, was?

Eine Expression ein- und ausschalten

Eine Expression wird durch ein Gleichheitszeichen in der Zeitleiste gekennzeichnet. Klicken Sie darauf, wird die Expression deaktiviert, und das Gleichheitszeichen erscheint durchgestrichen. Ein erneuter Klick schaltet die Expression wieder ein.

Expressions ein- und ausblenden

Markieren Sie die Ebene, von der Sie annehmen, dass sie Expressions enthält, und drücken Sie zweimal kurz hintereinander die Taste E, um die Expressions einzublenden. Drücken Sie die Taste einmal, blenden Sie die Expression wieder aus.

Rote Eigenschaftswerte

Als Sie im Workshop die Expressions hinzugefügt haben, färbten sich die Werte neben den Eigenschaften rot ein. Dies zeigt Ihnen an, dass sich dort eine Expression befindet. Wenn Sie diese roten

Richtige Wertedimensionen

Eigenschaften können unterschiedliche Wertedimensionen besitzen. So hat die Eigenschaft DECKKRAFT die Dimension 1 (Prozentwert) und die SKALIERUNG die Dimension 2 (Breite und Höhe) oder 3 (Breite, Höhe und Tiefe). Wenn Sie Werte aus Eigenschaften mit der Wertedimension 1 in eine Eigenschaft mit der Wertedimension 2 oder 3 übertragen, so erhalten Sie durch Verwendung des Gummibands immer richtige Wertedimensionen. Auch mit der Syntax kann nichts schiefgehen.

Werte anklicken und neue Werte eintragen, beeinflusst das nicht das Ergebnis Ihrer Expression. Deaktivieren Sie die Expression, wirken sich Ihre Veränderungen aber doch aus. Haben Sie also nur mal so aus Spaß eine Skalierung von 2.000 % eingestellt, so ist diese nach dem Ausschalten der Expression auch deutlich sichtbar.

Gummiband

Im Workshop haben Sie das Gummiband verwendet, um Werte direkt aus einer Eigenschaft in eine andere zu übertragen. Dies ist sowohl innerhalb einer Ebene möglich, um die Werte verschiedener Ebeneneigenschaften zu verknüpfen, als auch ebenenübergreifend wie im Workshop. Auch ein kompositionsübergreifender Einsatz des Gummibands ist möglich, wenn Sie die Kompositionen nebeneinander in getrennten Fenstern öffnen, wie in Abbildung 24.4.

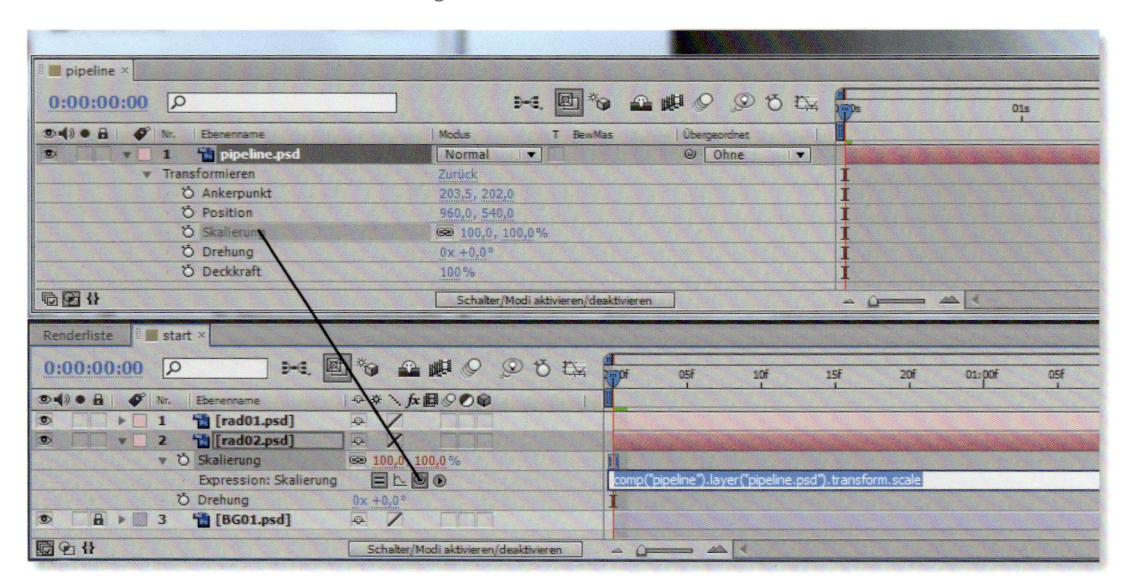

▲ **Abbildung 24.4**
Mit dem Gummiband können Sie Werte auch kompositionsübergreifend auslesen. Dazu öffnen Sie zwei Kompositionen in getrennten Fenstern.

24.3 Die Sprache der Expressions

Die Expression-Sprache in After Effects ist objektorientiert.

Objekte | Objekte sind wie im realen Leben Dinge, die über gewisse Eigenschaften verfügen. Objekte können beispielsweise Kompositionen, Ebenen oder Masken sein.

Wie bei einer Matrioschka (den ineinander verschachtelten russischen Holzpuppen) kann ein Objekt andere Objekte enthalten. Auf After Effects bezogen sind es in einer Komposition allerdings mehrere mögliche Ebenen, wobei jede Ebene mehrere Masken enthalten kann. Die Ebenen sind dabei die Unterobjekte einer Komposition, und die Masken bilden wiederum Unterobjekte einer Ebene.

Attribute und Methoden | Zu jedem Objekt gehören spezifische Attribute (Eigenschaften) und Methoden (Aktionen). Bei einer Komposition wären das **Eigenschaften** wie Höhe, Breite und Dauer. Eine Ebene hat die Ihnen ebenfalls bekannten Eigenschaften wie POSITION, SKALIERUNG, DECKKRAFT etc. Eine **Methode** kann es sein, Zahlenwerte per Zufall zu generieren. Wenn Sie z. B. für die Eigenschaft DECKKRAFT die Methode `random(100)` verwenden, werden zufällige Deckkraftwerte im Bereich von 0 bis 100 % generiert.

Adressierung

Um Werte aus der Eigenschaft einer Ebene, sagen wir der Quellebene, auszulesen und sie in einer anderen Eigenschaft, der Zielebene, zu verwenden, ist eine Adressierung nötig. Klar wird das, wenn Sie bedenken, dass eine Komposition mehrere Ebenen enthalten kann. In einer Expression müssen Sie also einen Adresspfad von der Ziel- zur Quellebene definieren.

In After Effects erfolgt die Adressierung hierarchisch vom äußeren zum inneren Objekt.

Gehen wir einmal von zwei Ebenen aus. In der Ebene »A« wurden Keyframes für die Drehung festgelegt. In der Ebene »B« sollen die Werte davon für die Deckkraft per Expression übernommen werden. In die Expression-Sprache übersetzt, liest sich das Ganze dann folgendermaßen:

```
thisComp.layer("A").rotation
```

Bei der Adressierung geben Sie also das äußerste Objekt, hier das Kompositionsobjekt `thisComp`, zuerst an. Um das Objekt `layer` vom übergeordneten Objekt `thisComp` (der aktuellen Komposition) zu trennen, setzen Sie einen Punkt. In Klammern (`"A"`) befindet sich zur Identifizierung der Ebene deren Ebenenname. Am Ende der Expression, wieder getrennt durch einen Punkt, findet sich die Eigenschaft `rotation`, aus der der entsprechende Wert ausgelesen werden soll.

Die Sprache von After Effects
Wurden die in einem Projekt verwendeten Expressions in einer anderen Sprache geschrieben als in der, in der After Effects läuft, so müssen Sie Effekt-Eigenschafts- und Ebenennamen gegebenenfalls anpassen, da die Expressions sonst deaktiviert werden.

Beispiele
Die nachfolgend im Text dieses Abschnitts erwähnten Expression-Beispiele können Sie sich im Ordner 24_EXPRESSIONS auf der Buch-DVD und dort im Projekt »expressionsprache.aep« in Aktion ansehen.

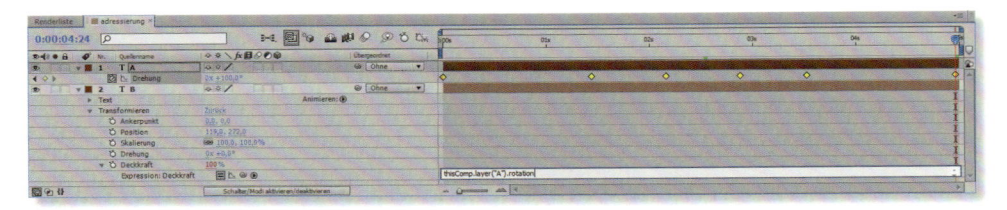

Kapitel 24 Expressions

▲ **Abbildung 24.5**
Hier werden die Drehungswerte der Ebene »A« ausgelesen und für die DECKKRAFT-Eigenschaft der Ebene »B« verwendet.

Innerhalb von Objekten | Sollen Werte von Eigenschaften innerhalb ein und derselben Ebene ausgelesen und übertragen werden, ist eine aufwendige Adressierung nicht nötig. Angenommen, wir wollten innerhalb der Ebene »hintergrundbild« den Wert der Eigenschaft SKALIERUNG auslesen und in die Eigenschaft POSITION übertragen, dann könnten wir einfach das Wörtchen `scale` in das Expression-Feld der Positionseigenschaft tippen.

Machen wir es noch einmal einfacher: Tippen Sie beispielsweise das Wörtchen `width` als Expression in die Eigenschaft DREHUNG der Ebene »hintergrundbild«. Daraufhin übernimmt die Drehung den Wert der Breite des Hintergrundbildes. Tippen Sie anstelle dessen `thisComp.width` ein, so wird die Breite der aktuellen Komposition als Drehungswert eingesetzt.

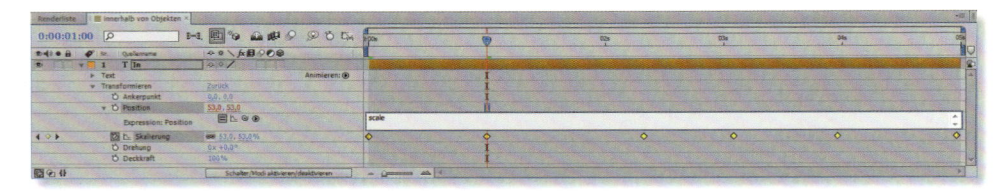

▲ **Abbildung 24.6**
In der Komposition wird das Ergebnis der Expression und der Drehung visualisiert.

▲ **Abbildung 24.7**
Innerhalb eines Objekts können Sie sich eine aufwendige Adressierung sparen.

Eindeutige Ebenennamen
Bei der Benennung von Ebenen ist es sinnvoll, eindeutige, zu ihrer Funktion und ihrem Zweck passende Ebenennamen zu verwenden.

Globale Objekte

Eine spezielle Art von Objekten sind globale Objekte. Globale Objekte zeichnen sich dadurch aus, dass Sie auf diese Art von Objekten direkt zugreifen können. Damit wird auch klar, dass Sie bei einer Adressierung zuerst das globale Objekt angeben müssen.

Im Beispiel `thisComp.layer("A").rotation` ist das Objekt `thisComp` demzufolge ein globales Objekt. `thisComp` kann weitere, nicht globale Objekte enthalten. Hier wäre es das in diesem Falle nicht globale Objekt `layer("A")`, das u.a. die Eigenschaft `rotation` besitzt.

24.3 Die Sprache der Expressions

Attribute und Methoden

Attribute sind Eigenschaften eines Objekts. **Methoden** sind Aktionen, die ein Objekt durchführen kann.

Eine Methode erkennen Sie bei der objektorientierten Programmierung daran, dass auf sie immer zwei runde Klammern ( ) folgen, in denen oft Parameter stehen. Ein Beispiel wäre folgende Expression:

```
thisComp.layer("hintergrundbild").position.
   wiggle(4, 50)
```

Hier werden die Werte der Eigenschaft `position` der Ebene `layer("hintergrundbild")` ausgelesen und mit der Methode `wiggle()` verwackelt. In Klammern stehen die Parameter dafür. An erster Stelle wird angegeben, dass die ausgelesenen Positionswerte viermal pro Sekunde um einen Betrag von 50 verwackelt werden.

Da ich hier nicht auf sämtliche Attribute und Methoden, die After Effects anbietet, eingehen kann, sei Ihnen die »Expression-Referenz« in der After-Effects-Hilfe (HILFE • EXPRESSION-REFERENZ) empfohlen, in der Sie eine Vielzahl an Informationen zu passenden Attributen und Methoden erhalten. Einen vertiefenden Einblick in den Umgang mit Expressions geben Ihnen die weiteren Workshops.

Expression-Sprachmenü

Da es nicht ganz leicht ist, immer genau zu wissen, welche Attribute und Methoden ein Objekt besitzt, bietet Ihnen After Effects das Expression-Sprachmenü, das Sie in der Zeitleiste über den kleinen runden Button ❶ finden, sobald Sie eine Expression hinzugefügt haben. Das im Menü ausgewählte Element wird dort in Ihrer Expression platziert, wo sich gerade der Cursor befindet. Wenn Sie das Expression-Sprachmenü nutzen, können Sie sich also nur noch vertippen, wenn Sie den eingefügten Expression-Teil modifizieren.

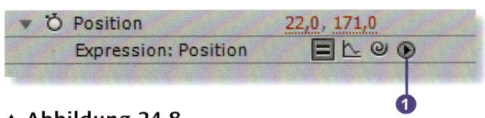

▲ **Abbildung 24.8**
Über den kleinen runden Button in der Zeitleiste öffnen Sie das Expression-Sprachmenü.

Name statt Nummer
Um Objekte in einer Expression eindeutig identifizieren und referenzieren zu können, ist es für Ebenen und auch für Kompositionen, Effekte oder Masken sehr wichtig, dass Sie unverwechselbare Namen festlegen und diese in einer Expression anstelle einer Nummer verwenden.

Die Ebenennummer beispielsweise ändert sich bereits dann, wenn Sie eine Ebene in der Zeitleiste nach oben oder unten verschieben. In einer Expression wird die Nummer jedoch nicht aktualisiert. So kann die schönste Expression so wirkungsvoll sein wie ein Bier ohne Alkohol.

Syntax in After Effects
In der objektorientierten Programmierung folgen auf Methoden wie erwähnt zwei runde Klammern ( ). In After Effects wurde von dieser Konvention teilweise abgewichen.

Ebenen und Eigenschaften umbenennen
Eine Umbenennung von Ebenen oder Eigenschaften, wenn sich bereits Expressions darauf beziehen, ist kein Problem, da die neuen Namen in den Expressions automatisch aktualisiert werden. Wenn dies in Ausnahmefällen nicht der Fall sein sollte, müssen Sie die Expressions von Hand aktualisieren.

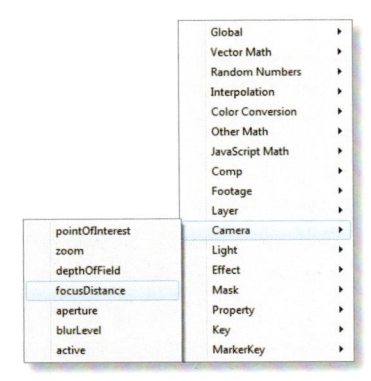

Abbildung 24.9
Das Expression-Sprachmenü enthält Schreibweisen für Objekte, Eigenschaften und Methoden.

Benutzen Sie das Menü wie ein Baukastensystem. Dazu ein kleines Beispiel: Angenommen, Sie wollten auf der Ebene »hintergrundbild«, auf der Sie eine Maske gezeichnet haben, für die Eigenschaft DREHUNG eine Expression bauen. So schauen Sie unter dem Listeneintrag GLOBAL, welche globalen Objekte zur Verfügung stehen, und wählen da, sagen wir, thisComp. Zur Trennung vom nächstfolgenden Sprachelement setzen Sie dann manuell einen Punkt.

Anschließend schauen Sie unter dem Eintrag Comp, welche Sprachelemente auf thisComp. folgen können. In der bei Comp eingeblendeten Liste wählen Sie vielleicht LAYER(NAME) und setzen wieder manuell einen Punkt. Unter LAYER • SUB-OBJECTS wählen Sie dann ein Unterobjekt aus, sagen wir mask(name), wieder gefolgt von einem Punkt. Schließlich wählen Sie noch unter MASK den Eintrag maskOpacity aus. Das Ganze liest sich dann mit den hinter jedem Sprachelement hinzugefügten Punkten so:

```
thisComp.layer(name).mask(name).maskOpacity
```

Nach einer kleinen Modifizierung, bei der Sie die wirklichen Namen der Ebene und der Maske eintragen, könnte es dann so aussehen:

```
thisComp.layer("hintergrundbild").mask("kreis").
  maskOpacity
```

Schon sollte die Eigenschaft DREHUNG mit den Werten der Maskendeckkraft versorgt werden.

24.4 Einheiten und Dimensionen

Bei der Arbeit mit Expressions werden oft Werte verschiedener Eigenschaften miteinander verknüpft. Da verschiedene Eigenschaften unterschiedliche Einheiten haben, sind nicht selten Werteanpassungen nötig, die der Expression hinzugefügt werden.

Werteanpassung

Im folgenden Workshop nehmen wir das oben genannte Problem genauer unter die Lupe.

Parameter ersetzen

Mit dem Expression-Sprachmenü werden oft automatisch in Klammern gesetzte Parameter mitgeschrieben, wie z. B. bei wiggle(freq, amp, octaves = 1, amp_mult = .5, t = time). Sie müssen diese Parameter durch tatsächliche Werte ersetzen, da die Expression sonst deaktiviert wird. Werte, die mit = versehen sind, müssen nicht unbedingt ersetzt werden. After Effects nimmt dann automatisch Standardwerte, in diesem Fall also 1, 0.5 und die aktuelle Zeit.

24.4 Einheiten und Dimensionen

Schritt für Schritt:
Verschiedene Eigenschaften, verschiedene Einheiten

In dem folgenden einfachen Beispiel wird exemplarisch erläutert, wie Sie die Wertebereiche zweier unterschiedlicher Eigenschaften aneinander anpassen.

1 Vorbereitung

Öffnen Sie das Projekt »expressions.aep« aus dem Ordner 24_EXPRESSIONS auf der DVD. Klicken Sie doppelt auf die Komposition »wertanpassung«.

Für die Ebene »schalter« wurde die Eigenschaft DREHUNG animiert. Sie finden einen Wertebereich von 0° bis 360° in der Animation vor. In After Effects wird das mit den Werten 0× 0,0° und 1× 0,0° ausgedrückt. Die Werte der Drehung sollen hier auf die Eigenschaft DECKKRAFT in der Ebene »lampe« übertragen werden.

Die Deckkraft verfügt aber nur über einen Wertebereich von 0 % bis 100 %. Übertragen Sie die Drehungswerte also eins zu eins, ergibt es sich, dass die Animation der Deckkraft jedes Mal beim Erreichen einer Drehung von 100° beendet ist. Unser Ziel ist es jedoch, dass die Deckkraft der Lampe nur dann 100 % beträgt, wenn die Drehung 360° erreicht.

Die benötigten Dateien für diesen Workshop finden Sie auf der DVD unter BEISPIELMATERIAL/24_EXPRESSIONS

◄ **Abbildung 24.10**
Das Ziel dieses Workshops ist, dass die Deckkraft der Lampe nur dann 100 % beträgt, wenn die Drehung des Schalters 360° erreicht.

▼ **Abbildung 24.11**
Für den Schalter wurde die Eigenschaft DREHUNG animiert. Die Drehungswerte sollen auf die Eigenschaft DECKKRAFT der Lampe übertragen werden.

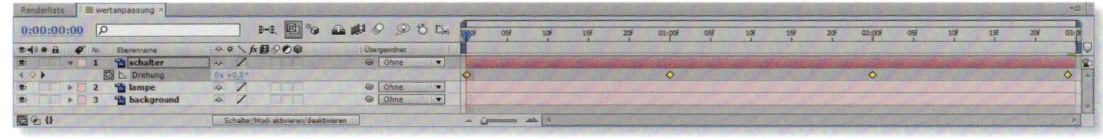

Kapitel 24   Expressions

Mathematische Operatoren

Die Schreibweise für mathematische Operatoren innerhalb einer Expression ist wie folgt: für Division /, für Multiplikation *, für Addition + und für Subtraktion –. Um positive bzw. negative Werte umzukehren verwenden Sie * - 1. Nutzen Sie zum Tippen der Operatoren die Tastatur im Ziffernblock.

▲ **Abbildung 24.12**
Nach dem Hinzufügen der Expression für die Eigenschaft DECKKRAFT beeinflusst die Drehung des Schalters die Deckkraft der Lampe.

▼ **Abbildung 24.13**
Um den ausgelesenen Drehungswert an den Wertebereich der Deckkraft anzupassen, modifizieren Sie die Expression.

2   Expression hinzufügen und anpassen

Markieren Sie die Ebene »lampe«, und drücken Sie die Taste [T], um die Eigenschaft DECKKRAFT anzuzeigen. Klicken Sie bei gedrückter [Alt]-Taste auf das Stoppuhr-Symbol, um eine Expression hinzuzufügen. Ziehen Sie das Gummiband auf das Wort für die Eigenschaft DREHUNG, und schauen Sie sich die daraus resultierende Animation an.

So ganz passend zur Drehung scheint die Deckkraftanimation der Lampe nicht zu sein. Gleichen wir also die Werte der beiden Eigenschaften einander an.

3   Eigenschaftswerte anpassen

Klicken Sie auf den Text der Expression. Die Expression wird markiert und ist damit editierbar. Sie können das Expression-Feld am unteren Rand des Feldes vergrößern, sobald ein kleiner Doppelpfeil anstelle des Mauszeigers erscheint. Dies ist im Moment allerdings nur ein Hinweis. Wir brauchen das erst später.

Platzieren Sie den Textcursor am Ende der Expression, und tippen Sie dann folgende Werte und Operatoren in das Feld:

/ 360 * 100

Bestätigen Sie mit [↵] im Ziffernblock, nicht im Haupttastaturfeld, und spielen Sie nun noch einmal die Animation ab. Jetzt passt es!

Wenn ein Wert von 360 aus der Drehung ausgelesen wird, wird er durch 360 geteilt, was 1 ergibt. Multipliziert mit 100 erhalten wir den für die volle Deckkraft nötigen Wert. Natürlich können Sie gleich durch 3,6 teilen; achten Sie allerdings darauf, dass Expressions die amerikanische Schreibweise von 3.6 mit einem Punkt statt des Dezimalkommas benötigen.

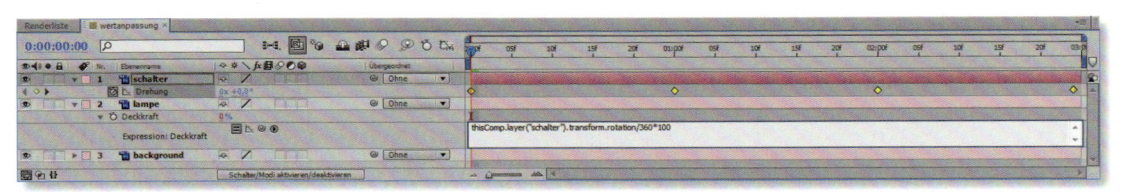

Dimensionen und Arrays

Die Dimensionen, um die es in diesem Abschnitt gehen soll, sind die Wertedimensionen verschiedener Eigenschaften. Die Dimension einer Eigenschaft erkennen Sie daran, mit wie vielen Werten diese beschrieben werden muss. Eine eindimensionale Eigenschaft ist z. B. die DECKKRAFT.

Um die Position einer Ebene in der Komposition zu definieren, sind bereits zwei Werte für die X-Position und die Y-Position nötig. Handelt es sich um eine 3D-Ebene, kommt noch der Wert für die Z-Position hinzu. Die Wertedimension der Positionseigenschaft kann also zwei- oder dreidimensional sein. Ebenso verhält es sich mit der Skalierung. Auch vierdimensionale Eigenschaften sind möglich, wie z. B. bei Farben (R, G, B, Alpha).

Da Sie mit Expressions ein- und mehrdimensionale Eigenschaften miteinander verbinden können, entstehen kleine Kommunikationsprobleme, wenn Sie einer mehrdimensionalen Eigenschaft nur einen Eigenschaftswert mitteilen. In diesem Fall ist die Eigenschaft eingeschnappt und deaktiviert einfach die ungezogene Expression.

Modulo-Operator
Der Modulo-Operator gibt den Rest aus der Division zweier Ganzzahlen an. Der Operator dafür ist ein %-Zeichen.

Ein Beispiel für die Verwendung des Modulo-Operators finden Sie auf der Buch-DVD im Ordner 24_EXPRESSIONS im Projekt »expressionsprache.aep« und dort in der Komposition »moduloOperator«.

Die benötigten Dateien für diesen Workshop finden Sie auf der DVD unter BEISPIELMATERIAL/24_EXPRESSIONS

Schritt für Schritt:
Verschiedene Eigenschaften, verschiedene Dimensionen

In diesem Workshop schauen wir also den Expressions auf die Finger, ob sie auch die richtige Wertedimension mitteilen.

1 Vorbereitung
Öffnen Sie das Projekt »expressions.aep« aus dem Ordner 24_EXPRESSIONS auf der DVD. Doppelklicken Sie auf die Komposition »arrays«. Darin enthalten sind die Ebenen »background«, »schalter«, »Skalierung« und »linie«. Die Ebene »schalter« wurde per Drehung animiert. Mit diesen Drehungswerten soll nun die Eigenschaft SKALIERUNG der Textebene »Skalierung« versorgt werden. Die Linie soll in nur einer Dimension skaliert werden.

▲ **Abbildung 24.14**
In diesem Beispiel soll die Drehung des Schalters die X-, Y-Skalierung des Texts beeinflussen. Die Linie soll nur in einer Dimension skaliert werden.

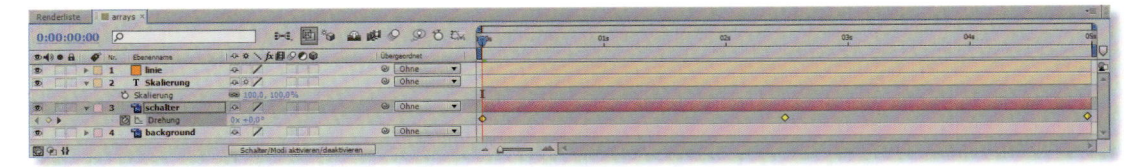

▲ **Abbildung 24.15**
Zu Beginn sind nur Keyframes für die Drehung des Schalters sichtbar.

2 Expressions hinzufügen und Arrays kennenlernen
Markieren Sie die Ebene »Skalierung«, und drücken Sie die Taste [S], um die Skalierungseigenschaft einzublenden. Fügen Sie mit der Taste [Alt] und einem Klick auf das Stoppuhr-Symbol bei der SKALIERUNG eine Expression hinzu.

Kapitel 24 Expressions

Variablen

Als Variablen bezeichnet man Platzhalter für Werte. Diese Werte werden in den Variablen veränderlich gespeichert. Eine Variable lässt sich anstelle langer Ausdrücke verwenden und gestaltet ein Skript übersichtlicher. Bei der Verwendung von Variablen müssen Sie darauf achten, dass der Name der Variablen weder Sonderzeichen noch Umlaute oder Leerzeichen enthält. Günstig ist es, aussagekräftige Variablennamen zu vergeben.

Markieren Sie die Ebene »schalter«, und drücken Sie die Taste R, um die Eigenschaft DREHUNG anzuzeigen. Ziehen Sie das Gummiband von der SKALIERUNG auf das Wort DREHUNG, um die Drehungswerte auszulesen und die Expression automatisch zu ändern. Erweitern Sie das Expression-Feld, indem Sie an seinem unteren Rand ziehen. Folgender Code sollte zu sehen sein:

```
temp = thisComp.layer("schalter").transform.rotation;
[temp, temp]
```

After Effects hat also eine Variable mit dem Namen `temp` angelegt und verwendet diese als Zwischenspeicher für die Werte, die aus der Eigenschaft `rotation` der Ebene `layer("schalter")` ausgelesen werden.

In der letzten Zeile ist die Variable `temp` gleich zweimal in eckigen Klammern zu sehen. Hier wird der ausgelesene eindimensionale Drehungswert auf zwei Werte aufgeteilt, da es sich bei der Skalierung ja um eine zweidimensionale Eigenschaft handelt.

Solche in eckigen Klammern stehenden Werte werden **Array** genannt. Das tolle Gummiband hat also die richtige Dimension unserer Skalierung erkannt. Alles ist in Ordnung.

▼ **Abbildung 24.16**
Verwenden Sie das Gummiband zur Übertragung von Eigenschaftswerten, werden auch die Dimensionen der jeweiligen Eigenschaft richtig interpretiert.

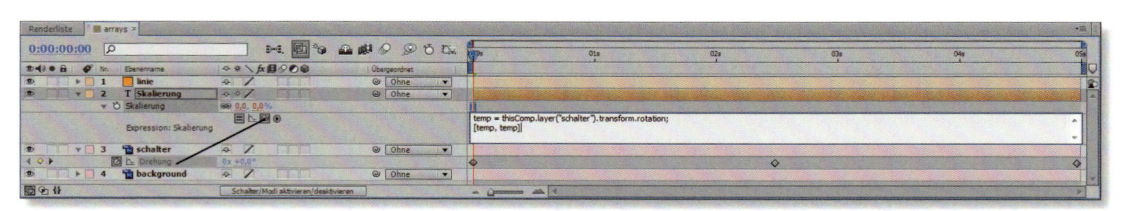

Abbildung 24.17 ▶
Die Werte der eindimensionalen Eigenschaft DREHUNG werden mittels der Variablen `temp` auf die zweidimensionalen Skalierungswerte aufgeteilt.

Damit Sie nun auch einmal das Warnfenster kennenlernen, löschen Sie eine `temp`-Variable aus dem Array und drücken ↵ im Ziffernblock. In der Folge erscheint eine Fehlermeldung; die Expression wird deaktiviert und ist mit einem Warndreieck markiert. Machen Sie die Aktion also wieder rückgängig.

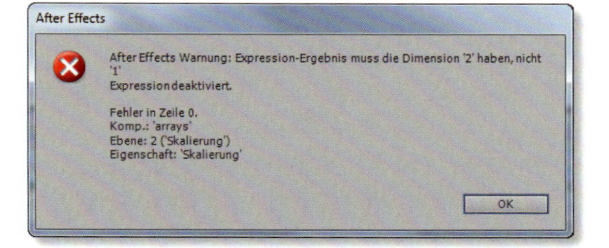

Abbildung 24.18 ▶
Hier wurde die Dimension der Eigenschaft nicht beachtet. Das wird mit einer Warnmeldung bestraft.

24.4 Einheiten und Dimensionen

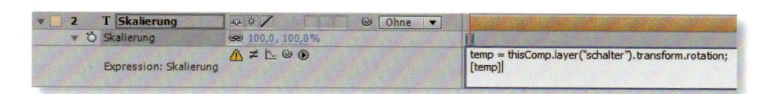

◄ **Abbildung 24.19**
Eine Expression, in der etwas nicht stimmt, wird deaktiviert und mit einem Warndreieck markiert.

3 **Linie skalieren**

Nachdem die Skalierung des Textes erfolgreich war, geht es jetzt darum, die Ebene »linie« ebenfalls zu skalieren. Hier soll jedoch nur die Breite animiert werden. Fügen Sie zunächst eine Expression für die Eigenschaft SKALIERUNG der Ebene »linie« hinzu. Ziehen Sie das Gummiband wieder auf die Drehungseigenschaft der Ebene »schalter«, und vergrößern Sie dann das Expression-Feld, bis die gesamte Expression angezeigt wird.

Löschen Sie anschließend die zweite der im Array befindlichen Variablen, und tippen Sie stattdessen den Wert 100 ins Array. Die letzte Zeile sollte dann wie folgt aussehen:

```
[temp, 100]
```

Drücken Sie zum Beenden des Editierens ⏎ im Ziffernblock. Die Linie wird anschließend nur noch horizontal skaliert, während die vertikalen Werte immer 100 % betragen.

Wertedimension und Array
Mehrdimensionale Eigenschaften wie SKALIERUNG und POSITION benötigen mehrere Werte, die Sie in einem Array in eckigen Klammern, z. B. [100, 100], angeben. Innerhalb des Arrays trennen Sie die Werte durch Kommata voneinander.

▼ **Abbildung 24.20**
Um die Linie nur vertikal zu skalieren, legen Sie den zweiten Wert im Array, der für die vertikale Skalierung zuständig ist, auf den Wert 100 fest.

Mehrdimensionale Eigenschaften auslesen

Im vorangegangenen Workshop haben Sie Arrays kennengelernt. Dazu ist noch zu sagen, dass die Werte innerhalb eines Arrays in einer bestimmten Reihenfolge gespeichert werden. Für die Positionseigenschaft einer 3D-Ebene müssen, da es sich um eine mehrdimensionale Eigenschaft handelt, drei Werte in einem Array stehen, z. B. [100, 100, 100]. Diese drei Werte stehen für die X-, Y- und die Z-Position der Ebene. Innerhalb des Arrays sind diese Werte intern nummeriert, und zwar beginnend mit 0, 1, 2. So steht position[0] für den X-Wert der Position.

Schritt für Schritt:
Den Wert der Eigenschaft eines Objekts auslesen

Im folgenden Workshop werden wir uns dieses Wissen zunutze machen und spezielle Werte einer Eigenschaft zur Animation auslesen.

Die benötigten Dateien für diesen Workshop finden Sie auf der DVD unter BEISPIELMATERIAL/ 24_EXPRESSIONS

Kapitel 24 Expressions

▲ Abbildung 24.21
Das Wort »Lesbar« und der Buchstabe »Q« existieren zunächst unabhängig nebeneinander.

1 Vorbereitung

Wie auch in den anderen Workshops befindet sich eine vorbereitete Komposition im Projekt »expressions.aep« aus dem Ordner 24_EXPRESSIONS auf der DVD. Klicken Sie doppelt auf die Komposition »arrays_auslesen«. Sie finden die Ebenen »Q« und »Lesbar« vor. Das »Q« wurde über die Eigenschaft SKALIERUNG animiert. Auf die Ebene »Lesbar« soll sich nur der Y-Wert der zweidimensionalen Skalierung auswirken, und zwar auf die Eigenschaft STÄRKE des Effekts GAUSSSCHER WEICHZEICHNER, der bereits auf die Ebene angewandt wurde.

▲ Abbildung 24.22
Nur der Y-Wert der zweidimensionalen Eigenschaft SKALIERUNG soll sich auf den Effekt GAUSSSCHER WEICHZEICHNER für das Wort »Lesbar« auswirken.

2 Expression hinzufügen und modifizieren

Blenden Sie den Effekt GAUSSSCHER WEICHZEICHNER mit der Taste E für die Ebene »Lesbar« ein. Fügen Sie in der Eigenschaft STÄRKE eine Expression hinzu. Blenden Sie die Eigenschaft SKALIERUNG für die Ebene »Q« ein. Ziehen Sie dann das Gummiband von der Eigenschaft STÄRKE der Ebene »Lesbar« auf das Wort SKALIERUNG. Es erscheint der folgende Expression-Text:

```
thisComp.layer("Q").transform.scale[0]
```

Es wird also automatisch der X-Wert der Skalierung ausgelesen, was Sie an der 0 in den eckigen Klammern erkennen. Eindimensionale Eigenschaften, die mehrdimensionale Eigenschaften auslesen, verwenden automatisch den ersten Wert der mehrdimensionalen Eigenschaft.

Um anstelle dessen den Y-Wert zu erhalten, tippen Sie statt der 0 eine 1 in die eckigen Klammern. Wenn Sie nun die Animation abspielen, wirkt sich der ausgelesene Skalierungswert doch recht stark auf den Weichzeichner aus. Sie können das ändern, indem Sie die Expression um den Zusatz / 10 ergänzen. Die ausgelesenen Werte werden so durch 10 dividiert.

▲ Abbildung 24.23
Der Effekt GAUSSSCHER WEICHZEICHNER wird nach dem Hinzufügen der Expression in Abhängigkeit von der Skalierung des Buchstabens »Q« animiert.

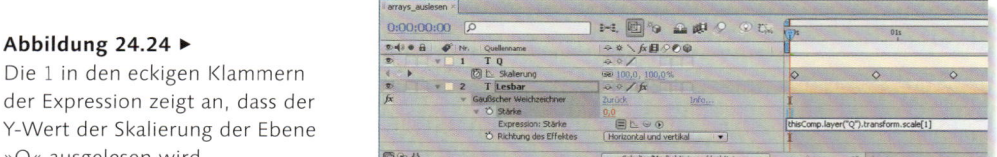

Abbildung 24.24 ▶
Die 1 in den eckigen Klammern der Expression zeigt an, dass der Y-Wert der Skalierung der Ebene »Q« ausgelesen wird.

Mathematische Operationen mit Arrays

Im Workshop haben Sie den ausgelesenen Wert in der Expression durch 10 dividiert. Eine kleine Besonderheit bilden bei solchen Operationen die Arrays. Ein Array besteht immer aus mehreren Werten und kann mit jedem mathematischen Operator modifiziert werden. In diesem Sinne sind Arrays mit Vektoren vergleichbar, und die Gesetze der Vektorrechnung gelten demzufolge auch für Arrays.

Zum Beispiel ist es kein Problem, die Werte des Arrays [100, 100] mit einem Faktor zu multiplizieren, z. B. [100, 100] * 50. Auch die Division bereitet keine Schwierigkeiten: [100, 100] / 50.

Anders sieht es bei der Subtraktion und der Addition aus. Wenn Sie vorhaben, zu beiden Werten des Arrays den Wert 15 zu addieren, können Sie nicht einfach eine +15 hinter das Array schreiben. Stattdessen sieht die Operation so aus: [100, 100]+[15, 15]. Bei der Subtraktion sähe sie so aus: [100, 100] – [15, 15].

Expressions mit mehreren Anweisungen

Wenn eine Expression mehrere Anweisungen enthält, ist es der Übersichtlichkeit halber günstig, die Expression in mehrere Zeilen aufzuteilen. Die einzelnen Anweisungen schließen Sie dabei durch Semikola ab; danach betätigen Sie ⏎ im Haupttastaturfeld, um in der nächsten Zeile weiterzuschreiben.

Welchen Wert die Eigenschaft annimmt, die eine Expression mit mehreren Anweisungen enthält, hängt von der letzten Anweisung in der Expression ab. Diese sollte in der letzten Zeile stehen. Die letzte Anweisung enthält den oder die Werte, die Sie als Ergebnis der Expression an die Eigenschaft übergeben, und benötigt kein Semikolon.

24.5 Expressions im Einsatz: Bewegung ohne Keyframes

Um den Einsatz von Expressions zu erläutern, werden Sie im folgenden Workshop ganz ohne Keyframes auskommen und eine Bewegung allein unter Verwendung von Expressions erzeugen.

Für die Erzeugung der Bewegung nutzen wir die Kosinusfunktion. Außerdem werden Sie Variablen einsetzen und eine **if-then**-Bedingung verwenden.

Weitere Expressions-Beispiele

Sie können über den Menüpunkt Menü ANIMATION • VORGABEN DURCHSUCHEN gehen und dann in Bridge im Ordner BEHAVIORS einer markierten Ebene entsprechende Verhalten zuweisen.

Schritt für Schritt:
Herr Kosinus lernt laufen

In diesem Workshop werden Sie einen vertiefenden Einblick in die Arbeit mit Expressions erhalten und daher ein kleines Skript schreiben.

1 Vorbereitung

Öffnen Sie wie in den anderen Workshops das Projekt »expressions.aep« aus dem Ordner 24_EXPRESSIONS auf der DVD. Klicken Sie doppelt auf die Komposition »herrKosinus«. Die darin befindlichen Ebenen wurden in Illustrator erstellt und als Komposition importiert.

Die benötigten Dateien für diesen Workshop finden Sie auf der DVD unter BEISPIELMATERIAL/24_EXPRESSIONS

Kapitel 24 Expressions

▲ Abbildung 24.25
Der Herr Kosinus vor dem Hinzufügen der Kosinusbewegung

Herr Kosinus besteht aus mehreren Einzelteilen, die so animiert werden sollen, dass sich eine Laufbewegung ergibt. Eine schwingende Bewegung der Arme und Beine wäre dafür wünschenswert. Es bietet sich an, eine Sinus- oder eine Kosinusbewegung für die Arme und Beine zu erzeugen. Damit alles richtig funktioniert, befinden sich die Ankerpunkte der Einzelteile bereits an ihrem physikalisch richtigen Drehpunkt.

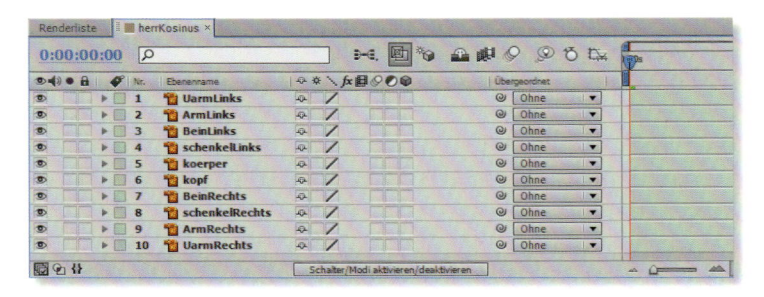

▲ Abbildung 24.26
Die Illustrator-Datei wurde als Komposition in After Effects importiert und enthält die korrekten Ebenennamen für alle Gliedmaßen des Herrn Kosinus.

2 Kosinusbewegung für ein Null-Objekt

After Effects bietet die Möglichkeit, unsichtbare Hilfsebenen (**Null-Objekte**) anzulegen, die standardmäßig den Namen »Null« zugewiesen bekommen. Null-Objekte können Sie für andere Ebenen und Effekte als Steuerungsebenen verwenden.

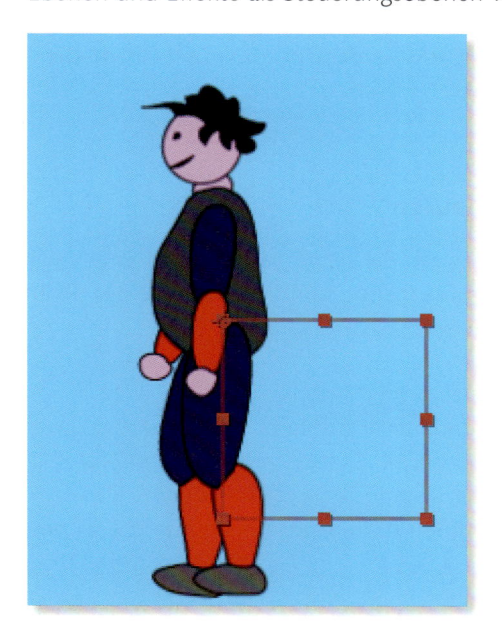

Abbildung 24.27 ▶
Ein Null-Objekt ist nur als Rahmen sichtbar. Nach dem Rendern ist vom Null-Objekt nichts mehr zu sehen.

Um uns Arbeit zu sparen und spätere Änderungen schneller bewerkstelligen zu können, ist es günstig, die Bewegung für die Gliedmaßen des Herrn Kosinus in einer solchen Ebene zu speichern. Wählen Sie also EBENE • NEU • NULL-OBJEKT.

3   Kosinusbewegung für die Gliedmaßen

Markieren Sie die neu geschaffene Ebene namens »Null 1«, und drücken Sie die Taste [R], um die Drehungseigenschaft einzublenden. Fügen Sie für die Eigenschaft DREHUNG eine Expression hinzu, indem Sie bei gedrückter [Alt]-Taste auf das Stoppuhr-Symbol klicken. Lassen Sie die Skriptzeile `transformation.rotation`, die zuerst erscheint, markiert, und klicken Sie dann auf das kleine Dreieck ❶ (siehe Abbildung 24.28). Hier befindet sich das **Expression-Sprachmenü**. In dem Menü sind alle Sprachelemente enthalten, die Sie in Expressions verwenden können. Wählen Sie aus dem Menü den Eintrag JAVASCRIPT MATH und dort den Eintrag MATH.COS(VALUE). Das Sprachelement ersetzt nun die zuvor markierte Skriptzeile.

Damit sich der Kosinus tatsächlich auf unsere Drehungseigenschaft auswirkt, benötigt er noch ein paar Werte. Wir werden den Wert `time`, also die Kompositionszeit, dafür verwenden. Markieren Sie dazu das Wort `value` in der Expression, und ersetzen Sie es durch das Wort `time`. Es bewegt sich noch immer nichts. Also fügen Sie am Ende der Expression noch den Operator 40 hinzu:

```
Math.cos(time) * 40
```

Daraus ergibt sich eine Drehung im Bereich von 40° bis –40°. Noch sieht das ganz unspektakulär aus, da das Null-Objekt ja unsichtbar ist.

Als Nächstes übertragen wir diese Bewegung aber auf die Ebene »BeinLinks«. Blenden Sie mit der Taste [R] die Eigenschaft DREHUNG für diese Ebene ein, und fügen Sie eine Expression hinzu. Lassen Sie den Expression-Text ausgewählt, und ziehen Sie das Gummiband ❷ auf das Wort DREHUNG der Ebene »Null 1«. Automatisch wird folgende Expression generiert:

```
thisComp.layer("Null 1").transform.rotation
```

Drücken Sie die Taste [0] im Ziffernblock, um die Vorschau zu berechnen. Sie sehen, das Bein bewegt sich mit! Allerdings wirkt die Drehung noch zu langsam. Fügen Sie also in der Expression der Ebene »Null 1« hinter dem Wort `time` den Operator * 5 hinzu. Nun sieht es doch schon ganz realistisch aus!

Kapitel 24 Expressions

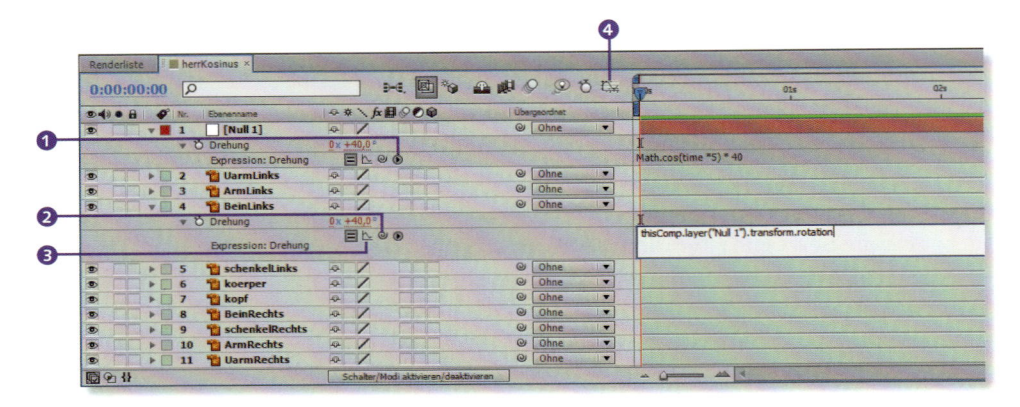

Abbildung 24.28 ▲
In der Null-Objekt-Ebene »Null 1« definieren Sie die Kosinusbewegung für die Gliedmaßen.

Kurven für Expressions
Eine Kurve für den Expression-Verlauf können Sie über den kleinen Kurven-Schalter ❸ einblenden, wenn Sie gleichzeitig auch den Schalter für den Diagrammeditor ❹ aktiviert haben. Die Kosinusbewegung ist darin sehr schön erkennbar.

Abbildung 24.29 ▼
Für den Herrn Kosinus erreichen wir die Animation über eine Mischung aus Expressions und Parenting.

❹ Parenting

Im nächsten Schritt widmen wir uns dem Unterschenkel mitsamt Fuß. Zuerst verknüpfen Sie die Ebene »schenkelLinks« mit dem eben animierten »BeinLinks«. Blenden Sie dazu, falls noch nicht vorhanden, die Spalte ÜBERGEORDNET ein, indem Sie mit der rechten Maustaste auf den grauen Bereich neben dem Ebenennamen klicken. Wählen Sie aus dem Einblendmenü den Eintrag SPALTEN • ÜBERGEORDNET. Deaktivieren Sie für den nächsten Schritt die Expression für die Ebene »BeinLinks«, indem Sie auf das Gleichheitszeichen klicken.

Klicken Sie anschließend auf das Wort OHNE in der Ebene »schenkelLinks«, und wählen Sie dort den Eintrag BEINLINKS. Sie haben damit dem Unterschenkel das Bein übergeordnet. Der Unterschenkel wird danach alle Bewegungen des Beins mitmachen.

Anders als bei Expressions, mit denen eine solche Verknüpfung natürlich auch möglich ist, können Sie beim eben eingesetzten Parenting mehrere Eigenschaften auf eine untergeordnete Ebene übertragen – in unserem Falle die Position und Drehung des Beins. Um das zu sehen, aktivieren Sie die Expression durch einen erneuten Klick auf das Gleichheitszeichen und spielen die Vorschau ab.

5 Drehung auslesen

Das Bein wirkt zurzeit noch wie an einen Besen gebunden. Gönnen wir dem Unterschenkel also eine eigene Drehbewegung. Fügen Sie dazu der Eigenschaft DREHUNG der Ebene »schenkel-Links« eine Expression hinzu. Ziehen Sie dann einfach das Gummiband auf das Wort DREHUNG der Ebene »BeinLinks«, um den dortigen Drehungswert auf den Unterschenkel zu übertragen. Die automatisch generierte Expression lautet:

```
thisComp.layer("BeinLinks").transform.rotation
```

Nun, finden Sie, dass es wie bei einem Hampelmann aussieht? Wir ändern das sofort.

> **Vom Diagrammeditor zur Ebenenansicht**
>
> Zwischen Diagrammeditor und Ebenenansicht schalten Sie mit ⇧+F3 um.

6 Variable und if-then-Bedingung hinzufügen

Natürlich kann ein Bein nicht nach vorn umknicken. Es muss also eine Bedingung her, die die Drehbewegung des Unterschenkels beschränkt. Zuerst definieren wir dazu in der Ebene »schenkel-Links« eine Variable namens drehung. Tippen Sie die Variable und ein Gleichheitszeichen wie folgt vor der bisherigen Expression ein:

```
drehung = thisComp.layer("BeinLinks").transform.rotation;
```

Die Drehungswerte werden ab jetzt in der Variablen drehung gespeichert. Da noch weitere Zeilen folgen, lassen Sie die erste Zeile mit einem Semikolon ; enden. Das ist Pflicht! Per Druck auf die Taste ⏎ im Haupttastaturfeld wechseln Sie in die nächste Zeile. Am unteren Rand des Felds ändert sich der Mauszeiger in einen kleinen Doppelpfeil. Vergrößern Sie das Expression-Feld durch Ziehen.

Nun kommt die Bedingung. Tippen Sie die folgenden weiteren Zeilen in das Expression-Feld:

```
if (drehung > 1) {
drehung = 1;
}
```

Das war es auch schon mit der if-then-Bedingung. Das »then« muss in JavaScript nicht geschrieben werden. Die geschweifte Klammer reicht aus.

Im Klartext besagt die obige Bedingung Folgendes: Immer wenn bzw. if die Drehungswerte 1° übersteigen bzw. (drehung > 1), dann bzw. {} setze die Drehung wieder zurück auf 1 bzw.

Abbildung 24.30 ▼
Eine `if-then`-Bedingung verhindert, dass Herrn Kosinus' Bein nach vorn umknickt.

`drehung = 1`. Die nach `if` definierte Bedingung muss also erfüllt sein, damit anschließend der Skriptteil in geschweiften Klammern ausgeführt wird.

Geschweifte und eckige Klammern

Geschweifte Klammern erhalten Sie mit der Tastenkombination [AltGr]+[7] ({) und [AltGr]+[0] (}).
Eckige Klammern erhalten Sie mit [AltGr]+[8] ([) und [AltGr]+[9] (]).

7 Das andere Bein bewegen

Wie Sie sich bestimmt denken können, ist der Rest der Animation nicht mehr besonders kompliziert. Es wiederholt sich nur alles – mit kleinen Modifizierungen.

Wählen Sie für die Ebene »schenkelRechts« aus der Spalte ÜBERGEORDNET den Eintrag BEINRECHTS, um die Ebenen per Parenting zu verknüpfen. Markieren Sie die beiden Ebenen »BeinRechts« und »schenkelRechts«, und drücken Sie die Taste [R].

Fügen Sie zuerst für die Ebene »BeinRechts« eine Expression hinzu, und ziehen Sie dann das Gummiband auf das Wort DREHUNG der Ebene »Null 1«. Fügen Sie der Expression den Operator `* - 1` hinzu, um eine gegenläufige Drehbewegung zu erhalten. Das Resultat sollte folgende Expression sein:

```
thisComp.layer("Null 1").transform.rotation * - 1
```

Fügen Sie anschließend eine Expression für die DREHUNG der Ebene »schenkelRechts« hinzu, und ziehen Sie das Gummiband auf das Wort DREHUNG der Ebene »BeinRechts«. Eigentlich müssten wir auch noch unsere if-then-Bedingung hinzufügen. Es fällt in diesem Beispiel ausnahmsweise aber kaum auf, wenn sie fehlt – es sei denn, Sie erhöhen den Drehungswert für die Ebene »schenkelRechts«. Ich habe die if-then-Bedingung jedenfalls hinzugetippt.

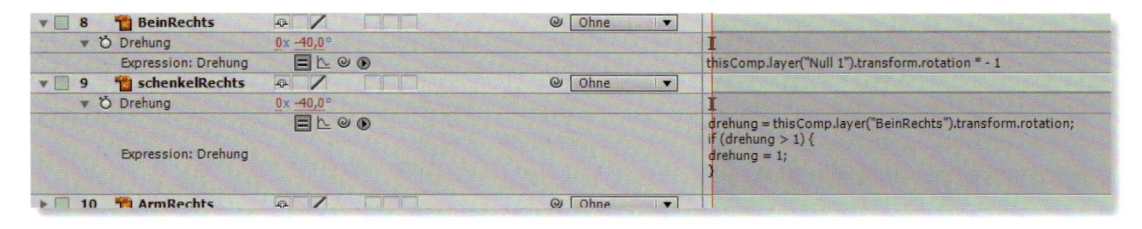

▼ **Abbildung 24.31**
Auch das andere Bein wird in seiner Bewegung mit einer if-then-Bedingung eingeschränkt.

8 Rest

Die Animation der Arme handhaben Sie genauso wie die der Beine. Verknüpfen Sie zuerst die Unterarme per Parenting mit den Oberarmen, und fügen Sie dann für die Oberarme die Expressions hinzu, die die Kosinusbewegung auslesen. Für die Unterarme lesen Sie wieder die Drehung der Oberarme aus und fügen eine if-then-Bedingung hinzu.

Falls Sie bei den einigermaßen vielen Ebenen den Überblick verloren haben, schauen Sie sich die fertige Animation in der Projektdatei »expressions_fertig.aep« aus dem Ordner 24_EXPRESSIONS auf der DVD an. Die entsprechende Komposition heißt auch dort »herrKosinus«.

Eine abgewandelte Animation befindet sich in der Komposition »herrKosinus2«. Diese liegt auch als gerenderte Version namens »herrKosinus.mov« vor.

> **Expressions kopieren und einfügen**
>
> Eine sehr bequeme Möglichkeit zum Kopieren von Expressions besteht darin, die entsprechende Eigenschaft, die die Expression enthält, zu markieren und BEARBEITEN • NUR EXPRESSION KOPIEREN zu wählen. Fügen Sie die Expression entweder in einer anderen Ebene oder in einer anderen Eigenschaft mit ⌃Strg⌄+⌃V⌄ ein, indem Sie zuvor die jeweilige Ebene oder Eigenschaft auswählen.

◄ **Abbildung 24.32**
Zum Schluss läuft Herr Kosinus.

24.6 Effekte und Expressions

Bei der Arbeit mit Effekten geben Ihnen Expressions praktische Hilfsmittel an die Hand. Sehr nützlich sind Expressions beispielsweise, wenn Sie die Positionseigenschaft einer Ebene animiert haben und ein Effektpunkt sich deckungsgleich zur Ebenenposition bewegen soll oder umgekehrt. Im nächsten Workshop wird dies am praktischen Beispiel anschaulich.

Schritt für Schritt:
Ebenenkoordinaten in Kompositionskoordinaten übersetzen

Die Ebenenkoordinaten unterscheiden sich recht häufig von der Kompositionskoordinaten. Eine Ebene kann beispielsweise viel größer als die Komposition sein. Ist dies der Fall, sind die Positionswerte, die After Effects sowohl bei der Ebene als auch der

Kapitel 24 Expressions

Komposition von der jeweils linken, oberen Ecke aus misst, nicht deckungsgleich. Ein Wert von x =100, y = 100 definiert einen anderen Punkt auf der größeren Ebene als in der kleineren Komposition. Um Positionswerte vom Ebenenraum in den Kompositionsraum zu übersetzen, folgen Sie dem nächsten Workshop.

Die benötigten Dateien für diesen Workshop finden Sie auf der DVD unter Beispielmaterial/ 24_Expressions

1 Vorbereitung

Öffnen Sie wieder das Workshop-Projekt »expressions.aep« aus dem Ordner 24_Expressions auf der DVD. Doppelklicken Sie auf die Komposition »koordinaten1«.

Sie finden zwei Ebenen vor. Die Ebene »Hintergrund« enthält den Effekt Strudel aus der Effekt-Kategorie Verzerren. Dieser Effekt besitzt die Eigenschaft Mittelpunkt, die bereits animiert ist. Zur Positionierung verwendet der Effekt die Koordinaten der Ebene, auf die er angewendet wurde. Jetzt sollen die Positionskoordinaten des Mittelpunkts so auf die Position der Ebene »ring« übertragen werden, dass sich diese Ebene deckungsgleich mit dem Strudel bewegt.

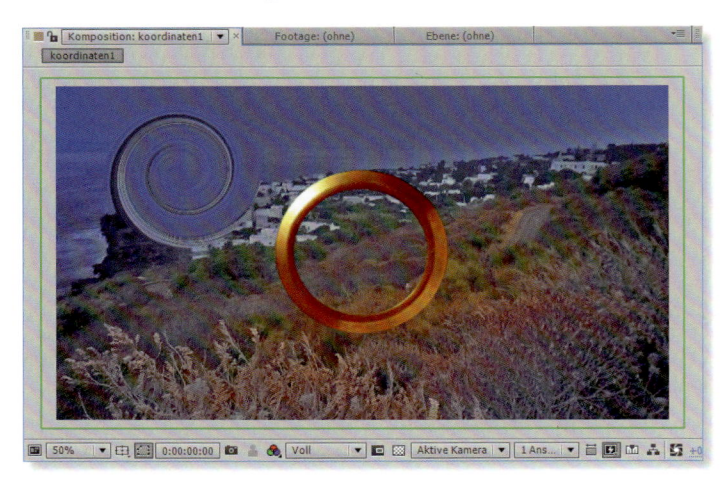

Abbildung 24.33 ▶
Zu Beginn sind der Ankerpunkt der Ebene »ring« und der Mittelpunkt des Effekts Strudel nicht deckungsgleich. Sie sehen auch, dass die Ebenengröße des Hintergrunds nicht mit der Kompositionsgröße übereinstimmt.

▼ **Abbildung 24.34**
Die Ebene »ring« soll die Animation des Effektpunkts Mittelpunkt des Effekts Strudel als Positionswerte übernehmen.

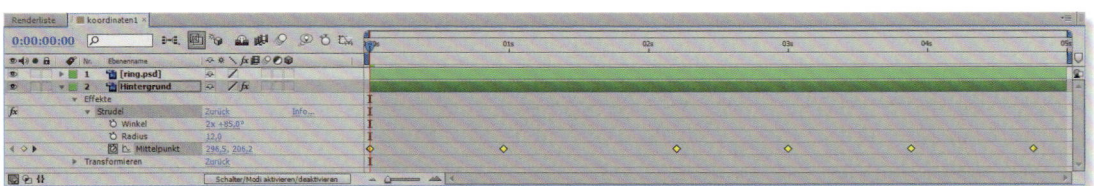

2 Mittelpunkt auslesen

Der folgende Schritt wird Ihnen gleich ein kleines Problem aufzeigen, das wir dann anschließend lösen werden.

Blenden Sie die Eigenschaft Position der Ebene »ring« ein, und fügen Sie per gedrückter [Alt]-Taste eine Expression hinzu.

24.6 Effekte und Expressions

Ziehen Sie das Gummiband auf das Wort MITTELPUNKT des Effekts STRUDEL in der Ebene »Hintergrund«, um die dort enthaltenen Werte auszulesen. Drücken Sie nun die Taste [0] im Ziffernblock, um die Vorschau zu berechnen.

Man sollte annehmen, dass Strudel und Ring deckungsgleich verlaufen. Dies ist jedoch nicht der Fall, da die Hintergrundebene etwas größer ist als die Komposition. Daher müssen zuerst die Ebenenkoordinaten des Hintergrunds in Kompositionskoordinaten übersetzt werden.

▼ **Abbildung 24.35**
Das einfache Auslesen der Positionswerte des Mittelpunkts erzeugt keine deckungsgleiche Animation.

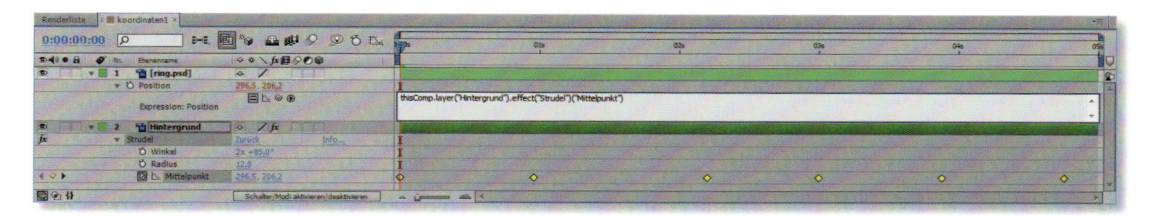

3 Koordinaten übersetzen

Um eine deckungsgleiche Animation zu erhalten, ändern Sie die Expression und schalten einen Dolmetscher ein, der die Ebenenkoordinaten in Kompositionskoordinaten übersetzt. Markieren Sie dazu den Text der Expression, und tippen Sie dann:

```
hgebene = thisComp.layer("Hintergrund");
hgebene.toComp(hgebene.effect("Strudel").
param("Mittelpunkt"))
```

In der ersten Zeile wird also der Pfad zur Ebene »Hintergrund« in der Variablen namens hgebene gespeichert. In der nächsten Zeile kommt die Transformationsmethode toComp(point, t = time) zum Einsatz, die Sie auch über das Expression-Sprachmenü aufrufen können. Sie befindet sich dort unter LAYER • SPACE TRANSFORMS. Sie übersetzt einen Punkt aus dem Ebenenraum in den Kompositionsraum. In den Klammern der Methode stehen die Parameter der Eigenschaft MITTELPUNKT des Effekts STRUDEL der Ebene »Hintergrund«.

Wenn Sie jetzt die Animation erneut in der Vorschau anzeigen lassen, werden Sie bemerken, dass sich Ring und Strudel nun deckungsgleich bewegen.

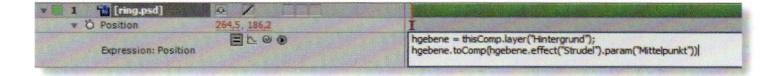

◄ **Abbildung 24.36**
Die fertige Expression für den Ring

Abbildung 24.37 ▶
Nachdem wir die Ebenenkoordinaten in Kompositionskoordinaten übersetzt haben, sind Effektmittelpunkt und Ankerpunkt des Rings deckungsgleich.

Beispiel

Auf der Buch-DVD finden Sie im Ordner Beispielmaterial/23_3D/Raytrace3D die Datei »expressions_fertig.aep«.

In der Komposition »koordinaten2« im Projekt »expressions_fertig.aep« finden Sie noch ein Beispiel. In der Komposition habe ich die Ebene »ring« per Position animiert. Diesmal sollten die Positionswerte auf zwei Effektmittelpunkte, nämlich die des Effekts Blendenflecke und die des Effekts Komplexes Wölben, übertragen werden. Ohne Dolmetscher für die Koordinaten stimmten diese auch hier nicht überein. Als Dolmetscher habe ich daher die Transformationsmethode `fromComp(point, t = time)` verwendet. Weitere solche Dolmetscher finden Sie im Expression-Sprachmenü (das kleine Dreieck neben jeder Expression) unter dem Unterpunkt Layer Space Transforms.

Schieberegler für Expressions

Im folgenden Workshop werden Sie einige Effekte für Expressions kennenlernen. Das Ziel wird ein aus Textebenen bestehendes 3D-Objekt sein, das sich über Schieberegler manipulieren lässt.

Schritt für Schritt:
Eine animierbare DNS

Mit der in diesem Workshop beschriebenen Technik manipulieren Sie Eigenschaftswerte in einer oder mehreren Ebenen über Schieberegler, die als Effekt einer Ebene hinzugefügt werden können.

Die benötigten Dateien für diesen Workshop finden Sie auf der DVD unter Beispielmaterial/24_Expressions

1 Vorbereitung

Auch diesmal finden Sie eine vorbereitete Komposition im Workshop-Projekt »expressions.aep« im Ordner 24_Expressions auf der DVD vor. Klicken Sie doppelt auf die Komposition »dns«. In der Komposition befinden sich sechs Ebenen. Drei davon sorgen für die richtige Beleuchtung, eine Kamera kümmert sich um den richtigen Blickwinkel, eine Ebene bildet den Hintergrund. Die

24.6 Effekte und Expressions

Ebene, um die es sich dreht, heißt »after effects«. Es ist eine Farbfläche mit dem Effekt EINFACHER TEXT.

Unser Ziel ist es, die Ebene mehrmals zu duplizieren und dabei zu erreichen, dass sie um einen Betrag auf der z-Achse versetzt wird, der ihrer Höhe entspricht. Die duplizierten Textzeilen müssten dann wie bei einer Jalousie untereinander erscheinen. Später wird diese Jalousie noch ähnlich einer DNS in sich verdreht.

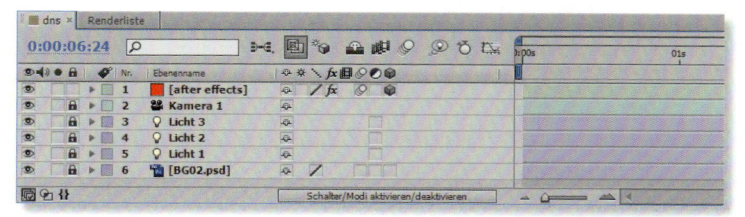

◄ **Abbildung 24.38**
Zu Beginn ist nur eine beleuchtete 3D-Textzeile sichtbar.

◄ **Abbildung 24.39**
Drei Lichter kreieren die Beleuchtung. Eine Kamera sorgt für den richtigen Blickwinkel auf den Text.

2 Expression für den Höhenversatz

Blenden Sie zunächst die Eigenschaft POSITION der Textebene mit der Taste P ein. Fügen Sie dieser Eigenschaft eine Expression hinzu, indem Sie die Alt-Taste drücken und auf das Stoppuhr-Symbol klicken. Ersetzen Sie die vordefinierte Expression, und tippen Sie anstelle dessen die folgenden Zeilen in das Expression-Feld. Ziehen Sie dafür das Feld am unteren Rand etwas größer. Hier der Code:

```
ebene = index - 1;
Yauslesen = thisComp.layer(ebene).position[1];
hoehe = height;
Ypos = Yauslesen + hoehe;
[position[0], Ypos, position[2]]
```

Sie erhalten zunächst eine Fehlermeldung, und die Expression wird deaktiviert. Darum kümmern wir uns später. Gehen wir die Expression Zeile für Zeile durch.

Mit der ersten Zeile wird die Ebenennummer, die jede Ebene, die Sie der Zeitleiste hinzufügen, automatisch erhält, in der Variablen `ebene` gespeichert. Der Operator - 1 sorgt dafür, dass mit `index` nicht Werte der aktuellen Ebene ausgelesen werden, sondern die Werte der Ebene mit der jeweils nächstniedrigeren Nummer.

In der zweiten Zeile wird in der Variablen `Yauslesen` die aus der zuvor definierten Ebene ausgelesene Y-Position zwischengespeichert. Dabei sorgt die im Array stehende 1 dafür, dass es sich dabei auch wirklich um die Y-Position handelt: `position[1]`.

In der dritten Zeile wird die Höhe der aktuellen Ebene in der Variablen `hoehe` gespeichert. In der vierten Zeile schließlich wird der Wert für die Höhe zum Wert der ausgelesenen Y-Position addiert, woraus sich die neue Position der aktuellen Ebene ergibt.

Die fünfte Zeile enthält dann ein Array mit drei Werten: `position[0]` für die X-Position, die Variable `Ypos` für die Y-Position und `position[2]` für die Z-Position.

3 if-then-Bedingung

Um zu vermeiden, dass die Expression gleich zu Beginn deaktiviert wird, müssen wir die Expression modifizieren. Wir benötigen eine Bedingung für die Anweisung `index – 1`, denn die Ebene mit der Nummer 1 kann ja nicht Werte aus einer Ebene 0 auslesen, die es nicht gibt. Ergänzen Sie das kleine Programm also um folgende fettgedruckte Bedingung:

```
ebene = index - 1;
if (ebene < 1){
   ebene = 1;
}
Yauslesen = thisComp.layer(ebene).position[1];
   hoehe = height;
   Ypos = Yauslesen+hoehe;
[position[0], Ypos, position[2]]
```

Schon haben Sie das kleine Programm fertiggestellt und können es gleich anwenden.

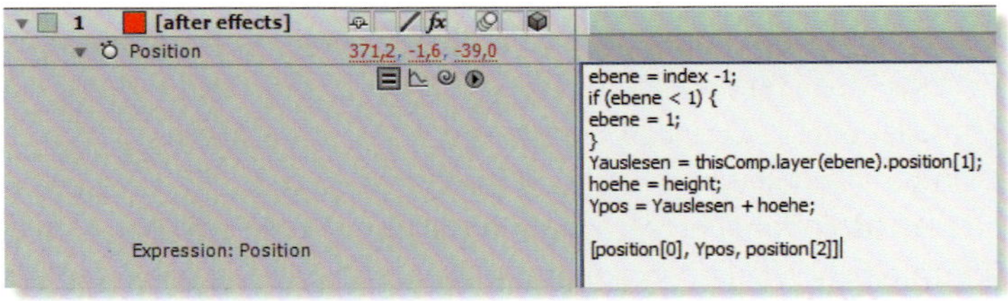

Abbildung 24.40 ▶
Ein kleines Programm liest die Ebenenposition der Ebene mit der nächstkleineren Ebenennummer aus und versetzt auf dieser Basis die aktuelle Ebene ein Stück weiter auf der y-Achse.

4 Duplikate, Duplikate

Duplizieren Sie die Ebenen einfach etwa 2.874-mal. Nein, nein – das ist nun doch zu viel. Aber ein paar Duplikate sollten Sie erzeugen, um zu testen, ob das Prögrämmchen auch richtig tickt. Markieren Sie also die Ebene »after effects«, und duplizieren Sie sie mit [Strg]+[D]. Jedes der Duplikate enthält dann die vorbereitete Expression. Die Ebenen sollten im Kompositionsfenster in regelmäßigem Versatz untereinander angeordnet werden. Wenn das so weit funktioniert, können Sie die Ebenen ab der Ebene 2 wieder löschen.

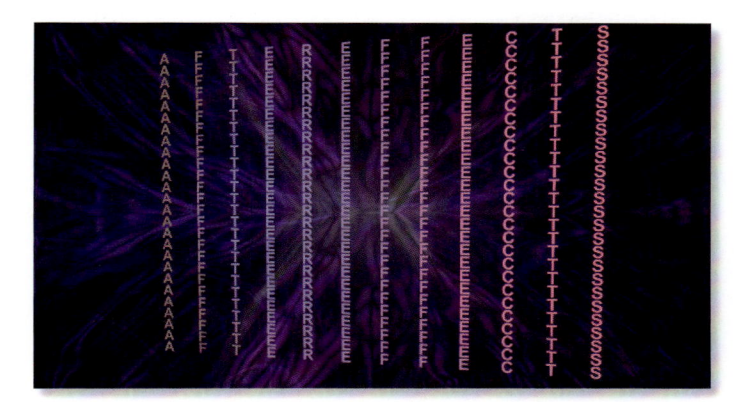

◄ **Abbildung 24.41**
Die entstandenen Duplikate werden anschließend noch einmal entfernt, um weitere Einstellungsmöglichkeiten hinzuzufügen.

Noch sind wir nämlich nicht fertig mit allen Vorbereitungen. Die entstehende DNS soll noch in ihrer Höhenausdehnung verstellbar sein und auch in sich verdreht werden können. Löschen Sie also die Duplikate wieder, beginnend ab der Ebene mit der Nummer 2.

5 Null-Objekt und Schieberegler

Fügen Sie der Komposition über EBENE • NEU • NULL-OBJEKT eine Ebene hinzu, die als Einstellebene für die spätere DNS dienen soll. Das entstandene Null-Objekt ist in der Komposition unsichtbar und trägt standardmäßig den Namen »Null«. Benennen Sie die Ebene um, und geben Sie ihr den Namen »Einstellebene«. Ziehen Sie die Ebene in der Zeitleiste unter die Ebene »after effects«, und achten Sie darauf, dass sie dort auch in Zukunft bleibt.

Markieren Sie die neue »Einstellebene«, und wählen Sie dann EFFEKT • EINSTELLUNGEN FÜR EXPRESSIONS • EINSTELLUNGEN FÜR SCHIEBEREGLER. Drücken Sie die Taste [E], um den Effekt einzublenden, und klappen Sie den Effekt in der Zeitleiste auf.

Der Schieberegler wird uns dazu dienen, die Abstände zwischen den Textzeilen flexibel zu gestalten. Positionieren Sie dazu

Kommentare hinzufügen

Kommentare stören den Ablauf der Expression nicht, wenn sie mit den richtigen Zeichen eingeleitet werden, helfen aber bei der Orientierung oder beim Teamwork. Sie können in jeder Zeile der Expression Kommentare wie folgt hinzufügen:
```
//dies ist eine Anmerkung
/* dies ist ein mehrzeiliger Kommentar*/
```

den Cursor im Code unseres kleinen Programms genau hinter `height`, und tippen Sie wie folgt ein Additionszeichen hinzu:

```
hoehe = height +;
```

Belassen Sie den Cursor hinter dem Additionszeichen, und ziehen Sie das Gummiband auf das Wort SCHIEBEREGLER der »Einstellebene«. Automatisch wird der Expression eine lange Anweisung hinzugefügt:

```
hoehe = height+thisComp.layer("Einstellebene").
effect("Einstellungen für Schieberegler")("Schieberegler");
```

Bestätigen Sie die Expression mit ⏎ im Ziffernblock, nicht im Haupttastaturfeld.

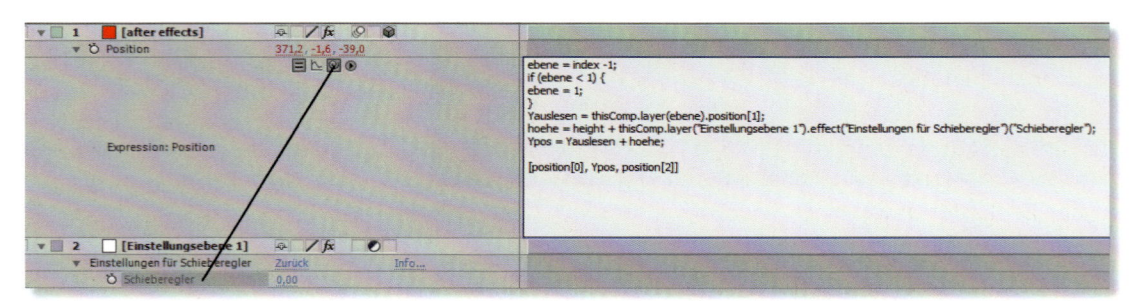

▲ **Abbildung 24.42**
Um die Werte des Schiebereglers auszulesen, ziehen Sie das Gummiband auf das entsprechende Wort der »Einstellebene«.

6 Duplikate, zum Zweiten

Nun wieder Duplikate! Aber wieder nur zum Test. Nachdem Sie einige Duplikate erstellt haben, verändern Sie einmal die Werte des Schiebereglers durch Ziehen. Die Textzeilen wandern auseinander – aber auch die obere Zeile bewegt sich! Das macht sich schlecht für unsere DNS! Entschuldigung, aber die Duplikate müssen nochmals fort, beginnend ab Ebene 2.

7 else

Damit die erste Textzeile fixiert bleibt, fügen Sie bitte dem Programm die folgende if-else-Bedingung hinzu (an welcher Stelle genau, entnehmen Sie bitte Abbildung 24.43):

```
if (index > 1) {
  Ypos;
} else {
  Ypos = position[1];
}
```

24.6 Effekte und Expressions

Else ist nicht nur ein typischer Name für eine Großmutter, im Skript könnte man `else` mit »sonst« übersetzen. Die eingetippten neuen Zeilen lesen sich übersetzt: **Wenn** die aktuelle Ebenennummer größer ist als eins, **dann** führe das aus, was bei `Ypos` definiert wurde, `else`, nein, **ansonsten** setze `Ypos` gleich der Y-Position der aktuellen Ebene.

Prima! Jetzt wird es eine richtig klasse DNS.

```
ebene = index -1;
if (ebene < 1) {
ebene = 1;
}
Yauslesen = thisComp.layer(ebene).position[1];
hoehe = height + thisComp.layer("Einstellebene").effect("Einstellungen für Schieberegler")("Schieberegler");
Ypos = Yauslesen + hoehe;
if (index > 1) {
Ypos;
} else {
Ypos = position[1];
}
[position[0], Ypos, position[2]]
```

◄ **Abbildung 24.43**
Damit die erste Textzeile später nicht wandert, sondern fixiert bleibt, bestimmt eine if-else-Bedingung, dass die Ebenen erst ab Ebenennummer 2 versetzt werden.

8 Noch ein paar Regler

Noch ein bisschen Arbeit, dann kommen wir zum Vergnügen an der Sache. Um die später duplizierten Textzeilen in sich verdrehen zu können, benötigen wir noch ein paar Regler.

Markieren Sie die »Einstellebene«, und wählen Sie dann dreimal den Weg Effekt • Einstellungen für Expressions • Einstellungen für Winkel. Markieren Sie den ersten der drei Effekte in der Zeitleiste, drücken Sie dann die Taste ⏎ – diesmal im Haupttastaturfeld, nicht im Ziffernblock. Tippen Sie den Namen »x-drehung« in das Feld ein, und bestätigen Sie wieder mit ⏎. Verfahren Sie genauso mit den beiden anderen Effekten, und benennen Sie sie mit »y-drehung« und mit »z-drehung«. Klappen Sie die Effekte auf, so dass jeweils das Wort »Winkel« sichtbar wird.

Effekteinstellungen-Fenster
Effekte für Expressions werden wie andere Effekte auch im Effektfenster angezeigt. Wenn Ihnen die Listen in der Zeitleiste zu lang werden, können Sie auch dort Einstellungen vornehmen. Auch das Gummiband können Sie bis ins Effektfenster auf eine Eigenschaft ziehen.

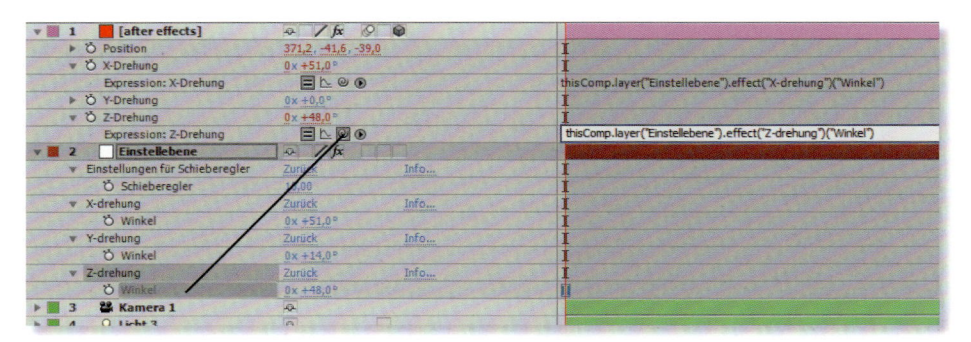

Markieren Sie nun die Ebene »after effects«, und drücken Sie die Taste [R] zum Einblenden der Drehungseigenschaften. Fügen Sie mit der [Alt]-Taste der X- und der Z-Drehung jeweils eine Expression hinzu. Markieren Sie den jeweiligen Expression-Text, und

▲ **Abbildung 24.44**
Über die Einstellungen für Winkel verdrehen Sie die Textzeilen in sich.

ziehen Sie dann das Gummiband auf das Wort WINKEL des entsprechenden Effekts in der »Einstellebene« – also für X-DREHUNG auf den Schieberegler »x-drehung« etc. Bestätigen Sie jeweils mit ⏎ im Ziffernblock. Sie sind fast fertig – fast.

9 Y-Drehung

Sie werden sehen, diese Expression lohnt sich ganz besonders. Fügen Sie der Eigenschaft Y-DREHUNG der Ebene »after effects« eine Expression hinzu. Tippen Sie folgenden Code in das Expression-Feld:

```
ebene = index – 1;
if (ebene < 1) {
  ebene = 1;
}
winkel = thisComp.layer(ebene).rotationY;
drehung = winkel+
```

Lassen Sie den Cursor hinter dem + verweilen, und ziehen Sie dann noch einmal das Gummiband auf das Wort »Winkel« im Effekt »y-drehung« der »Einstellebene«. Das Ergebnis zeigt Abbildung 24.45.

Es wird wieder die Ebenennummer der nächstniedrigeren Ebene in der Variablen `ebene` zwischengespeichert. In der Variablen `winkel` wird dann der Wert der Y-Drehung dieser Ebene zwischengespeichert. Anschließend werden dieser Drehungswert und der Wert des Schiebereglers addiert, und in der Variablen `drehung` steht dann das Ergebnis dieser Operation. Jede neue Ebene wird gegenüber der vorigen Ebene um diesen Betrag versetzt.

Aber genug der langen Erläuterung. Die Wirkung wird nach dem Duplizieren der Ebene »after effects« erfahrbar.

Abbildung 24.45 ▼
Für die Y-DREHUNG programmieren wir einen Versatz zwischen den einzelnen Duplikaten der Ebenen.

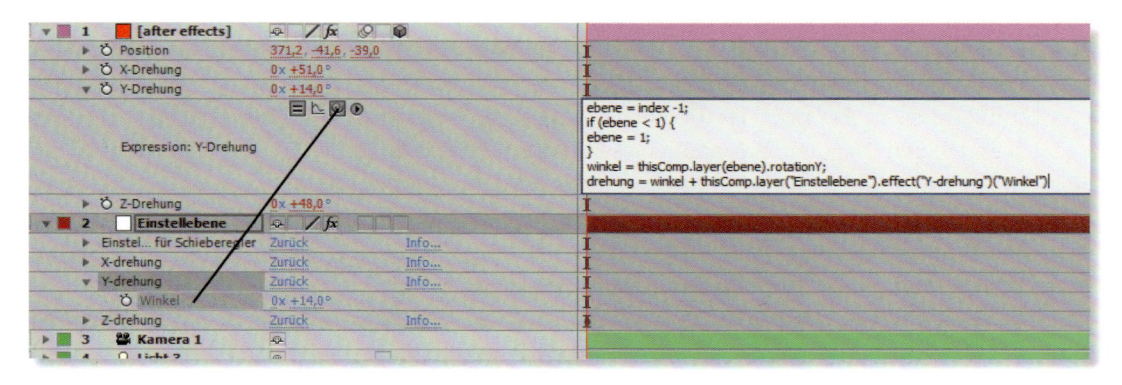

10 Duplikate, zum Dritten

Duplizieren Sie die Ebene mindestens zehnmal. Und jetzt: Viel Spaß! Ziehen Sie an den Werten der Regler, um die Abstände und Winkel der einzelnen Textzeilen zu ändern.

Sie können für die Regler natürlich auch Keyframes setzen. Auch die Kameraposition können Sie animieren. Alles in allem ergeben sich fast süchtig machende Möglichkeiten. Zwei gerenderte Beispiele liegen dem Buch auf der DVD im 24_ Expression-Ordner bei. Sie heißen »dns.mov« und »dns1.mov«. Allerdings wurde hier noch etwas mehr getrickst. Eine Komposition dazu finden Sie im Projekt »expressions_fertig.aep«; sie heißt »dns2«. Die Komposition zur Übung heißt »dns1« und befindet sich im gleichen Projekt.

Ich könnte mir vorstellen, dass Sie nun eine Menge Zeit damit verbringen werden, die Möglichkeiten auszuprobieren. Ich konnte jedenfalls nicht gleich damit aufhören.

▼ **Abbildung 24.46**
Durch die Winkelveränderungen mit den Schiebereglern ergeben sich vielfältige Formen.

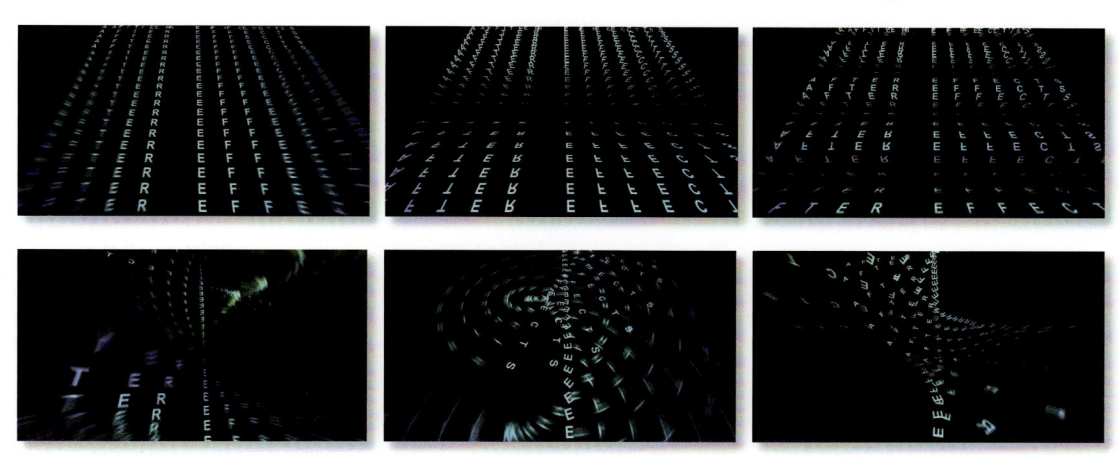

▲ **Abbildung 24.47**
Noch ein paar Beispiele

24.7 Expression-Editor

Der Expression-Editor ist als Teil des Diagrammeditors in After Effects enthalten. Bei Expressions, die aus mehreren Zeilen bestehen, ist die Arbeit darin etwas übersichtlicher.

Sie blenden den Diagrammeditor über den Button ❶ ein (siehe Abbildung 24.48). Über den Button DIAGRAMMTYP ❸ wählen Sie aus dem Einblendmenü den Eintrag EXPRESSION-EDITOR ANZEIGEN. Wenn Sie anschließend eine Eigenschaft anklicken, die eine Expression enthält, wird diese im Expression-Feld ❷ angezeigt, das sich unterhalb der Werte- bzw. Geschwindigkeitskurven im Diagrammeditor befindet. Sie können das Feld am oberen Rand erweitern und verkleinern.

Externer Editor

Expressions können Sie ebenfalls mit einem externen Editor erzeugen und anschließend ins Expression-Feld kopieren.

Um Expressions anderer Eigenschaften anzuzeigen, wählen Sie diese nacheinander aus. Es wird der jeweilige Programmcode eingeblendet. Das Schreiben von Expressions im Editor unterscheidet sich nicht von der in diesem Kapitel beschriebenen Art und Weise.

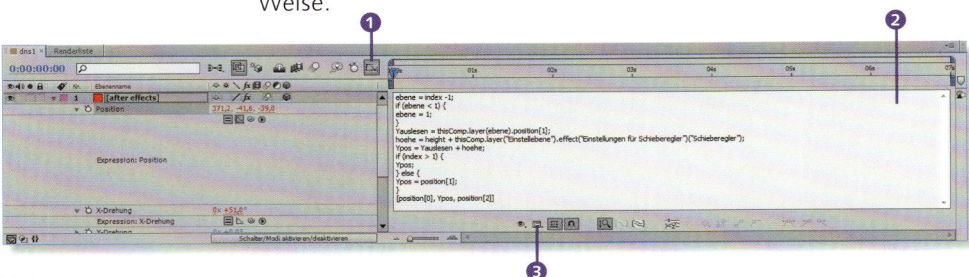

Abbildung 24.48 ▲
Ein etwas bequemeres Arbeiten ermöglicht – besonders bei langen Expressions – der Expression-Editor, der im Diagrammeditor enthalten ist.

24.8 Audiospuren für Expressions nutzen

In früheren Versionen bot After Effects den Keyframe-Assistenten Motion Math an, um beispielsweise an die Audioinformation einer Ebene zu gelangen. Das Skript »layeraud.mm« erfreute sich zu diesem Zwecke großer Beliebtheit. Inzwischen hält After Effects schon längst die Möglichkeit bereit, Audioinformationen in Keyframes zu konvertieren. Wählen Sie dazu Animation • Keyframe-Assistent • Audio in Keyframes konvertieren.

After Effects generiert daraufhin aus allen in der Komposition enthaltenen Audioebenen eine Ebene mit dem Namen »Audioamplitude«. Darin befinden sich drei Schieberegler für den linken, den rechten und für beide Audiokanäle. Zwei Beispiele, wie Sie die Keyframes der Audioamplitude für die Animation anderer Eigenschaften auswerten können, befinden sich im Projekt »expressions_fertig.aep« in den Kompositionen »audioInKeys1« und »audioInKeys2«.

Den Verlauf einer mit Expressions erzeugten Animation blenden Sie im Diagrammeditor über den Button Kurve nach Expression anzeigen ❹ ein. Dies sehen Sie besonders gut, wenn Sie mit einer Expression die Audiodaten einer Ebene auslesen.

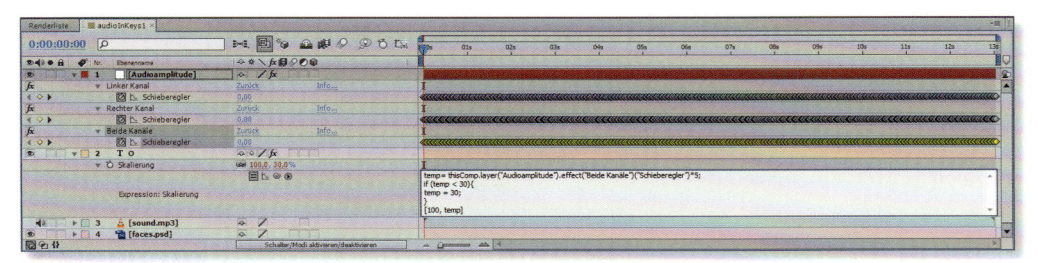

> **Audioamplitude glätten**
> Wurde die Audioamplitude für die Animation anderer Eigenschaften verwendet, wirken diese oft recht stark verwackelt. Verwenden Sie die Palette unter Fenster • Glätten, um die Keyframes der Audioamplitude zu glätten und so weichere Animationen zu erhalten.

Abbildung 24.49 ▼
Die Audioinformation von Soundebenen werten Sie über den Keyframe-Assistenten Audio in Keyframes konvertieren für die Animation mit Expressions aus.

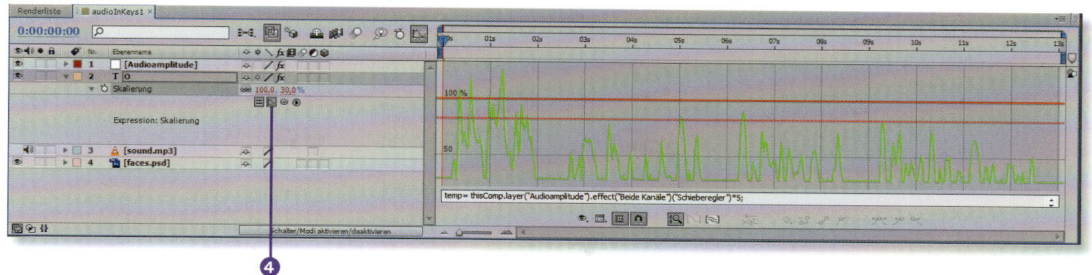

▲ **Abbildung 24.50**
Hier werden Audiodaten von einer Expression ausgelesen und für die Eigenschaft SKALIERUNG verwendet. Der Verlauf der Animation lässt sich im Diagrammeditor einblenden.

24.9 Expressions dauerhaft sichern

Expressions lassen sich nur auf einem kleinen Umweg vom Projekt getrennt dauerhaft sichern.

Eine Methode dabei ist, die Expression insgesamt auszuwählen, dann in einen Texteditor zu übertragen und das Dokument abzuspeichern.

Eine andere Methode wäre, die Expression zu kopieren und dann in einen Effekt wie z. B. den Effekt EINSTELLUNGEN FÜR SCHIEBEREGLER (im Menü unter EINSTELLUNGEN FÜR EXPRESSIONS) einzufügen. Anschließend können Sie den Effekt als Animationsvorgabe mitsamt der Expression dauerhaft sichern. Öffnen Sie dazu den Effekt mit [F3] im Effektfenster, und markieren Sie den Namen des Effekts. Wählen Sie dann ANIMATION • ANIMATIONSVORGABE SPEICHERN.

Um den Effekt mitsamt Expression wieder auf eine andere Ebene anzuwenden (dies kann auch in einem anderen Projekt sein), wählen Sie ANIMATION • ANIMATIONSVORGABE ANWENDEN.

Zu beachten ist bei all diesen Möglichkeiten allerdings, dass sich Expressions oft auf ganz bestimmte Eigenschaften in anderen Ebenen beziehen. Diese Ebenen werden natürlich nicht mitkopiert, und so muss dann doch oft das ganze Projekt mit allen seinen internen Beziehungen und Abhängigkeiten gesichert werden.

Das A und O ist auch für Expressions wie immer die ».aep«-Datei.

TEIL IX
After Effects im Workflow

Kapitel 25
Workflow mit Photoshop und Illustrator

Ein grundlegender Bestandteil des Arbeitsprozesses in After Effects ist die Integration von Dateien anderer Adobe-Applikationen. So werden im Zusammenspiel mit Adobe Photoshop beispielweise die meisten Photoshop-Funktionen bis hin zu Fluchtpunktdaten nach After Effects übernommen. Die Integration von Adobe Illustrator erlaubt es Ihnen, vektorbasierte Grafiken zu importieren, die sich ohne Qualitätsverlust skalieren lassen und die Sie in After Effects in Formebenen umwandeln können.

25.1 Zusammenarbeit mit Adobe Photoshop

Das Programm Photoshop ist für die Welt der digitalen Bildbearbeitung so zentral wie das Fußballspiel für die Welt der Ballspiele. Eine Integration der von Photoshop kommenden Dateien ist auch für die Arbeit mit After Effects grundlegend. Und die Zusammenarbeit dieser beiden Programme hat einen goldenen Boden, schon allein deshalb, weil beide Programme aus dem gleichen Hause stammen. In Photoshop richtig vorbereitete Dateien können den Arbeitsprozess mit After Effects stark beschleunigen. So kann eine Photoshop-Datei bereits Ebeneneinstellungen, Ebenenstile, Masken, Effekte und einiges mehr enthalten, was größtenteils in After Effects übernommen werden kann. Photoshop bietet somit eine ideale Vorbereitungsmöglichkeit für Bilddateien, die anschließend in After Effects animiert werden sollen. Damit die Übergabe der Photoshop-Dateien reibungslos funktioniert, sind zuerst die Vorbereitungen in Photoshop unser Thema.

Photoshop-Version
Die folgenden Beschreibungen beziehen sich auf die Arbeit mit Photoshop CS6 Extended. Grundlegende Funktionalitäten unterscheiden sich aber nicht oder nur kaum von denen der Vorgängerversionen.

Bilddaten in Photoshop vorbereiten

Damit Bilddaten aus Photoshop korrekt an After Effects übergeben werden, ist es notwendig, ein paar Kleinigkeiten zu beachten.

> **Datei extern bearbeiten**
> Alle Adobe-Applikationen haben den Befehl BEARBEITEN • DATEI EXTERN BEARBEITEN oder ⌈Strg⌉+⌈E⌉ gemeinsam. Die im jeweiligen Programm markierte Datei wird in der Originalanwendung geöffnet und kann dort bearbeitet werden. Nach dem Speichern wird die Datei dann automatisch in dem Programm aktualisiert, von wo aus die Bearbeitung aufgerufen wurde. Schade ist nur, dass jedes Mal der Befehl FOOTAGE NEU LADEN aufgerufen werden muss, wenn eine Änderung automatisch aktualisiert werden soll.

Neue Datei erstellen | Photoshop unterstützt die gebräuchlichen Videoformate und Pixel-Seitenverhältnisse. Um für After Effects oder Premiere Pro korrekt erstellte Bilddateien zu produzieren, wählen Sie DATEI • NEU und dann im Dialog unter VORGABE den Eintrag FILM & VIDEO bzw. MOBILE GERÄTE oder WEB. Unter GRÖSSE stehen Ihnen dann die passenden Einstellungen, z. B. HDTV 1080P oder HDV 1080P, zur Verfügung.

CMYK | Dateien im CMYK-Modus werden seit der Version CS3 von After Effects unterstützt. Um eine konsistente Bearbeitung zu gewährleisten, empfiehlt es sich jedoch, sämtliche Dateien im RGB-Farbmodus anzulegen, da After Effects im RGB-Farbraum arbeitet. Die Daten sollten Sie vor dem Import also eventuell in den RGB-Farbmodus umwandeln oder am besten gleich in diesem erstellen. Ändern Sie den Modus in Photoshop unter BILD • MODUS auf RGB-FARBE, bzw. wählen Sie beim Anlegen einer Datei unter FARBMODUS den Eintrag RGB-FARBE.

Ebenennamen | Photoshop-Dateien bestehen häufig aus einer Vielzahl von Ebenen, die After Effects so übernimmt, wie sie in Photoshop erstellt wurden. Dazu zählen auch die in Photoshop vergebenen Ebenennamen. Eine eindeutige Benennung der Ebenen in Photoshop ist also nötig, um spätere Verwirrungen in After Effects zu vermeiden. Werden die Ebenennamen und -inhalte in Photoshop nachträglich verändert, so wird die in After Effects verwendete Photoshop-Datei beim nächsten Öffnen des Projekts (oder wenn Sie in After Effects die Option FOOTAGE NEU LADEN verwenden) aktualisiert. Eine nachträglich in Photoshop gelöschte Ebene wird in After Effects als fehlend angezeigt und durch einen Platzhalter ersetzt.

Auflösung | Die Auflösung einer Photoshop-Datei für After Effects ist anders zu betrachten als für eine Printausgabe. Während im Printbereich die Menge der Pixel pro Inch (dpi) für die Qualität der Ausgabe entscheidend ist, ist es für After Effects die Größe des Bildes, also die Menge der Pixel in Breite und Höhe. Wenn Sie eine Datei, die eine Breite und Höhe von beispielsweise 1.920 × 1.080 (HDTV) und eine dpi-Zahl von 600 hat, mit einer Datei vergleichen, die die gleiche Breite und Höhe bei 72 dpi hat, werden Sie in After Effects keinen Unterschied feststellen.

Wenn Sie also planen, das Photoshop-Bild in After Effects zu skalieren, sollten Sie nicht die dpi-Zahl erhöhen, sondern die Bildgröße in Photoshop auf den maximalen Wert Ihrer Skalierung einstellen. Angenommen, Sie möchten in einer After-Effects-

Komposition mit der Größe von 1.920 × 1.080 Pixeln (HDTV) ein Photoshop-Bild von 0 % (unsichtbar) auf 100 % (kompositionsfüllend) skalieren, so legen Sie es in Photoshop in der Größe 1.920 × 1.080 Pixel an.

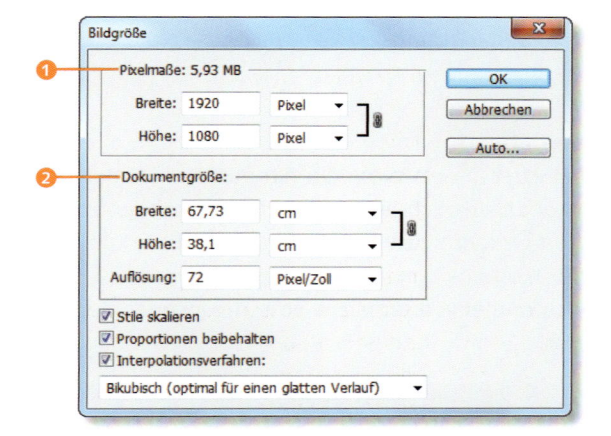

◀ **Abbildung 25.1**
Die Qualität, mit der eine Photoshop-Datei in After Effects dargestellt wird, hängt von der richtig gewählten Bildgröße, nicht von der Auflösung ab.

Wenn die Bildgröße im Nachhinein verändert werden soll, wählen Sie in Photoshop BILD • BILDGRÖSSE und im Dialog unter DOKUMENTGRÖSSE ❷ eine Prozentangabe, oder Sie geben unter PIXELMASSE ❶ die neue notwendige Pixelanzahl ein. Die Prozentangabe ist dort ebenfalls möglich. Bei AUFLÖSUNG müssen Sie nichts ändern.

Import und Animation einer Photoshop-Datei

Den Umgang mit einer Photoshop-Datei lernt man am besten am praktischen Beispiel – daher folgt hier ein kleiner Workshop zum Thema.

Schritt für Schritt:
Der Umgang mit Photoshop-Dateien

Wie man mit einer Photoshop-Datei in After Effects am besten umgeht, lernen Sie in diesem Workshop.

1 **Öffnen der Photoshop-Datei**
Für diesen Workshop habe ich eine Datei in Photoshop für Sie vorbereitet, die Sie, sofern Sie Photoshop installiert haben, am besten zuerst in Photoshop öffnen. Sie finden die Datei »herbstmusik.psd« im Ordner 25_INTEGRATION_CS6/PHOTOSHOP.

Schauen Sie sich die Ebenenorganisation in Photoshop gut an, und vergleichen Sie sie später in After Effects.

Die benötigten Dateien für diesen Workshop finden Sie auf der DVD unter BEISPIELMATERIAL/ 25_INTEGRATION_CS6/PHOTOSHOP

2 Import der Photoshop-Datei

Importieren Sie die Datei »herbstmusik.psd« aus dem oben genannten Ordner mit Strg+I in ein neues After-Effects-Projekt. Unter IMPORTIEREN ALS wählen Sie den Eintrag KOMPOSITION – EBENENGRÖSSEN BEIBEHALTEN, um die Ebenen in ihrer vollen Größe zu erhalten. Bestätigen Sie das nachfolgende Dialogfeld mit OK.

3 Ergebnis in After Effects

Nach dem Import hat After Effects einen Ordner mit dem Namen der importierten Datei angelegt. Er enthält entsprechend den in Photoshop angelegten Ordnern bzw. Ebenengruppen drei Kompositionen. Diese drei Kompositionen wiederum sind in einer finalen Komposition zusammengefasst, die wieder den Namen der Photoshop-Datei trägt.

▲ **Abbildung 25.2**
In Photoshop wurden die Ebenen in mehreren Ordnern als Ebenensätze verpackt und jeweils eindeutig benannt.

▲ **Abbildung 25.3**
After Effects übernimmt beim Import Ebenengruppen als Kompositionen, die in einer Gesamtkomposition enthalten sind. Sämtliche Benennungen werden korrekt wiedergegeben.

Abbildung 25.4 ▶
In der Komposition »herbstmusik« sind alle anderen Kompositionen mit den Photoshop-Ebenengruppen bereits enthalten.

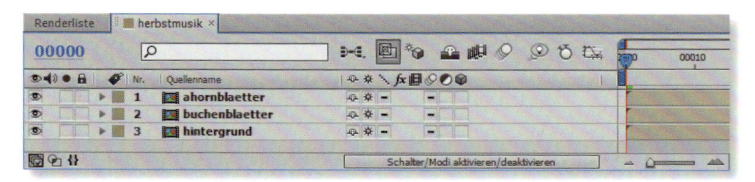

Außerdem ist ein Zugriff auf sämtliche in Photoshop angelegte Ebenen möglich. Die Ebenen sind dank der korrekten Übergabe der Ebenennamen eindeutig identifizierbar.

◄ **Abbildung 25.5**
In der Photoshop-Datei wurde das Ausgangslayout bereits angelegt und von After Effects korrekt übernommen.

4 Animation des Herbstlaubs

Die Blätter überlagern in unserer Komposition das eigentliche Bild und sollen nacheinander den Hintergrund freigeben. Legen Sie zuvor die Dauer der Kompositionen auf jeweils fünf Sekunden fest. Markieren Sie dazu die jeweilige Komposition, und ändern Sie die Dauer über KOMPOSITION • KOMPOSITIONSEINSTELLUNGEN oder [Strg]+[K].

Öffnen Sie dann die Komposition »buchenblaetter« mit einem Doppelklick auf die Komposition im Projektfenster. Markieren Sie alle drei darin enthaltenen Ebenen, und drücken Sie die Taste [P], um die Positionseigenschaft einzublenden. Setzen Sie für die Ebene »buche2« den ersten Key bei 00:00, und verschieben Sie dann die Zeitmarke auf 01:14. Ziehen Sie nun das Blatt nach links aus dem Bild (siehe Abbildung 25.6).

Blenden Sie dann mit [⇧]+[R] die Rotationseigenschaft der Ebene ein, und setzen Sie wieder einen ersten Key bei 00:00. Den zweiten Key setzen Sie bei 01:14 automatisch durch Änderung des Drehungswerts auf 0× 250°.

Mit den beiden anderen Ebenen verfahren Sie ähnlich. Setzen Sie, wie in der Abbildung 25.7 zu sehen, zeitlich versetzt Keys für die POSITION und die DREHUNG, und lassen Sie nach vier Sekunden alle Blätter verschwinden. Achten Sie darauf, dass die Blätter möglichst immer quer über das Bild »fliegen«.

Weitere Importoption

Für Photoshop-Dateien mit mehreren Ebenen, die Sie als Komposition importieren wollen, ist es auch möglich, im Importdialog unter IMPORTIEREN ALS den Eintrag FOOTAGE zu wählen. In dem danach erscheinenden weiteren Importdialog finden Sie den Eintrag IMPORT-ART. Dort wählen Sie KOMPOSITION – EBENENGRÖSSEN BEIBEHALTEN, um die Maße der Ebenen beizubehalten. Mit der Option KOMPOSITION werden die Ebenen auf die Größe des Photoshop-Dokuments beschnitten.

Abbildung 25.6 ▶
Die Buchenblätter werden per POSITION und DREHUNG so animiert, dass sie von ihrer aktuellen Position zur gegenüberliegenden Seite durch das Bild fliegen.

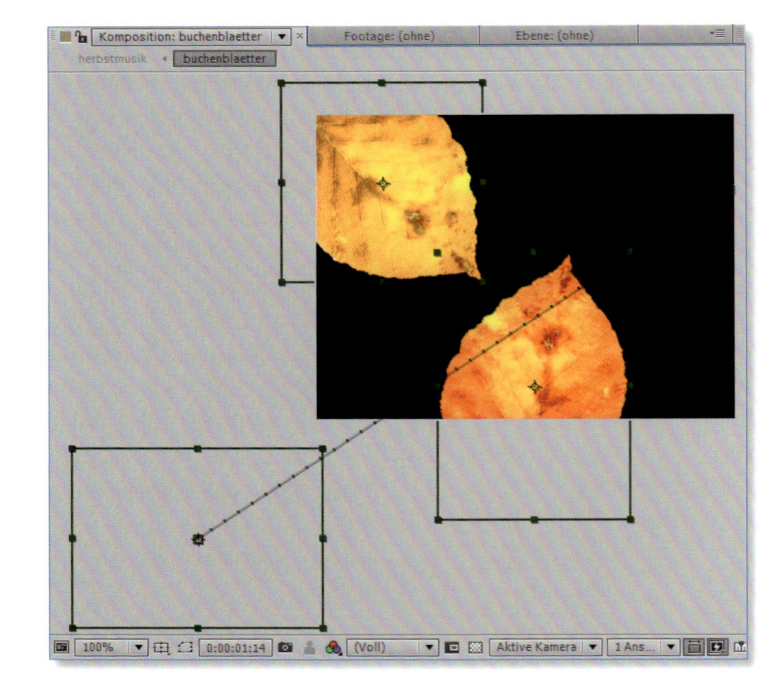

Abbildung 25.7 ▼
Variieren Sie die Animation der Buchenblätter zeitlich so, dass die Blätter sich nacheinander zu bewegen beginnen.

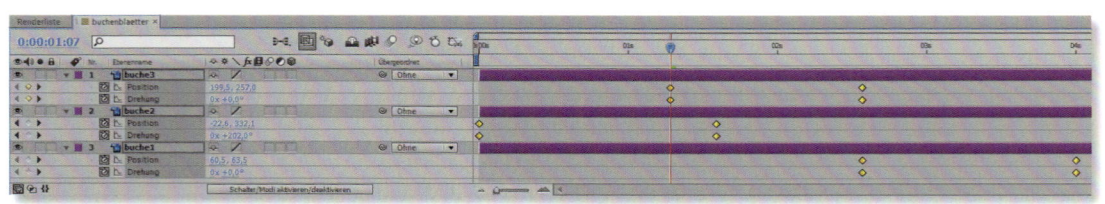

Abbildung 25.8 ▼
Die Ahornblätter animieren Sie ähnlich wie die Buchenblätter zeitlich versetzt.

Lassen Sie die letzte Sekunde ohne Animation, indem Sie den letzten Key bei 04:00 setzen. Öffnen Sie danach die Komposition »ahornblaetter«, und animieren Sie die darin enthaltenen Ebenen in gleicher Weise mittels POSITION und DREHUNG. Lassen Sie auch diese Animation nach vier Sekunden enden.

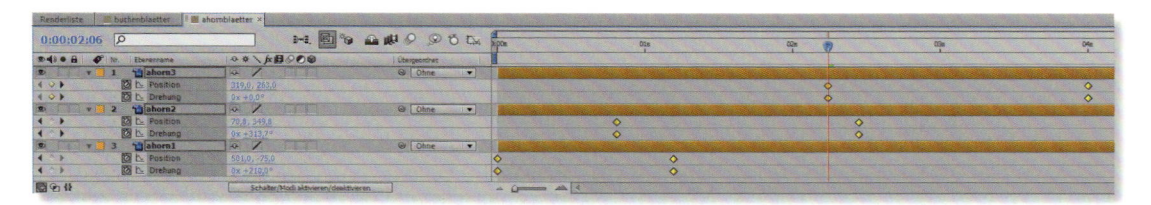

5 In editierbaren Text umwandeln
Nach erfolgreicher Herbstlaubanimation öffnen Sie die Komposition »herbstmusik« und schauen sich erst einmal Ihre Animation an. Die Blätter geben den Blick auf Noten, Trompete und Text

frei. Da die Schriftart Arial nicht passend erscheint, werden wir sie ändern. Dazu öffnen Sie die Komposition »hintergrund«. Markieren Sie dort die Ebene »Musikherbst«, und wählen Sie dann EBENE • IN EDITIERBAREN TEXT UMWANDELN. Der Text lässt sich dadurch mit den After-Effects-Textwerkzeugen bearbeiten. Ändern Sie die Textformatierung nun nach Ihrem Geschmack.

Sollten im Workshop noch Fragen aufgekommen sein, schauen Sie sich vielleicht einmal die Projektdatei »musikherbst.aep« aus dem Workshop-Ordner an.

Text-Werkzeuge

Falls Sie sich mit den Text-Werkzeugen nicht auskennen, finden Sie nähere Informationen in Kapitel 16, »Texte erstellen und bearbeiten«.

◄ **Abbildung 25.9**
Nach der Animation der Blätter wird das darunterliegende Bild sichtbar.

Photoshop-Dateien in Ebenen konvertieren | Wenn Sie Photoshop-Dateien mit mehreren Ebenen in After Effects als FOOTAGE und auf eine Ebene reduziert importiert haben, können Sie die Ebenen nachträglich in After Effects wiederherstellen.

Wählen Sie die entsprechende Ebene dazu in der Zeitleiste aus. Anschließend rufen Sie den Befehl EBENE • IN KOMPOSITION MIT EBENEN KONVERTIEREN auf. Es werden zusätzliche Kompositionen angelegt, die genau die Ebenen und Ebenengruppen enthalten, die auch in Photoshop angelegt wurden.

Photoshop-Sequenzen

Wie der Import von Photoshop-Sequenzen vonstattengeht, erfahren Sie genauestens im Workshop »Die Bilder lernen laufen – Trickfilm« auf Seite 120.

Datei extern bearbeiten

Es gibt eine sehr komfortable Möglichkeit, Dateien, die bereits in After Effects importiert sind, ohne große Umwege zu bearbeiten. Wählen Sie die Datei dazu im Projektfenster aus. Über den Befehl BEARBEITEN • DATEI EXTERN BEARBEITEN oder [Strg]+[E] öffnen Sie die Datei im externen Bearbeitungsprogramm, z. B. in Photoshop. Sobald die Änderungen im Originalprogramm erstellt **und abgespeichert** sind, wird die Datei ohne weitere Schritte sofort in

After Effects aktualisiert. Sie finden diesen Bearbeitungsbefehl übrigens auch in anderen Adobe-Programmen. Voraussetzung für das Funktionieren des Befehls ist natürlich, dass die jeweils zur Bearbeitung nötigen Programme in den aktuellen Versionen auch auf dem System installiert sind.

Was wird aus Photoshop übernommen?

In dem vorangegangenen Workshop haben Sie sich bereits mit der Integration von Photoshop-Dateien in After Effects vertraut machen können. Sie haben Ebenengruppen als Unterkompositionen in einer Gesamtkomposition sowie in Photoshop festgelegte Ebenennamen übernommen. Außerdem blieben beim Import die in Photoshop genau festgelegten Positionen der Ebenen und – was nicht auf den ersten Blick deutlich wurde – auch die Deckkraft, die Sichtbarkeit (Augen-Symbol) und die Transparenz erhalten. Den aus Photoshop übernommenen Text konnten Sie in After Effects editieren.

Die Integration mit Photoshop-Dateien umfasst noch einiges mehr, z. B. die Übernahme von Füllmethoden, Ebenenstilen, Ebenenmasken, Vektormasken, Beschnittgruppen, Einstellungsebenen und Hilfslinien. Wichtig ist, dass die Dateien, die korrekt importiert werden sollen, zuvor im PSD-Dateiformat abgespeichert wurden.

Füllmethoden | Alle in Photoshop angewendeten Füllmethoden werden in After Effects korrekt übernommen. Sie entsprechen den Ebenentransfermodi in After Effects. In Abbildung 25.10 sehen Sie das Ergebnis der Füllmethode LUMINANZ, die in Photoshop auf die Moskauer Basiliuskathedrale angewendet wurde.

> **Beispieldateien**
>
> Zum eigenen Testen der von Photoshop übernommenen Einstellungen liegen auf der DVD im Ordner BEISPIELMATERIAL/25_INTEGRATION_CS6/PHOTOSHOP/BEISPIELDATEIEN einige Photoshop-Dateien bereit. Importieren Sie die Dateien jeweils als Komposition, um die Übernahme aus Photoshop richtig beurteilen zu können.

Abbildung 25.10 ▶
Die beiden Bilder des Metroplakats und der Basiliuskathedrale wurden in Photoshop mit der Füllmethode LUMINANZ gemischt.

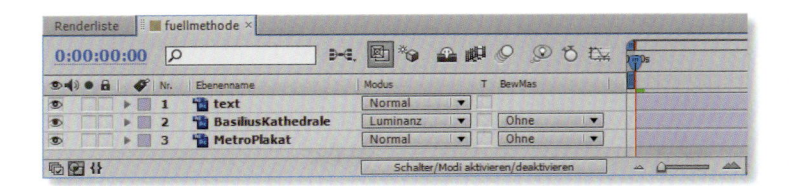

25.1 Zusammenarbeit mit Adobe Photoshop

◀ **Abbildung 25.11**
In After Effects wurde die in Photoshop festgelegte Füllmethode LUMINANZ richtig übernommen.

Ebenenmasken | In Photoshop erstellte Ebenenmasken werden in After Effects als Transparenzeinstellung der importierten Datei übernommen. Photoshop unterstützt für jede Ebene Transparenzen und eine Ebenenmaske. After Effects kombiniert diese beim Import im Alphakanal. Die Ebenenmaske selbst ist daher in After Effects nicht mehr veränderbar.

Vektormasken | Sie können in Photoshop aus einem Arbeitspfad oder einem Beschneidungspfad für jede Ebene eine Vektormaske erstellen. Wenn Sie die mit der Vektormaske abgespeicherte Datei in After Effects als Komposition importieren, wird für jede Ebene, die eine Vektormaske enthält, eine After-Effects-Maske generiert.

▲ **Abbildung 25.12**
Ein Bild ohne Vektormaske

▲ **Abbildung 25.13**
Das gleiche Bild mit Vektormaske bringt eine andere Ebene zum Vorschein.

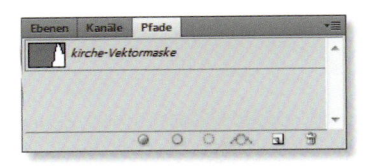

◀ **Abbildung 25.14**
Im Register PFADE wird die in Photoshop angelegte Vektormaske angezeigt.

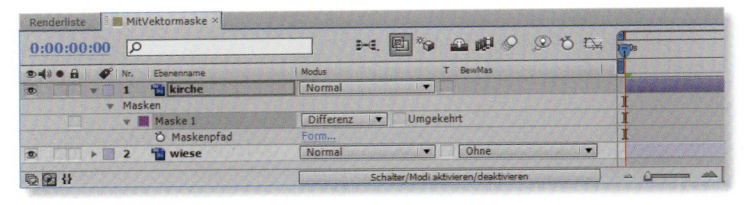

◀ **Abbildung 25.15**
Für die in Photoshop erstellte Vektormaske wird in After Effects eine Maske angelegt.

813

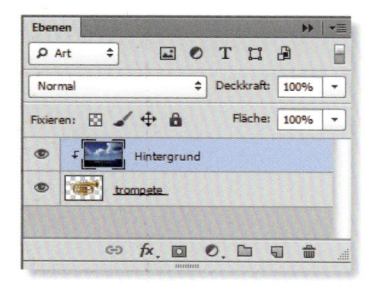

Beschnittgruppen | Wenn Sie in Photoshop eine Schnittmaske für eine Ebene festgelegt haben, sollten Sie die Datei in After Effects als Komposition importieren. Es wird dann automatisch eine Komposition erzeugt, die eine Unterkomposition enthält. In dieser Unterkomposition sind die in Photoshop über die Beschnittgruppe gruppierten Ebenen enthalten. Um das gleiche Ergebnis wie in Photoshop zu erzielen, hat After Effects den Schalter Transparenz erhalten aktiviert ❶.

▲ **Abbildung 25.16**
Für die Füllebene wurde in Photoshop eine Schnittmaske festgelegt.

Abbildung 25.17 ▶
Das Ergebnis der Schnittmaske: Der Himmel ist in der Trompete enthalten.

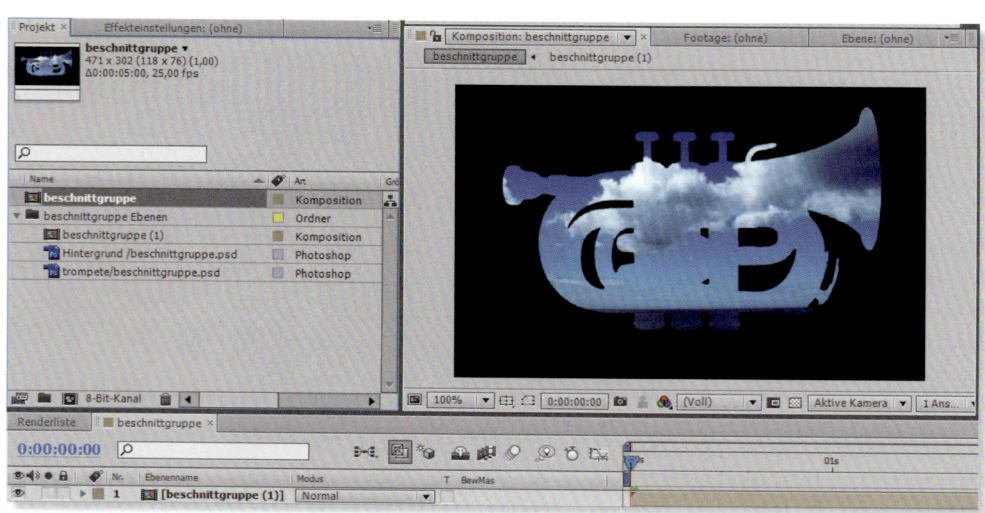

▲ **Abbildung 25.18**
Die importierte Photoshop-Beschnittgruppe

Abbildung 25.19 ▶
Um das gleiche Ergebnis wie in Photoshop zu erzielen, hat After Effects den Schalter Transparenz erhalten aktiviert.

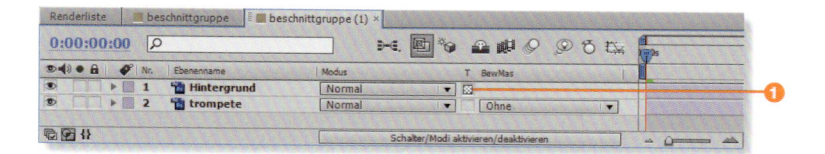

Einstellungsebenen | In After Effects werden alle in Photoshop erstellten Einstellungsebenen wie Schwarzweiss, Dynamik, Selektive Farbkorrektur etc. mit der einzigen Ausnahme Ver-

25.1 Zusammenarbeit mit Adobe Photoshop

laufsumsetzung übernommen. Damit After Effects dies richtig macht, müssen Sie die Photoshop-Datei mit den Einstellungsebenen als Komposition importieren. After Effects legt eigene Einstellungsebenen mit entsprechenden Effekten an, die Sie in After Effects ändern können. Sie erkennen die Einstellungsebenen an dem Symbol ❷ in der Zeitleiste.

Musterüberlagerung
Der Photoshop-Effekt bzw. -Stil Musterüberlagerung wird in After Effects zwar korrekt übernommen, ist aber nicht eigens in After Effects verfügbar.

▲ **Abbildung 25.20**
Das Ergebnis der Bildbearbeitung

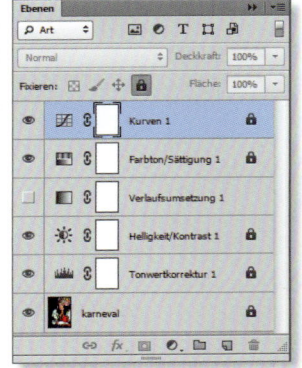

▲ **Abbildung 25.21**
Die dazugehörigen Einstellungsebenen in Photoshop

▲ **Abbildung 25.22**
Bis auf die Verlaufsumsetzung werden sämtliche Einstellungsebenen in After Effects korrekt übernommen.

Ebeneneffekte bzw. -stile aus Photoshop in After Effects | After Effects übernimmt sämtliche Photoshop-Ebeneneffekte bzw. -stile problemlos. Zudem sind die Ebenenstile in After Effects ebenfalls vorhanden und können über Ebene • Ebenenstile auf jede Ebene angewendet und animiert werden.

Wenn Sie die Photoshop-Datei in After Effects als Komposition importieren und nicht als Footage, können Sie im Importdialog unter Ebenenoptionen zwischen Editierbare Ebenenstile und Ebenenstile in Footage zusammenführen wählen. Bei erstgenannter Option bleiben die Stile in After Effects voll editierbar und können wie die After-Effects-Stile animiert werden. Letztgenannte Option führt dazu, dass die Ebenenstile ins Footage eingerechnet werden und vorerst in After Effects nicht mehr veränderbar sind. Dies können Sie jederzeit ändern, indem Sie die Ebenen in After Effects markieren und dann Ebene • Ebenenstile • in editierbare Formate umwandeln wählen. In der Zeitleiste haben Sie dann auf alle zuvor in Photoshop erstellten Ebenenstile Zugriff.

Ebenenstile löschen
Zum Löschen eines Ebenenstils markieren Sie diesen in der Zeitleiste und drücken die Taste `Entf`. Zum Löschen aller Ebenenstile auf einer Ebene wählen Sie Ebene • Ebenenstile • Alle entfernen.

Renderreihenfolge
Ebenenstile werden in After Effects gleich nach den Transformationen gerendert. Sie gehören nicht zu den Effekten. Letztere werden noch vor den Transformationen gerendert.

815

▲ **Abbildung 25.23**
In Photoshop wurde dem Schatten noch eine Störung hinzugefügt. Der Schatten wirkt daher körnig.

> **3D-Ebenen und Ebenenstile**
>
> Wenn Sie Ebenenstile auf 3D-Ebenen anwenden, werden diese nicht korrekt angezeigt, wenn die 3D-Ebenen sich schneiden. Auch Schatten von einer 3D-Ebene auf eine andere werden in diesem Fall nicht gerendert.

Der Effekt SCHLAGSCHATTEN wird mit allen seinen Einstellmöglichkeiten nach After Effects übertragen. Vergleichen Sie dazu die Abbildungen 25.24 und 25.25.

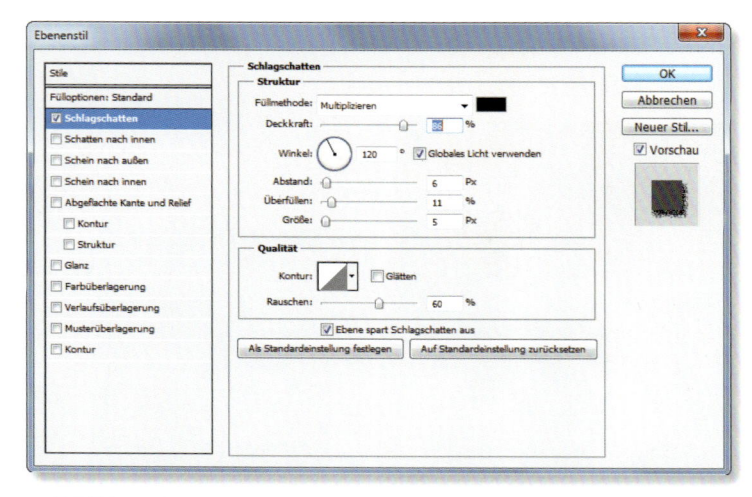

▲ **Abbildung 25.24**
Der Ebenenstil SCHLAGSCHATTEN in Photoshop

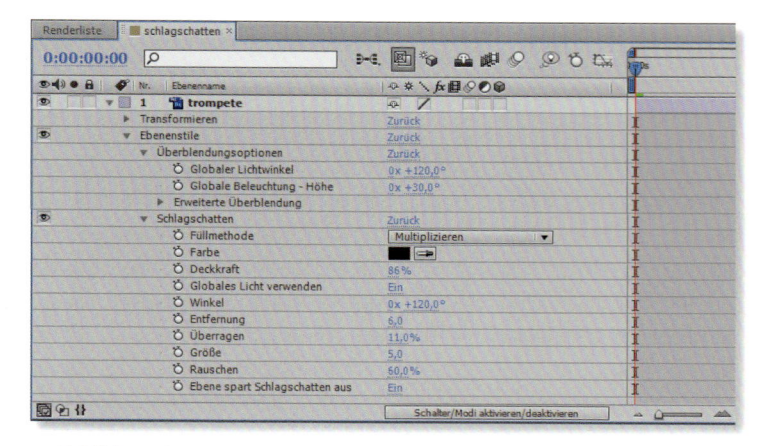

▲ **Abbildung 25.25**
Alle Einstellungen des Photoshop-SCHLAGSCHATTENS werden identisch nach After Effects übernommen.

Die Effekte SCHATTEN NACH INNEN, SCHEIN NACH AUSSEN und SCHEIN NACH INNEN, FARBÜBERLAGERUNG, GLANZ, VERLAUFSÜBERLAGERUNG und KONTUR werden ebenfalls vollständig übertragen. Auch der Effekt ABGEFLACHTE KANTE UND RELIEF wird identisch übernommen. Nur die Muster unter STRUKTUR und die Kurventools unter KONTUR sind nicht verfügbar.

▲ **Abbildung 25.26**
Die Photoshop-Effekte Schein nach aussen und Schein nach innen sind hier recht deutlich sichtbar und werden identisch in After Effects übernommen.

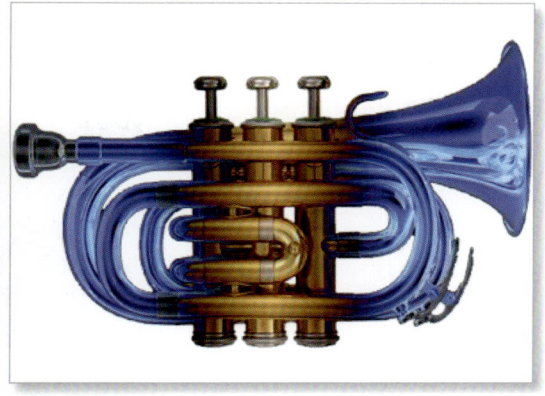

▲ **Abbildung 25.27**
Das Ergebnis des Effekts Verlaufsüberlagerung in Photoshop. In After Effects sieht es ganz genauso aus.

Überblendungsoptionen der Ebenenstile | Wie in Photoshop gibt es auch in After Effects unterschiedliche Überblendungsoptionen für die Ebenenstile. Diese Optionen sind allen Ebenenstilen eigen.

Sie können zunächst in der Zeitleiste unter Überblendungsoptionen die Werte für Globaler Lichtwinkel und Globale Beleuchtung – Höhe verändern. Nicht bei allen Ebenenstilen stellt sich da ein Unterschied ein. Verwenden Sie diese Optionen beispielsweise bei dem Ebenenstil Schlagschatten. Haben Sie dort wie in entsprechenden anderen Ebenenstilen auch (Schatten nach innen etc.) die Option Globales Licht verwenden aktiviert, wird der Schatten nur noch mit dem Regler für Globaler Lichtwinkel beeinflusst. Der Vorteil: Verwenden Sie verschiedene Ebenenstile, so werden die darin möglichen unterschiedlichen Winkelwerte durch den globalen Lichtwinkel ersetzt und bleiben auf diese Weise immer synchron. Ebenso verhält es sich mit dem Regler Globale Beleuchtung – Höhe.

Unter dem Eintrag Erweiterte Überblendung finden Sie die Eigenschaft Flächendeckkraft. Mit dieser Option blenden Sie bei allen Ebenenstilen nur die Pixel der Originalebene aus, nicht aber die Pixel des Ebenenstils. Haben Sie den Ebenenstil Schlagschatten verwendet, so wird also einzig und allein der Schatten nicht ausgeblendet, während bei der Verringerung der Deckkraft unter Transformieren alle Pixel der Ebene, auch die Ebenenstile, ausgeblendet werden. Ebenenstile blenden Sie separat über die in jedem Stil verfügbare eigene Deckkrafteinstellung ein und aus.

Eine weitere Option ist Innenformate als Gruppen zusammenfassen. Es wird unterschieden zwischen Innenformaten, die sich auf die Ebene auswirken, auf die der Ebenenstil angewendet wurde (SCHEIN NACH INNEN, SCHATTEN NACH INNEN, FARB- UND VERLAUFSÜBERLAGERUNG, GLANZ und ABGEFLACHTE KANTE UND RELIEF), und Außenformaten, die mit darunterliegenden Ebenen interagieren (SCHEIN NACH AUSSEN und SCHLAGSCHATTEN). Aktivieren Sie die Option INNENFORMATE ALS GRUPPEN ZUSAMMENFASSEN, so werden die Innenformate bei der Verwendung von Ebenenmodi in die Berechnung einbezogen. Bleibt die Option deaktiviert, bleiben die Innenformate von den Ebenenmodi unbehelligt. Die letzte komplizierte Option ist ÜBERBLENDUNGSBEREICHE AUS QUELLE verwenden.

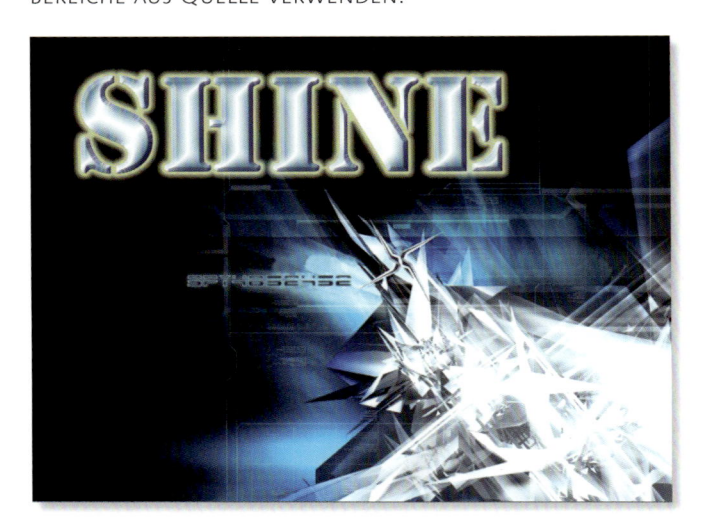

Abbildung 25.28 ▶
In diesem Beispiel wurden die Ebenenstile SCHEIN NACH AUSSEN, ABGEFLACHTE KANTE UND RELIEF sowie GLANZ auf den Text »Shine« angewendet.

Aus Photoshop kennen Sie die für jeden Ebenenstil einstellbaren ERWEITERTEN FÜLLMETHODEN. In After Effects entscheiden Sie mit oben genannter Option, ob diese erweiterten Füllmethoden aus der Photoshop-Datei übernommen werden sollen oder nicht.

Wollen Sie einzelne Farbkanäle bei der Berechnung der Ebenenfüllmethoden ausschließen, so ist das über die Optionen ROT, GRÜN und BLAU möglich.

Eigenschaften der Ebenenstile
Jeder Ebenenstil hat in After Effects seine eigenen animierbaren Eigenschaften, auf die ich wegen ihrer Vielzahl hier nicht eingehen kann. Die Eigenschaften erschließen sich allerdings auch sehr leicht durch Ausprobieren und ähneln stark denen, die bei den Photoshop-Ebenenstilen verfügbar sind.

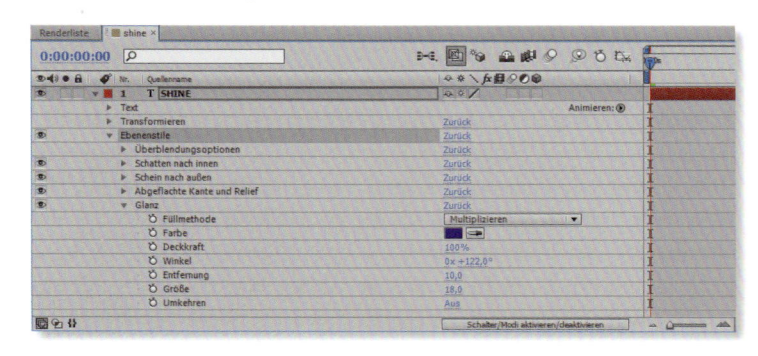

Abbildung 25.29 ▶
Die Ebenenstile erscheinen in der Zeitleiste und können dort temporär ausgeblendet werden.

25.1 Zusammenarbeit mit Adobe Photoshop

Import von Photoshop-Dateien mit Animationen

Seit der Photoshop-Version CS3 Extended bereits können Sie Videos in Photoshop öffnen, dort in begrenztem Umfang bearbeiten und anschließend das Ergebnis als PSD abspeichern.

PSDs, die Videodaten enthalten, konnten Sie in After Effects bis zur Version CS5.5 importieren und dort wie eine normale Videoebene behandeln. Seit der Version CS6 wird von der Videoebene nur noch das erste Bild als Standbild in der Dauer des Videos angezeigt. Dateien mit in Photoshop erstellten Animationen werden allerdings noch unterstützt. Dies bezieht sich aber nur auf die zwei Eigenschaften POSITION und DECKKRAFT, nicht auf STIL. Die in Photoshop gesetzten Keyframes sind in After Effects nicht verfügbar, stattdessen ist die Animation wie eine Videodatei eingebettet.

Um eine Videodatei in Photoshop zu animieren, öffnen Sie diese wie ein normales Bild. Automatisch wird eine Zeitleiste eingeblendet. Falls nicht, wählen Sie unter FENSTER den Eintrag ZEITLEISTE bzw. FENSTER • ARBEITSBEREICH • BEWEGUNG. In der Zeitleiste setzen Sie ähnlich wie in After Effects Keyframes. Zuvor können Sie, wenn Sie eine andere Dauer für die Videoebene einstellen wollen, die Ebene via Out-Point kürzen (dazu gehen Sie mit dem Cursor in der Zeitleiste an das Ende ❶ der Ebene, bis der Cursor zum Trimmen-Werkzeug wechselt, und ziehen dann damit).

Beispiel

Auf der Buch-DVD finden Sie im Ordner BEISPIELMATERIAL/25_INTEGRATION_CS6 die Datei »PSanimation.psd«. Diese Datei können Sie für eigene Tests in Photoshop Extended und After Effects verwenden.

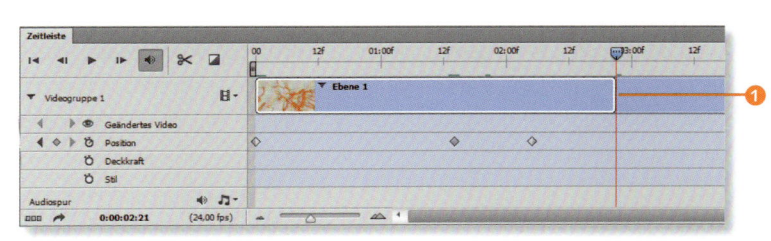

▲ **Abbildung 25.30**
Am Ende der in Photoshop geöffneten Videoebene können Sie ziehen, um die Ebene zu kürzen.

Um beispielsweise die Deckkraft einer Ebene in Photoshop Extended zu animieren, klappen Sie die Einstellungen unter der standardmäßig benannten »Ebene 1« auf. Dort setzen Sie wie in After Effects Keyframes für DECKKRAFT oder POSITION und ziehen den DECKKRAFT-Regler in der Ebenen-Palette auf einen anderen Wert, z. B. 0 %. Den nächsten Key setzen Sie, indem Sie die DECKKRAFT an einem anderen Zeitpunkt wieder auf 100 % erhöhen. Positionswerte ändern Sie per Auswahl-Werkzeug durch Ziehen der Ebene an eine neue Position.

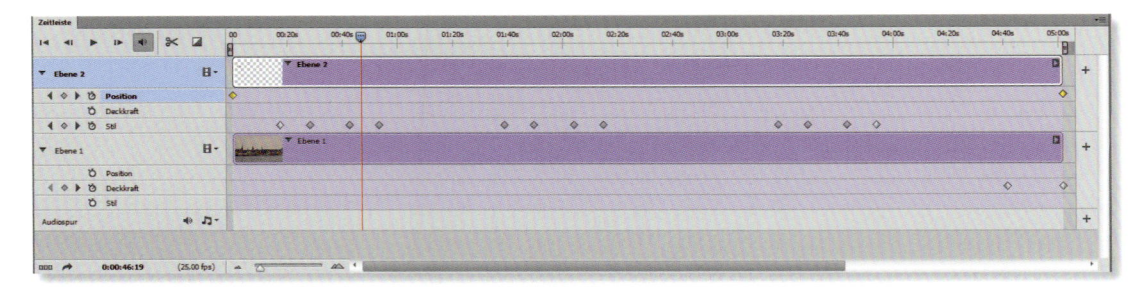

▲ **Abbildung 25.31**
In Photoshop Extended können Sie auf ähnliche Weise wie in After Effects Keyframes setzen. Die Animation wird im Format PSD gespeichert.

Live Photoshop 3D
3D-Modelle, die Sie in Photoshop Extended erstellt haben, konnten Sie bis zur Version 5.5 von After Effects via LIVE PHOTOSHOP 3D importieren. Seit CS6 wird diese Funktion nicht mehr unterstützt.

Die benötigten Dateien für diesen Workshop finden Sie auf der DVD unter BEISPIELMATERIAL/ 25_INTEGRATION_CS6/PHOTOSHOP/ VPE

Sie können außerdem wie in jeder Photoshop-Datei weitere Ebenen hinzufügen. Speichern Sie die geänderte Datei über SPEICHERN UNTER als PSD. Photoshop legt daraufhin eine normale PSD an. Diese importieren Sie wie gewohnt in After Effects. Wählen Sie beim Import IMPORTIEREN ALS FOOTAGE, werden alle Ebenen auf eine Ebene reduziert, enthalten aber die Animation. Wählen Sie IMPORTIEREN ALS • KOMPOSITION, bleiben die Einzelebenen und auch die Animation erhalten.

3D-Kompositionen aus Fluchtpunkt-Daten erzeugen

Bereits in Photoshop CS2 wurde das Feature FLUCHTPUNKT mitgeliefert. Es dient in Photoshop dazu, Fremdmaterial perspektivisch richtig in ein fotografiertes Motiv einzupassen. So ließe sich in Carl Spitzwegs Bild »Der arme Poet« recht problemlos eine neue Innenausstattung für die Dachkammer des Poeten erfinden.

In After Effects können Sie per Fluchtpunkt bearbeitete Fotos verwenden, um in After Effects generiertes oder importiertes Material wie zum Beispiel extrudierte Formen und Texte darin einzufügen. Gehen wir es an.

Schritt für Schritt:
3D-Komposition aus Fluchtpunkt-Daten

In diesem Workshop werden wir eine 3D-Komposition aus einem Fluchpunkt bearbeitete Bild erstellen.

1 **Öffnen der Photoshop-Datei**

Schauen Sie sich zuerst das Movie »halle.mov« aus dem Ordner 25_INTEGRATION_CS6/PHOTOSHOP/VPE an. Für die Kamerafahrt in die Halle wurde nur ein einfaches Foto verwendet. Am Ende des Movies sehen Sie im Boden daher Verzerrungen, was aber gut die Grenzen der hier vorgestellten Funktion veranschaulicht.

Für diesen Workshop finden Sie, falls Sie nicht über Photoshop Extended verfügen, ein vorbereitetes Foto namens »Halle-

Fertig.jpg« im oben genannten Ordner vor. Dieses Foto enthält bereits Fluchtpunktdaten, und Sie können es für den Import verwenden. Für Besitzer der Extended-Version habe ich die Datei »HalleBeginn.jpg« auf die Buch-DVD gelegt. Öffnen Sie diese Datei in Photoshop, und rufen Sie die Fluchtpunkt-Bearbeitung über FILTER • FLUCHTPUNKT auf. Es öffnet sich ein eigenes Fenster. Hier werden wir über die Seitenflächen der Halle mehrere Gitter aufziehen, anhand deren After Effects nachher die perspektivische Verzerrung der Seitenflächen und ihre räumliche Anordnung erkennen wird.

2 Gitter erstellen

Beginnen Sie mit einem Gitter für die rechte Seitenfläche der Halle, da links neben der zuerst erstellten Fläche später die Kamera generiert wird, diese dann also in die Halle »schaut«. Aktivieren Sie dazu das Ebene-erstellen-Werkzeug ❷. Klicken Sie dann nacheinander die vier Ecken der rechten Wand an, um ein Gitter zu erhalten.

▼ **Abbildung 25.32**
Mit dem Feature FLUCHTPUNKT erstellen Sie zuerst Gitter für die Seitenflächen des Kubus.

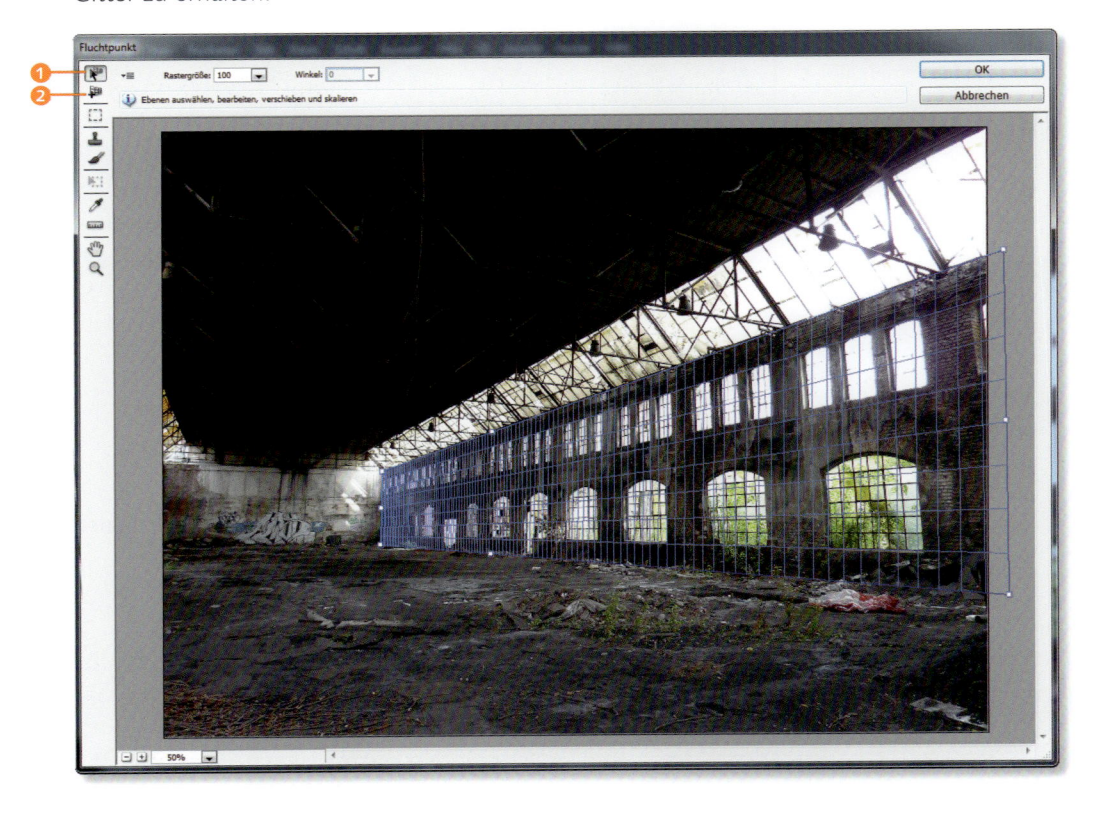

Zur Feinbearbeitung nutzen Sie falls nötig anschließend das Ebene-bearbeiten-Werkzeug ❶. Ziehen Sie damit an den vier

Eckpunkten, bis das Gitter die Seitenfläche vollständig und perspektivisch richtig überlagert. Alle anderen Gitter orientieren sich an diesem zuerst erstellten Gitter.

Wechseln Sie wieder zum Ebene-erstellen-Werkzeug, oder drücken Sie die ⌈Strg⌉-Taste, um ein weiteres Gitter für die Decke zu erstellen. Klicken Sie auf den mittleren oberen Anfasser (es ist kein Eckpunkt, sieht aber so wie einer aus), und ziehen Sie das neue Gitter nach links auf.

Abbildung 25.33 ▶
Für die Decke ziehen Sie ein Gitter vom mittleren Anfasser aus nach links. Wenn das erste Gitter perspektivisch recht genau angelegt war, sollte eine Nachbearbeitung kaum nötig sein. Für die linke Wand, die im Foto nicht zu sehen ist, ziehen Sie ein Gitter direkt an der linken Bildkante herunter, fügen dann noch das Bodengitter hinzu und ein Gitter für die hintere Wand, das Sie vom Deckengitter aus herunterziehen.

Abbildung 25.34 ▼
So sieht das Gitter gut aus.

3 3D-Szene generieren

Wir nutzen die fertiggestellten Gitterflächen, um eine 3D-Szene zu exportieren und diese in After Effects zu verwenden. Dazu klicken Sie auf den Button oben links neben den Werkzeugen innerhalb des Fluchtpunkt-Fensters ❶. Wählen Sie aus dem Popup-Menü den Eintrag IN AFTER EFFECTS (.VPE) EXPORTIEREN. Legen Sie einen Speicherort fest, und geben Sie als Dateinamen »halle« ein.

Um die VPE-Datei in After Effects zu importieren, gehen Sie nicht den üblichen Weg per Doppelklick ins Projektfenster, da die VPE-Datei hiermit nicht importiert werden kann. Stattdessen klicken Sie mit der rechten Maustaste in das Projektfenster und wählen dann IMPORTIEREN • FLUCHTPUNKT (.VPE). Nach dem OK erscheinen im Projektfenster eine automatisch generierte Komposition (»halle.vpe«), ein Ordner mit fünf PNG-Dateien und einer mit Null-Ebenen.

▲ **Abbildung 25.35**
Im Popup-Menü wählen Sie den Eintrag IN AFTER EFFECTS (.VPE) EXPORTIEREN.

3DS exportieren

Beim Export einer VPE-Datei wird zusätzlich immer eine .3ds-Datei generiert. Sie können über denselben für VPE verfügbaren Exportweg in Photoshop auch die Option IN 3DS EXPORTIEREN wählen. Damit erhalten Sie eine Datei, die Sie beispielsweise in 3ds Max und Cinema 4D öffnen können. Dies kann eine Hilfe sein, um 3D-Objekte in After Effects zu integrieren.

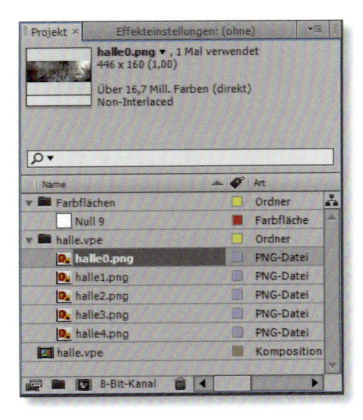

▲ **Abbildung 25.36**
Im Projektfenster wird für die importierte VPE-Datei automatisch eine Komposition angelegt, die alle für die 3D-Szene nötigen Ebenen enthält.

Transparenzen

Falls Sie Dateien verwenden, in denen Sie zuvor in Photoshop Transparenzen hinzugefügt haben, wird die eigentlich freigestellte Datei unverständlicherweise nicht gleich ebenso in After Effects interpretiert, sondern es wird weißer Hintergrund anstelle der Transparenz aufgefüllt. Das macht es notwendig, die einzelnen PNGs nochmals in Photoshop zu öffnen, dort den weißen Hintergrund zu entfernen und erneut zu speichern. Sie aktualisieren die PNGs in After Effects, indem Sie sie alle markieren und dann mit der rechten Maustaste den Befehl FOOTAGE NEU LADEN wählen.

Öffnen Sie die Komposition per Doppelklick. Aufgrund der zuvor perspektivisch richtig angelegten Gitter wurden die PNG-Dateien bereits automatisch korrekt in die 3D-Szene eingebaut. Außerdem wurde überflüssiger Hintergrund rund um jedes Gitter entfernt.

After Effects hat eine Null-Ebene (»Übergeordnet«) ❸ angelegt, mit der die PNGs per Parenting verbunden sind. Zudem gibt es eine Kamera-Ebene ❷. Die Komposition entspricht noch keiner Standardgröße, da sie aus den Maßen der Bilddatei abgeleitet wurde. Ändern Sie die Kompositionseinstellungen über KOMPOSITION • KOMPOSITIONSEINSTELLUNGEN auf die Vorgabe HDV/HDTV 720 25 und die Dauer auf 10 Sekunden.

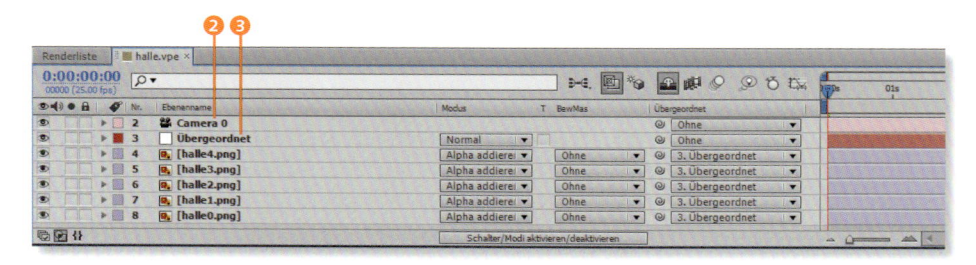

Abbildung 25.37 ▲
Die für die 3D-Szene generierten PNG-Dateien sind per Parenting mit einer Null-Ebene namens »Übergeordnet« verbunden.

Abbildung 25.38 ▼
In der Ansicht von oben richten Sie die Kamerafahrt ein.

4 Kamerafahrt und Text erstellen

Zum Schluss erstellen wir eine Kamerafahrt in die Halle hinein. Wählen Sie dazu im Kompositionsfenster die Einstellung 2 ANSICHTEN – HORIZONTAL ❺. Klicken Sie in die links der beiden Ansichten, und schalten Sie sie auf OBEN ❹. Markieren Sie die Kamera in der Zeitleiste, um sie im Kompositionsfenster sichtbar zu machen. Klappen Sie die Transformieren-Eigenschaften und die Kameraoptionen auf.

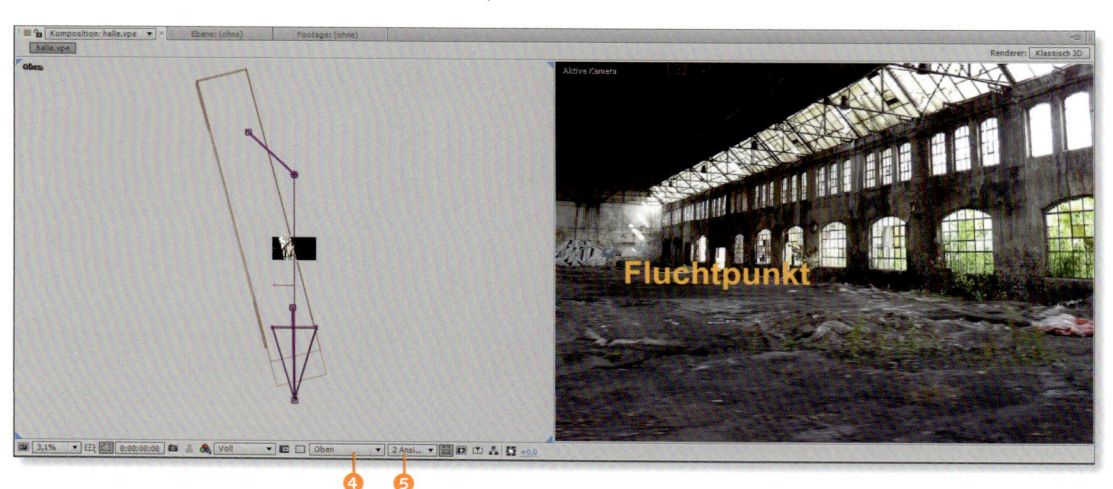

> **Parenting**
> Weitere Informationen zum Parenting finden Sie in Abschnitt 11.7, »Parenting: Vererben von Eigenschaften«.

> **Kamerazoom**
> Die in After Effects automatisch angelegte Kamera besitzt einen Kamerazoom, der dem Blickfeld der Fluchtpunkt-Szene in Photoshop Extended entspricht.

Setzen Sie für ZIELPUNKT, POSITION und ZOOM einen ersten Key bei 00:00. Achten Sie darauf, dass die Kamera nicht über den Rand der generierten »Schachtel« hinausfährt.

Ziehen Sie die Zeitmarke an das Ende der Komposition, und verschieben Sie dann die Kamera auf der Z-Achse nach oben (Ansicht OBEN), also in den Raum hinein. Den Zielpunkt ziehen Sie nach links, und zwar so, dass die Kamera in der »Schachtel« bleibt. Setzen Sie einen Key bei ZOOM mit dem Wert 8200. Wenn Sie nun die Animation abspielen, sollte die Kamera in die Halle hineinfahren. Dabei werden Sie auch schon die Schwäche der per Fluchtpunkt generierten 3D-Szenen bemerken: Die zuerst perspektivisch richtig dargestellten Wände bzw. die Bodenfläche wirken schnell verzerrt, da die zugrundeliegenden PNGs nur aus einem Blickwinkel generiert wurden. Aber immerhin …

25.1 Zusammenarbeit mit Adobe Photoshop

Anschließend können Sie nun noch einen Text, für den Sie die 3D-Option aktivieren, hinzufügen und in der Halle platzieren oder ein CG-Objekt aus einer 3D-Anwendung, Licht setzen und die Komposition in eine Ray-traced-3D-Komposition umschalten. Ich werde es momentan nicht tun, aber dafür die nächsten Kapitel für Sie bearbeiten.

> **3D-Ebenen, Kamera und Licht**
> Weitere Informationen zu 3D-Ebenen, Kameras und Licht erhalten Sie in Kapitel 23, »3D in After Effects«.

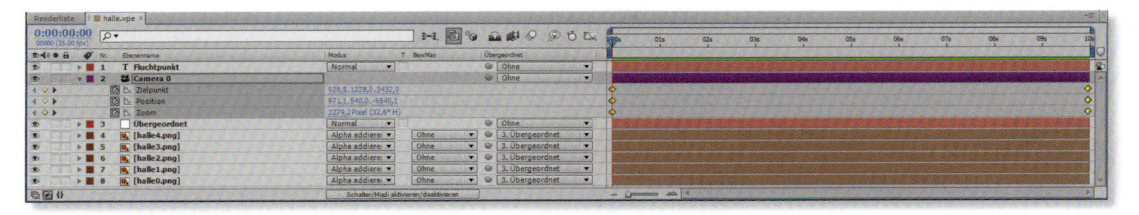

▲ Abbildung 25.39
Die Kamera wird per POSITION, ZIELPUNKT und ZOOM animiert.

Photoshop-Pfade in After Effects

In Photoshop erstellte Pfade können Sie in After Effects als Masken oder als Bewegungspfad verwenden. Dazu markieren Sie den in Photoshop generierten Pfad und kopieren ihn mit [Strg]+[C]. Anschließend fügen Sie den Pfad in After Effects auf einer beliebigen Ebene mit [Strg]+[V] ein.

Markieren Sie dabei nur die Ebene, legt After Effects für den eingefügten Pfad eine oder mehrere Masken an. Markieren Sie die Eigenschaft POSITION einer Ebene, fügt After Effects Bewegungs-Keyframes in die Ebene ein. Die Ebene folgt dann animiert dem Pfadverlauf. Dabei sollten Sie beachten, dass Sie natürlich nicht mehr als einen Pfad auf einmal in die Positionseigenschaft einfügen können.

> **Fertige Datei**
> Das fertige Projekt zum Workshop finden Sie auf der DVD im Ordner 25_INTEGRATION_CS6/PHOTOSHOP/VPE. Es heißt »fluchtpunkt.aep«.

▲ Abbildung 25.40
Einen Photoshop-Pfad können Sie in Photoshop auswählen und kopieren, um ihn anschließend in After Effects zu verwenden.

▲ Abbildung 25.41
Einen in Photoshop kopierten Pfad können Sie in einer After-Effects-Ebene als Masken- oder Bewegungspfad einfügen. Hier sehen Sie den Pfad als Maske in einem Video.

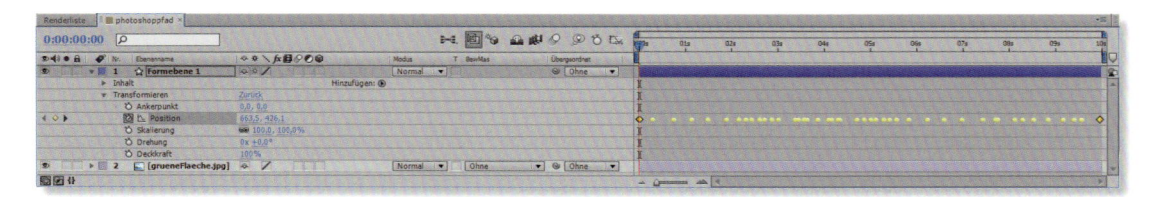

Abbildung 25.42
In diesem Beispiel wurde ein Photoshop-Pfad einmal als Maske in eine Bildebene eingesetzt und in der Formebene als Bewegungspfad verwendet. Die runden »Punkte« im Bewegungspfad sind Roving Keyframes (zeitlich nicht fixierte Keyframes).

Photoshop-Dateien aus After Effects ausgeben und erzeugen

Aus After Effects können Sie einzelne Frames als Dateien im Photoshop-Dateiformat ausgeben. Dies dient zum einen der Weitergabe einzelner Frames aus einer Animation zur Printausgabe, zum anderen vor allem dazu, Standbilder der Animation in After Effects oder anderen Programmen weiterzuverwenden. Der aktuelle Frame wird dabei entweder als Datei mit allen in After Effects angelegten Ebenen oder als eine zu einer Ebene zusammengerechnete Datei gespeichert.

Die Optionen dazu befinden sich unter Komposition • Frame speichern unter • Datei bzw. Photoshop mit Ebenen. Haben Sie die erste Option gewählt, wird die Renderliste geöffnet. Darin legen Sie die Qualitätseinstellungen fest, und die Datei wird mit dem Namen der Komposition und der genauen Nummer des Frames, den Sie rendern, ausgegeben.

Wenn Sie eine Photoshop-Datei mit Ebenen ausgeben, müssen Sie die Datei nur abspeichern. Ein Rendern ist nicht erforderlich. Sämtliche After-Effects-Ebenen finden Sie auch in Photoshop wieder. Wenn Ihre Komposition auch verschachtelte Kompositionen enthält, so werden diese in Photoshop als Ebenengruppe angezeigt. Sie haben also auch auf die Ebenen der verschachtelten Komposition Zugriff. Eine Benennung der Ebenen ist hier wieder einmal sehr ratsam.

Photoshop-Dateien erzeugen | Erfreulicherweise kann After Effects selbst Photoshop-Dateien erzeugen, und zwar über Ebene • Neu • Adobe-Photoshop-Datei. Die automatisch geöffnete Photoshop-Datei erhält die Größe der After-Effects-Komposition und kann nun bearbeitet werden. In After Effects wird die neue Datei zugleich automatisch in der aktuellen Komposition verwendet. Leider werden Änderungen nicht automatisch aktualisiert.

Weitere Informationen
Zur Vertiefung Ihrer Kenntnisse lesen Sie Näheres über die Verwendung von Pfaden in After Effects in Abschnitt 11.4, »Pfade als Key-Generator«.

Abbildung 25.43
Über Ebene Neu gelangen Sie in dieses Menü.

Sie müssen daher jedes Mal den Befehl DATEI • FOOTAGE NEU LADEN verwenden, um Änderungen sichtbar zu machen.

25.2 Zusammenarbeit mit Adobe Illustrator

Die Integration mit Adobe Illustrator erlaubt es Ihnen, die umfangreichen Möglichkeiten dieser vektorbasierten Grafikapplikation mit After Effects zu neuen Höhen zu führen. Nutzen Sie Vektorgrafiken für animierte Tricksequenzen, für das Mischen mit Videomaterial oder als 3D-Material. Auffallend ist die perfekte Skalierbarkeit der Illustrator-Dateien, die ohne Qualitätsverlust in After Effects möglich ist. Um echte 3D-Objekte in After Effects zu generieren, sind Illustrator-Dateien, die Sie innerhalb von Ray-traced-3D-Kompositionen verwenden, eine wichtige Grundlage.

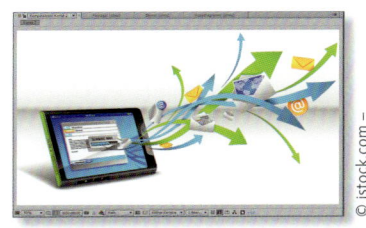

▲ **Abbildung 25.44**
Dateien wie diese in Illustrator erstellte können Sie in After Effects verwenden und verlustfrei skalieren.

Bilddaten in Illustrator vorbereiten

Damit Sie Grafikdateien aus Illustrator in After Effects möglichst problemlos verarbeiten können, sollten Sie folgende Hinweise beachten.

Neue Datei erstellen | Illustrator unterstützt die gebräuchlichen Videoformate und Pixel-Seitenverhältnisse. Um für After Effects oder Premiere Pro korrekt erstellte Grafiken zu produzieren, wählen Sie DATEI • NEU und dann im Dialog NEUES DOKUMENT unter PROFIL den Eintrag VIDEO UND FILM. Suchen Sie anschließend bei GRÖSSE die passende Einstellung, z. B. HDTV 1080.

Speichern der Illustrator-Datei | Beim Speichern Ihrer Illustrator-Datei muss im Dialog ILLUSTRATOR-OPTIONEN ein Häkchen bei PDF-KOMPATIBLE DATEI ERSTELLEN gesetzt sein, da After Effects sonst die Datei nicht richtig anzeigen kann.

Wählen Sie als Format möglichst immer »**.ai**« und nicht ».eps«, damit After Effects die Datei mit bester Genauigkeit anzeigt.

CMYK | Es ist möglich, CMYK-Dateien, die im EPS- oder AI-Format gespeichert wurden, in After Effects zu importieren. Um in After Effects bestmögliche Ergebnisse ohne Farbverschiebungen zu erzielen, verwenden Sie in Illustrator bereits bei der Erstellung Ihrer Dateien den Modus RGB-FARBE. Unter DATEI • DOKUMENTFARBMODUS können Sie den Modus im Nachhinein ändern und verwenden auch hier den Eintrag RGB-FARBE.

Einheiten
Setzen Sie die Einheiten in Illustrator unter BEARBEITEN • VOREINSTELLUNGEN • EINHEIT im Einblendmenü ALLGEMEIN auf PIXEL, um in After Effects und der Illustrator-Datei mit den gleichen Dimensionen arbeiten zu können.

Farbmanagement

Um eine höchstmögliche Farbkonsistenz der in Illustrator erstellten Dateien zu gewährleisten, arbeiten Sie im RGB-Modus. Sie können in Illustrator nur im RGB-Modus Farbprofile wie sRGB IEC61966-2.1 oder HDTV (Rec. 709) etc. zuweisen. Um in Illustrator ein Farbprofil zuzuweisen und damit das Farbmanagement zu aktivieren, rufen Sie Bearbeiten • Profil zuweisen auf. Unter Profil wählen Sie das gewünschte aus. Weitere Infos zum Farbmanagement finden Sie in Kapitel 20, »Farbkorrektur«.

Reduzierte Ebenen in Kompositionen konvertieren

Sie können Illustrator-Dateien, die aus mehreren Ebenen bestehen, aber in After Effects mit der Option Auf eine Ebene reduziert importiert wurden, nachträglich in eine Komposition mit Ebenen verwandeln. Sie wählen dazu die reduzierte Ebene in der Zeitleiste aus und rufen anschließend Ebene • In Komposition mit Ebenen konvertieren auf.

Text nicht editierbar

Textebenen, die in Illustrator erstellt wurden, können Sie nicht im Nachhinein in After Effects editieren. Dies ist nur bei Photoshop-Textebenen möglich.

Ebenen | Falls Objekte einer Illustrator-Datei in After Effects einzeln animiert werden sollen, müssen Sie sie in Illustrator bereits in einzelnen Ebenen angelegt haben. Wie bei Photoshop-Dateien sollten Sie Ebenen auch in Illustrator eindeutig benennen, um in After Effects die Zuordnung zu vereinfachen.

Sie können in Illustrator auch eine Ebene mit mehreren Objekten auswählen und dann im Kontextmenü der Palette Ebenen den Befehl Ebenen für Objekte erstellen (Sequenz) aufrufen. Allerdings legt Illustrator damit nicht wie erwartet und für After Effects nötig jede Ebene separat an, sondern erstellt pro Objekt eine Unterebene, die Sie dann manuell zu eigenständigen Ebenen machen müssen, indem Sie sie in der Ebenenpalette verschieben.

Um die in Ebenen aufgeteilte Illustrator-Datei in After Effects korrekt zu übernehmen, importieren Sie die Datei mit der Option Komposition – Ebenengrösse beibehalten.

Text | Soll die Illustrator-Datei auf verschiedenen Systemen verwendet werden, stellen Sie sicher, dass die in Illustrator verwendeten Fonts auf den anderen Systemen installiert sind. Es ist auch möglich, die Illustrator-Texte zuvor in Pfade umzuwandeln, um die Schriftart auf anderen Systemen in gleicher Weise anzuzeigen. Markieren Sie dazu den Text in Illustrator mit dem Auswahl-Werkzeug, und wählen Sie Schrift • In Pfade umwandeln. Ebenso komfortabel wie in Illustrator können Sie in After Effects Text editieren. Die dafür zur Verfügung stehenden Zeichen- und Absatz-Paletten gleichen denen in Illustrator.

Pfade | Sie können Illustrator-Pfade in After Effects verwenden. Kopieren Sie ebenso wie in Photoshop die Pfade zuerst mit [Strg]+[C] in Illustrator, und setzen Sie sie dann mit [Strg]+[V] entweder auf einer markierten Ebene als Maske oder in der markierten Positionseigenschaft einer Ebene oder eines Effekts als Bewegungs-Keyframes ein. Sollte es einmal nicht funktionieren, aktivieren Sie in Illustrator unter Bearbeiten • Voreinstellungen • Dateien verarbeiten und Zwischenablage die Optionen AICB und Pfade beibehalten.

Schnittmarken und Dokumentmaße | Wenn Sie eine Illustrator-Datei in der richtigen Größe erhalten wollen, verwenden Sie am besten die Vorgaben (für After Effects Video und Film), wenn Sie ein neues Dokument erstellen. Diese Vorgaben finden Sie auch im Kontextmenü, wenn Sie das Zeichenflächen-Werkzeug [⇧]+[O] verwenden. Dieses Werkzeug ist auch die richtige Wahl, wenn Sie bereits vorhandene Illustrator-Dateien verwenden, die keine Standardmaße aufweisen. Sie können die neuen Maße dann oben in der Kontextmenüleiste von Illustrator einstellen, bevor Sie die Eingaben mit ⏎ bestätigen. Wichtig ist hierbei, zuvor unter Datei • Dokument einrichten unter Einheit den Eintrag Pixel zu wählen. Die Datei wird dann in After Effects in der entsprechenden Größe übernommen.

◀ **Abbildung 25.45**
Via Zeichenflächenwerkzeug können Sie die Illustrator-Datei in der Größe eines Videoformatstandards erstellen.

Innerhalb der Illustrator-Datei können Sie mehrere Zeichenflächen erstellen, indem Sie bei aktivem Zeichenflächen-Werkzeug und gehaltener Taste ⇧ einen Rahmen aufziehen. Um jede der Zeichenflächen als separate Datei zu speichern, wählen Sie Datei • Speichern und setzen dann in den Illustrator-Optionen ein Häkchen bei Jede Zeichenfläche in einer separaten Datei speichern. Sie erhalten mehrere Dateien in den Abmessungen der jeweiligen Zeichenfläche.

Sichern | Beim Sichern der Illustrator-Datei wählen Sie das Illustrator-Dateiformat (».ai«). In den Illustrator-Optionen wählen Sie PDF-kompatible Datei erstellen und setzen auch ein Häkchen bei Komprimierung verwenden. After Effects sollte dann die Datei ohne Probleme importieren können.

Import und Animation einer Illustrator-Datei

Illustrator-Dateien sind für After Effects wesentlich, um qualitativ hochwertige Vektorgrafiken für After Effects verfügbar zu machen und seit der Version CS6 auch um extrudierte Formen aus Illustrator-Pfaden zu schaffen. Doch was Sie auch immer mit Illustrator-Dateien vorhaben, bleiben die Grundlagen bei Import und Animation ähnlich.

Alte Illustrator-Versionen

In früheren Illustrator-Versionen mussten Schnittmarken definiert werden, da sonst die in After Effects importierte Illustrator-Datei in den Maßen der Ebenen mit den größten horizontalen und vertikalen Abmessungen erschien. Die in Illustrator festgelegte Dokumentgröße wurde dabei ignoriert. Um die Datei dennoch in der Größe des Dokuments in After Effects zu erhalten, legen Sie in älteren Versionen Schnittmarken fest. Achten Sie in Illustrator darauf, dass keine Ebene ausgewählt ist, und wählen Sie dann Objekt • Schnittbereich • Erstellen. Es werden Schnittmarken in der Größe des Dokuments festgelegt.

Illustrationen im Buch

Die hier abgebildeten Illustrationen hat das Büro für Gestaltung Anke Thomas (www.anketho.de) freundlicherweise zur Verfügung gestellt.

Schritt für Schritt:
Der Umgang mit einer Illustrator-Datei

Den Umgang mit Illustrator-Dateien möchte ich Ihnen in dem folgenden Workshop an einem praktischen Beispiel verdeutlichen.

1 Öffnen der Illustrator-Datei

Die benötigten Dateien für diesen Workshop finden Sie auf der DVD unter Beispielmaterial/ 25_Integration_CS6/Illustrator

Sie müssen nicht erst selbst eine Datei in Illustrator erstellen. Für diesen Workshop liegt bereits die Datei »ueberflieger.ai« im Ordner 25_Integration_CS6/Illustrator für Sie bereit. Schauen Sie sich die Datei zuerst in Illustrator an, sofern das Programm auf Ihrem System installiert ist.

2 Import der Illustrator-Datei

Importieren Sie die Datei »ueberflieger.ai« aus dem bereits genannten Ordner mit [Strg]+[I] in ein neues After-Effects-Projekt. Wählen Sie unter Importieren als den Eintrag Komposition und unter Footage-Masse den Eintrag Ebenengrösse. Durch Verwendung dieser Option bleiben die Illustrator-Ebenen in ihrer Größe erhalten, und der Ankerpunkt wird auf den Mittelpunkt einer jeden Ebene gesetzt.

Mit der Option Dokumentgrösse werden die Ebenen auf die Dokumentgröße beschnitten und in dieser Größe auch importiert. Der Ankerpunkt aller Ebenen entspricht dann dem Dokumentmittelpunkt.

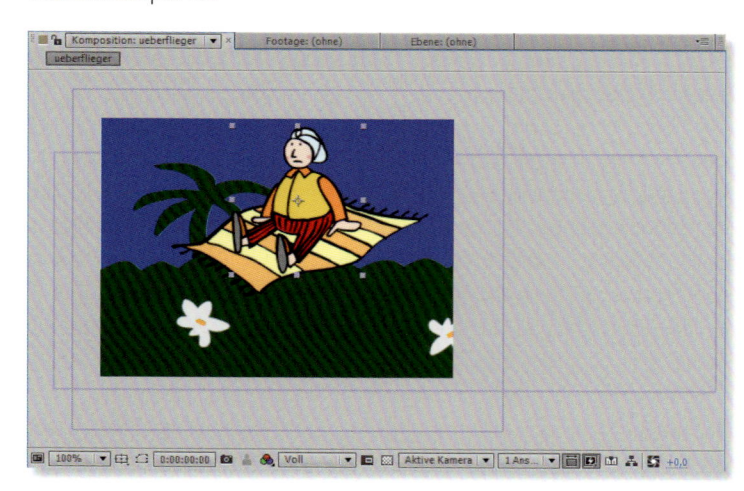

Umwandlung beim Import

Beim Import einer Illustrator-Datei wandelt After Effects Text in Pfade um. Auf diese kann jedoch nicht zugegriffen werden – das Ganze dient »nur« der hervorragenden Darstellung des Texts bei Skalierungen. Leere Bereiche einer Grafik werden in After Effects durch Umwandlung in Alphakanäle transparent dargestellt. Die Vektorinformation der Illustrator-Datei wird in Pixel umgerechnet.

Abbildung 25.46 ▶
Mit der Importoption Komposition – Ebenengrössen beibehalten bleiben die in Illustrator festgelegten Ebenengrößen auch in After Effects erhalten.

3 Animation der Palmen

Kontrollieren Sie zuerst die Dauer der Komposition, und ändern Sie sie gegebenenfalls auf etwa fünf Sekunden Länge.

25.2 Zusammenarbeit mit Adobe Illustrator

Markieren Sie zur Animation die Ebene »palmen«, und blenden Sie mit der Taste P die Positionseigenschaft ein. Vergewissern Sie sich, dass die Zeitmarke auf dem Zeitpunkt 00:00 steht, und setzen Sie mit der Stoppuhr einen ersten Key. Drücken Sie die Taste Ende, damit die Zeitmarke an das Ende der Komposition springt. Ziehen Sie dann die Ebene »palmen« bei gleichzeitigem Drücken der Taste ⇧ im Kompositionsfenster so weit nach links, bis der rechte Rand der Ebene fast mit dem rechten Rand der Komposition abschließt. Vor der Animation des Kalifs und seines Teppichs aktivieren Sie noch den Schalter OPTIMIEREN ❶.

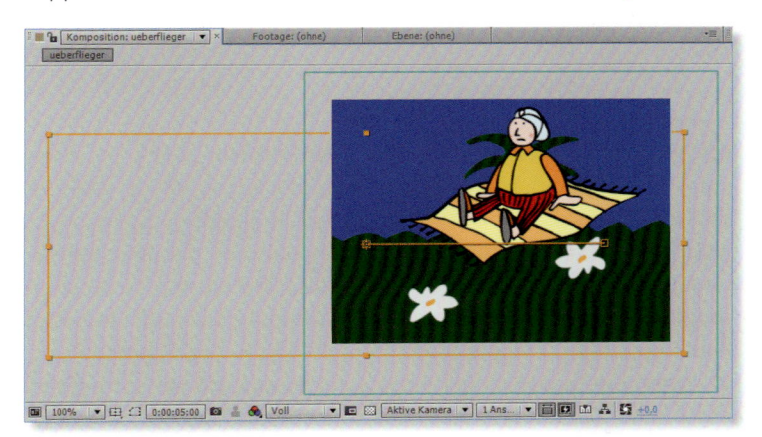

◀ **Abbildung 25.47**
Die Ebene »palmen« wurde nach links verschoben und hier zur besseren Darstellung mit einem gelben Rahmen eingefärbt.

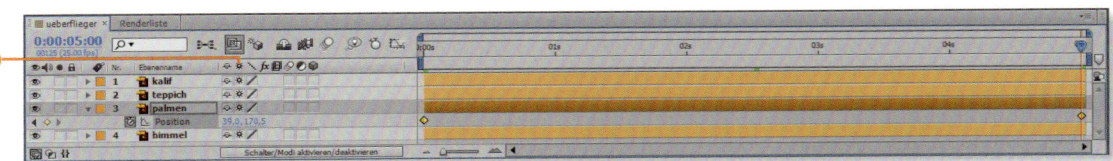

▲ **Abbildung 25.48**
Die Animation der »palmen«-Ebene erfolgt über die Eigenschaft POSITION mit zwei Keyframes.

4 Unterkomposition für Kalif und Teppich

Jetzt sollen Kalif und Teppich gemeinsam animiert werden. Dazu ist es günstig, wenn beide Ebenen einen gemeinsamen Ankerpunkt besitzen. Andernfalls können bei der später geplanten Skalierung unerwünschte Ergebnisse auftreten. Zum Zusammenfassen der Ebenen mit einem gemeinsamen Ankerpunkt erstellen Sie eine Unterkomposition.

Markieren Sie dazu die Ebenen »kalif« und »teppich«, und wählen Sie im Menü unter EBENE den Eintrag UNTERKOMPOSITION ERSTELLEN. Geben Sie einen Namen für die neue Komposition ein (»kalif«). Mit der Option ALLE ATTRIBUTE IN DIE NEUE KOMPOSITION VERSCHIEBEN übernehmen Sie alle Einstellungen, die Sie an den Ebenen vorgenommen haben, in die neue Komposition. Lassen Sie die Option aktiviert, und bestätigen Sie mit OK.

831

Abbildung 25.49 ▼
Die beiden Ebenen »kalif« und »teppich« wurden in einer Unterkomposition zusammengefasst. Diese ist danach als verschachtelte Komposition in der Hauptkomposition enthalten.

Der Ankerpunkt der Unterkomposition sitzt nun genau in der Mitte des Kompositionsfensters, und die Umrahmung der Ebenen entspricht der Kompositionsgröße. Wollen Sie Änderungen an den einzelnen Ebenen der Unterkomposition vornehmen, müssen Sie die zugehörige Komposition öffnen. Aktivieren Sie auch für die neu entstandene Unterkomposition den Schalter OPTIMIEREN.

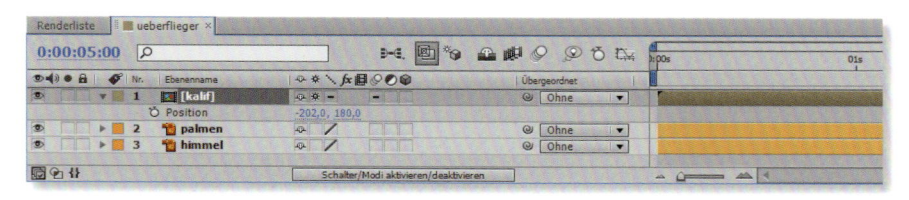

5 **Animation des Kalifs und seines Teppichs**

Der Kalif ist recht froh, mit dem Teppich sicher verbunden zu sein, denn er soll jetzt über die Landschaft fliegen.

Um den Kalifen von rechts nach links durch das Bild schweben zu lassen, blenden Sie mit der Taste P die Positionseigenschaft der Unterkomposition ein. Ziehen Sie die Zeitmarke auf den Zeitpunkt 00:00, und setzen Sie einen ersten Positions-Key. Verschieben Sie den Kalifen im Kompositionsfenster nach rechts außen, bis er dort verschwindet. Verschieben Sie die Zeitmarke auf das Ende der Komposition, und ziehen Sie den Kalifen dann nach links außen, bis er dort wieder verschwindet.

> **Verschachtelte Kompositionen öffnen**
>
> Zur schnellen Navigation in verschachtelten Kompositionen nutzen Sie das Mini-Flussdiagramm in der Zeitleiste. Klicken Sie darin auf die Komposition oder die Ebene, zu der Sie navigieren wollen.

Abbildung 25.50 ▶
Der animierte Kalif mit Bewegungspfad

Blenden Sie mit der Taste S die Eigenschaft SKALIERUNG für die Unterkomposition ein. Setzen Sie einen ersten Key bei 01:00 auf 100 %. Einen zweiten Key setzen Sie bei 02:10 mit dem Wert 180 %. Verschieben Sie dann den Kalifen im Kompositionsfenster ein wenig nach unten, bis sein Gesicht zu sehen ist. Es entsteht automatisch ein neuer Key in der Positionseigenschaft. Einen letz-

25.2   Zusammenarbeit mit Adobe Illustrator

ten Skalierungs-Key benötigen wir noch bei 04:00 mit dem Wert 100%. Sie sehen: Mit Illustrator-Dateien arbeitet es sich so bequem wie mit jedem anderen Rohmaterial.

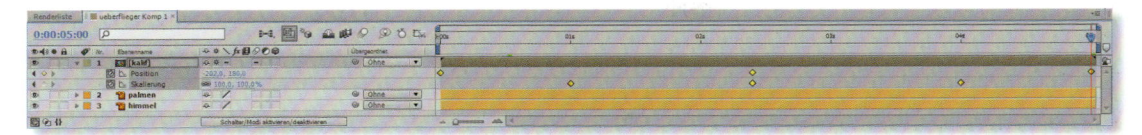

▲ **Abbildung 25.51**
Die Keyframes der fertigen Animation des Kalifen und seines Teppichs

Kontinuierlich rastern | Im Workshop haben Sie die kontinuierliche Rasterung von importierten Illustrator-Dateien bereits erfolgreich eingesetzt, um die optimale Qualität der Datei auch bei hohen Skalierungen zu sichern. Der im Workshop beschriebene Schalter Optimieren bzw. Transformationen falten ist dafür verantwortlich, wie After Effects auf die Illustrator-Ebene angewendete Transformationen, Masken und Effekte rendert.

Zur Erläuterung: Beim Import der Illustrator-Datei wandelt After Effects die Vektorinformation in Pixel um. Wird nun die Datei in After Effects **ohne** aktiven Optimieren-Schalter über 100% skaliert, wirkt die Grafik unscharf, da hier Pixel vergrößert werden. Ist der Schalter aber aktiv, werden die in After Effects angewendeten Transformationen wie Skalierung und Drehung zuerst mit der Originaldatei berechnet. Danach erfolgt erst das Rastern, also das Umwandeln in Pixel.

Illustrator-Sequenzen

After Effects importiert Illustrator-Sequenzen wie jede andere Sequenz auch. Es ist wie bei allen Sequenzen notwendig, vor dem Import die Illustrator-Dateien in gleicher Größe zu erstellen und fortlaufend zu nummerieren. Für die Dateien sollten Sie einen separaten Ordner anlegen.

▲ **Abbildung 25.52**
Bei einer Illustrator-Datei, die ohne die Option Kontinuierlich rastern über 100% skaliert wird, wirken die Konturen unscharf.

▲ **Abbildung 25.53**
Haben Sie die Option Kontinuierlich rastern aktiviert, gibt es bei der Darstellungsqualität von skalierten Dateien keine Probleme.

In früheren After-Effects-Versionen war es nicht möglich, Masken und Effekte auf optimierte Ebenen (auch verschachtelte optimierte Kompositionen) anzuwenden. Inzwischen ist dies jedoch kein Problem mehr. Sie können also getrost mit den Effekten und

Masken arbeiten. Ein weinendes Auge bleibt allerdings dabei: Einige Effekte sehen, auf optimierte Ebenen angewendet, anders aus als bei nicht optimierten Ebenen. Dies wird deutlich, wenn Sie die optimierte Ebene gemeinsam mit dem Effekt skalieren. Bei einer optimierten Ebene wird der Effekt nicht mitskaliert.

▲ **Abbildung 25.54**
Der Effekt KOMPLEXES WÖLBEN, auf eine nicht skalierte Illustrator-Datei angewendet

▲ **Abbildung 25.55**
Der Effekt wird bei der Skalierung der optimierten Ebene nicht mitskaliert und muss im Nachhinein angepasst werden.

Vektoren in Formen konvertieren

Seit der Version CS6 können Sie Vektordateien in Formebenen konvertieren und dadurch anschließend nicht nur alle Optionen von Formebenen für Illustrator-Dateien nutzen, sondern auch die Funktionalität von Ray-traced-3D-Kompositionen. Dort lassen sich die Illustrator-Vektoren extrudieren und werden zu echten 3D-Objekten.

Dazu ziehen Sie die Illustrator-Datei in die Zeitleiste und wählen EBENE • FORMEN AUS VEKTOREBENE ERSTELLEN. Schalten Sie dann die Komposition auf Ray-traced 3D um, wie Sie es in Abschnitt 23.4, »Ray-traced-3D-Kompositionen«, nachlesen können.

Neben Illustrator-Dateien (».ai«) können Sie auch EPS und PDF umwandeln.

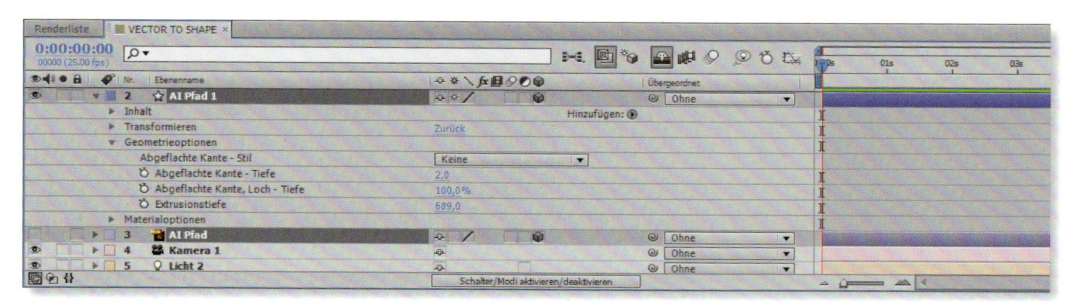

Abbildung 25.56 ▼
Hier wurde eine Formebene aus einem Illustrator-Pfad erzeugt und innerhalb einer Ray-traced-3D-Komposition extrudiert.

▲ **Abbildung 25.57**
Detail eines Bildes von Max Ernst. – Nein, natürlich nicht: Dieses surreale Objekt besteht aus nichts weiter als zwei Illustrator-Pfaden.

Einschränkungen | Es ist nicht möglich, mehrere Illustrator-Ebenen gleichzeitig zu konvertieren. Haben Sie eine ganze Reihe von Ebenen aus einer Datei umzuwandeln, ist es günstig, diese mit der Option IMPORTIEREN ALS FOOTAGE in After Effects zu holen und dann die Ebene umzuwandeln.

Text aus Illustrator wird nicht umgewandelt (was auch nicht nötig ist, da sich After-Effects-Text besser eignet).

Deckkrafteinstellungen und Verläufe sowie Bilder innerhalb der Illustrator-Datei werden ignoriert.

Dateien mit etlichen Pfaden brauchen sehr lange bei der Umwandlung.

Kapitel 26
Video-Workflow mit After Effects CS6

In der Praxis arbeiten Sie nicht allein mit After Effects, sondern nutzen eine Vielzahl an Programmen. Sie übernehmen Schnittdaten aus Programmen wie Avid, Final Cut Pro und Premiere Pro oder geben Animationen zum Cutter. Und Sie tauschen Animationen zwischen Motion und Flash und After Effects aus. In diesem Kapitel schauen wir uns den Workflow mit den genannten Applikationen an.

26.1 Zusammenarbeit mit Adobe Premiere Pro CS6

Premiere Pro hat einige Fortschritte im Vergleich zu anderen Schnittprogrammen gemacht und passend zum Namenszusatz »Pro« professionelle Funktionen erhalten. Premiere Pro zeichnet sich unter den Videoschnittlösungen durch die beste Integration mit After Effects aus. Für einen flüssigen Arbeitsprozess ist die gute Integrierbarkeit der Adobe-Applikationen untereinander ein großer Vorteil.

Wie bei allen Schnittprogrammen, deren Daten mit anderen Programmen ausgetauscht werden sollen, ist es auch für den Austausch zwischen Premiere und After Effects entscheidend, welche Daten der Zeitleiste und der darin bearbeiteten Clips übernommen werden sollen. Dabei geht es um die Übernahme von In- und Out-Points der geschnittenen Clips, Schnittmarken, Überblendungen, Effekte, Titel, Änderungen der Clipgeschwindigkeit und Transformationen.

After Effects übernimmt die Daten aus Premiere Pro in Form eines Premiere-Projekts oder via Dynamic Link. Dabei werden viele Funktionen unterstützt, aber es geht auch manches verloren. Der umgekehrte Weg ist, ein Premiere-Pro-Projekt aus After Effects zu exportieren und darüber die After-Effects-Bearbeitung in Premiere Pro zu verwenden oder alternativ wieder per Dyna-

> **Final Cut Pro-Projekte importieren**
>
> Es ist zwar nicht möglich, Final Cut Pro-Projekte direkt in After Effects zu importieren, aber Sie können Sie in Premiere Pro importieren und dies stößt die Tür zu After Effects auf. Denn wie in diesem Abschnitt beschrieben, können Sie Premiere-Projekte in After Effects verwenden.

mic Link. Die folgenden Beschreibungen beziehen sich auf die Verwendung von Premiere Pro CS6. Viele der Funktionen sind aber auch bei älteren Premiere-Versionen identisch oder ähnlich.

Videodaten in Premiere Pro vorbereiten

Wenn Sie vorhaben, die Bearbeitungsfunktionen von Premiere Pro zu nutzen und das Projekt dann in After Effects abzuschließen oder einige Bearbeitungsschritte dort vorzunehmen, müssen Sie ein paar Dinge beachten.

Clips | Es ist günstig, Clips innerhalb von Premiere Pro eindeutig zu benennen und sie in Ordnern zu organisieren. After Effects übernimmt beides und noch mehr.

Sequenzen | Sequenzen aus Premiere Pro werden in After Effects als Kompositionen eingesetzt. Eine eindeutige Benennung von Sequenzen in Premiere Pro ist angebracht. Das in der Sequenz enthaltene Rohmaterial wird automatisch mitimportiert, und die Bearbeitung innerhalb der Sequenz bleibt unter Beachtung der weiteren Ausführungen erhalten.

Titel und Texte | Sollten Sie planen, Ihr Premiere-Pro-Projekt in After Effects abzuschließen, empfehle ich Ihnen, dort auch Titel und Texte zu gestalten, denn After Effects lässt von den Premiere-Texten beim Import nicht viel übrig. Stattdessen finden Sie Farbflächen vor, die immerhin die Dauer der Titel und Texte widerspiegeln.

Effekte | Es ist empfehlenswert, in Premiere nur die Effekte anzuwenden, die auch in After Effects zur Verfügung stehen. Premiere-Pro-spezifische Videoüberblendungen wie EINSCHWINGEN, DEHNEN & STAUCHEN, HERAUSDREHEN oder AUFFALTEN (in der Effekte-Palette von Premiere Pro mit einem Rechteck dargestellt) übernimmt After Effects nicht und stellt auch sie nur als Farbfläche dar, die noch die Dauer der Videoüberblendung erkennen lässt.

Transparenzen und Überblendungen | Deckkrafteinstellungen, die Überblendung WEICHE BLENDE aus dem Ordner VIDEOÜBERBLENDUNGEN und die Überblend-Effekte aus dem Ordner ÜBERBLENDEN werden von After Effects übernommen und können problemlos in Premiere Pro animiert und in After Effects modifiziert werden.

Premiere Pro und Mac OS

Premiere Pro ist in der aktuellen Version CS6 auch für die Intel-basierten Mac OS X-Versionen 10.6.8 oder 10.7 verfügbar. Bei älteren Premiere-Versionen ist der Import von Premiere-Projekten in eine auf dem Mac installierte After-Effects-Version nicht möglich. Um ältere Premiere-Daten in ein After-Effects-Projekt auf dem Mac zu bekommen, müssen Sie die Daten im Format AAF zwischenspeichern.

26.1 Zusammenarbeit mit Adobe Premiere Pro CS6

Bewegungen | Einstellungen und Animationen, die Sie in Premiere Pro für die Eigenschaften POSITION, SKALIERUNG, DREHUNG oder ANKERPUNKT festlegen, werden von After Effekts übernommen. Keyframes für animierte Eigenschaften finden Sie unter dem Eintrag TRANSFORMIEREN in der Zeitleiste.

Metadaten | Metadaten aus Premiere werden wie von Adobe Audition und Adobe Encore problemlos übernommen. Zum Umgang mit Metadaten finden Sie mehr Informationen in Abschnitt 8.6, »XMP-Metadaten«.

Clipgeschwindigkeit
Die Clipgeschwindigkeit können Sie in Premiere Pro auch frei gestalten. After Effects übersetzt sie in Dehnungswerte.

Import einer Premiere-Pro-Datei

In diesem Workshop kommt es auf den Vergleich der Premiere-Pro-Datei mit dem in After Effects angezeigten Ergebnis nach dem Import des Premiere-Projekts an.

Clipmarken
Clipmarken werden in After Effects als Ebenenmarker übernommen.

Schritt für Schritt:
Der Umgang mit Premiere-Pro-Daten

Wie der Import einer Premiere-Pro-Datei funktioniert, wird in diesem Workshop gezeigt.

1 Öffnen der Premiere-Pro-Datei

Starten Sie Premiere Pro, und öffnen Sie zuerst das Premiere-Projekt »integration.prproj« aus dem Ordner 26_INTEGRATION_VIDEO/PREMIERE.

Das aus Premiere gerenderte Movie befindet sich im selben Ordner und trägt den Namen »footballmatch.mov«. Schauen Sie sich die Ordnerstruktur im Projektfenster von Premiere Pro an, und vergleichen Sie sie später in After Effects.

Die benötigten Dateien für diesen Workshop finden Sie auf der DVD unter BEISPIELMATERIAL/26_INTEGRATION_VIDEO/PREMIERE

◀ **Abbildung 26.1**
Im Premiere-Projekt wurden Ordner und Rohmaterialien eindeutig benannt, um spätere Verwirrungen zu vermeiden.

▼ 🗁 Überblendung
　🗋 Blockauflösung
❶ 🗋 Farbverlauf
　🗋 Jalousien
　🗋 Lineare Blende
　🗋 Radiale Wischblende

▲ **Abbildung 26.2**
Mit dem Stecker-Symbol gekennzeichnete Effekte, die auch in After Effects vorhanden sind, werden problemlos mit allen Keyframes nach After Effects übernommen.

2 In Premiere Pro

Im Schnittfenster des Premiere-Projekts befinden sich ein in Premiere Pro erstellter Titel, ein per Drehung und Position animierter Ball, eine Photoshop-Datei – ein Logo –, drei Videos und eine Audiodatei.

Auf die Videos habe ich die Videoüberblendungen WEICHE BLENDE und RADIALE WISCHBLENDE und die Videoeffekte DREIWEGE-FARBKORREKTUR, FÄRBUNG und LINEARE BLENDE angewendet. Die drei Letzteren gehören zu den Effekten, die After Effects problemlos mit allen Keyframes übernimmt. Sie erkennen dies am Stecker-Symbol ❶. WEICHE BLENDE ist aber in After Effects nicht vorhanden.

Zusätzlich habe ich den In-Point des allerersten Videos zum Standbild erklärt und die Geschwindigkeit des letzten Clips verlangsamt. In der Audiospur befinden sich Clipmarken. Mal sehen, was After Effects von all dem übrig lässt …

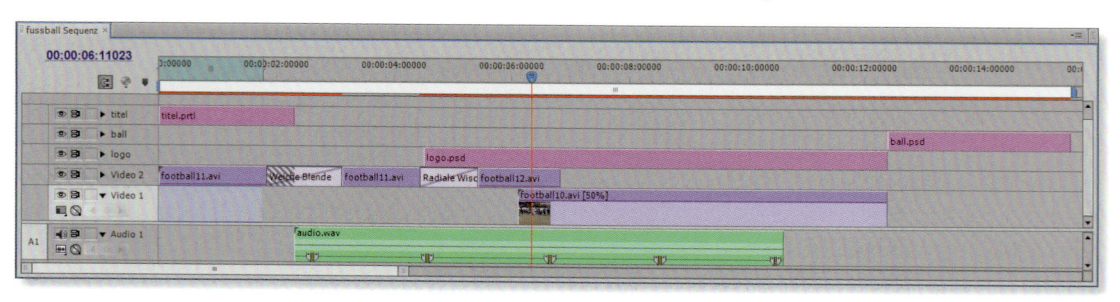

▲ **Abbildung 26.3**
Im Premiere-Schnittfenster wurden mehrere Clips geschnitten und ineinander überblendet.

Import von Premiere-Projekten

Der Import von Premiere-Pro-Projekten der Versionen 1.0, 1.5 und 2.0 ist unter Mac OS nicht möglich. Premiere-Projekte der Versionen ab CS3 sind importierbar. Unter Windows können Sie alle Versionen importieren, sofern es sich um Premiere-Pro-Projekte handelt. Sie können also auch ältere Projekte in einer Pro-Version öffnen und speichern, um sie in After Effects zu verwenden.

3 Import der Premiere-Pro-Datei

Ein Premiere-Projekt, das Sie in After Effects importieren wollen, speichern Sie ganz normal wie jede andere Premiere-Pro-Projektdatei.

Starten Sie After Effects, und importieren Sie die Datei »integration.prproj« aus dem Ordner 26_INTEGRATION_VIDEO/PREMIERE über DATEI • IMPORTIEREN • ADOBE PREMIERE PRO-PROJEKT. Im Dialog PREMIERE PRO IMPORTER wählen Sie unter SEQUENZ AUSWÄHLEN den Eintrag ALLE SEQUENZEN und setzen gegebenenfalls ein Häkchen bei AUDIO IMPORTIEREN. After Effects übernimmt die in Premiere Pro angelegten Projektordner mit identischen Namen. Die in Premiere Pro erstellte Sequenz erscheint in After Effects als Komposition.

26.1 Zusammenarbeit mit Adobe Premiere Pro CS6

◀ **Abbildung 26.4**
Im After-Effects-Projektfenster sieht es ganz ähnlich wie in Premiere Pro aus. Alle Benennungen sind erhalten geblieben. Die in Premiere Pro erstellte Sequenz erscheint hier als Komposition.

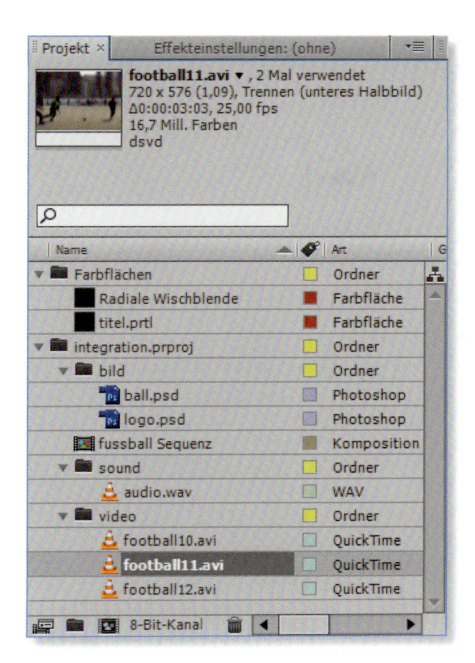

4 **Was wurde übernommen?**

Im Ordner FARBFLÄCHEN befinden sich von After Effects erzeugte Farbflächen, die anstelle der Videoüberblendung RADIALE WISCHBLENDE und des Titels erscheinen. Die Überblendung und der Titel selbst sind dahin, und die Farbflächen deuten nur noch das Timing und die Position an. Doppelklicken Sie auf die Komposition im Projektfenster, um sie zu öffnen. Markieren Sie alle Ebenen in der Zeitleiste mit [Strg]+[A], und drücken Sie die Taste [U], um die in After Effects übernommenen Keys anzuzeigen.

Schauen wir einmal, was After Effects alles von Premiere Pro übernommen hat. Die Reihenfolge der in Premiere angelegten Spuren spiegelt sich in der Ebenenreihenfolge wider. Der Titel überdeckt als Farbfläche die darunter befindlichen Ebenen. Der Ball wurde mit den Keys für Position und Drehung übernommen. Das Logo wird mitsamt Transparenz korrekt angezeigt.

Das erste Video wird weiterhin als Standbild angezeigt. Zu verdanken ist dies der in After Effects angewendeten Zeitverzerrung ❶ (Abbildung 26.5). Die Videoüberblendung WEICHE BLENDE wurde einfach ignoriert.

Für das Video »football12.avi« ist der Videoeffekt LINEARE BLENDE ❷, für das Video »football10.avi« der Effekt EINFÄRBEN (FÄRBUNG) komplett mit Keys erhalten geblieben und für das Video »football11.avi« der Effekt DREIWEGE-FARBKORREKTUR. Auch die Geschwindigkeitsänderung ist vorhanden und wurde in einen Wert für die DEHNUNG ❸ übersetzt. Die Video-

After Effects zuerst installieren

Das Premiere-Pro-Plugin, das für den Import der Premiere-Pro-Projekte in After Effects verantwortlich ist, wird erst mit der Installation von Premiere Pro installiert. Damit der Import der Premiere-Pro-Projekte in After Effects reibungslos funktioniert, empfiehlt es sich, After Effects vor Premiere Pro zu installieren.

Rohmaterial neu verlinken

Sollten beim Import der Premiere-Datei in After Effects Dateien als fehlend angezeigt werden, ist nur die Verknüpfung zu den Dateien abhandengekommen. Kopieren Sie in diesem Fall den Ordner PREMIERE aus dem Ordner 26_INTEGRATION_VIDEO auf Ihre Festplatte, und versuchen Sie den Import erneut, oder verlinken Sie das Rohmaterial neu mit dem importierten Projekt. Wählen Sie dazu die jeweils fehlende Datei im Projektfenster aus, und rufen Sie dann DATEI • FOOTAGE ERSETZEN • DATEI auf.

▼ **Abbildung 26.5**
In der Zeitleiste wird sichtbar, dass einige Überblendungen und der Titel aus Premiere Pro verlorengegangen sind, aber das meiste wurde doch korrekt übernommen.

überblendung RADIALE WISCHBLENDE ist nur als Farbfläche ❹ sichtbar und enthält Anfang und Ende der Überblendung. Die In- und Out-Points der Videos werden korrekt angezeigt und können nun nachträglich noch verändert werden. Es bietet sich jedoch an, den Videoschnitt in Premiere Pro mit den dort vorhandenen professionellen Werkzeugen zu gestalten. Jetzt noch zur Audio-Ebene: Die Clipmarken sind Ebenenmarken in After Effects. Es ist doch eine ganze Menge übernommen worden.

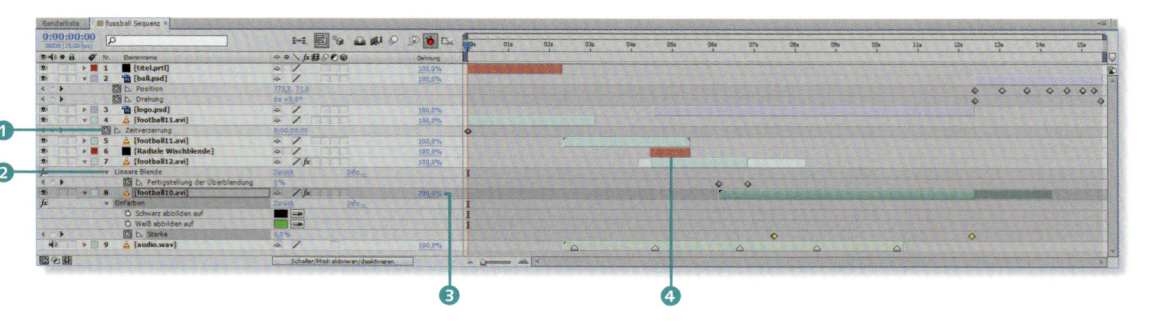

AAF-Dateien

Capturing über Premiere
Entfernt wurde in der CS6 Version die nur den Besitzern von Adobe Production Premium oder der Master Collection vorbehaltene Möglichkeit, die Aufnahme von Videodaten direkt von After Effects aus zu starten, indem sie DATEI • IMPORTIEREN • IN ADOBE PREMIERE PRO ERFASSEN wählten.

Die Weitergabe von Zeitleisten- und Clipinformationen an andere Programme ist durch den Export als AAF (Advanced Authoring Format) aus Premiere Pro möglich. After Effects war bis zur Version CS4 wie andere Programme auch in der Lage, AAF-Dateien zu importieren. Seit CS5 wird der Import nicht mehr unterstützt.

Dieses Format ermöglichte es den Besitzern eines Macs, in After Effects mit Premiere-Pro-Daten aus älteren Premiere-Versionen zu arbeiten. In Premiere Pro können Sie auch in der aktuellen Version eine AAF-Datei über DATEI • EXPORTIEREN • AAF erzeugen.

After-Effects-Daten in Premiere Pro

After-Effects-Daten können Sie auf herkömmlichem Wege wie in den früheren After-Effects-Versionen als gerendertes Ergebnis in Premiere Pro weiterverwenden. Doch das ist natürlich nicht, was Sie hören wollen.

After-Effects-Projekte können Sie auch als Premiere-Pro-Projekte exportieren. Über Dynamic Link können Sie außerdem die Applikationen Premiere Pro, Adobe Encore und natürlich After Effects miteinander verlinken. Sie können also After-Effects-Kompositionen ohne Rendervorgang in einem Premiere-Pro-Projekt oder in den anderen beiden Applikationen verwenden. Die After-Effects-Kompositionen werden dabei identisch übernommen. Dazu gleich mehr. Die letztere der beiden Möglichkeiten ist leider nur dem Besitzer von Adobe Production Premium oder der Master Collection zugänglich.

Premiere-Pro-Projekte exportieren | Um aus Ihrem After-Effects-Projekt ein Premiere-Pro-Projekt zu erzeugen, wählen Sie in After Effects DATEI • EXPORTIEREN • ADOBE PREMIERE PRO-PROJEKT. Geben Sie anschließend einen Speicherort an. Das Rendern der After-Effects-Daten ist nicht nötig. Das Premiere-Pro-Projekt starten Sie wie gewohnt.

> **Adobe Dynamic Link**
> Weitere Informationen zur Arbeit mit Adobe Dynamic Link finden Sie in Abschnitt 26.4, »Adobe Dynamic Link«.

Was übernimmt Premiere Pro? | In After Effects geschnittene Ebenen übernimmt Premiere Pro identisch. Transparente Dateien werden ebenso dargestellt wie in After Effects. Auch Deckkrafteinstellungen und sämtliche animierten Transformationseigenschaften werden in Premiere korrekt dargestellt und sind dort modifizierbar.

Verschachtelte Kompositionen übernimmt Premiere Pro als Sequenz, so dass Sie auch in Premiere immer noch Zugriff auf die einzelnen Elemente der Komposition haben. Ebenen, die in After Effects mit DEHNUNG zeitverzerrt wurden, werden in dieser veränderten Geschwindigkeit in Premiere angezeigt und können dort verändert werden.

Nicht unterstützte Effekte stellt Premiere Pro nicht dar, alle anderen Effekte werden mitsamt Keyframes korrekt übernommen. In After Effects erstellte Textebenen werden in Premiere Pro nicht übernommen. Ebenso ergeht es Licht- und Kameraebenen. Maskierungen bleiben ebenso auf der Strecke wie Füllmethoden. Formebenen werden nicht übernommen. Farbflächen, die nicht in Kompositionsgröße erstellt wurden, werden nach dem Kopieren und Einsetzen in Premiere Pro in Kompositionsgröße dargestellt.

Der herkömmliche Weg | Wenn Sie auf herkömmlichem Wege Daten aus After Effects in Premiere Pro übernehmen wollen, beachten Sie bitte folgende Hinweise:

Es ist wichtig, Animationen, die weiterbearbeitet werden sollen, aus After Effects in optimaler Qualität auszugeben. Animationen rendern Sie in After Effects auf gewohnte Weise in ein Format, das in Premiere Pro importiert werden kann, wie QuickTime oder AVI. Dabei sollten Sie die Datei ohne verlustbehaftete Komprimierung speichern, um eine hohe Qualität beizubehalten ❹ (Abbildung 26.6). Falls Sie Transparenzen mitspeichern wollen, ist die Ausgabeeinstellung RGB + ALPHAKANAL ❶ zwingend.

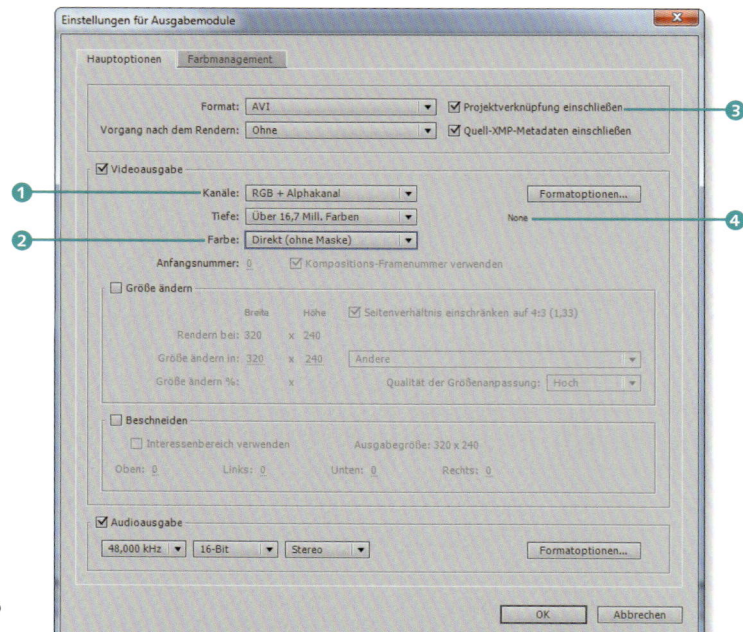

Kapitel 26 Video-Workflow mit After Effects CS6

Abbildung 26.6 ▶
Ein Projekt, das von After Effects aus in Premiere Pro weiterverarbeitet werden soll, wird als Filmdatei unkomprimiert gerendert und anschließend in Premiere Pro importiert.

Geben Sie der Ausgabedatei die Transparenzinformation mit, empfiehlt es sich, unter FARBE den Eintrag DIREKT (OHNE MASKE) ❷ zu wählen. Es wird ein direkter Alphakanal separat neben den RGB-Kanälen angelegt. Mit der Option INTEGRIERT (MASKIERT) speichern Sie die Transparenzinformation in einem integrierten Alphakanal, bei dem es in Premiere Pro zu einer veränderten Anzeige halbtransparenter Flächen kommen kann. Vergleichen Sie dazu die folgenden Abbildungen. Mehr zu direkten und integrierten Alphakanälen lesen Sie in Kapitel 18, »Masken, Matten und Alphakanäle«.

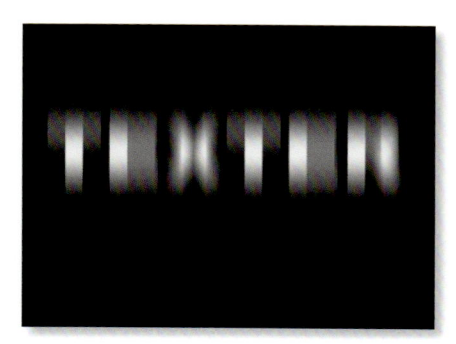

▲ **Abbildung 26.7**
Ein weichgezeichneter Text wird in Premiere richtig dargestellt, wenn er wie hier mit direktem Alphakanal aus After Effects ausgegeben wurde.

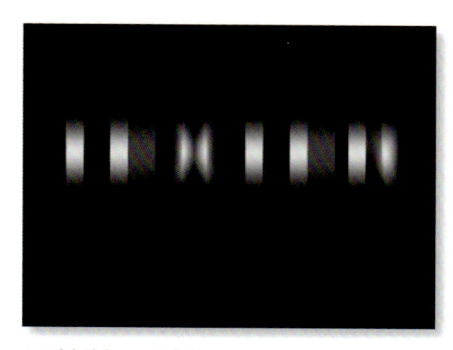

▲ **Abbildung 26.8**
Im Vergleich zur Abbildung des Texts mit direktem Alphakanal erscheint die Darstellung des Texts mit indirektem Alphakanal fehlerhaft.

Spätere Aktualisierung | Günstig ist es, ein Häkchen bei PROJEKT-VERKNÜPFUNG EINSCHLIESSEN ❸ zu wählen, wenn Sie planen, Ihre After-Effects-Animationen später zu aktualisieren. In der gerenderten Datei wird dadurch ein Link zur Projektdatei mitgespeichert. Das After-Effects-Projekt starten Sie dann schnell von Premiere Pro aus, indem Sie in Premiere Pro den Befehl BEARBEITEN • ORIGINAL BEARBEITEN oder [Strg]+[E] verwenden.

Ausgabe von Bildsequenzen | Zur Weiterbearbeitung in Premiere Pro ist auch die Ausgabe einer Bildsequenz (TIFF, TGA oder PSD) unproblematisch, da Premiere Pro Bildsequenzen ebenfalls importieren kann. Auf diesem Weg verwenden Sie z. B. in After Effects animierte Titel und Texte als gerenderte Sequenz in Premiere Pro.

Zum Nachlesen
Weitere Informationen zum Rendern von Dateien finden Sie in Kapitel 13, »Das Rendern«.

Copy & Paste

Neben den oben beschriebenen Möglichkeiten, Inhalte zwischen Premiere und After Effects auszutauschen, geht dies auch mit der »vielgerühmten« Guttenberg-Methode. In After Effects können Sie also per [Strg]+[A] sämtliche Ebenen einer Komposition auswählen und dann, Sie wissen es ja, kopieren und in eine Premiere-Sequenz einfügen. Umgekehrt geht es genauso.

Auch der Austausch von Einstellungsebenen zwischen beiden Programmen ist über diese Methode möglich. Setzen Sie eine Einstellungsebene von Premiere Pro in After Effects ein, wirkt sie sich korrekt auf die darunterliegenden Ebenen aus. In Premiere Pro erhalten Sie allerdings nur eine Farbfläche mit den in After Effects verwendeten Effekten. Damit diese sich auf die Videoebenen in Premiere Pro auswirken, müssen Sie dort die Effekte auf eine in Premiere Pro via Projektfenster erstellte Einstellungsebene kopieren.

Mehr Informationen zu Einstellungsebenen erhalten Sie im Abschnitt »Effekt per Einstellungsebenen vererben« auf Seite 579.

26.2 Zusammenarbeit mit Adobe Flash Professional

Das weitverbreitete und wohlbekannte Authoring-Programm Flash Professional ist seit der Übernahme von Adobe gut in die Produktpalette integriert worden. Inzwischen haben Sie nicht mehr nur die Möglichkeit, über SWFs, QuickTime-Filme, FLV-

Verschachtelte Kompositionen
Ineinander verschachtelte Kompositionen werden als eine Ebene gerastert nach Flash übernommen.

FLV und F4V

FLV- und F4V-Dateien sind Containerformate, die Video- und Audiodaten enthalten. Sie können sie über Flash in SWF-Dateien direkt oder als Verknüpfung einbetten.

Export als QuickTime, AVI oder PNG-Sequenz aus Flash

Um eine Flash-Animation als QuickTime auszugeben, rufen Sie in Flash DATEI • EXPORTIEREN • FILM EXPORTIEREN auf und wählen dann unter DATEITYP • QUICKTIME (*.MOV). Den gleichen Weg nehmen Sie für den Export von AVI-Dateien oder PNG-Sequenzen.

XFL

XFL-Dateien dienen dem Übertragen von Kompositionsdaten nach Flash und arbeiten XML-basiert.

SWF und FLA

SWF-Dateien sind Containerformate und zur Wiedergabe im Flash Player vorzugsweise im Internet bestimmt. SWFs zeichnen sich bei Verwendung vektorbasierter Elemente, die Sie in Illustrator für Flash oder in Flash selbst erstellen und animieren, durch geringe Dateigrößen aus. Durch Einbindung von pixelbasiertem Material wie JPG und PSD oder Video kann die Dateigröße stark anwachsen. Per ActionScript wird eine SWF-Datei interaktiv steuerbar. SWFs erzeugen Sie aus FLA-Dateien, also dem Dateiformat der Flash-Applikation.

und F4V-Dateien Daten zwischen After Effects und Flash Professional auszutauschen, sondern können via XFL-Dateien auch After-Effects-Kompositionen in Flash annäherungsweise nachbilden.

Der Import von SWFs und aus Flash exportierten QuickTime-Filmen oder AVIs ist in After Effects möglich, und Sie können so die Flash-Animationen in After Effects weiterverarbeiten.

Bei der Frage, welches Animationstool Sie besser nutzen sollten, plädiere ich natürlich für After Effects. Viele Animationen, die in After Effects mit wenigen Klicks erledigt sind, fallen in Flash sehr umständlich aus, obwohl das Programm seit der CS4-Version um einige After-Effects-Funktionen erweitert wurde. Abgesehen davon ist die Effekte-Palette von After Effects weitaus umfangreicher. Was Interaktivität und Programmiersprache angeht, liegt Flash wiederum vorn. Für die Webausrichtung von Flash ist das so auch sinnvoll.

Export von SWF-, FLV- und F4V-Dateien für Flash | Trotz der separaten Überschrift gehe ich an dieser Stelle nicht auf die genannten Themen ein, sondern verweise Sie auf andere Kapitel, in denen Sie ausführliche Informationen finden. In Abschnitt 15.2, »SWF-Dateien ausgeben«, und in Abschnitt 15.3, »Ausgabe ins Flash-Video-Format (FLV + F4V)«, erfahren Sie alles Wissenswerte zu diesen Themen.

Import von SWF-, FLV- und F4V-Dateien in After Effects | Sie können SWF-, FLV- und F4V-Dateien in After Effects importieren. Interaktive Inhalte gehen dabei allerdings verloren. Animationen und Transparenzeinstellungen (der Alphakanal) in SWF-Dateien bleiben beim Import vollständig erhalten. Enthalten Ihre FLA-Dateien mehrere Ebenen, so können Sie auf diese nach der Umwandlung in SWF nicht mehr zugreifen. Wie bei Illustrator-Grafiken können Sie die SWF-Dateien außerdem verlustfrei in jede Größe skalieren. Sämtliche Bearbeitungsmöglichkeiten von After Effects stehen Ihnen wie bei jedem anderen importierten Material zur Verfügung.

XFL-Export aus After Effects

Für die Übernahme von Kompositionen aus After Effects nach Flash bietet sich der XFL-Export an. Die XFL-Datei können Sie in Flash anschließend öffnen. Kompositionsinformationen werden dabei genauso übertragen wie die in After Effects importierten Materialien.

26.2 Zusammenarbeit mit Adobe Flash Professional

Schritt für Schritt:
Von After Effects zu Flash

Wie die Übernahme von Kompositionen aus After Affects nach Flash genau aussieht, schauen wir uns im folgenden Workshop an.

1 Öffnen einer After-Effects-Datei
Zunächst öffnen Sie das auf der DVD mitgelieferte Projekt »XFLExport.aep«. Es liegt im Ordner 26_INTEGRATION_VIDEO/FLASH.

Das Projekt enthält ein importiertes Video, ein JPG und eine Sounddatei. Alle Dateien wurden in der Komposition »finale« verwendet, die eine HDV-Komposition ist.

In dieser Komposition sind eine Licht- und eine Kamera-Ebene enthalten, außerdem ein Text in 3D und eine weitere Komposition namens »formobjekt01«. Diese Komposition enthält zehn animierte Formebenen und ist auf den 3D-Modus geschaltet.

Über das Mini-Flussdiagramm ❶ (siehe Abbildung 26.10) navigieren Sie schnell zwischen den beiden Kompositionen. Des Weiteren enthält unsere Komposition einige Keyframes für Positions- und Deckkrafteigenschaften und die Effekte STRICH und EINFÄRBEN.

Die benötigten Dateien für diesen Workshop finden Sie auf der DVD unter BEISPIELMATERIAL/ 26_INTEGRATION_VIDEO/FLASH.

Gleiche Quelle
Wurde das Rohmaterial in After Effects mehrfach verwendet, so übernimmt dies Flash und legt ebenfalls nur eine Quelldatei in die Bibliothek. Dazu müssen die Exportvoraussetzungen erfüllt sein.

▼ **Abbildung 26.9**
Diese Komposition soll nach Flash exportiert werden.

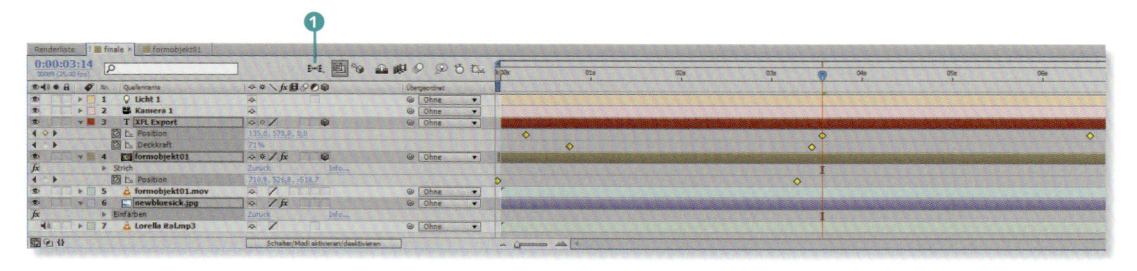

Kapitel 26 Video-Workflow mit After Effects CS6

▲ Abbildung 26.10
Die Komposition ist mit einigen Animationen vollgepackt.

2 XFL-Export

Um die Ausgabezeit zu verkürzen, stellen Sie für diesen Test den Arbeitsbereich eventuell auf eine Sekunde Länge.

Für den Export gehen Sie über Datei • Exportieren • Adobe Flash Professional (XFL). Es öffnet sich der Dialog Adobe Flash Professional (XFL)-Einstellungen.

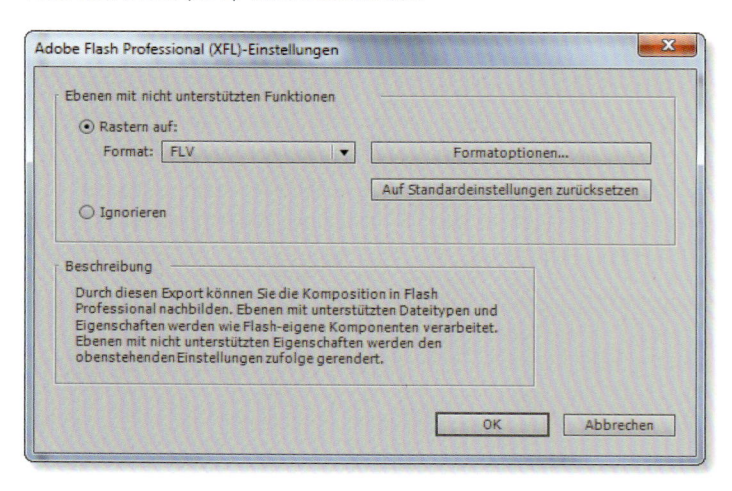

Abbildung 26.11 ▶
Der Dialog für den XFL-Export öffnet sich.

Wie beim Export von SWF-Dateien können Sie hier nicht unterstützte Funktionen bei der Ausgabe rastern lassen. Wenn Sie Ignorieren wählen, werden diese Funktionen einfach übergangen, ansonsten stehen FLV und PNG als Formate zur Verfügung. Das heißt, Ihre nicht unterstützten Animationen werden dann in eines der Formate gerendert. Klicken Sie auf Formatoptionen. Wählen Sie im Dialog FLV-Optionen unter Bitrateneinstellungen eine konstante Bitrate (CBR) für Videos mit wenig Bewegung oder eine variable Bitrate (VBR) für Videos mit vielen Änderungen und Bewegungen.

Weitere Informationen zu den Einstellungen finden Sie in Abschnitt 15.3, »Ausgabe ins Flash-Video-Format (FLV + F4V)«. Bestätigen Sie die Dialoge mit OK, wählen Sie dann einen Dateinamen, und klicken Sie auf Sichern. Nun startet After Effects die Ausgabe.

XFL-Exportformat

Für den Export von XFL-Dateien ist das Format FLV Standard, daher können Sie im Dialog (XFL)-Einstellungen nicht das F4V-Format wählen.

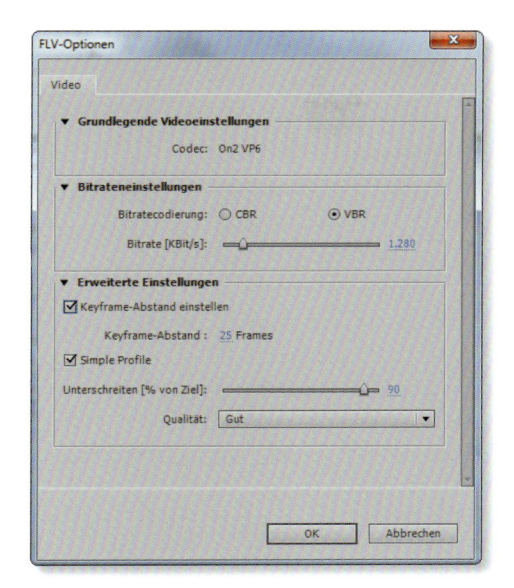

26.2 Zusammenarbeit mit Adobe Flash Professional

◄ **Abbildung 26.12**
Der Dialog für die FLV-Einstellungen

3 XFL in Flash

Um die XFL-Datei in Flash anzuzeigen, nehmen Sie den Weg DATEI • ÖFFNEN und wählen die XFL-Datei aus. Danach finden wir die Animation in Flash vor. Allerdings sieht sie übel zugerichtet aus. Von unseren Ebenen gibt es noch die JPG-, die Movie-Ebene und die Ebene der verschachtelten Komposition. Alle Animationen wurden als gerenderte FLV-Dateien in Movieclips eingebettet, wobei die Kompression sich stark auf die Videos ausgewirkt hat. Durch die Art der Übernahme ist ein Zugriff auf sämtliche Keyframes, Maskierungen etc. nicht mehr möglich. Um die Audiodatei ist es mucksmäuschenstill geworden. Der Export als XFL ist also nur sinnvoll, wenn wir eine Menge After-Effects-Funktionen weglassen.

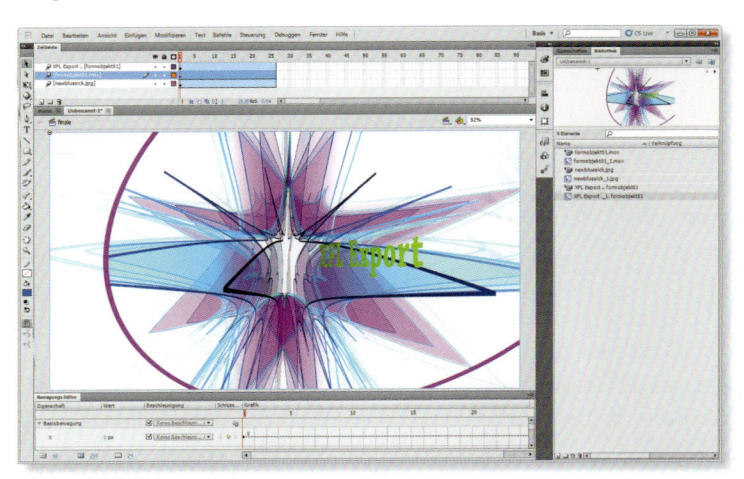

◄ **Abbildung 26.13**
In Flash sind von den Animationen nur gerenderte Filme übrig geblieben.

849

Einschränkungen beim XFL-Export

Die Gründe dafür, warum die Ebenen unserer Beispieldatei nicht wie gewünscht übernommen wurden, können Sie dem Bericht entnehmen, den After Effects automatisch in dieser Sache generiert hat. Er befindet sich im gleichen Ordner wie die exportierte XFL-Datei. Da stehen Gründe wie: die Ebene sei keine AV-, Text- oder Formebene, oder sie sei dreidimensional etc.

Damit beim XFL-Export alle Ebenen genauso in die XFL-Datei übernommen werden, wie sie erstellt wurden, müssen Sie auf Folgendes achten:

- Die exportierte Komposition darf keine 3D-, Text-, Form-, Einstellungs-, Kamera- oder Lichtebenen enthalten.
- Die Framerate des importierten Rohmaterials muss der Framerate der Komposition entsprechen.
- Das importierte Rohmaterial wurde in After Effects nicht beschnitten.
- Die Komposition enthält keine Ebenen, die über den ersten oder letzten Frame des Arbeitsbereichs hinausragen.
- Es wurden keine Effekte angewendet.
- Es wurde weder eine Zeitverzerrung noch eine Bewegungsunschärfe, eine Frame-Überblendung oder die Option TRANSPARENZ ERHALTEN angewendet.
- Den Ebenen dürfen Sie keine Maskierungen hinzufügen.
- Obere Ebenen dürfen keine Füllmethoden enthalten (ausgenommen NORMAL).
- Außer den Eigenschaften ANKERPUNKT, POSITION, SKALIERUNG, DREHUNG und DECKKRAFT sollten Sie den Ebenen keine weiteren Eigenschaften hinzufügen.
- Das Rohmaterial sollte aus einer JPEG-, einer PNG-Sequenz oder aus einer FLV-Datei bestehen.
- Reine Audioebenen werden ignoriert.
- Die After-Effects-Komposition sollte mit einem Pixel-Seitenverhältnis von 1,0 angelegt sein, da Flash andere Pixel-Seitenverhältnisse nicht unterstützt.

Die Keyframes der Eigenschaften ANKERPUNKT, POSITION, SKALIERUNG, DREHUNG und DECKKRAFT werden nach Flash in stark veränderter Form übernommen. Flash erstellt nämlich für jeden Frame der Animation einen eigenen Keyframe. Dadurch haben Sie anschließend in Flash keinen Überblick mehr, zu welchen Zeitpunkten Sie in After Effects die Keyframes gesetzt hatten. Außerdem beziehen sich in Flash sämtliche Animationen nicht mehr auf den Mittelpunkt einer Ebene (in After Effects liegt der Mittel- bzw. Ankerpunkt standardmäßig in der Mitte), sondern auf

Speicherwarnung

Flash lädt beim Öffnen der XFL-Datei alle Objekte in den Speicher. Für Kompositionen, deren Objekte größer als 580 MB oder deren resultierende PNG-Sequenzen größer als 1.050 Frames sind, gibt After Effects eine Warnmeldung aus, da solche XFL-Dateien eventuell in Flash nicht zu öffnen sind. Es empfiehlt sich dann, die Sequenzen in FLV-Dateien vorzurendern.

26.2 Zusammenarbeit mit Adobe Flash Professional

die linke obere Ecke. Da Flash nicht mit denselben Eigenschaften wie After Effects arbeitet, um Bewegungen darzustellen, ergeben sich auch auf der Bühne andere oder mehr Keyframes als in After Effects, so dass die Modifikation der Animation nur sehr gewöhnungsbedürftig möglich ist.

Sollte Ihr Rohmaterial ein anderes Dateiformat aufweisen als JPEG, PNG oder FLV, wird es beim Export in PNG oder FLV umgewandelt. In diesem Fall werden Keyframes nach Flash ebenfalls wie beschrieben übernommen – aber nur, wenn Sie ansonsten die oben genannten Voraussetzungen eingehalten haben.

Haben Sie die ganzen Einschränkungen zuvor in den Wind geschrieben, versucht After Effects, Ihre Ebenen möglichst als Einzelebenen zu rastern, wobei dann die Keyframes vollständig verlorengehen. Aber auch hierfür gelten einige der obigen Einschränkungen. So darf die Ebene keine Maske enthalten, keine 3D-, Kamera-, Licht- oder reine Audioebene sein, keine Füllmethoden außer NORMAL enthalten etc. Andere Ebenen werden in Gruppen zusammengefasst und ebenfalls gerastert, ohne dass Keyframes erhalten bleiben.

32-Bit-Projekte
Sie sollten bei der Arbeit für Flash vermeiden, Projekte in 32 Bit anzulegen, da dies zu Farbindifferenzen führen kann. 8-Bit- und 16-Bit-Projekte stellen kein Problem dar.

Transparenzen
Wollen Sie, dass die Transparenzen Ihres in After Effects verwendeten Rohmaterials in Flash erhalten bleiben, ist es günstig, von vornherein PNG-Sequenzen zu verwenden.

▼ **Abbildung 26.14**
Wie wird diese kleine Animation in Flash aussehen?

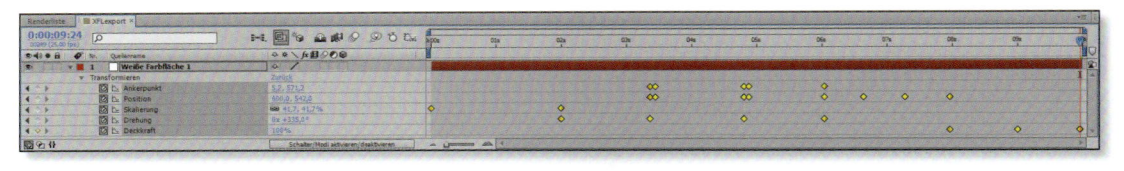

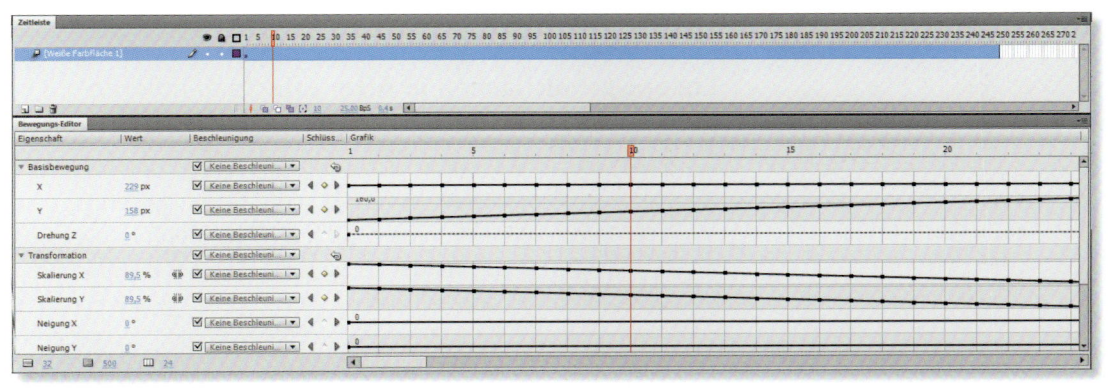

▲ **Abbildung 26.15**
In Flash gibt es – unübersichtlich – pro Frame einen Keyframe, und die Eigenschaften tragen teils andere Namen als in After Effects.

Fazit | Da komplexere Projekte mit Effekten und 3D-Ebenen etc. nur als gerasterte Dateien nach Flash übernommen werden, wächst für Flash-Ausgaben die Datenmenge meist zu stark an. Außerdem haben Sie keinen Zugriff mehr auf die zuvor erstellten Keyframes. Komplexe Kompositionen könnten Sie anstelle des Exports also auch einfach als FLV rendern und anschließend in Flash importieren.

> **Ankerpunkt**
>
> Wenn Sie in After Effects den Ankerpunkt animieren, kann Flash das nicht widerspiegeln, da der Transformationspunkt in Flash nicht gleichermaßen animierbar ist. Die Bewegung wird daher in X- und Y-Keyframes umgesetzt.

Für sehr einfache Animationen mit den Transformationseigenschaften einer Ebene (ANKERPUNKT, POSITION, SKALIERUNG, DREHUNG und DECKKRAFT) mit gut vorbereitetem Rohmaterial (PNGs, FLVs) ist der XFL-Export jedoch gut geeignet, da auch die einzelnen Ebenen erhalten bleiben und Sie die Animationen verändern können.

26.3 Zusammenarbeit mit Adobe Encore

Das Authoring-Programm Encore ist ein weiteres Produkt aus dem Hause Adobe, das sich nahtlos in After Effects integrieren lässt. Menüs aus Encore lassen sich in After Effects animieren und in Encore weiterverwenden.

Im Zusammenhang mit dem Erstellen von DVD-Menüs sollte eigentlich zuerst Photoshop erwähnt werden. Aufgrund der hervorragenden Zusammenarbeit von Photoshop und Encore werden die DVD-Menüs für die weitere Verwendung in Encore zumeist in Photoshop erstellt. Alle Elemente, die nötig sind, um eine Schaltfläche für Encore zu kreieren, können Sie in Photoshop als Ebenengruppen entwerfen und in Encore als Menü importieren. Mit Encore wiederum lässt sich aus einem DVD-Menü ein After-Effects-Projekt erzeugen, um Schaltflächen in After Effects zu animieren. Das animierte Ergebnis ist danach in Encore beispielsweise als Intro der DVD-Menüs verwertbar.

Encore-Schaltflächen in After Effects animieren

Haben Sie in Encore ein Menü erstellt, dessen Schaltflächen animiert werden sollen, bietet sich After Effects an, um damit die Animation zu bewerkstelligen. Aus Encore heraus generieren Sie ein After-Effects-Projekt, in dem dann die Animation erfolgt. Das Ergebnis der Animation rendern Sie anschließend und importieren es in Encore, um es dort beispielsweise als Intro zu verwenden.

Um aus Encore heraus ein After-Effects-Projekt zu generieren, suchen Sie ein in Encore geschaffenes Menü im Projektfenster aus und wählen dann MENÜ • AFTER EFFECTS-KOMPOSITION ERSTELLEN.

> **Encore-Beispielmaterial**
>
> Zum Ausprobieren liegt die PSD-Datei »commercials.psd« im Ordner 26_INTEGRATION_VIDEO/ENCORE auf der DVD bereit. In Encore wählen Sie den Importbefehl ALS MENÜ IMPORTIEREN.

Das Menü wird für After Effects als PSD-Datei unter einem von Ihnen festgelegten Namen gespeichert. Kurz darauf wird ein After-Effects-Projekt geöffnet, das Ihr Encore-Menü als Komposition enthält. Gleichzeitig wird die Renderliste angezeigt.

Die Animation kann nun mit den in der Komposition enthaltenen Elementen erfolgen.

26.3 Zusammenarbeit mit Adobe Encore

Um später für Encore sicherzustellen, dass Schaltflächenmarkierungen richtig ausgerichtet sind, sollten Sie am Ende der Animation dort eine Ebenenmarke hinzufügen, wo die Animationen enden und der Loop beginnen soll (Sie können Ihre Animation in Encore per Schleifenanzahl loopen lassen). Die Ebenenmarke benennen Sie z. B. mit »Schleifenmarke«.

Achten Sie darauf, dass alle Animationen an dieser Ebenenmarke enden und beim Loopen keine Sprünge in der Animation entstehen.

Danach rendern Sie die Komposition als unkomprimiertes AVI mit bester Qualität. Als Ausgabeformat ist nur AVI für den späteren Import in Encore geeignet. Falls Sie aus Encore heraus später noch Änderungen an der After-Effects-Komposition beabsichtigen, empfiehlt es sich, eine Projektverknüpfung mitzuspeichern. Sie können dann über den in den Adobe-Programmen enthaltenen Befehl ORIGINAL BEARBEITEN oder [Strg]+[E] schnell Modifikationen vornehmen.

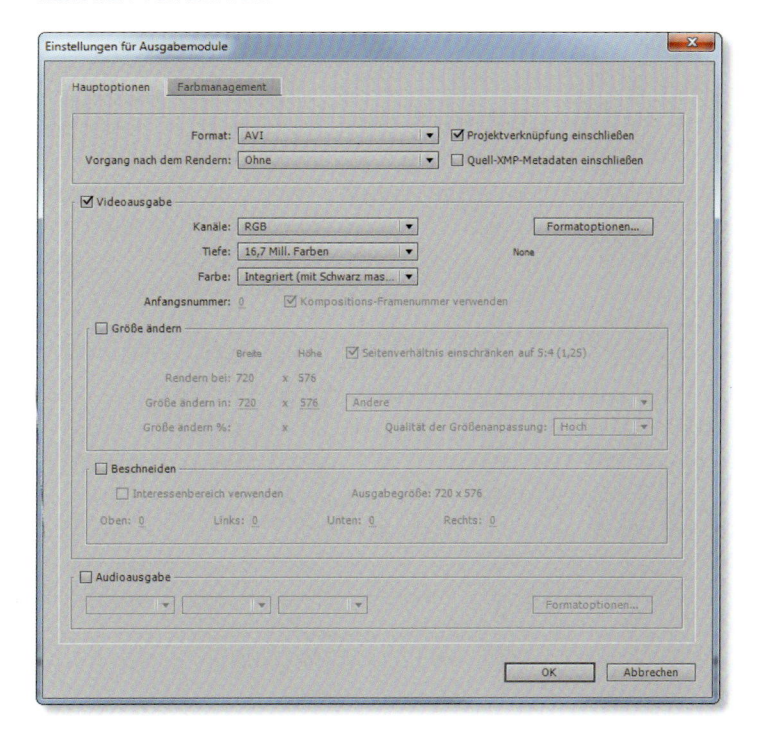

◄ **Abbildung 26.16**
Die hier abgebildeten After-Effects-Ausgabeeinstellungen sollten Sie beim Rendern einer Animation für den Import in Encore wählen.

Nach dem Rendern öffnen Sie in Encore das Originalmenü per Doppelklick und rufen dann den Importbefehl ALS ASSET IMPORTIEREN auf, um das entstandene AVI in Encore zu verwenden. Das unkomprimierte AVI wird beim Import automatisch in das

MPEG-2-Format umgewandelt. Dies ist auch der Grund, warum Sie die Animation unkomprimiert aus After Effects ausgeben sollten.

Im Encore-Ebenenfenster schalten Sie per Klick auf das Augen-Symbol sämtliche Ebenen aus, da diese sonst die Animation überlagern.

Um das Originalmenü mit dem animierten Videomenü auszutauschen, markieren Sie das Menü im Projektfenster und öffnen in der Karte EIGENSCHAFTEN die Karte BEWEGUNG. Dort ziehen Sie das Gummiband vom Eintrag VIDEO aus auf die importierte Videodatei im Projektfenster. Unter SCHLEIFENMARKE geben Sie den Zeitpunkt an, ab dem das Menü loopen soll, und unter SCHLEIFENANZAHL die Anzahl der Wiederholungen. Die Animation sehen Sie dann in der Projektvorschau.

26.4 Adobe Dynamic Link

Über Adobe Dynamic Link – jedoch nur in der Production Premium und Master Collection – haben Sie in den Anwendungen Premiere Pro und Encore Zugriff auf Kompositionen aus After Effects. Der Arbeitsprozess wird dadurch sehr organisch gestaltet.

Adobe Dynamic Link ermöglicht die Übernahme von Kompositionen aus After Effects in Premiere Pro und Encore. Kompositionen müssen Sie nicht mehr erst rendern, um sie in den beiden anderen Applikationen zu verwenden. Umgekehrt können Sie in After Effects per Dynamic Link Premiere-Pro-Sequenzen ohne Zwischenrendern importieren. Außerdem kann auch Premiere Pro seine Sequenzen dynamisch mit Encore verlinken. Sie können also eine After-Effects-Komposition in Premiere Pro verlinken und die Premiere-Sequenz in Encore. Der Clou dabei ist: Wenn Sie in der Komposition innerhalb von After Effects Änderungen vornehmen und zuvor das Projekt speichern, werden diese Änderungen sofort auch in Premiere Pro bzw. Encore ohne zeit- und platzraubendes Rendering sichtbar. Und: Sämtliche in After Effects erstellten Animationen, Effekte etc. werden in den verbundenen Applikationen hundertprozentig gleich angezeigt. Ebenso verhält es sich umgekehrt, wenn Sie eine Premiere-Pro-Sequenz mit After Effects verlinkt haben. Die verlinkten Kompositionen oder Sequenzen können Sie behandeln wie jedes andere Rohmaterial auch, der einzige Unterschied ist eben, dass Änderungen in den verknüpften Programmen automatisch aktualisiert werden. Somit ergibt sich ein sehr produktiver Workflow innerhalb dieser drei Applikationen.

Übrigens: Sie können auch in Premiere Pro After-Effects-Kompositionen starten und in After Effects Premiere-Pro-Sequenzen. Diese sind danach im jeweiligen Programm verfügbar.

After-Effects-Komposition verknüpfen

Sie finden die Option in Premiere Pro und Encore unter DATEI • ADOBE DYNAMIC LINK • AFTER EFFECTS-KOMPOSITION IMPORTIEREN. Suchen Sie dann ein Projekt aus. Die darin enthaltenen Kompositionen werden im Dialog KOMPOSITION IMPORTIEREN angezeigt, und Sie fügen sie per Doppelklick oder mit OK hinzu. Der Import per Drag & Drop von Projektfenster zu Projektfenster ist ebenfalls möglich.

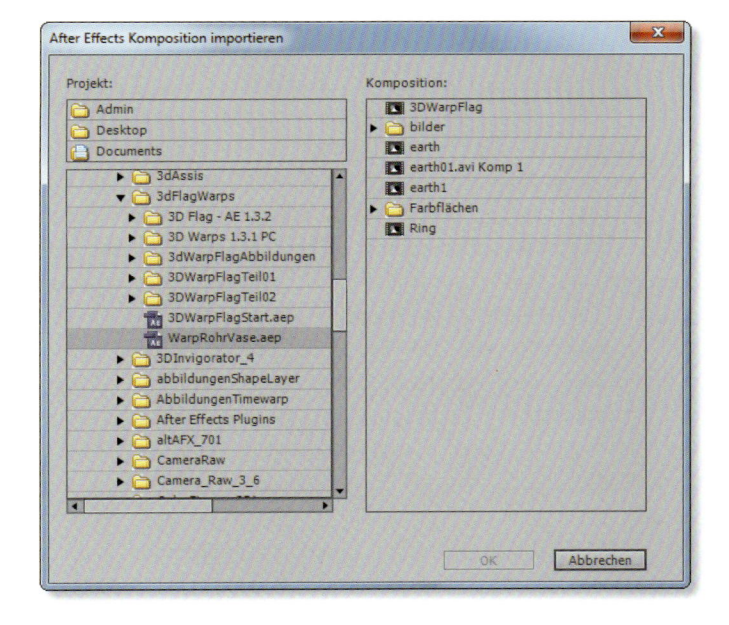

Metadaten per Dynamic Link

Metadaten werden auch bei per Dynamic Link verknüpften Kompositionen oder Sequenzen unterstützt. Somit ist es auch möglich, in After Effects Premiere-Sequenzen nach Schlüsselwörtern zu durchsuchen. Mehr dazu erfahren Sie in Abschnitt 8.6, »XMP-Metadaten«.

RGB zu YUV

Dynamisch verknüpfte Kompositionen werden in Premiere Pro vom After-Effects-Farbraum (RGB) in den Premiere-Pro-Farbraum (YUV) umgewandelt, wenn Sie ein entsprechendes Ausgabeformat gewählt haben.

◀ **Abbildung 26.17**
Auf der linken Seite des Importdialogs suchen Sie das Projekt. Auf der rechten Seite sehen Sie die enthaltenen Kompositionen.

Hervorzuheben ist, dass die After-Effects-Kompositionen vor der Verwendung in einer der beiden anderen Applikationen nicht erst gerendert werden müssen. Notwendig ist es allerdings, das After-Effects-Projekt zuvor zu speichern.

Die Inhalte der Kompositionen werden wie gerendertes Material in Premiere Pro oder Encore eingefügt. Dabei wird allerdings nur eine Verknüpfung zu der After-Effects-Komposition geschaffen. After Effects rendert daher die Komposition im Hintergrund, wenn diese in Premiere Pro oder Encore angezeigt werden soll. Somit ist es auch nicht verwunderlich, dass sämtliche Effekte, Texte oder sonstigen Einstellungen, die in After Effects erstellt wurden, in den drei Applikationen korrekt dargestellt werden.

Das Rendern im Hintergrund hat dafür seinen Preis und geht auf alten Systemen zu Lasten der Vorschaugeschwindigkeit. Sie können sich Abhilfe mit Offline-Kompositionen schaffen, wie ich später noch im Abschnitt »Offlinekompositionen« auf Seite 858 erläutern werde.

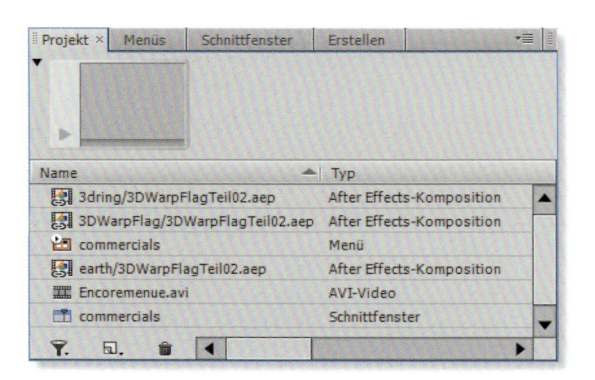

Abbildung 26.18 ▶
Verknüpfte Kompositionen werden wie hier in Encore mit einem Verketten-Symbol im Projektfenster gekennzeichnet.

Sehr angenehm ist, dass Änderungen, die Sie an verknüpften Kompositionen in After Effects vornehmen, in den anderen Applikationen sofort aktualisiert werden. In Premiere Pro können Sie dazu die verlinkte Komposition wie anderes Material auch einer Sequenz hinzufügen und mit allen Premiere-Pro-Werkzeugen bearbeiten. Auch in Encore können Sie alle Werkzeuge zur Bearbeitung verwenden. Wenn die After-Effects-Komposition Audiomaterial enthält, wird dieses in allen Anwendungen ebenfalls separat verlinkt. Modifizierungen daran in After Effects werden in allen Applikationen unabhängig vom Bildmaterial aktualisiert. Mehrere Audioebenen werden grundsätzlich zu einer Spur zusammengefasst.

Sollten Sie das After-Effects-Projekt unter neuem Namen abspeichern, verwenden Premiere Pro und Encore weiterhin die Kompositionen des alten Projekts. Änderungen im neuen Projekt werden also nicht übernommen.

Projektnummerierung

Unter BEARBEITEN • VOREINSTELLUNGEN • ALLGEMEIN können Sie seit CS6 ein Häkchen bei DYNAMIC LINK NUTZT IN AFTER EFFECTS DEN PROJEKTDATEINAMEN MIT DER HÖCHSTEN ZAHL setzen. Dieses Häkchen ist dann wichtig, wenn Sie Ihre Projekte mit fortlaufender Nummerierung via DATEI INKREMENTIEREN UND SPEICHERN sichern, denn After Effects fügt in diesem Falle jeder auf diesem Weg gesicherten Datei automatisch eine Nummer hinzu.

Ist das Häkchen nicht gesetzt, nutzen Premiere und Encore die verlinkten Kompositionen aus dem zuerst verwendeten After-Effects-Projekt. Ist das Häkchen gesetzt, nutzen sie verlinkte Kompositionen immer aus dem Projekt mit der höchsten Nummer.

Premiere-Pro-Clip durch After-Effects-Komposition ersetzen

In Premiere Pro haben Sie die schöne Möglichkeit, Clips innerhalb einer Sequenz durch eine After-Effects-Komposition zu ersetzen.

In Premiere Pro markieren Sie dazu die entsprechenden Clips und klicken sie dann mit der rechten Maustaste an. Im Kontextmenü wählen Sie den Eintrag DURCH AFTER EFFECTS-KOMPOSITION ERSETZEN. Daraufhin wird ein After-Effects-Projekt gestartet, das Sie zuerst abspeichern müssen.

26.4 Adobe Dynamic Link

Automatisch legt After Effects eine Komposition mit dem Namenszusatz »Verbundene Komposition« an.

In Premiere Pro sind die zuvor markierten Clips nun ebenfalls unter dem Titel VERBUNDENE KOMPOSITION zusammengefasst. Sämtliche Änderungen in der After-Effects-Komposition – ob es sich dabei um Effektbearbeitungen oder Textanimationen handelt – werden genauso in Premiere Pro übernommen.

Verbindung des Clips deaktivieren | In Premiere Pro können Sie die Verbindung eines Clips zu einer verlinkten Komposition zeitweise unterbrechen. Dazu markieren Sie den Clip in der Zeitleiste und wählen die Option CLIP • AKTIVIEREN. Das dort befindliche Häkchen wird entfernt – die Verbindung ist unterbrochen. Zum erneuten Aktivieren nehmen Sie den gleichen Weg.

An Encore senden | Die in Premiere enthaltene Sequenz, die wiederum die verbundene After-Effects-Komposition enthält, können Sie anschließend noch mit Encore verknüpfen und von dort aus auf DVD oder Blu-ray ausgeben. Dazu markieren Sie in Premiere Pro die Sequenz im Projektfenster und wählen DATEI • ADOBE DYNAMIC LINK • AN ENCORE SENDEN.

Sie werden zunächst aufgefordert, die Encore-Datei zu speichern. Anschließend transcodiert Encore die Sequenz. Sollten Sie nun weitere Änderungen in der verbundenen Komposition in After Effects vornehmen, erscheinen diese sofort danach in Premiere Pro und Encore. Alles ganz ohne zu rendern. Allerdings sollten Sie nach jeder Änderung in After Effects Ihr Projekt immer speichern.

Verlinkungen löschen
In Premiere Pro oder Encore enthaltene verknüpfte Kompositionen löschen Sie mit der Taste [Entf]. Bei Premiere Pro ist dies sowohl im Schnittfenster als auch im Projektfenster möglich. Bei Encore ist es nur möglich, wenn die Komposition nicht innerhalb des Projekts verwendet wird.

Original bearbeiten
Mit der Tastenkombination [Strg]+[E] können Sie eine im Projektfenster einer Adobe-Anwendung markierte Datei in der jeweiligen Originalanwendung öffnen und dort bearbeiten. Änderungen werden in dem Programm, von dem aus Sie die Bearbeitung gestartet haben, sofort aktualisiert. Für Kompositionen, die über Dynamic Link verknüpft wurden, gilt der Befehl in gleicher Weise.

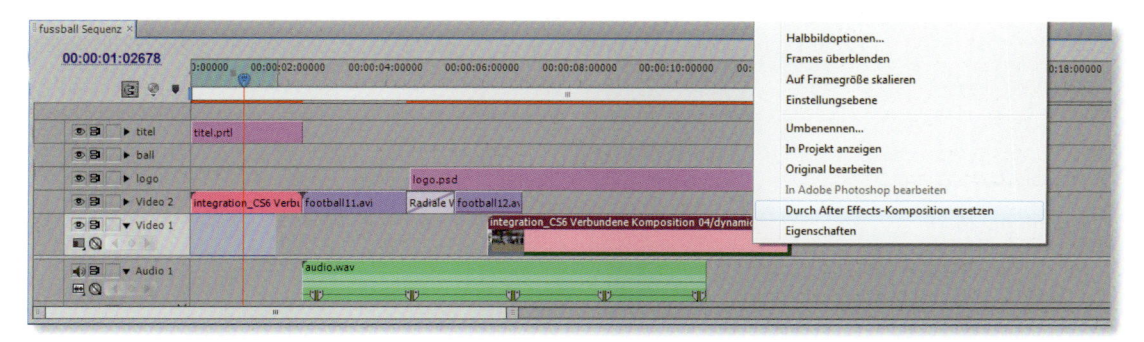

▲ **Abbildung 26.19**
In Premiere Pro werden Clips markiert und durch eine After-Effects-Komposition ersetzt.

Neue After-Effects-Komposition

Sie finden die Option in Premiere Pro und Encore unter DATEI • ADOBE DYNAMIC LINK • NEUE AFTER EFFECTS-KOMPOSITION.

> **Kompositionsnamen ändern**
>
> Sie können Kompositionen umbenennen, die mit anderen Anwendungen verknüpft wurden, ohne die Verknüpfung dadurch zu deaktivieren. Allerdings verwenden die anderen Anwendungen weiterhin den alten Kompositionsnamen.

Wenn After Effects noch nicht geöffnet ist, wird es über die obige Option gestartet, und es werden ein neues Projekt sowie eine neue Komposition angelegt. In bereits geöffneten After-Effects-Projekten wird eine neue Komposition erstellt. Diese Komposition ist dynamisch verknüpft. Die Möglichkeiten sind also die gleichen wie bei den oben beschriebenen verknüpften Kompositionen.

Die Größe der neuen Komposition entspricht der des Premiere-Pro- bzw. Encore-Projekts, wenn Sie im Dialog NEUE AFTER EFFECTS KOMPOSITION nichts ändern. Auch das Pixel-Seitenverhältnis, die Framerate und die Audiosamplerate werden übernommen.

Premiere-Pro-Sequenzen verlinken

In After Effects und Encore haben Sie die Möglichkeit, Premiere-Pro-Sequenzen über Dynamic Link zu verknüpfen. Wählen Sie dazu DATEI • ADOBE DYNAMIC LINK • PREMIERE PRO-SEQUENZ IMPORTIEREN. Änderungen an der Sequenz werden in den verknüpften Programmen sofort aktualisiert.

Offlinekompositionen

Offlinekompositionen sind sinnvoll, wenn sich die Anzeige der verlinkten Kompositionen in Premiere Pro oder Encore sehr verlangsamt. Es ist aber auch möglich, dass eine Komposition offline angezeigt wird, wenn Sie das After-Effects-Projekt mit der verknüpften Komposition gelöscht, verschoben oder umbenannt haben.

Um eine Komposition offline zu stellen, wählen Sie in Premiere Pro bei markierter Komposition PROJEKT • OFFLINE BEARBEITEN. In Encore wird die Komposition in eine DVD-kompatible Datei konvertiert, um sie offline zu stellen. Wählen Sie dazu DATEI • JETZT TRANSKODIEREN.

Wenn Sie die Komposition erneut verlinken wollen, wählen Sie einen der folgenden Wege:

1. In **Adobe Premiere Pro** markieren Sie die Komposition im Projektfenster und wählen PROJEKT • MEDIEN VERBINDEN. Suchen Sie anschließend das Projekt aus, das die zuvor verlinkte Komposition enthält, und klicken Sie es doppelt an, oder betätigen Sie die Schaltfläche AUSWÄHLEN. Es sollte automatisch die richtige Komposition neu verlinkt werden.

2. In **Encore** wählen Sie die Komposition im Projektfenster aus. Klicken Sie dann mit der rechten Maustaste auf die Komposi-

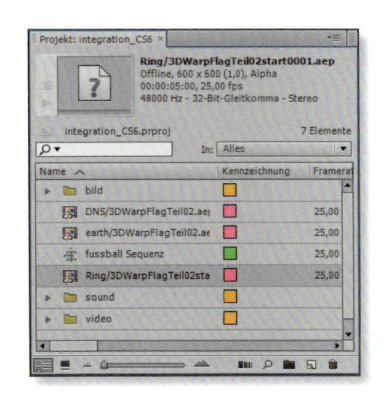

▲ **Abbildung 26.20**
Offlinekompositionen werden mit einem durchgestrichenen Verketten-Symbol wie hier im Premiere-Pro-Projektfenster gekennzeichnet.

tion, und wählen Sie ORIGINAL WIEDERHERSTELLEN. Wenn sich ein Textinhalt in After Effects inzwischen von »Bettlerlohn« in »Managergehalt« geändert hat, wird er in Encore nun korrekt aktualisiert.

26.5 Automatic Duck für Apple Final Cut Pro, Apple Motion und Avid

Hätten Sie sich vorstellen können, dass eine automatische Ente der babylonischen Sprachverwirrung Herr werden konnte? Im Falle von Automatic Duck tut sie ihr Bestes, um Informationen zwischen verschiedensten Schnitt- und Compositing-Systemen auszutauschen. Und das Schönste daran ist: Das zuvor kostenpflichtige Plug-in ist seit der Version CS6 in After Effects integriert!

Es ermöglicht die Übersetzung der Zeitleisteninformation und vieler anderer Informationen nach After Effects. Leider geht es darüber nicht auch umgekehrt von After Effects zu anderen Systemen.

Interessant für After Effects ist Automatic Duck deshalb, weil es die Integration mit Final Cut Pro, Avid und Apple Motion sehr vereinfacht.

Automatic Duck im Web
Auf die weitere Entwicklung von Automatic Duck darf man gespannt sein. Verfolgen können Sie sie unter *www.automaticduck.com*.

Export und Import

Automatic Duck arbeitet beim Export und Import XML-, AAF- und OMF-basiert. XML-Dateien haben dabei den Vorteil, dass eine große Menge verschiedener Informationen eingebettet werden können. Solch eine XML-Datei können Sie in After Effects über Automatic Duck importieren.

◄ **Abbildung 26.21**
Das Plug-in Automatic Duck hilft sehr dabei, Informationen zwischen verschiedensten Schnitt- und Compositing-Systemen auszutauschen.

»Modify Settings« | Über die Schaltfläche Modify Settings im Dialog Pro Import After Effects gelangen Sie in die Importeinstellungen. Hier legen Sie fest, wie mit Final-Cut- und Avid-Dateien beim Import verfahren werden soll. Für eine detaillierte Beschreibung aller Optionen und Erläuterungen, wie Automatic Duck Funktionen vom einen ins andere Programm übersetzt, konsultieren Sie am besten den User Guide »Pro Import AE 5.0«. Sollte dieser über die Schaltfläche Hilfe nicht aufrufbar sein, finden Sie ihn hier: *http://www.automaticduck.com/user_guides/piae5/UserGuide.pdf*. Einen kurzen Überblick geben die nächsten Seiten.

Final Cut Pro | Aus Final Cut Pro exportieren Sie eine AAF- oder eine XML-Datei über Ablage • Export • AAF bzw. XML.

Der Import dieser Datei in After Effects funktioniert ganz ähnlich über Datei • Importieren • Pro Import After Effects. Dabei werden nicht nur die Schnittdaten übertragen, sondern auch gleich die verknüpften Mediendateien importiert und säuberlich in einem Extra-Ordner verwahrt. Durch die importierten Dateien ist Ihnen die Möglichkeit gegeben, die Clips innerhalb von After Effects neu zu trimmen oder den Inhalt eines Clips zu verschieben. Mehr Informationen dazu finden Sie in Abschnitt 8.3, »Trimmen von Ebenen«.

AAF und OMF

Das Format AAF (Advanced Authoring Format) dient zum Austausch multimedialer Inhalte, enthält selbst aber keine Medien, wie Audio- und Videodateien, sondern nur Bearbeitungsinformationen und Verknüpfungen zu den Medien. Dies können auch OMF-Dateien sein. Das Format OMF (Open Media Framework) kann sowohl Projektinformationen als auch Medien enthalten.

In den Versionen CS5 und CS5.5 konnte After Effects weder AAF- noch OMF-Dateien importieren, außer über Automatic Duck.

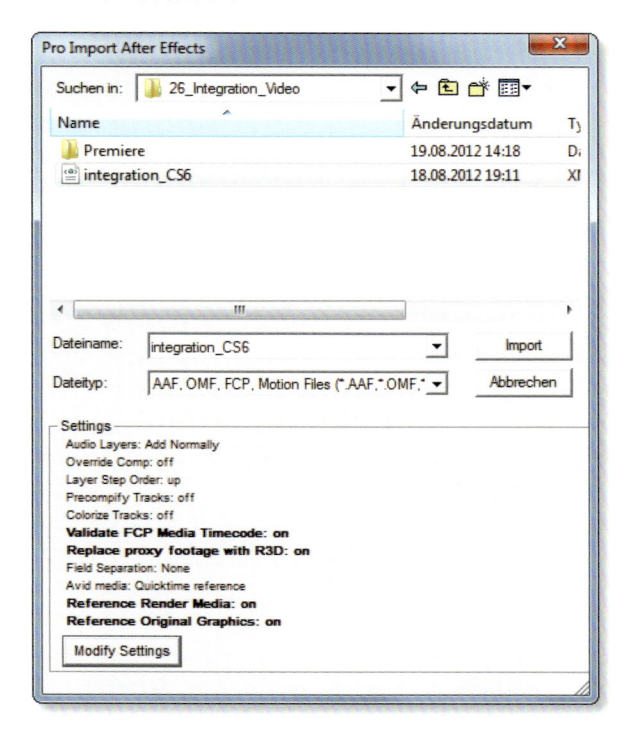

Abbildung 26.22 ▶
Via Pro Import After Effects importieren Sie AAF-, OMF-, XML- und MOTN-Dateien.

Avid | Für Avid erfolgt die Übernahme von Projekten nach After Effects über eine AAF- oder eine OMF-Datei. Diese erzeugen Sie aus Avid über FILE • EXPORT. Im Dialog EXPORT AS gehen Sie auf OPTIONS und wählen im Fenster EXPORT SETTINGS unter EXPORT AS den Eintrag AAF bzw. OMF.

Der Import in After Effects erfolgt wieder über DATEI • IMPORTIEREN • PRO IMPORT AFTER EFFECTS. Dazu wählen Sie die AAF- bzw. OMF-Datei aus.

Der umgekehrte Weg – von After Effects zu Avid – ist über das Plug-in leider nicht möglich. Es bleibt nur die Ausgabe über die Renderliste, z. B. als fertig gerechnetes AVI.

Apple Motion | Aus Motion heraus müssen Sie nicht erst eine spezielle Datei exportieren. Stattdessen speichern Sie das Projekt einfach. Über den schon erwähnten Importweg wird es dann in After Effects als Komposition mit einem dazugehörigen Ordner angelegt, der die Mediendaten enthält.

Was wird unterstützt?

Das Automatic Duck-Plug-in unterstützt eine Vielzahl an Funktionen für Final Cut Pro, Avid und Motion. Welche es im Detail sind, erfahren Sie hier.

Final Cut Pro | Aus Final Cut Pro werden wie auch in den anderen von Automatic Duck unterstützten Applikationen die meisten Informationen – also Bildgröße, Framerate, Layer, Schnittpunkte (In-/Out-Point), Ebenenmodi und Text von Plug-ins für Untertitel, Multiclips und Clipmarker – übernommen.

Außerdem werden von Final Cut Pro beispielsweise Überblendungen, Deckkraft, Skalierung, Position, Drehung aus dem Tab BEWEGUNG, Text (auch von Untertitelungen), Basic 3D, Geschwindigkeitsänderungen und Freeze Frames, Clip- und Sequenzmarker sowie einige in Final Cut Pro verwendete After-Effects-Plugins von Drittanbietern und deren Einstellungen übernommen. Dazu gehören z. B. Digi Effects, Digital Film Tools, Boris FX, Coremelt, Genarts, Noise Industries und Red Giant Software (nicht sämtliche Plug-ins jedes Herstellers werden unterstützt).

Unterstützt werden auch alle Final-Cut-Pro-Mediendateien wie DVCPRO HD, HDV und XDCAM, R3D-Dateien und DPX-Sequenzen.

Avid | Von Avid werden unter anderem Bildgröße, Framerate, Layer, Schnittpunkte (In-/Out-Point), Überblendungen, Bildüberlagerungen, Freeze Frames, Matte Key, Deckkraft und Positionsinformationen übernommen. Texte, die mit dem Avid Title Tool erstellt wurden, bleiben erhalten. Allerdings werden die Stile nicht übernommen und müssen nachträglich in After Effects angepasst werden. Geschwindigkeitswechsel und Zeitverzerrungen werden in Dehnungswerte bzw. in die After-Effects-Zeitverzerrung übersetzt.

Clips, die Sie in After Effects als einzelne Ebenen einsetzen, können Sie trimmen, und Sie können das Material innerhalb der Schnittpunkte verschieben (Slip Edit). Dies liegt daran, dass auch die Medien in After Effects importiert werden.

Unterstützt werden außerdem ABVB, DV, DV50, Meridien, DNxHD und DVCPRO HD. HDV Native Media und 720p 1:1 werden nicht unterstützt.

Apple Motion | Für Apple Motion werden Deckkraft, Skalierung, Position, Drehung, Text und in Motion verwendete After-Effects-Plugin-Einstellungen sowie Effekteinstellungen von Drittanbietern wie z. B. Digi Effects, Digital Film Tools, Boris FX, Coremelt, Genarts, Noise Industries und Red Giant Software (allerdings nicht sämtliche Plug-ins jedes Herstellers) unterstützt. Außerdem werden Marker und Blendmodi übernommen. Die Framerate des After-Effects-Footage wird an die Wiedergabegeschwindigkeit der Motion-Medien angepasst.

Ebenen, die in Motion einen einzigen Clip enthalten, werden nach After Effects als einzelne Layer übersetzt, während Ebenen, die in Motion mehrere Clips enthalten, in After Effects als verschachtelte Kompositionen ihre Entsprechung finden.

Für in Motion kreierte Partikel, Ebenen mit Verhalten und Replikatoren werden beim Import in After Effects Mini-Motion-Projekte mit der Endung ».mov« generiert, so dass After Effects diese wie QuickTime-Filme rendert. Auf diese Weise sind sie in After Effects als Ebenen in den Kompositionen enthalten. Diese Möglichkeit ist allerdings nur Mac-Usern vorbehalten, denn dazu müssen Sie neben After Effects auch Motion auf demselben System installiert haben.

26.6 Zusammenarbeit mit Adobe Audition

Wie bei der Schnittbearbeitung ist es oft sinnvoll, umfangreiche Audiobearbeitungen außerhalb von After Effects vorzunehmen. Inzwischen hat sich Adobe endlich entschieden, mit welchem

26.6 Zusammenarbeit mit Adobe Audition

Programm Audiobearbeitungen in der Adobe-Welt vorgenommen werden sollen, und so heißt es wohl endgültig: Adobe Audition.

Neben den in After Effects verfügbaren Audioeffekten bietet Audition die weit umfangreicheren Bearbeitungsmöglichkeiten. Um die Audiobearbeitung von After Effects aus zu starten, markieren Sie die jeweilige Sound-Ebene im Projektfenster oder in der Zeitleiste und wählen BEARBEITEN • IN ADOBE AUDITION BEARBEITEN.

Nachdem Sie ihren Sound dort bearbeitet haben, wenden Sie die Bearbeitung über DATEI • SPEICHERN an. Die Audiobearbeitung wird dann automatisch in After Effects übernommen und auch bei weiteren Änderungen nach dem Speichern sofort aktualisiert.

Einen kleinen Unterschied zwischen reinen Audiodateien (wie WAV, MP3 etc.) und sogenannten Containerformaten (also Dateien, die sowohl Audio als auch Video enthalten können, wie AVI und MOV) müssen Sie noch beachten: Sie können zwar auch Containerformate über oben genannten Befehl in Audition bearbeiten, müssen anschließend aber den Befehl DATEI • SPEICHERN UNTER wählen. Hier ist ein erneuter Import in After Effects notwendig. Fügen Sie die geänderte Sounddatei zur Komposition hinzu. Den Sound in Ihrer ursprünglichen Video- und Sounddatei sollten Sie dann zugunsten der veränderten Audiodaten ausschalten.

After-Effects-Soundeffekte
Effekte aus der Effekt-Kategorie AUDIO, die Sie in After Effects auf Audiomaterial anwenden, werden von Audition ignoriert.

▼ **Abbildung 26.23**
In Adobe Audition passen Sie von After Effects aus Audiodaten schnell mit gängigen Audiobearbeitungen an.

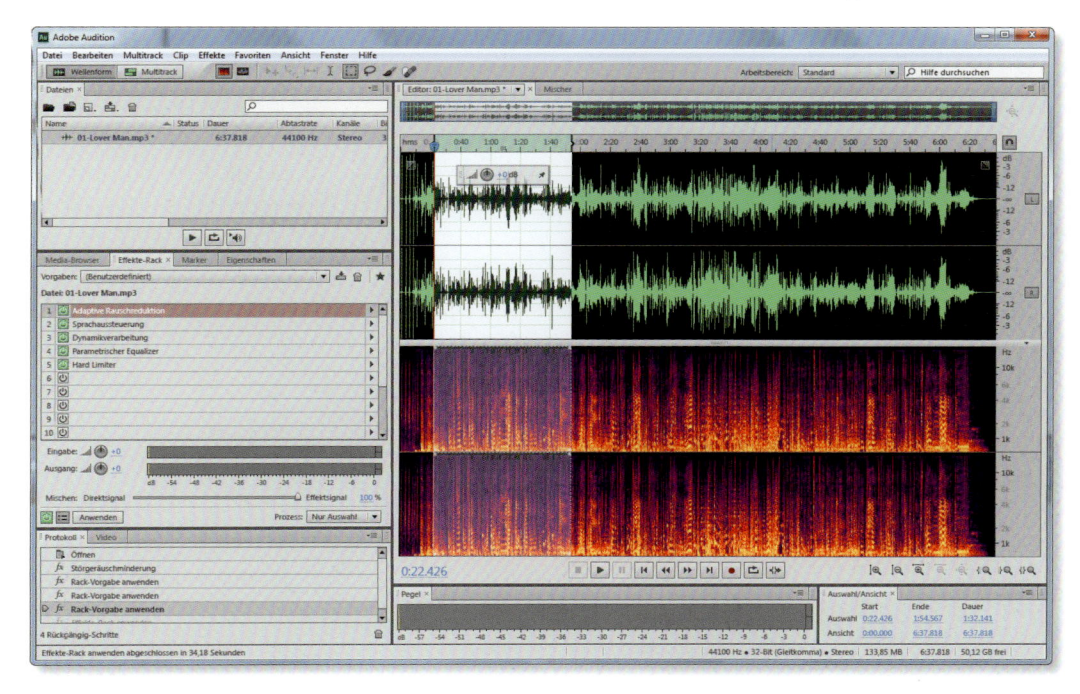

Audio-Hardware Voreinstellung

In After Effects können Sie die Audio-Hardware passend zu Ihrer Soundkarte wählen. Dazu nehmen Sie den Weg: BEARBEITEN • VOREINSTELLUNGEN • AUDIO-HARDWARE. In den Voreinstellungen wählen Sie unter STANDARDGERÄT die entsprechende Audio-Hardware und können über EINSTELLUNGEN weitere Spezifikationen festlegen.

Außerdem können Sie Lautsprecher für die Ausgabe zuordnen. Wählen Sie dazu in den Voreinstellungen den Eintrag ZUORDNUNG DER AUDIO-AUSGÄNGE.

Kapitel 27
Integration mit 3D-Applikationen

In diesem Kapitel geht es um die Verwendung von Kamera- und 3D-Daten aus 3D-Applikationen in After Effects. Oft können nur einige Daten oder ein aus den Programmen ausgegebener Film verwendet werden, manchmal aber auch ganze Projekte.

27.1 Warum externe 3D-Programme nutzen?

Nachdem Sie bereits einige Erfahrungen mit dem 3D-Raum in After Effects gesammelt haben, bleibt immer noch die Frage offen, wie komplexere 3D-Objekte in After Effects nutzbar gemacht werden, da es hier nicht möglich ist, 3D-Objekte zu verformen, von Charakteranimation ganz zu schweigen. Dies wäre ein Grund dafür, spezielle 3D-Programme zu verwenden.

Ein weiterer Grund liegt in den unterschiedlichen Stärken einer 2D-orientierten Anwendung wie After Effects und eines 3D-Programms.

Oft lassen sich Aufgaben wie der Einbau eines 3D-Objekts in eine real gedrehte Filmszene schneller und komfortabler in After Effects bewerkstelligen.

Die Anwendung von Effekten innerhalb eines 3D-Programms kann den Arbeitsprozess sehr verlangsamen. Da After Effects selbst mit einer großen Anzahl an Effekten ausgestattet ist, die Sie durch Plug-ins erweitern können, ist es auch hier oft sinnvoll, eine Kombination aus 3D- und 2D-Compositing zu nutzen.

27.2 Datenübergabe an After Effects

After Effects kann mit verschiedenen 3D-Applikationen wie Autodesk Maya, Maxon Cinema 4D, Autodesk 3ds Max, NewTek LightWave 3D, Luxology modo und weiteren zusammenarbeiten. Wesentlich bei der Zusammenarbeit mit allen 3D-Anwendungen ist die Frage, wie die Datenübergabe von 3D-Programmen an After Effects erfolgt.

Bei der Datenübergabe an After Effects geht es darum, auf Informationen aus der 3D-Szene Zugriff zu haben. Das betrifft die Bewegung der Kamera, die Position von Objekten, Lichtern und weitere spezielle Informationen wie Orientierung und Blickwinkel einer Kamera oder die Lichtfarbe. Diese Informationen werden zusätzlich zu den Farb- und Alphakanälen in Hilfskanälen gespeichert und aus den 3D-Programmen entweder als separate Dateien oder innerhalb einer einzigen Datei ausgegeben.

Notwendig sind diese Daten, um die importierten 3D-Objekte, Lichter und Kameras bestmöglich mit dem 3D-Raum von After Effects in Einklang zu bringen. Kennen Sie die Position eines 3D-Objekts, die Beleuchtung und die Kamerafahrt aus der 3D-Anwendung, können Sie eine in After Effects kreierte 3D-Ebene an ähnlicher Stelle im Raum positionieren, durch die After-Effects-Lichter ähnlich beleuchten und mit einer After-Effects-Kamera aus dem gleichen Blickwinkel betrachten. Je mehr Daten Sie an After Effects übergeben können, desto mehr Kontrollmöglichkeiten bieten sich für eine reibungslose Integration der 3D-Daten.

Eine Einschränkung möchte ich hier noch erwähnen, da ich oft danach gefragt werde: Es ist nicht möglich, einzelne Objekte der importierten 3D-Szenen zu animieren, da diese in After Effects als 2D-Ebenen erscheinen, die das Ergebnis aus der 3D-Applikation oft inklusive der Hilfskanäle enthalten.

Das nachträgliche Verformen und Bewegen von 3D-Objekten aus 3D-Programmen bleibt weiterhin After Effects vorbehalten – aber es ist ja auch ein 2D-Programm. Durch die Einbindung von 3D-Dateien in After Effects erweitern sich die Möglichkeiten dennoch enorm.

Art der Datenübergabe

Die einzelnen 3D-Programme geben unterschiedlich viele Informationen weiter.

Cinema 4D | Besonders hervorzuheben ist die Integration mit Maxon Cinema 4D. Aus dem Programm können Sie sogar ganze After-Effects-Projekte ausgeben. Dadurch ist es möglich, über eine Vielzahl an Daten in After Effects zu verfügen. Da haben die Entwickler von Maxon großartige Arbeit geleistet! Und auch die Ausgabe der Kompositionsdaten von After Effects zu Cinema 4D ist möglich. Doch dazu im Abschnitt »After-Effects-Kompositionsdaten für Cinema 4D exportieren« auf Seite 901 mehr.

RLA und RPF | Eine andere verbreitete Form der Datenübergabe wird über die Formate RLA und RPF gewährleistet. Die Ausgabe in diese Formate ist in verschiedenen 3D-Programmen wie beispielsweise in Autodesk 3ds Max möglich. RLA- und RPF-Dateien enthalten die Rot-, Grün-, Blau- und Alphakanäle (RGBA) und zusätzliche Informationen in den Hilfskanälen wie die Tiefeninformation innerhalb einer einzigen Datei. RPF-Dateien enthalten auch Kameradaten. Die Dateiendungen sind **.rla** bzw. **.rpf**.

OpenEXR | OpenEXR, herausgegeben von Industrial Light and Magic (ILM), ist ein High-Dynamic-Range-Format. Das Format unterteilt sich in Formate, deren Dynamikumfang 16-Bit- bzw. 32-Bit-Gleitkommadarstellung oder 32-Bit-Integer umfassen können. Es kann wie RLA und RPF Rot-, Grün-, Blau- und Alphakanäle und weitere Informationen in etlichen anderen Kanälen speichern.

Da es sich um einen offenen Standard handelt, wird das Format ständig weiterentwickelt. So kommen unter anderem immer neue Kompressionstechniken zum Einsatz. Derzeit entwickelt sich das Format in vielen 3D-Applikationen zum Standard-Render-Format. After Effects unterstützt das Format schon seit längerem, allerdings wird erst seit der Version CS4 der volle Funktionsumfang des Formats ausgeschöpft, wie ich weiter unten noch erläutern werde.

> **3D-Modelle aus Photoshop Extended**
>
> Bis zur Version CS5.5 konnten Sie 3D-Modelle aus Photoshop Extended in After Effects verwenden und über diesen Weg geschaffene Objekte in After Effects wie in einem 3D-Programm drehen, sprich, Sie hatten ein reelles 3D-Objekt.

Tiefeninformation | Basierend auf der Z-Information, also der Tiefeninformation, können Sie einer Ebene in After Effects eine Tiefenschärfe zuweisen. Eine andere Möglichkeit besteht darin, Objekte aus einer 3D-Applikation anhand der Tiefeninformation gezielt ein- oder auszublenden, um die 3D-Ebenen von After Effects zwischen dem Vorder- und Hintergrund einer 3D-Szene zu platzieren.

Die Tiefeninformation wird außer im Falle von RLA und RPF meist als separate Datei ausgegeben. Hier sind Softimage-Dateien und Electric-Image-Dateien zu erwähnen. Softimage-

Dateien mit der Endung **.pic** speichern die Tiefeninformation in einer Datei mit der Endung **.zpic**. Electric-Image-Dateien mit der Dateiendung **.img** legen diese Information in einer Datei mit der Endung **.eiz** ab.

Wie kommt After Effects an die Daten heran?

Wie After Effects die Daten aus den verschiedenen Programmen empfängt, hängt sehr von der verwendeten 3D-Applikation ab. Im besten Falle werden die Kameras und Lichter, die in einer 3D-Szene enthalten sind, nach dem Import in After Effects in gleicher Weise mit den After-Effects-Kameras und -Lichtern dargestellt. Hier ist wieder **Cinema 4D** mit Lorbeeren zu schmücken, das die beste Integration ermöglicht. Besonders komfortabel ist dabei, dass Cinema 4D After-Effects-Kompositionen beim Import selbst kreiert und auch Licht- und Kameraebenen schon mit den passenden Einstellungen anlegt. Diese Möglichkeiten bieten andere Programme nur zum Teil. Zumeist werden Standbilddateien ausgegeben, in denen Kanalinformationen mitgespeichert werden, auf die After Effects mit entsprechenden Effekten zugreifen kann, wie Sie im Abschnitt »3D-Kanaleffekte« auf Seite 876 nachlesen können.

Haben Sie den Weg vom 3D-Programm nach After Effects beschritten, sieht es in After Effects möglicherweise nicht so aus wie erwartet. Denn wenn Sie manche Anpassungen außer Acht lassen, geht es den Kameras, Lichtern und 3D-Ebenen in After Effects wie Bob Harris im Film »Lost in Translation«.

Anpassungen und Vorbereitungen

Bei der Integration von 3D-Programmen mit After Effects müssen Sie auf einige Dinge achten, die nicht programmspezifisch sind. Schauen wir sie uns kurz hier an.

Objektgröße | Damit die 3D-Szene mit dem später in After Effects hinzugefügten Material zusammenpasst, ist es günstig, im 3D-Programm ein Referenzobjekt zu verwenden, das dem in After Effects hinzugefügten entspricht, das also in der Größe des hinzugefügten Textes oder des Videos etc. erstellt wird. Anschließend bauen Sie in Bezug zum Referenzobjekt die 3D-Szene.

Maßeinheiten und Operatoren | Wenn möglich, sollten Sie in den Voreinstellungen des 3D-Programms die Maßeinheiten auf

Pixel umstellen, damit Umrechnungen unnötig sind und es später in After Effects passt.

Oft arbeiten 3D-Programme im Vergleich zu After Effects mit umgekehrten Operatoren für die Positionierung, d. h., ist die Position eines Objekts im 3D-Programm mit einem positiven Wert dargestellt, kann es in After Effects ein negativer Wert sein. In diesem Fall fügen Sie in die betroffenen Eigenschaften (z. B. POSITION und DREHUNG) eine Expression mit folgendem Inhalt hinzu: `-value`. Dies kehrt die Werte ins Gegenteil um.

Position und Ankerpunkt | Die Position von Objekten innerhalb des 3D-Programms benötigen Sie, um in After Effects an gleicher Stelle Ebenen hinzuzufügen. Die Positionsdaten übermitteln Sie an After Effects über Objekt-IDs, Null-Objekte (z. B. Nulllichter) oder Tags, oder extra dafür eingerichtete Dummy-Kameras. Weiter unten werde ich jeweils für 3ds-Max-, Maya- und Cinema 4D-Dateien eine Möglichkeit beschreiben.

Den Ankerpunkt eines Objekts sollten Sie im 3D-Programm dort platzieren, wo später in After Effects eine Ebene hinzugefügt werden soll. Oft liegt er im 3D-Programm in der Objektmitte.

Manuelle Anpassung | Für eine sichere Übereinstimmung ist es häufig nötig, Objektdaten wie die Position, Kameradaten wie den Blickwinkel und bei Lichtern den Lichtkegel zu notieren und den dafür verwendeten Zettel nicht versehentlich als Butterbrotpapier zu nutzen. Die darauf enthaltenen Informationen müssen Sie zur richtigen Einstellung von Lichtern und Kameras und zur Positionierung von 3D-Ebenen in After Effects oft manuell eingeben.

Zeit- und Bewegungsinterpolation | Haben Sie im 3D-Programm den Bewegungspfad gekrümmt oder Beschleunigungen bzw. Abbremsen von Bewegungen bearbeitet, werden diese Veränderungen oft nicht übernommen. In diesem Falle wenden Sie wie in Maya das Baking an, wodurch für jeden Frame ein Keyframe geschaffen wird.

> **Null-Objekte zur Positionierung**
>
> Als Positionierhilfe für Ebenen, die Sie in After Effects in eine 3D-Szenerie einpassen wollen, dienen Null-Objekte, wie Nulllichter oder Null-Locator-Knoten. Diese positionieren Sie zuvor dort, wo die After-Effects-Ebenen platziert werden sollen.

27.3 Umgang mit 3D-Daten in After Effects

Der Umgang mit 3D-Daten in After Effects unterscheidet sich von Applikation zu Applikation, ist aber oft ähnlich. Im Folgenden werde ich den Umgang mit 3D-Daten anhand einiger wichtiger Formate veranschaulichen.

Kapitel 27 Integration mit 3D-Applikationen

RPF-Dateien in 3ds Max vorbereiten und erstellen

Anhand von 3ds Max soll kurz veranschaulicht werden, wie Sie in RPF-Dateien die für After Effects wichtigen Daten einschließen. Neben den Kanälen Rot, Grün und Blau für die Farbdarstellung und dem Alphakanal für die Transparenzdarstellung können RPF-Dateien Kanäle für die Tiefeninformation (Z-Tiefe), für einzelne Objekte (Objekt-ID), Materialien (Material-ID), für Texturpositionen (UV-Koordinaten) und einige mehr enthalten. Damit Kameradaten übernommen werden, muss der Datei die Tiefeninformation mitgegeben werden. Via Objekt- und Material-ID separieren Sie später Objekte.

Abbildung 27.1 ▼
Im 3D-Programm schließen Sie wie hier in 3ds Max zusätzliche Kanalinformationen in die RPF-Datei ein.

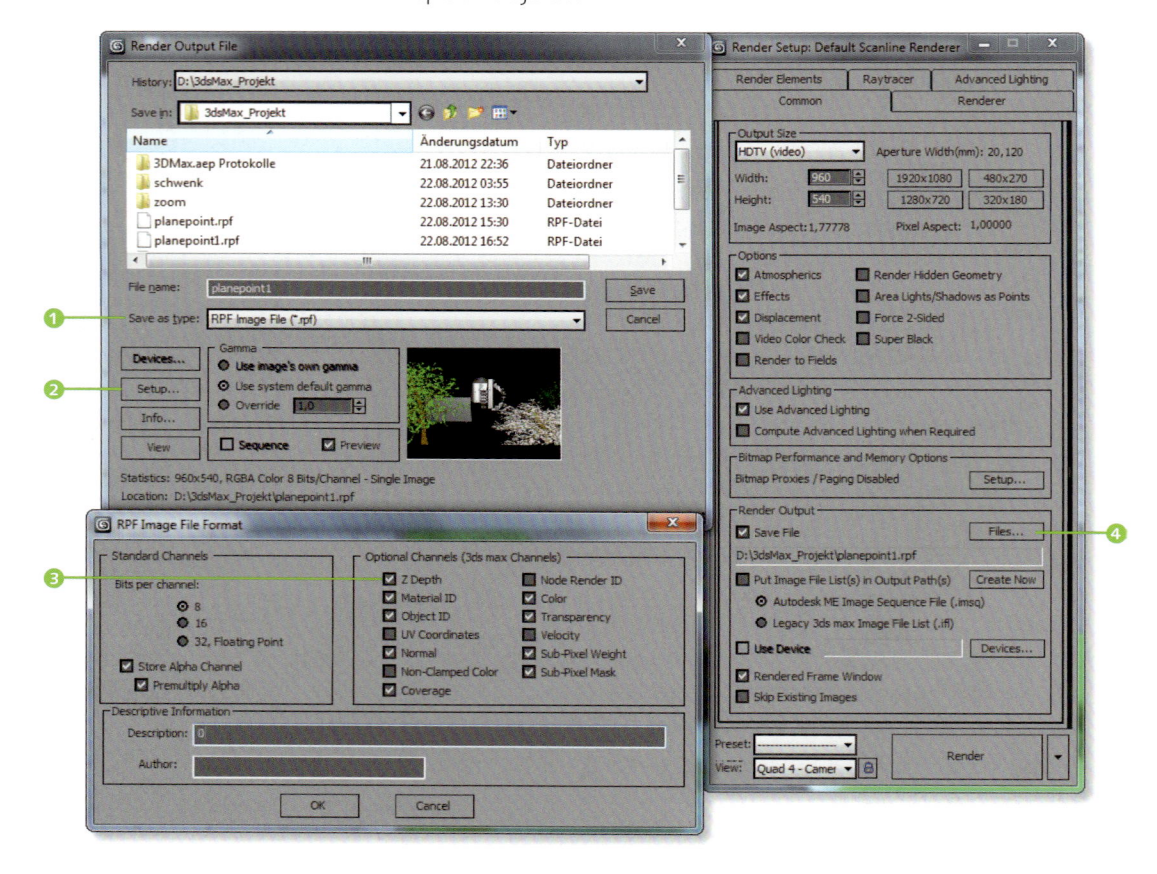

Nachdem Sie in 3ds Max 2013 Ihre Szene gebaut haben, geben Sie via RENDERING Ihre Filmsequenz aus. Zuvor gehen Sie über RENDERING • RENDER SETUP und klicken im sich öffnenden Dialog unter RENDER OUTPUT auf FILES ❹ und im RENDER OUTPUT FILE-Dialog auf SAVE AS TYPE ❶. Dort wählen Sie den Eintrag RPF bzw. RLA IMAGE FILE. Anschließend klicken Sie im Dialog auf SETUP

27.3 Umgang mit 3D-Daten in After Effects

❷. Im Dialog RPF Image File Format setzen Sie unter Optional Channels mindestens für Z Depth ❸ ein Häkchen und gegebenenfalls für die anderen Kanäle. Unter Standard Channels belassen Sie es bei Store Alpha Channel und Premultiply Alpha, um die Transparenzinformation korrekt zu übernehmen.

Objekt ID vergeben | Um die Objekte Ihrer Szene zu nummerieren, wählen Sie das jeweilige Objekt oder eine Gruppe von Objekten aus und rufen dann per rechter Maustaste das Kontextmenü und dort den Eintrag Object Properties auf. Im darauffolgenden Dialog vergeben Sie die Objekt ID unter G-Buffer ❺.

▼ **Abbildung 27.2**
Unter G-Buffer vergeben Sie die Objekt ID.

Material ID vergeben | Via Rendering • Material Editor • Compact Material Editor erreichen Sie den gleichnamigen Dialog. Dort wählen Sie das gewünschte Material aus und weisen dann über den kleinen Button ❼ die Material ID zu. Anschließend weisen Sie das Material den ausgewählten Objekten zu ❻.

Abbildung 27.3 ▶
Die Material ID weisen Sie im MATERIAL EDITOR zu.

3ds Max to After Effects

Für 3ds Max ist es über das Plug-in MAX2AE von der Firma Boomer Labs (www.boomerlabs.com) möglich, weitere Informationen z. B. von Kameras, Lichtern und Hilfsebenen nach After Effects zu übernehmen.

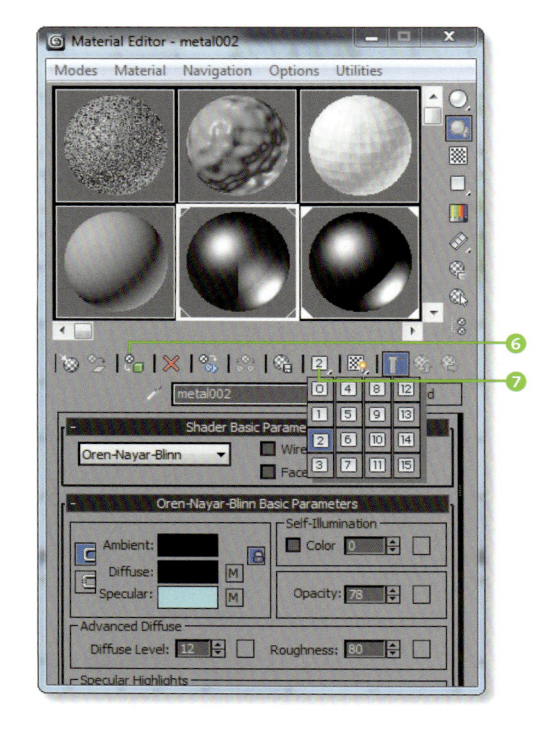

ZPIC- und EIZ-Dateien

Weder die ZPIC-Datei noch die EIZ-Datei können Sie in After Effects importieren. Damit After Effects die Tiefeninformation dennoch erkennt, muss die ZPIC-Datei zusammen mit der PIC-Datei bzw. die EIZ-Datei zusammen mit der EI-Datei in einem gemeinsamen Ordner gespeichert sein. Beim Import der PIC- oder der EI-Datei erkennt After Effects dann automatisch die Tiefeninformation.

Wenn Sie die IDs zugewiesen und das RPF-Format für die Ausgabe gewählt haben, rendern Sie Ihre Sequenz in einen Extraordner. Für den Import habe ich eine solche Sequenz (»parkplatz.rpf«) vorbereitet, die Sie im folgenden Workshop verwenden können.

RPF-/RLA-Sequenzen importieren

Dieser Workshop hat den Import und die Weiterverwendung einer RPF-Sequenz in After Effects zum Thema. Wie in After Effects die in RPF-Dateien enthaltenen Kameradaten importiert werden und darauf basierend eine Kameraebene geschaffen wird, schauen wir uns hier an. In gleicher Weise wie nachfolgend beschrieben verarbeiten Sie auch **RLA-Sequenzen** in After Effects weiter.

Schritt für Schritt:
Umgang mit einer RPF-Sequenz

In diesem Workshop werden Sie eine RPF-Sequenz verwenden um 3D-Daten in ein Video einpassen sowie ein Video in die 3D-Daten. Die Kompositionsgröße müssen Sie dabei nicht selbst bestimmen, sie ergibt sich in den nächsten Schritten von selbst.

27.3 Umgang mit 3D-Daten in After Effects

1 Vorbereitung

Das Beispielmovie für diesen Workshop liegt im Ordner 27_INTEGRATION_3D/RPFIMPORT bereit und heißt »parkplatz.mov«. Schauen Sie sich den Film zunächst einmal an.

Die benötigten Dateien für diesen Workshop finden Sie auf der DVD unter BEISPIELMATERIAL/ 27_INTEGRATION_3D/RPFIMPORT/ SEQUENZ.

◄ **Abbildung 27.4**
Diese Versuchsanordnung (hier noch in 3ds Max) soll in ein Video eingebaut werden. Zusätzlich soll ein weiteres Video auf die hier bläuliche Fläche, hinter der Palme platziert werden.

2 Import einer RPF-Sequenz

Importieren Sie jetzt aus dem Ordner 27_INTEGRATION_3D/RPF-IMPORT/SEQUENZ die Sequenz. Markieren Sie dafür eine der Dateien der Sequenz ❶, setzen Sie gegebenenfalls ein Häkchen bei RLA/RPF-SEQUENZ ❷, und klicken Sie auf ÖFFNEN.

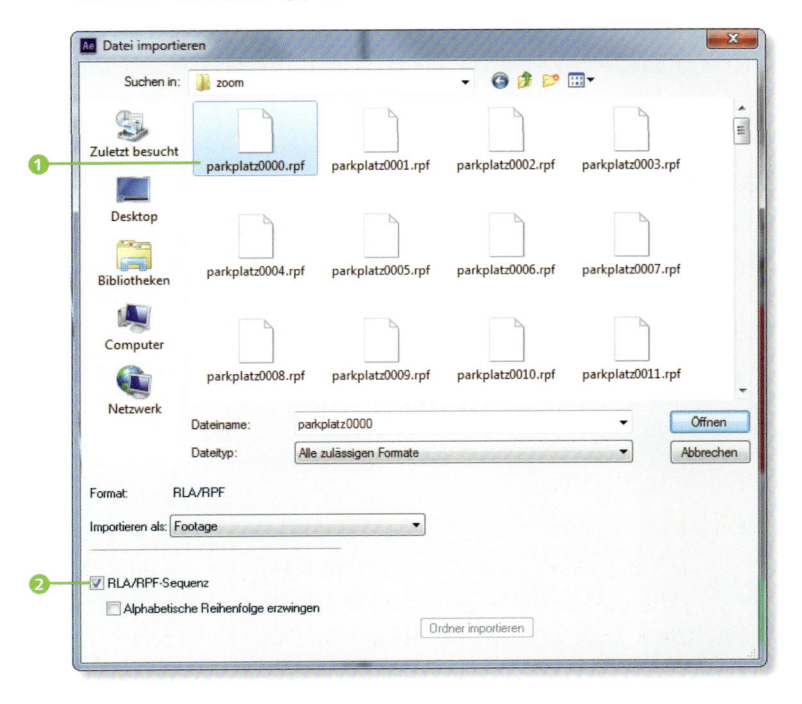

◄ **Abbildung 27.5**
Zum Importieren einer RLA/RPF-Sequenz müssen Sie ein Häkchen bei RLA/RPF-SEQUENZ setzen.

Im folgenden Dialog FOOTAGE INTERPRETIEREN klicken Sie auf ERMITTELN und OK. After Effects erkennt dann automatisch, wie der Alphakanal des Rohmaterials erstellt wurde.

Ziehen Sie die RPF-Sequenz im Projektfenster auf die Kompositionsschaltfläche. Es wird automatisch eine Komposition in der richtigen Größe in der Länge der Sequenz angelegt. Importieren Sie anschließend die Dateien »parkplatzBG.mov« und »screen.mov« mit der Option FOOTAGE aus dem Ordner 27_INTEGRATION_3D/RPFIMPORT, und ziehen Sie die Datei beginnend am Zeitpunkt 00:00 in die entstandene Komposition.

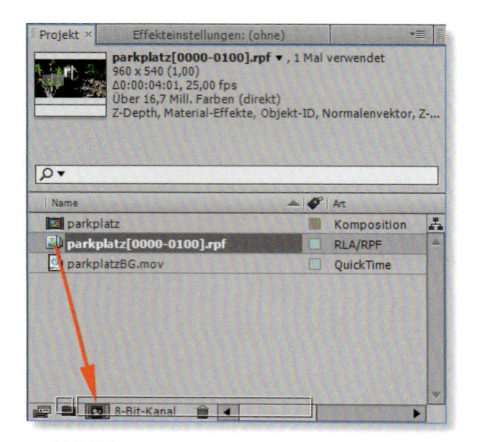

▲ **Abbildung 27.6**
Um eine Komposition in der Framegröße und Dauer der RPF-Sequenz anzulegen, ziehen Sie die Sequenz auf die Kompositionsschaltfläche.

▲ **Abbildung 27.7**
Die importierte 3D-Szenerie

Framerate der Sequenz anpassen

Falls sich die Framerate der Ausgabedatei von der Rate der importierten RPF- oder RLA-Sequenz unterscheidet, sollten Sie die Framerate der Sequenz an die gewünschte Ausgabe-Framerate anpassen. Dazu wählen Sie die Sequenz im Projektfenster aus und ändern die Framerate unter DATEI • FOOTAGE INTERPRETIEREN • FOOTAGE EINSTELLEN im Feld FRAMERATE.

3 RPF-Kameradaten auslesen

Das Video »screen« soll auf der grauen Fläche in der 3D-Szene hinter die Palme platziert werden und die perspektivische Verzerrung der in der Szene befindlichen Objekte übernehmen, die durch die Kamerabewegung entsteht. Um dies zu erreichen, schaffen Sie in After Effects eine Kamera, die sich genauso bewegt wie die Kamera aus der 3D-Szene. Außerdem muss sich der Blickwinkel der beiden Kameras gleichen, damit sich das Video »screen« so im Raum zu bewegen scheint wie die anderen Flächen.

Die Daten der Kamera aus der 3D-Szene kann After Effects auslesen, da sie in der RPF-Datei mitgespeichert sind. Dazu klicken Sie auf die RPF-Sequenz in der Zeitleiste, gehen zum Zeitpunkt 0:00:00 und wählen dann ANIMATION • KEYFRAME-ASSISTENT • RPF-KAMERA-IMPORT. After Effects legt daraufhin automatisch eine neue Kameraebene an. Markieren Sie einmal die Ebene ❶,

27.3 Umgang mit 3D-Daten in After Effects

und lassen Sie sich mit der Taste [U] die in der Kameraebene enthaltenen Keys anzeigen. Für jeden Frame wurden die Daten für die Position und die Drehung der Kamera in Keys gespeichert.

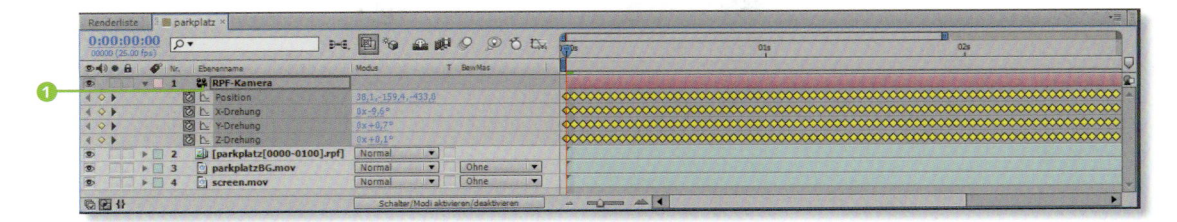

4 Screen positionieren und Kamera anpassen

Ziehen Sie das Video »screen« zunächst in der Zeitleiste über die importiere RPF-Sequenz. Damit das Video nun auch wirklich auf der grauen Fläche landet, müssen Sie zuerst die 3D-Option ❷ für das Video aktivieren. Falls die Option nicht sichtbar ist, blenden Sie sie über die Schaltfläche für Ebenenschalter ❸ ein. Damit wirkt sich die Kamerabewegung auf das Video aus. Nur die Position des Videos im Raum stimmt noch nicht. Um das Video mit der grauen Fläche in Übereinstimmung zu bringen, ist es notwendig, die Positionsdaten der Fläche zu kennen.

In diesem Fall habe ich eine Dummy-Kamera an der Position der grauen Fläche geschaffen, um die Positionsdaten von dort zu erhalten. Via RPF gelangten die Daten dann in After Effects.

Die Positionsdaten sind also –170, 23, 447.

Markieren Sie die Ebene »screen.mov«, drücken Sie die Taste [P], um die Positionseigenschaft einzublenden, und tragen Sie die Werte in der genannten Reihenfolge ein. Nun ist nur das Video noch viel zu groß. Skalieren Sie es daher auf 29 %.

▲ **Abbildung 27.8**
Nach dem Auslesen der RPF-Kameradaten werden für jeden Frame der Kameraebene mehrere Keyframes erstellt.

▼ **Abbildung 27.9**
Der Komposition wird die Ebene »screen.mov« hinzugefügt, und die 3D-Option für die Ebene wird aktiviert. Erst dann wirkt sich die Kamerafahrt auf die Videoebene aus.

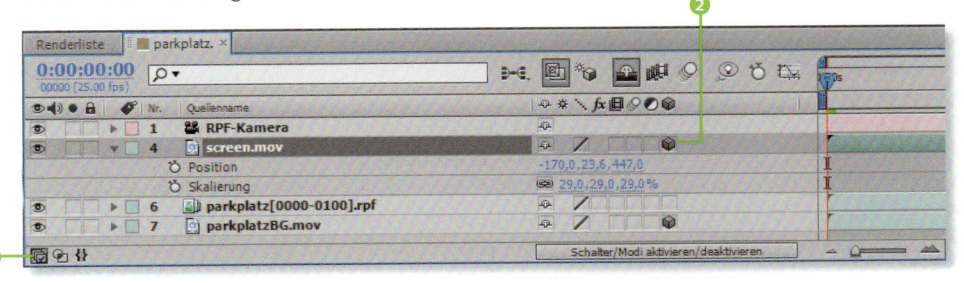

Jetzt sollte es passen. Es hat sich aber ein anderes Problem ergeben: Das Video liegt über der Palme, soll sich aber eigentlich dahinter befinden. Wie Sie dies schaffen, erfahren Sie im nächsten Workshop. Vorerst werden wir noch den Hintergrund »parkplatzBG.mov« der Kamerabewegung annähern.

Abbildung 27.10 ▶
Nach der richtigen Übernahme der Positionswerte auf die Videoebene liegt diese passgenau auf der grauen Fläche, jedoch noch nicht hinter der Palme.

Positionsdaten manuell

Manchmal ist es nötig, die Positionsdaten im 3D-Programm einzusehen, zu notieren und dann manuell zu übertragen. Abhängig von der im 3D-Programm verwendeten Einheit müssen Sie hier eventuell noch die Werte umrechnen. Je nach Programm werden die Koordinaten in XYZ oder XZY dargestellt. Beim Übertragen müssen Sie dann die Reihenfolge ändern. Zusätzlich sind oft die Operatoren unterschiedlich, so dass aus plus minus wird. Auch der Kamerablickwinkel kann sich von Programm zu Programm unterscheiden; Sie sollten ihn prüfen und dann im Dialog KAMERAEINSTELLUNGEN unter BLICKWINKEL anpassen.

Alternative Möglichkeit

Eine Alternative, um den Parkplatz an den 3D-Raum der Objekte anzupassen, wäre es, die Lichtübertragung zu nutzen und das Parkplatz-Movie als Textur auf in After Effects erzeugten 3D-Ebenen einzusetzen. Dies beschreibe ich im Abschnitt »Lichtübertragung« auf Seite 735.

5 Hintergrundmovie an Kamerabewegung anpassen

Da es sich bei dem Hintergrundmovie nicht um einen 3D-Raum handelt und die Kameraaufnahme nicht zuvor mit der geplanten Kamerabewegung abgeglichen wurde, kann die Anpassung an die Kamerabewegung hier nur ungefähr erfolgen. Schalten Sie zunächst wieder die 3D-Option für die Ebene ein. Setzen Sie dann einen Keyframe für die Positionseigenschaft am Zeitpunkt 00:00. Anschließend ziehen Sie die Ebene auf der Z-Achse hinter die Ebene »screen.mov«. Verschieben Sie die Ebene auf der x- und y-Achse, bis die 3D-Objekte auf dem Parkplatz stehend erscheinen. Da die Kamera einen leichten Schwenkt macht, ist die Anpassung nicht einfach, aber mit folgenden Werten ging es:

▶ POSITION: bei 00:00 = 65, 150, 1300; bei 03:18 = 48, 134, 1170.
▶ Y-DREHUNG: bei 00:00 = 0× +0,0°; bei 03:18 = 0× −3,0°.

Im nun folgenden Workshop werden wir die 3D Objekte separieren und die Ebene »screen.mov« hinter die Palme platzieren.

3D-Kanaleffekte

Im vorangegangenen Workshop haben Sie After-Effects-Kameradaten aus einer RPF-Sequenz auslesen lassen. Eine weitere Möglichkeit, an Informationen innerhalb einer RPF- oder RLA-Datei zu gelangen, ist es, 3D-Kanaleffekte zu verwenden. After Effects kann auf **Kanalinformationen**, die wie bei RLA- und bei RPF-Dateien innerhalb der Dateien mitgespeichert wurden, mit den eigens dafür geschaffenen 3D-Kanaleffekten zugreifen. Auf die in ZPIC- und EIZ-Dateien gespeicherten Informationen greift After Effects ebenfalls über die 3D-Kanaleffekte zu.

Ein wichtiger Helfer bei der Positionsbestimmung von Objekten innerhalb einer importierten 3D-Szene ist das in After Effects enthaltene **Infofenster**. Auf Basis der in der Palette angezeigten Informationen stellen Sie Werte für 3D-Kanaleffekte wie 3D-Nebel und Tiefenschärfe ein.

Einige dieser Effekte schauen wir uns im nächsten Workshop und in den Abschnitten danach genauer an.

Schritt für Schritt:
3D-Kanaleffekt »ID Maske«

Zur Anwendung der 3D-Kanaleffekte nutzen Sie die im vorigen Workshop entstandene Projektdatei oder verwenden die Projektdatei »RPFimport.aep« aus dem Ordner 27_Integration_3D/ RPFimport von der DVD.

Die benötigten Dateien für diesen Workshop finden Sie auf der DVD unter Beispielmaterial/ 27_Integration_3D/RPFimport.

1 Der Effekt »ID-Maske«

Um die Palme vor den Screen zu bekommen und den Screen trotzdem auf der grauen Fläche zu belassen, bietet es sich an, den Effekt ID-Maske anzuwenden. Im 3D-Programm können Sie jedem Objekt eine Objekt-ID zuweisen, durch die jedes Objekt identifizierbar ist. Anhand der Objekt-ID kann der Effekt ID-Maske Objekte der Szene ein- bzw. ausblenden.

Um den Effekt anzuwenden, markieren Sie die Sequenz in der Zeitleiste und wählen Effekte • 3D-Kanal • ID-Maske. Es öffnet sich das Effektfenster mit den Effekteinstellungen. Da die Objekte in unserer Szene von eins bis drei nummeriert sind, ist erst einmal nichts mehr zu sehen.

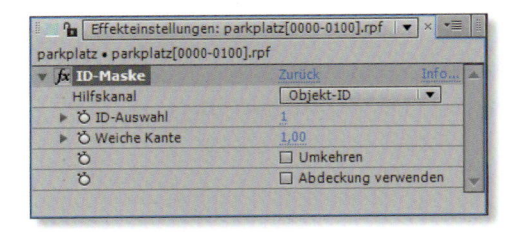

◂ **Abbildung 27.11**
Mit dem Effekt ID-Maske isolieren Sie Objekte anhand ihrer Objekt- oder ihrer Material-ID.

Wenn Sie unter ID-Auswahl den Wert »1« eintippen, wird die Palme allein sichtbar. Der grauen Fläche ist die Objekt-ID 2, den Objekten und den Bäumen auf der rechten Seite allen gemeinsam der Wert 3 zugeordnet. Für die weitere Arbeit wollen wir die Palme isolieren und belassen den Wert bei 1.

Der Effekt hat noch folgende andere Optionen: Unter Hilfskanal legen Sie fest, ob Sie die Objekte anhand ihrer Objekt-ID oder ihrer Material-ID auswählen. Mit der Option Weiche Kante zeichnen Sie die entstandene Maske an ihren Rändern weich. Die Option Umkehren kehrt die ID-Auswahl um. Abdeckung ver-

Kapitel 27 Integration mit 3D-Applikationen

WENDEN dient zum Entfernen unerwünschter Pixel entlang der Maskenkante, ist aber nur wirkungsvoll, wenn die 3D-Sequenz einen sogenannten Abdeckungskanal (auch »Coverage« genannt) enthält.

2 Screen zwischen Palme und grauer Fläche

Sie haben die Palme isoliert, und jetzt muss der Rest der 3D-Datei wieder sichtbar gemacht werden. Duplizieren Sie dazu die RPF-Sequenz. Im Original setzen Sie im Effekt ID-MASKE bei UMKEHREN ein Häkchen. Beide Sequenzen müssen am Zeitpunkt 00:00 beginnen, und die Palme muss zuoberst sein. Damit der Screen unter der Palme erscheint, ziehen Sie die Ebene »screen.mov« in der Zeitleiste zwischen die beiden 3D-Sequenzen.

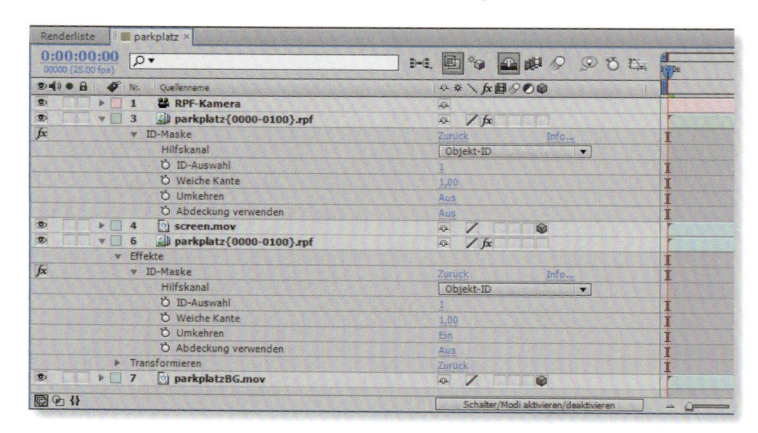

▲ **Abbildung 27.12**
Die per ID-MASKE isolierte Palme aus der RPF-Sequenz

Abbildung 27.13 ▶
Duplizieren Sie die RPF-Sequenz, und platzieren Sie den Screen zwischen die zwei RPF-Sequenzen.

Im ID-MASKE-Effekt können Sie noch den Wert für WEICHE KANTE auf 1,00 setzen; damit integriert sich die Palme noch besser ins Bild. In der fertigen Projektdatei »RPFimportFertig.aep«, die Sie ebenfalls im Ordner RPFIMPORT finden, habe ich noch Farbanpassungen vorgenommen, um die 3D-Objekte besser ins Bild zu integrieren.

▲ **Abbildung 27.14**
In der Komposition ist nicht zu erkennen, dass der Screen erst nachträglich hinter der Palme positioniert wurde.

Abbildung 27.15 ▶
Im fertigen Projekt sorgen Farbanpassungen für eine bessere Integration der vorgefertigten Max-Objekte ins Bild.

27.3 Umgang mit 3D-Daten in After Effects

Weitere 3D-Kanaleffekte sind 3D-Nebel, 3D-Kanal extrahieren, Tiefenmaske und Tiefenschärfe. Zunächst ein kurzer Workshop zum Effekt 3D-Nebel.

Schritt für Schritt:
Der Effekt »3D-Nebel«

In diesem Workshop soll der Effekt 3D-Nebel etwas genauer angeschaut werden.

1 Der Effekt »3D-Nebel«

Der Effekt 3D-Nebel fügt der 3D-Szene anhand der Z-Tiefeninformation Nebel hinzu. Mit Hilfe einer Verlaufsebene erzielen Sie sehr realistische Nebeleffekte. Öffnen Sie zuerst das Projekt »3dNebel.aep« aus dem Ordner 27_Integration_3D. Darin sind zwei RPF-Sequenzen mitsamt Kamera enthalten. Diesem 3D-Raum fügen wir nun Nebel hinzu. Importieren Sie dazu die Verlaufsebene »graustufenfilm.mov« aus dem oben genannten Ordner.

Ziehen Sie den Film in die Zeitleiste, so dass er bei 00:00 beginnt, und klicken Sie auf das Augen-Symbol, um den Film unsichtbar zu schalten. Wählen Sie anschließend die 3D-Sequenz namens »Hintergrund« in der Zeitleiste aus. Wählen Sie im Menü Effekte • 3D-Kanal • 3D-Nebel.

Der Effekt ist so neblig eingestellt, dass das Bild verschwindet. Sie müssen zunächst also die Werte für Start des Nebels und Ende des Nebels ändern. Der Nebel wird damit in der 3D-Szene anhand der Tiefeninformation verteilt. Da die hinterste Fläche der 3D-Szene sehr weit entfernt ist, müssen Sie recht hohe Werte wählen. Sie können die Werte durch Anklicken und gleichzeitiges Ziehen intuitiv anpassen. Noch besser ist es, die Z-Tiefeninformation zur Verfügung zu haben und die Werte daraufhin einzustellen. Aus dem 3D-Programm sind die Werte für die nächstgelegene und die am weitesten entfernte Fläche der 3D-Szene bekannt. Tragen Sie bei Ende des Nebels »–3500« und bei Start des Nebels »800« **1** ein.

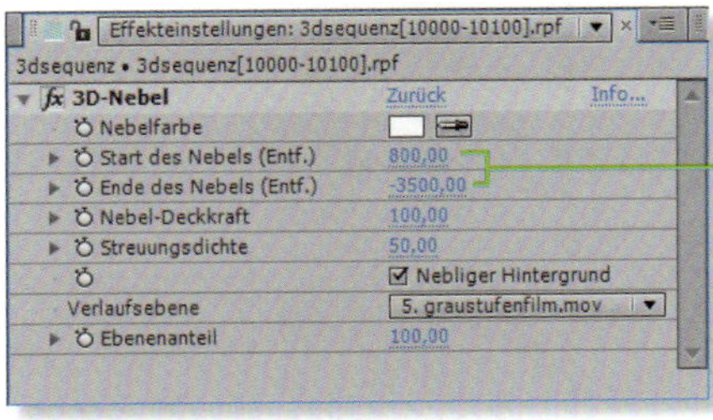

Die benötigten Dateien für diesen Workshop finden Sie auf der DVD unter Beispielmaterial/ 27_Integration_3D.

◀ **Abbildung 27.16**
Zur Anwendung des Effekts 3D-Nebel sollten Sie die Z-Tiefeninformation kennen, um Start und Ende des Nebels festzulegen.

Kapitel 27 Integration mit 3D-Applikationen

Kennen Sie die Werte zuvor nicht, bringen Sie sie über das Infofenster in Erfahrung; Sie öffnen es mit [Strg]+[2]. Klicken Sie danach auf das Wort 3D-Nebel im Effektfenster. Das Wort muss ausgewählt sein! Wenn Sie dabei einzelne Flächen in der 3D-Sequenz innerhalb des Kompositionsfensters anklicken, werden die für den Effekt interessanten Werte im Infofenster angezeigt. Dies gilt für alle 3D-Kanaleffekte. Oft ist es notwendig, die Parameter der Effekte anhand der ausgelesenen Werte einzustellen.

Der Nebel zieht sich noch etwas undramatisch durch die Szene. Zum Hinzufügen der Dramatik wählen Sie den Graustufenfilm unter dem Eintrag Verlaufsebene aus. Der Effekt verwendet die Helligkeitswerte der Graustufenebene, um die Anzeige des Effekts zu modifizieren. Sichtbar wird das aber erst so richtig, wenn Sie den Wert bei Ebenenanteil auf 100% erhöhen. Verändern Sie ruhig noch die anderen Werte nach Ihrem Geschmack; sie sind selbsterklärend. Zu guter Letzt können Sie auf die isolierte Säule den Effekt 3D-Nebel mit den gleichen Werten anwenden, um auch die Säule im Nebel zu sehen.

▲ **Abbildung 27.17**
Bei ausgewähltem Effekt können Sie per Mausklick im Kompositionsfenster Werte wie die Z-Tiefe im Infofenster anzeigen.

Abbildung 27.18 ▶
Der Hintergrundebene wird der Nebel-Effekt zugewiesen und justiert und später auf die Ebene »Säule« kopiert.

Abbildung 27.19 ▶
Die 3D-Szene mit in After Effects hinzugefügtem Nebel

3D-Kanal extrahieren | Mit dem Effekt 3D-Kanal extrahieren lesen Sie Informationen wie die Z-Tiefe oder die Objekt-ID aus einer RPF- oder RLA-Sequenz aus.

27.3 Umgang mit 3D-Daten in After Effects

◀ **Abbildung 27.20**
Der Effekt 3D-KANAL EXTRAHIEREN kann mit vielen Kanalinformationen etwas anfangen.

Im Falle der ausgelesenen Z-TIEFE wird über den Effekt eine Graustufenebene erstellt. Der Schwarzwert und der Weißwert sind einstellbar, um dem entferntesten Punkt der 3D-Szene die Farbe Schwarz und dem nächstgelegenen Punkt die Farbe Weiß zuzuordnen oder umgekehrt. Dazwischen werden alle Distanzen als Graustufen dargestellt. Auf diese Graustufeninformation kann z. B. der Effekt EBENENÜBERGREIFENDER WEICHZEICHNER zugreifen. Er wird auf eine weitere Bildebene angewandt, die anhand der Graustufeninformation weichgezeichnet werden soll.

Der ebenenübergreifende Weichzeichner verwendet weiße Pixel der Graustufenebene, um Bildteile unscharf erscheinen zu lassen, während schwarze Pixel das Bild unbeeinflusst lassen.

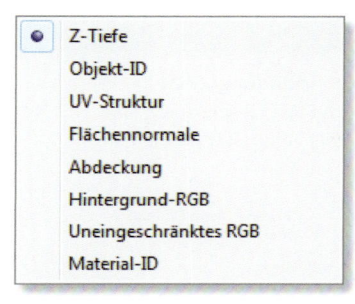

▲ **Abbildung 27.21**
Der Effekt 3D-KANAL EXTRAHIEREN stellt einige Möglichkeiten bereit, Informationen aus 3D-Dateien auszulesen.

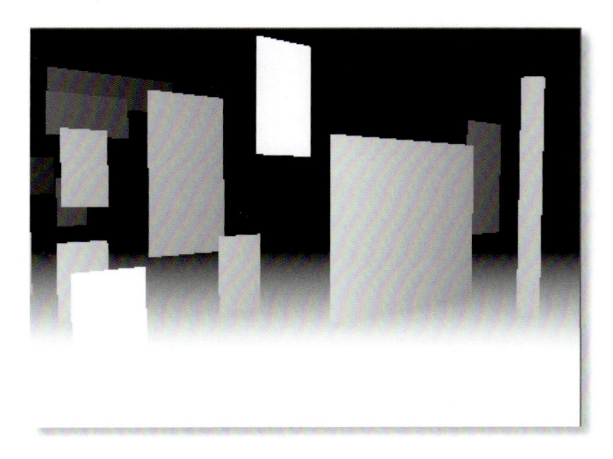

◀ **Abbildung 27.22**
Hier wurde aus der im 3D NEBEL-Workshop verwendeten RPF-Sequenz der Tiefenkanal mit dem Effekt 3D-KANAL EXTRAHIEREN isoliert.

Tiefenmaske | Im Workshop »3D-Kanaleffekt ›ID-Maske‹« haben wir ein Objekt anhand seiner Objekt-ID isoliert. Mit dem Effekt TIEFENMASKE ist es ebenfalls möglich, Bildteile zu isolieren oder auszublenden.

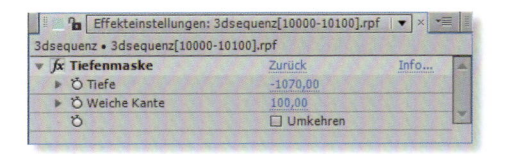

◀ **Abbildung 27.23**
Der Effekt TIEFENMASKE schneidet das Bild auf der z-Achse und blendet Bildteile vor oder hinter dem eingestellten TIEFE-Wert aus.

Der Effekt schneidet das Bild auf der z-Achse und blendet Bildteile aus, die sich vor oder hinter dem eingestellten Z-Wert befinden. Das stellen Sie über die Werte bei TIEFE ein.

Kapitel 27 Integration mit 3D-Applikationen

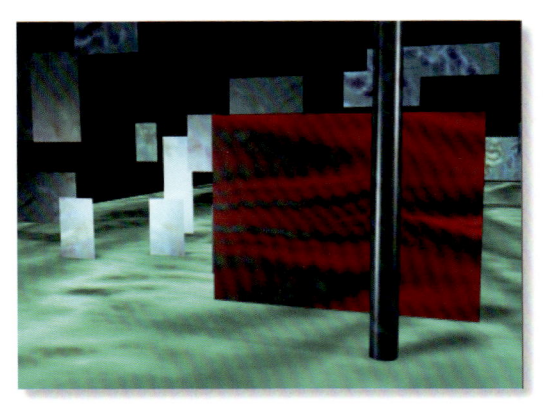

▲ **Abbildung 27.24**
Die RPF-Sequenz aus dem 3D-NEBEL-Workshop, hier ohne 3D-Kanaleffekt

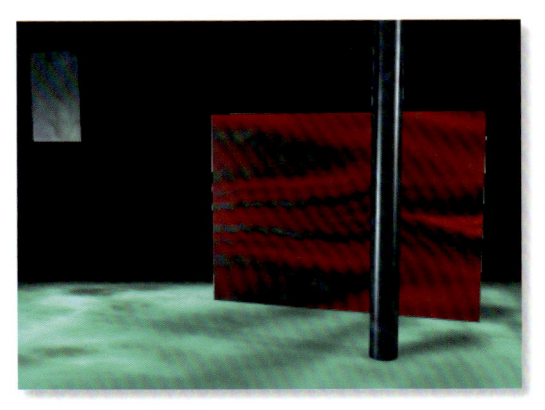

▲ **Abbildung 27.25**
Nach Verwendung des Effekts TIEFENMASKE sind Bildteile ausgeblendet, die auf der z-Achse weiter hinten liegen.

Tiefenschärfe | Der Effekt TIEFENSCHÄRFE nutzt ebenfalls die Tiefeninformation einer 3D-Szene zum Weich- oder Scharfzeichnen von Bildteilen. Dabei wird eine Kamera simuliert, die auf einen bestimmten Wert auf der z-Achse fokussiert.

Diesen Wert geben Sie mit der FOKALEBENE an. Unter MAXIMALER RADIUS stellen Sie die Stärke des Weichzeichners ein, mit FOKUSBEREICH den Bereich, der optimal scharf angezeigt wird, und mit dem FOKALBEREICH bestimmen Sie, wie randscharf der Fokusbereich erscheint. Wie beim Effekt VERWACKELN sollten Sie aber nicht zu viel erwarten, da bei größeren Radien Artefakte an den Objektkanten und am Bildrand auftreten können.

Abbildung 27.26 ▶
Der Effekt TIEFENSCHÄRFE nutzt die Tiefeninformation einer 3D-Szene zum Weich- oder Scharfzeichnen von Bildteilen.

Abbildung 27.27 ▶
Hier wurde auf die RPF-Sequenz der Effekt TIEFENSCHÄRFE angewandt.

OpenEXR und ProEXR

OpenEXR-Dateien sind wie in RLA- und RPF-Dateien eindeutige Kanäle zur Speicherung von Rot-, Grün-, Blau- und Alphawerten (RGBA) zugeordnet. Im Gegensatz zu RLA- und RPF-Dateien sind alle weiteren Kanäle zur Speicherung weiterer Informationen wie Tiefeninformationen ohne eine bestimmte Zuordnung versehen. After Effects verfügt zwar über ein Zusatzmodul für das OpenEXR-Format, das bereits in älteren Versionen vorhanden war, allerdings haben die Adobe-Entwickler vergessen, noch die Datei »OpenEXR_channel_map.txt« mit in den Ordner zu legen. Ohne diese Datei ist es jedoch nicht möglich, den Namen von Kanälen einer OpenEXR-Datei beim Import bestimmte Werte zuzuordnen, damit danach auch bestimmte Effekte auf die enthaltenen Informationen zugreifen können.

Kurz und gut: Laden Sie sich die Textdatei kostenlos von der Website der Firma fnord aus San Francisco herunter: *http://www.fnordware.com/ProEXR/*.

Oder besser noch: Laden Sie sich gleich ProEXR herunter. Damit erhalten Sie kostenlos die drei Plug-ins EXtractoR.aex, IDentifier.aex und OpenEXR.aex und eine Testversion des Plug-ins ProEXR AE. Die drei erstgenannten Plug-ins haben Sie zwar schon, aber Sie können sie durch die aktuellsten Versionen ersetzen. ProEXR AE, EXtractoR.aex und IDentifier.aex kopieren Sie in den Plugin-Ordner von After Effects (ADOBE AFTER EFFECTS CS6\SUPPORT FILES\PLUG-INS\EFFECTS), OpenEXR.aex in den Formate-Ordner PLUG-INS\FORMAT.

Alle Effekte erscheinen nach dem Neustart von After Effects im EFFEKTE-Menü unter dem Punkt 3D KANAL.

Beim Download inklusive sind die erwähnte Textdatei und die Datei »ProEXR_Manual.pdf«, die Sie durcharbeiten können. Die darin enthaltene Aufforderung zum Entfernen des Adobe-OpenEXR-Plugins ist allerdings nicht nötig. Die Textdatei legen Sie ebenfalls in den Ordner PLUG-INS\FORMAT, damit das OpenEXR-Plugin die darin enthaltenen Informationen nutzt, um Kanäle beim Importieren einer OpenEXR-Datei mit Tags zu versehen.

Vorteile der fnord-Plugins | Durch die Plug-ins von fnord kommen Sie in den Genuss, alle Möglichkeiten von OpenEXR wie z. B. die folgenden zu nutzen:

- Lesen aller Kanäle (nicht nur RGBA)
- Unterstützung aller Kompressionsmethoden (inklusive B44-Kompression)
- Ausgabe als RGB oder Luminanz-/Chroma-Kanäle, um die Dateigröße zu minimieren

- Lesen und Schreiben der Farbrauminformation des Projekts
- Unterstützung sowohl für 32-Bit- als auch für 16-Bit-Gleitkommazahl
- Möglichkeit, den Alphakanal zu separieren

OpenEXR | Nach dem Import einer OpenEXR-Datei werden Ihnen per Klick auf die importierte Datei im Projektfenster Informationen zur verwendeten Kompression angezeigt und auch alle in der Datei enthaltenen Kanäle.

Durch das Plug-in OpenEXR erhalten Sie die Möglichkeit, alle Kompressionsoptionen bei der Ausgabe einer OpenEXR-Sequenz auszuwählen. Außerdem werden Metadaten mitgespeichert, die Informationen zum Projekt, zum Computer etc. enthalten. Um die Kompression einzustellen, wählen Sie in der Renderliste im Dialog Einstellungen für Ausgabemodule unter Format den Eintrag OpenEXR Sequenz und klicken auf Formatoptionen.

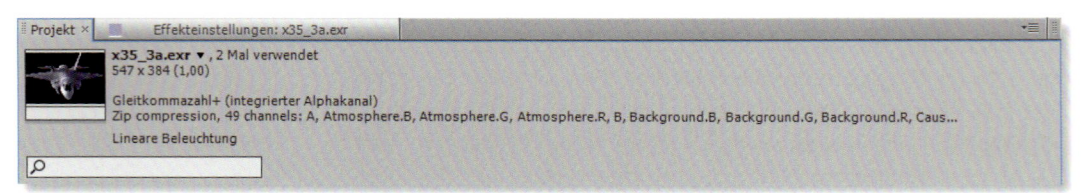

Abbildung 27.28
Mit dem Plug-in OpenEXR sind alle Kompressionsoptionen bei der Ausgabe als OpenEXR-Sequenz verfügbar.

Abbildung 27.29
Das Plug-in OpenEXR liest alle in der OpenEXR-Datei enthaltenen Informationen aus.

EXtractoR | Das Plug-in EXtractoR ist für das Öffnen jeglicher in einer OpenEXR-Datei enthaltenen Kanäle (nur Gleitkommazahl) zuständig. Fügen Sie EXtractoR der entsprechenden Ebene direkt hinzu (nicht etwa einer verschachtelten Ebene). Klicken Sie in den Bereich unterhalb von Channel Info, um den Dialog einzublenden.

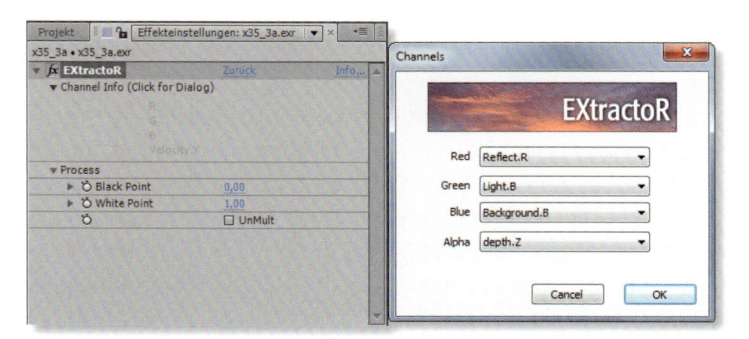

Abbildung 27.30
Das Plug-in EXtractor öffnet die Kanäle der OpenEXR-Datei.

IDentifier | Über das Plug-in IDentifier gelangen Sie an Objekt- und Material-IDs. Klicken Sie zuerst auf den Bereich unterhalb von Channel Info, um den Dialog einzublenden und dort auszuwählen, ob Material- oder Objekt-IDs bearbeitet werden. Danach

27.3 Umgang mit 3D-Daten in After Effects

können Sie unter DISPLAY wählen, ob den IDs per COLORS als Vorschau Farben zugeordnet werden. Mit LUMA- und ALPHA MATTE separieren Sie einzelne Objekte, indem Sie bei ID die entsprechende Nummer eingeben. Dies funktioniert auch bei RLA- und RPF-Dateien.

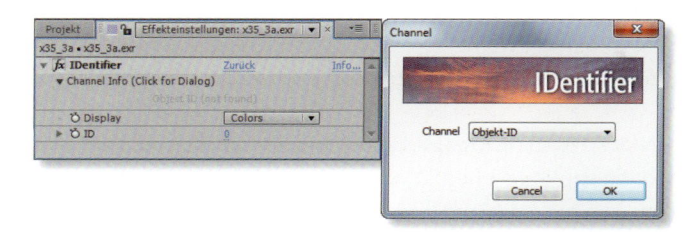

◀ **Abbildung 27.31**
Über das Plug-in IDentifier separieren Sie Objekte per ID.

ProEXR AE | Das Plug-in ProEXR AE ist nicht kostenlos. Um es anzuwenden, wählen Sie eine EXR-Datei im Projektfenster aus und wählen dann DATEI • CREATE PROEXR LAYER COMPS. Das Plug-in generiert daraufhin für jeden in der EXR-Datei enthaltenen Kanal eine eigene Komposition mit einer Ebene passend zum jeweiligen Render-Durchlauf des 3D-Programms. In einer mit dem Namenszusatz »Assemble« versehenen Komposition sehen Sie dann das Endergebnis, wie es im 3D-Programm erstellt wurde. Dazu werden Berechnungsmethoden wie After-Effects-Modi gleich mitgeneriert, und in den Quellkompositionen (für die Einzelkanäle) werden die passenden Plug-ins hinzugefügt, um an die jeweilige Kanalinformation zu gelangen.

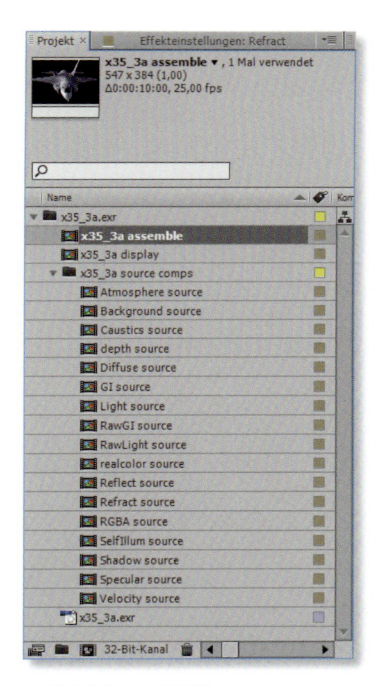

Weitere Helfer bei der Datenübernahme

Es gibt einige Helfer für die Übernahme von Kamera- und Positionsdaten hin zu After Effects und auch von After Effects in 3D-Applikationen.

▲ **Abbildung 27.32**
Mit dem Plug-in ProEXR AE werden pro Kanal separate Kompositionen angelegt und in einer Komposition mit dem Namenszusatz »Assemble« zusammengeführt.

Datenaustausch mit Cinema 4D | Das Plug-in für den Datenaustausch zwischen Cinema 4D und After Effects kommt aus dem Hause Maxon selbst, bietet eine hervorragende Integration sehr vieler Programmfunktionen und ist zudem kostenlos *(www.maxon.net/de/support/updates/plugins.html)*. Für CS6 war es leider noch nicht verfügbar, aber das bis zur Version 5.5 gültige tut es auch. Die Funktionalität werde ich weiter unten beschreiben.

Datenaustausch mit 3ds Max | Für 3ds Max besonders hervorzuheben ist das Plug-in MAX2AE von Boomer Labs *(www.boomerlabs.com)*, mit dem Sie in 3ds Max beispielsweise Hilfsebenen schaffen können, um in After Effects Ebenen korrekt im

Raum zu positionieren, und vieles mehr, was allerdings nur in der Testversion kostenlos ist. Außerdem war zumindest bei Redaktionsschluss noch kein Plug-in für die aktuelle 3ds-Max-Version verfügbar.

Datenaustausch mit Blender | Ein Skript von Bartek Skorupa für die Weitergabe von Kamera- und Objektdaten aus Blender nach After Effects finden Sie unter *http://cg.bartekskorupa.com/*.

Maya, Nuke, Electric Image, SynthEyes | Ein Datenaustausch von und nach After Effects, Maya, Nuke, Electric Image und SynthEyes ist mit MoCon von 3dMation (*www.3dmation.com*) möglich, allerdings bisher nur bis zur Version CS5.

Datenaustausch mit Photoshop | Die bereits besprochene Möglichkeit, in Photoshop Extended aus einem Foto 3D-Kompositionen zu erzeugen, kann eine Hilfe sein, denn dabei wird jedes Mal eine ».3ds«-Datei erzeugt, die Sie in 3ds Max und Cinema 4D öffnen können. Weitere Details finden Sie im Abschnitt »3D-Kompositionen aus Fluchtpunkt-Daten erzeugen« auf Seite 820.

Andere Austauschformate | Eine weitere Möglichkeit neben den oben beschriebenen Austauschformaten RPF und OpenEXR bietet das Format Autodesk FBX (».fbx«), mit dem Sie beispielsweise Objekte, Kameraanimationen und Lichter von 3ds Max nach Cinema 4D und von dort nach After Effects transferieren. Auch aus Blender können Sie FBX-Dateien exportieren und in Cinema 4D oder 3ds Max weiterverwenden.

Reine Objektdaten übermitteln Sie zwischen den 3D-Applikationen sehr gut mit dem Format Wavefront OBJ (».obj«). Materialdaten werden via ».mtl«-Dateien übermittelt. Auch die Formate COLLADA (».dae«) und 3D Studio (».3ds«) übermitteln Objektdaten zwischen 3D-Applikationen. Leider gibt es mehr oder minder viele Einschränkungen, was von der 3D-Szene übertragen wird. So bleiben zum Beispiel Texturen oft auf der Strecke.

Export von Kameratrackerdaten | Mit dem kostenpflichtigen Kameratracker von Pixel Farm, PFHoe Pro (*www.pfhoe.com*), können Sie nicht nur Kameradaten aus einem Video auslesen, sondern es werden auch Exportformate für After Effects, Cinema 4D, 3ds Max, Maya, Blender, Nuke, LightWave, Auto Desk FBX und viele mehr unterstützt. Somit können Sie konsistente Kamerabewegungen in After Effects oder im 3D-Programm erreichen, wenn Sie 3D-Elemente in ein Video einbauen wollen.

Der Autodesk MatchMover dient demselben Zweck. Da ein Export nach Cinema 4D möglich ist, gelangen die Daten auch via Cinema 4D weiter nach After Effects.

Nicht zu vergessen ist natürlich der After-Effects-interne 3D-Kameratracker, dessen Daten Sie via Export-Plugin von Maxon in Cinema 4D bekommen. Informationen zum 3D-Kameratracker finden Sie auf Seite 689.

27.4 Maya-Dateien übernehmen

Um Ihr Maya-Projekt passend nach After Effects zu übernehmen, ist einerseits die Übernahme der Kameradaten von Maya und andererseits die Übernahme der Objekte, Texturen und Lichter nötig. Die Kameradaten erhalten Sie über eine ».ma«-Datei, alle anderen Informationen übermitteln Sie via Sequenzen, denen Sie die gewünschten Passes mitgeben und die Sie dann aus Maya herausrechnen. After Effects kann die meisten Sequenzen importieren, darunter auch IFF-Sequenzen (16 Bit). Aus Maya heraus können Sie auch RLA-Sequenzen ausgeben, so dass der für RPF-Sequenzen schon beschriebene Weg auch für Maya-Daten zur Verfügung steht.

Zunächst wollen wir uns mit der Übernahme von Kameradaten beschäftigen.

Vorbereitungen zur Kameradatenübernahme aus Maya

Zur Übernahme von Kameradaten aus Maya nach After Effects eignen sich ».ma«-Dateien. In Maya sollten Sie folgende Einstellungen beachten.

Kompositionsgröße wählen | Um die Arbeit in After Effects zu vereinfachen, wählen Sie die Kompositionsgröße, die Sie später in After Effects verwenden wollen, bereits in Maya über WINDOW • RENDERING EDITORS • RENDER SETTINGS unter IMAGE SIZE.

Sichern Sie die Datei als Projektdatei via FILE • SAVE SCENE AS als MAYA ASCII, um eine **.ma-Datei** zu generieren.

Locator | Für eine korrekte Übernahme von Objekt-Positionsdaten nach After Effects ist es oft sinnvoll, Maya-Locator-Knoten zu verwenden, die Sie mit CREATE • LOCATOR erstellen. Daraufhin wird im 3D-Raum eine Referenz erstellt, die Sie nach dem Import in After Effects als Null-Objekt verwenden können. Damit spä-

Nicht unterstützte Transformationsflags

Folgende Transformationsflags werden von After Effects nicht unterstützt: `query`, `relative`, `euler`, `objectSpace`, `worldSpace`, `worldSpaceDistance`, `preserve`, `shear`, `scaleTranslation`, `rotatePivot`, `rotateOrder`, `rotateTranslation`, `matrix`, `boundingBox`, `boundingBoxInvisible`, `pivots`, `CenterPivots` und `zeroTransformPivots`.

Maya-Kameradaten in After Effects

After Effects kann 3-Knoten-Kameras aus Maya nicht lesen. Importieren Sie eine 1-Knoten-Kamera, erstellt After Effects eine After-Effects-Kamera in der quadratischen Komposition mit identischen Werten für Brennweite, Transformationseigenschaften und Filmgröße. Importieren Sie eine 2-Knoten- oder zielgerichtete Kamera, legt After Effects eine Null-Ebene an, die die Transformationsdaten der Maya-Kamera enthält. Die generierte After-Effects-Kamera ist mit der Null-Ebene per Parenting verknüpft.

Orthografische und perspektivische Kameras

After Effects kann keine orthografischen oder perspektivischen Kameras importieren. Daher ist es notwendig, immer eine Renderkamera zu erstellen, selbst dann, wenn Renderkamera und Perspektivkamera übereinstimmen.

ter hinzugefügte Ebenen mit dem 3D-Raum von Maya übereinstimmen, platzieren Sie die Locators dort, wo sich später in After Effects 3D-Ebenen befinden sollen.

Korrekte Bezeichnung | Wichtig ist eine korrekte Benennung des Locators mit der Bezeichnung »Null«, »null« oder »NULL« am Anfang, z. B. »null_leberwurst« oder »null_millionenbonuszahlung« oder … Na, lassen wir das. After Effects erstellt dann nach dem Import automatisch eine Null-Ebene mit den korrekten Transformationswerten.

Diese Null-Ebenen verwenden Sie später in After Effects, um dort beispielsweise Videos oder Bilder zu platzieren, indem Sie die Null-Objekte damit austauschen oder die Positionsdaten per Überordnung bzw. via Expression auf andere Ebenen übertragen.

Kameraanimation | Wenn Sie in Maya eine Kamera animieren, richten Sie sich am besten nach dem Locator als Orientierungshilfe, da dort die After-Effects-Ebenen landen sollen. Wenn Sie die Kamera animieren, sollten Sie darauf achten, dass nur Eigenschaften aus der Palette Channels übernommen werden.

Vor dem Import in After Effects ist es wichtig, in Maya eine Renderkamera zu erstellen, die die Animation enthält, die Sie in After Effects übernehmen wollen. Arbeiten Sie mit der Kameraeinstellung »FilmFit«, sollten Sie entweder die horizontale oder die vertikale Einstellung für »FilmFit« verwenden und nicht die Option »Füllen«.

Baking | Außerdem sollten Sie im Maya-Projekt Keyframes für jeden Frame Ihrer Animation schaffen, indem Sie die Kameradaten einem sogenannten Baking unterziehen, um die spätere Animation mit Keyframes zu vereinfachen. Dazu wählen Sie in Maya Edit • Keys • Bake Simulation. Reduzieren Sie vor dem Baking das Projekt so weit wie möglich. Entfernen Sie alle nicht relevanten Animationen, und löschen Sie statische Kanäle. Sie sparen Importzeit und Speicher. Außerdem sollten Sie eine Version des Maya-Projekts speichern, die nur die Kameraanimation enthält.

Maya-Daten importieren

Beim Import eines Maya-Projekts wird automatisch die Option Importieren als auf Komposition gesetzt. Nach dem Import sind entweder eine oder zwei Kompositionen entstanden. Dies hängt davon ab, ob in Maya mit einem quadratischen oder mit einem rechteckigen Pixelseitenverhältnis gearbeitet wurde. Haben

Sie quadratische Pixel gewählt, entsteht nur eine Komposition, die die Kameradaten enthält. Ist das Maya-Projekt in rechteckigen Pixeln erstellt, entstehen zwei Kompositionen. Eine Komposition wird mit quadratischen Pixeln erstellt. In dieser Komposition sind die Kameradaten enthalten. Diese Komposition liegt verschachtelt in einer weiteren Komposition mit rechteckigen Pixeln, die in den Abmessungen der Originaldatei angelegt wird.

Der Komposition mit nicht quadratischen Pixeln fügen Sie gerenderte Maya-Sequenzen und optional After-Effects-3D-Ebenen sowie optionales Footage mit quadratischen Pixeln hinzu. Material, das rechteckig erstellt wurde, fügen Sie der rechteckigen Komposition hinzu.

Weitere Informationen zum Pixelseitenverhältnis finden Sie im Abschnitt »Pixel Aspect Ratio (PAR)« auf Seite 134.

Knoten richtig erstellen
Locator-Knoten sollten nicht als übergeordnete Knoten für andere Locator-Knoten definiert sein. Stattdessen erstellen Sie übergeordnete Knoten für GEOMETRIE. Verwenden Sie einen Transform-Knoten zum Platzieren der Koordinaten. World- oder Underworld-Koordinaten kann After Effects nicht lesen.

Null-Objekte | Wenn Sie in Maya mit einem oder mehreren Locators gearbeitet haben und Sie diese wie oben erwähnt mit »Null« im Namen bezeichnet haben, werden in After Effects Null-Objekte mit den Transformationsdaten generiert, die Sie im Ordner FARBFLÄCHEN finden.

▼ **Abbildung 27.33**
Beim Import einer ».ma«-Datei wird eine Komposition generiert, die die Kameradaten und die Locators als Null-Objekte enthält.

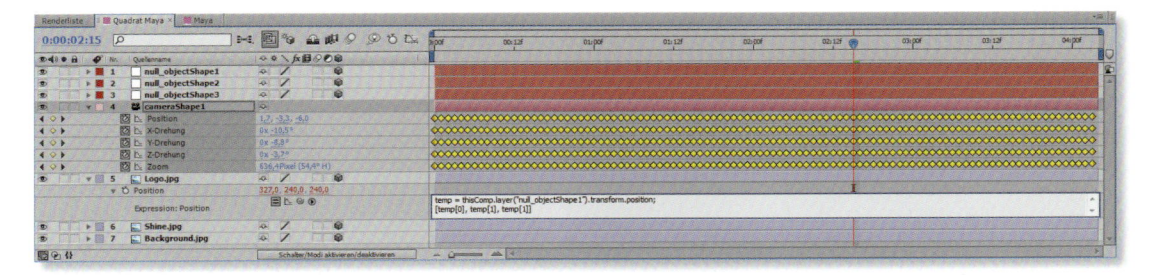

Die Positionsdaten der After-Effects-Null-Objekte sollten denen der Maya-Locators entsprechen. Um die Positionsdaten dann auf in After Effects kreierte 3D-Ebenen zu übertragen, tragen Sie die Positionsdaten des entsprechenden Null-Objekts manuell in der Positionseigenschaft der 3D-Ebene ein oder verwenden besser noch Expressions. Für weitere Informationen zu Expressions lesen Sie Kapitel 24, »Expressions«.

Wollen Sie die beim Import generierten Null-Objekte direkt durch Bildmaterial ersetzen, markieren Sie das importierte Material und die Null-Ebene in der Zeitleiste. Ziehen Sie dann das Material bei gedrückter [Alt]-Taste auf die Null-Ebene. Anschließend müssen Sie den Ankerpunkt, der nun auf der oberen linken Ecke liegt, neu positionieren, da er in After Effects sonst standardmäßig in der Mitte der Ebene liegt. Dies geht schnell: Markieren Sie die Ebene, und klicken Sie dann doppelt auf das

Maya-Einheiten
After Effects behandelt die in der Maya-Datei festgelegten linearen Einheiten als Pixel.

Maya-Einheiten umrechnen

In den neueren Maya-Versionen ist eine Umrechnung von Maya-Einheiten (cm) in After-Effects-Einheiten (Pixel) nicht nötig. Bei älteren Versionen werden die Maya-Werte durch den Faktor 0,035 dividiert, um den korrekten Pixelwert für After Effects zu erhalten.

Abbildung 27.34 ▶
Nach dem Import der Maya-Datei sind Null-Objekte und Kompositionen entstanden. Die JPG-Dateien wurden danach importiert.

OpenEXR

Für das OpenEXR-Format ist die Pass-Übergabe identisch. Allerdings können Sie hier, wenn Sie sich das ProEXR-AE-Plugin leisten, die Passes damit automatisch zusammenfügen lassen. Ansonsten bleibt Ihnen nur das Plug-in Extractor. Dort weisen Sie geduldig und konzentriert wie ein Roboter jeden einzelnen Pass einem der Kanäle R, G und B zu, bevor Sie noch die Ebenenmodi anwenden.

Ausschnitt-Werkzeug (Y). Außerdem ist es nötig, die Deckkraft von 0 % auf 100 % zu setzen, damit Sie die Ebenen wiedersehen, denn Null-Objekte sind standardmäßig unsichtbar.

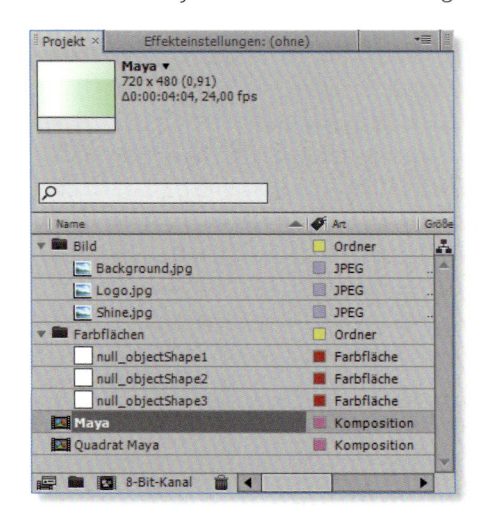

Render Passes übertragen

Informationen der 3D-Szene wie Lichter, Schatten und Reflektionen übertragen Sie via Bildsequenzen nach After Effects.

Dazu wählen Sie in Maya zuvor die Karte Rendering, und öffnen Sie den Dialog Render Settings. Dort wählen zunächst unter Render Using den Eintrag mental ray. In der Karte Common wählen Sie unter File Output das Format für die auszugebende Bildsequenz wie Maya IFF, Wavefront (rla), TIFF, JPEG, PSD etc. Auch OpenEXR ist hier wählbar.

In der Karte Passes klicken Sie auf den Button ❶ bei Scene Passes. Im Dialog Create Render Passes wählen bei gedrückter Strg-Taste die gewünschten Passes wie Diffuse, Direct Irridiance, Shadow, Reflection etc. aus. Anschließend bestätigen Sie mit Create and Close. Die Passes landen nun unter Scene Passes. Lassen Sie das Fenster offen.

Klicken Sie nun den Layer, dem Sie die Passes zuweisen wollen, mit der rechten Maustaste an, und rufen Sie im Kontextmenü Pass Contribution Maps • Create Empty Pass Contribution Map auf.

Wählen Sie dann in den Render Settings alle unter Scene Passes versammelten Einträge aus, und klicken Sie auf den Button ❷ mit dem Verketten-Symbol. Unter Associated Pass Contribution Map ❹ suchen Sie die Map aus der Liste aus, die Sie via Create Empty Pass Contribution Map für den Layer geschaffen haben.

27.4 Maya-Dateien übernehmen

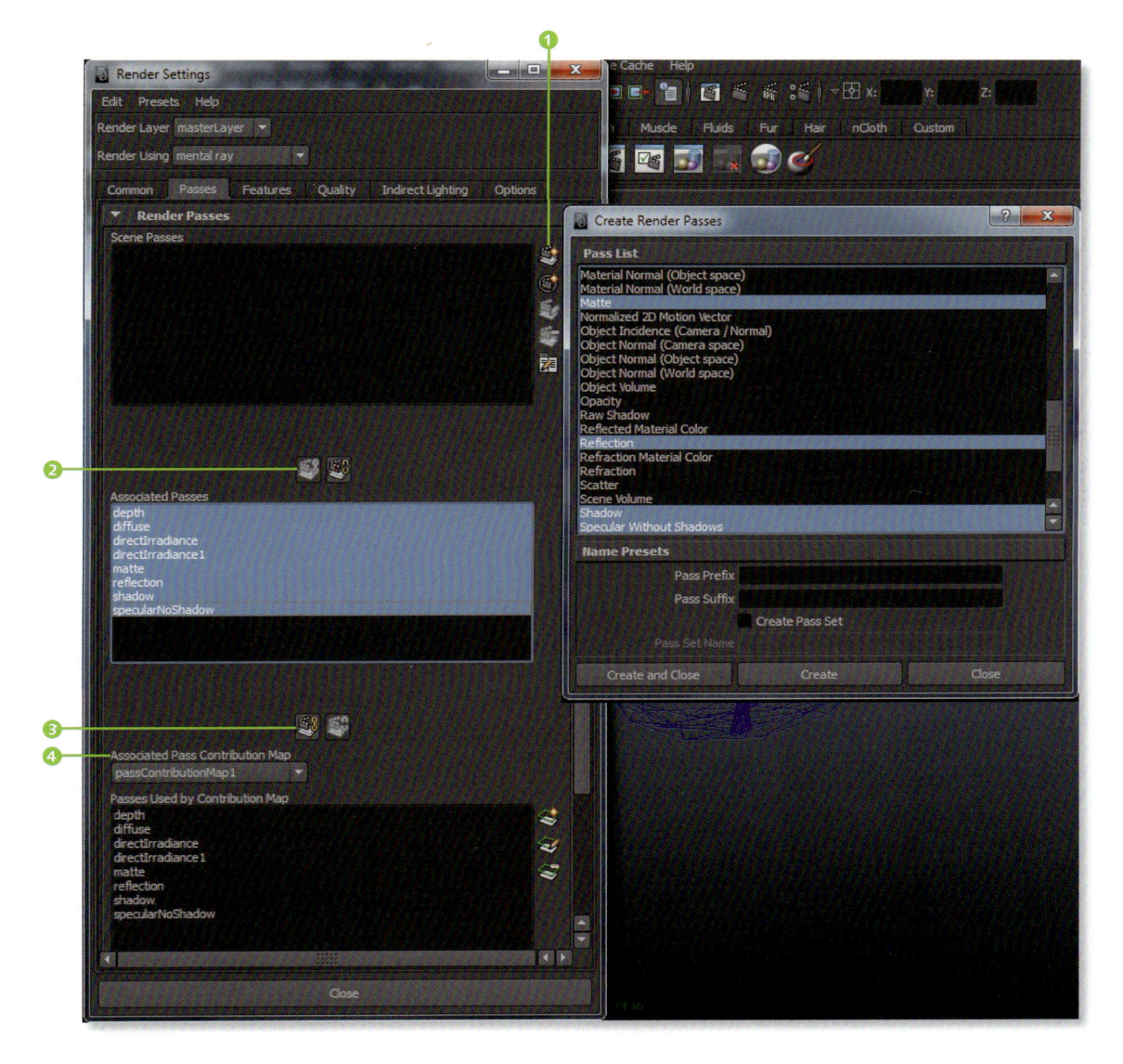

Wählen Sie dann die Passes unter ASSOCIATED PASSES per [Strg]-Taste aus, und klicken Sie auf das Verketten-Symbol ❸, um die Passes der Map hinzuzufügen.

Rendern Sie anschließend die Szene.

Maya legt für jeden Pass einen eigenen Ordner an. Sie können alle Ordner markieren und per Drag and Drop dem AE-Projektfenster hinzufügen. Sollten Passes fehlen, importieren Sie sie wie üblich.

Die Passes ziehen Sie anschließend auf das Kompositionssymbol im Projektfenster und übernehmen so Dauer, Größe und Framerate der Maya-Dateien. Als letzten Schritt müssen Sie für jeden einzelnen Pass passende Ebenenmodi wählen, um die

▲ **Abbildung 27.35**
In der Karte RENDER SETTINGS • PASSES in Maya wählen Sie die Passes für den zu rendernden Layer.

891

Abbildung 27.36
Die dem Layer hinzugefügte Map wird unter dem Layer angezeigt.

Maya-Szene zu rekonstruieren – nicht gerade nutzerfreundlich, aber es geht. Oder Sie nehmen lieber Cinema 4D.

27.5 Cinema 4D-Dateien übernehmen

Wenn Sie Cinema 4D-Nutzer sind und vorhaben, die Stärken von Cinema 4D mit denen von After Effects zu kombinieren, haben Sie sich für die beste Variante entschieden, 3D-Daten in After Effects zu integrieren. Dank der Pionierarbeit, die die Mitarbeiter der Firma Maxon für die Integration mit After Effects geleistet haben, können Sie alle möglichen Daten einer 3D-Szene in After Effects integrieren und umgekehrt Daten aus After Effects nach Cinema 4D übernehmen.

Aus dem Cinema 4D-Projekt können Sie, was hervorragend ist, eine After-Effects-Projektdatei ausgeben, die bereits automatisch alle notwendigen Einstellungen zur Wiederherstellung der 3D-Szene in After Effects enthält.

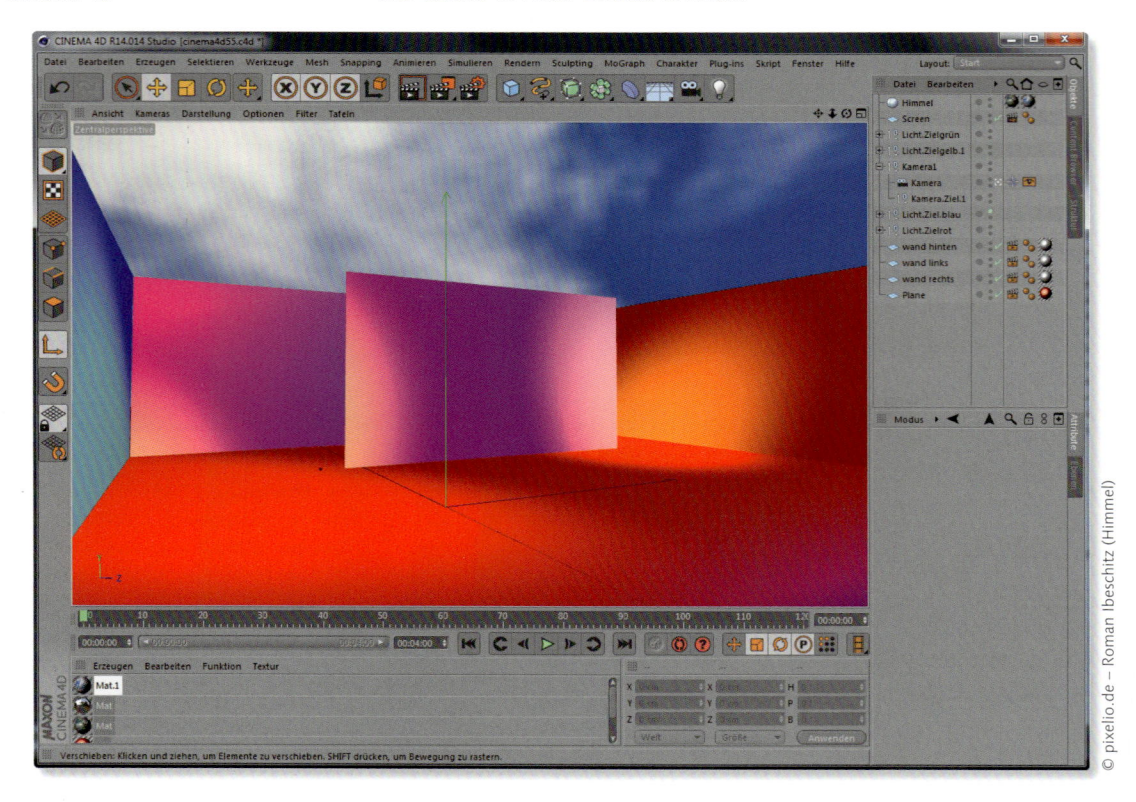

Abbildung 27.37 ▼
Das Projektfenster von Cinema 4D

© pixelio.de – Roman Ibeschitz (Himmel)

So übernehmen Sie Kamerafahrten ohne die Notwendigkeit irgendeiner Umrechnung in After Effects. In Cinema 4D gesetzte

Lichter werden auch in After Effects mit ihren korrekten Farben und Schatten dargestellt und sind sogar noch modifizierbar. Zum Übernehmen von Objekt-IDs (via RPF) oder zur Wiedergabe von Reflexionen und Glanzlichtern etc. in After Effects können Sie eine Vielzahl an zusätzlichen Kanälen in Cinema 4D wählen. Alle gewünschten Daten werden über das sogenannte Multi-Pass-Rendering in einem Durchgang aus dem Cinema 4D-Projekt ausgegeben.

Von After Effects aus exportieren Sie eine Cinema 4D-Datei, um Kameradaten, 3D-Ebenen, Lichter, Null-Objekte und mehr zu übertragen.

Vorbereitungen in Cinema 4D

Ein paar Tipps zur Vorbereitung Ihrer Arbeit in Cinema 4D und After Effects, lesen Sie hier.

Cinema-Koordinaten | Der Umgang mit den Objekt- und Weltachsen bei Cinema 4D und After Effects gleicht einander. Arbeiten Sie in Cinema 4D im Objekt-Koordinatensystem und drehen eine Ebene, so drehen sich die Achsen dieser Ebene mit. Ebenso ist es in After Effects im Lokalachsenmodus. Auch die Farbzuordnung X = Rot, Y = Grün und Z = Blau ist dieselbe.

Im Unterschied zu After Effects ist die Standardkamera in Cinema 4D nicht frontal ausgerichtet, sondern »schaut« von rechts oben auf die Szene. Daher bauen Sie die Szene in Cinema am besten entlang der Z-Koordinate und fügen neue Kameras zunächst mit Blickrichtung in die Raumtiefe hinzu, um ähnlich wie in After Effects zu arbeiten.

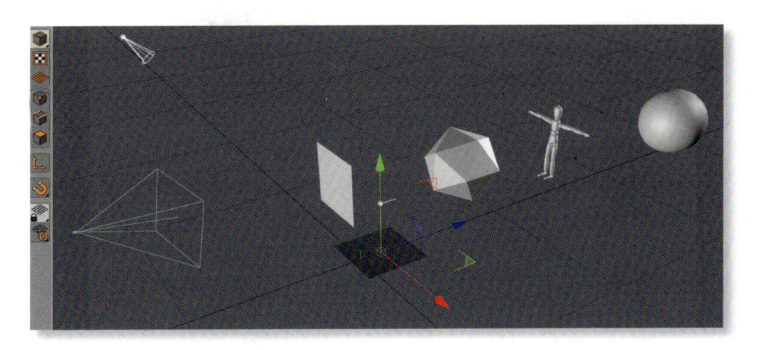

Drehung in Cinema 4D
In Cinema 4D werden Drehungen mit den Bezeichnungen »Heading«, »Pitch« und »Bank« angegeben. »Heading« steht für die x-Achse, »Pitch« für die y-Achse und »Bank« für die z-Achse.

◀ **Abbildung 27.38**
Hier ein Schema, wie Sie die Cinema-Szene entlang der Z-Achse aufbauen, um in After Effects wenig Umrechnungen zu erzeugen.

Um Verwirrungen zu vermeiden, ist es sinnvoll, in Cinema 4D das Koordinatensystem von Objekt- auf Welt-Koordinatensystem umzuschalten und dementsprechend in After Effects von Lokalachsenmodus auf Weltachsenmodus.

Abbildung 27.39 ▶
Die Koordinaten können Sie in Cinema 4D und After Effects auf Welt umschalten.

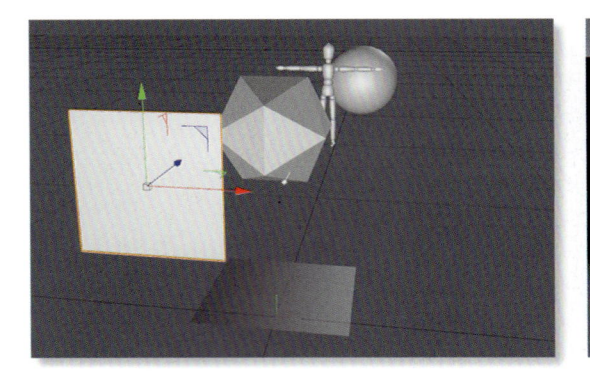

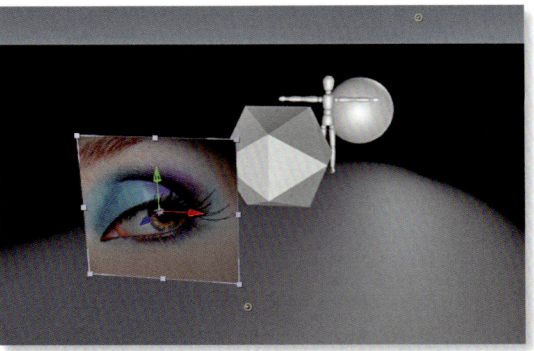

▲ **Abbildung 27.40**
Die Achsen in Cinema 4D (links) und After Effects (rechts) gleichen einander.

Rendervoreinstellungen | Über die Rendervoreinstellungen legen Sie in Cinema 4D fest, ob beim Rendern eine After-Effects-Projektdatei geschrieben wird und welche Kanäle als Informationen hinzugefügt werden sollen. Das entsprechende Dialogfeld öffnen Sie in Cinema 4D über Rendern • Rendervoreinstellungen bearbeiten oder [Strg]+[B].

Unter dem Eintrag Speichern klappen Sie die Liste unter Normales Bild auf. Hier legen Sie den Speicherort für das Ausgabebild bzw. den Ausgabefilm fest. Unter Format wählen Sie beispielsweise TIFF und QuickTime-Film oder die besprochenen Formate OpenEXR und RPF. Unter Farbtiefe entscheiden Sie sich z. B. für die TIFF-Ausgabe bis zu 32 Bit/Kanal. Wollen Sie transparente Bereiche mitberechnen, setzen Sie ein Häkchen bei Alpha-Kanal.

Ein After-Effects-Projekt generieren Sie via Kompositions-Projektdatei ❼. Um eine After-Effects-Projektdatei mit sämtlichen relevanten Daten zu erstellen, setzen Sie ein Häkchen bei Speichern und bei 3D Daten einschliessen. Haben Sie Animations-Keyframes gesetzt, setzen Sie bei Relativ den Haken. Unter Zielprogramm wählen Sie den Eintrag After Effects. Per Klick auf Projektdatei speichern wird die entscheidende Datei mit der Endung **.aec** unter der von Ihnen festgelegten Pfadangabe abgespeichert.

Importieren Sie diese Datei in After Effects, wird das Bild bzw. der Film, den Sie unter Normales Bild gespeichert haben, sowie Kameras, Lichter und gegebenenfalls Null-Objekte geladen.

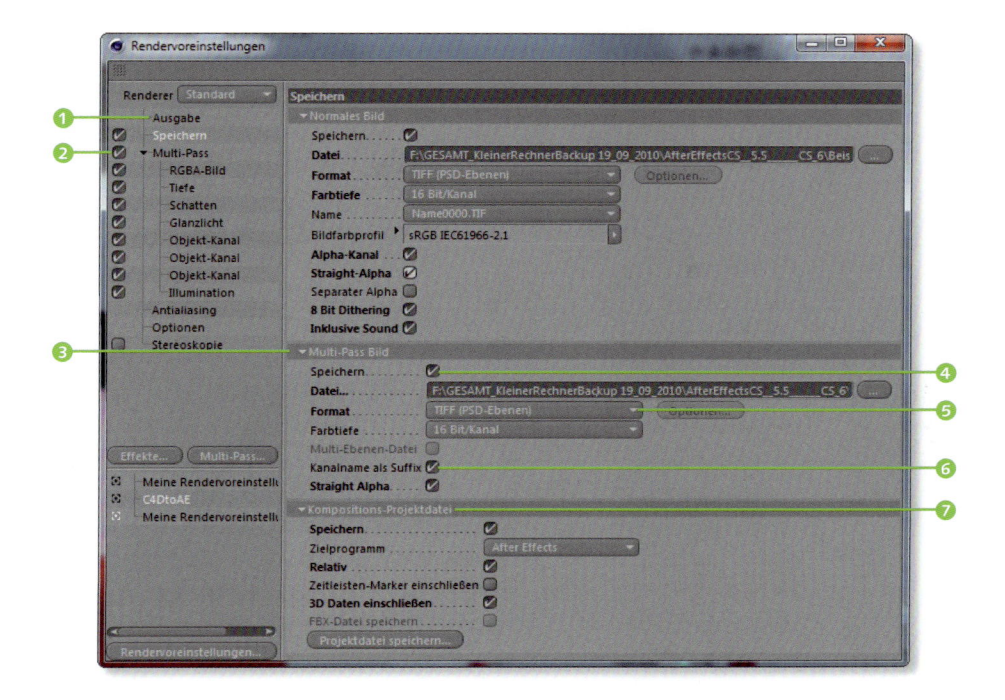

27.5 Cinema 4D-Dateien übernehmen

▲ **Abbildung 27.41**
In den RENDERVOREINSTELLUNGEN aktivieren Sie die Ausgabe einer After-Effects-Projektdatei aus Cinema 4D.

Es fehlen aber noch die Passes. Dazu setzen Sie ein Häkchen bei MULTI-PASS ❷. Wenn Sie direkt auf diesen Eintrag klicken, sehen Sie auf der rechten Seite die Option SEPARATE LICHTER ❽. Sind Lichter in der 3D-Szene enthalten, erzeugen Sie hierüber Diffusions-, Glanzlichter- und Schattenkanäle, die separat ausgegeben werden. Stellen Sie SEPARATE LICHTER auf ALLE oder, wenn Sie nur die zuvor ausgewählten Lichter ausgeben wollen, SELEKTIERTE. Günstig ist der Haken bei SCHATTENKORREKTUR gegen Artefakte an Objektkanten.

Weitere Kanäle fügen Sie per Klick auf die Schaltfläche MULTI-PASS ❾ hinzu. Im Popup-Menü wählen Sie aus einer Vielzahl an Kanälen, die in die resultierende Datei aufgenommen werden sollen (siehe Abbildung 27.43).

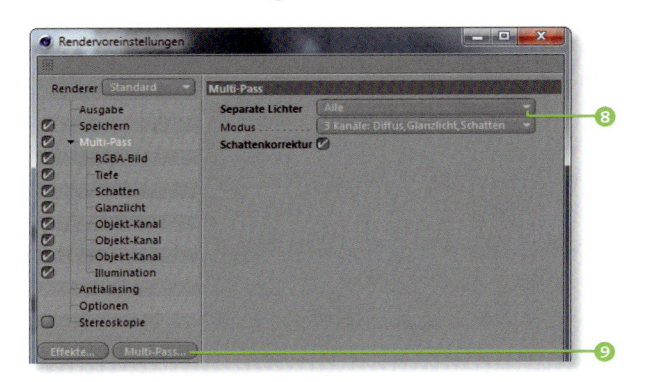

◄ **Abbildung 27.42**
Mit dem Button MULTI-PASS legen Sie Kanäle und via Listeneintrag MULTI-PASS Lichter fest, die Sie der Datei mitgeben wollen.

895

Haben Sie die Kanäle hinzugefügt, klicken Sie wieder den Eintrag SPEICHERN auf der linken Seite an. Es sind Optionen unter MULTI-PASS BILD hinzugekommen. Hier setzen Sie ein Häkchen bei SPEICHERN ❹.

Wählen Sie unter FORMAT ❺ beispielsweise den Eintrag TIFF oder QUICKTIME-FILM, da beide Formate auch Alphakanäle unterstützen. Im Falle von TIFF erhalten Sie Bildsequenzen von hoher Qualität.

Die zuvor gewählten Kanäle und Lichter, die Sie der Datei mitgeben können, werden in das Format Ihrer Wahl, im Fall von QuickTime in separate Filme gerendert. In der von Cinema 4D geschriebenen After-Effects-Projektdatei werden diese dann zu einer kompletten 3D-Szene kombiniert, die der Cinema-Szene perfekt gleicht.

Um die resultierenden QuickTime-Filme unterscheiden zu können, lassen Sie das Häkchen bei KANALNAME ALS SUFFIX ❻ stehen. Um die QuickTime-Filme im gleichen Ordner wie die After-Effects-Projektdatei (».aec«) abzuspeichern, wählen Sie unter DATEI die entsprechende Pfadangabe.

Unter dem Eintrag AUSGABE ❶ auf der linken Seite legen Sie die Ausgabegröße, die Auflösung, das Pixelseitenverhältnis und die Bildrate fest. Unter DAUER wählen Sie ALLE BILDER oder VORSCHAUBEREICH, um Animationen auszugeben. Mit BILDSCHRITT wählen Sie die Zahl 1, um alle Bilder, oder z. B. 2, um jedes zweite Bild zu rendern. Unter FIELD-RENDERING stellen Sie für After Effects OHNE ein, da Sie dies auch bei der After-Effects-Ausgabe noch ändern können.

Wenn Sie alle Einstellungen getroffen haben, rendern Sie die Cinema 4D-Datei, indem Sie auf das Render-Symbol in der Symbolleiste von Cinema 4D klicken.

Für jeden gewählten Kanal wird ein separater QuickTime-Film erzeugt. Zusätzlich wird eine ».aec«-Datei angelegt, die auf diese QuickTime-Dateien zugreift.

Kompositionstags | Mittels Kompositionstags generieren Sie aus Cinema 4D heraus Null-Objekte, denen Sie in After Effects Ebenen zuordnen können, so dass diese sich nahtlos in die 3D-Szenerie integrieren.

Dazu wählen Sie in Cinema 4D das Objekt – z. B. den Screen, auf den Sie ein Video mappen wollen – mit der rechten Maustaste aus. Im Popup-Menü rufen Sie dann NEUES TAG • CINEMA 4D TAGS • EXTERNE KOMPOSITION auf. In der Objektliste wählen Sie es dann aus ❿, und unter TAG EIGENSCHAFTEN bestimmen Sie die Position des Ankerpunkts ⓫. Setzen Sie bei FARBFLÄCHEN-

▲ **Abbildung 27.43**
Eine ganze Menge zusätzlicher Informationen geben Sie der After-Effects-Projektdatei über das Hinzufügen der hier abgebildeten Kanäle mit.

27.5 Cinema 4D-Dateien übernehmen

EBENE einen Haken, generieren Sie damit in After Effects eine Farbfläche anstelle eines Null-Objekts.

Cinema übermittelt darüber die Positionsdaten eines Objekts an After Effects. Mit Drehungswerten, die auch mitgeliefert werden, funktioniert dies leider weniger gut, da Cinema ein anderes Drehsystem verwendet. Bei Drehungswerten außerhalb von 0° oder 90° werden völlig andere Werte übergeben; so wird zum Beispiel aus H = 45°, P = 45° und B = 45° in After Effects X = 54,7°, Y = –30° und Z = 80,3°.

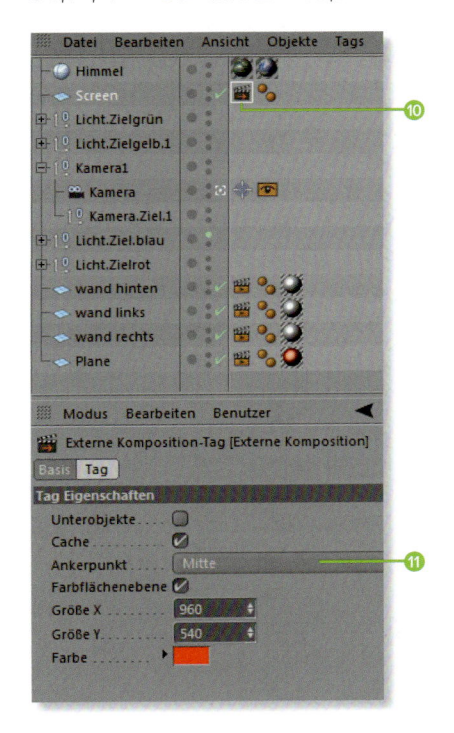

◄ **Abbildung 27.44**
Markieren Sie das Tag in der Objektliste um die Position des Ankerpunkts festzulegen.

Cinema 4D-Daten importieren

Um eine Cinema 4D-Szene in After Effects zu verwenden, genügt es, die aus Cinema 4D geschriebene Projektdatei mit der Endung ».aec« in ein After-Effects-Projekt zu importieren.

Cinema-Import-Plugin | Damit das reibungslos funktioniert, müssen Sie zuvor das Cinema-Import-Plugin installieren. Wenn Sie es nicht zur Verfügung haben, laden Sie es sich von der Maxon-Website unter *http://www.maxon.net/de/support/updates/plugins.html* herunter. Sie finden bis zur Version 5.5 passende Plug-ins vor (für CS6 funktionieren diese auch). Mit dabei ist das Plug-in Cinema4DExporter, zu dem ich im Abschnitt »After-Ef-

Plug-ins im Maxon-Ordner
Sie finden die Austausch-Plugins auch in folgendem Verzeichnis: Maxon/Cinema4D/Exchange Plugins/aftereffects.

Beispiel

Auf der DVD zum Buch finden Sie im Ordner 27_Integration_3D/Cinema4D die Datei »cinema4d.aec«. Importieren Sie diese Datei zum Testen ruhig einmal in ein After-Effects-Projekt. Oder öffnen Sie das After-Effects-Projekt »Cinema4d.aep«. Dort wurde die ».aec«-Datei bereits importiert.

Abbildung 27.45 ▶
Nach dem Import der ».aec«-Datei werden eine Gesamtkomposition, hier die Komposition cinema4d, und mehrere Lichtkompositionen angelegt. Jede Komposition enthält die von Cinema 4D erzeugten Quick-Time-Filme.

fects-Kompositionsdaten für Cinema 4D exportieren« auf Seite 901 noch kommen werde. Die Plug-ins kopieren Sie in den Ordner Plug-Ins im After-Effects-Installationsordner. Nach einem Neustart von After Effects sollte der Import der ».aec«-Datei funktionieren.

Cinema 4D Composition und Special Passes | Nach dem Import enthält das After-Effects-Projektfenster einen Ordner mit dem Namen der Cinema 4D-Datei und den Ordner Special Passes sowie Lichtkompositionen. Im Ordner Special Passes sind Zusatzinformationen gespeichert, die für die Darstellung der 3D-Szene weniger, aber für weiter gehende Anwendungen wie die Erstellung von Objektmatten sehr interessant sind. Null-Objekte werden im Ordner Farbflächen abgelegt.

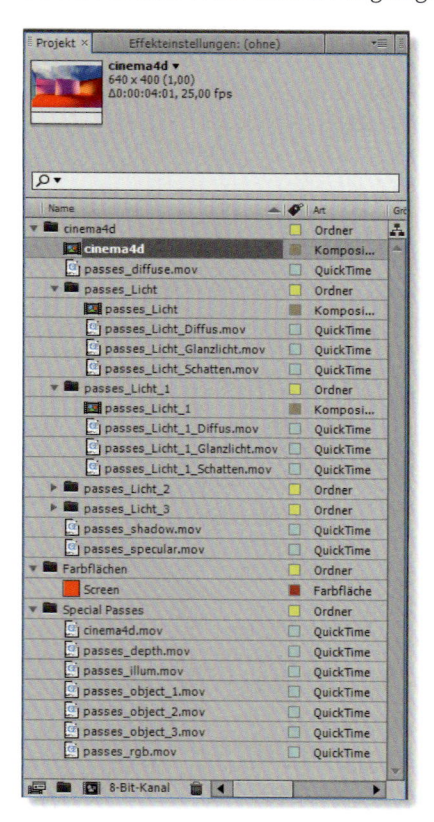

Der Ordner CINEMA 4D enthält die gleichnamige finale Komposition. Wenn Sie diese per Doppelklick öffnen, wird die korrekt wiedergegebene Cinema-Szene angezeigt. In dieser Komposition sind After-Effects-Lichtquellen und eine Kamera enthalten, die so eingestellt sind wie die Lichtquellen und die Kamera in Cinema

4D. Allerdings verfügen die After-Effects-Lichtquellen über weniger Einstellmöglichkeiten.

Lichtkompositionen | Damit Sie auf die Lichtstimmung der Cinema-Szene auch im Nachhinein in After Effects Einfluss haben, werden Extra-Lichtkompositionen angelegt. Sie können auf das Augen-Symbol der Lichtkompositionen klicken, um die Lichter für die Cinema-Szene ein- und auszublenden. Aus Cinema 4D separat ausgegebene Lichter werden in Extrakompositionen gespeichert. Eine solche Lichtkomposition enthält mehrere Ebenen, die über die Ebenenmodi so miteinander kombiniert sind, dass die Lichtverhältnisse der Cinema-Szene unverfälscht wiedergegeben werden. Die Wirkung der einzelnen Ebenen testen Sie am besten durch das Ein- und Ausblenden der Ebenen.

◼ **Abbildung 27.46**
Die Cinema 4D-Komposition enthält alle Lichtinteraktionen des Cinema 4D-Projekts und entsprechende After-Effects-Lichtquellen, um After-Effects-3D-Ebenen zu beleuchten. After-Effects-Kameras erhalten die korrekten Einstellungen der Cinema 4D-Kameras.

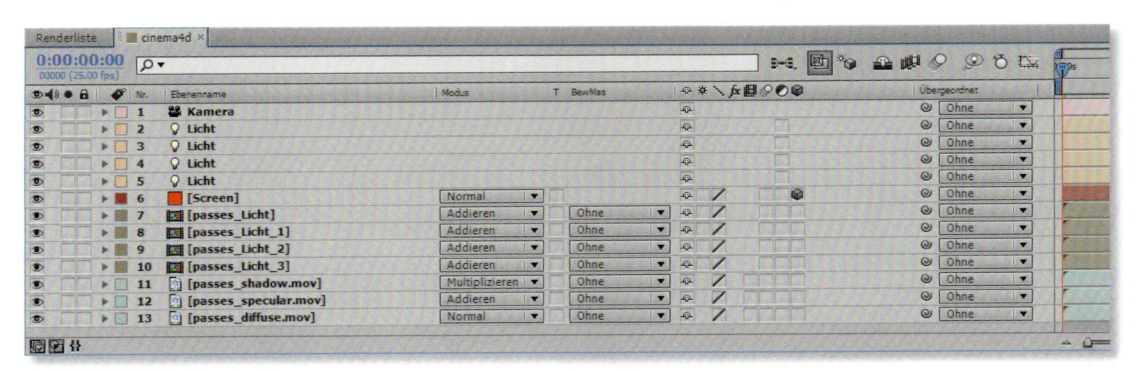

Ebenenmodi | Eine Cinema-Szene wird in After Effects mit mehreren Ebenen, die aus QuickTime-Filmen oder Bildsequenzen bestehen, realisiert, die über entsprechende Ebenenmodi miteinander interagieren. Für die Darstellung von Schatten wird dabei der Modus MULTIPLIZIEREN verwendet, für Lichter der Modus ADDIEREN.

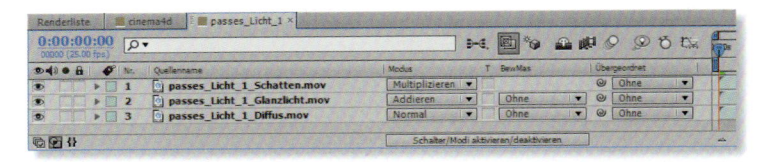

◂ **Abbildung 27.47**
Schatten werden im Modus MULTIPLIZIEREN und Lichter im Modus ADDIEREN übernommen.

3D-Ebenen in die Cinema-Szene integrieren | Da Sie in After Effects sicher häufig 3D-Ebenen in die Cinema 4D-Szene einbauen wollen, freuen wir uns alle über das schöne Null-Objekt bzw. die Farbfläche, die Cinema für uns generiert. So können wir nämlich nach Herzenslust Videos vom Arbeitsplatz einbauen und weitere in After Effects erstellte 3D-Elemente einfügen.

Kapitel 27 Integration mit 3D-Applikationen

Nachdem Sie ein Video importiert haben, können Sie die Null-Objekt-Ebene markieren und das Video dann bei gedrückter (Alt)-Taste auf die Null-Ebene ziehen, um die Positions- **und** die verhunzten Drehungsdaten zu übernehmen (wie gesagt, das Plug-in für R14 und CS6 gibt es noch nicht), oder Sie ziehen das Video wie üblich in die Zeitleiste und lesen dann nur die Positionsdaten per Expression aus und drehen gegebenenfalls noch die Ebene.

Abbildung 27.48 ▶
Bis auf die falsch gedrehte, aber immerhin richtig positionierte Null-Ebene wurde die Cinema 4D-Szene korrekt in After Effects übernommen.

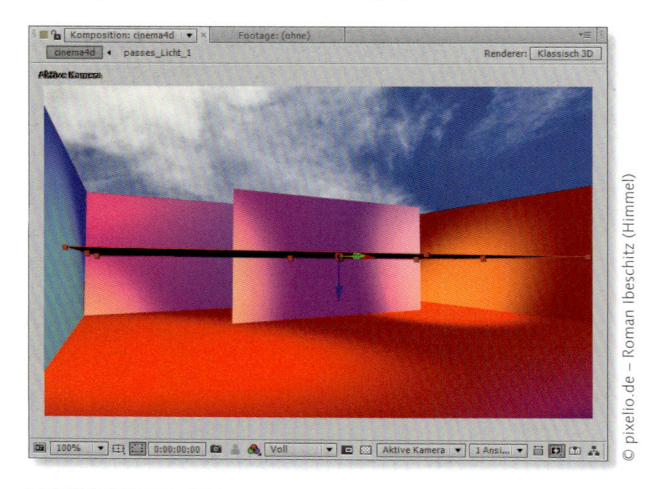

Abbildung 27.49 ▶
Der Komposition wurden zwei After-Effects-3D-Ebenen hinzugefügt, die durch die von Cinema 4D automatisch erstellten Lichter und die Kamera beeinflusst werden, als wären sie in Cinema 4D erstellt worden.

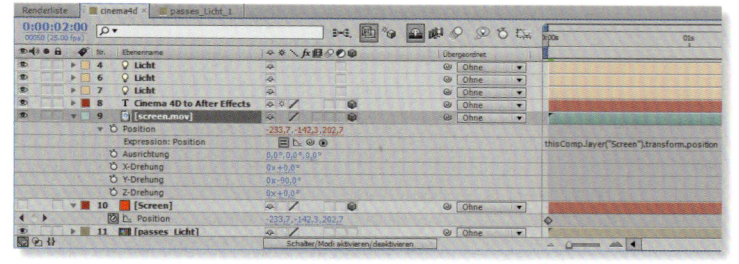

Abbildung 27.50 ▶
Hier wurden der Cinema 4D-Szene eine 3D-Textebene und ein Video hinzugefügt, die sich nahtlos in den Cinema 4D-Raum integrieren lassen.

900

After-Effects-Kompositionsdaten für Cinema 4D exportieren

Wie im Abschnitt »Cinema-Import-Plugin« auf Seite 897 bereits beschrieben, müssen Sie für den Export den Cinema4DExporter in das Plugin-Verzeichnis von After Effects kopieren.

Um den Datenexport selbst auszuprobieren, können Sie aus dem Ordner 22_MOTION_TRACKING/3DKAMERATRACKER das gleichnamige AE-Projekt öffnen. Ja, Sie haben richtig gehört – aus dem Motion-Tracking-Ordner! Das Tolle ist ja, dass Sie die Daten des 3D-Kameratrackers in Cinema verfügbar machen können! So können Sie einem real aufgenommenen Video in Cinema 4D waschechte 3D-Elemente hinzufügen, z. B. das Ufo von Roswell. Damit Sie das Buch nun aber noch zu lesen bekommen, verwenden wir hier nur die zeitsparende, vorgefertigte Cinema-Figur.

Schritt für Schritt: 3D-Kameratrackerdaten für Cinema 4D

In diesem Workshop testen wir die Übernahme der Kameradaten aus After Effects nach Cinema 4D in der Praxis.

1 Vorbereitungen

Nachdem Sie das Projekt geöffnet haben, löschen Sie zunächst die obersten drei Ebenen: »Null-Ebene 1 verfolgen« und die Ebenen »BlackSmokeMasked«.

Anschließend klicken Sie die Ebene »00082« an und drücken die Taste E. Markieren Sie dann das Wort 3D-KAMERATRACKER. Klicken Sie am Zeitpunkt 00:00 mit der rechten Maustaste auf eines der kleinen Kreuze im Kompositionsfenster links neben dem »good luck!«. Wählen Sie den Eintrag FARBFLÄCHE ERSTELLEN. An dieser Stelle soll nachher die Cinema-Figur stehen.

Was geht und was nicht geht
Wenn Sie den Exporter von der Maxon-Website www.maxon.de geladen haben, finden Sie in dem Ordner auch eine Textdatei »Export from After Effects DE« vor. Dort sehen Sie, was der Exporter unterstützt und was nicht.

Informationen zum 3D-Kameratracker
Details zum 3D-Kameratracker finden Sie im Abschnitt »3D-Kameratracker« auf Seite 689.

Die benötigten Dateien für diesen Workshop finden Sie auf der DVD unter BEISPIELMATERIAL/ 22_MOTION_TRACKING/3DKAMERATRACKER

◄ **Abbildung 27.51**
Mit der rechten Maustaste erstellen Sie eine Farbfläche (die ich hier zur Verdeutlichung vergrößert habe) am ausgewählten Punkt.

2 Von After Effects nach Cinema 4D

Die aktivierte Komposition exportieren Sie nun als Cinema-Projekt über Datei • Exportieren • CINEMA 4D Exporter.

Es wird eine Cinema-Projektdatei gespeichert. Nachdem Sie sie in Cinema geöffnet haben, sind einige Ebenen verschwunden: das Video und der extrudierte Text. Die Lichter, die Tiefenfänger-Ebene (die dem Schattenwurf in After Effects dient), die Farbfläche und die Kamera sind aber erhalten geblieben. Klicken Sie im Objektmanager zunächst auf das Plus bei Kameratracker und dann auf den Eintrag 3D-Tracker-Kamera, wird der getrackte Bewegungspfad der Kamera angezeigt. Er wurde also auch übernommen – wunderbar!

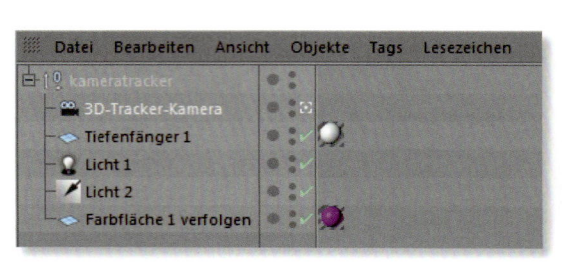

▲ **Abbildung 27.52**
Per Klick auf 3D-Tracker-Kamera blenden Sie den Kamerapfad ein.

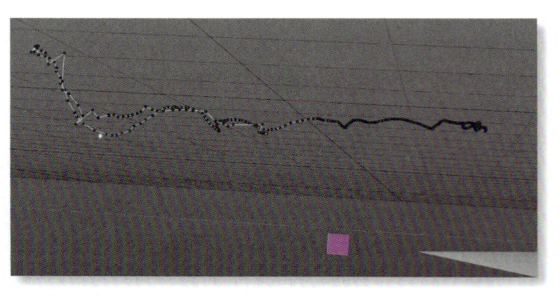

▲ **Abbildung 27.53**
Hier ist er, der getrackte Kamerapfad zusammen mit der erzeugten Farbfläche.

Nun benötigen wir nur noch ein Objekt, das genau an der Position der Farbfläche platziert ist. Sie erschaffen es über Erzeugen • Objekt • Figur.

Übernehmen Sie beispielsweise via Koordinatenmanager die Positionsdaten von der Farbfläche, und tragen Sie sie bei der Figur ein. Skalieren Sie die Figur, damit Sie in After Effects nicht zu klein ist, und verschieben Sie sie in der Ansicht Vorne auf der Y-Achse nach oben, bis die Füße mit der Farbfläche abschließen.

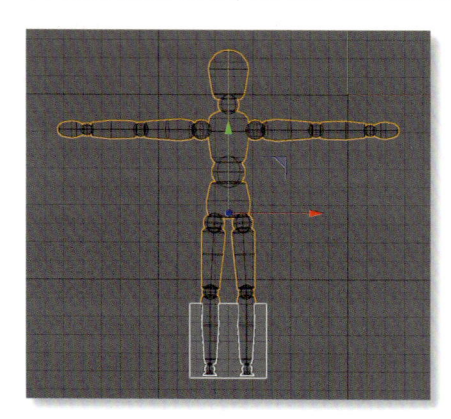

Abbildung 27.54 ▶
In der Ansicht Vorne verschieben Sie die Figur bündig zur Farbfläche auf der y-Achse.

3 Zurück nach After Effects

Die geschaffene Figur soll nun zurück nach After Effects. Dazu beachten Sie die Rendereinstellungen aus dem Abschnitt »Rendervoreinstellungen« (siehe Seite 894). Schalten Sie vor dem Rendern im Objektmanager die Ebenen »Tiefenfänger« und »Farbfläche verfolgen« unsichtbar, indem Sie auf das Häkchen klicken. Aktivieren Sie vor dem Rendern in den RENDERVOREINSTELLUNGEN die Option ALPHA-KANAL und STRAIGHT-ALPHA, und benennen Sie die Ausgabedateien mit »figur«. Rendern Sie das Projekt.

Importieren Sie anschließend die generierte ».aec«-Datei zurück in das Kameratracker-Projekt.

Der daraufhin generierte Ordner FIGUR enthält die Datei »figur.mov« bzw. Ihre Sequenz. Diese ziehen Sie nun in die Komposition »kameratracker«. Wenn Ihre Ausgabeeinstellungen in Cinema der Kompositionsgröße hier in After Effects entsprechen, sollte die Figur nun neben dem »good luck!« stehen. In diesem Sinne!

◄ **Abbildung 27.55**
Sicher haben Sie ein schöneres 3D-Objekt zum Einbauen im Internet gefunden oder sogar selbst geschaffen? Aber es funktioniert.

Abspann

Jetzt, wo Sie als computergebräunter Zombie im Sonnenlicht blinzeln müssen, wird es Zeit, dieses Buch, das Sie in jeder freien Minute von vorn bis hinten durchgearbeitet haben (Sie haben doch?), beiseitezulegen und je nach Typ von der Junk-Food-Ernährung oder der hochkalorischen Flüssignahrung umzusteigen auf … Vanilleeis? Nein – na, Sie wissen schon.

Die DVD zum Buch

Für die Buch-DVD haben der Autor und der Verlag für Sie einige Schmankerl zusammengestellt. Sie finden eine 30-Tage-Testversion von After Effects CS6 für Mac und Windows, alle Workshop-Dateien des Buchs und Video-Lektionen, in denen Sie After Effects einmal »live« in Aktion erleben können.

Beispielmaterial

Auf der DVD finden Sie nach Kapiteln geordnet die Workshop-Dateien des Buchs.

In jedem Ordner liegt zumeist der fertige Film des Projekts, die zum Nachbau nötigen einzelnen Dateien und eine Projektdatei (aep). Als besonderen Service haben wir Ihnen die Projektdateien sowohl für Version CS6 als auch für die Versionen CS5 von After Effects bereitgelegt, so dass Sie die Workshops auch mit älteren Versionen von After Effects nachvollziehen können.

Die auf der DVD mitgelieferten Filmdateien der fertigen Projekte schauen Sie sich am besten mit dem QuickTime-Player an, bevor Sie das Projekt beginnen. Unter Windows ist der Player nicht vorinstalliert. Sie können den aktuellen Player kostenlos von der Apple-Website downloaden. Hier der Link dazu: www.apple.com/quicktime/download.

Beachten Sie: Die Daten auf der DVD sind ausschließlich für Sie zum Üben vorgesehen! Sie dürfen nicht in kommerziellen Projekten verwendet und nicht weitergegeben werden.

Die DVD zum Buch

Testversionen

Adobe Systems stellt seinen Kunden eine kostenlose 30-Tage-Vollversion zu After Effects CS6 zur Verfügung, die wir freundlicherweise an Sie weitergeben dürfen. Es handelt sich um eine deutschsprachige Version für Macintosh und Windows.

Kopieren Sie am besten die Installationsdatei zunächst auf Ihre Festplatte, bevor Sie die Installation starten. Sollten Sie bereits einmal eine Demoversion von Adobe After Effects CS6 auf Ihrem Rechner installiert haben, ist eine erneute Installation nicht möglich.

Video-Lektionen

In diesem Ordner finden Sie ein attraktives Special: Als Ergänzung zum Buch möchten wir Ihnen relevante Lehrfilme zur Verfügung stellen. So haben Sie die Möglichkeit, dieses neue Lernmedium kennenzulernen und gleichzeitig Ihr Wissen um After Effects CS6 zu vertiefen. Sie schauen einem Trainer bei der Arbeit zu und lernen intuitiv, wie man die Funktionen anwendet.

Um das Video-Training zu starten, klicken Sie als Windows-Benutzer die Datei »Start.exe« auf der obersten Ebene doppelt an (als Mac-Anwender die Datei »Start.app«).

Die Video-Lektionen wurden dem Video-Training von Burghard Vogel »Adobe After Effects CS6 – Das umfassende Training« (ISBN 978-3-8362-1905-1) entnommen.

Kapitel 1: Werkzeuge und Funktionen
1.1 Das Marionetten-Pin-Werkzeug (10:35 Min.)
1.2 Zeichnen in After Effects (11:46 Min.)
1.3 Masken erstellen mit den Formwerkzeugen (07:51 Min)

Kapitel 2: Effekte in After Effects CS6
2.1 Wissenswertes über Effekte (10:49 Min.)
2.2 Eigene Animations- und Effektvorlagen erstellen (11:03 Min.)
2.3 Zeitlupe und Zeitraffer (12:04 Min.)

Kapitel 3: Motion Tracking und 3D
3.1 Der 3D-Kamera-Tracker (11:39 Min.)
3.2 Mocha – Vierpunkt-Tracking (12:20 Min.)
3.3 3D-Objekte extrudieren (10:53 Min.)

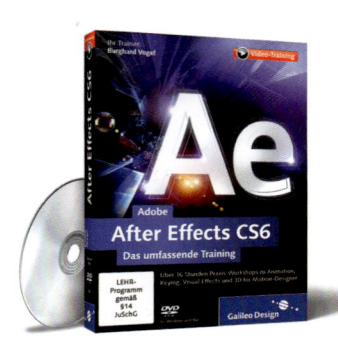

Übungsmaterial für die Video-Lektionen

Bei den Video-Lektionen auf dieser Buch-DVD handelt es sich um Auszüge aus dem Video-Training »Adobe After Effects CS6 – Das umfassende Training« von Burghard Vogel (ISBN 978-3-8362-1905-1). Wir bitten Sie um Verständnis dafür, dass das Übungsmaterial in Form kompletter After-Effects-Projekte inklusive des Rohmaterials aus lizenzrechtlichen Gründen den Kunden des vollständigen Video-Trainings vorbehalten ist.

Index

1:1,33-Format 68
1-Knoten-Kamera 743
1-zu-1-Übereinstimmung der
 Scheitelpunkte 508
2D-Ebene 711
 in 3D-Ebene umwandeln 713
2-Knoten-Kamera 743
3D
 *Datenübergabe an After
  Effects* 866
 Grundlagen 711
3D-Ansicht
 *neue Tastaturbefehle
  zuweisen* 722
3D-Applikation, Standbildsequenz 364
3D-Darstellung 724
3D-Daten importieren 868
3D-Datenübergabe
 Cinema 4D 866
3D-Ebene 196, 711
 Achsen 712
 Achsenmodi 717
 als SWF ausgeben 404
 animieren 723
 Ebenenstil 816
 erstellen 713
 im Kompositionsfenster 724
 Materialoptionen 733
 Nullpunkt 712
 Reihenfolge 725
 Schalter 722
 umwandeln 714
3D-Entwurf 747
3D-Kameratracker 689
3D-Kanal
 extrahieren 879
 ID-Maske 877
3D-Kanaleffekt 876, 879
3D-Komposition aus Fluchtpunkt-
 Daten 820
3D-Material organisieren 102
3D-Nebel 879
3D-Programm 865

3ds Max 867
 Datenübertragung 872
3D-Symbol 714
3D-Textanimation
 zeichenbasierte 39
 zeichenweise 443
4:1:1-Farbsampling 598
4:2:0-Farbsampling 598
4:2:2-Farbsampling 598
4:3 68, 74, 388
4:4:4-Farbsampling 599
8 Bit 69
 Import 129
 lin 394
10 Bit YUV 345
16:9 68, 74, 388
16 Bit 69
 Import 129
 Keying 584
16-Bit-Farbmodus 601
16 Bit pro Kanal 600
32 Bit 69
 Import 129
 pro Kanal 600
32-Bit-Farbmodus 601
32-Bit-Qualität 38
35-mm-Filmkamera 738
64-Bit-Upgrade
 Mac 61
 Windows 61
720p 73
1080i 73

A

AAF-Datei 842
 Import 129
Abbremsen 291, 301
Abdeckung verwenden 878
Abdunkeln-Modus 226
 Abdunkeln 226
 Farbig nachbelichten 227

Abdunkeln-Modus (Forts.)
 Linear nachbelichten 227
 Multiplizieren 226
Abgeflachte Kante und Relief,
 aus Photoshop 816
Absatz-Palette 427
Absatztext 417
 erzeugen 419
 in Punkttext umwandeln 420
 Umbruch verhindern 422
Absatz zurücksetzen 430
Abspielen
 langsamer 213
 rückwärts 213, 315
 schneller 213
 vorwärts 315
Abspielfunktionen 236
Abspielgeschwindigkeit 65, 213
Abspielrichtung umkehren 214
Abspielsteuerung 91
Abstand
 vor Absatz einfügen 428
Academy-Format 391
Academy Ratio 68
Achse
 Farbe 712
 horizontale 170
 vertikale 170
Adaptive Auflösung 242, 244
 anpassen 243
Additive Farbmischung 596
Adobe Alle-Zeilen-Setzer 430
Adobe Audition 862
Adobe Dynamic Link 854
Adobe Ein-Zeilen-Setzer 430
Adobe-Illustrator-Datei als SWF
 ausgeben 404
Adobe Media Encoder 343
Adobe-Premiere-Pro-Projekt 385
Adobe Production Premium 49
Adobe Soundbooth 862
aec-Datei 898
AE in Mocha verfolgen 698
aep-Datei 104
aepx-Datei 107

Index

aet-Datei 106
After Effects
  CS3 38
  CS4 41
  CS5 44
  CS5.5 46
  Version 4 35
  Version 5 36
  Version 6 37
  Version 6.5 37
  Version 7 37
After-Effects-Kameradaten aus RPF-Sequenz auslesen 873
After-Effects-Komposition
  in Premiere Pro 856
After-Effects-Projekt
  als Premiere Pro exportieren 842
  Import 126
After-Effects-Projektdatei aus Cinema 4D ausgeben 892
AIF-Datei
  in MP3 umwandeln 364
Aktualisierung
  im Kompositionsfenster unterdrücken 258
Alphakanal 358, 465, 654
  100 % Schwarz 466
  direkter 468
  in Photoshop 469
  integrierter 468
  Radiergummi 658
  separater 467
  und Transparenz 469
Alpha-Matte 472
  festlegen 474
  umgekehrte 475
Anamorph 389
Anfasser 283, 290
Anfügepunkt 675, 683
Anfügepunktversatz 683
Anführungszeichen
  ausgleichen 429
  typografische 426
Animation 63, 122
  abbremsen 289, 291
  Auswahl 439
  beschleunigen 257, 289, 291
  dehnen 214
  erstellen 251
  für das Web 401

Animation (Forts.)
  für Transfer auf Filmmaterial vorbereiten 364
  Keyframe-Interpolation 285
  mit Puppenwerkzeug 323
  mit Sound synchronisieren 237
  stoppen 256
  trickfilmartige 657
  verlangsamen 257
  vordefinierte 266
  Vorgaben durchsuchen 454
Animationsvarianten 246
Animationsvorgabe 266, 581
  anlegen 267
  anwenden 267
  anzeigen 266
  löschen 268
  Quelltext 454
Animator 432
  benennen 433
  Bereichsauswahl 441
  mehrere 436
Animator-Gruppe, Eigenschaften hinzufügen 435
Ankerpunkt 89, 180, 265
  animieren 261, 264
  definieren 261
  per Tastatur 256
  verschieben 261, 321
  zurücksetzen 262
Ankerpunktgruppierung 452
Ankerpunkt-Werkzeug 92
Ansicht
  aktive Kamera 721
  eigene 721
  im Kompositionsfenster verschieben 727
  vergrößern 172
  verkleinern 172
Ansichtenlayout auswählen 720
Anwendungsoptionen für Motion Tracker 678
Apple Motion
  Datenaustausch 861
Arbeitsbereich 188
  anpassen 188
  extrahieren 212
  herausnehmen 211
  im Hintergrund zwischenspeichern 49, 234
  löschen 111

Arbeitsbereich (Forts.)
  Malen 642
  Motion Tracking 673
  neuer Arbeitsbereich 111
  speichern 111, 720
  vordefinierter 111
  zurücksetzen 111
Arbeitsfarbraum 110
  einstellen 602, 605
  linearisieren 606
Arbeitsoberfläche anpassen 110
Array 778, 780
Aspect Ratio 69, 388
Attribut 773, 775
Audio
  in Keyframes konvertieren 327, 800
  synchronisieren 237
Audioamplitude glätten 800
Audioausgabe 360
Audiodatei mit Animation synchronisieren 271
Audiodaten importieren 119
Audioeinstellungen, MPEG-2 366
Audio-Hardware 239, 864
Audiomaterial organisieren 101
Audio-Palette 239
Audiospur für Expressions nutzen 800
Audiovorschau 237
Audio-Wellenform 238
  anzeigen 271
Auf Band ausgeben 364
Aufhellen-Modus 227
Auflösung 66
  Video 66
Aufnahme von Videodaten aus After Effects 842
Auf Transparenz malen 644
Aufzeichnungsformat 388
Augen-Symbol 190
Ausbelichten 395
Ausgabe
  als Standbildsequenz 364
  auf DV-Band 364
  Film 387
  Framegröße korrigieren 360
  für das Web 385
  in das OMF-Format 365
  ins OMF-Format 861

Index

Ausgabe (Forts.)
  mit dem Media Encoder 383
  mit DVD-Standard 365
  simulieren 604
  unkomprimierte 342
  verlustfreie 362
Ausgabedatei, Verknüpfung zur
  Projektdatei 359
Ausgabeeinstellungen für
  Encore-DVD 853
Ausgabefarbprofil 606
Ausgabeformat 164
  rendern 399
Ausgabekette erstellen 377
Ausgabemedium 103
Ausgabemodul 95, 357
  Einstellungen 357
  hinzufügen 374
  mehrere verwenden 374
  Vorlage erstellen 370
Ausgabeoptionen 357
Ausgabe-Voreinstellungen 378
Ausrichtung 724
  entlang Pfad 285, 743
  zu Kamera 744
  zum Zielpunkt 744
Ausschnitt verschieben 262
Ausschnitt-Werkzeug 92, 261
Auswahl
  animieren 434
  Text 433
Authoring-Programm 852
Auto-Keyframe-Schalter 259
Automatic Duck 859
Automatic Duck Pro
  Import AE 129
Automatische Ausrichtung 285
Automatische
  Bézier-Interpolation
  räumliche 280, 302
  wechseln 284
Auto-Speichern 106
AVCHD 78
AVCHD-Format importieren 144
AVCHD Lite 79
AVC-Intra 79
AVI 340
Avid 356
  Datenaustausch 861
  Import als AAF 129

B

Bearbeitungsformat 388
Beleuchtung 724
  globale 817
Belichtung (Effekt) 536
Benutzeroberfläche 81
  Farbe einstellen 112
Bereich
  aktionssicherer 394
  titelsicherer 394
Bereichsauswahl 432, 433
  basierend auf 441
  Betrag 442
  Ease-High 442
  Ease-Low 442
  Einheit 441
  Form 442
  Glättung 442
  hinzufügen 437
  Methode 441
  Optionen 441
  Reihenfolge 448
  umkehren 441
  Versatz 434
  Zufallsreihenfolge 442
  Zufallsverteilung 443
Beschleunigen 289, 291, 301
  Animation 257
Beschneiden 359
Beschnittgruppe aus Photoshop
  übernehmen 814
Bewegte Maske 196
Bewegung
  animieren mit Assistent 300
  aus Premiere Pro 839
  berechnen 277
  beschleunigen 301
  mit Expressions erzeugen 783
  skizzieren 312
  stabilisieren 671, 672, 687
  verfolgen 672, 674, 676, 683
Bewegungsablauf glätten 308
Bewegungspfad 90, 277, 278
  aus Illustrator-Pfad
    erzeugen 307
  bearbeiten 281, 283, 295
  Darstellung 286
  erstellen 281, 294
  gerader 279

Bewegungspfad (Forts.)
  in eine Maske einfügen 510
  in Positionswerte von Effekten
    einfügen 510
  mit Pfad-Werkzeugen
    bearbeiten 286
  Punkt entfernen 286
  Punkt hinzufügen 286
  Voreinstellungen 286
  zeichnen 312
Bewegungs-Quelle 674
Bewegungsschritt 279
Bewegungsunschärfe 166, 195
  Masken 500
  rendern 356
Bewegungsziel 677
BewMas 475
Bézier-Interpolation
  automatische 280, 302
  gleichmäßige 280, 303
  räumliche 280, 301
  reine 280
Bézier-Pfad erstellen 490
Bézier-Punkt in Eckpunkt
  konvertieren 491
Bild
  als Sequenz anlegen 215
  dunkler 608
  durch Ziehen festlegen 318
  einfärben 534, 538
  flaues, mit Color Finesse
    korrigieren 618
  flaues, optimieren 607
  heller 608
  kontrastarmes, an-
    passen 607, 609
  kontrastreiches 608, 609
  transparente Bereiche 465
  von außen eintreten 253
Bildbereich kopieren 659
Bild-cache-Speicher 240
Bildformat 68
  digitales 388, 389
Bildgröße, Photoshop 807
Bildinhalte auf 3D-Szenerie
  projizieren 735
Bildmaterial für den
  SWF-Export 404
Bildseitenverhältnis 68
Bildstörung 337

909

Index

Bildteil
 ausblenden 881
 isolieren 881
Bildwechselfrequenz 66
Bitrate
 konstante 365, 410
 konstant oder variabel? 366
 variable 365, 410
Bitrate-Calculator 410
Blende 746
 einstellen 748
Blendenflecke (Effekt) 565, 569
Blendmodus, Malen 655
Blitz (Effekt) 565
Blocksatz 428
Bluescreen 471, 581
bps → Framerate
Brainstorming 40, 246
Breitwandformat 68
Brennweite 738
Buchstabe
 animieren 453
 einzeln animieren 434

C

Caching 231
Camera-Raw-Datei 37, 130
 Import 130
Capturing 842
CBR 367
CC Ball Action 555
CC Cylinder 553
CCIR 71
CC Light Burst 556
CC Particle World 556
Chroma-Limiting 637
Chroma Tolerance 627
Chromawert 636
Chrominanzwerte beurteilen 616
Cinema 4D 867
 Drehung 893
 Integration 868
 Rendervoreinstellungen 894
Cinema 4D Composition 898
Cinema 4D-Daten importieren 892, 897
Cinema-Import-Plugin 897
Cinemascope 391

Cineon 146
Cineon-Sequenz 399
Cinepak 342
Clipgeschwindigkeit aus Premiere Pro 839
Clipmarke aus Premiere Pro 839
CMY 596
CMYK-Datei aus Illustrator 827
Codec 339, 342
 asymmetrischer 339
 Cinepak 342
 DV-NTSC 343
 DV-PAL 343
 MPEG-2 343
 MPEG-2 DVD 344
 Sorenson 343
 und Medien 342
 unkomprimierte Ausgabe 342
 vergleichen 374
 Vor- und Nachteile 342
Color Finesse 613
 automatische Farbkorrektur 630
 Benutzeroberfläche 614
 Curves 632
 Farbinfofenster 629
 Farbkanalkorrektur 631
 Farbstich korrigieren 634
 Helligkeitswerte verbessern 635
 HSL 633
 installieren 614
 Levels 634
 Luma Ranges 635
 Ref Gallery 627
 Secondary 626
 sekundäre Farbkorrektur 626
 Vectorscope 622
 Voreinstellungen 616
Color-Key 581
Containerformat 340
CPU-Aufteilung 351
Cue Point 411
 hinzufügen 411
Cycore Effects 552

D

D1 77
D1/DV NTSC, Pixel-Seitenverhältnis 135

D1/DV PAL
 Auflösung 134
 Pixel-Seitenverhältnis 135, 137
D1/DV, Vorgaben 137, 360
D1 NTSC, Pixel-Seitenverhältnis 137
D5 77
Datei
 doppelte entfernen 159
 ersetzen 157
 extern bearbeiten 156, 359, 811
 fertig gerenderte 375
 gerenderte 375
 inkrementieren und speichern 106
 komplettes Footage konsolidieren 159
 Kopie als XML speichern 107
 letzte Projekte öffnen 105
 nicht mehr vorhandene 155
 sammeln 159, 382
 ungenutzte entfernen 159
 verlorene 155
Datenrate 76, 336
 beim Rendern einstellen 358
Dauer
 Audioblock 379
 Kompositionseinstellungen 164
Dauerhafter Disk-Cache 232
Dauerhafte Speicherung 232
Deckkraft
 Keyframes automatisch setzen 216
 per Tastatur 256
 reduzieren 470
Deckkraftänderung 225
Deckkraftwert einstellen mit Tastatur 653
Deformationspunkt 324
Dehnen, Ebene 213
Dehnungsqualität 359
Diagrammeditor 269, 289
 Ansicht verändern 275
 Auswahl der angezeigten Eigenschaften 271
 Expression-Editor 799
 Funktionen 269
 Keyframe-Bearbeitung 272
 Keyframe-Darstellung 272
 Wertekurve 304

Index

Diagrammeditor (Forts.)
  Zeitverzerrung 316
  zoomen 275
Diagramm, Höhe anpassen 276
Diagrammtyp 271, 799
Differenz-Matte 591
Differenzmodus 229
Digitale Daten
  importieren 144
  unterstützte Formate 146
Digitalisieren 336
Dimension 778
  trennen 260
Disk-Cache 232
  dauerhafter 232
dpi → Auflösung
DPX 79, 146
Drahtgitter 243
Drehen-Werkzeug 258
  3D-Ausrichtung verändern 723
Drehung 259, 265, 684, 724
  Expression 785
  per Tastatur 256
  um Nullebene erstellen 745
  zurücksetzen 258
Drop-Frame 163
Durchsichtig 466
DV 75
DV25 76
DV-Ausgabe 364
DVCAM 76
DVCPRO 77
DVD ausgeben 365
DVD-Menü erstellen 852
DVD-MPEG-2-Movie ausgeben 365
DV-Einstellungen 364
DV NTSC 343
  Farbsampling 598
  Pixel-Seitenverhältnis 137
DV PAL 343
  Farbsampling 598

E

Easy Ease 300
Easy Ease In 301, 310
Easy Ease Out 301

Ebene
  als Sequenz 215
  an der Zeitmarke einfügen 177
  Ankerpunkt im Raum 712
  anordnen 199
  Audioinformationen 800
  ausblenden 192
  aus Illustrator 828
  ausrichten 170, 199, 206
  automatisch ausrichten 285
  bearbeiten 207
  Definition 82
  dehnen 213
  drehen 258
  duplizieren 213
  hinter einer Maske verschieben 493
  importieren 119
  im Raum verschieben 715
  Inhalt verschieben 213
  Layout 161
  mehrere gleichzeitig bearbeiten 183
  Null-Objekt 785
  öffnen 83, 207
  optimierte 833
  per Tastatur verschieben 264
  positionieren 89, 123, 169
  schützen 190
  skalieren 181
  stauchen 213
  teilen 212
  trimmen 208
  zeitlich anordnen 187
  zerschneiden 212
  zu Beginn der Komposition erstellen 167
  zum Malen öffnen 648
  zur Kamera ausrichten 744
Ebeneneffekt
  aus Photoshop 815
Ebeneneigenschaften
  Tastenkürzel 268
Ebeneneinstellungen 422
Ebenenfenster 83, 207
  Anzeigeoption 646
Ebenengriff 180, 181
Ebenengröße beibehalten 830
Ebenen-Keyframe
  ausblenden 257
  einblenden 257

Ebenenkoordinaten
  in Kompositionskoordinaten übersetzen 790
Ebenenmarke 218, 407
  löschen 218
  setzen 218
Ebenenmaske
  aus Photoshop übernehmen 813
Ebenenmodifenster 226, 474
Ebenenmodus 225
  einstellen 196
Ebenenname vergeben 191
Ebenennummerierung 191
Ebenenposition auslesen 794
Ebenenschalter 192
Ebenenstil 229
  aus Photoshop 815
  löschen 815
  Überblendungsoptionen 817
Eckpunkt 279, 284
  paralleler 686
  perspektivischer 685
  verfolgen 684, 698
Effekt
  3D-Nebel 879
  als Matte 476
  am Pfad 565
  animieren 535
  ausblenden 535
  aus Premiere Pro 838
  Ball Action 555
  Blendenflecke 565
  Blitz 565
  Color-Key 581
  Cylinder 553
  Differenz-Matte 591
  einblenden 535
  Einfacher Text 793
  einfärben 535
  einstellen 535
  Einstellungsebene 579, 845
  Explosion 561
  Farbbalance 612
  Farbkorrektur 609
  Farb-LUT anwenden 639
  Farbton/Sättigung 610
  Gewitter 565, 566
  hinzufügen 535
  ID-Maske 877
  Innerer/Äußerer Key 587
  Kanten aufrauen 566

911

Index

Effekt (Forts.)
　Kartenblende 566
　Kaustik 549
　Key-Farbe unterdrücken 583
　kopieren 579, 845
　Leuchten 566, 567
　Light Burst 556
　linearer Color-Key 585
　Malen 641, 644
　Maskenpfad folgen lassen 565
　Maske verbessern 530, 587
　Matte vergrößern/ver-
　　kleinern 586
　mit Positionswerten
　　animieren 565
　Mosaik 574
　Partikel 553
　Strahl 565
　Strich 565
　Strudel 790
　Tonwertkorrektur 607
　umbenennen 536
　und Expressions 789
　Zellmuster 548
　zurücksetzen 535
Effektankerpunkt 678
Effekteinstellungen-Fenster 797
Effekteinstellung übertragen 581
Effekte und Vorgaben
　(Palette) 266, 536
Effektfenster öffnen 83
Effekthierarchie 537
Effekt-Menü 533
Effektpositionspunkt 565
Effektpunktsteuerung
　verfolgen 686
Effektschalter 194
Effekt-Symbol 535
Eigenschaft 253
　anzeigen lassen 252
　mehrdimensionale auslesen 781
　mehrere Ebenen einblenden 253
　rot 771
　verbinden 767
　vererben 320
　Werte innerhalb einer Ebene
　　auslesen und übertragen 774
Eigenschaftswert 253
　anpassen 778
　auf Ebene übertragen 320
Einfacher Text (Effekt) 793

Einfärben 535, 612
Einfärben (Effekt) 847
Einfügen und Lücke
　schließen 210
Einstellungen für Ausgabemodule
　95, 357, 358, 604
Einstellungen für mehrere
　Rechner 383
Einstellungen für mehrere
　Rechner (Vorlage) 381
Einstellungen für
　Schieberegler 795
Einstellungen für Winkel 797
Einstellungsebene 196, 579
　aus Photoshop übernehmen 814
Einzelbildanimation 63
Einzelbildexport 592
Einzelbildkompression 338
Einzelbild rendern 399
Einzelbildsequenz 64
Einzug
　am linken Rand 428
　am rechten Rand 428
　erste Zeile 428
EIZ-Datei 872
Electric-Image-Datei 867
Elliptische-Maske-Werkzeug 479
else 797
Encoder 339
Encore
　After-Effects-Komposition
　　erstellen 852
　After-Effects-Komposition
　　importieren 855
　neue After-Effects-Komposi-
　　tion 857
Encore-DVD 852
　After-Effects-Projekt
　　generieren 852
　Komposition offline 858
Encore-DVD-Schaltfläche
　in After Effects animieren 852
Endlosschleife 406
Ersten Scheitelpunkt
　festlegen 509
Erweiterte Überblendung 817
Export 385
　Flash-Video-Format 409
Expression 767
　Adressierung 773
　anpassen 778

Expression (Forts.)
　ausblenden 771
　ausschalten 771
　Definition 767
　Ebenen umbenennen 774
　einblenden 771
　Einheiten anpassen 776
　einschalten 771
　hinzufügen 770, 778
　Kommentar 796
　kopieren und einfügen 789, 790
　löschen 770
　mit mehreren Anweisungen 783
　Schieberegler 792
　Schreibweise von Opera-
　　toren 778
　sichern 801
　Sprache 772
　Sprachmenü 775, 785
Expressionauswahl 446
Expression-Editor 799
EXtractoR 884

F

F4V 346, 409
Farbbalance 612
Farbdifferenzsignale 597
Farbe
　ändern 626
　verschieben mit Vector-
　　scope 624
Farbeinstellungen 109, 600
Farbfläche
　als SWF ausgeben 404
　Breite skalieren 262
　erstellen 202, 261
　zeitlich anordnen 203
Farbig nachbelichten
　klassisch 227
Farbkanal 600
Farbkanalkorrektur 631
Farbkorrektur
　an verschiedenen Stellen 621
　chrominanzbasierte 610
　Helligkeit 607
　luminanzbasierte 607
　sekundäre 625

Index

Farbkreis 597
  Mittelpunkt 624
Farb-LUT anwenden (Effekt) 639
Farbmanagement 602
  Ablauf 602
  Einstellungen für Ausgabemodule 604
  Footage interpretieren 603
Farbmischung
  additive 596
  subtraktive 596
Farbmodus 229
  Farbe 229
  Farbton 229
  Luminanz 229
  Sättigung 229
Farbprofil 604
Farbraum 127
Farbsampling 72, 597
Farbsättigungsgrenze 622
Farbstich 622
Farbtabelle
  für einzelne Ebene laden 639
  mit Color Finesse erstellen 638
Farbtiefe 69, 601
  beim Rendern einstellen 358
  Projekteinstellungen 109
Farbton
  ändern 610
  überprüfen 622
Farbton/Sättigung 610
Farbüberlagerung
  aus Photoshop 816
Farbwähler 600
Farbwahlfeld
  schnell wechseln 652
Farbwert
  beurteilen 616
  Limitierung 636
Faux-Schnitt 425
Feature 675
Feature-Größe 683
Feature-Region 675
  anpassen 680
  driftende 679
Feature-Zentrum anpassen 682
Fenster
  andocken 111
  verschieben 111
Fenstergröße 172
Fernsehnormen 70

Festplatte 56
ffx-Datei 268
Figurenanimation 320
Film
  abspielen (Player) 339
  erstellen 94
  für Kino ausgeben 387
Filmdatei
  rendern 362
Final Cut Pro
  Datenaustausch 860, 861
Flächenfarbfeld 424
Flächenobjekt ausrichten 723
Flash 845
  exportieren 409
  importieren 846
Flash-Video
  Einstellungen 409
  mit Cue Points ausgeben 411
Flash-Video-Format 346, 409
Floor 561
Fluchtpunkt 820
Flussdiagramm 185
  Ansicht 185
Flusswert
  per Tastatur 653
FLV 346
fnord-Plugins 883
Fokalbereich 882
Fokalebene 882
Fokusbereich 882
Fokusentfernung 746
  mit Ebene verknüpfen 749
Fokuspunkt 748
Footage 81, 100
  einer Komposition hinzufügen 167
  in Originalanwendung bearbeiten 156
  interpretieren 123, 126, 133, 603
  verwalten 151
Footage-Fenster 82
Form
  animieren 513
  aus Text erstellen 461, 517
Format 340
  selbst definieren 164
Formatanpassung 395

Formebene 513
  als Matte 516
  bearbeiten 514
  erstellen 514
Formen aus Text erstellen 517
fps → Framerate
Fraktales Rauschen (Effekt) 543
Frame 65
  ausgeben 363
  Projekteinstellungen 109
  rückwärts analysieren 680
  speichern unter 363, 826
  vorwärts analysieren 680
Frame-Mix 194
Framerate 65
  des importierten Rohmaterials verwenden 109
  Fernsehen 65
  Kinofilm 65
  Kompositionseinstellungen 163
  rendern 356
Frameseitenverhältnis
  PAL 134
Frame-Überblendung 194, 319, 356
  aktivieren 194
  Zwischenbilder berechnen 194
Freeze 315
Frei transformieren 484
FTP 368
Füllmethode 225, 812
  aus Photoshop übernehmen 812
  für überlappende Zeichen 453
Für andere Anwendungen reservierter RAM 351

G

Gamma 608, 619
Gaußscher Weichzeichner 537, 782
Geometrieoptionen 754
Geometrische Interpolation 277
  Standard 286
  wechseln 285
Geometrische Interpolationsmethode
  ändern 281

Index

Geschwindigkeit 287, 290
  ändern 213
  animieren 278
  erhöhen 287, 299
  glätten 309
  mitteln 309
  Nullpunkt 290
  überprüfen 288
  verringern 287
Geschwindigkeitsdiagramm
  anpassen 292
Geschwindigkeitskurve 269, 278, 287, 289
  ansteigende 297
  bearbeiten 271, 289, 290, 296
  glätten 314
  sichtbar machen 289
  Zeitverzerrung 318
Geschwindigkeitsniveau 289
Geschwindigkeitsstufe
  angleichen 309
Gewitter (Effekt) 565
Gitter-Verkrümmung (Effekt) 540
Glanzlicht
  Farben verschieben 624
Glanzlichtbereich 635
Glätten 313
Gleichmäßige Bézier-Interpolation
  räumliche 280, 303
Globale Beleuchtung 817
Globaler Leistungscache 48
Globaler Lichtwinkel 817
Globaler Performance Cache 231
Globaler RAM-Cache 231
GOP-Einstellungen 366
Gradationsblende 541
Grafiktablett 653
Graupunkt 608
  festlegen 633
Graustufenfilm
  auswählen 880
Greenscreen 471, 581
Grid & Guides 558
Griff verbinden 298
Grundfarbe 595
Grundlinienverschiebung 425
Gruppierungsausrichtung 452
GUID 222
GUI-Farben 112
Gummiband 770, 772

H

H.261 344
H.263 344
H.264 344
Halbbild 66
  oberes 67
  unteres 67
Halbbilder rendern 356
Halbbildreihenfolge 133
  festlegen 356
  testen 133
Hängende Interpunktion
  Roman 429
Hardware BlitPipe 245
Hartes Licht (Effektmodus) 537
Hauptfenster 82
HD
  Frameraten 394
HDCAM 78
HDCAM SR 78
HD-Format
  an Kinoformat anpassen 396
HD-Material
  ausbelichten 395
  Framegröße 394
  Framerate 394
  Projektbittiefe 394
  weiterverarbeiten 394
HDR 38
  Import 129
HDR-Bild 601
HD-Standard 1.280 × 720 389
HD-Standard 1.920 × 1.080 389
  verarbeiten 393
HDTV 68, 73
  Bildauflösung 73
  Bildseitenverhältnis 75
  Bildwechselfrequenz 73
  Widescreen 75
HDV 77
  Pixel-Seitenverhältnis 135, 137
  Vorgaben 137, 360
HDV-Video
  als Quellmaterial 137
Helligkeit korrigieren 607
Helligkeitsinformation 597
Helligkeitsverteilung
  beurteilen 616

Helligkeitswert
  Limitierung 636
  regeln 608
Herausnehmen 211
Hertz 71
High Definition Digital Video
  → HDV
High Definition Television
  → HDTV
High Dynamic Range Image 129
Hilfsebene
  rendern 355
  unsichtbare 784
Hilfskanal 877
Hilfslinie 169
  Optionen 169
Hintergrundfarbe 181
Histogramm 607
Horizontale Achse 170
Horizontaler Text
  in vertikalen umwandeln 421
HSL-Einstellungen 619
Hue 625
Hue Offsets 624

I

ICC-Profil 605
ID-Auswahl 877
Idee 99
IDentifier 884
ID-Identifikation 222
ID-Maske 877
if-else-Bedingung 796
if-then-Bedingung 787, 794
Illustrator
  Daten vorbereiten 827
  Text übernehmen 828
  Zusammenarbeit 827
Illustrator-Datei
  importieren 118
  reduzieren 407
  speichern 827
Illustrator-Pfad
  als Maske 505
  übernehmen 828
Illustrator-Sequenz 833

Index

Import
  AAF 129
  After-Effects-Projekt 126, 131
  als Komposition 118
  Audiodateien 119
  Avid 129
  beschnittene Ebenen 118
  Bildsequenz 121
  Camera-Raw-Datei 130
  Ebenen zusammenrechnen 119
  eine Ebene 119
  einzelne Ebenen 119
  HDR 129
  komplettes Layout 118
  mehrere Dateien 115
  Premiere Pro 127
  Transparenz 126
  von PSD-Dateien 87
Importdialog 115
Importieren
  als Illustrator 830
  als Komposition 118, 808
  aus Premiere Pro 840
  gerenderte Datei 375
  Platzhalter 157
Importoption
  Photoshop 809
Importvoreinstellungen 132
In Absatztext umwandeln 421
In Auto-Bézier konvertieren 304
In-Button 209
In editierbaren Text
  umwandeln 423
Infofenster 170, 293
In Hold konvertieren 304
In Komposition mit Ebenen
  konvertieren 811
In Linear konvertieren 304
Innenformate als Gruppen
  zusammenfassen 817
Innerer/Äußerer Key 587
In-Point 152
  verschieben 208
In Punkttext umwandeln 421
Instanz 183
Intelligente Masken-Interpolation
  → Masken-Interpolation
Inter-Frame-Kompression 338
Interlaced 67
Interlaced-Material 133

Interpolation 65, 252, 277
  ändern 285
  Arten 277
  Bézier 301
  geometrische 277
  Interpolationsmethoden 279
  lineare 279, 301
  räumliche 277
  zeitliche 278, 287, 323
Interpolationsmethode 65
  ändern 284
  einstellen 303
  räumliche Interpolation 279
  wechseln 303
  zeitliche Interpolation 301
Interpolationsunterdrückung 302
Intra-Frame-Kompression 338
IRE 637
ITU.R 601 Gamma 638
ITU-R BT.601
  Farbsampling 599

J

JavaScript Math 785

K

Kamera 737
  Ausrichtung 738
  Blickrichtung 739
  Blickwinkel 738
  Brennweite 738
  erstellen 737
  Kompositionsgröße 738
  positionieren 740
  Zielpunkt 739
  Zoom 738
Kameraaufnahme
  stabilisieren 85
Kamera-drehen-
  Werkzeug 750, 751
Kameraebene 737
Kameraeigenschaften 739
Kameraeinstellungen 738
  1-Knoten-Kamera 743
  2-Knoten-Kamera 743

Kameraeinstellungen (Forts.)
  öffnen 739
  Tiefenschärfe 746
Kameraoptionen 737, 739
Kamera-Werkzeuge 750
  verändern 721
Kanal 174
  anzeigen 469
  Ausgabe 358
Kanäle festlegen (Effekt) 594
Kanäle vertauschen (Effekt) 594
Kanalsteuerung 611
Kanalwahl 654
Kantenschärfe 648
Kapitelverknüpfung 219
Kaustik 549
  einstellen 550
Kerning 424
Key-Farbe unterdrücken 583
Keyframe 64, 251, 252
  Abstand 287
  Abstände verändern 273
  abwählen 255
  auswählen 255
  automatisch setzen 259
  Grundlagen 253
  im Diagrammeditor aus-
    wählen 273
  in andere Ebenen kopieren 256
  kopieren 253, 256, 273
  löschen 254
  mit Pfad-Werkzeug hinzu-
    fügen 306
  per Tastatur setzen 256
  proportional stauchen 257
  proportional strecken 257
  Reihenfolge umkehren 257
  separat für jede Achse 259
  setzen 90, 251, 253
  verändern 253
  verschieben 257
  zeitlich nicht fixierter 307, 308
  zwischen Frames zulassen 272
Keyframe-Animation 64
Keyframe-Assistent 300
  Easy Ease In 310
  Easy Ease Out 310
  RPF-Kamera-Import 874
  Sequenzebene 217
Keyframe-Bearbeitung
  Diagrammeditor 272

915

Index

Keyframe-Darstellung
  Diagrammeditor 272
Keyframe-Dialogbox 258
Keyframe-Geschwindigkeit
  Assistent 300
  numerisch angeben 293
Keyframe-Gruppe
  verschieben 273
Keyframe-Interpolation 277, 285, 303
  Dialog 285
  im Tracker anpassen 682
Keyframe-Reihenfolge 257
Keyframe-Wert
  ändern 256
Keying 521, 581
  Farbbereiche bereinigen 586
  Farbe transparent setzen 585
  Hintergrund vorbereiten 581
  Keyfarbe komplett entfernen 583
  ohne Bluescreen 588
  Ränder bereinigen 587
  überprüfen 583
Keying-Effekt 581
Keylight 581
Key-Vorgang 586
Kino
  Ausgabe 387
Kinoformat 391
Kippen 723
Klammer
  eckige 788
  Expressions 788
  geschweifte 788
Klassisch 3D (Renderer) 165
Kombinieren-Modus 228
  Hartes Licht 228
  Ineinander kopieren 228
  Lineares Licht 228
  Punktuelles Licht 228
  Weiches Licht 228
Kombiniertes Kamera-Werkzeug 751
Kommentar hinzufügen 220
Komplementärfarbe 597
Komposition
  an die Renderliste anfügen 354
  anlegen 87
  ausgeben mit Media Encoder 383

Komposition (Forts.)
  beschneiden 241
  beschnittene Ebenen 118
  Hintergrundfarbe 121
  Hintergrundfarbe ändern 181
  importieren 118
  in SWF-Format ausgeben 406
  mehrere rendern 354
  mehrfach ausgeben 374
  öffnen 179
  verknüpfte 857
  verschachteln, Schalter 193
  verschachtelte 176
  zur Renderliste hinzufügen 354
Kompositionsansicht 719
  außerhalb 253
  mit mehreren arbeiten 111
Kompositionseinstellungen 162
  ändern 164
  Widescreen 399
Kompositionsfenster 81, 168
  Lineale 169
  Raster 170
  Schaltflächen 171
  vergrößern 727
  verkleinern 727
  Vorschau 241
Kompositionsname ändern 858
Kompositionssymbol 154
Kompositionsvorgaben 164
Kompositionsvorschau optimieren 241
Kompositionszeitmarke 217
  verschachtelte Komposition 218
Kompression 335
  lossless 337
  lossy 337
  räumliche 338
  verlustbehaftete 337
  verlustfreie 337
Kompressionsarten 337, 341
Kompressor 340
Komprimierung
  Dialog 357
Komprimierungsart 341
Konstante Bitrate 410
Kontinuierlich rastern 193, 833
Kontrastwerte
  mit Color Finesse korrigieren 633

Kontur
  aus Text generieren 505
  erstellen 461, 462
  Linienstärke 424
Konturfarbe
  ändern 424
Konturoptionen 647, 663
Kopierintervall 666
Kopierposition 667
Kopierquelle 665
Kopierstempel 641, 659
  anwenden 660
  Aufnahmebereich festlegen 653
  ausgerichteter 665
  Quelle 664
  Quellzeit fixieren 666
  Versatz 666
  Vorgabe 663
Kopierstrich
  entfernen 657
Kopiervorgaben 663
Kopierzeit 666
Kosinusfunktion 783
Kurve 609
  für Expressions 786
  in separatem Fenster 270
Kurvenpunkt 284
Kurventyp
  automatisch wählen 271

L

Langsamer abspielen 213
Laufweite 425
Layout importieren 118
Leistungscache
  globaler 48
Leuchten (Effekt) 542
Leuchtrichtung ändern 732
Licht 724
  diffus reflektieren 734
Lichtabfall 728
Lichtart
  parallel 727
  Punktlicht 727
  Spot 727
  Umgebungslicht 727
Lichtebene hinzufügen 727

Index

Lichtkegel 729
Lichtkomposition
  aus Cinema 4D 899
Lichtoptionen 727
Lichtposition ändern 732
Lichtpunkt verkleinern 735
Lichtquelle 725, 729
  animieren 725
  anlegen 725
  Aufbau 729
Lichtübertragung 735, 876
Lichtwinkel
  globaler 817
Lineal
  einblenden 169
  Nullpunkt 169
Lineare Interpolation
  räumliche 279
  wechseln 284
  zeitliche 301
Linearer Color-Key 585
Lineare Scheitelpunktpfade
  verwenden 509
Linie
  gepunktete 643
  gerade zeichnen 652
Linienstärke der Kontur 424
Linksbündig 427
Lokalachsenmodus 717
Lookup Table 637
Löschen
  Datei 159
Lossless 337
Lossy 337
Low Dynamic Range Image 129
Lower Field 67
Luma Hard Clip Level 637
Luma-Limiting 637
Luma-Matte 476
Luma Ranges 635
Luma Tolerance 627
Luma-Waveformmonitor 616
Lumawert 636
Luma WFM 616
Luminanz-Matte 472
  erstellen 476
Luminanzwerte
  beurteilen 616
LUT 637

M

m2v-Datei 367
Mac und Windows 35
MainConcept MPEG Video-
  Codec 365
Malen 641
  animieren 656
  Effekteinstellungen 644
  Zeitleiste 645
Malen-Palette 642, 652
  Dauer 655
  Kanäle auswählen 654
  Methode 655
Malstrich
  bearbeiten 647, 658, 659
  Dauer 655
  einzelner Frame 657
  entfernen 657
  Malen animieren 656
Marionetten-Gitter erstellen 331
Marionetten-Pin-Werkzeug 324
  Aufzeichnungsoptionen 328
Marionettenpunkt zurück-
  setzen 327
Marionetten-Werkzeug
  Einsatz 331
Marionette-Stärke-Werkzeug 328
Marionette-überlappen-Werk-
  zeug 329
Marke 217
  hinzufügen 218
  Kommentar hinzufügen 220
Markierung
  entfernen 217
  per Tastatur 217
Maske 465, 471, 477
  als Referenz für die Be-
    wegung 510
  anzeigen 496
  ausblenden 481
  aus Illustrator-Pfad 505
  aus Photoshop-Pfad 505
  aus Text erstellen 461
  auswählen 484
  bearbeiten 481
  bewegte 472, 475
  Bewegungsunschärfe 501
  einblenden 481
  erstellen 478
  erstellen mit Zeichenstift 480

Maske (Forts.)
  Form ersetzen 493
  Form umwandeln 505
  freie Transformations-
    punkte 484
  geschlossene 480
  geschützte ausblenden 486
  Grafiktablett 483
  im Ebenenfenster be-
    arbeiten 485
  in RotoBézier-Maske um-
    wandeln 491
  löschen 484
  nachträglich bearbeiten 484
  offene 480
  öffnen 492
  proportional skalieren 479
  schließen 492
  schützen 485
  transformieren 484
  umbenennen 494
  umkehren 486
  zeichnen 482
Maskendeckkraft 496
Maskeneigenschaften
  animieren 494
Maskenform
  ändern 492
  animieren 505
  erstellen 478
  numerisch ändern 492
  umwandeln 505
Masken-Interpolation 505, 506
  Keyframerate 509
  lineare Scheitelpunktpfade
    verwenden 509
  Optionen 508
  professionelle 506
  Verbiegungsfestigkeit 509
Masken-Interpolation-Palette 85
Maskenmorphing 506
Maskenpfad 455, 477, 481
  aus Bewegungspfad 513
  erstellen 511, 588
  generieren mit Pausstift 501
  in die Positionseigenschaft einer
    Ebene einfügen 510
  in Effektpositionspunkt ein-
    setzen 565
  in Positionswerte von Effekten
    einfügen 510
  und Bewegungspfad 510

Index

Maskenpunkt
 auswählen 484, 486
 frei transformieren 484
 kopieren 486
 Spannung 491
Maskenscheitelpunkt 482
 ersten ändern 509
 Übereinstimmung 508
Masken-Werkzeug 478
Maske verbessern (Effekt) 587
Maskierte Ebene
 als SWF ausgeben 403
Master Collection 48
Masterfilm 361
Masterformat 361
Match Color 629, 630
Materialoptionen 733
 Glanz 734
Math.cos(value) 785
Mathematische Operation
 mit Arrays 783
Matte 465, 472
 animieren 476
 Formebene 516
 Ränder entfernen 587
 vergrößern/verkleinern 586
 Verwendung 473
Matte-Ebene 474
MAX2AE 872
Maya-Datei übergeben 887
Maya-Projekt importieren 888
Media Encoder 383
Medium Dynamic Range
 Image 129
Mehrprozessorverarbeitung 349
Messfilmgröße 738
Metadaten
 in Ebenenmarken konvertieren 222
Methode 773, 775
Mini-Flussdiagramm 186
Min-Max (Effekt) 587
Mittelpunkt der
 Lichtbrechung 565
Mittelton
 Farben verschieben 624
Mitteltonbereich 635
Mocha 41, 698
 Eckpunkte verfolgen 698
Mocha Shape 46, 707
 Einstellungen 708

Modulo-Operator 779
Modus 196
Monitor kalibrieren 605
Monitorprofil 605
Montage 661
Mosaik (Effekt) 574
Motion Math 800
Motion Tracker 671
 Keyframe-Interpolation im
  Tracker anpassen 682
 löschen 674
 Optionen 681
 rückwärts analysieren 680
 umbenennen 683
 Zeitleiste 682
 zurücksetzen 678
MOV 340
MP3-Ausgabe 364
MP3-Optionen 365
mpa-Datei 367
MPEG 366
MPEG-2 343
MPEG-2 Blu-ray 344, 367
MPEG-2 DVD 344
MPEG-4 Video 344
MPEG-Voreinstellungen
 ändern 365
Multiplexer 367
MXF 79, 145
MXF OP1a 368

N

Nebel 879
Negativ Multiplizieren (Ebenenmodus) 593
Nesting 176, 184
Netzwerkrendern 379
 mit mehreren Rechnern 383
Neue Komposition aus
 Auswahl 215
Non-Drop-Frame 163
Normalformat 68
NTSC 71
 digital 72
Nulllinie 290, 303
Null-Objekt 744, 795
 Definition 784

O

Oberes Halbbild 356
Oberflächentransparenz 551
Objekt 772
 globales 774
 identifizieren 775
Objektorientierung 772
Offline erstellen 858
Offlinekomposition 858
On2 VP6 346
Op-Atom-MXF-Dateien 145
OpenEXR 129, 883
OpenGL 54
OpenGL Swap Buffer 245
OpenType-Schrift 423
Operator 778
Optimieren 833
Optimieren/Transformationen
 falten 193
Ordner
 überwachter 380, 381
Ordnung 186
Original bearbeiten 857
Out-Button 209
Outlines erstellen 461
Out-Point 152
 verschieben 208

P

P2 importieren 145
PAL 71
 digital 70, 72
Palette
 verschieben 111
 Zeichen 418
PAL-Format
 Auflösung 134
PAL-TV-Standard 389
Panasonic P2 79
 importieren 145
Paralleler Eckpunkt 686
Parallel (Lichtart) 727
Parameter 767
Parenting 320, 688, 695, 786
Particle World
 animieren 559

Index

Pausstift 462, 501
Pedestal 620
Perspektivischer Eckpunkt 685
Pfad
  als Key-Generator 306
  aus Illustrator 828
  ausrichten 285
  einfügen 306
  Spannung 491
  umkehren 460
  verschobener 308
Pfadoptionen 460
Pfadpunkt
  Größe anpassen 481
Pfad-Werkzeug 286
  schnell wechseln 491
Phase Alternating Line → PAL
Photoshop
  Auflösung 806
  ausgeben aus After Effects 826
  Beschnittgruppen übernehmen 814
  Bilddateien vorbereiten 805
  Ebenen benennen 806
  Ebenenmasken übernehmen 813
  Ebenenstile übernehmen 815
  Ebenen wiederherstellen 811
  erzeugen 826
  importieren 118, 807
  in After Effects 805
  mit Ebenen 363, 826
  mit Videoebenen importieren 819
  Pixel-Seitenverhältnis 136
  Standbilder exportieren aus After Effects 363
  Überblendungsoptionen der Ebenenstile 817
  Übernahme 812
  Vektormasken übernehmen 813
  Vorbereitung 805
  Was wird übernommen? 812
  Zusammenarbeit 805
Photoshop-Pfad 825
  als Maske 505
Pinsel 641
  Anfang 648
  animieren 649
  ausblenden 645

Pinsel (Forts.)
  Konturoptionen 647
  löschen 645
  Reihenfolge verändern 645
  umbenennen 645
Pinseleigenschaften 651
Pinseleinstellungen 653
Pinselspitze
  anhängen 644
  Durchmesser 652
  erstellen 644
  Kantenschärfe 652
  sichern 644
  zurücksetzen 644
Pinselspitzen-Palette 643
Pinselstrich
  Anfangspunkt 648
  aus Maskenpfad kopieren 650
  Form animieren 649
Pinsel transformieren
  Ankerpunkt 651
Pinsel-Werkzeug 642
Pipette
  Aufnahmebereich 652
Pixel
  am Rand hinzufügen beim Rendern 359
Pixel Aspect Ratio 134, 175
Pixel-Motion 194
Pixel-Seitenverhältnis 69, 134, 175
  am Monitor 135
  D1/DV PAL 137
  D1 NTSC 137
  DV NTSC 137
  HDTV 137
  HDV 137
  Interpretation zurücksetzen 142
  interpretieren 136
  Korrektur 138
  SD-Material 140
Pixel-Seitenverhältnis-Korrektur 138, 174
Platzhalter 156
  importieren 157
Player 339
Plug-in
  32 Bit 534
  64 Bit 534

Position
  animieren 253
  anzeigen im Infofenster 170
  per Tastatur 256
Positions-Keyframe
  setzen 281
Premiere Pro 146
  After-Effects-Komposition importieren 855
  Daten übernehmen 838
  Daten übernehmen aus After Effects 843
  Effekt 838
  Komposition offline 858
  Komposition übernehmen 854
  Mac 842
  neue After-Effects-Komposition 857
  Projekt offline bearbeiten 858
  Sequenz 838
  Text übernehmen 838
  Was wird übernommen? 841
Premiere-Pro-Daten
  in After Effects importieren 838, 839
Premiere-Pro-Projekt
  exportieren 843
  importieren 127
Premiere-Pro-Sequenz
  verlinken 858
Premultiplied Alpha Channel 468
Primärfarbe 595
Printausgabe
  aus After Effects 826
ProEXR 883
Progressive Scan 67, 68
Projekt
  anlegen 86, 104
  exportieren als AAF 129, 842
  öffnen 105
  schließen 106
  speichern 106
Projektbittiefe 394
Projektdatei 104
Projekteinstellungen 108, 602, 605, 606
  Farbtiefe 109
  Feet + Frames 109
  Tiefe 69
Projektfarbtiefe 69, 109, 600

919

Index

Projektfenster 81, 151
  Dateien sortieren 152
  Datei hinzufügen 152
  Dateiinformationen 152
  Etikett 153
  Ordner 153
  Organisation 153
  suchen 153
Projektorganisation 99
Projektplanung 99
Proportionales Raster 170
Prozessor 57
PSD-Datei 129
  importieren 87
Punktlicht 727
Punkttext 417
  in Absatztext umwandeln 420
Puppenwerkzeug 324

Q

Quadratisches Pixel
  rechteckig ausgeben 139
Qualität 192
  beim Rendern einstellen 357
Quelltextanimation 453
Quellzeit 666
Quellzeit-Verschiebung 666
QuickInfo für Diagrammeditor
  anzeigen 272
QuickTime 401
QuickTime-Film ausgeben 353
QuickTime Player 339

R

Radiance 129
Radiergummi 641, 657
  Dauer 658
  Kanäle 658
  Löschen-Optionen 658
  Pinselspitze einstellen 657
  temporär einsetzen 659
Radierstrich
  nachträglich ändern 658
Ramp-up 442

RAM-Vorschau 235, 349
  alternative 236
Rand
  aktionssicherer 393
  titelsicherer 393
Raster 170
  proportionales 170
Rastern
  kontinuierliches 193
räumliche Interpolation →
  Interpolation
Ray-traced 3D 166, 243, 751
  per GPU 245
  Renderer 166, 753
Rechteckige-Maske-Werkzeug 479
Rechtsbündig 427
REDCODE 80, 146
RED-Import 146
RED One 146
Renderclient 380
Rendereinstellungen 354
  überprüfen 373
  Vorlage erstellen 370
  Vorlagen 370
Render-Engine 379
Renderer
  Klassisch 3D 165
  Ray-traced 3D 166
Renderinformation
  aktuelle 374
Renderliste 94, 353, 354
  Ausgabe deaktivieren 373
  Komposition löschen 373
  öffnen 353
  Reihenfolge ändern 373
Rendern 94, 347
  2D-Ebene 347
  3D-Ebene 348
  anhalten 372
  mehrere Kompositionen 354
  Reihenfolge 347
  schnelles 349
  Solo-Schalter 355
  starten 95
  testen 361
  unterbrechen 372
  Vorgang nach dem 375
Rendernetzwerk
  einrichten 380

Renderprozess
  abgebrochener 357
  beschleunigen 379
Renderqualität 354
Renderreihenfolge 348
Reset 620
Retusche 641, 660
  mit dem Kopierstempel 659
RGB 127, 654
RGBA 654
RGBE 129
RGB-Farbmodus 806
RGB-Modell 599
RGB-Waveformmonitor 617
RLA 867
RLA-Sequenz importieren 872
Rohmaterial
  ausblenden 211
  entfernen 211
  ersetzen 154
  rendern 374
  verwalten 151
  vorbereiten 100
Rohmaterialdatei 82
Rolling-Shutter-Reparatur 578
Roh (Track-Art) 686
RotoBézier-Maske 489
Roto-Pinsel 521, 529
  anwenden 522
  propagieren 524
  Segmentierung 527
Roto-Pinsel-Effekt 526
  Maske verbessern 530
  Propagierung 528
Rotoskopie 521, 657
Roto-Spanne 524
  Korrektur 525
  mehrere 525
Roving Keyframe 260, 307, 308, 309, 512, 565
  erzeugen 308
  in zeitlich fixierten umwandeln 310
RPF 867
RPF-Kameradaten
  auslesen 874
RPF-Kamera-Import 874
RPF-Sequenz importieren 872
Rückwärts 318
Rückwärts abspielen 213

S

Sammeln 159
Sättigung überprüfen 622
Saubere Blende 140
Schalter/Modi 196
Schärfepunkt 746
Scharfzeichnen 882
Schatten 733
  Farben verschieben 624
Schattenbereich 635
Schein nach außen
  aus Photoshop 816
Schein nach innen
  aus Photoshop 816
Scheitelpunkt 278, 283
  erster 508
  im Bewegungspfad setzen 283
  setzen 283
  verschieben 284
Scheitelpunkt-hinzufügen-
  Werkzeug 286
Scheitelpunkt-konvertieren-
  Werkzeug 286, 483
Scheitelpunkt-löschen-
  Werkzeug 286
Scherenschnitt 481
Schieberegler
  Einstellungen 795
  für Expression 792
Schlagschatten 579
  aus Photoshop 816
Schlüsselbild 252, 410
  Intervall festlegen 357
  rendern 357
Schnappschuss 174, 240
Schneller abspielen 213
Schnelle RAM-Vorschau 349
Schnelles Rendern 349
Schnelle Vorschau 242
Schnitt 208
Schnittmarke
  aus Illustrator 828
Schnittmaske 814
Schnittstelle 56
Schrift
  Konturoptionen 424

Schriftart 423
  OT 423
  T1 423
  TT 423
Schriftgröße 424
Schriftname
  auf Englisch anzeigen 427
Schriftschnitt 423
  bold 423
  italic 423
  regular 423
Schwarz abbilden auf 535
Schwarzpunkt 608, 609
  festlegen 633
SD-NTSC 16:9 389
SD-PAL 389
SECAM 72
  digital 72
Seitenverhältnis 389
Sekundärfarbe 595
Sendefähig 636
Senkrecht zu Pfad 460
Sequenz
  aus Premiere Pro 838
  Framerate anpassen 874
Sequenzebene 216
Sequenz-Footage 132
SGI-Sequenz 399
Sicherer Titelbereich 172
Sichtachsenmodus 717
Signalübertragung 597
Skalierung 833
  bearbeiten 298
  per Tastatur 256
  verändern 262
  zurücksetzen 262
Slow Motion 315
SmartMask-Assistent 506
SMPTE-Timecode 108
Softimage-Datei 867
Softness 627
Solo 190
Sorenson 343
Sound
  mit Animation synchro-
    nisieren 237
  scrubben 238
Special Passes 898
Speicher & Mehrprozessor-
  verarbeitung 350

Speicherung 106
  dauerhafte 232
  mit fortlaufender Nummer 106
  temporäre 231
Spot (Lichtart) 727
Spur-Matte 472
Stabilisieren 671
Standardvorschau 235
Standbild 316, 363, 592
  im Ebenenfenster 319
  erstellen 101
Standbild-Footage 132
Standbildsequenz
  ausgeben 364
  von Mac für Windows 369
Stauchen 298
  Ebene 213
  Eigenschaft 257
Stellvertreter 157
  erstellen 158
  festlegen 376
  rendern 376
Stellvertreter aktiviert 377
Störung 315
Storyboard 99
Strahl (Effekt) 565, 570
Straight Alpha Channel 468
Strength 625
Strich
  animieren 648
  Dauer 656
  Eigenschaften in der Zeitleiste
    verändern 647
  mehrere bearbeiten 650
  mit Dauer eines Frames 657
  per Tastatur verschieben 651
  Transformieren-Eigenschaften
    648, 651
Strich (Effekt) 565, 567, 847
Strichpfad
  in Maskenpfad wandeln 650
Strudel (Effekt) 790
  Mittelpunkt auslesen 790
Subpixel-Positionierung 681
Suchgröße 683
Suchregion 675
Suchversatz 683
S-VHS 75

Index

SWF-Datei 130, 385
  ausgeben 402
  Exportoptionen 406
  Import in Flash 408
SWF-Einstellungen 406
SxS Pro Express Card 78
Systemvoraussetzungen 52

T

Tangente 279, 283
  einzeln bearbeiten 482
  verbundene 482
Targa-Sequenz 364, 399
Tarnen 192
Tastaturbefehl zuweisen 722
Tate-Chuu-Yoko 426
Temporäre Speicherung 231
Testbild 155, 157
Test Gear 614
Text
  am Maskenpfad animieren 455, 457
  am Pfad 456
  Animator 432
  animieren 205, 649
  aus Illustrator 828
  aus Photoshop in editierbaren Text umwandeln 422
  aus Premiere Pro 838
  auswählen 420
  Deckkraft animieren 439
  Drehung animieren 433
  Eigenschaftswert dynamisch verändern 446
  einfügen 422
  erstellen 415
  farbig markierter 422
  formatieren 417, 436
  horizontal skalieren 425
  markieren 417
  positionieren 418
  Skalierung animieren 435
  umwandeln 421
  verkrümmen 423
  vertikal skalieren 425
  Zeichenversatz animieren 439

Textanimation 431
  am Maskenpfad 457
  anwenden 455
  Auswahl 434
  Drehung 433
  mehr Optionen 451
  Neigung 448
  umkehren 440
  Vorgabe 454
  zufällige 443
Textanimator-Gruppe 432
Textausrichtung 427
Textbearbeitung beenden 418
Textebene
  als SWF ausgeben 403
  aus Photoshop und Illustrator 422
  erstellen 419
  in 3D-Ebene umwandeln 444
Texteinzug 428
Textfarbe ändern 424
Textformatierung 423
Textrahmen
  Größe ändern 420
  proportional vergrößern 420
  quadratischer 420
Text-Werkzeug 419
Textzeichen
  gleichzeitig animieren 434
  verändern 453
Tiefe 712
  Ausgabe 358
Tiefeninformation erkennen 872
Tiefenmaske 879
Tiefenschärfe 745, 879, 882
  aktivieren 746
Tiefenschärfebereich 746
TIFF 129
TIFF-Sequenz 399
Timecode 164
  Projekteinstellungen 108
Timecodebasis 109
Titel
  aus Premiere Pro 838
  mit Formebenen 517
Titelanimation 520
  für Kino ausgeben 398
Titelbereich 172
Tone Curve 620
Tonwertkorrektur 607

Track-Art 675, 683, 686
  paralleler Eckpunkt 684
  perspektivischer Eckpunkt 685
  Roh 686
  transformieren 683
Tracker-Palette 85
  Track-Arten 683
Tracker-Plugin 681
Tracker-Steuerung 672
Tracking 671
  Skalierung 684
  Suchregion anpassen 680
  verbessern 679
Tracking-Daten
  auf Effekte in anderen Ebenen anwenden 680
Track Matte 472
Track-Punkt 674, 675
  driftender 680
  hinzufügen 679
  umbenennen 683
  und Expressions 679
  verschieben 675
Transformationen
  falten 722, 833
  übertragen 322
Transformationsfeld 299
  anzeigen 317
  aufziehen 274
  skalieren 274
  verschieben 274
Transparentauflage 664
Transparenter Bereich
  hinzufügen 477
Transparenz 465
  aus Premiere Pro 838
  durch Helligkeitswerte bestimmen 476
  erhalten 196, 476, 814
  importieren 126
Transparenzinformation
  Alphakanal 465
Transparenzmodus 226
  Normal 226
  Sprenkeln mit Rauschen 226
  Streuen 226
Traveling Matte 472, 476
Trimmen
  Ebene 208
  im Ebenenfenster 209
  im Footage-Fenster 210

Index

Trimmen (Forts.)
  in der Zeitleiste 210
  per Tastatur 211
TrueType-Schrift 423
Tsume 425
Turbulentes Rauschen
  (Effekt) 543
Turbulente Störung (Effekt) 44
Turbulentes Versetzen
  (Effekt) 539, 569
Type-1-Schrift 423

U

Überblendmodus 655
Überblendung 216
Überlagern 211
Überordnung 321
Übersicht
  mit Marken 217
Überwachter Ordner 381
Umbruch 430
Umgebungslicht
  (Lichtart) 727, 731
Umgebungsmap 763
Unteres Halbbild 356
Unterkomposition erstellen 831
Unterordnung 321
Upper Field 67

V

Variable 780
Variable Bitrate 410
VBR 367
Vectorscope 622
  interpretieren 624
  Split Source 623
Vektorbasiert 401
Vektordatei 827
  in bester Qualität 193
Vektormaske
  aus Photoshop übernehmen 813
Vektorpfad
  als Bewegungspfad 306
Verbiegungsfestigkeit 509
Verbundene Komposition 857

Vererben
  Eigenschaften 320
Verflüssigen (Effekt) 545
Verknüpfung
  ebenenhierarchische 320
Verlangsamen
  Animation 257
Verlaufsebene 880
Verlaufsumsetzung
  aus Photoshop 815
Verlustbehaftete
  Kompression 337
Verlustfreie Kompression 337
Versatz 434
  im Kompositionsfenster 434
Verschachtelte Komposition 176
  Ausgabe als SWF 405
  Vorteile 183
Verschachtelung 166, 176
Vertikale Achse 170
Vertikale Standardausrichtung
  Roman 425
Vertrauen 681, 683
Verwackeln 314
Verwackelnauswahl 447
  basierend auf 450
  Dimension sperren 450
  Korrelation 450
  Max. Betrag 450
  Methode 450
  räumliche Phase 450
  Verwacklungen/Sekunde 450
  zeitliche Phase 450
Verwackelt 687
VHS 75
Vibrance 619
Video
  beschleunigt abspielen 318
  für Sendeanstalten 636
Videobild
  am Monitor 135
Videodaten 132
Videoebene
  aus Photoshop importieren 819
Video-Footage 133
Videoformat 388
Videokomprimierung 341
Videomaterial organisieren 101
Videonorm 75

Videosignal
  Farbton/Sättigung 622
  umwandeln 597
Videotelefonie
  Codec 344
Viewer 83
VLC Media Player 340
Vollbild 66
Vollbild-Format 391
Vordergrundmaske zeichnen 482
Vorder- und Hintergrundfarbe
  wechseln 652
Voreinstellungen
  Ausgabe 378
  importieren 132
Voreinstellungsdatei 105
  zurücksetzen 105
Vorgabe
  Ausgabeformat 164
Vorgang nach dem Rendern 375
Vorhängeschloss 190
Vorlage
  Ausgabemodul 370
  erstellen 370
  Rendereinstellungen 370
  speichern 106
Vorlagenprojekt speichern 106
Vorschaubeschleunigung 236
Vorschau-Palette 84, 235

W

Wasser
  simulieren 547
Wasseroberfläche 547, 550
wav-Datei 367
  in MP3 umwandeln 364
Waveformmonitor 616
  Luma 616
  RGB 617
  YCbCr 617
Weblink 220, 407
  für Ebenenmarke einschließen 407
Weiche Maskenkante 499
Weichzeichnen 882
Weichzeichner
  ebenenübergreifender 881

Index

Weißpunkt 608, 609
  festlegen 633
Weltachsenmodus 717
Werkzeugpalette 84
Wert
  global setzen 257
  in Schritten ändern 259
  mit der Maus ändern 257
Wertedimension 772
Wertekurve 269, 304
  bearbeiten 271
  Keyframe setzen 306
  Werte ändern 305
Widescreen 68
Widescreen Europa 391, 395
Widescreen USA 391, 395
Windows Media Player 339
Winkel
  Einstellungen 797
Wirft Schatten 733
Wort
  schreiben lassen 649
Würfel-Symbol 714

X

x-Achse 712
XDCAM EX 78
XDCAM-Format importieren 144
XDCAM HD 78, 146, 368
XDCAM SD 78
XFL 385
  in Flash 849
XFL-Export 846
  Einschränkungen 850
X-Koordinate 170
XML-Projekt 106
XMP-Format 221
XMP-Metadaten 221, 223
  exportieren 224
  Import 131

XMP-Metadaten (Forts.)
  re-importieren 225
  statisch/temporal 221
XY-Kamera-verfolgen-Werkzeug 750, 751
XYZE 129

Y

y-Achse 712
YCbCr 597
YCbCr-Waveformmonitor 617
YCC 597
Y-Koordinate 170
YUV 597

Z

z-Achse 712
Zeichen
  asiatisches 426
  horizontal ausrichten 426
  zurücksetzen 427
Zeichenabstand 424
Zeichenausrichtung zur Kamera 446
Zeichen-Palette 85, 418, 423
  öffnen 423
Zeichenstiftdruck 653
Zeichenstift-Werkzeug 286, 480
Zeichentrick (Effekt) 44, 573
Zeichenversatz 439
Zeichenweise 3D
  aktivieren 443, 446
Zeilenabstand 424, 429
  Oberlinie zu Oberlinie 429
  Unterlinie zu Unterlinie 429
Zeilensprungverfahren 66
Zeilenumbruch 436
Zeitanzeige 173

Zeitdehnung 213
Zeitkurve verändern 291
Zeitleiste 82, 187
  Anzeigeoptionen 189
  Arbeitsbereich 188
  Audio-/Video-Funktionen 190
  Etikett 191
  Zoomfunktion 189
Zeitliche Interpolation →
  Interpolation
Zeitliche Interpolationsmethode
  ändern 291
Zeitlich nicht fixiert 309
Zeitlineal 188
Zeitlupe 213, 318
Zeitmarke 187
  positionieren 173
Zeitmarkenposition 213
Zeitpunkt
  einstellen 188
  numerisch eingeben 188
Zeitraffer 213, 315, 318
Zeit-Sampling
  rendern 356
Zeitspanne
  rendern 356
Zeitverzerrung 315
  im Diagrammeditor 316
  im Ebenenfenster 319
Zentriert 427
Zertrümmern (Effekt) 571
Ziel bearbeiten 677
Zielpunkt 729
Z-Kamera-verfolgen-Werkzeug 750
Zoomfunktion
  Zeitleiste 189
Zoomstufe anpassen 171
ZPIC-Datei 872
Z-Tiefe
  aus RPF- oder RLA-Sequenz auslesen 880
  in Infofenster auslesen 880

- Alle Neuheiten Schritt für Schritt erklärt

- Animationen, Spezialeffekte, Keys, Masken, 3D u.v.m.

- Der Intensivkurs für Einsteiger und Fortgeschrittene

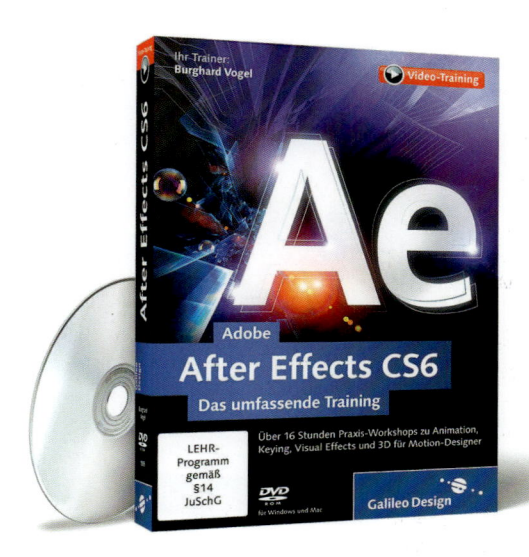

Burghard Vogel

Video-Training:
Adobe After Effects CS6
Das umfassende Training

Dieses Training zeigt Ihnen, wie Sie die vielfältigen Möglichkeiten von After Effects CS6 sicher beherrschen. Sie sehen live am Bildschirm, wie Sie Projekte mit eindrucksvollen Animationen und kinoreifen visuellen Effekten erstellen. Alle Techniken und Beispiele können Sie direkt selbst nachvollziehen – das komplette Übungsmaterial finden Sie auf der DVD.

2 DVDs, Windows und Mac, 16 Stunden Spielzeit, 49,90 Euro
ISBN 978-3-8362-1905-1

www.galileodesign.de/3084

»Die DVD-Schulung kann sich im wahrsten Sinne des Wortes "sehen lassen". Gut geeignet für Anfänger und Fortgeschrittene. «
spielemagazin.de

Galileo Press

- Filmen mit Camcorder & Co. – von der ersten Idee bis zum fertigen Film

- Alle Aufnahmesituationen im Griff: Sport-Events, Geburtstage, Reise-Doku, Kinder, u.v.m.

- Technik, Kamerabedienung und Grundlagenwissen verständlich erklärt

Robert Klaßen

Grundkurs Digitales Video

Schritt für Schritt zum perfekten Film

In diesem Praxisbuch lernen Sie, wie Sie mit Camcorder & Co. richtig gute Filme machen. Robert Klaßen führt Sie Schritt für Schritt in die Welt des digitalen Videofilmens ein und begleitet Sie von der ersten Idee über den Umgang mit der Kamera vor Ort bis hin zur Nachbearbeitung und der Ausgabe am Computer. Von der Urlaubsdoku über festliche Anlässe bis hin zum Sport-Event haben Sie so schnell die verschiedensten Aufnahmesituationen im Griff. Mit zahlreichen Beispiel-Clips auf DVD.

416 S., 2012, komplett in Farbe, mit DVD, 29,90 Euro
ISBN 978-3-8362-1819-1

www.galileodesign.de/2964

»Sehr empfehlenswert für den Videoeinsteiger.«
strauss-online – Internet-Magazin zum Digitalvideo und zur digitalen Fotografie

- Die Geheimnisse des guten Schnitts verständlich erklärt

- Kamerafehler beheben, Schnittfehler vermeiden

- Mit zahlreichen Tipps und Hintergrundinfos vom Profi

- Für alle Schnittprogramme geeignet

Axel Rogge

Die Videoschnitt-Schule

Tipps und Tricks für spannendere und überzeugendere Filme

Axel Rogge, Schnittprofi vom TV-Sender ProSieben, verrät Ihnen, wie Sie mit einfachen Mitteln unterhaltsamere, überzeugendere, spannendere Filme erstellen können. Sie lernen, worauf Sie beim Dreh achten können, welche Szenen Sie auswählen sollten und welche Videoeffekte, Übergänge und Hintergrundmusik am besten geeignet sind. Fesseln Sie durch einen geschickten Schnitt Ihre Zuschauer!

255 S., 3. Auflage 2010, mit DVD, 29,90 Euro
ISBN 978-3-8362-1511-4

www.galileodesign.de/2258

Galileo Press

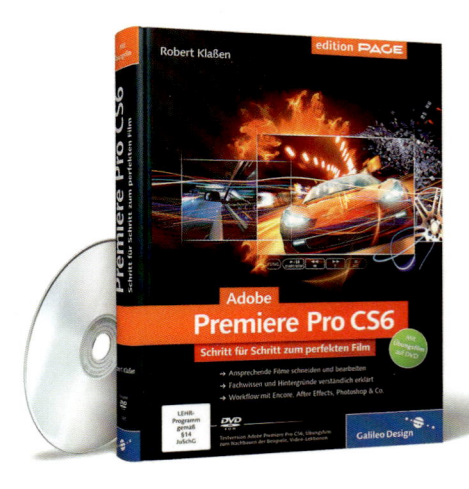

Robert Klaßen

Adobe Premiere Pro CS6

Schritt für Schritt zum perfekten Film

Treten Sie ein und erlernen Sie das Handwerkszeug des digitalen Videoschnitts von der Pike auf. Praxisnah erfahren Sie, wie aus Ihrem Rohmaterial durch gekonnten Schnitt und ausgeklügelte Sound- und Effektbearbeitung ein Highlight wird.

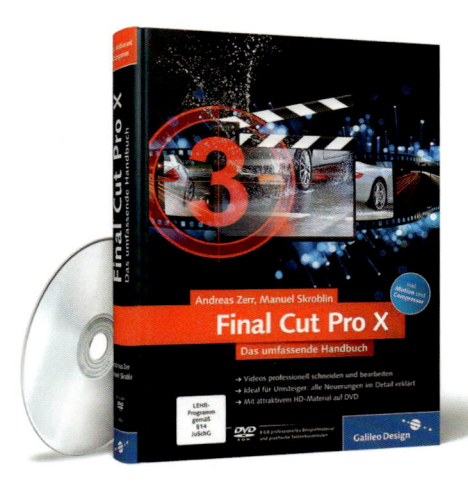

607 S., 2012, mit DVD, 39,90 Euro
ISBN 978-3-8362-1891-7

www.galileodesign.de/3057

Andreas Zerr, Manuel Skroblin

Final Cut Pro X

Das umfassende Handbuch – inkl. Motion und Compressor

Die Video-Experten Andreas Zerr und Manuel Skroblin zeigen Ihnen, wie Sie mit der neuen Software professionell arbeiten und mit den passenden Übergängen, Spezialeffekten & Co. richtig gute Filme schneiden. Sie verraten jede Menge Profi-Tricks und erklären auch Motion und Compressor. Tipps für Umsteiger für inklusive!

629 S., 2012, komplett in Farbe, mit DVD, 59,90 Euro
ISBN 978-3-8362-1860-3

www.galileodesign.de/3026

Bestellen Sie unseren Newsletter!